Imp. Lemercier

Don Quichotte s'exalte à la lecture des romans de Chevalerie

HISTOIRE

DE

DON QUICHOTTE

DE LA MANCHE

PAR

MICHEL CERVANTES

TRADUITE SUR LE TEXTE ORIGINAL ET D'APRÈS LES TRADUCTIONS COMPARÉES
DE OUDIN ET ROSSET, FILLEAU DE SAINT-MARTIN, FLORIAN, BOUCHON-DUBOURNIAL, DELAUNAY ET LOUIS VIARDOT,

PAR F. DE BROTONNE

CONSERVATEUR DE LA BIBLIOTHÈQUE DE SAINTE-GENEVIÈVE

NOUVELLE ÉDITION

PARIS

DIDIER, LIBRAIRE-ÉDITEUR

35, QUAI DES AUGUSTINS

1845

1844

HISTOIRE

DE

DON QUICHOTTE

DE LA MANCHE

II

IMPRIMERIE DE GUSTAVE GRATIOT, RUE DE LA MONNAIE, 11.

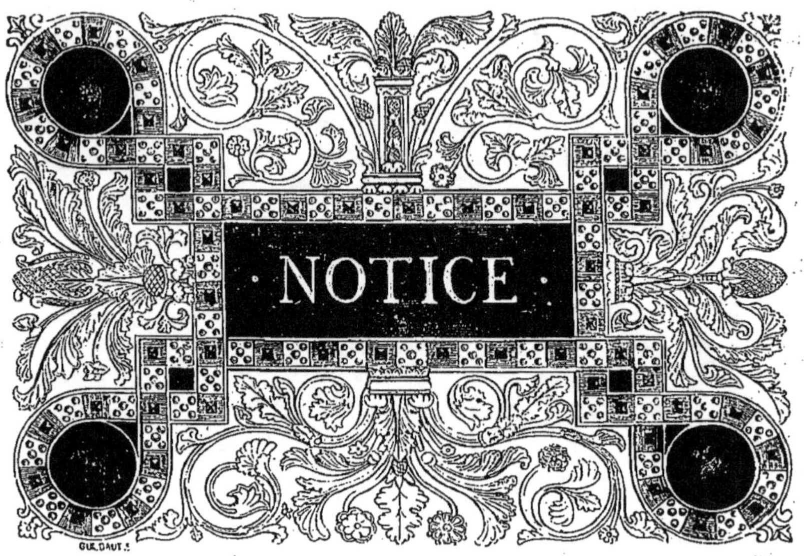

ÉLOGE DE MIGUEL DE CERVANTES SAAVEDRA,

PAR D. JOSE MOR DE FUENTES.

Après de longues et minutieuses recherches, il est enfin constaté que Michel de Cervantes Saavedra naquit à Alcala de Henares. Il fut baptisé le 3 octobre 1547, à la paroisse de Sainte-Marie-Majeure de cette ville, dans laquelle il reçut probablement sa première éducation. Ensuite il étudia deux ans à Salamanque, qu'il quitta pour venir à Madrid, apprendre le latin sous le professeur Juan de Hoyos. Ce fut sous ses auspices, qu'âgé de 20 ans à peu près, il composa une élégie et quelques autres opuscules de peu d'importance, qui méritèrent des éloges.

Guidé sans doute par l'ardent désir de perfectionner ses études, il alla à Rome avec l'emploi trop indigne de lui de valet de chambre du cardinal Aquaviva. Mais ses inclinations militaires l'entraînèrent vers la carrière des armes. Il s'enrôla comme simple soldat dans la compagnie du célèbre capitaine Diego de Urbina, appartenant au régiment de don Miguel de Moncada. La mémorable bataille de Lépante eut lieu; Cervantes, malade de la fièvre, loin de se soustraire au danger, demanda le poste le plus périlleux et combattit avec une telle ardeur, qu'après avoir reçu trois arquebusades dont deux dans la poitrine et une à la main gauche dont il resta estropié toute sa vie, il se fit distinguer au milieu de l'équipage d'une galère qui à elle seule tua cinq cents Turcs, et s'empara de l'étendard royal d'Égypte, action brillante dont, avec raison, il se fit gloire toute sa vie.

Cervantes, guéri à Messine et médiocrement récompensé de sa bravoure, resta incorporé dans le régiment de Don Lope de Figueroa, à la fin d'avril 1572. Don Juan d'Autriche, le vainqueur de Lépante, le laissa libre de rentrer en Espagne vers le milieu de l'année 1575. Il quitta Naples avec son frère Rodrigue sur la galère *el Sol*. Mais le 26 septembre elle fut attaquée par trois navires algériens. Après une lutte opiniâtre dans laquelle brilla la valeur de Cervantes, la galère fut prise et conduite en triomphe dans le port d'Alger.

Le corsaire Dali Mami, patron de Cervantes, à la vue des hautes recommandations dont il était porteur, le prit pour un personnage d'un rang élevé, et son avarice se promit un grand profit de la rançon considérable qu'il espéra tirer d'un captif aussi important.

Cervantes, maltraité avec persévérance par suite d'un vil calcul d'intérêt, résolut de s'échapper avec d'autres captifs par la route d'Oran. Mais abandonnés bientôt dans leur fuite par le perfide Maure qui leur servait de guide, ils furent contraints de rétrograder et de se soumettre au surcroît de châtiments, triste conséquence du mauvais succès de leur tentative.

Sa famille, instruite d'une aussi triste position, fit l'héroïque sacrifice des biens paternels, abandonnant ce qui revenait aux fils et jusqu'à la dot des filles pour le racheter, se réduisant tous au plus déplorable dénûment. Leur désastre s'accrut encore du mortel désespoir de voir cette somme obstinément rejetée par Mami, dont l'insatiable avidité la jugeait mesquine et méprisable.

Il se réduisit à racheter son frère Rodrigue, qui partit d'Alger en août 1577, avec recommandation d'équiper une frégate et de la conduire à un mouillage convenu pour délivrer Miguel et d'autres captifs.

Pendant ce temps, un souterrain recueillit quinze de ses compagnons d'infortune, et Cervantes, au moyen d'un jardin contigu dont l'accès lui était livré par celui qui était chargé de le cultiver, fournissait aux fugitifs une misérable subsistance. Il revenait ensuite s'acquitter dans l'intérieur de la maison des travaux dont il était chargé. Il s'enfuit enfin lui-même pour se réunir à ses protégés, lorsqu'ils furent à la veille de mettre à exécution leur entreprise difficile et presque désespérée.

La frégate se présenta exactement au mouillage, et quoiqu'elle eût pris la précaution de ne s'approcher que de nuit, elle fut aperçue par quelques Maures qui passaient sur la plage. A leurs cris, au mouvement qu'ils excitèrent, la frégate fut contrainte de s'éloigner. Lorsque la tentative fut renouvelée, l'équipage lui-même fut fait prisonnier, et pour cette fois les malheureux habitants du souterrain virent s'évanouir leurs espérances.

Abrégeons ce pénible tableau : disons seulement que la faim, la discorde, l'épidémie, toutes les calamités, tous les tourments que les poëtes les plus célèbres ont attribués à l'enfer, fondirent à l'envi sur Alger. Au milieu de cette terrible et lugubre perspective, le courage plus qu'humain de Cervantes, s'élevant au-dessus de lui-même comme le Dieu créateur au-dessus du chaos, enfanta l'audacieux projet d'incendier la ville, de s'emparer des murailles et de faire flotter sur les créneaux de la forteresse l'étendard de Castille.

Une aussi éclatante entreprise fut anéantie par la trahison et la lâcheté de ses compagnons, et son héroïque et aventureuse vie ne fut sauvée que par miracle.

Enfin ses parents et ses amis traitèrent de son rachat par le moyen de la *rédemption générale* [1]. Avant de sortir d'esclavage, son enthousiasme généreux se fit un point d'honneur de constater par une espèce d'acte ou témoignage authentique, sa conduite patriotique à Alger. Précaution aussi illusoire que ses espérances, et que la récompense qu'il se promettait pour prix de tant de dangers et d'héroïsme.

[1] Les frères de la Merci.

Après mille écueils et dangers aussi extraordinaires que dramatiques, il mit enfin à la voile pour quitter Alger à la fin de 1580, après plus de cinq ans de captivité.

Du plus loin qu'il aperçut le ciel d'azur de cette patrie si désirée, quels furent les battements de son noble cœur! quel volcan brûla, quelles flammes s'élevèrent dans cette puissante imagination! car, ainsi qu'il le dit lui-même : Il n'est pas sur la terre de bonheur égal à celui de recouvrer la liberté perdue.

A peine arrivé en Espagne, il vint avec empressement s'enrôler avec son frère Rodrigue dans l'armée que commandait contre le Portugal le célèbre duc d'Albe. Il s'embarqua à Lisbonne pour l'expédition de Tercere. Après s'être montré avec gloire dans les combats de terre et de mer, il revint, couronné de stériles lauriers, souffrir au sein de sa famille, ruinée pour lui, les angoisses du plus triste et du plus douloureux dénûment!

On éprouve une douleur profonde à voir l'immortel Cervantes, aussi mesquinement récompensé, et, pour parler sans feinte, avili par l'emploi odieux de pressurer, d'épuiser la substance des peuples, en leur enlevant jusqu'au dernier maravédi. Son activité naturelle fut pour lui la source des plus amers chagrins et probablement de l'emprisonnement auquel il dut les applaudissements du monde littéraire, qu'il enrichit de sa plus brillante couronne. Il retourna à la carrière des lettres, si ingrate et si triste; car, quoique l'illustration littéraire de l'Espagne semble, vers le milieu du seizième siècle, marcher vers sa plus haute prospérité, jamais les lettres n'y parvinrent à la splendeur qu'elles obtinrent à cette même époque en Italie et encore moins à l'éclat brillant qu'elles ont obtenu tout nouvellement en Allemagne, en France et en Angleterre.

Quoi qu'il en soit, et sans nous astreindre à l'ordre chronologique, qui importe peu à notre objet, nous offrirons la revue, et (quoi qu'il en puisse coûter à notre enthousiasme idolâtre) la critique impartiale des nombreux ouvrages de notre auteur de prédilection.

Cette tâche agréable et intéressante terminée, nous reviendrons de nouveau à la personne de notre héroïque écrivain. Nous le suivrons, année par année, dans l'intérieur de sa vie privée, lorsque l'aveugle barbarie de ses contemporains ne sut pas, en récompense de ses rares qualités, l'élever à la place qui lui était due, et lui confier une charge éminente et supérieure; exemple glorieux, encouragement puissant pour la nation, pour l'humanité!

Venons à la littérature : Georges de Montemayor avait publié sa *Diane*, dont le succès s'étendit jusqu'aux autres pays. Elle exerça une influence générale sur les habitudes littéraires, et les principes d'après lesquels elle fut écrite, adoptés par tous les écrivains, se retrouvent dans toutes les compositions pastorales. La *Diane* de Gil-Polo méritait aussi d'être citée avec distinction, avec sa prose médiocre et ses vers exquis (dans EL CAMPO VENTUROSO, etc., il est au niveau de Melendez dans ses plus brillantes romances), lorsque Cervantes voulut, à leur exemple, exercer sa fécondité, et reproduisit, sous le nom de *Galatée*, sa *Doña Catalina Palacios*. Il se peignit lui-même sous les traits d'Elicio, et ses amis sous ceux des autres personnages, genre de composition allégorique plus ou moins intéressant, que l'on retrouve dans cet ouvrage et dans plusieurs autres, tant en prose qu'en vers, nationaux ou étrangers.

Il paraît que Cervantes ne s'assujettit pas à la condition fondamentale de toute composition, qui consiste à donner à l'action principale une marche bien suivie, à enchâsser avec grâce et naturel les épisodes qui donnent du relief à l'action, et à distribuer les nuances et les reflets pour arriver au dénouement sans obscurité et sans confusion. Dans

a.

sa manière particulière, malgré la variété et l'intérêt des situations, les sentiments dégénèrent souvent en subtilités insaisissables, et par conséquent froides. En outre, pour que de semblables mélanges de prose et de vers (voyez l'*Arcadie de Lope*, si pleine d'affectation) offrent du charme et de l'intérêt, l'auteur doit posséder un talent supérieur dans les deux genres. Il est connu que Cervantes (il en a donné la preuve lui-même dans son *Voyage au Parnasse*) ne parvint jamais à posséder la véritable langue poétique, et qu'il s'écarta si fort dans sa *Galatée* de cette propriété de style qui lui était naturelle, que cet ouvrage paraît étranger à cette même plume qui, peu de temps après, produisit le type et l'éternel modèle du légitime et élégant langage castillan.

Il ne publia que la première partie de sa pastorale, promit toujours la seconde, ne la fit jamais imprimer, et probablement n'y travailla pas. En effet, celle que publia Florian dans le siècle dernier, habillée tout à la française, est une continuation qui lui appartient entièrement. La *Galatée* de Cervantes rappelle l'enfance de son auteur, les rives de l'Henares, la grotte du Maure Musaraque et surtout la côte de Zulema, qui depuis fut le théâtre d'une des plus brillantes actions des Empecinados « (sous les ordres de ce chef « héroïque et infatigable, assassiné depuis d'une manière si cruelle par ses compatriotes « égarés) dont les décharges victorieuses se firent entendre jusqu'au nouveau bastan où « le hasard avait rassemblé nous et quelques amis. »

C'était l'usage de ce temps et une pratique universelle de commencer et de terminer un livre par un cortége d'éloges poétiques toujours excessifs et souvent ridicules. L'extravagance augmentait toujours en raison inverse du mérite. L'encensoir passait ainsi de main en main, et les auteurs se renvoyaient mutuellement et alternativement le parfum, espèce d'échange et de commerce, monnaie de papier, malheureusement pour eux, impossible à convertir en argent. Ils confondaient ainsi les ouvrages du mérite le plus incontestable, les fleurs les plus belles avec les ouvrages les plus vulgaires et les fruits les plus complétement avortés. Les œuvres de Cervantes, malgré les railleries qu'il fit de cet abus dans son grand ouvrage (voyez le *Tiquitoc*, le *Monicongo* et les autres académiciens d'Argamasilla), présentent aussi cette espèce d'ornement. Son nom parait tour à tour pour donner ou recevoir des louanges dans les écrits de cette époque, plus ou moins dignes de l'encens le plus commun.

Les savants ont remarqué qu'il loue outre mesure, dans le chant de Calliope de sa *Galatée*, Vincent Espinel, connu par sa traduction diffuse et prosaïque de l'art poétique d'Horace. Celui-ci le lui rendit bien en le comblant de louanges et de flatteries. Cervantes était comme les autres tour à tour idole, sacrificateur ou tributaire dans ce continuel échange d'encens. On peut croire qu'il fit partie de quelques-unes des associations qui furent bientôt décorées du titre pompeux d'académies. A ce propos, l'établissement d'une académie de belles-lettres, fondée et présidée dans sa propre maison par le conquérant du Nouveau-Monde, est un fait digne d'une éternelle gloire. Si, en effet, suivant Pline, la terre se glorifiait de se voir sillonnée par Cincinnatus et les autres consuls laboureurs, la littérature devait être vaine et fière au plus haut degré sous les puissants et illustres auspices du héros le plus grand, le plus poétique que jamais, suivant moi, ait produit l'humanité.

Cervantes gagna le prix dans un concours poétique qui eut lieu à Saragosse (prix qui, suivant mes conjectures personnelles et mon expérience du pays, lui attira la basse animosité et la rivalité téméraire de l'usurpateur Avellaneda).

Il composa ensuite d'autres bagatelles, qui ne furent que comme de faibles et chétives feuilles dans la noble guirlande qui devait couronner son front illustre. Il ne devait pas attendre davantage sa brillante célébrité de l'erreur qui l'avait égaré dans la carrière dramatique à laquelle il avait voué dès son enfance un culte enthousiaste. Le célèbre Luzan, mon compatriote bien aimé, et notre oracle éternel sur ces matières, pense que les drames primitifs de la Castille, les germes de comédie, appelés dans nos recueils et autres écrits *momos* (bouffonneries ou parades), sont absolument nationaux, sans aucune imitation du théâtre grec. Quoi qu'il en soit, la scène castillane se réduisait à un enchaînement de médiocres incidents, de dialogues grossiers, à la reproduction matérielle de la sauvage nature dans toute sa rudesse.

A l'aurore de notre littérature, au seizième siècle, Oliva et quelques autres connaissaient les libres et incultes comédies de Plaute, les comédies plus élégantes et moins gaies de Térence, et les *monstruosités* d'Aristophane ; ils se formèrent d'après cela, non un système raisonnable, mais bien une idée confuse de la poésie dramatique, et la voyant encore au berceau au milieu de nous, ils se jetèrent hors de l'ornière tracée et ouvrirent une nouvelle route. Mais ils manquaient de guide ; en effet, quoiqu'ils eussent des connaissances et même qu'ils possédassent profondément les règles et les principes d'Aristote sur la tragédie, ils restèrent dans l'obscurité de leurs vues étroites sur la comédie. Ils marchèrent donc à l'aveugle, et plus ils lâchèrent la bride à leur imagination dans le champ des innovations, plus ils s'égarèrent, s'éloignant toujours du véritable chemin qui devait les conduire au but. Cervantes se jeta dans ce tourbillon ; il obtint des succès dans sa *Vie d'Alger*, sa *Bataille navale* et sa *Numance*. Cette dernière surtout paraît au premier coup d'œil si étrange, si puérile par le langage et la versification, qu'elle cause un sentiment de peine et de honte à ses plus sincères admirateurs (sentiment amer qui arrête le désir que j'aurais d'en citer ici l'introduction presque incroyable). Mais la nation, naturellement guerrière et toujours triomphante alors, devait applaudir à un spectacle qui peignait ses penchants et flattait entièrement son amour-propre. Il faut remarquer, du reste, comme le démontre sans réplique *Martinez de la Rosa*, que jusqu'à nos jours on n'avait jamais tracé ni connu les limites exactes qui séparent la tragédie de la comédie. Il aurait dû ajouter que ni les anciens ni les modernes, Espagnols ou étrangers, ne se conformèrent à la condition fondamentale de tout drame, qui est de motiver l'entrée et la sortie des personnages ; de l'observation de cette règle dépend essentiellement le nœud, l'action, le dénouement, et par conséquent l'entraînement et la pleine satisfaction de l'auditoire.

Cervantes, dans son *Don Quichotte*, censure et rabaisse avec justice l'immorale absurdité du théâtre, mais il se borne uniquement à des généralités. Il ne voit pas de haut et ne pénètre pas dans les mobiles dramatiques, dans les caractères, les situations, l'enchaînement des scènes ; il ne s'arrête pas davantage à l'élégance, à la grâce, à l'harmonie du langage et aux autres qualités nécessaires au théâtre. Ainsi, par sa théorie, il condamne et renverse les monstruosités dominantes (*au lieu d'être des miroirs de la vie humaine, elles n'offrent que des exemples de folie*, ce sont ses propres expressions). Mais cette doctrine sensée et convenable ne suffit pas pour donner le secret de l'art, ni diriger ceux qui le professent vers le beau idéal. Indépendamment de ce caractère superficiel, la critique de Cervantes ne paraît pas non plus très éclairée ; il vante et propose pour modèle des comédies qui, soigneusement examinées sous le point de vue de ce beau idéal, n'offrent en résultat que des choses immorales, *monstrueuses*, futiles, comme les pièces de *Lope* et de ses successeurs.

Revenons au sujet principal dont nous avons parlé plus haut. J'insiste sur la nécessité incontestable de motiver toutes les actions, tous les mouvements des personnages; d'enchaîner étroitement les scènes pour former un tout indissoluble et compacte. C'est la base essentielle dont on ne trouve pas le moindre indice ni dans la poétique d'Aristote, ni dans tout ce qui nous reste des anciens; qualité tout à fait inconnue jusqu'à ce que les auteurs français en donnassent l'exemple, et que l'incomparable et tragique Alfieri l'élevât à son plus haut degré.

Cervantes s'ignora lui-même et méconnut le trésor de plaisanterie éminemment constitutif de la comédie qu'il possédait intérieurement; il s'égara et fit naufrage comme tous les autres. Malgré le succès qu'obtinrent à la représentation plus de vingt productions déplacées dont il est l'auteur, ses ouvrages furent engloutis dans la vaste mer de Lope, ce prodige qui, suivant l'expression pittoresque de Cervantes, tint pendant longues années le sceptre de la comédie, pour le céder ensuite en grande partie à Calderon, Montalvan et une infinité d'autres.

Cervantes composa à Séville le sonnet burlesque dont il tire tant de vanité dans ses autres écrits. Il ne se rendait pas compte du peu d'importance d'une composition de cette nature qui, eût-elle plus d'étendue, ne peut donner le moindre rang ni le moindre éclat à son auteur.

Il s'étendit ensuite davantage dans une autre production connue sous le nom de *Voyage au Parnasse*, avec une suite ou appendice dans lequel il distribue l'encens à profusion. Là se pressent à l'envi les titres d'excellent, illustre, sans égal, etc., etc., et comme d'un autre côté il ne prend pas le soin d'asseoir ni de motiver la louange, il ne peut graduer ni distinguer le mérite ou les défauts qui appartiennent à chacun. Tous sont placés de niveau et semblent se donner la main au plus haut degré de la hiérarchie poétique. Le pire est que ces généralités sont exprimées en style si prosaïque, tellement surchargé de titres et de noms, qu'en faisant abstraction de la mesure et en lisant de manière à détruire les consonnances, sans d'ailleurs altérer le sens de la phrase, on voit disparaître la légère apparence de versification que leur donne la différence de dimension dans les lignes.

Il publia ensuite ses nouvelles sous le titre de *Novelas exemplares*, sans doute à cause de leur but moral. Leur mérite est incontestable; elles offrent des caractères saillants, des situations pittoresques, de fréquentes allusions à des faits véritables dans le but d'arriver à une plus grande vraisemblance. Mais il est aussi très vrai que Cervantes réussit peu dans la mesure des sentiments; il ajoute encore par sa propre exagération à celle de ses personnages. C'est ainsi qu'on trouve dans les nouvelles ajoutées au *Don Quichotte*, les épithètes de cruel Sylla, implacable Marius, et autres qualifications aussi mal placées.

Jamais Cervantes ne ressentit une passion profonde ou jamais il ne s'appliqua à en retracer l'agitation, les frissons intérieurs, les tourments, les violentes alternatives, tout le délire enfin d'une tendresse passionnée. Aussi est-il facile de montrer que les nouvelles, dépouillées de cet esprit vivifiant, de cette forme dramatique qui élève si haut le *Don Quichotte*, sont faibles, et ne sont lues que parce qu'elles sont de lui. Sans la protection de son illustre nom, il y a longues années qu'elles seraient noyées dans cet océan de nouvelles qui a inondé la France, l'Allemagne, et surtout l'Angleterre, où Richardson, Fielding, Walter Scott (mort dernièrement, et qui fut infiniment meilleur poëte que prosateur), ont fourni à eux seuls de quoi remplir le monde littéraire de fables diffuses et d'un bavardage sans terme [1].

Parlons à présent de ce Persiles, si étrangement vanté parmi nous. Nous sommes très peinés d'avoir, dans notre critique ingénue et sans passion, à nous trouver en opposition avec des personnes fort savantes et douées sans contestation de connaissances et de discernement. Mais la vérité est l'idole de tout écrivain jaloux de son honneur, et nos opinions porteront avec elles toute l'évidence requise en matières de belles-lettres. Le Persiles est parmi les nouvelles ce que l'absurde système de Ptolémée est en astronomie, confusion des confusions, qui mérita de la part de notre illustre Don Alfonso (Alphonse le Sage ou le Savant) des attaques si justes et si plaisantes.

En effet, la première de toutes les qualités est la clarté, *prima virtus perspicuitas*, dit avec son jugement et sa sagacité ordinaires le grand maître de la littérature antique, l'Espagnol *Quintilien*. Cette précieuse et indispensable condition ne peut exister où se trouve son contraire, l'incohérence (*el desentono*) [2].

Le mouvement, *voces daba el barbaro corsicurbo*, etc., est ce que nous appelons en castillan une *gerundiada* [3], et le style conserve en l'aggravant toujours la même confusion. On pourra trouver peut-être dans le mécanisme grammatical quelques-unes de ces formes qui distinguent le *Don Quichotte*, mais l'enflure se rencontre partout, toujours fatigante, toujours unie à une diction déclamatoire. C'est le trait distinctif de cette époque, et elle atteignit bientôt l'extravagance la plus incompréhensible par la folie du trinitaire *hortensio Paravicino* qui l'érigea en système.

Quant à l'histoire elle-même, elle est absurde, invraisemblable dans ses principaux faits, et bien plus encore dans leur ensemble. Les caractères extravagants et tout à fait hors nature ne sont dignes d'aucun intérêt, sous quelque point de vue qu'on les examine. Quant à la morale, dont l'auteur tire tant de vanité pour ses nouvelles, nous ne savons pas où on en peut trouver d'exemple, soit dans les épisodes, soit dans les événements, ou dans les actions des personnages de cet ouvrage avorté. Il serait très facile de remplir un volume de citations propres à prouver la solidité de cette sentence définitive et sans passion. Mais l'ouvrage est dans les mains de tout le monde, et il est bien facile de vérifier notre arrêt.

Nous ajouterons que les Allemands, en particulier Wieland, que sa fécondité comme prosateur et comme poëte a fait surnommer le Voltaire de l'Allemagne, constant admirateur de Cervantes, ne cesse de faire des allusions au *Don Quichotte*, quelquefois aux nouvelles, mais jamais, si j'ai bonne mémoire, il ne cite le Persiles, naturellement plus facile à comprendre pour un étranger qui ne parvient jamais à posséder assez un idiome pour en goûter complétement toute la grâce caractéristique. Le champ dégagé, sinon des halliers, au moins des branchages qui l'embarrassaient, nous allons, suivant l'expression vulgaire,

[1] C'est honorer beaucoup W. Scott que de le placer sur la même ligne que Richardson et Fielding, mais ce n'est pas rendre justice à ces derniers que de les comparer à W. Scott malgré ce qu'il a de mérite réel. Nous rapportons, mais nous n'acceptons pas tous les jugements de l'auteur.

[2] *El desentono*. C'est proprement un ton faux. Ici, et en opposition avec le mot latin *perspicuitas*, c'est l'obscurité qui résulte de l'incohérence du désaccord. C'est la cause pour l'effet.

[3] *Gerundio*, signifie, dans la langue espagnole, la coexistence de deux actions; comme *leyendo me diverti*, je me divertis en lisant. Cet emploi du gérondif a reçu le nom de ce temps du verbe. L'auteur entend par gerundiada la confusion et l'obscurité qui en résultent.

nous jeter tête baissée dans cette source inépuisable d'esprit, de grâce, de gaieté, nous plonger avec délices au milieu des admirables beautés de l'immortel *Don Quichotte*.

En un lugar de la Mancha, dans un village de la Manche... Ces deux ou trois simples paroles signalent le lever du rideau et commencent la représentation de la comédie la plus originale, la plus spirituelle, la plus agréable, la plus sublime, de l'œuvre qui surpasse tout ce que peut enfanter l'esprit humain...

De cuyo nombre no quiero acordarme, dont je ne veux pas me rappeler le nom... Ici se trouvent déjà tracés, pour tout le cours de l'ouvrage, le caractère et les proportions du style tour à tour familier, ou élevé, mais toujours empreint d'une grâce que cette allusion légère, mais sensible aux souffrances de l'historien, revêt d'un nouveau charme.

Nous supposerons à l'avenir la présence du texte, car sans cette convention les citations seraient interminables. Nous remarquerons en passant que le *velarte* (espèce de drap ancien très fin) et le *vellori* (drap plus ordinaire) sont des étoffes aujourd'hui inconnues. Cette variation accidentelle dans les étoffes et les tissus qu'emporte le torrent de la mode, l'état des manufactures et de la consommation ne doit jamais faire tort à l'écrivain ni préjudicier à son mérite. Quant au reste, portraits, costumes, habitations, nourriture, goûts et occupations du héros, tout est vivant et en relief, corps et âme, si l'on peut s'exprimer ainsi. L'ensemble forme un tableau sublime de Murillo ou de Velasquez. Mais quel Velasquez, quel Murillo, quelle centaine des meilleurs artistes, quand ils seraient aussi expéditifs que Luca (*fapresto*) Jordan lui-même, pourraient compléter l'immense galerie de tableaux que fournissent l'histoire, les aventures et les situations du *Don Quichotte!* Dans la quantité innombrable d'éditions de Madrid, de Londres, de Paris, d'Allemagne que j'ai examinées, j'ai toujours vu de nouveaux sujets gravés, et certainement ils sont encore loin d'être épuisés.

Le lecteur identifié avec le héros, dans l'intimité des plus petits détails de sa vie privée, sait à peu de choses près la quantité de mille réaux que produisaient ses biens. Valeur sujette à varier suivant les siècles et les circonstances, et calcul bon pour un usurier et qui ne convient qu'à l'esprit mercantile; il doit rester étranger aux ouvrages d'imagination et n'a rien de commun avec l'effet théâtral et pittoresque de la description. Enfin maison, gouvernante, nièce, lévrier, cheval, épée, et jusqu'à la ridicule, vieille et incomplète salade deviennent des objets intéressants sous le pinceau d'un aussi grand artiste.

L'enthousiaste champion part enfin à la recherche des aventures qu'il rêvait. Il se fait lui-même à haute voix le tableau de la vive et brillante description que son historien doit développer, lorsqu'il racontera l'heureux succès de ses incomparables exploits. L'ardeur de la canicule lui échauffe de plus en plus le cerveau, mais dans les hautes régions où l'entraîne son illustre profession, il dédaigne ces brûlants rayons.

Il arrive à l'hôtellerie dont son imagination fait un château, et le malin hôtelier entre dans toutes ses visions extravagantes. Il donne à des courtisanes, qu'il prend pour des princesses, le titre de doñas; puis il soupe, et boit au moyen d'un roseau dans la crainte de gâter les cartons et la colle de sa précieuse salade. Ensuite il fait amoureusement et chevaleresquement la veille des armes. Par une des oppositions sublimes et pittoresques de l'ouvrage, le muletier arrive de son côté dans l'intention de faire boire ses mules; à la vue de cette espèce d'amas de débris qui embarrasse l'auge, il jette avec mépris l'armure loin du puits. Dès les premiers pas l'illusion est complète; tous les objets, les événements et les circonstances se gravent et vivent pour toujours dans l'esprit du lecteur.

Cette impression si profonde, même dans la mémoire la plus ingrate, me fait souvenir d'une observation que j'ai faite il y a longtemps. Aux premières tables de Madrid, la preuve de l'éducation la plus distinguée consiste dans l'art d'orner les compliments mutuellement échangés, par des allusions fines et délicates aux passages et aux plaisanteries du *Don Quichotte*. Grâce exquise, élégance recherchée d'une parfaite politesse, absolument inconnue dans les provinces.

Dépourvu d'écuyer et de l'équipage nécessaire pour continuer le cours de ses aventures, Don Quichotte quitte l'auberge-châtellenie, et tout absorbé dans les perfections imaginaires de la grossière villageoise qu'il adore sous le nom chevaleresque de Dulcinée, il tombe maltraité à coups de bâton par des marchands. Recueilli par un de ses voisins, il revient chez lui en répétant la romance de Baudouin. Pendant qu'il languit faible et abattu, nous voyons apparaître deux nouveaux personnages intéressants de la fable, le curé et le barbier. On prépare avec une grande solennité l'examen si original de la bibliothèque. On voit le spirituel barbier prendre les coupables sur leurs tablettes pour les livrer au tribunal sévère qui juge en courant, pour absoudre ou condamner au feu. D'ici l'on voit la forme, la grandeur des volumes; *quel est ce gros billot?* et quand l'action est fortement engagée, en avant! s'écrie le curé avec une imposante autorité.

On sait que les opinions de Cervantes, principalement en poésie, ne sont ni définitives ni sans appel, car son cœur généreux l'entraîne toujours vers la bienveillance et l'enthousiasme; aussi vante-t-il beaucoup *les Larmes d'Angélique*, qui ne valent rien. Il égale *l'Araucana* à la *Jérusalem*, et même la met au-dessus. Mais l'action est par elle-même si comique, la critique si gracieuse et la sentence contre les livres de chevalerie si juste et si équitable, que dans l'Encyclopédie et dans d'autres ouvrages on vante ce chapitre comme un des meilleurs et des plus intéressants du *Don Quichotte*.

Nous allons présentement nous occuper de l'introduction d'un nouveau et très important personnage. Nous ferons à ce sujet quelques réflexions qui ne paraîtront peut-être pas hors de saison. Dans les ouvrages d'imagination la partie des caractères est une de celles qui méritent le plus haut degré d'estime. Sous ce rapport le Tasse s'élève, suivant moi, au-dessus de tous les poëtes épiques. C'est la même raison qui fait que les Anglais sont si follement enthousiastes de leur monstrueux Shakespeare. Ce mérite place Alfieri au-dessus des plus célèbres tragiques. Cette même qualité est un des avantages qui élèvent le plus haut notre immortel roman.

Don Quichotte, en dépit de l'amère raillerie dont il est l'objet, malgré l'excès des mauvais traitements corporels qu'il endure, n'est jamais amoindri ni déconsidéré, encore moins avili. Loin de là, ses élans continuels de noble héroïsme et de délicatesse sur le point d'honneur inspirent une certaine vénération, et font naître la sympathie dans les cœurs sensibles. Ce caractère admirable que le grand Cervantes est parvenu à donner à son héros imaginaire est sans doute un des plus grands traits de son génie. Mais il se surpasse encore lui-même dans le portrait achevé, dans l'action pleine de vie et la parfaite convenance de la double face du caractère de l'écuyer. Sancho est à la fois très crédule et très méfiant; ces deux aspects de son caractère toujours opposés et saillants sont une des conceptions les plus sublimes de l'histoire et dont on n'a pas, je crois, jusqu'à présent assez exalté le mérite. Sancho, le malin enchanteur qui a transformé la paysanne du Toboso en Dulcinée et en princesse, est le même qui au premier mot que lui dit la duchesse reste convaincu de la réalité de cet enchantement. Mais n'anticipons pas sur des beautés qui se pressent en foule à notre rencontre, et se disputent, suivant l'expression toujours plaisante et originale de Sancho, à qui paraîtra la première.

Le héros, pourvu de son équipage chevaleresque et escorté de son nouvel et gros écuyer, se remet fièrement en campagne. Il débute par l'aventure trop exagérée et par trop invraisemblable des moulins à vent. En effet la maladie d'un maniaque extravagant à ce point dégénérerait en frénésie et refroidirait l'intérêt en obscurcissant le naturel que demande une fiction sensée et vraisemblable. Cervantes dans cette occasion est comme l'artiste qui se trompe dans ses premiers essais pour atteindre bientôt après au plus sublime de l'art.

Vient ensuite la piquante aventure des moines, puis celle du colérique Biscayen plus plaisante encore. Le combattant, ses gestes, son maintien, son coussin, son baragouin, les dames effrayées et priant, tout est saillant; à chaque instant, se pressent et se surpassent les coups de pinceau à la manière de Velasquez, que couronne bientôt l'exaltation extravagante d'une victoire réduite, en véritable aventure de carrefour, à une oreille de moins.

Survient au milieu de tout cela une suspension causée par le récit de la découverte des parchemins et des cahiers du cloître de Tolède. Là est la note bouffonne sur l'*habileté de Dulcinée à saler*, etc., idée toute comique qu'ont bientôt imitée plus ou moins, et toujours avec aussi peu d'agrément, différents écrivains, surtout les Anglais. Le célèbre Swift, parmi eux, l'a imitée, non une fois, mais à satiété, dans son *Conte du Tonneau* si vanté et pour moi si complétement ennuyeux et insupportable.

On aperçoit l'hôtellerie, que le héros prend pour un château. Dès l'approche, son enthousiasme s'échauffe. Dans l'intérieur de la maison, quel ensemble de personnages! quel vivant tableau! quelle foule de scènes d'auberge, pittoresquement groupées et opposées les unes aux autres! Enfin, l'illusion est si complète, qu'elle devient absolument une scène de théâtre. Une ridicule affectation, que les dehors suffisent à blesser, est allée jusqu'à donner le nom d'indécente à la scène de la grossière Maritorne, comme si jamais cet objet repoussant, hideux, véritable épouvantail, pouvait inspirer autre chose que du dégoût. Enfin, les coups de lampe de l'archer de la sainte hermandad, le percement des outres, le bernement, puis le baume chevaleresque de Feoblas, comme dit Sancho, composé d'ingrédients aussi communs que le sel, l'huile et le vinaigre; tout s'anime, tout se meut, tout parle sous la plume de notre incomparable écrivain.

La description rapide et pompeuse des armées d'Alifanfaron et de Pentapolin, brille encore plus par le sublime contraste de la stupéfaction de Sancho. Il se tourne à droite et à gauche, épuise ses yeux et finit par s'écrier : « Je me donne au diable, si je vois paraître « vair-azuré ou or, armes écartelées ou entières, chevalier ou écuyer. Je ne vois que deux « troupeaux...., etc. »

Prendre à une certaine distance des troupeaux pour des armées, à cause de la poussière ou des rayons du soleil, rentre tout à fait dans le domaine de la vraisemblance; autant en est arrivé dans le siècle dernier à un maréchal de France, je ne sais si ce ne fut pas Villeroy; mais attaquer, charger à coups de lance des moutons les croyant des soldats, c'est retomber dans l'invraisemblance et l'exagération que nous avons déjà signalées dans l'aventure des moulins.

Mais déridons le front d'une sombre critique, elle refroidit l'enthousiasme et fait évanouir le ravissement que répand dans l'âme une brillante fiction. Revenons à notre aventure. Elle amène des coups de pierre qui enlèvent au chevalier les dents qu'il *avait coutume* d'avoir. Sancho met la main sur ses gencives; survient un violent et double vomissement; on a recours au bissac et on ne le trouve plus, désespoir de tous deux; on parle ensuite de différentes plantes, allusion aux dioscorides du docteur Laguna. Tout est grâces, esprit, beautés semées à profusion.

L'aventure des moulins à foulon commence avec un appareil imposant, assorti à la frayeur des deux aventuriers. Elle se termine d'une manière fâcheuse pour Sancho (l'accident intermédiaire qui lui arrive doit être oublié plutôt que décrit) à cause de son insolence à répéter sans cesse la pompeuse harangue de son maître : « Le ciel m'a créé « pour...., etc. ».

Un des incidents les mieux amenés de l'ouvrage est celui de l'armet de Mambrin, avec le barbier chirurgien des deux villages ; la légère pluie, le chapeau qui devait être neuf, le plat à barbe placé sur la tête pour le garantir, les reflets du soleil sur le cuivre, la fuite du barbier effrayé, les étonnements de Sancho : « Je ris de la grande tête que devait avoir le « païen possesseur de cette salade qui ressemble exactement (*pintiparada*)[1] à un plat à « barbe, » expression pittoresque, la seule que pût fournir la langue dans cette occasion et une de celles que j'appelle coups de pinceau à la Vélasquez ; la situation est encore rehaussée par les scrupules délicats du héros sur l'échange des harnais.

Dans la rencontre des galériens, on touche au doigt le charme, la magie de la description du grand écrivain.

Dans l'arsenal de Carthagène, dans la partie consacrée aux forçats, nous avons souvent été à même de retrouver la tournure et les traits des vils galériens dont Cervantes a su faire des personnages intéressants, surtout Ginès de Pasamonte qui reparait ensuite sous le nom de maître Pierre, et joue un rôle important dans le cours de l'histoire. Même chose arrive dans la seconde partie avec le voleur Roque Guinart, qui, loin de causer de l'horreur et du dégoût, comme les galériens dont nous venons de parler, vient aussi prendre un rang et une certaine importance au milieu des personnages qui figurent dans l'arène.

Ce serait un travail sans fin que de chercher à approfondir et peser toutes les beautés qui apparaissent à chaque ligne. D'un autre côté, nous en avons assez vu pour nous initier dans le développement de l'ouvrage et pouvoir en dérouler l'ensemble et la conception. Un de ceux qui ont le plus complétement déliré sur cette matière, est *don Vicente de los Rios*, dans son ouvrage intitulé *Analyse du Don Quichotte*.

Fanatique d'Homère, à l'exemple de beaucoup d'autres, il trouve dans l'Iliade le type de tous les genres de beauté où puisse atteindre l'esprit humain.... L'invention du sujet, les adieux d'Hector, la ceinture de Vénus, le tableau des prières, la propriété et l'élégance du style, la vérité achevée des descriptions, au moyen d'une harmonie toujours assortie au sujet, dans cet idiome plein, énergique, sans égal, sont à la vérité des qualités éminentes et supérieures dans Homère. Mais, comme je l'ai déjà dit ailleurs, ses dieux vils et dégoûtants, la grossièreté de ses héros cuisiniers, ses comparaisons d'ânons battus, ses harangues diffuses et futiles au milieu des combats sont des défauts trop nombreux et qu'on ne saurait nier. Mais, accordons que les beautés de l'Iliade soient aussi

[1] *Pintiparada*. Terme burlesque; semblable, exactement.

réelles et brillantes qu'on le voudra ; quel rapprochement, quel point de ressemblance peut-il exister entre un ouvrage sérieux, un poëme épique enfin, et un ouvrage satirique, burlesque, écrit en prose, essentiellement espagnol et par conséquent tout à fait étranger aux mœurs et coutumes des Grecs.

Pour moi, je pense qu'Homère était incapable d'inventer un seul chapitre du *Don Quichotte* (par exemple celui-ci : *De Como Menudearon*, etc.), et je regarde aussi Cervantes comme incapable de composer quatre vers de l'Iliade ; imaginerait-on par hasard que cette grande différence, ou pour mieux dire ces deux genres diamétralement opposés, prouveraient l'infériorité ou le moins de capacité de l'écrivain espagnol ? Quelle erreur !

En voyageant dans les plaines de la Manche, la première chose que fasse tout voyageur instruit est de se figurer nos deux aventuriers marchant au hasard à la recherche des aventures. Là, quelque part que l'on jette la vue, se déploient et s'étendent, à droite et à gauche, des campagnes solitaires dont la végétation la moins chétive est le thym. Et pourtant l'imagination d'un mortel est parvenue à embellir et à peupler ces déserts de personnages, de situations, d'événements tous si naturels, d'un si haut intérêt, nuancés de couleurs si parfaites qu'ils se gravent à jamais dans l'esprit. Cervantes fut en effet lui-même un puissant enchanteur et non pas ceux qui persécutaient son héros ! On dira peut-être que les livres de chevalerie lui fournirent la toile qu'il broda et embellit ensuite avec grâce. Mais d'abord cette supposition n'est pas fondée ; le Biscayen, le barbier à l'armet, les galériens n'ont jamais existé dans ces extravagants écrits. Aucun rival n'a précédé et ne suivra, cela doit être évident pour tous, notre Cervantes, si ce n'est cependant ce ridicule Avellaneda, dont nous parlerons en son temps.

Homère rechercha et coordonna les traditions plus ou moins fabuleuses et poétiques adoptées de son temps en Grèce ; il composa sur les lieux mêmes son noble et magnifique édifice. Dans une composition d'un genre élevé et sérieux le but est atteint, lorsque les objets sont variés et peints avec chaleur et convenance ; mais dans un ouvrage comique, il faut continuellement varier son style, suivant les personnages, assaisonner tout de plaisanteries fines, nouvelles, de bon goût, afin de réveiller et enflammer à chaque pas l'intérêt et le plaisir ! On s'est demandé si l'Arioste et peut-être Apulée ne lui ont pas suggéré l'idée générale et les principaux détails ; folie ! aveuglement ! Don Quichotte n'a eu, n'aura jamais rien qui lui ressemble ; il est unique en son espèce ; le *Roland* ni l'*Ane d'or* ne peuvent ni lui ressembler, ni être l'objet de la comparaison la plus éloignée.

Celui qui prendra la peine d'établir ce parallèle en sera bientôt convaincu ; à chaque pas il reconnaîtra pleinement l'erreur d'une proposition si mal fondée.

Il n'est pas inutile ici de recommander de nouveau d'avoir toujours présente mon impartialité naturelle. Je l'ai établie, j'espère, par la sévère critique que j'ai faite plus haut des autres ouvrages de Cervantes. Cette preuve irrécusable d'impartialité doit, ce me semble, me mettre à l'abri de toute accusation, de soupçon même, d'une prédilection extravagante ou d'un fanatisme aveugle. Cela bien reconnu, je vais sans autre écart m'étendre sur le panégyrique que je me propose. J'affirme donc sans voile ni détour que sous le rapport de la parfaite combinaison, de l'art dans la disposition, l'action de Don Quichotte a une grande supériorité sur les autres fables en vers ou en prose, anciennes ou modernes, qui sont, en très grand nombre, parvenues jusqu'à moi. La démonstration palpable de ce que j'avance me laissera pleinement vainqueur dans cette importante et, à mon avis, facile entreprise.

Au lever du rideau, comme nous l'avons dit, nous apparaît le héros corps et âme. L'intérieur de sa maison, de sa vie, est minutieusement détaillé; on le voit imaginer, disposer, exécuter sa folle entreprise. Il s'aperçoit qu'un écuyer et autres choses indispensables lui manquent encore, et il retourne dans son village pour compléter son équipage de chevalier errant. Il reste tout moulu de sa chute. Arrivent alors à son secours, obstinés à le guérir de ses extravagances, deux personnages très importants par le rôle qu'ils jouent dans le cours de l'action. Le curé et le barbier, renforcés bientôt par un autre individu plus fougueux et plus entreprenant, forment, comme on dirait aujourd'hui, le parti de l'opposition. Ils le dépouillent d'abord de ses livres chéris, causes d'un aussi douloureux égarement; ils font murer sa bibliothèque, mais le mal était déjà sans remède. L'insensé s'échappe encore, se remet en campagne, accompagné d'un écuyer et de tout ce qui lui manquait dans sa première et malencontreuse sortie. Après divers épisodes ou incidents plus ou moins liés avec le fond de l'ouvrage, les deux médecins, les deux sauveurs de ce fou accourent à l'hôtellerie, ils le renferment dans une espèce de cage, sur une charrette traînée par des bœufs, et dans ce ridicule équipage, au milieu de ses extravagantes et folles prédictions, le remettent dans sa maison et déracinent en apparence son incurable maladie. Pendant la durée de ce rétablissement apparent, pendant cette bonasse trompeuse, nous voyons se présenter, nouvellement arrivé de Salamanque, le personnage important du roman dont il amène le dénouement, le bachelier Samson Carrasco. Il fait le récit de la publicité des courses aventureuses de Don Quichotte. Par le commentaire, l'éloge, la critique de l'histoire, il trouble la cervelle du chevalier, son enthousiasme s'exalte plus que jamais, et, pour la troisième fois, il se met en campagne.

Les aventures, malgré leur identité qui paraît inévitable en tout ce qui touche au fait matériel d'une rencontre ou d'un combat, sont pourtant dans leur rapidité, leurs dangers et leur conclusion, toujours variées à l'infini avec une prodigieuse fécondité. Parfois elles se groupent par douzaines dans un seul chapitre, et ne laissent pas de concourir toutes vers le but principal qui est d'exciter la colère du pauvre chevalier errant et de le détromper. Remarquons surtout l'aventure du jeune garçon André en présence de plusieurs personnes; la sortie du moine, la raillerie de Sancho à la table du duc « *Sentaos, Majagranzas* », etc. Mais le détrompeur par excellence, le premier de tous, doit être et est à la fin Carrasco. Dans ce but constant, d'après ce plan toujours suivi, sous le nom du chevalier *del Bosque*, amoureux par le monde d'une certaine Casilda de Vandalia, plein d'orgueil et de présomption, il vole à la recherche de son extravagant antagoniste. La catastrophe se prépare par le dialogue animé des deux chevaliers; le prélude est la provocation de Thomas Cecial à Sancho, lequel se défend toujours plaisamment de rien connaître aux coups de sacs pleins de cailloux ni à aucune manière de se battre.

Le combat s'engage aux premiers rayons du jour, et par un incident aussi comique et inattendu que tous ceux que l'on trouve dans cet ouvrage, le plaisant et provocateur Carrasco est vaincu (et même courait grand danger d'être tué dans l'action, sans la promptitude de son feint écuyer : « Tu as raison, Sancho »). Le résultat de cette victoire est, comme on peut le présumer, d'enraciner de plus en plus la folie de l'incomparable vainqueur et d'augmenter l'aveuglement sans bornes de son écuyer stupéfait.

Une multitude d'aventures se succède, et entre autres l'effrayante rencontre des lions si habilement disposée et terminée. Sancho, tout en fuyant, ne cesse de tourner le visage et de frapper son âne (toujours le coup de pinceau de Velasquez). L'heureux succès enorgueillit tellement notre héros, qu'à l'exemple des autres chevaliers errants, il se pare lui-même d'un nouveau et pompeux surnom (chevalier des Lions). Il va ensuite à Barcelone : enchanté, enthousiasmé de l'accueil et des fêtes que lui donnent les dames et les seigneurs de cette ville, au comble de la gloire, il voit paraître le chevalier de la Blanche Lune qui le combat et remporte la victoire. Le malheureux chevalier errant, abattu, presque mort, reste à la merci du vainqueur, auquel il promet et jure sa foi de se retirer dans son village. Là il tombe malade de chagrin et de mélancolie, s'endort un moment, se réveille, reconnaît sa folie, devient plus malade et meurt.

Telle est l'esquisse succincte, la contexture de cette fable, la plus complète, la plus parfaite qu'ait jamais produite l'esprit humain. Mais que de grâces, de finesse, de goût ! quelle morale pure et saisissante embellit jusqu'aux plus petits détails ! Dès le commencement s'est révélée la sublime opposition et la perfection des caractères. Mais nous éviterons des répétitions fatigantes, et qui seraient déplacées quand il nous reste à récolter sur un si vaste champ.

Nous commencerons par l'article de la plaisanterie (chistes), dont nous prendrons l'histoire à son origine, parce que notre plan l'exige pour arriver à une conclusion aussi positive qu'inattendue. Nous aborderons ensuite le style de la prose, et nous ferons remarquer la parfaite pureté de celle du *Don Quichotte;* puis nous passerons à la beauté, à la profondeur de la morale, et, après avoir donné notre opinion sur l'enchaînement plus ou moins heureux des épisodes, nous avouerons ingénument les taches et les défauts qui déparent quelquefois incontestablement ce chef-d'œuvre, le premier, le plus brillant qu'ait produit l'esprit humain.

Les fondateurs de toute littérature ancienne et moderne, les Athéniens, malgré leur *sel attique* si vanté, n'offrent aucun exemple d'un enjouement élégant à la fois et décent. Leur comique Aristophane ne présente que monstruosités, bouffonneries, insultes, indécence. Il ne reste de Ménandre que quelques faibles fragments, et les traductions où a réuni deux des comédies de son modèle le pur et froid Térence, dans tout lequel on ne trouve d'autre plaisanterie que la suivante : Quand un personnage se présente et qu'on attend de lui de grandes choses, il ne prononce que deux ou trois paroles sentencieuses, et on lui dit : « Ainsi, tu ne nous apportes qu'un petit plat de morale. »

Lucien est l'auteur ancien le plus finement plaisant et malin, mais son enjouement se réduit à de joyeuses oppositions, à des railleries piquantes sur des choses vulgaires, honteuses, enracinées. Ces traits, malgré leur incontestable mérite, ne sont pas ce que nous entendons ici par plaisanterie gracieuse (*chistes*), dont le caractère presque indéfinissable se retrouve toujours dans le langage de Sancho. Si nous venons aux Romains, on sait le jugement d'Horace sur Plaute. Il trouve son auditoire excessivement patient, pour ne pas dire insensé (*nimium patienter ne dicam stulté*). Ce même Horace, si ingénieux, si brillant dans ses odes, devient insupportable quand il veut plaisanter sur les sortiléges criminels de sa dégoûtante *Canidie*, son abject Rupilion et son futile voyage à Brindes, etc.

Cicéron, si célèbre par son élégance éclairée, ce grand orateur, cet écrivain si spirituel dans les lettres, devient vulgaire, s'avilit, se rapetisse quand il prend la fantaisie, heureusement assez rare, de faire le plaisant. Dans ses Topiques, ou sources d'éloquence, il présente comme chose très recommandable les plaisanteries et les ridicules qui s'appuient sur les infirmités et les défauts naturels. Apulée ne sait que surcharger son âne mal inventé, et Pétrone noie sa vive et brillante élégance dans un sale bourbier de turpitudes. Arrivons aux modernes.

Érasme, que j'ai appelé, dans mes poésies françaises, le Voltaire du XVIe siècle, met dans ses Colloques de l'esprit, de l'enjouement, et les revêt d'un style latin très élégant ; mais ses traits fins ne sont que des éclairs qui ne peuvent entrer en comparaison avec le trésor de saillies dont est rempli le *Don Quichotte*.

Shakespeare, dans son mélange tragi-comique de tirades en vers et de paragraphes en prose, également admirés des Anglais, voulut à son tour plaisanter ou plutôt bouffonner; mais le grand poëte et prosateur moderne Goldsmith se rit hautement de son enjouement suranné.

L'Arioste composa une épopée satirico-burlesque (indécemment et honteusement imitée par l'esprit corrompu de Voltaire). Dans cet ouvrage, les situations comiques et la variété de l'action, rehaussées par une poésie facile et brillante, enchantent l'imagination ; pourtant il ne possède pas encore le trésor de plaisante naïveté (chistes), la grâce soutenue de Sancho. En effet, qu'on ouvre au hasard *Don Quichotte*, et, quoi que dise le fécond écuyer, on est sûr de s'arrêter sur un torrent d'idées toujours amusantes et gracieuses.

Cette grâce, ce bon goût, sont la gloire et le cachet du théâtre français, comme on le voit dans ce passage :

« A présent je commence à comprendre qu'il y a quarante ans que je fais de la prose « sans le savoir. »

Ainsi que dans les autres saillies du *Bourgeois gentilhomme* et les autres ouvrages de Molière. On les reconnaît dans l'unique comédie de Racine, *les Plaideurs*, où la profusion des plaisanteries finit peut-être par fatiguer, et aussi dans *le Méchant* de Gresset.

Mais le *Don Quichotte* est antérieur à tous ces ouvrages. Dès la publication de la première partie, il fut généralement apprécié et répandu en France, comme le prouve le licencié Marquez-Torrès, dans son approbation de la seconde partie. Aussi tous puisèrent dans la suite à cette source abondante. Il en résulte évidemment que le titre de créateur de la véritable plaisanterie et de maître de l'Europe dans ce genre, si éminemment associé à la civilisation, appartient à Cervantes.

Nous insistons fortement sur ce point, parce que nous sommes persuadé qu'un seul trait plaisant et acéré prouve plus de génie que vingt passages pathétiques, empruntés à l'éloquence ou à la poésie. Cette qualité brille par excellence dans le divin *Don Quichotte*. Le Lazarillo, le Tacaño, le Gerundio[1] et leurs semblables ne sont en comparaison que des pygmées près d'un colosse.

Aucun de ces petits nains n'a mérité l'adoration et les commentaires multipliés dont notre idole a été l'objet. *Don Quichotte* demande aujourd'hui de petites notes très courtes, pour expliquer quelques expressions, quelques usages particuliers presque généralement inconnus maintenant, comme *Duelos y quebrantos*[2], *el yelmo de mambrino*, mais le tout réuni ne devra pas aller au-delà de cinq à six pages. S'arrêter à analyser pièce à pièce l'ouvrage entier serait non seulement inutile, mais nuirait à l'éloge qu'on aurait l'in-

[1] Noms significatifs donnés par allusion à leur caractère aux personnages qui les portent.

[2] *Duelos y quebrantos*. C'est ainsi qu'est désigné le plat du samedi au début du *Don Quichotte*. (Voyez la note du chap. Ier de la première partie de *Don Quichotte*.)

tention d'en faire. En effet, ces savants commentateurs devraient bien comprendre que le brillant de l'esprit s'amortit, s'évanouit presque par tant d'examen ; enfin que tout bon mot commenté n'en est déjà plus un par ce seul fait.

Si nous en venons aux épisodes, que de personnages ! un monde entier vient se grouper, comme on dit actuellement, autour de nos deux héros. Si, à la vérité, comme dans les histoires de Cardenio, du Captif, du Curieux impertinent, il y a abus et interruption trop prolongée ou trop fréquente, il ne faut pas s'étonner si au milieu de tant de fécondité quelques parties, par leur moindre importance, altèrent parfois la perfection d'un cadre si immense.

Parlons à présent du style. On sait que dans toutes les nations, la poésie, quoiqu'elle soit un art difficile et éminent, a pourtant toujours précédé la prose. Ainsi, en Grèce, les poëtes célèbres étaient en grand nombre à l'époque où Hérodote ravit tous les esprits, captiva toute une immense assemblée aux jeux olympiques, avec ses neuf muses ou les neuf livres de son histoire. Lucrèce brilla à Rome par les descriptions, dignes de Virgile, qu'il plaça dans son absurde poëme épicurien. Cependant Cicéron, qui lui est postérieur, fut le grand maître ou plutôt le fondateur de la prose parfaite.

A la renaissance des lettres, rivalisèrent en Italie, le Dante, Pétrarque, puis le brillant Arioste, le prodigieux Tasse, et à peine avait-il paru quelques prosateurs, jusqu'à l'avénement de l'élégant Boccace. Après lui brillèrent les grands historiens, Machiavel, Guichardin, et plus tard Giannone, Denina, etc. Même chose arriva en Angleterre avec Addison, en France avec Pascal, en Allemagne avec Wieland, Schmidt, etc. En Espagne, Boscan, Garcilaso, Léon, Herrera et autres versificateurs, n'écrivaient assurément pas en vers avec le talent, la pureté et la perfection de Melendez, Arriaza, Tapia et Doña Vicenta Maturana, mais ils surpassaient infiniment tous les prosateurs contemporains. Notre exact annaliste Zurita est insupportable par sa diffusion, sa langueur et sa négligence. Autant en arrive à Moralès, Ocampo, Antonio de Herrera, etc. Mariana qui, suivant le célèbre historien anglais Gibbon, est sous tous les rapports un autre Tite-Live, dans son Histoire latine, se montre traînant, froid et lourd dans son histoire écrite en espagnol ; car, pour employer la spirituelle expression de Saavedra, il y en a d'autres qui se plaisent à paraître jeunes, quand ils sont vieux et même caduques, lui eut l'extravagance de se coiffer d'une perruque blanche, et jeune de prétendre à la vieillesse.

Nos savants auteurs, nos grands littérateurs, Arias Montanus, Sanchez de las Brozas, Pedro Valencia, Luis Vives, Mariana, Chacon, Sepulveda, etc., etc., se montrent latinistes consommés et même classiques dans cette langue ; mais ces mêmes oracles, quand ils reviennent à la langue espagnole, baissent de telle manière qu'ils se perdent dans l'aridité d'une diction vulgaire.

Le *Don Quichotte* paraît, et son esprit, son bon goût, sa brillante rapidité confondent la troupe de nos ridicules prosateurs ; comme l'astre du jour, il s'élève seul et triomphant sur le monde.

Pour abandonner l'allégorie, Cervantes prend la plume pour nous peindre l'histoire des folies de son crédule chevalier errant, et soudain paraissent la loi, le type et le modèle éternel de la langue castillane. Plus de deux siècles se sont écoulés déjà, et probablement il en passera encore beaucoup d'autres pendant lesquels *Don Quichotte* demeurera, sans vieillir, la noble source, le pur et meilleur modèle de l'idiome. En sorte que le préservatif le plus efficace, le plus victorieux contre le torrent empoisonné du gallicisme, est ce même livre auquel nous devons le plaisir le plus digné de la raison et l'enseignement le plus efficace que l'on puisse donner au cœur et à l'esprit.

Déjà se sont étendus et propagés parmi toutes les nations les noms de Dulcinée, pour peindre une Chloris ou une maîtresse; de Don Quichotte pour exprimer un homme à la recherche des chimères, un redresseur de torts; parmi nous on dit Quijotismo, Quijoteria, Quijotada, Quijotear et même *los algos de Sancho* (*une chose à la manière de Sancho*), avec mille autres expressions qui pourraient être généralisées. Sous le rapport de la richesse, du charme de l'élocution, je dois faire observer que les Anglais sont très amateurs du *Don Quichotte*, et suivant toutes les apparences, le célèbre Addison doit à Cervantes l'heureuse couleur, l'élégance et les traits qui brillent dans son célèbre *Spectateur*.

Pascal, fondateur, comme on l'a dit, de la prose française, régla sur le même modèle le caractère ironique, enjoué et entraînant de son langage. Voltaire, qui s'est si énormément trompé et, suivant moi, sciemment, sur l'originalité du *Don Quichotte*, puisqu'il le suppose une imitation du *Roland*, avec lequel il n'a pas la plus petite ressemblance, ce même Voltaire suit aveuglément ses traces et son allure dans la marche et le ton de sa prose; c'est par cette raison que dans ma Poétique je l'ai appelée *cervantine*.

Enfin Cervantes parvint à se rendre tellement maître de la langue, que tantôt il invente des mots, tantôt il en varie la terminaison et la forme. Quelquefois il donne un superlatif au verbe (*quisieredisimis*) et prend mille autres libertés qui plaisent et captivent chez lui et seraient sans doute insoutenables chez tout autre. Avec cette supériorité, son style est toujours plein d'action et de feu lorsque d'autres seraient faibles et languissants, comme « *y si mas te cogiera mas te doleria* » au lieu de dire vulgairement « *si mas te hubiese* « *cogido mas te doleria.* S'il t'avait saisi davantage il t'aurait fait plus de mal. » Dès la première ligne, on remarque la parfaite et continuelle convenance dans l'expression et surtout le ton élevé, tempéré, simple tour à tour du langage, toujours assorti aux objets et aux événements. Il emploie sans cesse, comme nous l'avons dit, les mots les plus convenables et les plus caractéristiques, et il en résulte une variété infinie dans les tableaux. Cette perfection se trouve au bout de sa plume, elle se présente sans peine, sans efforts, et je dirais volontiers à l'insu de l'écrivain.

La Harpe, dans son *Éloge de Fénelon*, affirme qu'il serait impossible de signaler les repos de l'auteur dans le *Télémaque*, c'est-à-dire, les endroits où l'auteur laisse sa plume et la reprend ensuite pour continuer sa tâche. Quel serait le lynx ou le devin qui pourrait désigner, marquer les pauses du *Don Quichotte*? Il semble que tout ait été enfanté sans travail, d'un seul jet et sans l'aide de la plume ou de l'écritoire, comme Minerve sortit toute armée du cerveau de Jupiter.

Nous avertissons que nous n'avons pas fait ici un article particulier et séparé de ce qui porte dans la littérature le titre de situations, si indispensables dans le genre dramatique, parce qu'elles ne font qu'un avec les aventures sur lesquelles nous nous sommes déjà si longuement étendus.

Nous ne devons pas non plus nous arrêter à approfondir les caractères, parce que cette partie a été antérieurement traitée. Cependant je dois avertir que j'ai oublié, en parlant des nouvelles de Cervantes, de faire remarquer que le *Loaisa* du jaloux d'Estramadure est indubitablement le type et le modèle que le célèbre Richardson prit pour créer le caractère du vil débauché de sa Clarisse, jusqu'au nom de Lovelace, se retrouve dans celui de l'Espagnol *Loaisa*. C'est la même œuvre, quoique l'une soit une miniature, et que l'autre soit développée et mise en perspective.

Passons actuellement à l'enseignement littéraire et moral du *Don Quichotte*; quant à la première partie, il faut remarquer que les deux grandes littératures française et anglaise étaient encore à naître à cette époque, et que Cervantes se montre toujours instruit dans la littérature ancienne, espagnole et italienne. Cet avantage est plus surprenant encore, si l'on considère la position obscure et méprisée de l'écrivain. En effet, aujourd'hui, outre les bibliothèques publiques, un littérateur de Madrid un peu distingué peut encore jouir à son aise de celles de ses amis et des grands qui en possèdent de riches et bien choisies. L'invalide indigent, loin du monde et malheureux, manquait tout à fait de cet auxiliaire inestimable. Quant à la morale, tout l'ouvrage respire la loyauté la plus inflexible, le point d'honneur le plus élevé, et ces sentiments héroïques sont gravés profondément jusque dans les proverbes interminables de Sancho. Par-dessus tout, les instructions de Don Quichotte sur le gouvernement rassemblent dans un cadre admirable et digne de Solon lui-même, les plus sublimes leçons répandues dans le courant de l'histoire. Il ne manque pas de rêveurs qui imputent au *Don Quichotte* l'effet, purement imaginaire, d'avoir efféminé et découragé la nation avant lui si guerrière et si redoutable. Mon intime ami Velarde, son digne compagnon Daoiz, l'illustre don Mariano Alvarez et les immortels défenseurs de Girone, si supérieurs à tout ce qui s'est vu dans les temps modernes, démentent hautement cette exécrable calomnie. Cette erreur est égale à celle qui se répète, à notre sujet, dans les écrits étrangers, et Rousseau n'est pas un des moins absurdes, quand il attribue à la barbarie des combats de taureaux la conservation d'une certaine vigueur dans la nation espagnole. Sans aucun doute, après ceux que j'ai nommés, les vaillants habitants de Saragosse, hommes et femmes, sont tous à ce compte toreros de profession.

Revenons à notre objet. Quand a-t-il existé une satire qui ait rempli si parfaitement son objet et atteint si entièrement un but plus important? Avant que Cervantes prît la plume, tout le monde extravaguait pour les rêveries chevaleresques; à peine son ouvrage fut-il publié, qu'elles demeurèrent ensevelies dans l'oubli, et peut-être ne méritent-elles un peu de curiosité que comme monument de la victoire du triomphateur.

Les imitations étrangères, plus ou moins serviles, comme le *Tom-Jones* de Fielding, l'*Hudibras* de S. Butler, et jusqu'à un certain point les *Dunciades* de Pope et des autres, les satires en prose du médecin allemand Rabener, les passages copiés par Wieland, comme celui des *Chèvres de Sancho*, enfin tout le troupeau servile d'imitateurs, suivant l'expression d'Horace, borne son enjouement à surcharger et opposer sans raison ni mesure les tableaux, les personnages, les situations; tous démontrent que le bon goût sans tache, légitime, élégant, supérieur au sel attique n'a jamais habité les bords de la Tamise, du Danube ou de l'Arno; qu'il a paru quelquefois sur le théâtre et, par intervalles, aux bords de la Seine, et est resté le partage, la propriété de l'immortel génie de l'Henares.

Remarquons, en passant, que, depuis deux siècles, la France, l'Angleterre et l'Allemagne sont inondées d'un déluge de nouvelles qui, semblables aux débris flottants sur l'Èbre, ne font que se montrer pour bientôt se perdre dans la mer; ou bien, pour varier la métaphore, qui, après avoir brillé un moment, disparaissent pour jamais, tandis que le

Don Quichotte, comme le pic de Ténériffe au sein de l'Océan, règne chaque jour avec plus de puissance ; ou bien encore il brille comme l'astre souverain du firmament au-dessus des météores fugitifs de l'atmosphère. Ce bel astre est pourtant entaché de quelques légers défauts, et nous allons les indiquer avec la franchise qui nous caractérise.

On sait que Cervantes, dès sa plus tendre jeunesse, aspira ardemment au titre de poëte. Mais, pour son malheur, à peine put-il former quelques faux pas sur les plus humbles pentes du Parnasse. Ses vers sont la plupart faibles, dénués de chaleur, de grâce et de cadence métrique. La partie poétique, assez peu étendue, du *Don Quichotte*, paraît sans exception, quoique cela puisse sembler une profanation envers notre divinité de l'avouer, absolument mauvaise.

Malgré cette conclusion malheureusement trop évidente et décisive, les Allemands, toujours extravagants et rêveurs, faisant grand état d'une simple et ridicule question de mots, s'en tiennent à l'étymologie, à l'origine du mot poëte, qui signifie en grec créateur, et placent Cervantes au premier rang de la poésie. Nous nous conformerons ici à l'acception universellement établie en Europe de la qualification de poëte qui n'est autre que le bon écrivain en vers, et nous répétons de nouveau que Cervantes est prosateur aussi parfait que poëte vulgaire.

Continuons maintenant notre critique. Les épisodes sont généralement trop surchargés d'hyperboles et manquent presque toujours de rapport avec l'action principale ; faute que l'auteur n'a commise que pour ne s'être pas connu lui-même ; il ignorait, comme nous l'avons déjà dit en parlant du théâtre, le trésor intérieur dont il était dépositaire. Ce qui plaît par-dessus tout, ce que l'on goûte avant tout le reste, ce sont les conversations des deux héros. On voudrait les voir toujours parler et agir ensemble, sans être interrompu ni détourné par des personnages étrangers ou qui ne paraissent pas utiles à l'agrément et à la marche de l'action.

Faisons remarquer que nous ne plaçons pas dans la classe des épisodes le gouvernement de Sancho. Bien au contraire cette séparation des deux acteurs et la nécessité pour l'histoire d'aller de l'un à l'autre se lie bien à la dignité d'une action chevaleresque, sert d'aliment à l'intérêt et nuance le tableau.

Tous les arts doivent, à la vérité, tendre à reproduire la nature, non dans sa grossièreté commune, mais bien sous une forme élégante et choisie. Quelquefois les expressions de nos personnages, toujours justes et naturelles, ne sont pas assez décentes, comme on le voit dans le dialogue des deux écuyers vantant, en termes répréhensibles, l'excellence du vin. La même remarque peut s'appliquer à quelques autres passages, mais en petit nombre. Don Quichotte cherche quelquefois à corriger les inconvenances et les barbarismes de Sancho, mais celui-ci ne tombant ni avant ni après en pareille faute, la correction et l'erreur qui la motive peuvent paraître des inconséquences.

Quant au style, quoique toujours pur et châtié, il offre cependant parfois dans la forme grammaticale des périodes, trop de négligence et d'abandon. Sur ce point le creux et enflé Solis l'emporte sur le naturel Cervantes. Il y a aussi des passages diffus ou faibles, effet de cette même facilité qui dans le moment de la composition est comme un torrent. Mais qu'on ne s'imagine pas que nous voulions ici critiquer l'archaïsme ou le vieux langage du héros (langage encore moins possible à traduire que tout le reste) : *El ferido de punta de ausen-*

cia, celui qu'a frappé la pointe de l'absence, etc. C'est une grâce piquante, toujours maniée avec prudence et sobriété par l'auteur.

Dans les actes de chevalerie comme les combats, la lettre à Dulcinée, les menaces arrogantes, etc., le langage est du temps et porte l'empreinte de Suero de Quiñones et son cortége belliqueux. Mais quand il s'agit d'objets civils et littéraires, le langage castillan est moderne, élégant, brillant et parfait, comme le prouve clairement la repartie si vive et si juste à l'insulte grossière que lui fait le moine chez le duc; la comparaison si éloquente entre les belles-lettres et les armes, etc.

Melendez ne se rendit pas compte de cette différence, quand dans les froides noces de Camache que la douceur monotone des vers rend fatigantes et ennuyeuses tant à la lecture qu'à la représentation, il surchargea le rôle du héros de tant de vieilles expressions.

Nous avons déjà taxé d'invraisemblance l'aventure des moulins à vent; nous avons fait le même reproche à celle des moutons, lorsqu'elle en est arrivée au moment de l'exécution et du combat; nous y joindrons celle des cochons. Indépendamment du peu de probabilité qu'il y a que les quatre aventuriers se retrouvent en vie après avoir été foulés aux pieds par un troupeau tout entier; il ne résulte de cette aventure aucun effet qui donne à l'histoire plus de grâce et d'ornement. Mais je ne partage pas l'opinion de Rios et la manière dont il qualifie l'incident des chats dans la maison du duc.

L'intention de jeter du blâme sur les grands seigneurs qui ont coutume de sacrifier à leurs capricieux plaisirs tous ceux qui leur sont soumis est exprimée clairement dans l'ouvrage par ces mots : « Cid-Hamet ajoute, ceux qui mettaient tant d'ardeur à se moquer « de deux fous, n'étaient pas moins fous eux-mêmes. » Cette intention une fois connue, l'aventure citée est un des passages qui les peint avec le plus de vérité et s'encadre le mieux dans l'ensemble de la représentation.

Malgré ces fautes et imperfections, que nous n'avons pas cherché à dissimuler, l'action du *Don Quichotte* est douée d'une telle puissance d'illusion, que les lecteurs les plus froids se passionnent pour le héros et sont profondément attristés de sa mort. Tout l'ouvrage se grave sans peine et reste imprimé dans la mémoire. Je puis dire quant à moi qu'il y a plus de vingt-cinq ans que je ne l'ai ouvert, si ce n'est pour feuilleter quelque édition espagnole et beaucoup d'étrangères, mais sans lire un chapitre entier, le plus souvent pas même une page, et cependant je ne crains pas d'être tombé dans une erreur importante relativement aux citations et dans l'ordre que j'ai suivi dans ce discours.

Pour prouver cet immense mérite du *Don Quichotte*, j'aurais pu charger de nombreuses pages de puissantes autorités, spécialement anglaises et allemandes. On y aurait vu l'enthousiasme, presque l'adoration qu'il inspira universellement aux étrangers, en dépit de l'impossibilité où ils se trouvent de se bien identifier avec le génie de la langue castillanne. Dans la seule année 1826, me trouvant en France, j'ai vu paraître trois nouvelles traductions, très mauvaises toutes trois. Mais cette rivalité de publications prouve la haute estime que l'on fait du modèle.

Au milieu de ces applaudissements, de ces acclamations universelles, il n'a pas manqué *d'obscurs blasphémateurs* contre les torrents de lumière de l'astre du jour, je veux dire de détracteurs du *Don Quichotte*. Mais quels, et combien sont-ils? Un imbécile, un idiot, et cinq ou six insectes invisibles de même espèce, ou pires encore.

Ne pas goûter *Don Quichotte* ne prouve pas seulement un idiotisme confirmé, mais une espèce de lésion intellectuelle, une nullité radicale, un désordre d'organisation, comme de ne pas aimer les mets sains et agréables, de mépriser la poésie, la musique, la peinture et les arts, qui sont l'attribut distinctif, la gloire et le charme de l'humanité.

J'éprouverais un profond chagrin si les dames dont je suis idolâtre obscurcissaient leurs qualités par la tache immense, honteuse de rester froides aux admirables beautés du *Don Quichotte.* Laissons tomber le rideau, et n'essayons pas de pénétrer dans les sources de la sensibilité et de l'intelligence particulières à chaque sexe. Nous jeter dans ces recherches si profondes serait nous exposer à notre tour au reproche de Don Quichotte : « Vous êtes des métaphysiciens, etc. »

Nous insistons sur ce que le charme du *Don Quichotte* surpasse de beaucoup celui de tous les romans qui ont paru, mais nous reconnaissons que cette magie, dont on ne se défend pas à la lecture, ne s'étend pas jusqu'au théâtre. L'art dramatique demande un autre genre d'illusion, plus direct, plus sensible ; les sujets qu'il comporte doivent toujours être d'un effet théâtral, mais en même temps naturels, et surtout ne point offrir de personnages atteints d'une folie qui puisse être confondue avec la démence absolue, sans ressource. Ces sortes de tableaux répugnent ou excitent une pitié douloureuse qui ne provoque pas le rire, et inspire encore moins la satisfaction et le plaisir. Ainsi, quoique le drame du doucereux Melendez, dont nous avons déjà parlé, pût être moins froid et moins monotone, il est certain que le personnage de Don Quichotte n'est pas propre au théâtre. Tous les essais qu'on a faits pour l'y transporter, tant en Espagne qu'au dehors, ont complétement échoué. Laissons donc nos héros de la Manche au point de vue où Cervantes les a placés, parce qu'en toute autre situation, ils ne se trouvent pas dans le jour qui leur convient.

Après avoir parcouru avec tant d'agrément les chemins fleuris, obscurcissons le tableau, et engageons-nous, par une triste opposition, dans une route stérile et pierreuse. Parlons quelque peu d'Avellaneda.

J'habitais Saragosse, dans la rue *del Coso,* avec un ami qui me dit avoir l'Avellaneda. Notre curiosité fut excitée, et, pour la satisfaire, j'allai le chercher derrière les tablettes où il était enseveli dans un profond et légitime oubli. Par un hasard singulier, j'ouvris le livre à un passage relatif à ce même endroit où nous nous trouvions alors ; circonstance imprévue qui devait rendre le livre un peu plus intéressant. L'auteur suppose un tournoi, et Don Quichotte, passant devant la maison du comte de Sastago (en face de laquelle nous faisions cette lecture), bégayait un compliment, ni tendre, ni spirituel, ni chevaleresque à une jeune fille qui lui répondait en fermant brusquement la fenêtre. A la vue de cette insulte, Sancho s'écrie : « Si je prends ici la moitié d'une brique, j'apprendrai à cette *paz-« puerca,* etc. » Voici un idiot, m'écriai-je, qui méconnaît tous les styles, et prend un langage vil et grossier pour de la simplicité et du naturel, et je courus, avec l'approbation des assistants, replacer dans son coin, au milieu des toiles d'araignée, ce maladroit usurpateur d'une renommée inexpugnable.

Revenons à Cervantes. Il est constant que, dans l'année 1605, où parut la première partie du *Don Quichotte,* on en donna quatre éditions. On ne voit pas dès lors qu'il fut nécessaire qu'il en recommandât la lecture et le mérite par un opuscule intitulé *le Buscapie* (la fusée). On a douté de son existence, mais à tort. Un correspondant de Rios, appelé Ruiz-Diaz, dont on ne doit pas suspecter la bonne foi, affirme l'avoir lu. Il donne quelque idée, quoique superficielle, de ce qu'il contenait ; il avait pour but de lever le voile de quelques allusions, de désigner quelques personnages ; il y protestait du reste que son intention était de renverser les livres de chevalerie, ce qu'il avait déjà fait connaître dans son prologue et dans le cours de l'ouvrage.

Ruiz-Diaz cite l'exemplaire comme appartenant à la bibliothèque des comtes de Saceda. Le comte actuel est précisément un de mes intimes amis, et j'ai habité des mois entiers son superbe palais, imité d'Aranjuez, et qui porte le nom de *Nouveau Bastan*. Dans l'intention de trouver cet exemplaire, j'ai visité exactement toute sa bibliothèque que j'avais à ma disposition, et dans celle-ci, pas plus que dans celle de Madrid, ni dans leurs catalogues respectifs anciens ou nouveaux, je n'ai découvert la plus légère trace qui ait pu me faire soupçonner que le *Buscapie* s'y trouvât ou s'y fût trouvé dans aucun temps. Et on ne peut croire que quelque ravisseur, pour s'approprier cette dépouille, ait trouvé le temps et l'occasion de faire de nouveaux catalogues où cet article fût omis, car il n'y a ni corrections ni ratures sur ceux qui existent.

Ce fait n'anéantit pas assurément le témoignage de Ruiz-Diaz, mais il est loin de le fortifier. Si, par oubli, il s'est trompé sur la bibliothèque dépositaire du manuscrit, cette légèreté peut jeter quelque doute sur la réalité de la découverte et de la lecture. Enfin, j'avoue que je ne puis avoir d'opinion fixe sur ce point de très peu d'importance.

Nous avons laissé Cervantes avili dans l'emploi si peu digne d'un aussi grand génie, de poursuivre et saigner les peuples épuisés en leur arrachant jusqu'au dernier maravédi. Les historiens et biographes de Cervantes ont déterré à grand'peine un document daté de Velez-Malaga. Il n'est pas fait pour augmenter la renommée de son auteur. C'est une lettre adressée, non à un grand ou à un ministre, mais au roi Philippe II lui-même. Le contenu en est si pauvre, aussi bien pour le fond que pour la forme, c'est-à-dire pour le style que pour l'orthographe, qu'il n'y a pas aujourd'hui un commis, un garde-notes du plus mince village qui n'écrivît à un alcade ou à la plus petite autorité avec plus de décence et de régularité. Enfin il y a autant de distance entre le Cervantes du *Don Quichotte* et le pauvre receveur correspondant du monarque, du premier souverain de l'Europe dans ce siècle de troubles, qu'il y en a d'un pôle à l'autre.

Quoi qu'il en soit, l'écrit paraît autographe. Il a été reproduit avec la plus scrupuleuse exactitude par le procédé qu'un usage moderne et barbare a nommé *fac-simile*. Si cette ridicule pièce est réellement de l'auteur du *Don Quichotte*, du premier génie du monde, nous ne pouvons que répéter avec douleur que le divin Homère, non seulement s'endort quelquefois, mais qu'il s'éclipsa et s'anéantit pour cette fois-là.

Pendant qu'il était receveur, il lui survint souvent des malheurs et des emprisonnements. On ignore la cause de celui qu'il subit pendant cinq ans à Argamasilla. La tradition constante, qui le place dans la prison de cet endroit, ne rapporte aucune des circonstances et des motifs de ce mémorable événement. Cette opinion générale, fondée sur ce qu'en dit positivement le patient lui-même, est confirmée par la dénomination de *Monicongo* et autres noms extravagants des académiciens d'Argamasilla, et par diverses allusions à cet événement ; mais nous restons toujours dans la même obscurité quant aux détails qui nous intéressent si vivement.

Il eut à souffrir à Valladolid un autre emprisonnement plus douloureux encore, et que l'on voudrait pouvoir oublier, car il prouve la situation de plus en plus déplorable, dans laquelle il usait inutilement et dans l'amertume une vie déjà avancée et toujours souffrante.

Enfin, après tant de vicissitudes, il vint se fixer à Madrid, dans la rue des Francs (*calle de Francos*), au coin de celle de Léon, toujours poursuivi par la pauvreté et dans le plus cruel dénûment. Tantôt un mauvais libraire, nommé Villaroel, lui reprochait en face qu'on pouvait attendre *quelque chose* de sa prose, mais *rien* de ses vers ; tantôt le satirique ou flatteur Villegas le traitait de mauvais poëte et de *quicholiste*, cherchant ainsi à ridiculiser son éternel titre à la gloire ; tantôt enfin, dans l'intérieur de son misérable asile, insulté, méprisé par des valets ou des créanciers sans pitié, sa vie, ou plutôt son agonie, n'était qu'une alternative sans repos d'humiliation et de martyre.

Rios s'est imposé la tâche de vanter, d'exalter les preuves tardives de considération et de pitié que lui donnèrent à de longs intervalles l'archevêque Sandoval et le comte de Lemos. Cervantes ne leur épargne pas lui-même les démonstrations d'une profonde reconnaissance. Mais quels étaient donc ces secours, qui n'allèrent jamais jusqu'à lui constituer la plus mince pension, ou à le placer dans quelque emploi de leur dépendance ? Pendant que le stupide et lâche duc de Lerma, qui a dépeuplé, appauvri la nation, entouré de vils et cupides flatteurs, regorgeait de richesses et étalait un luxe effréné dans ses palais plus brillants que ceux des souverains, le plus rare génie, celui qu'on faisait chercher à Alger, par la voix du héraut, pour ses actes d'un courage presque fabuleux, gisait sans force sur un grabat, dans le coin poudreux d'un galetas obscur, luttant jour et nuit contre les horreurs de l'indigence.

Que dis-je ? Aujourd'hui même, malgré tout l'enthousiasme dont il semble l'objet, s'il revenait au monde, je le proclame hautement, il mourrait de faim. L'auteur, dont les écrits ont rapporté et produisent encore plus de richesses qu'il n'en faudrait pour faire un puissant potentat, expirerait encore dans le plus affreux dénûment. Où est, en effet, l'honorable et suffisante réparation que la postérité ait faite à sa mémoire ? Seraient-ce les magnifiques éditions de *Don Quichotte* qui n'ont servi qu'à enrichir des spéculateurs ?

On proposa, il y a quelques années, de donner le nom de Cervantes à la rue des Francs, ainsi qu'à Alcala et à l'Henares ; munificence qui eût coûté la grande dépense d'un trait de plume. On a exprimé également le désir d'ouvrir une souscription générale en Europe. Elle aurait produit à Londres seul des millions ; on eût érigé, non une statue, mais un somptueux monument, honneur immense pour la nation. Mais, malgré ces ardentes réclamations de l'enthousiasme, Cervantes ne possède d'autre mausolée que le tribut que lui a payé à la fin de sa poétique un simple écrivain, sans autre impulsion que celle de l'idolâtrie qu'il lui a vouée, sans autre ambition que d'accomplir un acte de justice et d'honneur national.

Cervantes, d'après ce qu'il dit lui-même, et le portrait plein d'expression gravé par mon ami, l'habile professeur don Blas Ametller, tiré de copies qu'on suppose provenir du portrait fait par le poëte et peintre Jauregui, dont l'auteur de *Don Quichotte* parle avec reconnaissance ; Cervantes, dis-je, était d'une taille ordinaire et bien prise, d'une physionomie intéressante, ses yeux étaient perçants, son visage aquilin et agréable, son extérieur gracieux. Son front, soit réellement, soit par un effet de la sympathie de ceux qui le contemplent, respire l'esprit, l'imagination et la grâce. Malgré sa lenteur naturelle à s'exprimer, ou pour mieux dire son bégaiement, sa conversation était vive, enjouée, agréable. Inébranlable en amitié, rempli de la plus expansive gratitude pour les services les plus minces, il aurait été généreux et bienfaisant, si le sort ne lui avait interdit l'exercice de ces vertus qu'il attendit toujours des autres. Son héroïsme se fait distinguer encore dans ce siècle de valeur et de gloire pour la nation espagnole.

Il était fils de Rodrigo et de doña Leonor de Cortinas. Il eut un frère, Rodrigo, et deux sœurs, Andrea et Luisa. Il épousa doña Catalina Palacios de Esquivias; elle eut une petite dot de cinq à six mille réaux, dans le détail figurent dix poules, etc.

On ne dit pas qu'il ait eu d'enfants.

Son agonie s'aggrava; il en peignit lui-même les douleurs dans ces paroles pathétiques : *Les angoisses augmentent, les espérances diminuent*, etc. En expirant, ses yeux obscurcis virent encore la puissance et la richesse aux mains de la sottise plus triomphante, plus destructive que jamais.

Les érudits se sont appliqués à débrouiller dans la poudre des archives, des parchemins jaunis et gothiques pour découvrir dans ces sources obscures les liens de famille de Cervantes avec les personnages les plus élevés; ce serait, au contraire, à ces hauts personnages de se faire honneur de soigneuses recherches pour découvrir quelques alliances entre eux et un homme qui fait honneur à l'humanité.

On ignore le lieu où repose sa cendre.

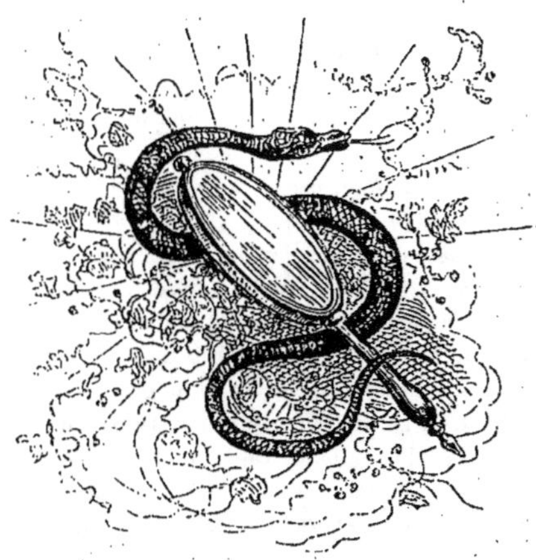

AVERTISSEMENT.

On a dit avec sévérité, mais non sans quelque justice, que le chef-d'œuvre de la littérature espagnole, le *Don Quichotte* de Michel Cervantes, était mal connu en France. La faute n'en est pas seulement aux traducteurs, elle tient plus encore à l'impossibilité de transporter d'une langue dans une autre une foule d'idées propres au sol, de locutions et d'idiotisme. Ces idées, ces formes de langage, ne peuvent être rendues littéralement sans que leur plus grand charme ne soit altéré, et le système des équivalents se trouve presque constamment en opposition, soit avec le temps où se passe l'action, soit avec le caractère des personnages mis en scène.

Je n'ai pas la prétention de reproduire le mérite d'un ouvrage que toutes les nations s'accordent à proclamer impossible à faire passer dans leur langue ; mais je pense qu'avec une étude persévérante de la langue et du génie espagnols, on peut arriver à une traduction fidèle du texte, et s'efforcer, du moins, de ne pas rester trop au-dessous des grâces et de l'originalité du modèle.

Les traductions qui ont paru ont eu d'innombrables éditions, et si les nouveaux traducteurs ont condamné, quelquefois avec trop de légèreté, l'œuvre de leurs devanciers, eux-mêmes subissent les jugements sévères dont ils ne se sont pas montrés assez avares.

C'est ainsi que Filleau de Saint-Martin condamne la sécheresse littérale d'Oudin ; c'est ainsi que Bouchon-Dubournial, qui s'est fait un système tout particulier, accuse Filleau de Saint-Martin, et paraphrase lui-même, dans sa longue et infidèle traduction, le texte de Cervantes, qu'il reproduit bien rarement. A peu près dans le même temps que Bouchon-Dubournial, un autre traducteur peu connu, dont le nom même ne figure pas sur son travail, au moins sur l'édition dont je me suis servi, Delaunay, prend pour modèle Filleau de Saint-Martin, et l'améliore par des corrections quelquefois heureuses.

A côté de l'opinion des traducteurs se jugeant les uns les autres, le public aussi a placé la sienne. Il a su gré à Oudin de sa naïveté, a reconnu dans Filleau de Saint-Martin quelques avantages de style sur son devancier, mais a condamné ses additions, ses retranchements et beaucoup d'erreurs de détail. Les autres, accueillis d'abord avec faveur, comme Florian et Dubournial, ont bientôt été rejetés à cause de la trop grande liberté qu'ils se sont donnée. Florian a fait un *Don Quichotte* à sa guise, et Bouchon-Dubournial n'a pas même su, comme Florian, faire un ouvrage agréable en exploitant un original aussi amusant. Ainsi, le temps qui classe, comme nous l'avons dit, les hommes et les œuvres, a fait la part de chacun. Il a reconnu que la traduction de *Don Quichotte* était encore à faire, et cet appel à de nouveaux efforts a dû être entendu.

Le travail de Delaunay, tout en améliorant celui de ses devanciers, est bien loin de l'exactitude désirable. Le style n'en est pas élégant, c'est un malheur presque inévitable dans une traduction, et de plus, il n'est pas toujours correct. J'ajoute que le texte, en mainte occasion, n'y est pas entendu, ou n'est pas rendu quand il est compris, et que l'on trouve, sous ce rapport, les plus incroyables preuves de négligence. Quoi qu'il en soit, Delaunay a sur ses devanciers l'avantage de ne point se permettre de modifications volontaires de texte, et d'avoir traduit tout ce que Cervantes a placé dans son ouvrage.

Les différents traducteurs ont cru devoir reproduire en vers, ou supprimer entièrement, les poésies de mètres et de genres variés que Cervantes a insérées dans son *Don Quichotte*. Ils se sont fondés sur le peu de mérite de ces morceaux, tribut payé par l'auteur à la manie de son temps, et preuve malheureuse de sa propre faiblesse pour un genre qui n'était pas le sien. Je pense que quel que soit le degré de mérite de ces poésies, elles font connaître l'homme et sont inséparables de l'ouvrage. Je pense que les traduire en vers beaucoup plus défectueux que ceux de l'original, ou les supprimer, est également un tort. Tout le monde est d'accord aujourd'hui sur ce point, qu'un auteur doit être présenté tel qu'il est. Pour juger l'homme et la littérature du pays, il faut les connaître, et je crois que les lecteurs de *Don Quichotte* peuvent très légitimement vouloir prononcer par eux-mêmes sur ces vers trop décriés, quoique peu dignes, en effet, du grand nom de leur auteur. Cervantes n'a pas manqué d'ennemis qui lui ont reproché même de mal écrire en prose, il serait plus étonnant encore qu'il n'eût pas trouvé de critiques qui lui reprochassent de mal écrire en vers. A entendre les uns et les autres, le plus grand écrivain de l'Espagne n'aurait pas conservé un seul genre de talent. Une des causes qui ont le plus contribué à faire méconnaître le mérite du *Don Quichotte*, lorsqu'il a paru, c'est le rôle tout-à-fait subalterne de la prose à l'époque de Cervantes. Lui-même, imbu du préjugé de son temps, était plus fier de ses œuvres dramatiques et de ses poésies, que de l'immortel ouvrage qui devait faire vivre à jamais son nom.

J'ai pensé qu'un travail qui aurait pour but de s'éclairer des efforts déjà faits et de la comparaison des différentes traductions conférées avec le texte, serait de nature à reproduire avec la plus grande exactitude possible et avec clarté le chef-d'œuvre de Cervantes. La traduction, à mon avis, la moins imparfaite devait donc me servir de base. J'ai choisi celle de Delaunay, qui n'est autre que celle de Filleau corrigée. Sur cette traduction, d'après le texte, mes propres idées et avec l'aide des autres traducteurs, j'ai réformé ce qui me semblait défectueux et conservé ce qui me semblait bon. Ce travail, qui me paraît simple, m'avait conduit à des corrections si nombreuses (trop peu nombreuses encore pourtant), que c'était presque une œuvre nouvelle. Je n'ai pas tardé à reconnaître que j'aurais dû corriger bien d'autres choses pour atteindre le but que je m'étais proposé. Je dis donc ce que j'aurais dû faire plutôt que ce que j'ai fait dans la première édition, car, je dois l'avouer, ce premier travail est tout à fait insuffisant, pour ne pas dire plus.

Après m'être permis de juger les autres, il faut bien que je fasse aussi ma confession, ne fût-ce que pour diminuer par la franchise de l'aveu la sévérité méritée de la critique. La première édition de ma traduction faite, comme je viens de le dire, sur celle de Delaunay, laisse subsister encore, après les innombrables corrections que j'y avais faites, tant d'erreurs, et, pour trancher le mot, de faux sens, qu'il était indispensable d'en faire une révision complète. Pour parler plus exactement, c'était un travail à refaire et à refaire autrement, c'est-à-dire une véritable et nouvelle traduction. Je n'ai pas dû reculer devant le temps et les difficultés. Par respect pour le public, et, s'il m'est permis de le dire, par respect pour moi-même, je ne devais pas laisser subsister une œuvre aussi défectueuse. J'avais eu tort de ne pas bien faire, j'aurais été inexcusable de ne pas tenter au moins de faire mieux, lorsque des lectures, des études nouvelles et des conseils m'en donnaient le moyen.

Mon tort avait été de croire qu'il suffisait de revoir assez rapidement une traduction antérieure à l'aide d'une étude comparée du texte et des traducteurs. Trop de choses échappent dans une telle révision, qui n'a pas l'intérêt et surtout l'unité d'un travail entrepris sur sa vraie base, la traduction complète et suivie du texte. C'est donc à traduire, pour ne rien laisser subsister de mes propres erreurs ou des erreurs de l'ancienne traduction qui m'étaient échappées en trop grand nombre, que je me suis appliqué. En signant mon premier travail, j'avais pris envers les autres et envers moi l'engagement d'honneur de faire aussi bien qu'il m'était possible : c'est cette dette que je viens acquitter aujourd'hui. Cela ne m'empêche pas de croire qu'il est peut-être à regretter que l'ambition de donner une œuvre nouvelle ait détourné les écrivains d'un travail de comparaison et d'amélioration, à la vérité pénible et peu attrayant, mais utile quand il ne sort pas de ses limites raisonnables. Ce travail, comme je viens de le dire, ne doit pas être seulement une correction successive; entrepris sur sa véritable base, c'est-à-dire comme contrôle d'une traduction, il est la meilleure garantie d'exactitude et de perfectionnement progressif. Perfectionner ne doit pas être seulement un calcul d'amour-propre, mais un effort vers le mieux. Les ouvrages des hommes n'arrivent pas d'un seul jet à la hauteur qu'ils doivent se proposer d'atteindre ; un premier essai en appelle un plus heureux ; c'est une échelle dont les degrés successifs se rapprochent d'un terme : mon espoir a été de faire un pas de plus.

Après avoir parlé de la pensée qui m'a dirigé dans cette traduction de *Don Quichotte*, je dois ajouter quelques mots sur les circonstances dans lesquelles elle a été primitivement faite. Je me livrais à ce travail dans le même temps que M. L. Viardot terminait le sien. Ma traduction était faite et à l'impression lorsque la sienne a paru. Je n'ai donc pu en tirer aucun secours. Je suis plus heureux dans cette seconde édition. C'est un hommage que je dois et que je rends volontiers à ce travail distingué. Cependant, cet hommage même m'oblige à dire pourquoi je reste dans la lice en présence d'un succès aussi peu contestable.

Ce motif est que je ne crois pas qu'il n'y ait plus rien à faire pour bien reproduire le *Don Quichotte*.

M. Viardot fait observer avec raison que le traducteur doit s'appliquer à rendre le sens dans toute sa vérité, dans toute sa rigueur, à reproduire l'effet de chaque période, de chaque phrase et presque de chaque mot. Après quelques autres observations sur les devoirs des traducteurs, il ajoute : Notre langue du XVIe siècle se rapprochait assez de celle de l'Espagne pour m'offrir des analogies et des ressources que me refuse notre langue émancipée du XIXe siècle. La question est de savoir si l'exécution a constamment justifié la doctrine.

S'il fallait s'en rapporter aux observations qu'un critique allemand a publiées sur le prologue du *Don Quichotte*, traduit par M. Viardot, celui-ci n'aurait pas obéi aux conditions d'exactitude littérale qu'il signale comme possibles, grâce à l'analogie des deux langues, et dont il fait le premier devoir du traducteur. Je dois dire que le critique m'a paru, dans ses observations, porter si loin le respect de l'expression littérale, que la reproduction des idées pourrait s'en ressentir d'une manière fâcheuse. Les langues ne peuvent pas être tellement juxtaposées, malgré leur ressemblance et ce qu'elles ont de commun dans leur origine, qu'une traduction puisse être, pour ainsi dire, une nouvelle épreuve du texte original. Il est des mots semblables qui ne sont pas pris, d'une langue à une autre, dans le même sens ; les reproduire serait en méconnaître la valeur. Cependant, je crois qu'en plus d'une occasion M. Viardot a cédé à l'habitude qu'il a de manier facilement la langue de notre temps, et qu'en ce sens il y a quelque chose à reprendre dans la manière dont il a suivi son propre programme. Cela ne veut pas dire qu'il l'ait abandonné complétement et qu'il se soit fait une recommandation d'une idée juste, lorsqu'elle est renfermée dans ses véritables limites, pour se donner ensuite le droit de n'en pas tenir compte. Ce n'est pas là mon idée. Mais je pense que, fidèle à sa théorie dans beaucoup d'occasions où il lui a paru obligatoire de ne pas s'en écarter, il s'est donné sur le reste une liberté plus grande. Il a craint sans doute que les oreilles modernes ne fussent trop souvent déroutées par des formes étrangères ; en un mot, bien loin d'être exposé au seul reproche d'archaïsme, comme il paraît s'y résigner, je le crois exposé parfois au reproche contraire. Peut-être aussi résulte-t-il de là qu'on pourrait désirer dans son ouvrage un peu plus d'unité de couleur.

Il est exact de dire en général que notre langue du XVIe siècle se rapprochait de celle de l'Espagne, et que le traducteur y trouve des ressources et des analogies. Cela toutefois demande, au point de vue littéraire, quelque explication. Ce serait une grave erreur que de croire, et la proposition absolue pourrait nous y entraîner, que de croire, dis-je, que les langues française et espagnole étaient plus rapprochées au XVIe siècle qu'au XIXe. Je crois précisément le contraire. C'est pour cette raison que le purisme en Espagne, se faisant l'auxiliaire d'une nationalité jalouse et qui n'est pas en cause, multiplie les efforts pour lutter contre la tendance qui abaisse chaque jour les barrières derrière lesquelles les langues ne trouvent plus à se retrancher. Le purisme y perdra ses prétentions, le cours des choses est plus fort que les hommes. Les besoins, les idées, les communications faciles, tout aujourd'hui rapproche invinciblement les peuples. On s'emprunte des mots, et, bien plus, des institutions, comme on échange des produits et des modes. Les formes mêmes du langage se modifient comme l'existence sociale. Il n'y a pas de

Français un peu lettré qui, à l'aide de quelque attention, ne parvienne à comprendre les comédies de Moratin; mais il y a loin de là à entendre Cervantes. Il faut donc en effet emprunter beaucoup, et autant que le goût le permet, à la langue du XVIe siècle ou du commencement du XVIIe. Mais ce n'est pas seulement pour y retrouver l'analogie des formes et le rapprochement dans la valeur des mots qui doivent permettre de suivre de plus près un original du même temps.

Il ne faut pas perdre de vue d'abord que les deux langues n'ont pas été fixées à la même époque; que le français, sous ce rapport, est fort en arrière de l'espagnol, et que si les causes de rapprochement sont réelles, parce qu'il est des ressemblances qui tiennent à la nature même des mots, il existe des différences qui tiennent au génie des peuples et au degré de leur éducation littéraire. La grande analogie des deux langues tenait plus au XVIe siècle, indépendamment de leur source latine, au rapport des usages de cour, à l'influence politique de l'Espagne, à une couleur franche et naïve particulière à l'époque; elle dérive en ce temps-ci des communications plus générales et plus habituelles entre les peuples, des rapports logiques entre la construction des périodes et l'ordre des idées, caractère plus particulièrement propre jusqu'ici à la langue française.

C'est donc à la simplicité, à la naïveté du langage en général dans la première partie du XVIIe siècle, beaucoup plus qu'au rapport réel, mais non pas universel des mots et des idées populaires et nationales, qu'il convient de s'attacher en évitant à la fois l'affectation de l'archaïsme et certaines formes convenues particulières à notre temps. Je crois que, dans cette direction, les traductions existantes laissent quelque chose à faire, et c'est là ce que j'ai tenté.

J'ai traduit aussi littéralement que possible, parce que l'origine des deux langues, en ce qu'elle a de commun, les rapports d'usages et d'expressions le permettent souvent, et parce que le respect du texte m'en faisait une loi. J'ai sacrifié sciemment et sans regret des formes de style plus appropriées à nos idées modernes d'élégance, lorsque peut-être j'aurais pu m'y laisser entraîner, parce que le ton moderne est un contre-sens perpétuel dans une traduction de *Don Quichotte*. S'il existe un moyen, non de reproduire le grand caractère, la noblesse du style, le naturel ou l'éloquence du modèle, mais de faire sentir ces mérites du *Don Quichotte*, c'est par une traduction naïve du texte qu'on l'obtiendra. On peut espérer du moins que l'intérêt des situations, la noblesse ou la simplicité du langage suivant le caractère des personnages, s'y refléteront comme une image affaiblie, et qu'on obtiendra les traits, sinon les couleurs, d'un des plus nobles originaux que le génie d'un homme supérieur ait produit chez tous les peuples.

L'INGÉNIEUX GENTILHOMME
DON QUICHOTTE
DE LA MANCHE
PREMIÈRE PARTIE

Je n'avais traduit dans la première édition qu'une partie du titre. Le mot *Ingenioso hidalgo* n'offre pas précisément l'image que nous reproduisons littéralement par l'*Ingénieux gentilhomme.*

Le mot *ingenio* a plusieurs significations en espagnol : il s'applique à la faculté intelligente qui préside à l'exécution d'une chose et à la chose même. Ainsi l'aqueduc qui conduit les eaux du Tage au palais de Tolède est un *ingenio.* Du temps de Cervantes on donnait ce nom aux poëtes et aux écrivains. Les pièces de Lope de Vega sont désignées ainsi : *por un ingenio de esta corte*, par un *génie* ou un poëte de cette résidence royale. L'épithète s'applique probablement dans l'idée de Cervantes aussi bien à l'ouvrage qu'au héros. Je la rends ici par le mot, non pas équivalent, mais consacré d'ingénieux pour ne pas tronquer le titre et ne pas innover en modifiant sans nécessité un usage reçu.

Je dirai la même chose de l'orthographe du nom du héros ; j'avais laissé subsister l'orthographe espagnole *Quijote ;* on m'a blâmé avec raison sans doute, d'avoir dérouté l'oreille du lecteur. Je me soumets sans peine.

PROLOGUE.

Tu peux bien croire sans que j'en jure, lecteur de loisir, que je voudrais que ce livre, enfant de mon esprit, fût le plus beau, le plus agréable, le plus spirituel qui se puisse imaginer; mais je n'ai pu contrevenir à l'ordre de la nature, qui veut que les semblables s'engendrent l'un l'autre. Que pouvait engendrer mon esprit stérile et mal cultivé, sinon une production sèche, décharnée, fantasque, remplie de pensées hasardées qui jamais ne sont venues à personne? C'est ce qu'on doit attendre de toute œuvre qui reçoit le jour dans une prison qu'habitent toutes les souffrances, où ne s'entendent que de tristes bruits. Un doux loisir, un séjour agréable, l'aimable vie des champs, la sérénité du ciel, le murmure des eaux, la tranquillité d'esprit, suffisent pour féconder les muses les plus stériles, et leur faire produire des fruits qui remplissent le monde de plaisir et d'admiration.

Quand un père n'a qu'un enfant sot et sans grâces, l'amour qu'il lui porte tend un bandeau sur ses yeux et lui cache ses défauts; il les prend pour des avantages et les vante à ses amis comme des choses heureuses et agréables. Pour moi, qui ne suis que le père par adoption[1] de don Quichotte, quoique j'en

[1] *Padrastro*, beau-père.

paraisse le père, je ne suivrai point le torrent de l'usage, en te suppliant, lecteur, les larmes aux yeux, comme tant d'autres, de pardonner ou de dissimuler les fautes de cet enfant chéri : tu ne's ni son parent, ni son ami ; tes pensées sont à toi, et tu as aussi bien ton libre arbitre que le plus somptueux ; tu es maître dans ta maison aussi bien que le roi l'est de ses gabelles, et tu connais le proverbe : Sous mon manteau je puis tuer le roi. Tout cela te dispense d'égards et d'obligations ; ainsi tu peux dire de cette histoire tout ce qu'il te plaira, sans t'attendre à être calomnié pour le mal, ou remercié pour le bien qu'il te conviendra d'en dire : je voudrais seulement te la donner toute nue, sans les ornements d'un prologue et ce cortége infini de sonnets, d'épigrammes, d'éloges qu'on a coutume de mettre à la tête d'un livre; car je puis t'avouer que, quoique cette histoire m'ait coûté quelque peine à composer, la plus grande pour moi a été de faire la préface que tu lis ; plusieurs fois j'ai pris la plume pour l'écrire, et je l'ai plusieurs fois quittée, ne sachant ce que j'écrirais.

Un jour, indécis comme de coutume, le papier devant moi, la plume à l'oreille, le coude appuyé sur ma table et la joue dans ma main, je rêvais à ce que je pourrais dire, quand, à l'improviste, entre un de mes amis, homme d'esprit et de bon sens, qui, me voyant si pensif, m'en demanda la cause : je ne lui en fis pas mystère, et lui dis que je pensais au prologue que j'avais à composer pour l'Histoire de Don Quichotte, mais qu'il me donnait tant de peine que j'avais envie d'y renoncer, et même de ne point publier les grandes aventures d'un si noble chevalier.

Comment voulez-vous, ajoutai-je, que je ne sois pas couvert de confusion? que dira cet antique législateur qu'on nomme le public, lorsque après tant de temps passé dans le silence et dans l'oubli, il me verra reparaître, chargé d'années, avec un ouvrage maigre, dénué d'invention, défectueux par le style, pauvre de conception, dépourvu d'érudition, sans notes marginales, sans remarques à la fin, comme tant d'autres livres, qui, bien que fabuleux et profanes, sont si remplis de sentences tirées d'Aristote, de Platon et de toute l'armée des philosophes, que les lecteurs émerveillés prennent les auteurs pour des hommes éloquents, érudits et profonds? Quand ils citent la sainte Écriture, on ne les prendrait pas pour moins que des saint Thomas, ou autres docteurs de l'Église ; ils le font avec une bienséance si parfaite, que, dans une ligne ils peignent un amoureux fou, et dans une autre ils font un petit sermon chrétien tel que c'est plaisir et vraie fête de le lire ou de l'entendre. Mon livre n'a rien de tout cela ; je ne sais quelles notes mettre en marge, quelles remarques placer à la fin. Je ne sais pas davantage quels auteurs j'ai suivis dans cet ouvrage ; ainsi, je ne puis, comme font les autres, les ranger en tête du livre, en ordre alphabétique, commençant par Aristote, et finissant par Xénophon, Zoïle ou Zeuxis, bien que l'un fût un médisant, et l'autre un peintre. De plus, mon livre n'a point au début de sonnets, du moins de ceux dont les auteurs sont ducs, marquis, comtes, évêques, dames ou poëtes célèbres ; quoique je sache bien que, si j'en demandais à deux ou trois officiers de mes amis, ils m'en donneraient de tels qu'ils ne seraient pas égalés par ceux des personnages les plus célèbres de notre Espagne. Enfin, mon cher ami, poursuivis-je, j'ai résolu que le seigneur Don Quichotte demeure enseveli dans les archives de la Manche, jusqu'à ce que le ciel envoie quelqu'un qui l'enrichisse de toutes les choses qui lui manquent, car je me trouve incapable d'y remédier, par insuffisance et absence de littérature. D'ailleurs, je suis naturellement timide et paresseux d'aller chercher des auteurs pour dire ce que je saurai bien dire sans eux ; de là vient la méditation où vous m'avez trouvé, et ce que je vous ai dit m'en fournit un assez grand sujet.

A ces mots, mon ami se donna du plat de la main sur le front, et, partant d'un éclat de rire : Parbleu, frère, dit-il, j'achève de sortir d'une erreur dans laquelle je suis resté depuis que je vous connais. Je vous avais toujours cru prudent, avisé dans toutes vos actions, mais je vois bien à présent que vous en êtes aussi loin que le ciel l'est de la terre. Comment est-il possible qu'un aussi bon esprit que le vôtre, et si propre à surmonter de plus grandes difficultés, puisse être interdit et accablé par des choses de si peu d'importance, et auxquelles il est si facile de remédier? Cela ne vient point, en vérité, d'un défaut d'habileté, mais d'un excès de paresse qui vous rend avare de paroles. Voulez-vous savoir si ce que je dis est vrai? écoutez-moi, vous verrez qu'en un clin d'œil j'aurai détruit toutes les difficultés, et porté remède à tous les obstacles qui vous arrêtent, vous intimident et vous empêchent de publier l'histoire de votre fameux Don Quichotte, miroir de toute chevalerie errante. Dites-moi donc, répliquai-je, en l'entendant parler ainsi, comment vous remplirez le vide que je redoute, comment vous débrouillerez le chaos où je demeure confondu? La première chose qui vous arrête, répondit-il, c'est que vous n'avez point de sonnets, d'épigrammes, d'éloges faits par des personnes graves et titrées, pour mettre en tête de votre livre ; vous y pouvez remédier en prenant vous-même la peine de les faire ; baptisez-les ensuite et leur donnez tel nom qu'il vous plaira : vous pourrez les attribuer au preste-Jean des Indes, ou à l'empereur de Trébisonde ; je sais qu'on les connaît pour des poëtes fameux. Mais, quand il n'en serait rien, et que quelques pédants ou bavards vous contesteraient cette vérité, ne vous en souciez de deux maravédis : pour avoir découvert la supercherie, ils ne vous couperont point la main qui l'aura écrite.

Quant aux citations marginales des auteurs et des livres dont vous aurez tiré, pour votre histoire, des passages ou des sentences, vous n'avez qu'à faire venir à propos quelques traits de latin que vous sachiez par cœur, ou dont la recherche vous coûte peu de peine. Par exemple, en parlant de l'esclavage et de la liberté, vous mettrez :

Non bene pro toto libertas venditur auro[1];

et en marge vous citerez Horace, ou celui qui l'a dit. Si vous traitez du pouvoir de la mort, citez sur-le-champ :

Pallida mors æquo pulsat pede
Pauperum tabernas, regumque turres[2].

S'il s'agit de la bienveillance et de l'amour que Dieu veut que nous ayons pour nos ennemis, jetez-vous dans l'Écriture sainte ; vous pouvez le faire avec tant soit peu de soin, et citer les paroles de Dieu même : *Ego autem dico vobis, diligite inimicos vestros*. Si vous parlez de mauvaises pensées, appuyez-vous sur l'Évan-

[1] Tout l'or du monde ne saurait payer la liberté.
[2] La pâle mort frappe également les chaumières du pauvre et les palais des rois.

gile : *De corde exeunt cogitationes malæ.* S'il s'agit de l'instabilité des amis, Caton vous fournira son distique :

> Donec eris felix, multos numerabis amicos [1];
> Tempora si fuerint nubila, solus eris.

Avec ces petits traits de latin et autres semblables, on vous prendra au moins pour un littérateur, ce qui n'est en ce temps-ci ni de peu d'honneur, ni d'un petit avantage.

Pour les notes à placer à la fin du livre, vous le pouvez faire en toute assurance de la manière suivante : Si dans votre histoire vous parlez de quelque géant, faites en sorte que ce soit du géant Goliath. Alors, sans avoir recours à d'autres et presque sans peine, vous avez matière à une grande annotation. Vous pouvez dire : Le géant Golias ou Goliath était un Philistin que le berger David tua d'un coup de pierre dans la vallée de Térébinthe, ainsi qu'il est écrit au livre des Rois, chapitre où vous trouverez ce fait. De plus, pour montrer que vous êtes versé dans les lettres et la cosmographie, faites en sorte de pouvoir nommer le Tage dans votre histoire, et vous trouverez l'occasion d'une autre fameuse remarque ; vous mettrez que le fleuve du Tage fut ainsi nommé par un roi des Espagnes ; qu'il a sa source en tel lieu, qu'il va se perdre dans la mer Océane, baignant les murs de la célèbre ville de Lisbonne, que c'est la commune opinion que son sable est d'or, etc. Parlez-vous de voleurs ? je vous dirai l'histoire de Cacus, je la sais par cœur. Est-il question de courtisanes [2] ? voici l'évêque de Mondoñedo qui vous fournira des Lamies, des Laïs, des Flores ; ces sortes de remarques vous feront une grande réputation. S'il s'agit de femmes cruelles, Ovide vous offre une Médée. Sont-ce des magiciennes et enchanteresses ? vous avez une Calypso dans Homère, une Circé dans Virgile. Parlez-vous de vaillants capitaines ? Jules César s'offre lui-même dans ses Commentaires, et Plutarque vous fournit mille Alexandres. Traitez-vous de l'amour ? avec deux onces de langue toscane, Léon Hébreu vous en donnera pleine mesure ; ou, si vous ne voulez point recourir aux sources étrangères, vous avez chez vous les livres de Fonseca sur l'amour de Dieu, dans lesquels vous trouverez développé tout ce que vous et les plus subtils pouvez souhaiter sur cette matière. Enfin, chargez-vous seulement d'indiquer les noms, ou de parler dans votre histoire de tout ce que je viens de vous dire, et laissez-moi le soin des citations et des annotations : je vous promets de remplir vos marges et d'employer encore quatre feuilles en remarques à la fin du livre.

Venons maintenant à la liste alphabétique des auteurs consultés, qui manque dans votre livre, et qui se trouve dans les autres ; le remède est facile : vous n'avez qu'à chercher un livre où se trouve une liste complète d'auteurs, depuis A jusqu'à Z [3], comme vous dites, et mettre au vôtre cette liste alphabétique. Si le peu de besoin d'une pareille addition en fait découvrir l'imposture, qu'importe ? il se trouvera peut-être des gens assez simples pour croire que vous avez tiré

[1] Tant que vous serez heureux, vous compterez beaucoup d'amis ; si le temps se couvre de nuages, vous resterez seul. Ce distique n'est pas de Caton, mais d'Ovide. (*Tristes*, élégie 6.)

[2] *Mugeres rameras.* Femmes prostituées.

[3] Cette critique de la manie de citer est particulièrement dirigée contre Lope de Vega.

parti de tous ces auteurs dans votre histoire ingénue. Quand ce long catalogue d'auteurs ne servirait à autre chose, il donnera toujours au premier moment une haute idée de votre ouvrage; bien plus, personne ne s'avisera de vérifier si vous les avez suivis ou non, parce que personne n'a intérêt à cet examen.

Disons mieux : si je comprends bien ce dont il s'agit, votre ouvrage n'a aucun besoin de tout ce que vous dites qui lui manque, puisqu'il est une satire contre les livres de chevalerie, dont Aristote n'a jamais fait mention, dont saint Basile n'a rien dit, et que Cicéron n'a jamais connus. Des vérités importantes ou des observations d'astrologie ne sont point cachées sous les extravagances fabuleuses que vous y décrivez. Les mesures de la géométrie y importent aussi peu que la réfutation des arguments employés par la rhétorique. Il n'est destiné à prêcher personne, confondant le profane et le sacré, sorte de mélange dont doit se garder tout esprit chrétien. L'unique objet de votre livre, c'est de bien imiter en tout ce qu'il décrit; plus l'imitation sera parfaite, plus l'ouvrage sera bon. Puisque vous n'avez d'autre but que de détruire l'estime et l'autorité que les livres de chevalerie se sont acquises dans le monde, vous n'avez que faire d'aller mendier des sentences aux philosophes, des conseils à l'Écriture sainte, des fables aux poëtes, des oraisons aux rhéteurs, des miracles aux saints. Faites tout uniment que vos termes, expressifs, bien choisis et bien placés, rendent le discours vif, les périodes harmonieuses, reproduisent votre pensée aussi complétement qu'il sera possible, exposent enfin vos idées sans confusion et sans obscurité. Faites en sorte que la lecture de votre histoire inspire la joie aux mélancoliques, augmente celle de l'homme gai, que l'ignorant ne s'en ennuie point, que l'habile en admire l'invention, que les gens graves ne la méprisent pas, et que le sage ne lui refuse pas ses louanges ; en un mot, ayez toujours pour point de vue la ruine de l'échafaudage mal construit de ces livres de chevalerie, détestés de beaucoup de gens, et qu'un plus grand nombre admire. Si vous en venez à bout, vous n'aurez pas peu fait.

J'écoutai dans un profond silence le discours de mon ami. Ses raisons firent tant d'impression sur moi que je les reçus pour bonnes sans autre discussion, et résolus d'en faire ce prologue, où tu reconnaîtras, cher lecteur, et le grand sens de mon ami, et ma bonne fortune d'avoir rencontré si à point un tel conseiller ; tu y trouveras de plus ton propre avantage, puisque tu auras l'histoire sincère et dégagée d'ornements étrangers du fameux Don Quichotte de la Manche, qui, parmi tous les habitants du canton de Montiel, a la réputation d'avoir été l'amant le plus chaste et le plus vaillant chevalier dont ces contrées aient jusqu'ici conservé le souvenir.

Je ne prétends pas t'exagérer le service que je te rends en te faisant connaître un si célèbre et si respectable chevalier ; mais je veux que tu me saches gré de t'avoir fait connaître le fameux Sancho Pança, son écuyer, dans la personne duquel, selon moi, je te donne réunies toutes les belles qualités d'écuyer éparses dans l'immense fatras des livres de chevalerie errante. Sur ce, lecteur, Dieu te maintienne en santé, et qu'il ne m'oublie pas. — Adieu[1].

[1] L'intention de Cervantes est très clairement exposée dans ce prologue. Il s'attaque aux livres de chevalerie et jamais aux maximes d'honneur, que les romanciers auraient rendues ridicules si elles pouvaient jamais l'être. L'illusion dont le héros est victime est dans l'anachronisme et non dans les

CHAPITRE I.

DE LA CONDITION ET DES OCCUPATIONS DU FAMEUX DON QUICHOTTE.

Dans un village de la Manche[1], dont je ne veux point me rappeler le nom, vivait, il n'y a pas longtemps, un de ces gentilshommes qui ont une lance au ratelier, une vieille rondache, un roussin maigre à l'écurie, et un chien courant. Un bouilli plus souvent de bœuf que de mouton; la plupart du temps une vinaigrette le soir, le vendredi des lentilles, les restes de la semaine[2] le samedi, quelques pigeons de surplus le dimanche, emportaient les trois quarts de son revenu. Le reste était absorbé par l'habit de drap fin, les chausses de velours et les mules de même étoffe, pour les fêtes; les autres jours il ne dédaignait pas un habit de drap plus simple. Sa maison était composée d'une gouvernante qui passait la quarantaine, d'une nièce qui n'avait pas vingt ans, et d'un valet qui faisait le service de la maison, travaillait aux champs, soignait le roussin, et maniait la serpe. L'âge de notre gentilhomme frisait les cinquante ans; il était d'une complexion robuste, sec de corps, long de taille, maigre de visage, fort matinal et grand chasseur. Quelques-uns lui donnent le nom de *Quijada* ou *Quesada*. Les historiens qui ont écrit sur le sujet ne sont pas entièrement d'accord sur ce fait; les conjectures les plus vraisemblables donnent à entendre qu'il se nommait *Quijana*; mais cela importe peu à notre récit, il suffit qu'il ne s'écarte en aucun point de la vérité. Il faut savoir que, les jours où notre gentilhomme était oisif, ce qui arrivait pour le moins la plus grande partie de l'année, il se livrait à la lecture des livres de chevalerie avec tant d'assiduité et de plaisir, qu'il en oublia presque absolument la chasse et le soin de ses affaires : sa préoccupation devint si forte qu'il vendit plusieurs pièces de terre de bon rapport pour acheter des romans, et il remplit sa maison de tous ceux qu'il put trouver.

De tous ces livres, aucun ne lui plaisait autant que ceux qu'avait composés le célèbre *Félician de Sylva*. Il était émerveillé de la beauté de son style et ses raisonnements embrouillés lui paraissaient de perles. Il était ravi surtout de rencontrer des cartels de défi, ou de ces phrases galantes qui disaient : *La raison de la déraison que vous faites à ma raison, affaiblit tellement ma raison, que ce n'est pas sans raison que je me plains de votre beauté.* Et encore s'il lisait : *Les hauts cieux, qui de votre divinité divinement avec les étoiles vous fortifient, et vous font mériter le mérite que mérite votre grandeur.* Avec ces raisonnements, le pauvre cavalier perdait le jugement : il se tenait éveillé pour les entendre et en

sentiments. L'idée de Cervantes s'agrandit en développant son sujet, et ses beaux discours, si remplis de la plus haute morale, nous prouvent assez que le mince point de vue critique est ce qui l'a le moins occupé.

[1] Il est aujourd'hui reconnu que ce village de la Manche que Cervantes ne veut pas nommer est Argamasilla. Il avait été détenu prisonnier dans ce lieu.

[2] Duelos y quebrantos, deuils et débris. Ce sont les débris de bétail conservés pour en faire le repas du samedi et par dispense dans le royaume de Castille.

extraire le sens, ce que n'aurait pu faire Aristote lui-même, quand il serait revenu au monde exprès pour cela. Il n'était pas fort satisfait des blessures que don Bélianis faisait et recevait, s'imaginant que, quelque habiles que fussent les chirurgiens qui l'avaient guéri, il ne pouvait manquer d'avoir le visage et le corps couverts de marques et de cicatrices. Néanmoins, il louait en l'auteur cette manière de terminer son livre en promettant la fin de cette interminable aventure, et plus d'une fois il se sentit le désir de prendre la plume et de l'achever au pied de la lettre suivant la promesse qui en est faite. Il l'aurait fait sans doute et même avec succès si des pensées plus importantes ne l'en avaient détourné. Il avait souvent des discussions avec le curé de son village, homme instruit et gradué à Siguenza, pour décider quel était le plus parfait chevalier de Palmerin d'Angleterre ou d'Amadis de Gaule. Mais maître Nicolas, barbier du même village, soutenait que nul n'égalait le chevalier du Soleil, et que, s'il y en avait un qui pût entrer en comparaison avec lui, ce ne pouvait être que don Galaor, frère d'Amadis de Gaule, parce qu'il était d'une humeur à s'accommoder de tout, et n'était pas un délicat et un pleureur comme son frère, à qui, du reste, il ne cédait en rien pour la vaillance. Enfin, notre gentilhomme s'engagea tellement dans sa lecture, qu'il y passait du jour à la nuit [1] et de la nuit au jour. Cette habitude de peu dormir et de lire beaucoup lui dessécha le cerveau, au point d'en perdre le jugement; son imagination se remplit de tout ce qu'il trouvait dans ses livres, aussi bien d'enchantements que de querelles, défis, batailles, blessures, douceurs, amours, tourments et autres impertinences. Il se mit si bien dans l'esprit que toute cette accumulation de rêveries dont il faisait sa lecture était la vérité, qu'aucune autre histoire au monde n'était pour lui plus certaine. Il disait que le cid Ruy Dias avait été fort bon chevalier, mais qu'il n'était pas comparable à celui de l'Ardente Épée, qui d'un seul revers avait coupé par la moitié deux fiers et démesurés géants. Il était mieux avec Bernard de Carpio, parce que, dans la plaine de Roncevaux, il avait donné la mort à Roland l'Enchanté, en ayant recours au même moyen qu'Hercule quand il étouffa entre ses bras Antée, le fils de la terre. Il disait beaucoup de bien du géant Morgan, parce que, pour être de cette race de géants où tous sont orgueilleux et discourtois, lui seul était affable et bien élevé. Mais par dessus tous il aimait Renaud de Montauban, surtout quand il le voyait sortir de son château, voler autant de gens qu'il en rencontrait et passer la mer pour dérober cette idole de Mahomet qui était toute d'or, à ce que dit son histoire. Quant au traître Ganelon, il eût donné de bon cœur sa gouvernante et sa nièce par dessus le marché, pour lui pouvoir administrer une grêle de coups. Enfin, l'esprit tout à fait perdu, il tomba dans la plus étrange pensée où jamais fou soit tombé dans le monde. Il crut convenable et nécessaire, autant pour le bien de l'État que pour sa propre gloire, de se faire chevalier errant, et d'aller par le monde, avec ses armes et son cheval, chercher les aventures, faisant tout ce qu'il avait lu que faisaient les chevaliers errants, redressant toutes sortes de torts, et s'exposant à de tels dangers qu'il acquît une gloire immortelle à les surmonter. Le pauvre gentilhomme croyait déjà se voir couronné pour la force

[1] L'espagnol dit : *que se le pasaban las noches leyendo de claro en claro, y los dias de turbio en turbio* (les nuits du clair au clair, les jours du trouble au trouble).

de son bras, et en possession pour le moins de l'empire de Trébisonde. Plein de ces agréables pensées, entraîné par le plaisir qu'elles lui donnaient, il ne songea plus qu'à exécuter promptement ce qu'il désirait avec tant d'ardeur. La première chose qu'il fit fut de nettoyer des armes qui avaient appartenu à ses bisaïeux, et qui, rongées par la rouille, moisies, étaient depuis longtemps reléguées et oubliées dans un coin. Il les nettoya et les redressa le mieux qu'il put; mais il y découvrit une grande lacune; au lieu du heaume complet, il n'y avait que le simple morion; il y suppléa par son industrie en faisant, avec du carton, une espèce de demi-salade, qui, s'emboîtant avec le morion, avait l'apparence d'une salade entière. A la vérité, voulant essayer si elle était forte et à l'épreuve du tranchant de l'épée, il tira la sienne, en frappa deux coups, et du premier détruisit en un moment le travail d'une semaine. Il ne laissa pas que de trouver assez fâcheuse la facilité avec laquelle il l'avait mise en pièces, et pour se garantir de ce danger, il se remit à l'œuvre. Il plaça en dedans de petites bandes de fer, en sorte qu'il fut satisfait de sa solidité, et, sans vouloir risquer d'autre expérience, il la tint pour une salade de la plus fine trempe.

Il visita ensuite son cheval, et quoiqu'il eût autant de javars qu'un réal a de quartos[1], et plus de défauts que le cheval de Gonèla, qui n'avait que la peau et les os [2], il lui parut que le Bucéphale d'Alexandre ou le Babieca du Cid ne l'égalaient pas. Il fut quatre jours à chercher quel nom il lui donnerait, parce que, disait-il en lui-même, il n'était pas convenable que le coursier d'un si fameux chevalier, et qu'un si bon cheval n'eût pas un nom connu. Aussi essayait-il de lui en composer un qui pût faire connaître ce qu'il avait été avant que d'appartenir à un chevalier errant, et ce qu'il était alors. Il était bien juste en effet que le maître ayant changé d'état, le cheval changeât aussi de nom, et qu'il en acquît un illustre et retentissant, convenable à sa nouvelle profession. Après beaucoup de noms formés, pris, laissés, augmentés, diminués, faits et défaits, en consultant sa mémoire et son imagination, il s'arrêta à celui de Rossinante; nom, à son avis distingué, sonore, qui rappelait sa qualité de roussin avant qu'il fût devenu ce qu'il était, c'est-à-dire le premier roussin du monde.

Ayant donné à son cheval un nom si fort à son goût, il voulut aussi s'en donner un à lui-même, il passa huit autres jours à y rêver, et se nomma enfin Don Quichotte; c'est de là, comme nous l'avons dit, que les auteurs de cette véridique histoire ont pris occasion de soutenir qu'il devait s'appeler Quijada et non Quesada, comme d'autres l'ont prétendu. Mais se souvenant que le vaillant Amadis ne s'était pas contenté du nom d'Amadis tout court, qu'il y avait ajouté celui de son royaume et de sa patrie pour la rendre célèbre, et s'était nommé Amadis de Gaule, il voulut comme un bon chevalier ajouter à son nom celui de son pays, et s'appeler Don Quichotte de la Manche. Il croyait par là faire connaître d'une manière éclatante sa famille et le lieu de sa naissance, et l'illustrer en lui empruntant son surnom.

Après avoir nettoyé ses armes, avoir fait de son morion une salade entière,

1. L'espagnol dit : *mas quartos que un real.* Froide équivoque sur le mot *quartos*, qui signifie également une très petite pièce de monnaie, et une maladie du pied des chevaux.

2 *Qui tantùm pellis et ossa fuit.* Ce Gonèla fut un bouffon du duc de Ferrare, qui vivait au quinzième siècle.

donné un nom à son cheval, et s'être bien affermi dans sa résolution, il se représenta qu'il ne lui manquait plus rien que de chercher une dame à aimer, parce que le chevalier errant sans amour est un arbre sans feuilles et sans fruits, un corps sans âme. Si, pour mes péchés, se disait-il, ou plutôt, si par bonne fortune, je viens à rencontrer quelque géant, comme il arrive d'ordinaire aux chevaliers errants, si je l'abats du premier choc ou le fends par la moitié du corps, enfin, s'il est vaincu et forcé de se rendre, n'est-il pas bon d'avoir à qui l'envoyer en présent, qu'il entre, se mette à genoux devant ma dame et lui dise d'une voix humble et soumise : Je suis le géant Caraculiambro, seigneur de l'île de Malindranie, que le chevalier, jamais assez loué, Don Quichotte de la Manche a vaincu en combat singulier. Il m'a ordonné de me présenter devant votre grâce, afin que votre grandeur dispose de moi à son plaisir. Oh! combien se réjouit notre bon chevalier quand il eut fait ce discours, combien plus encore quand il eut trouvé à qui donner le nom de sa dame! Ce fut, à ce que l'on croit, une jeune paysanne de bonne mine, d'un village voisin; il en avait été amoureux, quoiqu'il paraisse qu'elle ne l'avait jamais su ou ne s'en était pas mise en peine. Elle s'appelait Aldonza Lorenzo, et ce fut à elle qu'il jugea convenable de donner le titre de dame de ses pensées, en lui cherchant un nom qui ne contrastât pas trop avec le sien, qui tirât vers la princesse et la grande dame et s'en rapprochât. Il la nomma Dulcinée du Toboso, parce qu'elle était native de ce lieu; nom, à son avis, harmonieux, distingué et significatif comme ceux qu'il avait donnés à lui-même et à son cheval.

CHAPITRE II.

QUI TRAITE DE LA PREMIÈRE SORTIE QUE FIT DE CHEZ LUI L'INGÉNIEUX DON QUICHOTTE.

Tous ces préparatifs achevés, il ne voulut pas attendre plus longtemps pour effectuer ses projets, aiguillonné qu'il était par la pensée que son retard faisait faute dans le monde, tant il y avait de griefs à effacer, de torts à redresser, d'injustices à punir, d'abus à réformer, de devoirs à satisfaire. Ainsi, sans faire part à personne de son dessein, sans être vu, un matin, avant le jour (c'était un des plus chauds du mois de juillet), il se revêtit de ses armes, monta sur Rossinante, se couvrit de sa salade mal établie, embrassa son écu, prit sa lance, et par la fausse porte d'une basse-cour sortit dans la campagne, ravi de joie de voir avec quelle facilité il avait donné commencement à son généreux projet. Mais, à peine se vit-il en plein champ qu'un terrible scrupule l'assaillit, et tel qu'il s'en fallut peu qu'il n'abandonnât son entreprise. Il se ressouvint qu'il n'était pas armé chevalier, et que, conformément aux statuts de la chevalerie, il ne devait ni ne pouvait se mesurer avec aucun chevalier; que, le fût-il, il devait porter des armes blanches comme nouveau chevalier, sans devise sur l'écu, jusqu'à ce qu'il en eût gagné une par la force de son bras. Ces réflexions le firent chanceler dans sa résolution ; mais sa folie était plus forte que toute espèce de raison. Il résolut de se faire armer chevalier par le premier qu'il rencontrerait, à l'imitation de beaucoup d'autres qui en usèrent ainsi, comme il l'avait lu dans les livres qui l'avaient conduit là. Quant à la couleur des armes, il prétendait si bien nettoyer les siennes dans l'occasion qu'elles seraient plus blanches qu'une hermine. S'étant ainsi mis l'esprit en repos, il poursuivit sa route, sans en choisir d'autre que celle que voulut suivre son cheval, croyant que c'était en cela que consistait la vraie recherche des aventures. Ainsi cheminant, notre ardent aventurier se parlait à lui-même et disait : Qui doute, lorsque dans les temps à venir paraîtra l'histoire de mes fameux exploits, que le sage qui la doit écrire ne commence de cette sorte à raconter ma première sortie : A peine le lumineux Apollon avait commencé à épandre sur la vaste surface de la terre les flots dorés de ses beaux cheveux ; à peine les petits oiseaux nuancés de mille couleurs, à la langue agile, saluaient de leur douce et suave harmonie les premières lueurs de l'Aurore vermeille qui, délaissant la couche moelleuse de son jaloux mari, venait se montrer aux mortels, et colorait les portes et balcons à l'horizon de la Manche, que le renommé chevalier Don Quichotte, quittant la plume paresseuse, monta sur son fameux cheval Rossinante, et commença à parcourir l'ancienne et célèbre campagne de Montiel (c'était en effet là qu'il se trouvait alors). Heureux âge, ajouta-t-il, siècle fortuné, qui verra mettre en lumière mes grandes et incomparables actions, dignes d'être gravées sur le bronze, taillées dans le marbre, retracées en tableaux pour en porter la mémoire dans l'avenir ! O toi ! sage enchanteur, qui que tu sois, qui auras l'avantage d'être l'historien de cette étonnante histoire, qu'il te souvienne, je t'en prie, de mon fidèle Rossinante, perpétuel compagnon de toutes mes aventures ! Puis, changeant de sujet, et, comme s'il eût été véritablement amoureux : O princesse Dulcinée ! s'écriait-il, souveraine de ce cœur esclave, vous m'avez fait une grande injustice en me bannissant de votre présence, et en m'ordonnant avec tant de rigueur de ne me présenter jamais devant votre beauté ! Qu'il vous plaise, dame de mes pensées, de vous souvenir de ce cœur qui vous est soumis et qui souffre tant de tourments pour être digne de votre amour !

Il continuait ainsi, multipliant ses folles pensées dans la forme que lui avaient enseignée ses livres, dont il imitait de son mieux le langage ; et cependant il cheminait si lentement et le soleil, accélérant sa course, dardait ses rayons avec une telle violence qu'il n'en eût pas fallu davantage pour lui fondre la cervelle, s'il lui en fût resté. Il marcha presque tout ce jour-là, sans qu'il lui arrivât rien qui fût digne d'être raconté ; il s'en désespérait, il aurait voulu rencontrer de prime-abord l'occasion d'éprouver la vigueur de son bras. Quelques auteurs prétendent que sa première aventure fut celle du port Lapice ; d'autres assurent que ce fut celle des moulins à vent. Mais tout ce que j'ai pu découvrir sur ce sujet, et ce que j'ai trouvé dans les annales de la Manche, c'est qu'il marcha tout le long du jour, et qu'à l'approche de la nuit son cheval et lui se trouvèrent épuisés de fatigue et demi-morts de faim. Cependant Don Quichotte, regardant de tous côtés s'il ne découvrirait point quelque château ou quelque cabane de bergers où il pût se reposer et trouver quelque secours dans son extrême besoin, vit non loin du chemin une hôtellerie, et ce fut comme s'il eût vu une étoile qui l'eût conduit aux avenues sinon au séjour du salut. Il hâta sa marche, et y arriva comme le jour finissait. Il y avait par hasard sur la porte deux jeunes créatures, de celles qu'on appelle de bonne volonté. Elles allaient à Séville avec des muletiers, lesquels s'étaient résolus à faire halte en l'hôtellerie pour cette nuit. Comme tout ce que pensait, voyait ou imaginait notre aventurier lui paraissait conforme à ce qu'il avait lu, il n'eut pas plus tôt aperçu l'hôtellerie, qu'il se la représenta comme un château, avec ses quatre tours et leur couronnement brillant d'argent, sans oublier le pont-levis, les fossés, et tout ce qui entre dans la description de ces sortes de châteaux. Il s'approcha de cette hôtellerie qui lui paraissait un château, et à quelques pas retint la bride à Rossinante, attendant que quelque nain se montrât aux créneaux et sonnât du cor pour avertir qu'il arrivait un chevalier; mais comme il vit que le nain tardait trop à paraître et que Rossinante avait impatience d'être à l'écurie, il s'avança jusqu'à la porte, et aperçut les deux filles perdues qui s'y trouvaient. Elles lui parurent deux belles demoiselles ou gracieuses dames, se récréant devant la porte du château. Il arriva fort à propos qu'un porcher, qui rassemblait une troupe de pourceaux (il faut bien les nommer par leur nom) dans les chaumes, sonna deux ou trois fois de son cornet; c'est à ce signal qu'ils se réunissent. Don Quichotte se persuada à l'instant ce qu'il désirait et qu'un nain donnait avis de sa venue. Aussitôt, avec une joie qu'on ne saurait exprimer, il s'approcha de la porte et des dames; celles-ci, voyant un homme armé de la sorte, avec le bouclier et la lance, voulaient se retirer, saisies de frayeur, dans l'hôtellerie. Mais Don Quichotte, jugeant de leur frayeur par leur fuite, haussa sa visière de carton, et, découvrant son sec et poudreux visage, leur dit d'une voix douce et d'un air gracieux : Que vos grâces ne fuient pas, et ne craignent aucune offense; l'ordre de chevalerie dont je fais profession défend d'offenser personne, et moins encore de hautes demoiselles telles que vous annoncez être. Elles le regardaient et cherchaient de tous leurs yeux à découvrir la figure que la mauvaise visière laissait à peine apercevoir; mais quand elles s'entendirent appeler demoiselles, qualité si opposée à leur profession, elles ne purent s'empêcher de rire, et ce fut de telle sorte que Don Quichotte s'en offensa et leur dit : La discrétion sied aux belles, et c'est folie que de rire pour des motifs légers. Je ne dis pas cela pour que vous en conceviez du souci et du chagrin, car je n'ai point d'autre dessein que de vous rendre service. Ce langage qu'elles n'entendaient point, et la mauvaise tournure de notre chevalier, ne faisaient qu'augmenter en elles le rire et en lui la colère. Il n'en serait pas demeuré là, si dans le même temps il n'eût vu paraître l'hôtelier, que son embonpoint rendait très pacifique. Celui-ci voyant cette figure bizarre, affublée d'armes dépareillées comme l'étaient la bride, l'écu, la lance et le corselet, fut sur le point de s'unir aux marques de gaieté des jeunes filles; mais, craignant enfin tout cet appareil de guerre, il résolut de parler poliment et dit à Don Quichotte : Seigneur chevalier, si vous cherchez à loger, il ne vous manquera rien ici sauf le lit (car en cette hôtellerie nous n'en avons pas un); tout le reste s'y trouve en abondance. Don Quichotte, voyant l'humilité du gouverneur de la forteresse, car tels lui parurent et l'hôtellerie et l'hôte, lui répondit : Pour moi, seigneur châtelain, la moindre chose me suffit : les armes sont ma parure, le combat est mon repos, etc.[1]. L'hôte, s'entendant appeler *Castellano*, crut que Don Quichotte le prenait pour un sain de Castille[2], lui qui était Andalous, de la plage de San-Lucar, aussi larron que Cacus, aussi railleur qu'un écolier ou qu'un page : D'après cela, répliqua-t-il, seigneur, vos lits sont de dures roches, et votre dormir n'est que veille[3] : cela étant, vous n'avez qu'à mettre pied à terre, et vous êtes assuré de trouver dans cette chaumière l'occasion et autant d'occasions que vous voudrez de ne pas dormir de tout un an, à plus forte raison de toute une nuit. A ces mots, il vint tenir l'étrier à Don Quichotte, qui descendit de cheval avec beaucoup de difficulté, comme un homme qui, de tout le jour, n'avait pas déjeuné. Il recommanda à l'hôte d'avoir grand soin de son cheval, l'assurant que de tous les êtres qui mangeaient du pain dans le monde, c'était bien le meilleur. L'hôte l'examina, mais il ne lui parut pas aussi bon que le disait Don Quichotte, ni même à moitié près. Après avoir accommodé le cheval à l'écurie, il vint voir ce que désirait son hôte et le trouva se faisant désarmer par les demoiselles, qui s'étaient déjà réconciliées avec lui. Elles lui avaient ôté le corselet et la cuirasse ; mais, quelque effort qu'elles fissent, elles ne purent désenchâsser ni le gorgerin ni la soi-disant salade, qui était attachée avec des rubans verts dont elles ne pouvaient défaire les nœuds sans les couper, ce qu'il ne voulut jamais souffrir. Ainsi il passa toute la nuit avec la salade en tête, ce qui faisait la plus étrange et la plus plaisante figure qui se puisse imaginer. Pendant qu'on le désarmait, prenant toujours les créatures qui lui rendaient cet office pour des personnes de haut rang et les dames de ce château, il leur dit de l'air le plus galant : Jamais chevalier n'aura été aussi bien servi des dames que Don Quichotte, quand il sortit de son village ; les demoiselles prenaient soin de lui, et les princesses de son cheval, ou Rossinante, car tel est le nom de mon cheval, mesdames, et Don Quichotte de la Manche est le mien : je n'avais pas dessein de me faire connaître avant d'avoir fait pour votre service quelque action qui me dévoilât. L'à-propos qui s'est présenté d'appliquer l'ancienne romance de Lancelot vous a révélé mon nom avant le temps ; mais il en viendra un où vous me donnerez vos commandements et je vous ferai voir, par mon obéissance et par la valeur de mon bras, le désir que j'ai de vous rendre mes services. Ces femmes, qui n'étaient pas accoutumées à de telles fleurs de rhétorique, ne répondaient rien ; elles lui demandèrent seulement s'il voulait manger quelque chose. Je mangerais quoique ce soit, répondit Don Quichotte, et je crois que tout viendrait fort à propos. Par fortune ce jour était un vendredi, et il n'y avait dans toute l'hôtellerie que quelques morceaux d'un poisson qu'on nomme en Castille *abadejo*, en Andalousie *bacallao*, ailleurs *curadillo*, ailleurs encore *truchuela*[4]. On lui demanda donc s'il mange-

[1] *Mis arreos son las armas,*
Mi descanso el pelear.

[2] En terme de Bohémiens, c'est *rusé, voleur.*

[3] *Mi cama las duras peñas,*
Mi dormir siempre velar.

Ces deux vers, ainsi que les précédents, sont pris d'une romance espagnole.

[4] Ce sont différents noms donnés au même poisson, la morue. L'Académie de Madrid en son dictionnaire cite la phrase même de Cervantes au mot *abadejo*.

rait bien de cette *truchuela*, attendu qu'il n'y avait point d'autre poisson. Pourvu, dit-il, qu'il y en ait beaucoup de petites, elles en pourront valoir une grande; j'aime autant huit réaux simples qu'une pièce de huit. Peut-être même que les truchuelas seront comme le veau qui est meilleur que le bœuf, le chevreau que le bouc. Mais que ce soit ce qu'il se pourra, qu'il vienne tout à l'heure, car le poids des armes et le travail ne se peuvent supporter, si l'on ne prend soin de l'estomac. On lui plaça la table à la porte de l'hôtellerie, pour manger au frais, et l'hôte lui servit un morceau de ce poisson mal dessalé et plus mal cuit, avec un pain aussi noir et aussi moisi que ses armes. C'était un spectacle risible que de le voir manger; car, avec l'armet en tête et la visière haute, il ne pouvait rien porter à la bouche, et il fallut qu'une de ces filles lui rendît cet office. Mais il n'y avait pas moyen de le faire boire, et cela fût resté impossible, si l'hôte n'avait pas percé une canne dont on lui mit un bout dans la bouche et on lui versa du vin par l'autre. Il prenait le tout en patience plutôt que de laisser couper les rubans de sa salade. Sur ces entrefaites, il arriva à l'hôtellerie un châtreur de porcs, qui donna d'abord quatre ou cinq coups de son sifflet de roseau, ce qui acheva de confirmer Don Quichotte dans la créance qu'il était en un fameux château, qu'on lui donnait la musique pendant le repas, que la *truchuela* était truite, le pain extrêmement blanc, les coureuses de grande dames, et l'hôte le châtelain de ce château. Ainsi il était enchanté de son projet et de sa sortie. Mais ce qui le chagrinait, c'était de n'être pas encore armé chevalier, parce qu'il lui semblait qu'il ne pouvait légitimement entreprendre aucune aventure sans avoir reçu l'ordre de chevalerie [1].

CHAPITRE III.

OU L'ON RACONTE DE QUELLE PLAISANTE MANIÈRE DON QUICHOTTE SE FIT ARMER CHEVALIER.

TOURMENTÉ par cette pensée, il abrégea son repas déja bien court. A peine fut-il achevé qu'il appela l'hôte, et s'enfermant avec lui dans l'écurie, il se mit à ses genoux et lui dit : Je ne me lèverai jamais d'ici, valeureux chevalier, que je n'aie obtenu de votre courtoisie un don que j'ai à lui demander, et qui tournera à votre gloire et à l'avantage du genre humain. L'hôtelier, quand il vit son hôte à ses pieds, et entendit de telles paroles, restait confus, il le regardait sans savoir que faire ni que lui dire et s'opiniâtrait malgré sa résistance à le faire lever; mais ce fut inutilement, jusqu'à ce qu'il l'eût assuré qu'il lui octroyait le don qu'il deman-

[1] Les personnes auxquelles la langue espagnole est familière remarquent dès ce chapitre le langage qu'emploiera toujours Don Quichotte, surtout lorsqu'il aura à défendre sa profession et sa dignité, ou à traiter quelque sujet solennel. « Quand il parle, par exemple, des exploits des anciens chevaliers, il dit toujours en vieux langage : *Las fazañas que han fecho*, au lieu de : *las hazañas que han hecho*. » Ce caractère du style donne à l'ouvrage et au caractère de Don Quichotte une noblesse et une élévation singulières. (Bouterwek. *Histoire de la littérature espagnole*, tom. 2, pag. 15.)

dait. Je n'espérais pas moins de votre magnificence, seigneur, répondit Don Quichotte ; ainsi, sachez que le don que je vous demande et que votre générosité m'octroie, c'est que demain dès la pointe du jour vous m'armiez chevalier ; cette nuit je ferai la veille des armes dans la chapelle de votre château et demain, comme je l'ai dit, s'accomplira ce que je désire si fort, afin de pouvoir, comme cela se doit, parcourir les quatre parties du monde, cherchant les aventures, donnant secours aux affligés, selon les lois de la chevalerie et les devoirs des chevaliers errants, comme je le suis, dont le vœu est d'accomplir de semblables actions. L'hôtelier, qui, comme il a été dit, était quelque peu matois et avait déjà quelque soupçon de l'absence de jugement de son hôte, acheva d'y croire après avoir entendu de telles paroles, et pour avoir de quoi rire cette nuit il résolut de se prêter à son humeur. Il lui dit donc que son dessein était parfaitement raisonnable ; qu'un projet pareil était digne des chevaliers d'une aussi haute importance qu'il le paraissait être et que l'annonçait son extérieur ; que lui-même, dans sa jeunesse, s'était adonné à cet honorable exercice, allant en diverses parties du monde chercher les aventures, sans avoir laissé un coin dans les faubourgs de Malaga, les îles de Riaran, le Compas de Séville, le marché de Ségovie, l'oliverie de Valence, la rondille de Grenade, la plage de San-Lucar, le potro de Cordoue, les cabarets de Tolède[1], et autres lieux où il n'eût exercé la légèreté de ses pieds, la subtilité de ses mains, multipliant les torts, sollicitant les veuves, séduisant des jeunes filles, dupant des orphelins, enfin, se faisant connaître à tout autant d'audiences et de tribunaux qu'il y en avait en Espagne, ou à peu près ; qu'enfin il s'était retiré dans ce château, où il vivait de son bien et de celui d'autrui, recevant tous les chevaliers errants, de quelque qualité et condition qu'ils fussent, seulement par la grande affection qu'il leur portait, et pour qu'ils partageassent avec lui ce qu'ils possédaient, en récompense de ses bonnes intentions. Il ajouta qu'il n'y avait point de chapelle dans son château pour y faire la veille des armes, parce qu'elle était démolie dans le dessein de la reconstruire ; mais qu'il savait bien qu'en cas de nécessité, on veillait où l'on voulait et qu'il le pouvait faire cette nuit dans une cour du château ; que le matin, avec l'aide de Dieu, se feraient les cérémonies usitées, en sorte qu'il fût armé chevalier, et si bien chevalier que nul au monde ne pût l'être davantage. Il lui demanda s'il portait de l'argent. Pas un denier, répondit Don Quichotte, n'ayant jamais lu dans aucune histoire de chevalier errant qu'un seul en eût porté. Vous vous abusez en cela, dit l'hôte ; en accordant que l'on n'en trouve rien dans les livres, c'est que les auteurs ont cru qu'il était inutile de dire une chose aussi claire, aussi nécessaire que celle d'avoir de l'argent et des chemises blanches ; mais ils ne laissaient pas d'en porter. Ainsi tenez pour assuré que tous les chevaliers errants dont parlent les livres avaient toujours la bourse bien garnie, en cas de besoin, et qu'ils portaient aussi des chemises et une petite boîte pleine d'onguents pour les blessures qu'ils recevaient, parce qu'ils ne trouvaient pas toujours dans les champs et dans les lieux déserts où ils combattaient quelqu'un qui les pansât, à moins qu'ils n'eussent pour ami quelque sage enchanteur qui les secourût et leur envoyât dans une nue quelque demoiselle ou quel-

[1] Tous ces noms indiquent des lieux fréquentés alors par des filous et les gens sans aveu. Ce sont des marchés, des places publiques, ou des promenades.

que nain, avec une fiole pleine d'une eau d'une telle vertu, qu'en en prenant seulement une goutte ils se trouvaient sur-le-champ aussi sains et aussi frais que s'ils n'eussent eu aucun mal. Mais que s'il n'avait rien de tout cela, les anciens chevaliers avaient pour habitude constante, que leurs écuyers fussent pourvus d'argent et d'autres choses nécessaires, comme d'onguent et de charpie. S'il arrivait qu'un de ces chevaliers n'eût point d'écuyer, ce qui était bien rare, il portait lui-même tout cela dans quelque sac très mince qui se voyait à peine sur la croupe de son cheval, comme si ce fût quelque chose de plus grande importance, car, pour toute autre chose, il n'était guère d'usage parmi les chevaliers errants de porter des besaces. Ainsi, recevez le conseil (je pourrais même vous l'ordonner, comme à mon fils en chevalerie, car vous allez bientôt l'être) de ne marcher jamais sans argent et sans les autres précautions d'usage, et vous verrez que vous vous en trouverez bien, lorsque vous y penserez le moins.

Don Quichotte lui promit de suivre de point en point son conseil et aussitôt il se disposa à faire la veille des armes dans une grande cour qui était à côté de l'hôtellerie. Il rassembla donc toutes les pièces de son armure, les posa sur une auge auprès d'un puits, et, embrassant son écu, saisit sa lance, puis, avec une contenance gracieuse et fière, commença à se promener devant l'auge. La nuit tombait quand il commença cet exercice. L'hôtelier apprit à tous ceux qui étaient dans l'hôtellerie la folie de Don Quichotte, les instruisit de la veille des armes et de l'ordre de chevalerie qu'il espérait recevoir. Étonnés d'une si étrange espèce de folie, ils le regardèrent de loin et le virent qui, d'un maintien grave, tantôt se promenait et tantôt, appuyé sur sa lance, jetait les yeux sur ses armes, les y tenant assez longtemps arrêtés. La nuit acheva de se fermer et la lune répandit une lumière si vive, qu'elle pouvait disputer d'éclat avec l'astre qui la lui envoyait, et l'on put voir distinctement tout ce que faisait le chevalier postulant. Sur ces entrefaites, il prit fantaisie à l'un des muletiers qui étaient dans l'hôtellerie d'abreuver ses bêtes, et pour cela il fallait qu'il ôtât les armes de dessus l'auge. Don Quichotte, le voyant approcher, lui cria d'une voix haute : Qui que tu sois, téméraire chevalier, qui as la hardiesse de toucher les armes du plus vaillant chevalier errant qui jamais ceignit l'épée, prends garde à ce que tu vas faire, et ne sois si hardi que de les toucher, si tu ne veux laisser la vie pour prix de ta témérité. Le muletier ne tint compte de ces menaces (pour son salut il eût mieux fait d'y prendre garde), au contraire, saisissant les armes par les courroies, il les jeta loin de lui. A cette vue, Don Quichotte leva les yeux au ciel et s'adressant, à ce qu'il parut, mentalement à sa Dulcinée : Soyez-moi en aide, madame, s'écria-t-il, dans cette première occasion qui s'offre à votre esclave ; que votre faveur et votre protection ne me fassent pas faute en cette aventure. A ces mots, et après quelques autres paroles semblables, il se défit de son écu, et, levant sa lance à deux mains, il en donna sur la tête du muletier un si grand coup qu'il l'étendit à terre en si mauvais état que, s'il eût redoublé, le muletier n'eût pas eu besoin de chirurgien pour le soigner. Cela fait, il ramassa ses armes et recommença à se promener avec autant de calme qu'auparavant. Peu de temps après, un autre muletier, qui ne savait point ce qui s'était passé, parce que le premier était encore tout étourdi, s'en vint aussi dans le dessein d'abreuver ses mulets ; et, comme il prenait les armes pour débarrasser l'auge, Don Quichotte, sans dire une parole et sans invoquer personne, ôta une seconde fois son écu, une seconde fois leva sa lance et sans la briser en éclats fit plus de trois ouvertures à la tête du second muletier, car il l'ouvrit bien en quatre endroits. Au bruit, tous les gens de l'hôtellerie accoururent et l'hôtelier avec eux; Don Quichotte, les voyant venir, embrassa son écu, et mettant l'épée à la main : Dame de beauté, cria-t-il, soutien et force de mon cœur, il est temps maintenant que vous tourniez les yeux de votre grandeur sur le chevalier votre esclave, qui va s'engager dans cette périlleuse aventure. Après cette invocation, il se sentit tant de courage, que si tous les muletiers du monde l'avaient attaqué il n'aurait pas reculé d'un pas. Les compagnons des blessés, les voyant en cet état, commencèrent à faire pleuvoir de loin sur Don Quichotte une grêle de pierres, dont il se gardait le mieux qu'il pouvait avec son écu, sans oser s'éloigner de l'auge, pour ne pas abandonner ses armes. L'hôte criait de toute sa force qu'on le laissât, qu'il les avait avertis qu'il était fou, et que comme tel il s'en tirerait quand même il les aurait tous tués. Mais notre héros criait encore plus fort, les traitant de lâches et de traîtres et le seigneur du château de félon et mauvais chevalier, puisqu'il souffrait qu'on maltraitât ainsi les chevaliers errants, et que s'il avait reçu l'ordre de chevalerie il lui ferait bien voir sa déloyauté. Pour vous autres, basse et vile canaille, je ne fais nul cas de vous. Tirez, approchez, venez, attaquez-moi de tous vos efforts, vous verrez quel prix vous recevrez de votre insolence et de votre folie.

Il disait ces mots avec tant de fierté et de résolution qu'il pénétra de terreur ceux qui l'assaillaient, si bien que, par frayeur autant que par les supplications de l'hôtelier, ils cessèrent de l'attaquer. Pour Don Quichotte, il laissa emporter les blessés et retourna à la veille des armes, avec autant de sang-froid que s'il ne fût rien arrivé. L'hôtelier commença à trouver moins plaisantes les folies de Don Quichotte et résolut, pour abréger, de lui donner promptement ce maudit ordre de chevalerie avant qu'il survînt un autre accident. Il s'approcha donc de lui et s'excusa de l'insolence de ces rustres, dont il n'avait rien su; mais ils étaient bien châtiés de leur audace. Il lui répéta qu'il n'y avait point de chapelle dans ce château et que c'était une chose inutile pour ce qui restait à faire; que pour armer un chevalier, l'essentiel de la cérémonie consistait dans le coup sur la nuque et un autre sur le dos, selon le souvenir qu'il avait du cérémonial de l'ordre, et que cela se pouvait aussi bien faire au milieu d'un champ; qu'il avait accompli tout ce qui regarde la veille des armes, où deux heures suffisent et qu'il y en avait mis plus de quatre. Don Quichotte crut tout ce qu'il lui disait et répondit qu'il était prêt à lui obéir; qu'il le priait d'achever promptement, parce que, s'il se voyait chevalier, et qu'on l'attaquât une autre fois, il ne pensait pas laisser un homme en vie dans ce château, hors ceux qu'il lui commanderait d'épargner, et qu'il laisserait vivre à sa considération. Le châtelain, bien avisé dans sa frayeur, alla d'abord chercher le livre où il inscrivait la paille et l'orge qu'il donnait aux muletiers, puis, assisté des deux demoiselles dont j'ai parlé et d'un petit garçon qui portait un bout de chandelle, il vint aussitôt retrouver Don Quichotte et lui ordonna de se mettre à genoux. Ensuite, lisant dans son livre, comme s'il eût dit quelque dévote oraison, il haussa la main au milieu de sa lecture, lui donna un grand coup sur la nuque, et, ensuite, un autre sur l'épaule avec sa

Imp. Lemercier.

Don Quichotte est armé Chevalier.

propre épée, marmottant toujours quelque chose entre ses dents, comme s'il priait. Cela fait, il ordonna à l'une des demoiselles de ceindre l'épée au chevalier ; ce qu'elle fit avec beaucoup de grâce et de retenue, car il ne lui en fallut pas peu pour ne pas éclater de rire à chaque endroit de la cérémonie ; mais les prouesses qu'elles venaient de voir faire au nouveau chevalier tenaient le rire en respect. En ceignant l'épée, la bonne demoiselle lui dit : Dieu fasse de vous un bon chevalier et vous donne fortune dans les combats. Don Quichotte la pria de lui apprendre son nom, afin qu'il se souvînt toujours à qui il avait l'obligation d'une si grande faveur, et qu'il pût partager avec elle la gloire qu'il acquerrait par la valeur de son bras. Elle répondit fort humblement qu'elle s'appelait la Tolosa, qu'elle était fille d'un fripier de Tolède, qu'elle demeurait dans les boutiques de Sancho Bienaya, et qu'en quelque lieu qu'elle se trouvât, elle serait à son service et le tiendrait pour son seigneur. Don Quichotte la pria, pour l'amour de lui, de prendre le *don* à l'avenir, et de s'appeler doña Tolosa, ce qu'elle promit de faire. L'autre lui chaussa l'éperon et il eut avec elle à peu près le même colloque ; il lui demanda son nom ; elle lui dit qu'elle s'appelait la Molinera, et qu'elle était fille d'un honnête meunier d'Antequerre. Le chevalier la pria aussi de prendre le *don*, de s'appeler doña Molinera, et lui fit ses remercîments et ses offres de services. Ces cérémonies, jusqu'alors inouïes et sans exemple, achevées à la hâte et comme au galop, Don Quichotte ne voyait pas l'heure de se trouver à cheval et de partir à la recherche des aventures. Il alla seller Rossinante sur-le-champ, se mit en selle, et, embrassant son hôte, lui dit des choses si bizarres pour le remercier de la grâce qu'il lui avait faite de l'armer chevalier, qu'il n'est pas possible de chercher à les reproduire. L'hôtelier, pour s'en voir débarrassé, répondit à ses compliments dans le même style, mais en moins de paroles, et, sans lui rien demander de sa dépense, le laissa partir de bon cœur.

CHAPITRE IV.

DE CE QUI ARRIVA A NOTRE CHEVALIER QUAND IL FUT SORTI DE L'HOTELLERIE.

L'AUBE commençait à paraître quand Don Quichotte sortit de l'hôtellerie, si heureux, si gai, si transporté de se voir armé chevalier, que sa joie se faisait sentir jusqu'aux sangles de son cheval[1]. Mais, se ressouvenant des conseils de l'hôte touchant les choses dont il fallait nécessairement se pourvoir, spécialement d'argent et de chemises, il résolut de s'en retourner chez lui pour se précautionner de tout et se donner un écuyer. Il comptait donner cet emploi à un laboureur de ses voisins, qui était pauvre et chargé d'enfants, mais fort propre à l'office d'écuyer d'un chevalier errant. Cette détermination arrêtée, il fit prendre le chemin de son village à Rossinante, et celui-ci, comme s'il eût reconnu le chemin de l'écurie, commença à cheminer

[1] Cervantes a dit : *el gozo le reventaba por las cinchas del caballo*. La joie lui sortait par les sangles du cheval.

avec tant de bonne volonté, qu'on eût dit que ses pieds ne touchaient pas à terre. Don Quichotte avait fait peu de chemin quand il crut entendre à sa droite une voix plaintive qui sortait de l'épaisseur d'un bois. A peine l'eut-il entendue qu'il s'écria : Grâces soient rendues au ciel pour la faveur qu'il m'accorde en m'envoyant sitôt des occasions d'accomplir ce que je dois à ma profession, et de recueillir le fruit de mes bons desseins ; ces plaintes viennent sans doute de quelque infortuné ou infortunée qui a besoin de mon assistance. Aussitôt, tournant bride du côté d'où les cris lui semblaient partir, il y poussa Rossinante. A quelques pas de l'entrée du bois, il vit une jument attachée à un chêne et, lié à un autre chêne, un jeune garçon d'environ quinze ans, nu de la ceinture en haut. C'était de lui que venaient ces cris et ce n'était pas sans cause ; car un laboureur vigoureux, armé d'une ceinture de cuir, l'accablait de coups, accompagnant chacun d'un conseil et d'une réprimande. Les yeux ouverts, disait-il, et la bouche close. Je ne le ferai plus, mon maître, répondait le jeune garçon, par la passion de Dieu je ne le ferai plus, j'aurai désormais plus de soin du troupeau. Don Quichotte, voyant ce qui se passait, s'écria d'une voix courroucée : Discourtois chevalier, il est mal de vous en prendre à qui ne peut se défendre ; montez à cheval, prenez votre lance (car il y en avait une appuyée contre le chêne où la jument était attachée), et je vous ferai connaître qu'il n'appartient qu'à un lâche d'agir comme vous le faites. Le laboureur se crut mort à l'aspect de ce fantôme armé qui lui brandissait la lance au visage et lui répondit en tremblant : Seigneur chevalier, ce garçon que je châtie est un de mes valets, que j'emploie à garder un troupeau de brebis que je tiens ici autour ; il a si peu de soin qu'il ne se passe point de jour sans que j'en perde quelqu'une, et, parce que je châtie sa négligence ou plutôt sa malice, il dit que c'est par avarice et pour ne lui pas payer ses gages, et, sur Dieu et sur mon âme, il ment. Il ment, et en ma présence, misérable vilain ! dit Don Quichotte : par le soleil qui nous éclaire, je suis tenté de te traverser de part en part avec ma lance : paye-le sur-le-champ et sans réplique, sinon, par le Dieu qui nous régit, je t'anéantis sur l'heure : délie ce garçon à l'instant. Le laboureur baissa la tête, et sans répondre un mot, détacha son valet, à qui Don Quichotte demanda combien il lui était dû. Neuf mois, dit-il, à sept réaux chacun. Don Quichotte fit le compte, trouva qu'il se montait à soixante-trois réaux et ordonna au laboureur de payer sans retard, s'il ne voulait mourir. Le vilain, tremblant, répondit, par la situation où il se trouvait, et par son serment (il n'avait encore rien juré), qu'il ne devait pas tant ; qu'il fallait rabattre et mettre en compte trois paires de souliers et un réal pour deux saignées qu'on lui avait faites, étant malade. Tout cela est bien, dit Don Quichotte, mais les saignées et les souliers lui demeureront pour les coups que vous lui avez donnés sans raison. S'il a usé le cuir des souliers que vous avez payés, vous avez déchiré la peau de son corps, et si le barbier lui a tiré du sang quand il était malade, vous lui en avez tiré étant sain ; ainsi il ne vous doit rien sur ce point. Le mal, seigneur chevalier, est que je n'ai pas d'argent ici ; qu'André vienne avec moi à la maison, je le payerai pièce à pièce jusqu'au dernier réal. Moi, m'en aller avec lui ! pas même en pensée, reprit le berger ; non, seigneur, s'il se voit seul, il m'écorchera comme un saint Barthélemy. Non, non, il ne le fera pas, dit Don Quichotte ; il suffit que je le lui ordonne pour qu'il obéisse, et, pourvu qu'il me le jure par l'ordre de chevalerie qu'il a reçu, je le laisserai libre, et je réponds du paiement. Prenez garde à ce que vous dites, seigneur, répondit le jeune garçon ; mon maître n'est pas chevalier et n'a jamais reçu aucun ordre de chevalerie. C'est Jean Haldudo le riche, qui habite Quintanar. Peu importe, répondit Don Quichotte, il peut y avoir des Haldudos chevaliers ; d'ailleurs chacun est fils de ses œuvres. Cela est vrai, dit André ; mais mon maître, de quelles œuvres est-il fils, lui qui me nie mon paiement, le fruit de mes sueurs et de mon travail ? Je ne le nie pas, mon frère André, répondit le laboureur ; faites-moi le plaisir de venir avec moi et je jure, par tous les ordres de chevalerie du monde, de vous payer, comme je l'ai dit, un réal sur l'autre, et encore en réaux parfumés. Je vous dispense du parfum, donnez-lui les réaux et je m'en contente, reprit Don Quichotte ; mais prenez bien garde à l'accomplissement de votre serment, sinon je jure à mon tour de revenir vous chercher et vous châtier et que je vous trouverai, fussiez-vous plus profondément caché qu'un lézard. Si vous voulez savoir quel est celui qui vous ordonne cela, afin de vous reconnaître plus obligé à l'exécuter, apprenez que je suis le vaillant Don Quichotte de la Manche, le redresseur de torts et d'injustices. Dieu vous garde ! et n'oubliez pas ce que vous avez promis et juré sous les peines qui ont été prononcées. En achevant ces mots, il piqua Rossinante et s'éloigna d'eux rapidement. Le laboureur le suivit des yeux, et, quand il vit qu'il avait traversé le bois et qu'on ne l'apercevait plus, il retourna au berger André et lui dit : Venez ici, mon fils, je veux vous payer ce que je vous dois, comme ce redresseur de torts me l'a commandé. Je jure, dit André, que vous ferez prudemment d'accomplir l'ordre de ce bon chevalier, à qui Dieu donne longue vie pour sa valeur et sa bonne justice, et si vous ne me payez, qu'il revienne pour exécuter ce qu'il a dit. Je le jure aussi, dit le laboureur, et, pour la grande affection que je vous porte, je veux encore accroître la dette pour augmenter le paiement. Prenant en même temps André par le bras, il le rattacha au chêne et lui donna tant de coups qu'il le laissa pour mort. Appelez maintenant le défaiseur de torts, seigneur André, dit-il, vous verrez qu'il ne défera pas celui-ci, quoique je ne le croie pas encore accompli, car j'ai quelque envie de vous écorcher tout vif comme vous le craigniez. A la fin pourtant il le détacha et le laissa en liberté d'aller chercher son juge, pour qu'il vînt exécuter sa sentence. André partit bien chagrin, jurant de chercher le valeureux don Quichotte de la Manche, de lui conter de point en point tout ce qui s'était passé, et qu'il le lui ferait payer sept fois[1]. Mais avec tout cela il s'en alla pleurant pendant que son maître demeurait à rire. Ainsi fut réparé le tort par le valeureux Don Quichotte.

Enchanté de ce qu'il avait exécuté et persuadé qu'il avait donné un très heureux et très brillant commencement à sa chevalerie, il suivait le chemin de sa maison, fort content de lui-même, et disant à demi-voix : Tu peux bien t'appeler fortunée sur toutes celles qui existent, ô la plus belle des belles, Dulcinée du Toboso ! de ce que le sort t'a accordé de soumettre à tes volontés et à tes désirs un aussi vaillant et aussi fameux chevalier qu'est et que sera Don Quichotte de la Manche, qui, comme tout le monde le sait, reçut hier seulement l'ordre de chevalerie, et

[1] L'espagnol dit : *Con las setenas*, le septuple. *Pagar con las setenas*, c'était la peine qu'encourait la fraude ; le fraudeur payait sept fois ce qu'il avait détourné.

aujourd'hui a réparé le plus grand tort, le plus grand crime qu'ait pu imaginer l'injustice et commettre la cruauté ; il vient d'arracher des mains d'un impitoyable bourreau le fouet dont il déchirait sans sujet ce faible enfant. En achevant ces mots, il arriva à un chemin qui se partageait en quatre ; aussitôt lui vinrent à l'esprit les carrefours dans lesquels les chevaliers errants s'arrêtaient à délibérer sur la route qu'ils devaient suivre. Pour les imiter, il s'arrêta un moment, et, après avoir bien réfléchi, il lâcha la bride à Rossinante, s'en remettant pour le choix à sa volonté. Rossinante suivit sa première intention et prit le chemin de son écurie. Don Quichotte avait marché environ deux milles, quand il découvrit une grande troupe de gens : c'étaient, comme on l'a su depuis, des marchands de Tolède qui allaient acheter de la soie à Murcie. Ils étaient six qui venaient avec leurs parasols, quatre valets à cheval, et trois garçons de mules à pied. A peine Don Quichotte les aperçut, qu'il s'imagina que c'était une nouvelle aventure, et, voulant imiter autant qu'il lui était possible ce qu'il avait lu dans ses livres, il crut qu'il se présentait là une occasion toute naturelle d'exécuter une des choses qu'il voulait faire. Prenant donc une fière et noble contenance, il s'affermit sur les étriers, saisit fortement sa lance, rapprocha son écu de sa poitrine, et, placé au milieu du chemin, il attendit l'arrivée des chevaliers errants (car il les avait déjà jugés tels). Quand ils furent assez près pour se voir et s'entendre, il haussa la voix et leur cria d'un ton arrogant : « Que tout le monde s'arrête si tout le monde ne confesse que, dans tout l'univers, il n'y a pas une dame qui égale en beauté l'impératrice de la Manche, l'incomparable Dulcinée du Toboso. Les marchands s'arrêtèrent à ces étranges paroles et considérèrent la singulière figure de celui qui les prononçait, et, à la figure aussi bien qu'aux paroles, ils connurent aisément sa folie ; mais ils voulurent voir par plaisir où les mènerait l'aveu qui leur était demandé; et l'un d'eux, qui était railleur et qui avait de l'esprit, répondit : Seigneur chevalier, nous ne connaissons point cette belle dame dont vous parlez ; faites-nous la voir; si elle est aussi belle que vous le dites, nous confesserons de bon cœur et sans contrainte la vérité de ce que vous nous demandez. Si je vous la montrais, répliqua Don Quichotte, quel mérite auriez-vous à reconnaître une vérité si notoire? Ce qu'il importe est que, sans la voir, vous ayez à le croire, confesser, affirmer, jurer et soutenir. Si vous ne le faites, je vous défie au combat, gens discourtois et superbes : venez l'un après l'autre, comme le requiert l'ordre de chevalerie, ou tous ensemble, comme c'est la coutume et le coupable usage des gens de votre sorte; je vous attends avec confiance dans la raison qui est de mon côté. Seigneur chevalier, repartit le marchand, je vous supplie, au nom de tout ce que nous sommes ici de princes, afin de ne pas charger notre conscience par l'aveu d'une chose que nous n'avons jamais vue ou entendue, et qui est si préjudiciable à toutes les impératrices et reines de l'Alcarrie [1] et de l'Estramadure, d'avoir la condescendance de nous montrer quelque portrait de cette dame, ne fût-il pas plus grand qu'un grain de blé; par le fil nous jugerons le peloton; nous serons ainsi satisfaits et rassurés, et vous content d'avoir obtenu ce que vous désirez. Nous sommes déjà, je crois, si fort prévenus en sa faveur, que, quand ce portrait nous la représenterait avec un œil de moins et l'autre distillant du ver-

1 Alcarria; c'est une contrée peuplée de petits villages et hameaux.

millon et du soufre, nous ne laisserions pas de dire d'elle tout ce que vous voudrez. Il n'en distille rien, canaille infâme, répliqua Don Quichotte furieux, il n'en distille rien de ce que vous dites, mais bien le musc et l'ambre le plus délicat ; elle n'est ni borgne, ni bossue, elle est plus droite qu'un fuseau de Guadarrama : mais vous payerez le grand blasphème que vous venez de proférer contre la beauté sans pareille de ma dame. En même temps il court la lance baissée contre celui qui avait pris la parole, avec tant de fureur et d'emportement, que si, de bonne fortune, Rossinante n'eût trébuché et ne fût tombé au milieu de sa course, le téméraire marchand eût fort mal passé son temps. Rossinante tomba, et son maître alla rouler assez loin sur la route, il fit des efforts inutiles pour se relever, tant il était embarrassé de sa lance, de son écu, de ses éperons et du poids de ses vieilles armes. Au milieu des vains efforts qu'il faisait pour se relever, il s'écriait : Ne fuyez pas, lâches, poltrons ; songez que c'est par la faute de mon cheval et non par la mienne que je suis à terre. Un des garçons de mules de la suite des marchands, qui n'était pas endurant, entendant les menaces du pauvre cavalier démonté, ne les put souffrir sans lui donner la riposte sur les côtes. Il vint à lui, lui arracha sa lance, la rompit en pièces, et d'un des éclats se mit à frapper notre pauvre Don Quichotte de tant de coups, que, malgré ses armes, il le moulut comme le blé. Ses maîtres lui criaient de s'arrêter et de le laisser; mais il était animé et ne voulut pas quitter le jeu sans y passer le reste de sa colère. Réunissant tous les tronçons de la lance, il acheva de les briser sur le malheureux chevalier, à qui cette grêle de coups ne fermait pas la bouche et qui menaçait ciel et terre, et ceux qu'il prenait pour des brigands. Enfin le muletier se lassa et les marchands poursuivirent leur chemin avec un ample sujet de conversation dans la disgrâce du pauvre bâtonné. Celui-ci, se voyant seul, fit un nouvel effort pour se relever; mais, s'il ne l'avait pu se portant bien, comment l'eût-il fait étant ainsi moulu? Cependant il ne laissait pas de se trouver heureux d'une infortune qui lui semblait tout à fait particulière aux chevaliers errants et dont il attribuait toute la faute à son cheval; en attendant il ne pouvait se remettre sur pied, tant son corps était brisé.

CHAPITRE V.

OU SE POURSUIT LE RÉCIT DE LA DISGRACE DE NOTRE CHEVALIER.

VOYANT donc qu'effectivement il n'y avait pas moyen de se lever, il se résigna à avoir recours à son remède ordinaire, c'était de songer à quelque passage de ses livres; et sa folie lui ramena dans la mémoire celui de Baudouin et du marquis de Mantoue, lorsque Charlot laissa le premier blessé dans la montagne ; histoire sue des petits enfants, non ignorée des jeunes gens, célèbre chez les vieillards qui la croient, et avec tout cela pas plus véridique que les miracles de Mahomet. Il lui parut que cette histoire s'appliquait tout naturellement à l'état où il se trouvait. En conséquence, il commença à se rouler par terre comme un homme désespéré, et à murmurer d'une voix faible ce qu'on fait dire au Chevalier du Bois après sa blessure : Où donc es-tu, ma dame, que mon mal te touche si peu? Tu ne le connais point, ou tu es fausse et déloyale. Il continua le récit jusqu'à ces vers : O noble marquis de Mantoue, mon oncle et seigneur! Le hasard voulut qu'en ce moment passât un laboureur de son village et son voisin, qui venait de porter une charge de blé au moulin et qui, voyant un homme ainsi étendu, s'approcha et lui demanda qui il était et quel mal il avait pour se plaindre si tristement. Don Quichotte crut sans doute que c'était le marquis de Mantoue son oncle et ne lui fit d'autre réponse que de continuer ses vers, où il lui contait ses disgrâces et les amours du fils de l'empereur avec sa femme, le tout comme on le voit dans la romance. Le laboureur était stupéfait d'entendre tant d'extravagances. Il lui ôta sa visière brisée par les coups, lui essuya le visage qui était plein de poussière et à peine l'eut-il essuyé qu'il le reconnut et lui dit : Seigneur Quijada (c'était ainsi qu'il devait se nommer quand il avait son bon sens et avant de changer sa condition de paisible gentilhomme contre celle de chevalier errant), qui vous a mis dans cet état? Mais, l'autre, pour toute réponse, poursuivait toujours la romance. Le bonhomme, voyant cela, lui ôta du mieux qu'il put la cuirasse et l'épaulière pour voir s'il avait quelque blessure; mais il ne trouva ni sang, ni marque de coups; il tâcha alors de le lever de terre, et avec beaucoup de peine, le mit sur son âne qui lui parut une monture plus douce; il ramassa les armes et jusqu'aux éclats de la lance, les lia sur Rossinante qu'il prit par la bride, l'âne par le licou et marcha vers son village, tout pensif en entendant les folies que disait Don Quichotte. Celui-ci, de son côté, ne l'était pas moins; il était si moulu qu'il ne pouvait se tenir sur le baudet, et de temps en temps poussait de grands soupirs qui allaient jusqu'au ciel, ce qui obligea encore une fois le laboureur de lui demander quel mal il sentait. Il fallait que le diable s'en mêlât et rappelât à la mémoire de Don Quichotte tous les contes analogues à sa situation, car il oublia tout à coup Baudouin pour se souvenir du Maure Abindarraès, quand Rodrigue de Narvaès, gouverneur d'Antequerre, le prit et l'emmena prisonnier. Le laboureur lui ayant redemandé comment il se trouvait et ce qu'il sentait, il répondit mot pour mot ce que l'Abencerrage captif répond à don Rodrigue et comme il l'avait lu dans la Diane de Montémayor, s'appliquant si bien toute cette histoire, que le laboureur se donnait au diable de voir entasser tant d'extravagances. Bien convaincu que son voisin était fou, il avait hâte d'arriver au village pour abréger l'ennui que lui causait la longue harangue de Don Quichotte. A peine l'eut-il finie qu'il ajouta : Il faut que vous sachiez, seigneur don Rodrigue de Narvaès, que cette belle Xarifa, dont je viens de vous parler, est présentement l'incomparable Dulcinée du Toboso, pour qui j'ai fait, je fais et je ferai les plus fameux exploits de chevalerie qu'on ait jamais vus, qu'on voit et qu'on verra à l'avenir. Pécheur que je suis, répondit le paysan, voyez donc, seigneur, que je ne suis point Rodrigue de Narvaès, ni le marquis de Mantoue, mais Pierre Alonzo, votre voisin, et vous n'êtes ni Baudouin ni Abindarraès, mais le bon gentilhomme, le seigneur Quijada. Je sais qui je suis, répliqua Don Quichotte, je sais aussi que je puis être non seulement ceux que j'ai dit, mais encore les douze pairs de France, et tout à la fois les neuf de la renommée, puisque les grandes actions réunies de tous et de chacun ne sauraient égaler les miennes. Ces discours et d'autres semblables les menèrent jusqu'au village, où ils arrivèrent à la chute du jour; mais le laboureur, ne voulant pas qu'on vît notre gentilhomme en si triste équipage, attendit que le temps fût un peu plus sombre. Quand il jugea le moment venu, il mena Don Quichotte à sa maison, où tout était en rumeur. Le curé et le barbier, ses bons amis, y étaient et la gouvernante leur disait : Que vous semble, seigneur licencié Pero Pérès (c'était le nom du curé), du malheur de mon seigneur? Il y a six jours[1] que nous ne l'avons vu, ni lui, ni son cheval, ni son écu, ni sa lance, ni ses armes. Malheureuse que je suis! aussi sûr qu'il est vrai que je suis née pour mourir, ces maudits livres de chevalerie qu'il lit d'ordinaire lui ont perdu le jugement. Je me souviens maintenant de lui avoir entendu dire souvent, se parlant à lui-même, qu'il voulait se faire chevalier errant et aller chercher les aventures par le monde : que Satan et Barabbas puissent emporter de tels livres, qui ont ainsi gâté le meilleur entendement qui fût dans toute la Manche! La nièce en disait autant, et même davantage. Apprenez, maître Nicolas, c'était le nom du barbier, que souvent il est arrivé à mon seigneur oncle de passer à la lecture de ces méchants livres deux jours et deux nuits entiers, au bout desquels il jetait son livre, saisissait son épée en donnait de grands coups contre les murailles, et quand il était bien las, il disait qu'il avait tué quatre géants grands comme des tours et que la sueur que la fatigue faisait couler de ses membres était le sang des blessures qu'il avait reçues dans le combat. Il buvait alors un grand pot d'eau froide qui le calmait, disant que c'était une liqueur précieuse que lui avait apportée le sage Esquif[2], un grand enchanteur de ses amis. La faute de tout ceci est à moi, qui ne vous ai point avertis de ces folies de mon oncle, afin d'y remédier avant d'en venir où nous en sommes, en brûlant tous ces livres maudits, qui méritent aussi bien le feu que s'ils étaient œuvres d'hérétiques. J'en dis autant, dit le curé, et le jour de demain ne se passera point sans qu'il se fasse de tous ces livres un acte public et sans qu'ils soient condamnés au feu, afin qu'ils ne donnent à personne l'envie d'entreprendre ce que paraît avoir fait mon pauvre ami. Tout cela était entendu de Don Quichotte et du paysan; celui-ci acheva de comprendre la folie de son voisin et se mit à crier : Ouvrez au marquis de Mantoue, et au seigneur Baudouin qui revient fort blessé, et au Maure Abindarraès qu'amène captif le valeureux Rodrigue de Narvaès, gouverneur d'Antequerre. Ils sortirent tous à ces mots et reconnaissant, les uns leur ami, l'autre son oncle, l'autre son maître, qui n'avait pas encore mis pied à terre, parce qu'il ne le pouvait, ils coururent tous à lui pour l'embrasser. Arrêtez, dit Don Quichotte, je suis fort blessé par la faute de mon cheval, qu'on me porte au lit, et, s'il se peut, qu'on fasse venir la sage Urgande pour prendre soin de mes blessures et les guérir. Voyez, dit la gouvernante, si le cœur ne me disait pas bien de quel pied clochait mon maître. Entrez, seigneur, à la bonne heure; sans que cette Urgande s'en mêle, nous saurons bien vous guérir. Maudits soient encore et cent fois de plus tous ces livres

[1] C'est une distraction. Il y a six jours, dit-il, que Don Quichotte est parti, et il ne l'était que de la veille. D. Vincent de los Rios a supputé que les trois sorties de Don Quichotte doivent occuper cent soixante-cinq jours.

[2] Alquif, mari d'Urgande la déconnue.

de chevalerie qui vous ont mis en tel état! On le porta aussitôt à son lit et cherchant ses blessures, on n'en trouva aucune. Je suis seulement froissé, dit-il, pour avoir fait une grande chute avec Rossinante en combattant contre dix géants, les plus démesurés et audacieux qui se puissent trouver en presque toute la terre. Bon! bon! dit le curé, voilà les géants en danse! Par ma foi, je les brûlerai tous demain avant que vienne la nuit! On fit ensuite mille questions à Don Quichotte, mais il ne répondit autre chose sinon qu'on lui donnât à manger et qu'on le laissât dormir; c'était là en effet son plus pressant besoin. Ainsi fut fait. Le curé s'informa plus au long de la manière dont le laboureur l'avait trouvé. Celui-ci raconta tout, sans oublier les extravagances qu'il lui avait dites et lorsqu'il l'avait rencontré, et en le ramenant; le curé n'en fut que plus empressé de faire ce qu'il exécuta le lendemain, et qui fut d'appeler son ami le barbier, maître Nicolas, qui l'accompagna à la maison de Don Quichotte.

CHAPITRE VI.

DE LA GRANDE ET AGRÉABLE RECHERCHE QUE FIRENT LE CURÉ ET LE BARBIER DANS LA BIBLIOTHÈQUE DE NOTRE INGÉNIEUX GENTILHOMME.

Il était encore endormi. Le curé demanda à la nièce la clef de la chambre où se trouvaient les livres, auteurs de tout le mal, et elle la lui donna de bon cœur. Ils y entrèrent tous, la gouvernante avec eux, et trouvèrent plus de cent gros volumes bien reliés et autres petits. La servante ne les eut pas plus tôt aperçus qu'elle sortit brusquement et rentra bientôt avec un vase plein d'eau bénite et un goupillon, disant: Prenez, seigneur licencié, et aspergez cette chambre, de peur qu'il n'y ait ici quelqu'un des enchanteurs dont ces livres sont pleins et qu'il ne nous vienne ensorceler, pour nous punir de les vouloir chasser du monde. Le curé rit de la simplicité de la gouvernante et dit au barbier de lui donner les livres l'un après l'autre, pour voir de quoi ils traitaient, parce qu'il s'en pouvait rencontrer qui ne mériteraient pas la peine du feu. Non, dit la nièce, il n'en faut pas épargner un seul; ils ont tous été coupables; le mieux serait de les jeter par les fenêtres, d'en faire un monceau et d'y mettre le feu, ou bien de les porter dans la basse-cour, où l'on pourra faire un grand feu et éviter la fumée. La gouvernante fut du même avis, tant était grande l'envie qu'elles avaient toutes deux de voir périr ces innocents; mais le curé n'y voulut pas consentir sans avoir au moins lu le titre des livres. Le premier que maître Nicolas lui mit dans les mains fut les quatre parties d'*Amadis de Gaule*. Oh! dit le curé, il semble qu'il y ait en ceci du mystère, car j'ai ouï dire que c'est le premier livre de chevalerie qu'on ait imprimé en Espagne[1] et que tous les autres en sont sortis comme d'une

[1] Ce roman, que réclament plusieurs nations, et dont l'auteur est inconnu, fut composé dans le quatorzième siècle. On ignore la date de sa première impression; mais il est certain qu'elle est antérieure à 1490.

source originelle. Ainsi mon avis est qu'il soit condamné au feu sans rémission, comme l'apôtre d'une si pernicieuse secte. Non, seigneur, dit le barbier, car j'ai ouï dire aussi que c'est le meilleur livre de ce genre qui existe et comme unique en son espèce, il mérite qu'on lui pardonne. Cela est vrai, dit le curé, et pour ce moment on lui accorde la vie : voyons cet autre qui en est tout près. Ce sont, dit le barbier, les *Prouesses d'Esplandian*[1], fils légitime d'Amadis de Gaule; en vérité, le fils est loin d'égaler le père, dit le curé. Tenez, madame la gouvernante, ouvrez la fenêtre et jetez-le dans la cour, il commencera le bûcher que nous allons dresser. La gouvernante le fit avec beaucoup de joie et le bon Esplandian s'en alla, volant dans la cour, attendre avec patience le feu dont il était menacé. Passons outre, dit le curé. Celui-ci, dit le barbier, est *Amadis de Grèce*[2], et tous ceux de ce rang sont, je crois, de la même famille. Qu'ils prennent donc tous le chemin de la cour, dit le curé, car, plutôt que de ne pas brûler la reine Pintiquiniestre et le berger Darinel avec ses églogues et les raisonnements renversés et endiablés de l'auteur, je brûlerais avec eux le père qui m'a engendré, s'il prenait la figure de chevalier errant. Je suis de ce sentiment, dit le barbier. Et moi aussi, dit la nièce. Puisqu'il est ainsi, dit la gouvernante, donnez, et qu'ils aillent ensemble dans la cour. On les lui remit, et pour s'épargner l'escalier, elle les jeta tous par la fenêtre. Quel est ce billot ? dit le curé : *Don Olivante de Laura*, répondit le barbier. Il est du même auteur que le *Jardin des Fleurs*[3], reprit le curé, et je ne saurais bien dire lequel des deux est le plus véridique, ou, pour mieux dire, le moins menteur ; ce que je sais, c'est que celui-ci ira dans la cour, comme bizarre et extravagant. Celui qui suit est *Florismarte d'Hircanie*[4], dit le barbier. Quoi ! le seigneur Florismarte est ici ? reprit le curé. Eh bien ! qu'il ait à descendre tout à l'heure dans la cour, malgré son étrange naissance et ses aventures imaginaires, la sécheresse et la dureté de son style ne méritent pas un meilleur traitement. Jetez-le et encore cet autre. Avec plaisir, dit la gouvernante, et elle exécutait avec joie ce qu'on lui ordonnait. Voici le *Chevalier Platir*[5], continua le barbier. C'est un vieux bouquin, dit le curé ; il ne contient rien qui mérite grâce, qu'il accompagne les autres. Ainsi fut fait. On ouvrit un autre livre, et ils virent qu'il portait pour titre : le *Chevalier de la croix*[6]. Un nom si saint mériterait grâce, et devrait faire excuser l'ignorance de l'auteur ; mais, comme on dit communément : Derrière la croix, le diable; qu'il aille au feu. Le barbier prenant un autre livre : Voici, dit-il, le *Miroir de chevalerie*[7]. Je le connais, dit le curé. C'est là que figure le seigneur Renaud de Montauban, avec

[1] Par Garcie Ordoñez de Montalvo : Alcala, 1588, in-fol.

[2] *Cronica del muy valiente y esforzado principe y caballero de la ardiente espada, Amadis de Grecia. Lisboa*, 1596, in-fol. Cet Amadis était fils de Lisvart de Grèce, et petit-fils d'Amadis de Gaule.

[3] Antoine de Torquemada.

[4] *Historia del principe Felixmarte de Hircania, por Melchior de Ortega.* Valladolid, 1556, in-fol.

[5] *Cronica del muy valiente y esforzado caballero Platir, hijo del emperador Primaleon.* Valladolid, 1533, in-fol. L'auteur n'en est pas connu.

[6] Ce roman est en deux parties : *Libro del invencible caballero Lepolemo, de los hechos que hizo llamandose el caballero de la Cruz ; et Leandro el bel segun le compuso el sabio rey Artidoro, en lengua griega.* Tolède, Miguel Ferrer, 1562, 1563, in-fol., 2 vol. Par Pedro Luxan.

[7] *Espejo de caballerias.* C'est la première partie, en deux livres, d'un roman qui en contient dix. Elle est de Diégo Ordoñez de Calahorra, et parut en 1562. Ce roman fut continué par Pedro de la Sierra, en deux livres (1580); par Marcos Martinez, en quatre livres. Le reste est manuscrit.

ses amis et compagnons plus larrons que Cacus, et les douze pairs avec le véridique chroniqueur Turpin. Mon avis est qu'on ne les condamne qu'à un bannissement perpétuel, parce qu'ils sont pour quelque chose dans l'invention du célèbre *Mateo Boyardo*, qui a fourni la trame sur laquelle le catholique Lud. Ariosto a ourdi sa toile. Pour ce dernier, si je le rencontre, et qu'il parle une autre langue que la sienne, je ne lui garderai aucun respect; mais s'il parle en sa langue, je le tiens en grande estime [1]. Je l'ai en italien, dit le barbier, mais je ne l'entends point. Il n'est pas à souhaiter que vous l'entendiez, reprit le curé. Nous pardonnerions volontiers au seigneur capitaine [2] de ne l'avoir pas apporté en Espagne et mis en castillan; il lui a beaucoup ôté de son mérite, et c'est ce qui arrivera à tous ceux qui voudront transporter dans une autre langue les ouvrages en vers. Quelque soin et habileté qu'ils y mettent, ils n'arriveront jamais à égaler l'original. Pour celui-ci donc, et tous les autres qui traitent de ces sortes de choses de chevalerie française, je suis d'avis qu'on les garde en un puits sec, jusqu'à ce qu'avec plus de loisir nous voyions ce qu'il en faut faire. J'en excepte pourtant un certain *Bernard de Carpio* [3], et un autre appelé *Roncevaux* [4]. De mes mains, si je les rencontre, ils iront dans celles de la gouvernante, et de là au feu sans rémission. Le barbier adhéra à tout comme à chose bonne et sans réplique, sur la foi du curé, qu'il savait si bon chrétien et si ami de la vérité qu'il ne l'eût altérée pour rien au monde. Ouvrant un autre livre, il vit que c'était *Palmerin d'Olive* [5], et tout près un autre qui s'appelait *Palmerin d'Angleterre* [6]. Pour cette olive, dit le curé, qu'on la broie et qu'on la brûle, et qu'on n'en garde pas même les cendres; pour cette palme d'Angleterre, conservons-la comme une chose unique, et faisons-lui faire une cassette aussi précieuse que celle qu'Alexandre trouva dans les dépouilles de Darius, et qu'il destina à renfermer les œuvres d'Homère. Ce livre-ci, seigneur compère, est recommandable pour deux choses; l'une, qu'il est excellent de lui-même, et l'autre, qu'on le croit composé par un savant roi de Portugal [7]. Toutes les aventures du château de Miraguarda sont fort bien imaginées et pleines d'art; les pensées sont élégantes et claires et parfaitement convenables au caractère de celui qui parle. Je dis donc, maître Nicolas, sauf votre meilleur avis, celui-ci et Amadis de Gaule seront exempts du feu; pour tout le reste, sans en faire plus ample examen, qu'il périsse. Non pas, seigneur compère, répliqua le barbier, car voici le renommé *Don Belianis* [8]. Celui-là, dit le curé, avec sa deuxième, troisième et quatrième parties, aurait besoin d'un peu de rhubarbe pour purger cette épouvantable bile qui l'agite incessamment, et il serait nécessaire d'en retran-

1 L'espagnol dit : *le pondre sobre mi cabeza*. Je le mettrai sur ma tête.

2 B. Geronimo Ximenez de Urrea, traducteur de Roland furieux.

3 *Historia de las hazanas y hechos del invencible caballero Bernardo del Carpio*, par Augustin Alonzo. Tolède, 1585, in-4°.

4 De Franc. Garrido de Villena, Tolède, 1585.

5 Ce roman est en deux parties : *Libro del famoso caballero Palmerin de Oliva, que por el mundo grandes hechos en armas hizo sin saber cuyo hijo fuese*. Tolède, 1580. Ce roman est d'une femme.

6 *Cronica de Palmeirim de Inglaterra*. Nouvelle édition. Lisbonne, 1786. 3 vol. in-4°.

7 Ce roi de Portugal est, suivant les uns, Jean II, suivant d'autres, l'infant don Louis, père de don Antonio, prieur de Crato.

8 *Libro del valeroso y invencible principe don Belianis de Grecia, etc.* Estella, 1564, in-fol. L'auteur de ce roman est Géronimo Fernandez.

cher le château de la Renommée, et autres impertinences non moins grandes : on lui peut donner pour cela un délai comme pour les causes d'outre-mer, et selon qu'il se sera corrigé, on lui fera grâce ou justice. En attendant, compère, gardez-le chez vous, mais ne le laissez lire à personne. Je m'y engage, dit le barbier, et, sans se fatiguer davantage à examiner des livres de chevalerie, il dit à la gouvernante de prendre tous les grands et de les jeter dans la cour. Elle ne fut ni sotte, ni sourde, car elle avait plus de désir de les brûler, que de partager une toile, quelque grande et fine qu'elle fût. Elle en prit peut-être huit d'une seule brassée et les fit voler par la fenêtre. Il s'en échappa un dans le nombre qui tomba aux pieds du barbier, ce qui lui donna la curiosité de le connaître. Il vit au titre : *Histoire du fameux Tirant-le-Blanc.* Dieu me soit en aide, s'écria le curé, vous avez là le fameux chevalier Tirant-le-Blanc? Donnez-le-moi, compère, je vous prie; j'estime avoir trouvé en lui un trésor de joie, une source inépuisable de passe-temps. C'est là que nous voyons don Kirie Eleison de Montalban, et Thomas de Montalban son frère, et le chevalier Fonséca, le combat du valeureux Detriante contre le dogue, les ruses de la demoiselle Plaisir-de-ma-vie, les amours et les tromperies de la veuve reposée, et l'impératrice amoureuse d'Hippolyte son écuyer. Je ne vous mens pas, compère, ce livre est le meilleur du monde pour le style. Ici les chevaliers mangent, dorment, meurent dans leurs lits, font leur testament avant de mourir, et toutes les choses dont les autres livres de cette espèce ne font nulle mention. Avec tout cela, l'auteur eût mérité de passer le reste de ses jours aux galères, pour avoir débité tant de sottises sans y être contraint. Emportez-le chez vous et le lisez, vous verrez si tout ce que je vous en dis n'est pas vrai. Je le veux bien, dit le barbier; mais que ferons-nous de tous ces petits livres qui restent? Ceux-ci, dit le curé, ne doivent pas être des livres de chevalerie, mais de poésie; et, en ouvrant un, il vit que c'était la *Diane de George de Montémayor*. Ceux-ci, continua-t-il, croyant que tous les autres étaient du même genre, ne méritent pas d'être brûlés comme les autres, parce qu'ils ne causent et ne causeront pas les mêmes désordres que les livres de chevalerie; ce sont des livres d'agréable divertissement et qui n'offrent aucun danger. Hélas! seigneur, s'écria la nièce, vous pouvez bien les faire brûler comme les autres; car si mon oncle vient à guérir de sa folie chevaleresque, il ne serait pas étonnant que cette lecture lui donnât la fantaisie de se faire berger et de courir par les bois et les prairies chantant et jouant du luth, ou, ce qui serait bien pis encore, de devenir poëte, car, c'est, dit-on, de toutes les maladies la plus incurable et la plus contagieuse. La jeune fille a raison, dit le curé, il sera bon d'ôter à notre ami cette pierre d'achoppement. Et puisque nous avons commencé par la Diane de Montémayor, je suis d'avis qu'on ne la brûle pas, mais qu'on en retranche tout ce qui traite de la sage Félicie, de l'eau enchantée, et presque tous les grands vers; qu'on lui laisse la prose, à la bonne heure, avec l'honneur d'être le premier dans ces sortes d'ouvrages. Celui qui suit, dit le barbier, est la *Diane* appelée la seconde, du Salmantin[1], et en voici encore une autre qui porte le même titre, dont l'auteur est Gil Polo. Que celle du Salmantin, dit le curé, augmente le nombre des condamnés et les suive, et

[1] Ou plutôt d'Alonzo Perez.

gardons celle de Gil Polo [1] comme si elle était l'œuvre même d'Apollon. Mais, passons outre, compère, et hâtons-nous, car il commence à se faire tard. Voici, dit le barbier, ouvrant un autre ouvrage, les dix livres de *Fortune d'amour*, composés par Antoine de Lofraso, poëte sarde [2]. Par les ordres que j'ai reçus, dit le curé, depuis qu'Apollon est Apollon, les muses des muses et les poëtes des poëtes, il n'a point été fait de livre plus plaisant et plus agréable que celui-ci ; c'est dans ce genre le meilleur et un livre unique parmi ceux de cette classe ; qui ne l'a point lu peut dire qu'il ne connaît pas une chose de bon goût. Donnez-le-moi, compère ; je l'estime plus qu'une soutane de ras de Florence. Il le mit de côté avec grande joie, et le barbier reprit : Ceux qui suivent sont le *Pasteur d'Ibérie* [3], les *Nymphes de Henares* [4], et le *Remède de la jalousie* [5]. Il n'y a autre chose à faire, dit le curé, que de les livrer au bras séculier de la gouvernante et ne m'en demandez pas la raison, car nous n'aurions jamais fini. Celui qui suit est le *Berger de Philida* [6] ? Ce n'est point un berger, dit le curé, mais un adroit courtisan ; gardez-le comme une pierre précieuse. Ce grand volume qui vient après est intitulé le *Trésor de diverses poésies* [7]. S'il y en avait moins, dit le curé, on les estimerait davantage. Il faudrait que ce livre fût débarrassé de plusieurs trivialités mêlées parmi les bonnes choses. Gardons-le néanmoins, parce que l'auteur est de mes amis et par égard pour des œuvres plus héroïques, plus relevées, qu'il a composées. Voici, continua le barbier, un recueil de *Chansons* de Lopès Maldonado [8]. Cet auteur est encore de mes amis, répondit le curé ; ses vers sont admirables dans sa bouche, et tel est l'agrément de sa voix, qu'il enchante ceux qui l'écoutent. Il est un peu long dans ses églogues, mais le bon n'est jamais trop long. Il faut le garder parmi les élus. Mais quel est celui qui vient après ? C'est la *Galatée* de Michel de Cervantes, répondit le barbier. Il y a longues années que ce Cervantes est de mes meilleurs amis, reprit le curé, et je sais qu'il est plus habitué au malheur qu'à la poésie ; son livre a quelque invention, il promet, mais il ne conclut rien. Il faut attendre la seconde partie qu'il fait espérer : peut-être, en améliorant, obtiendra-t-il l'indulgence qu'on lui refuse maintenant ; et en attendant que cela arrive, compère, gardez-le soigneusement chez vous. Soit, dit le barbier, et voyons ces trois qui sont réunis : l'*Araucana* de don Alonso de Ercilla [9], l'*Austriada* de Juan Rufo [10], jurat de Cordoue, et le *Montserrat* [11] de Cristoval de Viruès, poëte de Valence. Ces trois livres, dit le curé, sont les meilleurs qui soient écrits en vers héroïques dans la langue espa-

1 Valencien, qui continua Montémayor sous le titre de Diana Enamorada.

2 *Los diez libros de Fortuna d'amor donde hallaran los honestos y apacibles amores del pastor Frexano y de la hermosa pastora Fortuna*, 1575, in-8°.

3 Par Bernard de la Vega. 1591, in-8°.

4 *Las nimphas y pastores de Henares, por Bernardo Gonzales de Bobadilla*. Alcala, 1587, in-8°.

5 *Desengaño de zelos, por Bartholome Lopez de Enciso*. Madrid, 1586, in-8, très rare.

6 *El pastor de Filida, por Luis Galvez de Montalvo*, 1582.

7 *Tesoro de varias poesias, por don Pedro Padilla*. L'auteur quitta le Parnasse pour se faire carme déchaux. Madrid, 1575.

8 *El cancionero de Lopez Maldonado*. Madrid, 1586, in-4°.

9 Poëme épique qui a pour objet la conquête de l'*Arauco*, province du Chili. La meilleure édition de ce poëme est de Madrid. 1610.

10 L'Austriada est l'histoire héroïque de don Juan d'Autriche. 1586.

11 Le Mont-Serrat, est la fondation du monastère du Mont-Serrat en Catalogne. 1609. Ces deux derniers sont tombés dans l'oubli.

gnole ; ils peuvent aller de pair avec les plus fameux ouvrages d'Italie. Qu'ils soient conservés comme les plus précieux monuments poétiques que possède l'Espagne. Le curé enfin se lassa de voir tant de livres, et conclut à ce que le reste en masse fût jeté au feu. Mais le barbier en avait déjà ouvert un intitulé les *Larmes d'Angélique*[1]. Ce serait à moi d'en verser, dit le curé, entendant ce nom, si un tel livre avait été brûlé par mon ordre ; l'auteur a été un des plus célèbres poëtes non seulement d'Espagne, mais du monde, et il a particulièrement réussi dans la traduction de quelques fables d'Ovide.

CHAPITRE VII.

DE LA SECONDE SORTIE DE NOTRE BON CHEVALIER DON QUICHOTTE DE LA MANCHE.

Ils en étaient là, quand Don Quichotte commença à jeter de grands cris, disant : Ici, ici, valeureux chevaliers, c'est ici qu'il faut montrer la vigueur de vos bras : voilà les courtisans qui emportent tout l'avantage du tournoi. Pour accourir au bruit, on n'alla pas plus loin dans l'examen des livres qui restaient et ainsi l'on croit que la *Carolea*[2], *Léon d'Espagne*[3], et les *Faits de l'empereur*, ouvrage de don Louis d'Avila[4], qui devaient sans doute être là, souffrirent sans examen la peine du feu. Leur sentence eût peut-être été moins rigoureuse si le curé les avait vus. Don Quichotte était levé quand ils arrivèrent près de lui, et continuait ses cris et ses extravagances, donnant de tous côtés de grands coups d'estoc et de taille, et tout aussi éveillé que s'il n'eût jamais dormi. Ils l'entourèrent de leurs bras et le mirent de force dans son lit. Après s'être un peu calmé, il se tourna du côté du curé et lui dit : Certes, seigneur archevêque Turpin, c'est une grande honte à ceux que nous nommons les douze pairs de laisser ainsi, sans plus d'efforts, emporter la gloire du tournoi aux courtisans, après que nous autres aventuriers en avons eu tout l'honneur pendant les trois jours précédents. Calmez-vous, compère, dit le curé, Dieu permettra que le sort change, et ce qu'on perd aujourd'hui se peut regagner demain. Ne pensez maintenant qu'à votre santé ; vous devez être étrangement fatigué, si même vous n'êtes blessé. Blessé, non, dit Don Quichotte, mais pour moulu et brisé, sans aucun doute ; parce que ce bâtard de Roland m'a roué de coups avec le tronc d'un chêne, et cela par jalousie de ce que je lui dispute seul la gloire d'être le plus vaillant : mais je perdrai le nom de Renaud de Montauban si, malgré tous ses enchantements, il ne me le paye aussitôt que je pourrai sortir du lit. Pour

[1] *Las lagrimas de Angelica, por Luis Barahona de Soto*, 1586. C'est cet aimable poëte que Cervantes introduit dans la Galatée sous le nom du berger Lauso.

[2] *La Carolea*, poëme sur les victoires de Charles-Quint, par Geronimo Sampero. Valence, 1560, in-8°.

[3] *Léon d'Espagne*, poëme en octaves, par Pedro de La Vecilla. Salamanque, 1586, in-8°. Ce poëme a vingt-neuf chants.

[4] Ce poëme n'est point de Luis Avila, comme le dit Cervantes, mais de Luis Zapata, qui le composa entre 1522 et 1528, époque de sa mort.

l'heure, qu'on m'apporte à manger ; je sais que c'est de quoi j'ai le plus besoin dans la circonstance : quant à ma vengeance, qu'on m'en laisse le soin. C'est ce que l'on fit ; on lui donna à manger, après quoi il se rendormit, laissant chacun émerveillé de sa folie. Cette même nuit, la gouvernante brûla tous les livres qu'on avait jetés dans la cour, et tout ce qui s'en trouvait dans la maison ; il y en eut tels de détruits qui méritaient d'être conservés éternellement ; mais leur mauvaise destinée et la paresse du juge ne le permirent pas : ainsi se vérifia pour eux le proverbe que les justes payent quelquefois pour les pécheurs.

Un des remèdes qu'imaginèrent le curé et le barbier contre la maladie de leur ami fut de murer la porte du cabinet où étaient ses livres, afin qu'il ne les trouvât plus quand il se lèverait, espérant que l'effet cesserait avec la cause et qu'on dirait qu'un enchanteur avait enlevé chambre et livres. Ce qui fut fait, et avec beaucoup de diligence. Deux jours après, Don Quichotte se leva, et la première chose qu'il fit fut d'aller visiter ses livres : mais ne trouvant point le cabinet où il l'avait laissé, il allait cherchant de côté et d'autre, revenait à la place où il avait coutume de trouver la porte, tâtait avec les mains, et tournait et retournait les yeux sans dire une parole. Enfin, après avoir bien cherché, il demanda à la gouvernante de quel côté était le cabinet de ses livres. Quel cabinet? répondit celle-ci, bien instruite de ce qu'il fallait dire ; que cherchez-vous où il n'y a rien? Il n'y a plus ni cabinet ni livres dans la maison ; le diable a tout emporté. Ce n'était point le diable, dit la nièce, mais bien un enchanteur qui vint sur une nue, la nuit qui suivit le jour de votre départ, et qui, descendant d'un dragon qui lui servait de monture, entra dans votre cabinet. Je ne sais ce qu'il y fit ; mais, au bout de quelque temps, il s'envola par le toit, laissant la maison toute pleine de fumée, et quand nous nous hasardâmes à voir ce qu'il avait fait, nous ne trouvâmes plus ni cabinet ni livres. Nous nous souvenons seulement, la gouvernante et moi, que ce méchant vieillard dit à haute voix en s'en allant, que par inimitié secrète qu'il portait au maître des livres et du cabinet, il avait fait le désordre qu'on verrait. Il dit encore qu'il s'appelait le sage Mugnaton. Il aura dit Freston, repartit Don Quichotte. Je ne sais, dit la gouvernante, s'il se nommait Freston ou Friton, mais je sais bien que le nom finissait en *ton*. Il est vrai, répliqua Don Quichotte, c'est un puissant enchanteur, mon grand ennemi ; il me hait parce que son art et ses livres lui apprennent que je dois me trouver un jour en combat singulier contre un chevalier qu'il protége, et que j'en sortirai vainqueur sans qu'il puisse l'empêcher. C'est pour cela qu'il me fait tous les déplaisirs qu'il peut. Mais, je lui dis, moi, qu'il est impuissant à détourner et empêcher ce que le ciel a ordonné. Qui peut douter de cela ? dit la nièce. Mais, mon oncle, pourquoi vous engager dans toutes ces querelles? Ne serait-il pas mieux de demeurer paisible dans votre maison, que d'aller chercher par le monde de meilleur pain que celui de froment, sans considérer que beaucoup de gens vont chercher de la laine, et reviennent tondus? Oh! ma nièce, répondit Don Quichotte, que vous l'entendez mal! Avant que l'on me tonde, j'aurai coupé et arraché la barbe à quiconque oserait toucher la pointe d'un seul de mes cheveux. Aucune des deux ne voulut répliquer davantage, parce qu'elles virent bien que sa colère commençait à s'allumer. Il demeura quinze jours dans sa maison, fort paisible, et sans laisser voir qu'il pensât à donner suite à ses extravagances. Pendant ce temps, il eut les plus plaisantes conversations avec ses deux compères le curé et le barbier, sur ce qu'il soutenait que la chose dont le monde avait le plus besoin, c'était de chevaliers errants et que l'ordre se relevât en lui. Quelquefois le curé le contredisait, d'autres fois il paraissait se rendre, parce que, sans cette précaution, il n'y aurait pas eu moyen de s'entendre avec lui.

Pendant ce temps-là, Don Quichotte sollicitait un laboureur de ses voisins, homme de bien (si l'on peut nommer ainsi celui qui est pauvre), mais qui n'avait guère de cervelle. Enfin, il lui en dit tant, lui persuada et lui promit tant de choses, que le pauvre villageois se détermina à partir avec lui, et à lui servir d'écuyer. Don Quichotte, lui disait entre autres raisons, qu'il se disposât de bonne grâce à le suivre, parce qu'il pouvait se présenter telle aventure qui lui procurât en moins de temps qu'il n'en faut pour jeter une charge de paille, quelque île[1] dont il l'établirait gouverneur. Avec ces promesses et d'autres aussi bien fondées, Sancho Pança, c'était le nom du laboureur, abandonna sa femme et ses enfants, et consentit à devenir écuyer de son voisin. Don Quichotte s'occupa ensuite à ramasser de l'argent, et, vendant une chose, en engageant une autre, perdant sur tous les marchés, il se fit une somme assez considérable. Il s'accommoda aussi d'une rondache, qu'il emprunta d'un de ses amis, et, ayant réparé sa salade brisée du mieux qu'il put, il avertit son écuyer du jour et de l'heure qu'il avait choisis pour se mettre en route, afin que de son côté il s'équipât de ce qui lui paraîtrait le plus nécessaire; mais sur toutes choses il lui recommanda de se pourvoir d'un bissac. Sancho répondit qu'il le ferait, et que n'étant pas accoutumé à marcher beaucoup à pied, il pensait même à emmener son âne, qui était fort bon. Le mot d'âne arrêta un peu Don Quichotte, qui cherchait à se rappeler si quelque chevalier avait mené avec lui un écuyer monté de la sorte; il ne lui en vint aucun à la mémoire; malgré cela, il se détermina à le lui laisser emmener, avec l'intention de lui donner une plus honorable monture lorsque l'occasion s'en présenterait, en prenant le cheval du premier chevalier discourtois qu'il rencontrerait. Il se pourvut de chemises et d'autres choses nécessaires suivant le conseil que lui avait donné l'hôtelier. Tout cela fait et terminé, Sancho, sans prendre congé de sa femme et de ses enfants, et Don Quichotte, sans dire adieu à sa nièce et à sa gouvernante, sortirent une nuit de leur village, sans être vus de personne, et cheminèrent tant qu'au point du jour ils se tinrent pour assurés qu'on ne les atteindrait pas, quand on les chercherait. Sancho Pança allait comme un patriarche, sur son âne, avec son bissac et son outre, très impatient de se voir gouverneur de l'île que son maître lui avait promise. Don Quichotte se résolut à suivre la même route que dans sa première sortie, c'est-à-dire la campagne de Montiel, où il marchait avec moins d'incommodité que l'autre fois, parce qu'à l'heure qu'il était les rayons du soleil, frappant obliquement, ne les accablaient pas. Seigneur chevalier errant, dit alors Sancho à son maître, que votre grâce n'oublie pas l'île qu'elle m'a promise, je la saurai

[1] Bouterwek fait remarquer que Don Quichotte emploie pour île le mot *insula* et non le mot ordinaire *isla*. Il est probable, dit-il, que Sancho savait ce que c'était qu'une île, mais le mot d'insula présentait à son imagination quelque chose de merveilleux. (*Histoire de la Littérature espagnole*, tom. II, pag. 15.

bien gouverner, quelque grande qu'elle soit. Ami Sancho, répondit Don Quichotte, il faut que tu saches que ce fut une coutume pratiquée de tout temps par les chevaliers errants, de donner à leurs écuyers le gouvernement des îles ou royaumes qu'ils conquéraient, et je suis bien déterminé à ne pas laisser perdre une si louable coutume. Je veux même faire davantage : le plus souvent, ces chevaliers attendaient, pour récompenser leurs écuyers, qu'ils fussent vieux, et quand ils étaient las de servir, de passer de mauvais jours et de pires nuits, ils leur donnaient quelque titre de comte ou pour le moins de marquis de quelque vallée ou province plus ou moins importante. Mais, si nous vivons tous deux, il peut arriver qu'avant six jours j'aie conquis tel royaume qui en ait d'autres en sa dépendance, et qui seraient situés tout naturellement, pour te faire couronner roi de l'un d'eux. Et ne t'en étonne pas ; il arrive aux chevaliers errants, par des moyens si nouveaux et si imprévus, des choses et des événements tels, qu'aisément te pourrai-je donner beaucoup plus que je ne te promets. A ce compte, dit Sancho, si j'étais roi, par un de ces miracles dont vous parlez, Jeanne Gutierrez, ma femme[1], deviendrait reine, et mes enfants, infants. Qui en doute ? répondit Don Quichotte. J'en doute moi, reprit Sancho, parce que je sais que quand Dieu ferait pleuvoir les royaumes sur la terre, aucun ne s'ajusterait bien à la tête de Marie Gutierrez. Sachez, seigneur, qu'elle ne vaut pas deux maravédis pour être reine ; comtesse lui siérait mieux, et encore avec l'aide de Dieu. Confie-s-en le soin à Dieu, dit Don Quichotte, il lui donnera ce qui lui conviendra le plus. Mais n'abaisse pas tes désirs au point de te contenter à moins d'un gouvernement. Je m'en garderai bien, seigneur, dit Sancho, surtout avec un maître tel que le mien, qui me saura bien donner tout ce qui convient à ma portée.

CHAPITRE VIII.

DU BON SUCCÈS QU'EUT LE VALEUREUX DON QUICHOTTE DANS L'ÉPOUVANTABLE ET INOUIE AVENTURE DES MOULINS A VENT, AVEC D'AUTRES CHOSES DIGNES DE MÉMOIRE.

En ce moment, ils découvrirent dans la campagne trente ou quarante moulins à vent. Aussitôt que Don Quichotte les aperçut, il dit à son écuyer : La fortune guide mieux nos affaires que nous ne le pourrions souhaiter ; tu vois là, ami Sancho, plus de trente géants démesurés auxquels je pense livrer bataille et ôter la vie à tous. Avec leurs dépouilles, nous commencerons à nous enrichir : cela est chose de bonne guerre, et c'est bien servir Dieu que d'ôter de dessus la face de la terre une si maudite engeance. Quels géants ? dit Sancho. Ceux que tu vois là, répondit son maître, avec ces grands bras, il y en a qui les ont de près de deux lieues de long. Faites attention, seigneur, répondit Sancho, que ce que vous voyez là, ce ne sont pas des géants, mais des moulins à vent ; ce qui en eux

1 Deux lignes plus bas il la nomme Marie. Partout ailleurs, Sancho appelle sa femme Thérèse Pança.

Imp. Lemercier

Combat contre les moulins à vent.

paraît des bras, ce sont les ailes, qui, poussées par le vent, font mouvoir la meule. Il paraît bien, dit Don Quichotte, que tu n'es guère expert en aventures : ce sont des géants : si tu as peur, ôte-toi d'ici et te mets en oraison, tandis que je vais m'engager contre eux dans cet inégal et périlleux combat. En disant ces mots, il donna des éperons à Rossinante, sans faire attention aux cris de Sancho, qui l'avertissait que certainement il allait s'attaquer à des moulins à vent et non pas à des géants; mais il était si convaincu qu'il avait affaire à des géants, qu'il n'écoutait pas la voix de son écuyer, et ne voulait pas voir ce qu'il en était, quoiqu'il fût déjà bien près. Il s'avançait au contraire, disant à haute voix : Ne fuyez pas, lâches et viles créatures, c'est un seul chevalier qui entreprend de vous combattre. Un peu de vent s'éleva alors, et les ailes commencèrent à se mouvoir : Quand vous remueriez plus de bras que n'en avait Briarée, s'écria le chevalier à cet aspect, vous me le payerez tout à l'heure. Il dit, se recommande de tout son cœur à sa dame Dulcinée, la priant de le secourir dans un si grand péril, et, bien couvert de son écu, la lance en arrêt, il prend sa course au grand galop de Rossinante, fond sur le premier moulin, et donne de sa lance dans une des ailes; le vent la fait tourner avec tant de furie qu'elle met la lance en pièces, entraînant après elle le cheval et le chevalier, qui, très maltraité, s'en va rouler dans le champ. Sancho accourut à son secours de toute la vitesse de son âne, et trouva son maître qui ne pouvait se remuer, tant sa chute avec Rossinante avait été lourde. Dieu me soit en aide, dit Sancho : ne vous avais-je pas bien dit de prendre garde à ce que vous alliez faire, que ce n'était que des moulins à vent; pour ne les pas voir, il fallait en avoir d'autres dans la tête. Tais-toi, ami Sancho, répondit Don Quichotte, les choses de la guerre sont plus que d'autres sujettes à de continuelles vicissitudes. Bien plus, je pense, et telle est la vérité, que cet enchanteur Freston, qui m'a volé mon cabinet et mes livres, a changé ces géants en moulins, pour me ravir la gloire de les avoir vaincus, tant est grande son inimitié contre moi ; mais à la fin ses méchants artifices seront de peu d'effet contre la bonté de mon épée. Dieu le fasse comme il le peut, répondit Sancho, et, l'aidant à se relever, il remonta sur Rossinante qui était à demi épaulé. Ils prirent, en s'entretenant de cette aventure, le chemin du Port-Lapice parce que, sur une route aussi fréquentée, il n'était pas possible, disait Don Quichotte, qu'ils ne trouvassent bien des aventures. Il avait cependant un regret extrême d'avoir perdu sa lance, et, le témoignant à son écuyer : Je me souviens, dit-il, d'avoir lu qu'un chevalier espagnol, appelé Diégo Pérès de Vargas, ayant rompu son épée dans un combat, arracha d'un chêne une lourde branche, véritable arbre, et fit de telles choses ce jour-là avec cette arme, assomma tant de Maures, que le surnom d'assommeur lui en demeura ; c'est depuis ce jour-là que lui et ses descendants se sont toujours appelés *Vargas y Machuca*. Je te dis cela, Sancho, parce que je prétends arracher du premier chêne que je trouverai une branche aussi forte et aussi bonne que celle-là, et je pense m'en servir pour accomplir de tels faits, que tu t'estimeras bien heureux d'avoir mérité de les voir et d'être témoin d'actions qu'on aura peine à croire. A la grâce de Dieu, dit Sancho, je le crois, comme vous le dites; mais redressez-vous un peu, il me semble que vous allez tout de travers ; c'est sans doute à cause de la douleur de votre chute. Il est vrai, répondit Don Quichotte, et, si je ne me plains point, c'est qu'il n'est point permis aux chevaliers errants de le faire, pour quelque blessure que ce soit, dussent leurs entrailles s'échapper par la plaie. Je n'ai rien à répliquer, s'il en est ainsi, dit Sancho ; mais Dieu sait si je ne serais pas bien aise de vous entendre vous plaindre dès que quelque chose vous ferait mal. Pour moi, je dois dire que je me plaindrais du plus petit, à moins que la défense ne s'entende aussi des écuyers des chevaliers errants. Don Quichotte ne se fit pas faute de rire de la simplicité de son écuyer, et l'assura qu'il pouvait fort bien se plaindre quand et comme il le voudrait, qu'il en eût sujet ou non, qu'il n'avait encore rien lu de contraire à cela dans les livres de chevalerie. Sancho lui fit observer qu'il était heure de manger. Son maître repartit qu'il n'en sentait pas le besoin pour le moment, mais qu'il mangeât quand il en aurait envie. Avec cette permission, Sancho s'accommoda le mieux qu'il put sur son âne et tirant du bissac ce qu'il avait apporté, il allait cheminant et mangeant tout à son aise derrière son maître, levant de temps en temps sa gourde avec tant de plaisir, qu'il eût donné envie au cabaretier le mieux achalandé de Malaga. Pendant qu'il allait ainsi pressant les coups, il ne se souvenait d'aucune des promesses de son maître et ne regardait pas comme pénible, mais comme un vrai délassement, la recherche des aventures, quelque périlleuses qu'elles fussent.

Ils passèrent la nuit sous des arbres. Don Quichotte arracha de l'un d'eux une branche sèche, à peu près propre à lui servir de lance, et y mit le fer qu'il avait ôté de celle qui s'était brisée. Toute cette nuit il ne dormit pas, songeant à sa dame Dulcinée, pour se conformer à ce qu'il avait lu dans ses livres, où les chevaliers passent de nombreuses nuits dans les forêts et dans les déserts, s'entretenant du souvenir de leurs dames. Sancho ne la passa pas ainsi. Comme il avait l'estomac plein et non d'eau de chicorée, il ne fit qu'un somme, et les rayons du soleil qui frappaient sa figure n'auraient pas suffi pour l'éveiller, non plus que le chant des nombreux oiseaux qui saluaient gaiement la naissance du jour, si son maître ne l'avait appelé. En se levant, il rendit une visite à son outre et la trouva un peu moins tendue que le soir précédent ; il s'en affligea du fond du cœur, car il lui parut qu'ils ne prenaient pas le chemin d'y porter remède de sitôt. Don Quichotte ne voulut pas déjeuner parce que, comme on l'a dit, il avait assez, pour se soutenir, de ses savoureuses pensées. Ils reprirent le chemin du Port-Lapice, qu'ils découvrirent vers trois heures après midi. C'est ici, ami Sancho, s'écria Don Quichotte, que nous pouvons mettre les mains jusqu'aux coudes dans ce qu'on appelle aventures. Mais garde-toi de mettre la main à ton épée pour me défendre, quand tu me verrais dans le plus grand péril du monde, à moins que je ne fusse attaqué par de la canaille et gens vils ; dans ce cas, tu peux bien me secourir. Contre des chevaliers, il ne t'est aucunement permis ni concédé par les lois de la chevalerie de me venir en aide jusqu'à ce que tu sois armé chevalier. Soyez sûr, seigneur, d'être bien obéi en cela, d'autant plus que je suis, de mon naturel, fort pacifique et fort éloigné de me mêler dans les disputes et querelles. Il est vrai que s'il s'agit de défendre ma personne, je ne tiendrai pas grand compte de ces lois, puisque toutes les lois divines et humaines permettent à chacun de se défendre contre qui veut le maltraiter. D'accord, dit Don Quichotte ; mais, quant à me secourir contre des chevaliers, il faut mettre un frein à ton impétuosité naturelle. Ainsi ferai-je, repartit Sancho, et j'observerai ce précepte aussi fidèlement que le dimanche.

Pendant cet entretien, deux religieux de l'ordre de Saint-Benoît, montés sur des dromadaires, leurs mules en avaient bien la taille, parurent sur la route. Ils portaient leurs parasols et leurs lunettes de voyage. Derrière eux était un coche, avec quatre ou cinq cavaliers pour l'accompagner, et deux valets de mules à pied. Il y avait dans le coche, à ce qu'on a su depuis, une dame de Biscaye qui allait trouver son mari à Séville, d'où il devait passer dans les Indes avec un emploi très honorable. Les religieux n'allaient pas avec elle, quoiqu'ils suivissent le même chemin. A peine Don Quichotte les eut-il aperçus, qu'il dit à son écuyer : Ou je me trompe, ou voici la plus fameuse aventure qui se soit jamais vue. Ces masses noires qui paraissent là-bas doivent être et sont sans nul doute des enchanteurs qui emmènent dans ce coche quelque princesse qu'ils ont enlevée ; je dois employer tout mon pouvoir à réparer ce tort. Voilà, dit Sancho, qui sera pire que les moulins à vent : voyez, seigneur, que ce sont là des frères de Saint-Benoît, et le coche est sans doute à des voyageurs ; regardez bien, dis-je, à ce que vous allez faire, et que le diable ne vous induise pas en erreur. Je t'ai déjà dit, Sancho, reprit Don Quichotte, que tu sais peu de choses en fait d'aventures ; ce que je te dis est certain, et tu le verras tout à l'heure. Il dit, s'avance et se place au milieu du chemin que suivaient les moines. Quand il les jugea assez rapprochés de lui pour l'entendre : Race endiablée, leur cria-t-il, mettez sur-le-champ en liberté les hautes princesses que vous emmenez contre leur volonté dans ce coche, sinon préparez-vous à recevoir une prompte mort comme une juste punition de vos mauvaises actions. Les frères arrêtèrent leurs mules, et non moins surpris de l'étrange figure de Don Quichotte que de ses paroles : Seigneur chevalier, répondirent-ils, nous ne sommes point gens endiablés, mais bien des religieux de Saint-Benoît, qui suivons notre chemin sans savoir s'il y a ou non dans ce coche des princesses qu'on enlève. Je ne me paye pas de belles paroles, dit Don Quichotte, je vous connais bien, canaille parjure. Sans attendre d'autre réponse, il pique Rossinante, et la lance baissée, court contre un des religieux avec tant de furie que, si le moine ne se fût promptement jeté à terre, il l'y aurait renversé malgré lui, dangereusement blessé, ou peut-être mort : le second religieux, voyant son compagnon traité de la sorte, donne des deux à sa bonne mule, et prend sa course dans la campagne, plus vite que le vent. Sancho, qui vit le religieux à terre, descendit promptement de son âne, accourut et se mit en devoir de le dépouiller ; mais les deux valets, qui suivaient les moines, étaient arrivés, et lui demandèrent pourquoi il le mettait ainsi nu. Cela m'appartient légitimement, dit Sancho, comme étant les dépouilles de la bataille que Don Quichotte, mon maître, vient de gagner. Les valets, qui ne plaisantaient pas et n'entendaient point les mots de dépouilles et de bataille, voyant d'ailleurs Don Quichotte éloigné de là pour parler avec les personnes de la voiture, se jetèrent sur Sancho, le renversèrent, et sans épargner un poil de sa barbe, le rouèrent de coups et le laissèrent étendu par terre, privé de sentiment. Sans perdre un instant le bénédictin remonta sur sa mule, pâle et tremblant ; il courut après son compagnon qui, assez loin de là, s'était arrêté pour l'attendre et voir ce que deviendrait cette alerte. Puis, sans se soucier de connaître la fin de l'aventure, tous deux poursuivirent leur route, faisant plus de signes de croix que s'ils avaient eu le diable à leurs trousses.

Don Quichotte était, comme nous l'avons dit, en conversation avec la dame du coche, et lui disait : Votre beauté, madame, peut faire désormais de sa personne tout ce qu'il lui plaira ; mon bras vient de châtier l'audace de vos ravisseurs ; et, pour que vous ne soyez pas en peine du nom de votre libérateur, sachez que je m'appelle Don Quichotte de la Manche, chevalier errant, l'esclave de la belle et incomparable Dulcinée du Toboso. Pour prix du service que vous avez reçu de moi, je ne vous demande autre chose que de vous rendre au Toboso, de vous présenter de ma part devant cette dame, et de lui apprendre ce que j'ai fait pour votre liberté. Un écuyer biscayen, de ceux qui accompagnaient le coche, écoutait ce que disait Don Quichotte, et voyant qu'il ne voulait pas laisser passer le coche et s'opiniâtrait à lui faire prendre la route du Toboso, il s'approcha de lui, le tira par sa lance, et lui dit en mauvais langage castillan et biscayen pire encore : Va-t'en, chevalier, tu t'égares; par le Dieu qui m'a créé, si tu ne laisses le coche, je te tue comme je suis Biscayen. Don Quichotte l'entendit bien, et lui répondit gravement : Chétive créature, si tu étais chevalier comme tu ne l'es pas, j'aurais déjà châtié ta folie et ton insolence. Je ne suis pas chevalier? repartit le Biscayen ; je jure Dieu, tu mens autant que l'ait fait jamais aucun chrétien ; si tu jettes ta lance et tires l'épée, je te ferai voir que tu portes le chat à l'eau [1]. Biscayen sur terre, hidalgo sur mer, hidalgo pour le diable, et tu mens si tu dis autre chose. — Tu le verras tout à l'heure, dit Agragès[2], répond Don Quichotte ; et, jetant sa lance à terre, il tire son épée, embrasse son écu, et fond sur le Biscayen, résolu de lui ôter la vie. Le Biscayen, le voyant venir, aurait bien voulu descendre de sa mule, qui, pour être une mauvaise monture de louage, ne lui inspirait pas de confiance ; mais tout ce qu'il put faire, ce fut de mettre l'épée à la main. Bien lui prit aussi de se trouver auprès du coche, où il put se saisir d'un coussin qui lui servit de bouclier, et ils coururent l'un sur l'autre, comme s'ils eussent été mortels ennemis. Les assistants auraient bien voulu les remettre en paix, mais cela fut impossible ; car le Biscayen jurait, en son mauvais langage, que si on ne lui laissait achever le combat, il tuerait sa maîtresse et tous ceux qui s'opposeraient à son dessein. La dame du coche, étonnée et tremblante de ce spectacle, fit signe au cocher de s'écarter de quelques pas, et de loin elle resta à considérer cette lutte furieuse. Le Biscayen déchargea un coup si grand sur l'épaule de son adversaire, qu'il l'eût fendu jusqu'à la ceinture, s'il n'eût été couvert de son écu. Don Quichotte sentit le poids de ce coup terrible; il poussa un cri en disant : O Dulcinée! dame de mon cœur, fleur de beauté, secourez votre chevalier qui se trouve en ce pressant danger pour obéir à ses devoirs envers vous. Dire ces mots, serrer son épée, se couvrir de son écu, fondre sur le Biscayen, fut l'affaire d'un instant, résolu qu'il était de tout risquer pour achever l'aventure d'un seul coup. Le Biscayen, qui le vit venir, comprit sa valeur et son dessein par sa contenance, et prit la même résolution. Bien

[1] Expression prise d'un jeu du pays.

[2] Le texte porte : *ahora lo veredes, dijo Agrages, respondiò Don Quijote*, expression fréquente dans le roman d'Amadis, dont un des personnages est cet Agragès, fils du roi Languines, et grand ami d'Amadis. Le chevalier, la mémoire remplie de ses livres, répète la phrase entière.

couvert de son coussin, il l'attendit sans pouvoir faire remuer sa mule, qui n'en pouvait plus de lassitude, et peu accoutumée à des gentillesses semblables, était incapable de faire un pas.

Don Quichotte venait donc, comme je l'ai dit, l'épée haute contre le rusé Biscayen, résolu de le fendre en deux. Le Biscayen l'attendait aussi l'épée levée, et couvert de son coussin. Les spectateurs, effrayés, redoutaient l'issue des épouvantables coups dont les combattants se menaçaient, et la dame du coche, ainsi que ses femmes, faisaient mille vœux et promesses à tous les saints et à tous les lieux de dévotion de l'Espagne, pour obtenir de Dieu qu'il sauvât l'écuyer et elles-mêmes du grand péril dans lequel ils se trouvaient.

Le malheur est que l'auteur de cette histoire laisse en suspens à cet endroit la suite du combat, s'excusant sur ce qu'il n'a rien trouvé de plus écrit sur les actions de Don Quichotte que ce qu'il a raconté. Bien est-il vrai que le second auteur de cet ouvrage ne put se persuader qu'une si curieuse histoire fût restée en oubli et que les beaux esprits de la Manche eussent eu assez peu de soin pour ne pas conserver dans leurs archives ou dans leurs cabinets quelques papiers qui concernassent un si fameux chevalier. Dans cette idée, il ne désespéra pas de trouver la suite de cette agréable histoire, et, avec l'aide du ciel, il la trouva, comme on le verra dans la seconde partie [1].

CHAPITRE IX.

CONCLUSION DE L'ÉPOUVANTABLE COMBAT DU BRAVE BISCAYEN ET DU VAILLANT DON QUICHOTTE.

Nous avons laissé, dans la première partie de cette histoire, le brave Biscayen et le fameux Don Quichotte, l'épée nue et levée en posture de se décharger des coups si terribles[2], que, s'ils fussent tombés à plein, ils se seraient fendus de haut en bas, et ouverts comme une grenade. Le récit de cette intéressante histoire restait imparfait dans ce moment inquiétant, sans que l'auteur nous apprît où nous en pourrions trouver la suite. Ce me fut un sensible déplaisir. La satisfaction que m'avait fait éprouver le peu que j'avais lu fit place à un découragement pénible, quand je connus les difficultés qui éloignaient l'espoir de recouvrer la suite plus étendue de cette agréable narration. Il me paraissait impossible et peu naturel qu'un si vaillant chevalier n'eût pas trouvé quelque sage qui prît soin d'écrire l'histoire de ses faits inouïs, avantage dont ne fut privé aucun des chevaliers errants, courant, comme on dit, les aventures. Chacun avait un ou deux de ces sages, faits exprès, non seulement pour écrire ses prouesses, mais pour rendre compte de ses moindres pensées, des plus petites bagatelles, si bien cachées qu'elles fussent. Un chevalier si brave ne devait pas être assez mal-

[1] Au chapitre ix commençait la seconde partie des quatre entre lesquelles Cervantès avait divisé le premier volume. L'Académie espagnole n'a pas suivi cette division, et en donne les motifs dans son prologue, sous le nº 12.

[2] L'espagnol emploie le mot *fendientes* pris substantivement, expression très usitée dans les livres de chevalerie.

heureux pour être privé de ce que Platir et autres semblables avaient eu de reste. Je ne pouvais donc me résigner à penser qu'une si plaisante histoire fût demeurée ainsi tronquée et estropiée. J'en rejetais la faute sur la malignité du temps, qui dévore et consume tout, et l'avait sans doute ou détruite, ou ensevelie. D'un autre côté, il me semblait que, puisque parmi les livres de Don Quichotte on en avait trouvé d'aussi modernes que le *Remède de la Jalousie*, les *Nymphes et Bergers d'Hénarès*, son histoire devait être moderne, et que n'eût-elle pas été écrite, elle devait survivre dans la mémoire des gens de son village et des lieux voisins. Cette pensée me tenait en suspens et entretenait en moi le désir de connaître la vie entière et les miracles de notre héros espagnol, lumière et miroir de la chevalerie de la Manche, le premier qui, dans notre siècle et dans ces temps calamiteux, se fût dévoué au périlleux exercice de la chevalerie errante, à redresser les torts, secourir les veuves, protéger les demoiselles, comme celles qu'on voyait courir par monts et par vaux montées sur leurs palefrois, le fouet en main, toujours en possession d'une complète virginité : il y en eut jadis qui, au bout de quatre-vingts ans passés sans dormir seulement un jour sous un toit, sauf les cas de violence de la part de quelque félon, de quelque scélérat de sac et de corde, ou de quelque démesuré géant, entraient dans la sépulture aussi intactes que la mère qui les mit au monde. Je dis donc qu'à cet égard et à beaucoup d'autres, notre brave Don Quichotte est digne d'éternelles et mémorables louanges, et qu'on ne saurait m'en refuser à moi-même pour le travail et l'activité que j'ai mis à retrouver la fin d'une aussi agréable histoire. Encore, sais-je bien que si le ciel, le hasard et ma bonne fortune ne m'avaient servi, le monde serait resté privé d'un passe-temps et d'un plaisir qui peut occuper son attention pendant deux heures. Du reste, voici comme je le retrouvai :

Étant un jour dans l'Alcama de Tolède, je vis un jeune garçon qui voulait vendre de vieux papiers et portefeuilles à un marchand de soie ; comme je suis curieux de lire jusqu'aux moindres débris de papier dans les rues, je ne pus résister à ma curiosité naturelle et je pris un cahier des mains de ce garçon. Je reconnus les caractères pour être arabes, et comme tout en les connaissant je ne sais point les lire, je regardai partout si je découvrirais quelque habitant du quartier des Maures pour me les expliquer, et j'eus peu de peine à rencontrer un tel interprète dans un lieu où j'en aurais trouvé pour des langues meilleures et plus anciennes. Le hasard m'en amena un à qui je fis connaître mon désir et mis le livre entre les mains. Il l'ouvrit dans le milieu, lut quelques lignes à part lui, et se mit à rire. Je lui demandai de quoi il riait. C'est, me répondit-il, d'une note que je trouve à la marge. Je le priai de me la faire connaître, et lui, continuant de rire, me dit, la voici : Cette Dulcinée du Toboso, dont il est si souvent parlé dans cette histoire, eut, dit-on, meilleure main pour saler les pourceaux, que pas une femme de la Manche. Au nom de Dulcinée du Toboso je restai plein d'étonnement et d'espoir, soupçonnant que ces papiers contenaient l'histoire de Don Quichotte. Dans cette idée je pressai le Maure de lire le titre du livre, et le traduisant sur-le-champ de l'arabe en castillan, il lut ainsi : Histoire de Don Quichotte de la Manche, écrite par Cid-Hamet-Benengeli, historien arabe[1]. J'eus besoin de beaucoup de prudence

1 Ben-Engeli, suivant don Joseph Conde, est un composé arabe dont la racine iggel ou eggel veut dire

pour contenir ma joie quand ce titre frappa mes oreilles; j'achetai, au détriment du marchand de soie, tous les papiers du jeune homme pour un demi-réal. S'il eût été plus avisé et avait su combien je les désirais, il aurait pu s'en promettre plus de six et les aurait eus. Je me retirai aussitôt dans le cloître de la grande église avec mon Maure, je le priai de me traduire ces papiers en castillan, au moins ceux qui avaient rapport à l'histoire de Don Quichotte, sans ajouter ni retrancher la moindre chose, lui offrant de le payer à sa volonté. Il se contenta de deux arrobes [1] de raisins secs avec deux mesures de froment, et me promit de traduire le tout fidèlement, et en peu de temps. Pour faciliter l'affaire et ne pas perdre de vue une découverte aussi précieuse, j'emmenai le Maure chez moi, où en un peu plus de six semaines, la version fut faite, telle que je vous la donne. Dans le premier cahier était peint au naturel le combat de Don Quichotte et du Biscayen, dans la même posture où l'histoire les avait laissés, tous deux l'épée haute, l'un couvert de sa rondache, et l'autre de son coussin. La mule du Biscayen était si fidèlement dessinée, qu'à une portée d'arbalète on la reconnaissait pour une mule de louage; aux pieds du Biscayen était écrit : *Don Sancho de Azpeytia* (c'était sans doute son nom), et, sous ceux de Rossinante : *Don Quichotte*. Rossinante était admirablement bien peint, si long, si roide, si maigre, si efflanqué, l'épine du dos si saillante, si étique en un mot, qu'il faisait voir bien clairement avec combien de raison et de convenances le nom de Rossinante lui avait été donné. Tout auprès était Sancho Pança, tenant son âne par le licou; au-dessous était une autre inscription qui disait : *Sancho Zancas*, sans doute parce qu'il avait, comme le montrait la peinture, la panse large, la taille ramassée, les jambes longues; c'est pour cela que l'histoire lui donne indifféremment les surnoms de Pança et de Zancas [2]. Il y avait encore d'autres particularités dans cette peinture, mais de peu d'importance, et qui n'ajoutent rien à l'exactitude de cette histoire : il n'y en a point de mauvaise quand elle est véridique. Si l'on veut objecter quelque chose contre la fidélité de celle-ci, ce sera peut-être que l'auteur est arabe, et que ceux de cette nation sont naturellement menteurs. Mais, au contraire, ils sont si fort nos ennemis, que celui-ci aura plutôt retranché qu'ajouté. Ainsi, il me semble que, lorsqu'il devait le plus s'étendre sur les louanges d'un si bon chevalier, il les a passées sous silence à dessein : conduite indigne d'un historien, qui doit être ponctuel, fidèle, exempt de passion, et que l'intérêt ni la crainte, les préventions fâcheuses ni l'affection, ne doivent jamais écarter du sentier de la vérité fille de l'histoire, cette rivale du temps, dépositaire de nos actions, témoin du passé, exemple pour le présent, avertissement pour l'avenir. Je suis assuré que, dans celle-ci, on trouvera tout ce qu'on peut désirer de la plus agréable, et s'il y manque quelque chose, ce sera, suivant moi, la faute du chien d'auteur et non celle du sujet. Enfin, la seconde partie, suivant la traduction, commençait ainsi :

A voir les épées des deux furieux et braves combattants levées sur leurs têtes, à voir leur terrible contenance on eût dit qu'ils menaçaient et le ciel, et la terre,

cerf, comme Cervantes est un composé espagnol dont la racine est ciervo. Engeli correspond à l'espagnol cerval ou cervanteño. Cervantes a donc caché son nom sous un homonyme arabe. (*Note de M. Viardot.*)

[1] Vingt-cinq livres de France.

[2] *Zanca* signifie en espagnol jambe longue sans mollet.

et l'abîme. Le premier qui déchargea son coup fut le colérique Biscayen, et ce fut avec tant de force et de furie, que, si l'épée ne lui eût tourné dans la main, ce seul coup aurait suffi pour mettre fin à cet épouvantable combat et à toutes les aventures de notre chevalier ; mais le sort, qui le réservait pour de plus grandes choses, conduisit l'épée de son ennemi de manière que, s'abattant sur l'épaule gauche, elle ne lui fit d'autre mal que de désarmer tout ce côté-là, après avoir emporté, chemin faisant, une grande partie de la salade, et la moitié de l'oreille. Le tout tomba avec fracas, laissant Don Quichotte en fort mauvais état. Dieu puissant! qui pourra décrire maintenant la rage dont s'enflamma le cœur du héros de la Manche, quand il se vit traité de la sorte? Elle fut telle que s'élevant de nouveau sur les étriers, et, serrant son épée des deux mains, il en déchargea un si furieux coup droit sur le coussin et sur la tête de son ennemi, que malgré une aussi bonne défense, et comme si une montagne l'eût écrasé, le Biscayen commença à jeter le sang par le nez, par la bouche et par les oreilles, et à chanceler sur sa mule. Il serait tombé sans doute s'il ne lui eût promptement embrassé le cou ; mais quoi qu'il fît, un moment après ses pieds abandonnèrent les étriers, il étendit les bras, et la mule, épouvantée de ce terrible coup, se mit à courir par la campagne, et après quelques sauts, jeta le cavalier à terre. Don Quichotte regardait tout cela sans bouger de place, mais, voyant son adversaire à bas, il sauta de cheval, courut légèrement à lui et lui mettant la pointe de l'épée entre les deux yeux, il lui cria de se rendre, ou qu'il lui couperait la tête. Le Biscayen était si étourdi qu'il ne pouvait proférer une parole, et mal lui en eût pris sans doute, dans la colère qui aveuglait Don Quichotte, si les dames du coche, jusqu'alors spectatrices éperdues du combat, ne se fussent approchées, le priant avec instance de leur accorder la vie de leur écuyer. Notre héros répondit avec une gravité fière : Certes, je suis satisfait, belles dames, de consentir à ce que vous désirez ; mais j'y mets cependant une condition, c'est que ce chevalier me donnera sa parole d'aller au Toboso se présenter de ma part devant l'incomparable Dulcinée, afin qu'elle dispose de lui selon sa volonté. Les dames tremblantes et désolées, sans s'informer davantage de ce qu'il demandait, ni quelle était cette Dulcinée, promirent que l'écuyer ferait tout ce qui lui serait ordonné par Don Quichotte. Sur votre parole, reprit-il, je ne lui ferai plus aucun mal, quoiqu'il l'ait bien mérité.

CHAPITRE X.

DE LA CONVERSATION INTÉRESSANTE QUI EUT LIEU ENTRE DON QUICHOTTE ET SANCHO PANÇA, SON ÉCUYER.

CEPENDANT Sancho, moulu des coups que lui avaient donnés les valets des bénédictins, s'était relevé, et avait regardé attentivement le combat de son maître, priant Dieu dans son cœur de lui accorder la victoire, et qu'il y pût gagner quelque île, dont il le fit gouverneur, comme il le lui avait promis. Voyant donc le combat fini, et que Don Quichotte se disposait à remonter à cheval, il courut lui tenir l'étrier ; mais avant qu'il montât, il se mit à genoux devant lui, et lui prenant la main, il la baisa en disant : Mon seigneur et maître, que votre grâce consente à me donner le gouvernement de l'île qu'elle vient de gagner dans ce périlleux combat, je me sens la force de la gouverner, quelque grande qu'elle puisse être, et aussi bien qu'autre qui jamais ait gouverné île dans le monde. Ami Sancho, répondit Don Quichotte, considère que cette aventure et celles qui lui ressemblent ne sont pas des aventures d'îles, mais des rencontres de grands chemins, dont on ne se tire souvent que la tête brisée, ou avec une oreille de moins ; prends patience, il s'offrira des aventures qui me permettront de te faire non seulement gouverneur, mais mieux encore. Sancho l'en remercia vivement, lui baisa de nouveau la main et le bas de sa cotte d'armes, l'aida à monter à cheval, et monta lui-même sur son âne, suivant son seigneur, qui s'en alla au grand pas sans prendre congé des dames du coche, et sans leur parler davantage, et entra dans un bois voisin.

Sancho suivait au grand trot de son âne, mais Rossinante gagnait tant de chemin qu'il fut forcé, pour ne pas rester derrière, de crier à son maître de l'attendre. Don Quichotte retint la bride de Rossinante jusqu'à ce que son écuyer fatigué le rejoignît. Celui-ci, en arrivant, lui dit : Il me semble, seigneur, qu'il serait bon de nous retirer dans quelque église. Celui que vous avez combattu est en mauvais état, et il se peut qu'on ne tarde pas à avertir la sainte hermandad qui se saisira de nous, et, si une fois nous sommes en prison, nous aurons de la peine à en sortir. Tais-toi, dit Don Quichotte ; où as-tu vu ou lu que jamais chevalier errant ait été traduit en justice pour homicides commis par lui ? Je ne sais ce que c'est que des homécilles[1], dit Sancho, et de ma vie je ne m'en suis enquis à personne, mais je sais fort bien que la sainte hermandad s'entremet dans les affaires de ceux qui se battent en plein champ ; du reste, je ne m'en mêle point. Ne t'inquiète pas, ami, dit Don Quichotte, je te tirerais des mains des Chaldéens, à plus forte raison de celles de la sainte hermandad. Mais, dis-moi, vis-tu jamais un plus vaillant chevalier que moi sur toute la surface de la terre ? As-tu lu dans les histoires qu'un autre ait jamais eu plus de résolution à entreprendre, plus d'haleine à soutenir, plus de dextérité à frapper, et plus d'habileté à renverser ? La vérité, dit Sancho, est que je n'ai jamais lu aucune histoire, parce que je ne sais ni lire ni écrire ; mais ce que je peux jurer, c'est que de ma vie je n'ai servi un maître plus hardi que vous, et Dieu veuille que cette hardiesse ne soit pas récompensée comme je vous l'ai dit ! Ce que je vous demande, c'est de vous panser, car il sort beaucoup de sang de votre oreille, et j'ai de la charpie et de l'onguent blanc dans mon bissac. Tout cela serait bien inutile, dit Don Quichotte, si je m'étais souvenu de préparer une fiole du baume de fier-à-bras ; une seule goutte nous épargnerait le temps et les remèdes ! Quelle fiole et quel baume est-ce donc ? dit Sancho. C'est un baume, dit Don Quichotte, dont j'ai la recette en ma mémoire : avec lui on n'a pas à redouter la mort, ni à craindre de mourir d'aucune blessure. Ainsi, quand je l'aurai fait et te l'aurai remis, tu n'as plus qu'une chose à faire ; si tu me vois dans un combat coupé par le milieu du corps, ce qui nous arrive souvent, tu n'as qu'à ramasser avec soin la moitié qui sera tombée, la rejoindre avec adresse, avant que le sang ne se refroidisse, à l'autre moitié

[1] Cervantes joue sur les mots *homicidios* et *homecillos*.

restée sur la selle, prenant bien garde à les ajuster également. Ensuite, donne-moi seulement à boire deux traits de ce baume, et tu me verras aussi sain qu'une pomme. Si cela est, dit Sancho, je renonce dès ce moment au gouvernement de l'île que vous m'avez promise, et je ne demande rien en récompense de mes bons et nombreux services que la recette de cette précieuse liqueur. Je suis assuré qu'en quelque lieu que ce soit, elle vaudra toujours plus de deux réaux l'once, et il ne m'en faut pas plus pour vivre honorablement et en repos. C'est à savoir maintenant si ce baume coûte beaucoup à faire. Avec moins de trois réaux on en peut faire trois pintes, répondit Don Quichotte. Miséricorde ! s'écria Sancho, qu'attendez-vous, seigneur, pour en faire et pour me l'enseigner? Arrête, ami, reprit Don Quichotte, je veux t'enseigner bien d'autres secrets et te donner bien d'autres récompenses. Pour le moment, songeons à me panser, car mon oreille me fait plus de mal que je ne voudrais. Sancho tira de l'onguent et de la charpie de sa besace. Mais quand Don Quichotte aperçut sa salade brisée, peu s'en fallut qu'il ne perdît le jugement. Il mit la main sur son épée, et levant les yeux au ciel : Je fais serment, dit-il, au créateur de toutes choses, et aux quatre saints Évangiles, là où ils sont écrits le plus au long, de vivre comme le fit le grand marquis de Mantoue, lorsqu'il jura de venger la mort de son neveu Baudouin, de ne manger pain sur nappe, de n'approcher point de sa femme, et de remplir beaucoup d'autres vœux dont je ne me souviens plus, mais que je m'engage à observer comme s'ils étaient exprimés, jusqu'à ce que j'aie pris vengeance de celui qui m'a fait cette injure. Seigneur, dit Sancho à ce serment, réfléchissez que, si le chevalier a fait ce que vous lui avez ordonné, en se présentant devant madame Dulcinée du Toboso, il s'est acquitté de son devoir, et ne mérite point d'autre peine, s'il ne commet un nouveau délit. Tu as parlé avec raison et touché le but, répondit Don Quichotte, ainsi j'annule le serment en ce qui touche au surcroît de vengeance, mais je le confirme et renouvelle en ce qui touche la vie que j'ai dite, jusqu'à ce que j'aie ôté par force à quelque chevalier une autre salade aussi bonne que celle-ci. Et ne pense pas, Sancho, que ce soit un serment qui s'oublie comme un feu de paille : j'ai un modèle à suivre en ceci ; la même chose arriva au pied de la lettre pour l'armet de Mambrin, qui coûta si cher à Sacripant. Donnez au diable tous ces serments, dit Sancho ; ils sont nuisibles à la santé, et chargent la conscience : car, dites-moi, si nous ne trouvons pas de plusieurs jours un homme armé d'une salade, que ferons-nous? tiendrez-vous votre serment en dépit de tant d'accidents et d'incommodités, comme de dormir tout vêtu, de ne coucher jamais en lieu habité, et mille autres pénitences que contenait le vœu que vous voulez reproduire de ce vieux fou de marquis de Mantoue? Faites bien attention que par ces chemins il ne passe point de gens armés, que l'on n'y trouve que des charretiers et muletiers qui ne portent point de salades, et n'en ont peut-être de toute leur vie entendu prononcer le nom. Tu te trompes, ami, dit Don Quichotte, nous n'aurons pas été deux heures au milieu de ces chemins que nous y verrons plus de gens en armes qu'il n'en vint devant Albraque, à la conquête de la belle Angélique. Ainsi soit, reprit Sancho ; Dieu veuille que tout réussisse, et que le temps arrive de gagner cette île qui me coûte si cher, quand je devrais mourir incontinent après ! Je t'ai déjà dit, Sancho, de ne pas te mettre en peine de cela ; si l'île venait à manquer, n'y a-t-il pas le royaume de Dinamarca, et celui de Sobradise[1], qui te viendront comme une bague au doigt, et doivent te convenir d'autant mieux qu'ils sont en terre ferme?

Mais laissons cela pour son temps, et regarde si tu as quelque chose à manger dans ton bissac, afin que nous allions promptement à la recherche de quelque château où nous puissions loger cette nuit, et faire le baume dont je t'ai parlé, car, je jure Dieu, l'oreille me fait grand mal. J'ai ici un oignon et un morceau de fromage et je ne sais combien de morceaux de pain, dit Sancho; mais ce ne sont pas mets pour un vaillant chevalier comme vous. Que tu l'entends mal! répondit Don Quichotte. Apprends, Sancho, que c'est la gloire des chevaliers errants de passer un mois sans manger, et quand ils mangent, c'est la première chose qu'ils trouvent sous la main. Tu n'en douterais pas si tu avais lu autant d'histoires que moi. Elles sont en grand nombre, et pourtant je n'ai trouvé dans aucune que les chevaliers errants mangeassent, sinon par aventure, dans de somptueux banquets; le reste du temps il n'en était pas question. Quoique l'on comprenne bien qu'ils ne pouvaient se passer de manger et d'obéir aux autres nécessités naturelles, puisqu'ils étaient hommes comme nous, il est à croire que, passant leur vie dans les forêts et dans les déserts, et sans cuisinier, leurs repas ordinaires étaient quelques mets rustiques, comme ceux que tu m'offres. Ainsi, ami Sancho, ne te chagrine point de ce qui me fait plaisir, ne cherche pas à faire un monde nouveau, ni à détourner la chevalerie errante de son cours. Pardonnez-moi, dit Sancho, car je ne sais ni lire ni écrire, comme je vous l'ai dit, et je n'ai jamais su les règles de la chevalerie. A l'avenir, je garnirai le bissac de toute sorte de fruits secs, pour vous qui êtes chevalier, et pour moi, qui ne le suis pas, de quelques volailles et choses plus substantielles. Je ne dis pas, répliqua Don Quichotte, que le chevalier errant soit obligé de ne manger que des fruits, mais que ce devait être là leur nourriture la plus ordinaire, avec quelques herbes qu'ils trouvaient dans les champs, et que je connais ainsi qu'eux. C'est un grand bien que de connaître ces herbes, répondit Sancho, et je m'imagine que nous aurons un jour besoin de cette connaissance : sur ce, tirant du bissac ce qu'il avait dit y conserver, ils mangèrent en paix et de compagnie. Le désir de trouver un gîte leur fit abréger leur pauvre et sec repas. Ils reprirent ensuite leurs montures, et se hâtèrent pour arriver à quelque habitation avant la nuit. Mais le soleil leur manqua, et avec lui l'espérance de trouver ce qu'ils désiraient, auprès de quelques cabanes de chevriers, et ils résolurent de s'y arrêter. Autant Sancho éprouva de déplaisir de n'être pas arrivé à quelque bonne habitation, autant Don Quichotte s'estima heureux de dormir à ciel ouvert; il se figurait, chaque fois que cela arrivait, faire acte de possession et prouver d'autant mieux sa chevalerie.

[1] Voyez l'*Amadis de Gaule*, chap. XXI et XLII. Ce royaume de *Dinamarca* est imaginaire comme celui de *Sobradise*.

CHAPITRE XI.

DE CE QUI ARRIVA A DON QUICHOTTE AVEC LES CHEVRIERS.

Notre chevalier fut très bien reçu des chevriers, et Sancho, ayant accommodé Rossinante et son âne du mieux qu'il put, s'en fut où l'attirait l'odeur de quelques morceaux de chèvre qui cuisaient dans une marmite. Malgré son désir de voir s'ils étaient en état de passer de la marmite à l'estomac, il s'en abstint parce que les bergers les tirèrent du feu, étendirent à terre quelques peaux de brebis, dressèrent bientôt leur rustique repas, et convièrent de bon cœur leurs hôtes à le partager. Ils étaient six dans cette bergerie qui s'assirent autour des peaux de brebis, après avoir, avec une politesse rustique, prié Don Quichotte de prendre place sur une auge qu'ils retournèrent. Le chevalier s'assit, et Sancho se tenait debout pour lui servir à boire dans une coupe de corne. Don Quichotte le voyant en cette attitude, lui dit : Afin que tu connaisses, Sancho, le bien qu'enferme en soi la chevalerie errante, et combien ceux qui en pratiquent les exercices, à quelque degré que ce soit, sont près d'être estimés et honorés dans le monde, je veux que tu te mettes à mon côté, assis dans la compagnie de ces bonnes gens, que tu ne fasses qu'un avec moi, qui suis ton seigneur et ton maître, mangeant au même plat, buvant au même verre, car on peut dire de la chevalerie errante ce qu'on dit de l'amour, il égalise tout. Grand merci, dit Sancho; mais je vous dirai que, si j'avais bien de quoi manger, je mangerais aussi bien et mieux seul et debout, qu'assis à côté d'un empereur. Pour dire la vérité, je trouve plus de goût à ce que je mange dans mon coin, sans gêne et sans cérémonie, ne fût-ce que du pain et un oignon, qu'aux coqs d'Inde des tables où je suis obligé de mâcher lentement, de boire peu, de m'essuyer à chaque instant, sans oser tousser ni éternuer, quelque envie qu'il m'en prenne, ni faire d'autres choses que permettent la solitude et la liberté. Ainsi ces honneurs que vous voulez me faire, comme attaché à la chevalerie errante ainsi que je le suis par mes fonctions d'écuyer, changez-les en d'autres choses qui me soient de plus de profit : celles-ci, bien que je les reçoive avec plaisir, j'y renonce pour jamais. Avec tout cela asseois-toi, dit Don Quichotte : Dieu élève celui qui s'humilie ; et, le tirant en même temps par le bras, il le força de s'asseoir auprès de lui. Les chevriers n'entendaient rien à ce jargon d'écuyer et de chevaliers errants, et ne faisaient que manger sans dire mot, regardant leurs hôtes, qui, avec autant d'appétit que d'aisance, avalaient des morceaux gros comme le poing. Les viandes mangées, on couvrit les peaux de quantité de glands doux, et d'une moitié de fromage qui n'était guère moins dur que s'il était fait de mortier. Cependant la corne n'était pas oisive; elle ne cessait d'aller et de venir à la ronde, tantôt pleine, tantôt vide, comme une roue à puiser de l'eau [1], et si souvent que, de deux outres de vin qu'il y avait là, une fut vidée.

Don Quichotte, ayant bien satisfait son appétit, prit une poignée de glands, et,

[1] *Como arcaduz de noria*. Roue garnie de seaux à bascule, qui puisent l'eau et la versent dans un réservoir.

les considérant attentivement, prit la parole en ces termes : Heureux âge[1], siècles fortunés auxquels les anciens ont donné le nom d'âge d'or! non que l'or, tant estimé dans ce siècle de fer, y fût obtenu sans aucune peine, mais parce que les mortels qui vivaient alors ignoraient ces deux mots : le *tien* et le *mien*. Dans cet âge sacré, toutes choses étaient communes. Personne n'avait besoin pour soutenir son existence de se donner d'autre peine que de hausser la main et d'atteindre le fruit doux et savoureux que le chêne robuste invitait libéralement à cueillir. Les claires fontaines, le courant des rivières, fournissaient avec une magnifique abondance leurs eaux limpides et salubres. L'active et ingénieuse abeille formait sa république dans le creux des rochers, dans les cavités des arbres, abandonnant à tous la fertile récolte, produit de son doux travail. Le liége vigoureux se dépouillait de lui-même, sans l'aide du travail et par pure courtoisie[2], de son épaisse et légère écorce, qui servit à couvrir les premières cabanes élevées sur des pieux grossièrement taillés, et pour se défendre des intempéries de l'air. Partout régnait la paix, l'amitié, la concorde. Le soc pesant de la charrue n'avait point encore osé ouvrir et fouiller les entrailles sacrées de notre première mère, son sein vaste et fertile offrait de toutes parts sans contrainte les dons qui suffisaient alors à la subsistance et aux plaisirs de ses enfants. Alors les belles et naïves bergères allaient de vallée en vallée, de colline en colline, les cheveux tressés, sans autre voile que celui qu'exige, qu'a de tout temps exigé la pudeur. Leurs atours ne ressemblaient pas à ceux d'aujourd'hui, qu'enrichissent la pourpre de Tyr et la soie soumise à mille métamorphoses. Les feuilles verdoyantes des plantes, entrelacées avec celles du lierre, faisaient toute leur parure, et elles étaient aussi brillantes, aussi ornées que le sont aujourd'hui nos dames de cour, avec les rares et merveilleuses inventions que le désœuvrement leur a enseignées. Les douces paroles d'amour étaient l'expression de l'âme simple et sans détours qui les avait conçues. Nul art n'était mis en usage pour les embellir. La fraude, la fourberie, la malice ne s'étaient pas mêlées à la franchise et à la vérité. La justice conservait toute son intégrité, sans redouter les atteintes de l'intérêt et de la faveur, qui aujourd'hui l'avilissent et la persécutent. La loi du caprice n'avait pas pris place dans l'esprit du juge, parce qu'il n'y avait alors personne qui jugeât, ou qui fût jugé. Les jeunes filles, je l'ai dit, allaient en tous lieux seules et maîtresses d'elles-mêmes, sans autre garde que leur honnêteté, sans craindre les désirs lascifs, les insultes de la licence. Leur chute n'était due qu'à leur penchant, à leur seule volonté. Et maintenant, dans ce siècle abominable, aucune n'est en sûreté, fût-elle enfermée dans le labyrinthe de Crète, car avec l'ardeur des poursuites coupables, par le plus mince accès, par l'air, se communique le poison de l'amour qui les conduit à leur perte malgré toute leur retenue. Ce fut pour leur sûreté que, dans la suite, et à cause de l'accroissement de la perversité humaine, on institua l'ordre des chevaliers errants, défenseurs des vierges, protecteurs des veuves, appuis des orphelins et des malheureux. Je suis membre de cet ordre, mes frères chevriers, et je vous rends grâce du bon accueil que vous faites à moi et à mon écuyer. Car, encore que par la loi naturelle tous les hommes soient obligés de

[1] Ce discours de Don Quichotte est très célèbre, et cité comme un des beaux morceaux de l'ouvrage et de la langue.

[2] *Sin otro artificio que el de su cortesia.* Légère tache dans un aussi beau morceau.

favoriser les chevaliers errants, je sais que, sans connaître cette obligation, vous m'avez traité et accueilli de votre mieux, et il est juste que ma gratitude soit le prix de votre accueil.

Ce furent les glands qui, en lui rappelant l'âge d'or, inspirèrent à notre chevalier cette longue harangue, dont il eût bien pu se dispenser, et lui donnèrent la fantaisie d'adresser cet inutile discours aux chevriers, qui l'écoutèrent immobiles et la bouche béante, sans dire une seule parole. Sancho se taisait aussi, mangeait des glands, et visitait souvent la seconde outre, qu'on avait pendue à un liége pour en rafraîchir le vin. Le discours dura plus que le souper; quand il fut fini, un des bergers s'adressant à Don Quichotte : Pour que Votre Grâce puisse dire avec plus de vérité, seigneur chevalier, que nous l'accueillons de bon cœur, nous essaierons de vous donner plaisir et contentement en vous faisant tout à l'heure entendre un de nos compagnons, qui ne tardera pas à arriver. C'est un berger fort amoureux et d'esprit vif, qui sait lire et écrire, et joue du violon[1] aussi bien qu'on le puisse désirer. A peine avait-il achevé de parler, qu'on entendit le son du violon, et bientôt on vit paraître celui qui en jouait. C'était un jeune garçon d'environ vingt-deux ans, et de fort bonne mine. Ses compagnons lui demandèrent s'il avait soupé, il répondit que oui. Ainsi, Antonio, dit celui qui venait de faire l'offre de l'entendre, tu nous feras bien le plaisir de chanter un peu, pour prouver à notre hôte que, dans nos bois et nos montagnes, on trouve aussi des gens qui savent un peu de musique. Nous lui avons fait part de tes talents, et nous désirons que tu les montres, afin de ne pas passer pour menteurs. Ainsi, assieds-toi, je te prie, et chante la romance sur tes amours que ton oncle le bénéficier a composée, et qui a tant plu à tout le voisinage. Je le veux bien, dit Antonio; sans se faire davantage prier, il s'assit sur le tronc d'un chêne, accorda son violon, et commença son chant de la manière suivante :

Olalla, je sais que tu m'aimes, sans me l'avoir dit, même avec les yeux, langue muette des amours.

Parce que tu connais mon amour, je suis plus sûr que tu m'aimes, car l'amour qui est connu ne fut jamais malheureux.

Il est bien vrai, Olalla, que plus d'une fois tu m'as fait croire que ton âme est de bronze, et ton sein blanc, un rocher.

Mais au milieu de tes refus, de tes vertueux dédains, l'espérance a quelquefois laissé voir le bord de sa robe.

Tes charmes ont entraîné ma foi, qui jamais n'a pu s'altérer par tes rebuts, ni s'accroître par ton accueil.

Si l'amour est douceur et courtoisie, la tienne m'instruit que mes espérances obtiendront le prix auquel j'aspire.

Si les services parviennent à attendrir le cœur, ceux que je t'ai consacrés me fortifient dans mon espoir.

Si tu as voulu y prendre garde, tu auras vu plus d'une fois que le lundi je prenais les habits dont je m'étais paré le dimanche.

Comme l'amour et la parure vont de compagnie, j'ai toujours voulu me montrer à toi sous mes habits de fête.

[1] *Rabel*, C'est une espèce de violon à trois cordes.

Je quitte la danse pour toi, et je ne te peins pas les sérénades que tu as écoutées le soir, et au premier chant du coq.

Je ne répète pas les louanges que j'ai faites de ta beauté; bien que vraies, elles m'ont fait mal venir de quelques-unes.

Thérèse de Berrocal répondit aux louanges que je faisais de toi: « Tel pense aimer un ange, qui se « trouve n'avoir aimé qu'un singe,

« Grâce aux nombreux joyaux, aux faux cheveux, à des grâces d'emprunt qui trompent l'amour « même. »

Je la démentis, elle se fâcha; son cousin vint prendre sa querelle, il me défia, et tu sais ce que je fis, ce qu'il fit aussi.

Je ne t'aime pas dans l'ombre, je ne prétends pas à toi pour que tu sois ma maîtresse, mes vœux sont plus honorables.

L'Église a des nœuds et des liens de soie; viens placer ton col sous ce joug, et tu verras comme j'y joindrai le mien.

Sinon, je jure maintenant, par le saint le plus révéré, de ne sortir de ces montagnes que pour me faire capucin.

Le chevrier cessa de chanter. Don Quichotte le priait de chanter encore quelque chose, mais Sancho s'y opposa, parce qu'il aimait mieux dormir que d'écouter des chansons. Votre grâce, dit-il à son maître, peut bien dès à présent s'arranger de manière à passer la nuit; ces bonnes gens qui travaillent tout le jour ne peuvent pas passer les nuits à chanter. Je t'entends, répondit Don Quichotte, je vois que tes fréquentes visites à l'outre t'ont rendu le sommeil plus nécessaire que la musique. Dieu soit béni, dit Sancho, tout le monde y a pris goût. J'en conviens, répliqua Don Quichotte. Couche-toi donc où tu voudras. Ceux de ma profession ont meilleure grâce à veiller qu'à dormir. Mais avec tout cela il serait bien de panser mon oreille, qui me fait plus mal qu'il n'en serait besoin. Sancho se mit en devoir d'obéir; mais un des bergers qui vit la blessure dit à Don Quichotte de ne pas se mettre en peine, et qu'il lui appliquerait un remède qui l'aurait bientôt guéri. En effet, il cueillit quelques feuilles de romarin, qui croissait là en abondance, les mâcha, les mêla avec un peu de sel, et les appliqua solidement sur l'oreille qu'il banda fortement assurant qu'il n'était pas besoin d'autres remèdes, ce qui se trouva vrai.

CHAPITRE XII.

DE CE QUE RACONTE UN CHEVRIER A CEUX QUI ÉTAIENT AVEC DON QUICHOTTE.

Sur ces entrefaites arriva un autre chevrier de ceux qui apportaient les provisions de la ferme. Camarades, dit-il, savez-vous ce qui se passe au village? Comment le saurions-nous? répondit l'un d'eux. Apprenez donc, reprit le chevrier, que ce fameux berger, cet étudiant, appelé Chrysostôme, est mort ce matin, et l'on répète qu'il est mort d'amour pour cette endiablée Marcelle, la fille de Guillaume le riche, celle que vous voyez rôder dans ces lieux en habit de bergère. Pour Marcelle! dit un des bergers. Pour elle-même, répondit le chevrier ; mais ce qu'il y a de singulier, c'est que, par son testament, Chrysostôme ordonne qu'on l'enterre au milieu des champs, comme un Maure, au pied de la roche d'où sort la fontaine du Liége, parce qu'on prétend (et il l'a dit lui-même, assure-t-on), que c'est là qu'il l'a vue pour la première fois. Il a encore ordonné d'autres choses que nos anciens disent qu'on n'exécutera point, et qu'il serait mal d'accomplir, parce qu'elles ressemblent aux coutumes des gentils. A tout cela, cet autre étudiant, le grand ami du mort, qui porte aussi l'habit de berger, Ambrosio répond que tout doit s'exécuter sans faute comme Chrysostôme l'a ordonné. Tout le village est en rumeur là-dessus. Cependant on assure que tout se fera conformément au vœu d'Ambrosio et des autres bergers ses amis, et ils viendront demain l'enterrer en grande pompe au lieu indiqué. Pour moi, je pense que ce sera chose curieuse à voir, aussi ne manquerai-je pas d'y aller, si je ne suis pas obligé de retourner demain au village. Nous ferons tous de même, dirent les chevriers, et nous tirerons au sort à qui restera pour garder les chèvres. Bien dit, Pedro, ajouta l'un d'eux, mais il ne sera pas besoin d'user de ce moyen, je demeurerai pour tous, et ne l'attribuez pas à vertu, ou faute de curiosité, mais à cette épine que je me suis fourrée dans le pied l'autre jour et qui m'empêche de marcher. Nous ne t'en remercions pas moins, répondit Pedro. Alors Don Quichotte pria Pedro de lui dire quels étaient le mort et la bergère. Ce que je sais, répondit Pedro, est que le mort était un riche hidalgo, habitant un village de ces montagnes, qui avait étudié pendant plusieurs années à Salamanque, puis était revenu dans son village avec la réputation d'un homme savant, surtout, à ce qu'on disait, dans la science des étoiles et de tout ce que font au ciel le soleil et la lune, car il nous annonçait ponctuellement leurs crises. C'est éclipses, mon ami, interrompit Don Quichotte, et non pas crises, qu'il faut appeler l'obscurcissement de ces deux grandes lumières. Mais Pedro, qui ne s'arrêtait pas à ces misères, poursuivit sa narration. Il devinait quand l'année devait être abondante ou estérile. Vous voulez dire stérile, reprit Don Quichotte. Estérile ou stérile c'est tout un, reprit Pedro, et je dis qu'avec ce qu'il disait ses parents et ses amis, qui avaient confiance en lui et suivaient ses conseils, devinrent riches en peu de temps. Tantôt il leur disait : Semez cette année de l'orge et non du froment. Une autre fois : Semez des pois chiches, et non de l'orge. L'année qui vient sera abondante en huiles, mais les trois années suivantes on n'en recueillera pas une goutte. Cette science s'appelle astrologie, dit Don Quichotte. Je ne sais pas comment elle s'appelle, dit Pedro, mais je sais bien qu'il savait tout cela, et encore davantage. Finalement, quelques mois après son retour de Salamanque, nous le vîmes un jour, quittant le long habit d'écolier, vêtu en berger, avec sa houlette et sa peau de mouton, et avec lui Ambrosio, son grand ami, le compagnon de ses études, habillé de même. J'oubliais de vous dire que ce Chrysostôme était un grand faiseur de chansons, qu'il composait tous les noëls qui se chantent la nuit de la naissance de Notre-Seigneur, aussi bien que les actes de la Fête-Dieu que représentaient les jeunes garçons du village, et chacun disait qu'il ne se pouvait rien de mieux. Quand on vit ces deux étudiants habillés en bergers, on fut bien étonné d'un changement si peu attendu, et on ne pouvait deviner la cause d'une métamorphose si étrange. Dans ce temps-là, le père de Chrysostôme venait de mourir, et celui-ci resta héritier de grands biens, tant meubles qu'immeubles, avec quantité de bétail, gros et menu, et beaucoup d'argent comptant. De tout cela le jeune homme resta maître absolu, et en vérité il le méritait bien, et il avait une face de bénédiction. On sut enfin que ce changement de costume ne s'était fait que pour suivre dans ces déserts les pas de la bergère Marcelle, que notre berger a nommée tout à l'heure et dont le pauvre défunt était devenu amoureux. Je vais vous dire maintenant qui est cette jeune fille, il est bon que vous le sachiez. Peut-être, et même sans peut-être, vous n'entendrez jamais rien de pareil en votre vie, quand vous vivriez autant que Sarna. Dites Sara, reprit Don Quichotte, qui ne pouvait souffrir ces altérations de mots du chevrier. La Sarna [1] vit assez longtemps, répliqua le chevrier ; mais si vous allez blâmant ainsi toutes mes paroles, nous n'aurons pas fini d'un an. Pardonnez-moi, mon ami, répondit Don Quichotte, je vous l'ai dit à cause de la grande différence qu'il y a entre Sarna et Sara ; mais vous avez bien répondu, car Sarna vit plus que Sara ; mais continuez votre histoire, je ne vous interromprai plus. Je dis donc, poursuivit le chevrier, qu'il y avait dans notre village un laboureur nommé Guillaume, encore plus riche que le père de Chrysostôme, et à qui Dieu, pardessus ces richesses, donna une fille dont la mère mourut en accouchant. C'était bien la plus honnête femme du pays. Il me semble que je la vois encore avec cette face qui d'un côté était le soleil et de l'autre la lune. Par dessus tout elle était bonne ménagère, et amie des pauvres, et je crois pour cela que son âme à l'heure qu'il est jouit de la vue de Dieu dans l'autre monde. Guillaume mourut de regret de la mort d'une si bonne femme, et laissa sa fille Marcelle, jeune et riche, entre les mains d'un prêtre, son oncle, bénéficier dans notre village. La jeune fille croissait et devenait si belle qu'elle nous faisait souvenir de la beauté de sa mère, qui en avait beaucoup, et l'on jugeait déjà que celle de la fille la surpasserait encore : aussi quand elle eut atteint l'âge de quatorze ou quinze ans, il arriva que personne ne la voyait sans bénir Dieu de l'avoir faite si belle, et la plupart en devenaient fous d'amour. Son oncle la gardait avec beaucoup de soin, et la tenait fort resserrée ; mais, malgré tout, le bruit de sa beauté se répandit de telle sorte que, soit pour elle, soit pour ses grands biens, les plus riches partis du village et de ceux de deux lieues à la ronde la demandèrent en mariage, priant, sollicitant, importunant son oncle. Mais lui, en bon chrétien et qui eût bien désiré la marier quand il la vit en âge, ne le voulut point faire sans son consentement, et cela sans jeter les yeux sur les avantages et le profit que lui offrait, en différant le mariage, l'administration du bien de la jeune fille, et par ma foi, cela s'est dit dans plus d'une veillée du village, à la louange du bon prêtre. Il est bon que vous le sachiez, seigneur chevalier errant, dans ces petits hameaux, on parle de tout, on murmure de tout, et gardez par devers vous, comme je le fais pour moi, que le prêtre qui oblige ses paroissiens à dire du bien de lui, surtout dans les villages, doit être d'une bonté au-dessus de tout. Vous avez bien raison, dit Don Quichotte ; mais continuez, je vous prie, l'histoire est très intéressante, et vous la racontez, ami Pedro, de fort bonne grâce. Que celle de Dieu ne me manque pas, répondit Pedro, c'est le

[1] Cette froide équivoque, fondée sur la ressemblance de *Sarna* et *Sara*, femme d'Abraham, ne saurait être saisie en français. *Sarna*, en espagnol, signifie la gale, qui dure toujours trop, au gré du malade.

plus important. Vous saurez donc que, quelque proposition que l'oncle fît à sa nièce, quelque chose qu'il lui pût dire des bonnes qualités de chacun de ceux qui la demandaient, en la priant de choisir celui qui lui plairait le plus, et de se marier, jamais elle ne répondit autre chose sinon qu'elle n'y pensait pas encore, et qu'elle était trop jeune pour se croire capable de supporter le fardeau du mariage. Avec des excuses en apparence si raisonnables, l'oncle cessait de la presser. Il attendait qu'elle fût un peu plus avancée en âge, espérant qu'elle ferait elle-même un choix. Les pères, disait-il, et avec raison, ne doivent pas établir les enfants contre leur gré. Enfin, un jour, sans que je puisse dire pourquoi, voilà la délicate Marcelle devenue tout à coup bergère, et, sans écouter son oncle et tous ceux du village qui l'en voulurent détourner, elle se mêle aux autres bergères, pour aller garder son propre troupeau. Aussitôt qu'on la vit en public, et que sa beauté parut à découvert, je ne saurais dire combien de riches jeunes gens, gentilshommes et laboureurs, ont pris le même costume que Chrysostôme, et la suivent dans ces campagnes, pour obtenir son amour. Le défunt fut du nombre, comme vous le savez, et l'on disait qu'il ne l'aimait pas, mais qu'il l'adorait; qu'on ne pense pas que Marcelle en choisissant une façon de vivre si libre et de si peu de retenue, ait jamais donné le moindre indice, le moindre prétexte qui autorisât à déprécier sa prudence ou son honnêteté : au contraire, elle veille sur sa réputation avec tant de soin, que de tous ceux qui la servent, aucun ne s'est vanté et ne pourrait avec vérité se vanter qu'elle lui ait jamais donné la moindre espérance. Elle ne fuit point la conversation des bergers, et les traite civilement, amicalement ; mais s'il arrive que l'un d'eux se hasarde à lui découvrir sa passion, quelque innocente qu'elle soit et ne tendant qu'au mariage, elle le repousse comme avec un mousquet. Avec ces manières, elle cause plus de dommages dans le pays que ne pourrait faire la peste : car son affabilité, sa beauté portent les cœurs de ceux qui la fréquentent à l'aimer, à la servir, mais ses rigueurs et ses mépris les conduisent au désespoir. Ils ne savent plus que l'appeler cruelle et ingrate, et lui donner des noms semblables qui rendent témoignage de sa résolution. Si vous restiez quelques jours parmi nous, seigneur, vous entendriez retentir ces montagnes et ces vallées des gémissements de ces amants méprisés qui la suivent. Non loin d'ici est un bouquet d'environ deux douzaines de hêtres, vous n'en trouverez pas un seul dont l'écorce ne porte gravé le nom de Marcelle : une couronne est quelquefois au-dessus, comme si l'amant voulait dire qu'elle porte et qu'elle mérite la couronne sur toute beauté humaine. Ici soupire un berger, là un autre se lamente ; on entend d'un côté des chansons amoureuses, d'un autre des plaintes désespérées. Tel passe toutes les heures de la nuit assis au pied d'un chêne ou d'un rocher, sans clore ses yeux éplorés, et là, le soleil le trouve encore ravi dans ses pensées ; un autre, sans donner jour ni trêve à ses soupirs, demeure, à l'ardeur du midi le plus accablant, étendu sur le sable brûlant et implore par ses cris la pitié du ciel. Mais la belle Marcelle toujours libre, triomphe, sans y prendre garde, des uns et des autres ; nous tous, qui la connaissons, attendons ce qui arrivera de cette conduite altière, et quel sera le mortel heureux qui pourra dompter ce cœur farouche et posséder une beauté si rare. Tout ce que je viens de vous conter étant la pure vérité, je ne doute point de ce qu'a dit notre berger des causes de la mort de Chrysostôme.

Ainsi, je vous conseille, seigneur, de ne pas manquer de vous trouver demain à son enterrement ; ce sera une chose à voir, car il avait beaucoup d'amis, et il n'y a pas une demi-lieue de ce village à l'endroit où il veut être enterré. Je n'aurai garde d'y manquer, répondit Don Quichotte, et je vous rends grâce du plaisir que vous m'avez fait par le récit de cette intéressante histoire. Oh ! vraiment, répliqua le chevrier, je ne sais pas encore la moitié de ce qui est arrivé aux amants de Marcelle ; mais nous rencontrerons peut-être demain, en chemin, quelque berger qui nous le fera connaître ; maintenant, seigneur, vous ferez bien d'aller dormir dans quelque endroit à couvert, parce que le serein pourrait nuire à votre blessure, quoiqu'il n'y ait rien à craindre avec le remède que nous y avons mis. Sancho, qui donnait au diable les longs récits du chevrier, pressa, de son côté, son maître d'entrer dans la cabane de Pedro. Il le fit à la fin, mais ce fut pour passer le reste de la nuit à penser à sa dame Dulcinée, à l'imitation des amants de Marcelle. Sancho, de son côté, s'accommoda entre son âne et Rossinante, et dormit, non comme un amant maltraité, mais comme un homme qui avait été accablé de coups.

CHAPITRE XIII.

OU SE TERMINE L'HISTOIRE DE MARCELLE, AVEC D'AUTRES ÉVÉNEMENTS.

L'AURORE commençait à peine à colorer l'orient, quand cinq des six chevriers se levèrent, et vinrent demander à Don Quichotte, en l'éveillant, s'il était encore dans le dessein d'aller voir l'enterrement de Chrysostôme, ajoutant qu'ils lui feraient compagnie. Ce dernier, qui ne désirait pas autre chose, se leva, donnant ordre à Sancho de seller et bâter à l'instant, ce que celui-ci exécuta promptement, et aussitôt ils se mirent en route. Ils n'avaient pas fait un quart de lieue quand, à la jonction d'un sentier, ils virent s'avancer vers eux six bergers vêtus de peaux noires, la tête couronnée de cyprès et de laurier-rose, chacun tenant en main un gros bâton de houx. Avec eux venaient deux gentilshommes à cheval, en bon équipage de route et suivis de trois valets à pied. Ils se saluèrent civilement en s'abordant, et se demandèrent les uns aux autres où ils allaient, et, voyant qu'ils se dirigeaient tous vers le lieu de l'enterrement, ils cheminèrent de compagnie. Un des cavaliers, s'adressant à son compagnon, lui dit : Seigneur Vivaldo, je crois que nous pourrons regarder comme bien employé le retard que nous consacrons à voir cette cérémonie, qui ne peut être que remarquable, après les choses étranges que ces bergers nous ont contées du pasteur mort et de la bergère homicide. J'en suis persuadé comme vous, dit Vivaldo, et je retarderais plutôt mon voyage, non d'un jour, mais de quatre, pour ne pas manquer de m'y trouver. Don Quichotte leur demanda ce qu'on leur avait raconté de Chrysostôme et de Marcelle. L'un des voyageurs répondit que ce matin même ils avaient rencontré ces bergers, et que, les voyant en si tristes atours, ils leur en avaient demandé la cause ; l'un d'eux la leur avait apprise, en leur faisant connaître l'humeur étrange et la beauté d'une bergère appelée Marcelle, les amours de ses nombreux prétendants, et la mort de Chrysostôme à l'enterrement duquel ils se rendaient. En un mot, il répéta à Don Quichotte tout ce que Pedro lui avait appris déjà. Cette conversation cessa et on en entama une autre. Vivaldo demanda à notre chevalier pour quel motif il allait armé de la sorte, dans un pays où tout était en paix. Les devoirs de ma profession, répondit Don Quichotte, ne me permettent pas d'aller vêtu d'une autre manière. La mollesse, la bonne chère et le repos, ont été inventés pour les courtisans efféminés; la fatigue, le souci et les armes sont le partage de ceux qu'on appelle dans le monde des chevaliers errants, au nombre desquels je suis, quoique indigne et le moindre de tous. A peine entendirent-ils ces mots que tous le tinrent pour fou; mais, pour s'en assurer mieux et connaître de quel genre était sa folie, Vivaldo lui demanda ce qu'il entendait par chevaliers errants. N'avez-vous pas lu, seigneurs, répondit Don Quichotte, les chroniques et histoires d'Angleterre, où il est parlé des fameux exploits du roi Artur, que, dans notre langue castillane, nous nommons Artus? C'est une tradition ancienne et générale dans la Grande-Bretagne que ce roi n'est pas mort, mais que par enchantement il a été changé en corbeau, et que, dans la suite des temps, il doit revenir en sa première forme, et ressaisir son sceptre et son royaume, ce qui fait que, depuis ce temps, on ne pourrait prouver qu'un Anglais eût tué un seul corbeau [1]. Ce fut là et au temps de ce grand roi qu'on institua le fameux ordre des chevaliers de la Table ronde, et qu'eurent lieu de point en point comme on les conte les amours de Don Lancelot du Lac avec la reine Genièvre, dont la très honorée dame Quintagnone fut la médiatrice et la confidente. De là prit naissance cette romance si renommée, et tant chantée dans notre Espagne :

Il n'y eut jamais de chevalier si bien servi des dames que Lancelot quand il vint d'Angleterre [2]

avec la suite si douce et si agréable de ses faits de combats et d'amours.

Depuis ce temps, et de main en main, l'ordre de chevalerie s'étendit et se développa dans les diverses parties du monde. Amadis de Gaule et ses descendants jusqu'à la cinquième génération, le brave Félix-Marte d'Hircanie, et ce Tirant le Blanc qu'on ne saurait jamais assez louer, s'y rendirent célèbres par leurs exploits, ainsi que le valeureux et invincible Don Bélianis de Grèce, que nous avons vu, connu et entendu presque de notre temps. Voilà, seigneurs, ce que c'est qu'un chevalier errant; leur ordre est la chevalerie errante dont moi pécheur je fais profession, comme je vous l'ai dit, et je l'exerce ainsi que la pratiquèrent les chevaliers du temps passé. C'est pourquoi je parcours ces déserts, cherchant les aventures, résolu de dévouer mon bras et ma personne à la plus périlleuse que le sort pourra m'offrir, pour le secours des faibles et des affligés. Ce discours acheva de convaincre les voyageurs de la folie de Don Quichotte et de la nature de son égarement. Ils n'en furent pas moins surpris que tous ceux qui en étaient témoins pour la première fois. Vivaldo, qui était d'une humeur enjouée et spirituelle, voulut lui fournir l'occasion de poursuivre ses folies pour achever gaiement le peu de chemin qui leur restait à faire jusqu'à la colline des funérailles. Il me semble, lui

[1] Voyez, sur cette métamorphose du roi Artur, les *Hauts faits d'Esplandian*, chap. XCIX.
[2] Voyez ci-dessus, page 18, où Don Quichotte parodie pour lui-même ces premiers vers.

dit-il donc, seigneur chevalier errant, que vous avez embrássé une des plus dures conditions du monde, et je ne crois pas que celle des chartreux soit aussi austère. Aussi austère, cela pourrait être, répondit notre héros ; mais aussi nécessaire, je ne suis pas à deux doigts de le mettre en doute. A parler vrai, le soldat qui met à exécution les ordres de son capitaine, ne fait pas moins que ce capitaine qui les a donnés. Je veux dire que les religieux, en toute paix et repos, demandent au ciel le bien de la terre ; mais nous soldats et chevaliers, nous exécutons ce qu'ils demandent, conservant ce bien par la valeur de nos bras et le tranchant de nos épées. Nous ne le faisons pas sous un toit, mais à ciel découvert, servant de but aux plus insupportables rayons du soleil d'été, exposés aux glaces de l'hiver. Aussi sommes-nous les ministres de Dieu sur la terre, les bras exécuteurs de sa justice. Comme la guerre et les choses qui en dépendent ne se peuvent faire sans fatigues, sans sueurs et sans travaux excessifs, ceux qui en font profession ont conséquemment une profession beaucoup plus dure que ceux qui, dans une paix non interrompue, prient Dieu de secourir les nécessiteux. Je ne prétends pas dire, et il ne me vient pas même en la pensée que l'état du chevalier errant soit aussi saint que celui du religieux cloîtré. Je tire seulement cette conséquence des maux que j'endure, que cet état est beaucoup plus pénible, plus laborieux, plus sujet à la faim et à la soif, plus misérable et plus exposé à la vermine. On ne peut douter que les anciens chevaliers errants n'aient éprouvé de fâcheuses aventures dans le cours de leur vie : s'il en est qui soient devenus empereurs par la valeur de leur bras, par ma foi ils l'ont bien payé de leur sueur et de leur sang, et, si ceux qui sont parvenus à ce rang n'avaient pas reçu l'aide d'enchanteurs et de sages, ils auraient été frustrés de leurs désirs et trompés dans leurs espérances.

Je suis de cet avis, répliqua le voyageur ; mais une chose entre plusieurs autres me choque dans les chevaliers errants. Quand ils sont sur le point d'aborder quelque grande aventure avec péril évident pour leur vie, ils oublient toujours de recourir à Dieu, comme tout chrétien doit le faire en de tels dangers ; au contraire, ils se recommandent à leurs dames, avec autant de dévotion que si elles étaient leur Dieu, et cela, suivant moi, sent un peu le paganisme. Seigneur, répondit Don Quichotte, il n'y a absolument pas moyen de faire autrement ; le chevalier qui en voudrait user différemment agirait fort mal. C'est un usage consacré dans la chevalerie, que le chevalier errant, qui est sur le point d'entreprendre quelque grand fait d'armes en présence de sa dame, tourne amoureusement les yeux vers elle, comme pour la prier de lui être favorable, et de le secourir dans le péril ; il est même obligé, quand personne ne l'entendrait, de lui adresser quelques mots entre les dents, par lesquels il se recommande à elle de tout son cœur ; nous en avons une infinité d'exemples dans les histoires. Ce n'est pas dire pour cela qu'il doive négliger de se recommander à Dieu, il en a le temps et l'occasion pendant l'action. Avec tout cela, il me reste encore un scrupule, répliqua le voyageur : j'ai lu plusieurs fois que deux chevaliers se prenaient de paroles, de propos en propos, la colère les gagne, et, tournant tout à coup leurs chevaux pour prendre champ, ils fondent à bride abattue l'un sur l'autre, se recommandant à leurs dames au milieu de la course ; il arrive ordinairement de ces rencontres que l'un est renversé sur la croupe de son cheval, percé de part en part, et que l'autre eût été porté par terre s'il ne se fût pris aux crins pour prévenir sa chute. Je ne sais pas, moi, comment le mort a trouvé le temps de se recommander à Dieu dans une affaire si promptement expédiée. Il eût mieux valu que les vœux adressés dans la carrière à sa dame, il les adressât à celui que son devoir de chrétien l'oblige d'implorer, d'autant plus que tous les chevaliers errants n'ont pas, à mon sens, des dames à qui se recommander, car ils ne sont pas tous amoureux. Cela ne saurait être, dit Don Quichotte ; il ne saurait y avoir de chevalier errant sans dame : l'amour leur est aussi naturel que les étoiles le sont au ciel. Bien certainement on n'a jamais lu d'histoire où se soit trouvé un chevalier sans amour. Par cette seule raison qu'il n'en aurait pas, il ne serait pas tenu pour chevalier légitime, mais pour bâtard, entré dans la forteresse de la chevalerie, non par la porte, mais par-dessus les murs, comme un brigand et un voleur. Il me semble pourtant, dit Vivaldo, si j'ai bonne mémoire, avoir lu que don Galaor, frère du valeureux Amadis de Gaule, n'eut jamais de dame reconnue qu'il pût invoquer dans les combats, et cependant il n'en fut pas moins estimé ; car c'était un vaillant et fameux chevalier. Une hirondelle ne fait pas le printemps, répondit Don Quichotte : je sais d'ailleurs que ce chevalier était amoureux en secret ; s'il faisait la cour à toutes celles qu'il trouvait à son gré, c'était par une inclination naturelle, dont il n'était pas le maître. Il est certain, malgré tout, qu'une seule dame fut maîtresse de sa volonté [1], et qu'il se recommandait souvent à elle en secret, car il se piquait d'une discrétion extraordinaire. Eh bien, poursuivit le gentilhomme, puisqu'il est de l'essence du chevalier errant d'être amoureux, on peut bien croire que vous aimez aussi, puisque vous êtes de la profession, et à moins que votre seigneurie ne se pique d'être aussi discrète que Galaor, je la supplie instamment, au nom de toute la compagnie, de nous apprendre le nom, la patrie, la condition de sa dame, et de nous faire le tableau de sa beauté. Elle doit s'estimer heureuse que tout le monde sache qu'elle est aimée et servie par un chevalier tel que vous paraissez être. Ici Don Quichotte poussa un profond soupir, et dit : Je ne puis assurer si cette douce ennemie trouve bon ou mauvais que l'on sache que je la sers ; je vous dirai seulement, pour répondre à ce que vous me demandez avec tant de courtoisie, que son nom est Dulcinée, sa patrie le Toboso, bourg de la Manche ; sa qualité est au moins celle de princesse, puisqu'elle est reine et dame de mes pensées ; sa beauté est plus qu'humaine, car elle réalise en sa personne tous ces chimériques et impossibles attributs de perfection que les poëtes donnent à leurs héroïnes. Ses cheveux sont d'or, son front l'image des champs Elysées, ses sourcils deux arcs célestes, ses yeux des soleils, ses joues des roses, ses lèvres du corail, ses dents des perles, son cou d'albâtre, son sein de marbre, ses mains d'ivoire, sa blancheur celle de la neige, et ce que la pudeur dérobe à tous les yeux est tel, autant que je le présume, qu'une modeste réflexion peut en estimer le prix, mais est impuissante à le comparer. Nous désirerions connaître sa naissance et sa généalogie, dit Vivaldo. Elle ne descend pas, répondit Don Quichotte, des anciens Curtius, des Caïus, ou des Scipions de Rome ; des Colonnes ou des Ursins modernes ; des Moncades ou des Réquesens de Catalogne ; elle n'appartient pas non plus aux Rebellas ou aux Villanovas de Valence ; aux Palafox, Nuzas, Rocabertis, Corellas, Lunas, Alagones, Urreas, Foces, ou Gurreas d'Aragon ; aux

1 Don Quichotte a en vue la belle Aldeba. Voyez l'*Amadis de Gaule*, ch. 20.

Cerdas, Manriques, Mendozes, ou Guzmans de Castille; aux Alencastros, Pallas et Menezes de Portugal. Elle est de la maison du Toboso de la Manche, race qui, bien que moderne, peut être la noble souche des plus illustres familles des siècles à venir; et qu'on ne me réplique pas là-dessus, si ce n'est aux conditions qu'écrivit Zerbin au pied du trophée des armes de Roland :

Que nul n'y touche s'il ne peut les disputer à Roland.

Pour moi, dit Vivaldo, encore que je sois des Cachopins de Laredo, je ne prétends pas entrer en comparaison avec la famille du Toboso de la Manche, quoique, à dire le vrai, ce soit la première fois que ce nom vient à mes oreilles. Comment est-il possible, répondit Don Quichotte, que ce nom ne soit pas parvenu jusqu'à vous? Toute la compagnie écoutait attentivement cette conversation, et les bergers et chevriers eux-mêmes demeurèrent convaincus de l'extravagance extrême du chevalier. Sancho Pança était seul à croire tout ce que disait son maître, dont il connaissait la sincérité, et qu'il n'avait pas perdu de vue depuis le berceau; s'il avait quelque doute, c'était sur cette belle Dulcinée, car, quoiqu'il fût voisin du Toboso, jamais tel nom ni telle princesse n'étaient parvenus à sa connaissance.

Ils allaient ainsi discourant, lorsqu'ils virent, dans un chemin creux, formé par deux montagnes, descendre une vingtaine de bergers tous vêtus de peaux de laine noire, et couronnés de guirlandes qu'on vit ensuite être les unes d'ifs, les autres de cyprès. Six d'entre eux portaient un brancard tout couvert de rameaux et de fleurs variées : Voilà, dit un des chevriers en les apercevant, ceux qui portent le corps de Chrysostôme, et le pied de cette montagne est le lieu qu'il a désigné pour sa sépulture. Ils se hâtèrent, et arrivèrent au moment où les bergers posaient le brancard à terre; quatre d'entre eux, armés de pioches, creusaient une fosse à côté d'un rocher. Les deux troupes s'abordèrent avec courtoisie; Don Quichotte et ses compagnons se mirent à considérer le cercueil, dans lequel ils virent, sous les fleurs, un corps sans vie vêtu d'habits de berger, et qui paraissait celui d'un homme de trente ans. Tout mort qu'il était, on jugeait aisément qu'il avait été beau et bien fait. On voyait autour de lui dans le cercueil quelques livres et quantité de papiers et de cahiers ouverts et fermés : tous les assistants, ceux qui creusaient la fosse et ceux qui regardaient, observaient un profond silence, que rompit à la fin un de ceux qui avaient apporté le corps, pour dire à un autre : Regarde bien, Ambrosio, si c'est ici le lieu qu'a désigné Chrysostôme, toi qui veux qu'on exécute son testament avec tant d'exactitude. C'est ici même, répondit Ambrosio, c'est là que mon malheureux ami m'a souvent raconté sa pitoyable aventure. Ce fut ici qu'il me dit avoir vu pour la première fois cette ennemie mortelle du genre humain, et qu'il lui fit la première déclaration d'un amour aussi honnête que passionné; ce fut encore ici que Marcelle acheva de le désespérer par ses mépris, au point d'amener la fin tragique de sa triste vie; c'est enfin dans ce lieu qu'en mémoire de tant d'infortunes, il a voulu que son corps fût pour jamais enseveli. Se tournant ensuite vers Don Quichotte et les voyageurs : Seigneurs, continua-t-il, ce corps, que vous considérez avec des yeux de compassion, renfermait une âme que le ciel avait ornée de ses plus riches dons. C'est le corps de ce Chrysostôme, qui fut unique par son esprit, sa courtoisie et sa bonne grâce, phénix en amitié, magnifique sans mesure, grave sans présomption, plaisant sans bassesse, en un mot, le premier dans tout ce qu'on peut appeler bien, et sans égal dans tout ce qu'on peut nommer infortune. Il aima, il fut haï; il adora et fut méprisé; il voulut fléchir une beauté fière, amollir un marbre, courir après le vent, donner des voix à la solitude, servir une ingrate, sa récompense fut la mort, au milieu d'une carrière que termina une bergère dont il voulait immortaliser la mémoire. Ces papiers que vous voyez pourraient bien rendre témoignage de ce que je dis, s'il ne m'avait ordonné de les livrer aux flammes quand j'aurais rendu son corps à la terre. Vous serez donc plus cruel envers eux que Chrysostôme lui-même, dit Vivaldo. Il n'est ni juste, ni convenable d'observer si religieusement la volonté qui prescrit des choses contre la raison : César Auguste n'en eût-il pas manqué s'il avait souffert qu'on exécutât ce que le divin Mantouan ordonnait par son testament[1]? Ainsi, seigneur Ambrosio, si vous rendez à la terre le corps de votre ami, ne livrez point ses écrits à l'oubli. Ce qu'il ordonna dans sa douleur, il y aurait à vous indiscrétion à l'accomplir ; en donnant la vie à ces vers, éternisez la cruauté de Marcelle, pour servir d'exemple aux hommes à venir, afin qu'ils se gardent de tomber dans de semblables précipices. Je sais déjà, et tous tant que nous sommes ici nous savons l'histoire de votre ami, son amour et son désespoir; nous connaissons votre attachement pour lui, la cause de son trépas, et ce qu'il a ordonné en mourant; cette lamentable histoire fait assez juger quelle fut la cruauté de Marcelle, l'amour du berger, la fidélité de votre amitié, et quelle fin doivent attendre ceux qui courent sans retenue dans la route qu'un amour délirant offre à leurs yeux. Nous apprîmes hier au soir la mort de Chrysostôme, et qu'on le devait enterrer en ce lieu; la compassion et la curiosité nous firent détourner de notre chemin pour voir de nos propres yeux ce qui nous avait tant émus à l'entendre. En récompense de notre sensibilité et du désir que nous aurions de soulager vos maux si nous le pouvions, nous vous supplions, fidèle Ambrosio, du moins je vous conjure pour ma part, de ne point brûler ces papiers, mais de m'en laisser prendre quelques-uns; et, sans attendre la réponse du berger, il étendit la main, et prit les papiers les plus proches. Je consentirai, par courtoisie, dit Ambrosio, à vous laisser ceux que vous avez pris; mais, pour le reste, on espérerait en vain m'empêcher de le brûler. Vivaldo, impatient de voir ce que contenaient les cahiers, en ouvrit un aussitôt, et vit qu'il avait pour titre *Chant désespéré*. Ambrosio entendit le titre, et dit : c'est le dernier ouvrage de l'infortuné; et, afin que vous voyiez, seigneur, en quel état l'avaient réduit ses malheurs, lisez-le de manière à être entendu, vous en aurez bien le temps avant qu'on ait creusé la sépulture. Je le veux de bon cœur, dit Vivaldo; et tous les assistants qui partageaient son désir s'étant rangés autour de lui, il lut à voix haute ce qui suit.

[1] Virgile, qui avait ordonné qu'on brûlât son Énéide.

CHAPITRE XIV.

VERS DÉSESPÉRÉS DU BERGER DÉFUNT, ET AUTRES CHOSES NON ATTENDUES.

CHANT DE CHRYSOSTOME[1].

UISQUE tu veux, cruelle, que tes rigueurs impitoyables se répandent de bouche en bouche et soient connues de tous, puisse l'enfer lui-même prêter à mon triste cœur un accent douloureux qui dénature jusqu'à ma voix.

Cette voix lamentable fera entendre des sons en harmonie avec ma douleur et tes cruautés, et avec eux jailliront confondus les lambeaux de mes misérables entrailles.

Écoute donc, prête une oreille attentive, non aux sons mesurés, mais au bruit confus, qu'un délire furieux arrache pour ton désespoir et mon soulagement du fond de mon cœur déchiré.

Le rugissement du lion, le hurlement effrayant du loup féroce, le sifflement plein d'horreur du serpent écailleux, le cri hideux du monstre le plus épouvantable, le croassement sinistre de la corneille, le fracas des vents heurtés sur une mer en fureur;

Le mugissement désespéré du taureau vaincu, l'accent plaintif de la tourterelle abandonnée, la voix lugubre du hibou, les sanglots de toute la troupe infernale s'échappent avec mon âme gémissante, et se mêlent en un son, écho de toutes mes douleurs; la torture dont je me sens dévoré a besoin d'une langue nouvelle pour se faire comprendre.

Les sables du Tage, les oliviers du Bétis, ne frémirent jamais d'un si horrible concert; le cri de mes douleurs pénétrera les rochers et les cavernes. Il y retentira vivant encore, quand la voix sera éteinte et morte; il parcourra les vallées, les plages nues que l'homme n'a jamais habitées, les lieux que le soleil n'éclaire jamais de sa lumière, et se fera entendre parmi les bêtes venimeuses qu'alimente le Nil. Et si les échos répètent au sein des déserts le bruit de tes rigueurs, par un privilége de mon destin le monde entier aura été averti de mes infortunes.

Le mépris tue, le soupçon vrai ou faux lasse la constance; la jalousie fait mourir avec plus de douleur. La longueur de l'absence trouble la vie, l'espoir du bonheur ne garantit pas contre la crainte de l'oubli. Tout porte avec soi une cause inévitable de mort, et moi, jaloux, absent, dédaigné, je vis, par un miracle inouï, de ces dédains qui me tuent. Au sein de l'oubli où s'alimente mon ardeur, parmi tant de tourments, je n'ai jamais entrevu la moindre lueur d'espérance, je n'ai pas cherché à l'obtenir, j'y renonce à jamais pour ne pas cesser mes plaintes.

Peut-on au même instant craindre et espérer, ou faut-il le faire quand les causes de crainte sont les plus certaines? Si la jalousie se tient là devant moi, puis-je fermer les yeux pour ne pas la voir se faire jour dans l'âme par mille blessures ouvertes? Qui repoussera la défiance, quand se montrent à découvert les mépris et le soupçon, amer changement, converti en certitude, et la vérité devenue mensonge? O jalousie, cruel tyran de l'empire d'amour, mets un fer en mes mains; dédains, fournissez-moi une corde! Mais, malheureux que je suis, la souffrance par un triomphe cruel étouffe votre souvenir.

Je meurs enfin, et pour que la mort me soit aussi funeste que la vie, je persiste dans mon délire. Je dirai que l'amour est sagesse, et que l'âme la plus soumise à la tyrannie de l'amour est la plus libre. Je dirai que ma constante ennemie possède une âme aussi belle que son corps, que le mépris qu'elle a pour moi n'est dû qu'à ma faute, et que l'amour affermit son empire par les maux qu'il nous fait. Dans cette opinion, et armé du lien fatal, je hâterai la misérable fin à laquelle me conduisent ses dédains, et j'offrirai aux vents mon corps et mon âme sans attendre d'autre récompense de l'avenir.

[1] Les vers espagnols de ce chant sont endécasyllabiques, par stances de seize vers, à rimes croisées d'une manière particulière. Ils sont au nombre de cent trente-trois. Dubournial a jugé convenable de les supprimer; en général, il a tronqué tout cet épisode de Marcelle, de manière à le rendre méconnaissable.

Toi qui fais éclater avec tant d'injustice la raison qui me porte à mettre fin à la vie que je déteste, puisque tu vois que la plaie profonde de mon cœur te prouve assez la joie avec laquelle je m'offre à ta rigueur, si tu viens à reconnaître que la sérénité de tes beaux yeux peut être troublée par ma mort, cherche à t'en défendre; je ne veux pas que tu récompenses ce don que je te fais de mes derniers soupirs. Fais voir au contraire par le rire que ma mort fut une fête pour toi. Mais c'est trop de simplicité que de t'en prévenir; je sais que tu mets ta gloire à voir finir promptement ma vie.

Vienne maintenant, il en est temps, du plus profond de l'abîme, Tantale avec sa soif, Sisyphe sous le poids terrible de son rocher; que Titye se montre avec son vautour, Ixion avec sa roue; viennent les sœurs condamnées à un travail sans fin, que tous réunis transportent leur supplice dans mon cœur, et qu'ils chantent tout bas de tristes obsèques (s'il en est dû à celui qui meurt désespéré) à ce corps qui ne peut même obtenir un linceul: que le portier infernal, à la triple tête, et mille monstres fantastiques accompagnent ce triste concert. La mort d'un amant méprisé ne me paraît pas mériter d'autre pompe.

Chant de désespoir, ne te plains pas d'abandonner ma triste compagnie, et puisque la cause qui te fit naître augmente son bonheur de mon infortune, ne sois pas triste même au sein du tombeau.

Les assistants parurent approuver ces vers de Chrysostôme; cependant, Vivaldo fit observer qu'ils s'accordaient mal avec le récit qu'il avait entendu de la modestie et de la vertu de Marcelle, puisque Chrysostôme parlait de jalousie, de soupçons et d'absence, toutes choses qui portaient atteinte à la sagesse et à la bonne réputation de Marcelle. Ambrosio, qui avait connu jusqu'aux plus secrètes pensées de son ami, lui dit: Il faut que vous sachiez, seigneur, pour sortir de ce doute, que quand ce malheureux composa ces vers, il n'était pas auprès de Marcelle dont il s'était éloigné pour voir si l'absence ferait sur lui son effet ordinaire; et comme il n'y a point de soucis qui n'assiégent l'amant éloigné de ce qu'il aime, point de craintes qui ne l'atteignent, il se tourmenta de mille soupçons sans fondement qu'il tenait pour véritables: ainsi ce que la renommée publie de la vertu de Marcelle reste vrai. A part sa fierté, ses dédains et sa cruauté, l'envie même ne saurait lui reprocher aucune faiblesse. Vivaldo fut satisfait de la réponse, et il se préparait à lire un autre papier quand il en fut empêché par une merveilleuse apparition, ainsi peut-on appeler l'objet qui s'offrit tout à coup à leurs yeux. C'était Marcelle elle-même, plus belle encore que la renommée ne le publiait, qui parut sur le sommet de la roche au pied de laquelle on creusait la sépulture. Ceux qui ne l'avaient jamais vue la regardaient en silence avec admiration, et ceux qui étaient accoutumés à la voir l'admiraient comme s'ils la voyaient pour la première fois. A peine Ambrosio l'eut aperçue, qu'il lui dit avec indignation: Tu viens voir sans doute, sauvage basilic de ces montagnes, si les plaies du malheureux que ta cruauté met dans le tombeau saigneront en ta présence? Viens-tu te glorifier des funestes effets de ton ingratitude, et contempler de ces hauteurs, comme un autre Néron impitoyable, l'incendie qu'il avait allumé dans Rome? Veux-tu fouler ce cadavre d'un pied superbe, comme foula le corps de son père l'ingrate fille de Tarquin[1]? Dis-nous promptement ce qui t'amène, ce que tu demandes de nous; j'ai si bien connu la soumission de Chrysostôme à tes volontés, durant sa vie, que je ferai, lui mort, que tous ceux qui se disent ses amis t'obéissent de même. Je ne viens, ô Ambrosio, pour rien de ce que vous dites, répondit la bergère, je viens me défendre moi-même, et prouver l'injustice de ceux qui me font un crime de leurs tourments et de la mort de Chrysostôme. Ainsi, je vous prie,

[1] Cervantes devait dire de Servius Tullius, qui fut le père de Tullie. Le mari de Tullie était Tarquin-le-Superbe.

tous tant que vous êtes, de me prêter votre attention ; je n'aurai besoin ni de beaucoup de temps ni de longs discours pour montrer la vérité aux personnes de bonne foi.

Le ciel, dites-vous, m'a fait naître avec tant de beauté que, sans pouvoir vous en défendre, elle vous oblige à m'aimer, et vous prétendez que je sois obligée de vous aimer, parce que vous me témoignez de l'amour. Je comprends bien, par l'intelligence naturelle que Dieu m'a donnée, que tout ce qui est beau est aimable, mais je ne vois point que ce qu'on aime pour sa beauté soit obligé d'aimer qui l'aime ; d'autant mieux qu'il peut arriver que celui qui aime le beau soit laid, et comme la laideur ne mérite que d'être haïe, il est déraisonnable de dire : Je t'aime pour ta beauté, tu dois m'aimer quoique laid. Mais admettons que la beauté soit égale de part et d'autre, il ne s'ensuit pas pour cela que les inclinations le doivent être, toutes les beautés ne donnent pas de l'amour, il y en a qui plaisent aux yeux sans soumettre le cœur. S'il n'y avait point de beauté qui ne forçât les cœurs de se rendre, le monde serait un mélange confus de désirs errants et vagabonds, qui ne sauraient où s'arrêter, attendu que la beauté étant l'apanage d'un grand nombre, les désirs seraient infinis. J'ai ouï dire cependant que le véritable amour ne se divise point, et qu'il doit être volontaire et sans contrainte. S'il en est ainsi, comme je le crois, pourquoi voulez-vous que je soumette ma volonté à la force sans autre obligation que votre amour? S'il en est autrement, répondez-moi : Si le ciel, au lieu de me faire belle, m'eût créée laide, aurais-je eu le droit de me plaindre de vous pour n'être point aimée? Considérez d'ailleurs que cette beauté, je ne l'ai point choisie ; telle qu'elle est, c'est un don du ciel que je n'ai point sollicité. Et, de même que la vipère ne saurait être coupable pour le venin qu'elle porte, quoiqu'il tue, parce que c'est la nature qui le lui a donné, de même je ne mérite point de blâme pour être belle. La beauté dans une femme honnête est comme le feu isolé, comme le fer tranchant, qui ne peuvent brûler ni blesser ceux qui n'en approchent pas. L'honneur et la vertu sont les ornements de l'âme, sans lesquels le corps, quoiqu'il le soit, ne doit point paraître beau. Puis donc que l'honnêteté est une des vertus qui ornent et embellissent le plus l'âme et le corps, pourquoi celle qui est aimée pour sa beauté consentirait-elle à la perdre, afin de répondre à l'intention de celui qui, n'écoutant que son goût, met toute sa puissance en usage pour la lui enlever? Je naquis libre, et pour rester libre, j'ai choisi la solitude des campagnes. Les arbres de ces montagnes sont ma compagnie, les eaux limpides des ruisseaux me servent de miroir. C'est aux arbres, aux ruisseaux que je communique mes pensées et ma beauté. Je suis le feu isolé, l'épée placée à l'écart. Ceux que ma vue a rendus épris, je les ai désabusés par mes paroles, et si les désirs s'entretiennent par l'espérance, n'en ayant donné aucune à Chrysostôme ni à nul autre, on peut bien dire que c'est plutôt son obstination que ma cruauté qui l'a mis au tombeau. Si vous m'objectez que ses intentions étant honnêtes, j'étais obligée d'y répondre, je vous dirai que quand, dans ce même lieu où l'on creuse sa sépulture, il me découvrit la pureté de ses vues, je lui déclarai que mon dessein était de vivre dans une éternelle solitude, et que la terre seule obtiendrait, avec les dépouilles de ma beauté, la pureté, fruit de mon recueillement. Si, malgré cet avis, il a voulu lutter contre l'espérance et voguer contre le vent, faut-il s'étonner qu'il se soit plongé dans l'abîme? Si j'avais entretenu son espoir, j'aurais été fausse; si je l'avais satisfait, j'aurais agi contre ma plus louable résolution. Rebuté, il s'obstina; sans être haï, il s'est désespéré. Voyez maintenant s'il est raisonnable de me faire un crime de son malheur. Que celui que j'ai trompé se plaigne, que celui que j'abusai par de fausses promesses se désespère, que celui que j'appellerai prenne confiance, que celui que j'admettrai s'enorgueillisse, mais que ceux que je n'appelle, n'admets, ne trompe, ou ne berce pas de promesses, ne me nomment ni cruelle ni homicide. Jusqu'ici le ciel n'a pas voulu que mon sort fût d'aimer, et penser que j'y vienne par choix est inutile. Que cet avis commun serve à quiconque me sollicite dans son intérêt particulier. Que l'on sache dorénavant que, si quelqu'un meurt pour moi, ce ne sera ni d'infortune ni de jalousie; car qui n'aime personne ne peut rendre jaloux, et détromper n'est pas dédaigner. Celui qui m'appelle sauvage et basilic peut me laisser comme un être méchant et nuisible; celui qui me nomme ingrate peut ne me pas servir; celui que je méconnais peut ne pas me connaître; celui qui me trouve cruelle ne pas me suivre. Cette orgueilleuse, ce basilic, cette ingrate, cette cruelle, cette méconnaissante, ne les cherchera, servira, connaîtra, ni suivra. Si l'impatience et l'ardent désir de Chrysostôme l'ont mis au tombeau, doit-on en accuser ma prudence et mon honnête procédé? Si je conserve ma pureté dans la compagnie des arbres, pourquoi prétend-il me la faire perdre celui qui voudrait que je la conservasse dans la compagnie des hommes? Mes richesses, vous le savez, sont à moi, je ne convoite point celles d'autrui. Je suis libre, et je ne veux pas m'assujettir; je n'aime, je ne hais personne, je ne trompe pas celui-ci, je ne recherche pas celui-là; je ne sais ni me moquer de l'un, ni me livrer à l'autre. L'honnête conversation des bergères de ces villages et le soin de mes chèvres me suffisent; mes désirs ne s'étendent pas au-delà de ces montagnes. S'ils en sortent, c'est pour contempler la beauté du ciel, seul chemin qui ramène doucement l'âme à sa dernière demeure[1].

A ces mots, et sans vouloir écouter aucune réponse, elle tourna le dos et s'enfonça dans le plus épais d'un bois voisin, laissant tous ceux qui l'avaient écoutée dans l'admiration de sa prudence et de sa beauté. Quelques-uns de ceux qui n'avaient pu résister aux traits partis de ses beaux yeux, semblaient se disposer à la suivre, sans être retenus par le désaveu formel qu'ils avaient entendu. Don Quichotte s'aperçut de leur dessein et crut que c'était là le moment d'exercer sa chevalerie, en secourant les demoiselles opprimées. Il porta la main sur la garde de son épée, et, à haute et intelligible voix, s'écria: Que personne, de quelque rang et qualité qu'il soit, n'ait la hardiesse de suivre la belle Marcelle, sous peine d'encourir mon indignation. Elle a prouvé par des raisons claires, qu'elle n'a eu que peu ou même rien à se reprocher en la mort de Chrysostôme, et combien elle est éloignée de condescendre aux désirs d'aucun de ses amants, il est donc juste qu'au lieu de se voir sans cesse poursuivie, elle soit honorée et estimée de tous les gens de bien, puisqu'elle est peut-être la seule au monde qui vive avec des intentions si pures. Soit à cause des menaces de Don Quichotte,

[1] La diction de Cervantes est en général noble, correcte et d'une élégance digne des classiques anciens. Il suffirait de citer pour exemple le discours de la bergère Marcelle, qui est tout entier du style de Cicéron. (Bouterwek. *Histoire de la littérature espagnole*, tom. II, pag. 16.)

soit parce que Ambrosio pria les bergers d'achever de rendre les derniers devoirs à son ami, aucun ne s'éloigna que la fosse ne fût achevée. Les écrits de Chrysostôme brûlés, le corps fut mis dans la sépulture au milieu des larmes de tous les assistants. On couvrit la fosse d'un quartier de rocher, en attendant une tombe qu'Ambrosio dit qu'il faisait faire, et qui devait porter cette épitaphe :

Ici repose le corps glacé d'un malheureux amant; c'était un pasteur dont une passion méprisée a causé la perte.

Il mourut victime des rigueurs d'une beauté ingrate et dédaigneuse, dont l'amour s'est servi pour étendre la tyrannie de son pouvoir.

La sépulture fut ensuite couverte de rameaux et de fleurs, et tous les bergers prirent congé d'Ambrosio en lui témoignant la part qu'ils prenaient à son affliction ; Vivaldo et son compagnon lui firent aussi leur compliment. Don Quichotte se sépara de ses hôtes et des voyageurs. Ceux-ci le pressèrent d'aller avec eux à Séville, l'assurant qu'il n'y avait pas de lieu au monde plus fertile en aventures, et qu'elles y naissaient sous les pas à chaque coin de rue. Il leur rendit grâces de leur bonne volonté et de l'avis qu'ils lui donnaient, et leur dit qu'il ne pouvait ni ne devait aller à Séville avant d'avoir nettoyé ces montagnes des larrons et malandrins[1] dont on les disait pleines. Les voyageurs, le voyant dans cette louable résolution, ne voulurent pas l'importuner davantage, ils le quittèrent après de nouveaux adieux, et poursuivirent leur chemin, ne manquant pas de sujets d'entretien, tant de l'histoire de Marcelle et de Chrysostôme que des folies de Don Quichotte. Celui-ci se mit en tête de suivre la bergère Marcelle, pour lui offrir ses services; mais la chose n'arriva pas comme il le pensait, ainsi qu'on le verra dans la suite de cette véridique histoire, dont la seconde partie se termine ici [2].

CHAPITRE XV.

OU EST RACONTÉE LA DÉSAGRÉABLE AVENTURE QU'EUT DON QUICHOTTE PAR SA RENCONTRE AVEC D'INHUMAINS YANGOIS.

Le sage Cid Hamet Ben Engeli raconte qu'après avoir pris congé de ses hôtes et de tous ceux qui s'étaient trouvés à l'enterrement de Chrysostôme, Don Quichotte et son écuyer entrèrent dans le bois où ils avaient vu pénétrer Marcelle; après l'avoir inutilement cherchée plus de deux heures, ils se trouvèrent dans un pré tapissé d'herbe fraîche et arrosé par un limpide ruisseau. La beauté du lieu et la chaleur qui devenait ardente les invitèrent à y passer l'heure de la sieste. Don Quichotte et Sancho mirent pied à terre, et, laissant à Rossinante et à l'âne la

[1] *Malandrines*. On appela *malandrins* des voleurs arabes qui pillaient les chrétiens pendant les croisades. D'autres, du même nom, ravageaient la France sous les règnes de Jean et de Charles V. Malandrin signifie aussi lépreux, et est formé du vieux mot *malandre*.

[2] Dans l'ancienne division, voyez la remarque à la fin du chap. VIII.

liberté de paître à leur fantaisie l'herbe abondante de la prairie, ils délièrent le bissac, et sans cérémonie, le maître et l'écuyer mangèrent en paix et de compagnie ce qui s'y trouva. Sancho ne s'était pas donné la peine de mettre des entraves à Rossinante, le connaissant si tranquille et si peu querelleur que toutes les juments de la prairie de Cordoue ne lui auraient pas fait commettre la moindre faute. Cependant le sort, ou plutôt le diable, qui ne dort pas toujours, voulut qu'il se trouvât dans le même vallon une troupe de petites cavales de Galice, qui appartenaient à des muletiers yangois, dont la coutume est de s'arrêter ainsi, pendant la chaleur du jour, dans les endroits où ils trouvent de l'herbe et de l'eau. Le lieu où se trouvait Don Quichotte était tout à fait à leur convenance. Rossinante se sentit piqué du désir d'aller se ragaillardir avec ces dames juments; quittant son allure ordinaire, aussitôt qu'il les eut flairées il prit, sans demander congé à son maître, un petit trot léger, et alla leur communiquer ses tentations. Mais elles, qui, suivant toute apparence, avaient plus d'envie de repaître que d'autre chose, le reçurent des pieds et des dents, de telle sorte qu'en un instant elles lui rompirent les sangles et le laissèrent sans selle et tout nu. Mais ce qui dut lui être plus sensible, c'est que les muletiers, témoins de la violence qui menaçait leurs juments, accoururent avec des bâtons, et lui donnèrent tant de coups qu'ils l'étendirent par terre en fort mauvais état. Don Quichotte et Sancho, voyant comme on étrillait Rossinante, arrivaient tout essoufflés : Ami Sancho, dit Don Quichotte, à ce que je vois, ce ne sont pas ici des chevaliers, mais des rustres et gens de bas étage, ainsi tu peux m'aider à tirer vengeance de l'outrage fait en notre présence à mon cheval. Quelle diable de vengeance pouvons-nous prendre? répondit Sancho. Ils sont plus de vingt, nous ne sommes que deux, et encore peut-être un et demi. J'en vaux cent moi seul, répondit Don Quichotte; et, sans plus de discours, il met l'épée à la main, et s'élance sur les yangois. Sancho l'imite, animé par son exemple. De prime abord, Don Quichotte donne un si grand coup à l'un d'eux, qu'il lui fend un sarrau de cuir dont il était vêtu, avec une grande partie de l'épaule. Les muletiers, se voyant ainsi maltraités par deux hommes seuls, pendant qu'ils sont en si grand nombre, ont recours à leurs bâtons, et entourant nos deux champions, commencent à charger sur eux de grand courage et avec une diligence admirable : à la vérité, dès le second assaut, Sancho fut renversé. Don Quichotte le suivit, sans que son courage et son adresse lui servissent de rien. Le hasard voulut qu'il vînt tomber aux pieds de Rossinante, qui ne s'était point relevé, ce qui montre combien sont redoutables des bâtons dans des mains rustiques que guide la colère. Les muletiers, voyant le mal qu'ils avaient fait, chargèrent le plus promptement possible leurs bêtes, et poursuivirent leur chemin, laissant les deux aventuriers en mauvais état, et de plus mauvaise humeur encore.

Le premier qui revint à lui fut Sancho Pança, qui, se trouvant auprès de son maître, lui dit d'une voix faible et dolente: Seigneur Don Quichotte, ah! seigneur Don Quichotte! Que veux-tu, frère Sancho? répondit le chevalier d'un accent non moins lamentable. Je voudrais bien, si cela était possible, dit Sancho, que votre grâce me donnât deux gorgées de ce breuvage de Feoblas[1], si elle en a à

[1] Pour Fier-à-bras. *Feoblas* signifie le laid Blaise.

sa disposition, peut-être sera-t-il aussi bon pour les os rompus que pour les blessures. — Hé! malheureux que je suis, si j'en avais, que nous faudrait-il autre chose? Mais je te jure, foi de chevalier errant, que, si la fortune n'en ordonne autrement, je perdrai l'usage de mes mains, ou j'en aurai avant deux jours. Mais dans combien croyez-vous que nous pourrons remuer les pieds, repartit Sancho? Je n'en puis pas déterminer le nombre, répondit Don Quichotte tout rompu. Tout cela est bien arrivé par ma faute; je ne devais pas tirer l'épée contre des hommes qui ne sont pas armés chevaliers comme moi; aussi je crois que c'est en punition d'avoir transgressé les lois de la chevalerie que le dieu des batailles a permis que je reçusse ce châtiment. C'est pourquoi, frère Sancho, il convient que tu sois bien averti de ce que je te vais dire, car cela importe beaucoup à notre intérêt commun; lorsque tu nous verras insultés par une semblable canaille, ne t'attends pas à me voir mettre l'épée à la main, car, assurément, je n'en ferai rien; mais, toi-même, arme-toi de la tienne, et châtie-les à ton plaisir. S'il survient à leur secours quelques chevaliers, je te saurai défendre et les attaquer de tout mon pouvoir, et tu connais par mille expériences jusqu'où s'étend la force de mon bras. C'était sa victoire sur le Biscayen qui donnait tant d'arrogance au pauvre chevalier. Sancho ne trouva pas l'avis si bon qu'il n'y eût quelque chose à redire. Seigneur, répondit-il, je suis un homme doux, pacifique, ami du repos; je sais passer sur une injure, parce que j'ai une femme et des enfants à nourrir; ainsi, que cela soit aussi un avis pour votre grâce, puisque je n'ai pas de commandement à faire, que je ne mettrai nullement l'épée à la main ni contre vilain, ni contre chevalier. Dès à présent, et pour toujours, je pardonne toutes les injures qu'on m'a faites, ou qu'on me fera, que me les ait faites, me les fasse, ou doive faire personne élevée ou basse, riche ou pauvre, noble ou roturière, sans excepter aucun état ni condition. A ce serment, Don Quichotte répondit : Je voudrais avoir assez d'haleine pour parler à mon aise, et que la douleur que je sens à cette côte s'apaisât un peu, afin de te faire comprendre en quelle erreur tu te trouves. Viens çà, pécheur : si le vent de la fortune, si contraire jusqu'à ce moment, vient à changer en notre faveur, enflant tout à coup la voile de notre espérance, et nous fait aborder sans peine à quelqu'une de ces îles dont je t'ai parlé, que sera-ce de toi, si après l'avoir conquise, je t'en donne le gouvernement? Tu rendras ma bonne volonté impossible, pour n'être point chevalier, ne le vouloir point être, et pour n'avoir ni valeur, ni résolution de repousser les injures et défendre ton état. Tu sauras que, dans les royaumes et provinces nouvellement conquis, les naturels n'ont jamais l'esprit si paisible, si soumis à leur nouveau seigneur, qu'on n'ait à craindre d'eux quelque entreprise pour brouiller les choses, et, comme l'on dit, tenter de nouveau fortune. Il est donc nécessaire que le nouveau seigneur ait du jugement pour savoir se gouverner, du courage pour attaquer et pour se défendre en toute occurrence. J'aurais voulu, repartit Sancho, avoir ce jugement et ce courage dans l'aventure qui vient de nous arriver; mais je le jure, foi de pauvre homme, des emplâtres vaudraient mieux que des discours. Voyez si vous ne pourriez pas vous lever. Nous aiderons Rossinante, qui ne le mérite guère, car c'est lui qui a été la première cause de tous les coups que nous avons reçus. Je n'aurais jamais cru cela de lui, je le tenais pour chaste et aussi pacifique que moi. On dit bien vrai, qu'il faut longtemps pour connaître les gens, et qu'il n'y a rien d'assuré dans la vie. Qui eût dit qu'à la suite de ces grandes estocades que vous déchargiez l'autre jour sur ce malencontreux chevalier errant, il nous viendrait en poste cette tempête de coups de bâton qui est tombée sur nos épaules? Au moins les tiennes, dit Don Quichotte, doivent être faites à de semblables orages, mais les miennes, accoutumées aux toiles blanches et fines, s'en ressentiront plus longtemps. Si je ne m'imaginais, que dis-je, imaginais, j'en suis même certain, que toutes ces disgrâces sont attachées à la profession des armes, je me laisserais mourir ici de pur ennui. Mais, seigneur, répliqua l'écuyer, si toutes ces infortunes sont le fruit de la chevalerie, dites-moi, arrivent-elles souvent ou finissent-elles dans un temps limité? Car il me semble que deux récoltes semblables nous mettront hors d'état de profiter de la troisième, à moins que Dieu ne nous assiste dans sa grande miséricorde. Apprends, ami Sancho, répondit Don Quichotte, que la vie des chevaliers errants est sujette à mille dangers, mille mésaventures, et qu'ils n'en ont ni plus ni moins la puissance prochaine de devenir rois, empereurs, comme le prouve l'histoire que je possède de plusieurs d'entre eux. Sans la douleur que j'éprouve, je te parlerais de plusieurs qui, par la seule force de leur bras, sont parvenus à la grandeur que je t'ai dit, et les mêmes se sont vus, avant ou depuis, en butte aux misères et aux calamités. Le vaillant Amadis de Gaule ne tomba-t-il pas au pouvoir de l'enchanteur Arcalaüs, son mortel ennemi? Et l'on tient pour certain qu'il lui donna plus de deux cents coups avec les rênes de son cheval, après l'avoir attaché à une colonne dans la cour de son château. Un auteur peu connu, mais digne de foi, rapporte que le chevalier du Soleil ayant été attiré par trahison sur une trappe qui s'enfonça sous ses pieds, dans un certain château, se trouva sous terre attaché par les pieds et les mains dans une profonde fosse, où d'abord on lui donna un lavement d'eau de neige et de sable qui le mit à l'extrémité, et si un sage de ses amis ne l'eût secouru dans ce pressant danger, le pauvre chevalier s'en fût bien mal trouvé. Ainsi, je puis bien me rencontrer avec de tels compagnons, et ils ont reçu des affronts encore plus grands que le nôtre. Il est bon que tu saches, Sancho, que les blessures faites avec les instruments que le hasard nous met entre les mains, ne font aucun affront au blessé. Il est dit expressément, dans la loi des duels, que si le cordonnier frappe quelqu'un avec la forme qu'il tient à la main, quoiqu'elle soit de bois, ainsi qu'un bâton, on ne dira pas pour cela que le frappé ait reçu la bastonnade. Je te dis cela, Sancho, afin que tu ne penses pas que, pour avoir été assommés de coups par cette canaille, nous soyons déshonorés; car les armes dont ils nous ont frappés n'étaient autres que leurs épieux, et pas un d'eux, si je m'en souviens, n'avait estoc, épée ou poignard. Ils ne m'ont pas donné le temps d'y regarder, dit Sancho, j'eus à peine mis la main à ma tisonne[1], qu'ils me travaillèrent les épaules, et m'en donnèrent tant que les yeux et les jambes me manquèrent à la fois, et je tombai tout de mon long dans le même endroit où me voilà encore, et où ce qui me met en peine, n'est pas tant de savoir si les coups d'épieux m'ont fait un affront, que de sentir la douleur même de ces coups qui ne sont pas moins empreints dans ma mémoire que sur mes épaules. Avec tout cela, frère Sancho,

[1] Tisonne, nom de l'épée du Cid.

reprit Don Quichotte, je te répète qu'il n'y a point de souvenir que le temps n'efface, ni de douleur que la mort ne dissipe. Et quel plus grand mal y a-t-il donc, répliqua Sancho, que celui que le temps peut seul effacer, ou qui ne finit que par la mort? Si le nôtre était de ceux qui s'en vont avec une couple d'emplâtres, encore se consolerait-on; mais tout l'onguent d'un hôpital ne suffirait pas à nous mettre seulement en bonne voie. Laisse là ces discours, dit Don Quichotte, et tire des forces de ta faiblesse; c'est ce que je veux faire pour mon compte. Voyons en quel état est Rossinante; à ce qu'il me paraît, sa part n'a pas été la plus petite dans l'aventure. Il ne faut pas s'en étonner, reprit Sancho, car il est aussi chevalier errant. Mais ce qui me surprend, c'est de voir que mon âne ait été seul à ne point partager les frais, tandis qu'il ne nous reste pas une côte entière[1]. La fortune laisse toujours une porte ouverte dans le malheur pour laisser entrer le remède, reprit Don Quichotte, cette pauvre bête suppléera au défaut de Rossinante pour me transporter dans quelque château où je puisse être traité de mes blessures. Je ne tiendrai à déshonneur une telle monture, car il me souvient d'avoir lu que le vieux Silène, le père nourricier du dieu des ris, était porté tout à son aise sur un bel âne, quand il fit son entrée dans la ville aux cent portes. Oui, mais il était monté sur son âne, dit Sancho, et il y a bien de la différence entre avoir la posture d'un cavalier ou être porté en travers comme un sac d'ordures. Les coups que l'on reçoit dans les combats donnent de la gloire et non du déshonneur, reprit Don Quichotte; ainsi, Pança, mon ami, ne me réplique plus; essaie de te lever, mets-moi comme tu pourras sur ton âne, et sortons d'ici avant que la nuit nous surprenne dans ce lieu solitaire. Mais ne vous ai-je pas ouï dire, reprit Sancho, que la coutume des chevaliers errants est de dormir dans les champs, dans les déserts, et que c'est une agréable aventure pour eux? Ils en usent ainsi, dit Don Quichotte, quand ils ne peuvent faire mieux, ou quand ils sont amoureux; cela est si vrai, qu'on a vu tel chevalier passer deux ans entiers sur un rocher, exposé au soleil ou à l'obscurité, à toutes les intempéries du ciel, sans que sa dame en eût seulement connaissance. Un de ceux-là fut Amadis, dans le temps que, sous le nom du Beau Ténébreux, il se retira sur la Roche-Pauvre, où il passa huit ans ou huit mois, je ne sais plus lequel; toujours est-il constant qu'il faisait pénitence pour je ne sais quel déplaisir qu'il avait reçu d'Oriane. Mais enfin laissons cela et achève avant qu'il arrive quelque disgrâce à l'âne, aussi bien qu'à Rossinante. Ce serait bien le diable, dit Sancho : et poussant trente hélas, soixante soupirs, cent vingt blasphèmes et malédictions, contre celui qui l'avait conduit là, il parvint à se lever, demeurant pourtant à moitié chemin courbé comme un arc, sans pouvoir achever de se redresser. Dans cette posture pénible, il arrangea son âne, qui, profitant de la liberté de cette journée, s'était écarté tant soit peu; ensuite il fit relever Rossinante, qui ne serait pas resté en arrière de Sancho et de son maître, s'il avait pu parler et se plaindre. Enfin, Sancho mit Don Quichotte sur l'âne, attacha Rossinante à la queue du grison, et conduisant son convoi par le licou, se dirigea du côté où il crut trouver le grand chemin. Le sort, qui prenait soin de diriger ses affaires de bien en mieux, le lui fit découvrir au bout d'une

[1] Jeu de mots sur costas (les frais) et costillas (les côtes.)

petite lieue, puis une hôtellerie, qu'à son grand dépit et au grand plaisir de Don Quichotte, celui-ci prit pour un château. Sancho soutenait que c'était une hôtellerie, le chevalier que c'était un château, et la dispute dura si longtemps qu'elle n'était pas finie quand ils se trouvèrent à la porte, où Sancho entra avec sa caravane, sans plus ample information.

CHAPITRE XVI.

DE CE QUI ARRIVA A L'INGÉNIEUX GENTILHOMME DANS L'HOTELLERIE QU'IL PRENAIT POUR UN CHATEAU.

Le maître de l'hôtellerie, surpris de voir cet homme en travers sur un âne, demanda à Sancho quel mal il avait. Celui-ci répondit que ce n'était rien, qu'il était seulement tombé d'un rocher en bas, et qu'il avait les côtes tant soit peu froissées. L'hôtelier avait une femme qui ne ressemblait pas à celles de son métier; elle était charitable, et prenait part aux maux de son prochain : aussi s'empressa-t-elle de secourir Don Quichotte et elle se fit aider par sa fille toute jeune et de fort bonne apparence. Dans la même hôtellerie servait une jeune Asturienne, à la face large, à la tête plate, au nez épaté, borgne, et l'autre œil peu sain : les avantages du corps réparaient à la vérité ces défauts-là. Elle n'avait pas sept palmes de la tête aux pieds, et ses épaules un peu lourdes à porter la contraignaient de regarder à terre un peu plus qu'elle n'aurait voulu. Cette gentille servante aida la fille de l'hôtelier. Toutes deux dressèrent pour Don Quichotte un fort mauvais lit dans un grenier qui, selon toutes les apparences, avait servi pendant longues années à mettre de la paille. Dans ce même lieu, un peu plus loin que Don Quichotte, un muletier s'était aussi fait un lit des bâts et des couvertures de ses mulets, mais qui pourtant valait bien mieux que celui de notre aventurier, formé de quatre ais mal mis sur deux bancs inégaux, et d'une manière de matelas de l'épaisseur d'une courte-pointe que l'on eût cru remplie de balles de terre, ou même de cailloux, à voir leur dureté, si la laine ne se fût montrée par les déchirures; les draps étaient un vrai cuir de bouclier, et la couverture aurait permis de ne pas se tromper d'un fil si on avait voulu les compter. On plaça Don Quichotte dans ce maudit lit et aussitôt l'hôtesse et sa fille le couvrirent d'emplâtres depuis les pieds jusqu'à la tête; Maritorne les éclairait : c'est ainsi que s'appelait l'Asturienne. L'hôtesse, en plaçant l'appareil, le vit meurtri en tant d'endroits, qu'elle dit que cela ressemblait plutôt à des coups qu'à une chute. Ce ne sont pas des coups, dit Sancho ; mais c'est que le rocher avait beaucoup de pointes et d'inégalités, et chacune a fait sa meurtrissure. Arrangez les choses, madame, ajouta-t-il, de manière à garder quelques étoupes, il se trouvera quelqu'un pour les employer, car les reins me font aussi un peu de mal. Vous êtes donc aussi tombé ? reprit l'hôtesse. Je ne suis pas tombé, reprit Sancho : mais le contre-coup que j'ai reçu de voir tomber mon maître m'a été si sensible par tout le corps, qu'il me semble qu'on m'a donné mille coups de bâton. Cela pourrait bien être, dit la jeune fille ; il m'est souvent arrivé de songer que je tombais d'une tour en bas, et que je ne pouvais jamais arriver jusqu'à terre, et quand j'étais réveillée, je me trouvais aussi moulue, aussi brisée que si je fusse réellement tombée. Voilà justement l'affaire, dit Sancho, car, sans avoir rien songé, et plus éveillé que je ne le suis à cette heure, je ne me trouve pas moins meurtri que mon maître Don Quichotte. Comment s'appelle-t-il, votre maître? dit Maritorne. Don Quichotte de la Manche, répondit Sancho; il est chevalier errant, et des meilleurs et des plus vaillants qui se soient vus dans le monde depuis longtemps. Qu'est-ce qu'un chevalier errant? reprit l'Asturienne. Êtes-vous donc si neuve dans le monde, reprit Sancho, que vous ne le sachiez? Apprenez, ma fille, qu'un chevalier errant est une chose qui, en deux paroles, se voit empereur ou roué de coups: il est aujourd'hui la créature la plus nécessiteuse et la plus misérable, demain il aura trois ou quatre royaumes à donner à son écuyer. D'où vient donc, dit l'hôtesse, que vous, qui êtes l'écuyer d'un si grand seigneur, vous n'ayez pas au moins quelque comté? Il est encore de bonne heure, répondit Sancho; il n'y a pas plus d'un mois que nous allons cherchant les aventures, et nous n'en avons pas encore rencontré de celles-là: car souvent on cherche une chose, et l'on en trouve une autre. Bien est-il vrai que si monseigneur Don Quichotte guérit de ses blessures ou de sa chute, et que je ne sois pas estropié des miennes, je ne troquerais pas mes espérances contre le meilleur titre d'Espagne.

Don Quichotte écoutait attentivement cette conversation, et se levant sur son séant le mieux qu'il put, il prit la main de l'hôtesse et lui dit: Croyez-moi, belle dame, vous pouvez vous estimer heureuse d'avoir reçu ma personne dans votre château. Si je ne vous en fais pas plus d'éloges, c'est que la louange de soi-même est, comme on a coutume de le dire, chose vile; mais mon fidèle écuyer vous apprendra qui je suis. Je me borne à vous dire que je conserverai éternellement empreint dans ma mémoire le service que vous m'avez rendu, pour vous en rendre grâce tous les jours de ma vie. Plût au ciel que l'amour ne m'eût pas autant asservi à ses lois, ne m'eût pas fait l'esclave des beaux yeux de l'ingrate dont je prononce tout bas le nom! Ceux de cette charmante demoiselle deviendraient bientôt maîtres de ma liberté. L'hôtesse, sa fille et la bonne Maritorne étaient tout étonnées des discours du chevalier, qu'elles n'entendaient pas plus que s'il eût parlé grec, quoiqu'elles comprissent bien que c'étaient des offres de service et des propos d'amour. Peu accoutumées à ce langage, elles regardaient le chevalier et s'émerveillaient, le prenant pour un homme d'une autre espèce que les autres. Elles le remercièrent pourtant de ses offres, en style d'hôtellerie, et le quittèrent. Maritorne pansa Sancho, qui n'en avait pas moins besoin que son maître. Le muletier était convenu avec l'Asturienne de passer la nuit à se réjouir ensemble: elle lui avait promis qu'aussitôt que les hôtes se seraient retirés, et ses maîtres endormis, elle le viendrait trouver et se mettre à sa discrétion. On rapporte de cette bonne fille que jamais elle ne donna de semblables paroles sans les tenir, quand même elle les eût données dans un bois, et sans témoins, car elle se piquait d'être née demoiselle, et ne croyait point avoir dérogé pour être servante d'hôtellerie, parce que, disait-elle, des malheurs et des revers de fortune l'avaient réduite en cet état. Le dur, étroit, mince et traître lit de Don Quichotte était le premier qu'on rencontrait au milieu de cette étable à demi découverte. Sancho avait fait le sien tout auprès; c'était une natte de jonc, avec une couverture qui semblait plutôt de canevas que de laine. Un peu plus loin était celui du muletier, composé, comme je l'ai dit, des bâts et de tout le harnais de ses deux meilleurs mulets; il en possédait douze fort gras, reluisants, vigoureux, car c'était un des plus riches muletiers d'Arevalo, à ce que dit l'auteur de cette histoire, qui en fait une mention particulière, comme l'ayant bien connu; on dit même qu'ils étaient un peu parents. En outre, Cid Hamet Ben Engeli fut un historien très exact et plein de recherches. On n'en peut douter, puisqu'il n'a voulu omettre aucun détail, aussi minutieux, aussi trivial qu'il pût être; exemple que devraient bien suivre les graves historiens, dont les récits sont si brefs, si succincts, qu'à peine arrivent-ils jusqu'à nos lèvres, et qu'ils laissent dans l'encrier, par négligence, ignorance ou malice, ce que l'œuvre a de plus substantiel. Loués soient mille fois l'auteur de Tablante, de Richemont, et celui du livre où sont racontées les actions du Comte Tomillas! Avec quelle ponctualité ils ont tout décrit! Je disais donc que le muletier, après avoir visité ses bêtes et leur avoir donné leur seconde ration, vint se coucher sur ses bâts, en attendant sa très ponctuelle Maritorne. Sancho, couché et emplâtré, faisait ce qu'il pouvait pour dormir, et la douleur de ses côtes ne le lui permettait pas. Don Quichotte, non moins souffrant, avait les yeux ouverts comme un lièvre. Tout était en silence dans l'hôtellerie, et elle ne contenait pas d'autre lumière que celle d'une lampe pendue sous la grande porte. Ce calme merveilleux, et les pensées que fournissaient sans cesse à notre chevalier les aventures décrites dans les livres auteurs de sa disgrâce, firent naître dans son esprit la plus extravagante conception que l'on puisse imaginer. Il crut être arrivé dans un fameux château (ainsi que nous l'avons dit, à ses yeux, toutes les hôtelleries où il logeait étaient des châteaux), et que la fille de l'hôtelier était celle du seigneur châtelain. Touchée de sa bonne grâce, elle s'était éprise de sa personne, et lui avait promis de venir, à l'insu de ses parents, passer quelque temps avec lui. Bien convaincu de cette chimère qu'il s'était forgée, il commença à s'inquiéter du péril où allait être exposée son honnêteté, et se promit bien au fond de son cœur de n'être point parjure à sa Dulcinée, quand il devrait se trouver en présence de la reine Genièvre et de sa fidèle Quintagnone. Comme il s'entretenait de ses rêveries, arriva l'heure, bien fatale pour lui, du rendez-vous de l'Asturienne. Elle entra en chemise, les pieds nus, les cheveux ramassés sous une coiffe de futaine, marchant à pas sourds et incertains dans la chambre des trois hôtes et en quête du muletier. Elle n'était pas sur la porte que Don Quichotte l'entendit : aussitôt, se relevant sur son lit, malgré ses emplâtres et la douleur de ses côtes, il tend les bras pour recevoir la belle demoiselle asturienne, qui, toute ramassée et sans dire mot, allongeait les mains pour trouver son bien-aimé; elle rencontre les bras de Don Quichotte, qui la saisit fortement par le poignet, et, la tirant à lui sans qu'elle ose proférer une parole, la fait asseoir sur son lit. Sa chemise, faite de toile d'emballage, parut à Don Quichotte le tissu le plus fin et le plus délié; des bracelets de verre qu'elle portait aux poignets, prirent l'apparence de perles orientales; ses cheveux, qui pouvaient passer pour des crins, il les prit pour des tresses de l'or le plus fin de l'Arabie, dont l'éclat obscurcissait le soleil, et son haleine, qui sans aucun doute exhalait l'odeur de la salade de la veille, lui parut un suave et aromatique parfum. En un mot, il se la représenta telle qu'était peinte dans ses livres celle qui vint visiter dans les mêmes atours un chevalier blessé qui l'aimait. Telle était l'aveuglement du pauvre gentilhomme, que le toucher, l'odeur forte, et les autres avantages de la demoiselle qui eussent fait rendre gorge à tout autre qu'à un muletier, ne purent le détromper : il crut tenir dans ses bras la déesse de la beauté, et, la pressant amoureusement, il lui dit à demi-voix : Que n'est-il en mon pouvoir, belle et noble dame, de reconnaître l'insigne faveur que vous me faites en me montrant votre éclatante beauté. Mais il a plu à la fortune, qui ne se lasse point de persécuter les gens de bien, de me mettre dans ce lit, si froissé, si moulu, que, quand j'aurais la volonté de satisfaire à votre désir, la chose me serait impossible. A cette impuissance, s'en joint une plus grande : c'est la foi que j'ai promise à l'incomparable Dulcinée du Toboso, l'unique dame de mes secrètes pensées. Sans cet obstacle, je ne serais pas un chevalier assez insensé pour ne pas mettre à profit la situation fortunée où me place votre grande bonté. Cependant, Maritorne était désespérée, elle suait à grosses gouttes de se voir entre les mains de Don Quichotte, et, sans entendre, sans vouloir écouter ses discours, faisait tous ses efforts pour se dégager en silence. Le muletier, que ses mauvais désirs tenaient éveillé, s'était bien aperçu de son arrivée dès le premier moment, et écoutait attentivement les discours de notre chevalier ; jaloux de ce que l'Asturienne lui avait manqué de parole en faveur d'un autre, il se rapprocha du lit de Don Quichotte, et se tint coi pour voir ce que deviendrait cet échange de paroles qu'il ne pouvait entendre. Mais, reconnaissant que Maritorne se débattait pour sortir des mains de Don Quichotte, et que celui-ci la retenait malgré elle, le jeu ne lui plut pas, et levant le bras en l'air, il déchargea un si terrible coup de poing sur les étroites mâchoires de l'amoureux chevalier, qu'il lui mit toute la bouche en sang. Non content de cela, il lui monte sur les côtes, et plus vite qu'au trot les foule d'un bout à l'autre avec ses pieds. Le lit trop faible, et dont les fondements n'étaient pas trop assurés, ne peut porter la surcharge du muletier : il tombe, et le fracas éveille l'hôte. Il se douta aussitôt que c'était quelque tour de Maritorne, parce qu'il l'avait appelée à haute voix sans qu'elle eût répondu. Prévenu de ce soupçon, il se lève, allume sa lampe, et accourt au bruit. La servante l'entend venir, et connaissant son humeur peu endurante, va se cacher toute tremblante dans le lit de Sancho, qui dormait, et se tapit auprès de lui en peloton. L'hôte entre en l'apostrophant : Où es-tu, coquine? ce sont assurément ici de tes tours. Sancho s'éveille alors ; sentant ce fardeau qui l'étouffait, il croit que c'est le cauchemar, et commence à s'escrimer des poings ; nombre de coups tombent sur Maritorne. Vaincue par la douleur, et mettant à bas toute honte, elle prend sa revanche, et donne tant de coups à Sancho, qu'elle achève de l'éveiller. Celui-ci, se voyant traiter de la sorte, et sans savoir par qui, se relève le mieux qu'il peut, saisit à bras-le-corps Maritorne, et commence avec elle la plus plaisante et active escarmouche du monde. Le muletier, voyant, à la lumière de la lampe, comme on traitait sa dame, laisse Don Quichotte, et vient lui donner le secours dont elle a besoin. L'hôte accourut aussi, mais avec des intentions différentes, car c'était pour châtier l'Asturienne qu'il croyait la cause de tout ce vacarme. Ainsi, comme on dit proverbialement, du chat au rat, du rat à la corde, de la corde au bâton, le muletier frappait sur Sancho, Sancho sur Maritorne, Maritorne sur Sancho, l'hôte sur Maritorne, et tout cela si dru et menu qu'ils ne se donnaient point de relâche. Heureusement la lampe s'éteignit, et, dans l'obscurité, ils se frappaient l'un l'autre avec tant d'acharnement, que partout où portait la main, rien ne restait en bon état. Le hasard voulut que, cette nuit, se trouvât dans l'hôtellerie un archer, de ceux qu'on appelait de l'ancienne confrérie de Tolède, qui, s'étant éveillé au bruit du combat, prit sa verge et la boîte de fer-blanc qui contenait ses titres, et s'en vint à travers l'obscurité sur le champ de bataille, en criant : Arrêtez au nom de la justice! arrêtez au nom de la sainte hermandad! Le premier qui tomba sous sa main fut le moulu Don Quichotte, qui gisait étendu, le visage en haut, parmi les ruines de son lit, sans aucun sentiment. Il le prit à tâtons par la barbe, et ne cessait de crier : Main-forte à la justice! Mais s'apercevant que celui qu'il tenait ne faisait aucun mouvement, il le crut mort, et que ceux qui étaient dans la chambre étaient ses meurtriers. Dans cette idée, il crie encore plus fort : Qu'on ferme la porte de l'hôtellerie! qu'on prenne garde que personne ne s'échappe! on a tué ici un homme. Ces cris effrayèrent les combattants, et chacun abandonna le combat au point où il était quand la voix se fit entendre. L'hôte se retira dans sa chambre, le muletier sur ses bâts, et la servante dans son grabat. Don Quichotte et Sancho furent les seuls qui ne se purent remuer de leur place; l'archer alors lâcha la barbe de notre chevalier et sortit pour aller chercher de la lumière, et revenir s'assurer des coupables. Mais il n'en trouva pas; l'hôte, en se retirant, avait exprès éteint la lampe, l'archer fut contraint de recourir à la cheminée, où, après beaucoup de temps et de peine, il parvint à en allumer une autre.

CHAPITRE XVII.

OU SE POURSUIVENT LES INNOMBRABLES TRAVAUX QUE LE BRAVE DON QUICHOTTE ET SON BON ÉCUYER SANCHO SUPPORTÈRENT DANS L'HOTELLERIE, QUE POUR SON MALHEUR IL AVAIT CRUE ÊTRE UN CHATEAU.

PENDANT ce temps, Don Quichotte était revenu de son étourdissement, et, du même ton qu'il avait pris la veille pour appeler son écuyer, quand il était étendu dans la vallée des épieux, il l'appela, lui disant : Ami Sancho, dors-tu? dors-tu, ami Sancho? Hé! comment dormirais-je, répondit Sancho, plein d'amertume et de colère, quand tous les diables ont été cette nuit après moi? Tu as raison de le croire, dit Don Quichotte, car je n'y entends rien, ou ce château est enchanté. Apprends donc..... Mais ce que je te vais dire, jure-moi de n'en parler qu'après ma mort. Je vous le jure, répondit Sancho. J'exige ce serment, continua Don Quichotte, parce que je ne veux jamais nuire à l'honneur de personne. Je vous dis que j'en jure, répliqua Sancho, et que je n'en ouvrirai la bouche jusqu'au jour de votre mort. Et plût à Dieu que je le pusse découvrir dès demain! T'ai-je donc fait tant de mal, Sancho, dit Don Quichotte, que tu veuilles me voir mort si promptement? Ce n'est pas pour cela, répondit Sancho; mais c'est que je n'aime pas à garder si longtemps un secret, et je crains toujours qu'il ne s'évente. Qu'il en soit ce qu'il pourra, dit Don Quichotte, mais j'ai meilleure idée de ton affection et de ta loyauté : sache donc que cette nuit il m'est arrivé une des plus étranges aventures que l'on puisse imaginer. Pour te la dire en peu de mots, apprends que la fille du seigneur de ce château m'est venue trouver il y a peu de temps : c'est la plus bienveillante et la plus belle demoiselle qui se puisse voir. Que te dirai-je des grâces de sa personne, du charme de son esprit, et de mille autres trésors cachés que je passerai sous silence, pour ne pas manquer à la foi que je dois à madame Dulcinée du Toboso. Je te dirai seulement que, le ciel étant jaloux du bonheur que la fortune avait mis dans mes mains, ou, peut-être (et c'est le plus sûr), comme je l'ai dit, ce château étant enchanté, au moment où j'avais avec cette belle le plus doux et le plus amoureux entretien sans que je la visse, sans que je susse par où elle était entrée, une main, sans doute attachée au bras de quelque démesuré géant, m'a déchargé sur les mâchoires un si grand coup que j'en suis tout en sang ; ensuite j'ai été moulu de telle sorte que je suis encore pis que je n'étais hier quand les muletiers nous traitèrent comme tu sais, à cause de l'incontinence de Rossinante. Je conjecture de là que quelque Maure enchanté garde ici ce trésor de beauté, et que ce n'est pas pour moi. Ni pour moi non plus, reprit Sancho, car plus de quatre cents Maures m'ont meurtri de manière que les épieux des muletiers n'étaient que tourtes et gâteaux de noces auprès. Mais, dites-moi, seigneur, comment pouvez-vous appeler cette aventure bonne et rare, quand elle nous a mis dans l'état où nous sommes ? Encore pour vous, qui avez eu le plaisir de tenir entre vos bras cette incomparable beauté, il y a moins de mal ; mais moi qu'ai-je eu, si ce n'est les plus rudes gourmades que je recevrai de ma vie ? Malheureux que je suis, malheureuse la mère qui m'a engendré ! je ne suis point chevalier errant, et je ne pense jamais l'être ! et, de toutes les infortunes, il m'en vient toujours la meilleure part. As-tu donc aussi été battu ? dit Don Quichotte. Eh ! maudite soit ma race ! ne vous ai-je pas dit que oui ? Ne t'en mets point en peine, dit Don Quichotte ; je vais faire tout à l'heure ce précieux baume de fier-à-bras, qui nous guérira dans un clin d'œil.

Ils en étaient là quand l'archer parvint enfin à allumer la lampe, et entra pour visiter celui qu'il croyait mort. Sancho, qui le vit en chemise, avec son mouchoir de tête, la lampe à la main, et une mauvaise figure, dit à son maître : Seigneur, ne serait-ce point là le Maure enchanté, qui revient nous châtier dans la crainte d'y avoir oublié quelque chose ? Ce ne peut être le Maure, répondit Don Quichotte, car les enchantés ne se laissent voir à personne. S'ils ne se laissent voir, ils se font bien sentir, répliqua Sancho, mes épaules en peuvent dire quelque chose. Et les miennes aussi, ajouta Don Quichotte ; mais cette preuve n'est pas suffisante pour en conclure que ce soit ici le Maure. L'archer entra et fut fort étonné de trouver deux hommes s'entretenant paisiblement ; il est vrai que Don Quichotte était toujours étendu la bouche en l'air, sans pouvoir remuer, il s'approcha et lui dit : Hé bien, bonhomme, comment vous va ? Je parlerais mieux si j'étais à votre place, répondit Don Quichotte. Est-ce ainsi, insolent, qu'on parle aux chevaliers errants, dans votre pays ? L'archer ne put souffrir de se voir ainsi traité par un homme de si pauvre apparence, et levant la lampe, la jeta avec toute l'huile sur la tête du malheureux chevalier, et, ne doutant pas qu'il ne la lui eût fracassée, il sortit aussitôt à la faveur des ténèbres. Sans aucun doute, dit Sancho, c'est là le Maure enchanté, il doit garder le trésor pour d'autres, et pour nous les gourmades et les coups de chandelier. Tu as raison, répondit Don Quichotte, et il n'y a aucun cas à faire de tous ces enchantements ni à nous en mettre en colère; car, comme ce sont toutes choses fantastiques et invisibles, nous chercherions en vain de qui nous venger. Lève-toi, si tu le peux, et appelle le gouverneur de ce château; fais en sorte qu'on me procure un peu d'huile, de vin, de sel et de romarin, pour que je fasse le baume salutaire; car, en vérité, je crois en avoir grand besoin maintenant, au sang qui sort de la plaie que ce fantôme m'a faite. Sancho se leva avec grande douleur de ses os, et, allant à tâtons chercher l'hôte, il se heurta contre l'archer, qui cherchait à entendre ce qu'il était advenu. Seigneur, lui dit-il, qui que vous soyez, faites-nous la faveur de nous donner du romarin, du vin, du sel et de l'huile : nous en avons besoin pour panser un des meilleurs chevaliers errants qui soit sur la terre, et qui gît dans ce lit, dangereusement blessé par le Maure enchanté qui est dans cette hôtellerie. Quand l'archer entendit ces paroles il prit Sancho pour un fou, et, comme le jour commençait à paraître, il ouvrit la porte de l'hôtellerie, appela l'hôte, et lui dit ce que le bonhomme demandait. L'hôte donna à Sancho tout ce qu'il voulut, et celui-ci le porta à son maître, qui se tenait la tête à deux mains, se plaignant du coup de lampe, qui ne lui avait pourtant fait d'autre mal que deux bosses un peu élevées; ce qu'il prenait pour du sang n'était autre chose que la sueur excitée par la tourmente. Finalement il prit les différents ingrédients, dont il fit le mélange et qu'il laissa bouillir jusqu'à ce que la composition lui parût à son point; il demanda ensuite une bouteille pour l'y verser; mais il n'y en avait point dans l'hôtellerie; il prit alors le parti de la mettre dans une fiole ou huilier de fer-blanc que l'hôtelier lui abandonna généreusement. Il dit ensuite sur la fiole plus de quatre-vingts *Pater noster* et autant d'*Ave Maria*, de *Salve* et de *Credo*, accompagnant chaque parole d'un signe de croix, par forme de bénédiction. A cette cérémonie furent présents Sancho, l'archer et l'hôtelier, car, pour le muletier, il n'était occupé que du soin de ses mulets. Ce précieux baume étant fait, Don Quichotte voulut sur l'heure en éprouver la vertu; il avala bien une demi-pinte de ce qui n'avait pu tenir dans la fiole, et était resté dans la marmite. A peine avait-il fini de boire, qu'il commença à vomir de telle sorte, que rien ne lui resta dans l'estomac; ses efforts et les angoisses du vomissement ayant amené une sueur abondante, il demanda qu'on le couvrît, et qu'on le laissât reposer. Il dormit en effet plus de trois heures, au bout desquelles il se trouva si dispos et tellement soulagé de sa courbature, qu'il se regarda comme guéri, et ne douta point que ce ne fût là véritablement le baume de fier-à-bras, et qu'avec ce secours il ne fût en état d'entreprendre désormais sans crainte aucune toute lutte, combat, querelle, quelque périlleux qu'ils fussent. Sancho Pança, trouvant la guérison de son maître miraculeuse, le pria de lui laisser prendre ce qui restait dans le vase, et qui n'était pas en petite quantité. Don Quichotte y consentit; Sancho, prenant le pot à deux mains se mit, de la meilleure foi et avec le plus grand empressement du monde, le tout dans l'estomac, c'est-à-dire à peu près autant que son maître. Il fallait que le pauvre écuyer n'eût pas l'estomac aussi délicat que lui, car, avant que le remède fît son effet, il éprouva des nausées et des sueurs si violentes, il souffrit des angoisses si excessives, qu'il ne douta point que sa dernière heure ne fût venue ; se voyant si malade, il ne cessait de maudire dans sa douleur le baume et le traître qui le lui avait donné. Je crois, Sancho, lui dit son maître, que tout ce mal te vient de ce que tu n'es pas armé chevalier, et je tiens, quant à moi, que cette liqueur n'a de vertu que pour ceux qui le sont. Si vous le saviez, répliqua Sancho, malédiction sur moi et sur toute ma parenté ! pourquoi m'en avez-vous laissé goûter ? En ce moment, le breuvage fit son effet, et le pauvre écuyer commença à se mettre à sec par la double issue d'une manière si prompte, que sa natte de jonc et sa couverture furent toutes gâtées. Il suait à outrance, avec de tels paroxysmes et de si grands efforts, que non seulement lui, mais tous les assistants désespérèrent de sa vie. Cette bourrasque et le danger durèrent bien deux heures, après lesquelles il ne se trouva pas dans le même état que son maître, mais si brisé et si moulu qu'à peine pouvait-il se soutenir. Mais Don Quichotte, qui, comme on l'a dit, se sentait allègre et dispos, voulut partir sur-le-champ pour aller à la quête des aventures. Il lui semblait, surtout avec la confiance que lui inspirait son baume, que tous les moments qu'il perdait étaient autant de ravi au monde et aux malheureux qui avaient besoin de son appui. Dans son impatience, il sella lui-même Rossinante, mit le bât sur l'âne de son écuyer et l'aida à s'habiller et à monter ; puis, s'étant jeté à cheval, il se saisit d'une demi-pique qu'il vit dans un coin, pour lui servir de lance. Tous ceux qui étaient dans l'hôtellerie, au nombre de plus de vingt, le considéraient avec étonnement, et surtout la fille de l'hôtelier. Lui, de son côté, ne la quittait pas des yeux, et de temps en temps poussait un soupir, qu'il semblait tirer du fond de ses entrailles, et que tous attribuaient à ses douleurs, au moins ceux qui l'avaient vu emplâtrer la nuit précédente.

Quand ils furent tous deux montés, Don Quichotte, s'arrêtant sur le pas de la porte, appela l'hôtelier, et, d'une voix grave et posée : Seigneur alcade, lui dit-il, les faveurs que j'ai reçues dans votre château sont grandes, et je dois vous en conserver de la reconnaissance toute ma vie ; si je puis vous la prouver en vous vengeant de quelque outrage reçu, sachez que mon devoir n'est pas autre que de secourir les faibles, de venger ceux qui souffrent de l'injustice et de châtier la trahison. Interrogez votre mémoire, et si vous y trouvez quelque chose de semblable à me recommander, dites-le seulement et je vous promets, par l'ordre de chevalerie que j'ai reçu, que vous serez bientôt satisfait. L'hôtelier répondit avec la même gravité : Seigneur chevalier, je n'ai pas besoin que vous me vengiez de personne ; quand on m'offense, je sais fort bien me venger moi-même. J'ai seulement besoin que vous me payiez la dépense que vous avez faite cette nuit dans mon hôtellerie, la paille et l'orge pour les bêtes, aussi bien que le souper et le gîte. Quoi ! c'est ici une hôtellerie ? répliqua Don Quichotte. Et des plus en réputation, dit l'hôtelier. J'ai été bien abusé jusqu'à ce moment, répliqua le chevalier, je l'ai crue véritablement un château, et même d'importance ; mais, puisque c'est une hôtellerie, ce qu'il y a de mieux à faire est de ne pas insister sur le paiement, car je ne puis contrevenir à l'ordre des chevaliers errants. Je sais de science certaine, sans avoir jusqu'ici lu rien de contraire, qu'ils n'ont jamais payé gîte ou autre chose dans les hôtelleries, parce qu'en droit et en raison toute espèce de bon accueil leur est dû, en récompense des peines incroyables qu'ils endurent, en cherchant des aventures de jour et de nuit, l'hiver et l'été, à pied et à cheval, souffrant la faim et la soif, le froid et le chaud, et sans cesse exposés aux inclémences du ciel, à toutes les incommodités qui se rencontrent sur la terre. Je n'ai rien à voir en tout cela, répliqua l'hôtelier; payez-moi ce que vous me devez, et laissons vos contes et votre chevalerie ; je ne me soucie d'autre chose que de recevoir ce qui m'est dû. Vous êtes un sot et un méchant aubergiste, dit Don Quichotte. Puis, baissant sa demi-pique, et donnant des deux, il sortit de l'hôtellerie sans que personne l'arrêtât, et parcourut un assez grand espace sans regarder si son écuyer le suivait. L'hôte, le voyant partir sans payer, fit sa demande à Sancho; celui-ci répondit que, puisque son maître n'avait pas voulu payer, il ne payerait pas non plus, et qu'étant écuyer de chevalier errant, il jouissait comme son maître du droit de ne pas payer dans les auberges et hôtelleries. L'hôte se fâcha et le menaça, s'il ne payait, de se satisfaire d'une manière fâcheuse pour lui. Sancho assura qu'en vertu de l'ordre de chevalerie qu'avait reçu son maître, il ne donnerait pas une obole, dût-il lui en coûter la vie, parce qu'il ne voulait pas laisser perdre le bon et ancien usage des chevaliers errants, et que les écuyers à venir pussent reprocher à sa mémoire la destruction d'un droit si juste.

La mauvaise fortune du pauvre Sancho voulut qu'il se trouvât dans l'hôtellerie quatre ouvriers en laine de Ségovie, trois aiguilliers du Potro de Cordoue, et deux compagnons de Séville, tous gens de bonne humeur et disposés à rire. Tous, comme poussés d'un même esprit, s'approchèrent de Sancho, le descendirent de son âne, et l'un d'eux alla chercher la couverture du lit de l'hôtelier. Sancho fut jeté dans le milieu ; mais, voyant que le dessous de la porte n'était pas assez haut pour leur dessein, ils passèrent dans la cour, qui n'avait pour toit que le ciel. Là ils commencèrent à lancer en l'air le jouet qu'ils s'étaient donné, comme on fait les chiens au carnaval. Les cris poussés par le malheureux berné furent si grands qu'ils allèrent jusqu'aux oreilles de son maître, qui s'arrêta pour écouter attentivement, et crut d'abord que le ciel l'appelait à quelque nouvelle aventure; mais il reconnut bientôt que ces cris venaient de son écuyer, et tournant bride, il revint au pénible galop de Rossinante vers l'hôtellerie. Il la trouva fermée, et en fit le tour pour chercher quelque entrée. Arrivé aux murailles de la cour, qui n'étaient par fort hautes, il vit le mauvais jeu que l'on faisait jouer à son écuyer; il le vit en l'air monter et descendre, avec tant de grâces et d'agilité, que, sans la colère où il était, je crois qu'il n'eût pu s'empêcher de rire. Il essaya plusieurs fois de monter de son cheval sur le haut du mur, mais il était si froissé qu'il ne pouvait seulement mettre pied à terre. Ainsi il se trouva réduit à dire, du haut de son cheval, tant d'injures aux berneurs, qu'il est impossible de les écrire. Ils n'en continuèrent pas moins leur besogne, et n'en rirent que plus fort. Sancho ne cessait de faire entendre ses plaintes entremêlées de prières et de menaces, rien n'y faisait et rien ne fit, jusqu'à ce que les berneurs le laissassent de pure lassitude. On lui ramena son âne, et après l'avoir replacé dessus, on l'enveloppa de son gaban [1]. La compatissante Maritorne, le voyant si épuisé, crut faire une bonne action en lui apportant un pot d'eau qu'elle alla tirer au puits pour l'avoir plus fraîche. Sancho le prit et le portait à sa bouche, quand il s'arrêta à la voix de son

[1] *Con su gaban.* Le *gaban* était une sorte de manteau d'étoffe feutrée, dont on se servait contre la pluie. *Seigneur, voulez-vous un bon gaban contre la pluie,* dit frère Jean à Pantagruel, liv. IV. chap. XXIV.

maître, qui lui criait : Ne bois point de cette eau, mon fils Sancho, n'en bois point ; elle te fera mourir. J'ai ici le divin baume, dont deux gouttes te guériront en un moment (et il lui montrait la fiole). A ces mots, Sancho, le regardant tant soit peu de travers : Avez-vous donc oublié, par hasard, que je ne suis pas chevalier ? ou voulez-vous que j'achève de vomir les entrailles qui me restent ? Gardez votre breuvage, de par tous les diables, et laissez-moi en paix. Dire ces paroles et boire ce fut tout un ; mais sentant, à la première gorgée, que c'était de l'eau, il n'alla pas plus loin, et pria Maritorne de lui donner un peu de vin, ce qu'elle fit de bon cœur, et le paya de son propre argent. On dit en effet que malgré son état elle avait toujours quelque chose d'une âme chrétienne. Sancho, ayant bu, donna des talons à son âne, et, la porte de l'hôtellerie lui ayant été ouverte à deux battants, il sortit fort content d'être venu à bout de ne rien débourser, quoique ce fût aux dépens de ses épaules, ses cautions ordinaires ; il est vrai que son bissac demeura en paiement, mais dans son trouble il ne s'en aperçut pas. L'hôtelier le voyant dehors, voulut refermer la porte, mais les berneurs ne le permirent pas, ils étaient gens à ne faire aucun cas de Don Quichotte, eût-il été véritablement chevalier de la Table ronde.

CHAPITRE XVIII.

OU L'ON RAPPORTE LA CONVERSATION DE DON QUICHOTTE ET DE SANCHO PANÇA, ET AUTRES AVENTURES DIGNES D'ÊTRE RACONTÉES.

SANCHO rejoignit son maître, mais si las, si épuisé, qu'il n'avait seulement pas la force de faire aller son âne. Quand Don Quichotte le vit en cet état : Maintenant, dit-il, Sancho, je ne doute plus que cette hôtellerie ou château ne soit enchanté ; car que pouvaient être ceux qui se sont si cruellement joués de toi, sinon des fantômes et des gens de l'autre monde ? Ce qui me le confirme, c'est que, dans le temps que je considérais ce triste spectacle par-dessus les murs de la cour, je n'ai jamais pu y monter, ni seulement descendre de cheval, à coup sûr parce qu'ils me tenaient enchanté. Je te jure, par ma foi, que si j'eusse pu faire l'un ou l'autre, je t'aurais vengé de telle sorte que ces félons et malandrins se fussent souvenus à jamais de leur réjouissance, encore que j'eusse bien su contrevenir en cela aux lois de la chevalerie, qui, comme je te l'ai dit souvent, ne permettent pas qu'un chevalier tire l'épée contre ceux qui ne le sont pas, si ce n'est pour la défense de sa vie, et dans une extrême nécessité. — Je me serais bien vengé moi-même si j'avais pu, chevalier ou non ; mais cela ne m'a pas été possible. Je sais pourtant bien, à part moi, que ceux qui se sont divertis à mes dépens ne sont point des fantômes ni des hommes enchantés, comme vous le dites, mais bien des hommes en chair et en os, comme nous ; tous avaient leur nom, que j'ai entendu pendant qu'ils me faisaient sauter : il y en avait un nommé Pedro Martinez ; un autre s'appelait Tenorio Hernandez, et j'ai bien entendu que l'hôtelier s'appelle Jean Palomèque-le-Gaucher. Ainsi, si vous n'avez pu passer par-dessus la muraille, ni mettre pied à terre, cela tient à autre chose qu'à un enchantement. Ce que je vois de plus clair en cela, c'est que ces aventures que nous allons chercher nous conduiront enfin à tant de maux, que nous ne connaîtrons bientôt plus quel est notre pied droit. Le meilleur et le plus sûr, selon mon peu d'entendement, serait de nous en retourner à notre village, maintenant que voici le temps de la moisson, et de soigner notre bien, sans nous en aller, comme on dit, du pot à la terrine. Que tu es mal instruit, interrompit Don Quichotte, en fait de chevalerie! Tais-toi et prends patience ; un jour viendra que tu verras de tes propres yeux combien cette profession est honorable. Car enfin, dis-moi, est-il quelque plaisir au monde qui égale celui de vaincre dans un combat, et de triompher de son ennemi? Aucun, sans doute. Cela doit être, répondit Sancho, quoique je n'en sache pourtant rien. Tout ce que je sais, c'est que depuis que nous sommes chevaliers errants, au moins vous (car pour moi je n'ai point l'honneur de compter dans le nombre), nous n'avons jamais gagné de bataille, si ce n'est contre le Biscayen, et encore y avez-vous laissé la moitié d'une oreille et partie de votre salade. Depuis, ce n'a été que bastonnade sur bastonnade, coups de poing sur coups de poing, et moi j'ai eu de plus l'avantage d'être berné par des gens enchantés, de qui je ne saurais me venger pour savoir jusqu'où s'étend ce grand plaisir que vous dites qu'il y a à vaincre son ennemi. C'est là ma peine, dit Don Quichotte, et ce doit être la tienne aussi, mais avant qu'il soit peu, je me procurerai une épée faite par tel artifice, que celui qui la portera ne pourra jamais être soumis à aucun enchantement; il pourrait même arriver que la fortune me mît entre les mains celle que portait Amadis quand il s'appelait *le Chevalier de l'Ardente épée* [1], et qui fut une des meilleures qu'ait jamais possédée un chevalier; car, outre cette vertu, elle coupait comme un rasoir, et nulle armure, si forte, si enchantée fût-elle, ne pouvait résister à son tranchant. J'ai tant de bonheur, dit Sancho, que cela fût-il et eussiez-vous une pareille épée, elle n'aurait de vertu que pour ceux qui sont armés chevaliers, comme le baume, et les écuyers n'auront rien de bon à en attendre. Ne crains pas cela, dit Don Quichotte, le ciel te sera plus favorable.

Nos aventuriers en étaient là de leur conversation, quand Don Quichotte aperçut sur le chemin une épaisse nuée de poussière qui s'étendait de leur côté; Sancho, s'écria-t-il en se tournant vers son écuyer, voici le jour qui fera voir ce que me garde la fortune ; voici le jour, dis-je, où va paraître autant que jamais la force de mon bras, et où je vais faire des exploits dignes de rester écrits dans les livres de la Renommée, pour les siècles à venir. Tu vois ce tourbillon de poussière? il est soulevé par une armée innombrable, composée de toutes les nations du monde, et qui marche droit à nous. A ce compte, dit Sancho, il doit y en avoir deux, car, de cet autre côté, il s'élève une poussière semblable. Don Quichotte se retourna, et, voyant que Sancho disait vrai, il sentit une joie inexprimable, croyant fermement que c'étaient deux armées qui venaient se choquer et se livrer bataille dans cette vaste plaine; car il avait à toute heure, à tout moment, l'imagination pleine de batailles, d'enchantements, d'aventures, de rêveries, d'amours et de défis tels qu'on les cite dans les livres de chevalerie ; tout ce qu'il disait, pensait ou faisait,

[1] Ce fut Amadis de Grèce qui fut ainsi surnommé; mais Amadis de Gaule, celui qu'on avait coutume d'appeler simplement Amadis, était dit chevalier de la Verte-Épée.

tendait toujours vers de semblables choses. La poussière qu'il voyait était soulevée par deux grands troupeaux de moutons, qui venaient de deux côtés différents sur le même chemin, et elle était si épaisse qu'elle ne permettait pas de les distinguer, à moins d'en être tout près. Don Quichotte affirmait néanmoins avec tant d'assurance que c'étaient des armées, que Sancho vint à le croire, et lui dit : Seigneur, qu'avons-nous à faire là, nous autres? Ce que nous avons à faire? répondit Don Quichotte : protéger les faibles, secourir ceux qui en auront besoin. Apprends, Sancho, que cette armée que tu vois venir droit à nous est commandée par le grand empereur *Alifanfaron*, seigneur de la grande île de Taprobane [1]; cette autre qui vient derrière est celle de son ennemi, le roi des Garamantes [2], *Pentapolin-au-bras-retroussé*, qu'on appelle ainsi parce qu'il combat toujours le bras droit nu. Et pourquoi, demanda Sancho, ces deux seigneurs-là se veulent-ils tant de mal? Ils sont devenus ennemis, répondit Don Quichotte, parce que cet Alifanfaron est un païen furibond qui s'est épris d'amour pour la fille de Pentapolin, très belle et très gracieuse dame, et qui est chrétienne. Son père ne veut pas la donner à ce roi païen, qu'il ne renonce auparavant à la loi de son faux prophète Mahomet, et qu'il n'embrasse le christianisme. Par ma barbe, dit Sancho, Pentapolin fait fort bien, et je veux l'aider de tout mon pouvoir. Tu feras ton devoir en cela, répondit Don Quichotte; pour combattre dans de semblables batailles, il n'est point nécessaire d'être armé chevalier. Je le conçois aisément, dit Sancho; mais où mettrons-nous mon âne, pour être assurés de le retrouver après le combat? car s'y engager avec une telle monture, je ne crois pas que cela se soit encore vu. Cela est vrai, dit Don Quichotte; tu n'as qu'à le laisser aller à l'aventure, qu'il se perde ou non : car, après la victoire, nous aurons tant de chevaux à choisir, que Rossinante même court risque d'être changé pour un autre. Mais regarde et sois attentif : je veux te faire connaître les principaux chevaliers qui se trouvent dans ces deux armées; et, afin que tu les puisses mieux remarquer, montons sur cette petite éminence, d'où l'on doit les découvrir mieux. Ils montèrent, en disant cela, sur une hauteur d'où ils auraient bien pu reconnaître les deux troupeaux de moutons, qui, pour notre chevalier, se transformaient en armées, si la poussière ne leur eût offusqué la vue; mais enfin, Don Quichotte, voyant en imagination ce qui n'existait pas, commença ainsi d'une voix élevée :

Ce chevalier aux armes dorées, qui porte dans son écu un lion couronné, couché aux pieds d'une jeune fille, est le valeureux *Laurcalco*, seigneur du Pont-d'Argent; cet autre, qui a ces armes à fleurs d'or, et qui porte sur l'écu trois couronnes d'argent en champ d'azur, est le redouté *Micocolembo*, grand-duc de Quirocia; cet autre, aux membres de géant, qui marche à sa droite, c'est l'intrépide *Brandabarbaran de Boliche*, seigneur des trois Arabies; il est revêtu d'une peau de serpent, et a pour écu une porte, qu'on dit être une de celles de ce temple que Samson renversa quand il se vengea de ses ennemis aux dépens de sa propre vie. Tourne maintenant les yeux de cet autre côté, tu verras, sur le front de cette armée, le victorieux et invincible *Timonel de Carcassonne*, prince de la Nouvelle-Biscaye. Il porte des armes écartelées d'azur, de sinople, d'argent et d'or, et dans son écu un chat d'or en champ de gueules, avec la devise M. I. U. qui forme la

[1] L'île de Ceylan. [2] Peuples de la Libye.

première syllabe du nom de sa dame, qu'on dit être l'incomparable *Miuline*, fille du duc *Alphégniquen d'Algarve*. Cet autre, qui fait plier les reins à cette puissante jument, et dont les armes sont blanches comme la neige, l'écu uni et sans devise, c'est un nouveau chevalier français, nommé *Pierre Papin*, seigneur des baronnies d'Utrique. Celui qui, de ses talons ferrés, presse les flancs d'une jument légère et rayée, et porte des armes vair-azurées, c'est le puissant duc de Nervie, *Espartafilardo du Bocage*; son écu représente un champ semé de bottes d'asperges, avec cette devise castillane : *Rastrea mi suerte* [1]. Il nomma de la même manière une foule de chevaliers qu'il croyait voir dans l'une et l'autre armée, leur donnant à tous sur-le-champ les armes, les couleurs et les devises que lui fournissait sa fertile folie; et, sans s'arrêter, il poursuivit : L'armée que tu vois en face est composée de diverses nations : ici sont ceux qui boivent les douces eaux du fameux Xante; là, les montagnards qui cultivent les champs massiliens : ici, ceux qui criblent la poudre d'or de l'Arabie-Heureuse, ceux qui jouissent des fraîches et célèbres rives du Thermodon, ceux qui détournent en cent façons le Pactole aux sables d'or, les Numides à la foi douteuse, le Perse si adroit à tirer de l'arc, le Parthe et le Mède qui combattent en fuyant, l'Arabe aux tentes mobiles, le Scythe aussi cruel qu'il est blanc, l'Éthiopien aux lèvres percées, et mille autres nations que je vois et dont je connais les visages, mais dont je n'ai pas retenu les noms. Dans cette autre armée, viennent ceux qui boivent les eaux de cristal du Bétis [2], bordé d'oliviers; ceux qui se baignent dans les riches ondes du Tage, ceux qui jouissent des salutaires eaux du divin Xenil [3]; ceux qui foulent aux pieds les champs tartésiens, si fertiles en pâturages; ceux qui s'ébattent dans les prairies élyséennes de Xérès; les riches Manchègues, couronnés de blonds épis; l'antique reste du sang des Goths, tout bardé de fer [4]; ceux qui se baignent dans la Pisuerga, fameuse par la tranquillité de ses eaux; ceux qui mènent paître leurs troupeaux dans les vastes pâturages du Guadiana tortueux, dont les eaux se cachent sous terre; ceux que transissent de froid les vents des Pyrénées ou les blancs sommets du haut Apennin; en un mot, tous ceux que l'Europe enserre dans sa vaste étendue. Dieu me soit en aide! combien de provinces, combien de nations ne nomma-t-il pas, donnant à chacune, avec une merveilleuse promptitude, les attributs qui lui convenaient, tout ravi qu'il était de ce qu'il avait lu dans ses livres mensongers. Sancho restait suspendu à ses paroles sans en prononcer une seule, et de temps en temps levait la tête, pour voir s'il n'apercevrait pas ces chevaliers et ces géants que son maître lui nommait. Mais, n'en découvrant aucun : Je me donne au diable, dit-il, s'il paraît homme, chevalier, géant, de tous ceux que vous dites; du moins je ne les vois point; peut-être est-ce encore un enchantement comme les fantômes de cette nuit. Que dis-tu? répondit Don Quichotte, n'entends-tu pas le hennissement des chevaux, le son des trompettes, le bruit des tambours? Je n'entends autre chose, reprit Sancho, que de grands bêlements de brebis et de moutons. Aussi était-ce la vérité, car les troupeaux étaient déjà fort près d'eux. La frayeur, dit Don Quichotte, t'empêche de discerner les objets; car, un des effets de la peur est de troubler les sens, et de peindre les choses autrement qu'elles ne sont. Mais, si le courage te manque, retire-toi à

[1] En voie de fortune. [2] Guadalquivir. [3] Le *Singilis* des anciens, dans le royaume de Grenade.
[4] Les Biscayens, dans les montagnes desquels se retirèrent les Goths à l'arrivée des Maures.

Imp. Lemercier.

Don Quichotte fond sur un troupeau de Moutons.

l'écart, et laisse-moi seul : il suffit de moi seul pour porter la victoire où je porterai mon appui. En disant ces mots, il donne des éperons à Rossinante, et, la lance en arrêt, descend de la colline comme un éclair. Revenez, seigneur, lui criait Sancho, pour Dieu, ce sont des moutons et des brebis que vous allez attaquer, revenez ; que maudit soit le père qui m'a engendré ! Quelle folie ! Regardez qu'il n'y a ni géants, ni chevaliers, ni chats, ni armes, ni écus partis ou entiers, ni vairs-azurés, ni endiablés ; que fait-il ? pécheur que je suis devant Dieu ! Don Quichotte ne s'arrêtait pas pour cela ; au contraire, il criait de toute sa force : Courage, chevaliers, qui combattez sous les bannières du valeureux empereur Pentapolin-au-bras-retroussé, suivez-moi tous, et vous verrez avec quelle facilité je le vengerai de son ennemi Alifanfaron de la Taprobane. En même temps il se mêle dans l'escadron de brebis, faisant mouvoir sa lance avec autant de courage et de vigueur que s'il eût eu affaire à ses mortels ennemis. Les bergers et les pâtres qui accompagnaient le troupeau lui crient de s'arrêter ; mais, voyant leurs cris inutiles, ils détachent leurs frondes, et commencent à faire siffler à ses oreilles des pierres grosses comme le poing. Don Quichotte n'en tient compte ; il court de tous côtés, criant à haute voix : Où es-tu, superbe Alifanfaron ? viens à moi, je suis un chevalier qui désire éprouver seul à seul tes forces, et t'ôter la vie pour te punir de la guerre injuste que tu fais au valeureux Garamante Pentapolin. En ce moment arrive une amande de ruisseau qui l'atteint dans le flanc et lui enfonce deux côtes dans le corps. A la violence du coup, il se croit mort, ou du moins dangereusement blessé, et, se rappelant son baume, il tire sa fiole et la porte à sa bouche ; mais, avant qu'il en ait avalé la dose qu'il juge nécessaire, une autre amande vient frapper la main et le vase en plein et le mettre en pièces, et, chemin faisant, lui emporte trois ou quatre dents en lui écrasant deux doigts. Tels furent le premier et le second coup, que le pauvre chevalier tomba de cheval. Les bergers accoururent, et, croyant l'avoir tué, ils rassemblèrent promptement leurs troupeaux, ramassèrent les morts au nombre de sept ou environ, et s'éloignèrent sans chercher à en savoir davantage. Sancho était resté pendant tout ce temps-là sur la colline, contemplant toutes les folies de son maître ; il s'arrachait la barbe, et maudissait l'heure et le jour où sa mauvaise fortune le lui avait fait connaître. Mais, le voyant à terre et les bergers retirés, il descendit la côte, vint à lui, et le trouva en très mauvais état, quoiqu'il n'eût pas perdu le sentiment : Ne vous le disais-je pas, seigneur, de revenir, et que c'étaient des moutons, non pas des armées que vous alliez attaquer ? C'est ainsi, répondit Don Quichotte, que ce puissant larron d'enchanteur, mon ennemi, fait disparaître ou métamorphose les choses. Apprends, Sancho, que rien n'est plus facile à ces sortes de gens que de nous montrer ce qu'ils veulent. Le négromant qui me persécute, envieux de la gloire qu'il a bien vu que j'allais acquérir dans cette bataille, a changé en troupeaux de moutons les armées ennemies. Si cela n'est pas, fais une chose, je t'en prie, pour te désabuser et te convaincre de la vérité : monte sur ton âne, et suis-les avec précaution, tu les verras à quelques pas d'ici reprendre leur première forme, et, quittant celle de moutons, redevenir des hommes droits et bien faits, comme je te les ai dépeints d'abord. Mais non, n'y va pas pour le moment, j'ai besoin de tes secours. Approche, et regarde combien il me manque de dents, car il me semble qu'il ne m'en est pas resté une seule dans la bouche. Sancho s'approcha si fort, qu'il avait quasi les yeux dans la bouche de son maître ; c'était le moment où le baume achevait d'opérer dans l'estomac de Don Quichotte, de sorte, qu'avec la même impétuosité qu'aurait pu faire un coup d'arquebuse, il darda tout ce qu'il avait dans le corps au visage du charitable écuyer. Sainte Marie ! s'écria Sancho, qu'est-ce qui vient de m'arriver. Sans doute ce pécheur est blessé à mort, puisqu'il rend le sang par la bouche. Cependant, y regardant de plus près, la couleur, saveur et odeur lui firent connaître que ce n'était pas du sang, mais le baume de la fiole qu'il lui avait vu boire, ce qui lui donna un si grand soulèvement de cœur, que son estomac se révolta à son tour, et qu'il rejeta tout ce qu'il avait dans les entrailles au nez de son seigneur, demeurant tous deux dans le plus gracieux état[1]. Sancho courut à son âne, afin de tirer du sac de quoi s'essuyer et panser son maître ; mais, ne le trouvant point, peu s'en fallut qu'il ne perdît le jugement. Il se donna de nouveau mille malédictions, résolut au fond de son cœur de quitter son maître, et de s'en retourner à son village, abandonnant le salaire de ses services, et l'espérance du gouvernement de l'île. Don Quichotte, cependant, se leva, et, mettant la main gauche sur sa bouche pour rassurer le reste de ses dents, prit de la droite la bride de Rossinante, qui n'avait pas bougé d'auprès de son maître (tant il était loyal et d'un bon naturel), et s'en alla du côté de Sancho, qu'il trouva penché sur son âne, la joue sur la main, dans l'attitude d'un homme enseveli dans ses réflexions. Sais-tu, Sancho, lui dit-il, le voyant si triste, qu'un homme n'est supérieur à un autre qu'autant qu'il en fait plus que lui ? Ces bourrasques qui nous arrivent sont des signes évidents que le temps va devenir serein, et nos affaires meilleures : il n'est pas possible que le bien et le mal durent toujours ? Ainsi, le mal ayant longtemps duré, le bien doit être près. Cesse donc de t'affliger des disgrâces qui m'arrivent, puisque pour toi il ne t'arrive rien. Comment ? reprit Sancho : peut-être que celui qui fut berné hier était autre que le fils de mon père ? et le bissac que l'on m'a pris, avec tout ce qui était dedans, était à un autre qu'à moi ? Quoi ! tu as perdu le bissac ? reprit Don Quichotte. Oui, il me manque, dit Sancho. Ainsi nous n'avons pas de quoi manger aujourd'hui, repartit Don Quichotte. Cela pourrait être, dit Sancho, si nous n'avions pas dans ces prés les herbes que vous connaissez, dites-vous, avec lesquelles les chevaliers malencontreux comme vous ont coutume de suppléer au défaut d'autre nourriture. Avec tout cela, reprit Don Quichotte, j'aimerais mieux en ce moment un quartier de pain ou une fouace, et deux têtes de sardines ou de harengs, que toutes les herbes que décrit Dioscoride, fût-il commenté par Laguna [2]. Cependant, monte sur ton âne, bon Sancho, et suis-moi : Dieu, qui pourvoit à tout, ne nous manquera pas, à nous surtout qui nous consacrons à le servir comme nous le faisons, puisqu'il n'abandonne ni le moucheron de l'air, ni le vermisseau qui rampe sur la terre, ni la grenouille à peine née qui se cache sous les eaux ; il luit également sur les méchants et sur les bons, et

[1] Si tout le *Don Quichotte* ne contenait que de semblables détails, il ne serait pas traduit dans toutes les langues. Nous n'avons pas osé supprimer celui-ci ; les grands écrivains doivent être aussi jugés avec leurs faiblesses.

[2] André de Laguna, natif de Ségovie, médecin du pape Jules III, traducteur et commentateur de Dioscoride.

répand sa rosée sur l'injuste comme sur le juste. Votre seigneurie, interrompit Sancho, eût été meilleur prédicateur que chevalier errant. Les chevaliers savent et doivent savoir de tout, dit Don Quichotte. Au temps passé, on en a vu au milieu d'un chemin royal faire un discours ou un sermon, comme s'ils eussent été gradués dans l'université de Paris ; tant il est vrai que la lance n'émousse point la plume, ni la plume la lance. A la bonne heure, dit Sancho, et qu'il en soit ce que vous voudrez ; mais éloignons-nous d'ici, et cherchons où loger pour cette nuit ; Dieu veuille que ce soit dans un endroit où il n'y ait ni berneurs, ni couvertures, ni fantômes, ni Maures enchantés, car si j'en trouve, je donne la chevalerie à tous les diables[1]. Demande-le à Dieu, mon fils, dit Don Quichotte, et conduis-nous où tu voudras, je te laisse pour cette fois le soin de nous loger. Mais donne-moi ta main, et tâte avec le doigt combien il me manque de dents dans le haut de la mâchoire, du côté droit, car c'est là qu'est mon mal. Sancho lui mit les doigts dans la bouche ; et, tâtant avec soin : Combien de dents aviez-vous de ce côté-là? lui dit-il. Quatre, répondit Don Quichotte, sans compter l'œillère, toutes entières et bien saines. Seigneur, reprit Sancho, faites bien attention à ce que vous dites. Je dis quatre, s'il n'y en avait même cinq, répondit Don Quichotte, car on ne m'en a jamais arraché jusqu'à cette heure, il ne m'en est point tombé, et je n'en ai pas eu de gâtée. Oh bien, dit Sancho, vous n'avez plus que deux dents et demie en bas ; pour le haut, il n'y a ni dent ni demie, tout est ras comme la paume de la main. Malheureux que je suis! dit Don Quichotte à cette triste nouvelle, j'aimerais mieux qu'on m'eût coupé un bras, pourvu que ce ne fût pas celui qui tient l'épée ; car une bouche sans dents est un moulin sans meule, une dent est plus précieuse qu'un diamant. Mais enfin, tel est notre partage, à nous qui suivons les austères lois de la chevalerie. Marche, ami, et me guide ; j'irai le train que tu voudras. Sancho prit le devant, et s'achemina du côté où il crut trouver à loger, sans s'écarter du grand chemin, qui paraissait fort battu dans cet endroit-là. Comme ils allaient lentement, parce que la douleur que lui causait sa mâchoire ne laissait pas de repos à Don Quichotte et ne le pressait pas de se hâter, Sancho voulut l'entretenir pour charmer son mal, et, entre autres choses, lui dit ce qu'on lira dans le chapitre suivant.

CHAPITRE XIX.

DE L'AGRÉABLE CONVERSATION DE SANCHO AVEC SON MAITRE, DE LA RENCONTRE QU'ILS FIRENT D'UN CORPS MORT, AVEC D'AUTRES ÉVÉNEMENTS ADMIRABLES.

Il me semble, seigneur, que cette suite de malheurs que nous éprouvons depuis quelques jours est la punition de la faute que vous avez commise contre l'ordre de chevalerie, en n'accomplissant point le serment que vous aviez fait de ne manger pain sur nappe, de ne point badiner avec la reine, et tout ce qui s'ensuit que vous aviez juré d'accomplir, jusqu'à ce que vous eussiez enlevé l'armet de

[1] *El hato, y el garabato* (je donne aux diables l'habit et le croc).

Malandrin, ou comme s'appelle le Maure, car j'ai oublié son nom. Tu as grandement raison, répondit Don Quichotte, mais à dire vrai, cela m'était sorti de la mémoire. Tu peux être sûr aussi que c'est pour ne me l'avoir pas rappelé en temps et lieu que tu as été berné ; mais enfin je réparerai ma faute, car dans l'ordre de chevalerie, il y a moyen d'accommodement pour tout. Mais, reprit Sancho, avais-je donc juré quelque chose? Cela ne fait rien, dit Don Quichotte, il suffit que tu ne sois pas sûr de n'être pas participant; ainsi que tu le sois ou non, il sera bon de pourvoir au remède. S'il en est ainsi, dit Sancho, n'allez pas l'oublier comme le serment, car peut-être reprendrait-il fantaisie aux fantômes de s'ébattre derechef à mes dépens, et même aux vôtres, s'ils vous voyaient si incorrigible. Pendant leur conversation, la nuit les surprit au milieu du chemin, n'ayant pu découvrir aucun lieu pour se mettre à couvert. Ce qu'il y avait de pis, c'est qu'ils mouraient de faim; en perdant le bissac, ils avaient perdu toutes leurs provisions. Pour achever leur détresse, il leur arriva une aventure; mais pour cette fois, cela pouvait en paraître une bien réelle. La nuit devint tout à fait obscure; ils avançaient cependant, parce que Sancho s'imaginait qu'étant dans le grand chemin, à une ou deux lieues, tout au plus, ils y trouveraient nécessairement une hôtellerie. Soutenus par cette espérance, l'écuyer mourant de faim, le maître ayant grande envie de manger, et la nuit étant fort obscure, ils virent venir sur le même chemin qu'ils suivaient un grand nombre de lumières qui paraissaient autant d'étoiles mouvantes. A cette vue, Sancho se pâma d'effroi, Don Quichotte même fut ému; l'un tira le licou de son âne, l'autre retint la bride de son cheval et ils s'arrêtèrent, cherchant à découvrir ce que ce pouvait être. Les lumières venaient droit à eux, et plus elles s'approchaient, plus elles devenaient grandes; Sancho commença à trembler comme un homme pris de vif-argent, les cheveux de Don Quichotte se dressèrent sur sa tête; mais, rappelant son courage : Sancho, dit-il, voici sans doute une très grande et très périlleuse aventure, où j'aurai besoin de ma force et de toute ma valeur. Malheureux que je suis! répondit Sancho; si c'est encore ici une aventure de fantômes, comme cela en a tout l'air, où sont les côtes qui pourront y fournir? Fantômes tant qu'ils voudront, dit Don Quichotte, je ne souffrirai pas qu'ils touchent seulement au poil de ta casaque. S'ils se jouèrent de toi l'autre fois, c'est que je ne pus franchir les murs de la cour, mais maintenant nous sommes en rase campagne, je pourrai tout à l'aise m'escrimer de mon épée. Et s'ils vous enchantent et vous engourdissent encore, dit Sancho, que vous servira-t-il d'avoir le champ libre ou non? Prends courage seulement, répliqua Don Quichotte, et l'expérience te prouvera le mien. J'en aurai s'il plaît à Dieu, répondit Sancho. Et, se plaçant tous deux sur un des côtés du chemin, ils se mirent encore à considérer ce que pouvaient être ces lumières qui s'avançaient. Peu à peu ils découvrirent comme un grand nombre d'hommes vêtus de blanc. A cette épouvantable vision, Sancho perdit tout à fait courage, ses dents s'entrechoquèrent comme dans le frisson de la fièvre, et le claquement augmenta encore, lorsqu'ils virent distinctement environ vingt hommes, tous à cheval, en surtout blanc, et portant chacun une torche à la main; derrière eux venait une litière de deuil, suivie de six autres cavaliers tous couverts de noir jusqu'aux pieds de leurs mules. La lenteur de la marche faisait bien reconnaître que ce ne pouvait être des chevaux. Tous allaient murmurant entre leurs dents, d'une voix basse et triste. Cet étrange spectacle, à pareille heure et dans un lieu si désert, suffisait bien pour épouvanter Sancho, et même son maître. Pour Sancho, sa valeur fit tout à fait naufrage en cette occasion; il en arriva tout autrement de Don Quichotte, il lui vint tout à coup dans l'esprit que c'était là une des aventures de ses livres. Il se figura que la litière était un brancard sur lequel on portait un chevalier mort ou grièvement blessé, dont la vengeance était réservée à lui seul; et, sans autre réflexion il mit la lance en arrêt, s'affermit sur ses étriers, et d'une gaillarde contenance, se plaça au milieu du chemin par où cette troupe devait nécessairement passer. Quand il la vit assez proche: Arrêtez, chevaliers, cria-t-il à haute voix, qui que vous soyez; apprenez-moi qui vous êtes, d'où vous venez, où vous allez, et ce que vous portez dans cette litière. Suivant toute apparence, vous avez fait ou vous avez souffert quelque outrage, il faut que je le sache, pour vous punir ou pour vous venger. Nous sommes pressés, répond un des cavaliers, et l'hôtellerie est loin, nous n'avons pas le temps de vous rendre un compte aussi long que vous le demandez, et piquant sa mule, il passa outre. Don Quichotte, irrité de cette réponse, saisit les rênes de la mule: Arrêtez-vous, dit-il, soyez mieux appris, et répondez à ce que je vous demande, ou préparez-vous tous au combat. La mule était ombrageuse, et quand Don Quichotte la prit par le frein, elle s'effraya au point que, se dressant sur ses pieds, elle se renversa sur son maître. Un valet qui était à pied, le voyant tomber, se mit à injurier le chevalier, qui, déjà tout en colère, et sans plus attendre, court la lance en arrêt sur un de ceux qui étaient couverts de deuil, et l'étend par terre fort blessé; il revient aussitôt contre les autres; c'était merveille de voir avec quelle promptitude il les assaillait et les abattait: on eût dit qu'en ce moment il était poussé des ailes à Rossinante, tant il montrait d'orgueil et de légèreté. Tous ces gens étaient peu courageux et sans armes. En un moment ils quittèrent le champ de bataille, et s'enfuirent à travers champs avec leurs torches allumées; on les eût pris pour des masques courant dans une nuit de réjouissance. Ceux qui étaient vêtus de deuil, non moins effrayés et embarrassés de leurs longs manteaux, ne pouvaient se remuer, aussi Don Quichotte les frappa sans coup férir, et leur fit abandonner la place avec d'autant moins de peine que toute cette troupe le prenait pour un diable qui venait leur disputer le corps mort qu'ils portaient dans la litière. Sancho admirait toutes ces prouesses, émerveillé de l'audace de son seigneur, et disait en lui-même: Certainement mon maître est aussi vaillant qu'il le dit. Cependant une torche brûlait par terre à côté du premier qu'avait renversé sa mule; à la lueur Don Quichotte le découvrit, il s'approcha, et lui mettant la pointe de sa lance sur le visage, il lui dit de se rendre, ou qu'il le tuerait. Je ne suis que trop rendu, répondit l'autre, puisque je ne saurais me remuer, et que j'ai une jambe rompue. Je vous supplie, seigneur, si vous êtes chrétien, de ne me pas tuer, ce serait un grand sacrilége, car je suis licencié, et j'ai reçu les premiers ordres. Hé! qui diable vous amène ici, dit Don Quichotte, si vous êtes homme d'église? Ma mauvaise fortune, répliqua-t-il. Elle pourrait bien devenir encore plus mauvaise, reprit Don Quichotte, si vous ne répondez tout à l'heure à tout ce que je vous ai d'abord demandé. Il ne sera pas difficile de vous satisfaire, répondit le licencié. Vous saurez donc que, bien que je me sois dit licencié, je ne suis qu'un simple bachelier. Je m'appelle Alonzo

Lopez, natif d'Alcovendas; je viens de Baeça, avec onze autres ecclésiastiques, qui sont ceux qui viennent de s'enfuir avec leurs torches. Nous allons à Ségovie, accompagnant le corps placé dans cette litière, c'est celui d'un gentilhomme mort à Baeça, où il fût déposé et dont nous accompagnions les restes à sa sépulture qui est à Ségovie, lieu de sa naissance. Qui l'a tué? demanda Don Quichotte. Dieu, répondit le bachelier, par une fièvre maligne qu'il lui a envoyée. Cela étant, répliqua le chevalier, le seigneur m'a délivré du soin que je devais prendre de venger sa mort si quelque autre l'avait tué; avec celui qui l'a fait mourir, il n'y a qu'à se taire, et plier les épaules, comme je le ferais pour moi-même s'il s'en fût pris à moi. Que votre révérence sache, maintenant, que je suis un chevalier de la Manche, appelé *Don Quichotte*, et que mon devoir et ma profession sont d'aller par le monde, redressant les torts et défaisant les injures. Je ne vois pas, répondit le bachelier, comment vous appelez cela redresser les torts, puisque, de droit que j'étais, vous m'avez mis de travers en me rompant une jambe, que je ne verrai jamais redressée; en voulant réparer un grief, vous m'avez grevé pour toujours, et c'est une mésaventure pour moi que de vous avoir rencontré vous qui cherchez les aventures. Toutes choses n'ont pas un même succès, dit Don Quichotte: le mal est venu, seigneur bachelier Alonzo Lopez, de courir ainsi de nuit avec ces longs manteaux de deuil, ces surplis et ces torches allumées, marmottant entre vos dents, et ressemblant tout à fait à des gens de l'autre monde. Je ne pouvais donc m'empêcher d'obéir à mes obligations en vous attaquant, et je vous aurais attaqué encore quand vous eussiez été, comme je le pensais, de vrais diables d'enfer. Puisque le sort l'a voulu ainsi, dit le bachelier, je vous supplie seulement, seigneur chevalier errant qui m'avez donné une triste manière d'errer, de m'aider à me tirer de dessous ma mule, où j'ai une jambe engagée entre l'étrier et la selle. J'aurais parlé jusqu'à demain, répondit Don Quichotte : que ne le disiez-vous donc plus tôt? Il cria aussitôt à Sancho d'approcher: mais celui-ci ne se pressait pas de venir, parce qu'il était occupé à dévaliser une mule de bagage bien chargée de vivres, que menaient avec eux ces bons ecclésiastiques. Il fit de son gaban un sac, et y faisant entrer tout ce qu'il put contenir, il en chargea son âne. Il courut ensuite à la voix de son maître pour l'aider à dégager le bachelier du poids de sa mule, il le remit en selle, lui rendit sa torche, et Don Quichotte lui dit qu'il n'avait qu'à rejoindre ses compagnons, auxquels il le pria de présenter ses excuses du traitement qu'il leur avait fait et qu'il n'avait pu s'empêcher de leur faire. Si par hasard, ajouta Sancho, ces seigneurs demandent quel est le vaillant chevalier qui les a si bien menés, vous leur direz que c'est le vaillant Don Quichotte de la Manche, dont le surnom est le chevalier de la Triste Figure.

Le bachelier s'éloigna, et Don Quichotte demanda à Sancho pourquoi il l'avait appelé le chevalier de la Triste Figure, alors plutôt que dans un autre moment. Je vais vous le dire, répondit Sancho ; je vous considérais à la lueur de la torche que porte ce pauvre éclopé, et véritablement vous aviez la plus triste figure que j'ai vue: il faut que cela vienne de la fatigue du combat, ou bien de la perte de vos dents. Ce n'est point cela, dit Don Quichotte ; mais il aura paru convenable au sage qui doit écrire mon histoire, que j'eusse un surnom comme tous les chevaliers du temps passé: car tel s'appelait le chevalier de l'Ardente Épée, tel autre de la Licorne, celui-ci des Demoiselles, celui-là du Phénix, un autre du Griffon, un autre de la Mort; ils étaient connus sous ces surnoms par toute la terre. Ainsi, sans doute, ce sage lui-même t'a mis sur les lèvres et dans la pensée de m'appeler le chevalier de la *Triste Figure*, et c'est le nom que je prétends désormais porter; et, afin qu'il me convienne encore mieux, je suis résolu de faire peindre sur mon écu, lorsque j'en trouverai l'occasion, une figure affligée. Il n'est pas nécessaire, reprit Sancho, de consacrer à cela du temps et de la dépense, il suffira de vous montrer, et tout aussitôt, sans image ni écu, tous ceux qui vous verront vous appelleront le chevalier de la Triste Figure. Croyez que je vous dis la vérité, car je jure à votre grâce, soit dit en plaisanterie, que la faim et le manque de dents vous ont fait un si mauvais visage que, comme je l'ai dit, on peut se passer de toute peinture. Don Quichotte se mit à rire de la plaisanterie de son écuyer, et résolut tout de bon de prendre le surnom qu'il lui avait donné, et de faire peindre son écu.— Sais-tu, Sancho, que je crains d'être excommunié pour avoir mis la main sur un ecclésiastique? Conformément à ce qu'il est écrit: « Si quelqu'un, à l'instigation du diable, etc...» Il est vrai pourtant que je ne l'ai pas touché de la main, mais seulement de la lance; je ne croyais pas d'ailleurs que ce fussent là des prêtres, ni rien qui appartînt à l'Église, que j'honore et respecte comme catholique et fidèle chrétien, mais des fantômes et des habitants de l'autre monde; quand je l'aurais su, je me souviens de ce qui arriva au Cid Ruy Dias, quand il mit en pièces le siége de l'ambassadeur d'un certain roi [1], en présence du pape, qui l'en excommunia. Le vaillant Rodrigue de Bivar n'en agit pas moins ce jour-là comme un digne et brave chevalier.

Le bachelier, après avoir entendu cette conversation, partit sans répliquer, comme nous l'avons dit. Don Quichotte eût bien désiré voir si ce qui était dans la litière était ou non le corps du gentilhomme; mais Sancho s'y opposa. Vous avez mis à fin, dit-il, cette périlleuse aventure avec plus de succès que toutes les autres. Ces gens-ci, quoique vaincus et dispersés, pourraient bien faire attention que c'est un seul chevalier qui les a vaincus, la honte les ralliera peut-être, ils pourraient revenir, et nous donner fort à faire. Mon âne est en bon état, nous voici près de la montagne, la faim nous presse, il n'y a plus rien à faire qu'à nous retirer à notre aise? Que le mort, comme on dit, aille à la sépulture, et le vivant à la pâture. Et poussant son âne en avant, il pria son maître de le suivre, ce qu'il fit sans répliquer, voyant bien que Sancho avait raison. Après avoir marché quelque temps entre deux collines, ils se trouvèrent dans un vallon spacieux et bien caché, où ils s'arrêtèrent. Sancho déchargea son âne, et étendus sur l'herbe fraîche, sans autre sauce que leur appétit, il déjeunèrent, dînèrent, goûtèrent et soupèrent tout à la fois, satisfaisant leur faim avec les provisions que les seigneurs ecclésiastiques, qui rarement endurent la disette, avaient apportées sur leur mulet. Mais il leur arriva une autre disgrâce que Sancho trouva la pire de toutes, c'est qu'ils n'avaient ni vin, ni même une goutte d'eau pour se désaltérer. La soif les tourmentait; cependant Sancho s'aperçut que la prairie sur laquelle ils reposaient fournissait une herbe fraîche et épaisse, et dit à son maître ce qu'on lira dans le chapitre suivant.

[1] Du roi de France, dont le siége était plus élevé que celui du roi d'Espagne. Voyez le *Romancero* du Cid.

CHAPITRE XX.

DE LA PLUS INOUIE AVENTURE QU'AIT JAMAIS TERMINÉE AVEC AUSSI PEU DE PÉRIL AUCUN CHEVALIER ERRANT, ET QU'ACHEVA LE VALEUREUX DON QUICHOTTE.

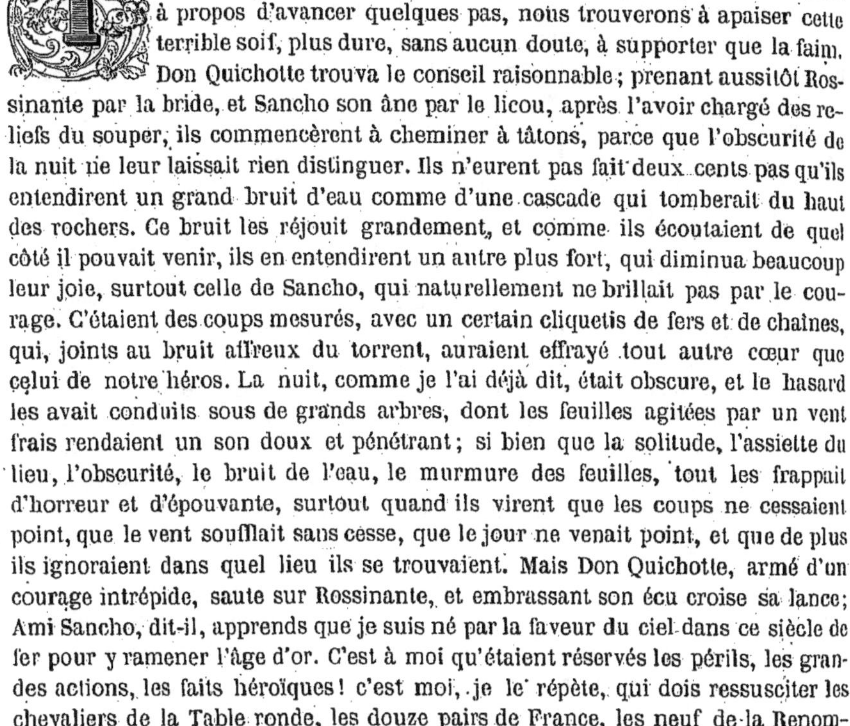

Il n'est pas possible, seigneur, que la fraîcheur de cette herbe n'annonce pas dans les environs quelque source qui l'arrose. Il est donc à propos d'avancer quelques pas, nous trouverons à apaiser cette terrible soif, plus dure, sans aucun doute, à supporter que la faim. Don Quichotte trouva le conseil raisonnable; prenant aussitôt Rossinante par la bride, et Sancho son âne par le licou, après l'avoir chargé des reliefs du souper, ils commencèrent à cheminer à tâtons, parce que l'obscurité de la nuit ne leur laissait rien distinguer. Ils n'eurent pas fait deux cents pas qu'ils entendirent un grand bruit d'eau comme d'une cascade qui tomberait du haut des rochers. Ce bruit les réjouit grandement, et comme ils écoutaient de quel côté il pouvait venir, ils en entendirent un autre plus fort, qui diminua beaucoup leur joie, surtout celle de Sancho, qui naturellement ne brillait pas par le courage. C'étaient des coups mesurés, avec un certain cliquetis de fers et de chaînes, qui, joints au bruit affreux du torrent, auraient effrayé tout autre cœur que celui de notre héros. La nuit, comme je l'ai déjà dit, était obscure, et le hasard les avait conduits sous de grands arbres, dont les feuilles agitées par un vent frais rendaient un son doux et pénétrant; si bien que la solitude, l'assiette du lieu, l'obscurité, le bruit de l'eau, le murmure des feuilles, tout les frappait d'horreur et d'épouvante, surtout quand ils virent que les coups ne cessaient point, que le vent soufflait sans cesse, que le jour ne venait point, et que de plus ils ignoraient dans quel lieu ils se trouvaient. Mais Don Quichotte, armé d'un courage intrépide, saute sur Rossinante, et embrassant son écu croise sa lance; Ami Sancho, dit-il, apprends que je suis né par la faveur du ciel dans ce siècle de fer pour y ramener l'âge d'or. C'est à moi qu'étaient réservés les périls, les grandes actions, les faits héroïques! c'est moi, je le répète, qui dois ressusciter les chevaliers de la Table ronde, les douze pairs de France, les neuf de la Renommée; qui dois faire oublier les Tablantes, les Olivantes, les Tirants, les Phébus, et les Bélianis, et toute la troupe des chevaliers errants du temps passé, en faisant dans celui-ci de si grandes choses, des exploits si extraordinaires, qu'ils obscurciront leurs plus illustres actions. Tu remarques, loyal et fidèle écuyer, les ténèbres de cette nuit, son calme étrange, le sourd et confus murmure de ces arbres, l'épouvantable bruit de cette eau que nous sommes venus chercher, qui semble tomber et se précipiter des montagnes de la Lune, et ce continuel battement qui nous blesse les oreilles; toutes ces choses et chacune en particulier suffiraient pour faire entrer la crainte, l'effroi et l'épouvante dans le sein de Mars luimême, et bien plus encore de celui qui n'est pas accoutumé à de semblables aventures! Tout cela pourtant n'est qu'un aiguillon qui réveille mon courage: mon cœur tressaille du désir d'entreprendre cette aventure, quelque périlleuse qu'elle paraisse. Serre donc un peu les sangles de Rossinante, et demeure en la garde de Dieu. Attends-moi ici pendant trois jours ; si tu ne me vois pas revenir, tu pourras t'en retourner à notre village, et de là, pour faire une bonne œuvre et me rendre service, tu iras au Toboso, dire à mon incomparable Dulcinée que le chevalier son esclave est mort en voulant entreprendre des choses qui le pussent rendre digne d'elle.

Quand Sancho entendit les paroles de son maître, il se prit à pleurer le plus tendrement du monde, et lui dit : Je ne comprends pas, seigneur, pourquoi vous voulez entreprendre une si effroyable aventure. Il est nuit maintenant, personne ne nous voit : nous pouvons bien quitter le chemin et éviter le péril, quand nous ne devrions boire de trois jours ; comme personne ne sera témoin de notre retraite, nul ne pourra nous accuser de poltronnerie. J'ai souvent entendu notre curé, que vous connaissez bien, dire que qui cherche le danger y périt : ainsi il est mal de tenter Dieu en entreprenant une aventure dont vous ne sauriez vous tirer sans miracle. Ne suffit-il pas de ceux que le ciel a faits en votre faveur en vous sauvant d'être berné comme moi, en vous rendant vainqueur, libre et sauf, de tant d'ennemis qui accompagnaient ce mort? Que si tout cela ne peut émouvoir votre cœur de roche, qu'il s'attendrisse au moins, en pensant que vous ne serez pas plus tôt parti d'ici que, de frayeur, je donnerai mon âme à qui la voudra prendre. J'ai quitté ma maison, j'ai laissé ma femme et mes enfants pour vous suivre, espérant y gagner non y perdre. Mais la convoitise rompt le sac, elle a détruit mes espérances, car, c'est au moment où j'attendais avec le plus de fondement cette malheureuse île que vous m'avez si souvent promise, que je vous vois disposé à me laisser seul dans un endroit éloigné de tout commerce humain. Au nom de Dieu, monseigneur, ne me faites point un tel déplaisir, et si vous ne voulez pas absolument vous désister de votre entreprise, attendez au moins qu'il soit jour. L'habitude que j'acquis lorsque j'étais berger, m'apprend qu'il ne doit pas y avoir plus de trois heures à attendre d'ici à l'aube, car voilà au-dessus de ma tête la bouche de la petite Ourse, qui marque minuit dans la ligne du bras gauche. Comment peux-tu, Sancho, interrompit Don Quichotte, voir cette ligne, cette bouche et cette tête, lorsque la nuit est si obscure qu'il ne paraît pas une seule étoile dans tout le ciel ? Il est vrai, répondit Sancho ; mais la peur a nombre d'yeux : elle voit les objets sous terre, à plus forte raison ceux qui sont au ciel ; d'ailleurs il est facile de connaître qu'il n'y a pas loin d'ici au jour. Qu'il y manque plus ou moins, dit Don Quichotte, il ne sera pas dit qu'à cette heure ni dans aucun temps les prières et les larmes m'aient empêché de remplir le devoir de chevalier ; ainsi, cesse tes instances, Sancho. Dieu, qui m'a mis au cœur le dessein de tenter à cette heure cette inouïe et périlleuse aventure, aura soin de mon salut, et de te consoler dans ta tristesse. Ce que tu as à faire, c'est de bien sangler Rossinante, et de m'attendre ici : je reviendrai bientôt, mort ou vif. Sancho, voyant la dernière résolution de son maître, et le peu de pouvoir de ses larmes, de ses prières et de ses conseils, prit le parti d'user d'adresse, et de lui faire attendre le jour s'il le pouvait. Pour cela, quand il serra les sangles de Rossinante, il lui lia doucement, et sans être aperçu, deux jambes avec le licou de son âne : de sorte que, quand Don Quichotte voulut partir, il ne le put, son cheval ne se pouvant mouvoir que par sauts. Sancho, voyant l'heureux succès de sa ruse :

Vous le voyez, seigneur, dit-il, le ciel, touché de mes larmes et de mes prières, a ordonné que Rossinante ne pourrait se mouvoir. Si vous vous opiniâtrez à lui donner de l'éperon, à le pousser, ce sera irriter la fortune, et comme on dit regimber contre l'aiguillon. Don Quichotte se désespérait, plus il donnait des éperons à son cheval, moins le pouvait-il faire mouvoir, et sans concevoir le moindre soupçon au sujet du licou, il résolut d'attendre ou que le jour parût ou que Rossinante fût en humeur de marcher, bien convaincu que cette résistance venait de toute autre cause que de l'industrie de Sancho. Puisqu'il plaît à Rossinante de rester en place, dit-il, je vais attendre le premier sourire de l'aube, quoique je verse des larmes de ce retard. Il n'y a pas de quoi pleurer, reprit Sancho, je vous ferai des contes jusqu'au jour, si vous ne préférez mettre pied à terre, et dormir un peu sur l'herbe fraîche, à la manière des chevaliers errants, afin d'être plus dispos au moment d'entreprendre cette terrible aventure qui vous attend. Qu'appelles-tu dormir et mettre pied à terre! dit Don Quichotte : suis-je donc de ces chevaliers qui reposent au milieu des dangers? Dors, toi qui es né pour dormir, ou fais ce que tu voudras ; pour moi, je ferai ce qui me paraîtra convenir à mes desseins. Ne vous fâchez point, seigneur, je ne l'ai point dit pour vous déplaire, reprit Sancho. Il s'approcha en même temps de son maître, mit une main par devant sur l'arçon de la selle, et l'autre par derrière, en sorte qu'il lui embrassait la cuisse gauche, sans oser tant soit peu s'en détacher, tant il était épouvanté de ces coups qui ne cessaient point. Fais-moi quelque conte, lui dit son maître, pour me faire passer le temps comme tu me l'as promis. Je le ferais volontiers, répondit Sancho, si le bruit que j'entends ne me troublait point ; cependant, je vais tâcher de vous dire une histoire, la meilleure peut-être que vous ayez jamais ouïe, si j'en puis trouver la fin, et ne suis point interrompu. Écoutez-moi et je commence :

Il y avait ce qu'il y avait ; le bien qui viendra soit pour tout le monde, et le mal pour qui le va chercher[1]. Remarquez, je vous prie, seigneur, que les anciens ne commençaient pas leurs contes au hasard, c'était une sentence de Caton, l'encenseur romain : *le mal est pour qui va le chercher* ; ce qui vient ici comme une bague au doigt, pour que votre seigneurie se tienne tranquille, et n'aille pas chercher le mal, et au contraire pour nous faire prendre une autre route, puisque personne ne nous contraint de suivre celle-ci, où tant de frayeurs nous assiégent. Poursuis ton histoire, dit Don Quichotte, et, quant au chemin que nous devons prendre, laisse-m'en le soin. Je dis donc, reprit Sancho, qu'en certain lieu de l'Estramadure il y avait un berger chevrier, c'est-à-dire qui gardait les chèvres, lequel berger ou chevrier, comme dit le conte, s'appelait Lopès Ruys ; et ce Lopès Ruys était amoureux d'une bergère, nommée Torralba ; cette bergère, nommée Torralba, était fille d'un riche propriétaire de troupeaux, lequel riche propriétaire de troupeaux..... Si c'est ainsi que tu racontes ton histoire, interrompit Don Quichotte, répétant deux fois la même chose, tu n'auras pas fini en deux jours. Conte ton histoire de suite en homme d'entendement, ou ne dis mot.

[1] Autrefois, dit Rodrigo Caro, dans ses *Dias geniales*, les gens de la campagne avaient coutume de commencer leurs contes par cet exorde : *Erase lo que era: el mal que se vaya, el bien que se venga : el mal para los Moros, el bien para nos otros.* Que le mal s'en aille et que le bien vienne : le mal pour les Maures, le bien pour nous.

Toutes les histoires se content dans mon pays comme je vous dis la mienne, reprit Sancho, je ne les sais point conter d'autre façon ; trouvez bon que je n'aille pas établir de nouvelles coutumes. Dis comme tu voudras, répondit Don Quichotte, puisque le sort veut que je ne puisse éviter de t'entendre, poursuis. Ainsi, mon cher maître, continua Sancho, comme je l'ai dit, ce berger était amoureux de la bergère Torralba, qui était une grosse fille toute ronde, revêche, et qui tenait un peu de l'homme, car elle avait des moustaches. Il me semble que je la vois encore. L'as-tu donc connue? demanda Don Quichotte Non, seigneur, répondit Sancho ; mais celui de qui je tiens le conte m'a dit qu'il était si vrai, que, quand je le ferais à d'autres, je pouvais affirmer et jurer que j'avais tout vu. De manière donc que, les jours allant et venant, le diable qui ne dort point, et qui brouille tout, fit en sorte que l'amour du berger se changea en inimitié et mauvais vouloir. La cause en fut, selon les mauvaises langues, une bonne quantité de petites jalousies que la Torralba lui donnait, lesquelles passaient la raillerie, et allaient jusqu'au défendu. Dès lors, la haine du berger s'accrut si bien, que, pour ne la jamais voir, il résolut de s'en aller de son pays et d'aller en lieu où ses yeux ne pussent jamais la rencontrer. Torralba, se voyant méprisée de Lopès Ruys, l'aima aussitôt plus qu'elle n'avait jamais fait. Voilà bien le naturel des femmes! dit Don Quichotte ; elles méprisent qui les aime, et aiment qui les hait. Poursuis, Sancho. Il arriva donc, continua Sancho, que le berger accomplit son projet, et touchant ses chèvres devant lui, s'achemina, par les champs de l'Estramadure, pour gagner le royaume de Portugal. La Torralba, qui le sut, le suivit à pied, sans souliers, un bourdon à la main, un bissac à son cou, dans lequel il y avait, à ce qu'on dit, un morceau de miroir, un débris de peigne, et je ne sais quelle petite boîte de fard. Mais il y avait ce qu'il y avait, je ne vais pas m'inquiéter maintenant de le vérifier. Je vous dirai seulement que le berger, avec son troupeau de chèvres, arriva sur le bord du Guadiana, grossi alors et prêt à sortir de son lit : dans l'endroit où il arriva il n'y avait ni bac, ni bateau, ni personne pour le passer lui et son troupeau. Il s'en affligeait beaucoup, parce qu'il voyait la Torralba déjà bien près, et qu'elle allait l'importuner par ses prières et par ses larmes. Enfin, il regarda si bien, qu'il aperçut un pêcheur avec un bateau près de lui, mais si petit qu'il ne pouvait contenir qu'un homme et une chèvre. Cependant il fit marché avec ce pêcheur pour le passer lui et les trois cents chèvres qu'il conduisait. Le pêcheur entre donc dans le bateau, et passe une chèvre; il revient, en passe une autre, il revient encore et en passe une troisième. Rappelez-vous bien, seigneur, le compte des chèvres que passa le pêcheur, car, s'il vous en échappe seulement une de la mémoire, le conte finira, et il ne sera plus possible d'en retrouver un seul mot. Je continue donc : le rivage de l'autre côté était glissant et plein de boue, et le pêcheur perdait beaucoup de temps à aller et venir. Pourtant il revint prendre une autre chèvre, puis une autre, puis une autre encore. Eh! mets qu'il les passa toutes, dit Don Quichotte, sans le faire aller et venir de cette manière : tu n'achèveras d'un an. Combien y en a-t-il de passées jusqu'à présent? demanda Sancho. Et qui diable le sait? répondit Don Quichotte. Ne voilà-t-il pas ce que j'avais dit? reprit Sancho; je vous avais recommandé de bien compter, voilà mon conte achevé ; il n'y a pas moyen de passer outre. Comment cela? dit Don Quichotte; est-il si nécessaire à ton histoire de savoir en détail le compte des chèvres qui sont passées, que, si l'on en manque une, tu ne puisses poursuivre? Je ne le puis en aucune façon, seigneur, répondit Sancho; car, au moment où je vous ai demandé combien il y avait de chèvres passées, et que vous m'avez répondu que vous n'en saviez rien, tout ce qui me restait à dire est sorti de ma mémoire, et c'était chose fort belle et de beaucoup d'agrément. Ainsi, dit Don Quichotte, l'histoire est finie? Finie comme ma mère, dit Sancho. En vérité, continua le chevalier, tu m'as donné le plus étrange conte, fable ou histoire que l'on puisse imaginer, et cette manière de conter et de terminer ne s'est jamais vue[1] et ne se verra jamais. Au surplus je n'attendais pas autre chose de ton esprit. Mais je ne m'en étonne point : sans doute ce bruit continuel t'a troublé la cervelle. Cela peut être, répondit Sancho; mais, pour le conte, il n'y a rien à ajouter, il finit toujours là où l'on manque le compte des chèvres. Qu'il finisse où il pourra, à la bonne heure, dit Don Quichotte, et voyons si Rossinante voudra marcher. Il lui donna de nouveau des éperons, et le cheval reprit ses bonds, et resta en place, tant Sancho l'avait bien lié.

Sur ces entrefaites, soit que ce fût un effet de la fraîcheur du matin, soit que Sancho eût mangé quelque chose de laxatif, ou par une cause toute naturelle, ce qui est plus probable, il se sentit pressé de faire ce qu'un autre ne pouvait faire pour lui; mais il avait si grande peur, qu'il n'osait s'éloigner de son maître de l'épaisseur de l'ongle. Pourtant, différer de se satisfaire n'était pas possible; ce qu'il s'imagina de mieux fut de retirer la main droite dont il tenait le derrière de la selle, et, doucement et sans bruit, il détacha l'aiguillette unique qui serrait ses chausses, de sorte qu'elles lui tombèrent sur les talons, et l'entravaient comme s'il eût eu les fers aux pieds. Il releva ensuite sa chemise du mieux qu'il put, et mit à l'air ses deux fesses, qui n'étaient pas petites. Cela fait, et il pensait que c'était le plus essentiel pour sortir de ce cruel embarras, il lui en survint un plus grand encore, ce fut la peur de ne pouvoir changer de position sans faire de bruit, si bien qu'il commença à serrer les dents et les épaules, retenant son haleine tant qu'il pouvait; mais, malgré toutes ces précautions, il fut si malheureux qu'il ne put s'empêcher de faire un léger bruit, bien différent de celui qui l'effrayait depuis si longtemps. Don Quichotte l'entendit et dit : Quel est ce bruit? Sancho. Je ne sais, répondit celui-ci; c'est sans doute quelque chose de nouveau, car les aventures ou mésaventures ne commencent jamais pour peu. Il fit ensuite une nouvelle tentative, et réussit si bien que sans nouveau bruit, il se trouva délivré du fardeau qui le gênait si fort. Mais Don Quichotte n'avait pas le sens de l'odorat moins vif que celui de l'ouïe. Sancho était si rapproché et comme cousu à lui, que certaines vapeurs montaient presque en ligne droite et arrivèrent nécessairement jusqu'en haut. A peine en fut-il frappé, qu'il courut au remède, et se serrant le nez avec les doigts : Il me semble, dit-il, Sancho, d'un ton nasillard, que tu as grand'peur? Oui, répondit Sancho; mais, seigneur, pourquoi vous en apercevez-vous à cette heure plutôt qu'auparavant? C'est, reprit le chevalier, qu'à cette heure, tu sens plus fort qu'auparavant, et ce n'est pas l'ambre. Cela peut être, dit Sancho, et ce n'est pas ma faute, mais celle de votre

[1] Ce conte n'appartient pas à Cervantes; il est imité d'une histoire à peu près semblable qui se trouve dans un recueil de *Cento novelle scelte*, publié à Venise, en 1571, et ce n'est pas là sa première origine.

seigneurie qui me tient à une telle heure dans ces lieux que je ne connais point. Retire-toi à trois ou quatre pas, ami, reprit Don Quichotte (sans cesser de se presser le nez), et désormais observe-toi davantage, ainsi que ce que tu me dois. La trop grande liberté que je te donne est cause de ce manque de respect. Je gage, répliqua Sancho, que vous vous imaginez que j'ai fait quelque chose qui ne se doit pas faire. C'est encore pis de remuer cela, dit Don Quichotte. Ils passèrent la nuit en de semblables discours. Sancho, voyant que le jour allait bientôt paraître, releva ses chausses et délia tout doucement les jambes de Rossinante. Aussitôt qu'il se sentit libre, il s'en montra joyeux, car quoique tout à fait modeste de son naturel, il commença à frapper du pied; pour des courbettes, avec sa permission, il n'en savait pas faire. Son maître s'apercevant de ces mouvements, en augura bien, et crut que c'était le signal pour entreprendre cette épouvantable aventure.

Cependant le jour achevait de paraître, et les objets se montraient distinctement. Don Quichotte vit qu'il était au milieu de grands châtaigniers dont l'ombrage épais avait rendu la nuit plus obscure; le grand bruit continuait toujours, mais il ne découvrit point ce qui l'occasionnait. Sans plus attendre, il donna des éperons à Rossinante, et, s'adressant à son écuyer pour lui dire une seconde fois adieu, il lui ordonna, comme il avait déjà fait, de l'attendre là pendant trois jours, et de tenir pour certain, s'il ne revenait pas au bout de ce temps, que Dieu aurait jugé à propos de terminer sa vie dans cette périlleuse aventure; il lui renouvela le message et l'ambassade dont il devait se charger pour sa dame Dulcinée, ajoutant qu'à l'égard de la récompense de ses services, il ne s'en mît point en peine, parce que, avant que de partir de sa maison, il y avait pourvu par un testament, où il se trouvait gratifié en raison du temps qu'il aurait passé près de lui. Mais, que si Dieu le faisait sortir de cette périlleuse affaire sain et sauf, il pouvait regarder comme assurée l'île qu'il lui avait promise. Sancho ne put se retenir de pleurer aux douloureuses paroles de son bon maître, et résolut de le suivre jusqu'à la dernière fin de l'entreprise. Ces larmes et cette résolution si louable font dire à l'auteur de cette histoire que Sancho était bien né, ou pour le moins un vieux chrétien. Don Quichotte fut attendri, mais non pas au point de montrer aucune faiblesse; dissimulant le mieux qu'il put son émotion, il marcha du côté d'où lui semblaient venir ces coups redoublés et le bruit de l'eau. Sancho le suivait à pied, menant comme de coutume par le licou le fidèle compagnon de ses bonnes et mauvaises aventures. Après avoir marché quelque temps entre les châtaigniers et autres arbres touffus, ils arrivèrent dans une petite prairie au pied de rochers élevés, du haut desquels tombait une grande masse d'eau. Au bas de ces rochers étaient quelques cabanes mal bâties qui ressemblaient plutôt à des ruines qu'à des maisons; ils reconnurent que c'était de là que sortaient ces coups terribles qui duraient encore. Tout ce bruit épouvanta Rossinante; mais Don Quichotte, le calmant, s'approcha peu à peu des cabanes, se recommandant de tout son cœur à sa dame, et la suppliant de le favoriser de son secours dans cette effroyable entreprise; et chemin faisant il priait aussi Dieu de ne le point oublier. Sancho ne quittait pas le côté de son maître, allongeant le cou de temps en temps, pour regarder entre les jambes de Rossinante s'il ne découvrirait point ce qui lui faisait tant de peur. Ils firent bien encore cent pas, quand au détour d'une pointe de rocher qui s'avançait un peu, ils virent enfin pleinement et à découvert la cause seule possible de cet épouvantable bruit qui les avait tenus toute la nuit en alarmes : c'étaient (lecteur n'en conçois pas trop d'ennui) six moulins à foulon qui, par leurs mouvements alternatifs, faisaient tout ce vacarme. A cette vue, Don Quichotte demeura muet, et pensa tomber de son haut. Sancho le regarda, et le vit la tête penchée sur sa poitrine, avec les signes d'une confusion profonde. Don Quichotte aussi regarda Sancho, et le vit les deux joues enflées, et la bouche fermée, comme un homme qui étouffe d'envie de rire; son désappointement ne put l'empêcher d'en faire autant : de sorte que Sancho, ravi que son maître eût commencé, se donna carrière au point d'être obligé de se serrer les côtes avec les poings pour n'en pas crever. Quatre fois il s'arrêta, et quatre fois il reprit de la même force. Don Quichotte s'en donnait au diable; mais ce fut bien pis quand il l'entendit répéter, par manière de moquerie : Apprends, ami Sancho, que le ciel m'a fait naître pour ramener dans ce siècle de fer l'âge d'or; c'est à moi que sont réservés les périls, les grandes actions et les faits héroïques; et il redit ainsi les mêmes paroles, ou la plupart, que son maître avait dites la première fois qu'ils avaient entendu le bruit du moulin. Don Quichotte écoutant les railleries de son écuyer, se courrouça si fort, qu'il leva sa lance et lui en donna deux si grands coups que, s'ils fussent tombés sur la tête au lieu des épaules, il était dispensé de payer les gages, à moins que ce ne fût à ses héritiers. Sancho, voyant que ses plaisanteries lui réussissaient si mal, et craignant que son maître ne continuât, lui dit avec beaucoup d'humilité : Seigneur, calmez-vous, au nom de Dieu; c'est une plaisanterie. Si vous plaisantez, je ne plaisante pas, moi, dit Don Quichotte. Venez ici, mon gai seigneur; si ç'avait été aussi bien une aventure réelle, comme ce ne sont que des marteaux de foulon, vous semble-t-il que je n'aie pas montré tout le courage qu'il fallait pour l'entreprendre et pour la mettre à fin? Suis-je obligé, moi qui suis chevalier, de connaître tous les sons que j'entends, et de distinguer ceux qui sont ou ne sont pas d'un moulin à foulon, surtout si de ma vie je n'ai vu de ces moulins, comme c'est la vérité? C'est bon pour vous, chétif paysan, né et nourri parmi ces sortes de choses. Mais faites que six moulins deviennent autant de géants, mettez-les en face de moi l'un après l'autre, ou tous ensemble, et, si je ne leur mets pas à tous les pieds en l'air, raillez alors tant qu'il vous plaira. Il suffit, seigneur, répondit Sancho; je conviens que j'ai trop raillé. Mais à présent que nous sommes en paix (et puisse Dieu vous tirer de toutes les aventures sain et sauf comme de celle-ci), n'est-ce pas une chose risible et risible aussi à raconter, que la frayeur que nous avons eue? au moins moi, car pour vous, je sais que la peur vous est inconnue. Je ne dis pas, répondit Don Quichotte, que ce qui nous vient d'arriver ne soit assez plaisant, mais cela n'est pas bon à raconter; tout le monde n'a pas assez d'esprit pour mettre les choses à leur vrai point de vue. Vous du moins, seigneur, reprit Sancho, vous savez bien placer votre lance; visant à la tête, vous m'en avez donné sur les épaules, grâces à Dieu et à la promptitude avec laquelle je me suis mis de côté. Mais passe, tout cela s'en ira à la première lessive, et, comme on dit, celui-là t'aime qui te fait pleurer; et les grands seigneurs sont dans l'usage de donner des chausses à leurs valets après leur avoir dit de mauvaises paroles.

Véritablement, je ne sais pas bien ce qu'ils donnent après des coups de bâton, mais je m'imagine que les chevaliers errants donnent pour le moins des îles ou quelque royaume en terre ferme. Écoute, dit Don Quichotte, le dé pourrait tourner de telle sorte que tout ce que tu dis devînt une réalité. Cependant, pardonne-moi le passé en homme raisonnable; tu sais bien que l'on n'est pas maître des premiers mouvements. Mais je t'avertis d'une chose pour l'avenir, c'est d'être plus réservé en me parlant. Dans tous les livres de chevalerie que j'ai lus, qui sont en nombre infini, je n'ai jamais trouvé qu'aucun écuyer parlât autant à son maître que toi au tien. Et, en vérité, c'est une grande faute à nous deux, à toi de n'avoir pas assez de respect pour moi, à moi de ne me pas faire respecter davantage. Gandalin, écuyer d'Amadis de Gaule, fut comte de l'Ile-Ferme, et cependant on rapporte qu'il ne parlait jamais à son maître que la toque à la main, la tête baissée et le corps à demi courbé, à la manière des Turcs. Que dirons-nous de Gasabal, écuyer de don Galaor, qui fut si discret que, pour nous instruire de son merveilleux silence, l'auteur ne le nomme qu'une seule fois dans toute cette longue et véritable histoire? De tout ce que je viens de dire, Sancho, tu dois conclure qu'il faut qu'il y ait une différence entre le maître et le valet, le seigneur et le serviteur, le chevalier et son écuyer. Ainsi, désormais, tenons-nous dans les vraies limites, sans nous harceler l'un l'autre; car, après tout, de quelque manière que je me fâche contre toi, ce sera toujours aux dépens du pot de terre. Les récompenses que je t'ai promises viendront dans leur temps; et, si elles ne se présentaient pas, ton salaire ne peut te manquer, comme je te l'ai dit. Tout ce que vous dites est très bien, seigneur, répliqua Sancho; mais si par malheur le temps des récompenses n'arrivait jamais, et qu'il fallût s'en tenir aux salaires, je voudrais savoir ce que gagnait dans ce temps-là l'écuyer d'un chevalier errant, et s'il faisait marché à tant par mois ou à la journée, comme les aides-maçons. Je ne crois pas, répondit Don Quichotte, qu'on ait jamais vu de tels écuyers à gages, mais bien à la discrétion de leur maître; et, si je t'en ai assigné dans le testament que j'ai laissé dans ma maison, c'est qu'on ne sait ce qui peut arriver. Dans ces temps de calamités, j'ignore encore ce qui adviendra de la chevalerie, et je ne voudrais pas que, pour ce peu de chose, mon âme fût en peine dans l'autre monde; car je veux que tu saches qu'il n'y a pas d'état plus périlleux que celui de nous autres aventuriers. Je n'en doute point, dit Sancho, puisque le seul bruit de marteaux à foulon a pu troubler et inquiéter un aussi vaillant chevalier. Mais tenez-vous pour assuré qu'à l'avenir, je n'ouvrirai pas les lèvres pour m'égayer sur ce qui vous touche, mais seulement pour vous honorer comme mon maître et mon véritable seigneur. C'est le moyen de vivre longtemps sur la terre, dit Don Quichotte, parce qu'après les pères et les mères, on doit respecter les maîtres qui les représentent.

CHAPITRE XXI.

QUI TRAITE DE LA GRANDE AVENTURE ET RICHE CONQUÊTE DE L'ARMET DE MAMBRIN, AVEC D'AUTRES CHOSES ARRIVÉES A NOTRE CHEVALIER.

Ils furent surpris alors d'une petite pluie, et Sancho eût bien voulu entrer dans le moulin à foulon, mais Don Quichotte les avait pris en telle aversion, depuis la plaisanterie de son écuyer, qu'il n'y voulut jamais entrer. Changeant donc de chemin, ils en trouvèrent sur leur droite un autre semblable à celui qu'ils avaient parcouru la veille. Au bout de quelques pas, Don Quichotte aperçut un homme à cheval, qui portait quelque chose qui reluisait comme si c'eût été de l'or. A peine l'eut-il vu, qu'il se tourna vers Sancho, et lui dit : Je crois, Sancho, qu'il n'y a point de proverbe qui ne soit vrai. Ils sont tous des maximes tirées de l'expérience, mère de toutes les sciences, et particulièrement celui qui dit : une porte se ferme, une autre s'ouvre. Je dis ceci, parce que, si cette nuit la fortune nous ferma la porte de l'aventure que nous cherchions, en nous abusant avec ces marteaux, aujourd'hui elle nous en ouvre une toute grande pour une aventure plus importante et plus réelle ; si je n'en viens à bout, ce sera ma faute, sans que je la puisse attribuer à l'obscurité, ni à une ignorance semblable à celle où j'étais pour les moulins. Je vois venir à nous, si je ne me trompe, un homme qui porte sur la tête l'armet de Mambrin [1], pour lequel j'ai fait le serment que tu sais. Seigneur, répondit Sancho, prenez garde à ce que vous dites, et plus encore à ce que vous allez faire ; je ne voudrais pas rencontrer ici d'autres moulins à foulon qui achèveraient de nous fouler l'entendement ? Le diable t'emporte ! interrompit Don Quichotte, quel rapport les foulons ont-il avec un armet ? Je n'en sais rien, répondit Sancho ; mais, si je pouvais parler comme autrefois, peut-être vous ferais-je voir par mes raisons que votre seigneurie pourrait bien se tromper. Et comment veux-tu que je me trompe, traître, avec tes scrupules ? reprit Don Quichotte. Dis-moi, ne vois-tu pas ce chevalier qui vient droit à nous sur un cheval gris-pommelé, et qui porte en tête un armet d'or ? Ce que je vois et revois, répliqua l'écuyer, c'est un homme monté sur un âne gris comme le mien, et qui porte quelque chose de luisant sur la tête. Eh bien, dit Don Quichotte, ce que tu vois est l'armet de Mambrin. Éloigne-toi de quelques pas et me laisse seul ; tu verras que sans dire un mot pour épargner le temps, j'achèverai cette aventure et demeurerai maître de ce précieux armet que j'ai tant désiré. Pour me tenir à l'écart, répliqua Sancho, j'en aurai soin, mais je vous dirai toujours : Dieu veuille que ce soit Origan et non des foulons. Je vous ai déjà dit, frère, reprit Don Quichotte, de ne me plus rappeler les foulons, car je jure....(ne m'en faites pas dire davantage), que je vous foulerai l'âme dans le corps. Sancho se tut, de peur que son maître n'accomplît le serment qu'il lui avait lancé comme une balle. Or voici

[1] *Roland amoureux*, liv. Ier, chap. IV.

Imp. Lemercier.

Conquête de l'Armet de Mambrin.

ce que c'était que cet armet, ce cheval, et ce chevalier que voyait Don Quichotte. Il y avait dans ce canton deux villages, l'un était si petit, qu'il n'y avait point de barbier; l'autre, très rapproché, en avait un qui desservait le grand village et le petit. Il était donc arrivé que, dans celui-ci, un malade avait eu besoin d'une saignée, et quelque autre de se faire faire la barbe. C'était là ce qui amenait le barbier, muni d'un bassin de cuivre. Le hasard voulut que la pluie le surprît en chemin, et pour conserver son chapeau, qui sans doute était neuf, il avait mis sur sa tête le bassin bien récuré, qui reluisait d'une demi-lieue. Ce barbier montait un âne gris, comme l'avait remarqué Sancho, et c'est pour cela que Don Quichotte avait cru voir un cheval gris-pommelé, un chevalier et un armet d'or, car il accommodait toujours ce qu'il voyait à ses rêveries et extravagances chevaleresques. Voyant donc que le pauvre cavalier approchait, il courut à lui de toute la force de Rossinante, sans daigner entrer en pourparler, la lance basse, et résolu de le percer de part en part. Mais sur le point de l'atteindre, et sans retarder l'impétuosité de sa course: Défends-toi, lui cria-t-il, chétive créature, ou me rends de bon gré ce qui m'est dû avec tant de raison. Le barbier, fort éloigné de craindre cette attaque ou d'y songer seulement, voyant fondre sur lui ce fantôme, ne trouva d'autre moyen pour éviter le coup de lance que de se laisser tomber de son âne à terre, et n'y fut pas plus tôt que, se relevant plus leste qu'un daim, il se mit à fuir dans la plaine d'une vitesse à défier le vent. Le bassin resta par terre. Don Quichotte fut satisfait de son trophée. Le païen, dit-il, a fait preuve de prudence, il a imité le castor, qui, poursuivi par les chasseurs, coupe avec ses dents ce que son instinct lui dit être la cause du danger. Il ordonna à Sancho de ramasser l'armet. Par Dieu, dit Sancho en le considérant, le bassin n'est pas mauvais; il vaut un réal de huit comme un maravédis. Puis il le donna à son maître, celui-ci le mit incontinent sur sa tête, le tournant d'un côté à l'autre pour trouver l'enchâssure. Mais ne la trouvant point: Sans doute, dit-il, le païen à la mesure duquel fut forgée cette fameuse salade, devait avoir une bien grosse tête; mais le pire, c'est qu'il en manque la moitié. Quand Sancho l'entendit appeler ce bassin salade, il ne put s'empêcher de rire; mais, se rappelant la colère de son maître, il étouffa cet accès de gaieté. De quoi ris-tu, Sancho? demanda notre chevalier. Je ris, répondit-il, en pensant à la grosse tête que devait avoir le païen maître de cette salade, qui ressemble exactement à un bassin de barbier. Sais-tu bien ce que je pense, Sancho? c'est qu'assurément cet armet enchanté sera tombé par hasard entre les mains de quelqu'un qui n'en aura pas connu la valeur, et, sans savoir ce qu'il faisait, le voyant d'or fin, il en aura fondu la moitié pour profiter du prix, et du reste a fait ceci, qui, comme tu le dis, ressemble à un bassin de barbier. Mais qu'il en soit ce qu'il pourra, pour moi, qui en connais le prix, cette transformation ne fait rien: je ferai remettre en état la salade au premier endroit où il y aura une forge, et de sorte que celle que Vulcain forgea pour le dieu de la guerre, ne la surpassera pas et même n'aurait pu l'atteindre. En attendant je la porterai telle qu'elle est, mieux vaut peu de chose que rien, elle sera bonne au moins pour me garantir de quelques coups de pierres. Oui, dit Sancho, pourvu qu'elles ne soient pas lancées avec une fronde, comme elles le furent au combat des deux armées, quand les dents de votre seigneurie furent brisées, avec la fiole du bienheureux breuvage qui me fit vomir les entrailles. Je m'afflige peu de cette perte, dit Don Quichotte, tu sais que je connais la recette du baume. Je la sais bien aussi, répondit Sancho, mais s'il m'arrive jamais d'en faire, et encore moins d'en goûter, que ce soit ici ma dernière heure. Je compte bien du reste ne pas me mettre dans le cas d'en avoir besoin ; car je suis résolu d'employer mes cinq sens de nature à me garantir d'être blessé, comme aussi à ne blesser personne. Pour ce qui est d'être berné une autre fois, je n'en dis rien ; on prévient difficilement de semblables accidents, et s'ils arrivent, il n'y a rien autre chose à faire que de serrer les épaules, retenir son haleine, et se laisser aller les yeux fermés au gré du sort et de la couverture. Tu n'es pas bon chrétien, Sancho, dit Don Quichotte quand il entendit ces paroles : jamais tu n'oublies une injure. Apprends qu'il est d'un cœur noble et généreux de mépriser de semblables bagatelles. De quel pied es-tu boiteux ? quelle côte a été rompue, quelle tête cassée, pour conserver le souvenir de cette plaisanterie ? Car, à bien examiner la chose, ce ne fut qu'une plaisanterie et un passe-temps ; si je ne l'entendais ainsi, j'y serais déjà retourné, et j'aurais fait pour ta vengeance plus de mal que n'en firent les Grecs pour l'enlèvement d'Hélène, qui, au reste, ne serait pas en si grande réputation de beauté, si elle vivait en ce temps-ci, ou si Dulcinée avait vécu dans le sien. Là il poussa un soupir à fendre les nues. Passe donc pour une plaisanterie, dit Sancho, puisqu'aussi bien la vengeance n'en peut pas devenir une chose sérieuse ; mais sérieux ou plaisant, cela ne sortira pas plus de ma mémoire qu'on ne me l'ôtera des épaules. Mais laissons cela, et que votre grâce me dise ce que nous ferons de ce cheval gris-pommelé, qui ressemble à un âne, et qu'a laissé ici son maître, ce Martin [1] que vous avez jeté par terre ? De la manière dont il a gagné au pied, il n'a pas envie de revenir le chercher, et, par ma barbe, le grison n'est pas mauvais. Je n'ai pas coutume, répondit Don Quichotte, de dépouiller ceux que j'ai vaincus, et ce n'est pas l'usage de la chevalerie de leur enlever leurs chevaux et de les laisser à pied, à moins que le vainqueur n'ait perdu son coursier dans le combat ; en ce cas, il peut légitimement prendre celui du vaincu, comme conquis de bonne guerre. Ainsi, Sancho, laisse là ce cheval ou cet âne, comme tu voudras ; son maître ne manquera pas de le venir reprendre aussitôt qu'il nous verra éloignés. Dieu sait si je voudrais l'emmener, dit Sancho, ou du moins le troquer pour le mien, qui ne me paraît pas aussi bon. Véritablement, les lois de la chevalerie sont bien étroites, puisqu'elles ne s'étendent pas jusqu'à permettre de troquer un âne contre un âne ! mais je voudrais savoir s'il m'est au moins permis de troquer les harnais. Je n'en suis pas trop assuré, répondit Don Quichotte ; dans le doute, et jusqu'à ce que j'en sois mieux informé, tu peux faire l'échange, pourvu que tu en aies un pressant besoin. Aussi pressant que si c'était pour moi-même, répondit Sancho. Avec cette permission de son maître, il fit l'échange des harnais [2], et fit la toilette de son âne, qui lui en parut avantagé d'un tiers ou du quint [3]. Cela fait, ils déjeunèrent du reste des dépouilles du convoi, et burent de l'eau qui venait des moulins à foulon, sans tourner la tête pour les voir, tant ils les avaient en horreur pour la frayeur qu'ils leur avaient donnée : la colère et le ressentiment dissipés, ils montèrent à cheval, et, sans choisir de chemin (il est

[1] Pour Mambrin. [2] Cervantes dit en latin : *mutatio caparum.*

[3] *Mejorado en tercio y quinto.* C'est l'avantage d'un tiers ou du quint qu'un père peut faire à un enfant, outre sa légitime.

mieux à des chevaliers errants de n'en pas avoir de déterminé), ils se laissèrent guider à la fantaisie de Rossinante, qui entraînait celle de son maître et même celle de l'âne toujours disposé à suivre son compagnon de la meilleure amitié du monde. Ils arrivèrent ainsi au grand chemin, où ils marchèrent à l'aventure, n'ayant pour lors aucun dessein.

En cheminant ainsi doucement, Sancho dit à son maître: Seigneur, voudriez-vous me permettre de discourir un peu avec vous? Depuis que vous m'avez imposé ce rude silence, il m'est resté sur l'estomac plus de quatre bonnes choses; j'en ai présentement une sur le bout de la langue, que je voudrais bien qui ne se perdît pas. Dis-la, Sancho, reprit Don Quichotte, mais sois court, les longs discours sont toujours ennuyeux. Je dis donc que, depuis quelques jours, je considère le peu que l'on gagne à courir ainsi les aventures que vous allez chercher par les déserts et carrefours; les plus périlleuses que vous puissiez entreprendre et mettre à fin ne sont ni vues ni sues de personne, et demeureront ainsi ensevelies dans un éternel oubli, au préjudice de leur mérite et de votre bonne intention. Il me semblerait plus à propos, sauf votre meilleur avis, que nous allassions servir quelque empereur, ou autre grand prince qui fût en guerre; votre seigneurie pourrait montrer là sa valeur, ses grandes forces et son jugement plus grand encore. En voyant vos exploits, le seigneur que nous servirions serait bien obligé de nous récompenser, chacun suivant son mérite, et alors il ne manquera pas d'historien qui mette en écrit vos prouesses pour les éterniser. Je ne parle point des miennes, car elles ne doivent pas franchir les limites de mon emploi, quoique je puisse dire que, s'il est d'usage dans la chevalerie d'écrire aussi les actions des écuyers errants, je ne pense pas que les miennes soient oubliées. Ce n'est pas mal dit à toi, répondit Don Quichotte; mais, avant que d'en venir là, il faut aller par le monde pour faire ses preuves, cherchant les aventures, afin d'acquérir, après en avoir mis quelques-unes à fin, une renommée telle, qu'arrivant à la cour de quelque grand monarque, le chevalier soit déjà connu par ses œuvres, et que les enfants l'aient à peine vu entrer par une porte de la ville, qu'ils le suivent, l'environnent, en criant: C'est le chevalier du Soleil, ou celui du Serpent, ou de quelque autre emblème, sous lequel il aura accompli ses incomparables entreprises. C'est lui, dira-t-on, qui a vaincu en combat singulier l'énorme géant Brocabrune à la grande force, lui qui a désenchanté le grand Mameluc de Perse du long enchantement où il était resté depuis près de neuf cents ans; ses louanges gagneront ainsi de proche en proche, et au bruit que feront les enfants et tout le peuple, le roi se mettra aux fenêtres de son palais. A l'aspect du chevalier qu'il reconnaîtra à ses armes, ou à la devise de son écu, il ne peut manquer de dire: En avant, chevaliers de ma cour; allez recevoir à son arrivée la fleur de la chevalerie. A ce commandement, ils sortiront tous; le roi lui-même descendra jusqu'à la moitié les degrés de son palais, il embrassera étroitement le chevalier, et lui donnera le baiser de paix au visage; puis, le prenant par la main, il le mènera à la chambre de la reine; le chevalier la trouvera avec l'infante sa fille, qui doit être une des plus belles et des plus accomplies personnes qui à grande peine se puissent trouver sur la terre. Il arrivera incontinent que l'infante jettera les yeux sur le chevalier, et le chevalier sur l'infante. Chacun paraîtra à l'autre une personne plus divine qu'humaine, et, sans savoir pourquoi ni comment ils se trouveront enlacés dans les inextricables rets de l'amour, mais en grand ennui de ne savoir comment se découvrir leurs sentiments et leurs peines. De là on mènera sans aucun doute le chevalier dans un des plus splendides appartements du palais, et après l'avoir désarmé, on lui mettra sur les épaules un riche manteau d'écarlate ; s'il avait une haute apparence étant armé, il paraîtra aussi bien et mieux encore sous ce nouveau costume. La nuit venue, il soupera avec le roi, la reine et l'infante, dont il ne pourra détourner sa vue, mais en cherchant à n'être pas surpris par les assistants ; elle fera de même, avec autant de prudence, parce que, comme je l'ai dit, c'est une discrète personne. Au sortir de table, on verra pénétrer à l'improviste, par la porte de la salle, un hideux petit nain, suivi d'une belle dame entre deux géants, qui proposera une certaine aventure préparée par un ancien sage, et si difficile que celui qui en sortira sera tenu pour le meilleur chevalier de la terre. Aussitôt le roi voudra que tous ceux de sa cour tentent l'épreuve, mais aucun ne pourra la mettre à fin que le chevalier étranger au grand avantage de sa gloire. L'infante en sera remplie de joie, et se tiendra heureuse et récompensée d'avoir mis ses pensées en si haut lieu. Par-dessus tout, ce roi ou prince soutient une terrible guerre avec un de ses voisins aussi puissant que lui. Le chevalier (après avoir séjourné quelques jours à sa cour) lui demandera congé de le servir dans cette guerre; le roi le lui accordera de bon cœur, et le chevalier lui baisera les mains pour le remercier de la grâce qu'il lui fait. Cette même nuit il fera ses adieux à l'infante sa dame, par une fenêtre grillée de son appartement, qui donne sur le jardin, où il lui a déjà parlé plusieurs fois par l'entremise d'une demoiselle, médiatrice de leurs amours, en qui la princesse a une entière confiance. Il soupirera, elle s'évanouira, la demoiselle apportera vite de l'eau pour lui jeter au visage, et s'inquiétera fort parce que le jour approche, et qu'elle ne voudrait pas pour l'honneur de sa maîtresse qu'ils fussent découverts. Enfin, l'infante reviendra à elle, elle donnera ses blanches mains au travers de la grille au chevalier, qui les baisera mille et mille fois, et les arrosera de ses larmes. Ils conviendront ensuite des moyens qu'ils emploieront pour avoir des nouvelles l'un de l'autre, et la princesse priera le chevalier de rester éloigné le moins qu'il pourra ; il devra le lui promettre avec de grands serments. Il lui baise encore une fois les mains, et s'attendrit de telle sorte en lui disant adieu, qu'il s'en faudra peu qu'il ne meure. De là il se retire dans son appartement, se jette sur son lit, il ne peut dormir de la douleur de la séparation, il se lève de grand matin et va pour prendre congé du roi, de la reine et de l'infante ; mais on lui dira, après qu'il aura pris congé des deux premiers, que l'infante est indisposée et qu'elle ne peut recevoir de visite. Le chevalier ne doute pas que ce ne soit la douleur de son départ, son cœur en est pénétré et peu s'en faut qu'il ne trahisse le secret de son affliction. Cependant la demoiselle confidente est présente et remarque bien tout, elle va le conter à sa maîtresse, qu'elle trouvera tout en larmes, et qui lui dira que sa plus grande peine est de ne pas savoir qui est son chevalier, s'il est de lignée royale ou non. La confidente l'assurera que tant de courtoisie, de grâce et de valeur ne peut exister que dans le sang de rois. La princesse affligée tâchera de se consoler avec cette assurance, pour ne donner aucun soupçon au roi et à la reine, et, au bout de deux jours, elle sortira en public. Déjà le chevalier est parti ; il combat, triomphe de l'ennemi du roi, prend nombre de villes et gagne plusieurs batailles. Revenu à la cour, il voit sa maîtresse au lieu accoutumé, et ils conviennent ensemble qu'il la demandera en mariage pour la récompense de ses services. Le roi n'y veut point consentir, parce qu'il ignore la naissance du chevalier ; mais, avec tout cela, l'infante enlevée, ou autrement, devient son épouse, le roi lui-même finit par le tenir à grand bonheur, parce qu'on vient à découvrir qu'il est fils d'un vaillant roi de je ne sais quel royaume, car je crois qu'il peut ne pas se trouver sur la carte. Le père meurt, l'infante hérite, en deux mots voilà le chevalier roi. Alors il doit penser à récompenser son écuyer et tous ceux qui auront contribué à l'élever à cette haute fortune ; il marie son écuyer avec une demoiselle de l'infante, sans doute la médiatrice de ses amours, qui est la fille d'un duc des plus considérables du royaume[1]. C'est ce que je demande, et barres droites, s'écria Sancho. Je m'en tiens à cela et tout arrivera au pied de la lettre avec ce nom de chevalier de la Triste Figure. N'en doute point, Sancho, répliqua Don Quichotte, c'est ainsi et par les mêmes degrés que je l'ai raconté, que les chevaliers errants parviennent à être rois et empereurs. Nous n'avons plus qu'à chercher quel roi chrétien ou païen se trouve en guerre et en possession d'une belle fille. Mais le temps viendra d'y penser, car, comme je te l'ai dit, il faut acquérir de la renommée en d'autres lieux avant que de paraître à la cour. Une autre chose cependant me manque : admettons que je trouve ce roi, cette guerre et cette infante, et que j'aie acquis une réputation incroyable dans tout l'univers, je ne vois point comment il se pourra faire que je sois de race royale, ou pour le moins cousin au second degré de quelque empereur ; le roi ne voudra certainement jamais me donner sa fille, s'il n'est assuré de cela, quel que soit le mérite de mes actions ; je crains bien que cela ne me fasse perdre le prix de ma valeur. Pour gentilhomme[2], véritablement je le suis, de maison connue, avec possession et propriété, et droit à cinq cents sous de solde. Il se pourrait que le sage qui écrira mon histoire éclaircît tellement ma généalogie qu'il me trouvât cinquième ou sixième petit-fils de roi. Car il faut que tu saches, Sancho, qu'il y a dans le monde deux sortes de races : l'une tire son origine de rois et de princes que le temps a fait déchoir peu à peu, et qui se terminent en pointe comme les pyramides ; l'autre provient de gens de basse extraction, successivement élevés, jusqu'à devenir de grands seigneurs : de manière que la différence consiste en ce que les uns ont été et ne sont plus, les autres sont et n'étaient pas. Ainsi, il se pourrait que je fusse de ceux-là et qu'après vérification mon origine se trouvât avoir été grande et fameuse, ce qui devra contenter le roi qui pourra être mon beau père. Mais, s'il en est autrement, l'infante m'aimera de telle sorte, qu'en dépit de son père, elle me recevra comme seigneur et époux quand je serais fils d'un porteur d'eau ; sinon, c'est le cas de l'enlever et de l'emmener où bon me semblerait :

[1] Cette plaisante narration d'événements imaginaires peut être regardée comme la récapitulation et en même temps comme la meilleure critique de tous les romans de chevalerie.

[2] *Hidalgo de solar conocido, etc., y de devengar quinientos sueldos.* C'était une prérogative et un privilége spécial des gentilshommes. Ils recevaient des rois cette somme en solde ou paye. Suivant d'autres, on emploie cette expression à l'égard des gentilshommes victimes d'un tort qui n'était pas punissable d'une peine corporelle. On leur attribuait cinq cents sous à prendre sur les biens de l'offenseur comme satisfaction et compensation du tort reçu. Les roturiers n'avaient droit qu'à trois cents sous.

le temps où la mort terminerait la colère de ses parents. C'est bien aussi le lieu, dit Sancho, d'appliquer ce que disent certains vauriens : Ne demande point ce que tu peux prendre de force, et ce qui est plus à propos encore : Mieux vaut le saut du buisson que la prière des gens de bien. Je veux dire que, si le roi votre beau-père ne veut pas condescendre à vous livrer madame l'infante, il n'y a, comme dit votre seigneurie, qu'à l'enlever et la transporter ailleurs. Le mal que j'y trouve, c'est qu'en attendant que la paix se fasse, et que l'on jouisse paisiblement du royaume, le pauvre écuyer pourra rester les dents longues devant les récompenses, à moins que la demoiselle médiatrice, qui doit être sa femme, ne s'en aille avec l'infante, et qu'il ne se console avec elle jusqu'à ce que le ciel en ordonne autrement; son maître, je pense, pourra bien la lui donner tout de suite pour légitime épouse. Qui pourrait l'empêcher? dit Don Quichotte. Puisqu'il en est ainsi, dit Sancho, il n'y a donc autre chose à faire que de nous recommander à Dieu et de laisser courir le sort où il nous conduira le mieux. Dieu le fasse, répondit Don Quichotte, suivant mes désirs et le besoin que tu en as; misérable soit qui pour misérable se tient. Ainsi soit-il, reprit Sancho; je suis des vieux chrétiens, et cela me suffit pour être comte? Il y en a de reste, dit Don Quichotte, et quand tu ne le serais pas, cela ne fait rien à l'affaire, car étant roi, je te puis ennoblir sans qu'il t'en coûte rien, ni que tu me serves en aucune manière. En devenant comte, te voilà chevalier, et qu'on en dise ce qu'on voudra, il faudra bien qu'on te traite de seigneurie malgré qu'on en ait. Et quand même, dit Sancho, pensez-vous que je ne ferai pas bien l'homme d'égalité? Dis donc de qualité[1], reprit Don Quichotte. Soit, répondit Sancho. Je dis que je représenterai à merveille. Je fus pendant quelque temps bedeau d'une confrérie, et la robe de bedeau m'allait si bien que tout le monde disait que j'avais l'apparence nécessaire pour être marguillier d'honneur. Que sera-ce donc quand j'aurai sur le dos un manteau ducal, ou que je serai tout couvert d'or et de perles, comme un comte étranger? Je veux qu'on me vienne voir de cent lieues. Tu auras bonne mine, dit Don Quichotte; mais il faudra que tu te fasses raser soigneusement, car, avec cette barbe épaisse, négligée et mêlée, on te reconnaîtra à une portée d'arquebuse si tu n'y passes le rasoir pour le moins tous les deux jours. Qu'est-il besoin d'autre chose, reprit Sancho, que de prendre un barbier à gages dans ma maison, et, s'il le faut, de le faire suivre derrière moi comme l'écuyer d'un grand? Et comment sais-tu, demanda Don Quichotte, que les grands mènent des écuyers après eux? Je vais vous le dire, répondit Sancho. Il y a quelques années, je fus environ un mois à la cour, et je vis un seigneur très petit, qu'on disait être un très grand seigneur[2], qui se promenait. Un homme le suivait à cheval pas à pas, ni plus ni moins que s'il eût été sa queue. Je demandai à quelqu'un pourquoi celui-ci ne rejoignait pas l'autre, au lieu d'aller toujours derrière; on me répondit qu'il était son écuyer, et que c'était la coutume des grands de se faire suivre ainsi. Depuis ce temps, je l'ai su et je ne l'ai pas oublié. Tu as raison, dit Don Quichotte, tu peux bien mener ton barbier après toi. Tous les usages n'ont

1 Le jeu de mots espagnol est sur *titado* et *dictado*.

2 On croit que ce petit homme, que désigne Cervantes, fut don Pedro Giron, duc d'Ossuna, vice-roi de Sicile et de Naples. Il était de très petite taille, et se rendit célèbre par sa bravoure et ses grandes qualités.

pas été inventés à la fois, et tu peux être le premier comte qui se fera suivre de son barbier ; faire la barbe est même un emploi d'une plus haute confiance que de soigner l'écurie. Laissez-moi le soin du barbier, dit Sancho ; songez seulement à devenir roi et à me faire comte. Aussi ferai-je, répondit Don Quichotte, et levant les yeux, il vit ce que nous dirons dans le chapitre suivant.

CHAPITRE XXII.

DE LA LIBERTÉ QUE DONNA DON QUICHOTTE A QUANTITÉ DE MALHEUREUX QU'ON MENAIT OU ILS NE VOULAIENT PAS ALLER.

Cid Hamet Ben Engeli, auteur arabe et manchèque, rapporte, dans cette grave, sublime, humble, agréable et plaisante histoire, qu'après la conversation rapportée au chapitre xxi, entre le fameux Don Quichotte et son écuyer Sancho Pança, le chevalier levant les yeux vit venir par le chemin qu'il suivait environ douze hommes à pied, enfilés comme des grains de chapelet à une longue chaîne qui les prenait tous par le cou, et ayant les menottes aux mains. Avec eux étaient deux hommes à cheval et deux autres à pied, les premiers armés d'arquebuses à rouet, les autres de piques et d'épées. D'abord que Sancho les vit : Voilà, dit-il, la chaîne des galériens forçats du roi, et que l'on mène aux galères. Comment, s'écria Don Quichotte, des forçats! Est-il possible que le roi fasse violence à quelqu'un? Je ne dis pas cela, répondit Sancho : je dis que ce sont des gens qu'on a condamnés, pour leurs crimes, à servir par force le roi sur ses galères. En définitive, dit Don Quichotte, ces gens-là vont par force et non de leur gré. Certainement, dit Sancho. En ce cas, reprit Don Quichotte, cela rentre dans les devoirs de ma profession, qui consistent à empêcher les violences et à secourir les misérables. Pensez donc, seigneur, reprit Sancho, que la justice, qui est le roi lui-même, ne fait ni violence ni injure à de pareilles gens, mais qu'elle les châtie pour leurs crimes. En ce moment, la chaîne arriva, et Don Quichotte pria les gardes, avec beaucoup de civilité, de vouloir bien lui dire pour quel sujet ces gens étaient ainsi conduits. Un des cavaliers répondit : Ce sont des galériens qui vont servir sur les galères du roi ; je n'en ai pas plus à vous dire, et vous n'avez pas besoin d'en savoir davantage. Cependant, répliqua Don Quichotte, je désirerais apprendre de chacun en particulier quelle est la cause de sa disgrâce. Il joignit à ces mots tant de civilités pour se faire raconter ce qu'il désirait, que l'autre garde à cheval lui dit : Nous avons bien ici les sentences de ces misérables, mais il serait trop long de les lire, et nous n'avons pas le temps de les chercher. Approchez et les interrogez vous-même, ils vous satisferont, s'ils le veulent, et ils ne demanderont pas mieux, car ils se plaisent à dire et à faire des méchancetés. Avec cette permission, que Don Quichotte aurait prise si on ne la lui avait offerte, il s'approcha de la chaîne, et demanda au premier quel était son crime pour être ainsi traité. C'est pour avoir été amoureux, répondit-il. Quoi! pour cela, et rien de plus? dit le chevalier. Si l'on envoie les gens aux galères pour être amoureux, il y a longtemps que j'y devrais ramer. Mes amours n'étaient pas de ceux que vous pensez, dit le forçat : j'aimai tant une corbeille de lessive pleine de linge blanc que je la tins étroitement embrassée, au point que, si la justice ne me l'eût arrachée, je ne l'aurais pas encore quittée volontairement. Je fus pris sur le fait; il ne fut pas besoin de question : on me condamna; j'eus les épaules mouchetées d'une centaine de coups de fouet; on y ajouta trois ans de gurapas (galères)[1], et l'affaire fut faite. Qu'appelez-vous *gurapas?* demanda Don Quichotte. Ce sont les galères, répondit le forçat, jeune homme de vingt-quatre ans, natif de Piedrahita, à ce qu'il dit. Don Quichotte fit la même demande au second : celui-ci était si triste qu'il ne répondit pas une parole; mais le premier répondit pour lui, et dit : Pour celui-ci, il est conduit comme serin de Canarie, c'est-à-dire comme musicien et chanteur. Comment, reprit Don Quichotte, envoie-t-on aussi les musiciens aux galères? Oui, seigneur, répondit le galérien, parce qu'il n'y a rien de plus dangereux que de chanter dans l'angoisse[2]. Au contraire, dit Don Quichotte, j'ai toujours entendu dire que, qui chante, son mal enchante. C'est tout au rebours ici, reprit le galérien : qui chante une fois, pleure toute sa vie. Je ne vous comprends pas, dit Don Quichotte. Seigneur, dit alors un des gardes, entre ces honnêtes gens, chanter dans l'angoisse veut dire confesser à la torture. On a donné la question à ce misérable, il a avoué son crime, qui était d'avoir volé des bestiaux, et, pour l'avoir confessé, il a été condamné à six ans de galères, outre deux cents coups de fouet qui lui ont été comptés sur les épaules; vous le voyez ainsi triste et honteux, parce que les autres le raillent et le méprisent pour avoir confessé, et n'avoir pas eu la résolution de souffrir et de nier; car ils disent qu'il y a autant de lettres à *non* qu'à *oui*, et qu'un criminel est trop heureux que sa vie ou sa mort dépendent de sa langue, et non de celle des témoins, ni de preuves; je trouve pour moi qu'ils n'ont pas tout à fait tort. Je le trouve aussi, dit Don Quichotte. Et, passant au troisième, il lui fit la même demande qu'aux autres. Celui-ci, sans se faire prier, dit d'un ton dégagé : Je m'en vais aux galères pour cinq ans, faute de dix ducats. J'en donnerai vingt de bon cœur pour vous en tirer, dit Don Quichotte. C'est, reprit le galérien, comme celui qui a de l'argent au milieu de la mer, et qui meurt de faim faute d'avoir où acheter ce dont il a besoin. Si j'avais eu en prison les vingt ducats que vous m'offrez maintenant, j'en aurais frotté la plume du greffier et réveillé l'esprit de mon procureur, et je serais aujourd'hui dans le Zocodover de Tolède, et non sur ce chemin, mené en laisse comme un lévrier. Mais Dieu est grand, et assez. Don Quichotte passa au quatrième, qui était un vieillard d'une figure vénérable, avec une longue barbe blanche qui lui descendait sur la poitrine. Celui-ci se mit à pleurer quand on lui demanda ce qui l'avait mis là, et ne répondit pas un mot; mais le cinquième condamné lui prêta sa langue. Cet honnête homme, dit-il, va pour quatre ans aux galères, après avoir été promené à cheval, vêtu pompeusement. Cela s'appelle, si je ne me trompe, dit Sancho, avoir fait amende honorable. Justement, répondit le galérien; ce qui lui a valu cette peine, c'est d'avoir été courtier d'oreilles et même du corps entier, c'est-à-dire entremetteur, et s'être mêlé un peu de sorcellerie. Si ce n'était cette sorcellerie, reprit Don Quichotte, et s'il n'avait été que messager d'amour, il

[1] *De gurapas*, terme de l'argot.

[2] *Cántar en el ansia*, autre terme de l'argot. Confesser à la torture.

n'aurait pas mérité d'aller ramer aux galères, mais d'y commander et d'en être le général. C'est un emploi qui n'est pas ce qu'on imagine ; pour le bien exercer, il faut être habile et prudent. Il est très nécessaire dans un État bien réglé, et ne devrait appartenir qu'à des gens bien nés. Il serait même fort à propos de créer pour ces sortes de fonctions des inspecteurs et examinateurs, comme il y en a pour les autres, et en nombre déterminé comme les courtiers de commerce. On éviterait par là une infinité de désordres qui n'arrivent que parce que ce métier est entre les mains de gens idiots et de peu d'entendement, de femmelettes, de petits pages, de jeunes bouffons sans expérience, qui, dans l'occasion, et lorsqu'il est question de quelque chose d'important, laissent geler la bouillie entre la bouche et la main, et ne savent pas quelle est leur main droite. Je voudrais m'étendre plus longuement et donner les raisons du soin qu'il faudrait apporter dans le choix des hommes appelés à ces fonctions si nécessaires, mais le lieu ne s'y prête pas : j'en parlerai quelque jour à ceux qui peuvent y pourvoir et y remédier. Pour le moment, je dis seulement que la peine que j'avais de voir cet homme, avec ses cheveux blancs et sa barbe vénérable, si durement traité pour avoir été médiateur d'amour, a cessé quand vous y avez ajouté qu'il se mêlait aussi de sortiléges, je sais pourtant bien qu'il n'y a point de charmes au monde qui puissent forcer ni ébranler notre volonté, comme le pensent beaucoup d'esprits simples. Nous avons tous notre libre arbitre, et il n'y a ni herbe ni enchantement qui puissent le contraindre. Tout ce que savent faire des femmelettes et de mauvais charlatans, ce sont tout au plus des mixtions empoisonnées, dont ils rendent les gens fous, en leur faisant accroire qu'ils leur donnent de quoi se faire aimer, lorsqu'il est avéré qu'on ne peut forcer la volonté. C'est bien la vérité, dit le vieillard, et sur ma foi, seigneur, pour ce qui est d'être sorcier, j'en suis innocent. Pour le reste, je ne le puis nier, mais je n'ai jamais cru qu'il y eût du mal. Mon intention était que tout le monde se réjouît et vécût en bonne amitié, sans procès ni peines ; mais ma bonne intention n'a servi de rien pour m'empêcher d'être envoyé dans un lieu d'où je n'espère pas revenir à l'âge que j'ai, et avec une rétention d'urine qui ne me donne pas un moment de repos. Et ici il recommença à pleurer, et Sancho en eut tant de compassion qu'il tira de son sein une pièce de quatre réaux et la lui donna. Don Quichotte passa outre et demanda à un autre quel était son crime. Celui-ci répondit avec non moins de gaieté et même plus qu'aucun des précédents : Je suis ici pour avoir trop folâtré avec mes deux cousines germaines et avec deux autres sœurs qui ne m'étaient rien ; je jouai si bien avec toutes, que ma parenté s'en est accrue, et tellement embrouillée qu'il n'y a sommiste qui puisse l'éclaircir. J'ai été convaincu de tout. La faveur m'a manqué ainsi que l'argent ; je me suis vu sur le point de perdre le cou, et j'ai été condamné à six ans de galères. Je me suis soumis : j'ai mérité le châtiment, je me sens jeune, la vie est longue, et avec elle tout se retrouve. Si votre seigneurie a quelque chose à donner aux pauvres, Dieu vous le rendra dans le ciel, et nous autres nous aurons soin de le prier en terre de vous donner une bonne vie et longue, comme vous le méritez. Celui-ci était en costume d'écolier, et l'un des gardes dit qu'il était grand discoureur et fort bon latiniste. Après tous ceux-là venait un homme de bonne mine, quoique louche, et de l'âge de trente ans ; il était attaché un peu différemment que les autres : il avait une chaîne à un pied, si longue qu'elle lui entourait tout le corps, avec deux anneaux de fer au cou, l'un attaché à la chaîne, et l'autre de ceux qu'on appelle pied d'ami, d'où descendaient deux branches qui allaient jusqu'à la ceinture, et tenaient deux menottes qui lui serraient les mains avec un gros cadenas : de telle sorte qu'il ne pouvait ni porter les mains à sa bouche, ni baisser la tête jusque sur ses mains. Don Quichotte demanda pourquoi celui-là était plus chargé de fers que les autres. Parce que lui seul, répondit le garde, est plus criminel que tous les autres ensemble, et qu'il est si hardi et si rusé, que même en cet état-là nous ne sommes pas tranquilles et craignons qu'il ne nous échappe. Hé! quels crimes a-t-il donc commis, répliqua Don Quichotte, s'ils ne lui ont mérité que les galères? Il s'y rend pour dix ans, reprit le garde, ce qui équivaut à une mort civile. Il suffit de savoir que cet honnête homme est le fameux Ginès de Pasamonte, ou autrement Ginesillo de Parapilla. Seigneur commissaire, interrompit le forçat, allez moins vite, et ne nous mettons point ainsi à débrouiller les noms et surnoms : je m'appelle Ginès et non Ginesille; Pasamonte est le nom de ma famille, et non pas Parapilla, comme vous dites; que chacun s'examine, il n'aura pas peu d'affaires. Parlez plus bas, maître larron qui dépassez la marque, répliqua le commissaire, si vous ne voulez pas que je vous fasse taire malgré vous. Il paraît bien que l'homme va comme il plaît à Dieu, repartit le galérien; mais quelque jour quelqu'un saura si je m'appelle Ginesille Parapilla. Et ne t'appelle-t-on pas ainsi, imposteur? dit le garde. Hé! oui, répondit Ginès; mais je ferai en sorte qu'on ne le répète plus, ou j'y perdrai ce que je dis entre mes dents. Seigneur chevalier, si vous nous voulez donner quelque chose, donnez-le promptement, et vous en allez à la garde de Dieu. Cette curiosité d'apprendre la vie des autres nous fatigue; si vous voulez connaître la mienne, sachez que je suis Ginès de Pasamonte, et qu'elle est écrite de cette main. C'est la vérité, dit le commissaire; lui-même a écrit son histoire aussi bien qu'on le puisse faire; mais il a laissé son livre en gage dans la prison pour deux cents réaux. Je le dégagerai, dit Pasamonte, y fût-il pour deux cents ducats. Est-il donc si bon? dit Don Quichotte. Il est si bon, dit Pasamonte, que mal en advient à *Lazarille de Tormes*, et à tous les livres de cette espèce, écrits ou à écrire. Tout ce que je peux vous dire, c'est qu'il contient des vérités, et des vérités si profitables et si plaisantes, qu'il n'est point de fables qui les vaillent. — Et quel titre porte le livre? — *Vie de Ginès de Pasamonte.* — Est-il achevé? — Comment le serait-il, si ma vie ne l'est pas? Il commence à ma naissance, et va jusqu'à cette dernière fois que j'ai été condamné aux galères. — Ce n'est donc pas ici la première? — Pour le service de Dieu et du roi, j'y ai demeuré déjà quatre ans, et je sais le goût du biscuit et du nerf de bœuf. Je ne suis pas fâché de retourner aux galères; j'y pourrai achever mon livre, car il me reste beaucoup de choses à dire, et dans les galères d'Espagne, on a plus de loisir qu'il n'en faudrait, et il ne m'en faut pas beaucoup, car je sais déjà par cœur tout ce qui me reste à écrire. Tu parais habile homme, dit Don Quichotte. Et malheureux, répondit Ginès, car le malheur poursuit toujours les gens de mérite. Il poursuit les méchants, interrompit le commissaire. Je vous ai déjà dit, seigneur commissaire, d'aller peu à peu, répondit Ginès. Nos seigneurs ne vous ont pas donné cette verge pour nous maltraiter, mais pour nous mener où l'ordonne sa majesté; et, par la vie de.. .. mais c'est assez. Les taches qui se sont faites à l'hôtellerie pourraient sortir quelque jour à la lessive;

que chacun se taise, vive bien et parle mieux, c'est assez de passe-temps. Le commissaire leva sa baguette pour répondre aux menaces de Pasamonte; mais Don Quichotte se mit entre deux et le pria de ne le pas maltraiter; qu'il importait peu que celui qui avait les mains si bien attachées eût la langue un peu libre. Puis, s'adressant à tous les forçats: Mes chers frères, dit-il, de tout ce que vous m'avez dit, je juge clairement que, quoique punis pour vos fautes, cette peine que vous allez subir ne vous plaît pas, que vous marchez à regret et contre votre volonté; il est possible que le peu de courage de celui-ci à la question, le défaut d'argent de celui-là, le peu de faveur qu'obtint l'autre, enfin la raison peu éclairée du juge aient causé votre ruine, et que vous n'ayez pas obtenu toute la justice qui vous était due. Toutes ces choses se représentent à mon esprit: elles me disent, me persuadent, me commandent même de remplir à votre égard les devoirs pour lesquels le ciel m'a jeté dans ce monde et dans l'ordre de chevalerie que je professe, et le vœu que j'ai fait de secourir les faibles contre leurs oppresseurs. Mais, comme je sais qu'un des préceptes de la prudence est de ne pas employer de mauvais moyens où les bons peuvent suffire, je veux prier les seigneurs commissaires et gardes de vouloir bien vous détacher et vous laisser aller en paix : il se trouvera assez d'autres gens pour servir le roi dans de meilleures occasions; car, à mon sens, il est bien dur de rendre esclaves ceux que la nature et Dieu créèrent libres. Seigneurs gardes, ajouta Don Quichotte, ces malheureux n'ont commis aucun délit contre vous: que chacun porte son péché. Il y a un Dieu au ciel qui n'oublie pas de châtier les méchants et de récompenser les bons, et il n'est pas bien que des hommes d'honneur soient les bourreaux des autres hommes, quand ils n'y ont aucun intérêt. Je vous le demande, seigneurs, avec douceur et civilité, afin de pouvoir vous en remercier si vous me l'accordez; mais, si vous ne le faites de bonne grâce, cette lance, cette épée et la vigueur de mon bras vous le feront bien faire par force. Voilà une plaisante extravagance, répondit le commissaire, et un agréable dénoûment : il nous demande la liberté des forçats du roi, comme si nous avions le pouvoir de les délivrer, ou lui celui de nous le commander. Passez votre chemin, seigneur, et redressez le bassin que vous avez sur la tête, sans chercher trois pattes à notre chat. C'est vous qui êtes le chat, le rat et le coquin, répondit Don Quichotte. Aussitôt dit, aussitôt fait: il fond sur lui si brusquement que, sans lui laisser le temps de se mettre en défense, il le renverse à terre, dangereusement blessé d'un coup de lance. Heureusement pour Don Quichotte c'était celui qui portait l'escopette. Les autres gardes restèrent étonnés d'un mouvement si peu prévu ; mais, revenus à eux, les cavaliers mirent l'épée à la main, ceux à pied saisirent leurs piques, et ils attaquèrent ensemble Don Quichotte, qui les attendait tous de pied ferme; sans doute ils lui auraient fait mal passer son temps si les forçats, voyant une si belle occasion de recouvrer leur liberté, n'avaient essayé d'en profiter en s'efforçant de rompre la chaîne qui les réunissait. La confusion fut si grande alors, que les gardes accourant tantôt aux forçats qui se détachaient, tantôt à Don Quichotte qui les combattait, ne purent rien faire de bon. Sancho, de son côté, aida à la délivrance de Ginès de Pasamonte, qui, se voyant le premier libre et débarrassé, se jeta sur le commissaire, lui enleva l'épée et l'arquebuse, ajusta l'un, menaça l'autre, sans tirer toutefois, tellement que tant pour éviter l'arme que les pierres lancées par les autres galériens, les gardes prirent la fuite et quittèrent le champ de bataille. Sancho s'attrista beaucoup de cette aventure, parce qu'il ne douta point que les fuyards n'allassent informer du fait la sainte hermandad, laquelle, au son des cloches, se mettrait à la recherche des coupables. Il le dit à son maître, l'engageant à quitter bien vite le chemin, et à se retirer dans la montagne dont ils étaient près. C'est bon, dit Don Quichotte, mais je sais ce qu'il convient de faire. Appelant en même temps les forçats, qui, tout en désordre, venaient de dépouiller le commissaire, et l'avaient mis tout nu, ils se rangèrent autour de lui pour savoir ce qu'il leur voulait, et il leur parla ainsi : Il appartient aux gens bien nés de reconnaître les bienfaits, et l'ingratitude est de tous les vices le plus coupable aux yeux de Dieu. Vous avez vu, seigneurs, par expérience manifeste, ce que je viens de faire pour vous : je vous demande en reconnaissance, et telle est ma volonté, que chargés de cette chaîne que je vous ai ôtée, vous vous mettiez en chemin et alliez dans la cité du Toboso vous présenter devant madame Dulcinée, lui dire que c'est son esclave le chevalier de la Triste Figure qui vous envoie vers elle et que vous lui racontiez mot pour mot tout ce qui s'est passé dans cette grande aventure, jusqu'à votre mise en liberté. Après cela, vous pourrez aller partout où vous voudrez. Ginès de Pasamonte répondit pour tous, et dit : Ce que vous nous ordonnez, seigneur chevalier, notre libérateur, il nous est impossible, de toute impossibilité de l'accomplir, car nous ne pouvons aller tous ensemble dans les chemins, mais au contraire seuls, chacun de son côté, tâchant de se cacher dans les entrailles de la terre, pour ne point tomber entre les mains de la sainte hermandad, qui, sans aucun doute, va se mettre à notre recherche. Ce que votre seigneurie peut faire, et ce qui est juste, c'est de convertir cette obligation envers la dame Dulcinée du Toboso en une certaine quantité d'*Ave Maria* et de *Credo* que nous dirons en votre intention : c'est une chose que nous pourrons accomplir de nuit et de jour, en fuite ou en repos, en paix ou en guerre ; mais de penser que nous voulions retourner aux marmites d'Égypte, je veux dire reprendre notre chaîne, et nous mettre en chemin pour le Toboso, c'est vouloir qu'il soit nuit maintenant quoiqu'il ne soit pas dix heures du matin : nous faire une pareille demande à nous, c'est demander des poires à un orme. Je jure Dieu, dit Don Quichotte enflammé de colère, don fils de prostituée, don Ginesillo de Paropillo, ou quel que soit votre nom, que vous irez tout seul, traînant avec vous toute la chaîne. Pasamonte, qui n'était pas endurant, et était déjà persuadé du peu de raison de Don Quichotte, après l'action qu'il venait de faire de les remettre en liberté, se voyant ainsi traiter, fit signe de l'œil à ses compagnons qui, s'écartant aussitôt les uns des autres, firent pleuvoir sur Don Quichotte une telle grêle de pierres, qu'il ne pouvait suffire à se couvrir de son écu, et le pauvre Rossinante ne faisait pas plus d'attention à l'éperon que s'il eût été de bronze. Sancho se mit derrière son âne, et s'en fit un rempart contre l'orage de pierres qui fondait sur eux. Don Quichotte ne se put si bien garantir qu'il n'attrapât dans le corps quatre ou cinq cailloux qui le jetèrent par terre. A peine fut-il tombé, que l'étudiant fondit sur lui, et lui ôtant le bassin de la tête lui en donna trois ou quatre coups sur les épaules, le frappa autant de fois contre terre, et le mit presque en pièces. Les forçats lui prirent une casaque qu'il portait par-dessus ses armes, et lui auraient ôté ses bas-de-chausses si les grèves ne les en eussent empêchés. Ils emportèrent aussi le manteau de Sancho, et le laissant nu ils partagèrent entre eux les dépouilles du combat : chacun s'en alla ensuite de son côté, avec plus de soin d'éviter la sainte hermandad que de reprendre la chaîne et d'aller se présenter devant la dame Dulcinée du Toboso. L'âne et Rossinante, Sancho et Don Quichotte, demeurèrent seuls sur le champ de bataille ; l'âne, la tête basse, pensif et secouant parfois les oreilles, croyant sans doute que la pluie de cailloux le poursuivait encore ; Rossinante, atteint aussi d'une volée de pierres, étendu près de son maître ; Sancho nu et redoutant la sainte hermandad, et Don Quichotte navré de se voir ainsi maltraité par ceux mêmes à qui il avait fait tant de bien.

CHAPITRE XXIII.

DE CE QUI ARRIVA AU FAMEUX DON QUICHOTTE DANS LA SIERRA-MORENA[1], ET FUT UNE DES PLUS RARES AVENTURES QUI SE LISENT DANS CETTE VÉRIDIQUE HISTOIRE.

DON Quichotte, se voyant ainsi maltraité, dit à son écuyer : J'ai toujours ouï dire que faire du bien à des méchants, c'est jeter de l'eau dans la mer. Si j'avais cru ce que tu me disais, j'aurais évité ce déplaisir ; mais la chose est faite : patience, c'est une leçon pour l'avenir. Vous vous amenderez, seigneur, comme je suis Turc, dit Sancho; mais, puisque vous dites que si vous m'aviez cru vous auriez évité ce dommage, croyez-moi maintenant, et vous en éviterez un plus grand. Il faut que vous sachiez que toute la chevalerie n'est pas d'usage avec la sainte hermandad : elle ne fait pas plus de cas de tous les chevaliers errants du monde que de deux maravédis ; et déjà je crois entendre ses flèches siffler à mes oreilles. Tu es naturellement poltron, Sancho, dit Don Quichotte ; mais, afin que tu ne dises pas que je suis opiniâtre et que je ne fais jamais ce que tu me conseilles, je veux bien suivre ton avis pour cette fois, et m'éloigner du danger que tu crains tant; mais c'est à la condition que de ta vie et à l'heure de la mort tu ne diras jamais à personne que je me suis retiré et éloigné de ce danger par crainte, mais seulement pour me rendre à ta prière. Si tu dis autre chose, tu mentiras; et, à présent comme alors, alors comme à présent, je te démens, et dis que tu as menti et mentiras toutes les fois que tu le diras et penseras. Et ne me réplique pas, car de penser seulement que je m'éloigne et me retire de quelque péril, et surtout de celui-ci où il peut y avoir quelque chose à craindre, je suis tenté de demeurer et d'attendre ici seul, non seulement la sainte confrérie que tu dis et que tu redoutes, mais encore tous les frères des douze tribus d'Israël, les sept Machabées, Castor et Pollux, enfin tous les frères et confréries du monde. Seigneur, dit Sancho, se retirer n'est pas fuir, et attendre n'est pas sage quand le péril surpasse l'espérance : c'est à faire à gens sages de se garder aujourd'hui pour demain, sans aventurer tout en un jour. Et sachez que, quoique grossier et rustique, je ne suis pas dépourvu tout à fait de ce qu'on appelle bon gouvernement. Ainsi,

[1] Montagne-Noire.

ne vous repentez point d'avoir suivi mon conseil, montez sur Rossinante si vous le pouvez, sinon je vous aiderai, et suivez-moi : j'ai dans l'esprit que nous avons plus besoin de nos pieds que de nos mains. Don Quichotte monta à cheval sans rien dire davantage, et, Sancho prenant le devant sur son âne, ils entrèrent dans la Sierra-Morena, dont ils étaient tout près. Sancho avait intention de la traverser toute, d'aller jusqu'à Viso ou Almodovar del Campo, et de se cacher là quelques jours parmi les rochers pour ne pas tomber entre les mains de la sainte hermandad, si elle les cherchait. Ce qui l'encourageait, c'est qu'il avait sauvé de la bataille et des mains des forçats la provision de vivres[1] qui était sur son âne : et il regardait cela comme un miracle, à la manière dont les galériens avaient fureté et enlevé tout. Ils arrivèrent cette nuit-là au milieu de la Sierra-Morena, où Sancho crut qu'il était bon de s'arrêter pour cette nuit et même pour quelques jours, au moins autant que dureraient leurs provisions. Ils s'établirent entre deux rochers, sous des liéges. Mais la fatalité qui, suivant l'opinion de ceux que n'éclaire point la vraie foi, guide, compose et arrange tout à son gré, voulut que Ginès de Pasamonte, ce fameux fourbe et larron, que la générosité et la folie de Don Quichotte avaient tiré de la chaîne, fuyant la sainte hermandad, qu'il redoutait à juste titre, résolût de se cacher aussi dans ces rochers. Le hasard et sa crainte le conduisirent justement au même lieu où étaient Don Quichotte et Sancho, qu'il put reconnaître et qu'il laissa s'endormir. Les méchants sont toujours ingrats, la nécessité entraîne et l'intérêt ferme les yeux sur l'avenir. Ginès, qui n'était ni reconnaissant ni bien intentionné, résolut de dérober l'âne de Sancho, ne se souciant pas de Rossinante, qu'il jugeait une possession aussi peu avantageuse à engager qu'à vendre; Sancho dormait, il lui vola son âne, et avant qu'il fût jour s'éloigna de manière à ne pouvoir être atteint. L'aurore parut pour réjouir la terre et contrister Sancho, quand il connut la perte de son roussin. Se voyant privé de son fidèle compagnon, il fit entendre la plus triste et la plus douloureuse lamentation du monde. Ce fut au point que Don Quichotte s'éveilla et l'entendit s'écrier : « O fils de mes entrailles ! né en ma propre maison, jouet de mes enfants, délice de ma femme, envie de mes voisins, soulagement de mes travaux ! enfin le nourricier de la moitié de ma personne, puisqu'avec vingt-six maravédis qu'il gagnait chaque jour je fournissais à la moitié de ma dépense ! Don Quichotte, connaissant la cause de ses plaintes, le consola le mieux qu'il put, l'engagea à prendre patience, et lui promit de lui donner une lettre de change de trois ânons à prendre sur cinq qu'il avait dans sa maison. Cette promesse consola Sancho : il essuya ses larmes, calma ses sanglots, et remercia son maître de la faveur qu'il lui faisait.

Don Quichotte, en pénétrant dans ces montagnes, se sentit joyeux : ces lieux lui semblaient propres à trouver les aventures qu'il cherchait. Les merveilleux événements qui étaient arrivés aux chevaliers errants dans de semblables solitudes, revenaient en sa mémoire, et il était si pensif et si transporté dans ses rêveries, qu'il ne se souvenait d'autre chose au monde. Sancho n'avait guère d'autre souci (depuis qu'il se voyait en lieu de sûreté), que de satisfaire son estomac avec les

[1] Il est assez difficile de concevoir comment Sancho put sauver les vivres qu'il avait mis dans son *gaban*, faute de bissac, puisque les galériens lui prirent ce gaban (*le quitaron el gaban*). C'est une inadvertance.

reliefs de la dépouille monacale. Il suivait son maître, chargé de tout ce qu'aurait dû porter son âne, fouillant au sac et remplissant sa panse. Dans cette douce occupation il n'aurait pas donné une obole de toute autre aventure. Il leva les yeux cependant et aperçut que son maître s'était arrêté, cherchant à soulever avec le bout de sa lance je ne sais quel paquet qui était à terre. Il s'empressa d'accourir pour l'aider. Quand il arriva, Don Quichotte tenait déjà au bout de sa lance un coussin et une valise qui y était attachée, le tout en fort mauvais état, et plus qu'à demi pourri, mais si pesant, qu'il fallut que Sancho aidât à le lever. Don Quichotte lui dit de voir ce que contenait la valise : il le fit promptement, et quoiqu'elle fût fermée par une chaîne et son cadenas, il découvrit ce qu'elle renfermait à l'aide des trous que la pourriture avait faits; c'était quatre chemises de toile de Hollande très fine, d'autre linge aussi recherché, et dans un mouchoir un bon petit tas d'écus d'or. Béni soit le ciel, dit Sancho à cette vue, qui nous envoie enfin une aventure profitable ! En cherchant encore il trouva des tablettes [1] richement garnies. Je retiens ceci pour moi, dit Don Quichotte, et il lui permit de prendre et garder l'argent pour lui. Sancho lui baisa les mains pour le remercier: débarrassant la valise de tout le linge, il le fit passer dans le sac aux provisions. Il me semble, dit Don Quichotte, et cela ne peut pas être autrement, que quelque voyageur aura dû s'égarer dans ces montagnes, et que des brigands l'auront assassiné et enterré dans ces déserts après l'avoir volé. Cela ne peut être, répondit Sancho : si c'étaient des voleurs ils n'auraient pas laissé là cet argent. Tu as raison, dit Don Quichotte, et je ne devine plus ce que ce peut être. Mais attends, peut-être trouverons-nous dans ces tablettes quelque écrit qui nous mette sur la trace ou nous apprenne ce que nous désirons savoir. Il les ouvrit, et la première chose qu'il trouva en caractères lisibles, quoiqu'en brouillon, fut un sonnet, qu'il lut tout haut afin que Sancho l'entendît; il disait :

Ou l'amour ne peut rien distinguer, ou c'est un dieu trop cruel, ou mon supplice n'est pas proportionné à la cause qui m'a condamné au plus cruel tourment.

Mais si l'amour est un dieu, il est certain, personne n'ignore et la raison veut qu'un dieu ne soit pas cruel. Qui donc a pu me réduire à la douleur que je ressens et que j'adore ?

Si je dis que c'est vous, Philis, je me trompe. Tant de mal ne peut venir d'un si grand bien, et mon malheur ne peut m'accabler par l'ordre du ciel.

Je n'ai plus qu'à mourir, c'est le seul parti qui me reste; ce serait un miracle que de trouver le remède au mal dont on ignore la cause.

Ces vers ne nous apprennent rien, dit Sancho, à moins que par ce fil on ne puisse tirer le peloton. De quel fil parles-tu là ? répondit Don Quichotte. Il me semble, seigneur, repartit Sancho, que vous avez parlé là de fil. Non, dit Don Quichotte, j'ai dit Philis; c'est sans doute le nom de la dame de qui se plaint l'auteur du sonnet, et, en bonne foi, il n'est pas mauvais poëte, ou je m'y connais mal. Quoi, seigneur, vous vous entendez aussi en vers? Plus que tu ne penses, répondit Don Quichotte, et tu le verras toi-même, quand je te donnerai une lettre toute en vers à porter à ma dame Dulcinée du Toboso. Je veux que tu saches que tous les chevaliers errants du temps passé, ou le plus grand nombre,

[1] *Librillo de memoria* (un souvenir).

étaient grands troubadours et musiciens; ces deux talents, ou, pour mieux dire, ces grâces sont les qualités essentielles des amants errants. A dire vrai, les poésies des anciens chevaliers avaient plus de sentiment que de véritable beauté. Lisez encore, seigneur, dit Sancho, peut-être se trouvera-t-il quelque chose qui nous satisfasse. Don Quichotte tourna le feuillet : Voici de la prose, dit-il, et je pense que c'est une lettre. Une lettre missive? demanda Sancho. Le commencement me fait croire qu'elle est d'amour, répondit Don Quichotte. Lisez haut, seigneur, dit Sancho; j'aime beaucoup les lettres d'amour. Je le veux bien, dit Don Quichotte; et il lut ce qui suit, comme Sancho le lui avait demandé.

« La fausseté de tes promesses et mon malheur certain me conduisent en un « lieu d'où tu apprendras plus tôt les nouvelles de ma mort que l'expression de « mes plaintes. Tu m'as quitté, ingrate, pour un plus riche, mais non pour un « meilleur que moi. Si la vertu était une richesse dont on tînt compte, je n'envierais point le bonheur des autres, et je n'aurais pas à pleurer sur mes malheurs. Ce qu'éleva ta beauté, tes actions l'ont renversé. Par celle-là je te croyais « un ange, par celles-ci je vois que tu n'es qu'une femme. Sois en paix, toi qui « me fais la guerre, et fasse le ciel que les perfidies de ton époux soient toujours « cachées afin que tu n'aies point à te repentir de ce que tu as fait, ni moi à « tirer vengeance de ce que je ne désire pas. »

La lettre dit encore moins que les vers, et tout ce que nous en pouvons tirer, dit Don Quichotte après avoir achevé sa lecture, c'est que celui qui l'a écrite est un amant rebuté; et, feuilletant toutes les tablettes, il trouva d'autres vers et d'autres lettres, dont il put lire les unes et non les autres; mais ce n'était que des plaintes, des lamentations, des défiances, des plaisirs et des déplaisirs, des faveurs et des mépris; les uns solennisés, les autres déplorés. Pendant que Don Quichotte passait en revue les tablettes, Sancho en faisait autant de la valise; il ne laissa pas le moindre repli, non plus que dans le coussin, sans chercher, examiner, fureter; pas une couture qu'il ne défît, pas un flocon de laine qu'il ne peignât, de peur de rien oublier par défaut de soin, tant son avidité avait été excitée par la découverte des écus d'or, dont il avait trouvé plus d'une centaine. Sans rien trouver de plus, il ne laissa pas de se croire bien dédommagé des sauts dans la couverture, du vomissement du baume, des bénédictions des pieux, des coups de poing du muletier, de la perte du bissac, du vol de son manteau, de la faim, de la soif, et de la fatigue qu'il avait endurées au service de son bon maître. Il se jugea plus que payé par l'abandon qui lui était fait de cette trouvaille. Le chevalier de la Triste Figure avait une bien grande envie de connaître le maître de la valise. L'or, la beauté du linge, le sonnet et la lettre, lui faisaient conjecturer que ce devait être un homme d'importance, que les dédains et les mauvais traitements de sa maîtresse avaient réduit au désespoir. Mais, comme il ne paraissait personne en ces lieux déserts et inhabitables, dont il pût recueillir des informations, il ne songea qu'à pénétrer plus avant, se laissant aller au gré de Rossinante, qui prenait le chemin le plus praticable. Il avait toujours dans l'idée que quelque étrange aventure ne pouvait lui manquer dans ces lieux sauvages. Il cheminait dans cette pensée quand soudain il aperçut, sur le haut d'un monticule qui était devant lui, un homme qui sautait de rocher en rocher, de buisson en buisson, avec une merveilleuse légèreté. Il crut le voir nu, avec une barbe épaisse et noire, les cheveux en désordre, les pieds et les jambes découverts. Ses cuisses étaient couvertes d'un caleçon, qui semblait être de velours tanné, mais si déchiré, qu'il laissait voir la chair en plusieurs endroits. Il avait la tête nue et, quoiqu'il passât avec une grande vitesse, le chevalier remarqua toutes ces particularités; il essaya de le suivre, mais il ne le put; la faiblesse de Rossinante ne lui permettait pas de courir sur un terrain si rude, outre que naturellement il était flegmatique et court d'allure. Don Quichotte se persuada sur-le-champ que cet homme était le maître du coussin et de la valise, et résolut de le chercher, dût-il errer une année entière dans ces montagnes. Il ordonna donc à Sancho[1] de se diriger d'un côté du monticule pendant qu'il chercherait de l'autre : Peut-être, dit-il, atteindrons-nous par ce moyen cet homme qui a disparu si promptement à nos yeux. Je ne le puis, seigneur, répondit Sancho ; je ne saurais m'éloigner tant soit peu de vous, qu'aussitôt la frayeur ne me vienne assaillir de tous côtés par mille visions ; ainsi, tenez-vous pour averti que dorénavant je ne m'écarterai pas de vous d'un doigt. A la bonne heure, dit le chevalier, je suis bien aise de voir ta confiance en ma valeur, si le courage t'abandonne, elle ne te manquera jamais. Suis-moi donc comme tu pourras, et fais de tes yeux une lanterne. En tournant autour de cette petite montagne, nous rencontrerons peut-être cet homme que nous avons vu, qui, sans doute, n'est autre que le maître de notre trouvaille. Il serait beaucoup mieux, répondit Sancho, de ne le pas tant chercher ; car, si nous le trouvons, et que l'argent soit à lui, il est clair que je suis obligé de le lui rendre : ainsi, sans faire cette inutile recherche, il serait plus à propos que je possédasse de bonne foi, jusqu'à ce que, par une voie moins singulière et moins fatigante, le vrai maître se présentât, ce qui n'arrivera peut-être que lorsque je l'aurai dépensé, et alors le roi m'affranchit. Tu te trompes en cela, Sancho, dit Don Quichotte : du moment que nous soupçonnons quel est le maître de ce bien, et qu'il est peut-être devant nous, nous sommes encore plus obligés de le chercher et de le lui rendre ; si nous ne le cherchons pas, le puissant soupçon que nous avons qu'il en est le maître nous rend aussi coupables que s'il l'était véritablement. Ainsi, Sancho, que cette recherche ne te donne point de chagrin, car je serai soulagé d'un plus grand si je le retrouve. En disant ces mots, il piqua Rossinante, et Sancho le suivit à pied, et chargé comme un baudet, grâce à Ginesille de Pasamonte.

Après avoir fait une partie du tour de la montagne, ils arrivèrent au bord d'un ruisseau, où ils trouvèrent morte et à demi mangée des chiens et des corbeaux, une mule sellée et bridée, ce qui les confirma plus encore dans l'opinion que l'homme qui fuyait était le maître de la valise et de la mule. Pendant qu'ils s'arrêtaient à la considérer, ils entendirent siffler, comme font les bergers qui gardent des troupeaux, et en même temps ils virent sur la gauche un grand troupeau de chèvres, et derrière elles, au sommet de la montagne, le chevrier qui les gardait et qui était un homme âgé. Don Quichotte, grossissant sa voix, l'appela, et le pria de descendre ; lui, criant plus fort, leur demanda qui les amenait dans un endroit si sauvage, qui n'était jamais foulé que par les pieds des chèvres, des loups, et

[1] *Il ordonna à Sancho de descendre de son âne.* Ginès a volé l'âne de Sancho, Cervantes l'oublie, ou le vol a été ajouté par lui après coup. Les Espagnols ont conservé l'inadvertance dans le texte, et à dessein, par respect pour l'auteur. Celui-ci plaisante de son étourderie dans la seconde partie.

d'autres bêtes farouches. Descendez seulement, dit Sancho, nous vous rendrons compte de tout. Le chevrier descendit, et, arrivant auprès de Don Quichotte: Je gage, dit-il, que vous considérez cette mule de louage qui est morte dans cette fondrière. Il y a bien six mois qu'elle est là; n'avez-vous point rencontré son maître en venant ici? Nous n'avons rencontré personne, répondit Don Quichotte, mais seulement un coussin et une petite valise à quelques pas d'ici. Je les ai trouvés aussi, dit le chevrier, mais je me suis bien donné de garde de les prendre, ni même d'en approcher, de peur d'accident, et qu'on ne m'accusât de les avoir volés; le diable est subtil, et fait souvent lever sous les pieds des choses qui vous font tomber, sans savoir pourquoi ni comment. Voilà justement ce que je disais, répondit Sancho; j'ai aussi trouvé la valise, et je n'en ai pas voulu approcher d'un jet de pierre; je l'ai laissée où elle était; je ne veux point de chien avec des sonnettes. Dites-moi, bon homme, dit Don Quichotte, savez-vous qui est le maître de tous ces effets? Tout ce que je peux vous dire, répondit le chevrier, c'est qu'il y a environ six mois, un jeune homme de belle taille et de bonne mine, monté sur la même mule que vous voyez ici morte, avec le coussin et la valise que vous avez trouvés et n'avez point relevés, arriva à une cabane de bergers qui est à trois lieues d'ici; il nous demanda où était l'endroit le plus rude et le plus caché de la montagne. Nous lui indiquâmes celui où nous sommes maintenant, et la chose est bien vraie, car, si vous pénétrez plus avant d'une demi-lieue, vous aurez bien de la peine à en sortir; je m'étonne même que vous ayez pu venir jusqu'ici, car il n'y a ni chemin ni sentier qui y conduise. Or donc, ce jeune homme n'eut pas plus tôt entendu notre réponse, qu'il tourna bride, et prit le chemin que nous lui avions montré, nous laissant tous charmés de sa belle apparence, et surpris de sa question et de l'empressement qu'il avait de se rendre à la montagne. Depuis ce temps nous ne le vîmes plus, sinon que quelques jours après, il vint sur le chemin à la rencontre d'un de nos bergers, et, sans lui rien dire, se jeta sur lui et l'accabla de coups; de là il s'en alla à la bourrique aux provisions, prit tout le pain et le fromage qu'il trouva, et cela fait, rentra dans la montagne avec une étrange agilité. Quand nous sûmes cela, quelques-uns d'entre nous, nous le cherchâmes près de deux jours dans le plus fourré de la montagne, et nous le trouvâmes enfin caché dans le creux d'un gros liége. Il vint à nous avec beaucoup de douceur, ses habits tout déchirés, le visage tout défiguré et si brûlé du soleil, que nous eussions eu de la peine à le connaître, sans ses habits, qui nous prouvèrent que c'était bien lui, et que nous reconnûmes, quoiqu'en lambeaux. Il nous salua courtoisement, et, en peu de mots, fort raisonnables, nous dit de ne pas nous étonner de le voir agir de la sorte, et qu'il fallait que ce fût ainsi, pour accomplir une pénitence qu'on lui avait imposée pour ses nombreux péchés. Nous le priâmes de nous dire qui il était, mais nous ne pûmes jamais l'obtenir de lui. Nous lui dîmes aussi de nous enseigner où nous le pourrions trouver, afin de lui donner, quand il en aurait besoin, la nourriture dont il ne pouvait se passer, l'assurant que nous le ferions de bien bon cœur; que si cela ne lui convenait pas, il la demandât, du moins, sans la venir enlever aux bergers. Il nous remercia de nos offres, nous demanda pardon de l'insulte passée, promit de demander désormais pour l'amour de Dieu ce qui lui serait nécessaire, sans faire déplaisir à personne. Quant au lieu de sa retraite, il nous apprit qu'il n'en avait point d'autre que celle que le hasard lui fournissait quand la nuit le surprenait. Il finit son discours avec des pleurs si attendrissants, qu'il nous eût fallu être de pierre pour n'y pas joindre les nôtres après l'avoir entendu, et le voir ce qu'il était alors, après l'avoir vu tel qu'il était la première fois. C'était, comme je vous l'ai dit, un fort agréable jeune homme, qui montrait bien, par sa courtoisie, qu'il était bien né et bien élevé, puisque, malgré notre rusticité, nous étions touchés de sa grâce et de sa gentillesse. Au moment le plus intéressant de son discours, il s'arrêta tout d'un coup comme s'il était devenu muet, fixa les yeux en terre, durant quelque temps, pendant que nous attendions en silence et avec grande compassion ce que produirait cette stupeur. A le voir les yeux ouverts et fixes sans remuer les paupières et ensuite les fermer serrant les lèvres, fronçant les sourcils, nous jugeâmes sans peine que quelque accident de folie lui était survenu. Il ne fut pas longtemps à nous confirmer dans cette pensée, car il se leva brusquement de terre où il s'était jeté, et se précipita sur le premier de nous qu'il trouva sous sa main, avec tant de furie, que, si nous ne l'eussions soustrait à sa rage, il l'aurait assommé de coups de poing et déchiré avec ses dents, et tout en agissant de la sorte, il s'écriait : Ah ! traître Fernand, c'est ici, c'est ici que tu me payeras l'outrage que tu m'as fait ; mes mains t'arracheront ce cœur où résident toutes les méchancetés réunies, et surtout la fraude et la perfidie. Il ajoutait d'autres injures qui toutes s'adressaient à ce Fernand, et lui reprochaient son parjure et sa trahison. Nous lui arrachâmes notre camarade, non sans peine, et lui, sans dire un mot de plus, s'éloigna de nous, et s'enfonça en courant dans les broussailles et les halliers, nous ôtant tout moyen de le suivre. Nous avons conjecturé de là que sa folie le prenait par intervalles, et que quelqu'un du nom de Fernand lui avait fait une méchanceté, dont l'état où il était réduit montrait assez toute l'étendue ; tout cela a été confirmé depuis, chaque fois, et ce fut souvent, qu'il est venu sur le chemin, tantôt demander doucement à manger aux bergers, tantôt leur arracher de force leurs provisions : car, lorsqu'il est dans sa folie, nos bergers ont beau lui offrir de bon cœur ce qu'ils ont, il ne l'accepte pas, mais le leur arrache à coups de poing ; au contraire, quand il est dans son bon sens, il le demande pour l'amour de Dieu avec beaucoup de courtoisie, et leur rend grâces les larmes aux yeux. Je vous dirai, seigneur, poursuivit le chevrier, que nous avons résolu hier, quatre bergers et moi, dont deux sont mes amis, et les deux autres mes pâtres, de chercher ce pauvre jeune homme jusqu'à ce que nous l'ayons trouvé, et de l'emmener de gré ou de force à la ville d'Almodovar, à huit lieues d'ici, pour le faire traiter, s'il y a remède à son mal, ou, dans des intervalles de bon sens, nous tâcherons d'apprendre qui il est, et s'il a des parents qu'on puisse informer de son malheur. Voilà, seigneurs, tout ce que je peux vous dire sur ce que vous m'avez demandé. Soyez sûrs que celui que vous avez vu courir si légèrement et presque nu, est le véritable maître des choses que vous avez trouvées. Don Quichotte, en effet, lui avait dit comment il avait vu cet homme sauter parmi les rochers ; il demeura tout étonné de ce que le chevrier venait de lui conter, et n'en eut que plus d'envie de savoir qui était ce malheureux : il se confirma donc dans la résolution qu'il avait prise de le chercher par toute la montagne, sans laisser coin ni caverne qu'il ne visitât jusqu'à ce qu'il l'eût trouvé ; mais la fortune en ordonna mieux qu'il ne l'espérait, car dans ce même moment parut, dans une embrasure de rochers qui s'ouvrait près d'eux, le jeune homme qu'il cherchait. Il venait, marmottant tout bas des choses qui ne pouvaient être entendues de près, à plus forte raison, à distance; son vêtement était tel que nous l'avons dépeint, seulement Don Quichotte reconnut à son approche que le pourpoint de peau déchirée qu'il portait était parfumé d'ambre, et il se confirma dans l'idée qu'un homme ainsi vêtu ne pouvait être de basse condition. Le jeune homme en les abordant les salua d'une voix rauque et altérée, mais avec beaucoup de courtoisie. Don Quichotte lui rendit le salut avec la même civilité, et, descendant de Rossinante, s'avança avec un empressement plein de grâce pour l'embrasser; il le retint assez longtemps étroitement entre ses bras, comme s'il l'eût connu depuis nombre d'années. L'autre, que nous pouvons appeler le Déchiré à la Méchante Figure, comme nous donnons le surnom de la Triste Figure à Don Quichotte, après s'être laissé embrasser, l'écarta un peu de lui, et posant les mains sur ses épaules, le regarda comme cherchant à le reconnaître, non moins surpris sans doute de voir la figure, l'apparence et l'armure de Don Quichotte, que Don Quichotte pouvait l'être de le voir lui-même. Le premier des deux qui parla fut le déguenillé: et il dit ce qu'on verra dans le chapitre suivant.

CHAPITRE XXIV.

OU SE CONTINUE L'AVENTURE DE LA SIERRA-MORENA.

L'HISTOIRE rapporte que Don Quichotte écoutait avec très grande attention le déplorable chevalier de la Montagne, qui, poursuivant l'entretien, dit: En vérité, seigneur, qui que vous soyez, car je ne vous connais point, je vous rends grâce de la courtoisie dont vous faites preuve envers moi, et je voudrais être en état de répondre au bon accueil que vous me faites autrement que par la volonté; mais ma mauvaise fortune ne m'a laissé pour répondre aux bontés que l'on me témoigne que l'intention de les reconnaître. La mienne, répondit Don Quichotte, est de vous servir: j'étais résolu de ne point sortir de ces montagnes jusqu'à ce que je vous eusse rencontré, et sans savoir de vous-même s'il n'est point, aux déplaisirs qu'annonce votre genre de vie, quelque remède, afin de le chercher, si cela est nécessaire, avec toute la diligence possible. Si vos malheurs sont du nombre de ceux qui ne peuvent accueillir aucune consolation, je voulais vous aider de mon mieux à les pleurer, à gémir; c'est, du moins, une consolation dans les disgrâces de trouver qui en ait compassion. Si ma bonne intention mérite quelque reconnaissance, je vous supplie, par la courtoisie dont je vous vois si rempli, je vous conjure par ce qui vous est ou vous fut le plus cher, de me dire qui vous êtes, et ce qui vous a conduit dans ces solitudes pour y vivre et y mourir comme les bêtes brutes, puisque vous restez au milieu d'elles dans une situation si peu faite pour vous, ainsi que le prouvent votre habit et votre personne. Je jure, ajouta Don Quichotte, par l'ordre de chevalerie que j'ai reçu, quoiqu'indigne et pécheur, et par la profession que j'en fais, que si vous avez cette complaisance je vous servirai fidèlement, comme mon devoir m'y oblige, soit en apportant du remède à vos malheurs, s'il en est, soit en vous aidant à les pleurer, comme je vous l'ai promis. Le chevalier de la Forêt entendant parler ainsi celui de la Triste Figure, ne faisait que le regarder, puis le regarder et le regarder encore de la tête aux pieds. Après l'avoir bien contemplé, il lui dit : Si vous avez quelque chose à manger, pour l'amour de Dieu, faites qu'on me le donne : après avoir mangé, je ferai tout ce que vous voudrez en reconnaissance de vos bonnes intentions pour moi. Aussitôt Sancho tira de son bissac; et le chevrier de sa besace, de quoi apaiser la faim du déguenillé, qui se mit à manger comme un insensé, avec tant de hâte qu'un morceau n'attendait pas l'autre; il engouffrait plutôt qu'il ne mangeait, et pendant ce temps ni lui ni les autres ne disaient une parole. Quand il eut fini de manger, il leur fit signe de le suivre, et les mena dans un petit pré verdoyant qui était assez près de là, au détour d'un rocher. En arrivant il s'étendit sur l'herbe, les autres en firent autant, toujours sans parler; puis, s'étant placé à son gré, il commença ainsi : Si vous désirez, seigneurs, connaître en peu de mots l'étendue de mes infortunes, il faut que vous me promettiez de n'interrompre par aucune question ni autrement le fil de ma triste histoire : du moment que vous le ferez, mon récit finira. Ce préambule rappela à Don Quichotte le conte de Sancho, où, faute d'avoir exactement compté le nombre des chèvres qui avaient passé la rivière, l'histoire resta suspendue. Je vous donne cet avis, ajouta le déguenillé, parce que je voudrais achever en peu de temps le récit de mes disgrâces; les rappeler à ma mémoire ne fait que les accroître; et, moins vous me ferez de questions, plus tôt j'aurai fini; je n'omettrai pourtant rien d'important pour vous satisfaire entièrement. Don Quichotte, au nom de tous, promit le silence. Avec cette assurance, l'infortuné commença de cette manière :

Mon nom est Cardenio, ma patrie, une des principales villes de l'Andalousie, ma race noble, ma famille riche, mes malheurs si grands que mes parents ont dû les pleurer, ma famille les ressentir sans que leur richesse ait pu y apporter remède; les dons de la fortune sont impuissants contre les revers que le ciel nous envoie. Dans la même ville demeurait un être céleste en qui l'amour avait placé tous les dons où mes désirs pussent prétendre. Telle est la beauté de Lucinde, fille noble et riche autant que moi, mais plus heureuse et qui n'a pas eu assez de fermeté pour répondre à la sincérité de mes sentiments. J'aimai, j'adorai Lucinde dès mes plus tendres années, et Lucinde m'aima avec la franchise et la simplicité de son âge. Nos parents connaissaient notre inclination mutuelle, et ne s'en inquiétèrent point : ils voyaient bien qu'avec le temps elle ne pouvait amener qu'une union convenable à tous deux par l'égalité de biens et de naissance. L'âge crût et avec lui notre amour mutuel. Le père de Lucinde se crut alors obligé par les convenances de m'interdire l'entrée de sa maison, imitant en cela les parents de cette Thisbé tant célébrée par les poëtes. Cette défense ne fit qu'ajouter la flamme à la flamme, le désir au désir : on enchaîna notre langue, mais on ne put arrêter nos plumes; plus libres que la parole, elles interprètent sans réserve les plus secrètes pensées de l'âme, tandis que souvent la présence de l'objet aimé trouble l'intention la plus résolue, retient la langue la plus hardie. Dieux ! combien de billets je lui écrivis ! combien de douces et modestes réponses j'en obtins ! combien je fis pour elle de chansons, de vers amoureux, où l'âme tout entière épanchait ses sentiments, peignait ses ardents désirs, entretenait ses souvenirs et charmait son espoir! Enfin, pressé, consumé du désir de la voir, je me résolus à mettre en œuvre et achever en une seule fois ce qui me parut propre à me faire obtenir le bonheur que j'avais mérité, et je demandai sa main à son père. Il me répondit, en me remerciant d'une proposition également honorable pour tous les deux, mais que, mon père étant vivant, c'était à lui qu'appartenait le droit de faire cette demande, parce que, s'il ne la faisait avec plaisir et empressement, sa fille n'était pas faite pour se donner ou être prise à la dérobée. Je lui rendis grâce de sa bonne volonté, trouvant qu'il avait raison, et, persuadé que mon père n'opposerait aucune difficulté, au même instant j'allai le trouver pour lui découvrir mon dessein. Lorsque j'entrai dans son appartement, il tenait une lettre ouverte qu'il me présenta avant que j'eusse dit une parole. Tu verras, Cardenio, me dit-il, par cette lettre, la faveur que le duc Richard te veut faire. Ce duc Richard, comme vous devez le savoir, seigneurs, est un grand d'Espagne, dont les terres sont situées dans la plus belle partie de l'Andalousie. Je pris la lettre et je la lus : elle me parut si obligeante, que moi-même j'eusse trouvé mauvais que mon père eût refusé d'y souscrire. Le duc le priait de m'envoyer sur l'heure auprès de lui, qu'il désirait que je fusse le compagnon de son fils aîné, non son serviteur, ajoutant qu'il se chargeait du soin de me faire une fortune qui répondît à la bonne opinion qu'il avait de moi. Je restai muet en lisant cet écrit, et surtout quand mon père me dit : Cardenio, d'ici à deux jours tu partiras pour te rendre aux désirs du duc. Remercie Dieu de ce qu'il t'ouvre une voie pour obtenir ce que tu mérites. Il joignit à ces mots les conseils d'un père sage et prudent. Le jour de mon départ arriva ; une nuit je parlai à Lucinde, et lui appris tout ce qui se passait. Je fis la même déclaration à son père ; je le suppliai d'attendre et de ne pas disposer de sa fille avant que j'eusse vu ce que le duc Richard voulait de moi. Il me le promit, et Lucinde me le confirma avec mille serments, avec mille preuves de douleur. Je me rendis auprès du duc : il m'accueillit avec tant de bienveillance que l'envie commença à se donner carrière. Les anciens serviteurs de la maison considérèrent les bontés qu'il me témoignait comme un dommage pour eux. Mais celui qui montra le plus de joie de me voir fut un second fils du duc, nommé Fernand, jeune homme aimable, gai, libéral, amoureux. En peu de temps, il me prit si fort en amitié que chacun en fut surpris, et quoique son aîné me traitât avec beaucoup d'attachement et de distinction, l'amitié qu'il me témoignait n'approchait point de celle de don Fernand. Comme entre amis il n'est point de secrets, et que la familiarité qui nous unissait était une véritable amitié, il me déclarait tous ses sentiments, et en particulier il me confia une intrigue amoureuse qui ne le laissait pas sans inquiétude. Il aimait la fille d'un riche laboureur des vassaux de son père. Elle était si belle, si sage, si spirituelle, si honnête qu'on n'eût su dire laquelle de ces qualités excellait en elle. Toutes ces perfections enflammèrent tellement les désirs de don Fernand que, pour obtenir sa maîtresse, il résolut de lui donner parole de l'épouser ; car, autrement, c'eût été tenter l'impossible. Reconnaissant de l'amitié de don Fernand, je m'efforçai de le détourner de ce dessein par les meilleures raisons et les plus sensibles exemples ; mais, voyant mes remontrances inutiles, je résolus d'informer de tout le duc son père. Don Fernand, fin et rusé, se défia de mon intention, parce qu'il sentait bien qu'en serviteur loyal je ne pouvais laisser secrète une chose si préjudiciable à l'honneur du duc mon seigneur. Pour me tromper et me divertir de ce dessein, il me dit qu'il ne trouvait point de meilleur remède pour éloigner de sa mémoire la beauté qui le captivait, que de s'absenter quelques mois; qu'il voulait que tous deux nous allassions dans la maison de mon père, et que, pour prétexte de son absence, il dirait au duc que nous allions tous deux acheter des chevaux dans ma ville natale, où l'on trouve les meilleurs du monde. Je ne l'eus pas plus tôt entendu parler de la sorte, que, sous l'impression de mon amour, j'approuvai sa résolution comme la meilleure qui se pût imaginer; je l'aurais fait eût-elle été moins bonne, car elle me fournissait l'occasion de me rapprocher de Lucinde. J'applaudis donc à son dessein, je l'y confirmai, le pressant d'exécuter son projet le plus tôt possible, avec l'assurance que l'éloignement produirait l'effet ordinaire, auquel ne résistent pas les affections les plus fortes. Mais, lorsqu'il me fit cette proposition, il avait déjà, comme on l'a su depuis, obtenu les faveurs de sa maîtresse à titre d'époux, attendant l'occasion de se découvrir sans risque, dans l'incertitude du parti que prendrait son père quand il apprendrait sa folie. L'amour, chez la plupart des jeunes gens, n'est autre chose qu'un appétit qui n'a pour but que le plaisir, et meurt lorsqu'il est satisfait. Ce faux amour disparaît, parce qu'il ne peut outre-passer les bornes que lui a prescrites la nature qui n'en a pas donné au véritable amour. Je veux dire que don Fernand ne fut pas plus tôt heureux que ses désirs se calmèrent, son affection se refroidit, et si d'abord il avait feint de vouloir s'éloigner pour se vaincre, il le souhaitait véritablement alors pour ne pas remplir sa promesse. Le duc lui donna la permission, et m'ordonna de l'accompagner. Nous vînmes chez mon père, où don Fernand fut reçu suivant sa qualité. Je volai chez Lucinde, et mes feux, qui ne s'étaient éteints ni amortis, prirent une nouvelle force. Pour mon malheur, j'en fis confidence à don Fernand, persuadé qu'avec l'amitié qu'il me montrait je ne lui devais rien cacher. Je lui vantai la beauté de Lucinde, sa grâce, son esprit; je lui en dis tant que je lui fis naître le désir de connaître une personne si accomplie. Mon triste sort voulut que je le satisfisse : je la lui fis voir un soir à la lueur d'une bougie par une fenêtre où nous avions coutume de nous parler. Elle parut si belle à ses yeux, qu'il oublia dans un moment toutes les beautés qu'il avait connues. Il resta muet, immobile, absorbé, en un mot, il devint éperdument amoureux, comme vous le verrez dans la suite de ma triste histoire. Pour l'enflammer davantage, et irriter des désirs dont il s'entretenait seul et me faisait mystère, le sort voulut qu'il tombât entre ses mains un billet de Lucinde, par lequel elle me priait de la demander à son père. Ce billet lui parut si sage, si discret, si rempli d'amour, qu'il me dit, en le lisant, que Lucinde renfermait en elle seule toutes les grâces de l'esprit et de la beauté qui sont partagées entre le reste des femmes. Il est vrai et j'avoue que les louanges de don Fernand, toutes justes qu'elles étaient, me déplaisaient à entendre dans sa bouche : je commençai à le craindre et à me défier justement de lui, car il ne passait pas un moment sans vouloir me parler de Lucinde; il faisait naître cet entretien à tout propos, fût-il, comme on dit, tiré par les cheveux, ce qui excitait ma jalousie, non que je soupçonnasse l'honneur et la fidélité de Lucinde, mais je craignais tout de mon mauvais sort. Don Fernand cherchait toujours à voir les billets que j'écrivais à Lucinde, et les réponses qu'elle me faisait, sous prétexte qu'il prenait beaucoup de plaisir à voir l'honnête manière dont nous nous écrivions tous deux.

Il arriva qu'un jour Lucinde, m'ayant demandé à lire un livre de chevalerie qu'elle affectionnait beaucoup, l'Amadis de Gaule... A peine Don Quichotte eut entendu nommer un livre de chevalerie qu'il dit : Si vous m'aviez averti dès le commencement du goût de madame Lucinde pour les livres de chevalerie, il n'aurait pas été besoin d'autre preuve pour me donner à connaître l'élévation de son esprit, et certes elle ne l'eût pas eu aussi bon que vous l'avez peint, seigneur, si elle n'avait pas aimé une si excellente lecture : ainsi, pour moi, il n'est pas besoin d'autre discours pour me convaincre de sa beauté, de son mérite et de son jugement ; pour savoir seulement qu'elle a ce goût, je la maintiens la plus belle et la plus discrète personne du monde. Je souhaiterais, seigneur, qu'avec Amadis de Gaule vous lui eussiez envoyé aussi le bon Don Rugel de Grèce ; madame Lucinde aurait, j'en suis sûr, goûté beaucoup Darayda et Garaya, ainsi que l'esprit du berger Darinel, et les admirables vers de ses Bucoliques, qu'il chantait et représentait avec tant de grâce, d'esprit et de naturel. Mais, avec le temps, il sera possible de réparer cette faute, et ce sera aussitôt que vous voudrez bien m'accompagner chez moi, où je vous montrerai plus de trois cents volumes qui font les délices de mon âme et la consolation de ma vie, encore que je croie n'en avoir plus aucun, grâce à la méchanceté des enchanteurs envieux. Pardonnez-moi, seigneur, si j'ai contrevenu à la promesse que nous vous avons faite de ne pas vous interrompre ; mais quand j'entends parler de chevalerie et de chevaliers errants, il m'est aussi impossible de me taire qu'aux rayons du soleil de ne pas échauffer, et à ceux de la lune de ne pas donner de l'humidité. Ainsi pardonnez-moi et poursuivez ; c'est maintenant ce qui est le plus à propos.

Pendant le discours de Don Quichotte, Cardenio avait laissé tomber sa tête sur sa poitrine, dans l'attitude d'un homme qui rêve profondément ; et, quoique Don Quichotte l'eût prié deux fois de continuer son histoire, il ne répondait pas un mot, et ne levait pas la tête. Il la leva pourtant au bout de quelque temps et dit : On ne saurait m'ôter, on ne m'ôtera pas de la tête, personne ne me fera entendre autre chose, et il n'y a qu'un sot qui puisse croire le contraire, c'est que ce faquin de maître Élisabad vivait avec la reine Madasime. Non, par la mort...., s'écria Don Quichotte en colère, et avec son emportement accoutumé, c'est une calomnie et une plus grande méchanceté : la reine Madasime était une femme d'honneur, et l'on ne doit pas présumer qu'une aussi grande princesse se soit abaissée à faire l'amour avec un charlatan. Quiconque dit le contraire ment comme un traître, et je le lui prouverai à pied comme à cheval, armé et désarmé, de jour et de nuit, tout comme il lui plaira. Cardenio, déjà repris de son accès de folie, regardait attentivement Don Quichotte, et n'était pas plus en état de continuer son histoire que Don Quichotte de l'entendre, tant il était courroucé de l'affront qu'on faisait à la reine Madasime. Étrange folie, qui lui faisait prendre sa défense avec autant de chaleur que si elle eût été sa véritable reine, tant il était entêté de ses maudits livres. Cardenio, qui, comme je l'ai dit, était dans son accès, s'entendant traiter de traître et de menteur, et autres gentillesses semblables, prit mal la plaisanterie. Il ramasse à ses pieds un caillou, et le jette si rudement dans l'estomac de Don Quichotte, qu'il l'étend sur le dos. Sancho Pança, voyant traiter ainsi son maître, s'élança le poing fermé sur le fou, et celui-ci le reçut de telle façon que d'un seul coup de poing il l'étendit à ses pieds, et lui sautant sur les côtes les foula tout à son aise. Le chevrier, qui voulut aller au secours de Sancho, courut même fortune, et, après les avoir bien rossés et bien moulus, Cardenio rentra tranquillement dans le bois de la montagne. Sancho se releva, la rage dans le cœur de se voir ainsi maltraité sans l'avoir mérité, et voulut s'en prendre au chevrier, disant qu'il avait tort de ne les avoir pas avertis que cet homme avait de temps en temps des accès de fureur, et que, s'ils l'avaient su, ils se seraient tenus sur leurs gardes. Le chevrier répondit qu'il les avait avertis, et que, s'il ne l'avait pas entendu, ce n'était pas sa faute. Sancho repartit, le chevrier répliqua, et la fin des reparties et des répliques fut de se prendre à la barbe et de se donner de telles gourmades, que, si Don Quichotte ne les eût apaisés, ils se seraient mis en pièces. Sancho, attaché au chevrier, criait à son maître: Laissez-moi faire, seigneur chevalier de la Triste Figure; avec celui-ci, qui n'est qu'un vilain comme moi et n'est pas armé chevalier, je puis tirer satisfaction de l'injure qu'il m'a faite en le combattant à armes égales, en homme d'honneur. Cela est vrai, dit Don Quichotte; mais je sais qu'il n'a point de tort en ce qui nous est arrivé. Il les calma ainsi, et demanda au chevrier s'il ne serait pas possible de retrouver Cardenio, parce qu'il avait grande envie de savoir la fin de son histoire. Le chevrier répondit, comme il avait déjà fait, qu'il ne savait rien de certain sur sa demeure; mais que s'il parcourait ces lieux avec soin il ne pourrait manquer de le trouver fou ou sage.

CHAPITRE XXV.

QUI TRAITE DES CHOSES ÉTRANGES QUI ARRIVÈRENT AU VAILLANT CHEVALIER DE LA MANCHE DANS LA SIERRA-MORENA, ET DE LA PÉNITENCE QU'IL FIT A L'IMITATION DU BEAU TÉNÉBREUX.

Don Quichotte dit adieu au chevrier, et, remontant sur Rossinante, dit à Sancho de le suivre, ce que celui-ci fit avec son âne[1] de fort mauvaise grâce. Ils cheminaient lentement et pénétraient peu à peu dans le plus rude de la montagne. Sancho mourait d'envie de causer avec son maître; mais il eût bien désiré que ce dernier entamât la conversation, pour ne pas contrevenir à ses ordres. Enfin, ne pouvant supporter un plus long silence, seigneur Don Quichotte, lui dit-il, je vous supplie de me donner votre bénédiction et mon congé, je veux m'en aller retrouver ma maison, ma femme et mes enfants, avec lesquels au moins je pourrai parler et discourir tant qu'il me plaira; car, de prétendre que je vous suive par ces déserts, de jour et de nuit, sans dire un mot quand l'envie m'en prendra, c'est vouloir m'enterrer tout vif. Si Dieu voulait que les bêtes parlassent comme au temps de Ysopet, le mal serait moins grand, je m'entretiendrais avec mon âne[2] de ce qui me viendrait dans la fantaisie, et ainsi passerait ma disgrâce.

[1] C'est toujours la même distraction de Cervantes; il oublie que Ginès avait volé l'âne de Sancho.
[2] Voyez la note précédente.

C'est une chose trop fâcheuse et trop difficile à supporter que de passer sa vie cherchant les aventures, et de ne trouver jamais que des coups, des bernements, des gourmades et des pierres, s'il faut encore rester la bouche cousue, sans oser dire ce que l'on a sur le cœur, comme si l'on était muet. Je t'entends, répondit Don Quichotte, tu meurs d'envie que je lève l'interdit que j'ai mis sur ta langue; tiens-le pour levé, et dis ce que tu voudras, à condition que cette liberté ne durera que le temps que nous serons dans ces montagnes. Ainsi soit, dit Sancho, que je parle à présent tout mon soûl, Dieu sait ce qui arrivera plus tard ; et, pour commencer à jouir du privilége, je vous demanderai, seigneur, quel intérêt vous aviez à prendre si chaudement la défense de cette reine Magimasa, ou comme elle s'appelle? et que vous importait que cet Abad fût son ami ou non? Si vous aviez laissé passer cela, puisque vous n'êtes pas leur juge, je crois bien que le fou aurait achevé son histoire, et vous nous auriez épargné le coup de pierre, les coups de pieds et plus de six soufflets. Certainement, Sancho, répondit Don Quichotte, si tu savais comme moi combien c'était une haute et honorable dame que la reine Madasime, tu conviendrais que j'ai fait preuve de patience en ne brisant point les mâchoires d'où sortait un si grand blasphème : car, enfin, n'est-ce pas en effet un grand blasphème que de dire ou penser qu'une reine ait fait l'amour avec un chirurgien? La vérité de l'histoire est que ce maître Élisabad, dont a parlé le fou, fut un homme prudent et de bon conseil, qui servait de gouverneur et de médecin à la reine; mais de penser qu'elle fut son amie, c'est une rêverie digne du plus rude châtiment. Et, afin que tu sois convaincu que Cardenio ne savait ce qu'il disait, ressouviens-toi qu'il était déjà dans son accès d'égarement. C'est ce que je dis, s'écria Sancho, il n'y avait pas à tenir compte des paroles d'un fou? Si le hasard ne vous avait pas protégé et avait dirigé ce caillou vers votre tête, comme il a fait dans l'estomac, nous serions en bel état pour avoir pris la défense de cette grande dame, que Dieu confonde. Cardenio ne peut être excusé comme fou. Contre les fous et contre les sages, tout chevalier errant est obligé de défendre l'honneur des dames, quelles qu'elles puissent être, à plus forte raison celui des reines de haut parage, comme le fut Madasime, pour qui j'ai une vénération particulière à cause de ses bonnes qualités : car, outre qu'elle était très belle, elle fut extrêmement sage et patiente dans ses nombreux malheurs. Les conseils et la compagnie de maître Elisabad l'aidèrent à les supporter avec cette patience et cette sagesse; ce fut de là que le vulgaire ignorant et malintentionné prit occasion de dire qu'ils vivaient familièrement ensemble; ils mentent encore une fois et mentiront deux cents autres, tous ceux qui diront ou penseront une telle fausseté. Je ne le dis ni ne le pense, dit Sancho; c'est leur affaire: s'ils ont fait la folie, ils en auront rendu compte à Dieu; je viens de mes vignes, je ne sais rien; je n'aime pas à connaître les affaires des autres. Qui achète et qui ment, en sa bourse le sent. Après tout, nu je naquis, nu je me trouve; je ne perds ni ne gagne. Quoi qu'ils aient fait, que m'importe à moi? On croit souvent qu'il y a du lard où il n'y a pas de chevilles; et qui peut mettre des portes aux champs? N'a-t-on pas parlé de Dieu même. Que Dieu me soit en aide, s'écria Don Quichotte, combien enfiles-tu là de sottises! Qu'y a-t-il de commun entre ce dont nous parlons et tous ces proverbes? Tais-toi, Sancho, sur ta vie, mêle-toi désormais de piquer ton âne, et non des choses qui ne t'importent point.

Applique tes cinq sens de nature à bien comprendre que tout ce que j'ai fait, je fais et je ferai, est fondé en raison, et conforme aux lois de chevalerie, que j'entends mieux que tous les chevaliers qui en ont jamais fait profession. Seigneur, dit Sancho, est-ce une vraie loi de chevalerie que nous courions par ces montagnes comme gens perdus, sans voir ni chemin ni sentier, en quête d'un fou à qui la fantaisie viendra peut-être d'achever ce qu'il a commencé, non son histoire, mais à vous la tête et à moi les côtes qu'il rompra tout à fait? Tais-toi, encore une fois, répondit Don Quichotte : apprends que mon dessein n'est pas seulement de trouver ce fou, mais de faire dans ces montagnes une action qui m'assurera une perpétuelle renommée sur la terre, et mettra le sceau à tout ce qui peut rendre parfait et fameux un chevalier errant. Et cette action est-elle bien périlleuse, demanda Sancho. Non, répondit Don Quichotte; cependant le dé pourrait tourner de telle façon que nous rencontrerions malheur au lieu de chance; mais tout dépendra de ta diligence. De ma diligence? dit Sancho. Oui, répondit Don Quichotte, parce que, si tu reviens promptement d'où je pense t'envoyer, ma peine sera plus tôt finie, et plus tôt ma gloire commencera. Mais pour ne pas te tenir davantage en suspens sur le point où j'en veux venir, apprends, Sancho, que le fameux Amadis de Gaule fut un des plus parfaits chevaliers errants; j'ai tort de dire un! il fut le seul, le premier, l'unique, le seigneur de tous ceux qui vécurent de son temps; j'en suis fâché pour don Bélianis et pour tous ceux qui prétendraient qu'il l'égala : je jure qu'ils sont dans l'erreur. Je t'apprends aussi que le peintre qui veut se rendre fameux dans son art tâche d'imiter les originaux des plus grands maîtres, et la même règle s'applique à tous les arts, à toutes les sciences qui sont l'ornement des sociétés. C'est ainsi que doit se conduire celui qui veut acquérir la réputation de patient et de sage à l'imitation d'Ulysse, qu'Homère nous représente comme le modèle de la sagesse et de la patience. Ainsi Virgile, en la personne d'Énée, nous a donné l'exemple de la piété envers son père, et de la prudence d'un vaillant capitaine : chacun dépeignant son héros, non tel qu'il fut, mais tel qu'il devait être, pour servir aux races futures d'exemple de vertu. De la même manière, Amadis a été le pôle, l'étoile, le soleil des vaillants et amoureux chevaliers; c'est lui que nous devons imiter, nous qui combattons sous la bannière de l'amour et de la chevalerie. Cela étant ainsi, je trouve, ami Sancho, que le chevalier errant qui l'imitera le mieux sera celui qui approchera le plus de la perfection en chevalerie. Une des circonstances dans lesquelles le grand Amadis fit éclater davantage sa prudence, son courage, sa valeur, sa patience, ce fut lorsque, dédaigné de sa dame Oriane, il se retira sur la Roche Pauvre pour y faire pénitence, changeant son nom en celui du Beau Ténébreux, nom significatif et convenable à la vie qu'il voulait mener et qu'il avait volontairement choisie. Ajoute qu'il m'est plus facile de l'imiter dans sa pénitence que de fendre, à son exemple, des géants, couper la tête des serpents, tuer des endriagues, mettre des armées en déroute, disperser des flottes et détruire des enchantements. Et, puisque ces lieux sauvages sont parfaitement convenables pour un tel dessein, je ne veux pas manquer de saisir l'occasion qui s'offre si favorablement ses cheveux. Mais enfin, seigneur, dit Sancho, que prétendez-vous faire dans un lieu si désert? Ne t'ai-je pas déjà dit, répondit Don Quichotte, que je prétends imiter Amadis, faisant ici l'insensé, le désespéré, le furieux, afin d'imiter en même temps le valeureux Roland, lorsqu'il trouva à une fontaine les preuves que la belle Angélique s'était abandonnée à Médor? Il en conçut tant de chagrin qu'il devint fou, arracha les arbres, troubla l'eau des fontaines, ravagea les troupeaux, tua les bergers, brûla leurs cabanes, abattit les maisons, déroba les juments, et fit cent mille autres impertinences dignes d'une éternelle mémoire. Et quoique je ne prétende pas imiter exactement Roldan, Orlando ou Rotolando, car il avait ces trois noms-là, dans toutes les folies qu'il dit, fit et pensa, j'en reproduirai seulement l'esquisse de mon mieux en ce qui me paraîtra le plus essentiel; peut-être aussi, me contenterai-je d'imiter Amadis, qui, sans faire de folies dommageables, mais seulement des plaintes et des lamentations, acquit tant de réputation et de gloire, qu'on n'en peut avoir davantage. Il me semble, dit Sancho, que les chevaliers qui faisaient ces folies et ces pénitences en avaient quelque sujet; mais vous, seigneur, quelle raison avez-vous pour devenir fou? quelle dame vous a méprisé? quelles marques avez-vous trouvées qui vous fassent croire que madame Dulcinée du Toboso ait fait quelque sottise avec maure ou chrétien? Hé, voilà le point, s'écria Don Quichotte, c'est là le plus ingénieux de mon affaire : qu'un chevalier errant devienne fou pour en avoir sujet, on ne peut lui en savoir gré; le mérite est d'extravaguer sans motif, et de donner à penser à ma dame que si je fais de telles choses à sec, mouillé j'en ferais bien d'autres [1]. D'ailleurs, la longue absence qui me sépare de Dulcinée, ma dame pour la vie, ne m'en donne-t-elle pas assez de sujet? N'as-tu pas ouï dire au berger Ambrosio que l'absence fait craindre et sentir tous les maux? Ainsi, ami Sancho, ne perds point le temps à me vouloir détourner d'une imitation si rare, si heureuse et si inouïe. Je suis fou, et fou je veux être jusqu'à ce que tu reviennes avec la réponse à une lettre dont je te veux charger pour madame Dulcinée. Si elle est telle que le mérite ma fidélité, ma folie et ma pénitence cesseront. Dans le cas contraire, je serai fou réellement, et, dans cet état-là, je ne sentirai rien : de sorte que, quoi que me réponde ma dame, je sortirai toujours de l'incertitude et du tourment où tu me laisses, jouissant comme homme sage du bien que j'espère de ton retour, ou, comme fou, ne sentant point le mal que tu m'auras apporté. Mais, dis-moi, Sancho, as-tu sauvé l'armet de Mambrin? Je l'ai vu le relever après que cet ingrat eut fait tous ses efforts pour le mettre en pièces sans en pouvoir venir à bout, ce qui prouve bien la bonté de sa trempe. Vive Dieu! seigneur chevalier de la Triste Figure, s'écria Sancho, je ne saurais porter ni souffrir patiemment certaines choses que vous dites, et elles me font croire que tout ce que vous me contez des chevaleries, de gagner des royaumes et des empires et de donner des îles et autres récompenses à la mode des chevaliers errants, que tout cela n'est que vent, mensonge, fatras, frivolité, comme vous voudrez. Qui peut vous entendre dire qu'un bassin de barbier est l'armet de Mambrin, et ne pas vous voir désabusé en quatre jours, ne peut que penser que celui qui dit de telles choses a perdu le jugement. J'ai le bassin tout bosselé dans mon bissac; je l'emporte pour le redresser dans ma maison, et m'en servir à me faire la barbe si Dieu me fait la grâce de me retrouver près de ma femme et de mes enfants. Sancho, dit Don Quichotte, par le Dieu que tu viens de jurer, je te jure que tu es bien l'écuyer du

[1] Si je fais de telles choses sans motifs, avec des motifs j'en ferais bien d'autres.

plus petit entendement qu'il y ait encore eu au monde. Est-il possible que, depuis le temps que tu es avec moi, tu ne te sois pas encore convaincu que tout ce qui a rapport aux chevaliers errants semble chimère, folie, impertinence, et fait à rebours ; non pas qu'il en soit ainsi, mais parce qu'il y a toujours parmi nous une foule d'enchanteurs qui changent et bouleversent tout comme il leur plaît, et selon qu'ils ont envie de nuire ou de favoriser ? C'est pour cela que ce qui te paraît à toi un bassin de barbier me paraît à moi l'armet de Mambrin, et semblera autre chose à un autre. C'est une rare prévoyance du sage qui me protége, d'avoir fait que tout le monde prenne cet armet pour un bassin de barbier, parce que c'est une chose si précieuse, que tout le monde m'eût poursuivi pour me l'enlever; mais quand on voit que ce n'est qu'un bassin de barbier, personne ne s'en soucie, comme l'a bien fait voir celui qui essaya de le rompre et le laissa. Il ne l'eût pas fait, sois-en sûr, s'il en avait connu la valeur. Garde-le, ami, je n'en ai pas besoin pour l'heure : au contraire, je veux me désarmer entièrement, et rester tout nu, comme à l'heure de ma naissance, si je trouve qu'il soit plus à propos d'imiter la pénitence de Roland que celle d'Amadis.

En achevant ce discours, ils se trouvèrent au pied d'une roche fort haute, détachée de celles qui l'entouraient, comme si on l'eût taillée exprès. Un ruisseau coulait doucement sur la pente, et formait tout autour un pré si verdoyant et si frais que l'œil en était enchanté; nombre d'arbres sauvages, de plantes et de fleurs en faisaient le lieu le plus agréable. Le chevalier de la Triste Figure le choisit pour y faire sa pénitence, et dès qu'il l'aperçut s'écria, comme s'il eût été dans le délire : O ciel! voici le lieu que je choisis pour y pleurer la cruelle destinée à laquelle tu m'as réduit; voici le séjour où mes pleurs grossiront les eaux de ce petit ruisseau: les arbres sauvages dont mes fréquents et profonds soupirs agiteront sans cesse les feuilles, en signe et témoignage des tourments qu'endure mon cœur éperdu. O vous! qui que vous soyez, dieux champêtres qui faites votre séjour dans ces lieux inhabitables, écoutez les plaintes d'un malheureux amant; qu'une longue absence et des soupçons jaloux ont conduit dans ces déserts, pour y gémir des rigueurs d'une ingrate, modèle achevé de toute humaine beauté. O vous, dryades et napées, qui habitez dans l'épaisseur des forêts, aidez-moi à pleurer ma douleur, ou du moins ne vous lassez pas d'en entendre les accents, et puissent les légers et pétulants satyres, toujours vainement épris de vos charmes, ne troubler jamais votre doux repos! O Dulcinée du Toboso! jour de mes nuits, cause glorieuse de mon tourment, pôle où tendent tous mes pas, étoile de ma fortune (le ciel en accorde une favorable à ta prière), prends pitié de l'état où m'a réduit ton absence; que ma fidélité te rende enfin favorable à mon amour. O vous, arbres solitaires, qui allez désormais faire compagnie à ma solitude, si ma présence vous agrée, faites-le-moi connaître en agitant doucement vos rameaux. Et toi, fidèle écuyer, qui partageas ma gloire et mes adversités, retiens bien gravé dans ta mémoire tout ce que tu me verras faire, afin d'en rendre un compte exact à celle qui en est la seule et unique cause.

A ces mots, il mit pied à terre, ôta promptement la selle et la bride à son cheval, et le frappant de la main sur la croupe : Reçois, dit-il, la liberté que te donne celui qui a perdu la sienne, ô coursier aussi excellent pour tes grandes actions que malheureux dans ton sort! va où tu voudras : tu portes écrit sur le front que jamais l'Hippogriffe d'Astolphe, ni le renommé Frontin qui coûta si cher à Bradamante ne l'égalèrent en légèreté. Sancho, voyant cela, dit : Bien en a pris à celui qui m'a délivré du soin de débâter mon âne! Par ma foi, il aurait à recevoir aussi de petits coups de main, et de belles paroles à sa louange. S'il était là pourtant, je ne permettrais pas que personne lui ôtât son bât; car il n'existe pas de raison pour cela, et il n'a rien de commun avec les folies des amoureux et des désespérés, puisque son maître, qui était moi, n'a jamais été ni l'un ni l'autre. Mais, seigneur chevalier de la Triste Figure, si mon voyage et votre folie sont tout de bon, il sera bien de remettre la selle à Rossinante, afin qu'il supplée au défaut de mon grison. Ce sera épargner du temps pour l'allée et pour le retour ; car s'il me faut aller à pied, je ne sais quand j'arriverai ni quand je reviendrai, parce que je suis un fort mauvais piéton. Qu'il en soit comme tu voudras, Sancho, répondit Don Quichotte : ton idée ne me paraît pas mauvaise. Tu partiras dans trois jours, parce que je veux que pendant ce temps tu voies et puisses raconter à ma dame ce que je fais et dis pour elle. Et que puis-je voir davantage que ce que j'ai vu? dit Sancho. Tu n'y es pas encore, repartit Don Quichotte ; il me reste à déchirer mes habits, à disperser mes armes, à me frapper la tête contre ces rochers, et à faire mille autres choses qui te raviront en admiration! Pour l'amour de Dieu, dit Sancho, prenez bien garde à la manière dont vous vous frapperez la tête, vous pourriez trouver ici tel rocher, et frapper en telle place que tout l'édifice de votre pénitence fût achevé. Je serais d'avis, moi, s'il est absolument nécessaire de se heurter la tête, et que l'œuvre ne se puisse accomplir sans cela, que vous vous contentassiez, puisque le tout est feinte, imitation et plaisanterie, de frapper ces coups dans l'eau ou toute autre chose douce comme du coton, et laissez-moi le soin de dire à madame Dulcinée que vous l'avez fait contre des pointes de roches plus dures que le diamant. Je te sais gré, ami Sancho, de ta bonne intention, répondit Don Quichotte, mais il faut que tu saches que tout ceci n'est point une feinte, une plaisanterie, mais une chose très sérieuse; autrement ce serait contrevenir aux lois de la chevalerie, qui nous défendent de mentir, sous peine d'être exclus de l'ordre, et faire une chose pour l'autre, c'est mentir. Ainsi, il faut que mes coups de tête soient réels, effectifs et valables, sans mélange sophistique et fantastique ; il sera même bon que tu me laisses de la charpie pour me panser, puisque nous avons malheureusement perdu notre baume. C'est encore pis d'avoir perdu l'âne, dit Sancho, puisqu'avec lui s'est perdue la charpie et tout ; mais, je vous en prie, ne gardez pas le souvenir de ce maudit breuvage, à l'entendre seulement nommer, mon âme et mon estomac se soulèvent. Faites compte aussi que les trois jours que vous aviez pris pour me rendre témoin de vos folies, sont passés : je les tiens pour vues et passées en chose jugée. J'en dirai des merveilles à madame ; écrivez votre lettre, et dépêchez-moi, sans plus de retard, car j'ai grand désir de revenir vous tirer du purgatoire où je vais vous laisser. Tu l'appelles purgatoire? dit Don Quichotte ; dis plutôt un enfer, et pis encore, si quelque chose peut l'être. Pour ce qui est en enfer, reprit Sancho, *nulla est retentio* [1], à ce que j'ai ouï dire. Je ne comprends pas, dit Don Quichotte, ce que veut dire *retentio? Retentio*, dit Sancho, c'est-à-dire, que qui

[1] Pour *redemptio*, il n'y a pas de rédemption pour ce qui est en enfer.

est en enfer n'en peut sortir, ce qui n'arrivera pas de vous, ou les pieds me manqueront pour enfoncer les éperons à Rossinante; que je me trouve une fois au Toboso et en présence de madame Dulcinée, je lui dirai de telles choses des folies et des impertinences (je pense que c'est tout un), que vous aurez faites ou que vous ferez encore, que je la rendrai plus souple qu'un gant, fût-elle plus dure qu'un chêne; avec sa réponse douce et emmiellée, je reviendrai par les airs, comme un sorcier, vous tirer de votre purgatoire, qui semble un enfer, mais qui ne l'est pas, puisqu'il y a espérance d'en sortir, ce que n'ont pas ceux qui sont en enfer. Et je crois que vous ne pensez pas autrement. C'est la vérité, dit Don Quichotte, mais comment ferons-nous pour écrire la lettre? Et le mandat des ânons! ajouta Sancho. Tout y sera, reprit Don Quichotte; mais, puisque je n'ai point de papier, il faudra que j'écrive, comme les anciens, sur des feuilles d'arbre ou sur des tablettes de cire, quoiqu'il soit aussi difficile d'en trouver que du papier; cependant je me rappelle en ce moment que j'ai les tablettes de Cardenio, qui seront suffisantes et plus que suffisantes pour cela: tu auras soin de la faire transcrire en beaux caractères, sur du papier, au premier endroit où tu trouveras un maître d'école, ou, s'il n'y en a pas, un sacristain; mais donne-toi bien de garde de la faire écrire par un homme de chicane, car le diable ne le lirait pas. Et pour la signature, dit Sancho, comment ferons-nous? Jamais les lettres d'Amadis ne furent signées, répondit Don Quichotte. — Bien pour cela, mais le mandat, il faut bien qu'il soit signé. Si je le fais transcrire, ils diront que le seing est faux, et me voilà sans ânons. — Le mandat sera signé dans les tablettes; quand ma nièce le verra, elle ne fera aucune difficulté de l'acquitter. Quant à la lettre d'amour, tu feras mettre au bas: *Vôtre jusqu'à la mort, le chevalier de la Triste Figure.* Peu importe que l'écriture soit d'une main étrangère; car, si je m'en souviens bien, Dulcinée ne sait ni lire ni écrire, et de sa vie n'a vu ni de mes lettres ni de mon écriture. Mes amours et les siens ont toujours été platoniques, sans aller plus loin qu'un honnête regard, encore si rarement, que je puis jurer que, depuis douze ans qu'elle m'est plus chère que la lumière de ces yeux que dévorera la terre, je ne l'ai pas vue quatre fois, et peut-être même ne s'est-elle pas aperçue une seule que je la regardasse, tant est grande la retenue dans laquelle l'ont élevée Laurent Corchuelo, son père, et Aldonza Nogalès, sa mère. Ha! ha! s'écria Sancho, la fille de Laurent Corchuelo est madame Dulcinée du Toboso, autrement dit Aldonza Lorenzo? C'est elle-même, répondit Don Quichotte, c'est elle qui mérite d'être souveraine de toute la terre. Je la connais bien, dit Sancho, et je sais qu'elle jette la barre aussi bien que le plus robuste garçon du village. Vive Dieu! c'est une fille de mérite, droite, bien faite, qui a du poil sur l'estomac, et qui peut faire raison à tout chevalier errant ou à errer qui l'aura pour sa dame. Quelle vigueur et quelle voix! Un jour elle monta au haut du clocher du village pour appeler des valets de son père qui étaient dans un champ à plus de demi-lieue de là: ils l'entendirent aussi bien que s'ils eussent été au pied de la tour. Ce qu'elle a de meilleur, c'est de n'être point dédaigneuse, d'être de bon accueil, de rire avec tout le monde, et de s'amuser de tout. Je l'avoue maintenant, seigneur chevalier de la Triste Figure, vous pouvez et devez non seulement faire pour elle autant de folies qu'il vous plaira, mais encore, à juste titre, vous désespérer et vous pendre: personne ne l'apprendra sans dire que vous aurez bien fait, le diable vous eût-il emporté. Je voudrais déjà être en chemin, seulement pour la voir, car il y a longtemps que je ne l'ai vue ; elle doit être changée, car le soleil, le grand air et le hâle des champs gâtent beaucoup le visage des femmes. Je vous le confesse, seigneur : j'avais vécu jusqu'ici dans une grande ignorance ; je croyais de bonne foi que madame Dulcinée était quelque princesse dont vous étiez amoureux, ou du moins quelque dame d'importance, qui méritât les riches présents que vous lui avez envoyés, comme ceux du Biscayen, des forçats, et bien d'autres, en grand nombre, comme doit être grand le nombre de victoires que vous avez remportées dans le temps où je n'étais pas encore votre écuyer. Mais, tout bien considéré, qu'importe à madame Aldonza Lorenzo, je veux dire madame Dulcinée du Toboso, que ceux que vous avez vaincus ou que vous vaincrez viennent plier le genou devant elle? ils pourraient bien arriver au moment où elle peigne du lin ou bat du blé dans la grange, et se courroucer de la trouver dans de telles occupations, tandis qu'elle, de son côté, se moquerait ou se fâcherait de votre présent. Je t'ai déjà dit plusieurs fois, Sancho, reprit Don Quichotte, que tu es un grand parleur, et, quoique d'un esprit grossier, que tu te mêles de subtiliser. Mais, pour te prouver à quel point tu es sot et combien j'ai de raison, je veux que tu écoutes de moi ce petit conte. Une veuve, belle, jeune, libre et riche, et surtout fort amie de la joie, devint amoureuse d'un jeune frère lai, court et gros. Le supérieur vint à le savoir; il dit un jour à la veuve, à titre de représentation fraternelle : Je suis étonné, madame, et non sans cause, qu'une femme aussi distinguée, aussi belle, aussi riche que vous, se soit prise d'amour pour un homme aussi abject, aussi commun, aussi idiot, tandis qu'il est ici tant de maîtres, tant de docteurs, tant de théologiens, parmi lesquels vous auriez pu faire un choix [1], et dire : Je veux celui-ci, je ne veux pas celui-là. La dame lui répondit, avec beaucoup de gaieté et d'aisance : Vous vous abusez, seigneur, et vous pensez à la vieille mode, si vous trouvez que je me sois méprise en choisissant ce quidam, tout idiot qu'il paraisse; car, pour moi, il sait autant et plus de philosophie qu'Aristote. Ainsi, Sancho, puisque j'aime Dulcinée du Toboso, elle vaut autant que la plus grande princesse de la terre. Crois-tu que toutes les dames célébrées par les poëtes, sous des noms que la fantaisie leur impose, soient à eux pour cela? Penses-tu que les Amarillis, les Philis, les Sylvies, les Dianes, les Galatées, les Alices, et tant d'autres dont les noms remplissent les livres, les romans, les théâtres, les boutiques de barbiers, aient été des femmes en chair et en os, qui aient appartenu à ceux qui les ont chantées? Non, certes : la plupart sont des êtres imaginaires, dont ils font le sujet de leurs vers, et qui leur donnent la réputation d'hommes amoureux et dignes d'être aimés. Il me suffit donc de croire qu'Aldonza Lorenzo est belle et honnête : sa naissance importe peu, on n'a pas à faire d'information pour l'admettre dans aucun ordre, et moi, je me la représente comme la plus grande princesse du monde. Deux choses surtout nous excitent à aimer, je te l'apprends, si tu l'ignores : ce sont la bonne réputation et la beauté ; toutes deux se trouvent réunies au plus haut degré en Dulcinée, car nulle ne l'égale en attraits, et peu l'égalent en honnêteté. Pour conclure, en un mot, je m'imagine que tout ce que je dis est

[1] *Como entre peras* (comme parmi des poires).

vrai, sans plus ni moins. Je la peins dans mon imagination telle que je la désire, tant pour la noblesse que pour la beauté; Hélène n'en approche point, Lucrèce ne saurait l'égaler, ni aucune des femmes célèbres de l'antiquité, grecques, latines ou barbares. Que chacun en dise ce qu'il voudra, si les ignorants me blâment, les plus rigoureux ne me désapprouveront pas. Seigneur, dit Sancho, vous avez raison en tout et je ne suis qu'un âne; mais je ne sais pourquoi ce mot d'âne me vient à la bouche? il ne faut point parler de cordes dans la maison d'un pendu. Vienne donc la lettre, et adieu, je m'en vais. Don Quichotte prit les tablettes, et se retirant à l'écart, se mit à l'écrire avec beaucoup de calme. Quand il l'eut achevée, il appela Sancho, et lui dit qu'il voulait la lui lire, afin qu'il l'apprît par cœur, au cas qu'il la perdît en chemin; car tout était à craindre de sa mauvaise fortune. Écrivez-la plutôt, dit Sancho, deux ou trois fois dans les tablettes et donnez-les-moi, je les porterai avec grand soin; car de penser que je la puisse mettre dans ma mémoire, c'est folie: je l'ai si mauvaise, que souvent je ne me souviens pas de mon nom. Cependant, lisez-la-moi, je serai fort aise de l'entendre. Elle doit être bien faite. Écoute donc, dit Don Quichotte, elle est ainsi conçue :

LETTRE DE DON QUICHOTTE A DULCINÉE DU TOBOSO.

« Souveraine et haute dame,

« Celui qui est féru de la pointe aiguë de l'absence, blessé jusqu'au fond du « cœur, ô très douce Dulcinée du Toboso, vous envoie la santé, dont il ne jouit « pas. Si votre beauté me méprise, si votre mérite ne brille en ma faveur, si vos « dédains m'accablent, encore que je sois assez patient, je pourrai mal supporter « cette affliction; car ce n'est pas assez qu'elle soit forte, elle est encore durable. « Mon fidèle écuyer Sancho vous rendra un compte exact, ô belle ingrate, enne- « mie bien-aimée, de l'état où je suis à cause de vous. S'il vous plaît de me « secourir, je suis à vous : sinon, faites à votre volonté; en achevant de vivre, « j'aurai satisfait à votre cruauté et à mes désirs.

« *A vous jusqu'à la mort.*

« Le chevalier de la TRISTE FIGURE. »

Par la vie de mon père! s'écria Sancho, en écoutant cette lettre, voici la plus belle chose que j'aie jamais entendue. Comme vous lui dites bien tout ce que vous voulez! et comme s'enchasse bien la signature, le *chevalier de la Triste Figure!* Je le dis en vérité, vous êtes le diable même, et il n'y a chose que vous ne sachiez. Il faut tout savoir, répondit Don Quichotte, dans le métier que je fais. Or ça, reprit Sancho, écrivez donc de l'autre côté la cédule des trois ânons, et signez bien nettement, afin qu'on reconnaisse votre écriture. J'y consens, dit Don Quichotte. Et, l'ayant écrite, il lut :

« Ma nièce, il vous plaira payer, par cette première d'ânons à Sancho Pança, « mon écuyer, trois des cinq que j'ai laissés à la maison, et qui sont sous votre « garde; lesquels trois ânons j'entends lui être délivrés et payés pour autant d'an-

« tres que j'ai reçus ici de lui, comptant, et avec la présente et son acquit, ils se« ront bien délivrés.

« Fait dans les entrailles de la Montagne Noire, ce 27 août de la présente « année. »

C'est bon, seigneur, dit Sancho; vous n'avez qu'à signer. Il n'est pas besoin de signer, répondit Don Quichotte; mon paraphe suffit et équivaut à la signature, non seulement pour trois ânons, mais même pour trois cents. Je m'en rapporte à vous, dit Sancho. Laissez-moi maintenant aller seller Rossinante, et que votre seigneurie se prépare à me donner sa bénédiction, car je prétends partir tout à l'heure, sans m'amuser à voir les folies que vous voulez faire; je dirai que j'en ai tant vu, qu'elle n'en demandera pas davantage. Je veux, du moins, et il est nécessaire qu'il en soit ainsi, Sancho; je veux, dis-je, que tu me voies nu, faire une ou deux douzaines de folies, ce sera l'affaire de moins d'une demi-heure, afin que, les ayant vues de tes yeux, tu puisses jurer en sûreté de conscience de toutes celles que tu voudras y ajouter, et je t'assure bien que tu n'en diras pas autant que j'en veux faire. Pour l'amour de Dieu! seigneur, que je ne vous voie point nu: vous me feriez trop de pitié, je ne pourrais m'empêcher de pleurer, et j'ai la tête si mal d'avoir pleuré cette nuit mon âne, que je n'ai pas besoin de retomber en de nouveaux pleurs. Si vous voulez absolument que je vous voie faire des folies, faites-les tout vêtu, bien courtes, et de celles qui seront le plus à propos; quoique cela ne soit pas du tout nécessaire pour moi, ce sera, comme je vous l'ai dit, abréger le temps et hâter mon retour, qui doit vous donner les nouvelles que désire et que mérite votre seigneurie. Sinon, madame Dulcinée n'a qu'à se bien tenir: je fais vœu solennel à qui je peux, si elle ne répond pas comme elle doit, de lui tirer une bonne réponse de l'estomac à beaux soufflets et coups de pied. Car peut-on souffrir qu'un chevalier errant, aussi fameux que votre seigneurie, devienne fou, sans rime ni raison, pour une... Qu'elle ne me le fasse pas dire, la bonne dame; car, par Dieu, j'en dégoiserai et j'en dirai à la douzaine, sans marchander. Je suis bon pour cela, moi; elle me connaît mal; si elle me connaissait, elle jeûnerait pour ma fête. En bonne foi, Sancho, dit Don Quichotte, à ce qu'il me paraît, tu n'es guère plus sage que moi. Je ne suis pas si fou, répliqua Sancho, mais je suis plus emporté; mais laissons cela. De quoi vivrez-vous, seigneur, jusqu'à mon retour? Irez-vous dans les chemins, comme Cardenio, enlever les provisions des bergers? Que cela ne te mette pas en peine, dit Don Quichotte: eussé-je autre chose, je ne mangerais que les herbes de ces prés et les fruits de ces arbres; le mérite de ma résolution consiste à ne point manger, et en d'autres austérités. Seigneur, dit Sancho, savez-vous bien ce que j'appréhende? c'est de ne point retrouver cet endroit-ci, tant il est caché. Remarque-le bien, répondit Don Quichotte; pour moi, je ne m'éloignerai pas de ces alentours et j'aurai soin de monter sur les plus hauts de ces rochers, pour voir si je te découvre quand tu reviendras. D'ailleurs pour plus grande sûreté, et afin que tu me retrouves et ne te perdes pas, tu n'as qu'à couper des branches de ces genêts, et les placer de distance en distance, jusqu'à l'entrée de la plaine: elles te serviront d'enseignes et de guides pour me rejoindre à ton retour, à l'imitation du fil de Thésée, dans le labyrinthe. Je vais le faire, dit Sancho. Il coupa quelques branches, vint recevoir la bénédiction de son maître, et s'éloigna non sans beaucoup de larmes de part et d'autre. Il monta sur Rossinante, que Don Quichotte lui recommanda de soigner comme sa propre personne, et prit le chemin de la plaine, semant les branches de genêt comme son maître le lui avait conseillé. Il s'éloigna ainsi sans s'arrêter aux instances de Don Quichotte, qui le voulait rendre témoin de deux extravagances seulement; mais il n'était pas éloigné de cent pas qu'il revint : Seigneur, dit-il, il me semble que vous avez raison ; pour que je puisse jurer, en sûreté de conscience, que je vous ai vu faire des folies, il faut que je sois témoin, fût-ce d'une seule, quoique c'en soit une assez grande que le dessein de votre pénitence. Ne te le disais-je pas bien? répondit Don Quichotte. Attends un peu, dans un *Credo* j'aurai fait. Et défaisant en hâte ses chausses, il demeura nu en pans de chemise, fit deux sauts en l'air, puis deux culbutes, la tête en bas, les pieds en l'air, découvrit de telles choses que, pour ne les plus voir, Sancho tourna promptement bride, et se tint pour content de pouvoir jurer que son maître était fou. Nous le laisserons faire son voyage jusqu'au retour, qui fut prompt.

CHAPITRE XXVI.

OU SE CONTINUENT LES BEAUX TÉMOIGNAGES D'AMOUR DE DON QUICHOTTE DANS LA SIERRA-MORENA.

Pour revenir à ce que fit le chevalier de la Triste Figure, resté seul, l'histoire rapporte qu'ayant achevé ses culbutes, nu de la ceinture en bas et vêtu de la ceinture en haut, et voyant en outre que Sancho était parti sans vouloir attendre d'autres folies, il monta sur la cime d'une roche élevée, et là se remit à réfléchir sur une difficulté qui l'avait souvent occupé et qu'il n'avait encore pu résoudre : c'était de savoir lequel serait le meilleur et le plus convenable, d'imiter Roland dans sa furieuse démence, ou Amadis dans ses folies mélancoliques, et, raisonnant en lui-même, il disait : Si Roland fut un chevalier si parfait, si fort et si vaillant, comme on le dit, il ne s'en faut pas tant émerveiller. Après tout, il était enchanté, et on ne le pouvait tuer, sinon en lui enfonçant une épingle dans la plante du pied, et il portait toujours des souliers à sept semelles de fer. Néanmoins, ses précautions furent inutiles avec Bernard de Carpio, qui les déjoua et l'étouffa entre ses bras à Roncevaux. Mais, laissant sa vaillance à part, examinons sa folie ; il est incontestable qu'il perdit le jugement après les chiffres qu'il trouva à la fontaine, et les nouvelles que lui donna le berger, qu'Angélique avait couché plus de deux siestes avec Médor, jeune Maure à la chevelure bouclée et page d'Agramant. Si Roland ne douta point que sa dame ne lui eût fait une telle injure, il ne fit pas un grand effort de devenir fou. Mais moi, comment puis-je l'imiter dans ses folies, si je n'en ai pas le même sujet? car je ferais bien serment que ma dame Dulcinée du Toboso n'a jamais vu de sa vie un Maure avec son accoutrement, et qu'elle est encore telle que sa mère l'a mise au monde : ainsi, je lui ferais un outrage manifeste si, imaginant autre chose, j'imitais le genre de folie de Roland le Furieux. Je vois d'un autre côté qu'Amadis de Gaule, sans perdre le jugement et sans faire de folies, acquit une réputation d'amoureux aussi grande que l'obtint jamais qui que ce soit; car, suivant son histoire, ce qu'il fit ne fut que pour s'être vu méprisé de sa dame Oriane, qui lui avait défendu de paraître devant elle jusqu'à ce qu'elle le rappelât. Voilà pourquoi il se retira sur la Roche Pauvre, en la compagnie d'un ermite. Là il se rassasia de larmes, jusqu'à ce que le ciel lui vint en aide au plus fort de son affliction. Puisqu'il en est ainsi, pourquoi me donner la peine de me mettre tout nu, de maltraiter ces arbres qui ne m'ont fait aucun mal; qu'ai-je à faire de troubler l'eau de ces ruisseaux, qui devront me désaltérer quand j'en aurai l'envie? Vive la mémoire d'Amadis! qu'il soit imité autant que possible par Don Quichotte de la Manche, dont on dira ce qu'on a dit de l'autre, s'il n'a pas achevé de grandes choses, il mourut en les entreprenant. Si je ne suis pas méprisé ni rebuté de Dulcinée, ne me suffit-il pas, comme je l'ai dit, d'être éloigné d'elle? Courage donc, mettons la main à l'œuvre. Revenez dans ma mémoire, actions d'Amadis, inspirez-moi par où je dois commencer à l'imiter. Je me rappelle bien que la prière fut une de ses plus grandes occupations, qu'elle soit aussi la mienne. Il se fit donc un rosaire d'une dizaine avec des noix enfilées, et ce qui le chagrinait le plus, était de n'avoir point là d'ermite pour se confesser et recevoir ses consolations. Il s'entretenait de ces pensées en se promenant dans le pré, écrivant sur le sable, gravant sur l'écorce des arbres un grand nombre de vers convenables à sa tristesse, et d'autres à la louange de Dulcinée; les seuls qu'on ait trouvés entiers, ou que l'on pût lire quand on vint le chercher là, sont ceux qui suivent [1].

Arbres, herbes verdoyantes, plantes nombreuses qui embellissez cet asile, si vous ne vous réjouissez de mon malheur, soyez attentifs à mes plaintes; que ma douleur ne vous trouble pas, quelque terrible qu'elle soit; car pour prix de l'asile que vous lui avez offert, ici Don Quichotte pleura l'absence de Dulcinée du Toboso.

C'est ici le lieu où le plus loyal amant s'est soustrait aux regards de sa dame, c'est ici qu'il est arrivé à ce degré de douleur sans savoir comment ni pourquoi. L'amour l'a réduit en cet état déplorable de confusion; aussi Don Quichotte a pleuré ici, jusqu'à remplir un tonneau, l'absence de Dulcinée du Toboso.

Cherchant les aventures au milieu des durs rochers, maudissant de dures entrailles, il ne trouva qu'infortune au sein de ces lieux sauvages et hérissés. L'amour l'a frappé de la corde de son arc, et non de son doux bandeau, et pour avoir reçu ces atteintes sur la tête, ici Don Quichotte a pleuré l'absence de Dulcinée du Toboso.

Cette addition *du Toboso* au nom de Dulcinée fit bien rire ceux qui lurent ces vers. Ils pensèrent que Don Quichotte eût craint qu'on ne les comprît pas si en nommant Dulcinée il ne nommait aussi le Toboso, et c'était la vérité, comme il l'avoua depuis. Il en écrivit beaucoup d'autres; mais, comme nous l'avons dit, on ne put recueillir bien entières que ces trois stances. C'était ainsi qu'il occupait sa solitude, soupirant, appelant les faunes et les sylvains de ces bois, les nymphes des ruisseaux et la plaintive Écho, les conjurant de l'écouter, de lui répondre

[1] Cette romance est de trois couplets de dix vers chacun, en rimes croisées; le refrain de chacun est comme dans la traduction :

Ausencias de Dulcinea
Del Toboso.

et de le consoler. Il cherchait ensuite des herbes pour se nourrir, jusqu'au retour de son écuyer. Si, au lieu de revenir au bout de trois jours, il eût tardé trois semaines, le chevalier de la Triste Figure aurait été si bien défiguré, que la mère qui l'engendra ne l'eût pas reconnu. Mais il est temps de le laisser soupirer et faire des vers, pour raconter ce qui advint à Sancho dans son ambassade.

Arrivé sur le grand chemin, il se mit à la recherche de la route du Toboso. Le jour suivant il arriva près de l'hôtellerie où lui était advenue la disgrâce de la berne. Il ne l'eut pas plutôt reconnue, qu'il lui sembla se voir encore une fois en l'air, et il ne voulut point y entrer, quoiqu'il fût heure de le faire, c'est-à-dire de dîner, et qu'il eût bien désiré manger quelque chose de chaud, depuis si longtemps qu'il n'avait rien mangé que de froid. Excité par ce désir, il avança jusqu'auprès de l'hôtellerie, hésitant s'il entrerait ou non, et pendant ce temps il en sortit deux hommes qui le reconnurent aussitôt. L'un dit à l'autre: Seigneur licencié, cet homme à cheval n'est-il pas Sancho Pança, celui que la gouvernante de notre aventurier dit avoir suivi son maître en qualité d'écuyer? C'est lui-même, répondit le licencié, et voilà le cheval de Don Quichotte. Ils devaient d'autant moins s'y tromper que c'était justement le curé et le barbier de son village, ceux qui avaient fait la recherche et le sacrifice général des livres. Ayant achevé de reconnaître le cheval et le cavalier, ils s'en approchèrent désirant avoir des nouvelles de Don Quichotte; le curé appela Sancho par son nom, et lui dit: Ami Sancho, où avez-vous laissé votre maître? Sancho les reconnut aussitôt, et résolut de cacher le lieu et l'état où il avait laissé le chevalier. Il répondit donc que Don Quichotte était en certain endroit, occupé de certaine affaire de grande importance, qu'il ne pouvait découvrir sur les yeux de sa tête. Non, non, Sancho, dit le barbier, si vous ne nous dites où vous l'avez laissé, nous croirons, et nous croyons déjà que vous l'avez tué et volé, puisque vous êtes monté sur son cheval; il faut nous rendre le maître de la bête, ou craignez une mauvaise affaire.—Vous n'avez pas besoin d'user de menaces envers moi: je ne suis point homme à tuer ni voler personne; à chacun, sa destinée qui le fait mourir, ou bien Dieu qui l'a créé. Mon maître est au milieu de la montagne, où il fait pénitence à son plaisir. Et, sans s'arrêter, il leur raconta dans quel état il l'avait laissé, les aventures qui lui étaient arrivées, comment il allait de sa part porter une lettre à madame Dulcinée du Toboso, qui était la fille de Laurent Corchuelo, dont il était éperdument amoureux [1]. Le curé et le barbier demeurèrent tout étonnés de ce que leur dit Sancho, et, bien qu'ils connussent assez la nature de la folie de Don Quichotte, plus ils en entendaient parler, plus leur étonnement augmentait. Ils demandèrent à voir la lettre à Dulcinée; Sancho répondit qu'elle était écrite dans des tablettes, et qu'il avait ordre de son maître de la faire transcrire sur du papier, au premier village qu'il rencontrerait. Sur cela le curé lui dit de la montrer et qu'il la transcrirait lui-même en beaux caractères. Sancho Pança mit la main dans son sein pour chercher les tablettes; mais il ne les trouva point et n'avait garde de les y trouver, les eût-il cherchées jusqu'à cette heure, car elles étaient demeurées dans les mains de Don Quichotte; il ne les lui avait pas remises et l'écuyer n'avait pas songé à les redemander. Quand Sancho vit qu'il ne les

[1] *Enamorado hasta los higados*, amoureux jusqu'au foie.

trouvait pas, son visage devint pâle comme la mort. Il se tâta par tout le corps, et se convainquit qu'il ne les avait pas. Portant aussitôt les deux mains à sa barbe, il s'en arracha la moitié, se donna une demi-douzaine de coups de poing dans le visage et sur le nez, et se mit tout en sang. Le curé et le barbier, voyant son désespoir, lui demandèrent ce qu'il avait pour se traiter de la sorte. Ce que j'ai? répondit Sancho; je viens de perdre en un instant, et d'une main à l'autre, trois ânons, dont le moindre valait un château. Comment cela? dit le barbier. J'ai perdu, répondit Sancho, les tablettes où était la lettre pour madame Dulcinée, et une lettre de change signée de mon maître, par laquelle il mandait à sa nièce de me donner trois ânons, de quatre ou cinq qui sont en sa maison. Et il leur raconta la perte du grison. Le curé le consola, l'assurant qu'après avoir trouvé son maître, il lui ferait donner un meilleur mandat, sur papier, comme c'était la coutume, parce que ceux qu'on écrivait sur des tablettes n'étaient jamais acceptés ni acquittés. Puisqu'il est ainsi, dit Sancho, je regrette peu d'avoir perdu la lettre de Dulcinée: je la sais presque par cœur, et l'on pourra la transcrire quand on voudra. Dites-la-nous, Sancho, reprit le barbier, et nous la transcrirons. Sancho se mit à se gratter la tête pour rappeler sa mémoire: il se posait tantôt sur un pied, tantôt sur l'autre, regardant le ciel, puis la terre; enfin, après s'être rongé la moitié de l'ongle d'un doigt, et avoir tenu ses auditeurs en suspens, il s'écria après une longue pause: Pardieu, seigneur licencié, que tous les diables emportent ce que je me rappelle de la lettre, elle commençait pourtant ainsi: *Haute et souterraine dame*. Non, dit le barbier, il ne pouvait y avoir *souterraine*: c'est *surhumaine* ou *souveraine* qu'il faut dire. C'est cela, dit Sancho. Ensuite, si je ne me trompe, il y avait: *le blessé et manquant de sommeil, et le féru baise les mains de votre grâce, ingrate et très méconnaissante belle*. Il y avait encore je ne sais quoi de *santé* et d'*infirmité* qu'il lui envoyait, et ensuite il continuait à discourir et finissait par: *Vôtre, jusqu'à la mort, le chevalier de la Triste Figure.* L'heureuse mémoire de Sancho ne les réjouit pas peu; ils lui donnèrent beaucoup de louanges, et le prièrent de recommencer la lettre encore deux fois, afin qu'ils l'apprissent eux-mêmes par cœur, pour la transcrire au moment opportun. Il commença donc trois autres fois, et, à chacune, il dit trois mille impertinences. Il répéta ensuite tout ce qu'il savait de son maître; mais il ne dit pas un seul mot de son bernement dans cette hôtellerie, dans laquelle il ne voulait point entrer. Il dit encore que son maître était résolu, s'il lui rapportait une bonne réponse de madame Dulcinée, de se mettre en chemin pour trouver moyen d'être empereur, ou pour le moins monarque, et qu'ils l'avaient ainsi arrêté entre eux: ce qui n'était pas une chose bien difficile pour son maître, avec la force de son bras et la valeur de sa personne. La chose faite, il devait le marier, parce qu'il serait veuf, cela ne pouvait pas manquer, et lui donner pour femme une demoiselle de l'impératrice, héritière d'un grand Etat en terre ferme, sans île ni îlots, parce qu'il ne s'en souciait plus. Sancho disait toutes ces choses avec tant de sang-froid, s'essuyant le nez de temps à autre, et avec une folie si complète, que le curé et le barbier ne cessaient de s'étonner, considérant combien était forte la folie de Don Quichotte, puisqu'elle avait entraîné avec elle le bon sens de ce pauvre homme. Ils ne voulurent point perdre de temps à le désabuser, pensant que, puisqu'il n'y avait rien en tout cela au détriment de sa conscience, il valait mieux le laisser dans son opinion, et que ce serait un grand plaisir pour eux d'entendre ses extravagances. Ils lui dirent donc de prier Dieu pour la santé de son maître ; que c'était une chose tout à fait conséquente et exécutable, avec le temps, que de devenir empereur, ou pour le moins archevêque, ou quelque autre chose d'équivalent. Seigneurs, répondit Sancho, si les affaires allaient de telle sorte que mon maître perdît l'envie de se faire empereur, pour devenir archevêque, je voudrais savoir ce que les archevêques errants donnent à leurs écuyers. Ils ont coutume, dit le curé, de leur donner quelque bénéfice simple, une cure ou un office de sacristain qui leur rapporte un gros revenu, sans compter le casuel, que l'on estime pour le moins autant. Mais, pour cela, dit Sancho, il faut que l'écuyer ne soit pas marié, et qu'il sache au moins servir la messe. S'il est ainsi, malheureux que je suis ! j'ai une femme, et je ne connais pas seulement la première lettre de l'ABC. Que sera-ce de moi, si mon maître se va mettre en tête de se faire archevêque et non empereur, comme c'est la coutume des chevaliers errants ? Ne vous inquiétez pas, ami Sancho, dit le barbier, nous prierons votre maître, nous le conseillerons, nous lui ferons même un cas de conscience, de se faire empereur plutôt qu'archevêque : la chose lui sera même plus facile, car il a plus de valeur que de science. C'est ce qu'il me semble aussi, dit Sancho ; quoiqu'à vous dire le vrai je le croie propre à tout. Pour moi, je m'en vais de mon côté prier Notre-Seigneur de le diriger vers ce qui lui sera le plus convenable, et pourra m'apporter de plus grandes récompenses. Vous parlez en homme sage, dit le curé, et ce sera agir en bon chrétien. Ce qu'il faut faire à présent, c'est de chercher à tirer votre maître de cette inutile pénitence que vous dites qu'il s'est imposée ; pour penser à la marche que nous devons suivre, aussi bien que pour dîner, car il en est l'heure, entrons dans l'hôtellerie. Entrez-y, dit Sancho ; pour moi, j'attendrai dehors, et je vous dirai ensuite pourquoi il ne me convient pas d'y entrer ; mais, je vous prie, envoyez-moi quelque chose de chaud à manger, et de l'orge pour Rossinante. Ils le laissèrent donc et entrèrent, et, peu de temps après, le barbier lui apporta à dîner ; après avoir bien examiné entre eux les moyens de faire réussir leur dessein, le curé en conçut un très analogue à l'humeur de Don Quichotte. J'ai pensé, dit-il au barbier, à me déguiser en demoiselle errante, et que vous vous arrangiez le mieux que vous pourrez pour me servir d'écuyer. En cet état, nous irons nous présenter devant Don Quichotte, et feignant d'être une demoiselle affligée qui cherche du secours, je lui demanderai un don qu'il ne pourra refuser de m'octroyer, comme un valeureux chevalier errant. Ce don sera de venir avec moi, où je le conduirai, pour me venger d'une injure que m'aura faite un méchant chevalier, le suppliant en même temps de ne point exiger que je lève mon masque, et de ne me demander aucune autre chose, avant qu'il m'ait fait justice de ce méchant chevalier. Vous êtes assuré que Don Quichotte fera tout ce qu'on voudra, en le prenant de la sorte ; par ce moyen, nous le tirerons du lieu où il est, et le ramènerons chez lui, où nous verrons à loisir s'il n'y a point de remède à son étrange folie.

CHAPITRE XXVII.

COMMENT LE CURÉ ET LE BARBIER VINRENT A BOUT DE LEUR DESSEIN AVEC D'AUTRES CHOSES DIGNES D'ÊTRE RACONTÉES DANS CETTE GRANDE HISTOIRE.

Le barbier approuva l'invention du curé, et la trouva si bonne qu'ils se mirent à l'œuvre sur l'heure. Ils demandèrent à l'hôtesse une jupe et des coiffes, laissant en gage la soutane toute neuve du curé; le barbier fit une grande barbe de la queue rousse d'une vache. Cette queue servait à l'hôtelier à placer son peigne. L'hôtesse leur demanda ce qu'ils voulaient faire de tout cela; le curé lui apprit en peu de mots la folie de Don Quichotte, et le besoin qu'ils avaient de ce déguisement pour le tirer de la montagne. L'hôtelier et sa femme devinèrent que c'était l'homme au baume et le maître de l'écuyer berné, et ils racontèrent en même temps tout ce qui s'était passé, sans oublier ce que Sancho désirait tant de cacher. Enfin, l'hôtesse habilla le curé de manière qu'il n'y manquait rien : elle lui mit une jupe de drap garnie de bandes de velours noir d'une palme[1] de large et toutes découpées, avec un corps de velours vert, bordé de satin blanc, et qui paraissait ainsi que la jupe avoir été fait du temps du roi Vamba. Le curé ne voulut pas souffrir qu'on le coiffât en femme; il mit seulement un petit bonnet de toile piquée dont il se servait la nuit, et se serra le front avec une jarretière de taffetas noir, se faisant de l'autre un masque, dont il se couvrit très bien la barbe et le visage. Par-dessus son bonnet il mit son chapeau, qui était si grand, qu'il pouvait lui servir de parasol; et, se couvrant de son long manteau, il monta sur sa mule à la manière des femmes. Le barbier monta sur la sienne, avec sa barbe qui lui venait à la ceinture et était rousse et blanche, car elle était faite, comme je l'ai dit, d'une queue de vache rouane. Ils prirent congé de tout le monde, et de Maritorne, qui promit de dire un rosaire, quoique grande pécheresse, pour le succès d'une entreprise si difficile et si chrétienne. A peine sortis de l'hôtellerie, il prit un scrupule au curé de s'être affublé de la sorte : il pensa que c'était une chose indécente à un prêtre de se déguiser ainsi, quoique ce fût à bonne intention, et s'adressant au barbier, il le pria de faire l'échange de leurs habits; il vaut mieux, dit-il, que vous soyez la demoiselle affligée, et moi je serai l'écuyer: de cette manière, je profanerai moins ma dignité. Si vous ne le voulez pas, je suis résolu de n'aller pas plus loin, le diable dût-il emporter Don Quichotte. Sancho arriva sur ces entrefaites, et ne put s'empêcher de rire de les voir en pareil accoutrement. Le barbier se rendit sans difficulté aux désirs du curé : ils changèrent d'habits, et le curé l'instruisit de tout ce qu'il devait dire à Don Quichotte pour l'obliger à quitter sa pénitence et à venir avec lui. Le barbier répondit qu'il saurait bien l'amener à ce qu'il voulait sans qu'on lui fît la leçon; mais il ne voulut point s'habiller qu'ils ne fussent près du lieu où se trouvait Don Quichotte. Ainsi, il plia son costume, le curé accommoda sa barbe, et ils se mirent

[1] *Palmo*, la longueur de la main ouverte du pouce au petit doigt.

à marcher sous la conduite de Sancho, qui leur conta en chemin ce qui leur était arrivé avec le fou qu'ils avaient trouvé dans la montagne, sans rien dire pourtant de l'argent et de la valise : tout simple qu'il était, le bonhomme entendait fort bien ses intérêts. Le jour suivant, ils arrivèrent au lieu où Sancho avait placé des branches pour retrouver la place où son maître était resté; en le reconnaissant, il leur dit que c'était là l'entrée; qu'il était temps de s'habiller, s'ils croyaient que cela pût servir pour tirer son maître de sa pénitence : ils lui avaient dit d'avance que ces précautions et ce déguisement étaient nécessaires pour tirer son maître de la vie qu'il avait choisie, et soigneusement recommandé de ne pas témoigner devant Don Quichotte qu'il les connût. S'il lui demandait, comme il n'y manquerait pas, s'il avait donné sa lettre à Dulcinée, il devait lui répondre que oui; mais que, ne sachant pas lire, elle avait répondu de bouche, et lui commandait, sous peine d'encourir sa disgrâce, de se rendre incessamment auprès d'elle, pour chose qui lui importait beaucoup. Par ce moyen, et avec ce qu'ils diraient, ils étaient assurés de le ramener à une meilleure vie, et de le décider à se mettre aussitôt en campagne pour s'aller faire empereur ou monarque, sans qu'il fût à craindre qu'il pensât à vouloir être archevêque. Sancho les écoutait attentivement, retenant avec soin tout ce qu'ils lui disaient. Il les remercia beaucoup de l'intention qu'ils avaient de persuader à son seigneur de se faire empereur plutôt qu'archevêque, car il était convaincu que pour faire du bien à leurs écuyers, les empereurs avaient plus de pouvoir que des archevêques errants. Il ajouta qu'il serait bon qu'il allât un peu devant chercher son maître, et lui donner la réponse de sa dame, que cela suffirait déjà pour le tirer de ce lieu, sans qu'ils se donnassent tant de peine. L'avis de Sancho leur parut bon; ils résolurent donc d'attendre son retour, et qu'il leur annonçât la découverte de son maître. Sancho s'engagea dans les anfractuosités de la montagne, laissant le curé et le barbier dans une gorge où coulait un agréable petit ruisseau sur lequel quelques arbres et rochers répandaient l'ombre et la fraîcheur. C'était au mois d'août, à trois heures de l'après-midi; la chaleur, qui est toujours très forte dans ce pays, leur rendait encore cet asile plus agréable, et les engageait à y attendre le retour de Sancho; ce qu'ils firent.

Pendant qu'ils étaient là tous deux à se reposer au frais, une voix parvint jusqu'à eux qui, sans être accompagnée d'aucun instrument, résonnait doucement à l'oreille; ils en furent surpris d'autant plus, qu'il ne leur paraissait pas que ce fût un lieu où l'on dût s'attendre à entendre chanter aussi bien : car, quoiqu'on dise souvent qu'au milieu des champs et des bois on trouve des bergers qui ont des voix admirables, ce sont des exagérations de poëtes, et non des vérités. Ils furent bien plus surpris encore quand ils reconnurent que ce que l'on chantait était en vers, non tels que les font de rustiques bergers, mais dignes de courtisans polis[1].

Qui a détruit mon bonheur? le dédain. Qui augmente mes peines? la jalousie. Qui exerce ma patience? l'absence. Ainsi aucun remède ne s'offre à mon malheur, puisque le dédain, la jalousie et l'absence se réunissent pour détruire mon espoir.

[1] Stances dont l'agrément est dans la coupe des vers et l'arrangement harmonieux des rimes.

Qui me cause cette douleur? l'amour. Qui s'oppose à ma gloire? la fortune. Qui consent à mon deuil? le ciel. Je n'ai donc plus qu'à mourir de mon mal, puisque l'amour, la fortune et le ciel se réunissent pour m'accabler.

Qui améliorera mon sort? la mort. Les faveurs de l'amour, qui les obtient? l'inconstance. Ses maux, qui les guérit? la folie. Il est donc déraisonnable de chercher à guérir d'une passion dont les remèdes sont la mort, l'inconstance et la folie.

L'heure, le lieu, la solitude, la voix et l'habileté de celui qui chantait, causèrent autant de plaisir que d'étonnement aux deux auditeurs. Ils n'osaient remuer, espérant entendre autre chose; mais, voyant que le silence se prolongeait, ils résolurent de se mettre à la recherche du musicien qui chantait si bien. Comme ils sortaient, la même voix les arrêta, elle se fit entendre de nouveau, et chanta ce sonnet :

SONNET.

Sainte amitié! qui n'as laissé que ton ombre sur la terre, et qui, portée sur des ailes légères, est remontée dans les champs du ciel au milieu des âmes bienheureuses.

Tu aimes à nous montrer de là la paix couverte d'un voile qui laisse apercevoir quelquefois l'ardeur des actions généreuses dégénérant en actes coupables.

Descends du ciel, ô amitié! et ne souffre pas que la fourberie se couvre de tes couleurs pour tromper la sincérité.

Si tu ne lui enlèves ce masque, le monde ne sera bientôt que l'arène de la discorde et de la confusion première.

Le chant se termina par un profond soupir, et les deux amis attendirent quelque temps dans l'espoir que l'on chanterait encore; mais, s'apercevant que la musique s'était changée en sanglots et en douloureuses plaintes, ils voulurent absolument connaître l'infortuné, aussi remarquable par la beauté de sa voix, que digne de compassion par ses gémissements. Ils n'eurent pas fait quelques pas, qu'au détour d'une pointe de rocher ils trouvèrent un homme semblable par la taille et la figure à la description qu'avait faite Sancho Pança en leur contant l'histoire de Cardenio. Cet homme les ayant aperçus, s'arrêta tout court, baissant la tête sur sa poitrine, comme un homme qui rêve profondément, sans les regarder de nouveau, ni lever les yeux depuis leur première apparition. Le curé, qui avait la parole facile et en homme bien instruit de sa disgrâce (car il l'avait reconnu aux renseignements qui lui avaient été donnés), s'approcha de lui, et, avec des paroles obligeantes, mais réservées, le pria, le conjura d'abandonner une existence si misérable, pour ne pas la perdre enfin, ce qui serait le plus grand de tous les malheurs. Cardenio jouissait alors de toute sa raison, libre de ces accès furieux qui le mettaient si souvent hors de lui; aussi voyant devant lui deux hommes vêtus d'une manière si différente que ceux qu'il avait coutume de rencontrer dans ces montagnes, il resta un peu surpris et surtout quand il les entendit parler en hommes instruits de ses infortunes; la manière dont le curé lui parlait le lui faisait bien connaître, et il répondit: Je vois bien, seigneurs, qui que vous soyez, que le ciel, qui prend soin de secourir les gens de bien, et quelquefois aussi les méchants, m'envoie, sans que je l'aie mérité, dans ces lieux éloignés de tout commerce humain, des personnes compatissantes qui me remettent devant les yeux, par de vives et saines raisons, combien la mienne est absente d'avoir embrassé la vie que je mène, et qui veulent me tirer d'ici pour me remettre dans une meilleure voie ; mais comme vous ne savez pas aussi bien que moi que je ne sors jamais d'un péril que pour tomber dans un plus grand, vous me croyez peut-être un homme de résolution légère, et, ce qui serait pis, sans jugement ; je ne m'en étonnerais point, car je m'aperçois bien que le sentiment de mes disgrâces est si puissant, que sans pouvoir m'en délivrer je reste souvent comme une pierre, absolument privé de raison ; je le reconnais surtout quand on me dit ce que j'ai fait sous l'influence de ce terrible accident, et qu'on m'en donne la preuve. Je ne puis alors que me plaindre en vain, que maudire sans profit ma mauvaise fortune, et, pour faire excuser mes folies, en raconter la cause à qui la veut entendre : les gens sensés, connaissant cette cause, ne seront plus étonnés des effets qu'elle a produits, et s'ils ne peuvent m'en donner le remède, du moins ils ne m'imputeront pas la faute, et la pitié que leur inspireront mes infortunes leur fera oublier mes folies. Si vous venez ici, seigneurs, avec la même intention qui en a amené d'autres, je vous supplie, avant de vous engager davantage, d'écouter le récit de mes tristes aventures : peut-être alors reculerez-vous devant d'inutiles efforts pour consoler un mal qui n'admet aucune consolation. Les deux amis qui ne désiraient autre chose que d'apprendre son histoire de lui-même, le prièrent de la leur raconter, lui promettant de ne faire que ce qu'il désirerait pour sa consolation et son soulagement.

Le triste Cardenio commença sa déplorable histoire presque dans les mêmes termes dont il s'était servi quelques jours auparavant en parlant à Don Quichotte et au chevrier, lorsqu'à l'occasion de maître Élisabad, et de l'exactitude de Don Quichotte à garder l'honneur de la chevalerie, le récit fut interrompu comme nous l'avons raconté. Cette fois-ci, le bonheur voulut que l'accident ne se renouvelât pas, et que Cardenio pût continuer jusqu'à la fin. Étant donc arrivé à l'endroit du billet que don Fernand avait trouvé dans le livre d'*Amadis de Gaule*, il dit qu'il s'en souvenait bien, et qu'il était ainsi conçu :

LUCINDE A CARDENIO.

« Je découvre tous les jours en vous des mérites qui m'imposent la loi de vous « estimer davantage : si vous voulez me délivrer de ma dette, sans nuire à mon « honneur, vous le pouvez aisément. J'ai un père qui vous connaît et qui m'aime. « Sans forcer ma volonté, il pourra satisfaire celle que vous devez avoir avec « justice, si vous m'estimez autant que vous le dites, et que j'en suis per- « suadée. »

Ce billet me détermina, comme je vous l'ai dit, à demander Lucinde en mariage, et ce fut aussi lui qui donna de l'esprit et de la sagesse de Lucinde une si haute opinion à don Fernand qu'elle lui fit prendre la résolution de me perdre avant que je pusse réussir. Je lui dis ce qu'exigeait le père de Lucinde, c'était que le mien fît la demande, ce dont je n'osais le prier, dans la crainte qu'il ne s'y refusât, non qu'il ne fût convaincu que Lucinde avait assez de noblesse, de bonté, de vertu, de beauté pour honorer quelque maison d'Espagne que ce fût, mais parce qu'il désirait que je ne me mariasse pas aussi promptement, et avant de savoir ce que le duc Richard voulait faire pour moi. En un mot, je lui fis connaître que je n'osais risquer cette démarche, tant pour cette raison que par suite d'autres obstacles qui m'effrayaient sans les bien connaître, et qui me faisaient croire que mes vœux ne se réaliseraient jamais. Don Fernand me répondit qu'il se chargeait de parler à mon père, et de l'amener à voir celui de Lucinde. O Marius ambitieux, cruel Catilina, criminel Sylla, trompeur Ganelon, traître Vellido, vindicatif Julien, avare Judas! Monstre de cruauté, de trahison, de vengeance et de perfidie! quel déplaisir t'avait donné ce malheureux quand il te découvrit avec tant d'ingénuité les secrets et la félicité de son cœur? quelle offense t'avais-je faite? quelles paroles t'avais-je dites? ou quels conseils t'avais-je donnés qui n'eussent pas pour objet ton honneur et tes intérêts? Mais pourquoi me plaindre, malheureux? N'est-il pas certain que quand nos disgrâces viennent de la fatale influence des astres, elles tombent sur nous avec violence et fureur, et qu'il n'y a force sur terre qui puisse en arrêter la chute, ni industrie humaine qui les sache prévenir! Qui jamais eût pu s'imaginer que don Fernand, chevalier illustre et d'un esprit éclairé, obligé envers moi à la reconnaissance, assez puissant pour obtenir la satisfaction de ses désirs amoureux, quelque part qu'il pût s'adresser, eût voulu se souiller et m'enlever, comme on dit, ma seule brebis, que je ne possédais même pas encore? Mais laissons ces inutiles plaintes, et reprenons le fil de ma triste histoire. Don Fernand, voyant que ma présence était un obstacle à l'exécution de ses odieux projets, résolut de m'envoyer à son frère aîné sous prétexte de lui demander de l'argent pour payer six chevaux qu'à dessein et seulement pour m'éloigner et mieux réussir dans son damnable projet il acheta le jour même qu'il s'offrit de parler à mon père. Pouvais-je prévenir une telle trahison, pouvais-je la soupçonner? Non, certes. Aussi je m'offris avec empressement à partir à l'instant, satisfait du bon marché qu'il venait de conclure. Le soir, je parlai à Lucinde, et lui dis ce qui était convenu avec don Fernand; qu'elle eût bonne espérance, et que nos justes vœux seraient exaucés. Elle me répondit, soupçonnant aussi peu que moi la trahison de don Fernand, de m'efforcer de revenir promptement, que le succès de nos vœux ne pouvait être retardé qu'autant de temps que mon père tarderait à parler au sien. Je ne sais ce qu'elle éprouva dans ce moment, mais ses yeux se remplirent de larmes, et, quelque effort qu'elle fit, elle se trouva si oppressée qu'elle ne put me dire un mot de plus, quoiqu'il me parût qu'elle voulait me parler encore. Cet accident, dont je ne l'avais jamais vue atteinte, me surprit; chaque fois que mes soins et ma bonne fortune me permettaient de l'entretenir, c'était avec une satisfaction et une allégresse mutuelle, sans mêler nos entretiens de larmes, de soupir, de jalousie, de soupçons et de craintes. Je ne faisais que me féliciter de mon bonheur de ce que le ciel me l'avait donnée pour maîtresse, j'exaltais sa beauté, son mérite, son jugement. Elle me rendait mes éloges, relevant en moi ce que l'amour lui faisait trouver digne de louanges. Enfin, nous nous entretenions de mille bagatelles, des aventures de nos voisins et connaissances, et la plus grande liberté que je me donnasse était de lui prendre presque de force une de ses blanches mains, et de la porter à mes lèvres, autant que me le permettaient les barreaux serrés d'une fenêtre basse qui nous séparait. Mais la nuit qui précéda le funeste jour de mon départ, elle pleura, gémit, soupira et me laissa plein de trouble et de confusion d'un spectacle si nouveau pour moi et si douloureux. Pour flatter mes espérances, je l'attribuai à la force de l'amour et au profond chagrin que cause l'absence à ceux qui s'aiment bien.

Enfin, je partis, triste et pensif, l'âme remplie de frayeurs et d'images funestes, sans pouvoir me rendre compte de mes doutes ou de mes craintes, trop sûr présage des maux qui m'attendaient. Je rendis la lettre de don Fernand à son frère, qui m'accueillit bien, mais sans me renvoyer ; il m'ordonna, à mon grand ennui, d'attendre huit jours et d'éviter d'être vu par le duc son père, parce que c'était à l'insu de celui-ci que don Fernand lui demandait de l'argent. Tout cela était un artifice de don Fernand, car son frère ne manquait pas d'argent pour m'expédier sans délai. Je fus sur le point de m'en retourner, ne pouvant vivre si longtemps éloigné de Lucinde, surtout l'ayant laissée aussi triste. J'obéis pourtant, et je restai en serviteur fidèle, quoique je visse bien que c'était au prix de ma santé. Quatre jours après mon arrivée, arrive à son tour un homme à ma recherche, avec une lettre qu'à l'adresse je reconnus être de Lucinde. Je l'ouvris en tremblant, persuadé qu'elle ne pouvait m'avoir écrit que pour une affaire importante, pendant mon absence, puisque présent elle ne le faisait que rarement. Avant que de la lire, je demandai au porteur qui la lui avait donnée, et combien de temps il avait été en chemin. Il me répondit que, passant dans une rue de la ville, vers l'heure de midi, une dame fort belle et tout éplorée l'avait appelé par une fenêtre, et lui avait dit avec beaucoup de précipitation: Mon ami, si vous êtes chrétien, comme il me le paraît, je vous conjure, pour l'amour de Dieu, de diriger sans retard cette lettre au lieu et à la personne indiqués par l'adresse: le tout est bien connu. Vous ferez une chose agréable à Dieu, et, afin que vous soyez en état de faire ce que je vous demande, voilà ce que je vous donne. En même temps elle me jeta un mouchoir dans lequel je trouvai cent réaux, avec cette bague d'or et la lettre; sans attendre de réponse, toutefois après m'avoir vu prendre la lettre et le mouchoir et après que je l'eus assurée par signes que je ferais ce qu'elle m'ordonnait, elle s'éloigna de la fenêtre. Me trouvant donc si bien payé d'avance, et voyant que la lettre s'adressait à vous, que je connais bien, plus touché encore des larmes de cette belle dame, je n'ai pas voulu m'en fier à un autre, je suis venu moi-même et dans seize heures j'ai fait la route qui est, comme vous savez, de dix-huit lieues. Pendant que cet obligeant messager me parlait, je l'écoutais avidement, et mes jambes tremblaient si fort, que j'avais de la peine à me soutenir. Enfin j'ouvris la lettre de Lucinde, et vis qu'elle contenait ce qui suit:

« Don Fernand s'est acquitté de la parole qu'il vous avait donnée de parler à « votre père pour qu'il parlât au mien, mais il l'a fait dans son intérêt et non « dans le vôtre. Apprenez qu'il m'a demandée en mariage, et mon père, entraîné « par les avantages qu'il pense que don Fernand a sur vous, y a consenti avec « tant d'empressement que, dans deux jours, les fiançailles doivent se faire avec « tant de secret qu'il n'y aura pas d'autres témoins que le ciel et quelques gens « de notre maison. Jugez de l'état où je suis. Si vous croyez pouvoir venir, venez « promptement. La suite de cette affaire vous fera voir si je vous aime. Dieu

« veuille que cette lettre tombe entre vos mains, avant que la mienne se voie
« contrainte de se joindre à celle d'un homme qui garde si mal la foi promise. »

Telles étaient en gros les nouvelles contenues dans la lettre. Je partis sur l'heure sans attendre argent ni réponse ; je vis bien clairement que ce n'était pas l'achat des chevaux, mais la satisfaction de ses désirs qui avait poussé don Fernand à m'envoyer vers son frère. La colère que j'en eus, la crainte de perdre un bien acquis par tant d'années de service, me donnèrent des ailes : j'arrivai le lendemain à la ville, justement à l'heure où je pouvais parler à Lucinde. J'entrai secrètement, laissant ma mule à l'homme qui m'avait averti. La fortune, favorable encore cette fois, me fit trouver Lucinde à la fenêtre témoin de nos amours : nous nous reconnûmes aussitôt, mais non comme nous devions nous reconnaître. Qui peut se vanter d'avoir jamais pénétré les pensées confuses et le cœur changeant d'une femme ? personne assurément ! Cardenio, me dit Lucinde, je suis vêtue en habit de noce : le traître don Fernand et mon avaricieux père m'attendent dans la salle avec d'autres témoins, mais ils le seront de ma mort plutôt que de mon mariage. Ne te trouble point, ami, mais tâche de te trouver à ce sacrifice : si mes paroles n'ont pas assez de force pour l'empêcher, un poignard caché me garantira mieux, et la fin de ma vie te sera une preuve éternelle de mon amour et de ma fidélité. Je lui répondis plein de trouble et à la hâte, craignant d'être interrompu : Que tes actions répondent à tes paroles. Si tu portes un poignard auquel tu te confies, je porte une épée pour te défendre ou pour me tuer, si la fortune nous est contraire. Je ne sais si Lucinde m'entendit, car on l'appela de la salle voisine, parce que le fiancé l'attendait. Alors la nuit de mon désespoir se ferma, le soleil de mon bonheur disparut, mes idées se troublèrent, mes yeux s'obscurcirent, je ne pouvais trouver l'entrée de la maison, ni me diriger d'aucun côté; cependant, pénétré de la nécessité de ma présence à tout événement, je me ranimai le plus que je pus, j'entrai dans la maison. Je connaissais parfaitement les êtres, et dans la confusion qui régnait, personne ne m'aperçut. Ainsi je parvins sans être vu à me cacher dans le creux d'une fenêtre, recouverte d'une double tapisserie, qui me permettait de voir, sans être vu, tout ce qui se passait dans la chambre. Qui pourrait peindre les battements de mon cœur pendant que je restai là, les pensées qui m'agitèrent, les réflexions que je fis ? je ne saurais les exprimer, et c'est un récit peu nécessaire. Don Fernand entra dans la salle sans autre parure que ses habits ordinaires, il avait pour parrain un cousin germain de Lucinde. Aucune personne du dehors ne s'était réunie aux gens de la maison. Quelque temps après, Lucinde sortit d'une chambre, accompagnée de sa mère, et suivie de deux demoiselles qui la servaient : sa parure répondait à sa qualité, et à la perfection de son goût et de sa beauté. J'étais trop troublé pour en bien remarquer les détails. Je ne pus voir que les couleurs qui étaient l'incarnat et le blanc, et l'éclat des pierreries dont elle était couverte, moins brillantes pourtant que ses beaux cheveux blonds dont l'éclat attirait les regards plus que les diamants et les flambeaux qui éclairaient la salle. O souvenir cruel, ennemi de mon repos, pourquoi me représentes-tu si fidèlement l'incomparable beauté de l'infidèle que j'adore ? Ne vaut-il pas mieux que tu me retraces ce que je lui vis faire, afin que, sous l'impression d'une trahison si noire, je puisse, sinon me venger, au moins perdre la vie. Ne vous rebutez point, seigneurs, de mes continuelles digressions : ma peine n'est pas de celles que l'on peut raconter brièvement et sans interruption ; chaque circonstance me paraît mériter un long discours. Le curé lui répondit que non seulement ils ne se lassaient point de l'entendre, mais que les détails qu'il leur donnait les intéressaient vivement, et méritaient autant d'attention que l'histoire principale. Je continue, poursuivit Cardenio : lorsque tout le monde fut réuni, arriva le curé de la paroisse ; il prit les mains des fiancés, comme l'exige cette cérémonie, et demanda à Lucinde : Recevez-vous pour légitime époux, ainsi que l'ordonne l'Église, *don Fernand*, *ici présent?* En ce moment, j'avançai la tête hors de la tapisserie, et l'âme troublée, l'oreille attentive, j'écoutai ce que Lucinde allait dire, attendant sa réponse comme l'arrêt de ma vie ou de ma mort. Oh ! si j'avais eu le courage de sortir alors, et de m'écrier : Lucinde, Lucinde ! prends garde à ce que tu vas faire ; considère ce que tu me dois ; pense que tu es à moi, que tu ne peux appartenir à un autre. Songe que dire *oui*, et terminer ma vie ne sera qu'une même chose. Ah ! traître don Fernand, voleur de ma gloire, assassin de ma vie, que cherches-tu ? que prétends-tu ? Considère que tu ne peux chrétiennement satisfaire tes désirs, puisque Lucinde est mon épouse, et que je suis son mari. Insensé que je suis ! maintenant que je suis loin d'elle et de cet affreux moment, je dis ce que je devais faire et ce que je ne fis pas ; maintenant que je me suis laissé dérober ce trésor précieux, je maudis le ravisseur, tandis que je pouvais me venger de lui, si j'avais eu le courage de le faire comme j'ai celui de me plaindre. Enfin, puisque je fus imbécile et lâche, qu'importe que je périsse maintenant honteux, repentant et insensé ? Le prêtre attendait la réponse de Lucinde, elle fut longtemps à la faire, et, quand je m'imaginais qu'elle allait tirer son poignard pour se délivrer ou délier sa langue pour accuser la vérité, faire un aveu qui me fût favorable, je l'entendis répondre, d'une voix faible et mal assurée : *Oui, je le reçois.* Don Fernand ayant répondu de même, lui donna l'anneau du mariage, et ils furent unis pour jamais. Le marié s'approcha pour embrasser son épouse ; mais elle, mettant la main sur son cœur, tomba évanouie entre les bras de sa mère.

Il me reste maintenant à dire ce que je devins, en voyant par ce *oui* fatal toutes mes espérances trompées, les promesses de Lucinde violées, et le bonheur, perdu en un instant, impossible à recouvrer. Je ne sus que résoudre ; je me crus abandonné du ciel, l'objet de l'inimitié de la terre qui me portait, je crus que l'air refusait l'haleine à mes soupirs, l'eau des larmes à mes yeux ; le feu seul s'accumula de telle sorte dans mon sein, que je brûlais de rage et de jalousie. L'évanouissement de Lucinde troubla toute l'assemblée : et, sa mère l'ayant délacée pour lui donner de l'air, on trouva dans son sein un papier plié, que don Fernand prit aussitôt, et lut à la clarté d'un flambeau. Après cette lecture, il se jeta sur une chaise, appuyant sa tête sur sa main, comme un homme qui réfléchit profondément, sans s'occuper des secours que l'on portait à sa femme pour la faire revenir. Pour moi, voyant tous les gens de la maison dans le trouble, je me hasardai à sortir, que l'on me vît ou non, résolu, si l'on m'apercevait, de faire un tel éclat, que tout le monde pût reconnaître mon indignation au châtiment du traître don Fernand et de sa trompeuse épouse. Mais la fortune, qui me réservait à de plus grands malheurs, s'il en est, me conserva alors un reste de jugement, qui m'a tout à fait manqué depuis. Je sortis sans tirer de mes ennemis une vengeance bien facile, puisqu'ils ne se défiaient point de moi, résolu d'exercer sur moi-même la punition qui leur était due, et même avec plus de rigueur que je n'en eusse usé envers eux si je leur avais donné la mort. Celle qui nous surprend brusquement termine bientôt notre peine, mais celle qui se prolonge dans les tourments se répète sans cesse sans mettre fin à la vie. Enfin je sortis de cette maison : je retournai à celle de l'homme à qui j'avais laissé ma mule; je la fis seller, et, sans lui dire adieu, je partis et sortis de la ville sans oser, comme un autre Loth, me retourner pour la regarder. Quand je me vis seul dans les champs, couvert par l'obscurité de la nuit, par son silence qui m'invitait à exhaler mes plaintes, sans crainte d'être entendu ni reconnu, je me répandis en imprécations contre Lucinde et don Fernand, comme si elles eussent pu réparer l'outrage qu'ils m'avaient fait. J'appelai Lucinde cruelle, ingrate, perfide, et surtout avare, puisque la richesse de mon ennemi l'avait aveuglée au point de me sacrifier à lui, et de s'unir à celui envers qui la fortune s'était montrée plus libérale. Cependant, au milieu de la fougue de mes emportements, je cherchais encore à l'excuser : je me disais qu'il n'était pas étonnant qu'une jeune fille, élevée dans la retraite, sous les yeux de ses parents, accoutumée et pliée à leur obéir en tout, se fût soumise à leur volonté, lorsqu'ils lui donnaient pour époux un homme de haute naissance, si riche et d'un si grand mérite, que le refuser eût été montrer peu de jugement, ou donner à penser qu'elle avait porté ses vœux ailleurs, ce qui pouvait nuire beaucoup à sa réputation. Mais ensuite je me ravisais : si, disais-je, elle avait avoué notre union, ses parents auraient bien vu qu'elle n'avait pas fait un si mauvais choix qu'ils ne pussent l'excuser; car, avant que don Fernand s'offrît à eux, ils n'auraient pu désirer et rencontrer un meilleur parti que moi-même, en supposant leurs désirs réglés par la raison. Elle-même, avant de se laisser contraindre à cette dernière extrémité d'accorder sa main, pouvait dire qu'elle avait accepté la mienne : j'aurais paru pour soutenir en cette occasion tout ce qu'elle eût voulu feindre. Enfin, je conclus que peu d'amour et de jugement, beaucoup d'ambition et l'amour des grandeurs, lui avaient fait oublier les serments par lesquels elle m'avait trompé, soutenu, entretenu dans mes fermes espérances et dans mes honnêtes désirs.

Je marchai le reste de la nuit dans cette agitation, répétant mes plaintes, et le matin je me trouvai à l'entrée de ces montagnes, où je cheminai encore trois jours sans tenir aucune route, jusqu'à ce que j'arrivasse à des prairies situées dans je ne sais quelle partie de ces montagnes. Je demandai à des bergers quel était l'endroit le plus désert : ils m'enseignèrent celui-ci, je m'y dirigeai sans m'arrêter, dans la résolution d'y achever ma triste vie. En pénétrant au sein de ces rochers, ma mule tomba morte de faim et de lassitude, ou plutôt pour rejeter un fardeau aussi inutile que je l'étais. Je restai à pied, sans forces, mourant de besoin, sans secours et sans vouloir chercher qui m'en donnât. Après avoir passé je ne sais combien de temps étendu par terre, je me levai sans éprouver aucun besoin; je vis auprès de moi des chevriers qui m'avaient sans doute secouru, car ils m'instruisirent du pitoyable état dans lequel ils m'avaient trouvé, de toutes les extravagances que j'avais dites et qui prouvaient que j'avais perdu l'esprit. J'ai bien reconnu moi-même, depuis, que je ne l'ai pas bien sain, et si affaibli que je fais mille folies, déchirant mes habits, jetant des cris au milieu de ces solitudes, maudissant ma mauvaise fortune, et répétant en vain le nom chéri de ma cruelle ennemie, sans avoir alors d'autre dessein que d'expirer au milieu de mes cris. Quand je reviens à moi, je me trouve tellement fatigué, si abattu, que je puis à peine me remuer. Mon asile ordinaire est un liége creux, qui s'est trouvé assez grand pour abriter ce misérable corps. Les vachers et les chevriers qui parcourent ces montagnes, émus de pitié, m'assistent en déposant à manger dans les chemins et sur les roches où ils pensent que je le pourrai trouver en passant; car, quoique j'aie perdu le jugement, la nature ne laisse pas de me faire sentir ses besoins, et éveille en moi le désir et la volonté de les satisfaire : quelquefois, quand ces bonnes gens me trouvent avec un peu de raison, ils me disent que je les attaque sur les chemins et que j'enlève par force aux pasteurs les provisions qu'ils apportent à leurs bergeries et qu'ils m'offrent de bon cœur. Voilà de quelle manière je passe ma misérable vie, en attendant que le ciel veuille en amener la fin, ou m'enlever la mémoire pour me faire perdre le souvenir de la beauté, de la trahison de Lucinde, et de la perfidie de don Fernand. S'il le fait sans m'ôter la vie, j'espère que le trouble de mon esprit se dissipera : sinon, je ne puis que recommander mon âme à la miséricorde de Dieu, car je n'ai point assez de force pour retirer mon corps de la détresse où je me suis réduit moi-même. Telle est, seigneurs, la déplorable histoire de mes malheurs; dites-moi si elle peut s'exprimer sans les démonstrations de douleur que vous avez reconnues en moi. Ne prenez point une peine inutile en m'offrant des consolations et les conseils que la raison vous dira m'être salutaires, ils me serviront comme une médecine ordonnée par un docteur habile au malade qui ne la veut pas prendre. Sans Lucinde, je ne veux point de la santé, et, puisqu'il lui a plu de se donner à un autre, lorsqu'elle était ou devait être à moi, il me plaît d'être malheureux, tandis que je pouvais être fortuné; elle a voulu, par son changement, rendre ma perte stable, moi, je veux achever de me perdre pour satisfaire sa volonté. Je servirai d'exemple à l'avenir, car à moi seul a manqué ce qui reste à tous les malheureux que l'impossibilité d'un sort meilleur amène à la résignation et console; pour moi, mes maux sont bien plus grands et d'une autre nature, et je ne sais si la mort y pourra mettre un terme.

Cardenio finit ainsi le long récit de sa triste et amoureuse histoire; et, comme le curé s'apprêtait à lui offrir quelques consolations, il en fut empêché par le bruit d'une voix plaintive qui disait ce que nous verrons dans la quatrième partie de cette histoire. C'est ici que termine la troisième, le savant et exact historien Cid Hamet Ben Engeli.

CHAPITRE XXVIII.

QUI TRAITE DE LA NOUVELLE ET AGRÉABLE AVENTURE QUI ARRIVA AU CURÉ ET AU BARBIER DANS LA SIERRA-MORENA.

Heureux et très heureux le siècle qui donna naissance à l'intrépide chevalier Don Quichotte de la Manche; c'est parce qu'il a formé la généreuse résolution de ressusciter la chevalerie errante, presque entièrement perdue, que, dans cet âge si dépourvu de gaieté et de passe-temps agréables, nous jouissons, non seulement des agréments de sa véridique histoire, mais encore des nouvelles et des épisodes qu'elle renferme, et qui ne sont ni moins agréables, ni moins intéressants, ni moins véridiques que l'histoire elle-même; elle prolonge son fil peigné, tordu et dévidé, et rapporte qu'au moment où le curé se disposait à consoler Cardenio, il en fut empêché par une voix qui parvint à son oreille et dont les tristes accents faisaient entendre ces mots :

Serait-il possible, grand Dieu, que j'eusse enfin trouvé le lieu propre à servir de sépulture inconnue à ce corps misérable dont je porte si involontairement le fardeau? Oui, si la solitude de ces montagnes ne me trompe pas. Infortunée que je suis! combien la compagnie de ces rochers et de ces bruyères qui me laisseront exhaler mes plaintes vers le ciel est plus conforme à ma douleur que celle d'aucune créature humaine, puisqu'il n'en est point sur la terre qui puisse offrir de conseils dans la détresse, de soulagement dans l'infortune, ni de remède dans le malheur. Cette voix, résonnant aux oreilles du curé et de ses compagnons, leur fit juger que celui qui se plaignait ainsi ne devait pas être loin. Ils se levèrent pour l'aller chercher, et n'eurent pas fait vingt pas qu'ils aperçurent au pied d'un frêne, derrière un rocher, un jeune homme vêtu en laboureur. Sa tête penchée vers ses pieds, qu'il lavait dans un ruisseau, ne leur permit pas de distinguer son visage : ils s'approchèrent si doucement que le jeune homme ne les entendit point; il n'était occupé que de baigner ses pieds, semblables à deux morceaux de cristal mêlés aux pierres du ruisseau. Leur blancheur et leur beauté les surprirent et leur firent juger que, malgré son habit de laboureur, l'inconnu n'était point accoutumé à marcher nu-pieds ni à conduire les bœufs et la charrue. Reconnaissant qu'ils n'avaient pas été aperçus, le curé, qui marchait devant, fit signe à ses compagnons de se baisser ou de se cacher derrière les quartiers de roches qui se trouvaient là : ils le firent, en observant soigneusement les actions du jeune homme. Il portait une petite capote gris brun retroussée des deux côtés et serrée par une écharpe blanche, ses chausses et ses guêtres étaient de drap gris; son bonnet de la même couleur; ses guêtres étaient relevées jusqu'à la moitié de sa jambe aussi blanche que l'albâtre. Quand il eut achevé de laver ses pieds, il tira de dessous son bonnet un linge dont il les essuya, et levant en même temps la tête, il laissa voir une beauté si incomparable, que Cardenio dit à voix basse au curé : Puisque ce n'est pas Lucinde, ce n'est pas une créature humaine. Le jeune homme ôta son bonnet, secoua la tête, et aussitôt on vit se dérouler des cheveux qui auraient fait envie à ceux du soleil. Ils reconnurent alors que celui qu'ils avaient pris pour un laboureur était une jeune et délicate fille, la plus belle qui se fût offerte à leurs regards, même à ceux de Cardenio s'il n'avait pas connu et admiré Lucinde, et lui-même avoua qu'elle seule pouvait lui disputer le prix de la beauté. Ses longs cheveux blonds lui couvrirent non seulement les épaules, mais la voilèrent entièrement; et telle était leur longueur et leur abondance qu'ils ne laissèrent apercevoir que ses pieds. Pour les séparer, ses mains lui servirent de peigne, et si, dans l'eau, ses pieds avaient l'éclat du cristal, ses mains, au milieu de ses cheveux, le disputaient en blancheur à la neige. Toutes ces circonstances augmentèrent l'étonnement de ses trois admirateurs et le désir qu'ils avaient de la connaître. Ils résolurent donc de se montrer; au bruit qu'ils firent en se levant, la jeune fille leva la tête, écartant avec ses deux mains les cheveux qui lui couvraient le visage. A peine les eut-elle aperçus qu'elle se leva, et, sans songer à rassembler ses cheveux, ni à se chausser, elle prit à la hâte un petit paquet de hardes, et, remplie d'effroi, essaya de fuir; mais elle n'eut pas fait six pas que ses pieds délicats ne pouvant supporter la dureté des pierres, elle tomba; à cette vue ils accoururent tous les trois, et le curé le premier lui cria : Arrêtez-vous, madame, qui que vous soyez, nous n'avons d'autre intention que celle de vous servir. Vous n'avez aucune raison de fuir, vos pieds s'y refuseront, et nous n'y consentirons pas. Elle ne répondait rien, interdite et confuse. Ils s'approchèrent, et le curé la prenant par la main, lui dit : Ce que votre habit nous cachait, madame, vos cheveux nous l'ont fait découvrir; preuve certaine que des motifs bien importants ont pu seuls vous engager à déguiser ainsi votre beauté sous cet indigne habit, et vous conduire en ces déserts, où c'est un grand hasard que nous vous ayons rencontrée. Si nous ne pouvons apporter de remède à vos maux, au moins peut-être pourrons-nous vous donner quelque conseil. Il n'est point de maux, tant extrêmes qu'ils soient (pourvu qu'ils ne mettent point fin à notre vie), qui puissent nous empêcher d'écouter les conseils qu'on nous donne dans de bonnes intentions. Ainsi, seigneur ou madame, comme vous le voudrez, perdez ce trouble que vous a inspiré notre vue, et apprenez-nous votre bonne ou mauvaise fortune. Vous trouverez en nous tous, et en chacun de nous en particulier, des personnes prêtes à vous aider dans vos malheurs et à les partager.

Pendant ces paroles du curé, la jeune déguisée restait interdite; elle les regardait tous sans ouvrir la bouche et sans dire un seul mot, comme un rustre villageois à qui l'on montre à l'improviste une chose rare qu'il n'a jamais vue. Mais enfin, le curé ayant renouvelé ses sollicitations, elle fit un grand soupir, rompit le silence et dit :

Puisque la solitude des montagnes n'a pu me cacher aux humains, et que mes cheveux détachés ne m'ont pas permis de soutenir un mensonge, il serait désormais inutile de feindre une chose que vous ne pourriez plus croire que par courtoisie. Ainsi, seigneurs, je vous rends grâces de vos offres obligeantes, qui m'imposent la loi de satisfaire vos désirs. Je crains bien toutefois que le récit de mes infortunes ne vous cause autant d'ennui que de compassion, car vous ne trouverez ni remède pour les faire cesser, ni consolation pour les adoucir. Cependant, je ne veux point vous laisser de doute sur mon honneur : vous m'avez reconnue pour femme, vous me trouvez ici seule, et sous ce costume, dans un aussi jeune âge. Toutes choses, dont chacune en particulier suffirait pour ruiner la meilleure réputation ; il faut donc que je vous confie ce que j'aurais tenu caché si cela m'eût été possible. Ainsi parla la jeune fille sans s'arrêter, avec tant d'aisance, un son de voix si doux, qu'ils n'admirèrent pas moins sa modestie que sa beauté. Ils lui firent de nouvelles offres de services, la conjurant de tenir sa promesse. Elle, sans se faire prier davantage, remit discrètement sa chaussure, rassembla ses cheveux, s'assit au milieu de ses auditeurs sur une pierre, et, d'une voix claire et posée, s'efforçant de retenir ses larmes, commença dans ces termes l'histoire de sa vie :

Dans l'Andalousie est une ville dont un duc prend son titre, ce qui fait de lui un de ceux qu'on appelle grands d'Espagne. Il a deux fils : l'aîné est héritier de ses possessions, et, comme il le paraît, de ses vertus ; le plus jeune, je ne sais de quoi il est héritier, si ce n'est des trahisons de Vellido et des fourberies de Ganelon. Mes parents, d'une humble condition, sont vassaux de ce duc, mais si riches que, si leur naissance égalait leur fortune, ils n'auraient rien eu de plus à désirer, et moi, je n'aurais pas eu à redouter l'état malheureux où je me vois, car mon infortune vient peut-être de ce que mes parents ne sont pas nés illustres ; ils ne sont pourtant pas d'une condition si basse qu'elle doive les faire rougir, mais elle n'est pas non plus assez relevée pour que je ne la regarde pas comme la cause de mon infortune : ils sont laboureurs, gens simples et modestes, d'une race sans mélange, mal sonnant ; ils sont, comme on dit, vieux chrétiens, et si anciens, que leurs grands biens, leur train magnifique, les élèvent peu à peu au rang des gentilshommes et même des chevaliers. Mais, à leurs yeux, leur plus grande fortune, le plus beau titre de noblesse dont ils s'enorgueillissaient était de m'avoir pour fille ; et, comme ils me chérissaient, et que j'étais leur unique héritière, nul enfant ne fut plus aimé, plus caressé que moi. J'étais leur bâton de vieillesse, le miroir où ils se contemplaient, l'objet de toutes leurs sollicitudes, de tous les vœux qu'ils adressaient au ciel, leur bonté unissait mes désirs et les leurs, et, de même que j'étais maîtresse de leurs affections, je l'étais de leurs biens. C'était moi qui arrêtais ou congédiais les domestiques, le compte de tout ce qu'on semait et recueillait passait par mes mains ; les moulins à huile, les pressoirs, les troupeaux grands et petits, les ruches, en un mot tout ce que peut posséder un riche laboureur comme mon père, étaient sous ma direction, j'étais la majordome et la maîtresse avec tant de vigilance de ma part et de satisfaction de la leur, que je ne parviendrais pas à vous le dire. Les moments de la journée qui me restaient, après m'être occupée de tout ce qui concernait les maîtres bergers, les maîtres laboureurs [1] et les autres travailleurs, je les employais aux exercices utiles et convenables aux jeunes filles, comme l'aiguille, le métier, et souvent la quenouille ; si quelquefois, pour me récréer, je laissais ces occupations, je me plaisais à lire quelque livre de dévotion, ou à jouer de la harpe, car l'expérience m'a prouvé que la musique calme les esprits troublés, et repose du travail de l'intelligence. Ainsi s'écoulait ma vie au sein de la maison paternelle. Si je suis entrée dans ces détails, ce n'est point par vanité, ni pour faire parade de mes richesses, mais

[1] *Capataz*, le chef des valets de charrue.

afin de prouver que ce n'est point par ma faute que je suis tombée de cet état fortuné dans la situation malheureuse où je me trouve. Pendant que je passais ma vie au milieu de tant d'occupations et dans une retraite telle qu'on pourrait la comparer à celle des couvents, croyant n'être vue que des gens de la maison, parce que les jours où j'allais à la messe, c'était de si grand matin, si bien accompagnée de ma mère et des servantes, si bien voilée et si soigneuse de me cacher, que je voyais à peine au-delà de la terre où posaient mes pieds; les yeux de l'amour ou plutôt ceux de l'oisiveté, plus perçants que ceux du lynx, me découvrirent à don Fernand, c'est le nom du second fils du duc dont je vous ai parlé. Au nom de don Fernand, Cardenio changea de couleur, et donna des marques d'une si grande altération, que le curé et le barbier, qui le virent, craignirent qu'il ne fût saisi d'un de ces furieux accès dont ils avaient entendu parler, et qui le prenaient de temps en temps: mais heureusement il demeura tranquille, tout en sueur, regardant fixement la belle paysanne, que son imagination devinait. Quant à elle, sans prendre garde aux mouvements de Cardenio, elle continua ainsi son histoire. Don Fernand ne m'eut pas plus tôt vue, dit-elle, qu'il sentit, à ce qu'il m'a répété depuis, cette passion violente dont les preuves éclatèrent assez. Mais, pour achever promptement l'histoire de mes malheurs irréparables, je passerai sous silence toutes les tentatives qu'il fit pour me déclarer son amour. Il suborna tous les gens de notre maison, offrit et donna des faveurs et des présents à mes parents. Tous les jours furent des jours de fête dans notre rue, et les nuits, des sérénades y tenaient tout le monde éveillé. Les billets qui, je ne sais comment, tombaient en nombre infini entre mes mains, étaient pleins d'offres et de tendres sentiments, et contenaient moins de lettres que de serments et de promesses; tout cela, loin de m'attendrir, m'irritait comme s'il avait été mon mortel ennemi, et comme si tous les efforts qu'il faisait pour me plaire il les eût faits pour obtenir l'effet opposé. Ce n'est pas qu'il me déplût dans sa personne, ni que ces galanteries m'importunassent: j'éprouvais une certaine satisfaction de me voir aimée d'un cavalier de cette qualité, et les louanges qu'il me donnait dans ses lettres flattaient mon amour-propre; quelque laides que nous soyons, nous autres femmes, nous aimons toujours à nous entendre appeler belles. Mais à tout cela s'opposait mon honneur et les continuels avis que me donnaient mes parents; ils avaient aisément découvert les intentions de don Fernand, qui se mettait peu en peine que tout le monde les connût. Ils me disaient que c'était à mon honnêteté, à ma vertu, qu'ils confiaient leur honneur et leur réputation, que je considérasse l'inégalité qui était entre don Fernand et moi, et que par là je reconnaîtrais que, malgré ses protestations, ses pensées tendaient plus à la satisfaction de ses désirs qu'à mon avantage; que, si je voulais lui opposer un obstacle qui le fît renoncer à ses poursuites, ils me marieraient promptement avec qui me conviendrait davantage parmi les principaux de l'endroit ou des environs, puisque leurs richesses et ma bonne réputation permettaient de tout espérer. Avec cette assurance, convaincue de la vérité de leurs raisons, je persistais dans ma retenue, et jamais je ne répondis à don Fernand une seule parole qui pût lui donner l'espérance même la plus éloignée d'en venir à ses fins. Toutes ces précautions, qu'il devait prendre pour des mépris, irritèrent sans doute ses coupables désirs, c'est le nom que je dois donner aux empressements qu'il me témoignait; car, s'ils eussent été ce qu'ils devaient être, vous ne les apprendriez pas aujourd'hui, et je n'aurais pas eu l'occasion de vous les dire. Enfin, don Fernand apprit que mes parents s'occupaient de m'établir pour lui ôter toute espérance ou du moins pour me donner un défenseur de plus; cette nouvelle ou les soupçons qu'il conçut le firent résoudre à l'action que vous allez entendre.

Une nuit que j'étais dans ma chambre, sans autre compagnie que celle d'une jeune fille qui me servait, et ma porte bien fermée, pour qu'aucune négligence ne mît mon honneur en danger, sans imaginer comment cela s'était fait, malgré tant de précautions et dans l'isolement de mon silence et de ma retraite, je le trouvai devant moi: cette vue me troubla tellement que je perdis à la fois l'usage des yeux et de la voix; je ne pus donc conserver la force de crier, et je crois qu'il aurait arrêté mes cris, car il s'approcha de moi et me pressant dans ses bras, car mon trouble m'ôtait la force de me défendre, il me dit de telles raisons que je ne saurais comprendre comment le mensonge est si habile à prendre la couleur de la vérité. Le traître savait donner par ses larmes du crédit à ses paroles, et ses soupirs semblaient justifier son intention. Moi pauvrette, seule, quoiqu'au milieu des miens, sans expérience d'une pareille situation, je commençai à prendre je ne sais comment pour vrais tous ses mensonges. Cependant, ses larmes et ses soupirs ne m'inspiraient qu'une honnête compassion; revenue de ce premier trouble, je repris un peu mes esprits, et lui dis, avec plus de fermeté que je ne l'eusse espéré: Si, de même que je suis dans vos bras, seigneur, j'étais entre les griffes d'un fier lion, et que, pour en échapper, il me fallût faire ou dire quelque chose contre l'honneur, il me serait aussi possible de le faire ou de le dire que d'empêcher le passé d'exister. Si vous retenez mon corps étreint dans vos bras, moi j'ai mon âme liée à d'honnêtes pensées, totalement opposées aux vôtres, comme vous en pourrez juger si, pour les effectuer, vous voulez user de violence. Je suis votre vassale et non votre esclave: la noblesse de votre sang ne peut vous donner et ne vous donnera pas le droit de déshonorer l'humilité du mien; villageoise et fille de laboureurs comme je le suis, je ne m'estime pas moins que vous seigneur et cavalier. Vos efforts ne peuvent avoir d'effet sur moi, vos richesses sont sans valeur, vos paroles ne peuvent me tromper, ni vos soupirs et vos larmes m'attendrir. Si je voyais quelqu'une des choses que j'ai dites dans celui que mes parents doivent me donner pour époux, sa volonté réglerait la mienne, et je ne chercherais pas à m'y soustraire, mon honneur étant sauf encore que sans empressement je vous livrerais de bon gré ce que vous prétendez obtenir de force. Ainsi, seigneur, persuadez-vous bien que nul autre que mon époux légitime n'obtiendra rien de moi. Si tes refus n'ont pas d'autre cause, répondit ce déloyal chevalier, je jure d'être ton époux, belle Dorothée (c'est le nom de l'infortunée qui vous parle); j'en prends à témoin le ciel, à qui rien n'est caché, et cette image de Notre-Dame que voici. A ce nom de Dorothée, Cardenio tressaillit de nouveau, et ne conserva plus de doute sur la vérité de sa première opinion. Il ne voulut pas cependant interrompre le récit de Dorothée, désirant en apprendre la fin, quoiqu'elle lui fût à peu près connue; il lui dit seulement: Quoi! Dorothée est votre nom, madame? j'ai entendu nommer de même une autre personne dont les disgrâces ont bien du rapport avec les vôtres; mais continuez, j'aurai le temps de vous apprendre des choses qui vous surprendront autant qu'elles vous affligeront. Dorothée s'arrêta à ces mots pour considérer Cardenio, et son étrange dénûment. Je vous conjure, lui dit-elle, si vous savez quelque chose qui me regarde, de me l'apprendre tout de suite ; si la fortune m'a laissé quelque chose, c'est le courage pour supporter tous les malheurs qui peuvent me survenir ; ne suis-je pas sûre d'ailleurs que rien ne peut m'arriver dont mon malheur puisse s'accroître! Je n'attendrais pas, madame, pour vous dire ce que je pense, répondit Cardenio, si ce que j'imagine était hors de doute; mais pour le moment, il importe peu que vous le sachiez, et l'occasion n'en est pas perdue. Soit, répondit Dorothée, voici la suite de mon récit : Don Fernand se saisit d'une image de la Vierge qui se trouvait dans la chambre, et la prit à témoin de notre union, ajoutant les discours les plus persuasifs et les serments les plus solennels d'être mon époux. Avant qu'il eût achevé, je lui dis de bien réfléchir à sa conduite ; de considérer le déplaisir qu'aurait son père de le voir marié avec une paysanne, sa vassale ; de ne se point laisser aveugler par ma beauté, quelle qu'elle fût, trop faible pour excuser sa faute ; que le plus grand bien que son amour pouvait le porter à me faire, était de me laisser à une destinée proportionnée à ma condition, car jamais les mariages aussi disproportionnés ne sont heureux et ne conservent longtemps cette félicité qu'on éprouve en les contractant. Je lui donnai toutes ces raisons que je vous répète et j'en ajoutai beaucoup d'autres que je ne me rappelle pas. Aucune ne put le détourner de sa résolution. Celui qui n'a point l'intention d'acquitter une dette, ne s'arrête guère aux inconvénients du marché. Je réfléchis alors et me dis à moi-même : Assurément je ne serai point la première qui, d'un état humble, soit parvenue aux grandeurs par la voie du mariage, et don Fernand ne sera pas, non plus, le premier à qui la beauté, ou, ce qui est plus certain encore, un amour aveugle ait fait prendre une compagne d'une naissance inférieure à la sienne. Si donc je n'établis ni un monde ni un usage nouveaux, je puis bien accepter un honneur que la fortune m'offre, quand bien même l'amour qu'il me témoigne ne durerait que jusqu'à l'accomplissement de son désir ; car, enfin, aux yeux de Dieu je serai son épouse. Si, au contraire, je le rebute par mes dédains, il est en situation, s'il veut oublier son devoir, d'user de violence envers moi, et je me verrai déshonorée et sans excuse aux yeux de ceux qui ne connaîtront pas combien je fus exempte de faute dans tout ce qui m'a amenée à ce point. Quelles raisons pourront persuader à mes parents, à tout le monde, que ce cavalier est entré dans mon appartement sans mon aveu? Toutes ces considérations se croisèrent en un instant dans mon esprit. Mais, ce qui me détermina et me fit pencher vers le parti qui, sans que je le soupçonnasse, causa ma perte, ce furent les serments de don Fernand, ses larmes, les témoins qu'il prenait de son amour, et enfin ses grâces et sa gentillesse, unies à tant de marques d'un véritable amour, qui eussent séduit tout autre cœur aussi libre, aussi réservé que le mien. J'appelai ma servante afin de joindre ce témoin sur la terre à ceux que don Fernand avait pris dans le ciel. Il confirma, il renouvela ses serments, invoqua de nouveaux saints, et se soumit à mille malédictions s'il ne tenait pas sa parole. Il m'attendrit par de nouveaux soupirs et de nouvelles larmes, me serra plus étroitement dans ses bras, dont il ne m'avait pas permis de m'échapper ; et, cette fille s'étant retirée, je perdis mon innocence, et il consomma sa trahison. Le jour, qui succéda à la nuit de ma disgrâce, venait moins promptement sans doute que ne l'eût désiré don Fernand, car, lorsque l'appétit est satisfait, le plus grand désir que l'on puisse éprouver est de s'éloigner des lieux où il a été contenté. Je fais cette réflexion parce qu'il se hâta de me quitter, et par les soins de ma servante qui était celle qui l'avait introduit, il se vit dans la rue avant qu'il fût jour. En prenant congé de moi, encore que ce ne fût pas avec autant d'affection et de chaleur qu'il en avait à son arrivée, il me dit que je me tinsse pour assurée de sa foi, de la constance et de la sincérité de ses serments, et, pour nouveau gage de sa parole, il tira de son doigt un riche anneau qu'il mit au mien. Il partit, et je demeurai triste ou gaie, je ne le saurais dire, mais certainement rêveuse, confuse, et presque hors de moi, d'un événement si nouveau. Je n'eus pas le courage, ou je ne me souvins pas de gronder ma servante de la trahison dont elle s'était rendue coupable en enfermant don Fernand dans ma propre chambre, tant j'étais incapable de déterminer si ce qui venait de m'arriver était bon ou mauvais. J'avais dit à don Fernand, avant son départ, qu'il pouvait se servir de la même voie pour me venir voir d'autres nuits, puisque j'étais à lui, jusqu'à ce qu'il trouvât à propos de déclarer notre union ; mais il ne revint plus si ce n'est la nuit suivante, et depuis ce temps-là je ne l'ai pu voir une seule fois, ni dans la rue ni à l'église, en tout un mois que je me suis lassée à le chercher, quoique je susse bien qu'il était dans la ville, et qu'il allait presque tous les jours à la chasse, exercice qu'il aimait beaucoup. Ces heures, ces jours furent bien insupportables et malheureux pour moi ! Ce fut alors que je commençai à douter, à me défier de la foi de don Fernand ; je me souvins alors de faire à ma servante en punition de son audace les reproches que je lui avais épargnés jusque-là. Je me vis contrainte à retenir mes larmes, à composer mon visage, de peur que mes parents ne me demandassent la cause de mon affliction, et ne m'obligeassent à recourir à des mensonges pour les tromper. Mais toutes ces précautions cessèrent en un moment ; les considérations s'évanouirent, la patience échappa, mes plus secrètes pensées furent découvertes : nous apprîmes, au bout de quelques jours, que, dans une ville voisine, don Fernand s'était marié avec une demoiselle d'une grande beauté, d'une maison illustre, mais non pas assez riche pourtant pour que sa dot pût la faire aspirer à un aussi grand mariage. On nous dit qu'elle s'appelait Lucinde, et l'on ajouta sur ses noces des détails surprenants. Au nom de Lucinde, Cardenio ne fit que serrer les épaules, se mordre les lèvres, froncer les sourcils, et laisser échapper de ses yeux un instant après deux ruisseaux de larmes ; mais Dorothée ne laissa pas de continuer son histoire en ces termes : Cette triste nouvelle arriva promptement à mes oreilles, et loin de glacer mon cœur, elle l'enflamma d'une telle rage, qu'il s'en fallut peu que je n'allasse publier à grands cris dans les rues la trahison de don Fernand et l'injure qu'il m'avait faite. Mais ce premier mouvement se calma lorsque j'eus formé le projet que j'exécutai cette même nuit : ce fut de prendre ces habits que me donna un de ceux que l'on appelle Zagal dans la maison des laboureurs. C'était un domestique de mon père, je lui découvris ma mésaventure, en lui demandant de m'accompagner jusqu'à la ville où j'avais appris qu'était mon ennemi. Ce garçon, après m'avoir fait des représentations sur ma hardiesse et avoir blâmé ma résolution, me voyant déterminée, s'offrit de m'accompagner jusqu'au bout du monde. Je mis promptement dans un sac de toile un habillement de femme, quelques bijoux et de l'argent par précaution, et, dans le silence de la nuit, sans dire mot à ma perfide domestique, je sortis de la maison, accompagnée du jeune paysan et de mes nombreuses pensées. Je pris le chemin de la ville, à pied, emportée par le désir d'arriver, non pour empêcher ce que je croyais déjà fait, mais pour demander à don Fernand comment il avait pu commettre une pareille action.

En deux jours et demi j'arrivai au but de mon voyage. Je demandai, en entrant, où était la maison des parents de Lucinde, et le premier à qui je m'adressai me répondit plus de choses que je n'en voulais savoir. Il m'enseigna la maison, et me raconta les circonstances du mariage, si connues dans la ville qu'on s'y rassemble pour s'en entretenir. Il me dit que, la nuit de ce mariage, Lucinde était tombée évanouie au moment où elle avait juré d'être l'épouse de don Fernand en prononçant le *oui* fatal, et que lui, voulant la délacer pour lui donner de l'air, avait trouvé sur elle un papier écrit de sa main, par lequel elle déclarait qu'elle ne pouvait être l'épouse de don Fernand, parce qu'elle l'était de Cardenio, que cet homme me dit être un gentilhomme des plus qualifiés de la même ville, et que si elle avait répondu oui à don Fernand ce n'avait été que pour ne pas désobéir à ses parents. Il me dit enfin qu'il paraissait, d'après le contenu de cette lettre, que Lucinde avait eu dessein de se tuer à la fin de la cérémonie, et qu'elle y donnait les motifs pour lesquels elle s'était ôté la vie, ce que confirmait un poignard qu'on avait trouvé sur elle. Don Fernand, se voyant ainsi joué et méprisé, se précipita sur elle avant qu'elle revînt de son évanouissement et l'aurait frappée de ce poignard même, si les parents et ceux qui étaient présents ne l'en eussent empêché. Il ajouta que don Fernand était aussitôt sorti de la ville, et que Lucinde n'était revenue de son évanouissement que le lendemain; elle déclara alors à ses parents qu'elle était véritablement l'épouse de ce Cardenio que j'ai nommé. J'appris en outre que Cardenio s'était, disait-on, trouvé présent à la cérémonie, et que, voyant Lucinde mariée, ce qu'il n'eût jamais pensé, il était sorti de la ville, désespéré, après avoir laissé une lettre par laquelle il faisait connaître l'infidélité de Lucinde, et disait qu'il s'éloignait pour jamais. Ces faits étaient publics, notoires, et faisaient le sujet de toutes les conversations. On parla bien davantage lorsqu'on apprit que Lucinde avait disparu de la maison paternelle et de la ville, car on ne la trouvait nulle part; ses parents en étaient au désespoir, et ne savaient comment s'y prendre pour la retrouver. Ces nouvelles ranimèrent mes espérances, et me persuadèrent que tout remède à mes maux ne m'était pas interdit; qu'il valait mieux que je n'eusse pas rencontré don Fernand que de le trouver marié; qu'il se pouvait que le ciel eût mis cet empêchement à une seconde union, pour lui donner à connaître ce qu'il devait au premier, pour lui rappeler qu'il était chrétien, et par conséquent plus obligé au salut de son âme qu'aux considérations humaines. Je repassais ces idées dans ma tête, je me consolais sans un vrai motif de consolation, et j'imaginais des espérances éloignées pour soutenir une vie que je déteste. J'étais en cette situation dans la ville sans savoir à quoi me résoudre, puisque je ne trouvais point don Fernand, lorsque j'entendis publier par la ville qu'on donnerait une grande récompense à qui me découvrirait, avec désignation de mon âge et de l'habit que je portais. J'appris qu'on répandait le bruit que le berger qui était venu avec moi m'avait enlevée de chez mon père; cette nouvelle me pénétra de douleur, je voyais combien ma réputation avait souffert, puisque ce n'était pas assez de l'avoir perdue par ma fuite et qu'il y fallait ajouter la honte d'avoir choisi un sujet si bas et si indigne de moi. Je sortis de la ville, aussitôt que j'eus entendu les crieurs, avec ce garçon qui commençait à donner des marques d'hésitation dans la fidélité qu'il m'avait promise, et, cette même nuit, nous pénétrâmes dans le plus secret de ces montagnes pour éviter d'être découverts. Mais, ainsi qu'on le dit, un mal en appelle un autre, et la fin d'une disgrâce n'est que le commencement d'une plus grave; ainsi m'arriva-t-il : ce berger, jusque-là fidèle et sûr, ne me vit pas plus tôt dans cette solitude, que mû par sa méchanceté bien plus que par l'attrait de ma beauté, il voulut profiter de l'occasion qui lui paraissait s'offrir, et, sans aucune retenue, sans crainte de Dieu, sans respect pour moi, me requit d'amour; voyant que je répondais avec un juste mépris à l'impudence de ses propositions, il laissa là les prières, auxquelles il avait cru devoir recourir d'abord, et voulut employer la violence. Mais le ciel, qui rarement, ou plutôt jamais ne cesse de protéger les intentions honnêtes, me favorisa de manière qu'avec mes seules forces et peu de peine, je le poussai dans un précipice où je le laissai vif ou mort. Aussitôt et avec plus de légèreté que ne devaient le permettre mon trouble et ma faiblesse, j'entrai plus avant dans ces montagnes, sans autre dessein que de m'y cacher et d'échapper à mon père et à ceux qui me cherchaient de sa part. Il y a je ne sais combien de mois que j'y suis. J'ai trouvé un berger qui m'a prise à son service, et m'a conduite dans un lieu qui est au centre de ces montagnes. Je lui ai servi de pâtre pendant tout ce temps-là, cherchant à être toujours dans les champs, afin de cacher ces cheveux qui, sans que j'y pensasse, viennent de me découvrir. Mais tous mes soins et mes précautions ne m'ont servi de rien : mon maître a reconnu que je n'étais pas un garçon, et a conçu les mêmes désirs que mon valet; mais, comme la fortune ne met pas toujours le remède à côté du mal, je ne trouvai point de précipice pour terminer les poursuites et les peines du maître comme j'avais fait du serviteur. Ainsi, je pensai qu'il valait mieux fuir et me cacher de nouveau dans ces montagnes, que d'avoir recours à mes forces ou à mes prières. Je revins donc au milieu des bois et cherchai un lieu où je pusse librement m'efforcer d'émouvoir le ciel par mes soupirs et mes larmes, lui demander de me secourir et de me sauver, ou terminer ma vie au sein de ces solitudes, sans qu'il reste souvenir d'une infortunée qui, sans être coupable, a tant fait parler d'elle dans son pays et ailleurs.

CHAPITRE XXIX.

QUI TRAITE DE L'INGÉNIEUX ARTIFICE DONT ON SE SERVIT POUR ARRACHER NOTRE AMOUREUX CHEVALIER A LA RUDE PÉNITENCE QU'IL S'ÉTAIT IMPOSÉE.

OILA, seigneurs, le fidèle récit de ma triste histoire. Voyez et jugez maintenant si les soupirs que vous avez entendus, les paroles que vous avez écoutées, les larmes que vous avez vues couler de mes yeux, ont un juste sujet de se répandre en plus grande abondance: voyez ma disgrâce et vous conviendrez que toute consolation serait vaine, puisqu'on n'y saurait apporter de remède. La seule faveur que je vous demande, et vous devez et pouvez me l'accorder facilement, c'est de m'indiquer en quel lieu je pourrai passer ma vie sans crainte d'être trouvée par ceux qui me cherchent : malgré le grand amour que me portent mes parents et l'assurance d'en être bien reçue, je suis si confuse à la seule pensée de paraître devant eux, d'une manière si peu conforme à leurs espérances, que j'aime mieux me bannir pour jamais de leur présence, que de voir sur leur visage la pensée que le mien ne leur offre plus cette honnêteté qu'ils devaient attendre de moi.

En achevant ces mots, Dorothée se tut. Une vive rougeur colora ses joues, et laissa voir à découvert tout le désordre et la confusion qui agitaient son âme. Celles de ses auditeurs ressentirent autant de pitié que d'étonnement au récit de ses infortunes. Le curé aurait désiré la consoler sur-le-champ et lui offrir ses conseils, mais Cardenio le prévint : Hé quoi! dit-il, madame, vous êtes la belle Dorothée, fille unique du riche Clénardo? Dorothée fut très surprise d'entendre le nom de son père, et de voir le triste état de celui qui le prononçait, car on a vu dans quel misérable dénûment se trouvait Cardenio. Qui êtes-vous donc, mon frère, lui dit-elle, vous qui connaissez le nom de mon père? car, si j'ai bonne mémoire, je ne crois pas l'avoir nommé une seule fois pendant le récit que j'ai fait de ma disgrâce. Je suis, répondit-il, ce malheureux que, d'après votre récit, Lucinde a proclamé son époux, je suis l'infortuné Cardenio que la lâche conduite de celui qui causa vos malheurs a mis dans l'état où vous le voyez, brisé, nu, dénué de toute humaine consolation, et, ce qui est plus cruel encore, privé de raison, car je ne l'ai plus que quand il plaît au ciel de me l'accorder pour quelques instants. C'est moi qui fus le témoin du parjure de don Fernand, et qui entendis ce *oui* fatal par lequel Lucinde l'accepta pour époux. C'est moi qui n'eus pas le courage d'attendre ce qui résulterait de son évanouissement et de la découverte du papier trouvé dans son sein : mon âme ne put supporter tant de malheurs réunis; je perdis courage et quittai la maison, laissant à mon hôte une lettre, avec prière de la remettre dans les mains de Lucinde, et je m'acheminai vers ces montagnes, dans l'intention d'y terminer une vie qui, depuis cet instant, m'a toujours été odieuse. Mais la fortune s'est contentée de me priver de la raison, et n'a pas voulu mettre fin à mes jours, peut-être pour me réserver l'heureux hasard de vous rencontrer; car si, comme je n'en doute point, ce que vous nous avez raconté est vrai, il est possible encore que le ciel réserve à nos malheurs une fin plus heureuse que nous ne l'avons cru. En admettant, en effet, que Lucinde ne peut appartenir à don Fernand, puisqu'elle est à moi, comme elle-même l'a déclaré, ni don Fernand s'unir à elle, puisqu'il est à vous, nous pouvons espérer que le ciel nous rendra ce qui nous appartient, puisque tout existe encore et que rien n'a été détruit ou aliéné. Ainsi, puisque nous avons cette consolation qui n'est fondée ni sur de folles imaginations, ni sur des espérances trop éloignées, je vous supplie, madame, de changer de résolution, dans l'espoir d'une meilleure fortune, comme j'ai moi-même intention de le faire. Je vous jure, foi de chrétien et de cavalier, de ne vous point abandonner que je ne vous voie au pouvoir de don Fernand; et, dans le cas où je ne pourrai l'amener, par la raison, à reconnaître ce qu'il vous doit, de recourir au droit que me donne le titre de cavalier, de le défier en réparation de l'injure qu'il vous a faite, sans faire mention de mon grief particulier, dont j'abandonne la vengeance au ciel, pour ne m'occuper ici-bas que de vos intérêts.

Dorothée, au comble de l'étonnement de tout ce que lui disait Cardenio, et ne sachant comment reconnaître de telles offres de service, voulait se précipiter à ses pieds et les embrasser, mais il ne le voulut pas permettre. Le curé prit la parole pour tous deux, il loua les bonnes intentions de Cardenio, et fit si bien, par ses conseils et par ses prières, qu'il leur persuada de le suivre dans son village, où ils pourraient se procurer tout ce qui leur manquait, et aviser aux moyens de retrouver don Fernand, de reconduire Dorothée chez ses parents, ou de faire ce qui leur paraîtrait le plus convenable. Dorothée et Cardenio remercièrent le curé, et acceptèrent ses offres obligeantes. Le barbier, qui jusque-là n'avait pas ouvert la bouche, attentif à tout ce qui se passait, se mêla alors à la conversation, et, avec non moins de bonne volonté que le curé, s'offrit de les servir en tout ce qui dépendrait de lui. Il raconta brièvement la cause qui les avait amenés dans ces montagnes, l'étrange folie de Don Quichotte, et comment ils attendaient là son écuyer qui était allé à sa recherche. Cardenio se ressouvint alors, comme d'un songe, de la querelle qu'il avait eue avec Don Quichotte, et la raconta aux autres; mais il ne put jamais se rappeler la cause de la dispute.

En ce moment, ils entendirent des cris et reconnurent qu'ils étaient poussés par Sancho, qui, ne les ayant pas trouvés au rendez-vous, ne cessait de les appeler. Ils allèrent au-devant de lui, et lui demandèrent des nouvelles de Don Quichotte. Il répondit qu'il l'avait trouvé nu en chemise, maigre, pâle, et mort de faim et soupirant pour sa dame Dulcinée ; et que, quoiqu'il lui eût dit qu'elle lui commandait de quitter ces lieux, et de venir la trouver au Toboso où elle l'attendait, il lui avait répondu qu'il était déterminé à ne point paraître devant sa beauté avant d'avoir fait de grandes actions qui le rendissent digne de sa grâce. Si cela dure, il court risque ne n'être jamais empereur, comme il y est obligé, ni même archevêque, qui est le moins qu'il puisse être; ainsi, voyez ce qu'il est convenable de faire pour le tirer de là. Le curé lui répondit de ne se pas mettre en peine, qu'ils le feraient bien sortir de la montagne malgré lui. Il communiqua alors à Dorothée et à Cardenio ce qu'il avait imaginé pour guérir Don Quichotte, ou, tout au moins, pour le ramener dans sa maison. Dorothée repartit qu'elle ferait la demoiselle affligée beaucoup mieux que le barbier, d'autant plus qu'elle avait avec elle des habits pour la représenter au naturel; qu'ils s'en reposassent sur elle du soin de remplir son personnage de manière à amener le succès de leurs desseins, parce qu'elle avait lu beaucoup de livres de chevalerie, et connaissait bien le style des demoiselles affligées quand elles requéraient un don des chevaliers errants. Il ne faut donc plus, dit le curé, que se mettre promptement à l'œuvre. Sans doute la fortune se déclare en ma faveur, puisqu'elle a commencé, seigneurs, et d'une manière si imprévue à vous présenter quelque soulagement, et qu'elle nous facilite, à nous, l'exécution de notre entreprise. Aussitôt Dorothée tira de son sac une jupe de riche toile, une mantille verte ; dans une petite boîte, elle prit un collier et d'autres joyaux dont elle se para dans un moment, de manière qu'elle paraissait une grande et riche dame. Elle leur dit qu'elle avait apporté ces objets et d'autres encore de sa maison, pour s'en servir si l'occasion se présentait ; mais que, jusqu'alors, il ne s'en était offert aucune. Sa grâce, son élégance et sa beauté charmèrent tous les assistants, et leur confirmèrent que don Fernand était homme de peu de jugement, puisqu'il avait pu dédaigner une si rare beauté. Mais celui qui témoigna le plus d'admiration fut Sancho; il lui semblait, et avec raison, n'avoir, de sa vie, vu une aussi belle personne. Aussi demanda-t-il avec empressement au curé quelle était cette dame si belle, et ce qu'elle venait chercher dans ces montagnes. Cette belle dame, frère Sancho, lui répondit le curé, n'est rien moins que l'héritière en ligne directe et masculine du grand royaume de Micomicon. Elle vient à la recherche de votre maître, pour lui requérir un don, qui est de la venger d'un tort que lui a fait un méchant géant. La réputation de bon chevalier dont jouit Don Quichotte par toute la terre, a déterminé cette princesse à quitter la Guinée pour se mettre à sa recherche. Heureuse recherche ! heureuse découverte ! s'écria Sancho, surtout si mon maître est assez heureux pour venger cette injure et redresser ce tort, en tuant ce traître de géant que vous dites. Il le tuera certainement, s'il le rencontre, pourvu que ce ne soit pas un fantôme, car, contre les fantômes, mon maître est sans pouvoir. Mais seigneur licencié, je veux avant tout vous supplier d'une chose, et c'est de peur qu'il ne lui prenne fantaisie de se faire archevêque, de lui conseiller de se marier sur-le-champ avec la princesse : par ce moyen, il sera dans l'impossibilité de recevoir les ordres archiépiscopaux, il parviendra facilement à se faire empereur, et moi, à la fin de tous mes désirs. J'ai bien considéré tout cela, et je trouve, pour moi, qu'il ne me convient pas que mon maître soit archevêque, attendu que je suis un sujet inutile à l'Église, étant marié, de penser que j'aille maintenant courir après des dispenses pour pouvoir occuper des bénéfices, ayant, comme j'ai, femme et enfants, ce serait à n'en jamais finir. Ainsi, seigneur, le fond de l'affaire est que mon maître se marie promptement avec cette dame que je ne nomme point par son nom, parce que je ne le sais pas encore. Elle s'appelle, dit le curé, la princesse Micomicona, car son royaume ayant nom Micomicon, il est clair qu'elle doit s'appeler ainsi. Il n'y a pas de doute, répliqua Sancho; j'ai vu beaucoup de gens prendre pour nom et surnom celui du lieu de leur naissance, comme Pédro d'Alcala, Juan de Ubéda, Diégo de Valladolid : ce doit être la même chose en Guinée, et les reines doivent y prendre le nom de leur royaume. Je le pense comme vous, dit le curé. Quant au mariage de votre maître, je m'y emploierai de tout mon pouvoir. Sancho fut aussi content de cette promesse que le curé surpris de sa simplicité, et de voir à quel point il s'était pénétré des mêmes rêveries que son maître, puisqu'il se persuadait le voir, sans aucun doute, devenir un jour empereur.

Pendant cette conversation, Dorothée était déjà montée sur la mule du curé. Le barbier avait placé la fausse barbe de queue de vache. Ils dirent à Sancho de les conduire au lieu où était Don Quichotte, et lui recommandèrent surtout de ne pas dire qu'il connaissait le barbier et le licencié, car, de ce seul point dépendait la possibilité que Don Quichotte devînt empereur. Le curé et Cardenio ne voulurent même point aller avec les autres, de peur que Don Quichotte ne se rappelât la querelle qu'il avait eue avec ce dernier, et parce que la présence de l'autre n'était pas encore nécessaire. Ils les laissèrent donc prendre les devants, et les suivirent doucement à pied. Le curé n'oublia point de répéter à Dorothée les instructions qu'il lui avait données, mais elle répondit qu'ils ne se missent pas en peine, que tout se passerait, de point en point, comme l'enseignent et le décrivent les livres de chevalerie.

Ils avaient fait à peu près trois quarts de lieue, quand ils aperçurent, au milieu des rochers, Don Quichotte déjà vêtu, mais non armé. A sa vue, Dorothée, avertie par Sancho, donna du fouet à son palefroi, suivie de son écuyer, le barbier à la longue barbe. Arrivée près du chevalier, l'écuyer se jeta à bas de sa mule et s'avança pour recevoir Dorothée entre ses bras; elle mit pied à terre avec beaucoup de grâce et courut aussitôt se jeter aux genoux de Don Quichotte; malgré ses efforts pour la faire relever, elle resta dans cette posture et lui parla en ces termes : Je ne me relèverai pas d'ici, valeureux et invincible chevalier, que votre courtoisie ne m'ait octroyé un don qui exhaussera votre personne en honneur et renommée, et tournera à l'avantage de la plus outragée et la plus inconsolable demoiselle que le soleil ait jamais éclairée; si votre valeur et la force de votre bras répondent à l'éclat de votre immortelle renommée, vous êtes obligé de protéger une infortunée qui vient de contrées si lointaines, attirée par le bruit de votre nom fameux, vous demander le remède à ses maux. Je ne vous répondrai pas une seule parole, belle dame, dit Don Quichotte, et je n'écouterai rien de plus de votre requête, que vous ne vous soyez relevée. Seigneur, reprit la demoiselle affligée, je ne me lèverai point que votre courtoisie ne m'ait d'abord accordé le don que je requiers. Je vous l'octroie et concède, répondit Don Quichotte, pourvu qu'il ne m'oblige à rien de contraire aux intérêts de mon roi, de ma patrie, et de celle qui tient la clef de mon cœur et de ma liberté. Non, mon bon seigneur, répliqua la belle affligée, il ne portera point préjudice à ceux dont vous parlez. Sancho, s'approchant alors de Don Quichotte, lui dit à l'oreille: Vous pouvez facilement, seigneur, lui accorder le don qu'elle vous demande: ce n'est qu'une bagatelle. Il ne s'agit que de tuer un grand vilain géant, et celle qui vous en prie est la princesse Micomicona, reine du grand royaume de Micomicon, en Éthiopie. Qu'elle soit ce qu'elle voudra, répondit Don Quichotte, je ferai mon devoir et ce que me dicte ma conscience, conformément à ma profession. Et, se tournant vers la demoiselle: Que votre grande beauté se lève, dit-il, je lui octroie le don qu'elle me voudra demander. Celui que je demande, dit la demoiselle, est que votre magnanime personne s'en vienne incontinent avec moi où je la conduirai, et qu'elle me promette de ne s'engager dans aucune autre aventure, de n'écouter aucune requête, jusqu'à ce qu'elle m'ait vengée d'un traître qui, contre toute justice divine et humaine, a usurpé mon royaume. Je vous l'octroie à ces conditions, répondit Don Quichotte: ainsi, madame, vous pouvez dorénavant bannir la mélancolie qui vous accable, et donner à vos espérances perdues un nouvel aliment et de nouvelles forces; avec l'aide de Dieu et de mon bras, vous vous verrez bientôt rétablie dans votre royaume, et de nouveau assise sur le trône de votre ancien et puissant État, en dépit des félons qui voudraient s'y opposer. La main à l'œuvre donc, on dit communément que le péril est dans la demeure. La demoiselle affligée fit tous ses efforts pour baiser les mains de Don Quichotte; mais toujours galant et courtois chevalier, il n'y voulut jamais consentir, la fit relever et l'embrassa avec grâce et affabilité. Il ordonna à Sancho d'examiner les sangles de Rossinante, et de l'armer lui-même sur-le-champ. Sancho décrocha les armes, pendues à un arbre comme en trophée, visita les sangles du cheval, arma dans un instant son maître, et celui-ci se voyant revêtu de son armure : Sortons d'ici, dit-il, avec l'aide de Dieu, et allons secourir cette grande princesse. Le barbier était resté à genoux, se donnant bien garde de rire et de laisser tomber sa barbe, dont la chute aurait peut-être empêché la réussite de leur louable entreprise ; mais, voyant le don octroyé, et la promptitude avec laquelle Don Quichotte se disposait à l'accomplir, il se leva, prit l'autre main de sa maîtresse, laissée libre par Don Quichotte, et à eux deux ils la mirent sur sa mule. Le chevalier sauta alors sur Rossinante, le barbier s'accommoda sur sa monture, et Sancho resta à pied, non sans se rappeler avec douleur la perte de son roussin, qui lui faisait tant de faute en ce moment; mais il se consolait facilement de tout en pensant que son maître était en bon chemin pour devenir empereur, car il ne faisait aucun doute qu'il ne dût se marier avec la princesse, et être au moins roi de Micomicon. Une seule chose le chagrinait, c'était de penser que ce royaume était au pays des nègres, et que, par conséquent, les vassaux qu'on lui donnerait seraient tous noirs. Mais il y trouva bientôt un bon remède dans son imagination. Que m'importe, se dit-il à lui-même, que mes vassaux soient nègres? je n'aurai qu'à les faire charger et conduire en Espagne, où je les pourrai vendre. On me les payera comptant, et avec cet argent, je pourrai acheter un titre, un office, qui me fera vivre en repos le reste de mes jours. Endormez-vous donc et n'ayez pas assez d'esprit et d'habileté pour disposer des choses, et vendre trente ou dix mille vassaux comme des bottes de paille? Par Dieu, je les ferai sauter grands ou petits, ou comme je pourrai, et, quelque noirs qu'ils soient, je les ferai devenir blancs ou jaunes. Approchez-vous, vous verrez si je me suce le doigt. Ces pensées l'occupaient si agréablement, qu'il en oubliait le déplaisir de cheminer à pied. Cardenio et le curé, cachés dans les halliers, ne perdaient rien de ce qui se passait et ne savaient comment s'y prendre pour les rejoindre. Cependant, le curé, qui était fort inventif, imagina bientôt ce qu'il y avait à faire pour y parvenir: ce fut de couper promptement la barbe à Cardenio, avec des ciseaux qu'il avait dans un étui ; puis il le revêtit d'une petite capote grise qu'il portait, lui donna son manteau noir, et demeura lui-même en chausses et en pourpoint. Cardenio fut tellement changé par cette métamorphose, que lui-même ne se fût pas reconnu s'il se fût regardé dans un miroir. Cela fait, malgré l'avance qu'avaient prise les autres pendant cette toilette, ils arrivèrent facilement les premiers au grand chemin, parce que les broussailles et les mauvais passages empêchaient les cavaliers d'avancer aussi promptement que les gens de pied. En effet, ils s'établirent dans la plaine, à l'issue de la montagne, et lorsque Don Quichotte et ses compagnons parurent, le curé se mit à le considérer à loisir, faisant bien entendre par ses signes qu'il cherchait à le reconnaître. Après l'avoir ainsi contemplé quelque temps, il courut à lui, les bras ouverts, disant à haute voix : Soyez le bien trouvé, miroir de la chevalerie, mon bon compatriote Don Quichotte de la Manche, la fleur et l'élite de la gentillesse, le rempart et la consolation des affligés, la quintessence des chevaliers errants. En disant ces mots, il tenait embrassée par le genou la jambe gauche de Don Quichotte qui, tout étonné des actions et des paroles de cet homme, se mit à son tour à le considérer avec attention, et le reconnut enfin, fort surpris de le voir là ; il fit tous ses efforts pour mettre pied à terre ; mais le curé n'y voulut point consentir : laissez-moi, disait Don Quichotte, laissez-moi descendre, seigneur licencié; il n'est pas convenable que je sois à cheval, et qu'une aussi respectable personne que votre révérence soit à pied. Je n'y consentirai nullement, dit le curé : que votre grandeur reste à cheval, puisque c'est à cheval qu'elle met à fin les plus périlleuses aventures qui se soient vues de notre âge ; pour moi, prêtre indigne, il me suffira de monter en croupe sur une des mules de ces seigneurs qui vous accompagnent, s'ils l'ont pour agréable, et je me croirai monté sur le cheval Pégase, ou sur le zèbre ou l'alfana[1] que montait le fameux Maure Muzaraque, lequel est encore à présent enchanté la sur grande montagne de Zulema, non loin de la grande Compluto. Je n'y faisais point attention, seigneur licencié, répondit Don Quichotte, mais je crois que, pour l'amour de moi, madame la princesse voudra bien ordonner à son écuyer de vous céder la selle et s'accommodera de la croupe, si sa mule le souffre. Oui, elle s'y prête à ce que je crois, répondit la princesse, et je sais aussi qu'il ne sera pas nécessaire de rien prescrire là-dessus à mon écuyer ; il est trop courtois pour souffrir qu'un ecclésiastique aille à pied pouvant être à cheval. Sans doute, répondit le barbier ; et mettant pied à terre, il invita le curé à occuper la selle, ce qu'il fit sans se faire beaucoup prier. Malheureusement lorsque le barbier voulut s'établir sur la croupe, la mule, qui était de louage, c'est assez dire qu'elle était mauvaise, leva le derrière et lança deux ruades en l'air, qui, si elles eussent atteint maître Nicolas à la tête ou à la poitrine, lui eussent fait donner au diable la recherche de Don Quichotte. Il fut toutefois ébranlé de sorte qu'il tomba sans faire attention à sa barbe qui se détacha. Se voyant ainsi le visage à découvert, il ne trouva rien de mieux à faire que de se couvrir la figure avec ses deux mains, en criant qu'il avait toutes les dents brisées. Don Quichotte voyant, loin du visage de l'écuyer, ce gros paquet de barbe, sans mâchoires ni sang, s'écria : Vive Dieu! ceci est un grand miracle, sa barbe s'est détachée et abattue comme si on l'eût décollée. Le curé, voyant sa ruse en danger d'être découverte, ramassa promptement cette barbe, s'approcha de maître Nicolas qui gisait par terre, se plaignant toujours, lui prit la tête qu'il appuya contre sa poitrine, et lui ajusta en un seul temps sa barbe, murmurant quelques paroles qu'il dit être un charme propre à rattacher les barbes, comme ils l'allaient voir. Quand elle fut solidement fixée, il se recula, et l'écuyer parut aussi sain, aussi barbu qu'auparavant ; Don Quichotte s'en émerveilla grandement, et pria le curé de lui apprendre ce charme quand il en aurait le loisir, ne doutant pas que sa vertu ne s'étendît plus loin qu'à rattacher des barbes, puisqu'il était évident que là où la barbe avait été arrachée, la chair devait être offensée, et que tout étant sain et guéri, ce charme devait avoir de plus grandes vertus. Il est vrai, répondit le curé, et il promit à Don Quichotte de le lui apprendre à la première occasion. On convint que le curé monterait en ce moment, et que tous trois auraient alternativement leur tour jusqu'à ce qu'ils fussent arrivés à l'hôtellerie qui était à deux lieues de là.

Ainsi disposés, trois à cheval, Don Quichotte, la princesse et le curé, et trois à

[1] Par *alfana*, on entendait une cavale ou jument d'immense stature dont se servaient les géants ou chevaliers errants. Le zèbre (*la zebra*) est ce joli animal, rayé gris et noir, ou brun, que l'on voit dans nos ménageries. Il paraît que ce quadrupède fut connu en Espagne dès les temps les plus reculés, puisque dans la Galice est une montagne appelée de son nom *Cebrero*. On croit également certain que la chair de cet animal se servait autrefois sur les tables.

pied, Cardenio, le barbier et Sancho, Don Quichotte dit à la princesse : Que votre grandeur, madame, nous guide par où il lui plaira. Avant qu'elle répondît, le licencié dit : Vers quel royaume veut nous conduire votre seigneurie : serait-ce, par aventure, vers celui de Micomicon ? Cela doit être, ou je ne me connais pas en royaumes. Dorothée, qui avait de l'esprit, connut bien qu'il fallait répondre affirmativement. En effet, dit-elle, mon chemin est vers ce royaume. Cela étant, dit le curé, nous devons passer par le milieu de mon village, et de là vous prendrez la route de Carthagène, où vous pourrez vous embarquer à la bonne aventure. Si le vent est propice, la mer calme et sans bourrasque, en un peu moins de neuf ans vous pourrez arriver en vue du grand lac Méona, je veux dire Méotides, qui est à un peu plus de cent journées en deçà du royaume de votre grandeur. Vous vous trompez, seigneur, répondit-elle, il n'y a pas deux ans que j'en suis partie, et en vérité je n'ai point eu le temps favorable ; cependant j'ai eu le bonheur d'arriver et de voir ce que je désirais tant, le seigneur Don Quichotte de la Manche, dont la renommée parvint à mes oreilles aussitôt que j'eus mis le pied en Espagne ; elle m'encouragea à le chercher pour me recommander à sa courtoisie, et confier ma juste cause à la valeur de son invincible bras. C'est assez, repartit Don Quichotte, laissons là mes louanges : je suis ennemi de toute espèce d'adulation, et, quoiqu'il n'y ait point ici de flatterie, de tels discours offensent cependant la délicatesse de mes oreilles. Tout ce que je puis vous dire, madame, c'est que, vaillant ou non, la valeur que j'aurai ou n'aurai pas sera employée pour votre service, jusqu'à y perdre la vie. Remettant donc cela à son temps, je prierai le seigneur licencié de m'apprendre ce qui l'a conduit dans ces lieux, seul, sans aucun valet, et vêtu tellement à la légère que j'en suis tout surpris. Pour vous répondre en peu de mots, dit le curé, vous saurez que maître Nicolas, notre ami, notre barbier, et moi, nous allions à Séville pour recouvrer certain argent qu'un mien parent, qui depuis plusieurs années est passé dans les Indes, m'avait envoyé ; la somme n'était pas si petite qu'elle ne s'élevât à soixante mille pièces. En passant hier par cet endroit-ci, nous fûmes assaillis par quatre voleurs qui nous prirent tout, jusqu'à nos barbes, et ils nous les prirent si bien que le barbier est obligé d'en porter une postiche, et le jeune homme que vous voyez ici, ajouta-t-il en montrant Cardenio, ils l'ont mis presque tout nu. Ce qu'il y a de bon, c'est que le bruit court, dans ces environs, que ceux qui nous ont volés sont certains forçats que l'on dit avoir été délivrés, presque dans ce même lieu, par un homme si vaillant, qu'en dépit du commissaire et des gardes il les a tous mis en liberté. Sans aucun doute, cet homme n'était pas dans son bon sens, ou bien il est aussi scélérat qu'eux, un homme sans âme et sans conscience, puisqu'il a voulu lâcher le loup parmi les brebis, le renard au milieu des poules, la mouche sur le miel ; il a voulu frauder la justice, agir contre son roi et seigneur naturel, dont il a transgressé les justes mandements ; il a voulu enlever aux galères le travail des condamnés, mettre en émoi la sainte hermandad, qui, depuis nombre d'années, jouissait du repos ; enfin, il a commis une action à perdre son âme, sans profit pour son corps. Sancho avait raconté au barbier et au curé l'aventure des galériens que son maître avait mise à fin avec tant de gloire. C'était pour cela que le curé insistait si fortement sur ce point, afin de voir ce que ferait ou dirait Don Quichotte. Celui-ci changeait de couleur à chaque parole, et n'osait s'avouer pour le libérateur de ces honnêtes gens. Ce furent, ajouta le curé, ces galériens qui nous dépouillèrent. Que Dieu dans sa miséricorde pardonne à celui qui n'a pas permis qu'ils fussent conduits au supplice qu'ils avaient mérité.

CHAPITRE XXX.

QUI MONTRE L'ESPRIT DE LA BELLE DOROTHÉE, ET TRAITE D'AUTRES CHOSES AUSSI INTÉRESSANTES QUE DIVERTISSANTES.

Le curé n'eut pas sitôt achevé de parler que Sancho lui dit : Par ma foi, seigneur licencié, l'auteur de cet exploit fut mon maître, et ce n'était pas faute à moi de l'avoir averti auparavant de prendre garde à ce qu'il allait faire, et que c'était pécher que de mettre en liberté ces gens-là, qui tous étaient de grands coquins. Sot que tu es, repartit Don Quichotte, il n'appartient pas aux chevaliers errants de vérifier si les affligés, les opprimés et les captifs qu'ils rencontrent par les chemins sont ainsi traités et souffrent pour leurs fautes ou pour leurs bonnes actions : il leur appartient seulement de venir à leur aide comme nécessiteux, sans considérer leurs méfaits, mais leurs peines. Je rencontre enchaînés, comme les grains d'un rosaire, des gens tristes et misérables, je fais pour eux ce que ma religion me commande, le reste ne me regarde plus. Quiconque trouve cette action mauvaise, sauf le saint caractère du seigneur licencié et son honorable personne, je dis qu'il ne s'entend guère en matière de chevalerie, et qu'il en a menti comme un fils de ...... et comme un mal appris, et je le lui ferai connaître plus au long avec mon épée. En disant ces mots, il s'affermit sur ses étriers, enfonçant son morion, attendu que le bassin du barbier, qui à ses yeux était l'armet de Mambrin, ayant été tout bosselé par les forçats, il l'avait pendu à l'arçon de sa selle, jusqu'à ce qu'il pût le faire raccommoder. Dorothée, aussi gaie que spirituelle, et bien instruite déjà du dérangement d'esprit de Don Quichotte, dont tout le monde s'amusait, excepté Sancho, ne voulut pas rester en arrière. Voyant donc sa grande colère : Seigneur chevalier, lui dit-elle, veuillez rappeler à votre mémoire le don que vous m'avez octroyé ; pour y rester fidèle, il ne vous est permis d'entreprendre aucune autre aventure, quelque urgente qu'elle soit. Apaisez-vous donc ; si le seigneur licencié avait su que c'était par ce bras invincible que les forçats avaient été délivrés, il aurait fait trois points à sa bouche, et se serait mordu trois fois la langue avant que de dire une seule parole qui eût pu vous déplaire. Je le jure, dit le curé ; je me fusse plutôt arraché un côté de la moustache. Je me tairai, madame, répondit Don Quichotte, je réprimerai la juste colère qui déjà s'était emparée de moi, et me tiendrai paisible et tranquille jusqu'à ce que j'aie satisfait au don que je vous ai accordé. Mais en récompense de ma soumission, je vous supplie de m'apprendre, si vous n'y trouvez pas à redire, quel est le sujet de votre affliction, le nom, la qualité, et le nombre des personnes de qui je dois vous donner une légitime, suffisante et entière vengeance. Je le ferai volontiers, répondit Dorothée, s'il ne vous ennuie pas d'entendre le récit de malheurs et de tristes aventures. — Non, madame, je n'en serai nullement ennuyé. S'il en est ainsi, prêtez-moi toute votre attention, repartit Dorothée. A ces mots, le barbier et Cardenio se placèrent à ses côtés, curieux d'entendre comment elle inventerait son histoire supposée. Sancho les imita, car il n'était pas moins abusé que son maître sur le compte de Dorothée. Pour elle, après s'être mise à son aise sur la selle, avoir pris ses précautions en toussant et fait tous les préliminaires d'usage, elle commença à parler en ces termes avec beaucoup de grâce :

Vous saurez d'abord, seigneurs, que l'on m'appelle... En cet endroit, elle s'arrêta un instant, parce qu'elle ne se rappelait plus le nom que lui avait donné le curé. Mais ce dernier, comprenant la cause de son hésitation, vint à son aide, et dit : Ce n'est pas merveille, madame, que votre grandeur se trouble et s'embarrasse dans le récit de ses malheurs : ils sont quelquefois tels qu'ils font souvent perdre la mémoire à ceux qu'ils frappent, au point d'oublier leur propre nom ; c'est ce qui arrive à votre seigneurie, qui, dans ce moment, ne se rappelle pas qu'elle se nomme la princesse Micomicona, légitime héritière du grand royaume de Micomicon. Avec cette remarque, votre grandeur pourra maintenant rappeler facilement à sa mémoire troublée tout ce qu'elle voudra nous raconter. C'est la vérité, répondit la demoiselle, et je ne pense pas qu'à l'avenir j'aie besoin d'aucun secours, je mènerai à bon port ma véridique histoire. Vous saurez donc que le roi mon père, qui se nommait Tinacrio le Savant, fut très versé dans ce qu'on appelle l'art magique, et connut par sa science que ma mère, la reine Xaramilla, devait mourir avant lui ; qu'il la suivrait de près, et qu'ainsi je demeurerais orpheline de père et de mère. Il disait que cela l'affligeait moins que la pénible certitude où il était qu'un démesuré géant, seigneur d'une grande île qui confine presque à notre royaume, et nommé Pandafilando aux yeux louches (c'est une chose avérée que, quoique ses yeux soient droits dans leurs orbites, il regarde toujours de travers, comme s'il était louche, et cela par malice et pour effrayer ceux qu'il regarde) ; mon père, dis-je, savait que ce géant, me voyant orpheline, devait envahir mes États avec une grande armée, et s'en emparer en totalité, sans me laisser un méchant village pour m'y retirer ; mais que je pouvais éviter cette ruine si je voulais consentir à l'épouser; mais, autant qu'il en pouvait juger, mon père pensait que je ne me résoudrais jamais à faire un mariage aussi disproportionné ; en cela, il disait la pure vérité, car jamais il ne m'est venu dans la pensée d'épouser ce géant, ni aucun autre, quelque grand et démesuré qu'il pût être. Mon père me conseilla aussi, qu'après sa mort, lorsque je verrais Pandafilando entrer dans mes États, je ne songeasse point à me mettre en défense, ce qui serait tout perdre, mais que je lui abandonnasse librement le royaume, si je voulais éviter la mort et l'entière destruction de mes bons et loyaux vassaux, car il serait impossible de résister à la force endiablée de ce géant ; que j'eusse incontinent à me mettre en route pour les Espagnes, avec quelques-uns des miens, et que là je trouverais le remède à mes maux dans la rencontre d'un chevalier errant dont la renommée serait en ce temps-là répandue par tout ce royaume; il devait s'appeler, si j'ai bonne mémoire, Don Azote ou Don Gigote. Dites Don Quichotte, madame, interrompit Sancho Pança, ou, sous un autre nom, le chevalier de la Triste Figure. C'est la vérité, reprit Dorothée. Il me dit encore que ce chevalier devait être de haute stature, maigre de visage, et que, sur le côté droit, au-dessous de l'épaule gauche, ou tout auprès, il aurait un signe gris recouvert de poils semblables à des crins. Don Quichotte, entendant ces mots, dit à son écuyer : Viens ici, Sancho, mon fils, aide-moi à me déshabiller : je veux voir si je suis le chevalier prédit par ce sage roi. Pourquoi donc votre seigneurie veut-elle se déshabiller? demanda Dorothée. — Pour voir si j'ai ce signe dont a fait mention votre père. — Il n'est pas nécessaire d'ôter vos habits, dit Sancho; je sais que vous avez au milieu de l'épine du dos un signe de cette espèce, ce qui est l'indice d'un homme vigoureux. Cela suffit, dit Dorothée, entre amis on ne doit pas regarder à peu de chose : que ce signe soit à l'épaule ou à l'épine du dos, peu importe; il suffit qu'il y en ait un, qu'il soit où il sera, c'est toujours la même chair. Sans contredit, mon père a fort bien rencontré dans toutes ses prédictions, et moi j'ai rencontré comme lui, en me recommandant au seigneur Don Quichotte, qui est bien celui qui me fut annoncé, car le signalement du visage s'accorde parfaitement ainsi que la bonne renommée qu'a acquise ce chevalier, non seulement en Espagne, mais dans toute la Manche. En effet, à peine débarquée à Ossuna, j'entendis raconter de lui de tels exploits que le cœur me dit aussitôt qu'il était celui que je venais chercher. Comment votre seigneurie a-t-elle pu débarquer à Ossuna? demanda Don Quichotte, si cette ville n'est point un port de mer. Avant que Dorothée pût répondre, le curé prit la parole et dit : La princesse veut dire qu'après être débarquée à Malaga, la première ville où elle entendit parler de vous fut Ossuna. C'est ce que j'ai voulu dire, reprit Dorothée. C'est aussi la vérité, ajouta le curé : que votre majesté poursuive. Je n'ai rien à poursuivre, sinon que j'ai été assez heureuse pour rencontrer le seigneur Don Quichotte, et que déjà je me regarde comme reine et souveraine de tous mes États, puisque, par sa courtoisie et sa magnanimité, il m'a promis le don de m'accompagner partout où je le mènerai. Ce ne sera pas ailleurs que devant Pandafilando aux yeux louches, afin qu'il le tue et me rende ce qui me fut usurpé contre toute justice. Tout cela doit s'accomplir à souhait[1], puisque ainsi l'a prédit mon bon père, Tinacrio le Savant. De plus, il a ajouté et écrit en lettres chaldéennes ou grecques, que je ne sais pas lire, que, si le chevalier désigné dans la prophétie, après avoir coupé la tête au géant, désire se marier avec moi, je dois aussitôt, et sans réplique, m'offrir à lui pour sa légitime épouse, et le mettre en possession de mon royaume et de ma personne. Ami Sancho, que t'en semble? dit à ces mots Don Quichotte. N'entends-tu pas ce que l'on propose? et ne te l'ai-je pas bien dit? Vois si nous n'avons pas déjà royaume à commander, et reine à épouser. Oui, je le jure, dit Sancho, que fils de ...... soit celui qui ne se mariera point après avoir ouvert le gosier au seigneur Pandafilando. Vous semble-t-il que la reine soit laide? Puissent les puces de mon lit lui ressembler! En même temps, il fit deux sauts en l'air, avec démonstration d'une grande joie; puis, tout aussitôt il courut saisir les rênes de la mule de Dorothée, la fit arrêter, et se mit à genoux devant elle, la suppliant de permettre qu'il lui baisât les mains, en signe qu'il la reconnaissait pour sa reine et maîtresse. Était-il un des assistants qui pût s'empêcher de rire en voyant la folie du maître et la simplicité du valet? Dorothée lui donna ses mains, lui promettant de le faire grand seigneur

[1] *A pedir de bocca* (à bouche que veux-tu).

dans son royaume, quand la faveur du ciel lui aurait permis de le recouvrer. Sancho l'en remercia avec de telles paroles qu'il renouvela les ris de tous. Voilà, seigneurs, poursuivit Dorothée, quelle est mon histoire. Il me reste seulement à vous dire que, de la nombreuse suite avec laquelle j'étais sortie de mon royaume, il ne m'est demeuré que ce bon écuyer barbu ; tous les autres se sont noyés dans une tempête que nous avons essuyée à la vue du port. Lui et moi nous nous sauvâmes et abordâmes à terre sur deux planches, comme par miracle ; vous avez pu le remarquer, en effet, tout est merveille et mystère dans ma vie. Si mon récit vous a semblé prolixe ou mal ordonné, attribuez-en la cause à ce qu'a dit au commencement le seigneur licencié, les peines excessives et continuelles détruisent la mémoire en celui qui les subit. Je ne la perdrai point, moi, haute et valeureuse dame, dit Don Quichotte, par les peines que j'endurerai à votre service, quelque grandes et inouïes qu'elles puissent être. Je confirme de nouveau le don que je vous ai octroyé, et je jure d'aller avec vous au bout du monde, jusqu'à ce que je me voie aux prises avec votre farouche ennemi, dont j'espère, avec l'aide de Dieu et de mon bras, abattre la tête superbe avec cette épée (que je ne dirai pas bonne, grâce à Ginès de Pasamonte qui m'a enlevé la mienne). Il dit ces derniers mots entre ses dents, et ajouta : Après lui avoir coupé la tête, et vous avoir mise en paisible possession de vos États, vous serez libre, madame, de disposer de votre personne selon votre volonté ; car, tant que j'aurai la mémoire occupée, la volonté captive et l'entendement perdu pour celle... Je n'en dis pas davantage ; il n'est pas possible que j'aie même la pensée de me marier, fût-ce avec l'oiseau Phénix. Ces derniers mots, au sujet du refus de se marier, parurent si mauvais à Sancho, qu'élevant la voix avec colère, il s'écria : Mort de ma vie ! seigneur Don Quichotte, je jure que le jugement de votre grâce n'est pas sain. Comment est-il possible que vous hésitiez un seul instant à épouser une aussi grande princesse ? Pensez-vous que la fortune ait à tout bout de champ à vous offrir une aventure comme celle qui se présente ? Madame Dulcinée est-elle plus belle, par hasard ? Non, certes, pas la moitié autant ; je dirai même qu'elle ne s'élève pas jusqu'à la chaussure de celle qui est devant vous. Aussi, à la malheure, obtiendrai-je le comté que j'espère, si vous allez chercher des friandises dans la mer. Mariez-vous, mariez-vous promptement, de par tous les diables, et prenez ce royaume qui vous vient entre les mains de *vobis vobis* ; puis, quand vous serez roi, faites-moi marquis ou gouverneur, et que le diable emporte le reste. Don Quichotte, entendant proférer de tels blasphèmes contre sa dame Dulcinée, ne put le souffrir. Haussant sa lance, sans dire une parole à Sancho, sans autre forme de procès, il lui en asséna deux si grands coups qu'il le renversa par terre, et, sans l'intervention de Dorothée, qui le supplia de ne plus frapper, il lui eût sans doute ôté la vie. Pensez-vous, lui dit-il au bout d'un moment, méchant vilain, qu'il soit toujours à propos de me mettre la main dans l'enfourchure, et que tout doive être faute de votre part et pardon de la mienne ? Ne le croyez pas, traître excommunié ; car sans doute vous l'êtes, puisque vous osez exercer votre langue contre la sans pareille Dulcinée. Ne savez-vous pas, gueux, faquin, bélître, que, si ce n'était la valeur qu'elle communique à mon bras, je n'aurais pas la force de tuer une puce ? Dites, maraud à la langue de vipère, qui pensez-vous qui ait conquis ce royaume, coupé la tête à ce géant, et vous ait fait marquis (car je regarde tout cela comme fait et passé en chose jugée), si ce n'est la valeur de Dulcinée, qui a pris mon bras pour l'instrument de ses exploits? Elle combat en moi, triomphe en moi, et moi je vis et respire en elle ; je tiens d'elle l'être et la vie. O vil coquin ! voyez votre ingratitude, maintenant que vous vous voyez élevé de la poussière de la terre au rang de seigneur titré, et répondez à un si grand bienfait en disant du mal de qui vous l'a fait. Sancho n'était pas en si mauvais état qu'il n'entendît très bien tout ce que disait son maître. Il se releva promptement, et courut se placer derrière le palefroi de Dorothée; de là s'adressant à son maître : Dites-moi, seigneur, si vous êtes déterminé à ne point vous marier avec cette grande princesse, il est clair que le royaume ne vous appartiendra pas, et, s'il ne vous appartient pas, quelle récompense pouvez-vous me donner? C'est là ce dont je me plains. Mariez-vous une bonne fois pour toutes avec cette reine, maintenant que nous la tenons ici comme tombée du ciel, et vous pourrez ensuite retourner à madame Dulcinée; il doit avoir existé dans le monde des rois qui aient eu des maîtresses. Quant à la beauté, je ne m'en mêle point, et, en vérité, s'il faut le dire, elles me semblent bien toutes les deux, quoique je n'aie jamais vu madame Dulcinée. Comment, traître! blasphémateur! tu ne l'as jamais vue? dit Don Quichotte ; ne viens-tu pas, tout à l'heure, de m'apporter un message de sa part? Je veux dire que je ne l'ai pas vue assez longtemps, repartit Sancho, pour avoir observé de point en point ses perfections et sa beauté ; mais, en gros, elle me paraît bien. Maintenant, je t'excuse, dit Don Quichotte; pardonne-moi le déplaisir que je t'ai fait; les hommes ne sont pas maîtres de leurs premiers mouvements. Je le vois bien, dit Sancho, en moi le premier mouvement est toujours de parler, et je ne puis m'empêcher de dire une fois ce qui me vient à la langue. Avec tout cela, Sancho, reprit Don Quichotte, fais attention à ce que tu dis, parce que tant va la cruche à l'eau... Je ne t'en dis pas davantage. Or bien, dit Sancho, Dieu est au ciel, qui voit les erreurs, et jugera qui de nous fait pire, moi en ne parlant pas bien, vous en agissant mal. Que ce soit fini, dit Dorothée; allez, Sancho, baiser la main de votre maître, demandez-lui pardon, et dorénavant soyez plus mesuré dans vos éloges et dans vos critiques; ne dites plus de mal de cette dame du Toboso, que je ne connais que pour la servir, et prenez confiance en Dieu, qui ne vous laissera pas manquer d'un État dans lequel vous vivrez comme un prince. Sancho s'avança, la tête basse : il demanda la main à son maître, qui la lui présenta d'un air adouci. Après qu'il l'eut baisée, Don Quichotte lui donna la bénédiction, puis il lui dit de marcher un peu en avant avec lui, parce qu'il avait quelques questions à lui faire, et à l'entretenir de choses importantes. Sancho obéit. Ils s'avancèrent donc tous deux, et Don Quichotte lui dit : Depuis ton retour, je n'ai pu trouver l'occasion ni le temps de te demander beaucoup de particularités de la mission que tu as remplie, et de la réponse que tu m'as apportée; en ce moment, puisque la fortune nous donne le temps et l'occasion, ne me refuse pas la satisfaction que tu peux me procurer par de si bonnes nouvelles. Demandez-moi ce qu'il vous plaira, répondit Sancho. Je donnerai à tout une aussi bonne issue que j'ai eu bonne entrée, mais je vous supplie, seigneur, de ne pas être à l'avenir si vindicatif. Pourquoi dis-tu cela, Sancho? — Je le dis, parce que ces deux coups de lance de tout à l'heure viennent plutôt du différend que le diable mit entre nous l'autre soir, que de mes propos sur madame Dulcinée, que j'aime et révère comme une relique, encore qu'il n'y ait pas sujet, mais seulement parce que c'est un bien qui vous appartient. Ne reviens pas sur ces propos, sur ta vie, dit Don Quichotte, c'est me fâcher. Je te pardonnai alors; mais tu sais bien qu'on a coutume de dire : A nouveau péché, nouvelle pénitence.

Sur ces entrefaites, ils virent venir par le chemin qu'ils suivaient un homme monté sur un âne, et lorsqu'il fut proche, il leur parut être un bohémien. Mais Sancho, qui, dès qu'il voyait un âne, le suivait du cœur et des yeux, eut à peine aperçu cet homme qu'il reconnut Ginès de Pasamonte, et, par le fil du bohémien, il dévida le peloton de son âne, et c'était la vérité, c'était sur le grison que le bohémien était effectivement monté. Pasamonte, pour n'être point découvert, et vendre l'âne, s'était déguisé en bohémien, dont la langue et beaucoup d'autres lui étaient aussi familières que la sienne propre. Sancho le vit et le reconnut, et à peine l'eut-il vu et reconnu, qu'il lui cria d'une voix forte : Ah! larron de Ginesillo, laisse, laisse mon bien, délivre ma vie; ne me dérobe point mon repos, laisse mes délices, laisse mon âne : fuis, coquin, éloigne-toi, larron, et abandonne ce qui n'est point à toi. Il n'était point besoin de tant de paroles et d'injures; à la première, Ginès sauta à bas, et, prenant un trot qui ressemblait à une course, disparut en un moment et fut bientôt loin. Sancho s'approcha de son grison, et lui dit, en l'embrassant : Comment t'es-tu porté, mon bien, grison de mes yeux, mon compagnon? Et tout en parlant, il le baisait, le caressait, comme si c'eût été une personne. L'âne se taisait, et se laissait baiser et caresser sans répondre un mot. Ils s'approchèrent tous, et félicitèrent Sancho d'avoir retrouvé son âne, particulièrement Don Quichotte, qui lui dit que, pour cela, il ne révoquait ni n'annulait la cédule des trois ânons. Sancho l'en remercia. Pendant que le maître et l'écuyer s'entretenaient ainsi, le curé dit à Dorothée qu'elle avait montré beaucoup d'esprit aussi bien dans son conte que dans sa brièveté, et dans la ressemblance qu'il avait avec ceux des livres de chevalerie. Elle lui répondit que bien souvent elle avait pris plaisir à les lire, mais qu'elle ne connaissait pas la situation des provinces et des ports de mer, ce qui était cause qu'elle avait dit, au hasard, être débarquée à Ossuna. Je m'en suis aperçu, dit le curé : aussi suis-je accouru vous aider en disant ce que j'ai dit, et tout a été réparé. Mais, dites-moi, n'est-ce pas une chose étrange de voir avec quelle facilité ce malheureux gentilhomme croit tous ces mensonges et toutes ces inventions, seulement parce qu'ils ont le style et l'allure des niaiseries de ses livres? Cela est vrai, dit Cardenio, c'est une chose si rare et si nouvelle, que je ne sais si à la vouloir inventer et en composer une fable, il se trouverait un esprit assez subtil pour en venir à bout. Mais il y a autre chose encore, dit le curé, c'est qu'en dehors des simplicités que débite ce digne gentilhomme, relativement à sa folie, si vous lui parlez d'autres choses, il en discourt avec d'excellentes raisons, et montre de tout point un jugement sain et lucide : de sorte qu'en n'abordant pas ses idées de chevalerie, il n'est personne qui ne le prenne pour un homme d'un grand sens. Pendant cette conversation, Don Quichotte poursuivait la sienne avec Sancho. Ami, lui dit-il, laissons de côté toutes nos querelles, et, sans garder dépit ni rancune, dis-moi maintenant où, quand et comment tu as vu Dulcinée, ce qu'elle faisait, ce que tu lui as dit, ce qu'elle t'a répondu, quelle mine elle a faite en lisant ma lettre, qui te l'a transcrite, enfin, tout ce que tu croiras digne en cette circonstance d'être su, demandé, de rendre satisfait, sans y ajouter ni mentir pour me faire plaisir, sans en retrancher pour nuire à mon contentement. Seigneur, s'il faut dire la vérité, personne ne m'a copié la lettre, attendu que je n'en ai point emporté. Ce que tu dis est vrai, reprit Don Quichotte; car, deux jours après ton départ, je trouvai les tablettes où je l'avais écrite, ce qui me mit en grande peine, car je ne savais pas ce que tu ferais quand tu te verrais sans lettre, et j'ai toujours cru que tu reviendrais dès que tu te serais aperçu que tu ne l'avais pas. Je l'aurais fait, répondit Sancho, si je n'avais pas appris la lettre par cœur lorsque vous m'en fîtes lecture : de sorte que je la récitai à un sacristain, qui me l'écrivit de point en point, et qui me dit que, de ses jours, quoiqu'il eût bien lu des lettres d'excommunication, il n'avait jamais vu ni lu d'aussi belle lettre que celle-là.—Et l'as-tu conservée dans ta mémoire, dit Don Quichotte ?—Non, seigneur, parce qu'après l'avoir donnée, voyant qu'elle ne devait plus servir à rien, je me mis à l'oublier ; s'il me souvient de quelque chose, c'est de la *souterraine*, je veux dire *souveraine dame*, et, la fin, *vôtre jusqu'à la mort, le chevalier de la Triste Figure ;* et, entre ces deux choses, j'ai mis plus de trois cents *âmes, vies et mes yeux.*

CHAPITRE XXXI.

DE L'AGRÉABLE ENTRETIEN DE DON QUICHOTTE ET DE SANCHO PANÇA, SON ÉCUYER, AVEC D'AUTRES ÉVÉNEMENTS.

OUT cela ne me déplaît point : poursuis, dit Don Quichotte. Tu arrivas ; mais que faisait cette reine de la beauté ? Assurément tu la trouvas enfilant des perles, ou brodant en cannetille d'or quelque emblème pour ce chevalier son esclave. Je l'ai trouvée, dit Sancho, criblant deux mesures de froment dans une basse-cour de sa maison. Sois certain, dit Don Quichotte, que ces grains de froment, touchés par ses belles mains, devenaient des perles. Mais, dis-moi, si tu y pris garde, était-ce du blé blanc[1] ou brun[2]? — Non, seigneur, il était blond. — Je t'assure que ce blé, criblé par ses mains, devait sans aucun doute produire le pain le plus blanc. Mais poursuis. Quand tu lui donnas ma lettre, la baisa-t-elle, la mit-elle sur sa tête, fit-elle quelque autre cérémonie digne d'une telle lettre? Que fit-elle enfin? —Quand je la lui présentai, elle était au plus fort de son occupation, et remuait le blé dont le crible était plein, et elle me dit : Mon ami, posez votre lettre sur ce sac ; je ne puis la lire avant d'avoir achevé de cribler tout ce qui est là. Oh! la discrète dame ! dit Don Quichotte : c'était afin de la lire tout à loisir, et d'y prendre son contentement. Poursuis, Sancho. Tandis qu'elle était ainsi occupée, quelle fut sa conversation avec toi? que te demanda-t-elle de moi? et que lui répondis-tu? Achève, conte-moi tout, ne laisse pas le plus petit mot dans l'écritoire.—Elle ne me demanda rien, mais je lui contai la manière dont votre seigneurie faisait

[1] *Candeal*, propre à faire du pain blanc.
[2] *Trechel*, espèce de blé, un peu brun, qui croît en Estremadure.

pénitence pour son service, nu de la ceinture en haut, au milieu des montagnes comme un sauvage, couchant sur la dure, sans manger pain sur nappe, sans se peigner la barbe, pleurant et maudissant sa fortune. — Tu as mal fait de lui dire que je maudissais ma fortune, je la bénis, au contraire, et la bénirai tous les jours de ma vie, de m'avoir fait digne de mériter d'aimer une aussi haute dame que Dulcinée du Toboso. Elle est si haute, dit Sancho, qu'en bonne foi elle me passe d'un demi-pied[1]. — Comment cela! t'es-tu mesuré avec elle? — Voici de quelle manière; m'étant approché pour l'aider à mettre un sac de blé sur un âne, nous nous joignîmes de si près, que je remarquai qu'elle me dépassait d'une grande palme. N'est-il pas vrai, reprit Don Quichotte, que cette haute taille est accompagnée et embellie par mille millions de grâces? Mais du moins tu ne me nieras pas une chose : lorsque tu t'approchas d'elle, n'as-tu pas senti une odeur suave, une émanation aromatique, un je ne sais quoi de délicieux que je ne puis nommer, une douce vapeur comme si tu t'étais trouvé dans la boutique d'un gantier élégant? — Tout ce que je puis dire, c'est que je sentis une odeur quelque peu semblable à celle d'un homme, ce qui provenait sans doute du violent exercice qui l'avait mise tout en sueur. — Ce n'était pas cela, tu étais sans doute enrhumé, ou bien tu t'es senti toi-même, car je sais bien ce que sent cette rose entre les épines, ce lis des champs, cet ambre dissous. Cela peut être, dit Sancho, car souvent il sort de mon corps une odeur semblable à celle que m'a paru répandre madame Dulcinée, mais cela n'est pas étonnant, un diable ressemble à un autre. Hé bien, poursuivit Don Quichotte, voilà qu'elle a achevé de cribler son blé et l'a envoyé au moulin, que fit-elle en lisant ma lettre? — La lettre, elle ne la lut pas, parce qu'elle dit qu'elle ne savait ni lire ni écrire; au contraire, elle la déchira et la mit en petits morceaux, disant qu'elle ne voulait la faire lire à personne, afin qu'on ne connût point ses secrets dans le village; qu'il suffisait de ce que je lui avais dit de bouche au sujet de l'amour que vous lui portiez, et de la pénitence que vous faisiez pour l'amour d'elle. Finalement, elle me chargea de vous dire qu'elle vous baisait les mains, et qu'elle avait plus envie de vous voir que de vous écrire; qu'elle vous suppliait, en conséquence, et vous ordonnait, aussitôt la présente vue, de quitter ces halliers, de cesser de faire des folies, et de prendre sans retard le chemin du Toboso, s'il ne survenait aucun événement de plus grande importance, parce qu'elle avait un grand désir de vous voir. Elle rit beaucoup quand je lui dis que vous vous appeliez *le chevalier de la Triste Figure*. Je lui demandai si le Biscaïen d'autrefois était venu la trouver; elle me dit que oui, et qu'il était fort homme de bien. Je lui demandai la même chose au sujet des forçats; mais elle me dit qu'elle n'en avait encore vu aucun. Tout va bien jusqu'ici, dit Don Quichotte; mais, dis-moi, quel joyau t'a-t-elle donné à ton départ pour les bonnes nouvelles que tu lui portais de moi, car c'est un usage antique et constant, parmi les chevaliers et dames errantes, de donner aux écuyers, demoiselles ou nains qui leur apportent des nouvelles, à ceux-ci de leurs dames, aux dames de leurs chevaliers, quelque riche joyau en étrennes comme remerciement du message? — Il peut bien en être ainsi, et je tiens que c'est un bon usage; mais ce devait être dans les temps passés : maintenant je pense qu'on a seulement

[1] *Mas de un coto.* C'est une mesure de la hauteur du poing fermé avec le pouce levé.

l'habitude de donner un morceau de pain et de fromage, c'est là tout ce que m'a donné madame Dulcinée, par-dessus les murs de la basse-cour, lorsque je pris congé d'elle, à telles enseignes que c'était du fromage de brebis. Elle est extrêmement libérale, reprit Don Quichotte. Si elle ne t'a point donné un joyau d'or, c'est qu'apparemment elle n'en avait pas à la main pour t'en faire présent. Mais, les manches sont encore bonnes après Pâques; je la verrai, et l'on satisfera à tout. Sais-tu de quoi je m'étonne, Sancho? c'est qu'il me semble que tu sois allé et revenu par les airs, car tu n'as guère été plus de trois jours pour aller et revenir, et du Toboso ici il y a plus de trente lieues. C'est ce qui me persuade que mon ami, le sage négromant qui s'intéresse à mes affaires (car j'en ai ou nécessairement je dois en avoir un, sans quoi je ne serais pas bon chevalier errant), que ce sage négromant, dis-je, a dû t'aider à voyager sans que tu t'en sois aperçu. Il y a tel de ces enchanteurs qui enlève un chevalier dormant dans son lit, et, sans savoir comment, ce chevalier se réveille le lendemain à plus de mille lieues de l'endroit où il était couché. S'il n'en était pas ainsi les chevaliers errants ne pourraient pas se secourir l'un l'autre dans leurs périls, comme ils le font à tout moment. Il arrive, par exemple, que l'un d'eux se trouve dans les montagnes d'Arménie, à combattre une endriague ou quelque autre monstre, ou bien contre un chevalier : au plus fort du danger, et lorsqu'il est près de succomber, apparaît là, sur une nuée ou sur un char de feu, un chevalier de ses amis, qui peu de moments auparavant était en Angleterre; il vient à son secours, lui sauve la vie, et, le soir, il se trouve dans sa maison, soupant tout à son aise: cependant il y a ordinairement deux ou trois mille lieues de distance d'un endroit à l'autre. Tout cela se fait par la science et l'industrie de ces sages enchanteurs qui veillent sur les valeureux chevaliers. Ainsi, ami Sancho, je ne fais pas difficulté de croire que tu sois allé en si peu de temps d'ici au Toboso, et que tu en sois revenu parce que, comme je viens de le dire, quelque sage de mes amis t'aura porté en volant, sans que tu t'en sois aperçu. Cela devait être, dit Sancho, car, en bonne foi, Rossinante allait comme l'âne d'un bohémien avec du vif-argent dans les oreilles. — Comment, avec du vif-argent? répondit Don Quichotte; il y avait bien une légion de diables, c'est une engeance qui chemine et vous fait cheminer sans lassitude, tant que bon lui semble. Mais laissant cela de côté, que penses-tu que je doive faire maintenant au sujet de l'ordre que me donne ma dame de l'aller voir? car, bien que je voie que je suis obligé d'obéir à son commandement, je me vois aussi dans l'impossibilité de le faire, à cause du don que j'ai accordé à la princesse qui vient avec nous, et la loi de chevalerie m'ordonne de tenir ma parole avant de satisfaire à mon plaisir. D'un côté, le désir de voir ma dame me presse et me tourmente, de l'autre, la foi que j'ai promise, et la gloire que je dois acquérir dans cette entreprise me poussent et m'appellent. Mais ce que je compte faire sera de cheminer rapidement et d'arriver bientôt où est le géant : en arrivant, je lui couperai la tête, je mettrai la princesse en possession paisible de ses États, et au moment même je reviens voir cette lumière qui éclaire mes sens; je lui ferai de telles excuses qu'elle finira par trouver bon mon retard, car elle verra qu'il n'aura fait qu'accroître sa gloire, puisque toute celle que j'ai acquise, que j'acquiers, et que j'acquerrai par les armes pendant ma vie, me vient tout entière de la faveur qu'elle m'accorde et de ce que je suis son esclave. Ah! dit Sancho, combien votre grâce est dépourvue de cervelle! Dites-moi, seigneur, pensez-vous donc faire tout ce chemin pour rien, et laisser échapper un aussi important, un aussi riche établissement que celui-là, où l'on vous apporte en dot un royaume qui, véritablement, a bien, à ce que j'ai ouï dire, vingt mille lieues de tour, qui abonde en toutes les choses nécessaires à la vie, et qui est plus grand que le Portugal et la Castille réunis? Taisez-vous, pour l'amour de Dieu, et ayez honte de ce que vous avez dit : suivez mon conseil, pardonnez-moi, et mariez-vous au premier endroit où il y aura un curé, sinon voici notre licencié qui s'en acquittera à merveille. Faites attention que je suis en âge de donner des conseils, et que celui que je vous donne vous vient tout à propos; que le moineau dans la main vaut mieux que le vautour qui vole, parce que celui qui a bien et choisit mal, est mal venu quand il se plaint. Avoue, Sancho, répondit Don Quichotte, que le conseil que tu me donnes de me marier, en tuant le géant, pour devenir bientôt roi, est afin que j'aie les moyens de tenir la promesse que je t'ai faite, et de te récompenser; sache bien que, sans me marier, je saurai te satisfaire aisément; car, avant d'entrer en bataille, je stipulerai [1] que, si j'en sors victorieux, encore que je ne me marie point, on m'abandonnera une partie du royaume, pour que je la puisse donner à qui je voudrai; et, si l'on y consent, à qui veux-tu que je la donne si ce n'est à toi? Cela est clair, dit Sancho; mais que votre seigneurie choisisse cette partie sur le bord de la mer, afin que, si le pays ne me convient pas, je puisse embarquer mes noirs vassaux, et en faire ce que j'ai déjà dit. Et ne vous souciez pour le moment d'aller voir madame Dulcinée, mais allez tout de suite tuer le géant, et terminons cette affaire; car, par Dieu, j'ai dans l'idée qu'elle doit être de grand honneur et de grand profit. Je te dis, Sancho, que tu es dans le vrai, répondit Don Quichotte, et que je suivrai ton conseil d'aller avec la princesse avant de me présenter à Dulcinée; mais prends soin de ne parler à personne, pas même à nos compagnons de voyage, de ce dont nous avons traité et discouru ensemble : car, puisque Dulcinée est si discrète qu'elle ne veut pas que l'on connaisse ses pensées, il ne conviendrait pas que je les découvrisse, ni d'autres par mon fait. Mais, seigneur, s'il en est ainsi, dit Sancho, pourquoi envoyez-vous vers elle tous ceux que vous avez vaincus? N'est-ce pas comme signer de votre nom que vous l'aimez bien, et que vous êtes son amoureux? Si ceux qui sont contraints d'aller se mettre à genoux devant elle lui disent qu'ils viennent de votre part lui rendre hommage, comment espérez-vous cacher vos pensées à tous deux? O que tu es simple et novice! répondit Don Quichotte, ne vois-tu pas que cela tourne à sa plus grande gloire? Apprends que, dans nos usages de chevalerie, c'est un grand honneur pour une dame d'avoir plusieurs chevaliers qui la servent, sans étendre leurs prétentions au-delà de ces services, uniquement pour son mérite, sans espérer d'autre récompense de leurs bons offices que d'être agréés par elle pour ses chevaliers. J'ai ouï dire en chaire, reprit Sancho, que c'est de cette espèce d'amour qu'il faut aimer Notre-Seigneur, pour lui seul, sans être mû par aucune espérance de gloire, ni crainte de peine, quoique pour moi je voulusse bien l'aimer et le servir pour quelque chose. Le diable soit du vilain! dit Don Quichotte, tu dis

[1] *Sacare de adehala*, je tirerai un pot de vin, en sus du marché.

quelquefois des choses de grand sens qui feraient croire que tu as étudié. Je ne sais pourtant pas lire, reprit Sancho.

En ce moment, maître Nicolas leur cria d'attendre un peu, parce qu'ils voulaient s'arrêter un moment pour boire à une petite fontaine qui se trouvait près du chemin. Don Quichotte s'arrêta, à la grande satisfaction de Sancho, qui se lassait de mentir si longtemps, et craignait que son maître ne le prît en faute : car, encore qu'il sût que Dulcinée était une paysanne du Toboso, il ne l'avait pourtant jamais vue de sa vie[1]. Cependant, Cardenio s'était revêtu des habits que portait Dorothée quand ils l'avaient trouvée, et quoiqu'ils ne fussent pas des meilleurs, ils valaient beaucoup mieux que ceux qu'il quittait. Ils mirent pied à terre auprès de la fontaine, et, avec ce que le curé avait apporté de l'hôtellerie, ils calmèrent un peu la faim qui les pressait.

Pendant leur modeste repas, vint à passer un jeune garçon qui faisait route. Il s'arrêta pour considérer attentivement ceux qui étaient assis auprès de la fontaine ; bientôt il accourut vers Don Quichotte, et, lui embrassant les genoux, se mit à pleurer à bon escient, en disant : Eh quoi ! seigneur, ne me reconnaissez-vous pas ? Regardez-moi, je suis ce jeune André que vous déliâtes du chêne où il était attaché. Don Quichotte le reconnut, le prit par la main, et, se tournant vers la compagnie, dit : Afin de vous faire voir de quelle importance il est pour le monde d'avoir des chevaliers errants, qui redressent les torts et les griefs commis par les hommes insolents et pervers, vous saurez que, ces jours passés, traversant un bois, j'ouïs des cris et des plaintes douloureuses, comme d'une personne affligée et dans la détresse. Pressé par mon devoir, je courus vers l'endroit d'où me semblaient partir ces plaintes, et j'aperçus, attaché à un chêne, le jeune garçon que vous voyez devant vous, et je m'en réjouis du fond de l'âme, parce que c'est un témoin qui ne me laissera mentir en rien. Il était donc attaché à un chêne, nu de la ceinture en haut ; et un paysan, que j'ai su depuis être son maître, le déchirait de coups avec les rênes d'une cavale. Je lui demandai la cause d'un si cruel traitement : le rustre me répondit qu'il le châtiait parce que c'était son valet, et que certaines négligences qu'il lui reprochait tenaient plus du larron que de l'homme simple. A quoi le jeune garçon répliqua : s'il me frappe, seigneur, c'est seulement parce que je lui demande mes gages. Le maître voulut s'excuser, à l'aide de je ne sais quelles raisons que j'entendis sans les croire. Bref, je fis délier le jeune homme, et je reçus du vilain le serment qu'il le mènerait avec lui, et le payerait jusqu'au dernier réal, et même en réaux parfumés. Tout cela n'est-il pas vrai, mon fils André ? N'as-tu pas remarqué avec quelle autorité je lui commandai, avec quelle humilité il promit de faire tout ce que je lui prescrivis, notifiai ou ordonnai ? Réponds, n'hésite point, ne te trouble point, dis à ces seigneurs tout ce qui s'est passé, afin qu'ils voient et considèrent s'il est utile d'avoir des chevaliers errants sur les grands chemins. Tout ce qu'a dit votre seigneurie est très vrai, répondit le jeune garçon ; mais l'affaire tourna bien au rebours de ce que vous imaginez. Comment, au rebours ? dit Don Quichotte : est-ce que le vilain ne t'a pas payé ? — Non seulement il ne me paya pas, répondit le jeune garçon, mais à peine étiez-vous hors du bois, et fûmes-nous seuls, qu'il me rattacha au même chêne,

[1] Cependant, ci-dessus, chapitre XXV, Sancho, apprenant que Dulcinée est la fille de Corchuelo, dit qu'il la connaît bien : *bien la conozco*.

et me donna de nouveau tant de coups, qu'il me laissa écorché comme un saint Barthélemy ; à chaque coup, il me disait quelque plaisanterie et moquerie pour se railler de votre seigneurie, et, si je n'avais pas éprouvé tant de douleur, j'aurais ri moi-même de ses discours. Il me mit enfin en tel état, que, jusqu'à cette heure, je suis resté à l'hôpital, pour me guérir du mal que ce maudit vilain m'a fait. La faute en tout cela est bien à vous; car, si vous aviez passé votre chemin, sans venir où l'on ne vous demandait pas, et sans vous mêler des affaires d'autrui, mon maître se serait contenté de me donner une ou deux douzaines de coups, et m'aurait ensuite détaché et payé ce qu'il me devait. Mais, comme vous vîntes lui faire affront si hors de propos, et lui dire tant de vilenies, la colère l'emporta; ne pouvant la passer sur vous, quand il se vit seul, il fit tomber l'orage sur moi, et de telle sorte, que je crois que je ne deviendrai plus homme de toute ma vie. Le mal fut, dit Don Quichotte, de m'être en allé : je n'aurais pas dû partir qu'il ne t'eût payé; car une longue expérience aurait dû m'apprendre qu'il n'y a vilain qui tienne sa parole s'il voit qu'il ne soit point de son intérêt de la tenir. Mais tu dois te rappeler, André, que je jurai que, s'il ne te payait pas, je retournerais le chercher, et que je le trouverais, fût-il caché dans le ventre de la baleine. Il est vrai, dit André; mais cela ne servit de rien. — Tu vas voir si cela sert à quelque chose. A ces mots, Don Quichotte se lève brusquement, et commande à Sancho de brider Rossinante, qui s'en allait paissant pendant qu'on mangeait. Dorothée demanda à Don Quichotte ce qu'il prétendait faire. Je veux, répondit-il, aller chercher le vilain, le châtier de sa cruauté, et faire payer André jusqu'au dernier maravédis, en dépit de tous les vilains du monde. Elle lui répondit qu'il prît garde qu'en raison du don promis, il ne pouvait s'engager dans aucune entreprise avant d'avoir mis à fin la sienne, et que sachant cela mieux que personne il apaisât les mouvements de son cœur jusqu'au retour. Cela est vrai, madame, dit Don Quichotte : il faut donc, comme vous le dites, qu'André prenne patience jusqu'à mon retour; mais je lui renouvelle le serment de ne prendre aucun repos que je ne l'aie vengé et fait payer. Je ne me repose point sur ces serments, dit André; j'aimerais mieux pour l'heure avoir de quoi me rendre à Séville, que toutes les vengeances du monde. Donnez-moi quelque chose à manger et à emporter si vous l'avez, et que Dieu soit avec vous et avec tous les chevaliers errants. Puissent-ils être aussi chanceux pour eux qu'ils l'ont été pour moi! Sancho tira de sa réserve un morceau de pain et un morceau de fromage, et, le donnant au jeune garçon : Tenez, frère André, lui dit-il, nous prenons tous part à votre disgrâce. Et quelle part y prenez-vous, vous? demanda André. — Cette part de fromage et de pain, que je vous donne, Dieu sait si elle me fera point faute ou non, car il faut que vous sachiez que nous autres écuyers des chevaliers errants, nous sommes sujets à la faim, aux mésaventures, et à d'autres inconvénients qu'on sent mieux qu'on ne les dit. André prit le pain et le fromage, et, voyant que personne ne lui donnait autre chose, il baissa la tête et reprit sa route, comme on dit, à deux mains. Toutefois, en partant, il dit à Don Quichotte : Pour l'amour de Dieu, seigneur chevalier errant, si vous me rencontrez une autre fois, me verriez-vous mettre en pièces, ne me secourez point, et laissez-moi dans ma disgrâce; elle ne sera jamais si grande que ne soit plus grande encore celle qui me viendrait du secours de votre grâce que Dieu maudisse, et tous les chevaliers errants qui se sont élevés dans le monde.

Don Quichotte allait se lever pour le châtier, mais André se mit à courir de façon que personne n'eut envie de le suivre. Don Quichotte resta très courroucé du récit d'André, et il fallut que chacun s'observât beaucoup pour ne pas rire, dans la crainte de l'irriter tout à fait.

CHAPITRE XXXII.

QUI TRAITE DE CE QUI ARRIVA DANS L'HOTELLERIE A TOUTE LA QUADRILLE DE DON QUICHOTTE.

Le dîner fini, on sella les montures, et, sans qu'il leur survînt aucun accident digne d'être raconté, ils arrivèrent le lendemain à l'hôtellerie, épouvantail de Sancho. Il eût bien voulu se dispenser d'y entrer, mais il ne put l'éviter. L'hôte, l'hôtesse, leur fille et Maritorne, qui virent arriver Don Quichotte et Sancho, coururent les recevoir avec de grandes démonstrations de joie. Le chevalier les accueillit avec une contenance grave et posée, et leur recommanda de lui donner un meilleur lit que l'autre fois. L'hôtesse lui répondit que, s'il le payait mieux, il aurait un lit de prince. Don Quichotte y consentit, et on lui dressa un lit assez passable, dans le même grenier qu'il avait occupé. Il se coucha sur-le-champ, car il était tout froissé, et avait l'esprit troublé. Il ne fut pas plus tôt enfermé, que l'hôtesse s'attaqua au barbier, et, le prenant par la barbe : Par ma foi, dit-elle, vous ne vous servirez pas plus longtemps de cette queue pour vous faire une barbe, et vous allez me la rendre, car le.... je veux dire le peigne de mon mari que j'avais coutume de trouver à cette bonne queue est toujours traînant par terre. L'hôtesse avait beau tirer, le barbier ne voulait pas la rendre, jusqu'à ce que le licencié dit à maître Nicolas de la donner, qu'il n'était plus besoin d'user de cette industrie, et qu'il pouvait se découvrir et se laisser voir sans déguisement, qu'il dirait à Don Quichotte que, lorsque les forçats les avaient dépouillés, il était venu dans sa fuite jusqu'à cette hôtellerie, et que, s'il demandait après l'écuyer de la princesse, on lui dirait qu'elle lui avait fait prendre les devants pour donner avis à ceux de son royaume de son retour sous l'escorte de leur libérateur à tous. Sur cela, maître Nicolas rendit volontiers la queue à l'hôtesse, et en même temps on lui restitua toutes les hardes qu'elle avait prêtées pour délivrer Don Quichotte. Tous ceux de l'hôtellerie s'émerveillèrent de la beauté de Dorothée, et aussi de la bonne mine du berger Cardenio. Le curé s'occupa de faire préparer pour dîner ce qui se trouvait dans l'hôtellerie, et l'hôte, avec l'espoir d'être mieux payé, leur prépara promptement un repas assez passable. Pendant ce temps-là, Don Quichotte dormait, et l'on fut d'avis de ne point l'éveiller, car on pensa que dormir lui ferait pour le moment plus de bien que manger. Vers la fin du dîner, ils parlèrent devant l'hôte, sa femme, sa fille, Maritorne et tous les voyageurs, de l'étrange folie de Don Quichotte, et de la manière dont ils l'avaient retrouvé. L'hôtesse leur conta tout ce qui s'était passé entre lui et le muletier, puis cherchant si par hasard Sancho était là et ne le voyant pas, elle raconta aussi comment il avait été berné, ce qui ne réjouit pas peu toute la société. Et, comme le curé ajoutait que les livres de chevalerie que Don Quichotte avait lus lui avaient tourné la tête, l'hôte reprit : Je ne sais pas comment cela peut se faire, car, en vérité, à mon avis, il n'y a pas de meilleure lecture au monde. J'en ai là deux ou trois parmi d'autres papiers, qui m'ont véritablement donné la vie, non seulement à moi, mais à beaucoup d'autres. Quand vient le temps de la moisson, il se rassemble ici les jours de fête beaucoup de moissonneurs ; il s'en trouve toujours quelqu'un qui sait lire : celui-là prend un de ces livres, nous nous mettons plus de trente autour de lui, et nous écoutons avec tant de plaisir qu'il nous ôte mille cheveux blancs. Pour moi, du moins, je vous dirai que, quand j'entends parler de ces furieux et terribles coups que donnent les chevaliers, il me prend envie d'en faire autant, et je voudrais écouter cette lecture nuit et jour. Et moi de même, dit l'hôtesse, car je n'ai jamais un bon moment dans la maison, que quand vous écoutez lire ; vous y êtes si attentif que vous ne vous souvenez plus alors de me chercher querelle. C'est la vérité, dit Maritorne, et, de bonne foi, je prends aussi bien du plaisir à entendre lire toutes ces choses qui sont bien belles, surtout quand on raconte que l'autre dame est sous des orangers, entre les bras de son chevalier, tandis qu'une vieille duègne fait le guet tout en mourant de peur et de jalousie. Je dis que tout cela est doux comme miel. Et à vous, mademoiselle, que vous en semble? dit le curé en s'adressant à la fille de l'hôte. Je ne sais, sur mon âme, seigneur, répondit-elle, je l'écoute, et, en vérité, quoique je ne le comprenne pas, je prends plaisir à l'entendre. Je n'aime pourtant pas ces coups qui plaisent à mon père, mais je m'intéresse aux lamentations des chevaliers absents de leurs dames : en vérité, ils me font quelquefois pleurer, tant j'en ai compassion. Vous les consoleriez donc, mademoiselle, dit Dorothée, s'ils pleuraient pour vous? Je ne sais ce que je ferais, répondit la jeune fille ; je sais seulement que quelques-unes de ces dames sont si cruelles que les chevaliers les appellent tigres, lions et de mille autres vilains noms. Jésus! je ne sais ce que sont ces femmes, sans âme et sans conscience, qui, sans égard pour un homme d'honneur, le laissent mourir ou devenir fou? Je ne sais à quoi servent ces façons qu'elles font ; si c'est par sagesse, que ne se marient-elles avec ces chevaliers, puisqu'ils ne demandent pas autre chose? Tais-toi, petite, dit l'hôtesse, il semble que tu sais beaucoup de choses, et il n'est pas bon qu'une jeune fille en sache et en dise tant. Ce seigneur me l'a demandé, dit-elle : il faut bien que je lui réponde. Maintenant, dit le curé, seigneur hôte, apportez-moi ces livres, je suis curieux de les voir. Volontiers, répond l'hôte ; et entrant dans sa chambre, il en tire une vieille petite malle fermée d'une petite chaîne, l'ouvre, et y prend trois grands livres et quelques papiers écrits à la main en beaux caractères. Le premier livre qu'on ouvrit était *Don Cirongilio de Thrace*[1]; le second, *Félix Marte d'Hircanie*; et le troisième, l'*Histoire du grand capitaine Gonzalo Hernandez de Cordoue*, avec la *Vie de Diégo Garcia de Paredès*. A la lecture des deux premiers titres, le curé se tourna vers maître Nicolas, et lui dit : la gouvernante de notre ami et sa nièce nous font faute ici pour le moment. Elles ne nous font pas faute, répondit le barbier : je les saurai porter aussi bien qu'elles à la cour ou dans la

[1] Les livres de *Don Cirongilio de Thrace*, fils du noble roi Elestron de Macédoine, composés par Bernard de Vergas. Séville, 1545, in-folio.

cheminée, car, en vérité, il y a un fort bon feu. Comment, dit l'hôte, vous voulez brûler mes livres? Rien que ces deux-ci, reprit le curé : *Don Cirongilio* et *Félix Marte*. Mais, reprit l'hôte, pour les vouloir brûler, mes livres sont-ils, par aventure, hérétiques ou flegmatiques? Vous voulez dire schismatiques, mon ami, et non flegmatiques? reprit maître Nicolas. C'est vrai, dit l'hôte; mais, si vous voulez absolument en brûler, que ce soit ce *Grand Capitaine*, ou *Diégo Garcia*; car, pour les autres, je laisserais plutôt brûler mon enfant. Mon frère, dit le curé, ces deux livres sont menteurs, pleins de sottises et de rêveries, tandis que celui du grand capitaine est une histoire véritable ; il raconte les actions de Gonzalo Hernandez de Cordoue, qui, par ses nombreux et brillants exploits, mérita d'être appelé par le monde entier le *Grand Capitaine*, surnom fameux et illustre, dont lui seul fut digne. Quant à Diégo de Paredès, ce fut un excellent chevalier, natif de Truxillo en Estremadure, vaillant soldat, et d'une force si prodigieuse, que, d'un seul doigt, il arrêtait une roue de moulin au milieu de sa furie. Étant un jour sur un pont, armé d'une épée à deux mains, il arrêta le passage de toute une armée innombrable, et fit tant d'autres prouesses que, si au lieu d'être racontées par lui-même, avec la modestie d'un chevalier et d'un homme qui est son propre historien, elles eussent été décrites par un autre, en toute liberté et sans passion, elles auraient fait oublier les exploits d'Hector, d'Achille et de Roland. La belle merveille, répondit l'hôte. Et de quoi vous étonnez-vous, arrêter une roue de moulin? lisez donc ce que j'ai lu, moi, de Félix Marte d'Hircanie, qui, d'un seul revers, coupa par le milieu du corps cinq géants, comme s'ils avaient été faits de fèves à la façon des petits moines que font les enfants. Une autre fois, il attaqua lui seul une grande et puissante armée, dans laquelle on comptait plus d'un million six cent mille soldats, tous armés de pied en cap, et les défit tous, comme si c'eût été des troupeaux de brebis. Et que me direz-vous aussi de ce bon Cirongilio de Thrace, si vaillant et si courageux comme on le voit dans le livre, qui rapporte que, naviguant sur une rivière, il en sortit un serpent de feu? Dès qu'il le vit il se jeta sur lui, se mit à cheval sur son dos écailleux, et lui serra la gorge avec ses deux mains d'une telle force, que le serpent, sentant qu'il l'étranglait, n'eut d'autre ressource que de se laisser aller au fond de l'eau, entraînant avec lui le chevalier, qui ne voulut jamais lâcher prise : quand ils furent en bas, il se trouva dans des palais et des jardins si beaux que c'était merveille, et le serpent se changea en un vieillard, qui lui apprit tant de choses qu'on ne saurait rien entendre après. Taisez-vous, seigneur : si vous lisiez cela vous deviendriez fou de plaisir. Deux figues pour votre grand capitaine et pour ce Diégo Garcia, que vous dites. Dorothée, entendant ces paroles, dit tout bas à Cardenio : Il manque peu de chose à notre hôte pour faire le pendant de Don Quichotte. Je le crois comme vous, dit Cardenio, car il fait assez voir qu'il tient pour certain que tout ce que racontent ces livres est arrivé ni plus ni moins qu'ils le disent, et les frères déchaux ne le feraient point changer de sentiment. Mais, dit le curé, faites donc attention, frère, qu'il n'y a jamais eu au monde de Félix Marte d'Hircanie, ni de Cirongilio de Thrace, ni aucun de ces chevaliers dont parlent les livres de chevalerie; tout est composition et fiction d'esprits oisifs, qui composèrent ces livres afin, comme vous le dites, de faire passer le temps, comme le font vos moissonneurs en lisant ces contes : car, je vous jure qu'en réalité il n'y eut jamais dans le monde de semblables chevaliers, et de pareilles actions ni de telles folies n'arrivèrent jamais. Jetez cet os à un autre chien, répondit l'hôte; comme si je ne savais pas combien font cinq, et où le soulier me blesse. Ne pensez pas me donner de la bouillie, car par Dieu je ne suis pas un enfant. Il est bon que vous veniez me faire accroire que tout ce que racontent ces bons livres n'est que mensonges et extravagances lorsqu'ils sont imprimés avec la permission des seigneurs du conseil royal, comme s'ils étaient gens à permettre qu'on imprimât tant de fables, tant de batailles et d'enchantements, qui font perdre la raison. Je vous ai déjà dit, ami, reprit le curé, que cela est permis pour occuper l'oisiveté de nos esprits; de même que, dans les gouvernements bien ordonnés, on permet les jeux d'échecs, de paume, de billard, pour l'amusement de ceux qui ne veulent, ne peuvent, ou ne doivent pas travailler; ainsi, l'on tolère l'impression et l'existence de tels livres, dans la persuasion bien fondée qu'il ne se trouvera personne assez ignorant pour le regarder comme des histoires véritables. Si j'en avais le loisir, et que l'auditoire le requît, je dirais ici sur ce que devraient être les livres de chevalerie pour être bons, des choses qui peut-être donneraient à plusieurs profit et agrément; mais j'espère qu'il viendra un temps où je pourrai les communiquer à gens en état d'y remédier; en attendant, seigneur hôte, croyez ce que je vous ai dit, prenez vos livres, arrangez-vous de leurs vérités ou de leurs mensonges, et grand bien vous fasse; Dieu veuille que vous ne clochiez pas du même pied que Don Quichotte. Pour cela, non, dit l'hôte, je ne serai point assez fou pour me faire chevalier errant. Je vois bien qu'on n'en use plus maintenant comme on le faisait au temps où l'on dit que couraient le monde ces fameux chevaliers. Sancho se trouva présent à la seconde moitié de cette conversation, il resta tout pensif et confus d'avoir entendu dire qu'il n'y avait plus alors de chevaliers errants, et que tous les livres de chevalerie n'étaient qu'un tissu de mensonges et de niaiseries. Il résolut en lui-même d'attendre le succès qu'aurait le voyage de son maître, et, s'il n'avait pas une aussi heureuse fin qu'il l'avait espéré, de le quitter, et s'en retourner auprès de sa femme et de ses enfants à son travail accoutumé. L'hôte remportait la malle et les livres, lorsque le curé lui dit : Attendez, je désire voir ce que c'est que ces papiers si bien écrits. L'hôte les tira du coffre et les lui donnant à lire, il vit que c'était un cahier d'environ huit feuilles manuscrites, et au commencement il y avait en grands caractères ce titre : *Nouvelle du Curieux impertinent*. Le curé lut en particulier trois ou quatre lignes, et dit : Le titre de cette nouvelle ne me déplaît pas : j'ai envie de la lire tout entière. Votre révérence le peut bien faire, répondit l'hôte, je puis l'assurer qu'elle a fait grand plaisir à plusieurs de mes hôtes qui l'ont lue : ils me l'ont vivement demandée ; mais je n'ai pas voulu la leur donner, ayant l'intention de la rendre à celui qui a laissé ici cette malle oubliée avec ces livres et ces papiers, il peut arriver que le propriétaire revienne quelque jour, et quoique ces livres doivent me faire grande faute, je veux les restituer, car si je suis hôtelier, je suis aussi chrétien. Vous avez bien raison, ami, dit le curé : mais, du moins, si la nouvelle me plaît, vous me permettrez d'en prendre copie. De tout mon cœur, répondit l'hôte. Cardenio, cependant, avait pris le papier, et commençait à le lire : il en jugea comme le curé, et pria celui-ci d'en faire lecture de manière à ce que tout le monde l'entendît. Je le ferais, dit le curé, s'il n'était pas plutôt temps de se coucher que de lire. Ce sera un vrai repos pour moi que de passer quelque temps à entendre cette lecture, dit Dorothée, car mon esprit n'est pas encore assez tranquille pour me permettre de dormir quand j'en ai besoin. S'il en est ainsi, dit le curé, je vais la lire pour satisfaire notre curiosité : peut-être y trouverons-nous du plaisir. Maître Nicolas et Sancho se joignirent aux autres pour faire la même prière au curé, et celui-ci, voyant que ce serait faire plaisir à tout le monde ainsi qu'à lui-même, leur dit : Soyez donc tous attentifs, la nouvelle commence ainsi :

CHAPITRE XXXIII.

OU L'ON RACONTE LA NOUVELLE DU CURIEUX IMPERTINENT.

A Florence, ville opulente et célèbre de l'Italie, dans la province de Toscane, vivaient deux cavaliers riches et distingués, Anselme et Lothaire ; ils étaient si amis, que tous ceux qui les connaissaient les avaient surnommés, par excellence, *les deux amis*. Ils étaient tous deux garçons, jeunes, de même âge et de même humeur, et cette conformité suffisait pour cimenter leur mutuelle amitié. Il est vrai qu'Anselme recherchait les distractions de l'amour avec plus d'empressement que Lothaire, celui-ci préférait celles de la chasse ; mais dans l'occasion Anselme sacrifiait ses goûts pour suivre ceux de Lothaire, et Lothaire abandonnait les siens pour se conformer à ceux d'Anselme. Ainsi leurs volontés étaient si bien d'accord, que les mouvements d'une horloge bien réglée ne l'étaient pas autant.

Anselme aimait éperdument une demoiselle de la même ville, belle et distinguée, et si recommandable par sa famille et par elle-même, que, sur l'avis de Lothaire, sans lequel il ne faisait jamais rien, il résolut de la demander en mariage à ses parents. Il mit son projet en exécution et ce fut Lothaire qui se chargea de l'ambassade, et conduisit l'affaire si fort au gré de son ami, qu'en peu de temps Anselme se vit en possession du bonheur qu'il avait désiré. Camille, de son côté, se trouva si satisfaite d'avoir Anselme pour époux, qu'elle ne cessait d'en rendre grâces au ciel, et à Lothaire, dont l'entremise lui avait procuré tant de félicité. Pendant les premiers jours du mariage, consacrés ordinairement aux fêtes, Lothaire fréquenta comme de coutume la maison de son ami, cherchant à lui faire honneur, à le fêter et le divertir par tous les moyens possibles. Mais, les noces achevées et l'affluence des visites ralentie, il commença à se retirer avec précaution de la maison d'Anselme, convaincu que tout homme discret ne doit point hanter la demeure de ses amis mariés aussi librement qu'il le faisait quand ils étaient garçons : car encore que la bonne et vraie amitié ne puisse et ne doive être soupçonnée, cependant l'honneur d'un époux est si délicat qu'il peut être offensé même par des frères, à plus forte raison par des amis. Anselme remarqua le changement de Lothaire, il lui en fit de grandes plaintes, et lui dit que, s'il avait prévu que son mariage porterait obstacle à leur fréquentation ordinaire, il ne l'aurait jamais contracté; que si, pour l'intime union qui régnait entre eux lorsqu'il était garçon, ils avaient mérité qu'on leur donnât le doux nom des *deux amis*, il ne voulait point, pour une circonspection déplacée, perdre un titre si honorable et si beau, il le suppliait donc, si de telles expressions pouvaient être admises entre eux, de revenir chez lui, d'y être le maître de la maison, d'y entrer et d'en sortir comme de coutume, l'assurant que son épouse Camille n'avait pas d'autre goût et d'autre volonté que celle qu'il voulait qu'elle eut, et que, sachant quelle était auparavant leur intimité, elle avait beaucoup de peine de son éloignement. A toutes ces raisons et d'autres qu'alléguait Anselme à Lothaire pour lui persuader de revenir chez lui comme de coutume, ce dernier répondit avec tant de prudence, de jugement et de discrétion, qu'Anselme demeura convaincu de sa bonne intention. Ils convinrent qu'à l'avenir Lothaire viendrait dîner chez lui deux jours de la semaine et les jours de fêtes. Malgré cette convention, Lothaire se proposait toujours de ne rien faire qui pût nuire à l'honneur de son ami, dont la réputation lui était plus chère que la sienne propre. Il disait, et avec raison, que celui à qui le ciel avait accordé une belle femme, devait apporter autant de soin au choix des amis qu'il recevait chez lui, qu'à celui des amies que fréquentait sa femme, parce que, ce qui ne se concerte pas et ne se fait pas dans les églises, dans les places publiques, dans les fêtes et les spectacles (lieux où le mari ne peut pas toujours empêcher sa femme d'aller), se concerte et est rendu facile dans la maison d'une amie ou de la parente dont on est le plus sûr; Lothaire disait encore que chacune des personnes mariées aurait eu besoin d'avoir un ami sûr qui les avertît des négligences qui pourraient avoir lieu dans leur manière d'agir, parce qu'il arrive souvent qu'un mari aveuglé par son amour pour sa femme néglige toute observation, ou ne lui dit pas, pour ne la point chagriner, de faire ou de ne pas faire telles choses auxquelles sont attachés l'honneur ou le blâme: avec les avertissements d'un ami, on trouve facilement remède à tout. Mais où trouver un ami aussi sincère, aussi loyal, aussi discret que le demandait Lothaire? Certes, je l'ignore, si ce n'est Lothaire lui-même, qui veillait avec tant de sollicitude sur l'honneur d'Anselme; qui éloignait, passait, abrégeait les rapprochements convenus, pour ne point éveiller la malignité des oisifs, attirer les regards malveillants et curieux, sur la fréquentation familière d'un jeune homme riche, noble et doué des qualités qu'il pensait avoir, dans la maison d'une aussi belle femme que Camille, quoique la sagesse connue de cette jeune femme eût pu mettre un frein à la médisance, il ne voulait pas exposer au plus léger soupçon sa réputation et celle d'Anselme. Aussi il employait les jours convenus à d'autres choses sous des prétextes qu'il cherchait à rendre obligatoires, et lorsqu'ils se réunissaient, la plus grande partie du jour se passait en plaintes et reproches d'un côté, et en excuses de l'autre.

Un jour que les deux amis se promenaient dans un pré hors de la ville, Anselme tint à Lothaire le discours suivant : Tu crois peut-être, ami Lothaire, qu'après la grâce que Dieu m'a accordée en me faisant naître de parents tels que les miens, en répandant sur moi, comme à pleines mains, les biens de la nature et ceux de la fortune, je ne puis sentir une reconnaissance égale au bienfait, surtout à celui que j'ai reçu lorsqu'il m'a donné un ami tel que toi, et une femme comme Camille. J'estime ce double bonheur, sinon autant que je le dois, du moins autant qu'il est en mon pouvoir. Cependant, avec tous ces avantages qui composent ordinairement toute la félicité humaine, je suis l'homme du monde le plus inquiet, le plus triste de la terre. Depuis je ne sais quel temps je suis obsédé d'un désir si étrange, si éloigné de l'usage commun, que je m'étonne de moi-même; je me blâme et voudrais me dérober à mes propres pensées, mais j'ai autant de peine à l'écarter que j'en aurais à le découvrir à tout le monde. Puis donc que je ne saurais le renfermer plus longtemps, je veux du moins le confier à ta discrétion, persuadé qu'avec la diligence que ton amitié va mettre à y apporter remède, je me verrai bientôt délivré de l'angoisse qui m'oppresse, et passerai, par tes soins, à une satisfaction égale au chagrin que je dois à ma folie.

Lothaire, interdit du discours d'Anselme, ne savait où devait aboutir ce long préambule. Il cherchait à deviner quel pouvait être ce désir qui agitait si fort son ami, et donnait toujours fort loin du but. Enfin, pour sortir promptement de l'agonie où le jetait cette incertitude, il dit à Anselme que c'était faire une injure notoire à son amitié que de chercher tant de détours pour lui découvrir ses plus secrètes pensées, puisqu'il devait être assuré de recevoir de lui ou des conseils pour les diriger ou des secours pour les accomplir. Je le sais, répondit Anselme, et dans cette confiance je t'avoue que le désir qui me tourmente est de savoir si Camille est aussi parfaite et aussi fidèle que je le pense. Le seul moyen qui puisse me convaincre, c'est une épreuve qui manifeste l'excellence de sa vertu, comme le feu fait connaître la pureté de l'or : je crois qu'une femme ne peut être dite vertueuse qu'en proportion des sollicitations, et que celle-là seule est forte qui ne faiblit point devant les promesses, les présents, les larmes et les continuelles importunités des soupirants. Peut-on avoir obligation à une femme, ajoutait-il, d'être bonne, si personne ne lui donne sujet d'être mauvaise? Est-ce merveille que celle-là soit craintive et retirée, à qui l'on ne fournit pas l'occasion de s'affranchir, et celle-là qui sait qu'à la première faute son mari est capable de lui ôter la vie? Ainsi, celle qui n'est sage que par crainte ou défaut d'occasion, ne saurait dans mon estime égaler la femme sollicitée, persécutée, qui sort du combat avec la couronne du triomphe. Par ces raisons, et beaucoup d'autres que je pourrais t'alléguer pour justifier mon opinion, je désire vivement que Camille, mon épouse, passe par ces épreuves, qu'elle s'épure au feu des sollicitations et des poursuites d'un homme qui ait assez de mérite pour faire d'elle l'objet de ses désirs. Si, comme je l'espère, elle sort victorieuse du combat, j'estimerai ma félicité sans égale, je pourrai dire que le vide où flottent mes désirs est comblé; je dirai que le sort m'a donné la femme forte dont le sage a dit : *Qui la trouvera?* S'il en arrive autrement que je ne pense, le plaisir d'être convaincu de la vérité de mon opinion me fera supporter la peine que naturellement devra me causer une épreuve aussi coûteuse. Maintenant, cher Lothaire, certain qu'aucune des raisons que tu pourrais m'alléguer ne serait capable de me détourner de l'exécution de mon dessein, je te demande de te disposer à être l'instrument de cette épreuve, objet de mon désir. Je te fournirai tous les moyens d'agir, sans oublier rien de ce que je croirai nécessaire pour émouvoir une femme honnête, honorée, tranquille et désintéressée. Ce qui me détermine surtout à te choisir pour cette entreprise difficile, c'est que, si tu viens à triompher de Camille, j'ai la conviction que tu n'abuseras pas de la victoire, mais que tu regarderas comme fait ce que tu auras eu le pouvoir de faire : si bien que je ne serai offensé que d'intention, mon injure demeurera ensevelie grâce à ton silence, et je sais qu'en ce qui me regarde il sera éternel comme celui de la mort. Ainsi, si tu veux que je jouisse d'une vie que je puisse appeler de ce nom, il faut que dès ce moment tu commences ce combat amoureux, mais sans froideur, sans négligence, et avec toute la chaleur et la diligence qu'exigent mon désir et la confiance que me donne notre amitié.

Tel fut le discours d'Anselme à Lothaire, qui l'écoutait avec tant d'attention que, si ce n'est pour prononcer le peu de paroles que nous avons rapportées, il n'ouvrit pas la bouche que son ami n'eût cessé de parler; voyant qu'il n'ajoutait rien et après l'avoir considéré longtemps, comme on regarderait une chose qu'on n'aurait jamais vue, et qui vous frapperait d'étonnement et de stupeur, il lui dit :

Je ne saurais me persuader, cher Anselme, que tout ce que tu viens de dire ne soit une plaisanterie ; car, si j'avais pensé que tu parlasses sérieusement, je ne t'aurais pas laissé aller si loin, et en ne t'écoutant pas j'aurais mis fin à ta longue harangue. Je crois que sans doute tu ne me connais pas encore, ou que, moi, je ne te connais pas. Mais non, tu sais bien que je suis Lothaire, et je sais que tu es Anselme. Le malheur est que je pense que tu n'es plus l'Anselme d'autrefois, et tu as cru sans doute que je n'étais plus le même Lothaire ; car les choses que tu m'as dites ne sont point de mon ami, et celles que tu me demandes ne peuvent s'adresser au Lothaire que tu connais ? Les véritables amis éprouvent leurs amis et peuvent compter sur eux, comme l'a dit un poëte, *usque ad aras*, jusqu'à l'autel, ce qui signifie qu'on ne doit jamais les employer contre les lois divines. Si ce fut ainsi qu'un païen pensa au sujet de l'amitié, combien plus encore doit le faire un chrétien, qui sait qu'aucune affection ne doit nous faire perdre de vue nos devoirs envers Dieu ; si un ami brise la ligne qui sépare ce qu'il doit au ciel et ce qu'il doit à son ami pour ne s'occuper que de celui-ci, ce doit être du moins pour des motifs qui intéressent son honneur ou sa vie, et non pour des choses frivoles et de peu d'importance. Dis-moi donc, Anselme, quel est ce péril qui menace ton honneur ou ta vie, pour que je m'engage à te complaire en faisant une chose aussi détestable que celle que tu me demandes ? Aucun, sans doute. Je vois, au contraire, que tu me demandes de t'ôter l'honneur et la vie, et de sacrifier moi-même l'un et l'autre : car, il est clair que t'ôter l'honneur, c'est t'ôter la vie, puisqu'un homme sans honneur est pire qu'un homme mort ; et moi, en me faisant l'instrument comme tu veux que je le sois d'un aussi grand mal, ne me verrai-je pas déshonoré, et, par conséquent, sans vie ? Écoute-moi, cher Anselme, et aie la patience de ne pas m'interrompre que je ne t'aie dit tout ce qui s'offre à mon esprit pour répondre à ce que tu désires, tu auras tout le loisir ensuite de me répondre et moi de t'écouter. J'y consens, dit Anselme; dis ce que tu voudras. Lothaire poursuivit ainsi : Il me paraît que ton esprit est en ce moment comme est toujours celui des Maures, auxquels on ne peut faire comprendre les erreurs de leur secte par des citations de l'Écriture sainte, par des raisonnements spéculatifs empruntés à l'intelligence ou fondés sur des articles de foi, il faut leur offrir des exemples palpables, faciles, intelligibles, démonstratifs, indubitables, des démonstrations mathématiques, incontestables comme celle-ci : si de deux quantités égales, vous ôtez des quantités égales, les restes sont égaux aussi. S'ils n'entendent point cela à l'aide des paroles, comme de fait ils ne le comprennent pas, il faut le leur montrer avec les mains, le leur mettre sous les yeux, et, avec tout cela, on n'arrive jamais à les convaincre des vérités de notre sainte religion. Je serai contraint d'en user de même avec toi; car le désir qui s'est élevé en toi t'a tellement égaré, il est si loin de toute ombre de raison, qu'il me semble que ce serait perdre le temps que l'employer à te faire comprendre ta simplicité, je ne veux pas lui donner pour le moment un autre nom, et je suis même tenté de te livrer à ta coupable folie; mais l'amitié que je te porte me défend d'user d'une telle rigueur et ne me permet pas de te laisser dans le péril manifeste où tu te trouves. Et pour que tu le voies clairement, dis-moi, ne m'as-tu pas demandé de solliciter une femme vivant dans la retraite? de séduire une personne honnête? de faire des offres à celle qui n'est point intéressée? de faire accepter mes services par une femme prudente? certainement tu me l'as dit. Mais si tu sais que ta femme est amie de la retraite, honnête, désintéressée et prudente, que cherches-tu? Si tu crois qu'elle sortira triomphante de toutes mes attaques, comme je n'en fais aucun doute, quels titres plus honorables lui donneras-tu que ceux qu'elle a déjà? que sera-t-elle de plus que ce qu'elle est maintenant? Ou tu ne la crois pas ce que tu dis, ou tu ne sais ce que tu demandes. Si tu ne la crois pas ce que tu dis, pourquoi l'éprouver? Agis envers elle comme envers une coupable, ainsi que bon te semblera. Mais, si tu la juges parfaite, n'est-il pas impertinent de vouloir faire l'épreuve de la vérité même, puisque tu dois rester après l'avoir faite, elle conservera la même estime dont elle était en possession ; il est de toute évidence qu'entreprendre des choses qui ne peuvent que nuire sans nous profiter, jamais est le propre des esprits téméraires et déréglés, surtout quand rien ne nous y contraint, et que la moindre réflexion suffit pour rendre notre folie manifeste. Les choses difficiles, on les entreprend ordinairement ou pour Dieu, ou pour les hommes, ou pour tous deux ensemble : celles qui se font en l'honneur de Dieu sont les actions des saints, qui, avec des corps d'hommes, ont cherché à vivre de la vie des anges; celles qu'on fait en vue du monde, ce sont les efforts des voyageurs qui traversent l'immensité des mers, bravent tous les climats, visitent les nations étrangères pour acquérir les biens de la fortune ; celles qui se font pour Dieu et pour les hommes ensemble sont les exploits des valeureux soldats qui voient à peine aux murailles des ennemis une brèche large comme un boulet de canon, qu'insensibles à la crainte, insouciants du danger qui les menace, emportés sur les ailes du désir de combattre pour leur foi, leur patrie et leur roi, ils se jettent tête baissée au milieu de mille morts qui les attendent en face ! voilà les entreprises qu'il faut tenter, on y trouve gloire, honneur, avantages, quelque difficiles, quelque périlleuses qu'elles puissent être. Mais ce que tu veux entreprendre et exécuter ne saurait te produire ni gloire aux yeux de Dieu, ni les biens de la fortune, ni honneur parmi les hommes, ni profit pour toi-même, en supposant que tu réussisses comme tu l'espères, tu n'en seras ni plus satisfait, ni plus riche, ni plus estimé; et, si l'issue n'est point heureuse, tu te verras le plus misérable des hommes, sans qu'il te serve de rien de savoir que ton infortune est ignorée, car il suffira pour ton supplice que tu la connaisses toi-même. Pour te confirmer cette vérité, je veux te citer une stance du célèbre poëte Louis Tansilo, à la fin de la première partie de ses *Larmes de saint Pierre*; la voici :

Pierre sent s'accroître sa douleur et sa honte à l'apparition du jour; bien qu'il ne voie là personne il rougit de lui-même à la seule pensée de son péché : la honte, dans un cœur magnanime, ne vient pas des témoins. Il rougit de lui-même et de sa faute, ne fût-elle connue que du ciel et de la terre [1].

Ainsi le secret n'allégera point ta douleur : tu auras à pleurer sans relâche, sinon des larmes qui viennent des yeux, des larmes de sang qui viennent du cœur, comme en versait ce docteur trop crédule qui, ainsi que le raconte notre poëte [2], fit l'épreuve du vase, que Renaud, plus prudent, refusa de tenter. Quoique ce soit une fiction poétique, cela contient une instruction morale qui doit servir d'avis, de sujet de réflexion et de règle de conduite. Bien plus, à l'aide de ce que je te vais dire, tu achèveras de te convaincre de ton erreur. Dis-moi, Anselme, si le ciel ou ta bonne fortune t'avaient rendu possesseur du diamant le plus fin, dont la pureté et la valeur satisfissent les plus habiles lapidaires, au point que tous s'accordassent à le signaler comme possédant toutes les qualités que comporte la nature de ces pierres; si toi-même tu le regardais comme tel, sans que rien pût t'en faire douter, serait-il raisonnable qu'il te prît fantaisie de mettre ce diamant entre l'enclume et le marteau, et d'éprouver ainsi, à force de coups, s'il est aussi fin et aussi dur qu'on le pense, ne serait-ce pas bien pis de passer à l'épreuve même? Je suppose que la pierre fasse résistance et supporte ce ridicule essai, aura-t-elle pour cela plus de mérite et de prix? Si elle se brise, ce qui pourrait arriver, tout ne serait-il pas perdu, et chacun bien convaincu que l'inventeur d'une si belle expérience n'est qu'un sot? Hé bien, Anselme, ce diamant, c'est Camille, dans ton opinion comme dans celle de tous : il n'est pas raisonnable de l'exposer à se rompre ; car, si elle résiste, elle n'aura pas plus de valeur ; si elle cède, vois dès aujourd'hui ce que tu deviendras sans elle, et avec combien de raison tu pourras te plaindre de toi-même pour avoir causé sa perte et la tienne. Considère qu'il n'y a point au monde de diamant aussi précieux qu'une femme chaste, et que l'honneur des femmes consiste uniquement dans la bonne opinion qu'on a d'elles. La réputation de la tienne est aussi pure que tu le sais, pourquoi en faire l'objet du doute? Souviens-toi que la femme est un animal imparfait; qu'on ne doit pas mettre des embarras sur sa route pour la faire trébucher et tomber,

[1] Voici la stance de Tansilo, traduite en espagnol par Cervantes lui-même :

Crece el dolor, y crece la verguenza
En Pedro, quando el dia se ha mostrado ;
Y aunque alli no ve à nadie, se averguenza
De si mismo por ver que habia pecado.
Que à un magnanimo pecho à haber verguenza
No solo ha de moverle el ser mirado ;
Que de si se averguenza quando yerra,
Si bien otro no ve que cielo y terra.

Le poëme de Tansilo a été traduit, mais partiellement, en castillan par Grégoire Hernandez de Velasco, F. Damian Velasco. Alvarez en a fait la traduction complète.

[2] Voyez le *Roland furieux*, chants 41 et 42. Il s'agit d'un vase enchanté qui avait la vertu de faire distinguer les femmes fidèles de celles qui ne l'étaient pas. Voyez aussi la même histoire dans le roman de *Tristan de Léonais*.

mais qu'au contraire on doit les faire disparaître et lui dégager le chemin de tout obstacle si l'on veut qu'elle arrive sans encombre à la perfection qu'elle cherche ou à la vertu. Les naturalistes rapportent que l'hermine est un petit animal dont le poil est d'une extrême blancheur, et que les chasseurs, lorsqu'ils veulent le prendre, usent de cet artifice : ils remarquent les sentiers qu'il fréquente, et y mettent de la boue, mais sans le perdre de vue, ils le poursuivent de ce côté; lorsque l'hermine arrive à l'endroit souillé par la boue, elle s'arrête tout court, et aime mieux se laisser prendre que d'aller plus avant, et de gâter la blancheur de son poil, qu'elle préfère à la liberté et à la vie. L'honnête et chaste femme est cette hermine ; sa vertu, sa pudeur sont plus pures et plus blanches que la neige : pour conserver cette blancheur, et l'empêcher de se souiller, il faut user d'un artifice tout différent de celui qu'on emploie avec l'hermine, et ne pas lui mettre devant les yeux l'ordure des présents et des sollicitations des amants, parce que peut-être, et même à coup sûr, elle n'a pas assez de force naturelle pour éviter par elle-même, pour repousser et franchir de pareilles embûches ; il faut les lui éviter et ne lui montrer que la pureté de la vertu, et le charme que renferme en soi la bonne renommée. La femme honnête est un miroir de cristal brillant et poli, que la moindre haleine obscurcit et rend terne : on doit en user avec elle comme avec les reliques, on les adore sans les toucher ; il faut garder la femme vertueuse comme un beau jardin plein de fleurs et de roses, où le propriétaire ne permet pas de porter les pas ou la main, c'est assez d'en admirer de loin la beauté ou d'en respirer le parfum à travers un treillage. Enfin, je veux te rapporter quelques vers d'une comédie moderne qui me revient à la mémoire, et qui me paraissent s'ajuster au sujet que nous traitons. Un sage vieillard conseille à un autre, père d'une jeune fille, de la bien garder, de la surveiller, de l'enfermer. Entre autres raisons, il lui dit :

La femme est semblable au verre ; il n'est pas prudent d'essayer s'il peut ou non se casser, car tout est possible.

Comme il peut se briser très facilement, il n'est pas sage de s'exposer à rompre ce qu'on ne peut resouder.

C'est l'opinion de tout le monde, et je la trouve très fondée ; s'il y a des Danaé, il y a aussi des pluies d'or.

Je ne t'ai parlé jusqu'ici, cher Anselme, que de ce qui te touche : il est bon maintenant de te dire un mot sur ce qui me concerne ; si je suis long, excuse-moi : le labyrinthe dans lequel tu es entré, et dont tu veux que je te retire, n'exige pas moins. Tu me regardes comme ton ami, et tu me veux ravir l'honneur, procédé contraire à l'amitié : non seulement tu me le veux ravir, mais tu demandes que je te l'ôte à toi-même : que tu veuilles me déshonorer, le fait est évident, car, lorsque Camille verra que je cherche à la séduire, ainsi que tu le désires, elle me regardera comme un homme sans délicatesse, sans honneur, d'avoir pu concevoir un projet aussi odieux, aussi contraire à ce que je suis et aux obligations que m'impose ton amitié ; que tu veuilles aussi que je te déshonore, la chose n'est pas moins certaine ; Camille, en voyant mes poursuites, aura lieu de penser que j'ai découvert en elle quelque faiblesse qui m'enhardit à lui parler de mon coupable amour ; le déshonneur dont elle se verra atteinte retombera sur toi, puisqu'elle t'appartient? Voilà d'où vient le mépris que l'on a pour le mari de la femme adultère. Il peut ignorer son malheur, n'y avoir point donné lieu par sa conduite, s'être vu dans l'impossibilité de l'empêcher, il n'en est pas moins revêtu d'un nom ridicule et méprisé. Ceux qui connaissent la mauvaise conduite de sa femme le traitent avec dédain, au lieu de le plaindre, quoique cette disgrâce provienne plus des mauvaises inclinations de sa femme que de sa faute. Je veux te dire ici la raison pour laquelle le mari de la femme infidèle est déshonoré, quoiqu'il ignore son malheur, qu'il n'en soit point la cause, et n'en ait point fourni l'occasion. Ne sois point ennuyé de m'entendre; c'est pour ton bien que je parle.

Lorsque Dieu eut créé notre premier père dans le paradis terrestre, la sainte Écriture dit qu'il le fit tomber dans un profond sommeil, et, pendant qu'il dormait, il lui enleva, du côté gauche, une côte dont il forma notre mère, Ève. Adam se réveilla, l'aperçut et s'écria : *Voici la chair de ma chair et l'os de mes os.* Et Dieu dit : *Voilà pourquoi l'homme quittera son père et sa mère, et ils seront deux dans une même chair.* Alors fut institué le divin sacrement du mariage, avec des liens si étroits que la mort seule peut les dénouer ; ce sacrement mystérieux a tant de force et de vertu qu'il fait de deux êtres différents une même chair ; c'est plus encore, dans les unions heureuses, deux âmes n'ont qu'une même volonté : de là vient que comme la chair de la femme ne fait qu'un avec celle du mari, les taches et les imperfections de celle-là retombent sur celui-ci, quoiqu'il n'y ait point, comme je l'ai dit, donné lieu ; de même qu'une douleur au pied ou dans quelque autre membre se fait sentir par tout le corps, parce qu'il forme une seule et même chair, de même que la tête sent la douleur de la cheville sans l'avoir causée, de même le mari partage le déshonneur de sa femme, parce qu'il ne fait qu'un avec elle. D'ailleurs, comme tout ce qui est honneur ou déshonneur au monde, et provient de la chair et du sang et que les actions de la femme sont de ce genre, le mari en a sa part inévitablement, et est tenu pour déshonoré, quoiqu'il les ignore. Vois donc, Anselme, à quel danger tu t'exposes en cherchant à troubler la tranquillité dans laquelle vit ta digne épouse ; vois combien est vaine et impertinente la curiosité qui te pousse à émouvoir l'humeur paisible qui dort au sein de cette femme chaste; réfléchis que ce que tu peux gagner est peu de chose, et ce que tu perdras si grand que je le laisse comme au-dessus de toute expression. Si tout ce que je t'ai dit n'est pas suffisant pour te détourner de ton mauvais dessein, tu peux bien chercher un autre instrument de ton infortune et de ton déshonneur : je me refuse à l'être, dussé-je perdre ton amitié, ce qui serait pour moi la perte la plus sensible[1].

Le vertueux et prudent Lothaire se tut. Anselme resta si troublé, si pensif, qu'il demeura longtemps sans pouvoir lui répondre une parole : enfin il reprit : Tu as vu avec quelle attention j'ai écouté tout ce que tu m'as dit : j'ai reconnu dans tes raisonnements, tes exemples, tes comparaisons, ta grande discrétion et l'extrême et sincère amitié que tu me portes ; je vois même et j'avoue que, si je ne suis point ton avis et me laisse entraîner à mes idées, je fuis le bien pour courir au mal :

[1] On a supprimé, dans plusieurs traductions, la plus grande partie de ces deux discours, qui peut-être ont en effet paru un peu longs au lecteur; car Cervantes en cette occasion n'est pas à l'abri du reproche de prolixité.

cela posé, imagine que j'ai une maladie semblable à celle de certaines femmes qui mangent de la terre, du plâtre, du charbon, et autres choses pires à voir et encore plus à manger ; ainsi, il est nécessaire de s'employer à me guérir, et cela est facile, si tu veux seulement te prêter à solliciter Camille, ne fût-ce que faiblement et par feinte. Elle n'est pas si faible qu'à la première tentative son honneur s'évanouisse, et je demeurerai content de ce seul essai. Pour toi, tu auras acquitté ce que tu dois à notre amitié, non seulement en me donnant la vie, mais encore en me donnant la conviction de l'intégrité de mon honneur. Une raison doit seule te déterminer à ne me pas refuser, c'est que, résolu comme je le suis à tenter cette épreuve, tu ne souffriras pas que j'aille confier ma folie à un autre, et mettre à l'aventure cet honneur que tu veux m'empêcher de perdre. Quant au tien, s'il n'est pas dans la pensée de Camille à la hauteur où il doit être pendant que tu la poursuivras, cela n'a que peu ou point d'importance ; car aussitôt que nous aurons reconnu en elle la vertu que nous espérons y trouver, tu seras libre de lui découvrir l'artifice, et alors elle te rendra toute l'estime qu'elle avait pour toi. Ainsi, puisque tu risques si peu dans cette tentative, et qu'il est en ton pouvoir de me donner un si grand contentement, ne me refuse pas, quelque difficulté que tu y voies ; car, je te l'ai dit, tu n'auras pas plus tôt essayé, que je regarderai la chose comme terminée.

Lothaire, voyant la ferme résolution d'Anselme, ne sachant plus quelles raisons lui objecter, quelles remontrances lui faire pour l'en détourner, entendant sa menace de communiquer sa folie à un autre, résolut, pour éviter un plus grand mal, de le contenter, avec le projet bien arrêté, toutefois, de conduire toute cette affaire de manière à satisfaire Anselme, sans altérer les sentiments de Camille. Il le pria donc de ne communiquer son dessein à personne, qu'il se chargerait, lui, de l'entreprise, et la commencerait quand il voudrait. Anselme l'embrassa tendrement, et le remercia mille fois, comme s'il lui eût rendu le meilleur office du monde. Il fut convenu que, dès le jour suivant, on mettrait la main à l'œuvre, qu'Anselme procurerait à Lothaire l'occasion d'entretenir Camille tête à tête, et lui fournirait l'argent et les bijoux qui devaient lui être offerts. Il conseilla aussi à son ami de donner des sérénades à Camille, de lui adresser des vers, et que s'il ne voulait pas prendre la peine de les faire, il les ferait pour lui. Lothaire promit tout ce qu'on voulut, mais avec des intentions bien différentes de celles que supposait Anselme. Les choses ainsi convenues, les deux amis revinrent chez ce dernier, et trouvèrent Camille fort inquiète de son époux, parce que ce jour-là il tardait plus que de coutume à rentrer.

Lothaire retourna chez lui, et Anselme resta aussi satisfait que Lothaire se trouva pensif et embarrassé, ne sachant comment s'y prendre pour se tirer convenablement d'une aussi impertinente affaire. Il rêva toute la nuit au moyen de tromper Anselme sans offenser Camille. Le lendemain, il alla dîner chez son ami, et fut bien reçu de sa femme, qui l'accueillait et le traitait avec beaucoup d'amitié à cause de celle que lui portait son mari. Le dîner fini et le couvert enlevé, Anselme pria Lothaire de tenir compagnie à Camille, pendant qu'il se rendait à une affaire indispensable, et qu'il serait de retour dans une heure et demie environ. Camille l'engagea à rester, Lothaire s'offrit à l'accompagner ; mais tout fut inutile. il insista pour que celui-ci l'attendît parce qu'il avait à traiter avec lui de choses importantes, et recommanda à sa femme de ne pas laisser Lothaire seul pendant son absence. Enfin, il sut si bien en colorer la nécessité, que personne n'eût imaginé qu'elle était feinte. Anselme partit, Camille et Lothaire restèrent seuls à table, car tous les gens étaient allés dîner. Ce dernier se trouvait dans la lice où son ami avait désiré le voir, en présence d'un ennemi qui, par sa seule beauté, eût pu triompher d'un escadron de chevaliers sous les armes. Lothaire pouvait bien se trouver intimidé : ce qu'il trouva de mieux à faire fut de s'accouder sur le bras de son fauteuil, la main ouverte sur la joue, et, s'excusant auprès de Camille de lui faire si mauvaise compagnie, il lui dit qu'il voulait reposer un peu jusqu'au retour de son ami. Camille lui répond qu'il sera beaucoup mieux sur l'estrade que dans un fauteuil, et l'engage à s'y placer ; mais il refusa, et se mit à dormir jusqu'au retour d'Anselme. Celui-ci trouvant Camille dans sa chambre et Lothaire endormi, pensa que son absence ayant été longue, ils avaient eu le temps de s'entretenir, puis après de s'endormir. Il ne voyait pas l'heure que Lothaire fût éveillé pour sortir avec lui, et s'informer de ce qui s'était passé. Tout arriva comme il le désirait. Lothaire s'éveilla, ils sortirent et il lui demanda ce qu'il désirait savoir. Lothaire lui répondit qu'il n'avait pas jugé convenable de se découvrir tout à fait le premier jour, et qu'ainsi il s'était borné à louer Camille sur sa beauté, lui disant que, dans toute la ville, il n'était bruit que d'elle, de ses charmes et de son esprit ; c'était un bon début, ajouta-t-il, pour s'insinuer dans ses bonnes grâces et la disposer à l'écouter une autre fois avec plaisir : c'était user de l'artifice du démon, qui, lorsqu'il veut tromper un mortel en garde contre ses embûches, se transforme en ange de lumière, quoiqu'il soit l'ange des ténèbres, le séduit sous de flatteuses apparences, et à la fin se découvre et vient à bout de son dessein, si, dès le principe, sa tromperie n'a été découverte. Ces détails charmèrent Anselme. Il dit à Lothaire que, sans sortir de sa maison, il lui procurerait tous les jours les mêmes facilités, et qu'il s'y occuperait de choses qui ne permettraient pas à Camille de reconnaître leur artifice. Plusieurs jours s'écoulèrent. Lothaire, sans parler à Camille, répondait aux questions d'Anselme qu'il l'avait sollicitée sans pouvoir obtenir d'elle la moindre marque de faiblesse, ou même une ombre d'espérance : elle le menaçait, au contraire, disait-il, d'avertir son mari, s'il n'abandonnait ses projets coupables. Voilà qui va bien, dit Anselme ; jusqu'ici Camille a su résister aux paroles, il faut voir maintenant si elle résistera aux actions. Je te donnerai demain deux mille écus d'or que tu lui offriras et lui donneras, et deux autres mille pour acheter des joyaux dont tu lui feras présent pour la mieux séduire. Les femmes, quelque chastes qu'elles soient, sont très attachées à la parure, et aiment à se montrer brillantes, surtout quand elles sont belles. Si Camille résiste à cette tentation, je serai satisfait et je ne te tourmenterai plus. Lothaire répondit que, puisqu'il avait commencé, il voulait aller jusqu'à la fin, et qu'il espérait bien en sortir las et vaincu. Le jour suivant, il reçut les quatre mille écus, et en même temps quatre mille embarras, car il ne savait plus quels nouveaux mensonges inventer. Enfin, il se détermina à dire que Camille résistait aussi bien aux dons et aux promesses qu'aux protestations d'amour, et qu'il était inutile de se fatiguer davantage, car toutes ces tentatives étaient autant de temps perdu. Mais la fortune, qui conduisait les choses d'une autre manière, voulut qu'Anselme, après avoir comme de coutume laissé seuls Camille et Lothaire, s'enfermât dans une chambre voisine, écoutant et regardant par le trou de la serrure ce qu'ils disaient et ce qu'ils faisaient : il vit que, pendant plus d'une demi-heure, Lothaire n'ouvrit pas la bouche ; il n'eût pas dit un seul mot, fût-il resté là un siècle. Il soupçonna alors que tout ce que Lothaire lui avait dit des réponses de Camille n'était que feinte et mensonge. Pour s'en assurer, il sortit de la chambre, et, appelant Lothaire à l'écart, il lui demanda ce qu'il y avait de nouveau, et de quelle humeur était Camille. Lothaire lui dit qu'il ne pensait pas pouvoir se mêler plus longtemps de cette fâcheuse affaire ; que Camille lui répondait avec tant d'aigreur et d'emportement, qu'il n'avait plus le courage de lui adresser une seule parole. Ah ! Lothaire, Lothaire ! dit Anselme, que tu réponds mal à ce que tu me dois, et à la trop grande confiance que j'avais en toi ! Je t'ai regardé par le trou de cette serrure, et j'ai pu voir que tu n'as pas dit un mot à Camille, ce qui me fait juger que tu es encore à lui dire le premier. S'il en est ainsi, comme je n'en doute pas, pourquoi me tromper, et m'ôter par la ruse le moyen de me satisfaire? Anselme ne lui en dit pas davantage ; mais c'était assez pour le laisser confus et piqué : il se faisait un point d'honneur d'avoir été pris en mensonge, et il jura à Anselme de mettre à l'avenir tous ses soins à le contenter, qu'il ne mentirait plus, et qu'il s'en pourrait assurer s'il les épiait de nouveau ; mais qu'il ne serait pas besoin de cette preuve, parce qu'il y mettrait assez d'ardeur pour lui ôter tout soupçon. Anselme le crut ; et, pour donner à Lothaire plus de temps et de facilités, il résolut de s'absenter de chez lui pendant huit jours, et d'aller chez un de ses amis à la campagne, non loin de la ville. Il concerta avec cet ami une invitation pressante, afin d'avoir auprès de Camille un prétexte de s'éloigner. Malheureux insensé ! que fais-tu ? quel est ton dessein ? quel projet oses-tu former ? Tu agis contre toi-même, tu trames ton déshonneur ! tu ourdis ta perte ! Ton épouse Camille est honnête ; tu la possèdes en paix ; rien ne trouble tes plaisirs ; ses pensées ne franchissent pas les murs de sa maison ; tu es son ciel sur la terre, le but de ses désirs, l'objet unique de ses affections, l'arbitre de sa volonté qu'elle règle d'après la tienne et les ordres du ciel. Si, sans aucune peine, tu retires de la mine de son honneur, de sa beauté, de son honnêteté, toute la richesse que tu peux désirer, à quel propos veux-tu creuser la terre et chercher de nouvelles veines d'un trésor inconnu, t'exposant au danger de voir tout renversé, puisque l'édifice n'est soutenu que sur les débiles appuis d'une nature fragile ? Considère qu'à celui qui demande l'impossible, il est juste que le possible même soit refusé. Un poëte a mieux exprimé cette vérité dans ces vers :

Dans la mort, je cherche la vie ; dans la maladie, la santé ; dans la prison, la liberté ; dans un lieu fermé, une issue ; dans le traître, la loyauté.

Mais mon destin, dont je n'attends jamais rien de bon, a voulu, d'accord avec le ciel, me refuser même ce qui est possible, puisque c'est l'impossible que je demande.

Le lendemain, Anselme s'en alla à la campagne, disant à Camille que, pendant son absence, Lothaire viendrait veiller aux intérêts de la maison et dîner avec elle, et lui recommanda de le traiter comme lui-même. En femme sage et discrète, Camille s'affligea de l'ordre de son mari : elle lui dit de faire attention qu'il n'était pas bien que, lui absent, un autre occupât sa place à table ; que s'il le faisait par défaut de confiance dans son talent à administrer sa maison, il la mit à l'épreuve pour cette fois, et qu'il la reconnaîtrait capable de se livrer à des soins plus importants. Anselme lui répondit que tel était son désir, et qu'elle n'avait autre chose à faire qu'à baisser la tête et obéir. Camille promit de s'y conformer, quoique bien malgré elle. Anselme partit, et Lothaire vint dès le lendemain chez son ami. Camille l'accueillit avec honnêteté et affection ; mais elle eut soin de ne jamais lui fournir l'occasion de la trouver seule ; toujours elle était entourée de ses gens et de ses servantes, elle gardait surtout une de ses femmes, appelée Léonelle, qu'elle avait amenée de chez son père lorsqu'elle épousa Anselme, et qu'elle aimait beaucoup parce qu'elles avaient été nourries ensemble. Les trois premiers jours, Lothaire ne lui dit rien, quoiqu'il eût pu lui parler après le repas, lorsque les valets allaient dîner en grande hâte comme l'avait prescrit Camille. Léonelle avait même ordre de dîner avant sa maîtresse, afin de se tenir toujours auprès d'elle; mais cette fille, que des choses plus agréables occupaient, et qui avait besoin de ce temps-là pour l'employer à son plaisir, ne tenait pas toujours compte des ordres de sa maîtresse, et souvent elle les laissait seuls, comme si c'était cela qu'on lui avait recommandé. Cependant, l'honnête attitude de Camille, son visage grave, la décence répandue sur toute sa personne, fermaient la bouche à Lothaire. Mais l'heureux effet opéré par les vertus de Camille, en imposant silence à Lothaire, tourna mal pour tous deux, car si la langue se taisait, les pensées allaient leur train, et Lothaire avait tout le loisir de contempler en détail les charmes de Camille, capables de donner de l'amour à une statue de marbre, à plus forte raison à un cœur de chair. Ne lui parlant pas, il l'admirait pendant les instants qu'il avait pour lui parler, il songeait combien elle était digne d'être aimée, et cette réflexion commença peu à peu à donner l'assaut aux égards qu'il avait pour Anselme. Mille fois il fut tenté de quitter la ville, et de se retirer dans un endroit où jamais Anselme ne le vît, et où jamais il ne vît Camille, mais déjà le plaisir qu'il éprouvait à la voir était assez puissant pour le retenir : il luttait de toutes ses forces contre lui-même pour détruire et ne pas éprouver le charme de cette vue ; il s'accusait en secret de sa faute, il se nommait mauvais ami, mauvais chrétien ; il faisait des comparaisons entre Anselme et lui : toutes le conduisaient à conclure que la folie et la confiance téméraire de son ami avaient plus de part en tout cela que sa propre infidélité, et que, s'il était aussi excusable aux yeux de Dieu qu'à ceux des hommes, il n'avait pas à craindre la punition de sa faute. Enfin, les grâces et la beauté de Camille, jointes à l'occasion qu'un mari insensé lui avait mise dans les mains, triomphèrent de la loyauté de Lothaire : sans autre entraînement que celui de sa passion, après trois jours passés depuis le départ d'Anselme dans des combats continuels pour se vaincre, il se mit à rechercher les bonnes grâces de Camille, avec tant de trouble et une ardeur si passionnée, qu'elle en demeura toute interdite, et ne put faire autre chose que de quitter son siége et de se retirer dans son appartement, sans répondre une parole. Mais cette sévérité ne put détruire en Lothaire l'espérance, qui toujours naît avec l'amour : il se sentit plus enflammé pour Camille, qui, surprise d'une conduite aussi imprévue, ne savait que résoudre. Jugeant, toutefois, qu'il n'était ni bienséant ni sûr de donner à Lothaire une autre occasion de lui parler, elle prit le parti d'envoyer cette nuit même un valet à Anselme, avec un billet conçu dans ces termes :

CHAPITRE XXXIV.

OU SE CONTINUE LA NOUVELLE DU CURIEUX IMPERTINENT.

N a coutume de dire qu'une armée n'est pas bien sans son général, « et un château sans son châtelain ; je dis de même que la femme « jeune et mariée est pis encore sans son mari, lorsque aucun « motif important ne les sépare. Je me trouve si mal sans vous, et « dans une telle impossibilité de supporter votre absence que, si « vous ne revenez promptement, je serai contrainte de me retirer dans la « maison de mon père, dût la vôtre rester sans gardien : aussi bien, celui « que vous m'avez laissé, si vous lui donnez ce titre, me paraît plus occupé de « son plaisir que de ce qui vous touche ; vous êtes prudent, il suffit ; je n'en « dois pas dire davantage. »

Anselme reçut ce billet et comprit que Lothaire avait commencé l'entreprise, et que Camille avait répondu suivant ses désirs. Ravi de ces nouvelles, il fit dire à sa femme qu'elle se gardât bien de quitter sa maison sous aucun prétexte, attendu qu'il ne tarderait pas à revenir. Camille fut dans le plus grand étonnement de la réponse de son mari, son incertitude en augmenta, elle n'osait rester chez elle, et craignait d'aller chez ses parents : rester, c'était mettre son honneur en péril ; s'éloigner, c'était contrevenir à la volonté de son mari. Elle se détermina enfin pour ce qui tourna le plus mal, qui fut de rester chez elle, avec la résolution de ne point fuir Lothaire, pour ne point donner à parler à ses gens. Elle se repentait d'avoir écrit à son époux, craignant qu'il ne s'imaginât que Lothaire avait découvert en elle quelque légèreté qui l'eut enhardi à manquer au respect qui lui était dû. Cependant, rassurée par son innocence, elle mit sa confiance en Dieu et dans ses honnêtes sentiments, à l'aide desquels elle espérait résister, par le silence, à toutes les sollicitations de Lothaire, sans avoir rendu un nouveau compte à son époux, pour ne lui pas causer de querelle et de souci; elle pensait même aux moyens de disculper Lothaire aux yeux d'Anselme, lorsque celui-ci lui demanderait les motifs d'une telle lettre. Avec ces résolutions, plus honorables que profitables et sûres, elle écouta le jour suivant les protestations de Lothaire ; elles devinrent si pressantes que la fermeté de Camille commença à chanceler; son honnêteté eut fort à faire à secourir ses yeux pour qu'ils ne donnassent pas quelques marques de la tendre compassion qu'avaient éveillée dans son cœur les larmes et les discours de Lothaire. Celui-ci s'aperçut de ses progrès, et son ardeur s'en accrut : il jugea qu'il fallait savoir mettre à profit le temps et l'occasion que lui donnait l'absence d'Anselme pour presser le siége de cette forteresse. Il attaqua sa vanité par des louanges sur sa beauté : car rien ne soumet et ne renverse plus sûrement les tours de la vanité des belles, que cette même vanité mise en jeu par l'adulation ; en effet, il mina avec tant de persévérance et de si puissantes armes la roche de sa pudeur [1], qu'eût-elle été de

[1] *La roca de su entereza.*

bronze, elle ne pouvait éviter de succomber : pleurs, supplications, promesses, adulations, instances, feintes même, Lothaire mit tout en usage, avec tant d'ardeur, tant de démonstrations d'une passion véritable, qu'il fit échouer toute la résistance de Camille, et obtint ce qu'il espérait le moins et désirait le plus. Camille se rendit, Camille fut vaincue; mais faut-il s'en étonner si l'amitié de Lothaire ne sut pas mieux se maintenir? Exemple qui prouve clairement que la fuite seule peut vaincre l'amour, et que nul ne doit entreprendre de lutter contre un si puissant ennemi, parce qu'il faudrait des forces divines pour triompher des humaines faiblesses. Léonelle seule connut celle de sa maîtresse : les deux amis perfides, les deux nouveaux amants ne pouvaient la lui cacher. Lothaire ne voulut point découvrir à Camille la prétention d'Anselme, et les occasions qu'il lui avait fournies, de crainte qu'elle ne fît moins de cas de son amour, et qu'elle ne s'imaginât que c'était par hasard, et non de son propre mouvement, qu'il l'avait sollicitée.

Peu de jours après, Anselme revint, et ne s'aperçut point de ce que Camille avait perdu, c'était ce qu'il estimait le plus et savait garder le moins. Il courut chez Lothaire, et le trouva chez lui; ils s'embrassèrent, et il lui demanda des nouvelles de sa vie ou de sa mort. Les nouvelles que je te peux donner, cher Anselme, lui répondit Lothaire, sont que tu as une femme qui peut servir d'exemple et de modèle à toutes les femmes honnêtes. Mes paroles se sont perdues dans l'air; mes offres, elle les a méprisées; mes présents, elle les a rejetés; les larmes feintes que j'ai versées, elle s'en est moquée : en un mot, si elle est le type de la beauté, elle est aussi le sanctuaire de l'honnêteté, de la pudeur, de toutes les vertus qui peuvent assurer le bonheur et la réputation d'une femme honnête et sage. Reprends ton argent, je n'ai point eu l'occasion de m'en servir : Camille a l'âme trop noble pour céder à des choses aussi viles que le sont des présents et des promesses. Sois donc satisfait, Anselme : ne cherche plus de nouvelles preuves, et puisque tu es parvenu à traverser à pied sec cette mer de défiances et de soupçons dont on peut et dont on a coutume d'entourer les femmes, ne tente pas de rentrer dans le profond océan de nouvelles tentatives, et de faire essayer par un autre pilote la solidité du navire sur lequel le ciel a marqué ton passage; regarde-toi comme dans un port assuré, et restes-y affermi sur les ancres de la droite raison jusqu'au moment de payer la dette dont aucune grandeur humaine ne peut s'affranchir. Anselme fut extrêmement satisfait du discours de Lothaire qu'il crut aussi fermement que si c'eût été paroles d'oracle. Cependant, il le conjura de ne pas abandonner entièrement l'entreprise, ne fût-ce que par divertissement et par curiosité, sans toutefois y prendre autant de peine qu'auparavant : qu'il le priait seulement de lui adresser quelques vers à sa louange sous le nom de Chloris, et qu'il ferait entendre à Camille que Lothaire était amoureux d'une dame à laquelle il avait donné ce nom, afin de la pouvoir célébrer sans manquer au respect qu'il lui devait; que, s'il ne voulait pas prendre la peine de composer des vers, il les ferait lui-même. Cela n'est point nécessaire, répondit Lothaire : les Muses ne me sont point assez cruelles pour ne pas me visiter quelquefois. Dis à Camille ce que tu as imaginé sur mes feintes amours, moi je ferai les vers, et, s'ils ne sont point aussi bons que le sujet le mérite, ils seront du moins les meilleurs que je pourrai faire. Les choses ainsi résolues entre le crédule et le perfide ami, Anselme, retourné chez lui, demanda à Camille, assez surprise qu'il ne l'eût pas fait encore, quel motif l'avait portée à lui écrire la lettre qu'elle lui avait envoyée. Camille lui répondit qu'il lui avait semblé que Lothaire la regardait avec un peu plus de hardiesse que quand son mari était présent; mais qu'elle s'était bientôt désabusée, et qu'elle croyait que cela avait été une imagination de sa part, car Lothaire évitait avec soin de se trouver seul avec elle. Anselme lui répondit qu'elle ne devait avoir aucune crainte à ce sujet, car il savait de bonne part que Lothaire était amoureux d'une des premières demoiselles de la ville, qu'il chantait sous le nom de Chloris, et que, quand il ne l'aurait pas été, il n'avait rien à craindre de sa fidélité et de leur mutuelle amitié. Si Lothaire n'avait déjà prévenu Camille de cet amour prétendu pour une Chloris, et qu'il avait fait cette confidence à Anselme, afin de la pouvoir chanter quelquefois elle-même, elle aurait certainement conçu de la jalousie, mais bien avertie, comme elle l'était, la confidence ne lui causa aucun ombrage. Un jour qu'ils causaient tous les trois après le repas, Anselme pria Lothaire de leur réciter quelques-uns des vers qu'il avait faits pour sa Chloris, ajoutant qu'il les pouvait dire sans indiscrétion, puisque Camille ne la connaissait point. Quand elle la connaîtrait, répondit Lothaire, je n'en ferais pas plus de mystère : car un amant ne saurait nuire à la réputation de sa maîtresse lorsqu'il se plaint de sa rigueur, en la louant sur sa beauté. Quoi qu'il en soit, j'ai fait hier un sonnet sur l'ingratitude de Chloris; le voici :

SONNET.

Dans le silence de la nuit, lorsque le doux sommeil s'est emparé des mortels, j'adresse au ciel et à ma Chloris le compte trop court de mes longues souffrances.

Au moment où le soleil annonce son retour et colore les portes vermeilles de l'orient, je continue mes soupirs et renouvelle mes plaintes douloureuses.

Quand l'astre du jour, au plus haut de sa course étincelante, dirige sur la terre le feu de ses rayons, mes pleurs se pressent, mes gémissements redoublent.

La nuit revient, et me revoit fidèle à ma douleur; sans cesse je trouve le ciel et Chloris sourds à ma plainte éternelle.

Camille trouva le sonnet bon; il parut meilleur encore à Anselme, qui le loua et dit qu'il fallait que la dame fût bien cruelle pour ne pas se laisser toucher par un si sincère amour. Tout ce que disent les poëtes amoureux est-il donc la vérité? dit Camille. Non pas comme poëtes, répondit Lothaire; mais, comme amoureux, ils sont aussi véridiques qu'inhabiles à l'exprimer. Je n'en fais aucun doute, dit Anselme, toujours prêt à appuyer les sentiments de Lothaire auprès de Camille, aussi peu instruite de l'artifice d'Anselme, qu'éprise d'amour pour Lothaire; aussi charmée de tout ce qui venait de lui, et surtout prévenue que c'était à elle que s'adressaient ses vœux et ses vers, puisqu'elle était la véritable Chloris, elle lui demanda s'il se rappelait quelque autre sonnet ou d'autres vers. J'en sais un autre, dit Lothaire, mais je ne le crois pas aussi bon que le premier, ou, pour mieux dire, je le crois plus mauvais.

Je sais que je meurs, et si tu ne me crois pas, sache que je suis aussi sûr de mourir, que je le suis de me voir à tes pieds, ô ingrate beauté! plutôt mort que repentant de mon amour pour toi!

Je me verrai plongé dans l'oubli, privé de vie, de bonheur, et sans laisser de regrets. On verra alors dans mon cœur ouvert comment ton beau visage y était gravé.

C'est le secours que je garde pour me protéger dans le malheur dont me menace ma persévérance, qu'augmente ta rigueur.

Malheur à celui qui navigue sous un ciel obscur, à travers une mer inconnue et périlleuse, sans étoile qui le guide, sans port où se réfugier.

Anselme loua ce second sonnet comme le premier : c'était ainsi qu'il ajoutait anneau sur anneau à la chaîne qui enlaçait et fortifiait son déshonneur. Plus Lothaire le déshonorait, plus il lui disait qu'il était honoré, et tous les degrés que Camille descendait vers l'abîme de la honte, elle les gravissait dans l'opinion de son mari vers le faîte de la vertu et de la bonne renommée.

Or, un jour que Camille se trouvait seule avec sa suivante : J'ai grand regret, lui dit-elle, ma chère Léonelle, de voir combien peu j'ai su m'estimer, et de n'avoir pas fait acheter à Lothaire, par une plus longue attente, l'entière possession de ma volonté que je lui ai abandonnée si vite. Je crains qu'il ne méprise ma précipitation et ma légèreté sans tenir compte de la force avec laquelle il a surmonté ma résistance. Ne vous mettez point en peine de cela, répondit Léonelle, ce n'est point ainsi que se mesurent les affections; les choses pour être accordées promptement ne perdent point de leur valeur, si ce qui se donne est bon et mérite effectivement d'être estimé ; n'a-t-on pas coutume de dire que donner vite c'est donner deux fois? On dit aussi, répondit Camille, que ce qui coûte peu s'estime encore moins. Ceci ne peut s'appliquer à vous, dit Léonelle : l'Amour, ainsi que je l'ai ouï dire, tantôt vole et tantôt va cheminant; avec les uns il court, il marche lentement avec d'autres ; tiède avec ceux-ci, il embrase ceux-là ; tantôt il frappe, tantôt il tue; parfois un même instant voit commencer et terminer la carrière de ses désirs; le matin il livre l'assaut à une forteresse, le soir même elle est obligée de se rendre, car il n'est force qui puisse lui résister. Puisqu'il en est ainsi, de quoi vous alarmez-vous? et que craignez-vous, si Lothaire en a fait autant que vous, si l'Amour a pris, pour amener votre défaite, le temps de l'absence d'Anselme? Ne fallait-il pas bien que ce que l'Amour avait déterminé s'accomplît, sans donner, comme on dit, le temps au temps pour qu'Anselme eût celui de revenir, et, par sa présence, d'arrêter le succès. L'Occasion est le meilleur ministre qu'ait l'Amour pour faire exécuter ses arrêts : il s'en sert dans toutes ses entreprises, et surtout dans les commencements. Tout ce que je vous dis, je le sais par expérience bien plus que par ouï-dire ; je vous en entretiendrai quelque jour, car enfin je suis aussi de chair et d'os. Quant à vous, madame, je ne vois point que vous vous soyez rendue si promptement que vous n'ayez pu voir toute l'âme de Lothaire dans ses yeux, dans ses soupirs, dans ses présents et dans ses promesses, et reconnaître combien toutes ses qualités le rendaient digne d'être aimé. S'il en est ainsi, pourquoi vous remplir l'imagination de vains scrupules et de fâcheuses pensées? Soyez certaine qu'il vous estime autant que vous l'estimez, et vivez contente et satisfaite de ce qu'étant tombée dans l'amoureuse chaîne, celui qui l'a serrée mérite toute votre estime, que non seulement il justifie les quatre S que l'on dit être la loi de tous les loyaux amants[1], mais qu'il remplit à lui seul l'alphabet entier; si vous ne le croyez, écoutez-moi, je vous le dirai par cœur : il me paraît à moi, Agréable, Bon, Chevaleresque, Donnant, Enamouré, Ferme, Gaillard, Honoré, Illustre, Loyal, Merveilleux, Noble, Obéissant, Puissant, Qualifié, Riche, les quatre S que j'ai dites, et ensuite Tranquille, Véridique, l'X est une lettre rude qui ne lui va pas, l'Y[2] il n'est besoin d'en rien dire, et Z c'est Zélé pour votre honneur.

Camille rit de l'alphabet de Léonelle, et vit bien qu'elle était plus experte en amour qu'elle ne le voulait dire. Elle l'avoua même en découvrant à Camille qu'elle était en relation avec un jeune homme de bonne maison, de la même ville. Camille fut troublée de cet aveu, elle craignit que ce ne fût là le chemin qui pouvait amener la perte de sa réputation. Elle voulut savoir si ces relations allaient plus loin que des propos d'amour; Léonelle, avec peu de honte et beaucoup d'effronterie, confessa qu'elle ne s'était point arrêtée là. C'est une chose certaine que les fautes des maîtresses ôtent tout respect aux servantes; elles ne se soucient guère de boiter, ni qu'on le sache, lorsqu'elles voient faire un faux pas à celles qui les commandent. Camille ne put faire autre chose que de prier Léonelle de ne rien dire de ce qui la concernait à celui qu'elle disait être son amant, et de conduire ses propres affaires avec assez de secret pour qu'Anselme et Lothaire ne s'aperçussent de rien. Léonelle le promit; mais elle s'en acquitta si mal, qu'elle justifia la crainte qu'avait Camille de voir par elle sa réputation perdue. Aussi effrontée que corrompue, enhardie par le dérangement de sa maîtresse, elle osa faire venir son amant dans la maison, sûre que Camille n'oserait rien dire quand même elle verrait cet homme. Telle est, en effet, la punition des femmes qui ont des fautes à se reprocher, elles se voient réduites à être les esclaves de leurs servantes, à couvrir leurs méfaits et toutes leurs vilenies; c'est ce qui arriva à Camille. Elle s'aperçut plus d'une fois que Léonelle s'enfermait avec son amant, dans un appartement de sa maison, et non seulement elle n'osait la gronder, mais encore elle lui fournissait l'occasion de le cacher, et prenait toutes les précautions pour qu'il ne fût point aperçu de son mari.

Elle ne put si bien les prendre, qu'un matin, à l'aube du jour, Lothaire ne vît sortir un homme; ne sachant qui il était, il le prit d'abord pour un fantôme; mais, le voyant marcher et s'envelopper avec précaution dans son manteau, il abandonna cette idée puérile, et conçut un soupçon qui les aurait perdus tous, si Camille n'eût su y porter remède. Ne pensant pas seulement qu'il y eût au monde une Léonelle, il ne crut pas cet homme entré pour elle dans la maison d'Anselme. Il pensa que Camille était aussi facile et légère pour un autre qu'elle l'avait été pour lui : tel est le malheur de la femme coupable, elle perd le crédit que lui don-

[1] C'est ici une expression particulière à la langue espagnole; ces quatre S sont :

Sabio, Solo, Solicito, y Secreto.
Sage, Seul, Soigneux, Secret.

Voyez le quatrième chant des *Lagrimas de Angelica*, de Louis de Soto.

[2] Voici les dix-neuf adjectifs espagnols : *Agradecido, Bueno, Caballero, Dadivoso, Enamorado, Firme, Gallardo, Honrado, Illustre, Leal, Mozo, Noble, Onesto, Principal, Quantioso, Rico, Tacito, Verdadero, Zelador;* quant à l'*y*, cette lettre, en espagnol, exprime la conjonction *et*. Cette plaisanterie, qui ne peut guère passer que dans la bouche de Léonelle, rappelle le petit jeu de société que nous désignons par ces mots : *J'aime mon amant par A.*

nait son honneur auprès de celui-là même qui l'a séduite par ses prières; il pense qu'elle se livre à d'autres avec plus de facilité encore, et ajoute foi sans hésiter à tous ses soupçons. Lothaire perdit en ce moment sa raison ordinaire; il sembla que toute sa prudence fût sortie de sa mémoire; sans rien examiner, sans réfléchir, il court près d'Anselme, qui n'était pas encore levé, impatient d'assouvir la jalouse rage qui le dévore, et de se venger de Camille, qui ne l'a point offensé. Apprends, Anselme, lui dit-il, apprends que voici plusieurs jours que je me fais violence pour ne te pas découvrir ce que je ne puis ni ne dois te cacher plus longtemps. Apprends donc que la fière Camille est enfin soumise, et prête à faire tout ce qu'il me plaira. Si je ne t'ai pas plus tôt découvert cette vérité, c'est que je voulais m'assurer si ce n'était pas une fantaisie du moment, ou si elle voulait m'éprouver, et connaître si l'amour que je lui témoignais de ton aveu était sincère. Je croyais d'ailleurs que si Camille avait été telle qu'elle le doit, et que nous le pensions tous deux, elle t'aurait instruit déjà de mes poursuites; mais, puisqu'elle garde le silence, je reconnais comme réelle la promesse qu'elle m'a faite de m'entretenir, lorsque tu feras une nouvelle absence, dans la garde-robe où l'on serre les choses à ton usage (c'était en effet le lieu de leurs rendez-vous ordinaires). Cependant, je ne veux point que tu te hâtes de courir à la vengeance, car le crime n'en est encore qu'à l'intention, et peut-être, avant de l'exécuter, Camille changera-t-elle de pensée et laissera-t-elle place au repentir. Ainsi, puisque jusqu'ici tu as suivi mes conseils, en tout ou en partie, conforme-toi encore à celui que je vais te donner, afin que, sans erreur, et après mûre réflexion, tu puisses prendre le parti qui te paraîtra convenable. Feins, comme à l'ordinaire, une absence de deux ou trois jours, et arrange-toi de manière à rester caché dans la garde-robe; les tapisseries et les hardes qui s'y trouvent te cacheront facilement: alors tu verras, par tes propres yeux, et moi par les miens, quel est le dessein de Camille; s'il est coupable, et nous avons plus lieu de le craindre que de l'espérer, tu pourras aisément tirer vengeance de ton outrage avec prudence et sans bruit.

A ce discours, Anselme resta muet, interdit, absorbé dans ses réflexions; il apprenait ces nouvelles au moment où il les attendait le moins: déjà la victoire de Camille sur les feintes attaques de Lothaire lui paraissait assurée, et il commençait à s'en enorgueillir. Il demeura longtemps les yeux fixés en terre, sans dire une parole; enfin il répondit: Tu as fait, Lothaire, ce que j'attendais de ton amitié; j'ai suivi tes conseils en tout; agis maintenant comme tu le jugeras convenable, et avec la discrétion qu'il convient de garder dans une conjoncture aussi imprévue. Lothaire le lui promit; mais, à peine se fut-il éloigné, qu'il se repentit de ce qu'il avait dit. Il vit avec quelle inconséquence il avait agi puisqu'il aurait pu se venger de Camille d'une façon moins cruelle et moins déshonorante: il maudit son irréflexion, rougit de sa conduite, et ne sut quel moyen prendre pour détruire tout ce qu'il venait de faire, ou s'en tirer d'une façon raisonnable; enfin il résolut d'avouer tout à Camille, et comme il ne manquait pas d'occasions, le même jour il la trouva seule, et celle-ci voyant qu'elle pouvait l'entretenir, lui dit: Sachez, cher Lothaire, que j'éprouve une peine qui me tourmente jusqu'au fond du cœur, et qui le brisera; c'est merveille si cela n'est pas arrivé. L'effronterie de Léonelle est devenue si grande, que chaque nuit elle introduit dans cette maison un sien galant et le garde jusqu'au jour, exposant ainsi ma réputation à tout ce qu'autorise le champ libre ouvert aux conjectures de quiconque verra cet homme sortir de chez moi à des heures si indues. Ce qui m'afflige le plus, c'est que je n'ose ni la reprendre ni la châtier : la confidence qu'elle a de nos amours me ferme la bouche sur les siens, et je crains bien que cela ne soit la cause de quelque malheur. Lothaire crut d'abord que c'était un artifice de Camille pour lui donner le change sur l'homme qu'il avait vu sortir de sa maison ; mais, la voyant pleurer, se désoler, et lui demander son assistance, il ne douta plus de sa sincérité, et n'en fut que plus confus et plus repentant. Il lui dit de ne point se mettre en peine ; qu'il apporterait remède à l'insolence de Léonelle ; et, de suite, lui avoua ce que sa fureur jalouse lui avait fait dire à Anselme, et comment il était convenu que celui-ci se cacherait dans la garde-robe pour voir de ses propres yeux la preuve de son infidélité. Il lui demanda pardon de sa folie, et ses avis pour y porter remède et sortir du labyrinthe où son imprudence l'avait engagé. Camille fut effrayée de l'aveu de Lothaire, et avec des raisons sensées et de tendres reproches le fit rougir de la mauvaise opinion qu'il avait eue d'elle, et du parti désespéré qu'il avait pris ; mais, comme l'esprit des femmes est plus prompt que le nôtre au bien ainsi qu'au mal, quoiqu'elles agissent moins bien quand il s'agit d'une chose qui demande de la réflexion, Camille trouva sur-le-champ le remède à ce qui n'en paraissait pas susceptible. Elle dit à Lothaire de faire en sorte qu'Anselme se cachât, le jour suivant, au lieu désigné, et que, de son côté, elle espérait tirer de là le moyen pour eux de ne plus rien redouter à l'avenir ; puis, sans lui découvrir son projet, elle ajouta qu'il se tînt prêt à venir chez elle quand Léonelle irait le chercher, et qu'à tout ce qu'elle lui dirait, il répondît comme il l'aurait fait s'il n'avait pas su qu'Anselme les écoutât. Lothaire insista pour en savoir davantage afin de se conduire avec plus d'assurance, et mieux faire ce qui serait convenable. Il n'y a pas d'autre précaution à prendre, dit Camille, que de me répondre conformément à ce que je vous dirai. Elle ne voulut pas entrer dans de plus grands détails, de crainte que Lothaire ne voulût pas suivre un projet qui lui paraissait à elle aussi bon, et qu'il n'en suivît ou cherchât d'autres moins heureux.

Lothaire partit, et le lendemain Anselme, sous prétexte d'aller à la campagne chez son ami, partit et rentra pour se cacher d'autant plus facilement que Camille et Léonelle lui donnèrent beau jeu ; Anselme, caché avec toute l'angoisse qu'on peut imaginer dans un homme qui venait là pour voir de ses propres yeux disséquer son honneur, était près de perdre le bonheur qu'il avait fondé sur sa chère Camille. Celle-ci et Léonelle, bien assurées qu'il est caché, entrent dans le cabinet, et Camille y eut à peine mis le pied que, poussant un profond soupir : O chère amie, s'écrie-t-elle, ne vaudrait-il pas mieux qu'au lieu d'exécuter un projet que je ne veux point te confier, tu prisses le poignard d'Anselme que je t'ai demandé, et que tu en frappasses mon indigne sein ? Cependant, n'en fais rien ! il n'est pas juste que je porte la peine de la faute d'autrui : je veux auparavant savoir ce que les yeux téméraires et déshonnêtes de Lothaire ont pu voir en moi qui fût capable de l'enhardir à me découvrir son infâme passion, pour déshonorer son ami et moi-même. Mets-toi à cette fenêtre, Léonelle, et l'appelle ; sans doute il est dans la rue, attendant l'heure de mettre à exécution son odieux projet, mais le mien, aussi cruel que vertueux, l'aura prévenu. Ah ! madame, répond l'adroite et rusée Léonelle, que prétendez-vous faire de ce poignard ? voulez-vous, par hasard, vous ôter la vie ou la ravir à Lothaire? Quoi que vous fassiez, vous perdez votre honneur et votre réputation : il vaudrait mieux dissimuler votre injure, et ne pas laisser pénétrer ce méchant homme dans la maison où il nous trouvera seules? Songez, madame, que nous sommes de faibles femmes, lui est un homme et déterminé, et comme il vient aveuglé par ses mauvais desseins et le cœur épris d'amour, peut-être, avant que vous puissiez accomplir votre projet, il pourra faire pis que de vous ôter la vie. Maudite soit la pensée du seigneur Anselme, de donner tant de crédit à ce méchant homme dans sa maison ! Mais, quand vous l'aurez tué, madame, car je vois bien que c'est votre dessein, que ferons-nous de lui après sa mort? Ce que nous en ferons? répondit Camille; nous le laisserons là pour qu'Anselme le fasse enterrer : n'est-il pas bien juste qu'il tienne à soulagement la peine que j'aurai prise à cacher son infamie dans les entrailles de la terre? Achève : appelle-le promptement : il me semble que le temps que je laisse passer sans me venger est un outrage à la loyauté que je dois à mon époux. Anselme entendait tous ces discours, et chaque parole de Camille changeait toutes ses idées; mais, quand il comprit qu'elle était résolue à tuer Lothaire, il fut sur le point de sortir et de se montrer pour empêcher ce malheur : toutefois, il fut retenu par le désir de voir comment se terminerait une si honnête et si courageuse résolution, se réservant de paraître quand il serait temps de l'arrêter. En ce moment, il prit à Camille une grande faiblesse : elle se jeta sur un lit qui se trouvait là, et Léonelle se mit à pleurer amèrement, en disant : Malheureuse que je suis! mon mauvais destin me condamne-t-il à voir expirer entre mes bras la fleur de l'honnêteté de ce monde, la couronne des femmes vertueuses, l'exemple de la chasteté, et mille autres exclamations semblables que personne n'aurait entendues sans la prendre pour la fille la plus désolée et la plus estimable, et sa maîtresse pour une nouvelle Pénélope. Camille ne tarda pas à revenir de son évanouissement, et s'écria en reprenant ses sens : Que ne vas-tu donc, Léonelle, appeler cet ami, le plus déloyal qu'éclaire le soleil et que cache la nuit? Achève, hâte-toi, cours, vole, ne laisse point par tant de retard éteindre le feu de ma colère, et que ma vengeance ne s'évanouisse pas en menaces et en malédictions. Je vais l'appeler, répond Léonelle; mais, auparavant, remettez-moi ce poignard, de peur qu'en mon absence vous ne fassiez une chose qui prépare des pleurs éternels à tous ceux qui vous aiment. Sois sans crainte, répond Camille; quoique je te paraisse emportée et déraisonnable dans la vengeance de mon honneur, je ne le suis pourtant pas autant que cette Lucrèce, qui, sans être coupable, se donna la mort avant d'avoir immolé l'auteur de sa disgrâce : je veux mourir, mais si je meurs ce ne sera qu'après m'être vengée de celui qui m'oblige à venir dans ces lieux pleurer ses injurieuses entreprises dont je suis si innocente. Léonelle se fit longtemps prier avant de sortir pour appeler Lothaire; enfin, elle sortit; et, pendant son absence, Camille, feignant de se parler à elle-même, disait : Mon Dieu, n'aurais-je pas mieux fait de repousser Lothaire comme les autres fois, que de le mettre en droit, ainsi que je le fais, d'avoir mauvaise opinion de moi, même pendant ce peu de temps qui s'écoulera jusqu'à ce que je le désabuse? Sans doute, c'eût été le meilleur parti...; mais, quoi!

je ne serais pas vengée, ni l'honneur de mon mari satisfait, s'il se retirait sans obstacle et s'en lavant les mains d'un lieu où l'ont amené ses mauvais desseins. Que le traître paye de sa vie l'audace de son criminel désir : que le monde sache, si par hasard il est instruit, que Camille non seulement a gardé sa foi à son époux, mais qu'elle l'a vengé de celui qui l'avait outragé... Cependant, ne vaudrait-il pas mieux encore avertir Anselme? Je l'avais assez mis sur la voie dans la lettre que je lui écrivis à la campagne; s'il négligea de porter remède au danger que je lui signalais, ce fut sans doute par confiance et par bonté : il ne voulut et ne put pas croire que, dans l'esprit d'un aussi parfait ami, il pût se former des pensées contraires à son honneur. Je ne le voulus pas croire moi-même pendant quelque temps, et je ne l'aurais jamais cru si son insolence n'était venue au point de les rendre évidentes par ses présents, ses promesses et ses larmes continuelles. Mais, à quoi bon tous ces discours? Est-il encore besoin de se consulter lorsqu'on a pris une généreuse résolution? Non, certes : arrière, traître, à moi la vengeance! Qu'il entre le perfide! qu'il vienne, qu'il approche, qu'il meure! en arrive ce qui pourra. J'entrai pure au pouvoir de celui que le ciel m'a donné, j'en veux sortir pure, et plus encore j'en sortirai baignée dans mon chaste sang et dans le sang impur du plus faux ami qui ait profané l'amitié. En disant ces mots, elle se promenait dans la salle, le poignard nu à la main, marchait à grands pas, sans ordre ni mesure, et faisait de tels gestes qu'on eût dit qu'elle avait perdu la raison, et qu'on l'eût plutôt prise pour un homme désespéré que pour une femme délicate.

Anselme écoutait et considérait tout, caché derrière une tapisserie : il était en admiration, et trouvait déjà que ce qu'il avait vu et entendu suffisait pour détruire des soupçons plus graves : il aurait souhaité que la nouvelle preuve qu'il devait tirer de l'arrivée de Lothaire vînt à manquer, et redoutait quelque accident imprévu; il était prêt à se montrer, à sortir pour embrasser et désabuser sa femme; mais il s'arrêta lorsqu'il vit Léonelle revenir conduisant Lothaire par la main. Aussitôt que Camille l'aperçut, elle fit avec le poignard une grande raie sur le plancher, et lui dit : Écoutez-moi, Lothaire; si vous osez passer cette raie que vous voyez, ou même vous en approcher, au premier pas que je vous vois faire dans cette intention, je me plonge ce poignard dans le sein. Avant que de me répondre, je veux que vous écoutiez ce que j'ai à vous dire; vous parlerez ensuite comme vous l'entendrez. Et d'abord, dites-moi, connaissez-vous mon époux Anselme? quelle opinion en avez-vous? ensuite, me connaissez-vous moi-même? Répondez à cela et ne vous troublez pas, ne cherchez pas ce que vous avez à dire, car ce que je vous demande ne présente point de difficultés. Lothaire n'était pas si novice que, du moment où Camille lui avait dit de faire cacher Anselme, il n'eût imaginé ce qu'elle voulait faire : aussi répondit-il avec tant d'adresse et si à propos, qu'ils auraient fait tous les deux passer cette comédie pour la vérité la plus certaine. Il répondit en ces termes : Je ne pensais pas, belle Camille, que vous m'eussiez fait venir ici pour me demander des choses si étrangères à l'espoir qui m'y amène; si vous le faites pour éluder vos promesses, vous auriez dû l'exécuter il y a longtemps, car le bonheur désiré nous tourmente d'autant plus que l'espérance de le posséder est plus prochaine; mais, afin que vous ne m'accusiez pas de ne point répondre à vos demandes, je vous dirai que je connais bien votre époux Anselme : nous nous connaissons tous deux dès nos plus jeunes ans ; je ne veux pas insister sur une amitié qui vous est si connue, ce serait rendre témoignage de l'outrage que l'amour m'entraîne à commettre envers lui, puissante excuse de fautes plus grandes encore. Je vous connais également : vous m'êtes aussi chère qu'à lui-même ; s'il n'en était pas ainsi, pour de moindres qualités que les vôtres, je n'aurais pas oublié ce que je me dois à moi-même et les saintes lois de l'amitié, que l'Amour, ce tyran des cœurs, m'a contraint de violer. Si tu te confesses, dit Camille, ennemi mortel de tout ce qui mérite d'être aimé, de quel front oses-tu paraître devant celle que tu sais être le miroir où se contemple celui que tu aurais dû considérer, pour voir avec quelle indignité tu l'outrages? Mais, hélas! malheureuse que je suis! je soupçonne la cause qui t'a fait écarter de ton devoir : je me serai permis devant toi quelque liberté, je ne dis pas une chose déshonnête, car je n'aurai point agi de propos délibéré, mais de ces négligences qui échappent aux femmes lorsqu'elles ne croient point avoir de précautions à garder. Si ce n'est point cela, dis-moi, traître, ai-je jamais répondu un mot à tes sollicitations, laissé échapper un geste qui pût éveiller en toi la moindre espérance de réussir dans tes infâmes desseins? ai-je écouté tes propos d'amour sans les repousser avec colère, avec mépris? m'as-tu vue croire à tes promesses, accepter tes présents? Cependant, persuadée qu'il n'est pas naturel de persévérer longtemps dans une entreprise amoureuse, si l'on n'est soutenu de quelque espoir, je m'attribue à moi-même la faute de ta hardiesse : je veux m'en punir, faire retomber sur moi la peine que tu mérites, parce que sans doute quelque imprudence de ma part a soutenu tes espérances ; mais, afin que tu voies que lorsque je suis si cruelle envers moi-même, je ne saurais manquer de l'être envers toi, j'ai voulu te rendre témoin du sacrifice que je veux faire à l'honneur outragé de mon respectable époux, que tu as offensé autant que tu l'as pu et que j'ai offensé moi-même par le peu de soin que j'ai mis à fuir les occasions, si je t'en ai donné, qui pouvaient favoriser tes coupables intentions. Je le répète, c'est cette opinion que j'ai que quelque oubli de ma part aura fait naître en toi des pensées si outrageantes qui me tourmente le plus, c'est cette faute que je veux punir de mes propres mains, de peur que frappée par tout autre, ma faute ne devienne plus connue ; mais, en mourant, je veux aussi donner la mort, entraîner dans ma perte celui qui doit satisfaire en moi le désir de la vengeance que j'espère que je prends, et qui verra quelque part que ce soit la punition qu'inflige toujours la justice, et que celui qui m'a réduite en un tel désespoir ne l'a point évitée. En disant ces mots, elle se jette, le poignard nu, sur Lothaire, avec une force et une promptitude incroyables, elle semble si bien vouloir le lui plonger dans la poitrine, que lui-même ne sait presque si ces démonstrations sont vraies ou simulées, et qu'il est obligé d'employer la force et l'adresse pour empêcher Camille de le blesser : en effet, elle jouait cette scène de trahison avec tant d'énergie que, pour la rendre encore plus vraisemblable, elle voulut la teindre de son propre sang. Voyant donc qu'elle ne pouvait frapper Lothaire, ou du moins le feignant, elle s'écria : Puisque le sort refuse, ne veut pas que je satisfasse entièrement mon juste désir, il n'aura pas le pouvoir de m'empêcher de l'accomplir en partie. Alors, dégageant avec force sa main armée du poignard que retenait Lothaire, elle en dirigea la pointe vers un endroit où la plaie ne pouvait être profonde, au haut du côté gauche, près de l'épaule, puis se laissa tomber par terre comme évanouie. Léonelle et Lothaire demeurèrent épouvantés d'un tel dénouement, et doutaient encore de la vérité, tout en voyant Camille étendue et baignée dans son sang. Lothaire accourut effrayé, respirant à peine, retirer le poignard de la plaie; mais, la voyant si légère, il fut rassuré bientôt, et admira de nouveau la ruse, l'adresse et la prudence de Camille. Pour jouer aussi son rôle, il se mit à faire une longue et douloureuse lamentation sur le corps de Camille, comme si elle fût morte, donnant mille malédictions non seulement à lui, mais à l'auteur de tout ce désastre : comme il savait qu'Anselme l'entendait, il exprimait une telle douleur qu'à l'entendre il eût inspiré plus de pitié que Camille même, toute morte qu'elle paraissait.

Léonelle prit sa maîtresse dans ses bras, et la mit sur le lit, suppliant Lothaire d'aller chercher quelqu'un qui pût la panser secrètement. Elle lui demanda aussi conseil sur ce qu'il faudrait dire de cette blessure à Anselme, s'il revenait avant que Camille fût guérie. Lothaire lui répondit de dire ce qu'elle voudrait; qu'il n'était pas en état de donner aucun avis; il lui recommanda seulement de tâcher d'arrêter le sang; que, pour lui, il s'en allait dans un lieu où il ne pût être vu de personne; il se retira avec de grandes démonstrations de douleur, et quand il se trouva seul et hors de danger d'être vu, il ne cessait de faire des signes de croix en s'émerveillant de l'adresse de Camille et de la finesse de Léonelle; il pensait à quel point Anselme devait être persuadé qu'il possédait en sa femme une seconde Porcie, et désirait se trouver avec lui, pour célébrer ensemble le mensonge et la vérité la mieux dissimulée qui se pût imaginer. Léonelle arrêta le sang : il n'en était guère sorti que ce qui était nécessaire pour donner crédit à l'artifice; elle lava la plaie avec du vin, la banda le mieux qu'elle put, accompagnant ses actions de telles paroles, que, n'en eût-il pas entendu d'autres, Anselme eût pensé que sa femme était l'image même de l'honnêteté. Aux paroles de Léonelle vinrent s'ajouter celles de Camille; elle s'appelait timide, lâche, se reprochait d'avoir manqué de courage, au moment où elle en avait le plus besoin, pour s'ôter une vie qu'elle avait en horreur. Elle demandait conseil à Léonelle pour savoir si elle dirait ou ne dirait pas à son époux ce qui venait de se passer : celle-ci lui conseilla de n'en rien faire, parce que ce serait le mettre dans l'obligation de se venger de Lothaire, ce qu'il ne pouvait faire sans exposer ses jours, et qu'une femme prudente ne devait pas donner à son mari des occasions de querelle, et mettre, au contraire, tous ses soins à les détourner de lui. Camille approuva cet avis, et promit de s'y conformer, mais elle ajouta qu'il fallait, dans tous les cas, trouver quelque excuse à donner à son mari, au sujet de la plaie, qu'il était impossible de lui cacher. Léonelle répondit qu'elle ne savait pas mentir, même en plaisantant. Et moi, ma chère, reprit Camille, le sais-je davantage? je n'aurais point l'assurance de forger et de soutenir un mensonge, y allât-il de ma vie; si nous ne savons comment sortir de là, il vaudra mieux avouer la vérité toute nue, que de nous faire prendre en faute. Ne vous mettez point en peine, dit Léonelle, d'ici à demain j'y songerai; peut-être d'ailleurs que votre blessure, placée où elle est, pourra se cacher sans qu'il la soupçonne, et le ciel daignera favoriser nos honnêtes desseins. Calmez-vous donc et tranquillisez-vous, pour qu'Anselme ne vous trouve pas si fort troublée. Du reste, reposez-vous-en sur moi et sur la bonté de Dieu, qui favorise toujours les bonnes intentions.

Anselme avait très attentivement écouté et vu représenter la tragédie de la mort de son honneur; elle avait été exécutée avec tant de naturel et de pathétique par les personnages qui y jouaient un rôle, qu'on eût dit que la feinte était la vérité même; il attendait la nuit avec impatience, pour pouvoir sortir de sa maison, se retrouver avec son ami Lothaire, et se féliciter avec lui de la perle précieuse qu'il avait trouvée, en se détrompant, dans l'honneur et la chasteté de son épouse. Elles eurent soin de lui donner toute commodité de sortir; il en profita sans perdre de temps, et courut chez Lothaire. A peine l'eut-il trouvé, qu'on ne peut compter les embrassements qu'il lui donna, les choses qu'il lui dit de son ravissement, ni toutes les louanges qu'il donna à Camille. Lothaire l'écoutait sans pouvoir témoigner une grande joie; il ne pouvait écarter de sa mémoire combien Anselme était abusé, et combien lui-même le trompait indignement. Anselme remarqua bien le peu de satisfaction que témoignait Lothaire; mais il l'attribua à la blessure de Camille, dont il était la cause : aussi, pour le consoler, il lui dit de ne point s'inquiéter de l'événement arrivé à Camille, et que, sans doute, la blessure était légère, puisqu'elles étaient convenues de ne lui en point parler : qu'il fallait donc bannir toute crainte, et ne songer qu'à se réjouir avec lui, puisque, par son entremise, il se voyait parvenu au plus haut degré de félicité qui se puisse désirer; et qu'il ne voulait plus songer qu'à faire des vers en l'honneur de Camille, pour rendre son nom immortel chez les races futures. Lothaire loua cette excellente résolution, et promit de contribuer de son côté à l'érection de ce glorieux monument. Anselme continua ainsi d'être l'homme le plus heureusement trompé qui fût au monde : lui-même, de sa propre main, conduisait dans sa maison l'instrument de sa honte, croyant y conduire celui de son honneur. Camille le recevait avec un visage mécontent, en apparence, et avec une âme riante. Cette tromperie dura quelque temps; mais au bout de peu de mois la Fortune tourna sa roue : la fourberie, jusque-là cachée avec tant de soin, fut découverte, et il en coûta la vie à Anselme pour son impertinente curiosité.

CHAPITRE XXXV.

QUI TRAITE DU SANGLANT ET TERRIBLE COMBAT QUE DON QUICHOTTE LIVRE A DES OUTRES DE VIN ROUGE[1], ET FIN DE LA NOUVELLE DU CURIEUX IMPERTINENT.

Il ne restait plus que peu de choses à lire de la nouvelle, quand, du grenier où reposait Don Quichotte, sortit Sancho tout en désordre, s'écriant : Accourez vite, seigneurs; venez au secours de mon maître, qui se trouve engagé dans la plus épouvantable bataille que j'aie jamais vue. Vive Dieu! il a donné un si grand coup d'épée au géant ennemi de madame la princesse Micomicona, qu'il lui a coupé la tête

[1] Cervantes peut avoir pris l'idée de cette fiction chez Apulée, qui l'a employée dans son *Ane d'or*, liv. II et III.

tout ras comme si c'eût été un navet. Que dites-vous, frère? répondit le curé, laissant là ce qui restait à lire de sa nouvelle : êtes-vous dans votre bon sens, Sancho? comment diable cela peut-il se faire, puisque ce géant est à deux mille lieues d'ici? En même temps, on entendit un grand bruit dans la chambre, et Don Quichotte qui s'écriait: Arrête, larron, brigand, félon: je te tiens: ton cimeterre ne te sevira de rien. Et il leur sembla qu'il donnait de grands coups d'épée contre les murs. Ne vous amusez pas à écouter, dit Sancho: entrez, séparez les combattants, ou donnez du secours à mon maître, quoiqu'il n'en ait plus besoin, car sans doute le géant est déjà mort, et rend compte à Dieu de sa mauvaise vie. J'ai vu couler son sang par terre, et tomber à côté de lui sa tête coupée, qui est aussi grosse qu'une grande outre de vin. Je veux mourir, dit l'hôte, si Don Quichotte on Don Diable n'a donné quelque coup d'épée dans l'une des outres de vin rouge qui sont toutes pleines, à la tête de son lit, et le vin répandu doit être ce que ce bonhomme prend pour du sang. Il entra alors dans la chambre et les autres après lui, et ils trouvèrent Don Quichotte dans le plus étrange équipage du monde: il était en chemise, mais elle était si peu entière par devant, qu'elle ne lui couvrait pas les cuisses, et par derrière elle avait six doigts de moins: ses jambes, longues et maigres, étaient toutes velues et fort peu propres. Sa tête était couverte d'un petit bonnet rouge tout gras, appartenant à l'hôtelier; sur son bras gauche était roulée la couverture de lit, objet du ressentiment de Sancho, qui savait bien pourquoi; de la main droite, il tenait son épée nue, et s'en escrimait de droite et de gauche, faisant les mêmes provocations que si véritablement il eût combattu quelque géant. Le bon de l'affaire était qu'il avait les yeux fermés: car il dormait, et rêvait qu'il combattait le géant; son imagination était si pénétrée de l'aventure qu'il allait mettre à fin, qu'elle lui fit rêver qu'il était arrivé déjà au royaume de Micomicon, et combattait son ennemi. Il avait donné tant de coups d'épée aux outres, croyant les donner au géant, que toute la chambre était pleine de vin. L'hôtelier, à ce spectacle, entra dans une telle colère, qu'il se jeta sur Don Quichotte, et lui donna tant de coups à poings fermés, que, si le curé et Cardenio ne le lui avaient arraché des mains, la guerre du géant aurait été terminée. Malgré cette grêle de coups, le pauvre chevalier ne s'éveillait pas; le barbier s'avisa d'apporter du puits un grand chaudron d'eau froide qu'il lui jeta tout entière sur le corps. Don Quichotte s'éveilla, mais pas assez pour s'apercevoir de l'état où il se trouvait. Dorothée, le voyant si légèrement et si court vêtu, ne voulut pas entrer pour être témoin du combat entre son défenseur et son ennemi. Sancho cherchait partout la tête du géant, et, ne la trouvant pas, il s'écria: Je savais déjà que tout était enchantement dans cette maison: l'autre fois, au même endroit où je me trouve, on me donna force gourmades et coups de poing, sans que je susse qui me les donnait et sans voir personne, maintenant je ne découvre pas cette tête que j'ai vu couper de mes propres yeux, et le sang sortait du corps comme d'une fontaine. Quel sang et quelle fontaine veux-tu dire, ennemi de Dieu et des saints? répond l'hôtelier; ne vois-tu pas, larron, que cette fontaine et ce sang ne sont autre chose que mes outres que tu vois percées et le vin rouge dans lequel on nage ici? puissé-je voir de même nager dans les enfers l'âme de celui qui les a percées! Je n'en sais rien, reprit Sancho: tout ce que je sais, c'est que je serai si malheureux que, pour ne pas trouver cette tête, mon comté va fondre comme le sel dans l'eau. Sancho, éveillé, était pire que son maître endormi, tant les promesses de ce dernier lui avaient tourné la cervelle? L'hôte se désespérait de voir le flegme de l'écuyer et les dégâts du maître: il jurait qu'il n'en serait pas cette fois comme de l'autre, qu'ils s'en allèrent sans payer ; et que les priviléges de chevalerie ne les exempteraient pas de payer le tout à la fois, et même ce qu'il en pourrait coûter pour les réparations à faire aux outres percées. Le curé tenait par les mains Don Quichotte qui, croyant avoir achevé l'aventure et se trouver en présence de la princesse Micomicona, se mit à genoux devant le curé et lui dit: Votre grandeur, haute et puissante dame, peut bien maintenant vivre en toute sécurité, sans craindre aucun mal de cette discourtoise créature: je suis, dès ce jour, quitte de la parole que je vous ai donnée, puisque, avec l'aide de Dieu, et la faveur de celle pour qui je vis et je respire je l'ai si bien remplie. Ne vous le disais-je pas bien? interrompit Sancho en entendant ces paroles, je n'étais pas ivre : voyez si mon maître n'a pas déjà mis le géant dans le sel. Les taureaux sont sûrs, et mon comté aussi. Qui pouvait s'empêcher de rire en entendant ces folies du maître et du valet? Tous riaient, excepté l'hôtelier, qui se vouait à Satan. Enfin, Cardenio, le barbier et le curé firent tant, que, non sans beaucoup de peine, ils remirent Don Quichotte dans son lit, où il resta endormi, avec des marques d'une extrême fatigue. Ils le laissèrent dormir et revinrent à la porte de l'hôtellerie pour consoler Sancho de n'avoir pu trouver la tête du géant; mais ils eurent bien plus de peine à apaiser l'hôtelier désespéré de la mort subite de ses outres. L'hôtesse, de son côté, jetait les hauts cris: Maudits soient l'heure et le moment où est entré chez moi ce chevalier errant ; mes yeux ne l'eussent-ils jamais vu, au prix qu'il me coûte! La dernière fois, il s'en alla sans nous payer le prix d'une nuit, du souper, du lit, de la paille et de l'orge, pour lui et pour son écuyer, pour un âne et pour un roussin, disant qu'il était chevalier, courant les aventures, (que Dieu les lui garde mauvaises, à lui et à tous les aventuriers du monde!) et qu'à cause de cela il n'était pas tenu de rien payer, que cela était écrit dans les ordonnances de la chevalerie errante. Maintenant, pour l'amour de lui, est venu cet autre qui m'a emporté ma queue de vache, et me l'a rapportée avec plus de deux cuartos de dommage, et si pelée qu'elle ne pourra plus servir à mon mari. Et, pour compléter le tout, il s'en vient crever mes outres et répandre mon vin ; que ne puis-je voir couler son sang! Mais qu'il ne pense pas en être quitte: par les os de mon père et par le siècle de ma mère, il me payera tout cela sans que rien y manque, ou j'y perdrai mon nom et je ne serai point fille de mon père! L'hôtesse exhalait ainsi sa colère, et la bonne Maritorne ne restait pas en arrière. Pour la fille, elle ne disait mot, et se contentait quelquefois de sourire. Enfin, le curé apaisa tout le bruit, en promettant de payer le dégât des outres, du vin et particulièrement de la queue dont ils faisaient tant de cas. Dorothée consola Sancho ; l'assurant que, du moment qu'il paraissait vrai que son maître avait coupé la tête du géant, elle lui promettait, dès qu'elle se verrait en paisible possession de son royaume, de lui donner le meilleur comté qu'elle eût. Cette promesse consola Sancho, il affirma à la princesse qu'il avait certainement vu tomber la tête du géant, à telles enseignes qu'elle avait une barbe qui lui descendait jusqu'à la ceinture, et que, si on ne la trouvait pas, c'était parce que, dans cette maison, tout se faisait par enchantement, comme il l'avait éprouvé lui-même à son premier passage. Dorothée lui répondit qu'elle le croyait ainsi, qu'il ne se mît point en peine, que tout irait bien et à bouche que veux-tu. Le bruit apaisé, le curé, voyant qu'il ne restait guère à lire de la nouvelle, voulut l'achever. Cardenio, Dorothée et les autres l'en prièrent, et lui, désirant les satisfaire et se contenter lui-même, poursuivit ainsi:

L'assurance qu'avait Anselme de la vertu de sa femme le rendait l'homme le plus satisfait et le plus heureux. Camille s'étudiait à faire mauvaise mine à Lothaire, afin qu'Anselme se méprît à ses sentiments, et Lothaire, pour le mieux confirmer dans son opinion, sollicita de lui la permission de ne plus fréquenter sa maison, puisque sa présence était si évidemment désagréable à Camille. Mais Anselme, toujours abusé, n'y voulut consentir en aucune façon. Ainsi, lui-même était de mille manières l'instrument de son déshonneur, en croyant l'être de sa félicité. Sur ces entrefaites, Léonelle, dans la joie que lui donnait la liberté qu'elle goûtait dans ses amours, s'y laissait emporter sans aucune retenue; elle se fiait sur la protection de sa maîtresse qui cachait sa conduite et veillait elle-même à ce qu'elle pût s'y livrer sans bruit. Enfin, une nuit, Anselme entendit marcher dans la chambre de Léonelle, et, voulant y entrer pour voir qui c'était, il sentit que l'on retenait la porte. Cette résistance lui donna plus d'envie de l'ouvrir, et il fit un tel effort qu'il en vint à bout, et au moment même où il entra il vit un homme sauter par la fenêtre dans la rue. Il s'élança promptement pour le saisir, ou le reconnaître, mais il ne put faire ni l'un ni l'autre parce que Léonelle étendit ses bras pour le retenir, lui disant : Arrêtez, seigneur, ne vous irritez point, et ne cherchez pas à suivre celui qui s'enfuit. Ceci me regarde seule. C'est mon mari. Anselme n'en voulut rien croire; et, aveuglé par la colère, tira son poignard, l'en menaça et lui ordonna de dire la vérité sinon qu'il la tuerait. Léonelle tremblante, ne sachant ce qu'elle disait, répondit: Ne me tuez pas, seigneur, je vous apprendrai des choses plus importantes que vous ne le pensez. Dis-les sur-le-champ, ou tu es morte, reprit Anselme. Dans ce moment, et dans le trouble où je suis, c'est impossible, répliqua Léonelle; attendez à demain matin: je vous découvrirai des choses qui vous étonneront; ne doutez pas, cependant, que celui qui a sauté par la fenêtre est un jeune homme de cette ville qui m'a donné parole d'être mon mari. Anselme s'apaisa, résolu d'attendre jusqu'au lendemain, et ne pensant guère apprendre quelque chose contre Camille, de l'honnêteté de laquelle il se croyait si sûr. Il sortit donc de la chambre, y laissant Léonelle enfermée, et lui dit qu'elle ne sortirait pas de là qu'elle ne lui eût dévoilé tout ce qu'elle avait à lui faire savoir. Il se rendit aussitôt à l'appartement de Camille, lui raconta ce qui venait de se passer, et la promesse que lui avait faite Léonelle de lui révéler des choses importantes. Si Camille fut troublée à ce récit, on peut se le figurer: elle crut, et elle avait raison de le croire, que Léonelle ne manquerait pas de découvrir tout ce qu'elle savait du peu de foi de sa maîtresse. Sa frayeur fut si grande qu'elle ne voulut pas attendre si ses soupçons se trouveraient faux. Aussi, cette même nuit, dès qu'elle crut Anselme endormi, elle prit de l'argent et ses plus riches bijoux; puis, sans être aperçue, elle sortit de la maison, et courut chez Lothaire, auquel elle raconta ce qui venait de se passer, le conjurant de la mettre en sûreté, ou de fuir ensemble en lieu où ils fussent à couvert des poursuites d'Anselme. Lothaire fut si troublé qu'il ne pouvait répondre une parole, et ne savait à quoi se résoudre. Enfin il prit le parti de conduire Camille dans un monastère dont la prieure était sa sœur : Camille y consentit, et Lothaire, avec toute la célérité que le cas exigeait, la conduisit au monastère et l'y laissa. Lui-même aussitôt sortit de la ville, sans prendre congé de personne. Le lendemain matin, Anselme se leva sans s'apercevoir que Camille n'était pas près de lui, et, ne pensant qu'au secret que devait lui révéler Léonelle, il courut à la chambre où il l'avait enfermée, l'ouvrit, entra et ne trouva personne; seulement il reconnut que les draps du lit étaient attachés à la fenêtre, et l'on pouvait voir qu'elle s'était enfuie par là. Contrarié vivement, il retourne vers Camille, et ne la trouvant ni chez elle ni dans toute la maison, une sombre inquiétude s'empare de lui ; il s'informe auprès des valets, aucun ne peut lui donner d'informations ; il aperçoit enfin au milieu de ses recherches les coffres ouverts, et que la plupart des bijoux n'y sont plus ; cette découverte achève de lui révéler sa disgrâce, et que Léonelle n'en est pas la cause. Triste et pensif, demi-vêtu, il veut aller confier son malheur à Lothaire ; mais quand il apprend qu'il est aussi disparu, et que ses gens lui disent qu'il est parti la nuit, emportant tout ce qu'il avait d'argent, il pensa perdre le jugement ; pour l'achever, à son retour chez lui, il ne trouva plus ni valets ni servantes : la maison était déserte. Il ne savait que penser, que dire ni que faire, et petit à petit sa tête se perdait : il se voyait, en un moment, sans femme, sans ami, sans domestique, abandonné, ce lui semblait, du ciel même, et, par-dessus tout, dépouillé de son honneur, car la fuite de Camille lui en révélait la perte. Il résolut enfin d'aller à la campagne de cet ami auprès duquel il s'était rendu quand il avait fourni les moyens de préparer sa disgrâce. Il ferme la porte de sa maison, monte à cheval, et se met en route navré de douleur. Il n'avait pas fait la moitié du chemin, qu'abattu par ses tristes pensées, il fut contraint de mettre pied à terre, et d'attacher son cheval à un arbre, au pied duquel il se laissa tomber, suffoqué par ses sanglots. Il demeura dans ce lieu jusqu'au soir. Il aperçut alors un homme à cheval, qui venait de la ville : il le salua et lui demanda ce qu'on disait de nouveau dans Florence. Les choses les plus étranges qu'on y ait jamais ouïes, lui répond le voyageur : on dit publiquement que Lothaire, ce grand ami d'Anselme le riche, qui demeurait auprès de Saint-Jean, a enlevé cette nuit Camille, femme de cet Anselme, qui est aussi disparu. On a su cela par une suivante de Camille, que le gouverneur a trouvée cette nuit comme elle descendait à l'aide d'un drap par la fenêtre de la maison. Je ne connais pas bien toutes les circonstances de cette aventure, je sais seulement que toute la ville en est dans l'étonnement, car on ne devait pas attendre un tel résultat de l'intime union qui régnait entre ces deux hommes, que l'on n'appelait que les *deux amis*. Sait-on, par hasard, demanda Anselme, le chemin qu'ont pris Lothaire et Camille ? on n'en a pas la moindre connaissance, répondit le Florentin, quoique le gouverneur ait fait beaucoup de démarches pour en être instruit. Que Dieu vous accompagne, seigneur, dit Anselme. Qu'il soit avec vous, répond le voyageur. Et il poursuivit son chemin.

Accablé d'aussi tristes nouvelles, Anselme fut sur le point de perdre non seulement la raison mais aussi la vie. Il se leva comme il put, et se rendit chez son ami, qui n'était point encore informé de sa disgrâce ; mais le voyant arriver si pâle et si défait, il jugea qu'il était atteint de quelque mal fort grave. Anselme pria qu'on le fît mettre au lit, et qu'on lui donnât ce qu'il fallait pour écrire. Cela fait, on le laissa seul, comme il l'avait désiré après avoir exigé même que l'on fermât les portes. Livré à lui-même, il se trouva tellement accablé de l'idée de son infortune, qu'aux angoisses qu'il éprouvait il vit bien que la vie allait lui échapper : il voulut donc faire connaître la cause étrange de sa mort. Il se mit à écrire, mais, avant qu'il eût achevé de dire tout ce qu'il voulait, les forces lui manquèrent, et il mourut de la douleur que lui avait causée son impertinente curiosité. Le maître de la maison, voyant qu'il était déjà tard et qu'Anselme n'appelait pas, entra dans sa chambre pour savoir si son indisposition continuait : il le trouva sa tête penchée, la moitié du corps dans le lit, et l'autre moitié inclinée sur la table, la plume à la main, et appuyé sur un papier écrit tout ouvert devant lui. Il l'appelle, s'approche, lui saisit la main ; voyant qu'il ne lui répond pas et le trouvant froid, il s'aperçoit qu'il est mort. Saisi d'étonnement et de douleur, il appelle ses gens pour être témoins de cet événement déplorable, et se met à lire ce papier, sur lequel était écrit de la main d'Anselme, dont il reconnut bien le caractère :

« Un sot et impertinent désir me coûte la vie. Si la nouvelle de ma mort parvient à Camille, qu'elle sache que je lui pardonne : elle n'était point obligée de faire des miracles, et je ne devais pas exiger qu'elle en fît ; et, puisque j'ai été moi-même l'instrument de mon déshonneur, il ne faut pas que.... »

Il n'en avait point écrit davantage, et l'on reconnut qu'il avait expiré sans pouvoir compléter son idée. Le lendemain, l'ami d'Anselme fit connaître sa mort à ses parents, qui avaient appris déjà sa triste aventure. Quant à Camille, elle était dans son couvent, prête à suivre Anselme dans son dernier voyage, non à cause des nouvelles de la mort de l'époux, mais par l'effet des nouvelles qu'elle apprit de l'ami absent ; elle n'avait pas voulu, assure-t-on, malgré son veuvage, sortir du couvent, et encore moins faire profession, jusqu'à ce qu'elle apprît, et ce fut bientôt, que Lothaire avait été tué dans une bataille que M. de Lautrec[1] avait livrée au grand capitaine Gonzalo Fernandez de Cordoue, dans le royaume de Naples, où s'était rendu cet ami qui se repentit trop tard. Alors Camille prononça ses vœux, et ne tarda pas à voir arriver la fin d'une vie livrée à la tristesse et aux regrets. Ainsi périrent trois personnes, parce qu'une d'elles s'était laissée aller à un désir insensé.

Cette nouvelle me paraît bonne, dit le curé, mais je ne puis me persuader qu'elle soit véritable ; si ce n'est qu'une fiction, l'auteur a été mal inspiré : car, peut-on supposer un époux assez sot pour vouloir faire une épreuve aussi dangereuse ? Passe encore s'il était question d'un amant et de sa maîtresse ; mais, entre mari et femme, c'est la chose impossible. Quant à la manière de raconter, je n'en suis pas mécontent.

[1] Cervantes commet ici une erreur en désignant Lautrec. Il ne commanda que plus tard en Italie.

CHAPITRE XXXVI.

QUI TRAITE D'AUTRES GRANDS ÉVÉNEMENTS QUI SE PASSÈRENT DANS L'HOTELLERIE.

Sur ces entrefaites, l'hôtelier, qui se tenait à la porte de la maison, s'écria : Voici venir une belle troupe d'hôtes ; s'ils s'arrêtent ici, nous ferons *gaudeamus*. Quelle espèce de gens est-ce ? demanda Cardenio. — Quatre hommes à cheval, armés de lances et d'écus, tous avec des masques noirs ; avec eux est une dame vêtue de blanc, sur une selle en fauteuil, le visage également voilé, et deux valets de pied. Sont-ils bien près ? demanda le curé. Si près, dit l'hôte, que les voilà qui arrivent. A ces mots, Dorothée abattit son voile, et Cardenio passa dans la chambre de Don Quichotte. Ils avaient à peine eu le temps de prendre ces précautions que toute la troupe entra dans l'hôtellerie. Les cavaliers, tous de belle apparence, mirent pied à terre, et s'approchèrent de la dame pour l'aider à descendre ; l'un d'eux l'enleva dans ses bras, et vint l'asseoir sur une chaise qui se trouvait à la porte de la chambre où s'était caché Cardenio. Cependant, aucun d'eux ne s'était démasqué, et n'avait dit une parole ; la dame seulement fit un grand soupir, et laissa tomber ses bras comme une personne malade et épuisée. Les valets conduisirent les chevaux à l'écurie. Le curé, que ce déguisement et ce silence rendaient plus curieux encore, se rendit auprès des valets, et demanda à l'un d'eux ce qu'il désirait savoir. Parbleu ! seigneur, répondit-il, je ne saurais vous dire quelles gens ce sont : je sais seulement que ce sont des gens de qualité, surtout celui qui a pris dans ses bras la dame que vous avez vue ; tous les autres lui portent respect, et l'on ne fait que ce qu'il ordonne. — Et la dame, qui est-elle ? demanda le curé. Je ne suis pas plus instruit de ce qui la regarde, répondit le valet ; car, dans tout le voyage, je n'ai pas vu sa figure. Je l'ai entendue soupirer souvent, et faire de tels gémissements qu'on dirait qu'à chacun elle va rendre l'âme : au reste, il n'est pas étonnant que nous n'en sachions pas davantage, car il n'y a que deux jours que nous sommes avec eux, mon compagnon et moi. Nous les avons rencontrés dans le chemin, et ils nous ont persuadé de les suivre en Andalousie, nous promettant de nous payer généreusement. En avez-vous entendu nommer quelqu'un ? demanda le curé.—Non, certes ; car ils voyagent tous dans un tel silence que c'est merveille ; l'on n'entend autre chose que les soupirs et les sanglots de la pauvre dame qui nous fait grande pitié : nous sommes persuadés qu'ils l'emmènent par force ; et, si l'on peut en juger par son habit, elle est religieuse, ou va l'être, ce qui paraît plus certain ; c'est peut-être parce que sa volonté ne l'y conduit pas qu'elle est si triste. Cela pourrait être, dit le curé. Et il les quitta pour se rapprocher de Dorothée. Celle-ci, ayant entendu soupirer la dame masquée, s'était approchée d'elle, émue de compassion naturelle, et lui disait : Quel mal sentez-vous, madame ? Si c'est un de ceux que les femmes connaissent et savent guérir, je vous offre de bon cœur mes services. La dame affligée se taisait, et quoique Dorothée redoublât ses instances, elle persistait dans son silence. Enfin, le chevalier masqué, que le valet avait désigné comme le maître, s'approcha et dit à Dorothée : Ne vous obstinez point, madame, à faire offre de services à cette femme, car elle a pour coutume de ne reconnaître rien de ce que l'on fait pour elle, et ne lui demandez aucune réponse, si vous ne voulez entendre des mensonges. Jamais je n'en ai dit, répondit alors l'inconnue, qui s'était tue jusqu'alors; c'est pour avoir été trop vraie et sans détour que je me trouve dans ce triste état. Je vous en prends vous-même à témoin, puisque c'est ma sincérité qui vous rend faux et menteur. Ces paroles furent clairement entendues de Cardenio, qui était si près de celle qui les prononçait qu'il n'en était séparé que par la porte de Don Quichotte. A cette voix, il pousse un grand cri : Qu'ai-je entendu ? quelle voix est venue frapper mon oreille? A ces cris, la dame, toute troublée, tourne la tête, et, ne voyant pas celui qui parlait, elle veut entrer dans la chambre; mais le chevalier la retient, sans lui permettre de faire un pas. Dans ce moment de trouble et d'agitation, le taffetas qui couvrait son visage s'abat, et laisse voir une beauté incomparable, un visage miraculeux, quoique pâle et défait. Elle tournait les yeux de tous les côtés où sa vue pouvait atteindre, avec tant de marques d'inquiétude, qu'on l'eût prise pour une folle, et ces démonstrations, dont on ignorait le motif, firent naître une grande pitié en Dorothée et parmi les autres. Le cavalier la tenait fortement par les épaules, et pour être si occupé de la retenir, il ne put relever son propre masque qui s'échappait, et qui en effet tomba par terre. Dorothée, qui tenait la dame embrassée, leva les yeux dans le moment, et vit dans celui qui l'embrassait en même temps son époux don Fernand. A peine l'eut-elle reconnu qu'un cri douloureux s'échappa du fond de son cœur, et elle tomba sans connaissance: elle serait tombée jusqu'à terre, si le barbier n'eût été assez près pour la retenir dans ses bras. Le curé s'approcha aussitôt pour lui ôter son voile et lui jeter de l'eau sur la figure. A peine l'eut-il découverte, que don Fernand la reconnut, car c'était lui qui tenait embrassée l'autre dame. A cette vue, il parut comme frappé de mort. Cependant il ne lâchait point Lucinde; c'était elle qui faisait tous ses efforts pour s'échapper; elle avait reconnu la voix de Cardenio, comme celui-ci avait reconnu la sienne. Il entendit aussi le gémissement que poussa Dorothée en tombant: s'imaginant que c'était Lucinde, il sortit de la chambre tout effrayé, et le premier objet qu'il aperçut fut don Fernand qui tenait Lucinde embrassée. Ce dernier le reconnut aussitôt : tous trois, Lucinde, Dorothée et Cardenio restèrent muets, immobiles, comme ignorant ce qui leur était arrivé; ils se taisaient et se regardaient, Dorothée don Fernand, celui-ci Cardenio, Cardenio Lucinde, et Lucinde Cardenio. Ce fut Lucinde qui rompit le silence la première, et, s'adressant à don Fernand, elle lui dit : Laissez-moi, seigneur, au nom de ce que vous vous devez à vous-même, puisque aucune autre considération ne vous touche, laissez-moi m'attacher au mur dont je suis le lierre, à l'appui dont n'ont pu me détacher vos importunités, vos menaces, vos promesses, ni vos présents. Voyez par quelles voies secrètes et inusitées le ciel m'a fait rencontrer mon véritable époux : vous savez, par mille expériences qui nous ont coûté cher, que la mort seule serait capable de l'effacer de ma mémoire. Que des témoignages si clairs fassent donc changer (puisque vous ne pouvez parvenir à autre chose) votre amour en fureur et vos désirs en dépit. Otez-moi la vie : si je la perds en présence de mon époux, je la croirai bien employée; ma mort peut-être lui prouvera la foi que je lui ai gardée jusqu'au dernier moment. Pendant ce discours, Dorothée était revenue à elle, et avait entendu les paroles de Lucinde, qui la lui firent connaître. Voyant donc que don Fernand ne cessait pas de la retenir, et ne lui répondait rien, elle se lève avec peine, va se jeter à ses pieds, et, versant un torrent de larmes qui l'embellissaient encore, elle lui dit : Si ce n'était, seigneur, que vos yeux sont éblouis par l'éclat de ce soleil que vous tenez éclipsé dans vos bras, vous vous seriez aperçu déjà que l'infortunée prosternée devant vous est la triste Dorothée, malheureuse tout le temps que vous voudrez qu'elle le soit : je suis cette humble paysanne que votre amour ou votre bonté voulut élever à l'honneur de vous appartenir ; je suis celle qui, renfermée dans les limites d'une vie honnête, vivait contente, jusqu'à ce que, cédant à vos poursuites et à ce qui semblait être vos sincères et amoureux désirs, elle eut franchi pour vous les bornes de la retenue, et remis entre vos mains sa liberté; don mal reconnu, comme le prouve la nécessité qui me contraint à me trouver en ce lieu, et les circonstances dans lesquelles je vous vois. Gardez-vous, cependant, de croire que je suis venue ici entraînée par mon déshonneur ; je n'y suis conduite que par la douleur et le chagrin de me voir oubliée. Vous avez désiré que je fusse à vous, et vous l'avez voulu de telle sorte, qu'encore que vous ne le vouliez plus, vous ne pouvez cesser d'être à moi. Considérez, seigneur, que l'incomparable affection que je vous porte peut balancer la noblesse et la beauté de celle pour qui vous m'abandonnez. Vous ne pouvez appartenir à Lucinde, puisque vous êtes à moi : Lucinde ne peut être à vous, puisqu'elle appartient à Cardenio; et il vous sera plus facile, si vous y faites attention, de revenir à celle qui vous adore, que d'amener à vous aimer une femme qui n'a pour vous que de l'aversion. Vous avez surpris mon inexpérience, vous m'avez demandé le sacrifice de mon honnêteté, vous n'avez pas ignoré ma condition, vous savez bien de quelle manière je me suis livrée à vos désirs, vous n'avez aucun sujet de vous plaindre d'avoir été trompé. S'il en est véritablement ainsi, si vous êtes chrétien aussi bien que gentilhomme, pourquoi tant de détours pour différer de me rendre aussi heureuse à la fin que vous l'aviez fait au commencement? Si vous ne voulez pas de moi pour ce que je suis, pour votre véritable et légitime épouse, prenez-moi du moins et recevez-moi pour votre esclave : pourvu que je vous appartienne, je m'estimerai trop heureuse. Ne souffrez pas que votre abandon, que d'injurieux propos conspirent contre mon honneur ; ne donnez une si malheureuse vieillesse à mes parents, c'est une récompense que n'ont point méritée les loyaux services qu'ils ont toujours rendus à votre famille, comme de bons vassaux. Si vous craignez d'avilir votre sang en le mêlant au mien, réfléchissez qu'il n'est aucune noblesse au monde, ou peu du moins, qui n'aient suivi la même route, et que celle qui vient des femmes ne compte point dans les grandes généalogies : d'ailleurs, la véritable noblesse consiste dans la vertu, si vous y manquez, en me refusant la justice qui m'est due, je serai donc plus noble que vous. Enfin, seigneur, ce qu'il me reste à dire est que je suis votre épouse, que vous le vouliez ou non ; j'en ai pour témoins vos serments, qui ne sauraient être faux, si vous mettez votre orgueil dans ce qui me rabaisse à vos yeux. J'en prends encore à témoin votre signature que vous m'avez donnée, et le ciel que vous avez pris pour garant de vos promesses : quand tout cela me manquerait, votre propre conscience ne manquerait pas de protester tout bas pour moi, au milieu de vos plaisirs; elle répéterait la vérité que je proclame et jetterait le trouble au milieu de vos plus légitimes contentements.

La triste Dorothée avait parlé avec tant d'émotion et de larmes, que ceux mêmes qui accompagnaient don Fernand et les autres assistants ne purent s'empêcher de pleurer avec elle. Don Fernand l'écouta sans répondre un seul mot, jusqu'à ce qu'elle eut cessé ses plaintes pour ne plus faire entendre que des soupirs et des sanglots : un cœur de bronze était seul capable de voir une si grande douleur sans en être attendri. Lucinde la regardait, non moins émue de son affliction que frappée de son esprit et de sa beauté; elle aurait voulu s'approcher de l'infortunée et lui adresser quelques paroles de consolation, mais les bras de don Fernand la retenaient toujours. Enfin, après avoir longtemps considéré Dorothée, celui-ci, plein de trouble et de confusion, ouvrit les bras, et, rendant à Lucinde sa liberté, s'écria : Tu as vaincu, belle Dorothée, tu as vaincu, et il n'est pas possible de résister à de telles vérités. Après la faiblesse que Lucinde avait éprouvée, elle était près de tomber lorsque don Fernand cessa de la soutenir, mais Cardenio, qui s'était placé derrière don Fernand pour n'en être point vu, se trouvant tout près, et bannissant toute autre considération, s'empressa de la soutenir à tout risque et la recueillit dans ses bras. Si le ciel pitoyable daigne enfin t'accorder quelque repos, lui dit-il, digne, loyale et courageuse épouse, en aucun lieu tu ne le trouveras plus sûr que dans ces bras qui te reçoivent maintenant et qui te reçurent autrefois, quand il me fut permis de t'appeler mienne. A ces mots, Lucinde leva les yeux sur Cardenio, ses regards achevèrent une reconnaissance que la voix avait déjà commencée, et sans être retenue par aucun respect humain, elle enlaça de ses bras le cou de Cardenio, et collant son visage contre le sien elle s'écria : Oui, vous êtes le seul maître de cette esclave qui ne veut être qu'à vous, malgré tous les obstacles de la fortune et toutes les menaces que l'on fait à cette vie qui ne se soutient que par la vôtre. Ce fut un étrange spectacle pour don Fernand et pour tous les assistants surpris d'un événement si imprévu. Dorothée crut voir que don Fernand changeait de couleur et faisait mine de vouloir se venger de Cardenio, car elle lui vit porter la main à son épée. Aussi prompte que la pensée, elle embrassa ses genoux, les tenant serrés et l'empêchant de se mouvoir ; sans arrêter ses pleurs, elle lui dit: Que voulez-vous faire, ô mon unique refuge, dans cette rencontre inopinée? Vous voyez votre épouse à vos pieds; celle que vous vouliez qui le fût est dans les bras de son mari ; voyez s'il vous convient, s'il vous est possible de défaire ce que le ciel a fait, ou s'il vaut mieux élever, égaler à vous celle qui, après tant d'obstacles, ferme dans la constance de ses sentiments, attache ses yeux sur vos yeux et inonde de douces larmes d'amour le visage et le sein de son véritable époux. Je vous en conjure, au nom de Dieu, au nom de vous-même, que ce spectacle n'allume pas votre colère, qu'il l'adoucisse au contraire ; permettez que ces deux amants jouissent sans opposition de votre part de tout le bonheur que le ciel voudra leur accorder ; ce sera montrer la générosité de votre noble et illustre sang, et le monde apprendra que la raison a sur vous plus d'empire que les passions. Cependant Cardenio tenait toujours Lucinde embrassée, et n'ôtait pas les yeux de dessus don Fernand, résolu de se défendre s'il lui voyait faire le moindre mouvement hostile, et de combattre ceux qui voudraient l'attaquer, dût-il lui en coûter la vie ; mais les amis de don Fernand, le curé, le barbier, et tous ceux qui étaient présents, sans oublier le bon Sancho Pança, entourèrent don Fernand, et le conjurèrent d'avoir égard aux larmes de Dorothée, et de ne pas permettre qu'elle se vît frustrée de ses espérances, puisqu'elle ne lui avait dit, comme ils en étaient convaincus, que la vérité; de considérer que ce n'était point un hasard apparent, mais bien un arrêt de la Providence qui les avait tous réunis dans ce lieu lorsque aucun d'eux n'y songeait: Songez, ajouta le curé, que la mort seule peut désunir Lucinde et Cardenio, et quand le tranchant de l'épée les séparerait, cette mort, s'ils la recevaient ensemble, leur paraîtrait heureuse. Il est d'un généreux courage, dans les circonstances auxquelles on ne peut rien changer, de se vaincre soi-même et de permettre, par sa seule volonté, que ces deux amants jouissent du bien que le ciel leur envoie. Jetez les yeux sur la beauté de Dorothée, elle n'a que peu ou point d'égale, à plus forte raison n'en est-il pas qui la surpassent. Joignez à sa beauté sa modestie et son amour, surtout réfléchissez, si vous faites cas des titres de chrétien et de gentilhomme, que vous ne pouvez manquer à la parole donnée, et qu'en l'accomplissant vous satisfaites à ce que vous devez à Dieu et aux personnes sages, qui savent que la prérogative de la beauté, encore qu'elle se trouve en un sujet d'humble naissance, si elle est accompagnée de l'honnêteté, est de pouvoir s'élever à quelque rang que ce soit, sans rabaisser celui qui l'élève jusqu'à lui ; enfin celui qui obéit à la puissance de ses désirs, s'il n'en résulte aucun péché, ne saurait encourir le blâme de personne. A ces raisons ils en ajoutèrent tant d'autres, qu'enfin le cœur généreux de don Fernand ne démentit point le sang illustre qui l'animait : il s'apaisa et se laissa vaincre par les vérités qu'il ne pouvait nier, il en donna la preuve en se baissant pour embrasser Dorothée, et lui dit : Levez-vous, madame, il n'est pas juste que l'on voie à mes pieds celle qui règne dans mon âme. Si jusqu'ici ma conduite n'a point répondu à mes paroles, c'est sans doute par un ordre du ciel qui voulait que je fusse témoin de la foi que vous m'avez gardée, pour apprendre à vous estimer autant que vous le méritez. Daignez me pardonner mes mauvais procédés et mon aveuglement. Le même charme qui m'avait conduit à vous recevoir pour mienne m'avait aussi entraîné à cesser d'être à vous. Contemplez cette Lucinde, aujourd'hui si contente, et vous trouverez en elle l'excuse de mes torts. Mais puisqu'elle a rencontré ce qu'elle désire, et que je trouve en vous tout ce qui peut me satisfaire, qu'elle vive heureuse et tranquille, et passe avec son Cardenio des jours longs et fortunés ; je prierai à genoux le ciel de m'en accorder de semblables avec ma Dorothée. En achevant ces mots, il l'embrassa de nouveau d'une manière si tendre, qu'il lui fallut faire un violent effort pour que ses larmes ne donnassent pas un nouveau gage de son amour et de son repentir. Il n'en fut pas de même de Cardenio, de Lucinde et de tous ceux qui étaient témoins de cette scène. Ils pleurèrent avec tant d'abondance, les uns par suite de leur propre joie, les autres par sympathie, qu'on les eût dits tous frappés de quelque grave et fâcheux événement. Sancho lui-même pleurait ; mais il a avoué depuis que ce n'était que pour avoir bien vu que Dorothée n'était pas la reine Micomicona, dont il espérait de si grandes faveurs. L'étonnement et les larmes durèrent quelque temps. Enfin Lucinde et Cardenio furent se jeter aux genoux de don Fernand et le remercièrent de sa générosité dans des termes si expressifs que, ne sachant que leur répondre, il les releva et les embrassa avec beaucoup d'affection et de courtoisie. Il pria Dorothée de lui apprendre comment elle était venue dans un lieu si éloigné de chez elle. Elle lui raconta en peu de mots, mais élégants, tout ce qu'elle avait dit précédemment à Cardenio ; don Fernand et sa suite prirent tant d'intérêt à son récit, qu'ils eussent désiré qu'il fût plus long, tant elle le débitait avec grâce. Don Fernand leur raconta ensuite ce qui lui était arrivé après avoir trouvé dans le sein de Lucinde le papier par lequel elle se déclarait l'épouse de Cardenio. Il la voulait tuer, disait-il, et l'eût fait si ses parents ne l'en eussent empêché ; il sortit alors de la maison, résolu de remettre sa vengeance à un moment plus favorable. Mais il apprit le lendemain que Lucinde avait quitté la maison paternelle, sans que personne sût dire ce qu'elle était devenue. Enfin, quelques mois après, il apprit qu'elle s'était retirée dans un monastère, avec l'intention d'y demeurer toute sa vie si elle ne pouvait la passer avec Cardenio. Aussitôt qu'il en fut informé, il se fit accompagner de trois cavaliers, et se rendit auprès du couvent qu'elle habitait : il n'avait pas voulu lui parler, de crainte que le sachant là, on ne se tînt sur ses gardes au monastère. Mais un jour, ayant attendu que la porte fût ouverte, il laissa deux des siens pour la garder, et lui-même, escorté par l'autre, entra dans le couvent pour chercher Lucinde. Ils la trouvèrent dans le cloître, parlant avec une religieuse, l'enlevèrent sans lui donner le temps de se reconnaître, et la conduisirent dans un lieu où ils se procurèrent tout ce qui était nécessaire pour le voyage. Cela leur avait été d'autant plus facile que le couvent était dans la campagne à une assez grande distance de la ville. Il ajouta que lorsque Lucinde s'était vue en son pouvoir, elle avait perdu tout sentiment, et depuis n'avait fait que pleurer et soupirer sans dire un seul mot ; ainsi, dans le silence et les larmes, ils étaient arrivés à cette hôtellerie, et, pour lui, c'était être arrivé au ciel, où aboutissent et se terminent toutes les infortunes de la terre.

CHAPITRE XXXVII.

OU SE POURSUIT L'HISTOIRE DE L'ILLUSTRE INFANTE MICOMICONA, ET AUTRES AGRÉABLES AVENTURES.

Sancho, cependant, écoutait tout, non sans ressentir une vive douleur de voir disparaître et s'en aller en fumée l'espérance de son titre, la belle princesse Micomicona devenue Dorothée, le géant devenu don Fernand, et que, pendant tout ce temps-là, son maître dormait sans se douter de rien. Dorothée ne savait si elle devait prendre son bonheur pour un rêve, Cardenio et Lucinde n'étaient pas plus rassurés. Don Fernand rendait grâce au ciel de ses faveurs, et de l'avoir retiré d'un labyrinthe où il avait été sur le point de perdre son âme et sa réputation. Enfin, tous ceux qui se trouvaient dans l'hôtellerie étaient joyeux de l'heureuse issue qu'avaient eue des événements si embrouillés, et qui présentaient si peu d'espoir de succès. Le curé, en homme sage, faisait ressortir chaque chose, et félicitait chacun du bien qui lui était arrivé. Mais celle qui montrait le plus de joie était l'hôtesse, à cause de la promesse que Cardenio et le curé lui avaient faite de payer les dommages et intérêts du dégât qu'avait causé Don Quichotte. Sancho seul, comme on l'a dit, était triste, désolé, malheureux. Aussi, avec une contenance mélancolique, il entra chez son maître, qui venait de s'éveiller, et lui dit : Seigneur de la Triste Figure, votre seigneurie peut bien dormir tant qu'il lui plaira, sans s'inquiéter de tuer aucun géant et de remettre la princesse sur son trône, car tout est déjà fait et conclu. Je le crois bien, répondit Don Quichotte, puisque j'ai livré au géant le plus terrible combat que j'aie jamais eu l'occasion de soutenir, et que d'un revers, pan[1], je lui ai tranché la tête. Le sang a jailli en si grande abondance qu'il coulait à terre, en ruisseaux, comme si c'eût été de l'eau. Comme si c'eût été du vin rouge, pourrait dire bien mieux votre grâce, reprit Sancho : car il est bon que vous sachiez, si vous ne vous en doutez pas, que le géant mort n'est autre chose qu'une outre percée, le sang, six arrobes de vin rouge qu'elle avait dans le ventre ; la tête coupée est la folle qui m'a engendré, et que Satan puisse tout emporter ! Que dis-tu, fou ? reprit Don Quichotte ; as-tu perdu la raison ? Levez-vous, seigneur, répondit Sancho ; vous verrez le beau dégât que vous avez fait, et ce que nous avons à payer. Vous verrez aussi la reine changée en une simple particulière appelée Dorothée, et d'autres événements qui auront lieu de vous émerveiller si vous les entendez. Je ne m'émerveillerais de rien, dit Don Quichotte, car, si tu te le rappelles, la dernière fois que nous vînmes ici, je te dis que tout s'y passait par enchantement, et il n'y aurait rien d'étonnant qu'il en fût de même à présent. — Je le croirais aussi, si mon bernement avait été de même nature ; mais non, il était réel et véritable ; j'ai vu l'hôtelier, qui est bien le même qui est ici aujourd'hui, tenir un des coins de la couverture et me faire bondir en l'air à son grand contentement, et avec autant de plaisir que de vigueur. Quand on reconnaît les personnes, je crois, moi, simple et pécheur, qu'il n'y a aucun enchantement, mais beaucoup de coups et une grande mésaventure. C'est bien, Dieu y remédiera, répondit Don Quichotte. Donne-moi mes habits, et laisse-moi aller, je veux voir les événements et métamorphoses dont tu parles. Sancho lui donna ses habits ; et, pendant ce temps, le curé instruisait don Fernand et les autres des folies de Don Quichotte, et de l'artifice qu'il leur avait fallu mettre en usage pour le tirer de la *Roche Pauvre*, où il s'imaginait avoir été relégué par les dédains de sa dame. Il leur raconta tout ce que Sancho lui avait appris ; ils s'émerveillèrent et rirent beaucoup, et il leur parut comme à tous que c'était le genre de folie le plus étrange qui pût se loger dans un cerveau détraqué. Il ajouta que, puisque la félicité inattendue de Dorothée empêchait de poursuivre le dessein qu'on avait formé, il était nécessaire d'en imaginer un autre pour ramener le chevalier chez lui. Cardenio offrit de continuer, et que Lucinde pourrait remplir suffisamment le rôle de Dorothée. Non, non, répondit don Fernand ; je désire que Dorothée conserve son personnage, et, s'il n'y a pas trop loin d'ici à la demeure de ce bon gentilhomme, je serai bien aise de contribuer à sa guérison. Il n'y a

[1] *Zas.*

pas plus de deux journées, dit le curé. Quand il y en aurait davantage, reprit don Fernand, je me réjouirais de les faire pour prendre part à une si bonne œuvre. En ce moment parut Don Quichotte, armé de toutes pièces, l'écu au bras, appuyé sur sa branche d'arbre ou lance, et le chef couvert de l'armet de Mambrin tout bossué qu'il était. Don Fernand et les autres étrangers restèrent tout surpris de l'étrange figure de Don Quichotte, ils contemplaient son visage long d'une demi-lieue, sec et jaune, le bizarre assemblage de ses armes et sa contenance posée. Ils attendirent en silence ce qu'il allait dire, et lui, d'un ton calme et grave, les yeux fixés sur Dorothée, s'exprima ainsi : Je suis informé, belle dame, par mon écuyer, que votre grandeur s'est évanouie et que votre État a disparu, puisque, de reine et grande dame que vous aviez accoutumé d'être, vous êtes devenue une simple demoiselle : si cette métamorphose s'est opérée par l'ordre du roi négromant votre père, dans la crainte que je ne fusse point capable de vous porter l'assistance dont vous aviez besoin, je dis qu'il ne sait pas et n'a jamais su la moitié de sa messe, et qu'il fut peu versé dans l'histoire de la chevalerie : car, s'il la possédait aussi bien que moi, et s'il l'avait lue avec autant d'attention, il aurait vu, à chaque pas, des chevaliers moins fameux que moi, mettre à fin des choses plus difficiles. Ce n'en est pas une si grande que de tuer un misérable géant, quelque arrogant qu'il soit. Il n'y a pas longtemps que je me suis mesuré avec lui, et.... Mais je me tais, de peur qu'on ne m'accuse de mensonge : le temps, qui découvre toutes choses, fera connaître la vérité lorsqu'on y pensera le moins. Vous vous êtes mesuré avec deux outres, et non avec un géant, interrompit l'hôtelier. Mais don Fernand lui imposa silence, et lui défendit absolument d'interrompre Don Quichotte, qui poursuivit ainsi : Je dis donc, princesse déshéritée, que si, pour la raison que j'ai présentée, votre père a fait cette métamorphose en votre personne, vous ne devez pas vous y confier, car il n'est point de péril sur la terre au travers duquel mon épée ne s'ouvre un chemin ; avec elle je jetterai à vos pieds la tête de votre ennemi, et je saurai mettre en peu de jours sur la vôtre la couronne qui vous appartient. Don Quichotte se tut, et attendit la réponse de la princesse ; celle-ci, connaissant l'intention de don Fernand de poursuivre l'aventure jusqu'à ce qu'on eût ramené Don Quichotte chez lui, lui répondit avec beaucoup de douceur et de gravité : Quiconque vous a dit, vaillant chevalier de la Triste Figure, que j'étais métamorphosée, et que j'avais perdu mon premier état, ne vous a point dit la vérité, car je suis aujourd'hui la même que j'étais hier. Il est bien vrai que quelques événements heureux ont apporté certains changements dans ma fortune et l'ont rendue la meilleure que je pusse désirer ; mais, pour cela, je n'ai pas cessé d'être ce que j'étais, ni de conserver la même résolution d'employer la valeur de votre invincible bras. Ainsi, seigneur, que votre bonté rende l'honneur au père qui m'a engendrée, et le tienne pour un homme sage et prudent, puisque par sa science il a su trouver un moyen si facile pour remédier à ma disgrâce ; je crois que sans vous, seigneur, je n'eusse pas joui du bonheur que j'obtiens, et tous ceux qui sont ici présents peuvent bien attester la vérité de ce que je dis. Ce qui nous reste à faire est de poursuivre demain notre route, car aujourd'hui nous ne pourrions faire qu'une petite journée ; quant au succès que j'espère, je m'en remets à Dieu et à la force de votre bras. Tel fut le discours de la spirituelle Dorothée.

Alors Don Quichotte, se tournant vers Sancho, lui dit d'un air irrité : Maintenant, petit Sancho, je te dis que tu es le plus grand maraud de toute l'Espagne. Réponds, larron, vagabond : ne viens-tu pas de me dire que cette princesse était changée en une demoiselle appelée Dorothée ? que la tête que je pense bien avoir coupée au géant était la folle qui t'a engendré ? et autres sottises qui m'ont mis dans la plus grande confusion où je me sois trouvé de ma vie? Je jure, et il regarda le ciel et serra les dents, que je suis prêt à faire de toi un tel exemple qu'il mette du sel en la cervelle à tout autant d'écuyers menteurs qu'il y en aura désormais dans le monde. Calmez-vous, seigneur, répondit Sancho : il est possible que je me sois trompé en ce qui touche le changement de madame la princesse Micomicona ; mais, pour ce qui est de la tête du géant, ou du moins du percement des outres, et du vin rouge qui est du sang, je ne me trompe pas, vive Dieu ! les outres percées sont encore au chevet de votre lit, et le vin forme un lac dans la chambre : vous le verrez bien quand il faudra frire les œufs, je veux dire que vous le verrez quand le seigneur hôtelier vous demandera le payement de tout le dommage ; pour le reste, si madame la reine est toujours la même qu'elle était, je m'en réjouis dans l'âme, car il m'en revient ma part comme à chaque enfant de voisin. Maintenant, reprit Don Quichotte, je te dis, Sancho, que tu n'es qu'un sot ; pardonne-moi et restons-en là. Ne parlons plus de tout ceci, dit don Fernand, et puisque madame la princesse ordonne qu'on ne se mette en route que demain, attendu qu'il est trop tard aujourd'hui, qu'ainsi soit fait : nous pourrons passer cette nuit en bonne conversation jusqu'au jour, et demain nous accompagnerons tous le seigneur Don Quichotte, car nous désirons être témoins de ses exploits rares et inouïs dans la grande entreprise dont il s'est chargé. Ce sera moi, répondit Don Quichotte, qui vous servirai et vous accompagnerai. Je vous rends grâce de la faveur que vous daignez me faire, et de la bonne opinion que vous avez de moi ; je m'efforcerai de la justifier, dût-il m'en coûter la vie, et plus encore, s'il est possible. Il se fit un long échange de compliments et d'offres de services entre Don Quichotte et don Fernand ; mais tout rentra dans le silence à l'arrivée d'un voyageur dont l'habit annonçait un chrétien nouvellement arrivé du pays des Maures : il était en effet vêtu d'une casaque de drap bleu à courtes basques, avec des demi-manches et sans collet ; ses chausses étaient de toile bleue et le bonnet de la même couleur; ses brodequins étaient couleur de dattes, et un cimeterre maure pendait à un baudrier qu'il portait en écharpe. Avec lui venait une femme montée sur un âne, et vêtue à la moresque ; un voile cachait sa figure, son bonnet était de brocart ; et une mante la couvrait de la tête aux pieds. L'homme était d'une taille robuste et bien prise, âgé d'un peu plus de quarante ans ; son teint était basané, ses moustaches longues et sa barbe soignée : en un mot, son extérieur annonçait que s'il avait été bien vêtu, il aurait paru un homme de qualité. En entrant, il demanda une chambre ; et, comme on lui eut dit qu'il n'y en avait plus dans l'hôtellerie, il montra beaucoup de déplaisir. Cependant, il prit dans ses bras celle que son costume désignait pour une femme maure et la mit à terre. Lucinde, Dorothée, l'hôtesse, sa fille et Maritorne, attirées par la nouveauté d'un costume qu'elles n'avaient pas encore vu, l'entourèrent ; et Dorothée, toujours gracieuse et affable, la voyant aussi contrariée que son guide de ne pas trouver de chambre, lui dit :

Ne vous affligez point, madame, de ce contre-temps, c'est l'ordinaire des hôtelleries de ne point offrir ce dont on a besoin ; mais, s'il vous plaît de loger avec nous, dit-elle en montrant Lucinde, peut-être, dans le cours de votre voyage, aurez-vous trouvé un asile et un accueil moins agréables. La Moresque ne répondit rien ; seulement elle se leva, croisa ses bras sur sa poitrine, et s'inclina profondément en signe de remercîment : ce silence fit juger que sans aucun doute elle était Maure, et qu'elle ne savait pas parler la langue des chrétiens. En ce moment, le captif, qui jusqu'alors avait été occupé d'autre chose, entra ; voyant toutes les dames autour de sa compagne et que celle-ci ne répondait rien aux paroles qui lui étaient adressées, il leur dit : Mesdames, cette jeune personne entend à peine ma langue, et n'en sait point d'autre que celle de son pays : voilà pourquoi elle ne vous a point répondu à vos demandes et ne vous répond point. Nous lui offrions seulement notre compagnie pour cette nuit, dit Lucinde, et de partager notre chambre, où nous lui ferons le meilleur traitement que nous pourrons, avec tout le plaisir qu'on doit avoir à obliger les étrangers, à plus forte raison une femme. Pour elle et pour moi, répondit le captif, je vous baise les mains, madame, je vous rends grâce de la faveur que vous nous offrez ; dans cette occasion, et venant de personnes telles que vous paraissez être, nous devons la regarder comme très grande. Dites-moi, seigneur, demanda Dorothée, cette dame est-elle chrétienne ou Maure? son habit et son silence nous font craindre qu'elle ne soit ce que nous ne voudrions pas qu'elle fût. Elle est Maure d'habits et de fait, répondit le captif ; mais, dans l'âme, elle est bonne chrétienne, par le grand désir qu'elle a de le devenir. Ainsi elle n'est pas baptisée ? dit Lucinde. Nous n'en avons pas encore eu le loisir, répondit le captif, depuis qu'elle est sortie d'Alger, sa patrie. Jusqu'à présent elle ne s'est point vue en si prochain danger de mort qu'il y eût obligation de la baptiser avant qu'elle connût toutes les cérémonies que commande notre mère la sainte Église : Dieu, je l'espère, permettra qu'elle soit baptisée promptement, avec la décence qu'exige sa qualité, qui est au-dessus de ce que témoigne son habit et le mien. Ce discours fit naître en chacun le désir de savoir qui étaient la Maure et le captif ; mais personne ne voulut le lui demander, car il paraissait plus convenable de leur procurer du repos que de les questionner sur leurs aventures. Dorothée prit la Moresque par la main, la fit asseoir à côté d'elle, et la pria d'ôter son voile. Elle regarda le captif, comme pour lui demander ce qu'on disait et ce qu'il fallait faire : il lui dit, en arabe, qu'on la priait d'ôter son voile, et qu'elle le fit. Elle se découvrit donc et laissa voir une figure si belle, que Dorothée la trouvait plus parfaite que Lucinde, Lucinde plus belle que Dorothée, et tous les assistants pensèrent que la Moresque seule pouvait le disputer à l'une et à l'autre ; il s'en trouva même qui lui accordèrent quelque avantage : c'est un effet ordinaire de la beauté d'attirer à soi le cœur et la volonté de tout le monde, aussi tous s'empressèrent de servir la belle Maure, et de lui faire mille caresses. Don Fernand demanda au captif comment elle s'appelait. Lela Zoraida, répondit-il. Mais elle, entendant ce nom, comprit ce que l'on demandait au chrétien, et avec chagrin, mais avec grâce, dit vivement : *No, no, Zoraida; Maria, Maria;* donnant à entendre qu'elle s'appelait Marie, et non Zoraïde. Ces mots, et l'expression avec laquelle ils furent dits, firent répandre plus d'une larme aux assistants, et surtout aux femmes, naturellement plus sensibles et plus compatissantes. Lucinde l'embrassa tendrement, en lui disant : Oui, oui, Maria. Elle répondit : *Si, si, Maria; Zoraida macangé ;* ce qui veut dire *non*.

Cependant la nuit venait, et l'hôtelier, par ordre des compagnons de don Fernand, s'était employé activement à préparer le meilleur souper qu'il lui fût possible. L'heure étant venue, tout le monde s'assit à une table longue comme celle d'un réfectoire, car il n'y en avait dans l'hôtellerie ni ronde ni carrée. On donna la place d'honneur à Don Quichotte, malgré ses refus : il voulut avoir à côté de lui la princesse Micomicona, puisqu'elle était sous sa garde. Lucinde et Zoraïde prirent place ensuite, et, en face d'elles, don Fernand et Cardenio, puis le captif et les autres cavaliers. Le barbier et le curé se mirent à côté des dames. Ils soupèrent fort gaiement : mais leur satisfaction s'accrut quand ils virent que Don Quichotte, cessant de manger, et mû du même esprit qui l'avait tant fait discourir quand il soupa avec les chevriers, prit la parole et dit :

En vérité, seigneurs, si l'on y fait bien attention, ceux qui font profession de l'ordre de la chevalerie errante sont témoins d'événements aussi grands qu'inouïs. Si vous en doutez, quel est l'homme qui, entrant dans ce château, et nous trouvant ainsi réunis, pourrait deviner ou croire que nous sommes ce que nous sommes? Qui dirait que cette dame, assise à mes côtés, est cette grande reine que nous savons, et que je suis, moi, ce chevalier de la Triste Figure que vante la Renommée? Oserait-on mettre en doute maintenant que cet art et profession surpasse tous les arts, toutes les professions que les hommes ont inventés, et qu'on lui doit d'autant plus d'estime qu'elle est soumise à plus de dangers? Loin d'ici ceux qui prétendent que les lettres ont l'avantage sur les armes : quels qu'ils soient, je leur prouverai qu'ils ne savent ce qu'ils disent. En effet, la raison qu'ils ont coutume d'alléguer, et sur laquelle ils se fondent le plus, est que les travaux de l'esprit l'emportent sur ceux du corps, et que les armes n'occupent que ce dernier, comme si c'était un métier de crocheteur, pour lequel il ne fût besoin que d'être robuste, et que ce que nous appelons les armes, nous autres qui les professons, ne comprenait pas en soi les actions de courage dont l'exécution réclame une rare intelligence ; comme si le guerrier qui conduit une armée, ou qui se charge de la défense d'une ville assiégée, ne travaillait pas autant de l'esprit que du corps? Parviendra-t-on, avec les forces corporelles, à prévoir et déjouer l'intention de l'ennemi, ses desseins, ses stratagèmes, à résoudre les difficultés, à prévenir les dangers que l'on craint? tout cela appartient à l'esprit, le corps n'y est absolument pour rien. S'il est donc certain que les armes exigent de l'esprit aussi bien que les lettres, voyons maintenant lequel des deux esprits, celui du lettré ou celui du guerrier, supporte de plus grands, de plus utiles travaux : nous en pourrons juger par le but vers lequel chacun s'achemine, car une vocation doit être estimée d'autant plus qu'elle tend à une fin plus noble. L'objet des lettres, j'entends les lettres humaines (car, pour les divines, leur mission étant de conduire notre âme au ciel, l'infini vers lequel elles tendent les met hors de toute comparaison) ; l'objet des lettres humaines, dis-je, est d'éclairer la justice distributive, de rendre à chacun ce qui lui appartient, de faire observer les lois bonnes et justes : fin assurément généreuse, grande et digne de louanges, mais moins pourtant que celle que se proposent les armes, qui ont pour but et pour fin dernière la PAIX, le plus grand des biens que l'homme puisse désirer dans cette vie. Aussi, les premières bonnes nouvelles que reçurent le monde et les hommes furent celles que donnèrent les anges, la nuit qui fût pour nous la source de la lumière, quand ils firent entendre dans les airs ce cantique : *Gloire à Dieu au plus haut des cieux, paix sur la terre aux hommes de bonne volonté.* Le salut que le bienveillant maître du ciel et de la terre apprit à ses disciples et bien-aimés fut celui-ci : Quand vous entrerez dans quelque lieu, dites : *La paix soit dans cette maison.* D'autres fois il leur disait : *Je vous donne ma paix, je vous laisse ma paix, la paix soit avec vous,* don et joyau digne d'une telle main, sans lequel aucun bonheur ne saurait exister en la terre comme au ciel. Cette paix est la véritable fin de la guerre, armes et guerre ne sont qu'une même chose. Cette vérité démontrée, que le but de la guerre est la paix, et qu'en cela le but des armes l'emporte sur le but des lettres, examinons les travaux de corps du lettré, comparons-les à ceux du guerrier et voyons quels sont les plus grands... Dans tout ce discours, Don Quichotte suivait son raisonnement de telle sorte, et s'exprimait en si bons termes, qu'il força ses auditeurs à ne plus songer pour le moment à sa folie : au contraire, comme ils étaient presque tous gentilshommes, élevés aux armes, ils l'écoutaient avec beaucoup de plaisir. Il poursuivit ainsi : Voici quelles sont les peines de l'étudiant : d'abord la pauvreté, non qu'ils soient tous dans la misère, mais, pour mettre les choses au pis, dire qu'ils sont pauvres me semble propre à exprimer toutes leurs souffrances, car pour le pauvre nul bien n'existe au monde ; il endure cette misère dans tous ses détails, tantôt la faim, tantôt le froid, la nudité, tantôt tout ensemble. Cependant elle n'est pas si grande qu'il ne mange quelquefois, il est vrai, un peu plus tard qu'il n'est d'usage ; qu'il ne se nourrisse, fût-ce des restes du riche, ce qui est la plus grande misère de l'étudiant, et ce qu'ils appellent entre eux *aller à la soupe*[1]. Il ne manque pas non plus de quelque brasier d'autrui ou cheminée qui, s'ils ne le réchauffent, diminuent du moins le froid qu'il endure ; enfin la nuit, il dort à couvert. Je ne veux point parler d'autres misères, comme du manque de chemises, de l'insuffisance des souliers, de la légèreté de l'habit tout râpé, ni des excès que la faim lui fait faire quand un heureux hasard lui envoie un bon repas. Par cette route que j'ai tracée, rude et difficile, bronchant par-ci, tombant par-là, se relevant d'un côté, retombant de l'autre, ils parviennent au degré qu'ils poursuivent. Nous en avons vu qui, après avoir traversé ces Syrtes, ces Scyllas, ces Charybdes, comme emportés par le vol de la fortune, se sont trouvés appelés à gouverner le monde du haut de leur siége, voyant leur faim changée en satiété, leur froid en besoin de se rafraîchir, leur nudité en habits somptueux, leur coucher de natte en lits de Damas et draps de toile de Hollande : juste récompense de leur mérite. Mais enfin toutes ces peines et travaux, comparés à ceux de l'homme de guerre, sont bien peu de chose, ainsi que je vais le prouver.

[1] La condition des pauvres étudiants a peu changé ; il n'est pas rare aujourd'hui de les voir mendier ; mais ils ne vont plus *à la soupe ;* les couvents qui la leur fournissaient ont cessé d'exister.

CHAPITRE XXXVIII.

SUITE DU DISCOURS DE DON QUICHOTTE SUR LES ARMES ET SUR LES LETTRES.

Don Quichotte continua en ces termes : Puisque nous avons d'abord examiné l'étudiant sous le rapport de la pauvreté, voyons si le soldat est plus riche ; nous trouverons que nul parmi les pauvres n'est aussi pauvre que lui ; il faut qu'il se contente de sa misérable paye qui vient tard ou jamais, et de ce qu'il peut marauder de ses mains, au péril de sa vie et de sa damnation. Quelquefois sa nudité est telle qu'un pourpoint tout déchiré lui sert de chemise et de parure ; dans le cœur de l'hiver, il n'a pour se garantir des inclémences du ciel, au milieu d'une campagne rase, que sa propre haleine, qui, sortant d'un lieu vide, doit être, contre le vœu de la nature, plutôt froide que chaude. Vous pensez peut-être qu'il espère la nuit pour se dédommager de toutes ces incommodités dans le lit qui l'attend? Certes, il ne sera trop étroit que par sa faute, car il peut bien mesurer sur la terre autant de pieds qu'il voudra, et s'y rouler à son aise, sans craindre que ses draps soient trop courts. Viennent ensuite le jour et l'heure de recevoir les degrés de sa profession, vienne un jour de bataille, il sera estropié d'un bras, d'une jambe, ou une balle lui traversera les tempes, et on lui mettra sur la tête pour bonnet doctoral la charpie pour le panser ; s'il ne lui arrive aucun mal, et que le ciel pitoyable le conserve sain et sauf, il peut bien se faire qu'il reste toujours dans la même indigence. Il faudra d'autres rencontres, d'autres batailles, et qu'il se tire heureusement de toutes pour profiter de quelque chose. Mais ces miracles se voient rarement. Dites-moi, seigneurs, si vous y avez quelquefois réfléchi, combien est petit le nombre de soldats récompensés par la guerre, auprès de ceux qui y périssent. Vous me répondrez, sans doute, qu'il ne saurait y avoir de comparaison : qu'on ne peut compter les morts, et qu'avec trois chiffres seulement on établirait le nombre de vivants récompensés. C'est toujours au rebours chez les lettrés, avec la robe, je ne veux pas dire avec les manches[1], tous ont de quoi s'entretenir. Ainsi, les plus grandes peines sont pour le soldat, et la récompense est moindre. On peut me répondre qu'il est plus facile de récompenser deux mille lettrés que trente mille soldats, parce qu'aux premiers on donne des offices qui appartiennent de droit à leur profession, et que les autres ne peuvent être récompensés qu'aux frais du seigneur qu'ils servent. Cette considération même vient à l'appui du sentiment que je soutiens. Mais mettons cela de côté, c'est un labyrinthe dont on sort difficilement, et retournons à la prééminence des armes sur les lettres ; cette question est encore à traiter, malgré les raisons avancées de part et d'autre. Les défenseurs des lettres disent que sans elles les armes ne pourraient se soutenir, parce que la guerre a ses lois, auxquelles elle est assujettie, et les lois appartiennent aux lettres et aux lettrés. Les partisans des armes ré-

[1] On comprend, sans qu'il soit besoin de l'expliquer, l'allusion aux manches larges.

pondent que les lois ne pourraient se maintenir sans elles, car c'est par les armes que les républiques sont défendues, les royaumes conservés, les villes gardées, les chemins rendus sûrs, les mers purgées de corsaires; en un mot, sans elles, les républiques, les royaumes, les monarchies, les cités, les chemins de terre et de mer seraient sujets aux dangers, à la confusion que la guerre entraîne avec elle, tant qu'elle dure et use de ses droits et de sa violence. C'est un principe reconnu que ce qui coûte le plus doit être estimé davantage. Pour parvenir à un rang éminent dans les lettres, il en coûte du temps, des veilles, la faim, la nudité, les maux de tête et d'estomac, et les autres peines que j'ai déjà dénombrées; mais pour devenir bon soldat dans toute la force du terme, il en coûte les mêmes sacrifices qu'à l'étudiant, dans un degré tellement supérieur qu'il ne saurait y avoir de comparaison, car, à chaque moment, le soldat court risque de la vie. Que peut redouter un étudiant, de la faim ou de la misère, qui approche de ce que supporte un soldat assiégé dans une forteresse, mis en sentinelle sur un ravelin, ou cavalier qui s'aperçoit que l'ennemi creuse une mine sous ses pas et ne peut s'écarter sous aucun prétexte, ni fuir le danger qui le menace de si près? Tout ce qu'il peut faire est d'avertir son capitaine de ce qui se passe, afin qu'il y remédie par une contre-mine, et ensuite rester là immobile, attendant à tout moment de se voir enlevé dans les nues sans ailes ou précipité dans un abîme. Si ce danger vous paraît peu de chose, voyons s'il en existe un égal ou plus grand, lorsque deux galères s'abordent par la proue au milieu d'une vaste mer. Liées ainsi l'une à l'autre, elles ne laissent au combattant que deux pieds d'espace sur l'éperon; il voit en face, à la distance d'une lance, autant de ministres de la mort qu'il y a de pièces d'artillerie sur la galère ennemie; au premier faux pas il ira visiter les sombres demeures de Neptune. Malgré tout cela cependant, à la voix de l'honneur, son courage intrépide l'offre en but à toutes ces arquebusades; il le précipite à travers cette étroite voie sur la galère ennemie. Ce qu'il y a de plus admirable, à peine un soldat est-il tombé pour ne se relever jamais jusqu'à la fin du monde, un autre lui succède; si celui-là tombe à son tour dans la mer qui l'attend en ennemie, un autre, puis un autre encore le remplacent sans laisser de loisir à la mort, intrépidité la plus grande que puissent offrir les hasards de la guerre. Heureux, cent fois heureux les siècles qui n'ont pas connu les terribles effets des diaboliques instruments de l'artillerie! L'enfer sans doute a récompensé l'auteur de cette invention démoniaque, par laquelle un infâme et lâche poltron peut ôter la vie à un vaillant chevalier. Dans l'ardeur du courage qui enflamme les cœurs valeureux, arrive, sans que l'on sache ni comment ni par où, une maudite balle, lancée peut-être par quelque fuyard tout effrayé de la flamme de son arquebuse, et cette balle arrête en un instant la vie et la pensée de celui qui aurait mérité de vivre une longue suite d'années. Lorsque je réfléchis à cela, je suis prêt à dire que je me repens d'avoir embrassé la profession de chevalier errant, dans le siècle détestable où nous vivons; car, quoique aucun danger ne m'épouvante, je ne suis pas sans souci lorsque je pense que la poudre et le plomb peuvent à tout moment m'ôter les moyens de me rendre fameux sur toute la surface de la terre, par la force de mon bras et le tranchant de mon épée. Au reste, que le ciel en ordonne: si je réussis, je serai d'autant plus estimé que je me serai exposé à de plus grands dangers que les chevaliers des siècles passés.

Don Quichotte débita ce long discours pendant que les autres soupaient, sans penser pour lui-même à porter un seul morceau à sa bouche, quoique Sancho l'eût à plusieurs reprises averti de souper, et qu'ensuite il aurait tout loisir de dire ce qu'il voudrait. Ses auditeurs furent émus d'une nouvelle pitié en pensant qu'un homme qui montrait tant de jugement et qui s'exprimait si bien dans tous ses discours, perdait entièrement la raison lorsqu'il était question de sa maudite chevalerie. Le curé lui accorda qu'il avait pleinement raison dans tout ce qu'il venait de dire en faveur des armes, et que lui-même, quoique lettré et gradué, il était de son avis. On acheva de souper ; la table fut levée ; et pendant que l'hôtesse, sa fille et Maritorne préparaient le grenier de Don Quichotte, où il avait été convenu que les dames se retireraient, don Fernand pria le captif de leur raconter l'histoire de sa vie, ajoutant qu'elle ne pouvait manquer d'être singulière et intéressante, à en juger par son arrivée dans la compagnie de Zoraïde. Le captif répondit qu'il y consentirait volontiers, sans la crainte que le récit ne leur parût moins agréable qu'il ne l'eût désiré, que cependant il le ferait pour ne pas leur désobéir. Le curé et tous les autres le remercièrent et insistèrent de nouveau. Se voyant donc pressé de tous côtés, il leur dit qu'il n'était pas besoin de prières où il suffisait d'ordonner. Prêtez-moi donc attention, ajouta-t-il, et vous allez entendre une histoire véritable, que ne pourraient peut-être point égaler les fables inventées avec le plus de soin. Après ce préambule, chacun fit silence, et lui, voyant qu'on était prêt à l'écouter, d'une voix agréable et posée, prit la parole en ces termes :

CHAPITRE XXXIX.

OU LE CAPTIF RACONTE SA VIE ET SES AVENTURES.

Ma famille est originaire des montagnes de Léon ; mes parents furent mieux partagés des dons de la nature que de ceux de la fortune. Quoique dans un pays aussi pauvre, mon père eut la réputation d'être riche, et véritablement il l'eût été s'il avait mis autant d'activité à conserver son bien qu'à le dépenser. Ce penchant à la libéralité et à la dépense lui venait d'avoir été soldat dans sa jeunesse ; car cet état est une école où l'économe devient libéral, le libéral prodigue ; s'il se voit des soldats avares, ils sont, comme les monstres, une chose fort rare. Mon père passait les limites de la libéralité : il était tout près d'être sur celles de la prodigalité, qualité peu profitable pour un homme marié, qui a des fils pour succéder à son nom et à sa fortune. Nous étions trois, tous garçons et en âge d'embrasser un état. Mon père, voyant donc qu'il ne pouvait, comme il le disait lui-même, mettre un frein à son funeste penchant, résolut de se priver des moyens de le satisfaire, c'est-à-dire de son bien, privation qui eût fait paraître avare Alexandre lui-même. Il nous fit venir un jour tous trois dans sa chambre, et nous fit entendre à peu près ce que je vais vous rapporter : Mes enfants, pour vous persuader que je vous aime, il suffit de vous rappeler que vous êtes mon sang ;

et, pour voir que je vous fais du mal, il suffit de savoir que je ne suis pas maître de moi en ce qui touche la conservation de votre bien. Or, afin que vous soyez convaincus à l'avenir que je vous chéris comme un père, et que je ne veux pas votre ruine comme un beau-père[1], je vais exécuter un projet qui vous concerne et que je médite depuis longtemps. Vous êtes en âge de prendre un état, ou du moins de choisir une occupation qui, lorsque vous serez plus âgés, puisse vous conduire à la gloire et à la fortune. Ce que j'ai imaginé est de faire quatre parts de mon bien : trois parfaitement égales vous sont destinées, et je me réserve la quatrième pour m'aider à vivre le reste de mes jours. Mais je voudrais qu'après avoir reçu ce qui lui revient, chacun de vous prît un des chemins que je vais vous indiquer. Nous avons dans notre Espagne un proverbe qui me paraît très vrai, comme ils le sont tous, puisque ce sont de courtes sentences fruit d'une longue expérience ; voici celui dont je parle : *l'Église, la mer, ou la maison royale*[2]; ce qui signifie plus clairement que qui veut devenir riche doit ou entrer dans l'Église, ou s'embarquer et se livrer au commerce, ou entrer au service des rois dans leur maison, car, comme on le dit, *mieux vaut miette du roi que grâce d'un seigneur*. Mon intention est donc que l'un de vous suive les lettres, un autre le commerce, et qu'un autre serve le roi en guerre, attendu qu'il est difficile d'entrer dans sa maison : la guerre, il est vrai, ne rapporte pas beaucoup de richesse, mais elle donne au moins de la valeur et de la renommée. D'ici à huit jours, je vous remettrai vos parts à chacun, en argent, sans vous faire tort d'une obole, comme vous le verrez. Dites-moi, maintenant, si vous voulez suivre mon conseil et la proposition que je vous fais. Il m'ordonna de répondre comme l'aîné. Je le conjurai de ne point se défaire de son bien, mais de le dépenser à sa volonté : je lui représentai que nous étions jeunes et en âge d'en gagner; j'ajoutai que je me conformerais à ses désirs, et que le mien était de suivre la profession des armes et d'y servir à la fois Dieu et mon roi. Mon second frère lui fit les mêmes offres, et choisit d'aller trafiquer dans les Indes avec la part qui lui revenait. Le plus jeune, et, je crois, le plus sage, dit qu'il voulait entrer dans l'Église, ou aller à Salamanque achever ses études. Nous étant accordés ainsi, et ayant choisi nos carrières, mon père nous embrassa, et, dans le délai qu'il nous avait fixé, exécuta ce qu'il avait résolu. Il remit à chacun sa part en argent, montant, je m'en souviens, à trois mille ducats, à l'aide de l'argent d'un oncle à nous qui acheta tout le bien pour qu'il ne sortît point de la famille, et le paya comptant. Nous prîmes tous trois congé de notre père en un même jour; mais, en ce jour-là, trouvant inhumain de laisser mon père âgé avec aussi peu de bien, je le contraignis de reprendre deux mille de mes trois mille ducats, le reste me paraissant suffisant pour former l'équipement d'un soldat. Mes deux frères, touchés de cet exemple, lui abandonnèrent chacun mille ducats, ce qui lui fit un supplément de quatre mille ducats, outre sa part de trois mille, en biens-fonds qu'il ne voulut point vendre. Nous nous séparâmes enfin de lui et de notre oncle,

[1] *Padrastro*, pris en mauvaise part, est au père ce que marâtre est à la mère.

[2] *Tres cosas hacen al hombre medrar; ciencia, y mar, y casa real.* C'est ainsi que Lope de Véga rapporte ce proverbe dans sa *Dorothée* (acte I, scène VIII); le mot *ciencia* est bien plus général et bien plus étendu que celui de *Iglesia* dont se sert Cervantès, puisqu'il renferme en lui les lettres divines et humaines.

non sans attendrissement et sans larmes de chacun, et avec recommandation de leur donner de nos nouvelles bonnes ou mauvaises, toutes les fois que nous le pourrions. Nous le promîmes, et nous embrassant, il nous donna sa bénédiction; puis l'un prit la route de Salamanque, l'autre celle de Séville, et moi celle d'Alicante, où j'eus avis qu'un vaisseau génois faisait un chargement de laine pour Gênes. Il y a cette année vingt-deux ans que j'ai quitté la maison paternelle; et depuis ce temps, quoique j'aie plusieurs fois écrit, jamais je n'ai reçu de nouvelles de mon père ni de mes frères. Je vais maintenant raconter en peu de mots ce qui m'est arrivé.

Je m'embarquai à Alicante, j'arrivai heureusement à Gênes, d'où je me rendis à Milan. Je m'y fournis d'armes et de quelques habits de soldat. Mon intention était d'aller prendre parti dans le Piémont; j'étais déjà en chemin pour Alexandrie, quand j'appris que le grand-duc d'Albe passait en Flandre. Je changeai d'avis, je le suivis, et le servis dans les batailles qu'il livra. Je fus présent à la mort des comtes d'Egmont et de Horn, et je parvins à être enseigne d'un vaillant capitaine de Guadalaxara, nommé Diégo de Urbina[1]. Quelque temps après mon arrivée en Flandre, on eut connaissance de la ligue que Sa Sainteté Pie V, d'heureuse mémoire, avait faite avec l'Espagne et la république de Venise contre l'ennemi commun, le Turc, qui venait avec sa flotte de s'emparer de la fameuse île de Chypre qui faisait partie du domaine des Vénitiens, perte importante et douloureuse. On sut d'une manière sûre que le sérénissime don Juan d'Autriche, frère naturel de notre grand roi don Philippe, venait prendre le commandement de cette ligue; il n'était bruit que de l'immensité des préparatifs. Ces nouvelles enflammèrent mon courage, et me donnèrent le désir de me trouver à la journée que l'on attendait; et, quoique j'eusse l'espoir et à peu près l'assurance qu'à la première occasion je serais promu au grade de capitaine, je préférai tout quitter, comme je le fis, pour aller en Italie. Heureusement don Juan ne faisait que d'arriver à Gênes, d'où il s'embarqua pour Naples, où il devait joindre l'armée des Vénitiens, ce qu'il fit depuis à Messine. Enfin, je me trouvai à cette heureuse et célèbre journée de Lépante[2], avec le rang de capitaine d'infanterie, poste honorable auquel ma bonne fortune m'éleva plus que mon mérite. Ce jour, si heureux pour la chrétienté, puisqu'il détruisit l'erreur où étaient toutes les nations que les Turcs fussent invincibles sur mer, ce jour, dis-je, où fut confondu l'orgueil du superbe Ottoman, parmi tant d'êtres fortunés (les chrétiens morts dans le combat furent plus heureux que ceux qui survécurent après la victoire), moi seul je fus malheureux, car, au lieu d'une couronne navale que je pouvais espérer si j'avais vécu du temps des Romains, je me vis, la nuit qui suivit un si beau jour, les fers aux pieds et aux mains, ce qui arriva de cette manière. Uchaly, roi d'Alger, heureux et intrépide corsaire, avait attaqué et pris la capitane de Malte,

[1] Diego de Urbina n'est point un personnage imaginaire. Il se trouva à la bataille de Lépante, où il se comporta vaillamment, et enleva l'étendard royal d'Égypte. Il paraît que Cervantes faisait partie de sa compagnie.

[2] Le 7 octobre 1571. Ce fut à cette journée célèbre que Cervantes, qui avait embrassé le parti des armes, fut blessé d'un coup d'arquebuse qui lui fracassa la main gauche dont il resta toujours estropié. Dans plusieurs de ses ouvrages il se plaît à rappeler cette fameuse bataille, où la flotte des chrétiens mit en déroute celle des Turcs. Il a d'ailleurs retracé dans cette nouvelle du *Captif* une partie de ses propres aventures.

où il ne restait plus que trois chevaliers vivants et grièvement blessés[1]. La capitane de *Jean Andrea*, sur laquelle j'étais avec ma compagnie, accourut pour la secourir. Je fis ce que m'ordonnait mon devoir en pareille occasion, et je sautai dans la galère ennemie ; mais, au même instant, elle se dégagea de celle qui l'avait assaillie, de sorte que mes soldats ne purent me suivre, et je me trouvai seul au milieu des ennemis ; forcé de céder au nombre, et tout couvert de blessures, je restai en leur pouvoir. Vous avez su qu'Uchaly se sauva avec toute son escadre : ainsi, je demeurai en son pouvoir, seul triste parmi tant d'hommes joyeux, seul captif le jour où tant d'autres furent délivrés, puisque quinze mille chrétiens, qui ramaient sur la flotte turque, recouvrèrent ce jour-là leur liberté. Je fus conduit à Constantinople, où le sultan Sélim fit mon maître général de la mer, parce qu'il avait fait son devoir dans la bataille, et qu'il rapportait, comme un gage de sa valeur, l'étendard de Malte. La seconde année, en 1572, je me trouvai à Navarin, ramant sur la capitane *les Trois-Fanaux* ; je remarquai l'occasion que l'on perdit là de prendre dans ce port toute la flotte turque : les Levantins et les janissaires qui s'y trouvaient étaient tellement persuadés qu'on devait les attaquer dans l'intérieur même du port, qu'ils tenaient toutes prêtes leurs hardes et leurs chaussures, afin de s'enfuir par terre, sans attendre le combat, tant était grande la frayeur qu'ils avaient conçue de notre flotte. Mais le ciel en ordonna autrement, non par la faute ou la négligence du général qui commandait les nôtres, mais pour les péchés de la chrétienté, et parce que Dieu permet que nous ayons toujours des bourreaux pour nous châtier. En effet, Uchaly se réfugia à Modon, île voisine de Navarin, et débarquant ses troupes, fortifia l'entrée du port, et y resta tranquillement jusqu'à ce que don Juan fût parti. Dans cette expédition, nous prîmes la galère appelée *la Prise*, commandée par un fils du fameux corsaire Barberousse. Ce fut la capitane de Naples, appelée *la Louve*, qui s'en empara conduite par ce foudre de guerre, ce père des soldats, cet heureux et invincible capitaine don Alvar de Bazan, marquis de Santa Cruz. Je ne saurais passer sous silence ce qui advint à la prise de *la Prise*[2]. Le fils de Barberousse était si cruel, et traitait si mal ses esclaves, que, lorsque ses rameurs virent que *la Louve* les gagnait et allait les atteindre, ils abandonnèrent tous en même temps les rames, se jetèrent sur le capitaine, qui se tenait sur l'estanterolle[3], leur criant de ramer vivement ; et, le faisant passer de banc en banc, de la poupe à la proue, ils lui donnèrent tant de coups de dents, qu'avant qu'il eût passé de beaucoup le grand mât, son âme avait déjà passé en enfer, tant était grande sa cruauté envers eux et la haine qu'ils lui portaient. Nous retournâmes à Constantinople. L'année suivante, 1573, nous y apprîmes que don Juan s'était emparé de Tunis et avait enlevé ce royaume au Turc, qu'il en avait mis en possession Muley Hamel, ôtant toute espérance d'y rentrer à Muley Hamida, le plus cruel et le plus vaillant des Maures[4]. Le Grand Turc fut très sensible à cette perte. C'est pourquoi, usant de

1 L'un de ces trois chevaliers était Pedro Justiniano, prieur de Messine, et général de Malte.

2 *En la presa de la Presa*. Toujours des jeux de mots.

3 *Estanterol*, pilier à la poupe de la galère.

4 Cet Hamida était frère de Muley Hamet, et tous deux fils de Muley Hassan, souverain de Tunis. Hamida avait ôté la vue à son père avec un fer rouge, et s'était emparé du royaume. Hamet se retira à Palerme. Don Juan le fit venir et le nomma gouverneur de Tunis. Quant au féroce Hamida, don Juan

la prudence ordinaire à sa maison, il fit la paix avec les Vénitiens, qui la désiraient plus encore que lui, et l'année d'après, 1574, Sélim attaqua la Goulette et le fort que don Juan avait laissé près de Tunis, à moitié édifié. Pendant tous ces événements, j'étais à la rame, sans espoir aucun de recouvrer ma liberté; du moins, je ne l'espérais pas au moyen d'une rançon, car j'étais résolu de ne pas donner à mon père connaissance de ma disgrâce. Enfin, nous perdîmes la Goulette et le fort. On avait mis devant ces deux places soixante-quinze mille hommes de troupes turques, et plus de quatre cent mille Arabes et Maures de toute l'Afrique, avec tant de munitions et d'attirails de guerre, et tant de pionniers, qu'à l'aide des mains, et en jetant la terre à poignée, ils eussent aisément comblé le fort et la Goulette. Celle-ci fut prise la première, quoiqu'elle eût la réputation d'être imprenable. Ce ne fut point par la faute de ses défenseurs, ils firent pour la sauver tout ce qu'ils devaient et pouvaient; mais l'expérience montra aux Turcs avec quelle facilité l'on pouvait faire des tranchées dans ce désert de sable, sous lequel on aurait dû trouver à deux palmes l'eau, qui ne se rencontra pas à une toise : à force de sacs de sable, ils élevèrent des retranchements si hauts qu'ils surpassaient les murailles de la ville, et, s'en servant de cavalier, ils paralysaient la défense des assiégés[1]. On disait communément que les nôtres n'auraient pas dû s'enfermer dans la Goulette, et qu'ils eussent mieux fait de tenir la campagne pour s'opposer au débarquement. Ceux qui parlent ainsi ne sont pas sur les lieux, et montrent peu d'expérience de ces choses : car, il y avait à peine sept mille soldats dans le fort et dans la Goulette; comment une aussi petite troupe, quelque déterminée qu'elle fût, aurait-elle pu tenir la campagne et défendre ces places contre une armée aussi nombreuse que celle des ennemis? D'ailleurs, quelle est la place qui puisse se soutenir sans être secourue, surtout lorsqu'elle est assiégée par des troupes nombreuses et opiniâtres qui sont dans leur propre pays? Pour moi, j'ai pensé, comme beaucoup d'autres, que la prise de la Goulette fut une grâce, une faveur particulière que le ciel fit à l'Espagne, en la délivrant de cette officine de toute méchanceté, de ce cloaque, de cette éponge, de ce ver rongeur qui consumait sans profit des monceaux d'or, sans servir à autre chose qu'à perpétuer la mémoire de l'invincible Charles-Quint, qui l'avait conquise, comme si cette masse de pierre eût été nécessaire pour la rendre éternelle comme elle l'est et le sera. Le fort se rendit aussi; mais les Turcs ne l'emportèrent que pied à pied, car les soldats qu'il renfermait se défendirent avec tant de constance et de valeur, qu'ils tuèrent plus de vingt-cinq mille ennemis en vingt-deux assauts qu'ils soutinrent; des trois cents soldats qui survécurent, il n'y en eut pas un seul qui fût pris sans blessure, témoignage irrécusable de leur courage et de leur glorieuse défense. Un petit fort ou tour, situé au milieu de l'étang[2], se rendit à discrétion; il était commandé par don Juan Zanoguerra, de Valence, intrépide guerrier. Les ennemis firent prisonnier don Pedro Puertocarrero, gé-

le confia à la garde de don Carlos d'Aragon, vice-roi de Sicile. Il fut depuis transféré à Naples, où un de ses fils embrassa la religion chrétienne.

[1] Tous ces détails appartiennent à l'histoire et y seraient mieux placés.

[2] Ce que Cervantes appelle l'étang était l'ancien port de Carthage. Au milieu de ce lac était une tour antique, dont Cerbellon fit une forteresse. Zanoguerra se rendit à condition qu'il aurait la liberté lui et sa garnison. Mais Sinan, commandant de l'armée de terre, réduisit cette grâce à cinquante soldats seulement.

néral de la Goulette; il avait fait tous ses efforts pour défendre la place, et eut tant de douleur de l'avoir perdue qu'il mourut de chagrin sur le chemin de Constantinople où on le conduisait captif. Ils prirent aussi le commandant du fort, Gabrio Cerbellon, gentilhomme milanais, habile ingénieur et vaillant guerrier. Il périt dans les deux forteresses plusieurs hommes de distinction, entre autres Pagan Doria, chevalier de l'ordre de Saint-Jean, homme généreux, comme le prouva l'extrême libéralité dont il usa envers son frère, le fameux Jean André Doria. Ce qu'il y eut de plus triste dans sa mort, c'est qu'il périt de la main de quelques Arabes auxquels il s'était fié voyant le fort perdu; ils lui avaient offert de le conduire en habit de Maure à Tabarca, petit port ou habitation qu'ont les Génois sur la côte, où ils s'occupent de la pêche du corail : ces Arabes lui coupèrent la tête, et la portèrent au général de la flotte turque; celui-ci vérifia à leur égard notre proverbe espagnol : la trahison plaît, mais le traître est en horreur: on dit qu'il les fit pendre, pour ne le lui avoir pas amené vivant. Parmi les chrétiens qui furent faits prisonniers, il y en avait un nommé don Pedro d'Aguilar, né dans je ne sais quel endroit de l'Andalousie; il était enseigne dans le fort, c'était un guerrier doué d'une intelligence rare, et qui surtout avait un talent particulier pour la poésie : je le sais, parce que le sort le conduisit à ma galère, à mon propre banc, et le fit esclave du même maître que moi. Avant que nous quittassions le port, il fit deux sonnets pour servir d'épitaphes à la Goulette et à l'autre fort. Je veux vous les dire car je les sais par cœur, et je crois qu'ils vous donneront plus de plaisir que d'ennui. Au moment où le captif nomma don Pedro d'Aguilar, don Fernand regarda ses compagnons : tous trois échangèrent un sourire, et quand il fut question des sonnets, l'un d'eux dit au captif : Avant tout, je vous supplie de me dire ce qu'est devenu ce don Pedro d'Aguilar dont vous parlez. Tout ce que je sais, répondit le captif, c'est qu'au bout de deux ans de séjour à Constantinople, il s'enfuit en habit d'Arnaute[1] avec un espion grec. J'ignore s'il parvint à recouvrer sa liberté; je le crois pourtant, car, l'année suivante, je revis le Grec à Constantinople, mais sans pouvoir lui demander le succès de leur voyage. Il a réussi, répondit le cavalier, don Pedro d'Aguilar est mon frère, et il est maintenant dans notre pays, bien portant, riche, marié et père de trois enfants. Je rends grâces à Dieu, dit le captif, de la protection qu'il lui a donnée, car il n'y a pas à mon avis sur la terre un bonheur égal à celui de recouvrer la liberté perdue. De plus, dit le cavalier, je sais les sonnets que fit mon frère. Dites-les donc, reprit le captif : vous vous en acquitterez mieux que moi. Je le veux bien, répondit le cavalier. Voici celui de la Goulette.

[1] *Arnaute,* ancien nom des Albanais.

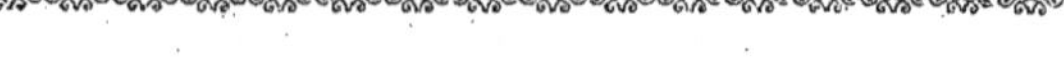

CHAPITRE XL.

OU SE CONTINUE L'HISTOIRE DU CAPTIF.

SONNET.

Ames heureuses, qui, délivrées des ombres de la mort, en récompense du bien que vous avez fait, vous êtes élevées du sein de la terre au séjour glorieux du ciel ;

Vous qui avez montré votre courage, et prouvé l'ardeur de votre dévouement généreux, en teignant de votre sang et de celui de l'ennemi les flots de la mer et le sable du rivage ;

La vie abandonna avant la valeur vos bras fatigués, et votre mort a jeté sur la défaite tout l'éclat de la victoire.

Cette chute mortelle, entre la muraille sanglante et le fer menaçant, vous a mérité la renommée parmi les hommes, et la gloire dans le ciel.

C'est ainsi que je le sais, dit le captif. Celui du fort, si ma mémoire ne me trompe, dit le cavalier, est ainsi conçu :

Du sein de cette terre stérile et bouleversée, des ruines de ces tours renversées, les saintes âmes de trois mille soldats se sont élevées à un meilleur séjour.

La force de leurs bras s'exerça en vain ; fatigués et réduits enfin à un petit nombre, ils abandonnèrent leur vie au tranchant du glaive.

Cette terre a toujours été peuplée de mille douloureux souvenirs dans les siècles passés ainsi que de nos jours.

Mais jamais âmes plus saintes ne sont sorties de son sein dévorant pour atteindre le ciel ; jamais elle ne soutint des hommes plus vaillants.

Ces sonnets furent trouvés assez bons ; le captif se réjouit d'apprendre ces nouvelles de son camarade, et poursuivit ainsi : Le fort et la Goulette s'étant donc rendus, les Turcs donnèrent ordre de démanteler celle-ci ; pour le fort, il était en tel état qu'il ne restait rien à renverser. Pour réussir avec moins de travail et de temps, on mina la Goulette dans trois endroits : mais tous les efforts échouèrent contre les vieilles murailles qui semblaient les plus faibles. Quant aux nouvelles fortifications qu'avait fait construire le Fratin[1], elles furent facilement détruites. Enfin, la flotte rentra triomphante dans Constantinople ; peu de temps après mourut mon maître, Uchaly[2] ; on l'appelait ordinairement *Uchaly Fartax*, ce qui, en langue turque, signifie *le renégat teigneux*. Il l'était en effet, et les Turcs ont coutume de donner aux gens des surnoms tirés, ou de quelque défaut particulier, ou de quelque vertu ; cela vient de ce qu'ils n'ont en tout que quatre noms de famille différents parmi les descendants de la maison ottomane : tous les autres, on les désigne, comme je viens de le dire, par des défauts du corps ou des qualités de l'esprit. Cet Uchaly mania la rame pendant quatorze ans qu'il fut esclave

[1] Giacomo Paleazzo, ingénieur au service de Charles-Quint et de Philippe II.

[2] Ce nom, que l'on écrit en espagnol *Uchali*, ou *Ochali*, est la corruption de *Aluch Aly*, qui veut dire *le renégat Aly*. Ce homme était natif de Licastelli en Calabre. Il se fit musulman en 1560, et huit ans après, devint roi d'Alger. Il donna du secours aux Maures dans la guerre de Grenade, et fut général de l'armée turque dans celle de 1571. Il avait toute la tête pelée par la teigne, était d'une haute taille, robuste, basané. Il mourut de poison vers 1580.

du Grand Seigneur. A l'âge de trente-quatre ans, un Turc lui ayant donné un soufflet, il renia sa foi, pour pouvoir se venger. Il se distingua tellement par sa valeur que, sans s'élever par les moyens honteux qu'emploient les favoris du sultan, il devint roi d'Alger, et fut depuis général de la mer, qui est la troisième charge de l'État. Il était Calabrois de nation, et fut sous le rapport moral homme de bien, traitant ses esclaves avec beaucoup d'humanité ; il en avait trois mille, qui furent partagés après sa mort, suivant son testament, entre les renégats qui lui étaient unis et le Grand Seigneur, lequel est héritier comme un fils de tous ceux qui meurent, et partage avec les enfants du défunt. Pour moi, j'échus à un renégat vénitien, qui était mousse sur un navire, quand il fut pris par Uchaly; celui-ci en fit un de ses favoris les plus intimes, et il devint le plus cruel renégat que l'on pût voir. Il s'appelait Azanaga, devint fort riche, et fut aussi roi d'Alger. Je le suivis de Constantinople, non sans quelque plaisir de me rapprocher de l'Espagne, non que j'eusse l'intention d'écrire à personne pour faire connaître ma triste condition, mais j'espérais que la fortune me serait plus favorable qu'à Constantinople, où j'avais tenté de m'enfuir mille fois sans pouvoir en trouver l'occasion. Je comptais faire d'autres tentatives en Alger, pour arriver à ce que je désirais tant ; car je ne perdis jamais l'espoir de recouvrer la liberté ; lorsque le projet que je comptais mettre à exécution ne réussissait pas, loin de me décourager, j'imaginais, je cherchais quelque nouvelle espérance ; elle me soutenait. quelque faible et légère qu'elle fût. Cependant, je passais ma vie dans une prison, ou bâtiment que les Turcs appellent bagne, où l'on enferme les esclaves chrétiens, tant ceux du roi que ceux de certains particuliers, et ceux que l'on nomme du magasin, c'est comme si l'on disait esclaves de l'administration que la ville emploie aux ouvrages publics et autres offices. Ces sortes d'esclaves recouvrent difficilement leur liberté, parce que étant à tous, et n'ayant pas de maître particulier, ils ne savent avec qui traiter de leur rançon, s'ils ont de quoi la payer. Dans ces bagnes, quelques particuliers aussi mettent, comme je l'ai dit, leurs esclaves, surtout ceux qui sont dans le cas de se racheter, parce qu'ils y sont en sûreté jusqu'à ce que la rançon arrive. Les esclaves du roi qui sont dans la même attente ne travaillent point avec le reste de la chiourme, à moins que l'argent ne tarde à venir : car alors, pour leur donner plus d'ardeur à écrire, on les fait travailler et on les envoie au bois avec les autres, ce qui n'est pas une petite fatigue. J'étais un de ces captifs destinés au rachat ; on sut que j'étais capitaine, et l'on me mit dans cette classe quoique je protestasse de mon peu de moyens pour me racheter. La chaîne que je portais était plutôt un indice de rançon future qu'une mesure de sûreté : ainsi je passais ma vie dans le bagne, parmi les gentilshommes et gens de qualité désignés pour le rachat ; la faim et la nudité nous tourmentaient souvent, et même presque toujours, mais rien ne nous affligeait autant que d'être témoins des cruautés inouïes que mon maître exerçait sur les chrétiens : il n'y avait pas de jour qu'il ne fît pendre celui-ci, empaler celui-là, couper les oreilles d'un autre, et cela sans motif ou pour des sujets si légers, que les Turcs reconnaissaient qu'il le faisait pour le seul plaisir de le faire, et que sa nature le portait à la destruction. Un soldat espagnol, surnommé Saavedra [1], parvint seul à braver

[1] Ce soldat espagnol, ce Saavedra, c'est Cervantes lui-même, qui n'a pu résister au désir de dire un mot de ses propres aventures dans cette nouvelle. Quant au héros du conte, ou captif, c'est le capitaine

sa cruauté : il fit, pour recouvrer sa liberté, des choses dont ces gens-là conserveront longtemps le souvenir ; jamais Azan ne lui donna ni ne lui fit donner un seul coup, jamais il ne lui dit une parole dure. A la plus légère action, et il en fit beaucoup, nous craignions tous de voir ce soldat empalé ; lui-même il le craignit plus d'une fois ; si j'en avais le temps, je vous raconterais quelqu'un de ses traits de courage, ce serait un récit plus surprenant et d'un intérêt plus grand que ma propre histoire.

Sur la cour de notre prison donnaient les fenêtres de la maison d'un riche Maure ; ce n'étaient, selon l'usage du pays, que d'étroites lucarnes, fermées par des jalousies épaisses et serrées. Un jour que j'étais sur la terrasse de notre prison avec trois de mes compagnons, nous exerçant à sauter avec nos chaînes, pour amuser le temps, restés seuls, parce que tous les autres chrétiens étaient sortis pour le travail, je levai par hasard les yeux sur ces fenêtres, et j'aperçus une canne au bout de laquelle était attaché un mouchoir ; cette canne était agitée comme pour nous faire signe de nous approcher et de la prendre. A cette vue, un de nous fut se mettre au-dessous de la canne, pour voir si on la laisserait tomber ou ce qu'on voulait faire ; mais à son arrivée on la releva et on l'agita de droite et de gauche, comme lorsque, avec la tête, on veut dire non. Le chrétien s'éloigna et la canne fut abaissée de nouveau et agitée comme la première fois. Un autre de mes compagnons s'approcha, et il lui arriva la même chose qu'au premier ; le troisième ne fut pas plus heureux. Après cela, je voulus à mon tour tenter la fortune, et je ne me fus pas plus tôt approché qu'on lâcha la canne : elle vint tomber à mes pieds dans le bagne. Je m'empressai de détacher le mouchoir auquel était un nœud, et j'y trouvai dix *cianis*, petite monnaie d'or à bas titre, qui a cours parmi les Maures, et qui vaut dix réaux. Si je fus satisfait d'un tel secours, je n'ai pas besoin de le dire, notre joie fut égale à notre étonnement ; nous ne pouvions imaginer d'où nous venait ce bien qui paraissait évidemment s'adresser à moi, puisqu'on n'avait pas voulu lâcher la canne aux autres. Je serrai mon argent, rompis la canne, et revins sur la terrasse, où je me mis à considérer la fenêtre ; j'en vis sortir une main très blanche qui l'ouvrit et la referma à la hâte. Nous comprîmes et imaginâmes que quelque femme qui habitait cette maison nous avait fait cette libéralité. En signe de reconnaissance, nous saluâmes à la façon des Maures, baissant la tête, pliant le corps et croisant les bras sur la poitrine. Peu de temps après, on montra, par la même fenêtre, une petite croix faite de roseaux, et on la retira sur-le-champ : cette action nous confirma dans la pensée qu'il y avait dans cette maison quelque chrétienne esclave, et que c'était elle qui nous faisait ce bien. Cependant, l'extrême blancheur de la main, et les bracelets que nous y avions aperçus, nous firent abandonner cette idée. Nous imaginâmes ensuite que c'était plutôt une chrétienne renégate. Leurs maîtres les prennent souvent pour épouses légitimes, et même ils estiment plus ces femmes-là que celles de leur propre nation. Toutes nos conjectures étaient fort loin de la vérité. Depuis ce moment, notre unique occupation était de consi-

Vedma, qui partagea les fers de Cervantes, et fut comme lui esclave d'Azanaga. Ce terrible renégat était Vénitien de naissance et se nommait Andréta. Il fut écrivain de vaisseau, fait prisonnier, prit le turban, et devint trésorier d'Uchaly. Lui-même fut deux fois roi d'Alger, une fois de Tripoli, et général de la mer. Il mourut empoisonné.

dérer la fenêtre où nous avait apparu cette bienheureuse canne : c'était le pôle qui nous attirait. Il se passa néanmoins plus de quinze jours sans que nous la vissions, ni la main ni aucun autre signal ; toutes les informations que nous primes pour savoir qui habitait cette maison et si elle renfermait quelque chrétienne renégate, n'aboutirent qu'à nous faire savoir qu'elle était habitée par un riche Maure nommé Agi Morato, qui avait été gouverneur de la Pata, un des emplois les plus considérables parmi eux. Enfin, au moment où nous nous attendions le moins à voir tomber d'autres cianis, et où nous nous trouvions seuls comme la première fois, nous vîmes paraître la canne, avec un mouchoir et un nœud plus gros que le premier. Nous recommençâmes l'épreuve, chacun de mes compagnons se présentant successivement, mais la canne ne se rendit qu'à moi. Je défis le nœud, et trouvai quarante écus d'or d'Espagne, avec une lettre écrite en arabe, au bas de laquelle était tracée une grande croix. Je baisai la croix, pris les écus, retournai sur la terrasse : nous fîmes nos saluts ; la main reparut ; je fis signe que je lirais le papier, et l'on ferma la fenêtre. Nous étions aussi satisfaits que surpris de notre bonne fortune ; mais pas un de nous ne savait l'arabe, cependant nous avions le plus grand désir de savoir le contenu du papier, mais plus grande était la difficulté de trouver quelqu'un pour le lire. Enfin, je résolus de me fier à un renégat de Murcie qui me faisait de grandes démonstrations d'amitié, et que certains rapports avec moi obligeaient à garder le secret que je voulais lui communiquer. En effet, ceux des renégats qui ont intention de retourner en terre de chrétienté ont coutume de se procurer, de la part des esclaves les plus distingués, des attestations qui font foi dans la forme qu'on peut trouver, que tel renégat est homme de bien, qu'il a toujours favorisé les chrétiens, et désire de s'enfuir à la première occasion. Parmi ces renégats, les uns recherchent ces attestations dans des vues sincères et louables, d'autres en font un coupable usage : lorsqu'ils vont pirater en pays chrétien, s'il arrive qu'ils soient pris, ils produisent ces attestations et disent qu'elles feront connaître dans quelles intentions ils sont venus. C'est pour rester parmi les chrétiens qu'ils affirment avoir suivi les Turcs dans leurs courses. Par ce moyen, ils évitent le premier danger, et se réconcilient avec l'Église, sans qu'on leur fasse aucun mal ; puis, quand ils trouvent l'occasion favorable, ils retournent en Barbarie reprendre leur premier métier. Il y en a pourtant qui usent de ces attestations loyalement et restent en terre chrétienne. Or l'ami dont je vous ai parlé était un de ces renégats ; il avait obtenu de tous mes camarades des attestations où nous l'accréditions le mieux possible, et, si les Maures lui avaient trouvé ces papiers, ils l'auraient brûlé vif. J'appris qu'il entendait parfaitement l'arabe, et que non seulement il le parlait, mais qu'il l'écrivait. Cependant, avant de m'ouvrir entièrement à lui, je lui dis seulement de me lire ce papier que j'avais trouvé dans un trou de ma chambrée. Il l'ouvrit, et resta quelque temps à l'examiner, construisant le sens en murmurant entre ses dents. Je lui demandai s'il le comprenait. Parfaitement, me répondit-il ; et si vous voulez que je vous le fasse connaître mot pour mot, procurez-moi seulement une plume et de l'encre, je m'en acquitterai mieux. Nous lui donnâmes ce qu'il demandait ; il traduisit la lettre avec soin, et me dit : Ce qui est là en espagnol renferme tout ce que contient ce papier moresque, sans qu'il y manque une lettre. Je dois seulement vous avertir que, partout où vous trouverez ces mots : *Léla Marien*, cela signifie *Notre-Dame la Vierge Marie*. Nous lûmes la lettre, et voici ce que contenait cet écrit :

« Quand j'étais petite fille, mon père avait une esclave qui m'enseigna dans ma « langue l'adoration chrétienne, et me dit beaucoup de choses de Léla Marien. « Cette esclave mourut, et je sais bien qu'elle n'alla point au feu, mais avec « Allah, car je l'ai vue deux fois depuis, et elle m'a dit d'aller dans le pays des « chrétiens, pour y voir Léla Marien, qui m'aime beaucoup. Je ne sais comment « m'y rendre. J'ai vu bien des chrétiens par cette fenêtre, mais aucun ne m'a « semblé un cavalier, si ce n'est toi. Je suis jeune et très belle, j'ai beaucoup « d'argent à emporter avec moi. Vois si tu peux faire en sorte que nous partions. « Là-bas tu seras mon mari, si tu le veux ; si tu ne le veux pas, je ne m'en mets « point en peine, car Léla Marien saura bien m'en procurer un. C'est moi qui « écris cela ; prends bien garde à qui tu le feras lire ; ne te fie à aucun Maure : « ils sont tous trompeurs. Cela me donne beaucoup d'inquiétude. Je voudrais que « tu ne te découvrisses à personne ; car si mon père vient à savoir ceci, il me « jettera dans un puits, et le comblera de pierres. Je mettrai un fil à la canne, « attache-s-y ta réponse. Si tu n'as personne pour écrire en arabe, explique-toi « par signes : Léla Marien me les fera comprendre. Elle et Allah te gardent, « ainsi que cette croix que je baise souvent, comme me l'a recommandé la « captive. »

Jugez vous-mêmes, seigneurs, si les expressions de cette lettre durent nous combler de surprise et de joie. Nous la témoignâmes de telle sorte, que le renégat s'aperçut aisément que ce n'était point le hasard qui nous l'avait fait trouver, mais qu'elle était réellement adressée à l'un de nous. Il nous conjura, si sa conjecture était véritable, de nous fier à sa discrétion et de lui tout dire, ajoutant qu'il exposerait sa vie pour nous procurer la liberté. En disant ces mots, il tira de son sein un petit crucifix de métal, et, versant beaucoup de larmes, il jura, par le Dieu qu'on y voyait représenté, dans lequel, quoique infidèle et pécheur, il mettait toute sa confiance, de nous garder le secret de tout ce que nous voudrions lui découvrir ; il prévoyait que, par le moyen de celle qui avait écrit cette lettre, nous et lui-même nous nous verrions tous en liberté, et qu'il pourrait satisfaire l'ardent désir qu'il avait de rentrer dans le sein de notre mère la sainte Église, de laquelle l'ignorance et le péché l'avaient séparé comme un membre gangrené. Le renégat nous donna ces assurances avec tant de larmes, et des marques d'un si grand repentir, que tous quatre, d'un commun accord, nous résolûmes de nous fier à lui. Nous lui découvrîmes tout, sans la moindre réserve, nous lui montrâmes même la petite fenêtre où apparaissait la canne. Il remarqua soigneusement la maison, et promit d'avoir un soin particulier de s'informer par qui elle était habitée. Nous pensâmes ensuite qu'il serait bon de répondre au billet de la Maure, et comme nous avions maintenant qui le pouvait faire, le renégat écrivit aussitôt ce que je lui dictai. Ce fut ce que je vais répéter exactement, car les circonstances essentielles de tout ce qui m'arriva alors sont restées dans ma mémoire et n'en sortiront de ma vie. Voici ce que je répondis à la Moresque :

« Le vrai Allah te garde, ainsi que la bienheureuse Marien, qui est la véritable « mère de Dieu ; c'est elle qui t'inspire le généreux dessein de t'en aller chez les « chrétiens, parce qu'elle t'aime beaucoup. Prie-la de te faire connaître les moyens « d'exécuter ce qu'elle t'ordonne, elle est si bonne qu'elle le fera. De mon côté, « en mon nom et en celui de tous les chrétiens qui sont avec moi, je t'offre de faire « pour toi tout ce qui dépendra de nous, au péril de notre vie. Ne cesse pas de m'é- « crire et de m'instruire de tes projets; je te répondrai toujours, le grand Allah « nous a procuré l'assistance d'un chrétien esclave qui sait parler et écrire la « langue, comme tu le verras par cette lettre. Ainsi, tu peux sans crainte nous « communiquer tout ce que tu voudras. Quant à l'offre que tu me fais d'être ma « femme lorsque nous serons en terre chrétienne, je l'accepte en véritable chré- « tien, et sache qu'ils sont plus fidèles à leur parole que les Maures. Dieu te garde, « ainsi que Léla Marien sa mère. »

La lettre écrite et fermée, j'attendis deux jours avant que le bagne fût libre. Je montai alors sur la terrasse, pour voir si la canne paraîtrait, et je n'attendis pas longtemps. Aussitôt que je la vis, sans pouvoir distinguer qui la tenait, je montrai mon papier, pour donner à entendre de mettre le fil; mais il y était déjà. J'attachai ma lettre : on la reçut, et peu de temps après notre étoile reparut avec le mouchoir noué, blanche bannière de paix. On le laissa tomber; je le ramassai, et trouvai dedans en toutes sortes de monnaies d'or et d'argent plus de cinquante écus, qui doublèrent cinquante fois notre joie et l'espoir de notre liberté. Cette même nuit, le renégat revint, et nous confirma ce qu'on nous avait déjà dit, que la maison était habitée par le Maure Agi Morato, homme extrêmement riche, qui n'avait qu'une fille unique, héritière de tous ses biens; elle passait dans toute la ville pour la plus belle femme de la Barbarie, et plusieurs vice-rois l'avaient demandée en mariage, mais elle n'avait jamais voulu se marier. Il savait aussi qu'elle avait eu une esclave chrétienne qui était morte : tous ces détails s'accordaient parfaitement avec ce que la lettre nous avait appris. Nous tînmes sur-le-champ conseil, avec le renégat, pour aviser aux moyens d'enlever la Maure et de nous sauver tous en chrétienté; enfin, il fut décidé que l'on attendrait le second avis de Zoraïde (c'est ainsi que s'appelait celle qui désire aujourd'hui porter le nom de Marie), car nous vîmes bien qu'elle seule pouvait nous donner le moyen de sortir de ces difficultés. Le renégat, toutefois, nous engagea à ne pas nous décourager, et nous répéta qu'il perdrait la vie où qu'il viendrait à bout de nous délivrer. Quatre jours durant le bagne fut plein de monde, ce qui fut cause que de quatre jours nous ne vîmes point la canne. Enfin, elle parut, avec un mouchoir tellement enflé qu'il nous promettait un heureux accouchement : elle s'inclina devant moi, et j'y trouvai cent écus d'or, sans aucune monnaie et avec une nouvelle lettre. Dans ce moment le renégat était avec nous, et nous lui donnâmes la lettre à lire dans notre chambrée; elle disait :

« Je ne sais, seigneur, comment faire pour nous sauver en Espagne : Léla Ma- « rien ne me l'a point dit, quoique je l'en aie bien priée. Tout ce qui se peut faire, « c'est de te donner par cette fenêtre beaucoup d'or, avec lequel tu te rachèteras, « toi et tes amis. Que l'un d'eux aille au pays des chrétiens acheter une barque, et

« revienne prendre les autres. Pour moi, on me trouvera au jardin de mon père, « qui est à la porte de Babazoun, sur le bord de la mer, où je passerai tout l'été, avec « mon père et mes esclaves. Tu pourras facilement m'enlever de nuit et me con- « duire à la barque. Mais souviens-toi que tu m'as promis d'être mon mari, car, « si tu y manques, je prierai Léla Marien de te punir. Si tu ne te fies à personne « pour acheter la barque, rachète-toi, va-s-y toi-même ; je sais que tu reviendras « plutôt qu'un autre, car tu es gentilhomme et chrétien. Informe-toi de l'endroit « où est le jardin ; quand tu te promèneras par-là, je saurai qu'il n'y a personne « dans le bagne, et je te donnerai beaucoup d'argent. Qu'Allah te garde, sei- « gneur. »

Tel était le contenu de cette seconde lettre ; chacun s'offrit à se faire racheter, promettant de revenir ponctuellement ; je m'y offris moi-même, mais le renégat s'y opposa fortement, disant qu'il ne consentirait pas qu'aucun fût libre avant les autres, parce que l'expérience lui avait appris combien peu ceux qui recouvraient la liberté tenaient les promesses qu'ils avaient faites étant esclaves ; que souvent des captifs de distinction avaient usé de ce moyen, rachetant un d'entre eux qui devait se rendre à Valence ou à Mayorque, avec de l'argent pour y faire équiper une barque, et revenir prendre les autres, mais que pas un n'était revenu, parce que la joie d'avoir obtenu leur liberté, et la crainte de la perdre de nouveau, leur ôtait de la mémoire toutes les obligations qu'ils avaient contractées. En preuve, il nous rapporta un fait arrivé récemment à des cavaliers chrétiens, fait le plus étrange que l'on connût dans un pays où se passent journellement tant de choses extraordinaires. Enfin, il nous dit que ce qui était possible et se devait faire était de lui remettre l'argent que l'on eût employé au rachat d'un d'entre eux, pour en acheter une barque dans Alger même, sous prétexte de faire le commerce avec Tétuan et la côte ; qu'étant le maître de cette barque, il pourrait aisément les tirer du bagne et les faire embarquer tous ; que, bien plus, si la Maure, comme elle le disait, donnait de l'argent pour les racheter tous, il leur serait extrêmement facile de s'embarquer même en plein jour, étant devenus libres ; la plus grande difficulté qui s'offrait était que les Maures ne permettaient point aux renégats d'acheter ni de posséder une barque, mais seulement de grands bâtiments pour aller en course, dans la crainte que celui qui achète une barque, surtout s'il est Espagnol, ne le fasse pour se rendre au pays des chrétiens. Mais qu'il remédierait à cet inconvénient en associant un Maure tagarin[1] à la propriété de la barque et au gain de son commerce : par cette ruse il aurait la barque à sa disposition, et pour le reste il le donnait comme accompli.

Il nous paraissait plus prudent, à mes camarades et à moi, d'envoyer acheter une barque à Mayorque, comme me le conseillait la Maure ; mais nous n'osâmes contredire le renégat, dans la crainte que, si nous n'agissions pas comme il le disait, il ne nous découvrît et ne mît en danger nos jours en révélant notre intelligence avec Zoraïde, pour la vie de laquelle chacun de nous aurait sacrifié la sienne. Nous résolûmes donc de nous remettre entièrement entre les mains de Dieu et du renégat. On répondit sur-le-champ à Zoraïde que nous ferions tout

[1] Maure de la frontière. On donne ce nom aux réfugiés maures qui sont venus de Valence et d'Aragon.

ce qu'elle nous conseillait, que son avis était aussi bon que s'il venait de Léla Marien, et que d'elle seule dépendait ou de différer l'entreprise ou de la mettre incontinent à exécution. Je lui offris de nouveau de devenir son époux, et un autre jour, nous voyant seuls, elle me donna, à diverses reprises, avec la canne et le mouchoir, deux mille écus d'or, et un papier portant que le premier juma ou vendredi, elle se rendait au jardin de son père; qu'auparavant elle nous donnerait encore de l'argent, et que, si cela ne suffisait pas, de l'en avertir, qu'elle nous en donnerait autant que nous lui en demanderions; son père en avait tant, disait-elle, qu'il ne s'apercevrait de rien, et d'ailleurs c'était elle qui avait les clefs de tout. Nous donnâmes à l'instant même cinq cents écus au renégat pour acheter la barque. Avec huit cents autres je payai ma rançon, en remettant l'argent à un marchand de Valence qui se trouvait à Alger, et qui me racheta du roi, sur sa parole de livrer la somme à l'arrivée du premier vaisseau de son pays. S'il avait tout de suite donné cet argent, le roi aurait pu soupçonner que le prix de ma rançon était depuis longtemps dans la ville, et que le marchand l'avait retenu pour le faire valoir; mon maître était si défiant, que je n'osai d'aucune manière en hâter la remise. Le jeudi qui précéda le vendredi où la belle Zoraïde devait se rendre au jardin, elle nous donna encore mille écus, et nous avertit de son départ, me recommandant, lorsque je serais racheté, de m'informer du jardin de son père, et de chercher en tout cas l'occasion d'y aller et de la voir. Je lui répondis en peu de mots que je le ferais, et qu'elle nous recommandât à Léla Marien par toutes les prières que lui avait enseignées l'esclave. Après quoi, nous donnâmes ordre au rachat de mes trois compagnons, pour faciliter notre sortie du bagne, et de peur que me voyant racheté et eux non, lorsque j'avais de l'argent, ils ne prissent de l'inquiétude, et que le diable ne leur inspirât l'idée de nuire à Zoraïde. Leur condition, sans doute, me pouvait rassurer contre une telle crainte; mais, malgré cela, je ne voulus rien livrer au hasard. Je les fis donc racheter par le même moyen que j'avais employé pour moi, consignant tout l'argent entre les mains du marchand, afin qu'il pût les cautionner en toute sûreté, sans toutefois lui découvrir le secret de notre plan, ce qui eût été trop dangereux.

CHAPITRE XLI.

OU LE CAPTIF CONTINUE ENCORE SON HISTOIRE.

AVANT quinze jours, le renégat eut acheté une bonne barque capable de contenir plus de trente personnes; et, pour colorer son achat, il voulut faire et fit un voyage à Sargel[1], lieu distant de vingt lieues d'Alger, du côté d'Oran, et où l'on fait un grand commerce de figues sèches. Deux ou trois fois il fit ce voyage, en compagnie du Tagarin dont j'ai parlé. On appelle ainsi, dans la Barbarie, les Maures d'Aragon; ceux de Grenade portent le nom de *Mudejares*[2]. Ces derniers sont appelés *El-*

[1] *Sargel*, c'est le port de Cherchel.

[2] On appelait aussi *Mudejares* ou *Mudajares* les Maures du royaume de Murcie, surtout ceux de la

ches dans le royaume de Fez, et c'est parmi eux que le roi de ce pays prend la plupart de ses gens de guerre. Chaque fois que le renégat passait avec sa barque, il ne manquait pas de jeter l'ancre dans une petite anse qui n'était pas à deux traits d'arbalète du jardin où Zoraïde nous attendait. Là, avec ses rameurs maures, il se mettait à dessein à faire la zala [1], ou à essayer, comme par amusement ce qu'il méditait sérieusement; ainsi il allait au jardin de Zoraïde demander des fruits, et le père de la Maure lui en faisait donner sans le connaître; il aurait désiré parler à Zoraïde, comme il me l'a confié depuis, et lui dire qu'il était celui que j'avais choisi pour la conduire en chrétienté, qu'elle n'eût aucune inquiétude, mais il ne put y réussir, parce que aucune femme maure ne se laisse voir à un Maure ou un Turc, sans que son père ou son mari le lui commandent. Quant aux esclaves chrétiens, elles communiquent volontiers avec eux, même plus qu'il ne faudrait. Pour moi, je n'aurais pas été satisfait qu'il lui eût parlé, car sans doute elle se fût alarmée de voir son sort entre les mains d'un renégat. Mais Dieu, qui en ordonnait autrement, ne permit pas qu'il la rencontrât. Voyant enfin avec quelle facilité il allait à Sargel et en revenait, qu'il jetait l'ancre quand et comme il voulait, et partout où il voulait; que le Tagarin, son associé, n'avait plus d'autre volonté que la sienne; que j'étais racheté, qu'il ne nous manquait plus que quelques chrétiens pour manier la rame, il me dit de choisir ceux que je voulais emmener, outre mes compagnons rachetés, et de les avertir de se tenir prêts pour le premier vendredi, jour qu'il avait fixé pour notre départ. Je m'abouchai donc avec douze Espagnols, vigoureux rameurs, et de ceux qui pouvaient le plus aisément sortir de la ville. Ce fut un grand bonheur pour moi d'en trouver un tel nombre en cette conjoncture, car vingt bâtiments étaient sortis en course et avaient enlevé tous les hommes propres à ramer. Je n'aurais pas même pu trouver ceux-là si leur maître n'était resté chez lui pendant cette saison pour faire achever une galiote qu'il avait sur le chantier. Je ne dis pas autre chose à ces hommes, sinon que, le premier vendredi, sur le soir, ils sortissent de la ville un à un, avec précaution, et qu'ils prissent le chemin du jardin d'Agi Morato pour y attendre mon arrivée. Cet ordre fut donné à chacun séparément, et j'ajoutai que, s'ils trouvaient là d'autres chrétiens, ils se contentassent de dire que je leur avais prescrit d'attendre en ce lieu. Il me restait une chose bien plus importante à faire, c'était d'avertir Zoraïde de l'état de notre entreprise, afin que, bien prévenue, elle ne fût pas effrayée de se voir saisie et enlevée avant le temps qu'elle pouvait juger nécessaire à l'arrivée d'une barque partie du pays des chrétiens. Ainsi, je me décidai à aller au jardin et à voir si je pourrais lui parler. Je m'y rendis la veille du jour fixé pour le départ, sous prétexte de cueillir des herbes. La première personne que je rencontrai fut son père, qui m'adressa la parole dans la langue qui se parle dans toute la Barbarie, et même à Constantinople, entre les esclaves et les Maures; ce n'est ni du castillan, ni du moresque, ni aucune autre, mais un mélange de toutes à l'aide duquel nous nous entendons. Je dis donc qu'il me demanda dans cette langue qui je servais, et ce

vallée de Ricote. Ces peuples ayant de grandes liaisons avec les vieux chrétiens, furent exceptés des premières expulsions que l'on fit des Maures en Espagne; mais enfin ils en sortirent en 1615, au nombre de plus de vingt mille.

[1] *Zala*, acte d'adoration des Maures à Dieu, en croisant les mains sur la poitrine et s'inclinant.

que je cherchais dans son jardin; je lui répondis que j'appartenais à l'Arnaute Mami, et cela parce que je savais qu'il était un de ses plus grands amis, et que je cherchais des herbes pour faire de la salade. Il voulut savoir si j'étais homme de rachat, et combien Mami exigeait de moi. Entre ces demandes et ces réponses, arriva dans le jardin la belle Zoraïde, qui ne m'avait pas vu depuis longtemps; comme les dames maures ne font point de façons pour se montrer aux chrétiens, et ne les évitent point, ainsi que je l'ai dit, elle ne fit point difficulté de venir du côté où je parlais à son père, celui-ci la voyant venir assez lentement l'appela et lui dit d'approcher. Ce serait une chose impossible que de vous dire la rare beauté, la grâce, le riche et brillant costume que j'admirai dans ma chère Zoraïde : les perles qui pendaient à ses oreilles, à son cou, à sa tête, surpassaient en nombre ses cheveux; au-dessus des cous-de-pieds qu'elle avait nus, selon l'usage du pays, elle portait deux anneaux ou bracelets à la moresque, de l'or le plus pur, enrichis de tant de pierreries qu'elle m'a dit depuis que son père les estimait dix mille doublons, et ceux qu'elle portait aux bras en valaient autant. Les perles étaient en grand nombre et de la plus belle qualité, parce que le plus grand luxe des dames maures est dans l'usage des perles et de la semence de perles, aussi les Maures en possèdent une plus grande quantité que toutes les autres nations. Le père de Zoraïde passait pour en avoir un grand nombre et les plus précieuses de tout Alger, outre plus de deux cent mille écus d'Espagne, dont était maîtresse absolue celle qui l'est aujourd'hui de moi. Pour juger de ce qu'elle devait être alors dans une si brillante parure, contemplez ce qu'elle est encore après avoir tant souffert. Vous vous ferez peut-être une idée de ce qu'elle était aux jours de sa prospérité. Vous n'ignorez pas que la beauté de la plupart des femmes a ses jours et ses moments, qu'un rien l'accroît ou la ternit : les passions de l'âme l'élèvent ou l'abaissent, et plus souvent encore la détruisent. Enfin je la trouvai sous ces riches parures aussi brillante que belle, ou du moins elle me parut à moi plus belle qu'aucune femme que j'eusse jamais vue, et lorsque je considérais les obligations infinies que je lui avais, je croyais me voir en présence d'une divinité descendue du ciel pour mon salut et mon bonheur. Quand elle fut près de nous, son père lui dit, en sa langue, que j'étais un esclave de son ami l'Arnaute Mami, et que je venais cueillir une salade. Elle prit la parole, et me demanda, en ce mélange de langues que je vous ai dit, si j'étais gentilhomme et ce qui m'empêchait de me racheter. Je lui répondis que je l'étais, et qu'elle pouvait juger du prix que mon maître attachait à ma personne, puisque j'avais été contraint de payer quinze cents sultanins. En vérité, dit-elle, si tu avais appartenu à mon père, j'aurais fait en sorte qu'il ne te laissât pas aller pour deux fois autant : car vous mentez dans tout ce que vous dites, vous autres chrétiens, et vous vous faites pauvres pour tromper les Maures. — Cela peut être arrivé, répondis-je; mais, pour moi, j'ai traité de bonne foi avec mon maître, et j'en agirai de même avec tout le monde. — Et quand t'en vas-tu? — Demain, je crois; car il y a au port un vaisseau de France, qui demain met à la voile, et je compte partir avec lui. — Mais ne vaudrait-il pas mieux attendre un vaisseau d'Espagne, que de t'en aller avec les Français, qui ne sont pas amis de ta nation? Non, répondis-je : je pourrais bien attendre, sans doute, s'il est vrai, comme on le dit, qu'on attende un vaisseau d'Espagne; mais le plus sûr est de partir demain, car l'impatience que j'ai de me voir, dans ma patrie, avec les personnes que j'aime, ne me permet pas de différer plus longtemps, fût-ce même pour attendre une meilleure occasion. — Tu es sans doute marié dans ton pays, et voilà pourquoi tu es si empressé d'aller retrouver ta femme? — Je ne le suis pas, répondis-je, mais j'ai donné ma parole de me marier en arrivant. — Et la femme à qui tu l'as donnée est-elle belle? — Si belle que, pour la louer et pour dire la vérité, elle vous ressemble beaucoup. A ces mots, son père se mit à rire. Par Allah, me dit-il, chrétien, il faut qu'elle soit bien belle si elle ressemble à ma fille, qui n'a point d'égale en ce pays; regarde-la bien, et tu verras que je te dis la vérité. Le père de Zoraïde nous servait, pour ainsi dire, d'interprète, comme ayant plus d'usage de cette langue mêlée qu'on parle en ce pays, car quoique sa fille la parlât, elle se faisait plutôt comprendre par signes que par ses paroles.

Pendant que nous nous entretenions ainsi, nous vîmes accourir un Maure qui s'écria que quatre Turcs venaient d'escalader les murs du jardin, et qu'ils pillaient le fruit, quoiqu'il ne fût pas encore mûr. Le vieillard et sa fille tressaillirent à ces mots, car c'est une chose commune et presque naturelle que la frayeur que les Maures ont des Turcs, et surtout des soldats, qui sont extrêmement insolents, et traitent avec tant d'autorité les Maures qui leur sont soumis, que leur sort est pire que celui des esclaves. Ma fille, dit Agi Morato, rentre et enferme-toi, tandis que je vais parler à ces chiens. Et toi, chrétien, cueille tes herbes et retire-toi; qu'Allah te conduise en sûreté dans ton pays. Je m'inclinai, et il alla parler aux Turcs, me laissant seul avec Zoraïde, qui fit semblant de s'en retourner. Mais à peine son père eut-il disparu sous les arbres, qu'elle revint à moi les yeux pleins de larmes, et me dit : *Tameji*, chrétien? *tameji?* ce qui veut dire : *Tu t'en vas?* Oui, lui répondis-je; mais ce ne sera point sans toi : attends-moi le premier vendredi et ne sois pas effrayée de nous voir; sans aucun doute, nous nous rendrons en pays chrétien. Je lui parlai de telle sorte qu'elle comprit tout ce que je lui disais, et, passant un bras autour de mon cou, elle s'achemina vers sa maison, comme près de tomber en défaillance. Le sort voulut, et ce pouvait être un grand malheur si le ciel n'en eût autrement ordonné, que marchant tous deux de cette manière, son bras autour de mon cou, nous vîmes revenir son père qui déjà s'était débarrassé des Turcs. Nous nous aperçûmes bien qu'il nous avait vus dans la situation où nous étions : mais Zoraïde, en personne avisée, au lieu de retirer son bras, se pencha davantage sur moi, laissa tomber sa tête sur mon sein, et fléchit un peu les genoux, comme une femme qui s'évanouit, et je feignis de mon côté de ne la soutenir que malgré moi. Son père accourut à nous, et voyant sa fille en cet état lui demanda ce qu'elle avait; mais, voyant qu'elle ne lui répondait pas : Sans doute, dit-il, la frayeur que lui ont causée ces chiens a produit cet évanouissement; et l'enlevant de mes bras, il la pressa contre sa poitrine, et elle, avec un grand soupir et les yeux encore mouillés de larmes, me dit : *Ameji*, chrétien, *ameji*. Va-t'en, chrétien, va-t'en. Il est peu important qu'il s'en aille, répondit Agi Morato, il ne t'a fait aucun mal. Les Turcs sont partis. Sois tranquille, ma fille; personne ici ne peut te causer de frayeur, puisque les Turcs, comme je te l'ai dit, se sont retirés par où ils étaient venus. Ce sont ces Turcs qui l'ont effrayée. Vous l'avez dit, seigneur, repris-je à mon tour; mais, puisqu'elle désire que je m'en aille, je ne veux point la contrarier. Soyez en paix. Avec votre permission, je reviendrai cueillir des herbes dans votre jardin, car mon maître dit que nulle part on n'en trouve de meilleures pour la salade. Tu peux venir tant que tu le voudras, répondit Agi Morato. Ma fille n'a pas dit cela parce que toi ou les autres chrétiens lui sont désagréables; seulement pour dire que les Turcs s'en allassent, elle t'a dit de t'en aller, ou elle voulait t'avertir qu'il était temps d'aller cueillir tes herbes. Aussitôt je les quittai. Zoraïde suivit son père, et je crus qu'il lui en coûtait de grands efforts. Sous prétexte de ramasser de la salade, je parcourus à mon aise tout le jardin; je remarquai bien les entrées, les issues, la résistance que pouvait présenter la maison, et les facilités qu'elle offrait pour la réussite de notre entreprise. Ensuite je m'éloignai et j'allai rendre compte de tout ce que j'avais fait au renégat et aux autres. J'étais dans la plus vive impatience de jouir sans trouble du bonheur que m'offrait la fortune dans la possession de la belle Zoraïde. Enfin, le temps se passa; le jour, l'instant si désirés arrivèrent, et, grâces aux mesures que la prudence et une mûre délibération nous avaient fait prendre, nous obtînmes tout le succès que nous pouvions espérer. Le vendredi qui suivit le jour où je parlai à Zoraïde, le renégat vint jeter l'ancre avec sa barque presque en face de la maison. Les rameurs chrétiens étaient tous avertis et cachés en divers endroits environnants; tous étaient pleins d'inquiétude et m'attendaient, prêts à s'emparer de la barque qu'ils voyaient : ils ignoraient l'intelligence que j'avais avec le renégat, et pensaient que c'était par la force que nous devions recouvrer notre liberté, en massacrant les Maures de la barque. J'arrivai quelque temps après avec mes compagnons, et, dès que nos rameurs nous virent, ils vinrent se joindre à nous. Les portes de la ville étaient déjà fermées et personne ne se montrait aux environs. Ainsi réunis, nous étions en doute s'il valait mieux commencer par enlever Zoraïde, ou nous rendre maîtres des Maures bagarins[1] qui ramaient dans la barque. Nous hésitions lorsque le renégat parut, qui nous demanda à quoi nous nous arrêtions, que le moment était venu, que tous ces Maures étaient sans soupçons et que la plupart dormaient; nous lui communiquâmes notre incertitude, et son avis fut que le plus important était de nous rendre d'abord maîtres du bateau, ce que nous pouvions faire aisément et sans péril; qu'ensuite nous serions libres d'aller vers Zoraïde. Cet avis nous parut le plus sage, et sans plus de retard, nous le suivîmes au bateau : il y sauta le premier, tira son cimeterre, et cria en langue moresque : Qu'aucun de vous ne fasse un mouvement, sous peine de la vie! En même temps, les chrétiens étaient presque tous entrés : les Maures, gens de peu de courage, entendant parler ainsi leur patron, restèrent immobiles et pleins d'effroi, sans qu'aucun d'eux eût recours à ses armes, dont ils étaient mal pourvus, et se laissèrent lier les mains par les chrétiens, qui s'en acquittèrent promptement, menaçant de les tuer tous si l'un d'eux jetait le moindre cri. Cette mesure prise, nous laissâmes la moitié des nôtres pour garder le bateau; puis, toujours guidés par le renégat, nous marchâmes vers le jardin d'Agi Morato. Nous nous approchâmes pour enfoncer la porte, mais le hasard voulut qu'elle s'ouvrît avec la plus grande facilité, comme si elle n'avait point été fermée : ainsi, nous nous avançâmes en silence vers la maison, sans être entendus de personne.

[1] *Bagarins*, matelots, rameurs.

La belle Zoraïde nous attendait à une fenêtre : elle nous aperçut et demanda à voix basse si nous étions Nazaréens [1], ce qui veut dire chrétiens. Je répondis que oui et qu'elle descendît. Quand elle m'eût reconnu, elle descendit aussitôt, ouvrit la porte, et parut à nos yeux si belle et si magnifiquement vêtue que je n'essaie pas de le décrire. Dès que je la vis je lui pris la main et la baisai, le renégat et mes deux compagnons en firent autant. Les autres qui ignoraient nos motifs firent ce qu'ils nous voyaient faire, et il semblait que nous lui rendions grâces comme à l'auteur de notre liberté. Le renégat lui demanda, en langue maure, si son père était dans le jardin. Oui, répondit-elle, il dort. Il serait nécessaire de le réveiller, de l'emmener avec nous, repartit-il, et d'emporter tout ce qu'il y a de précieux dans ce jardin. Non, dit-elle, je ne veux pas qu'on touche à mon père. Il n'y a dans la maison que ce que j'emporte, et il y en a assez pour vous rendre tous riches et contents : attendez un moment et vous le verrez. En disant ces mots, elle rentra, nous recommandant le silence, ajoutant qu'elle allait revenir aussitôt. Je demandai au renégat le sujet de l'entretien et il me le raconta. Je lui dis qu'il ne fallait rien faire contre la volonté de Zoraïde, qui reparut bientôt chargée d'un petit coffre plein d'écus d'or, en si grand nombre qu'à peine pouvait-elle le porter. Le malheur voulut que son père s'éveillât dans ce moment ; il entendit du bruit dans le jardin, et paraissant à une fenêtre, il reconnut aussitôt que ceux qui étaient là étaient une troupe de chrétiens; jetant des cris perçants, il dit en arabe : aux chrétiens! aux chrétiens! aux voleurs! Ces cris nous causèrent à tous une frayeur extrême ; mais le renégat, voyant le péril où nous étions, et combien il importait de terminer notre entreprise avant d'être découverts, monta rapidement où était Agi Morato, avec lui montèrent quelques-uns des nôtres; pour moi, je n'osai quitter Zoraïde, qui était tombée comme évanouie dans mes bras. Ils s'y prirent avec tant d'adresse que nous les vîmes descendre un moment après avec Agi Morato, qui avait les mains liées et un mouchoir sur la bouche, qui ne lui laissait pas dire une parole, et le menaçant de le tuer s'il poussait le moindre cri. Quand sa fille l'aperçut, elle mit sa main sur ses yeux pour ne le pas voir, et lui, resta interdit, ne sachant pas que sa volonté seule l'avait mise entre nos mains. Mais, pour le moment, les pieds étant plus nécessaires, nous nous jetâmes en diligence dans la barque, où les autres nous attendaient, craignant déjà qu'il ne nous fût arrivé quelque malheur. Il était à peine deux heures de nuit quand nous nous trouvâmes tous réunis dans la barque. Alors, on délia les mains d'Agi Morato, on lui ôta le mouchoir de dessus la bouche, mais le renégat lui renouvela la menace de le tuer s'il disait un seul mot. A la vue de sa fille, il se mit à soupirer tendrement, surtout quand il remarqua que je la tenais étroitement embrassée, et qu'elle restait calme, sans se défendre, sans se plaindre, sans chercher à s'éloigner ; toutefois, craignant les menaces du renégat, il n'osait parler. Cependant, Zoraïde, se voyant dans la barque et qu'on se mettait en devoir de ramer, souffrant de voir son père et les autres Maures attachés, dit au renégat de me prier de lui accorder la grâce de rendre la liberté à son père, et de délier les Maures, ajoutant qu'elle se jetterait plutôt à la mer que de voir emmener captif et à cause d'elle un père qui la chérissait si tendrement. Le renégat me le

[1] *Nizarani*.

répéta : j'y souscrivis de bon cœur ; mais il me fit observer qu'il n'était pas encore temps, parce que, si nous les relâchions dans cet endroit, ils appelleraient au secours, ameuteraient les gens de la ville, qui nous donneraient la chasse avec quelque bâtiment léger, et nous interdiraient si bien la terre et la mer que nous ne pourrions éviter d'être pris ; que tout ce que nous pouvions faire était de leur rendre la liberté quand nous serions arrivés à la première terre des chrétiens. Nous nous rangeâmes à cet avis, et Zoraïde elle-même s'y soumit aussitôt qu'elle fut instruite de nos raisons. Ainsi donc, nos braves rameurs mirent la main à l'œuvre en silence et pleins de joie, se recommandant à Dieu de tout leur cœur, et nous nous dirigeâmes vers l'île de Mayorque, le premier pays chrétien. Mais, la tramontane [1] soufflant assez vivement, et la mer étant un peu agitée, il ne nous fut pas possible de suivre cette route, et nous nous vîmes portés en longeant la côte vers Oran, à notre grand regret, craignant d'être aperçus de Sargel, qui est sur cette côte tout au plus à soixante milles d'Alger. Nous redoutions aussi de rencontrer dans ces parages quelque galiote de celles qui reviennent de charger à Tétuan : cependant, chacun de nous était bien résolu, si nous rencontrions quelque bâtiment marchand et non armé en course, non seulement de ne pas se laisser prendre, mais, au contraire, de nous emparer de ce bâtiment, qui nous servirait à terminer notre voyage avec beaucoup plus de sécurité.

Pendant que nous voguions, Zoraïde avait sa tête dans mes mains pour ne pas voir son père, et j'entendais qu'elle invoquait pour nous le secours de Léla Marien. Nous avions bien fait trente milles quand le jour nous prit à trois portées d'arquebuse de la terre. Elle nous parut déserte, et nous n'aperçûmes personne qui pût nous découvrir. Cependant nous fîmes force de rames pour gagner un peu plus au large, la mer étant moins agitée, et deux lieues plus loin les matelots eurent ordre de ramer par quart, tandis que nous prendrions quelque nourriture, car la barque était bien pourvue. Mais les rameurs nous dirent qu'il n'était pas temps de se reposer ; que ceux qui ne ramaient pas pouvaient s'occuper de ce soin, mais que pour eux ils ne voulaient pas quitter la manœuvre. Il s'éleva bientôt un grand vent qui nous obligea de tendre la voile et de laisser l'aviron, toujours dans la direction d'Oran, puisque nous ne pouvions pas tenir une autre route. Les manœuvres s'exécutaient avec promptitude ; la voile nous faisait courir plus de huit milles à l'heure, sans autre crainte que celle de rencontrer quelque bâtiment armé en course. Nous donnâmes à manger aux Maures bagarins. Le renégat les consola en leur disant qu'ils n'étaient point captifs, et qu'on les mettrait en liberté à la première occasion. Il en dit autant au père de Zoraïde, mais celui-ci répondit : Je pourrais, chrétiens, croire toute autre chose et l'espérer de votre libéralité ; mais la liberté, vous ne me croyez pas assez simple pour l'attendre : vous ne vous êtes pas exposés à un si grand péril pour me l'ôter avec l'intention de me la rendre si généreusement, sachant surtout qui je suis et ce que vous pouvez gagner à me la faire recouvrer. Si vous voulez fixer un prix à ma rançon, je vous offre dès ce moment tout ce que vous exigerez pour moi et pour ma malheureuse fille, ou même pour elle seule, qui est la meilleure et la plus grande partie de mon âme. En disant ces mots, il se mit à pleurer si amère-

[1] Le vent du nord.

ment qu'il nous émut tous de compassion, et força Zoraïde de le regarder. En le voyant en cet état, elle se sentit si émue qu'elle se leva et courut l'embrasser, colla son visage contre le sien, et tous deux confondirent leurs larmes d'une manière si attendrissante que beaucoup d'entre nous ne purent se défendre d'y mêler les leurs. Ce fut alors qu'Agi Morato s'aperçut qu'elle était parée comme en un jour de fête et toute couverte de pierreries : Qu'est ceci? lui dit-il en sa langue; hier soir, avant cette terrible disgrâce, je te vis avec tes habits ordinaires, et maintenant, sans que tu aies eu le loisir de t'habiller, sans que je t'aie annoncé aucun événement heureux à solenniser, je te vois revêtue de ce que j'ai pu te donner de plus précieux quand la fortune nous fut plus favorable! Réponds-moi. Ceci m'étonne plus encore que mon malheur. Le renégat nous rapportait toutes ces questions, et Zoraïde ne répondait pas un mot. Mais quand le Maure aperçut dans un coin de la barque le coffret où sa fille serrait ses bijoux, et qu'il savait bien avoir laissé à Alger et n'avoir pas apporté au jardin, plus surpris encore, il lui demanda comment ce coffret se trouvait entre nos mains et ce qu'il y avait dedans. Le renégat, sans laisser à Zoraïde le temps de répondre, prit la parole et dit : Ne prends pas le soin, seigneur, d'adresser à ta fille tant de questions. Une seule réponse va te satisfaire : apprends que Zoraïde est chrétienne, et que c'est elle qui a ôté la lime de nos chaînes et la délivrance de notre captivité. Elle vient avec nous de sa libre volonté, et aussi satisfaite, je crois, que doit l'être celle qui passe des ténèbres à la lumière, de la mort à la vie, du supplice à la gloire. Est-il vrai, ma fille? dit le Maure. Oui, répondit Zoraïde. Quoi! tu es chrétienne? et c'est toi qui livres ton père au pouvoir de ses ennemis? Il est bien vrai que je suis chrétienne, mais ce n'est pas moi qui ai causé ta captivité : je n'ai jamais eu l'intention de t'abandonner ni de te faire le moindre mal : j'ai voulu seulement chercher pour moi le bonheur. Et quel bonheur t'es-tu donc donné? Demande-le à Léla Marien : elle te le dira mieux que moi. A peine le Maure eut-il entendu ces mots, qu'avec une promptitude incroyable il se jeta dans la mer, la tête la première ; il se serait noyé sans nul doute si ses amples vêtements ne l'eussent un peu soutenu sur l'eau. Zoraïde cria de le sauver ; nous accourûmes tous : nous le saisîmes par sa longue robe et le retirâmes à demi-suffoqué et sans sentiment. Zoraïde en ressentit tant de douleur qu'elle fit sur lui autant de gémissements que s'il avait été mort. Nous lui mîmes la tête en bas[1], il rendit beaucoup d'eau, et deux heures après il revint à lui. Pendant ce temps, le vent changea, nous ramenant vers la terre que nous ne pûmes éviter qu'à force de rames. Enfin notre bonne fortune nous poussa dans une anse formée par un petit promontoire ou cap, que les Maures appellent la *Cava Rumia*, ce qui veut dire en notre langue la mauvaise femme chrétienne. La tradition des Maures est que la cava[2] qui perdit l'Espagne est enterrée dans cet endroit, parce que *Cava* signifie dans leur langue mauvaise femme, et *Rumia* chrétienne. Ils tiennent à mauvais présage de s'y arrêter : jamais ils ne le font qu'ils n'y soient contraints. Pour nous, la méchante femme ne fut pas seulement un abri, mais un port de salut, tant la mer était devenue mauvaise. Nous posâmes des sentinelles à terre sans quitter les rames,

[1] On sait qu'il y a peu de temps encore, tel était le moyen barbare que l'on employait pour essayer de rappeler les noyés à la vie, et qui, bien souvent, hâtait l'instant de leur mort.
[2] Florinde, fille du comte Julien.

et nous mangeâmes des provisions faites par le renégat, nous recommandant à Dieu et à la Vierge pour obtenir une issue favorable à cette entreprise si heureusement commencée. On prit une résolution, sur la prière de Zoraïde, de mettre à terre son père et les autres Maures, car elle n'avait pas la force, son cœur ne pouvait supporter de voir à la chaîne son père et ses compatriotes. Nous lui promîmes de le faire au moment de partir, car il n'y avait aucun danger à les laisser dans le lieu désert où nous nous trouvions. Enfin, nos prières ne furent pas si vaines que le ciel ne les entendît : la mer devint tranquille, le vent favorable nous invita à poursuivre gaiement notre route. Nous déliâmes les Maures et les mîmes à terre un à un, ce dont ils furent fort étonnés ; mais, quand on fit débarquer le père de Zoraïde, qui alors avait entièrement repris ses sens : Pour quelle raison, chrétiens, nous dit-il, pensez-vous que cette méchante créature se félicite que l'on me rende la liberté? Pensez-vous que ce soit par tendresse pour moi? Non, certes ; elle le fait pour éviter l'embarras que lui causerait ma présence quand elle mettra à exécution ses mauvais desseins. Ne croyez pas qu'elle ait changé de religion parce qu'elle trouve la vôtre meilleure, mais parce qu'elle sait que dans votre pays l'honnêteté est plus librement violée que chez nous. Puis, se tournant vers Zoraïde, tandis qu'un autre chrétien et moi nous le tenions par les bras, de crainte qu'il ne se portât à quelque excès: Infâme, lui dit-il, fille insensée, où vas-tu, aveugle que tu es, parmi ces chiens, nos ennemis naturels? Maudite soit l'heure où je t'engendrai ! maudits les soins qu'avec tant d'amour j'ai pris de ton enfance! Voyant alors qu'il n'était pas près de finir ses plaintes, je le fis mettre promptement à terre, où il continua ses malédictions, conjurant Mahomet de demander à Allah notre ruine et notre destruction ; et lorsque ayant fait voile il ne nous fut plus possible d'entendre ses paroles, nous vîmes ses actions, il s'arrachait les cheveux, la barbe, et se roulait par terre. Une fois pourtant il éleva si fort la voix que nous pûmes entendre ces mots : Reviens, ma fille bien-aimée, reviens, je te pardonne tout. Laisse à ces hommes cet argent qui déjà leur appartient. Reviens consoler ton malheureux père, qui laissera la vie dans ces déserts si tu l'abandonnes. Zoraïde l'écoutait, partageait sa douleur et pleurait sans pouvoir lui répondre que ces seuls mots : Veuille Allah, ô mon père ! que Léla Marien, qui m'a rendue chrétienne, te console dans ta vieillesse. Allah sait bien que je n'ai pu m'empêcher de faire ce que j'ai fait, et que ces chrétiens ne me doivent aucune obligation ; quand j'aurais voulu ne pas les suivre et rester parmi les miens, cela m'eût été impossible, tant j'avais d'empressement à faire ce que je crois le bien et ce que toi, ô mon père, tu trouves le mal. Elle parlait encore qu'il ne l'entendait plus, et nous-mêmes nous ne pouvions plus le voir. Je la consolai et nous ne nous occupâmes plus que de notre route. Le vent nous était si favorable que nous tenions pour assurés de voir le lendemain, à la pointe du jour, les côtes d'Espagne ; mais, comme rarement, ou plutôt jamais, le bien n'arrive sans être accompagné ou suivi de quelque mal qui y mêle son amertume, le destin voulut, ou peut-être fut-ce par suite des malédictions que le Maure avait lancées contre sa fille, et que l'on doit redouter de quelque père qu'elles viennent, le sort voulut, dis-je, que sur les trois heures de nuit, nous trouvant en pleine mer, voguant à voile déployée et les rames suspendues, car le vent propice les rendait inutiles, nous vissions, à la clarté de la lune et tout près, le gouvernail portant un peu à gauche, un bâtiment rond qui, toutes voiles dehors, traversait devant nous. Nous en étions si près que nous fûmes contraints d'abaisser notre voile pour éviter le choc; eux, de leur côté, appuyèrent sur le gouvernail pour nous laisser passer. L'équipage s'était mis à bord du bâtiment pour nous demander qui nous étions, où nous allions, d'où nous venions. Mais, comme ils nous parlèrent français, le renégat nous dit : Que personne ne réponde ; ce sont sans doute des corsaires français qui n'épargnent personne. Nous passâmes donc sans dire un mot, et nous avions fait quelque chemin les laissant sous le vent, quand à l'improviste ils nous tirèrent deux coups de canon, probablement à boulets ramés, car le premier coupa par le milieu notre mât, qui tomba dans la mer avec la voile, et le second qui suivit de près frappa notre barque sur le milieu et l'ouvrit tout entière sans faire d'autre mal. Nous voyant près de couler à fond, nous demandâmes du secours à grands cris, suppliant que l'on vînt nous prendre parce que nous périssions. Alors ils plièrent les voiles, et mirent l'esquif en mer; douze Français sautèrent dedans armés d'arquebuses avec les mèches allumées, et s'approchèrent de nous. Voyant notre petit nombre et que la barque coulait, ils nous recueillirent, en nous disant que nous ne devions nous en prendre de notre malheur qu'à notre incivilité. Le renégat prit le coffret qui contenait les richesses de Zoraïde, et le jeta dans la mer sans que personne l'aperçût. Nous passâmes tous sur le bord des Français; après nous avoir fait toutes les questions qu'il leur plut, ils nous dépouillèrent comme s'ils eussent été nos ennemis capitaux. Ils ôtèrent à Zoraïde jusqu'aux cercles qui ornaient ses pieds; cette perte, qui l'affligeait, n'était pas ma plus vive crainte : je redoutais bien plus qu'après s'être emparés de ses bijoux, ils ne voulussent lui ravir un bien mille fois plus précieux et qu'elle estimait bien davantage; mais cette espèce de gens n'en veut qu'à l'argent; leur avidité n'est jamais satisfaite, et elle alla si loin alors qu'elle leur eût fait prendre jusqu'à nos vêtements de captifs s'ils eussent su qu'en faire. Ils consultèrent entre eux, et plusieurs furent d'avis de nous jeter tous à la mer, enveloppés dans une voile, parce qu'ils avaient intention de s'arrêter en quelque port d'Espagne, en se donnant pour Bretons, et que s'ils nous débarquaient en vie, leur vol serait découvert et puni. Mais le capitaine, celui qui avait dépouillé Zoraïde, dit qu'il se contentait du butin qu'il avait fait; qu'il ne voulait toucher à aucun port d'Espagne, mais poursuivre sa route et passer de nuit ou comme il pourrait le détroit de Gibraltar et s'en retourner à La Rochelle, d'où il était parti. Ils se déterminèrent alors à nous donner leur chaloupe, munie de tout ce qui était nécessaire pour notre courte navigation, ce qu'ils effectuèrent le lendemain à la vue des terres d'Espagne. A cette vue, toutes nos disgrâces et notre misère furent oubliées, tant est vive la satisfaction de recouvrer la liberté perdue. Il était environ midi quand ils nous mirent dans la barque avec deux barils d'eau et un peu de biscuit. Le capitaine, touché de je ne sais quelle pitié pour la belle Zoraïde, lui donna quarante écus d'or en la faisant embarquer, et ne voulut pas que ses soldats lui ôtassent ses habits, qui sont les mêmes que vous lui voyez. Nous entrâmes donc dans la chaloupe, les remerciant pour le bien qu'ils nous faisaient et montrant plus de reconnaissance que de ressentiment. Ils prirent le large et suivirent la route du détroit. Quant à nous, ayant uniquement pour but la terre qui s'offrait à nos yeux, nous nous mîmes à ramer avec une telle vigueur, qu'au coucher du soleil nous jugeâmes que nous pourrions prendre terre avant la nuit. Mais le ciel étant obscur et la lune ne se montrant point cette nuit, ignorant d'ailleurs dans quel parage nous nous trouvions, il ne nous parut pas prudent d'aborder, comme quelques-uns l'auraient voulu, disant qu'il valait mieux descendre, fût-ce entre des rochers et loin de tout lieu peuplé, dans la crainte assez fondée qu'il ne survînt sur la côte quelque corsaire de Tétuan : car le soir ils sont en Barbarie, et le matin on les voit sur les côtes d'Espagne, où ils font d'ordinaire quelque prise, puis ils retournent coucher chez eux. Au milieu de ces avis contraires, on décida que nous approcherions peu à peu, et que, si la tranquillité de la mer le permettait, nous débarquerions où nous le pourrions. Ainsi fut fait. Un peu avant minuit, nous nous trouvâmes au pied d'une montagne escarpée, qui laissait entre elle et la mer assez d'espace pour prendre terre. Nous échouâmes sur le sable, sautâmes sur le rivage et baisâmes cette terre si désirée, rendant grâce à Dieu de la protection que nous en avions reçue pendant notre voyage. Nous ôtâmes nos provisions de la chaloupe, et nous la tirâmes à terre ; puis nous gravîmes une partie de la montagne, ne pouvant nous assurer encore que la terre que nous foulions était bien celle d'un pays chrétien. Le jour parut enfin, plus tard, ce me semblait, que nous ne l'eussions voulu. Nous achevâmes de monter pour voir si nous découvririons quelque endroit habité ou quelques cabanes de berger : mais, à perte de vue, nous n'aperçûmes ni hommes, ni villages, ni même aucun chemin frayé. Nous résolûmes alors d'avancer davantage, car nous ne pouvions manquer de rencontrer bientôt quelqu'un qui nous apprît où nous étions. Ce qui me faisait le plus de peine, c'était de voir Zoraïde marcher à pied dans ces chemins difficiles. Je la portais quelquefois sur mes épaules, mais la fatigue que j'éprouvais lui causait plus de peine que le repos ne lui apportait de soulagement ; elle ne voulut donc plus que je prisse cette peine ; je la soutins avec mon bras, et elle marcha avec courage et même avec une apparence de gaieté. Nous n'avions pas fait beaucoup moins d'un quart de lieue quand nous entendîmes le son d'une clochette, indice certain qu'un troupeau se trouvait près de là. Regardant de tous côtés, nous vîmes au pied d'un liége un jeune berger qui taillait tranquillement une baguette avec son couteau. Nous l'appelâmes : il leva la tête et fut bientôt sur pied. Mais, nous l'apprîmes depuis, les premiers qu'il aperçut furent Zoraïde et le renégat. Les voyant en habits de Maure, il crut que tous ceux de la Barbarie étaient à sa suite, et s'enfuit à toutes jambes dans le bois que nous avions devant nous en criant à tue-tête : Aux Maures! aux Maures ! les Maures sont dans le pays! aux Maures! aux armes ! aux armes ! A ces cris, nous restâmes interdits, ne sachant que faire; mais réfléchissant que les appels du berger allaient ameuter les environs, et que la cavalerie de la côte viendrait bientôt nous reconnaître, nous ôtâmes promptement au renégat ses habits turcs pour le revêtir d'une veste ou casaque d'esclave qu'un de nous lui donna, ne gardant que sa chemise. Après nous être recommandés à Dieu, nous suivîmes le chemin qu'avait pris le berger, nous attendant toujours à la rencontre de cette cavalerie. Nous ne fûmes pas trompés dans notre conjecture : nous n'avions pas fait deux heures de chemin qu'au sortir du taillis et à l'entrée de la plaine, nous découvrîmes une cinquantaine de cavaliers qui venaient à nous au demi-galop. Nous nous arrêtâmes aussitôt pour les attendre. Ils nous abordèrent ; et ne trouvant, au lieu des Maures qu'ils cherchaient, que tant de pauvres chrétiens, ils s'arrêtèrent fort surpris et nous demandèrent si c'était nous qui étions la cause de l'alarme qu'avait répandue le berger. Oui, lui répondis-je; et je commençais à lui raconter notre entreprise, d'où nous venions et qui nous étions, lorsqu'un de nos chrétiens reconnut le cavalier qui me parlait, et m'interrompit en disant : Rendons grâce à Dieu qui nous a conduits à si bon port; car, si je ne me trompe, la terre que nous foulons est celle de Velez-Malaga, et si les années de mon esclavage ne m'ont pas fait perdre la mémoire, vous, seigneur cavalier, qui nous demandez qui nous sommes, vous êtes Pedro de Bustamante, mon oncle. Le captif eut à peine dit ces mots que le cavalier sauta de son cheval et vint embrasser le jeune homme, en lui disant : Oui, je te reconnais, neveu de mon âme et de ma vie. Je t'ai bien pleuré comme mort, moi, ma sœur ta mère, et tous tes parents, qui sont encore en vie. La Providence a voulu conserver leurs jours pour qu'ils eussent le bonheur de te revoir. Nous avions appris que tu étais esclave en Alger, et, à en juger par tes habits et ceux de toute la compagnie, vous ne vous êtes sauvés que par miracle. C'est la vérité, répondit le jeune homme : nous aurons tout le temps de nous en entretenir. Aussitôt que les autres cavaliers eurent entendu que nous étions des captifs chrétiens, ils mirent pied à terre, et chacun nous offrit son cheval pour nous conduire à la ville de Velez-Malaga, distante d'une lieue et demie. Quelques-uns allèrent chercher notre barque après avoir appris de nous où nous l'avions laissée, pour la conduire à la ville; d'autres nous prirent en croupe, et Zoraïde monta derrière l'oncle de notre compagnon. Tous les habitants de la ville, déjà avertis de notre arrivée par quelqu'un qui avait pris les devants, vinrent au-devant de nous. Ce n'était pas un spectacle nouveau pour eux de voir des Maures esclaves ou des chrétiens revenant de captivité; tous les habitants de cette côte y sont accoutumés; mais ils admiraient la beauté de Zoraïde, brillant en ce moment de tout son éclat, par la fatigue du chemin et la joie de se voir en sûreté dans un pays chrétien. Cette sécurité avait tellement animé son visage que si l'affection ne me trompait pas, j'oserais dire qu'un objet plus beau ne pouvait exister, que j'eusse vu du moins. Nous allâmes à l'église pour rendre grâce à Dieu, et, en y entrant, Zoraïde dit qu'elle apercevait des figures semblables à celle de Léla Marien. Nous lui dîmes que c'étaient ses images. Le renégat lui en expliqua le mieux qu'il put la sainteté, afin qu'elle adorât chacune d'elles comme la véritable Léla Marien qui lui était apparue. Son esprit vif et naturellement pénétrant lui fit comprendre facilement ce qu'on lui disait. On nous distribua ensuite dans diverses maisons de la ville. Quant à Zoraïde, au renégat et à moi, le neveu de Bustamante nous mena chez ses parents, gens assez aisés, qui nous traitèrent comme leurs fils. Nous y demeurâmes six jours, au bout desquels le renégat, information faite sur ce qui le regardait, se rendit à Grenade pour y rentrer dans le giron de l'Eglise, avec le secours de la sainte inquisition. Les autres chrétiens s'en retournèrent chacun où bon lui sembla, et je restai seul avec Zoraïde, ayant pour tout bien les écus que la courtoisie du Français lui avait donnés; avec ce secours j'achetai l'animal qui la porte. Depuis ce moment, je lui sers de père, d'écuyer, mais non encore d'époux. Nous allons savoir si mon père est encore en vie, ou si quelqu'un de mes frères a eu plus de bonheur que moi, quoique le ciel, en me faisant le compagnon de

Zoraïde, m'ait accordé un sort auquel je n'en compare aucun autre, quelque heureux qu'il soit. Sa patience à supporter les incommodités qui résultent de la pauvreté, son empressement à devenir chrétienne excitent mon admiration, et suffisent pour me dévouer à la servir toute ma vie. Cependant la satisfaction que j'éprouve à lui appartenir et de la voir à moi se trouve bien affaiblie par l'incertitude où je suis si je retrouverai dans mon pays un coin de terre qui la reçoive, ou si le temps et la mort ont amené un tel changement dans la fortune et la vie de mon père et de mes frères, que je trouve à peine quelqu'un qui me reconnaisse si je ne les trouve plus. Je n'ai rien à ajouter à mon histoire, seigneurs; c'est à votre bon esprit de juger si elle est agréable et digne d'intérêt. J'aurais désiré vous la conter plus brièvement, quoique la crainte de vous ennuyer m'ait fait supprimer bien des circonstances.

CHAPITRE XLII.

QUI TRAITE DE NOUVEAUX ÉVÉNEMENTS ARRIVÉS DANS L'HOTELLERIE ET DE BEAUCOUP D'AUTRES CHOSES DIGNES D'ÊTRE CONNUES.

Le captif cessa de parler. Assurément, seigneur capitaine, dit don Fernand, la manière dont vous avez conté cette étonnante histoire est aussi digne d'intérêt que les événements eux-mêmes. Tout en est neuf, singulier, et rempli d'incidents qui excitent également dans ceux qui l'entendent l'attention et l'étonnement. Elle nous a tellement intéressés, que, dût le jour nous surprendre attentifs au même récit, nous nous réjouirions de l'écouter une seconde fois. Cardenio [1] et tous les autres lui firent mille offres de service, en termes si sincères et si empressés, que le capitaine se trouva très satisfait de leur bienveillance. Don Fernand, entre autres lui offrit de l'emmener avec lui, promettant que le marquis son frère serait le parrain de Zoraïde, et que lui-même le mettrait en état de rentrer avec l'honneur qui lui était dû et sans craindre les contestations dans sa patrie. Le captif remercia avec beaucoup de politesse, et cependant se défendit d'accepter ces offres généreuses.

Cependant, la nuit s'avançait et elle allait se fermer, quand parut devant la porte de l'hôtellerie un coche accompagné de quelques gens à cheval. Ils demandèrent à loger; mais l'hôtesse répondit qu'il n'y avait pas l'espace d'une palme vide dans toute l'hôtellerie. Malgré cela vous trouverez bien quelque place, dit un des cavaliers qui était entré, pour le seigneur auditeur qui est dans cette voiture. A ce nom, l'hôtesse, un peu troublée, répondit : La vérité est que nous n'avons pas de lit; mais, si le seigneur auditeur en porte un avec lui, comme cela doit être, il peut entrer; mon mari et moi nous lui céderons notre chambre. A la bonne heure, dit l'écuyer. En même temps était déjà sorti du coche un homme

[1] On lit ici dans l'espagnol : *don Antonio*. C'est une distraction sans doute. Il n'a pas été question jusqu'ici d'un personnage de ce nom, et ce ne peut être l'un des compagnons de don Fernand, car aucun n'a été désigné nominativement.

dont le costume annonçait la charge, la longue robe et les manches tailladées firent en effet connaître qu'il était auditeur, comme l'avait dit son valet. Il tenait par la main une jeune personne d'environ seize ans, en habit de voyage, si élégante, si jolie et de si bon air qu'on la vit avec admiration, et on aurait cru qu'il se fût trouvé difficilement une beauté pareille si l'hôtellerie n'eût déjà renfermé Lucinde, Zoraïde et Dorothée. Don Quichotte était présent à l'arrivée de l'auditeur et de la jeune personne; en les apercevant, il lui dit : Votre seigneurie peut entrer et prendre place en toute assurance dans ce château ; car, encore qu'il soit petit et mal en ordre, il n'y a point de gêne et d'incommodité qui empêche de donner asile aux lettres et aux armes, surtout quand elles ont pour compagne et pour guide la beauté. Les lettres en votre personne suivent les pas de cette belle demoiselle, devant laquelle les châteaux doivent s'ouvrir, les rochers s'écarter, et les montagnes s'aplanir pour la recevoir. Entrez donc, seigneur, dans ce paradis : vous y trouverez des étoiles et des soleils dignes du ciel que vous menez avec vous; vous y trouverez les armes dans tout leur éclat, et la beauté dans tout son lustre. L'auditeur, surpris de ce discours, se mit à considérer Don Quichotte, et ne trouva pas sa personne moins étrange que ses paroles. Il ne savait que lui répondre; mais il ne fut pas moins surpris quand il aperçut Lucinde, Zoraïde et Dorothée, qui, à la nouvelle de l'arrivée de ces hôtes et à celle de la beauté de la jeune fille que l'hôtesse leur avait donnée, accouraient pour la voir et l'accueillir. Cardenio, don Fernand et le curé lui firent des compliments, plus simples et plus convenables. L'auditeur entra non moins étonné de tout ce qu'il voyait que de ce qu'il entendait, et les beautés de l'hôtellerie donnèrent la bienvenue à la belle jeune fille. En résumé, l'auditeur reconnut bien que la compagnie était composée de gens de qualité; mais il ne comprenait rien à la figure, au costume et à la tournure de Don Quichotte. Après force civilités de part et d'autre et l'examen des facilités que pouvait offrir l'hôtellerie, on arrêta que toutes les dames se réuniraient dans une même chambre, comme on en était déjà convenu, et que les hommes resteraient en dehors pour les garder. L'auditeur envoya donc sa fille (la jeune demoiselle l'était) avec les autres dames, et elle se réunit à elles avec plaisir. La moitié du lit étroit de l'hôtelier, jointe à celle du coucher de l'auditeur, les accommoda mieux qu'elles ne le pensaient. Le captif avait à peine aperçu l'auditeur, qu'il sentit s'élever dans son cœur des mouvements qui lui disaient que c'était son frère. Il demanda à l'un de ses gens comment il s'appelait et de quel pays il était: le valet lui répondit qu'il s'appelait le licencié Jean Perez de Viedma, et qu'il avait entendu dire qu'il était des montagnes de Léon. Cette réponse et ses propres remarques lui confirmèrent que l'auditeur était celui de ses frères qui avait suivi les lettres par le conseil de son père. Plein d'émotion et ravi, il prit à l'écart Cardenio, don Fernand et le curé, et leur raconta ce qu'il venait d'apprendre, les assurant que l'auditeur était son frère. Le valet lui avait dit encore qu'il était pourvu de la charge d'auditeur aux Indes, à l'audience de Mexico; il apprit aussi que la jeune personne était sa fille, sa mère était morte en la mettant au monde, et l'auditeur était resté fort riche, en possession de la dot et de l'enfant. Le captif leur demanda comment il s'y prendrait pour se découvrir, ou pour s'assurer d'abord si son frère, après l'avoir découvert, rougirait de le trouver si pauvre, ou le recevrait avec tendresse.

Laissez-moi faire cette épreuve, dit le curé, quoique je ne doute guère que vous ne soyez bien reçu : car le mérite et la prudence que montre votre frère n'indiquent point un homme arrogant et méconnaissant, qui ne sache pas voir sous leur vrai jour les accidents de la fortune. Malgré cela, répondit le captif, je ne voudrais me découvrir que peu à peu. Je vous répète, dit le curé, que je mènerai les choses à la satisfaction de chacun. Cependant, la table était dressée, et tous les hommes s'y placèrent, à la réserve du captif et des dames, qui mangèrent à part dans leur chambre. Vers le milieu du repas, le curé se mit à dire : Seigneur auditeur, j'eus jadis à Constantinople, où je fus esclave quelques années, un camarade du même nom que vous : c'était un des plus braves capitaines de l'infanterie espagnole ; mais il n'était pas moins malheureux que brave. Et comment s'appelait ce capitaine? demanda l'auditeur. — Il s'appelait Rui Perez de Viedma, natif des montagnes de Léon, répondit le curé. Il me raconta, sur son père et ses frères, un fait si singulier, que, s'il ne m'eût été attesté par un homme aussi véridique que lui, je l'aurais pris pour l'un de ces contes que les vieilles débitent l'hiver au coin du feu. Il me dit que son père avait partagé tout son bien entre trois fils qu'il avait, et leur avait donné certains conseils plus sages que ceux de Caton ; je puis dire que le parti des armes, choisi par mon camarade, lui avait si bien réussi, qu'en peu d'années, sans autre aide que son courage et son mérite, il était devenu capitaine d'infanterie, et s'était vu à la veille d'être mestre-de-camp ; mais la fortune lui devint contraire au moment de ses plus grandes espérances, car il perdit la liberté dans l'heureuse journée de Lépante, qui la rendit à tant de prisonniers. Moi je fus pris à la Goulette, et depuis, divers événements nous rendirent compagnons d'infortune à Constantinople. Il vint ensuite à Alger, où j'ai su qu'il lui arriva un des plus singuliers événements qui soient au monde. Là-dessus, le curé raconta succinctement tout ce qui s'était passé entre Zoraïde et le frère de l'auditeur. Celui-ci l'écoutait avec une telle attention qu'il n'avait jamais mieux justifié son titre. Le curé s'arrêta au moment où les Français dépouillèrent les chrétiens de la barque, et à la profonde misère où s'étaient vus réduits son camarade et la belle Maure, n'en ayant point appris davantage et ignorant s'ils étaient arrivés en Espagne, ou si les corsaires les avaient conduits en France. Le captif, qui se tenait à l'écart, entendait tout ce que disait le curé, et suivait de l'œil tous les mouvements de son frère. Celui-ci, voyant que le curé avait achevé son récit, fit un grand soupir, et s'écria, les yeux pleins de larmes : O seigneur ! si vous saviez quelles nouvelles vous venez de m'apprendre, et qu'elles me touchent au point de ne pouvoir retenir, malgré mes efforts, les pleurs que vous me voyez répandre. Ce vaillant capitaine dont vous parlez est mon frère aîné, qui, plus brave et plus entreprenant que moi et mon autre frère, choisit l'honorable profession des armes, un des trois partis que notre père nous proposa, comme vous le dit votre camarade dans cette conférence dont il vous a parlé. Moi, je pris celui des lettres, dans lequel Dieu et mes veilles m'ont fait parvenir au rang que vous me voyez. Mon jeune frère est au Pérou, si riche qu'avec ce qu'il nous a envoyé, à mon père et à moi, il a non seulement acquitté la part qu'il avait reçue, mais il a mis dans les mains de mon père de quoi satisfaire amplement sa libéralité naturelle ; moi j'ai pu suivre mes études avec plus d'aisance et de dignité et arriver au poste où je suis. Mon père est encore en vie, et meurt du désir de savoir ce qu'est devenu son fils aîné; il demande à Dieu, par de continuelles prières, de ne pas fermer ses yeux avant de l'avoir revu. Mais, ce qui m'étonne, c'est qu'au milieu de tant de travaux, d'infortunes ou de succès, mon frère, sage et habile comme il l'est, n'ait pas songé à donner de ses nouvelles à mon père; car, s'il en avait reçu, ou quelqu'un de nous, mon frère n'eût pas eu besoin du miracle de la canne pour se racheter. La crainte qui me reste, c'est d'ignorer si ces Français lui ont rendu la liberté, ou l'ont tué pour couvrir leur larcin. Cela sera cause que je poursuivrai dans la tristesse et la mélancolie mon voyage commencé avec tant de plaisir. O mon bon frère, qui saurait dire où tu es maintenant? pour que je puisse t'aller chercher et te délivrer de tes peines, dût-il m'en coûter de plus grandes. Que ne s'est-il trouvé quelqu'un pour annoncer à notre vieux père que tu vivais encore, quoique dans les plus secrets cachots de la Barbarie, ses richesses t'en eussent tiré, ou les miennes, ou celles de mon frère. Belle et généreuse Zoraïde, qui pourrait payer le bien que tu as fait à notre frère? Quelle félicité pour nous d'assister à ton baptême et à des noces qui nous donneraient à tous tant de satisfaction! En disant ces mots, l'auditeur se montrait si vivement touché des nouvelles qu'il avait reçues de son frère, que tous les témoins de cette scène s'unissaient à lui et partageaient son affliction. Mais, lorsque le curé vit son intention et les désirs du capitaine si bien remplis, il ne voulut pas prolonger la tristesse commune; il se leva de table, passa dans l'autre chambre, et prit par la main Zoraïde, que suivirent bientôt Lucinde, Dorothée et la fille de l'auditeur. De l'autre main il prit le captif, qui attendait ce qu'il voulait faire, et, les amenant tous deux dans la pièce où étaient l'auditeur et les autres cavaliers: Séchez vos larmes, lui dit-il, vos vœux sont accomplis: voici votre bon frère et votre chère belle-sœur. Celui que vous voyez est le capitaine Viedma et voici la belle Maure qui lui a rendu de si grands services. Les Français dont je vous ai parlé les ont mis dans l'état où vous les voyez, pour vous donner occasion de prouver la générosité de votre cœur. Le capitaine courut embrasser son frère, qui lui mit les deux mains sur la poitrine pour mieux l'examiner encore. Quand il eut achevé de le reconnaître, il le serra si étroitement dans ses bras, versa tant de larmes de joie et d'attendrissement qu'il en fit répandre à tous les assistants. Les paroles des deux frères, les sentiments qu'ils montrèrent peuvent à peine s'imaginer, encore moins être décrits: ils se rendirent en peu de mots compte de leur destinée, et firent bien voir toute la puissance de l'amitié fraternelle. L'auditeur embrassait Zoraïde, la faisait embrasser à sa fille; il lui offrait tout son bien; la belle chrétienne et la Maure plus belle encore attendrirent tout le monde. Don Quichotte regardait tout, écoutait sans dire un seul mot, attentif à tant d'événements inopinés qu'il attribuait à la chevalerie errante. Il fut décidé que le capitaine et Zoraïde suivraient leur frère à Séville; qu'ils donneraient avis à leur père du retour et de la liberté de son fils, afin qu'il se rendît, comme il le pourrait, dans cette ville, pour assister au baptême et aux noces de Zoraïde: l'auditeur ne pouvait changer la direction de son chemin, ayant eu nouvelles qu'à un mois de là la flotte devait partir de Séville pour la Nouvelle-Espagne, et c'eût été pour lui un grand inconvénient que de perdre cette occasion. Tout le monde prit part au bonheur du captif, et, les deux tiers de la nuit s'étant écoulés, on résolut de donner le reste au repos. Don Quichotte offrit de faire la garde du château, de peur que quelque géant ou quelque chevalier félon, envieux des trésors de beauté qu'il renfermait, ne vînt l'attaquer. Ceux qui le connaissaient lui rendirent grâce de son offre, et mirent l'auditeur au fait de son étrange folie, ce qui ne le divertit pas peu. Sancho seul se désespérait de ce qu'on était si longtemps à se retirer. Il s'arrangea mieux que tous les autres, en s'étendant sur les harnais de son âne, qui lui coûtèrent bien cher, comme on le verra plus loin. Les dames retirées dans leur chambre, et les autres arrangés du moins mal qu'ils purent, Don Quichotte sortit de l'hôtellerie pour faire sentinelle et veiller sur le château, comme il l'avait promis.

Il arriva que peu de temps avant l'aube, les oreilles des dames furent flattées des sons d'une voix si juste et si douce qu'elle éveilla toute leur attention, surtout celle de Dorothée, qui ne dormait pas, et près de laquelle était couchée dona Clara de Viedma ; ainsi se nommait la fille de l'auditeur. Personne ne pouvait imaginer quel était celui qui chantait si bien ; c'était une voix seule, sans aucun accompagnement ; elle semblait venir tantôt de la cour, tantôt de l'écurie. Pendant qu'elles étaient dans cette incertitude, Cardenio s'approcha de la porte des dames, et leur dit : Que celles qui ne dorment pas écoutent, elles entendront la voix d'un jeune muletier qui chante à ravir. Nous l'écoutons, répondit Dorothée. Cardenio se retira, et Dorothée prêtant l'oreille la plus attentive, entendit chanter ce qui suit :

CHAPITRE XLIII.

OU EST RACONTÉE L'AGRÉABLE HISTOIRE DU JEUNE MULETIER AVEC D'AUTRES ÉTRANGES ÉVÉNEMENTS ARRIVÉS DANS L'HOTELLERIE.

Je suis marinier d'amour, sur la profondeur de ses flots je navigue sans espoir d'arriver au port.

Je suis une étoile, que je découvre de loin ; elle est plus belle et plus brillante que toutes celles que vit Palinure.

Je ne sais où elle me guide, et je navigue incertain, car mon âme tout entière attachée à la contempler est insensible à tout autre soin.

Le respect importun, une décence hors d'usage, sont les nuages qui me la dérobent quand je sens le plus d'ardeur de la voir.

Claire et brillante étoile, dont la lumière est ma vie, le moment où je ne te verrai plus sera celui de ma mort.

Le chanteur en était là, lorsque Dorothée crut qu'il ne serait pas bien que Clara fût privée d'entendre une si belle voix. Elle l'éveilla doucement, et lui dit : Pardon, si je vous éveille : je le fais pour que vous ayez le plaisir d'entendre la plus jolie voix que vous ayez peut-être entendue de votre vie. Clara, à demi endormie, ne comprit pas d'abord ce que lui disait Dorothée, et le lui redemanda ; celle-ci le lui ayant répété, elle se mit à écouter. Mais à peine eut-elle entendu deux vers, qu'il lui prit un tremblement aussi violent que si elle avait un accès de fièvre ; et, se jetant dans les bras de Dorothée, elle lui dit : Ah ! mon amie, pourquoi m'avez-vous éveillée? Le plus grand bien qui pouvait m'arriver en ce moment était d'avoir les yeux et les oreilles fermés, pour ne point voir ou entendre ce malheureux musicien. Que dites-vous, mon enfant? reprit Dorothée : celui qui chante est, dit-on, un jeune muletier. Non, non, répondit Clara ; c'est le seigneur de plusieurs lieux[1] : et celui qu'il occupe dans mon âme est si bien assuré, que, s'il ne le quitte lui-même, il l'occupera toujours. Dorothée resta surprise des raisonnements de la jeune fille, qui lui semblaient extraordinaires pour son âge, et lui dit : Ma chère amie, expliquez-vous mieux, car je ne vous comprends point. Que parlez-vous de lieu, d'âme, et de ce musicien, dont la voix vous cause tant de trouble? Ou plutôt ne me dites rien en ce moment : car je ne veux pas perdre, en vous écoutant, le plaisir que j'éprouve à l'entendre; je m'aperçois qu'il recommence de nouveaux vers et sur un autre air. A la bonne heure, dit Clara. Et, en même temps, elle mit les mains sur ses oreilles pour ne rien entendre, ce qui surprit beaucoup Dorothée. Celle-ci prêta toute son attention au chant, et les paroles étaient celles-ci :

Douce espérance, qui romps tous les obstacles, suis le chemin que tu t'es tracé toi-même, et ne te décourage pas si tu te vois à chaque instant près de périr.

Les lâches n'obtiennent pas de triomphes honorables, ils ne parviennent point à la victoire. Le bonheur n'est pas pour ceux qui ne savent pas lutter contre la fortune et se livrent à l'oisiveté.

Il est juste que l'amour fasse acheter chèrement le bonheur; il n'y a pas de plus riche possession que celle dont notre désir établit le prix, et ce qui se paye peu doit être de peu de valeur.

La persévérance en amour obtient quelquefois ce qui paraît impossible; quoique la mienne ait à combattre les difficultés les plus grandes, je ne désespère pas d'atteindre de la terre au ciel.

Ici la voix se tut, et Clara poussa de nouveaux soupirs ; la curiosité de Dorothée en redoublait. Elle désirait connaître la cause de ces chants si doux et de ces pleurs si tristes, et ainsi elle lui demanda de nouveau ce qu'elle avait voulu lui dire. Clara, craignant d'être entendue de Lucinde, embrassa étroitement Dorothée, et, plaçant sa bouche si près de l'oreille de sa confidente, qu'elle pouvait être sûre de n'être pas entendue par une autre, elle dit : Celui qui chante, ma chère amie, est le fils d'un gentilhomme aragonais, possesseur de deux seigneuries[2], et dont la maison, à Madrid, était vis-à-vis celle de mon père. Quoique nos fenêtres fussent fermées de jalousies en été, et en hiver avec des toiles, je ne sais comment cela se fit, mais ce jeune homme, qui allait à ses études, me vit, soit à l'église, soit ailleurs, il devint amoureux de moi, et me le fit comprendre par ses fenêtres, par tant de démonstrations et tant de larmes, que je finis par le croire et par l'aimer, sans savoir encore ce qu'il me voulait. Entre autres signes qu'il me faisait, il joignait ses deux mains pour me faire comprendre qu'il se marierait avec moi. J'aurais bien voulu que cela arrivât, mais seule et privée de ma mère, je ne savais à qui me confier. Ainsi je le laissais continuer : la seule faveur que je lui faisais était, lorsque nos deux pères se trouvaient sortis, de soulever un peu le rideau ou la jalousie, et de me laisser voir à lui, ce qui lui causait tant de joie qu'on eût dit qu'il devenait fou. Sur ces entrefaites, arriva le départ de mon père ; il l'apprit,

[1] *Señor de lugares* (de places) *y el que él tiene en mi alma* : et celle qu'il occupe dans mon âme. Toujours des jeux de mots.
[2] *Señor de dos lugares.*

non par moi, car je ne pus jamais l'en informer : il en tomba malade de chagrin, je pense ; de sorte que, le jour où nous nous mîmes en route, je ne pus le voir pour lui dire adieu, ne fût-ce que des yeux. Mais, après deux jours de voyage, à l'entrée d'une hôtellerie à une journée d'ici, je le vis à la porte de la maison, en habit de muletier, et si bien déguisé, que, s'il n'avait été si présent à mon cœur, il m'aurait été impossible de le reconnaître. Je le reconnus. Sa vue me surprit et me causa bien de la joie. Il me regardait en cachette de mon père, à la vue duquel il se dérobe quand il passe devant moi dans les chemins et dans les hôtelleries où nous arrivons. Quant à moi, qui connais sa condition, lorsque je considère que, pour l'amour de moi, il marche ainsi à pied, avec tant de fatigue, j'en suis au désespoir, et mes yeux suivent tous ses pas. Je ne sais dans quelle intention il me suit, ni comment il a pu s'échapper de chez son père, qui le chérit tendrement, parce qu'il n'a que lui d'héritier, et parce qu'il le mérite, comme vous pourrez vous en convaincre quand vous le verrez. Je vous dirai encore que tout ce qu'il chante, il le tire de sa tête, car j'ai ouï dire qu'il est fort instruit et poëte ; de plus, chaque fois que je le vois, ou que je l'entends chanter, je tremble, j'éprouve une émotion extrême, tant je crains que mon père ne vienne à le connaître et à découvrir notre intelligence. Je ne lui ai parlé de ma vie, et cependant je l'aime au point que je ne pourrai vivre sans lui. Voilà, ma chère amie, tout ce que je peux vous dire de ce musicien, dont la voix vous a plu si fort, qu'elle suffit bien pour vous faire reconnaître qu'elle n'appartient point à un muletier, mais à un seigneur d'âmes et de domaines[1]. C'en est assez, dit Dorothée en embrassant mille fois Clara, c'en est assez, attendons le jour ; j'espère, Dieu aidant, conduire vos affaires de manière à leur donner une aussi heureuse fin que le méritent des commencements aussi honnêtes. Ah ! madame, quelle fin puis-je espérer, si son père est si riche et si puissant qu'il ne me trouvera jamais digne d'être la servante, encore moins l'épouse de son fils ? car, me marier à l'insu de mon père, rien au monde ne m'y ferait consentir. Je ne voudrais qu'une chose, c'est que ce jeune homme s'en retournât et me laissât ; peut-être en cessant de le voir, et par la distance qui va nous séparer, trouverai-je quelque soulagement à ma peine, encore que je craigne bien que ce remède ne soit insuffisant. Je ne sais quel démon s'en est mêlé, et d'où vient l'amour que je lui porte, étant si jeunes tous les deux, car je crois que nous sommes du même âge ; je n'ai pas encore seize ans, et je ne les aurai, dit mon père, qu'à la Saint-Michel prochaine. Dorothée ne put s'empêcher de rire de la naïveté si enfantine de Clara. Reposons-nous, lui dit-elle, pendant le peu qui reste de la nuit, Dieu ramènera le jour et nous en profiterons, ou je serai bien maladroite. Elles cessèrent alors de s'entretenir, et dans toute l'hôtellerie régnait un profond silence. La fille de l'hôtesse et Maritorne seules ne dormaient pas ; connaissant l'étrange humeur de Don Quichotte, qui, monté sur Rossinante et armé de pied en cap, faisait la garde hors de l'hôtellerie, elles résolurent de lui jouer quelque tour, ou du moins de passer quelque peu le temps en écoutant ses folies.

Dans toute la maison, il n'y avait aucune fenêtre sur les champs sauf une lucarne du grenier par laquelle on jetait la paille. Les deux demi-demoiselles se

[1] *Señor de almas y lugares.*

placèrent à ce trou, et virent Don Quichotte à cheval, appuyé sur sa lance, et poussant par moments de si profonds et dolents soupirs, qu'on eût dit que chacun allait lui arracher l'âme. Elles l'entendirent bientôt dire d'une voix douce, amoureuse et tendre : O ma dame Dulcinée du Toboso, chef-d'œuvre de beauté, modèle accompli de l'esprit, trésor des grâces les plus parfaites, dépôt de toutes vertus, type, en un mot, de tout ce qu'il y a d'utile, d'honnête et de délectable dans le monde, que fais-tu maintenant? ta pensée cherche-t-elle, par aventure, le chevalier ton esclave qui, dans la seule vue de te servir, s'expose volontairement à tant de périls? Donne-moi de ses nouvelles, astre aux trois visages; peut-être, jalouse de la beauté du sien, tu la contemples se promenant dans quelque galerie de ses magnifiques palais, ou bien appuyée sur quelque balcon, rêvant aux moyens de calmer la tourmente de mon cœur affligé, sans compromettre sa gloire et sa vertu; d'accorder une récompense à mes peines, du repos à mes soucis, un prix à mes services, la vie enfin à celui qui meurt pour elle. Et toi, Soleil, qui maintenant te hâtes d'atteler tes coursiers pour venir admirer plus tôt celle que j'adore, salue-la, je te prie, de ma part; mais garde-toi de lui donner un baiser, car je serais plus jaloux de toi que tu ne le fus de cette ingrate et légère beauté qui te fit tant courir dans les plaines de Thessalie ou sur les rives du Pénée, je ne me souviens pas bien où ton amour et ta jalousie t'entraînèrent cette fois-là. Don Quichotte allait poursuivre ce pathétique discours, quand la fille de l'hôtesse lui dit à demi-voix : Approchez-vous un peu, seigneur, si vous le voulez bien. A ces mots, il tourne la tête, et voit, à la clarté de la lune, qui brillait alors de toute sa lumière, qu'on l'appelle par la lucarne, qui à ses yeux est une fenêtre et même à treillis d'or, comme en doivent avoir de riches châteaux tels que lui semblait être l'hôtellerie. Au même instant, sa folle imagination lui représente, comme la première fois, la fille de la dame châtelaine ne pouvant se défendre de son amour, et venant lui faire de nouvelles sollicitations. Dans cette pensée, pour ne pas se montrer ingrat et incivil, il fait tourner bride à Rossinante, et s'approche de la lucarne. A la vue des deux jeunes filles : J'ai pitié, dit-il, madame, de vous voir adresser vos amoureuses pensées à celui qui ne saurait répondre convenablement à vos attraits et à votre mérite. N'en attribuez point la faute au malheureux chevalier errant à qui l'amour interdit d'engager sa volonté à d'autre qu'à celle que, dès la première vue, il a faite maîtresse de son âme. Pardonnez-moi, généreuse dame; retournez dans votre chambre, et ne cherchez point, en m'entretenant plus longtemps de vos feux, à me faire paraître plus ingrat encore. Si vous trouvez en moi quelque autre chose que l'amour pour payer celui que vous me portez, demandez-le-moi : je jure, par cette douce ennemie, que vous l'aurez aussitôt, fût-ce une tresse des cheveux de Méduse coiffée de serpents, ou les rayons mêmes du soleil enfermés dans une fiole. Ma maîtresse n'a besoin de rien de tout cela, dit à son tour Maritorne. — Et que lui faut-il donc, sage duègne? reprend Don Quichotte. — Seulement une de vos belles mains, dit Maritorne, afin de pouvoir, en la touchant, calmer un peu l'ardeur qui l'a conduite en ces lieux, avec tant de péril pour son honneur, que si son père en avait connaissance il lui couperait au moins les oreilles. Je voudrais bien voir cela, dit Don Quichotte; mais il s'en gardera bien, s'il ne veut pas faire la fin la plus déplorable que père au monde ait jamais faite pour avoir porté la main sur les membres délicats de son amoureuse fille. Maritorne, bien persuadée que Don Quichotte ne manquerait pas de donner cette main qu'on lui demandait, et toute à la pensée de ce qu'elle voulait faire, quitta la lucarne et courut à l'écurie où elle prit le licou de l'âne de Sancho Pança, et revint lestement au moment où le chevalier mettait les deux pieds sur la selle de Rossinante pour atteindre jusqu'à la lucarne où il voyait l'amoureuse demoiselle. Prenez, madame, lui dit-il en la lui présentant, cette main, ou plutôt ce bourreau de tous les malfaiteurs de l'univers ; prenez-la, dis-je, madame : jamais aucune femme ne la toucha, pas même celle à qui appartient toute ma personne. Je ne vous la donne pas pour que vous la baisiez, mais pour que vous admiriez la contexture des nerfs, l'enlacement des muscles et la grosseur des veines ; vous pourrez juger par là de la force du bras auquel appartient une telle main. Nous le verrons tout à l'heure, dit Maritorne. En même temps, elle fit un nœud coulant au licou, le lui passa au poignet, et, descendant de la lucarne, alla attacher fortement l'autre bout de la courroie au verrou de la porte du palier. Don Quichotte, sentant la dureté de la corde sur son poignet, s'écria : Il semble que votre seigneurie me ratisse la main au lieu de la caresser. Ne la traitez pas si durement ; elle n'est pas la cause du mal que je vous fais souffrir, et il n'est pas juste de faire porter toute votre colère sur une si petite partie ; considérez qu'on ne se venge pas si cruellement quand on aime véritablement. Il avait beau se plaindre, personne ne l'écoutait : car, à peine Maritorne l'eut-elle attaché, qu'elles s'enfuirent toutes deux en étouffant de rire, et le laissant dans l'impossibilité de se dégager. Il était donc, comme on l'a dit, debout sur Rossinante, le bras passé dans la lucarne, attaché par le poignet au verrou de la porte, avec grande frayeur et grande inquiétude, si Rossinante faisait le moindre écart, de rester suspendu par le bras : il n'osait donc risquer un mouvement, bien que l'on pût espérer, de la patience et de la tranquillité de l'animal, qu'il demeurerait un siècle entier sans bouger. Se voyant ainsi retenu et les dames parties, il s'imagina que tout cela se faisait par enchantement, comme l'autre fois, quand, dans ce même château, le Maure enchanté, c'est-à-dire le muletier, l'avait roué de coups. Il maudissait son imprudence d'être revenu dans ce château d'où il était sorti si mal la première fois. Ne devait-il pas savoir que, lorsqu'un chevalier errant tente une aventure sans la mettre à fin, c'est une preuve que cette aventure ne lui est pas réservée, mais à d'autres, et que par conséquent il est inutile de l'entreprendre de nouveau. Cependant il tirait son bras pour essayer de se dégager, mais il était si bien attaché que tous ses efforts furent vains : il est vrai qu'il tirait avec précaution, de peur que Rossinante ne fît quelque mouvement ; il aurait bien voulu s'asseoir et se mettre en selle, mais il fut contraint de rester debout sous peine de s'arracher le poignet. C'est alors qu'il regretta la fameuse épée d'Amadis qui rompait tous les enchantements. C'est alors qu'il maudit sa fortune, et se représenta tout le tort qu'allait faire au monde entier le temps qu'il allait passer dans son enchantement, car il ne doutait pas un instant qu'il ne fût enchanté. Il invoquait sa bien-aimée Dulcinée, appelait son fidèle Sancho qui, couché sur le bât de son âne, et enseveli dans le sommeil, ne se souvenait pas en ce moment de la mère qui l'avait mis au monde ; il invoquait à son aide les sages Lirgandée et Alquif, et sa bonne amie Urgande. Enfin le jour le surprit là, si désespéré, si confus, qu'il beuglait comme un taureau, car il ne croyait pas que le jour dût le tirer de peine, son enchantement lui paraissait devoir être éternel. Ce

Imp. Lemercier.

Mésaventure dans l'hôtellerie.

qui achevait de l'en convaincre, c'était l'immobilité de Rossinante; de sorte qu'il pensait demeurer ainsi sans boire, manger ni dormir, lui et son cheval, jusqu'à ce que la maligne influence des astres fût passée, ou qu'un enchanteur plus habile l'eût désenchanté.

Il se trompait pourtant beaucoup dans ses conjectures, car à peine l'aurore commençait à paraître, qu'arrivèrent à l'hôtellerie quatre cavaliers bien équipés, avec leurs escopettes à l'arçon. Ils frappèrent à grands coups à la porte de la maison qui était encore fermée. Don Quichotte, qui les aperçut de dessus son cheval, où il ne cessait pas ses fonctions de sentinelle, leur cria d'une voix haute et fière : Chevaliers ou écuyers, ou qui que vous soyez, vous ne devez pas frapper à la porte de ce château. Il est bien clair qu'à une telle heure ceux qui l'habitent dorment, ou que ce n'est pas la coutume d'ouvrir les forteresses avant le lever du soleil. Retirez-vous, attendez qu'il soit grand jour, et nous verrons alors s'il convient de vous ouvrir ou non. Quelle diable de forteresse ou de château est donc cette maison, dit un de ces hommes, pour exiger toutes ces cérémonies? Si vous êtes l'hôte, faites-nous ouvrir : nous sommes des voyageurs, nous ne voulons que donner de l'avoine à nos montures, et poursuivre notre route, car nous sommes pressés. Vous semble-t-il, chevaliers, que j'aie l'air d'un tavernier? reprit Don Quichotte. Je ne sais de quoi vous avez l'air, dit un autre voyageur ; mais je sais bien que vous dites une sottise en appelant cette hôtellerie un château. — C'en est un, vous dis-je, et des meilleurs de la province : il s'y trouve des gens qui ont manié le sceptre et porté la couronne. Il serait mieux de dire, au contraire, reprit le voyageur, des gens qui ont eu le sceptre sur la tête et la couronne en main. Pour venir au fait, il y a peut-être ici quelque troupe de comédiens, qui souvent, en effet, portent ces sceptres et ces couronnes que vous dites; on ne saurait l'entendre autrement d'une hôtellerie de si peu d'apparence. Là où se fait si peu de bruit, je ne crois pas que logent des personnes dignes de couronne et de sceptre. Vous connaissez peu le monde, dit Don Quichotte, puisque vous ignorez les aventures ordinaires de la chevalerie errante. Les voyageurs, ennuyés du colloque de notre chevalier, se mirent à frapper avec grand bruit, tellement que l'hôtelier et tous les autres s'éveillant, on alla voir qui appelait. Cependant une des montures de ces hommes s'approcha pour flairer Rossinante, qui, triste et les oreilles basses, soutenait sans se mouvoir le corps allongé de son maître. Comme, après tout, Rossinante était de chair, encore qu'on eût pu le croire de bois, il ne resta point insensible et voulut à son tour flairer qui lui faisait des avances ; mais à peine eut-il fait un léger mouvement, que la selle se déroba sous les deux pieds de Don Quichotte, et il serait tombé par terre s'il n'avait été retenu par le bras. La secousse lui occasionna une douleur si vive, qu'il lui sembla qu'on lui coupait le poignet ou qu'on lui arrachait le bras. Il était si près de la terre qu'il l'effleurait du bout des pieds, et c'était un nouveau supplice : car, se sentant si voisin du sol, il faisait d'inutiles efforts pour prendre pied, comme ceux à qui l'on inflige la torture de la poulie accroissent eux-mêmes leur tourment, trompés qu'ils sont par l'espoir de toucher la terre en s'allongeant si peu que ce soit.

CHAPITRE XLIV.

OU SE POURSUIVENT LES ÉVÉNEMENTS INOUIS DE L'HOTELLERIE.

Don Quichotte faisait de tels cris, que l'hôtelier se hâtant d'ouvrir les portes, sortit tout effrayé pour aller voir d'où partaient ces clameurs, et les gens du dehors le suivirent. Maritorne, éveillée par ces mêmes cris, et se doutant bien de ce que c'était, courut promptement au grenier, et, sans être vue de personne, délia le licou qui maintenait Don Quichotte; il vint aussitôt tomber à terre, à la vue de l'hôtelier et des voyageurs. Tous lui demandent ce qu'il avait à crier ainsi, mais lui, sans répondre une parole, ôte le licou de son poignet, se relève, saute sur Rossinante, embrasse son écu, met sa lance en arrêt, et prenant du champ, revient au petit galop, en criant : Quiconque voudra soutenir que j'ai été enchanté à juste titre, je lui dis qu'il en a menti, et, si madame la princesse Micomicona me le permet, je le défie en combat singulier. Les nouveaux venus restèrent stupéfaits de ces paroles; mais l'hôte mit fin à leur surprise en leur apprenant ce que c'était que Don Quichotte, et qu'il ne fallait pas faire attention à lui, parce qu'il était fou. Les cavaliers demandèrent ensuite à l'hôtelier si par hasard il était venu dans son hôtellerie un jeune homme de quinze ans, vêtu en muletier, de telle et telle façon, donnant le signalement de l'amant de dona Clara. L'hôtelier répondit qu'il y avait tant de monde dans sa maison, qu'il n'avait pas eu occasion de remarquer celui qu'ils demandaient; mais l'un d'eux ayant reconnu la voiture de l'auditeur, s'écria : Oui, sans doute, il doit être ici, car voilà la voiture que l'on dit qu'il suit : que l'un de nous reste à la porte, tandis que les autres le chercheront. Il serait même bon qu'il y en eût un qui fît le tour de la maison, de peur qu'il ne s'échappe par dessus les murailles de la cour. C'est bien, répondit un d'entre eux. Ainsi, l'un resta à la porte, deux autres entrèrent dans la maison, et le quatrième tourna tout autour des murs. L'hôtelier les regardait faire, et ne devinait pas le motif de leur conduite, quoiqu'il pensât bien qu'ils cherchaient ce jeune homme qu'ils lui avaient signalé. Il était déjà grand jour, et pour ce motif et par le bruit qu'avait fait Don Quichotte, tout le monde était éveillé, chacun se levait, et spécialement Dorothée et Clara qui n'avaient pu dormir, l'une de savoir son amant si près d'elle, l'autre d'envie de le voir. Don Quichotte étouffait de dépit et de rage de voir que pas un des quatre voyageurs ne répondait à son défi, et ne faisait même attention à lui : s'il eût lu dans les coutumes de la chevalerie qu'un chevalier errant, malgré sa parole donnée de ne former aucune entreprise, pouvait tenter une nouvelle aventure, il les eût attaqués tous, et les eût bien contraints à lui répondre; mais convaincu qu'il n'était ni bien ni convenable après sa foi donnée à la princesse Micomicona de rien entreprendre avant de l'avoir rétablie sur son trône, force lui fut de rester tranquille, attendant quelle serait l'issue des recherches de ces hommes. L'un d'eux, enfin, trouva celui qu'ils cherchaient, dormant à côté d'un muletier, et bien éloigné de penser qu'on le cherchait, et moins encore qu'on le trouverait. Cet homme le tira par le bras, et lui dit : En vérité, seigneur don Louis, le costume où vous êtes est bien digne de votre rang, et ce lit où je vous trouve répond bien à la délicatesse avec laquelle votre mère vous a élevé. Le jeune homme frotte ses yeux encore appesantis par le sommeil, regarde avec attention celui qui le tient par le bras, le reconnaît pour un domestque de son père, et demeure si saisi qu'il ne peut de longtemps répondre une parole. Il ne s'agit plus, seigneur don Louis, continua le valet, que de prendre patience, et de revenir à la maison de votre père, si vous ne voulez pas le voir aller dans l'autre monde : car on ne peut guère attendre un autre résultat du chagrin que lui cause votre absence. Et comment mon père a-t-il su, demanda don Louis, que j'avais pris ce chemin, et sous cet habit? — Un étudiant à qui vous vous êtes confié a tout révélé, touché de la douleur de votre père à la découverte de votre fuite. Aussitôt il a dépêché quatre de ses domestiques pour courir après vous : nous voici tous à vos ordres, plus satisfaits qu'on ne saurait le dire de la bonne nouvelle que nous allons rapporter, en vous ramenant, à celui qui vous aime si tendrement. Ce sera comme je le voudrai ou comme le ciel l'ordonnera, répond don Louis. Et que pouvez-vous décider, et que peut ordonner le ciel, dit le domestique, sinon de venir avec nous, puisqu'il ne peut en être autrement? Le muletier qui couchait auprès de don Louis entendit toute cette conversation, il se leva, et fut donner avis de ce qui se passait à don Fernand, à Cardenio, et aux autres qui déjà étaient vêtus, ajoutant que l'on traitait le jeune homme de *don*, qu'on voulait le ramener chez son père, et que lui ne le voulait pas. Ces nouvelles, jointes à ce qu'ils savaient de la voix du jeune homme, leur inspirèrent le désir de savoir plus particulièrement qui il était, et même de le secourir si l'on voulait user envers lui de violence. Ils s'acheminèrent donc vers l'endroit où il était, parlant et disputant avec son domestique. En ce moment, Dorothée sortit de sa chambre, suivie de Clara toute troublée : la première prit à part Cardenio et lui dit, en peu de mots, l'histoire du musicien et de la jeune fille. Lui, de son côté, lui conta ce qui résultait de l'arrivée des domestiques de son père ; mais il ne put le faire si secrètement que Clara ne l'entendit ; elle en fut si saisie que, si Dorothée ne l'eût retenue, elle serait tombée par terre. Cardenio dit à Dorothée qu'elles rentrassent dans la chambre, et qu'il ferait en sorte de remédier à tout, et elles le firent. Déjà les quatre domestiques étaient entrés dans l'hôtellerie et entouraient don Louis, s'efforçant de lui persuader de revenir sans plus de retard pour consoler son père. Il répondait qu'il ne le pouvait point avant d'avoir terminé une affaire d'où dépendaient sa vie, son honneur et sa félicité. Les domestiques le pressaient, et l'assuraient qu'ils ne s'en retourneraient pas sans lui, et qu'ils l'emmèneraient de force ou de gré. Vous ne m'emmènerez que mort, leur dit don Louis : car, de toute manière, me faire partir, c'est m'ôter la vie. Déjà étaient accourus à la contestation la plus grande partie des habitants de l'hôtellerie, spécialement Cardenio, don Fernand, ses amis, l'auditeur, le curé, le barbier, et Don Quichotte, qui avait trouvé que le château n'avait plus besoin d'être gardé. Cardenio, qui connaissait déjà l'histoire du jeune homme, demanda aux domestiques pour quelle raison ils voulaient l'emmener malgré lui. C'est, répondit l'un d'eux, pour rendre la vie à son père, qui à cause de l'absence de ce gentilhomme est en danger de la perdre. Il n'est pas besoin, dit don Louis, de conter ici mes affaires : je suis libre, je m'en retournerai si je le veux, sinon aucun de vous ne peut m'y contraindre. La raison vous y contraindra, dit le domestique ; et, si elle ne peut rien sur vous, elle nous enseigne à remplir notre mission et à faire notre devoir. Sachons un peu ce qu'il y a au fond de tout cela, dit l'auditeur. Le domestique le reconnut pour un voisin de la maison de son maître, et lui dit : Eh quoi ! seigneur auditeur, vous ne remettez pas le fils de votre voisin dans ce jeune cavalier, qui a quitté la maison de son père sous un habit si peu digne de son rang, comme vous le voyez? L'auditeur le regarde plus attentivement, le reconnaît et lui dit en l'embrassant : Quel enfantillage est ceci, seigneur don Louis ? ou quelles causes puissantes ont pu vous déterminer à voyager ainsi, dans un état si peu conforme à votre qualité? Les larmes vinrent aux yeux du jeune homme, et il ne put répondre. L'auditeur dit aux domestiques de se tenir en repos, que tout ira bien. Il prend don Louis par la main, le tire à l'écart, et lui demande le sujet de son voyage.

Tandis qu'il interrogeait le jeune homme, on entendit de grands cris à la porte de l'hôtellerie : deux hommes qui y avaient passé la nuit, voyant tout le monde occupé de l'affaire qui avait amené les quatre voyageurs, avaient tenté de s'en aller sans payer ; mais l'hôtelier, plus occupé de ses affaires que de celles des autres, les saisit au pas de la porte, et réclama son payement, leur reprochant leur mauvaise action en tels termes, qu'ils lui répondirent à coups de poing, et le chargèrent si bien qu'il fut contraint d'appeler au secours. L'hôtesse et sa fille ne virent que Don Quichotte, assez peu occupé pour donner son appui, et la fille lui dit : Seigneur chevalier, par la valeur que Dieu vous a donnée, secourez, je vous prie, mon pauvre père, que deux hommes méchants battent comme blé. Belle demoiselle, répondit lentement Don Quichotte avec le plus grand flegme, votre requête est inutile pour le moment, car il m'est interdit d'entreprendre aucune aventure avant d'en avoir mis à fin une pour laquelle j'ai donné ma parole : tout ce que je peux faire pour votre service est ce que je vais vous dire : courez et allez dire à votre père de se soutenir et de se défendre le mieux qu'il pourra, surtout de ne pas se laisser vaincre, tandis que j'irai demander à la princesse Micomicona licence de le secourir. Si elle me l'accorde, tenez-vous pour assurée que je le tirerai de danger. Ah ! pécheresse que je suis ! s'écria Maritorne, qui était présente, avant que vous ayez obtenu la permission que vous dites, mon maître sera dans l'autre monde. Souffrez, madame, que je demande cette permission, reprend Don Quichotte ; quand je l'aurai obtenue, peu importe que votre père soit dans l'autre monde, je saurai bien l'en tirer, en dépit du monde lui-même, ou du moins je tirerai de ceux qui l'y auront conduit une telle vengeance, que vous aurez lieu d'être satisfaite. Sans s'arrêter davantage, il court se jeter aux genoux de Dorothée, et lui demande, en style de chevalier errant, la permission de secourir le seigneur châtelain qui se trouve dans un pressant danger. La princesse la lui accorda de bonne grâce, et lui, tout aussitôt embrasse son écu, met l'épée à la main, et court à la porte de l'hôtellerie, où les deux hôtes continuaient de battre le tavernier. Mais, tout à coup, il s'arrête et reste immobile, malgré les cris de Maritorne et de l'hôtesse qui lui demandent ce qui l'arrête et de secourir leur maître et mari. Je m'arrête, répond Don Quichotte, parce qu'il ne m'est pas permis de mettre l'épée à la main contre des écuyers :

mais appelez Sancho, mon écuyer : c'est à lui qu'appartient cette défense et cette vengeance. Cette scène se passait à la porte de l'hôtellerie, où les coups de poing et les gourmades pleuvaient au grand préjudice de l'hôtelier, et à la rage de Maritorne, de l'hôtesse et de sa fille, qui se désespéraient de voir la couardise de Don Quichotte, et la fâcheuse situation où se trouvait leur maître, père et mari. Mais laissons-le là pour un moment : il ne manquera pas de gens pour le secourir, sinon apprenne à se taire celui qui veut entreprendre au-delà de ses forces. Retournons à cinquante pas en arrière, et sachons ce que répondit don Louis à l'auditeur, qui l'avait pris à part et lui demandait la cause de son voyage, sous un vêtement aussi ignoble. Le jeune homme, lui serrant fortement les mains, comme pour montrer qu'une grande douleur lui serrait le cœur, et versant un torrent de larmes, lui dit : Seigneur, je ne puis vous répondre autre chose, sinon que depuis l'instant où le ciel a permis et notre voisinage a facilité que je visse dona Clara, votre fille, je la fis souveraine de ma volonté, et, si la vôtre, ô mon véritable père! ne s'y oppose pas, elle sera dès aujourd'hui mon épouse. C'est pour elle que j'ai quitté la maison de mon père, que j'ai pris ce déguisement afin de la suivre en tous lieux, comme la flèche suit le but et le marin son étoile. Elle ne sait de mon amour que ce qu'ont pu lui en apprendre de loin mes larmes. Vous connaissez, seigneur, la noblesse et la fortune de mes parents, vous savez que je suis leur unique héritier. Si ces avantages vous paraissent suffisants pour consentir à faire mon bonheur, acceptez-moi promptement pour votre fils. Si mon père, préoccupé de quelque autre dessein sur moi, ne sait pas apprécier le bien que je me serai procuré, le temps est plus puissant que la volonté des hommes pour changer les choses. Le jeune amoureux se tut, et l'auditeur, surpris, resta tout interdit de l'avoir entendu, admirant les termes modestes et sages dont s'était servi don Louis pour lui découvrir ses sentiments, et ne sachant quel parti prendre dans une circonstance aussi imprévue. Il se contenta donc de lui répondre de se tranquilliser; d'obtenir des gens de son père de ne point l'emmener ce jour-là, afin d'aviser aux moyens d'arranger les choses pour le mieux dans l'intérêt de tous. Don Louis lui baisa les mains malgré sa résistance, les arrosa de ses larmes, ce qui eût attendri un cœur de marbre, à plus forte raison celui de l'auditeur, homme prudent et sage, qui avait reconnu combien ce mariage offrait d'avantages à sa fille. Mais il eût fort désiré obtenir le consentement du père de don Louis, qu'il savait avoir la prétention d'obtenir un titre pour son fils.

Cependant les hôtes avaient fait la paix avec le tavernier et lui avaient payé ce qu'il réclamait, plus par les conseils de Don Quichotte que par ses menaces. Les valets de don Louis attendaient la fin de la conférence de l'auditeur et la résolution de leur maître, quand le diable, qui ne s'endort pas, fit entrer dans l'hôtellerie le barbier à qui Don Quichotte avait enlevé l'armet de Mambrin, et Sancho Pança les harnais de son âne, qu'il troqua contre ceux du sien. Le barbier, menant sa bête à l'écurie, vit Sancho qui accommodait quelque chose au bât, il le reconnut sur-le-champ, se jeta sur Sancho et lui dit : Ah! je vous tiens, don larron; rendez-moi tout à l'heure mon bassin et mon bât, avec tous mes harnais que vous m'avez volés. Sancho, se voyant attaqué à l'improviste, et chargé d'injures, retient le bât d'une main, et de l'autre donne au barbier un coup de poing qui lui met toutes les dents en sang. Mais celui-ci ne lâche pas prise, et se met à crier si haut que tous les gens de l'hôtellerie accourent au bruit de la bataille. Justice, dit-il, justice au nom du roi! Ce larron, ce voleur de grands chemins, m'a pris mon bien, et il veut m'assassiner. Tu mens, répond Sancho; je ne suis point un voleur de grands chemins : c'est de bonne guerre que mon maître a gagné ces dépouilles. Don Quichotte était présent, ravi de voir avec quelle vigueur son écuyer attaquait et se défendait : il le tint depuis ce jour pour un homme de cœur, et se proposa, au fond de son âme, de l'armer chevalier à la première occasion qui se présenterait, pensant faire en lui une bonne acquisition pour l'ordre de la chevalerie. Entre autres raisons qu'alléguait le barbier, pendant la dispute : Seigneurs, disait-il, ce bât est à moi comme la mort que je dois payer à Dieu; je le connais comme si je l'avais enfanté. Mon âne est là dans l'étable pour me démentir, sinon qu'on le lui essaie, et, s'il ne lui va pas de point en point, que je passe pour un infâme. Il y a plus : le jour où on me l'a pris, on m'a volé aussi un bassin de cuivre tout neuf qui n'avait pas encore servi, et qui valait bien un écu. Là-dessus, Don Quichotte ne put s'empêcher de répondre. Il se mit entre les deux combattants, les sépara, et posant le bât par terre, afin que tout le monde le vît jusqu'à ce que la vérité fût éclaircie : Seigneurs, dit-il, pour vous prouver manifestement l'erreur de ce bon écuyer, sachez qu'il appelle un bassin ce qui a été, est, et sera toujours l'armet de Mambrin; je le lui ai pris de bonne guerre, et m'en suis rendu maître par une légitime possession. Quant au bât, je ne m'en mêle point. Tout ce que je puis dire, c'est que mon écuyer Sancho me demanda la permission d'enlever le harnais du cheval de ce poltron vaincu, et d'en revêtir le sien : je le lui permis, il le prit; pour ce qui regarde la conversion de ce harnais en bât, je ne peux en donner d'autre raison que celle d'usage, que ces métamorphoses sont communes dans l'histoire de la chevalerie. Pour confirmer ce que je viens de dire, cours, mon fils Sancho, et apporte cet armet que ce bonhomme appelle un bassin. Pardieu, seigneur, répond Sancho, si nous n'avons pas d'autre preuve à donner que celle-là, l'armet de Mambrin est aussi bien un bassin que le harnais un bât. Fais ce que je te commande, répliqua Don Quichotte; tout ce qui se passe dans ce château ne sera peut-être pas enchantement. Sancho alla donc chercher le bassin, l'apporta, et Don Quichotte le lui prenant des mains : Regardez, seigneurs, dit-il; de quel front cet écuyer pourra-t-il soutenir que c'est là un bassin et non le heaume que je dis? Je jure, par l'ordre de chevalerie dont je fais profession, que c'est le même que je lui ai pris, sans y avoir rien ajouté ni retranché. Il n'y a pas de doute que ce ne soit le même, dit Sancho : car, depuis que mon seigneur l'a conquis jusqu'à présent, il ne s'en est servi que dans une seule bataille, lorsqu'il délivra ces malheureux enchaînés; et, sans cet armet-bassin, il eût mal passé son temps, car il reçut assez de coups de pierres dans cette rencontre.

CHAPITRE XLV.

OU L'ON ACHÈVE DE VÉRIFIER LES DOUTES DE L'ARMET DE MAMBRIN ET DU BAT, AVEC D'AUTRES AVENTURES AUSSI VÉRITABLES.

Que vous semble-t-il, seigneurs, dit le barbier, de ces honnêtes personnages qui affirment que ceci n'est pas un bassin, mais bien un armet? Qui oserait soutenir le contraire? reprit Don Quichotte, je lui ferai connaître qu'il ment, s'il est chevalier, et, s'il est écuyer, qu'il ment mille fois. Notre barbier (maître Nicolas), qui était présent, et connaissait bien l'humeur de Don Quichotte, voulut encourager sa folie, et pousser le jeu plus loin pour divertir la compagnie. Seigneur barbier, dit-il à l'autre, ou qui que vous soyez, sachez que je suis de votre profession : il y a plus de vingt ans que j'ai mes lettres d'examen, et je connais tous les instruments de la barberie, sans en excepter un seul. Et, ni plus ni moins, je fus soldat dans ma jeunesse; je sais ce que c'est qu'un heaume, un morion, une salade entière et les autres choses de guerre, surtout ce qui concerne les différentes armes. Je dis, sauf meilleur avis, m'en rapportant toujours à plus habile que moi, que la pièce qui est devant nous et que ce bon seigneur tient dans ses mains, non seulement n'est pas un bassin de barbier, mais en est aussi loin que le blanc l'est du noir, la vérité du mensonge : j'ajoute que bien que ce soit un armet, ce n'est pas un armet entier. Non, certes, dit Don Quichotte, il en manque la moitié qui est la mentonnière. C'est la vérité, dit le curé, qui avait aisément saisi l'intention de son ami, maître Nicolas. Cardenio, don Fernand et ses compagnons furent du même avis, et l'auditeur, sans doute, aurait aidé à la plaisanterie, s'il n'eût été tout occupé de l'affaire de don Louis, ce qui lui faisait prêter peu ou point d'attention à ce badinage. Dieu me soit en aide! s'écrie le barbier raillé, est-il possible que tant d'honnêtes gens disent que ceci est un armet et non un bassin? Il y aurait de quoi étonner la plus savante université. Mais, si le bassin est un armet, le bât, sans doute, sera un harnais de cheval, comme l'a dit cet autre. A moi, il me paraît un bât, dit Don Quichotte; mais je vous ai déjà dit que je ne m'en mêlais point. S'il est bât ou harnais, c'est au seigneur Don Quichotte à prononcer là-dessus, reprend le curé; en fait de chevalerie, nous déclarons, tous tant que nous sommes, que nous lui cédons l'avantage. Par Dieu, seigneurs, répond Don Quichotte, il m'est arrivé de si étranges aventures dans ce château, en deux fois que j'y ai logé, que je n'ose décider affirmativement aucune question sur rien de ce qui peut s'y rencontrer; je suis persuadé que tout s'y fait par enchantement. La première fois, je fus fort travaillé par un Maure enchanté qui s'y trouve, et Sancho ne fut guère mieux traité par des gens de sa séquelle; cette nuit, je me suis vu suspendu par ce bras, pendant près de deux heures, sans savoir comment, ni ce qui a pu m'attirer cette disgrâce. Ainsi, m'exposer à donner mon avis sur des choses aussi confuses, serait porter un jugement téméraire. En ce qui touche la prétention de faire de ceci un bassin et non un armet, j'ai déjà répondu, mais je ne me hasarderai point à décider définitivement si cela est un bât ou un harnais : je m'en rapporte, seigneurs, à votre jugement. Peut-être, n'étant pas armés chevaliers comme moi, les enchantements seront-ils sans pouvoir sur vous; vous aurez l'esprit libre, et pourrez juger sainement de ce qui se passe dans ce château, les choses seront pour vous ce qu'elles sont réellement, et non telles qu'elles me paraissent. Il n'y a point de doute à cela, dit don Fernand, comme le fait observer très judicieusement le seigneur Don Quichotte, c'est à nous qu'appartient la décision de cette affaire; pour procéder avec plus de sûreté, je vais recueillir secrètement les voix de chacun de nous, et je ferai connaître tout haut le résultat. Cette scène était un grand sujet de divertissement pour ceux qui connaissaient l'humeur de Don Quichotte; mais les personnes qui n'étaient point initiées, n'y voyaient que la plus grande absurdité du monde, entre autres les quatre domestiques de don Louis, don Louis lui-même, et trois nouveaux venus qui paraissaient être des archers, et qui l'étaient en effet. Le barbier seul se désespérait de voir, sous ses yeux, son bassin devenu armet de Mambrin, et de penser que, sans doute, le bât allait devenir un riche harnais de cheval. Les uns et les autres riaient de voir don Fernand recueillir les voix et parler à l'oreille de chacun, afin que l'on pût prononcer en secret si le bijou, objet de ce grand différend, était bât ou harnais. Enfin, ayant consulté tous ceux qui connaissaient Don Quichotte, il dit à haute voix : Bon homme, je suis las de recueillir tant d'opinions, je ne consulte personne qui ne me réponde que c'est folie d'appeler ceci un bât d'âne, tandis que c'est véritablement un harnais de cheval, et même de cheval de race. Ainsi, prenez patience; car, en dépit de votre âne et de vous, ceci est un harnais et non un bât. Vous avez mal contesté et mal fourni vos preuves. Que je n'aie jamais ma part du ciel, s'écria le pauvre barbier, si toutes vos seigneuries ne se trompent, et qu'ainsi paraisse mon âme devant Dieu, comme il me paraît que voici un bât et non un harnais! Mais ainsi vont les lois... Je n'en dis pas davantage. Il est pourtant bien sûr que je ne suis pas ivre, car je n'ai point encore déjeuné, si ce n'est de péché. Les naïvetés du barbier ne prêtaient pas moins à rire que les folies de Don Quichotte, qui dit alors : Il ne reste plus rien à faire, sinon que chacun reprenne ce qui lui appartient. Ce que Dieu a donné, que saint Pierre le bénisse. Là-dessus un des quatre valets s'écria : Si tout ceci n'est pas un tour concerté, je ne saurais me persuader que tant d'hommes de bon jugement comme sont ou paraissent être tous ceux qui se trouvent ici, osent dire et soutenir que cela n'est point un bât, ni ceci un bassin. Mais, puisqu'ils le disent et l'affirment, je pense qu'il y a du mystère dans cette persistance à défendre une opinion si contraire à l'expérience et à la vérité. Je me voue au diable (et il adressait le juron à la ronde), que nul homme vivant ne me fera croire, contre l'évidence, que ceci n'est point le bassin d'un barbier et le bât d'un âne. Ce pourrait bien être celui d'une ânesse, dit le curé. Autant vaut, répond le valet; il s'agit seulement de savoir si c'est un bât ou si ce n'en est pas un comme vous le dites. Un des archers qui venaient d'entrer, et qui avait entendu toute la dispute, s'écria alors tout en colère : Ceci est un bât comme mon père : celui qui dit ou a dit autre chose est ivre comme le vin. Tu mens comme un vilain, répond Don Quichotte. Et levant sa lance, qu'il ne quittait jamais, il allait lui en décharger sur la tête un si grand coup, que, si l'archer ne se fût mis à l'écart, il l'eût étendu par terre. La lance se brisa contre le sol. Les autres archers, voyant ainsi maltraiter leur camarade, élevèrent la voix pour demander force à la sainte hermandad. L'hôtelier, qui était membre de la confrérie, courut sur-le-champ prendre sa verge et son épée, et revint prendre place à côté des archers. Les valets de don Louis entourèrent celui-ci, de crainte qu'il ne leur échappât dans la bagarre. Le barbier, voyant toute la maison en trouble, se saisit du bât. Sancho en fit de même. Don Quichotte mit l'épée à la main, et fondit sur les archers; don Louis criait à ses gens de le quitter et d'aller secourir Don Quichotte, don Fernand et Cardenio qui le secondaient. Le curé s'exclamait, l'hôtesse criait, sa fille se lamentait, Maritorne pleurait, Dorothée était interdite, Lucinde effrayée, Clara évanouie. Le barbier gourmait Sancho, Sancho rouait de coups le barbier. Don Louis, qu'un de ses gens avait osé prendre par le bras, de peur qu'il ne s'enfuît, lui donna un si grand coup de poing qu'il lui mit les dents en sang : l'auditeur le défendait. Don Fernand tenait renversé un des archers et le foulait aux pieds; l'hôtelier grossissait sa voix pour crier : Secours à la sainte hermandad! De sorte que, dans toute l'hôtellerie, ce n'était que cris, hurlements, pleurs, confusion, épouvante, trouble, disgrâces, coups d'épée, coups de poing, coups de bâton, coups de pied et sang répandu. Au milieu de ce chaos, de ce labyrinthe inextricable, Don Quichotte alla retrouver dans sa mémoire qu'il était au beau milieu de la discorde du camp d'Agramant, et, d'une voix qui fait retentir l'hôtellerie, il s'écrie: Que tous s'arrêtent, qu'ils se calment, qu'ils remettent l'épée au fourreau, et qu'ils m'écoutent, s'ils veulent conserver la vie. Aussitôt tout s'arrêta, il poursuivit : Ne vous ai-je pas dit, seigneurs, que ce château est enchanté, et qu'une légion de diables y a fixé sa demeure? Pour vous le prouver, voyez comme la discorde, qui régnait au camp d'Agramant, s'est introduite en ces lieux et s'agite parmi nous : l'un combat pour l'épée, l'autre pour le cheval, celui-ci pour l'aigle, celui-là pour un armet; tous nous combattons et nous ne nous entendons point. Approchez, seigneur auditeur, et vous, seigneur curé : que l'un de vous représente le roi Agramant, l'autre le roi Sobrin, et mettez la paix parmi nous : car, par le Dieu tout-puissant, c'est une chose indigne que tant de gens de distinction que nous sommes s'entre-tuent pour des choses si légères. Les archers, qui n'entendaient rien au style de Don Quichotte, et qui se voyaient maltraités par Cardenio, don Fernand et les autres, ne voulaient point s'apaiser. Le pauvre barbier ne demandait pas mieux, car la moitié de sa barbe avait été arrachée dans la mêlée, et le bât tout rompu. Sancho, en bon serviteur, s'était arrêté à la première parole de son maître; les valets de don Louis s'étaient apaisés, réfléchissant combien il leur importait peu de ne le pas faire; l'hôtelier seul s'opiniâtrait à vouloir qu'on châtiât le fou qui troublait sans cesse sa maison. Enfin la rumeur se calma pour cette fois; le bât demeura harnais jusqu'au jour du jugement, le bassin un armet, et l'hôtellerie un château, dans l'esprit de Don Quichotte.

La paix étant rétablie et tous redevenus amis à la persuasion de l'auditeur et du curé, les valets de don Louis recommencèrent à le presser de les suivre à l'instant même; pendant qu'il s'arrangeait avec eux, l'auditeur consultait le curé, don Fernand et Cardenio, leur contant ce qu'il avait appris du jeune homme. Il fut arrêté que don Fernand se ferait connaître aux valets de don Louis, qu'il leur déclarerait que son intention était d'emmener avec lui le jeune homme en Andalousie, où il serait reçu suivant son mérite par son frère le marquis : car il était facile de voir que don Louis se serait plutôt fait mettre en pièces que de retourner de cette manière auprès de son père. Les valets, instruits de la qualité de don Fernand, et de la résolution de leur jeune maître, décidèrent que trois d'entre eux retourneraient auprès du père pour l'informer de ce qui se passait, et que le quatrième demeurerait auprès de don Louis pour le servir, et ne le quitterait pas jusqu'à ce qu'ils revinssent le chercher, ou que le père donnât de nouveaux ordres. Ce fut ainsi que s'apaisa cet amas de discordes, par l'autorité d'Agramant et la prudence du roi Sobrin. Mais l'ennemi de la paix et de la concorde, furieux de se voir joué, méprisé, et d'avoir tiré si peu de fruit de cette œuvre de confusion, résolut de revenir à la charge, et de susciter de nouveaux troubles, de nouvelles querelles.

Les archers, après avoir appris la qualité de leurs adversaires, se retirèrent de la mêlée, persuadés que, de toute manière, elle ne pouvait que tourner mal pour eux ; mais un d'eux, celui que don Fernand avait foulé aux pieds, vint à se rappeler que, parmi les divers mandats d'arrêt qu'il avait contre plusieurs délinquants, il en avait un contre Don Quichotte, que la sainte hermandad avait donné ordre d'arrêter pour avoir rendu la liberté aux forçats, ce que Sancho n'avait pas redouté sans raison. Dans cette pensée il voulut s'assurer si le signalement que portait ce mandat s'appliquait bien à Don Quichotte. Tirant de son sein un parchemin, il tomba juste sur celui qu'il cherchait, et, prenant son temps, parce qu'il n'était pas habile lecteur, à chaque mot il jetait les yeux sur Don Quichotte, et comparait les signes du mandat avec le visage du chevalier. Il trouva que sans aucun doute c'était à lui que l'ordre s'appliquait, et à peine fut-il convaincu de l'identité, que repliant son parchemin, il le prit de la main gauche, et, de la droite, saisit fortement au collet le chevalier, qu'il empêchait de respirer, et cria à pleine tête : Force à la sainte hermandad ! et, afin que personne n'en prétende cause d'ignorance, voici le mandat qui ordonne d'arrêter ce voleur de grands chemins. Le curé prend le mandat, vérifie l'exactitude du signalement, et voit que l'archer dit vrai. Don Quichotte, transporté d'une fureur à sentir craquer ses os de se voir ainsi traité par ce malandrin, lui serre la gorge avec les deux mains, le mieux qu'il peut, et de telle manière que, si ses compagnons ne fussent venus à son secours, il eût perdu la vie avant que Don Quichotte eût lâché prise. L'hôtelier, obligé de secourir ses confrères, accourt à leur aide. L'hôtesse, qui voit de nouveau son mari dans la bagarre, recommence ses cris, sa fille et Maritorne se mettent à l'unisson, implorant la faveur du ciel et de tous ceux qui se trouvaient dans la maison. Sancho, voyant ce qui se passe, s'écrie : Vive Dieu ! mon maître a bien raison dans tout ce qu'il dit des enchantements de ce château, car il n'est pas possible d'y vivre une heure en repos. Don Fernand sépare Don Quichotte et l'archer, à leur grande satisfaction ; car ils se tenaient comme chevillés, l'un au collet, l'autre à la gorge. Cependant, les archers ne cessaient de demander leur prisonnier, qu'on les aidât à l'attacher et qu'on le laissât entre leurs mains, parce qu'ainsi le requérait le service du roi et de la sainte hermandad, au nom de laquelle on leur devait assistance pour arrêter ce détrousseur de passants et voleur de grands chemins. Don Quichotte riait de ces injures, et leur dit avec le plus grand flegme : Venez ici, vile canaille : vous appelez donc voler sur les grands chemins donner la liberté aux enchaînés, délivrer les prisonniers, secourir les malheureux, relever ceux qui sont à terre, soulager les nécessiteux? Race infâme, indigne, par votre abject entendement, que le ciel vous fasse comprendre la valeur renfermée dans la chevalerie errante, vous fasse connaître l'ignorance où vous êtes en ne portant pas respect à l'ombre même, encore bien plus à la présence d'un chevalier errant! Venez ici, larrons en troupe, et non archers; voleurs de grands chemins par brevet de la sainte hermandad, dites-moi, quel est l'ignorant qui a signé un mandat d'arrêt contre un chevalier tel que moi? Qui ne sait que les chevaliers errants sont exempts de toute juridiction, que leur loi est leur épée, leurs droits leur valeur, leurs décrets leur volonté? Quel est, dis-je, l'insensé qui peut ignorer qu'il n'est aucun titre de noblesse qui donne autant de priviléges, autant d'exemptions que celui qu'acquiert un chevalier le jour où il est admis dans l'ordre et se consacre à ses pénibles devoirs? Quel chevalier errant a jamais payé cens, impôt, chaussure de la reine, monnaie de loi, droits de péage ou de navigation? Quel tailleur lui fit jamais payer la façon d'un habit, quel châtelain l'a reçu pour lui faire payer son écot? Quel roi ne le reçoit à sa table? quelle demoiselle ne s'est éprise d'affection pour lui, ne s'est rendue à sa discrétion? enfin, quel chevalier errant y a-t-il eu, y a-t-il, et y aura-t-il dans le monde, qui n'ait le pouvoir de donner lui seul quatre cents coups de bâton à quatre cents archers qui lui voudront barrer le chemin?

CHAPITRE XLVI.

DE LA NOTABLE AVENTURE DES ARCHERS, ET DE LA GRANDE FUREUR DE NOTRE BON CHEVALIER DON QUICHOTTE.

TANDIS que Don Quichotte parlait ainsi, le curé tâchait de convaincre les archers qu'il était entièrement privé de jugement, comme ils pouvaient le reconnaître par ses paroles et par ses œuvres, et qu'ils ne devaient pas pousser plus loin cette affaire, puisque après l'avoir pris et emmené, ils seraient obligés de le relâcher comme fou. A cela, le porteur du mandat répondit que ce n'était pas à lui de juger de la folie de Don Quichotte, mais d'obéir aux ordres de son supérieur, et qu'une fois pris on le relâcherait trois cents fois si l'on voulait. Avec tout cela, dit le curé, vous ne l'emmènerez pourtant pas cette fois, et il ne se laissera pas conduire à ce que je vois. Enfin, il sut tant leur en dire, et Don Quichotte sut faire tant de folies, qu'ils auraient été plus fous que lui s'ils n'avaient pas reconnu sa démence. Ils prirent donc le parti de se calmer, et voulurent même mettre la paix entre le barbier et Sancho, qui montraient encore beaucoup d'animosité : ils se portèrent médiateurs comme membres de la justice, et arbitrèrent de telle sorte que les deux parties furent, sinon entièrement contentes, du moins à peu près satisfaites. On échangea les bâts, mais non les sangles ni les licous. Quant à l'armet de Mambrin, le curé, sous main, donna huit réaux au barbier, sans que Don Quichotte s'en aperçût; le barbier lui fit une quittance par laquelle il s'engageait à ne jamais réclamer, ni pour lors, ni à jamais, amen. Ces deux querelles apaisées, et c'étaient les plus importantes, les plus difficiles, il restait à décider les valets de don Louis à ce que trois d'entre eux s'en retournassent, et que le quatrième demeurât pour accompagner son maître où don Fernand le voulait conduire : mais la fortune avait commencé à se déclarer en faveur des amantes et des braves que renfermait l'hôtellerie, elle voulut achever son ouvrage, et donner à tout une heureuse issue. Les valets consentirent à tout ce que don Louis exigea d'eux, et Clara en fut si contente, qu'on ne pouvait la regarder sans lire sa joie sur sa jolie figure. Zoraïde, quoiqu'elle n'entendît pas grand'-chose à tout ce qui se passait, s'attristait ou se réjouissait suivant qu'elle le voyait faire aux autres, et surtout à son Espagnol, sur lequel elle avait toujours l'âme et les yeux attachés. L'hôtelier, à qui n'était point échappé le présent que le curé venait de faire au barbier, réclama l'écot de Don Quichotte, avec le prix des outres et du vin, jurant que Rossinante et l'âne de Sancho ne sortiraient pas de la maison qu'il ne fût payé jusqu'au dernier maravédis. Le curé mit ordre à tout, et don Fernand paya, quoique l'auditeur eût offert de fort bonne grâce de le faire. Enfin, la paix fut rétablie de telle sorte, que l'hôtellerie n'offrait plus le tableau de la discorde du camp d'Agramant, suivant l'expression de Don Quichotte ; mais la même union, la même tranquillité que du temps d'Octave : chacun fut d'avis qu'on en devait rendre grâce à l'éloquence persuasive du curé, à l'incomparable libéralité de don Fernand.

Don Quichotte, se voyant enfin libre et débarrassé de toutes ces querelles, tant des siennes que de celles de son écuyer, trouva qu'il était convenable de continuer son voyage, et de terminer la grande aventure pour laquelle on l'avait appelé et choisi. Il alla donc résolument se mettre aux genoux de Dorothée, qui ne lui permit pas de dire un mot avant qu'il se fût relevé. Il se releva pour lui obéir, et lui tint ce discours : C'est un commun proverbe, belle dame, que la diligence est la mère de la bonne fortune, et, dans les circonstances d'une haute importance, on a reconnu que la sollicitude conduit à bonne fin les affaires douteuses. Mais cette vérité n'est jamais plus évidente que dans les entreprises de guerre, où la promptitude déjoue les projets de l'ennemi, et assure la victoire avant qu'il se soit mis en défense. Je vous présente ces observations, haute et digne princesse, parce qu'il me semble que notre séjour dans ce château ne nous est plus d'aucune utilité, et peut, au contraire, nous apporter un dommage dont nous pourrions nous apercevoir un jour. Qui sait, en effet, si par des espions secrets et actifs votre ennemi le géant n'est pas averti déjà que je marche pour le détruire ; et si avec le loisir que nous lui laissons, il ne s'est pas fortifié dans quelque inexpugnable château contre lequel ne pourront me servir ni ma diligence ni la force de ce bras infatigable? Ainsi, madame, croyez-moi, prévenons ses desseins par notre promptitude, et partons sans retard : car l'accomplissement de vos souhaits ne sera différé que jusqu'à ce que je me trouve en présence de votre ennemi. Don Quichotte se tut, attendant gravement la réponse de la belle infante ; celle-ci, d'un air de princesse, et se conformant au style de notre héros, lui répondit : Je vous remercie, seigneur chevalier, du désir que vous témoignez de me soulager dans mon affliction, en bon chevalier voué au secours des orphelins et des malheureux. Fasse le ciel que vos vœux et les miens s'accomplissent, afin que vous soyez convaincu qu'il existe dans le monde des femmes reconnaissantes. Quant à mon départ, qu'il ait lieu tout à l'heure, je n'ai d'autre volonté que la vôtre. Disposez de moi comme il vous plaira : celle qui vous a confié la défense de sa personne, et a mis dans vos mains le rétablissement de ses droits, ne doit rien se permettre de contraire à ce qu'ordonnera votre prudence. A la garde de Dieu, répondit Don Quichotte ; puisqu'une aussi grande dame s'humilie devant moi, je ne veux pas perdre l'occasion de la relever et de la rétablir sur son trône héréditaire. Partons sur-le-champ : l'impatience et la longueur du chemin me pressent ; et, comme on dit, le péril est dans le retard. Puisque le ciel n'a rien créé, ni l'enfer rien produit qui m'épouvante, Sancho, va seller Rossinante, apprêter ton âne et le palefroi de la reine ; prenons congé du châtelain et de tous ces seigneurs, et partons. Sancho, présent à cet entretien, répondit en branlant la tête : Ah ! seigneur, seigneur ! il y a plus de mal au hameau qu'on ne pense, soit dit sans offenser personne. — Et quel mal peut-il y avoir, vilain, dans aucun village ni dans toutes les villes du monde, qui puisse tourner à mon préjudice? Si votre seigneurie se fâche, répondit Sancho, je me tairai ; je ne vous dirai point ce que je me crois obligé de vous découvrir, comme bon écuyer, et comme un serviteur fidèle le doit à son maître. — Dis tout ce que tu voudras, pourvu que tes discours ne tendent point à m'inspirer de la crainte. Si la peur te domine, fais comme il convient à ce que tu es ; pour moi qui ne la connais point, j'agis ainsi que le doit un homme tel que moi. Ce n'est point cela, Dieu me pardonne, répond Sancho ; ce qui est c'est que je tiens comme certain et avéré que cette dame, qui se dit reine du grand royaume de Micomicon, l'est comme ma mère : si elle était ce qu'elle dit, elle n'irait pas à toute heure et dès qu'on tourne la tête baiser le museau de quelqu'un qui est ici. Dorothée devint rouge à ces paroles de Sancho : car il était vrai que plus d'une fois à la dérobée son époux don Fernand avait recueilli de ses lèvres quelque avance sur le prix de son amour. Sancho s'en était aperçu, et trouvait que cet abandon dans les manières tenait plus d'une courtisane que de la souveraine d'un grand royaume. Aussi Dorothée ne chercha-t-elle pas à répondre un seul mot, et Sancho poursuivit : Je vous dis ceci, seigneur, parce que, si, après que nous aurons cheminé par monts et par vaux, passant de méchantes nuits et de pires jours, celui qui se réjouit dans cette hôtellerie s'en vient recueillir le fruit de nos travaux, il n'est pas besoin de me presser de seller Rossinante, de bâter mon âne, d'apprêter le palefroi ; il vaut mieux nous tenir en repos ; que chaque p.... file, et dînons.

Dieu me protége ! qui pourra peindre la colère de Don Quichotte à cet insolent discours de son écuyer ? Elle fut si grande, que, bégayant de fureur, jetant le feu par les yeux, il s'écria : Rustre, veillaque, mal avisé, insolent, mal appris, grossier, bavard, impudent, médisant, blasphémateur, oses-tu bien tenir de tels propos en ma présence et devant ces illustres dames ? Comment peux-tu forger dans ta lourde imagination des pensées si téméraires et si déshonnêtes ? Sors de ma présence, monstre de nature, cloaque de mensonges, magasin d'impostures, grenier de méchancetés, inventeur de malices, conteur d'extravagances, ennemi du respect que l'on doit aux personnes royales. Va-t'en ; ne reparais jamais devant moi, sous peine d'encourir mon indignation. En disant ces mots, il enfle ses joues, fronce les sourcils, porte ses yeux de tous côtés, et frappe violemment du pied la terre, signes de la colère qui le suffoque. A ces paroles terribles, à ces gestes furieux, Sancho demeura tellement stupéfait, si épouvanté, qu'il eût voulu que la terre s'ouvrît à l'instant sous ses pas pour l'engloutir; ne sachant que faire, il tourna les épaules et s'éloigna de son maître irrité. Mais l'habile Dorothée, qui connaissait bien l'humeur de Don Quichotte, lui dit pour l'apaiser: Ne vous fâchez point, seigneur chevalier de la Triste Figure, des sottises que vient de débiter votre bon écuyer: il ne les a sans doute pas dites sans sujet, et son bon naturel, sa conscience ne permettent pas de le soupçonner de vouloir produire un faux témoignage contre personne. Ainsi nous devons croire, sans aucun doute, que puisque dans ce château tout se fait par enchantement, comme vous le dites vous-même, seigneur, Sancho aura pu voir, par cette voie diabolique, les choses dont il parle, et qui blessent si fort mon honneur. Par le Dieu tout-puissant! répond Don Quichotte, votre grandeur a frappé au but: quelque mauvaise vision aura fasciné les yeux de ce pécheur de Sancho, et lui aura fait voir ce qui ne pouvait être vu que par cet enchantement; car je connais trop bien l'innocence et la bonté de ce malheureux pour le croire capable de porter de faux témoignages. Cela est et doit être cru ainsi, dit don Fernand; c'est pourquoi, seigneur Don Quichotte, votre seigneurie doit lui pardonner, et le rappeler au giron de ses bonnes grâces, *sicut erat in principio*, avant que de telles visions lui ôtassent le jugement. Je lui pardonne, dit Don Quichotte. Le curé alla chercher Sancho; il vint humblement se mettre à genoux devant son maître, et lui demanda sa main à baiser; Don Quichotte la lui donna avec sa bénédiction, et lui dit: A cette heure, mon fils Sancho, tu ne mettras pas en doute la vérité de ce que je t'ai dit bien des fois, que tout dans ce château se fait par enchantement. Je le crois ainsi, dit Sancho, excepté l'affaire de la couverture, qui arriva réellement et d'une façon naturelle. Ne le pense pas, reprit Don Quichotte; car si c'eût été vrai, je t'aurais vengé alors, et maintenant encore; mais, ni pour lors, ni dans ce moment, je n'ai vu sur qui tirer vengeance du mal qu'on t'avait fait. Tout le monde voulut savoir ce que c'était que cette couverture, et l'hôtelier raconta de point en point le voyage en l'air de Sancho. Ce ne fut pas un médiocre sujet de risée pour tous, et Sancho se serait encore fâché si son maître ne l'avait assuré de nouveau que c'était un enchantement. Cependant sa simplicité n'alla jamais au point de croire qu'être berné par des personnages en chair et en os, et non par des fantômes, comme le prétendait et l'affirmait son maître, n'était pas une vérité constante et sans mélange d'illusion.

Il y avait déjà deux jours que cette illustre compagnie séjournait dans l'hôtellerie. Résolus d'en partir, et pour éviter à don Fernand et à Dorothée la peine de reconduire Don Quichotte dans son village en continuant l'histoire de la délivrance de la reine Micomicona, ils avisèrent au moyen que le curé et le barbier pussent le ramener chez lui comme ils le désiraient, afin d'essayer de le guérir. Ce moyen fut de s'entendre avec un charretier de bœufs qui passait par là, pour conduire Don Quichotte de la manière suivante. Ils construisirent une espèce de cage, formée de morceaux de bois entrelacés, et capable de le contenir bien à l'aise. Quand elle fut faite, don Fernand, ses amis, les gens de don Louis, les archers et l'hôte lui-même se masquèrent et se déguisèrent, celui-ci d'une façon, celui-là d'une autre, par l'avis du curé, afin de n'être pas reconnus pour les habitants de l'hôtellerie. Cela fait, ils entrèrent tous, en grand silence, dans la chambre de notre chevalier, qui dormait et se reposait de ses fatigues, bien éloigné de penser à une telle aventure. Ils le saisirent, lui lièrent fortement les pieds et les mains, de sorte que, s'étant éveillé en sursaut, il ne put se remuer, et resta tout interdit de voir devant lui de si étranges figures. Aussitôt il lui vint en pensée ce que sa folle imagination lui représentait sans cesse : il prit toutes ces figures pour des fantômes du château enchanté, et se crut enchanté lui-même, puisqu'il ne pouvait ni se mouvoir ni se défendre. C'est ce qu'avait prévu de point en point le curé, qui avait conduit toute cette machination. Sancho, seul de tous les assistants, conservait la même figure et son bon sens ordinaire : quoiqu'il ne fût pas bien éloigné de partager la folie de son maître, il ne laissa pas de reconnaître toutes ces figures déguisées ; mais il n'osa pas ouvrir la bouche jusqu'à ce qu'il sût où tendait la surprise faite à Don Quichotte et sa captivité. Celui-ci non plus ne disait mot, attendant la fin de sa disgrâce qui se termina de cette manière. On apporta la cage et on l'y enferma. On cloua les montants assez fortement pour qu'il fût nécessaire de plus de deux efforts pour les ébranler, puis ils la chargèrent sur leurs épaules ; et, lorsqu'on le sortit de sa chambre, une voix formidable se fit entendre, aussi forte que put la donner le barbier, non celui du bât, mais l'autre, qui proféra ces paroles :

« O chevalier de la Triste Figure ! ne t'afflige pas si l'on t'emporte dans cette prison : elle est nécessaire pour mettre plus tôt fin à l'aventure dans laquelle t'a engagé ton grand courage, elle s'achèvera lorsque le terrible lion de la Manche et la blanche colombe du Toboso ne formeront plus qu'un seul être, après avoir courbé leurs têtes altières sous le joug heureux de l'hyménée. De cette union sans pareille sortiront et brilleront à la lumière du monde de braves lionceaux dont les griffes acérées égaleront celles de leur valeureux père. Ces événements arriveront avant que celui qui poursuit la nymphe fugitive ait visité deux fois dans son cours naturel et rapide les brillantes images de la voûte étoilée. Et toi, le plus noble, le plus soumis des écuyers qui ait jamais porté glaive au côté, barbe au menton, odorat au nez, ne t'afflige point, ne te laisse point abattre de voir ainsi conduire, sous tes yeux, la fleur de la chevalerie errante : bientôt, s'il plaît au Créateur du monde, tu te verras tellement élevé, dans un poste si éminent, que tu ne te reconnaîtras pas, et les promesses que t'a faites ton bon seigneur n'auront point été vaines. Je te certifie, au nom de la sage Mentironiane, que tu seras payé de ton salaire, comme tu le verras par le fait. Suis les traces du valeureux et enchanté chevalier, car il convient que tu l'accompagnes jusqu'au point où vous devez vous arrêter tous deux. Comme il ne m'est pas permis de dire autre chose, adieu ; je m'en retourne où je sais bien. »

Aux derniers mots de cette prophétie, le barbier renforça sa voix, puis il l'affaiblit par degrés avec une inflexion si touchante, que ceux qui connaissaient la tromperie furent tentés de la prendre pour une réalité. Don Quichotte se consola avec les promesses de la prophétie : il en avait parfaitement saisi le sens, et voyait qu'on lui promettait d'être uni par les saints nœuds d'un mariage légitime avec sa bien-aimée Dulcinée du Toboso, du sein de laquelle sortiraient les lionceaux qui seraient ses enfants, pour la gloire éternelle de la Manche. Plein de foi dans cet oracle, il éleva la voix et dit, en poussant un grand soupir : O toi ! qui que tu sois, qui me promets tant de bonheur, je te prie de demander de ma part au sage enchanteur qui prend soin de mes affaires de ne pas me laisser périr dans cette prison où l'on me mène, avant d'avoir vu s'accomplir de si douces et si incomparables promesses. Pourvu qu'il en soit ainsi, je me ferai gloire des peines de ma captivité, je regarderai comme un allégement les chaînes qui me retiennent, et ce lit sur lequel on me couche ne me paraîtra point un dur champ de bataille, mais un lit délicat et une heureuse couche nuptiale. Quant aux consolations que tu présentes à Sancho Pança, mon écuyer, sa bonté, ses honnêtes procédés m'assurent qu'il ne m'abandonnera point dans ma bonne ni dans ma mauvaise fortune; car s'il arrivait que mon mauvais sort ou le sien le privassent de l'île que je lui ai promise, ou de quelque chose d'équivalent, du moins son salaire ne lui manquerait pas. J'ai déclaré dans mon testament, qui est déjà fait, ce que je voulais qui lui fût donné, non sans doute en proportion de ses grands et bons services, mais suivant mes moyens. Sancho s'inclina respectueusement et baisa les deux mains de son maître; pour une, il ne le pouvait, car elles étaient attachées ensemble. Au même instant, les fantômes enlevèrent la cage sur leurs épaules et la posèrent sur la charrette à bœufs.

CHAPITRE XLVII.

DE L'ÉTRANGE MANIÈRE DONT FUT ENCHANTÉ DON QUICHOTTE, ET AUTRES ÉVÉNEMENTS MERVEILLEUX [1].

LORSQUE Don Quichotte se vit en cage de cette manière, et placé sur le chariot, il dit : J'ai lu bien des histoires de chevaliers errants, et des plus importantes, mais je n'ai jamais lu, vu, ni ouï dire que les chevaliers enchantés fussent conduits de la sorte, et aussi lentement qu'on doit l'attendre de ces paresseux et lourds animaux. Ordinairement, c'est par les airs qu'on les transporte avec une vitesse prodigieuse, enveloppés dans quelque nuage gris et obscur, dans un char de feu, sur un hippogriffe ou quelque autre animal semblable : mais que l'on me conduise ainsi sur une charrette à bœufs, vive Dieu ! je n'y conçois rien. Peut-être cependant la chevalerie et les enchantements de ces temps-ci doivent-ils suivre une autre route que ceux des siècles passés ; peut-être aussi que, de même que je suis un nouveau chevalier dans le monde, et le premier qui aie ressuscité l'ordre oublié de la chevalerie errante, on a inventé aussi d'autres genres d'enchantements et d'autres manières de conduire les enchantés. Que te semble de ceci, Sancho mon fils? Je ne sais ce qu'il m'en semble, répondit Sancho, car je n'ai pas lu comme vous dans les livres de chevalerie ; mais, avec tout cela, j'oserais bien affirmer et ju-

1 On a pu remarquer que le titre des chapitres n'est pas toujours en accord avec le sujet. Ici par exemple on annonce l'enchantement de Don Quichotte qui a eu lieu dans le chapitre précédent. L'Académie espagnole, qui a rectifié quelquefois cette coupe défectueuse, n'a pas fait ce travail d'une manière assez complète. L'auteur avait divisé cette première partie tout autrement, et en plusieurs livres, comme nous l'avons fait remarquer; de là vient sans doute ce défaut bien peu important.

rer que les fantômes qui nous entourent ne sont pas du tout catholiques. — Catholiques! père éternel! comment le seraient-ils, si ce sont autant de démons qui ont revêtu des corps fantastiques pour opérer toutes ces choses et me mettre en cet état? Si tu veux t'en convaincre, touche-les, palpe-les : tu verras que leurs corps ne sont que de l'air et des apparences. — Par Dieu! seigneur, je les ai touchés : ce diable que vous voyez si affairé a les chairs fort rondes, et possède une autre propriété bien différente de celle qu'on attribue aux démons. On a coutume de dire qu'ils sentent le soufre ou quelque autre mauvaise odeur, mais celui-ci sent l'ambre d'une demi-lieue[1]. Sancho voulait parler de don Fernand, qui, comme grand seigneur, faisait usage de parfums. Ne t'étonne point de cela, dit Don Quichotte, je t'avertis que les diables en savent long; en supposant qu'ils portent des odeurs, ils ne sentent rien, parce que ce sont des esprits; s'ils sentent, ce ne peut être que quelque chose de désagréable et de mauvais : la raison en est qu'ils traînent partout leur enfer avec eux, sans pouvoir recevoir aucun soulagement à leurs maux : ainsi, la bonne odeur étant une chose qui délecte et réjouit, tu vois qu'il n'est pas possible qu'ils sentent bon. Si ce démon, dont tu parles, te paraît sentir l'ambre, ou tu te trompes, ou c'est lui qui t'abuse, afin que tu ne le reconnaisses pas pour un démon. Pendant cet entretien du maître et du serviteur, don Fernand et Cardenio, craignant que Sancho ne vînt à découvrir entièrement leur ruse dont il approchait déjà beaucoup, voulurent hâter leur départ : ils prirent l'hôte à part, et lui commandèrent de seller Rossinante et de bâter l'âne; ce qu'il fit promptement. Le curé se concerta avec les archers pour qu'ils l'accompagnassent jusqu'à son village moyennant tant par jour. Cardenio suspendit à la selle de Rossinante, d'un côté l'écu, de l'autre le bassin, et fit signe à Sancho de monter sur son âne et de prendre Rossinante par la bride. Il plaça les archers avec leurs escopettes aux deux côtés du chariot; mais, avant qu'il sortît de l'hôtellerie, l'hôtesse, sa fille et Maritorne vinrent prendre congé de Don Quichotte, feignant de déplorer sa disgrâce. Ne pleurez point, mes bonnes dames, leur dit-il : ces accidents sont communs à ceux de ma profession. S'ils ne m'étaient point arrivés, je ne m'estimerais pas un fameux chevalier errant. Jamais rien de semblable n'arrive à ceux de peu de renommée et leur mémoire s'éteint avec eux; mais cela se voit souvent pour les vaillants, qui ont pour envieux nombre de princes et d'autres chevaliers attachés à la ruine des bons. En dépit de tout cela, la vertu a tant de pouvoir, que, par elle seule, et malgré toute la nécromancie de Zoroastre, son premier inventeur, elle sort victorieuse de toute épreuve, et répand sur la terre une lumière aussi éclatante que l'est au ciel celle du soleil. Pardonnez-moi, belles dames, si, sans le vouloir, je vous ai causé quelque déplaisir : je n'en ai jamais fait volontairement à personne. Priez Dieu de me délivrer de cette prison où me tient captif quelque enchanteur malveillant; si j'en sors, je ne me rappellerai les services que j'ai reçus de vous dans ce château que pour les reconnaître comme ils le méritent, vous honorer et vous servir. Pendant cet entretien avec les dames du château, le barbier et le curé prirent congé de don Fernand et de ses amis, du capitaine et de son frère, et de toutes ces heureuses dames, particulièrement de Lucinde et de Dorothée. Ils s'embrassèrent

[1] Du temps de Cervantes, les parfums étaient tellement en vogue parmi les gens riches, que les cuisiniers même en faisaient usage dans les ragoûts.

en se promettant de se donner réciproquement de leurs nouvelles. Don Fernand indiqua au curé où il devait lui écrire pour l'instruire de ce qui arriverait à Don Quichotte, l'assurant que rien ne pourrait lui faire plus de plaisir que de le savoir. Il lui promit, de son côté, de l'informer de tout ce qui pouvait l'intéresser, de son mariage, du baptême de Zoraïde, de ce qui aurait rapport à don Louis, et du retour de Lucinde dans sa maison. Le curé s'engagea à se conformer ponctuellement à ses prières; ils s'embrassèrent de nouveau, et se firent de nouvelles offres de services. L'hôtelier s'approcha du curé et lui remit des papiers qu'il avait trouvés dans une doublure de la malle où était la nouvelle du *Curieux impertinent* et lui dit qu'il pouvait les emporter tous, puisque le maître de cette malle n'avait pas reparu, et que lui-même n'en avait pas besoin, puisqu'il ne savait pas lire. Le curé le remercia, regarda ce cahier, et vit qu'il était intitulé : Nouvelle de *Rinconete et Cortadillo;* ce titre, en lui apprenant que c'était une nouvelle, lui donna à penser qu'elle pourrait bien n'être pas mauvaise, celle du *Curieux impertinent* s'étant trouvée bonne, et toutes deux pouvant être du même auteur : en conséquence, il la prit pour la lire à son loisir. Le barbier et lui montèrent à cheval, et gardèrent leurs masques, pour n'être pas tout de suite reconnus de Don Quichotte, puis ils se mirent en route à la suite du chariot. Ils étaient dans l'ordre suivant : le chariot marchait devant, conduit par son maître, aux deux côtés, se tenaient les archers avec leurs escopettes; venait ensuite Sancho, sur son âne, tirant Rossinante par la bride; le barbier et le curé fermaient la marche, avec une contenance grave, montés sur de puissantes mules, la face couverte de leurs masques et n'allant pas plus vite que ne le permettait le pas lent des bœufs. Don Quichotte était assis dans sa cage, adossé aux barreaux, les mains liées, les pieds étendus, et tellement immobile et muet qu'on l'eût pris pour une statue de pierre, et non pour un homme. On fit ainsi deux lieues lentement et en silence, et on se trouva dans un vallon, où le charretier jugea convenable de faire reposer et repaître ses bœufs; après avoir pris l'avis du curé, le barbier fut d'avis d'aller un peu plus avant, parce qu'il savait que derrière un coteau qu'on voyait assez près de là, se trouvait une autre vallée où l'herbe était plus épaisse et meilleure. On écouta son avis, et l'on continua de marcher.

En ce moment, le curé tourna la tête, et vit derrière lui six ou sept hommes à cheval, bien équipés, et qui les eurent bientôt atteints, parce qu'ils n'étaient pas soumis à l'allure grave et posée des bœufs. Ils avaient, au contraire, des mules de chanoine, et voulaient se hâter d'arriver pour prendre du repos à l'hôtellerie que l'on découvrait à moins d'une lieue. Ces cavaliers eurent bientôt atteint les gens du paisible cortége, et ils se saluèrent avec courtoisie. L'un des arrivants, chanoine de Tolède, et le maître des autres, apercevant cette procession si bien réglée du chariot, des archers, de Sancho, Rossinante, le barbier et le curé, mais surtout voyant Don Quichotte en cage, ne put s'empêcher de demander quel était cet homme que l'on menait ainsi; il s'était déjà imaginé, à voir les insignes des archers, que ce devait être quelque fameux voleur ou autre criminel, dont le châtiment appartenait à la sainte hermandad. Un des archers, auquel il s'adressa, lui répondit : Seigneur, que ce gentilhomme vous dise lui-même pour quelle raison on le conduit ainsi, car pour nous nous n'en savons rien. Don Quichotte, entendant ce propos, se mit à dire : Seigneurs chevaliers, êtes-vous versés par hasard dans la science de la chevalerie errante? En ce cas, je vous entretiendrai de mes disgrâces; mais si vous ne l'êtes pas, il est inutile que je me fatigue à vous les conter. En ce moment, le barbier et le curé, voyant que les voyageurs étaient en conversation avec Don Quichotte, s'approchèrent afin de pouvoir répondre de manière à ne pas découvrir leur ruse. Cependant, le chanoine répondit à Don Quichotte : En vérité, frère, je connais mieux les livres de chevalerie que les éléments de logique de Villalpando [1] : ainsi, s'il ne tient qu'à cela, vous pouvez certainement me communiquer tout ce que vous désirerez. A la main de Dieu, repartit Don Quichotte; puisqu'il en est ainsi sachez donc, seigneur chevalier, que je me trouve enchanté dans cette cage par la ruse et la jalousie de méchants enchanteurs, car la vertu est plus vivement persécutée des méchants qu'elle n'est aimée des gens de bien. Je suis chevalier errant, non pas de ceux que la renommée n'adopta jamais pour éterniser leurs noms, mais bien un de ceux qui, malgré l'envie, en dépit de tout ce que la Perse a produit de mages, l'Inde de brachmanes, l'Éthiopie de gymnosophistes, gravera son nom dans le temple de l'Immortalité, pour servir, dans les siècles futurs, d'exemple et de modèle aux chevaliers errants, dans la route qu'ils doivent suivre, s'ils veulent parvenir au faîte de la gloire. Le seigneur Don Quichotte dit vrai, reprit le curé : il est enchanté sur ce char, non pour ses fautes ou ses péchés, mais par la malveillance de ceux que blesse la valeur, qu'offense la vertu. Vous voyez, seigneur, *le chevalier de la Triste Figure,* dont peut-être vous avez entendu parler; ses grands travaux, ses exploits mémorables seront gravés sur le bronze, éternisés par le marbre, malgré les efforts de l'envie pour en ternir l'éclat, et de la malice pour les ensevelir dans l'oubli. Le chanoine, entendant parler du même style, et le prisonnier et celui qui était libre, pensa faire de surprise le signe de la croix : il ne savait où il en était, et tous ceux qui l'accompagnaient n'étaient pas moins émerveillés que lui. Sancho, qui s'était approché dans l'intention d'entendre la conversation, dit pour accommoder le tout : A présent, seigneurs, qu'on m'en veuille du bien ou du mal, la vérité est que mon seigneur Don Quichotte est enchanté comme ma mère : il a son jugement entier, il boit, il mange, il fait ses nécessités comme les autres hommes, et comme il les faisait hier avant d'être dans cette cage. Cela étant, comment voudra-t-on me persuader qu'il est enchanté? J'ai ouï dire à nombre de personnes que les enchantés ne mangent, ne dorment ni ne parlent, et mon maître, si on ne l'interrompt, parlera plus que trente procureurs. Puis, se retournant du côté du curé : Ah! seigneur curé, seigneur curé! poursuivit-il, avez-vous imaginé que je ne vous reconnaisse pas, et que je ne devine pas à quoi tendent ces nouveaux enchantements? Sachez que je vous connais bien, quoique vous vous cachiez la figure, et que je vous ai compris, quoique vous dissimuliez votre tromperie; mais, où règne l'envie la vertu ne saurait vivre, ni la libéralité où règne l'avarice. Au diable la rencontre : si ce n'était votre révérence, mon maître aurait déjà épousé l'infante Micomicona, et moi je serais comte pour le moins; car je ne pouvais moins espérer de la bonté de mon seigneur le chevalier de la Triste Figure, et de la grandeur de mes services. Mais je vois combien on a raison de dire que la roue de la Fortune tourne plus facilement que celle d'un moulin, et que ceux qui se trouvaient

[1] *Sumulas.* Gaspard Cardillo de Villalpando, natif de Ségovie, fut un théologien très estimé de son temps, et envoyé par son souverain au concile de Trente, où il se distingua par son érudition.

hier au faîte sont aujourd'hui par terre. Mes regrets sont pour mes enfants et ma femme : quand ils pouvaient et devaient espérer de voir entrer leur père devenu gouverneur ou vice-roi de quelque île ou royaume, ils le verront arriver palefrenier. Ce que je vous ai dit, seigneur curé, ce n'est que pour exciter votre paternité à se faire conscience du mauvais traitement que l'on fait à mon maître, prenez garde que Dieu ne vous demande compte, dans l'autre vie, de sa prison, et ne vous rende responsable de tout le bien qu'il ne fait pas pendant qu'il est ainsi détenu. Allumez les lampes! s'écria dans ce moment le barbier. Comment, Sancho, vous êtes de la confrérie de votre maître! Vive Dieu! je vois que vous pourriez lui tenir compagnie dans la cage, et rester enchanté comme lui pour ce qu'il vous a communiqué de son humeur et de sa chevalerie. Vous avez mal pris votre temps pour devenir gros de ses promesses, et pour vous mettre dans la cervelle cette île que vous désirez tant. Je ne suis gros de rien, répondit Sancho, et ne suis pas homme à me laisser engrosser, fût-ce par un roi. Quoique pauvre, je suis vieux chrétien, et je ne dois rien à personne. Si je désire des îles, d'autres désirent des choses pires : chacun est fils de ses œuvres; puisque je suis homme je peux devenir pape, à plus forte raison gouverneur d'une île, surtout mon maître pouvant en gagner tant qu'il ne sache à qui les donner. Regardez comment vous parlez, seigneur barbier; ce n'est pas le tout de faire des barbes et il y a quelque différence de pierre à pierre : je dis cela parce que nous nous connaissons tous, et ce n'est pas à moi qu'il faut jeter un faux dé. Quant à l'enchantement de mon maître, Dieu connaît la vérité; et restons-en là, aller plus loin nous ferait trouver pire. Le barbier ne voulut pas répondre à Sancho, de peur qu'il ne découvrît, par ses simplicités, ce que lui et le curé s'efforçaient tant de cacher. Cette crainte engagea ce dernier à prier le chanoine de prendre un peu les devants avec lui, et qu'il le mettrait au fait du mystère de la cage, et autres choses plaisantes. Le chanoine et ses gens s'étant avancés, écoutèrent avec admiration tout ce qu'il leur dit de la condition, de la vie, des habitudes et de la folie de Don Quichotte. Il exposa en peu de mots l'origine de ses extravagances et leurs progrès, jusqu'au moment où on l'avait enfermé dans cette cage, et le dessein qu'ils avaient de le ramener dans sa maison, pour voir s'ils ne trouveraient pas quelque remède à sa folie. Toutes les particularités de cette histoire parurent surprenantes au chanoine et à ses gens, et, lorsqu'il eut cessé de l'écouter : Vraiment, seigneur curé, dit-il, je pense, pour mon compte, que ces livres de chevalerie sont très préjudiciables à l'État. Entraîné par un faux goût et par beaucoup de loisir, j'ai lu le commencement de presque tous ceux qui sont imprimés, mais je n'ai jamais pu en lire un seul depuis le commencement jusqu'à la fin, car il me semble qu'à peu de chose près, ils disent la même chose, et qu'on ne trouve rien de plus dans l'un que dans l'autre. Ce genre de composition rentre, selon moi, dans celui des fables milésiennes, contes ridicules qui n'ont d'autre but que de récréer l'esprit, et non de l'éclairer, bien différentes des apologues qui réunissent l'agrément à l'utilité. En admettant que le but principal de ces livres soit d'amuser, je ne sais comment ils y parviennent, étant pleins de si grandes et si nombreuses absurdités. Les plaisirs de l'esprit naissent de la beauté, de la convenance des choses que nous voyons ou qui s'offrent à notre imagination, et tout ce qui porte en soi laideur ou incohérence ne nous saurait donner aucune satisfaction. Or, dites-moi, quelle beauté peut-il se rencontrer, quelle proportion des parties au tout, et du tout aux parties, dans un livre ou dans une fable, où un garçon de seize ans porte un coup d'épée à un géant aussi grand qu'une tour, et le coupe en deux sans plus de difficulté qu'une pâte de sucre? Ces auteurs veulent-ils décrire une bataille? après nous avoir dit que l'armée des ennemis compte un million de combattants, il suffit que le héros du livre les combatte pour que nous soyons résignés à entendre, malgré que nous en ayons, que seul contre tous il a remporté la victoire par la force de son bras. Mais que dirons-nous de la facilité avec laquelle une reine, l'héritière d'un grand empire, s'abandonne aux bras d'un chevalier inconnu? Quel esprit, s'il n'est absolument inculte et barbare, pourra prendre plaisir à lire qu'une haute tour, remplie de chevaliers, vogue en pleine mer, comme un vaisseau par un vent favorable, qu'elle se trouve en Lombardie ce soir et demain chez le Preste-Jean des Indes, ou dans d'autres pays que jamais ne décrivit Ptolémée, et ne vit Marc Polo? Si l'on m'objecte que les auteurs de ces livres ne les donnent que pour des fables, et ne sont pas tenus d'observer les convenances et les vraisemblances, je répondrai que les fictions sont d'autant meilleures et plaisent d'autant plus qu'elles approchent davantage de la vérité, et rentrent dans le domaine des choses possibles. Les fables mensongères doivent être assorties à l'intelligence de ceux qui les lisent, et conçues de manière à rendre possible ce qui ne l'est pas, aisé ce qui n'est que difficile : elles doivent tenir sans cesse l'esprit en suspens, exciter l'admiration et le plaisir, au moyen de la surprise, de l'émotion, du ravissement; tous ces effets ne peuvent être produits par ceux qui s'éloignent de la vraisemblance et de cette mesure dans l'imitation qui est la perfection de l'art. Je n'ai jamais vu un livre de chevalerie dont la fable forme un corps entier avec tous ses membres, de manière que le milieu réponde au commencement, et la fin au commencement et au milieu : c'est un assemblage de tant de membres, qu'il semble plutôt qu'on ait voulu former une chimère ou quelque autre monstre, qu'une figure régulière et proportionnée. Indépendamment de tout cela, le style en est dur, les faits incroyables, les amours lascifs, la courtoisie de mauvais goût, les batailles sans fin, les raisonnements niais, les voyages extravagants : en un mot, ils sont tellement étrangers à toute invention intelligente qu'on doit s'empresser de chasser de tels auteurs de la république chrétienne comme gens inutiles.

Le curé prêtait à ce discours toute son attention, le chanoine lui semblait homme de bon sens et avoir pleinement raison dans tout ce qu'il disait. Il lui répondit qu'il partageait son opinion, et que par haine contre les livres de chevalerie, il avait brûlé tous ceux de Don Quichotte, qui étaient en grand nombre. Là-dessus, il lui raconta l'examen qu'il leur avait fait subir, nommant ceux qu'il avait condamnés au feu, et ceux qu'il avait épargnés. Le chanoine rit beaucoup de ce récit, et ajouta que, malgré tout le mal qu'il avait dit des livres de chevalerie, il y trouvait une bonne chose, c'était d'offrir aux bons esprits un vaste champ pour s'exercer et se déployer, où la plume pouvait courir sans obstacle, décrire des tempêtes, des naufrages, des rencontres, des batailles; peindre un vaillant capitaine avec toutes les qualités qui lui sont nécessaires, prudent dans le danger, habile à prévoir les ruses de ses ennemis, orateur éloquent et dirigeant à son gré ses soldats, mûr dans le conseil, prompt à se déterminer, et non moins redoutable quand il temporise que lorsqu'il attaque. Tantôt ils peuvent mettre sous les yeux un événement tragique, tantôt des images riantes, des scènes imprévues : là c'est une belle dame, honnête, avisée, prudente ; ici un chevalier chrétien, vaillant et affable ; là d'un côté un fanfaron brutal, de l'autre un prince courtois, valeureux et avisé ; des vassaux dévoués et loyaux, des seigneurs nobles et généreux. Ils nous représenteront un astrologue, un cosmographe, un musicien consommé, un homme versé dans les affaires d'État, et même, dans l'occasion, un magicien. Ils peuvent nous peindre les ruses d'Ulysse, la piété d'Énée, la vaillance d'Achille, les malheurs d'Hector, la trahison de Sinon, l'amitié d'Euryale, la générosité d'Alexandre, la valeur de César, la clémence et la sincérité de Trajan, la fidélité de Zopire, la prudence de Caton, en un mot, toutes les actions qui peuvent rendre parfait un personnage illustre, les présentant tantôt réunies, tantôt divisées entre plusieurs. Un style agréable, ajouté au charme d'une invention ingénieuse, aussi voisine que possible de la vérité, formerait sans doute un riche tissu varié des plus brillantes couleurs, et l'œuvre achevée, présenterait tant de grâce et de perfection, qu'elle atteindrait le but qu'on se propose dans les ouvrages d'esprit, et qui est, ainsi que je l'ai dit, d'instruire et d'amuser. En effet la composition libre d'un tel livre donne à l'auteur l'occasion de se montrer épique, lyrique, tragique, comique, avec tous les avantages que renferment les douces et agréables sciences de la poésie et de l'éloquence, car le genre épique admet aussi bien la prose que les vers.

CHAPITRE XLVIII.

OU LE CHANOINE POURSUIT LE SUJET DES LIVRES DE CHEVALERIE, ET AUTRES CHOSES DIGNES DE SON ESPRIT.

Ce que vous venez de dire, seigneur chanoine, est bien juste, répondit le curé, et voilà ce qui rend plus blâmables encore ceux qui, jusqu'à ce jour, ont composé de pareils livres, sans s'arrêter à aucune réflexion et sans observer l'art et les règles qui eussent pu les rendre aussi célèbres par leur prose que le sont par leurs vers les deux princes de la poésie grecque et latine. Moi du moins, reprit le chanoine, j'ai eu la tentation de faire un livre de chevalerie, sans m'écarter des préceptes que je viens d'indiquer. S'il faut avouer la vérité, j'en ai écrit plus de cent pages ; et, pour m'assurer si elles répondaient à l'idée que je m'en étais faite, je les ai communiquées à des hommes passionnés pour cette lecture, instruits et sages, et aussi à des ignorants qui ne se plaisent qu'aux extravagances : j'ai obtenu de tous une flatteuse approbation. Malgré cela, je n'ai point poursuivi mon entreprise. Il me semble, d'une part, que c'est faire une chose peu conforme à ma profession, et d'un autre côté j'ai reconnu que le nombre des sots l'emporte sur celui des gens de mérite ; quoique l'approbation d'un petit nombre de sages doive l'emporter sur la crainte d'être bafoué par une multitude d'ignorants, je ne veux pas m'exposer au jugement irréfléchi du vulgaire évaporé qui recherche ces sortes d'ouvrages. Ce qui m'a éloigné le plus de ce travail, et même de la pensée de l'achever, ce fut un raisonnement que je me fis à moi-même, au sujet des comédies que l'on représente aujourd'hui. Ces comédies, me dis-je, ou du moins le plus grand nombre, tant les historiques que celles d'invention, sont des inepties évidentes, et n'ont ni pied ni tête ; cependant la foule les écoute avec plaisir, elle les tient pour bonnes, et les approuve quoiqu'elles soient si loin de l'être. Les auteurs qui les composent, et les acteurs qui les représentent, disent qu'il faut qu'elles soient ainsi, parce que le peuple les veut de cette manière, et non d'une autre; que celles qui sont bien conduites et dont l'action est conforme aux règles de l'art, ne conviennent qu'à trois ou quatre bons esprits qui en apprécient les beautés, tandis que tous les autres font de vains efforts pour les comprendre, et qu'il vaut mieux gagner à dîner avec le plus grand nombre, qu'une bonne réputation avec les autres. Il en sera de même de mon livre : après m'être brûlé les sourcils pour observer les règles avec soin, j'aurai perdu mon fil et ma peine. J'ai voulu, plusieurs fois, persuader aux acteurs qu'ils se trompaient dans leur opinion ; qu'ils attireraient plus de monde, et se feraient plus d'honneur en représentant des comédies selon les règles, que des pièces extravagantes : ils sont si entêtés de leur opinion, qu'il n'y a ni raison ni évidence qui puisse la leur ôter. Je me souviens que je dis une fois à l'un de ces opiniâtres : Ne vous rappelez-vous pas qu'il y a quelques années on représenta, en Espagne, trois tragédies composées par un fameux poëte de ces royaumes? Elles étaient si belles qu'elles étonnèrent et ravirent tous ceux qui les entendirent, aussi bien les ignorants que les gens instruits, le peuple aussi bien que les connaisseurs, et qu'elles rapportèrent plus d'argent à elles trois, que trente des meilleures pièces qu'on ait données depuis? Sans doute, répondit l'acteur en question, vous voulez parler de l'*Isabelle*, de la *Philis* et de l'*Alexandre*[1]? Oui, répondis-je : voyez si tous les préceptes de l'art n'y sont pas scrupuleusement observés ; malgré cela, elles ne laissèrent pas de paraître ce qu'elles étaient, et de plaire à tout le monde. Vous voyez donc que la faute n'est pas au peuple qui demande des sottises, mais bien à ceux qui ne savent pas lui donner autre chose. Ce n'était pas de l'extravagance que l'*Ingratitude vengée*[2], *la Numance*[3], *le Marchand amoureux*[4], *l'Ennemie favorable*[5], et quelques autres productions de poëtes consommés qui en ont obtenu de l'honneur, et qui ont donné du profit à ceux qui les représentèrent. J'ajoutai d'autres raisons à celles-là pour le tirer de son erreur, et je crus m'apercevoir qu'il était embarrassé, mais non pas convaincu. Seigneur chanoine, dit à son tour le curé, vous venez de toucher un sujet qui a réveillé en moi contre les comédies d'à présent une vieille rancune, qui n'est pas moins forte que celle que je garde aux livres de chevalerie. La comédie, suivant Cicéron, doit être le miroir

[1] Ces trois pièces sont de Lupercio Leonardo d'Argensola, natif de Balbastro, et secrétaire du vice-roi de Naples; l'*Isabelle* et l'*Alexandra* sont imprimées au tome 6 du *Parnasse espagnol;* la *Philis* ne l'a jamais été.

[2] Comédie de Lope de Vega.

[3] Cette pièce est de Cervantes lui-même.

[4] *El Mercader amante*, par Gaspard Aguilar, poëte de Valence. Cette comédie a beaucoup de rapport avec la nouvelle du *Curieux impertinent*.

[5] Par François Tarraga, chanoine de Valence.

de la vie humaine, l'exemple des mœurs, l'image de la vérité, et celles qu'on représente aujourd'hui sont le miroir des extravagances, l'exemple des niaiseries, l'image de la lascivelé. Se peut-il une plus grande sottise, par exemple, que de nous montrer, à la première scène du premier acte, un enfant au maillot, qui, dans le second acte, porte barbe au menton ? N'est-il pas ridicule de voir un vieillard batailleur, un jeune homme poltron, un valet rhétoricien, un page conseiller, un roi portefaix, une princesse fille de cuisine? Que vous dirai-je relativement au temps pendant lequel peuvent se succéder les faits représentés? Si ce n'est que j'ai vu une comédie dont la première journée se passait en Europe, la seconde en Asie, la troisième se terminait en Afrique; sans doute, si elle avait eu quatre journées, la quatrième se serait terminée en Amérique : ainsi l'action se serait partagée entre les quatre parties du monde. S'il est vrai que l'imitation soit la partie essentielle de la comédie, comment l'intelligence la plus commune concevra-t-elle que, dans une action qui se passe du temps du roi Pépin ou de Charlemagne, on attribue au personnage principal d'avoir été l'empereur Héraclius, qui entra avec la croix dans Jérusalem, et d'avoir pris possession du saint sépulcre, comme le fit Godefroi de Bouillon, tandis qu'entre ces deux époques il y a un nombre infini d'années? Si le sujet de la comédie repose sur des fictions, n'est-ce pas le comble de la démence d'y appliquer des vérités historiques, d'y mêler des événements arrivés à différentes personnes et en des lieux différents, et cela sans ombre de vraisemblance, mais en accumulant des erreurs palpables et de tout point inexcusables? Le plus grand mal, c'est que les ignorants disent qu'en cela gît la perfection; que le reste n'est qu'une recherche vaine. Si nous venons ensuite aux comédies saintes, combien de faux miracles! que de choses apocryphes et mal entendues ! On y attribue à un saint les miracles d'un autre; n'ose-t-on pas même en produire dans les pièces profanes, sans aucun respect, aucune retenue, seulement parce qu'il semble que tel miracle ou apparition fera bien dans tel endroit, étonnera le vulgaire ignorant, et le ramènera au spectacle. Toutes ces choses sont au préjudice de la vérité, déprécient l'histoire, et tournent à la honte des écrivains espagnols : car les étrangers, stricts observateurs des lois de la comédie, nous regardent comme des barbares et des ignorants, à la vue des absurdités de celles que nous composons. Ce ne serait pas une excuse plausible de dire que le principal but que se proposent les États bien gouvernés, en permettant les spectacles publics, est d'entretenir et d'amuser le public par une honnête récréation, de le détourner des dangers qu'engendre l'oisiveté, et que ce but pouvant être atteint avec toute comédie bonne ou mauvaise, il est inutile de prescrire des règles et d'obliger ceux qui les composent et les jouent à se renfermer dans les limites tracées, puisque, de toute manière, le résultat que l'on cherche est obtenu. A cela, je pourrais répondre que l'on atteindra bien mieux ce but et sans comparaison avec les bonnes comédies qu'avec celles qui ne le sont pas : parce que, après avoir entendu une comédie conduite avec art, l'auditeur sortira du spectacle, réjoui par les plaisanteries, instruit par les vérités, satisfait de l'action, rendu sage par les leçons, prudent par les fourberies, éclairé par les exemples, abhorrant le vice et chérissant la vertu : la bonne comédie doit produire tous ces effets sur l'esprit de celui qui l'écoute, quelque rustre et stupide qu'il soit. Il est de toute impossibilité que la comédie qui réunira toutes ces qualités ne réjouisse, n'instruise, ne plaise et ne satisfasse plus que celles qui ne les ont pas, et on ne trouve rien qui y ressemble dans la plupart de celles qu'on représente aujourd'hui. Ce n'est pas la faute des poëtes qui les composent, car plusieurs d'entre eux connaissent bien en quoi ils pèchent, et savent parfaitement ce qu'il conviendrait de faire ; mais, les comédies étant devenues une marchandise, ils disent, et avec vérité, que les comédiens ne les achèteraient pas si elles n'étaient pas faites dans ce goût. Ainsi, le poëte s'arrange sur ce que lui demande l'acteur qui le paye. La vérité de ce que j'avance est prouvée par le nombre infini de comédies qu'a composées un heureux génie de ce royaume[1], avec tant d'éclat, de grâce, d'élégance dans les vers, de justesse dans les raisonnements, de profondeur dans les maximes, en un mot, tant de noblesse et d'abondance dans le style, qu'il remplit le monde de sa renommée. Forcé de s'accommoder au goût des acteurs, tous ses ouvrages n'ont pas également atteint la perfection qui se fait admirer dans quelques-uns. D'autres apportent si peu de soin et de mesure dans la composition de leurs pièces, qu'après la représentation, les acteurs sont obligés de fuir et de se cacher, dans la crainte d'être punis, comme ils l'ont été plusieurs fois pour avoir insulté quelque souverain ou quelque famille illustre. Ces inconvénients, et bien d'autres encore, que je ne dis pas, cesseraient si l'on établissait à la cour un homme intelligent et sage, pour examiner toutes les pièces avant la représentation, non seulement celles qui sont faites à la cour, mais dans toute l'Espagne, et sans cette approbation et autorisation, l'autorité locale ne permettrait la représentation d'aucune pièce. De cette manière, les comédiens prendraient soin d'envoyer leurs pièces à la cour, et pourraient les représenter en toute sûreté, et les auteurs apporteraient plus de soin et de travail dans la composition de leurs ouvrages, sachant qu'ils passeraient par l'examen rigoureux d'un juge éclairé. Nous aurions ainsi de bonnes comédies, et l'on obtiendrait heureusement ce qu'on en attend, l'amusement du peuple, la gloire des auteurs espagnols, la sécurité et l'avantage des comédiens qu'on n'aurait plus la peine de punir. Si on voulait aussi charger une autre personne, ou la même, d'examiner les nouveaux livres de chevalerie qui seraient composés, il s'en pourrait trouver sans doute quelques-uns qui atteindraient le degré de perfection dont vous venez de parler, enrichissant notre langue d'un agréable et précieux trésor d'éloquence, et vouant à l'obscurité de vieux livres effacés par l'éclat de nouvelles compositions, honnêtes passe-temps, non seulement pour les oisifs, mais pour les hommes les plus occupés, car l'arc ne saurait être tendu sans cesse, et l'humaine faiblesse ne peut se passer de quelque délassement.

Le chanoine et le curé en étaient là de leur conversation quand le barbier s'approcha, et dit au curé : Voici, seigneur licencié, l'endroit que je vous ai dit être propre à nous reposer, et où les bœufs trouveraient une fraîche et abondante pâture. C'est ce qui me semble, répondit le curé. Là-dessus, il demande au chanoine ce qu'il veut faire. Celui-ci, décidé par la fraîcheur et la beauté de la jolie vallée qui s'offrait à eux, par la curiosité de connaître plus en détail les aventures de Don Quichotte, et par l'attrait de la conversation du curé qui lui plaisait beaucoup, se détermina à rester avec eux. Il chargea quelques-uns de ses domestiques d'aller à l'hôtellerie dont ils n'étaient pas éloignés et d'en rapporter

[1] Lope de Vega.

ce qui se trouverait pour le dîner de tout le monde, parce qu'il avait résolu de faire halte en ce lieu-là. Un valet répondit que le mulet de bagage y devait être arrivé, et qu'il portait de quoi satisfaire à tout, sans être obligé d'acheter autre chose que de l'orge. S'il en est ainsi, dit le chanoine, qu'on envoie à l'hôtellerie toutes les montures, et faites revenir ce mulet.

Tandis que ces ordres s'exécutent, Sancho, voyant qu'il pouvait enfin parler à son maître sans être soumis à la continuelle surveillance du barbier et du curé, qu'il tenait pour suspects, s'approcha de la cage, et dit à Don Quichotte : Seigneur, pour l'acquit de ma conscience, je dois vous dire ce qui se passe au sujet de votre enchantement. Ces deux hommes masqués qui viennent avec nous, sont le curé de notre village et le barbier Nicolas, et je m'imagine qu'ils ont résolu de vous conduire ainsi, par pure jalousie de ce que vous les surpassez en faits héroïques. Ceci supposé vrai, il s'ensuit que vous n'êtes pas enchanté, mais encagé et dupé. Pour preuve de cela, je veux vous demander une chose ; et si vous me répondez de la manière que je le pense, vous toucherez au doigt la tromperie, et vous verrez que vous n'êtes pas enchanté, mais seulement que vous avez la cervelle à l'envers. Demande ce que tu voudras, mon fils Sancho, répondit Don Quichotte, je te répondrai suivant ton désir. Sur ce que tu dis, que ces deux hommes qui nous accompagnent sont le barbier et le curé, nos compatriotes, il peut bien se faire qu'ils te paraissent tels ; mais que ce soit eux réellement, ne le crois en aucune manière. Ce que tu dois penser, si véritablement ils leur ressemblent, comme tu le dis, c'est que ceux qui me tiennent enchanté ont pris cette apparence de nos deux amis (les enchanteurs peuvent à leur gré prendre toutes celles qu'ils veulent), pour te faire croire ce que tu crois et te plonger dans un labyrinthe d'imaginations dont tu ne sortirais pas quand tu posséderais le fil de Thésée. Peut-être même ils l'auront fait pour jeter de l'incertitude dans mon esprit et m'empêcher de deviner d'où me vient ce malheur : en effet, si, d'une part, tu m'assures que ces deux hommes sont le barbier et le curé de notre village, et si, de l'autre, je me vois dans cette geôle, moi qui sais que des forces humaines, à moins d'être surnaturelles, ne seraient pas suffisantes pour m'y renfermer, que veux-tu que je pense et que je dise, sinon que mon enchantement surpasse tout ce que j'ai lu dans les histoires qui traitent de chevaliers errants qui ont été enchantés ? Ainsi, tu peux tenir ton esprit en repos, quant à ceux que tu crois reconnaître, ce sont eux comme je suis Turc. Demande-moi maintenant ce que tu voudras, je te répondrai, tes questions durassent-elles jusqu'à demain. Que Notre-Dame me soit en aide ! s'écria Sancho, est-il possible que vous ayez la tête si dure et si peu de cervelle que vous ne voyiez pas que ce que je vous dis est la pure vérité, que votre prison et votre disgrâce viennent bien plutôt de malice que d'enchantement ? Eh bien, puisqu'il en est ainsi, je veux vous prouver clairement que vous n'êtes pas enchanté. Dites-moi... ainsi Dieu vous délivre de cette tourmente, et place votre seigneurie dans les bras de madame Dulcinée, au moment où vous y penserez le moins ! Cesse tes conjurations, ami, reprend Don Quichotte, et demande-moi ce que tu voudras, je t'ai déjà dit que je te répondrais ponctuellement. Je vous en prie, répliqua Sancho, et ce que je veux savoir est que vous me disiez, sans rien ajouter ni diminuer, mais en toute sincérité, comme doivent dire et disent ceux qui professent les armes, comme vous, seigneur, sous le titre de chevalier errant... Je te dis, encore une fois, que je ne mentirai en rien : achève, car tu me fatigues avec tes réserves, tes précautions et tes préambules. — Je reconnais, dit Sancho, la bonté, la sincérité de mon maître : ainsi, pour en revenir à notre affaire, je vous demanderai, parlant par révérence, si, depuis que votre seigneurie est encagée, ou, suivant elle, enchantée dans cette geôle, elle n'a point eu l'envie, le besoin de faire, comme on dit, le gros ou le menu. — Je ne sais ce que tu veux dire : explique-toi mieux, si tu veux que je le réponde catégoriquement. — Est-il possible que vous n'entendiez pas ce que c'est que faire le gros ou le menu? C'est avec ces mots qu'on sèvre les enfants qu'on envoie à l'école. Sachez donc que je vous demande si vous n'avez point eu d'envie de faire ce dont personne ne peut s'exempter? — Oui, oui, je te comprends, Sancho, et plusieurs fois, et même dans ce moment : délivre-moi de ce danger, car je ne me crois pas bien net.

CHAPITRE XLIX.

QUI TRAITE DE LA SAGE CONVERSATION QUE SANCHO PANÇA EUT AVEC SON SEIGNEUR DON QUICHOTTE.

Ah ! dit Sancho, je vous tiens : voilà ce que je voulais savoir sur mon âme, sur ma vie. Venez là ; pourriez-vous nier ce qu'on a coutume de dire quand on voit une personne en mauvaise disposition ? « Je ne sais ce qu'un tel a ; mais il ne boit, ne mange, ne dort, et ne répond à propos à rien de ce qu'on lui dit : on dirait qu'il est enchanté. » Nous devons donc en conclure que ceux qui ne mangent, ne boivent, ne dorment ou ne font point les fonctions naturelles sont enchantés, mais non ceux qui ont l'envie qui vous presse, qui boivent ce qu'on leur donne, mangent quand ils ont à manger, et répondent à ce qu'on leur demande. Tu dis vrai, répond Don Quichotte ; mais ne t'ai-je pas dit aussi qu'il y a plusieurs espèces d'enchantements? Il pourrait se faire qu'avec le temps ils eussent changé de nature, et qu'aujourd'hui ce fût l'usage que les enchantés fissent tout ce que je fais, tandis qu'auparavant ils ne le faisaient pas. Ainsi, contre l'usage, on ne peut rien arguer, ni tirer aucune conséquence; je sais, je tiens pour certain que je suis enchanté : cela me suffit pour la tranquillité de ma conscience, car elle ne serait point en cet état si je pensais n'être point enchanté, et restais ainsi dans cette geôle, lâche et paresseux, dérobant aux malheureux, aux nécessiteux le secours que je leur pourrais donner, et dont peut-être ils ont en ce moment le plus urgent besoin. Avec tout cela, répliqua Sancho, je crois que, pour plus grande satisfaction, il serait bon d'essayer de sortir de cette prison. Je m'oblige à vous y aider de tout mon pouvoir et même à vous en tirer, pour remonter sur le bon Rossinante qui marche si triste et si mélancolique qu'on le dirait aussi enchanté. Après cela, nous irions chercher de nouvelles aventures ; si elles ne réussissaient pas, nous serions toujours à temps de revenir à la cage, dans laquelle je vous promets, foi de bon et loyal écuyer, de m'enfermer avec vous, si vous êtes assez malheureux, et moi assez maladroit pour ne point réussir à ce que je dis. Je veux bien essayer ce que tu me proposes, frère Sancho, répond Don Quichotte. Quand tu verras le moment favorable d'opérer ma délivrance, je t'obéirai en tout et pour tout, mais tu verras combien tu te trompes sur la nature de ma disgrâce. Ainsi s'en allaient devisant le chevalier errant et le malencontreux écuyer, jusqu'à ce qu'ils arrivassent à l'endroit où les attendaient, après avoir mis pied à terre, le curé, le chanoine et le barbier. Le charretier détela ses bœufs, et les laissa paître en liberté dans ce beau lieu dont la fraîcheur et la beauté conviaient au repos, non seulement les enchantés, comme Don Quichotte, mais aussi les personnes sages et bien avisées, comme son écuyer. Celui-ci pria le curé de permettre que son maître sortît un moment de la cage, attendu que, si on ne le laissait sortir, elle pourrait bien ne pas rester aussi propre que l'exigeait la dignité d'un chevalier tel que Don Quichotte. Le curé comprit ce que Sancho voulait dire, et lui répondit qu'il y consentirait volontiers, s'il ne craignait que Don Quichotte, se voyant en liberté, ne fît des siennes, et ne s'enfuît où l'on ne pourrait le retrouver. Je vous réponds de lui, sur ce qui est de fuir, dit Sancho. Et moi aussi, et sur tout, ajouta le chanoine, principalement s'il me donne sa parole de chevalier de ne point s'éloigner de nous sans notre permission. Je la donne, dit Don Quichotte, qui écoutait ces paroles, d'autant plus volontiers que celui qui est enchanté comme moi n'a pas la liberté de faire ce qu'il veut, car celui qui le tient enchanté peut l'empêcher de se mouvoir pendant trois siècles, et, s'il s'était enfui, il le ferait revenir plus vite que le vent. Ainsi donc, vous pouvez bien me lâcher ; et c'est pour votre intérêt que je le demande, car, si vous vous y refusez, et si vous ne vous éloignez, je ne pourrai m'empêcher d'offenser votre odorat. Le chanoine lui prit la main, quoique toutes deux fussent attachées, et sur sa parole et sa bonne foi on le fit sortir de prison, ce qui lui fit le plus grand plaisir. Il commença par s'étendre et se détirer tout le corps ; puis, s'approchant de Rossinante, il lui donna deux petits coups sur la croupe, en disant : O toi ! fleur et miroir des chevaux, j'espère en Dieu et dans sa benoîte mère que nous nous retrouverons bientôt au gré de nos désirs, toi portant ton maître, et moi pressant tes flancs, et continuant l'office pour lequel Dieu m'a mis au monde. Ensuite il s'écarta, suivi de Sancho, et revint bientôt plus léger, avec plus d'envie encore de mettre en œuvre tout ce que lui conseillerait son écuyer. Le chanoine le considérait, et s'étonnait de l'étrange nature de sa folie, qui lui laissait l'esprit libre, le jugement sain sur toute autre matière, et lui faisait perdre les étriers, comme nous l'avons dit, lorsqu'il était question de la chevalerie. Ému de compassion, il lui dit, après qu'ils se furent tous assis sur l'herbe en attendant le mulet aux provisions : Est-il possible, seigneur, que l'oiseuse et ennuyeuse lecture des livres de chevalerie ait eu assez d'empire sur votre esprit pour vous faire perdre le jugement, au point de croire que vous êtes enchanté, et mille autres extravagances aussi éloignées d'être vraies que le mensonge lui-même est éloigné de la vérité? Quelle est, dites-moi, la raison qui puisse se prêter à croire à l'existence de ce nombre infini d'Amadis, de cette foule de chevaliers si fameux, d'empereurs de Trébisonde, de Félix-Marte d'Hircanie, de tant de palefrois, de demoiselles errantes, de serpents, d'endriagues, de géants, d'aventures inouïes, de batailles, d'enchantements, de rencontres hardies, d'habits somptueux, de princesses amoureuses, d'écuyers devenus comtes, de nains complaisants, de billets doux, de propos d'amour, de femmes vaillantes, en un mot, de toutes les folies que contiennent les livres de chevalerie? Pour moi, je puis dire que, si je lis tout cela sans penser que ce soient des fictions, j'y trouve quelque plaisir; mais, lorsque je viens à réfléchir à ce que c'est, je jette contre la muraille le meilleur de ces livres, et je le jetterais au feu si j'en avais près de moi, comme digne d'une telle peine, pour être faux, trompeur, en contradiction avec la nature, coupable de proposer de nouvelles opinions, de nouveaux genres de vie, et de donner au vulgaire ignorant l'occasion de croire tant d'inepties. Ces livres sont si dangereux qu'ils peuvent même troubler l'esprit le plus sage, comme on le voit en vous, seigneur, qu'ils ont mis au point que l'on est obligé de vous enfermer dans une cage, et de vous traîner sur une charrette à bœufs, comme on ferait d'un lion, d'un tigre, que l'on promène de ville en ville pour les faire voir et gagner quelque argent. Ah! seigneur Don Quichotte, gémissez sur vous-même, revenez au sein de la sagesse, et sachez user de celle que Dieu vous a donnée, en dirigeant les heureuses facultés de votre esprit vers une autre lecture qui vous porte plus d'honneur et de profit. Si pourtant, entraîné par votre inclination naturelle, vous voulez lire des livres de prouesse et de chevalerie, lisez, dans la sainte Écriture, celui des *Juges* : vous y verrez de sublimes vérités et des faits aussi vrais qu'admirables. Le Portugal eut son Viriate; Rome, César; Carthage, Annibal; la Grèce, Alexandre; la Castille, Fernand Gonzalez; Valence, le Cid; l'Andalousie, Gonzale Fernandez; l'Estremadure, Diégo Garcia de Paredès; Xerez, Garci Perez de Vargas; Tolède, Garcilaso; Séville, don Manuel de Léon : la lecture de leurs brillants exploits peut attacher, instruire, délecter, ravir les plus grands esprits. Elle est digne de votre intelligence, seigneur Don Quichotte, et vous rendra savant dans l'histoire, passionné pour la vertu, éclairé dans votre conduite, poli dans vos mœurs, vaillant sans témérité, hardi sans faiblesse : le tout pour la plus grande gloire de Dieu, votre profit, et l'honneur de la Manche, d'où j'ai su que votre seigneurie tirait son origine.

Don Quichotte écouta attentivement les raisons du chanoine. Quand il vit qu'il avait cessé de parler, il le regarda pendant quelque temps, et lui répondit : Il me semble, seigneur, que votre discours tend à me persuader qu'il n'y a jamais eu de chevaliers errants; que tous les livres de chevalerie sont faux, menteurs, dommageables et inutiles à l'État; que j'ai mal fait de les lire, plus mal de les croire, et aussi mal que possible de les imiter, en me vouant à la dure profession de chevalier errant qu'ils enseignent. Vous me niez qu'il ait jamais existé d'Amadis de Gaule ou de Grèce, ni aucun des autres chevaliers dont ces livres sont remplis? C'est au pied de la lettre, comme vous venez de l'exprimer, dit le chanoine. — Vous avez ajouté, reprit Don Quichotte, que ces livres m'avaient fait le plus grand tort, puisqu'ils m'avaient ôté le jugement et fait enfermer dans une cage; que je ferais mieux de m'amender, de changer de lecture et de choisir des livres plus vrais, qui m'instruiraient et m'amuseraient davantage? — Précisément, dit le chanoine. — Eh bien, moi, je suis convaincu que c'est vous qui êtes sans jugement, qui êtes enchanté, puisque vous avez pu proférer tant de blasphèmes contre une chose avérée, si accréditée dans le monde que celui qui la nie, comme vous faites, mérite la même peine que vous voulez infliger à ces livres qui vous déplaisent. Vouloir persuader qu'il n'exista jamais d'Amadis, ni aucun des autres chevaliers dont les livres rapportent les aventures, c'est prétendre que le soleil n'éclaire pas, que la gelée n'est point froide, que la terre ne nous supporte pas. Qui oserait soutenir que l'aventure de l'infante Floripe et de Guy de Bourgogne est controuvée? que celle de Fier-à-Bras sur le pont de Mantible, arrivée du temps de Charlemagne, est fausse? Je jure Dieu qu'elles sont aussi vraies qu'il est maintenant jour. Si c'est un mensonge, c'en est un aussi que l'histoire d'Hector, d'Achille, de la guerre de Troie, des douze pairs de France et du roi Artus d'Angleterre, présentement métamorphosé en corbeau, et attendu à tout moment dans son royaume. Autant vaudrait dire que l'histoire de Guérin le Pauvre[1] et celle de la recherche du Saint-Gréal[2] sont fausses; que les amours de don Tristan et de la reine Iseult, ceux de Genièvre et de Lancelot, sont apocryphes. Il existe encore des personnes qui se souviennent presque d'avoir vu la duègne Quintagnone, qui fut la plus renommée d'Angleterre pour verser et déguster le vin; cela est si vrai que je me rappelle que ma grand'mère, du côté de mon père, me disait, en me montrant une duègne à grandes coiffes : Vois, petit, elle ressemble à la dame Quintagnone. J'en conclus qu'elle la devait connaître, ou du moins elle avait vu son portrait. Peut-on nier que l'histoire de Pierre de Provence et de la belle Maguelonne soit vraie, quand on voit encore aujourd'hui dans la galerie d'armes de nos rois la cheville avec laquelle le valeureux Pierre gouvernait le cheval de bois qui l'emportait dans les airs? Cette cheville est un peu plus grosse qu'un timon de charrette; tout auprès est la selle de Babieca; et à Roncevaux on voit le cor de Roland long comme une solive. Voilà ce qui prouve qu'il a existé douze pairs, des Pierre de Provence, des Cid et d'autres chevaliers coureurs d'aventures, comme on dit, sinon il faudra me nier aussi que le vaillant Portugais Juan de Merlo fut chevalier errant, lui qui voyagea en Bourgogne, combattit, dans la cité d'Arras, le fameux seigneur de Charny, nommé Moïse Pierre, et depuis, dans celle de Bâle, Henri de Remestan, sortant vainqueur et plein de gloire de ces deux entreprises! Et que direz-vous des défis qu'acceptèrent en Bourgogne, contre les fils du comte de Saint-Pol qu'ils vainquirent, Pedro Barba et Gutierre Quixada, dont je descends en ligne droite et masculine? Niez-moi donc aussi que don Fernand de Guevara alla chercher les aventures en Allemagne, où il combattit messire George, chevalier de la maison du duc d'Autriche! Traitez de fables les joutes de Suero de Guignones, du Pas[3], les entreprises de Moïse-Louis de Falces contre don Gonzalo de Gusman, chevalier castillan, et une foule d'autres exploits de chevaliers chrétiens de ce royaume ou de royaumes étrangers; tout cela est si vrai, si authentique, que, je le répète, pour le nier, il faut avoir perdu la raison!

Le chanoine écoutait avec étonnement ce mélange de vérités et de mensonges que faisait Don Quichotte, et ne pouvait se lasser d'admirer la connaissance qu'il avait de tout ce qui concernait la chevalerie errante. Il lui répondit : Je ne puis nier, seigneur, qu'il n'y ait du vrai dans ce que vous venez de dire, surtout en ce

[1] Par le M. Andréa de Florence, trad. par Alonzo Fernandez Aleman. 1548.

[2] Le Saint-Gréal, dont la conquête était l'objet des voyages et entreprises des chevaliers de la Table-Ronde, est le bassin qui reçut le sang de J.-C.

[3] La relation de ces joutes, sous le titre de *Paso honroso*, a été écrite par Juan de Pinada.

qui concerne les chevaliers errants espagnols. Je vous accorde même que les douze pairs de France ont existé; mais je ne saurais croire qu'ils aient fait tout ce que leur attribue l'archevêque Turpin. La vérité est que ce furent des chevaliers choisis par des rois de France, qui les nommèrent *pairs* parce qu'ils étaient tous égaux en naissance et en valeur, ou que du moins ils devaient l'être, s'ils ne l'étaient. C'était une espèce d'ordre ou de religion, comme nous voyons celle de Saint-Jacques ou de Calatrava ; on suppose que ceux qui la professent doivent être des chevaliers vaillants et bien nés ; et, de même que l'on dit aujourd'hui chevalier de Saint-Jean ou d'Alcantara, on disait alors chevalier des douze pairs, parce que leur ordre militaire était composé de douze membres égaux. Qu'il y ait eu un Cid, on n'en saurait douter, encore moins un Bernard de Carpio[1]; mais qu'ils aient fait ce qu'on leur attribue, la chose est fort incertaine. Pour la cheville du cheval de Pierre de Provence, que vous dites être auprès de la selle de Babieca, dans la galerie royale d'armes, je confesse ma faute; mais telle est mon ignorance ou la faiblesse de ma vue, que j'ai bien aperçu la selle, mais non la cheville toute grande que vous la dites. Elle y est sans aucun doute, dit Don Quichotte, à telles enseignes qu'on l'a mise dans un étui de cuir pour la garantir de la moisissure. Cela peut être, reprit le chanoine; mais, je vous le jure par les ordres que j'ai reçus, je ne me rappelle pas l'avoir vue; mais, quand je vous accorderais qu'elle s'y trouve, je n'en suis pas plus obligé de croire l'histoire de tant d'Amadis et de tant de chevaliers dont on nous parle : il est incroyable qu'un homme honorable et doué d'autant de mérite et d'esprit que vous, regarde comme véritable cet immense ramas de folies que l'on trouve dans les extravagants livres de chevalerie.

CHAPITRE L.

DES DISCUSSIONS INTÉRESSANTES QUI EURENT LIEU ENTRE DON QUICHOTTE ET LE CHANOINE, AVEC D'AUTRES ÉVÉNEMENTS.

Voila qui est bon, reprit Don Quichotte, des livres imprimés avec la permission des rois et l'approbation des hommes chargés de les examiner, des livres également lus et vantés par les grands et les petits, les pauvres et les riches, les lettrés et les ignorants, les plébéiens et les nobles, en un mot, par toute espèce de lecteurs, de quelque rang ou condition qu'ils soient, ne sont que mensonges, malgré tant d'apparence de vérité, puisqu'on y signale le père, la mère, la patrie, les parents, l'âge, le séjour, les exploits que fit tel chevalier ou tels chevaliers, le tout de point en point, et jour par jour? Cessez, seigneur; ne dites point de tels blasphèmes, et croyez que je vous conseille en ceci ce que doit faire tout homme prudent et sage : sinon, lisez ces livres, et vous verrez quel plaisir ils vous feront. Dites-moi, peut-il y avoir une plus vive satisfaction que de voir, par exemple, là devant nous

[1] Cela est au contraire fort douteux pour ce dernier. Les historiens espagnols, qui se piquent de critique, ne le reconnaissent pas comme un personnage réel.

un grand lac de poix bouillante, dans lequel nagent et se croisent une multitude de serpents, de couleuvres, de lézards, d'autres animaux féroces, épouvantables? du milieu de ce lac sort une voix plaintive, disant: « Chevalier, qui que tu sois, qui contemples ce terrible lac, si tu veux jouir du bien caché sous ses noires eaux, montre la grandeur de ton courage, précipite-toi dans ces ondes enflammées; si tu ne le fais tu n'es pas digne d'admirer les merveilles renfermées dans les sept châteaux des sept fées qui sont sous ce noir abîme. » Le chevalier laisse à peine à cette voix redoutable le temps d'achever, sans se consulter, sans penser au danger, sans même prendre le temps de déposer son armure pesante, il se jette au milieu de ce lac bouillant, se recommande à Dieu et à sa dame; puis, sans s'être inquiété de savoir ce qu'il deviendrait, il se trouve dans une campagne fleurie, auprès de laquelle les Champs-Élysées ne sont absolument rien; le soleil y brille d'un éclat plus vif, l'azur du ciel est plus diaphane : là s'offre à ses yeux un bois agréable, peuplé d'arbres si frais, si verdoyants, que le feuillage enchante la vue; sur leurs rameaux entrelacés voltige une multitude de petits oiseaux nuancés des plus riches couleurs, dont les accents non étudiés, et le doux gazouillement charment les oreilles; là, il trouve un petit ruisseau dont les eaux pures comme un cristal liquide, coulent sur un sable blanc et fin qui paraît un mélange d'or et de perles; au-delà s'élève une élégante fontaine de jaspe aux couleurs variées, et de marbre poli; tout près est une autre fontaine rustique: les minces coquilles des moules s'y unissent aux tortueuses maisons blanches et jaunes du limaçon; dans leur désordre étudié, s'entremêlent des émeraudes factices et des morceaux d'un brillant cristal, et au sein de cette variété, il semble que l'art, en imitant la nature, soit parvenu à la surpasser. Mais bientôt le chevalier découvre, à l'improviste, un château fort ou un brillant palais, dont les murs sont d'or massif, les créneaux de diamant, les portes d'hyacinthes; la structure en est tellement admirable, que quoiqu'il n'y entre que des rubis, des perles, des diamants, des escarboucles, de l'or, des émeraudes, la main-d'œuvre est plus précieuse encore. Que peut-il attendre après cela, si ce n'est de voir sortir du château nombre de demoiselles dont les habits sont si riches, si galants, que je n'aurais jamais fini si je voulais les décrire comme le font nos historiens? Celle qui paraît la maîtresse des autres, prend par la main l'intrépide chevalier qui s'est jeté dans le lac bouillant, et, sans lui dire une parole, le fait entrer dans ce riche palais : on le dépouille de ses habits, on le met nu comme lorsqu'il vint au monde, puis on le fait entrer dans un bain délicieux; son corps est parfumé d'essences précieuses; on le revêt d'une chemise du tissu le plus fin, qui exhale les plus suaves odeurs. Une autre demoiselle couvre ses épaules d'un manteau si riche, qu'il vaut au moins une ville ou même plus; enfin, on le conduit dans une autre salle, où les tables sont dressées avec un ordre, une magnificence qui l'étonnent: on lui verse sur les mains une eau d'ambre et de fleurs odorantes; il s'assied sur un trône d'ivoire, et il est servi par des demoiselles, dans un silence merveilleux; les mets sont si variés, si bien apprêtés, qu'il ne sait auquel porter la main; pendant qu'il mange, une musique céleste se fait entendre, sans qu'il puisse voir les chanteurs, ni découvrir d'où partent ces accords harmonieux. Le repas achevé, les tables levées, tandis que le chevalier se repose étendu sur son fauteuil, se nettoyant les dents peut-être, comme c'est l'usage, entre une autre demoiselle, beaucoup plus belle qu'aucune des premières, elle vient s'asseoir à côté du chevalier, lui raconte quel est ce château, comment elle s'y trouve enchantée, et beaucoup d'autres choses qui l'étonnent et ravissent d'admiration ceux qui lisent son histoire. Je ne m'étendrai pas davantage sur ce sujet : on peut recueillir de ce que j'ai dit, qu'il n'est point d'endroit de l'histoire d'un chevalier errant qui ne puisse causer à celui qui le lira de l'étonnement et du plaisir. Croyez-moi, seigneur, lisez ces livres, comme je vous l'ai déjà conseillé, vous verrez comme ils charmeront votre mélancolie, si vous en avez, et amélioreront la disposition de vos esprits, si par hasard elle est mauvaise. Pour moi, je puis dire que, depuis que je suis chevalier errant, je suis vaillant, affable, libéral, complaisant, généreux, courtois, hardi, doux, patient, soumis aux peines, aux prisons, aux enchantements ; et, quoiqu'il se soit passé peu de temps depuis que je me suis vu enfermé dans une cage, comme un fou, j'espère, avant peu, si le ciel m'est favorable, si la fortune ne m'est pas contraire, devenir, par la force de mon bras, roi de quelque royaume, où je pourrai faire éclater la libéralité, la bienveillance qui sont en moi : car, de bonne foi, seigneur, le pauvre est impuissant à manifester sa libéralité, quelque grande qu'elle puisse être, et la bienveillance réduite à l'intention est une chose morte, comme est morte la foi sans les œuvres. Voilà pourquoi je désirerais que la fortune m'offrît promptement l'occasion de me faire empereur, pour révéler mon cœur, faire du bien à mes amis, et surtout à ce pauvre Sancho, mon écuyer, qui est bien le meilleur homme du monde, et à qui je voudrais donner un comté que je lui ai promis depuis longtemps; j'ai peur cependant qu'il n'ait pas assez d'habileté pour gouverner son État.

Ces derniers mots furent entendus de Sancho, qui reprit : Occupez-vous seulement, seigneur Don Quichotte, de me donner ce comté tant promis, tant attendu, et moi je vous promets que je ne manquerai point d'habileté pour le gouverner. Quand j'en manquerais, j'ai entendu dire qu'il y a des hommes qui prennent en rente les États de leurs maîtres, leur donnant tant par an, et se chargent de les gouverner : le seigneur se donne du bon temps avec la rente, sans s'embarrasser d'autre chose. Je ferai de même, n'insisterai pas sur le plus ou le moins, je me débarrasserai de toute affaire, jouissant de ma rente comme un duc, et que les autres fassent ce qu'ils voudront. Ceci, frère Sancho, dit le chanoine, est bon pour ce qui regarde le revenu, mais le seigneur d'un État doit veiller à l'administration de la justice ; là interviennent l'habileté et le bon jugement, et surtout l'intention de bien faire. Si, dans le principe, cette intention manque, toujours on erre sur les moyens et sur la fin : car Dieu se plaît à aider au bon désir du simple et confond le mauvais vouloir de l'homme éclairé. Je n'entends pas toutes ces philosophies, répondit Sancho; je sais seulement que je voudrais tenir ce comté aussi bien que je saurais le gouverner. J'ai autant d'âme qu'un autre, autant de corps que celui qui en a le plus, et je serais aussi bien roi de mon État que chacun l'est du sien : étant roi, je ferais ce qui me plairait; faisant ce qui me plairait, je satisferais mon goût; satisfaisant mon goût, je serais content; étant content, je n'aurais rien à désirer; n'ayant rien à désirer, tout est fini : vienne l'État, et adieu, jusqu'au revoir, comme un aveugle le dit à un autre. Ces philosophies ne sont pas aussi mauvaises que vous le dites, Sancho, reprit le chanoine ; mais, avec tout cela, il y a bien des choses à dire au sujet de ces comtés. Je ne sais point ce qu'il peut y avoir à dire, interrompit Don Quichotte[1]. (Je me guide sur les nombreux et divers exemples que je pourrais citer de chevaliers qui, pour reconnaître les loyaux services de leurs écuyers, leur ont donné de notables récompenses, les faisant seigneurs absolus d'îles ou de cités : tel même de ces derniers s'est trouvé placé dans un si haut rang, qu'il a eu la fantaisie de se faire roi. Mais, sans perdre ici plus de temps, n'en avons-nous pas un exemple signalé dans) le grand Amadis de Gaule, qui fit son écuyer comte de l'île Ferme? Je peux donc, sans aucun scrupule de conscience, faire comte Sancho Pança, l'un des meilleurs écuyers qu'ait eu un chevalier errant. Le chanoine était émerveillé de voir Don Quichotte débiter tant de folies conséquentes, si des folies peuvent l'être ; de la manière dont il venait de retracer l'aventure du chevalier du Lac, et de l'impression qu'avaient faite sur son esprit les livres mensongers qu'il avait lus. Enfin, il s'émerveillait aussi de la simplicité de Sancho, et de la confiance avec laquelle il attendait le comté que son maître lui avait promis. Sur ces entrefaites, arrivèrent les domestiques du chanoine qui étaient allés à l'hôtellerie chercher le mulet de bagage : ils firent une table à l'aide d'un tapis et de l'herbe fraîche, on s'assit à l'ombre de quelques arbres, et toute la compagnie se mit à manger en cet endroit, pour ne pas priver le bouvier, comme on l'a dit, de la commodité du pâturage.

Pendant leur repas, ils entendirent un grand bruit et le son d'une clochette qui partaient des broussailles voisines et de quelques buissons épais : au même instant ils virent sortir de ces broussailles une belle chèvre tachetée de blanc, de noir et de gris ; derrière elle venait un chevrier, qui l'appelait et lui adressait des paroles à son usage pour l'arrêter ou la faire retourner au troupeau. La chèvre fugitive et effarouchée s'en vint droit à ceux qui mangeaient, comme pour se mettre sous leur protection, et là s'arrêta. Le chevrier s'approcha, la saisit par les cornes, et lui dit, comme si elle avait été capable de le comprendre : Ah ! montagnarde tachetée, comme vous allez clochant depuis quelques jours. Quels loups vous ont donc effrayée, ma fille? Ne me direz-vous point ce que c'est, la belle? Mais que pourrait-ce être, sinon que vous êtes femelle, et ne pouvez rester tranquille? Au diable soit votre humeur et celle de toutes les autres que vous imitez! Revenez, revenez, ma mie : si vous n'êtes pas aussi contente, au moins serez-vous plus en sûreté dans la bergerie, ou parmi vos compagnes. Si vous vous en allez ainsi, égarée et sans guide, vous qui devez les garder et les conduire, qu'arrivera-t-il d'elles? Ce discours du chevrier amusa beaucoup ceux qui l'entendirent, et surtout le chanoine, qui lui dit : Je vous prie, frère, reposez-vous un peu, et ne vous hâtez point tant de faire retourner cette chèvre au troupeau : puisqu'elle est femelle comme vous le dites, elle doit suivre son instinct naturel, malgré vos efforts pour l'en empêcher. Prenez ce morceau et buvez un coup pour calmer votre colère, et la chèvre se reposera. Tout en parlant, il lui donnait à la pointe d'un couteau le rable d'un lapin froid. Le chevrier le prit, remercia, but, s'apaisa et répondit : Je ne voudrais pas, seigneur, que, pour m'avoir entendu parler avec

[1] Je ne sais point ce qu'il peut y avoir à dire, interrompit Don Quichotte... seulement je me guide sur l'exemple que me donne le grand Amadis de Gaule, etc. La période placée entre parenthèses se trouve dans la seconde édition de 1608. Cette note reproduit le texte actuel.

tant de raison à cet animal, vous me prissiez pour un homme simple, car véritablement mes paroles ne sont pas sans quelque mystère : je suis rustique, mais non pas tant que je ne sache bien comment il convient de parler aux hommes et aux bêtes. J'en suis persuadé, dit le curé ; je sais, par expérience, que les montagnes recèlent des hommes lettrés, et les cabanes de bergers des philosophes. Au moins, seigneur, répliqua le chevrier, y voit-on des hommes expérimentés ; pour vous en convaincre et vous faire toucher au doigt cette vérité, je vous demanderai de me prêter un moment d'attention, si ce n'est point vous ennuyer et encore qu'il paraisse que ce soit m'inviter sans être prié ; je vous raconterai une histoire véritable qui vient à l'appui de ce que j'ai dit ainsi que ce seigneur (il montrait le curé). Comme je vois, frère, dit Don Quichotte, que ceci a je ne sais quelle ombre d'aventure de chevalerie, je l'écouterai de ma part avec beaucoup de plaisir, et tous ces seigneurs en feront de même, car ils sont hommes d'esprit et curieux de nouveautés qui intéressent, réjouissent et instruisent, comme je ne doute pas que ne le fasse votre histoire. Commencez donc, mon ami : nous vous écoutons tous. J'en cède ma part, dit Sancho, et je m'en vais auprès de ce ruisseau avec ce pâté dont je veux me rassasier pour trois jours, parce que j'ai entendu dire à monseigneur Don Quichotte que l'écuyer d'un chevalier errant doit manger, quand l'occasion s'en présente, à n'en pouvoir plus, attendu qu'il est souvent exposé à entrer dans une forêt si épaisse, si embarrassée qu'on n'en peut trouver l'issue en six jours, et s'il n'est pas pleinement rassasié, ou s'il ne porte pas un bissac bien garni, il pourra bien demeurer là, comme cela est souvent arrivé, changé en momie. Tu es dans le vrai, Sancho, dit Don Quichotte ; va donc où tu voudras et mange tant que tu pourras. Pour moi, je suis satisfait, et je n'ai plus besoin que de donner la réfection à l'âme, comme je la lui donnerai en écoutant l'histoire de ce bon homme. Ainsi ferons-nous tous, dit le chanoine. En même temps, il pria le chevrier de commencer. Celui-ci donna deux coups du plat de la main sur le dos de la chèvre qu'il tenait par les cornes, en lui disant : Couche-toi près de moi, tachetée ; nous avons tout le temps de rejoindre le troupeau. La chèvre sembla le comprendre, car lorsque son maître s'assit elle s'étendit tranquillement près de lui, le regarda au visage, comme paraissant attentive à ce qu'il allait dire, et lui commença dans ces termes :

CHAPITRE LI.

QUI TRAITE DE CE QUE RACONTA LE CHEVRIER À TOUS CEUX QUI CONDUISAIENT DON QUICHOTTE.

A trois lieues de cette vallée est un village qui, quoique petit, est un des plus riches qu'il y ait dans tous les environs. Dans ce village vivait un laboureur très honorable et à tel point que, bien que l'estime s'accorde ordinairement à la richesse, on l'estimait encore plus pour ses qualités que pour sa fortune. Mais ce qui le rendait le plus heureux était d'avoir une fille d'une si extrême beauté, d'un esprit si rare, pourvue de tant de grâces et de vertus, qu'on ne pouvait assez admirer les dons qu'elle avait reçus du ciel et de la nature : belle dès son enfance, ses attraits s'accrurent avec l'âge, et à seize ans elle n'avait point d'égale. Le bruit de sa beauté se répandit bientôt dans les villages voisins ; que dis-je ? il parvint dans les villes éloignées, jusque dans le palais des rois et aux oreilles de toutes sortes de personnes qui affluaient de tous côtés pour la voir comme une chose rare, comme une image miraculeuse. Son père la gardait avec soin, et elle se gardait elle-même, car il n'y a cadenas, garde ou serrure qui protégent aussi bien une jeune fille que sa propre retenue. La richesse du père et la beauté de la fille engagèrent beaucoup de personnes du village ou étrangères à la demander pour femme ; mais le père, à qui il appartenait de disposer d'un bijou si précieux, était fort embarrassé, ne sachant lequel choisir dans la multitude de ceux qui l'importunaient. Je fus du nombre des prétendants et de ceux à qui pouvaient donner le plus d'espérance l'avantage d'être bien connu du père, d'être natif de l'endroit, fils de parents honnêtes, dans la fleur de l'âge, fort riche, et de ne pas manquer de jugement. Elle fut en même temps recherchée d'un garçon de notre village, qui présentait les mêmes avantages que moi, ce qui rendait le père fort indécis, car il lui semblait que sa fille serait également bien pourvue avec l'un de nous deux. Pour sortir d'embarras, il résolut de s'en rapporter à Léandra (ainsi se nomme l'opulente fille qui m'a rendu si misérable), réfléchissant que, puisque nous étions égaux, il était bon de laisser à sa fille le soin de choisir entre nous : chose digne d'être imitée par tous les pères qui veulent établir leurs enfants. Je n'entends pas qu'on les laisse ainsi choisir parmi les choses dangereuses et mauvaises, mais qu'on ne leur en présente que de bonnes, et qu'on leur laisse alors la liberté de se décider. Je ne sais quelle fut la réponse de Léandra ; mais le résultat fut que le père nous représenta le jeune âge de sa fille, et nous entretint tous deux de paroles vagues qui ne l'engageaient point et qui ne nous désobligeaient pas. Mon rival se nomme Anselme, et moi Eugène : vous connaissez ainsi les noms des acteurs de cette tragédie, dont le dénoûment vous est encore inconnu, mais on peut soupçonner déjà qu'il ne doit pas être heureux. Cependant, il arriva dans notre village certain Vincent de la Roca, fils d'un pauvre laboureur de l'endroit ; il venait d'Italie et d'autres pays où il avait été soldat. Un capitaine qui était passé par le village avec sa compagnie l'avait emmené à l'âge de douze ans, et douze autres années après il revint en habit de soldat, bigarré de mille couleurs, couvert de joyaux de cristal et de petites chaînes d'acier. Aujourd'hui c'était une parure, demain une autre, mais toujours mince, bariolée, et toujours de peu de poids et de moindre valeur. Les paysans, gens malicieux, et qui sont la malice même quand ils ont du loisir, examinèrent et comptèrent exactement tous ces colifichets, et trouvèrent qu'il avait trois habits de différentes couleurs, avec les jarretières et bas de chausses ; mais il les assaisonnait de tant de façons, les variait si bien, qu'à moins de les avoir comptés vous eussiez juré qu'il avait plus de dix paires d'habits, et plus de vingt panaches. Ne regardez point comme une chose inutile et déplacée le compte que je vous fais de ses habits, car ils jouent un grand rôle dans cette histoire. Il s'asseyait ordinairement sur un banc de pierre, sous un grand peuplier qui est dans notre place, et là il nous tenait tous la bouche béante au récit de ses exploits. Il n'y avait pays sur la terre qu'il n'eût vu, ni bataille où il ne se fût trouvé ; il avait tué plus de Maures que n'en contiennent Maroc et Tunis ; il avait, à l'entendre, été engagé en plus de combats singuliers que Gante y Luna, Diégo Garcia de Paredès, et mille autres qu'il nommait ; toujours il en était sorti victorieux, sans qu'ils lui eussent coûté une seule goutte de sang. Il nous montrait, d'un autre côté, des cicatrices que, bien qu'elles ne se vissent pas, il nous disait être des arquebusades reçues dans diverses rencontres. En un mot, avec une arrogance sans pareille, il tutoyait ses égaux, ceux qui le connaissaient le mieux, et disait que son bras était son père, ses œuvres sa race, et qu'avec la qualité de soldat il ne devait rien au roi lui-même. A toutes ces jactances, il joignait un peu de musique, jouait de la guitare, de manière que quelques-uns disaient qu'il la faisait parler ; mais ce n'était pas là tous ses mérites, il se mêlait aussi d'être poëte : de sorte que le moindre petit événement qui arrivait dans le village lui fournissait le sujet d'une romance d'une lieue et demie d'écriture. Ce beau soldat, ce Vincent de la Roca, ce brave, ce galant, ce musicien, ce poëte, fut aperçu et regardé plusieurs fois de Léandra par une fenêtre de sa maison qui donnait sur la place. Les oripeaux de ses brillants costumes l'éblouirent : elle écouta ses romances, dont il distribuait vingt copies : le récit des prouesses dont il se vantait parvint à ses oreilles ; en un mot, le diable apparemment l'ayant ainsi voulu, elle devint amoureuse de lui avant même qu'il eût eu la présomption de la solliciter. Et, comme en cas d'amour il n'y en a aucun qui s'accomplisse plus facilement que celui qui a de son côté le désir de la dame, Vincent et Léandra furent bientôt d'intelligence : avant même qu'aucun des prétendants pût soupçonner son dessein, elle l'avait exécuté en quittant la maison d'un père qui la chérissait (car elle n'avait plus de mère), et s'en était allée avec le soldat, qui sortit plus triomphant de cette affaire que de toutes celles dont il se faisait honneur. Tout le village et tous ceux qui apprirent cette aventure en furent dans le plus grand étonnement. J'étais interdit, Anselme stupéfait, le père triste, les parents honteux, la justice éveillée, les archers en campagne. On battit les chemins, on fouilla les bois, on examina tout ; enfin, au bout de trois jours, on trouva, dans le creux d'un rocher, la fantasque Léandra, nue en chemise et dépouillée de l'argent et des bijoux précieux qu'elle avait emportés de la maison. On la ramena chez son malheureux père, on la questionna sur sa disgrâce : elle avoua sans contrainte qu'elle avait été trompée par Vincent de la Roca ; que, sous parole de l'épouser, il lui avait persuadé de quitter la maison de son père, lui promettant de la mener dans la plus riche et la plus délicieuse ville du monde, qui était Naples ; que, trop crédule et trop imprudente, elle avait ajouté foi à ses discours, volé son père et suivi Vincent la nuit même qu'il avait disparu ; que celui-ci l'avait conduite sur une haute montagne, et l'avait enfermée dans la caverne où l'on venait de la trouver. Elle dit encore que le soldat, sans attenter à son honneur, lui vola tout ce qu'elle avait, la laissa là et s'en alla. Cette conduite étonna plus encore tous ceux qui l'apprirent. Il était difficile de croire à la continence du jeune homme ; mais Léandra l'affirma d'une manière si persuasive, que ce fut un motif de consolation pour son triste père, qui faisait peu d'état des richesses qu'on lui emportait, puisqu'on avait laissé à sa fille le trésor qui, perdu une fois, ne peut plus se retrouver. Le même jour que Léandra revint, son père la fit disparaître à nos yeux, et la conduisit dans un monastère d'une ville voisine, en attendant que le temps eût effacé en partie la mauvaise impression que sa fille avait donnée d'elle. La jeunesse de Léandra lui servit d'excuse, au moins aux yeux de ceux pour qui la chose était à peu près indifférente ; mais pour ceux qui connaissaient son esprit et son jugement, ils ne purent attribuer sa faute à l'ignorance, mais bien à sa légèreté, à l'inclination naturelle des femmes qui pour l'ordinaire est volage et inconsidérée. Léandra partie, Anselme ne vit plus rien ou du moins ne trouva plus rien digne de fixer ses regards ; les miens ne rencontrèrent aucune lumière qui pût les flatter : notre tristesse s'accrut, notre patience s'épuisa ; nous maudissions le clinquant du soldat, le peu de soin que le père avait pris de sa fille. Enfin, nous résolûmes tous deux de quitter le village, et de venir nous établir dans cette vallée, où nous faisons paître, lui ses grands troupeaux de brebis, moi mes chèvres en aussi grand nombre. Nous passons notre vie au milieu des arbres, donnant un libre cours à notre passion, chantant de concert les louanges ou les défauts de Léandra, ou soupirant à l'écart et confiant nos plaintes au ciel. A notre exemple, plusieurs des prétendants de Léandra se sont rendus dans ces montagnes, et vivent comme nous : le nombre s'en est tellement accru, qu'on prendrait ces lieux pour une pastorale Arcadie, tant on y voit de pasteurs et de bergeries, et il n'est aucun endroit où l'on n'entende répéter le nom de la belle Léandra. Celui-ci la maudit, l'appelle capricieuse, volage et sans retenue ; celui-là la nomme facile et légère ; celui-ci l'absout et lui pardonne ; celui-là la blâme et la loue tout à la fois ; tel célèbre sa beauté, tel autre ne lui adresse que des reproches : enfin tous l'adorent et la méprisent, et la folie est telle qu'il en est qui se plaignent de ses dédains sans lui avoir jamais parlé ; d'autres exhalent les fureurs de la jalousie sans qu'elle en ait donné à personne, puisqu'on n'a connu son dessein qu'après sa faute. Il n'est point de creux de rocher, point de bord de ruisseau, pas un ombrage d'arbre qui ne soit occupé par un berger qui confie aux vents son malheur : l'écho partout où il se forme répète le nom de Léandra ; Léandra, répètent les montagnes, Léandra, murmurent les ruisseaux. Léandra nous tient tous captifs et enchantés, espérant sans espoir, craignant sans savoir ce que nous craignons. Parmi tous ces insensés, celui qui montre à la fois le plus et le moins de jugement, c'est mon rival Anselme. Avec tant de sujets de plainte, il ne déplore que l'absence de Léandra, dans des vers où il montre la beauté de son esprit, et qu'il chante au son d'une viole dont il s'accompagne admirablement. Pour moi, je suis une route plus facile, et, à mon avis, plus juste. Je déclame contre la légèreté des femmes, contre leur inconstance, leur duplicité, leurs promesses trompeuses, leur foi mensongère et leur peu de jugement à asseoir et placer leurs vœux et leurs pensées. Voilà, seigneurs, ce qui a donné lieu aux paroles que vous m'avez entendu dire à la chèvre, lorsque je suis arrivé jusqu'ici. Comme femelle, j'en fais peu de cas, encore qu'elle soit la meilleure de mon troupeau. Voilà l'histoire que je vous avais promise : si je vous ai semblé un peu long dans ma narration, je ne serai point trop réservé dans mes offres de services : ma cabane est tout près d'ici, j'ai du lait frais, du fromage exquis et des fruits de la saison qui ne sont pas moins agréables au goût qu'à la vue.

CHAPITRE LII.

DU DÉMÊLÉ DE DON QUICHOTTE AVEC LE CHEVRIER, ET DE LA RARE AVENTURE DES PÉNITENTS, QUE NOTRE CHEVALIER MENA A BONNE FIN A LA SUEUR DE SON FRONT.

Le récit du chevrier plut à tous les assistants, et surtout au chanoine, qui remarqua curieusement que le conteur s'était exprimé beaucoup moins comme un rustre gardeur de troupeaux, qu'en homme de cour, et ainsi il approuvait le curé d'avoir dit qu'on rencontrait sur les montagnes des gens instruits et polis. Tous firent à Eugène des offres de service, mais celui qui se montra le plus empressé fut Don Quichotte, qui lui dit : Certes, frère chevrier, s'il était en mon pouvoir de tenter quelque aventure, je me mettrais à l'heure même en chemin pour vous en procurer une bonne : j'irais enlever Léandra du monastère (où sans doute elle est enfermée contre sa volonté), en dépit de l'abbesse et de tous ceux qui voudraient s'y opposer, je la remettrais entre vos mains pour en disposer à votre volonté ; toutefois en observant les lois de la chevalerie, qui défendent de faire à une demoiselle aucun déplaisir. Mais j'espère en Dieu, notre Seigneur, que le pouvoir d'un malin enchanteur n'aura pas tant de force qu'il ne soit surpassé par celui d'un enchanteur mieux intentionné, et alors je vous promets mon secours et ma protection, comme m'y oblige ma profession, qui n'est autre que de secourir les faibles et les nécessiteux. Le chevrier se mit à considérer Don Quichotte : et, le voyant de si triste mine et en si mauvais équipage, il s'étonna et demanda au barbier, qui se trouvait auprès de lui, quel était cet homme ainsi bâti et qui parlait de la sorte. Que voulez-vous que ce soit, répondit le barbier, sinon le fameux Don Quichotte de la Manche, le destructeur de griefs, le redresseur de torts, le rempart des demoiselles, la terreur des géants, le vainqueur dans tous les combats ? Ceci ressemble, reprit le chevrier, à ce qu'on lit dans les livres de chevalerie, où les chevaliers errants font tout ce que vous dites de celui-ci, mais je crois, ou que vous vous moquez de moi, ou que ce gentilhomme a des chambres vides dans le cerveau. C'est vous qui êtes le vide et l'insensé, veillaque insolent, dit Don Quichotte, et je suis mieux rempli que ne le fut jamais la double coquine qui vous mit au monde. En disant ces mots, il empoigna un pain qui était auprès de lui, et le jeta en plein à la figure du chevrier, d'une telle force qu'il lui écrasa le nez. Le chevrier, qui n'entendait pas la plaisanterie, se voyant maltraité de bon compte, sans respect pour le tapis, la nappe et toute la compagnie, sauta sur Don Quichotte, le saisit au cou avec ses deux mains, et l'eût étranglé sans miséricorde, si Sancho ne fût accouru ; il le prend par les épaules et le renverse sur la table, brisant les verres, cassant les assiettes, répandant et bouleversant tout. Don Quichotte, se voyant libre, se jette à son tour sur le chevrier ; celui-ci, la figure en sang, et moulu de coups par Sancho, cherchait à tâtons un couteau sur le tapis pour tirer une vengeance sanglante ; mais le chanoine et le curé l'en empêchèrent. Cependant, le barbier fit en sorte que le chevrier pût mettre sous lui

Don Quichotte, et il lui administra tant de gourmades, que le visage du pauvre chevalier n'était pas moins sanglant que celui de son ennemi. Le chanoine et le curé s'étouffaient de rire[1]; les archers sautaient de joie, et agaçaient l'un contre l'autre les deux champions, comme on fait des chiens qui se battent. Sancho se désespérait de ne pouvoir se débarrasser d'un des domestiques du chanoine qui le retenait, et l'empêchait de secourir son maître. Enfin, tous s'en donnaient à cœur joie, excepté les deux combattants, lorsqu'on ouït une trompette, qui rendait un son si lugubre qu'elle leur fit à tous tourner les yeux du côté où elle se faisait entendre. Mais celui qu'elle affecta le plus fut Don Quichotte, qui, quoique retenu et bien contre son gré sous le chevrier, et le corps moulu de coups, lui dit : Frère diable, car il faut que tu le sois, puisque tu as assez de forces pour te rendre maître des miennes, faisons, je te prie, trêve seulement pour une heure, car le son douloureux de cette trompette semble annoncer quelque aventure qui m'appelle. Le chevrier, las de battre et d'être battu, le laisse aller. Aussitôt, Don Quichotte se redresse sur ses pieds, se tourne du côté d'où venait le son, et voit descendre d'un coteau plusieurs hommes vêtus de blanc, à la manière des pénitents.

Il faut savoir que, cette année, les nuages avaient refusé leur rosée à la terre; dans tous les villages de la contrée se faisaient des processions, des rogations, des flagellations, pour demander à Dieu qu'il ouvrît les trésors de sa miséricorde, en envoyant de la pluie. A cet effet, les habitants d'un village voisin s'étaient mis en procession pour aller à un saint ermitage, situé sur le penchant d'un coteau de cette vallée. Don Quichotte, apercevant l'étrange costume des flagellants, sans se rappeler combien de fois il en avait dû voir, s'imagina que c'était quelque nouvelle aventure que lui seul pouvait entreprendre, comme chevalier errant. Ce qui le confirma dans son opinion, ce fut la persuasion qu'une figure couverte de deuil, portée par ces pénitents, était quelque grande dame enlevée de force par ces félons, ces discourtois malandrins. Cette idée lui étant tombée dans l'esprit, il court à Rossinante, qui s'en allait paissant, enlève de l'arçon le mors et l'écu, place la bride en un instant et demandant à Sancho son épée, monte en selle, embrasse son écu, et dit à haute voix à tous les assistants : Maintenant, valeureuse compagnie, vous allez voir combien sont utiles au monde les chevaliers errants; maintenant, dis-je, vous jugerez en quelle estime il faut les tenir, par la liberté que je vais rendre à cette belle dame qu'on emmène captive. En disant ces mots, à défaut d'éperons, il serre les flancs de Rossinante, qui part à tout son galop (on ne voit, dans aucun passage de cette histoire, qu'il ait jamais couru à bride abattue), et va donner au milieu des pénitents. Les efforts du barbier, du chanoine et du curé pour le retenir furent inutiles, encore moins s'arrêta-t-il aux cris de Sancho, qui lui disait : Où allez-vous, seigneur Don Quichotte? quel démon vous tient au corps pour vous pousser ainsi contre notre foi catholique? Malheur à moi! Ne voyez-vous pas que c'est une procession de flagellants, et

[1] Cet endroit est un de ceux qui ont mérité le plus de censures à Cervantes. Quelque fou qu'il présente son Don Quichotte, une pareille scène est infâme, surtout par la part odieuse qu'y prennent le curé, le chanoine et le barbier. Il ose comparer lui-même ce combat à celui des chiens que l'on excite l'un contre l'autre. Comment ne s'est-il pas aperçu que c'était passer toutes les bornes du respect que l'on doit au lecteur, et que l'on se doit à soi-même? Qui, dans un pareil tableau, pourrait reconnaître le peintre de l'âge d'or?

que cette dame qu'on porte sur l'escabelle est la sainte image de la bienheureuse Vierge Marie sans tache? Regardez, seigneur, ce que vous allez faire : pour cette fois, on peut bien dire que vous ne le savez pas. Sancho s'épuisait en vain : son maître était trop empressé de charger les fantômes voilés et de délivrer la dame en deuil, pour entendre un seul mot, et, quand il l'aurait entendu, il ne serait pas revenu, le roi lui-même le lui eût-il ordonné. Il atteignit la procession, arrêta Rossinante, qui déjà ne demandait pas mieux que de se reposer un peu, et, d'une voix rauque et troublée, s'écria : Arrêtez, vous autres, qui sans doute n'êtes pas gens de bien, puisque vous vous cachez la figure; écoutez-moi. Les premiers qui s'arrêtèrent furent ceux qui portaient la figure, et l'un des quatre clercs qui chantaient les litanies, voyant la maigreur de Rossinante, l'étrange figure de Don Quichotte, et tout ce qu'il remarquait en lui de ridicule, lui répondit : Frère, si vous avez quelque chose à nous dire, dites-le promptement : ces frères que vous voyez se déchirent la chair, et il ne serait pas raisonnable de nous arrêter pour rien entendre, à moins que ce ne soit si peu que deux mots suffisent. Je n'en dirai qu'un, répond Don Quichotte, et le voici : A l'instant, mettez en liberté cette belle dame, dont les larmes et l'air triste prouvent clairement que vous l'emmenez par force, et que vous lui avez fait quelque notable outrage; moi, qui suis né pour porter remède à de semblables griefs, je ne souffrirai pas que vous fassiez un pas de plus avant de lui avoir rendu la liberté qu'elle réclame et qu'elle mérite. Ce discours fit aisément connaître à ceux qui l'écoutaient que Don Quichotte ne pouvait être qu'un fou : ils éclatèrent de rire; mais ces ris furent la poudre qui fit éclater la colère du chevalier. Sans dire un mot de plus, il tire son épée et s'avance vers le brancard. Un de ceux qui le portaient abandonne la charge à ses compagnons, et s'avance vers Don Quichotte, en brandissant une fourche ou bâton qui lui servait à soutenir le brancard quand il se reposait. Il reçoit sur ce bâton un grand coup d'épée qui le brise en deux ; mais, avec le bout qui lui reste, il assène un tel coup sur l'épaule du chevalier, du côté de l'épée, que l'écu ne put protéger contre l'atteinte du manant, que le pauvre Don Quichotte est jeté par terre, en fort mauvais état. Sancho, qui l'avait suivi tout haletant, le voyant à terre, crie à son ennemi de ne point redoubler, ajoutant que c'est un pauvre chevalier enchanté, qui, dans toute sa vie, n'avait fait de mal à personne ; mais, ce qui fit arrêter le vilain, ce ne furent pas les cris de Sancho, ce fut de voir que Don Quichotte ne remuait ni pied ni main. Croyant l'avoir tué, il retroussa promptement sa tunique à sa ceinture et se mit à fuir dans la campagne, comme un daim. En ce moment, arrivèrent sur le lieu tous ceux de la compagnie de Don Quichotte. Mais les gens de la procession, les voyant accourir ainsi, accompagnés des archers avec leurs armes, craignirent quelque mauvaise affaire : ils se groupèrent tous autour de la figure, ôtant leurs chaperons, empoignant leurs disciplines, et les clercs leurs grands chandeliers, et attendirent l'assaut, résolus de se défendre, et même d'attaquer, s'ils le pouvaient. Mais la fortune en ordonna mieux qu'ils ne le pensaient. Sancho se jeta sur le corps de son maître, faisant les plus tristes et les plus grandes lamentations du monde, parce qu'il le croyait mort ; le curé fut reconnu par un confrère qui se trouvait mêlé à la procession, et cette reconnaissance calma la frayeur des deux troupes. Le premier curé mit l'autre au fait, en deux mots, de ce qu'était Don

Quichotte : alors, lui et toute la troupe des flagellants s'approchèrent du pauvre chevalier pour voir s'il respirait encore et ils entendirent Sancho qui disait les larmes aux yeux : O fleur de la chevalerie, qui, d'un seul coup de bâton, as vu terminer le cours de tes ans si bien employés, honneur de ta race, orgueil et gloire de la Manche et du monde entier, qui sans toi, va devenir plein de malfaiteurs, sûrs de n'être pas punis de leurs mauvaises actions ! ô libéral par-dessus tous les Alexandres, puisque, pour huit mois seulement de services[1], tu m'avais accordé la meilleure des îles que la mer environne ! ô humble avec les superbes, fier avec les humbles, affronteur de périls, patient dans les affronts, amoureux sans sujet, imitateur des bons, fléau des méchants, ennemi des pervers, enfin chevalier errant, qui renferme tout ce que l'on peut dire ! Aux cris, aux gémissements de Sancho, Don Quichotte revint à la vie, et ses premières paroles furent : Celui qui vit loin de vous, ô très douce Dulcinée ! endure des maux bien plus grands que ceux-ci. Aide-moi, ami Sancho, à me remettre sur le char enchanté, car je ne suis pas en état de me tenir sur Rossinante ; j'ai cette épaule tout à fait brisée. Bien volontiers, seigneur, répondit Sancho, et retournons à notre village, en la compagnie de ces seigneurs qui ne veulent que votre bien. Là, nous donnerons ordre à faire une autre sortie qui nous rapporte plus de profit et de gloire. Tu dis bien, mon fils, reprit Don Quichotte : ce sera un grand acte de prudence que de laisser passer la mauvaise influence des astres qui règne à présent. Le chanoine, le barbier, le curé, lui dirent qu'il ferait fort bien de suivre cette idée. Ainsi, après s'être bien divertis des naïvetés de Sancho, ils remirent Don Quichotte sur la charrette, comme il y était auparavant. La procession se rétablit en ordre et poursuivit son chemin ; le chevrier prit congé de toute la compagnie ; les archers ne voulurent pas aller plus loin, et le curé leur paya ce qui leur était dû ; le chanoine pria le curé de lui donner des nouvelles de Don Quichotte, et de lui faire savoir s'il guérissait de sa folie, ou si elle persistait, et lui demanda la permission de continuer sa route. Enfin, tous se séparèrent ; il ne resta plus que le curé, le barbier, Don Quichotte, Sancho et le bon Rossinante, qui, dans toutes les rencontres, avait montré autant de patience que son maître.

Le bouvier attela ses bœufs, accommoda Don Quichotte sur une botte de foin, puis, au pas accoutumé de ses flegmatiques animaux, il suivit le chemin que lui indiqua le curé. Enfin, au bout de six jours, ils arrivèrent au village à la moitié du jour, qui se trouva être un dimanche. Tout le monde était rassemblé sur la place, au travers de laquelle passa la charrette. Chacun accourut pour voir ce qu'elle contenait : quand ils eurent reconnu leur compatriote, ils restèrent tout étonnés. Un petit garçon courut avertir la nièce et la gouvernante que leur oncle et seigneur arrivait, maigre et jaune, dans une charrette à bœufs, sur un tas de foin. C'était pitié d'entendre les cris des deux bonnes dames, les coups qu'elles se donnèrent, et les malédictions dont elles chargèrent de nouveau les livres de chevalerie, et ce fut à recommencer quand elles virent Don Quichotte entrer dans sa maison. Au bruit de son arrivée, la femme de Sancho accourut : elle avait su qu'il l'avait suivi en qualité d'écuyer. En apercevant Sancho, la première parole qu'elle lui dit fut de s'informer si l'âne se portait bien. Mieux que le

1. Cette énumération ne s'accorde guère avec celle qui a été donnée plus haut. Mais les poètes, et surtout Cervantes, ne se piquent pas d'être très exacts dans leurs supputations.

maître, répondit Sancho. Dieu soit loué qui m'a fait tant de grâce! reprit-elle. Mais, dis-moi maintenant, mon ami, quel profit rapportes-tu de ton métier d'écuyer? quelle jupe[1] à la savoyarde m'apportes-tu? où sont les souliers pour tes enfants? — Je n'apporte rien de tout cela, femme, mais des choses de plus grande importance. — Je m'en réjouis, répondit la femme. Montre-moi donc ces choses de plus grande importance, mon ami, je veux les voir pour me réjouir le cœur, que j'ai eu si triste pendant les siècles de ton absence. — Je te les montrerai à la maison, femme; pour le présent, contente-toi de savoir qu'avec la grâce de Dieu, la première fois que nous sortirons pour chercher des aventures, tu me verras bientôt revenir comte ou gouverneur d'une île, non de ces îles comme on en voit tant, mais la meilleure qu'on puisse trouver. — Dieu le veuille, mon mari, car nous en avons bien besoin. Mais, dis-moi, qu'est-ce que c'est que des îles? je ne connais pas cela. — Le miel n'est pas pour la bouche de l'âne, répondit Sancho: quand il en sera temps, tu le verras, femme, et tu seras tout étonnée de t'entendre appeler *seigneurie* par tes vassaux. Que parles-tu de seigneuries, d'îles et de vassaux? reprit Jeanne Pança[2] (ainsi se nommait la femme de Sancho, quoiqu'ils ne fussent point parents, mais parce que, dans la Manche, l'usage est que les femmes prennent le nom de leurs maris). — Ne te mets pas en peine, Jeanne, de savoir tout cela sitôt; qu'il te suffise de savoir que je te dis la vérité, et bouche close. Je te dirai seulement, en passant, qu'il n'y a rien au monde de plus agréable que d'être l'honorable écuyer d'un chevalier errant qui va cherchant les aventures. Il est bien vrai que le plus grand nombre de celles qu'on rencontre ne réussit pas toujours comme on le désirerait; car, de cent, il y en a quatre-vingt-dix-neuf qui vont de travers. Je le sais par expérience : des unes je suis sorti berné, des autres moulu de coups; mais, avec tout cela, c'est une belle chose d'espérer des événements, en traversant les montagnes, fouillant les forêts, gravissant les rochers, visitant les châteaux, logeant dans les hôtelleries à discrétion, sans payer au diable un maravédis. Ce colloque avait lieu entre Jeanne et Sancho, tandis que la nièce et la gouvernante recevaient Don Quichotte, le déshabillaient et le couchaient dans son ancien lit. Il les regardait avec des yeux égarés, et ne savait pas bien reconnaître en quel lieu il était. Le curé recommanda à la nièce d'avoir le plus grand soin de son oncle, et d'être alerte à ne pas le laisser échapper encore une fois, lui racontant tout ce qu'il avait fallu faire pour le ramener chez lui. A ce récit, les deux femmes renouvelèrent leurs cris et leurs malédictions contre les livres de chevalerie, priant le ciel de précipiter au fond de l'abîme les auteurs de tant de mensonges et de folies. Enfin, elles restèrent tristes et dans des transes continuelles que leur oncle et seigneur ne disparût encore quand il se verrait un peu rétabli, ce qui ne manqua pas d'arriver comme elles l'avaient prévu.

Mais l'auteur de cette histoire, malgré tous les soins qu'il a mis à la recherche des actions de Don Quichotte dans sa troisième sortie, n'en a pu rien découvrir, du moins par documents authentiques. On sait seulement, d'après les traditions

[1] *Saboyana*. Grande jupe ouverte par devant, dont la mode était venue de la Savoie.

[2] Cervantes donne plusieurs noms à la femme de Sancho; mais c'est le nom de Thérèse qui domine, et c'est celui-là que l'auteur lui conserve jusqu'à la fin.

conservées dans la Manche, qu'à sa troisième sortie, Don Quichotte alla à Saragosse, où il assista à des joutes fameuses qui eurent lieu dans cette ville, et fit des actions dignes de sa valeur et de l'excellence de son jugement. De ses autres aventures et de sa fin, il n'en a pu rien savoir, et jamais il n'en eût rien découvert, si sa bonne fortune ne lui avait fait rencontrer un vieux médecin qui possédait une caisse de plomb qu'il disait avoir été trouvée dans les fondations d'un ancien ermitage qu'on rebâtissait. Dans cette caisse étaient des parchemins écrits en lettres gothiques, mais en vers castillans, qui contenaient plusieurs aventures, décrivaient la beauté de Dulcinée, la figure de Rossinante, la fidélité de Sancho et la sépulture de Don Quichotte, avec différentes épitaphes et des éloges de sa vie et de ses mœurs. Le véridique auteur de cette histoire, neuve et inouïe, rapporte ici les vers qu'on a pu déchiffrer et lire. Cet auteur, pour prix du travail immense que lui ont coûté ses recherches dans toute les archives de la Manche, ne demande à ses lecteurs que d'ajouter à son récit la même foi que les personnes sages ont dans les livres de chevalerie, si en vogue aujourd'hui; s'il l'obtient, il se trouvera satisfait et bien payé, et encouragé à rechercher d'autres aventures, sinon aussi véritables, du moins d'une égale invention et non moins agréables [1].

Les premières paroles écrites sur le parchemin trouvé dans la caisse de plomb étaient celles-ci :

Les académiciens de la Argamasilla, village de la Manche, *ont écrit ceci* sur la vie et la mort du valeureux Don Quichotte de la Manche.

ÉPITAPHE.

Le Monicongo [2], *académicien d'Argamasilla, sur la sépulture de Don Quichotte.*

Le cerveau timbré qui enrichit la Manche de plus de dépouilles que Jason de Crète, le jugement qui avait la girouette pointue quand il aurait mieux valu qu'elle fût plate;

Le bras dont la puissance s'étendait du Catay à Gaëte, la Muse la plus terrible et la plus éclairée qui jamais ait gravé des vers sur le bronze;

Celui qui a laissé bien loin les Amadis, a réduit à bien peu les Galaors, appuyé qu'il était sur les étriers de l'amour et de la valeur;

Celui qui a imposé silence aux Bélianis, celui-là qui chercha les aventures monté sur Rossinante, gît sous cette froide pierre.

Le Paniaguado (pain et eau, ce nom signifie un convive habituel d'une maison), *académicien d'Argamasilla, en l'honneur de Dulcinée du Toboso.*

SONNET.

Celle que vous voyez, au visage rebondi, à la poitrine haute, aux manières libres, est Dulcinée, reine du Toboso, la dame des pensées de Don Quichotte.

Il parcourut pour elle les deux revers de la montagne Noire, la célèbre campagne de Montiel, jusqu'à la plaine verdoyante d'Aranjuez, à pied et avec grande fatigue.

[1] Cervantes fait allusion à d'autres ouvrages qu'il pouvait se proposer, car il ne pensait point alors à donner une seconde partie à son *Don Quichotte*.

[2] *Monicongo.* Mot fantasque et composé comme ceux qui suivent, et qui paraît signifier le singe du Congo, ou le Congo.

Ce fut la faute de Rossinante. O funeste destinée! la beauté de la Manche, et l'invincible chevalier errant à la fleur de leur âge,

Moururent, elle perdant par sa mort sa beauté, et lui, quoique son nom vive sur le marbre, ne peut fuir de l'amour la fureur et les tromperies.

Le Caprichoso [1], *très savant académicien d'Argamasilla, en l'honneur de Rossinante, cheval de Don Quichotte de la Manche.*

SONNET.

Sur le piédestal brillant de l'éclat du diamant que Mars foule de ses pieds sanglants, le frénétique chevalier de la Manche agite son étendard avec une fierté merveilleuse.

Il suspend les armes et l'acier tranchant, avec lequel il détruit, renverse, coupe, divise: prouesses inouïes; mais le génie invente un nouveau style pour un nouveau paladin.

Si la Gaule est fière de son Amadis, si la Grèce a triomphé mille fois et étendu sa gloire par le bras de ses descendants,

Aujourd'hui Bellone donne la palme à Don Quichotte, et la Manche s'enorgueillit de lui avoir donné le jour, plus que la Gaule et plus que la Grèce.

Jamais l'oubli n'obscurcira sa gloire, et Rossinante lui-même surpasse en bonté Bride-d'Or et Bayard.

Le Burlador [2], *académicien d'Argamasilla, à Sancho Pança.*

SONNET.

Voici Sancho Pança, petit de corps, mais grand par sa valeur. Miracle étonnant! il fut l'écuyer le plus simple et le plus sincère qu'ait vu le monde, je vous l'assure.

Il s'en fallut peu qu'il ne fût comte, mais contre lui conjurèrent la méchanceté et l'injustice du siècle qui ne pardonnent pas même à un âne.

C'est sur cette monture que ce bon écuyer suivit le bon Rossinante et son maître.

O vaines espérances des hommes! vous promettez gloire et loisir, et n'amenez que songes, ombre et fumée.

Le Cachidiablo (masque habillé en diable), *académicien d'Argamasilla, sur la sépulture de Don Quichotte.*

ÉPITAPHE.

Ci-gît le chevalier, bien battu, mal chevauchant, que Rossinante porta sans but çà et là.

Sancho Pança, le sot grossier, gît à côté de lui, écuyer le plus fidèle qui se soit vu parmi tous les écuyers.

Le Tiquitoc [3], *académicien d'Argamasilla, sur la sépulture de Dulcinée du Toboso.*

ÉPITAPHE.

Ici repose Dulcinée, qui bien que charnue, a été réduite à n'être que cendre et poussière par le pouvoir redoutable de la mort.

Elle avait des airs de grande dame et elle fut de grand lignage; c'était la gloire de son village et l'amour de Don Quichotte.

Tels furent les vers que l'on put lire; les autres, dont les lettres étaient ron-

[1] Le capricieux. [2] Le railleur. [3] *Tiquitoc.* Ce nom est tiré peut-être de *tiquis-miquis*, termes barbares qui s'appliquent aux paroles affectées.

gées, furent confiés à un académicien pour qu'il les fît connaître par conjectures. On sait qu'il l'a fait au prix de longues veilles et d'un grand travail, et que son intention est de les mettre au jour avec l'espoir de la troisième sortie de Don Quichotte.

Forsi altro canterà con miglior plettro.

FIN DE LA PREMIÈRE PARTIE.

L'INGÉNIEUX GENTILHOMME

DON QUICHOTTE

DE LA MANCHE.

SECONDE PARTIE.

ÉPITRE DÉDICATOIRE

AU COMTE DE LEMOS.

Lorsque j'envoyai à Votre Excellence mes comédies, imprimées avant d'être représentées, j'ai dit, si je m'en souviens bien, que Don Quichotte chaussait ses éperons pour aller baiser les mains de Votre Excellence. Il les a chaussés maintenant et s'est mis en chemin. S'il arrive, j'aurai rendu, je crois, quelque service à Votre Excellence. En effet, on me presse de tous côtés de le mettre en route, pour détruire la crainte et le dégoût qu'inspire un autre Don Quichotte qui, dans un récit décoré du titre de *seconde partie*, a pris un masque et s'est mis à courir le monde.

Celui de tous qui a paru le désirer le plus vivement est le grand empereur de la Chine. Il m'a écrit depuis environ un mois et m'a fait remettre par un exprès une lettre en langue chinoise pour me demander, ou pour mieux dire me supplier de le lui envoyer, parce que son intention est de fonder un collége pour l'enseignement de la langue castillane, et il désire que le livre destiné à l'étude soit l'histoire de Don Quichotte. Il m'engageait en même temps à accepter les fonctions de recteur de ce collége. Je demandai au porteur si Sa Majesté lui avait donné quelque chose pour mes frais. Il me répondit qu'elle n'y avait pas même pensé. S'il en est ainsi, frère, lui dis-je, vous pouvez retourner à la Chine, le 10, le 20 ou quand vous voudrez, ma santé ne me permet pas d'entreprendre un aussi long voyage. Ce n'est pas assez que d'être malade, je suis très peu en argent, et empereur pour empereur, monarque pour monarque, j'ai à Naples le grand comte de Lemos qui, sans tant de beaux titres de collége ni rectorat, me soutient, me protége et me fait plus de grâces que je n'en peux désirer. Je l'expédiai avec ces mots, et je m'expédie moi-même en annonçant à Votre Excellence les *Travaux de Persiles et Sigismonde*, livre que je terminerai d'ici à quatre mois, s'il plaît à Dieu. Ce sera le pire ou le meilleur de tous les livres publiés en notre langue, je veux parler des livres de délassement. Je me repens d'avoir dit le pire, car l'opinion de mes amis est qu'il sera aussi bon que possible. Que Votre Excellence jouisse de la santé que je lui désire; Persiles sera bientôt prêt à lui baiser les mains et moi je lui baise les pieds, comme serviteur de Votre Excellence.

De Madrid, le dernier d'octobre 1615.

De Votre Excellence le serviteur,

Miguel de Cervantes Saavedra.

PROLOGUE AU LECTEUR.

Dieu me soit en aide! lecteur illustre ou plébéien : avec quel empressement tu dois attendre ce prologue, croyant y trouver des représailles, des injures, des critiques contre l'auteur du *Second Don Quichotte!* Je veux parler de celui qu'on dit avoir été engendré à Tordesillas, et qui prit naissance à Tarragone[1] : mais, en vérité, je ne te donnerai pas cette satisfaction, car, si les injures éveillent la colère dans les cœurs les plus humbles, le mien fait exception à la règle. Voudrais-tu que je le traitasse d'ignorant, d'insensé, d'insolent? Cela n'entre pas même dans ma pensée : que sa faute lui serve de punition, qu'il la mange avec son pain et grand bien lui fasse. Une chose à laquelle je n'ai pu m'empêcher d'être sensible, c'est qu'il me traite de vieux et de manchot, comme s'il avait été en mon pouvoir d'arrêter le temps, comme s'il ne passait pas pour moi, ou comme si mon infirmité me fût survenue dans quelque taverne et non dans l'action la plus mémorable qu'aient vue les siècles passés et présents, ou que puisse attendre l'avenir. Si mes blessures ne brillent pas aux yeux qui les voient, elles me font honneur du moins auprès des personnes qui savent comment je les ai reçues. Il est plus digne d'un soldat de mourir dans la bataille que d'obtenir son salut par la fuite ; cela est si certain pour moi que si dans ce moment on me proposait la réalisation d'une chose impossible, j'aimerais mieux m'être trouvé à cette prodigieuse journée que de n'en avoir point partagé les périls et d'être aujourd'hui sans blessures; celles qui brillent sur le visage et sur la poitrine d'un soldat, sont des étoiles qui conduisent les autres au ciel de l'honneur et à l'ambition d'une juste louange, et il ne faut pas oublier que l'on n'écrit pas avec des cheveux blancs, mais à l'aide de l'intelligence et de la raison, qui s'améliorent avec les années.

J'ai été blessé aussi qu'il m'ait appelé envieux, et qu'il m'ait décrit, comme si je l'avais ignoré, ce que c'est que l'envie. En honneur et en conscience, des deux espèces d'envie, je ne connais que celle qui est sainte, noble et pure d'intention,

[1] La prétendue suite de Don Quichotte, imprimée à Tarragone, sous ce titre : *Vie et actions de Don Quichotte de la Manche, sa quatrième sortie, et la cinquième partie de ses aventures*, par Al. Fernandez de Avellaneda.

Cela étant, ce n'est pas moi qui attaquerai jamais un prêtre[1], surtout s'il joint à ce titre celui de familier du saint office. Si mon accusateur a en vue celui qu'il semble désigner, il s'est trompé du tout au tout : j'adore le génie, j'admire les ouvrages et la vie honorable et vertueuse de celui dont il parle. Je remercie ce seigneur auteur de trouver mes *nouvelles* plus satiriques qu'instructives, mais de les juger bonnes; et elles ne pourraient l'être si elles ne réunissaient pas ces qualités.

Il me semble t'entendre dire que je m'avance peu et me renferme très strictement dans les limites de la modestie. En vérité, l'on ne doit point accroître les chagrins d'un homme affligé, et ceux de cet écrivain doivent être grands, puisqu'il n'ose pas se montrer à ciel découvert, cache son nom et déguise sa patrie, comme s'il était coupable du crime de lèse-majesté[2]. Si, par aventure, tu viens à le connaître, dis-lui, de ma part, que je ne me regarde point comme offensé; que je sais ce que sont les tentations du démon, et qu'une des plus grandes est de mettre dans la tête d'un homme qu'il est en état d'écrire et d'imprimer un livre, qui lui rapportera autant d'honneur que de profit, autant de profit que d'honneur; pour preuve, je souhaite qu'avec ton esprit et ta grâce tu veuilles bien lui répéter ce conte :

Il y avait à Séville un fou, qui était atteint de la plus plaisante folie du monde. La voici : il fit un tuyau d'un roseau aiguisé par le bout. Lorsqu'il rencontrait un chien dans la rue, ou partout ailleurs, il appuyait un pied sur une de ses pattes, relevait l'autre avec la main, et, du mieux qu'il pouvait, ajustait son tuyau de manière à rendre, en soufflant, l'animal rond comme une pelote. Quand il l'avait mis en cet état, il le chassait en lui donnant deux petits coups sur le ventre, en disant aux nombreux spectateurs : Croyez-vous que ce soit chose facile que de gonfler un chien?

Croyez-vous aussi que ce soit chose facile que de faire un livre? Si ce conte ne lui suffit, dis-lui cet autre, ami lecteur; il s'agit encore d'un fou et d'un chien :

Un autre fou vivait à Cordoue. Son habitude était de porter sur la tête un morceau de marbre, ou quelque pierre assez lourde. Quand il rencontrait un chien sans défiance, il l'acostait et laissait tomber le poids droit sur lui. Le chien se fâchait, aboyait, hurlait et ne s'arrêtait pas avant d'avoir parcouru trois rues. Il arriva qu'entre tous ces chiens, il s'en trouva un qui appartenait à un bonnetier et que son maître aimait beaucoup. La pierre tombe, frappe sur la tête de ce chien, il crie, son maître le voit et s'irrite. Il saisit une varre[3], saute sur le fou et ne lui laisse pas un os intact. A chaque coup il lui disait : Chien, voleur, à mon lévrier! Tu n'as donc pas vu que mon chien était un lévrier? et répétant ainsi mainte fois le nom de lévrier, il renvoya le fou tout meurtri. La leçon ne fut pas perdue. Le fou se retira et ne reparut pas de plus d'un mois : au bout de ce temps il revint à sa manie et avec une charge plus forte. Il s'approchait du chien, le regardait avec beaucoup d'attention et sans oser laisser tomber la pierre disait : C'est un lévrier, prenons garde. Tous les chiens qu'il rencontrait, gros ou petits, il disait que c'étaient des lévriers et la pierre ne tombait plus. Peut-être en arri-

[1] Lope de Vega.

[2] Le nom d'Avellaneda cache un auteur inconnu.

[3] *Varra de medir*, varre ou barre pour mesurer.

vera-t-il autant à notre écrivain, il n'osera plus lâcher en livres la charge de son esprit. Quand ils sont mauvais, ils sont plus durs que les pierres.

Dis-lui encore, lecteur, que la menace qu'il me fait de m'ôter tout profit avec son livre, m'importe peu. Je lui réponds comme dans l'intermède fameux de la *Perendenga* : Vive le vingt-quatre [1], monseigneur, et le Christ soit avec tous! Vive le grand comte de Lemos, dont l'humanité, la libéralité bien connues me soutiennent contre tous les coups de ma mauvaise fortune! Vive l'extrême bienfaisance de l'illustre don Bernard de Sandoval et Rojas, archevêque de Tolède! N'y eût-il plus d'imprimeries au monde, ou dussent s'imprimer contre moi plus de livres qu'il n'y a de lettres dans les stances de *Mingo Revulgo*. Ces deux seigneurs, sans être sollicités par mes flatteries, ou par aucun autre éloge, sans autre motif que leur bonté, se sont chargés de prendre soin de moi, de me protéger, et je m'en estime plus heureux, plus riche que si la fortune, par les voies ordinaires, m'avait comblé de ses faveurs. L'honneur peut habiter avec le pauvre, mais non avec l'homme vicieux; la pauvreté obscurcira bien de quelques nuages la noblesse, mais elle ne saurait la voiler entièrement : la vertu brille d'un éclat qui lui est propre, malgré tous les inconvénients de l'indigence, elle sait se faire estimer et protéger des esprits nobles et élevés.

Tu n'en diras pas plus et je ne t'en dirai pas davantage, ami lecteur. Je t'avertis seulement que cette seconde partie du *Don Quichotte* que je t'offre est coupée par la même main, et dans la même étoffe que la première. J'y conduis mon héros jusqu'à sa mort, jusqu'à sa sépulture, afin que personne n'ait la hardiesse de lui imputer d'autres faussetés. C'est bien assez de ce qu'on a fait; c'est assez qu'un homme d'honneur t'ait fait connaître les sages folies de Don Quichotte, sans vouloir y pénétrer de nouveau : la trop grande abondance, même des bonnes choses, fait qu'on les estime peu; la rareté donne quelque prix même à ce qui est mauvais. J'oubliais de te dire d'attendre le *Persiles* que j'achève, et la seconde partie de *Galatée* [2].

CHAPITRE I.

DE CE QUI SE PASSA ENTRE LE CURÉ, LE BARBIER ET DON QUICHOTTE, AU SUJET DE SA MALADIE.

Cid Hamet Benengeli raconte, dans la seconde partie de cette histoire, et troisième sortie de Don Quichotte, que le curé et le barbier furent plus d'un mois sans le voir, pour ne pas lui rappeler ce qui s'était passé. Cependant, ils ne laissèrent pas de visiter la nièce et la gouvernante, leur recommandant d'avoir soin de le bien traiter, de lui donner une nourriture fortifiante, bonne pour le cœur et le cerveau, d'où, selon toute apparence, provenait sa triste situation : elles répondirent qu'elles en usaient ainsi, et qu'elles continueraient avec tout le soin et la bonne volonté

[1] *Veintiquatro*, c'est une charge comme celle de *regidor*. Le titre est pris du nombre des fonctionnaires.

[2] Ici Cervantes annonce au lecteur son roman de *Persiles et Sigismonde*, et la seconde partie de sa *Galatée*, qui pourtant n'a jamais vu le jour.

possibles, car elles surprenaient des moments où leur maître paraissait jouir de tout son bon sens. Cette nouvelle leur causa beaucoup de satisfaction ; ils se félicitaient du succès qu'ils avaient obtenu en le ramenant enchanté sur la charrette à bœufs, comme on l'a conté dans le dernier chapitre de la première partie de cette grande et ponctuelle histoire. En conséquence, ils résolurent de le visiter, pour vérifier cette amélioration, qu'ils regardaient presque comme impossible, et ils convinrent de ne toucher aucun point qui eût rapport à la chevalerie, pour ne pas risquer de découvrir une blessure dont les points de suture étaient encore si récents. Ils le virent enfin et le trouvèrent assis sur son lit, vêtu d'une camisole de laine verte, avec un bonnet rouge de Tolède ; il était si sec et si décharné, qu'il ressemblait à une momie. Ils en furent très bien reçus, lui demandèrent des nouvelles de sa santé, et il leur en rendit compte en homme de bon sens et en termes choisis. Dans le cours de la conversation on vint à parler des affaires d'État, des moyens de gouvernement : on corrigeait un abus, on en détruisait un autre ; on réformait une coutume, on abolissait celle-là : chacun des trois se faisait législateur, un moderne Lycurgue, un nouveau Solon. Ils changèrent si bien la face du gouvernement, qu'ils semblaient l'avoir mis sur l'enclume, d'où il était sorti tout autre. Sur toutes les matières qui furent traitées, Don Quichotte parla avec tant de convenance, que les deux examinateurs crurent indubitablement qu'il avait entièrement recouvré la raison. La nièce et la gouvernante étaient présentes à la conversation, et ne se lassaient pas de rendre grâce à Dieu de voir leur seigneur avec tant de bon sens. Mais le curé, abandonnant la première résolution qui avait été prise de ne pas parler de chevalerie, voulut pousser l'épreuve jusqu'au bout, et voir si la guérison de Don Quichotte était vraie ou fausse. Ainsi, de propos en propos, il vint à raconter quelques nouvelles arrivées de la cour, et dit, entre autres, qu'on tenait pour certain que le Turc descendait avec une flotte puissante, mais qu'on ignorait son dessein et sur quel endroit devait fondre ce gros nuage ; que ces projets avaient répandu dans toute la chrétienté l'alarme que l'infidèle renouvelle ainsi tous les ans, et que Sa Majesté avait fait armer les côtes de Naples, de la Sicile et l'île de Malte. Sa Majesté, répondit Don Quichotte, agit en guerrier prudent en fortifiant à temps ses États, pour que l'ennemi ne les surprenne pas sans défense ; mais, si elle prenait mon avis, je lui conseillerais une précaution à laquelle, pour le moment, elle doit être bien éloignée de penser. Ah ! pauvre Don Quichotte, dit en lui-même le curé en entendant ces mots, Dieu te garde ! te voilà, je crois, retombé de toute la hauteur de ta folie dans l'abîme de ta faiblesse. Le barbier, pénétré de la même idée, demanda à Don Quichotte quelle était cette précaution qu'il serait bon de prendre ; car, ajouta-t-il, elle pourrait bien se trouver du nombre de ces avis impertinents qu'on a coutume de donner aux rois. Mon avis, seigneur barbier, répondit Don Quichotte, n'est point impertinent, mais au contraire très pertinent. Ce que j'en dis, répondit le barbier, c'est parce que l'expérience nous a prouvé que la plupart des projets que l'on présente à Sa Majesté sont impraticables, insensés, ou même nuisibles à l'État et au souverain. Le mien, dit Don Quichotte, n'est ni impraticable ni insensé ; c'est le plus facile, le plus juste, le plus convenable et le plus prompt de tous les moyens qui puissent entrer dans la pensée d'un donneur d'avis. Vous tardez trop à nous l'apprendre, seigneur, dit le curé. — Je ne me soucierais pas trop de le dire en ce moment, pour que demain matin il parvînt aux oreilles des seigneurs conseillers, et qu'un autre reçût les éloges et le prix de mon travail. Pour moi, répond le barbier, je jure, devant Dieu et devant les hommes, de ne point répéter ce que vous direz ni à roi, ni à roc, ni à homme mortel : c'est un serment que j'ai trouvé dans la romance du Curé, laquelle, dans sa préface, fait connaître au roi le larron qui lui a volé cent doublons et sa mule qui allait si bien l'amble. Je ne connais point ces histoires, répond Don Quichotte, mais je sais que ce serment est fort bon, parce que je suis convaincu que le seigneur barbier est homme de bien. Quand il ne le serait point, dit le curé, je réponds pour lui que dans cette circonstance il ne parlera pas plus qu'un muet, sous peine de payer l'amende assignée. Et vous, seigneur curé, reprend Don Quichotte, qui me répond de vous? — Ma profession, qui m'oblige à garder le secret. — Corbleu ! dit Don Quichotte, qu'y a-t-il de plus à faire, sinon que Sa Majesté ordonne, par une proclamation, que tous les chevaliers errants qui sont disséminés en Espagne aient à se rendre à la cour, à jour nommé. N'en vînt-il qu'une demi-douzaine, tel d'entre eux pourrait suffire, à lui seul, pour détruire toute la puissance des Turcs. Prêtez-moi votre attention, seigneurs, et suivez mon discours. Est-ce une chose nouvelle qu'un seul chevalier errant détruise une armée de deux cent mille hommes, comme s'ils n'avaient à eux tous qu'un seul cou, et qu'ils fussent faits de pâte de sucre? Dites-moi si les histoires ne sont pas remplies de ces merveilles. Si, par malheur pour moi (je ne veux pas dire pour un autre), vivait aujourd'hui le fameux don Bélianis, ou quelque autre des innombrables descendants d'Amadis de Gaule, et qu'il attaquât le Turc, le profit du Turc ne serait pas propre à faire des rentes. Dieu regardera son peuple en pitié, et suscitera quelque chevalier qui, s'il n'est aussi puissant que ceux des temps passés, les égalera du moins en courage. Dieu m'entend, je n'en dirai pas davantage. Ah ! s'écria la nièce, que je meure, si mon seigneur n'a pas l'intention de redevenir chevalier errant ! Je dois mourir chevalier errant, répond Don Quichotte : que le Turc monte ou descende avec autant de forces qu'il voudra, je le répète, Dieu m'entend. Je supplie vos seigneuries, dit alors le barbier, de me permettre de raconter une courte histoire arrivée à Séville; elle vient si à propos, que j'ai le désir de vous la dire. Don Quichotte y consentit, le curé et les autres prêtèrent attention, et le barbier commença ainsi :

« Dans la maison des fous de Séville était un homme que sa famille avait fait enfermer là, parce qu'il avait perdu le jugement. Il était gradué en droit canon à Ossuna; mais l'eût-il été à Salamanque, au dire de plusieurs il n'en eût pas moins été fou. Après plusieurs années de réclusion, ce gradué vint à se persuader qu'il avait recouvré son bon sens. Dans cette confiance, il écrivit à l'archevêque, le suppliant instamment, et en termes fort sensés, de le retirer de la misère dans laquelle il vivait, puisque la miséricorde de Dieu lui avait rendu le jugement; ses parents, ajoutait-il, pour jouir de son bien, le retenaient en prison, soutenant, contre toute vérité, qu'il serait fou jusqu'à la mort. L'archevêque, persuadé par plusieurs billets pleins de sens et de raison, chargea un de ses chapelains de s'informer, du directeur de la maison, si ce que lui écrivait ce licencié était vrai, de converser lui-même avec ce fou, et que, s'il le trouvait réellement dans son bon sens, il le fît sortir et lui rendît la liberté. Le chapelain fit ce que lui prescrivait l'archevêque. Le directeur lui dit que cet homme était toujours fou; que bien qu'il conversât souvent avec beaucoup de raison, il retombait dans de telles extravagances, qu'elles étaient aussi grandes et aussi fréquentes que ses marques de sagesse, comme il était facile de s'en convaincre en l'entretenant. Le chapelain voulut en faire l'épreuve : il causa, pendant plus d'une heure, avec le fou; et, pendant tout ce temps, il n'échappa à ce dernier aucune extravagance ; au contraire, il s'exprima avec tant de convenance, que le chapelain fut bien forcé de le croire entièrement guéri. Entre autres choses, il disait que le directeur l'avait pris en aversion pour ne pas perdre les présents que lui faisait sa famille pour lui faire dire qu'il était toujours fou, avec des intervalles lucides; que le plus grand ennemi qu'il eût, dans sa disgrâce, c'était sa grande fortune, parce que, pour en conserver la jouissance, ses ennemis avaient recours au mensonge, et niaient la grâce que lui avait faite Notre-Seigneur de le changer de bête en homme. Enfin, il s'exprima de manière à rendre suspect le directeur de la maison, à faire passer ses parents pour des gens avides et sans âme, et lui-même pour si raisonnable, que le chapelain résolut de l'emmener avec lui, afin que l'archevêque le vît et touchât du doigt la vérité de cette affaire. Plein de bonne foi, le digne chapelain pria le directeur de faire rendre au licencié les habits avec lesquels il était entré là. Le directeur l'engagea de rechef à prendre bien garde à ce qu'il faisait; que, sans aucun doute, le licencié était toujours fou. Le chapelain ne tint compte des représentations et des avertissements du directeur pour qu'il ne persistât point à l'emmener. Celui-ci obéit à l'ordre de l'archevêque et rendit au gradué ses habits, qui étaient neufs et décents. Celui-ci se voyant vêtu en homme sensé et débarrassé de son costume de fou, supplia le chapelain de lui permettre par grâce d'aller prendre congé de ses camarades les fous : le chapelain y consentit, et voulut l'accompagner pour voir les malheureux détenus dans la maison. Ils s'y rendirent en effet accompagnés de quelques personnes qui se trouvèrent présentes. Le licencié arrive à une loge dans laquelle était un fou furieux, mais pour le moment assez tranquille, il lui dit : Frère, vois si tu as quelque commission à me donner, je m'en retourne dans ma maison; Dieu, dans sa miséricorde infinie, m'a rendu la raison, quoique indigne; je suis entièrement guéri et dans mon bon sens, car rien n'est impossible à l'Être suprême. Ainsi, espère en lui; puisqu'il m'a rendu à mon premier état, il pourra t'accorder la même grâce si tu mets ta confiance en lui. J'aurai soin de t'envoyer quelques bonnes choses à manger; mange-les en tout cas; car j'imagine, en homme qui a passé par-là, que toutes nos folies ne viennent que d'avoir l'estomac vide et le cerveau rempli de vent. Prends courage, ranime-toi; l'abattement dans l'infortune détruit la santé et amène la mort. Un autre fou, placé dans une loge vis-à-vis celle du furieux, entendit ce discours; il se lève de dessus une vieille natte sur laquelle il était couché tout nu, et demande à grands cris quel est celui qui s'en va ainsi sage et guéri. C'est moi, frère, répond le licencié; je n'ai plus rien à faire ici, et je rends grâce au ciel de la grande faveur qu'il m'a faite. Prends garde à ce que tu dis, licencié, reprend le fou; que le diable ne t'abuse pas; arrête-toi, reste tranquille dans ta loge, tu t'épargneras la peine de revenir. Je suis certain d'être guéri, répond l'autre, et que je n'aurai plus besoin de revenir dans cette maison. — Toi guéri?

dit le fou, à la bonne heure, le temps le dira. Va, que Dieu te conduise ; mais je jure par Jupiter, dont je représente sur terre la majesté, que, pour le seul péché qu'elle commet en te reconnaissant pour sage et te rendant la liberté, je châtierai si bien Séville qu'elle s'en souviendra dans tous les siècles des siècles, amen. Ne sais-tu pas, petit licencié, que j'en ai le pouvoir, puisque, comme je le dis, je suis Jupiter Tonnant, et que je tiens dans mes mains la foudre incendiaire avec laquelle je peux, et c'est ma coutume, menacer et détruire le monde? Mais je me contenterai, contre ce peuple ignorant, d'un seul châtiment : je priverai de pluie la ville et tout son district pendant trois ans entiers, à compter du jour et du moment où je fais cette menace. Tu es libre, guéri, sage? Et moi, fou, malade, attaché? Va, je pense faire tomber de la pluie comme à m'aller pendre. Tous les assistants écoutaient attentivement les discours du fou ; mais notre licencié, se retournant vers le chapelain, et le prenant par la main, lui dit : Seigneur, ne vous alarmez point des menaces de ce fou, n'y attachez aucune importance ; car s'il est Jupiter, et ne veut pas donner de pluie, moi qui suis Neptune, le père et le dieu des eaux, j'en donnerai toutes les fois que j'en aurai le désir et qu'il sera nécessaire. Toutefois, répondit le chapelain, seigneur Neptune, il n'est pas bon d'irriter le seigneur Jupiter, restez dans votre loge ; un autre jour que nous aurons plus de temps et de loisir, nous reviendrons vous chercher. Le directeur et les autres se mirent à rire, et le chapelain pensa s'en fâcher. On dépouilla le licencié, qui resta dans sa loge, et le conte est fini. »

C'est donc là, seigneur barbier, dit Don Quichotte, ce conte qui venait si à propos, que vous n'avez pu vous empêcher de nous le rapporter? Ah ! seigneur raseur, seigneur raseur ! bien aveugle est celui qui ne peut voir à travers la toile d'un tamis ! Est-il possible que votre seigneurie ignore que les comparaisons que l'on fait d'esprit à esprit, de valeur à valeur, de beauté à beauté, de famille à famille, sont toujours odieuses et mal reçues? Moi, seigneur barbier, je ne suis point Neptune, le dieu des eaux, et je ne veux point que l'on me tienne pour sage, si je ne le suis pas. Je me tourmente seulement pour faire comprendre au monde l'erreur où il est de ne point faire renaître les temps heureux où brillait la chevalerie errante. Mais, notre siècle est trop dépravé pour jouir des biens infinis que goûtaient les âges où les chevaliers errants soutenaient seuls, portaient sur leurs épaules le fardeau de la défense des royaumes, de la protection des demoiselles, de l'assistance des pupilles et des orphelins, du châtiment des superbes et de la récompense des humbles. La plupart des chevaliers d'aujourd'hui préfèrent le damas, le brocart, les riches toiles dont ils se parent, et la cotte de maille dont ils s'arment. Il n'en est plus qui dorme dans les champs, exposé aux inclémences du ciel, armé de pied en cap ; il n'en est plus qui, sans ôter le pied de l'étrier, appuyé sur sa lance, cherche, comme on dit, à vaincre le sommeil, comme faisaient les chevaliers errants. Il n'en est aucun qui, sortant de ce bois, s'engage sur cette montagne, descende de là pour fouler une plage stérile et déserte, au bord d'une mer souvent agitée par la tempête, y trouve un petit bateau sans rames, sans voiles, sans mâts, sans agrès, se jette dedans d'un courage intrépide, s'abandonnant aux implacables vagues d'une mer profonde, qui tantôt l'élève jusqu'aux nues, tantôt le plonge dans l'abîme ; lui, faisant face à la tempête, se trouve, au moment où il s'y attend le moins, à trois mille lieues du point d'où il est parti, saute sur cette terre inconnue et lointaine, et rencontre des aventures dignes d'être retracées, non sur le parchemin, mais sur le bronze. Maintenant, la paresse triomphe de la diligence, l'oisiveté du travail, le vice de la vertu, l'arrogance de la valeur, et la théorie de la pratique des armes, qui ne brillèrent d'un éclat immortel que dans l'âge d'or et parmi les chevaliers errants. Exista-t-il, dites-moi, chevalier plus honnête et plus vaillant que le fameux Amadis de Gaule? plus avisé que Palmerin d'Angleterre? plus affable et plus complaisant que Tirant le Blanc? plus galant que Lisvard de Grèce? plus frappé et plus frappant de l'épée que don Bélianis? plus intrépide que Périon de Gaule? plus affronteur de dangers que Félix-Marte d'Hircanie? plus sincère qu'Esplandian? plus hardi que don Cirongilio de Thrace? plus brave que Rodomont? plus prudent que le roi Sobrin? plus téméraire que Renaud? plus invincible que Roland? plus brillant et courtois que Roger, duquel descendent les ducs de Ferrare, comme Turpin nous l'apprend dans sa *Cosmographie?* Tous ces chevaliers, seigneur curé, et beaucoup d'autres que je pourrais nommer, furent chevaliers errants, la gloire et la lumière de leur ordre. C'est de ceux-là ou de leurs pareils que je voudrais que fussent ceux auxquels se rapporte mon avis. S'ils en étaient, Sa Majesté se trouverait bien servie, diminuerait beaucoup ses dépenses, et le Turc s'en arracherait la barbe. Après cela, je veux rester dans ma loge, puisque le chapelain ne veut pas m'en tirer; et, si Jupiter, comme a dit le barbier, ne veut pas donner de la pluie, je suis là pour en donner quand il me plaira : ceci soit dit pour que le seigneur barbier sache que je l'ai fort bien compris.

En vérité, seigneur Don Quichotte, répondit le barbier, je n'ai point eu le dessein de vous déplaire : Dieu m'est témoin que mon intention était bonne; et que votre seigneurie ne doit point s'en offenser. Si je le dois ou non, répondit Don Quichotte, c'est ce que je sais. Quant à moi, dit le curé, quoique j'aie à peine dit un mot jusqu'à présent, je ne saurais garder un scrupule qui me ronge et agite ma conscience, il est né de ce que vient de dire le seigneur Don Quichotte. Seigneur curé, répond ce dernier, de plus grandes choses vous sont permises : ainsi vous pouvez exposer votre scrupule, car il est pénible d'avoir la conscience chargée. Avec votre assentiment, reprit le curé, je vous dirai donc, que je ne saurais me persuader que toute cette bande de chevaliers errants qu'a nommés votre seigneurie ait réellement existé, qu'ils aient été des hommes de chair et d'os : je m'imagine que tout cela n'est que fiction, fable, mensonge et songes racontés par des hommes éveillés, ou, pour mieux dire, à moitié endormis. C'est une autre erreur, répondit Don Quichotte, dans laquelle sont tombés beaucoup de gens qui ne veulent pas croire qu'il ait existé de tels chevaliers. Souvent, en diverses occasions et avec diverses personnes, je me suis efforcé d'exposer à la lumière de la vérité cette erreur presque générale. Quelquefois je n'ai pas réussi; d'autres fois, j'ai été plus heureux, grâces à l'appui de la vérité. Elle me semble si évidente que je pourrais dire avoir vu de mes propres yeux Amadis de Gaule : c'était un homme de haute taille, blanc de visage, la barbe belle quoique noire, le regard mêlé de douceur et de sévérité, parlant bref, lent à se mettre en colère, prompt à se calmer. De même que je viens de vous faire son portrait, je pourrais, je crois, peindre tous les chevaliers errants dont nous parlent les histoires, car dans la conviction où je suis qu'ils furent tels que ces histoires le racontent, par leurs exploits, leur caractère, on peut aisément, en bonne philosophie, juger de leurs traits, de leur teint, de leur stature. De quelle taille, suivant vous, seigneur Don Quichotte, pouvait être le géant Morgant? demanda le barbier. En fait de géants, répondit Don Quichotte, les opinions sont partagées : en exista-t-il, n'en exista-t-il pas? Cependant, la sainte Écriture, qui ne saurait être menteuse en un seul point, nous prouve qu'il en a existé, puisqu'elle nous rapporte l'histoire de ce grand Philistin Goliath, qui avait sept coudées et demie de haut, ce qui fait une grandeur démesurée. Dans la Sicile, on a aussi trouvé des os de jambes et d'épaules si grands, qu'ils ne peuvent avoir appartenu qu'à des géants hauts comme des tours élevées, ainsi que le démontre la géométrie. Malgré tout cela, je ne saurais dire avec certitude de quelle taille était Morgant, quoique je ne pense pas qu'il ait été fort grand; ce qui me porte à le croire, c'est que, dans l'histoire où il est fait mention particulière de ses aventures, il est dit que souvent il couchait sous un toit; or, s'il trouvait une maison capable de le contenir, il est évident qu'il n'était pas d'une taille démesurée. Vous avez raison, dit le curé, qui, prenant plaisir à entendre débiter de si grandes folies, lui demanda ce qu'il pensait des figures de Renaud de Montauban, de Roland et des autres pairs de France, puisque tous avaient été chevaliers errants. Pour Renaud, dit Don Quichotte, j'ose affirmer qu'il avait la figure large, le teint vermeil, les yeux un peu saillants et mobiles; il était pointilleux et emporté outre mesure, ami des larrons et des gens perdus. Quant à Roldan, Rotolando ou Orlando (car on lui donne tous ces noms dans l'histoire), je suis d'avis, je crois même fermement qu'il fut de taille moyenne, large d'épaules, un peu voûté, brun du visage, la barbe rude, velu du corps, le regard menaçant, parlant bref, et pourtant civil et courtois. Si Roland, dit le curé, n'était pas plus beau que vous le dépeignez, ce n'est pas merveille que la belle Angélique l'ait dédaigné et quitté pour la grâce, la gentillesse et la bonne mine que devait avoir ce jeune Maure à barbe naissante, auquel elle s'abandonna: elle eut raison de préférer le délicat Médor au dur et âpre Roland. Cette Angélique, seigneur curé, répondit Don Quichotte, fut une dévergondée, une coureuse, une capricieuse, qui fit autant de bruit dans le monde par ses impertinences que par sa beauté : elle dédaigna mille seigneurs, mille hommes vaillants et sages, pour un petit page imberbe, sans autre avantage, sans autre recommandation que sa reconnaissance pour son ami. Celui qui a chanté sa beauté, le fameux Arioste, n'osant pas ou ne voulant point, après son indigne choix, raconter ses dernières aventures, qui sans doute ne furent pas extrêmement honnêtes, l'abandonne après avoir dit :

Peut-être un autre, sur une lyre meilleure, dira comment elle reçut le sceptre du Catay [1].

Et sans doute ce fut une prophétie (car les poëtes sont appelés vaticinateurs ou devins); cette vérité devient évidente, car depuis, un fameux poëte d'Andalousie [2]

[1] . . . . Y como del Catay recibio el cetro.
Quiza otro cantara con mejor pletro.

[2] Louis Barahona de Soto, *Lagrimas de Angelica*.

a chanté les *larmes d'Angélique*, et un autre poëte castillan, que l'on peut appeler l'unique[1], a célébré sa beauté. Dites-moi, seigneur Don Quichotte, reprit le barbier, parmi tant de poëtes qui ont chanté Angélique, n'en est-il aucun qui ait dirigé contre elle quelque satire? Je pense bien, répondit Don Quichotte, que, si Sacripant ou Roland avaient été poëtes, ils n'auraient pas manqué de savonner la demoiselle; car c'est l'ordinaire des poëtes dédaignés de leurs maîtresses, vraies ou supposées, de celles enfin qu'ils ont établies dames de leurs pensées, de se venger par des satires et des libelles, vengeance, assurément, indigne de cœurs généreux. Au reste, il n'est, jusqu'à présent, parvenu à ma connaissance aucun vers diffamatoire contre la belle Angélique auteur de tant de désordres. Miracle! s'écria le curé. Au même instant, on entendit la nièce et la gouvernante, qui avaient quitté la conversation, jeter de grands cris dans la cour; ils coururent tous au bruit.

CHAPITRE II.

QUI TRAITE DE LA GRANDE QUERELLE QU'EUT SANCHO AVEC LA NIÈCE ET LA GOUVERNANTE DE DON QUICHOTTE, ET AUTRES AVENTURES AGRÉABLES.

L'HISTOIRE rapporte que le bruit qu'entendirent Don Quichotte, le curé et le barbier, venait de la nièce et de la gouvernante. Sancho Pança se débattait à la porte, et voulait voir son maître; les femmes refusaient d'ouvrir, et lui disaient : Que vient chercher dans cette maison ce vagabond? Retournez chez vous, frère : c'est vous et nul autre qui trompez et débauchez notre maître, et lui faites courir les grands chemins. Gouvernante de Satan! répondait Sancho, le débauché, le séduit, celui qu'on fait courir par les chemins, c'est moi, et non ton maître : c'est lui qui me fait courir par le monde. Vous vous trompez, vous autres, de la moitié de votre compte : c'est lui qui m'a tiré de ma maison avec de belles paroles, me promettant une île que j'attends encore. Que males îles t'étouffent, maudit Sancho, dit la nièce : qu'est-ce que c'est que des îles? est-ce une chose à manger, affamé, gourmand que tu es? Cela ne se mange pas, répond Sancho, mais se gouverne, et mieux que quatre villes aux mains de quatre alcades de cour. Avec tout cela, dit la gouvernante, tu n'entreras pas ici, boîte à malices, sac à méchancetés : va gouverner ta maison, travailler ton pauvre coin de terre, et cesse de prétendre à des îles ou îlots.

Le barbier et le curé s'amusaient beaucoup de ce débat; mais Don Quichotte, craignant que Sancho ne jasât et ne laissât échapper quelque malicieuse naïveté qui ne lui fût pas trop honorable, l'appela, fit taire les deux femmes et leur ordonna de le laisser entrer. Sancho entra. Le curé et le barbier prirent congé de Don Quichotte, désespérant de sa guérison, à voir combien il était imbu de ses chimères et de sa malheureuse chevalerie errante. Aussi le curé

[1] Lope de Vega. *La Hermosura de Angelica.*

dit-il à son voisin : Vous verrez, compère, qu'au moment où nous y penserons le moins, notre gentilhomme s'en retournera courir les champs. Je n'en fais aucun doute, répondit le barbier ; mais je ne m'étonne point tant de la folie du maître que de la simplicité de l'écuyer, qui est si entêté de cette île, que rien au monde ne pourrait la lui ôter de la cervelle. Dieu les guérisse, dit le curé. Restons spectateurs : nous verrons ce que produira cet assemblage de folies d'un tel chevalier et d'un tel écuyer ; on les dirait coulés tous les deux dans le même moule, et que les folies du maître sans celles du valet ne vaudraient pas un denier. Vous avez raison, dit le barbier, et je serais bien curieux de savoir de quoi ils s'entretiennent dans ce moment. Je suis sûr, répondit le curé, que la nièce ou la gouvernante nous en rendront compte : elles ne sont pas de nature à manquer de les écouter.

Cependant Don Quichotte s'était enfermé dans sa chambre avec Sancho ; restés seuls, il lui dit : Il me fâche beaucoup, Sancho, que tu aies dit et que tu répètes que c'est moi qui t'ai tiré de ta chaumière, puisque tu sais bien que je ne suis pas resté dans ma maison. Nous sommes sortis ensemble, ensemble nous avons été, ensemble nous avons cheminé ; nous avons eu même fortune, même sort ; si tu fus une fois berné, moi j'ai été moulu cent : en cela, j'ai sur toi l'avantage. La raison le voulait ainsi, répondit Sancho, puisque, selon ce que vous dites, les disgrâces s'attachent aux chevaliers errants plus qu'à leurs écuyers. Tu te trompes, Sancho, répondit Don Quichotte, d'après le proverbe : *Quando caput dolet, etc.* Je n'entends pas d'autre langue que la mienne, dit Sancho. Cela veut dire, reprit Don Quichotte, que quand la tête souffre tous les autres membres souffrent : ainsi moi qui suis ton seigneur et maître, je suis ta tête, et toi l'un de mes membres, puisque tu es mon serviteur ; pour cette raison, le mal qui me touche ou me touchera doit te toucher, comme moi le tien. Cela devait être ainsi, répondit Sancho : cependant, tandis qu'on me bernait comme membre, ma tête était de l'autre côté des murailles, et, sans ressentir aucun mal, me regardait voler en l'air ; cependant, si les membres sont obligés de ressentir le mal de la tête, la tête était obligée de ressentir le mal des membres. Voudrais-tu dire, Sancho, reprit Don Quichotte, que je ne souffrais point tandis qu'on te bernait ? Si c'est cela, ne le dis ni ne le pense, car mon esprit souffrait alors plus que ton corps. Mais laissons cela pour le moment ; nous aurons tout le temps de le peser et de le mettre en son jour. Dis-moi, ami Sancho, que dit-on de moi dans le village ? quelle opinion ont de moi le vulgaire, les gentilshommes et les chevaliers ? que dit-on de ma valeur, de mes exploits, de ma courtoisie ? que pense-t-on de l'entreprise que j'ai faite, de ressusciter et de rendre au monde l'ordre oublié de la chevalerie ? Enfin, je veux, Sancho, que tu me répètes tout ce qui est parvenu à tes oreilles sur ce sujet, et il faut me le répéter, sans rien ajouter au bien, sans rien ôter du mal. Les vassaux fidèles sont obligés de dire à leurs seigneurs la vérité telle qu'elle est, sans que l'adulation y ajoute, sans qu'un vain respect en ôte rien : il faut que tu saches, Sancho, que si la vérité parvenait toute nue aux oreilles des princes, sans les ornements de la flatterie, nous verrions d'autres temps, d'autres âges seraient plutôt tenus pour âges de fer que le nôtre, que j'entends même appeler l'âge d'or, par rapport à ceux qui l'ont précédé. Souviens-toi de cet avis, Sancho, afin de m'apprendre avec autant de sagesse que de bonne intention l'exacte vérité sur ce que tu sais, au sujet des choses que je t'ai demandées.

Je le ferai bien volontiers, répondit Sancho, sous la condition toutefois que votre seigneurie ne se fâchera point de ce que je lui dirai, puisque vous voulez que je vous rapporte la vérité toute nue, sans la revêtir d'autres habits que ceux sous lesquels elle est parvenue à ma connaissance. Je ne me fâcherai nullement, dit Don Quichotte : tu peux parler librement et sans détour. La première chose que j'ai à vous dire, reprend Sancho, est que le peuple vous tient pour un grand fou, et moi pour non moins insensé. Les gentilshommes disent que, sortant des bornes de votre noblesse, vous vous êtes donné du *don* et arrogé le titre de chevalier, quoique vous n'ayez que quatre pieds de vigne et deux journaux de terre, avec un haillon devant, un autre derrière. Les chevaliers disent qu'ils n'aiment pas voir les gentilshommes s'égaler à eux, surtout les gentilshommes écuyers, qui noircissent leurs souliers et font des reprises à leurs bas noirs avec de la soie verte. Cela ne me touche en rien, dit Don Quichotte, je suis toujours bien vêtu, sans ravaudage ; mes habits pourraient bien quelquefois être déchirés, mais par les armes et non par le temps. Quant à la valeur, la courtoisie, les exploits et le dessein que vous avez formé, poursuivit Sancho, les opinions sont différentes : les uns disent que vous êtes un fou, mais un fou plaisant ; d'autres vous croient vaillant, mais malheureux ; d'autres, enfin, vous trouvent courtois, mais impertinent : et sur ce sujet, ils disent tant de choses que, ni à vous ni à moi, ils ne laissent un seul os de sain. Admire, Sancho, dit Don Quichotte, que partout où la vertu se montre dans un degré éminent, elle est persécutée. Peu ou même aucun des hommes illustres des siècles passés, n'a pu se dérober aux traits de la calomnie : Jules César, si courageux, si prudent, si vaillant capitaine, fut taxé d'ambition et ne manqua pas de reproches sur ses vêtements et sa manière de vivre ; Alexandre, à qui ses hauts faits méritèrent le surnom de *Grand*, fut accusé d'ivrognerie ; on a dit d'Hercule aux douze travaux, qu'il fut lascif et voluptueux ; de don Galaor, frère d'Amadis de Gaule, qu'il fut excessivement querelleur, et son frère un pleureur. Ainsi, Sancho, parmi tant de calomnies qu'ont éprouvées des gens de bien, les miennes peuvent bien passer, s'il n'y en a pas plus que tu n'as dit. Ah ! corps de mon père, voilà le nœud, répond Sancho. — Y a-t-il donc quelque autre chose ? demanda Don Quichotte. Il reste la queue à écorcher, dit Sancho : jusqu'à présent ce n'était que tourtes et gâteaux ; mais, si vous désirez connaître toutes les calomnies que l'on répand contre vous, je vous amènerai ici quelqu'un qui vous les débitera sans qu'il y manque la plus petite chose. Hier soir est arrivé le fils de Barthélemi Carrasco ; il revient d'étudier à Salamanque, où on l'a fait bachelier. J'allai lui offrir la bienvenue, et il me dit que votre histoire courait déjà en livres sous le titre de *l'Ingénieux gentilhomme Don Quichotte de la Manche*. Il ajoute qu'on y parle de moi sous mon propre nom de Sancho Pança, ainsi que de madame Dulcinée du Toboso, avec d'autres choses qui se sont passées entre nous, seul à seul, et je m'en suis signé de frayeur, ne pouvant comprendre comment a pu les savoir l'historien qui les raconte. Je t'assure, Sancho, dit Don Quichotte, que l'auteur de notre histoire doit être quelque sage enchanteur, à de telles gens rien ne demeure caché. — Et comment est-il un sage enchanteur, puisque, suivant Samson Carrasco (c'est le nom du bachelier dont je parle), il s'appelle Cid Hamet Berengena? C'est un nom maure, dit Don Quichotte. Cela doit être, répondit Sancho, car j'ai souvent entendu dire que les Maures aiment les Berengenas[1]. Tu dois te tromper, reprit Don Quichotte, sur le surnom de ce *Cid*, qui veut dire, en arabe, *seigneur*. Cela peut bien être, répondit Sancho; mais, si vous désirez que je le fasse venir ici, j'irai le chercher promptement. Tu me feras beaucoup de plaisir, ami, dit Don Quichotte: ce que tu m'as dit me tient tout en suspens, et je ne saurais manger une bouchée qui me profite, jusqu'à ce que je sois bien informé de tout. J'y vais donc, reprend Sancho, et laissant son maître, il alla à la recherche du bachelier, qu'il ramena avec lui en peu de temps, et, entre eux trois, il s'établit un agréable et plaisant colloque.

CHAPITRE III.

DU RISIBLE ENTRETIEN QUI EUT LIEU ENTRE DON QUICHOTTE, SANCHO ET LE BACHELIER SAMSON CARRASCO.

Don Quichotte resta tout pensif en attendant le bachelier Carrasco, duquel il espérait apprendre des nouvelles de lui-même, et écrites dans un livre, comme le lui avait dit Sancho. Il ne pouvait se persuader qu'un tel livre existât, car le sang des ennemis qu'il avait mis à mort n'était pas encore séché sur son épée, et cependant on voulait que ses hauts faits chevaleresques fussent déjà imprimés. Il s'imagina que quelque enchanteur, ami ou ennemi, avait opéré cette impression par art magique: s'il l'avait fait comme ami, c'était sans doute pour agrandir ses exploits et les élever au-dessus des plus signalés parmi les chevaliers errants; si c'était un ennemi, il devait les avoir ravalés, les avoir mis au-dessous des plus vils travaux du plus mince écuyer, supposé, disait-il en lui-même, qu'on ait jamais décrit actions d'écuyer. Cependant, s'il existe une telle histoire, elle doit nécessairement être de grand style, haute, insigne, magnifique et véritable, puisque c'est celle d'un chevalier errant. Cette pensée le consola un peu; mais, d'un autre côté, il se désolait en réfléchissant que l'auteur était un Maure, comme l'indiquait le nom de Cid, et, des Maures, on ne peut attendre aucune vérité, tous étant menteurs, faussaires et conteurs de chimères; il craignait, en outre, que ses amours ne fussent traités avec peu de discrétion, au mépris et préjudice de l'honneur de sa dame Dulcinée: il désirait que l'historien eût proclamé sa fidélité, et la réserve qu'il avait toujours gardée en dédaignant les reines, les impératrices, les demoiselles de toute condition, et sachant tenir la bride aux aiguillons de la chair. Il se perdait ainsi dans une foule d'idées, quand arrivèrent Sancho et Carrasco, que Don Quichotte accueillit avec beaucoup de courtoisie. Ce bachelier, malgré son nom de Samson, n'était pas grand de taille, mais il était grand en malice, pâle, mais plein d'esprit; il pouvait avoir vingt-quatre ans, le visage rond, le nez plat,

[1] Aubergines.

la bouche grande, tous signes d'un esprit malicieux et railleur, comme il le fit voir en abordant Don Quichotte. Il se mit à genoux devant lui, et lui dit: Seigneur Don Quichotte de la Manche, souffrez que je baise les mains de votre grandeur; par l'habit de saint Pierre que je porte, quoique je n'aie encore reçu que les quatre premiers ordres, votre seigneurie est un des plus fameux chevaliers errants qu'il y ait jamais eu et qu'il y aura jamais sur la surface du globe. Loué soit Cid Hamet Benengeli, qui nous a donné l'histoire de vos hauts faits, et l'habile homme qui l'a traduite d'arabe en castillan, pour l'universelle satisfaction des peuples! Don Quichotte le releva, et lui dit: Il est donc vrai que l'on a écrit mon histoire, et que l'auteur est un sage Maure? Cela est si vrai, seigneur, répondit Samson, que je suis certain qu'au moment où je vous parle il y en a plus de douze mille exemplaires imprimés; j'en prends à témoin le Portugal, Barcelone, Valence, où elle l'a été, et l'on assure qu'on l'imprime aussi à Anvers. Pour moi, je tiens qu'il n'y aura pas de nation qui ne la traduise dans sa langue. Une des choses, fit observer Don Quichotte, qui doit donner à l'homme vertueux et distingué le plus de satisfaction, est de se voir, de son vivant, préconisé de bouche en bouche, imprimé et gravé: je dis préconisé, car le contraire est pire que la mort. Sous le rapport de la bonne renommée, reprit le bachelier, votre seigneurie a la palme sur tous les chevaliers errants, car le Maure dans sa langue et le chrétien dans la sienne ont tous deux peint au vif votre vaillance, votre grand courage à aborder les dangers, votre patience dans l'adversité, votre résignation dans les malheurs et les blessures, votre honnêteté et continence dans vos amours si platoniques avec doña Dulcinée du Toboso. Jamais, dit en ce moment Sancho Pança, je n'ai entendu donner le *don* à madame Dulcinée; on dit seulement madame Dulcinée du Toboso: l'histoire se trompe déjà en ce point. Cette objection, répond Carrasco, n'est pas de grande importance. Non, certes, ajouta Don Quichotte; mais, dites-moi, seigneur bachelier, quel est celui de mes exploits que l'on estime de préférence dans cette histoire? En cela, répond le bachelier, les opinions diffèrent comme les esprits: les uns préfèrent l'aventure des moulins à vent, que votre seigneurie prit pour autant de Briarées et de géants; d'autres celle des moulins à foulon; d'autres la description des deux armées qui parurent être ensuite deux troupeaux de moutons; celui-ci préfère l'aventure du mort qu'on allait enterrer à Ségovie; l'un donne l'avantage sur toute autre à la délivrance des galériens; l'autre soutient que rien n'égale l'histoire des deux géants bénédictins, et votre combat avec le vaillant Biscayen. Dites-moi, seigneur bachelier, interrompit Sancho, a-t-on parlé de l'aventure des Yangois, quand notre bon Rossinante eut fantaisie de chercher des friandises dans la mer? Le savant historien, répond Carrasco, n'a rien laissé dans son écritoire: il rapporte tout de point en point, jusqu'aux cabrioles que fit le bon Sancho dans la couverture. Ce ne fut pas dans la couverture, reprit Sancho, ce fut bien en l'air, et plus que je n'eusse voulu. A ce que je pense, dit Don Quichotte, il n'y a histoire humaine qui n'ait ses accidents, surtout celle des chevaliers errants, qui ne peuvent être toujours remplies de succès brillants. Malgré cela, répondit le bachelier, quelques-uns de ceux qui ont lu ce livre disent qu'ils auraient vu avec beaucoup de plaisir les auteurs omettre quelques-uns des nombreux coups de bâton donnés, en diverses rencontres, au seigneur Don Quichotte. Ceci, dit Sancho, rentre dans la vérité de l'histoire. Ils auraient bien pu les taire, dit Don Quichotte, au moins par équité, puisqu'on n'est pas forcé de rapporter les faits qui n'altèrent ni ne changent la vérité de l'histoire, surtout s'ils doivent avoir pour conséquence d'en rabaisser le héros. Énée ne fut certainement pas aussi pieux que nous le dit Virgile, Ulysse aussi prudent que nous le dépeint Homère. Il est vrai, répliqua Samson, mais c'est tout autre chose d'écrire comme poëte ou comme historien : le poëte peut conter ou chanter les choses, non comme elles furent, mais comme elles devaient être ; l'historien doit les rapporter, non comme il eût été à désirer qu'elles fussent, mais telles absolument qu'elles sont arrivées, sans rien ajouter ni retrancher à la vérité des faits. — Si ce seigneur maure s'est si fort appliqué à dire la vérité, à coup sûr, parmi les coups de bâton donnés à mon maître, se trouvent les miens, car jamais on n'a pris la mesure de ses épaules sans me mesurer à moi tout le corps ; mais je ne dois pas m'en étonner, puisque, comme dit mon maître, les membres doivent participer aux douleurs de la tête. Vous êtes un railleur, Sancho, dit Don Quichotte : la mémoire ne vous manque pas quand vous voulez en avoir. Quand je voudrais, répond l'écuyer, oublier les coups de bâton qu'on m'a donnés, les meurtrissures qui sont encore sur mes côtes ne me le permettraient pas. Tais-toi, Sancho, dit Don Quichotte ; n'interromps pas le seigneur bachelier, que je supplie de poursuivre le récit de ce que l'on dit de moi dans cette histoire. Et de moi aussi, reprend Sancho ; car on assure que je suis un des principaux présonages. Personnages, et non présonages, ami Sancho, répond Carrasco. Oh ! voilà, dit Sancho, un autre reprocheur de voquibles[1] : occupons-nous de cela, et nous n'aurons jamais fini. Dieu me punisse, Sancho, reprend le bachelier, si vous n'êtes le second personnage de l'histoire ! et tel aime mieux vous entendre que le plus hupé de ceux dont elle parle. Cependant il y en a qui trouvent que vous avez été par trop crédule en vous imaginant que ce gouvernement d'île promis par le seigneur Don Quichotte, ici présent, pouvait être véritable. Il y a encore du soleil dans les haies[2], dit Don Quichotte ; mais, quand Sancho sera plus avancé en âge, avec l'expérience que donnent les années, il sera plus habile et plus propre que maintenant à être gouverneur. Par Dieu ! seigneur, dit Sancho, l'île que je ne saurai point gouverner avec les années que j'ai, je ne la gouvernerai pas mieux avec celles de Mathusalem ; le mal est que cette île est située je ne sais où ; pour le jugement, j'en ai tout autant qu'il m'en faut pour la gouverner. Recommande-toi à Dieu, dit Don Quichotte, tout ira bien, et peut-être mieux que tu ne penses : la feuille ne s'agite point sur l'arbre sans la volonté divine. Il est vrai, dit Samson, et si Dieu le veut, Sancho peut avoir un millier d'îles à gouverner, à plus forte raison une seule. J'ai vu des gouverneurs, dit Sancho, qui, suivant moi, n'iraient point à la semelle de mon soulier, et cependant on leur donne de la seigneurie, et on les sert dans de la vaisselle d'argent. Ce ne sont point des gouverneurs d'îles, dit Samson ; ils ont des gouvernements plus faciles ; car ceux qui gouvernent les îles doivent au moins savoir la grammatique[3]. Je m'accommoderais bien de la *grama*[4], reprend Sancho ; mais,

[1] Vocables, mots. *Reprochador* de *voquibles*, ce qui n'est pas plus espagnol que *présonages*.

[2] L'espagnol dit : *aùn hay sol en las bardas*, pour exprimer sans doute le matin et comme image appliquée à la vie, la jeunesse.

[3] Grammaire. L'espagnol dit *gramatica ;* le jeu de mots n'existerait pas si l'on ne conservait cette expression. [4] Gramen, chiendent.

quant à la *tica*, je ne m'en paye ni ne m'en soucie, car je ne la connais point. Au reste, je laisse ce gouvernement entre les mains de Dieu, qui saura me placer où je lui serai le plus utile ; et je vous dis, seigneur bachelier Samson Carrasco, que je suis très satisfait que l'auteur de l'histoire ait parlé de moi de manière à ne pas ennuyer le lecteur avec ce qu'il en raconte : car, foi de bon écuyer, s'il avait dit de moi des choses qui ne convinssent pas à un vieux chrétien comme je le suis, j'aurais crié si fort que les sourds m'eussent entendu. Ce serait faire des miracles, dit Samson. — Miracles ou non, que chacun regarde comme il parle ou comme il écrit des personnes, et ne place point à tort et à travers tout ce qui lui vient en fantaisie.

Un des défauts que l'on reproche à cette histoire, reprit le bachelier, c'est que l'auteur y a inséré une nouvelle intitulée : *le Curieux impertinent;* ce n'est pas qu'elle soit mauvaise ou mal conçue, mais elle n'est point à sa place, et n'a rien de commun avec l'histoire du seigneur Don Quichotte. Je gagerais, dit Sancho, que ce fils de chien a mêlé l'herbe et les paniers. Je le déclare maintenant, ajouta Don Quichotte, mon historien n'est point un sage, c'est quelque bavard ignorant qui, sans aucun jugement, à l'aveugle, s'est avisé d'écrire : arrive que pourra. Il a fait comme Orbaneja, peintre d'Ubèda, qui, à cette demande : Que peignez-vous? répondait : « Ce qui sortira de mon pinceau. » Par exemple, c'était un coq si mal représenté, qu'il était besoin d'écrire au-dessous, en lettres gothiques : « Ceci est un coq. » Ainsi doit être mon histoire ; pour être comprise, elle nécessitera un commentaire. Non, répondit Samson, elle est si claire qu'elle ne présente aucune difficulté, les enfants la manient, les jeunes gens la lisent, les hommes faits la comprennent, les vieillards la vantent ; en un mot, elle est tant feuilletée, tant lue, si bien apprise par toutes sortes de gens, qu'à peine voit-on un vieux cheval maigre que l'on s'écrie : Voilà Rossinante. Ceux qui se sont le plus adonnés à cette lecture, ce sont les pages : il n'y a point d'antichambre de seigneur où l'on ne trouve un *Don Quichotte;* le livre n'est pas quitté par l'un, qu'un autre le prend ; ceux-ci s'en emparent, ceux-là le demandent. Enfin, cette histoire est la plus agréable et la moins dangereuse qu'on ait vue jusqu'ici, car on n'y trouve pas un seul mot qui se prête à une interprétation déshonnête, une pensée qui ne soit catholique. Écrire autrement, dit Don Quichotte, ce serait écrire des mensonges et non des vérités, et les historiens qui mentent mériteraient d'être brûlés comme les faux monnayeurs. Mais je ne sais ce qui peut avoir mû l'auteur à insérer des nouvelles et des récits étrangers, ayant assez à dire avec ce qui me concerne ; sans doute il a dû se souvenir du refrain : *De paille et de foin*, etc. En vérité, n'eût-il publié que mes pensées, mes soupirs, mes larmes, mes bonnes intentions, mes entreprises, il eût pu faire un volume plus gros ou aussi considérable que celui que l'on ferait de toutes les œuvres du Tostado[1]. Pour composer une histoire, seigneur bachelier, ou quelque autre livre que ce soit, il faut un grand jugement et une raison mûre : traiter des sujets gracieux, écrire des choses délicates et fines, appartient à de grands esprits. Le plus spirituel personnage de la comédie est celui du niais, celui qui veut se faire passer pour simple ne doit pas l'être. L'histoire est une chose sacrée, car elle doit être vraie,

[1] El Tostado Alonzo de Madrigal, évêque d'Avila, mort en 1454. Sa prodigieuse fécondité a rendu son nom proverbial.

et là où est la vérité est Dieu, puisqu'il est la vérité même. Cependant, il se trouve des hommes qui composent et publient des livres comme on fait des beignets. Il n'est pas si mauvais livre, dit le bachelier, qui ne contienne quelque chose de bon. Je n'en fais aucun doute, répondit Don Quichotte ; cependant il arrive souvent que tel qui, par ses compositions, s'était acquis une réputation que l'on croyait justement méritée, la perd entièrement, ou du moins la voit diminuer considérablement en livrant ses écrits à l'impression. La raison en est, dit Samson, que, les ouvrages imprimés pouvant être examinés à loisir, on en découvre aisément les défauts, et l'examen en est d'autant plus sévère, que ceux qui les ont composés ont plus de réputation. Les hommes célèbres par leur génie, les grands poëtes, les historiens illustres, ont toujours, ou du moins bien souvent, pour envieux ceux qui, sans avoir jamais rien produit, n'ont d'autre occupation que celle de censurer les ouvrages des autres. On ne doit point s'en étonner, dit Don Quichotte : par exemple, nous avons beaucoup de théologiens incapables de se faire entendre en chaire, mais qui sont très habiles à découvrir ce qui manque ou ce qu'il y a de trop en ceux qui prêchent. — Tout cela est vrai, seigneur Don Quichotte ; mais je désirerais que ces censeurs fussent plus indulgents, moins scrupuleux, ne s'arrêtassent point aux taches imperceptibles du soleil radieux qu'ils accusent : si quelquefois le bon Homère s'endort, qu'ils considèrent combien de temps il dut être éveillé pour mêler à l'éclat de son poëme le moins d'ombre qu'il fut possible : peut-être, d'ailleurs, ces taches qui les offusquent sont-elles comme les signes du visage qui souvent relèvent l'éclat de la beauté. Aussi, celui qui fait imprimer un livre, sachant bien qu'il est impossible, de toute impossibilité, d'en composer un qui contente et satisfasse tous les lecteurs, s'expose à un grand danger. Celui qui traite de mes aventures, dit Don Quichotte, aura sans doute contenté bien peu de monde. C'est ce qui vous trompe, répondit le bachelier ; car, le nombre des fous étant infini, innombrables furent ceux qui le lurent avec plaisir. Quelques-uns cependant ont accusé l'auteur de défaut ou de faiblesse de mémoire, car il oublie de nous dire quel fut le voleur de l'âne de Sancho, il ne le nomme point ; on juge seulement que l'âne fut dérobé. Puis, peu après, on revoit Sancho sur le même âne, sans savoir comment[1]. Ils reprochent encore à l'auteur d'oublier de nous dire ce que Sancho fit des cent écus qu'il trouva dans la valise, dans la Sierra-Morena. Il n'en est plus question, pourtant beaucoup auraient désiré savoir quel usage il en fit, à quoi il les dépensa ; c'est un des points importants qui manquent dans l'ouvrage. Seigneur Samson, répondit Sancho, je ne suis point, en ce moment, en état de m'occuper de contes ni de comptes : j'éprouve une défaillance d'estomac qui, si je n'y remédie avec deux traits de vin vieux, me mettra à l'épine de sainte Lucie. Il est chez nous, où ma famille m'attend ; après dîner, je reviendrai satisfaire votre grâce et tout le monde, sur ce qu'on me voudra demander aussi bien sur la perte de l'âne que sur l'emploi des cent écus. Sans rien ajouter et sans attendre de réponse, il retourna dans sa

[1] Cervantes, qui prétend corriger ici deux fautes imaginaires, ne se rappelle pas qu'au chapitre XXIII de la première partie, il dit formellement que ce fut Ginès qui déroba l'âne de Sancho, et qu'au XXXe, il raconte également comment Sancho retrouva Ginès habillé en bohémien et reprit son âne. Il veut parler de l'oubli du vol de l'âne, lorsqu'il le laisse encore à Sancho dans la Sierra-Morena. Ces inadvertances prouvent que Cervantes relisait peu ce qu'il avait écrit.

maison. Don Quichotte pria le bachelier de rester à faire pénitence avec lui. Ce dernier accepta, on ajouta deux pigeons à l'ordinaire, pendant le dîner, on parla chevalerie; Carrasco sut s'accommoder à l'humeur de Don Quichotte, le repas s'acheva, ils firent la sieste, Sancho revint, et la conversation recommença.

CHAPITRE IV.

OU SANCHO SATISFAIT AUX DOUTES ET DEMANDES DU BACHELIER SAMSON CARRASCO, ET AUTRES ÉVÉNEMENTS DIGNES D'ÊTRE CONNUS ET RACONTÉS.

SANCHO, de retour à la maison de Don Quichotte, reprit la conversation où il l'avait laissée : Vous voulez savoir, dit-il au bachelier, par qui, comment et quand l'âne me fut volé? Je réponds que la même nuit, où, fuyant la sainte hermandad, nous entrâmes dans la Sierra-Morena, après la malencontreuse aventure des galériens, et celle du mort que l'on transportait à Ségovie, nous pénétrâmes dans un bois, mon maître et moi : il était appuyé sur sa lance, moi monté sur mon grison. Fatigués et moulus de nos derniers combats, nous nous endormîmes comme si nous eussions été couchés sur quatre oreillers de plume. Moi, surtout, je dormis d'un si profond sommeil, que mon larron, quel qu'il fût, put aisément planter quatre pieux aux quatre coins du bât, de manière à me laisser ainsi suspendu dessus, et tirer par-dessous le roussin, sans que je le sentisse. — C'est une chose facile, et qui n'est pas nouvelle, car la même aventure arriva à Sacripant, lorsque étant au siége d'Albraque, le fameux larron Brunel usa de la même ruse et lui tira son cheval d'entre les jambes. Le jour vint, continua Sancho, à peine me fus-je un peu remué, que les appuis manquèrent, et je tombai lourdement à terre. Je cherchai mon âne, et ne le vis point : les larmes me vinrent aux yeux et je fis une telle lamentation, que, si l'auteur de notre histoire l'a passée sous silence, il peut compter avoir négligé une fort bonne chose. Au bout de je ne sais combien de jours, marchant avec madame la princesse Micomicona, je reconnus mon âne, et dessus, en habit de bohémien, ce Ginès de Pasamonte, ce rusé et grand malfaiteur que mon maître et moi nous avions délivré de la chaîne. Ce n'est point là où est l'erreur, reprit Samson; avant la réapparition de l'âne, l'auteur dit que Sancho cheminait sur le même grison[1]. A cela, dit Sancho, je ne sais que répondre, sinon que l'historien s'est trompé, ou que c'est une faute de l'imprimeur. Sans aucun doute, reprit Samson; mais que devinrent les cent écus? — Ils sont partis. Je les ai employés pour mon utilité, celle de ma femme et de mes enfants : ils ont été cause que ma femme a pris en patience mes allées et venues au service du seigneur Don Quichotte. Si, après si longtemps, j'étais revenu à la maison sans âne et sans argent, une triste réception m'attendait. Si vous désirez savoir autre chose de moi, me voici, prêt à répondre au roi lui-même, en personne. Nul ne se doit inquiéter si j'ai rapporté ou non, dépensé ou non cet

[1] Au chapitre XXV, voyez partie I.

argent; car, si les coups de bâton que j'ai reçus dans ces voyages se payaient avec de l'argent, quand on ne les taxerait qu'à quatre maravédis chacun, une autre somme de cent écus ne suffirait pas à m'en payer seulement la moitié. Que chacun mette la main sur sa conscience et ne s'ingère point de prendre le blanc pour le noir et le noir pour le blanc; nous sommes tous comme Dieu nous a faits, et pire encore quelquefois. J'aurai soin, dit Carrasco, que l'auteur de cette histoire, s'il l'imprime de nouveau, n'oublie point ce que vient de dire le bon Sancho : ce sera en relever beaucoup le prix. Y a-t-il quelque chose à corriger dans ce livre, seigneur bachelier? demanda Don Quichotte. Il doit y en avoir, répondit-il, mais d'une moindre importance que ce que j'ai relevé. — Par aventure, l'auteur promet-il une seconde partie? — Sans doute; mais il dit qu'il ne l'a point encore trouvée, et qu'il ne sait où la prendre : de sorte que nous sommes en doute si elle paraîtra ou non. Pour cela et aussi parce que certains disent: Les secondes parties ne sont jamais bonnes ; d'autres : Des affaires de Don Quichotte, ce qui est écrit suffit, on présume que nous n'aurons pas de seconde partie. Cependant, ceux dont l'humeur est plus joviale que triste disent : Donnez-nous des Quichottades; que Don Quichotte agisse, que Sancho parle, et arrive que pourra, nous serons contents. Et à quoi s'arrête l'auteur? dit Don Quichotte. A quoi? répondit Samson. Dès qu'il aura trouvé l'histoire qu'il cherche avec un soin extrême, il la donnera sans retard à l'impression, en tenant plus de compte de l'intérêt qu'il a à en donner la suite, que de tous les éloges. Ainsi, dit Sancho, l'auteur regarde à l'argent et à l'intérêt. Ce sera merveille s'il réussit : il ne fera que coudre à grands points, comme font les tailleurs la veille de Pâques; et les ouvrages faits à la hâte n'atteignent jamais la perfection requise. Que le seigneur maure ou quel qu'il soit fasse attention, qu'il prenne garde à ce qu'il va faire. Mon maître et moi, nous lui mettrons en main tant de matériaux, en fait d'aventures et d'événements divers, qu'il pourra composer non seulement une seconde partie, mais cent. Il pense, sans doute, le bonhomme, que nous nous endormons ici sur la paille; mais qu'il nous tienne le pied au ferrer, il verra duquel nous sommes chatouilleux. Tout ce que je puis dire, c'est que, si mon maître prenait mon conseil, nous serions déjà par les champs, redressant les torts et vengeant les injures, comme c'est la coutume des bons chevaliers errants.

Sancho achevait à peine ces mots, quand ils entendirent les hennissements de Rossinante : ces hennissements furent pour Don Quichotte un augure favorable, et il résolut de faire une nouvelle sortie sous trois ou quatre jours. Il confia ce dessein à Carrasco, et lui demanda conseil sur le chemin qu'il devait suivre. Carrasco fut d'avis qu'il se dirigeât vers le royaume d'Aragon et la ville de Saragosse, où, sous peu de jours, devaient se faire des joutes solennelles pour la fête de Saint-Georges; il pourrait là acquérir une renommée supérieure à celle de tous les chevaliers aragonais, c'est-à-dire surpasser tous les chevaliers du monde. Il loua beaucoup son courage, sa généreuse résolution, mais le sollicita d'être à l'avenir moins prompt à aborder le danger, car sa vie n'était pas à lui, mais à tous les malheureux qui avaient besoin de son secours. C'est là ce qui me fâche, seigneur Samson, interrompit Sancho : mon maître se précipite sur cent hommes armés, comme un enfant gourmand sur une demi-douzaine de petits melons. Corbleu! seigneur bachelier, il y a temps pour combattre et temps pour se retirer, et en toute occasion il ne faut pas crier saint Jacques et en avant l'Espagne. J'ai ouï dire, et, si j'ai bonne mémoire, à mon maître lui-même, que la valeur tient le milieu entre la couardise et la témérité. S'il en est ainsi, je ne veux pas qu'il fuie sans sujet, ni qu'il attaque quand la prudence exige autre chose. Avant tout je l'avertis que, s'il veut me mener avec lui, ce sera à condition qu'il se chargera de tous les combats, et que je n'aurai autre chose à faire que d'avoir soin de sa personne pour ce qui est de la toilette et du manger; pour cela, j'irai au-devant de ses besoins. Mais, penser que je mettrai la main à l'épée, fût-ce contre des vilains malandrins armés, c'est une chose inutile. Moi, seigneur Samson, je ne veux pas acquérir la réputation de vaillant, mais bien celle du meilleur et du plus loyal écuyer qui jamais ait servi chevalier errant. Si mon seigneur Don Quichotte, en reconnaissance de mes bons et nombreux services, veut me donner quelqu'une de ces nombreuses îles qu'il dit devoir conquérir, je lui en aurai la plus grande obligation; s'il ne m'en donne point, eh bien, me voilà comme je suis né : l'homme n'a pas besoin d'autre appui dans ce monde que celui de Dieu. Qui sait même si le pain que je mangerai sans gouvernement ne vaudra pas celui de gouverneur, et peut-être mieux? Sais-je encore si, par aventure, dans ces gouvernements, le diable ne m'apprête pas quelque croc-en-jambe pour me faire tomber et me casser les dents? Sancho je suis né, Sancho je pense mourir. Pourtant, avec tout cela, si, de bien en bien, sans beaucoup de travail et de risque, le ciel m'envoyait quelque île ou autre chose semblable, je ne serais pas si sot que d'en faire fi; car on dit aussi : Quand on te donne la vaquette[1], cours après avec la cordelette, et quand le bien vient, enferme-le dans ta maison.

Vous avez parlé comme un docteur, frère Sancho, dit Carrasco. Cependant ayez confiance en Dieu et dans le seigneur Don Quichotte, qui vous donnera, non pas une île, mais un royaume. Va pour le plus comme pour le moins, répondit Sancho. Je puis vous assurer, seigneur Carrasco, que le royaume que mon maître me donnera ne tombera point dans un sac percé. Je me suis tâté le pouls, et je me trouve assez sain pour gouverner îles et royaumes, je l'ai déjà dit en d'autres occasions à mon maître. Prenez garde, Sancho, dit le bachelier, les honneurs changent les mœurs, il pourrait vous arriver, en vous voyant gouverneur, de méconnaître la mère qui vous engendra. Ceci est bon, répond Sancho, pour ceux qui sont nés entre les mauves, et non pour ceux qui, comme moi, ont sur le cœur quatre doigts de graisse de vieux chrétien. Ainsi, je n'oublierai point ma condition, et je serai agréable à tout le monde. Dieu le veuille, dit Don Quichotte; nous le verrons bien quand le gouvernement viendra : il me semble déjà l'avoir devant les yeux. Cela dit, il pria le bachelier, s'il était poëte, de faire des vers dont le sujet fût le congé qu'il comptait prendre de sa dame Dulcinée du Toboso, et d'avoir soin de commencer chacun de ces vers par une lettre de ce nom, de telle sorte qu'en réunissant à la fin de la pièce toutes les initiales, on lût : *Dulcinée du Toboso*[2]. Le bachelier répondit qu'encore qu'il ne pût être compté parmi les poëtes célèbres de l'Espagne, qu'on dit être au nombre de trois et demi, il ne laisserait pas de faire ces vers, quoique cependant il y vît une grande difficulté :

[1] La génisse. [2] Ce que nous appelons un *acrostiche*.

c'était que les lettres qui formaient le nom étaient au nombre de dix-sept[1]; qu'ainsi, s'il faisait quatre stances de quatre vers, à la castillane, il resterait une lettre, que s'il composait les stances de cinq vers, que l'on nommait dizains ou *redondilles*, il en manquerait trois; qu'au surplus, il ferait en sorte d'élider une lettre le mieux qu'il pourrait, de manière que, dans les quatre castillanes, fût conservé le nom de Dulcinée du Toboso. Il le faut bien ainsi, répondit Don Quichotte; car, si le nom ne s'y trouve pas clairement et manifestement, aucune femme ne croira que les vers aient été composés pour elle. Ils ne poussèrent pas plus loin la conversation, et convinrent que le départ de Don Quichotte aurait lieu dans huit jours. Celui-ci recommanda le secret au bachelier, surtout envers le curé, maître Nicolas, la nièce et la gouvernante, de peur qu'ils ne missent empêchement à son honorable et valeureuse résolution. Carrasco promit tout, et prit congé en priant à son tour Don Quichotte de l'informer exactement de ses bons ou mauvais succès, quand il en aurait la commodité. Ils se séparèrent, et Sancho alla mettre ordre à tout ce qui était nécessaire pour le départ.

CHAPITRE V.

DE LA SPIRITUELLE ET AGRÉABLE CONVERSATION QUI EUT LIEU ENTRE SANCHO PANÇA ET SA FEMME THÉRÈSE, AVEC D'AUTRES ÉVÉNEMENTS DIGNES D'HEUREUSE MÉMOIRE.

Le traducteur de notre histoire, parvenu à ce cinquième chapitre, dit qu'il le tient pour apocryphe, parce que Sancho y parle d'un autre style que celui qu'on peut attendre de son esprit étroit, et dit des choses si subtiles, qu'il ne croit pas possible qu'elles fussent à sa connaissance. Cependant, il n'a pas laissé de le traduire pour satisfaire à ce que lui impose son devoir; il poursuit donc ainsi :

Sancho rentra chez lui, si allègre et si joyeux, que sa femme s'en aperçut d'aussi loin qu'elle le vit[2], si bien qu'elle se crut obligée de lui dire : Qu'as-tu donc, ami Sancho, que te voilà si joyeux? Femme, dit Sancho, si Dieu voulait, je serais joyeux de n'être pas si content que je le fais voir. — Je ne comprends pas, mon homme, et je ne sais ce que tu veux dire par là, si Dieu voulait, tu serais bien aise de n'être pas si content; car, quoique sotte, je ne pense pas qu'on puisse être content de n'être pas content. — Écoute, Thérèse : je suis content parce que j'ai résolu de retourner au service de mon maître Don Quichotte, qui va partir une troisième fois à la recherche des aventures. Je m'en vais avec lui, parce que ainsi le veut la nécessité, jointe à l'espérance qui me réjouit, de trouver cent autres écus, comme ceux que nous avons employés; et ce qui me rend triste, c'est de penser qu'il faut que je m'éloigne de toi et de mes enfants. Si Dieu avait voulu me donner à manger à pied sec dans ma maison, sans m'obliger de courir par monts et par vaux, ce qu'il pouvait faire à peu de frais, par sa seule volonté, il est bien certain que ma joie serait plus entière et plus vraie, puisqu'en ce mo-

[1] *Dulcinea del Toboso*. [2] *A tiro de ballesta.*

ment elle est mêlée du chagrin de te quitter : j'ai donc eu raison de dire que, si Dieu voulait, je serais bien aise de ne pas être content. — Vois, Sancho, répliqua Thérèse, depuis que tu t'es fait membre de chevalier errant, tu parles d'une manière si contournée, qu'il n'est pas possible de t'entendre. — Femme, il suffit que Dieu m'entende, répondit Sancho, lui seul entend tout, et laissons cela. Fais attention que, pendant ces trois jours, il faut que tu aies bien soin du grison, pour qu'il soit en état de prendre les armes : double-lui sa ration, visite son bât et tout son attirail, car nous n'allons pas à la noce, mais bien courir le monde, nous mesurer avec des géants, des endriagues, des fantômes, entendre des sifflements, des rugissements, des mugissements, des beuglements, et tout cela ne serait que roses, si nous ne rencontrions pas des Yangois et des Maures enchantés. — Je crois bien, mon homme, que les écuyers errants ne mangent pas leur pain pour rien ; c'est pourquoi je prierai Notre Seigneur qu'il te retire au plus tôt d'une si mauvaise aventure. — Je te dis, femme, que, si je n'espérais, sous peu de temps, me voir gouverneur d'une île, je tomberais mort tout à l'heure. — Ne dis pas cela, mon homme. Vive la poule, encore qu'elle ait la pepie. Vis, toi, et que le diable emporte tous les gouvernements du monde. Tu es sorti sans gouvernement du ventre de ta mère, tu as vécu jusqu'ici sans gouvernement, et sans gouvernement tu iras où l'on te conduira à la sépulture quand il plaira à Dieu. Combien y a-t-il de gens dans le monde qui vivent sans gouvernement et qui, pour cela, ne laissent pas de vivre et d'être comptés au nombre des hommes! La meilleure sauce du monde est la faim, et comme elle ne manque jamais aux pauvres, ils mangent toujours avec appétit. Cependant, Sancho, si, par aventure, tu te vois avec un gouvernement, n'oublie ni moi ni tes enfants. Souviens-toi que Sanchico a déjà quinze ans révolus et qu'il est temps qu'il aille à l'école si son oncle l'abbé doit le faire quelque chose dans l'Église. Marie Sancha, ta fille, ne mourra point si nous la marions, et je me doute fort qu'elle désire autant un mari que toi un gouvernement : enfin, mieux vaut fille mal mariée que bien entretenue. Sur ma foi, dit Sancho, si Dieu me mène jusqu'à tenir un gouvernement, je marierai Sancha si grandement qu'on ne l'obtiendra qu'en lui donnant le titre de seigneurie. — Pour cela non, Sancho, marie-la avec son égal, c'est le plus sûr. Si tu changes ses sabots en patins, sa cotte de laine contre un vertugadin ou des atours de soie, son nom de Marica et le *tu* contre la *dona telle* et la *seigneurie*, la pauvre fille ne s'y trouvera plus. A chaque pas elle fera une faute, et laissera voir le fil épais de sa toile. — Tais-toi, sotte ; il ne lui faudra pas plus de deux ou trois ans. Au bout de ce temps, l'air noble et la gravité lui viendront tout naturellement. Quand ils ne viendraient pas, qu'importe? elle sera dame, arrive qui pourra. Mesure-toi sur ton état, répond Thérèse, et ne cherche pas à t'élever plus haut. Souviens-toi du proverbe qui dit : Mouche l'enfant de ton voisin et mets-le dans ta maison. Certes, ce serait une jolie chose de marier notre Marie avec quelque petit comte ou chevalier, qui, lorsqu'il lui en prendrait fantaisie, la traiterait de vilaine, fille de journalier et de fileuse de quenouille. Non, ce n'est pas pour cela que je l'ai élevée. Apporte de l'argent, Sancho, et laisse-moi le soin de la marier. Nous avons ici Lope Tocho, fils de Jean Tocho, qui est un garçon sain, robuste, et que nous connaissons. Je sais qu'il ne regarde pas la fillette de mauvais œil, il est notre égal et avec lui elle sera bien mariée. Nous les aurons toujours sous les yeux : père, mère, enfants, gendre, petits-enfants, nous ne ferons qu'un ; la paix et la bénédiction de Dieu seront parmi nous. Ne me la marie pas dans ces cours, dans ces grands palais, où on ne l'entendrait pas, où elle ne s'entendrait pas elle-même.

Viens çà, bête, femme de Barrabas, répliqua Sancho : qu'as-tu maintenant à vouloir, sans dire en quoi ni pourquoi, m'empêcher de marier ma fille avec un homme qui me donnera des petits-enfants qu'on traitera de seigneuries? Écoute, Thérèse, j'ai toujours entendu dire aux anciens que celui qui ne sait pas jouir de la fortune quand elle vient, n'a pas droit de se plaindre si elle s'en va. Nous aurions tort, maintenant qu'elle nous appelle à notre porte, de la lui fermer. Laissons-nous conduire par ce vent favorable qui nous souffle. (C'est pour cette manière de s'exprimer et pour ce que Sancho dit un peu plus loin, que le traducteur regarde ce chapitre comme apocryphe.) Ne te semble-t-il pas bon, animale, poursuivit Sancho, que je me lance à corps perdu dans quelque gouvernement profitable, qui nous tire du bourbier et que je marie Sancha avec qui bon me semblera? Tu verras comme on t'appellera doña Thérèse Pança; tu seras assise à l'église sur de fins tapis, sur des carreaux, au grand dépit de toutes les femmes de gentilshommes. Faut-il rester toujours au même état, sans augmenter ni diminuer, comme des figures de décorations? Ainsi, n'en parlons plus, Sanchica sera comtesse, quoi que tu en dises.

Prends bien garde à ce que tu dis, mon homme, répondit Thérèse, car, avec tout cela, j'ai peur que ce comté ne soit la perte de ma fille. Fais ce que tu voudras, fais-la duchesse ou princesse, mais sois sûr que ce ne sera jamais de mon gré et avec mon consentement. Je fus toujours amie de l'égalité et je ne saurais voir l'orgueil sans fondement. On me nomma Thérèse au baptême, c'est un nom tout simple, sans les additions et les ornements de don ni de doña; mon père s'appelait Cascajo et moi, comme je suis ta femme, on m'appelle Thérèse Pança, quoique l'on pût avec raison me nommer Thérèse Cascajo. Mais, là sont les rois où sont les lois, je me contente de ce nom, sans qu'on y ajoute un don, trop lourd pour que je le puisse porter. Je ne veux point donner matière à parler à ceux qui me verraient aller vêtue en comtesse ou en gouvernante. Voyez donc, diraient-ils, le ton de cette gardeuse de porcs : hier elle démêlait un peloton d'étoupes et allait à la messe la tête couverte du bas de sa robe, au lieu de mantille, et aujourd'hui elle porte avec de grands airs un vertugadin et des broderies, comme si nous ne la connaissions pas. Si Dieu me garde mes sept ou cinq sens de nature, ou ceux que j'ai, j'espère bien ne pas donner lieu de me voir en tel état. Toi, frère, prends un gouvernement, une île, enfle-toi à ton plaisir, pour ma fille et pour moi, par la vie de ma mère, nous ne quitterons point d'un seul pas notre chaumière. A femme honorée, jambe rompue et la maison; à fille honnête, le travail est sa fête. Va, avec ton Don Quichotte, poursuivre vos aventures et laisse-nous ici à nos mésaventures, Dieu les améliorera si nous sommes honnêtes. Et je ne sais de vrai qui lui a donné ce Don, car son père ni ses aïeux ne l'eurent jamais.

C'est à cette heure, répond Sancho, que je puis bien dire que tu as dans le corps un esprit familier. Dieu te soit en aide! Que de choses viens-tu d'enfiler sans pied ni tête! qu'ont de commun les Cascajo, les ajustements, les proverbes et les braveries, avec ce que je dis? Viens çà, insensée, ignorante (car ainsi puis-je te nommer, puisque tu n'entends pas mes raisons et que tu fuis ton bonheur) : si je voulais que ma fille se jetât d'une tour en bas, ou qu'elle se mît à courir le monde comme voulut le faire l'infante doña Urraca [1], tu aurais raison de ne pas suivre mon avis; mais si en deux coups de palette et en moins d'un clin d'œil je lui plante un *don*, avec la *seigneurie*, je la retire du chaume, je la mets sous un dais, sur un piédestal, sur une estrade garnie de plus de coussins de velours que n'ont eu de Maures en leur lignage les almohades du Maroc, pourquoi n'y consens-tu pas, et ne veux-tu pas ce que je veux? — Sais-tu pourquoi, mon homme? C'est à cause du proverbe qui dit : qui te couvre te découvre. Les yeux passent, en courant, sur le pauvre, on les arrête sur le riche; si ce riche fut un temps pauvre, on murmure, on le maudit, et, ce qu'il y a de pis, on persévère, car des médisants il y en a en foule dans les rues, comme des essaims d'abeilles. Écoute, Thérèse, ce que je te veux dire maintenant, répondit Sancho, peut-être ne l'as-tu jamais entendu. Cela ne vient point de moi, ce sont sentences du père prédicateur, qui, le carême passé, prêcha dans ce village. Il disait, si j'ai bonne mémoire, que toutes les choses présentes qui s'offrent à nos yeux, s'offrent et se logent mieux dans notre souvenir que les choses passées. (Toutes ces raisons de Sancho sont, pour le traducteur, la seconde preuve que ce chapitre est apocryphe, parce qu'elles excèdent la portée de Sancho.) Ainsi, poursuivit-il, quand nous voyons une personne bien parée, avec de riches habits et la pompe des serviteurs, il semble que nous soyons forcés à lui porter respect, encore que la mémoire nous rappelle au même instant quelque bassesse que nous avons connue dans la même personne; cette bassesse, soit de pauvreté, soit de lignage, étant passée, n'existe plus, et il n'y a de réel que ce que nous voyons présentement, si celui que la fortune a porté de la bassesse (ce sont les propres paroles du père) au sommet de la prospérité, est bien élevé, libéral, courtois envers tout le monde, et ne veut point s'égaler à ceux qui sont nobles d'ancienne race; tiens pour certain, Thérèse, qu'il ne se rencontrera personne qui se souvienne de ce qu'il fut, tous respecteront ce qu'il est présentement, si ce n'est les envieux, desquels aucune fortune prospère ne peut se défendre. Je n'entends rien à ce que tu dis, mon homme, répondit Thérèse, fais ce que tu voudras, et ne me romps pas davantage la tête avec tes harangues et tes rhétoriques, si tu es révolu [2] à faire ce que tu dis. — Dis *résolu,* femme, et non pas *révolu.* — Tiens, mon homme, ne me cherche pas dispute, je parle comme Dieu l'a voulu, et n'y vois point d'autres finesses. Je dis que, si tu veux absolument un gouvernement, tu emmènes avec toi ton fils Sancho pour lui apprendre dès à présent à gouverner, il est bien que les enfants apprennent et pratiquent le métier de leur père. Quand je serai gouverneur, répond Sancho, je le demanderai par la poste, et je t'enverrai de l'argent, qui ne me manquera pas, car on en prête toujours aux gouverneurs, s'ils en ont besoin. Habille-le de manière à cacher ce qu'il est et à paraître ce qu'il doit être. Envoie de l'argent, dit Thérèse, et tu verras que je l'habillerai comme un petit ange. — Hé bien, femme, nous restons d'accord que notre fille

[1] Fille de don Fernand, qui menaça de courir le monde quand elle se vit déshéritée par son père.
[2] *Revuelto* pour *resuelto.*

sera comtesse. Le jour que je la verrai comtesse, répond Thérèse, je compterai que je la mets en terre. Mais, je te le répète, fais ce que tu voudras, nous autres femmes nous naissons avec l'obligation d'obéir à nos maris, fussent-ils des chiens. En disant ces mots, elle se mit à pleurer aussi sincèrement que si elle eût déjà vu Sanchica morte et enterrée. Sancho la consola, en lui disant que, quoiqu'il eût le dessein de la faire comtesse, il ne le ferait que le plus tard qu'il pourrait. Ainsi se termina leur conversation, et Sancho retourna voir Don Quichotte, pour mettre ordre à leur départ [1].

CHAPITRE VI.

DE CE QUI SE PASSA ENTRE DON QUICHOTTE, SA NIÈCE ET SA GOUVERNANTE, ET C'EST ICI UN DES CHAPITRES LES PLUS IMPORTANTS DE TOUTE L'HISTOIRE.

TANDIS que Sancho Pança et Thérèse Cascajo, sa femme, tenaient l'impertinente conversation que nous venons de rapporter, la nièce et la gouvernante de Don Quichotte n'étaient pas oisives. Elles recueillaient par mille remarques que leur oncle et seigneur méditait une troisième escapade, et voulait retourner à l'exercice, pour elles si malheureux, de la chevalerie errante. Elles cherchaient, par tous les moyens possibles, à le détourner d'un si mauvais dessein, mais c'était battre le fer à froid et prêcher dans le désert. Entre autres raisons qu'elles lui alléguaient, la gouvernante lui dit : En vérité, seigneur, si vous ne voulez point tenir pied et rester tranquille dans votre maison, si vous ne renoncez à courir par monts et par vaux, comme une âme en peine, cherchant ce qu'on appelle des aventures, et ce que je nomme, moi, des disgrâces, je me plaindrai haut et bas à Dieu et au roi, pour qu'ils y apportent remède. Ma gouvernante, répondit Don Quichotte, je ne sais ce que Dieu ou le roi pourraient répondre à vos plaintes, mais je sais bien que, si j'étais roi, je me dispenserais de répondre à ce tas de requêtes impertinentes dont on les importune tous les jours ; un des plus grands travaux des rois, parmi beaucoup d'autres, est d'être obligés d'écouter tout le monde et de répondre à tous. Aussi je ne voudrais pas qu'il eût du déplaisir pour ce qui me regarde. Mais, seigneur, reprit la gouvernante, à la cour du roi n'y a-t-il point de chevaliers? — Oui, sans doute, et beaucoup ; il est convenable qu'il y en ait, pour l'ornement du trône et l'éclat de la majesté royale. — Eh bien, pourquoi votre seigneurie ne serait-elle pas un de ces chevaliers qui, sans tant courir, restent à la cour et servent le roi? — Mon enfant, tous les chevaliers ne peuvent pas être courtisans, et tous les courtisans ne peuvent ni ne doivent être chevaliers errants. Il faut qu'il y en ait dans le monde de toutes les façons, et, quoique nous soyons tous chevaliers, il y a une grande différence des uns aux autres : les courtisans,

[1] Cailhava, dans son *Art de la Comédie*, a fort bien remarqué que Molière a imité à sa manière ce chapitre de Cervantes, acte III, scène XII, de son *Bourgeois gentilhomme*, où M. Jourdain dispute avec sa femme sur le mariage de leur fille. Sa femme veut la marier avec un marchand, leur égal, mais M. Jourdain veut que sa fille soit duchesse ou tout au moins marquise.

sans quitter leurs appartements et le seuil des palais, voyagent par tout le monde en regardant la carte, sans qu'il leur en coûte un blanc, sans souffrir ni chaleur, ni froidure, ni faim, ni soif; mais nous autres, les vrais chevaliers errants, nous mesurons avec nos pieds toute la terre, au soleil, au froid, à l'air, soumis aux intempéries du ciel, de jour et de nuit, à pied et à cheval, nous connaissons les ennemis non seulement en peinture, mais en réalité; en toute rencontre, en toute occasion nous les attaquons, sans nous arrêter à des bagatelles ou aux lois des défis, sans examiner si la lance ou l'épée de l'un sont plus courtes que celles de l'autre, si l'ennemi porte sur lui des reliques ou quelque autre supercherie cachée, si l'on doit partager le soleil ou non, ou d'autres cérémonies de même nature, qui se pratiquent dans les combats singuliers d'homme à homme, que vous ne connaissez point, mais que je connais. Vous devez savoir encore que le bon chevalier errant, quand il rencontrerait dix géants dont la tête non seulement toucherait mais dépasserait les nues, dont les jambes seraient deux grandes tours, les bras semblables aux mâts des plus puissants navires, chaque œil grand comme une roue de moulin, et plus ardent qu'un four à verre, ne doit s'effrayer nullement: au contraire, d'une contenance ferme, d'un courage intrépide, il doit les attaquer, courir à leur rencontre, et, s'il le peut, les vaincre et les abattre en un instant, fussent-ils armés d'écailles d'un certain poisson que l'on dit plus dures que le diamant; eussent-ils, au lieu d'épées, des cimeterres de Damas ou des massues ferrées, garnies de pointes d'acier, comme j'en ai vu plus de deux fois. Je dis tout cela, afin que vous puissiez juger de la différence qu'il y a de chevaliers à chevaliers. Il serait bien juste que le prince fît plus d'estime de cette seconde, ou, pour mieux dire, de cette première espèce, les chevaliers errants, car nous lisons dans les histoires que tel d'entre eux a été le salut non seulement d'un royaume, mais de plusieurs.

Ah! mon seigneur, dit à ce propos la nièce, faites donc attention que tout ce que vous dites des chevaliers errants n'est que fable et mensonge, et que, si l'on ne brûle ces histoires, chacune mérite au moins qu'on lui mette un san-bénito, ou quelque autre marque qui la fasse reconnaître pour infâme et corruptrice des bonnes mœurs. Par le Dieu qui me soutient! s'écria Don Quichotte, si tu n'étais ma nièce directe, fille de ma propre sœur, je ferais un tel exemple de toi, pour les blasphèmes que tu viens de proférer, que le monde en retentirait. Comment! est-il bien possible qu'une petite fille, qui sait à peine manier douze petits bâtons pour faire des lacets, s'avise de parler et de censurer les histoires des chevaliers errants? Que dirait le seigneur Amadis, s'il entendait pareille chose? Sans doute il te pardonnerait, car ce fut le plus doux et le plus courtois chevalier de son temps, et surtout grand défenseur des demoiselles. Mais tel pourrait t'avoir entendue, qui t'en ferait bien repentir, car ils n'ont pas été tous courtois et modérés. Plusieurs furent félons et grossiers: tous ceux qu'on appelle chevaliers ne le sont pas de tout point; les uns sont d'or, les autres n'en ont que l'apparence, tous semblent chevaliers, mais tous ne résisteraient pas à la pierre de touche de la vérité. On voit des hommes de basse naissance qui s'enflent pour paraître chevaliers, et des chevaliers du haut parage qui meurent de manière à paraître des hommes du commun: les uns s'élèvent par l'ambition ou par la vertu, les autres se rabaissent par la mollesse ou par le vice. Il est besoin d'user de prudence pour distinguer ces deux espèces de chevaliers, si semblables par le nom, si différents par les actions.

Dieu me soit en aide! dit la nièce; est-il possible, mon oncle et seigneur, que vous en sachiez tant qu'au besoin vous pourriez monter en chaire et prêcher dans les rues, et qu'avec cela vous donniez dans un si grand aveuglement, une folie si reconnue, que vous vous dites vaillant étant vieux, robuste étant malade, redresseur de torts étant courbé par l'âge, et, par-dessus tout, chevalier, quoique vous ne le soyez pas! car, encore que les gentilshommes puissent l'être, les pauvres ne le sont pas. Tu as bien raison dans ce que tu dis, ma nièce, répondit Don Quichotte, et je pourrais, sur ce sujet des races, t'apprendre des choses qui t'étonneraient, mais je n'en parlerai point, pour ne pas mêler le divin avec le profane.

Écoutez et soyez attentives, mes amies. On peut réduire à quatre races différentes toutes celles qui sont au monde : les unes, dont les commencements furent humbles, se sont étendues et agrandies jusqu'à parvenir à la suprême grandeur; d'autres, élevées dès l'origine, ont conservé leur grandeur et la maintiennent encore au même degré; la troisième race est celle qui, puissante dans le principe, s'est amincie en pointe comme une pyramide, a perdu sa splendeur, et s'est vue réduite au néant, comme le sommet de la pyramide qui n'est rien relativement à la base; la dernière enfin, et c'est la plus nombreuse, n'a eu ni un bon commencement, ni un honnête milieu, et n'aura qu'une fin inconnue, comme les gens du commun et de la foule du peuple. De la première espèce, qui eut un commencement humble et parvint à la grandeur qu'elle conserve encore, vous en avez un exemple dans la famille ottomane, issue d'un humble et pauvre berger, et parvenue à l'élévation où nous la voyons. De la seconde, née dans la grandeur, et qui la conserve sans l'augmenter, nous voyons beaucoup de princes qui le sont par droit d'héritage, et se maintiennent paisiblement, sans augmentation ni diminution, dans les limites de leurs États. De ceux qui eurent une origine illustre et finirent en pointe, nous en avons mille exemples : car tous les Pharaons et les Ptolémées de l'Égypte, les Césars de Rome, avec toute la bande, si l'on peut employer ce nom, d'une infinité de princes, monarques, seigneurs, mèdes, assyriens, perses, grecs, barbares, toutes ces races se sont en allées en pointe au néant, elles et ceux qui en furent la souche; il ne serait pas possible de découvrir aucun de leurs descendants, et, si nous en trouvions, ils seraient de bas étage. Quant à la race plébéienne, je n'ai rien à en dire, sinon qu'elle ne sert qu'à accroître le nombre des vivants, sans mériter d'autre renom. De tout ce que j'ai dit, folles que vous êtes, je veux que vous infériez combien grande est la confusion qui règne parmi les races, et que celles-là seules paraissent grandes et illustres qui se distinguent par la vertu, la richesse et la libéralité; je dis vertu, richesse et libéralité, parce que le grand qui sera vicieux le montrera davantage, et que le riche sans libéralité ne sera qu'un avare mendiant. Ce n'est pas la possession, mais bien l'usage des richesses qui rend heureux : encore ne suffit-il pas d'en user, mais d'en savoir bien user. Le chevalier pauvre n'a d'autre moyen, pour prouver sa noblesse, que la vertu; il doit être affable, poli, courtois, officieux, sans orgueil, sans arrogance, patient; il doit surtout être charitable : avec deux maravédis donnés de bon cœur à un pauvre, il ne se montrera pas moins libéral que celui qui fait l'aumône au son de la cloche [1]. Il n'y aura personne qui, le voyant doué de toutes ces vertus, ne le juge de bonne race sans le connaître, et ce serait miracle qu'il n'en fût pas ainsi, car toujours la louange fut la récompense de la vertu, et il est impossible que les gens vertueux ne soient pas estimés. Il y a deux routes, mes filles, qui peuvent conduire aux richesses et aux honneurs : ce sont les lettres et les armes. Je suis plus la dernière que l'autre; j'ai dû naître, d'après mon inclination pour les armes, sous l'influence de la planète de Mars : ainsi, je suis comme forcé de suivre ce chemin, et je le veux suivre en dépit de tout le monde. C'est en vain que vous vous efforcerez à me persuader d'aller contre la volonté du ciel, contre l'ordre de la fortune, le vœu de la raison et par-dessus tout mon propre désir. Je connais les travaux innombrables de la chevalerie errante, mais je sais aussi les biens infinis qu'elle procure, je sais que le sentier de la vertu est étroit, le chemin du vice large et spacieux, et qu'ils aboutissent à des termes différents, car le chemin du vice, ouvert et facile, conduit à la mort, et le sentier étroit et pénible de la vertu nous mène à la vie, non à une vie mortelle, mais à celle qui n'a point de fin, je sais, comme le dit notre grand poëte castillan, que :

Par ces rudes sentiers, on s'avance vers le séjour de l'immortalité, d'où jamais on ne redescend [2].

Malheureuse que je suis! s'écria la nièce, mon oncle est aussi poëte : il sait tout, il atteint tout; je gage que, s'il voulait être maçon, il bâtirait une maison comme une cage. Je t'assure, ma nièce, répondit Don Quichotte, que, si ces pensées chevaleresques ne ravissaient pas tous mes sens, il n'y aurait chose que je ne fisse, ni curiosité qui ne sortît de mes mains, particulièrement des cages et des curedents [3]. En ce moment, on entendit appeler à la porte : on demanda qui c'était. C'est moi, répondit Sancho. A peine la gouvernante l'eut-elle reconnu qu'elle alla se cacher pour ne le pas voir, tant elle l'avait en horreur. La nièce ouvrit. Don Quichotte alla au-devant de son écuyer les bras ouverts; ils s'enfermèrent dans sa chambre, où ils eurent une conversation non moins curieuse que celle qui venait d'avoir lieu.

[1] *A campana herida;* d'où le proverbe espagnol :

Haz buena farina,
E no toques la bocina.

Fais de bonne farine et ne sonne point de la trompe.

[2] Por estas asperezas se camina
De la immortalidad al alto asiento,
Do nunca arriba quien de alli declina.

GARCILASO DE LA VEGA.

[3] Les curedents d'Espagne sont de petits morceaux de bois dur très pointus; ceux d'Italie sont en buis et moins bien faits.

CHAPITRE VII.

DE CE QUI SE PASSA ENTRE DON QUICHOTTE ET SON ÉCUYER, AVEC D'AUTRES ÉVÉNEMENTS MÉMORABLES.

A peine la gouvernante eut-elle vu Sancho s'enfermer avec son maître, qu'elle imagina ce qu'ils allaient faire. Persuadée que de ce conseil naîtrait la résolution d'une troisième sortie, elle prit sa mante, et, pleine de souci et de chagrin, s'en alla chez le bachelier Samson Carrasco, pensant que, comme beau diseur et nouvel ami de son maître, il pourrait le dissuader d'un projet aussi fou. Elle le trouva qui se promenait dans la cour de sa maison, et, en l'apercevant, elle se laissa tomber à ses pieds, tout émue et accablée de douleur. Carrasco, la voyant si troublée, si affligée, lui dit : Qu'est ceci, dame gouvernante? que vous est-il arrivé? on dirait que vous allez rendre l'âme. Ce n'est rien, mon cher seigneur Samson, sinon que mon maître s'en va, bien certainement il s'en va. — Et par où s'en va-t-il? S'est-il donc rompu quelque membre?—Non, seigneur : il s'en va par la porte de sa folie; je veux dire, seigneur bachelier de mon âme, qu'il va faire une nouvelle sortie, et ce sera la troisième, pour aller chercher par le monde ce qu'il appelle des aventures, et je ne puis concevoir qu'il les nomme ainsi. La première fois, on nous le ramena couché en travers sur un âne, et moulu de coups de bâton; la seconde fois, il revint sur une charrette à bœufs, enfermé dans une cage, dans laquelle il se prétendait enchanté. Il était dans un tel état, le pauvre homme, si jaune, si maigre, que la mère qui l'engendra ne l'eût pas reconnu; ses yeux étaient renfoncés dans la dernière chambre de son cerveau. Pour le remettre un peu en état, il m'a fallu employer plus de six cents œufs, comme Dieu le sait et tout le monde, et mes poules, qui sont là pour me démentir. Je le crois aisément, répond le bachelier : elles sont si bonnes, si grasses, si bien élevées, qu'elles ne voudraient pas dire une chose pour l'autre, dussent-elles crever. Ainsi, en définitive, il ne s'est point passé autre chose, vous n'avez d'autre souci que la crainte de ce que veut faire le seigneur Don Quichotte. — Non, seigneur. — Hé bien, ne vous mettez plus en peine, retournez tranquillement chez vous, et tenez-moi prêt quelque chose de chaud pour déjeuner. Récitez en chemin l'oraison de sainte Apollonie, si vous la savez, je vous suis et vous verrez merveilles. Malheureuse que je suis! répondit la gouvernante, ne me dites-vous pas de réciter l'oraison de sainte Apollonie? Ce serait bon si mon maître avait mal aux dents, mais c'est seulement par la cervelle qu'il est pris. — Je sais ce que je dis; allez, et ne disputez point avec moi, vous savez que je suis bachelier de Salamanque, et que je n'ai plus besoin de jaser. La gouvernante partit, et Carrasco s'en fut trouver le curé, pour lui communiquer ce qui se dira en son temps.

Pendant celui que Don Quichotte et Sancho restèrent enfermés, ils eurent ensemble une conversation que l'histoire rapporte avec beaucoup d'exactitude et de vérité. Seigneur, dit Sancho à son maître, j'ai déjà relui ma femme à me laisser aller partout où vous voudrez me conduire. — Tu dois dire *réduit*, Sancho, et non pas *relui*[1]. Si ma mémoire ne me trompe, répondit Sancho, j'ai déjà prié une ou deux fois votre seigneurie de ne point corriger mes paroles quand elle comprend ce que je veux dire. Si vous ne le comprenez pas, dites : Au diable! Sancho; je n'entends point. Et alors, si je ne me fais pas comprendre, vous me corrigerez; car je suis très focile. — Je ne t'entends point, Sancho, dit tout aussitôt Don Quichotte, car je ne sais ce que veut dire : Je suis très *focile*. Focile, répond Sancho, c'est comme si je disais: Je suis tout ainsi. — Je t'entends encore moins, Sancho. — Si vous ne comprenez pas, je ne sais comment dire, je n'en sais pas davantage, que Dieu soit avec moi. — Bon, bon, je devine : tu veux dire que tu es très *docile*, doux, traitable, que tu prendras en bonne part tout ce que je te dirai, et que tu feras ce que je t'enseignerai. Je gagerais bien, dit Sancho, que vous m'avez compris tout d'abord ; mais vous avez voulu me troubler pour me faire dire deux cents impertinences. — Cela pourrait être, répondit Don Quichotte; mais, enfin, que dit Thérèse? — Thérèse dit que j'attache bien mon doigt avec le vôtre; que les écrits parlent et les hommes se taisent; que celui qui coupe les cartes ne les mêle pas, et qu'un tiens vaut mieux que deux tu l'auras. Pour moi, je dis que conseil de femme est peu de chose, mais qui ne le prend est un fou. Je le dis comme toi, répond Don Quichotte. Mais poursuis ton discours, ami Sancho, tu parles de perles aujourd'hui. Je dis donc, reprend Sancho, que, comme vous le savez mieux que moi, nous sommes tous sujets à la mort; aujourd'hui vivants, demain non : l'agneau meurt aussi vite que le mouton. Nul, dans ce monde, ne peut se promettre plus d'heures de vie qu'il ne plaît à Dieu de lui en donner; car la Mort est sourde, et, lorsqu'elle vient frapper à la porte de notre vie, elle va toujours courant; il n'y a force, sceptre ni mitre qui puissent l'arrêter, comme chacun le dit, et comme on le prêche en chaire. Tout cela est vrai, dit Don Quichotte; mais je ne vois pas où tu veux en venir. J'en veux venir, répond Sancho, à ce que votre seigneurie m'assigne un salaire déterminé pour chaque mois que je la servirai, et que, ce salaire, vous me le payiez de votre bien, car je ne veux pas attendre des récompenses qui viennent tard, mal ou jamais. Dieu me soit en aide avec ce qui est à moi. Enfin, je veux savoir ce que je gagne, peu ou beaucoup. La poule couve sur un œuf ; plusieurs peu font un beaucoup, et, tandis qu'on gagne quelque chose, on ne perd rien. Bien est-il vrai que, s'il arrivait, ce que je ne crois ni n'espère, que votre grâce me donnât l'île qu'elle m'a promise, je ne suis pas tellement ingrat, tellement exigeant que je ne consente qu'on en évalue le revenu, et qu'on en fasse le décompte[2] sur mes gages. Ami Sancho, dit Don Quichotte, quelquefois un chat est aussi bon qu'un rat. Je vous entends, répond Sancho; je parierais que je me suis trompé sur le rat et sur le chat. N'importe, pourvu que vous m'ayez compris. Je t'ai si bien compris, reprit Don Quichotte, que j'ai pénétré jusqu'au fond de ta pensée, et je connais le but où tu vises avec les flèches de tes innombrables proverbes. Écoute,

[1] *Relucida* pour *Reducida*.

[2] Sancho dit ici *gata por cantitad* et veut dire *rata por cantitad* (au *prorata*). C'est pour cela que Don Quichotte joue sur le mot chatte (*gata*), et Sancho répond : Je devrais dire *rata* et non *gata*. Ce jeu de mots ne peut se traduire.

Sancho, je t'assignerais bien un salaire si j'avais trouvé dans quelque histoire de chevalier errant un exemple qui pût me faire entrevoir par le plus petit jour ce que gagnaient les écuyers, soit par mois, soit par an. Mais, après avoir lu toutes ces histoires ou la plus grande partie, je n'ai jamais vu qu'aucun chevalier ait assigné de salaire fixe à son écuyer. Je sais que tous servaient à merci, et, au moment où ils y pensaient le moins, si le sort était favorable à leur maître, ils se trouvaient récompensés par une île ou quelque autre chose équivalente, pour le moins ils acquéraient un titre et une seigneurie. Si, content de ces espérances et de cette perspective, vous voulez, Sancho, revenir à mon service, à la bonne heure; mais, de penser que j'irai violer l'antique usage de la chevalerie errante, c'est inutile. Retournez donc à votre maison, et déclarez à votre Thérèse mes intentions. Si elle et vous, vous trouvez bon d'être avec moi à merci, *benè quidem*; sinon, amis comme devant. Quand le grain ne manque point au colombier, il n'y a point faute de pigeons, et souvenez-vous, mon fils, que bonne espérance vaut mieux que mauvaise possession, et bonne plainte que mauvaise paye. Je vous parle ainsi, Sancho, pour vous faire voir que je puis aussi faire tomber une pluie de proverbes. En un mot, je veux dire et je dis que, si vous ne voulez point me suivre à merci, courir la même fortune que moi, Dieu soit avec vous et fasse de vous un saint : je ne manquerai pas d'écuyers plus obéissants, plus empressés, moins brouillons et moins bavards que vous.

Quand Sancho entendit la ferme résolution de son maître, le ciel pour lui se couvrit de nuages, et les ailes de son cœur tombèrent; car il avait cru que, pour tout au monde, son seigneur ne partirait pas sans lui. Comme il restait interdit et pensif, entra Samson Carrasco avec la nièce et la gouvernante, curieuses de connaître quelles raisons il emploierait pour dissuader leur seigneur d'aller courir les aventures. Le bachelier, railleur renommé, s'approcha du chevalier, l'embrassa comme la première fois, et d'une voix élevée lui dit : O fleur de la chevalerie errante! lumière resplendissante des armes! honneur et miroir de la nation espagnole! plaise au Dieu tout-puissant, dans la plénitude de son pouvoir, que la personne ou les personnes qui voudraient s'opposer et mettre empêchement à votre troisième sortie ne puissent sortir elles-mêmes du labyrinthe de leurs désirs, et ne réussissent jamais dans leurs mauvais desseins! Puis, se tournant vers la gouvernante : Vous pouvez bien, lui dit-il, cesser maintenant de réciter l'oraison de sainte Apollonie, je sais à présent que c'est une détermination précise des étoiles, que le seigneur Don Quichotte retourne exécuter ses hauts et nouveaux desseins; je croirais ma conscience engagée si je n'intimais et ne persuadais à ce chevalier de ne pas retenir plus longtemps engourdie la force de son valeureux bras et la vaillance de son intrépide courage; son retard compromet le redressement des torts, la défense des orphelins, l'honneur des demoiselles, la protection des veuves, l'assistance due aux femmes mariées et autres choses de même nature qui touchent, appartiennent et sont annexées à l'ordre de la chevalerie errante. En avant donc, mon seigneur Don Quichotte, brave et beau chevalier; que votre seigneurie et sa grandeur se mettent en route, aujourd'hui plutôt que demain. Si quelque chose manque pour l'exécution, me voici prêt à suppléer de ma personne et de mon bien, et, si votre magnificence a besoin d'écuyer, je m'estimerai trop heureux de lui en servir. Hé bien, dit à ce mot Don

Quichotte, en se tournant vers Sancho, ne t'avais-je pas bien dit que je ne manquerais pas d'écuyers? Vois celui qui s'offre à l'être; c'est l'incomparable bachelier Samson Carrasco, la joie[1], l'amusement perpétuel des écoles de Salamanque, bien portant, agile, discret, qui sait supporter le froid et le chaud, la faim et la soif, en un mot, en possession de tous les avantages requis pour être écuyer d'un chevalier errant. Néanmoins, à Dieu ne plaise que, pour satisfaire mon désir, je brise la colonne des lettres, le vase des sciences, et que j'arrache la palme éminente des arts libéraux! Que le nouveau Samson demeure dans sa patrie pour l'honorer, ainsi que les cheveux blancs de ses vieux parents, je me contenterai de quelque écuyer que ce soit, puisque Sancho ne daigne pas venir avec moi. Si, je le daigne, répondit Sancho attendri et les larmes aux yeux. Mon seigneur, poursuivit-il, on ne dira jamais de moi, manger le pain et fausser compagnie. Je ne sors point d'une famille ingrate: tout le monde sait, et surtout ceux de mon village, quels ont été les Panças dont je descends. Je connais d'ailleurs, par bons effets et surtout par bonnes paroles, le désir que vous avez de me récompenser. Si je me suis mis en compte de tant et de quand au sujet de mon salaire, c'était pour complaire à ma femme; quand elle s'est mis une chose en tête, il n'y a point de maillet qui presse autant les cercles d'une cuve, qu'elle le fait pour obtenir ce qu'elle veut. Mais, au bout du compte, l'homme doit être homme, la femme une femme, et puisque je suis homme partout ailleurs, ce que je ne saurais nier, je veux, s'en fâche qui voudra, l'être aussi dans ma maison. Il ne s'agit donc plus que de faire votre testament avec son codicille, qu'on ne puisse revolquer[2], et mettons-nous aussitôt en chemin, pour ne pas faire souffrir l'âme du seigneur Samson, qui dit que sa conscience le presse de persuader à votre seigneurie de se mettre pour la troisième fois en campagne. Je m'offre de rechef à la servir loyalement, fidèlement, aussi bien et mieux qu'aucun écuyer ait servi chevalier errant dans les temps passés et présents.

Le bachelier ne pouvait sortir de sa surprise en entendant le langage de Sancho. Quoiqu'il eût lu la première partie de l'histoire de son maître, il ne l'avait jamais cru aussi plaisant qu'on le représentait; mais, en l'entendant parler de testament qu'on ne puisse revolquer, au lieu de *révoquer*, il crut tout ce qu'il en avait lu, le reconnut pour un des plus grands insensés du siècle, et dit en lui-même qu'on n'avait jamais rencontré deux fous comme le maître et le valet. Enfin, Don Quichotte et Sancho s'embrassèrent et demeurèrent amis; puis, d'après l'avis et l'approbation du grand Carrasco, qui pour lors était son oracle, il fut convenu que leur départ aurait lieu dans trois jours; cet intervalle parut suffisant pour préparer ce qui était nécessaire pour le voyage et chercher une salade entière avec sa visière, parce qu'à tout prix Don Quichotte voulait l'avoir. Samson lui en offrit une, que possédait un ami qui ne la lui refuserait pas; à la vérité, elle était plus noire de rouille que remarquable par le poli de l'acier.

On ne saurait compter toutes les malédictions que la nièce et la gouvernante donnèrent au bachelier; elles s'arrachèrent les cheveux, s'égratignèrent la figure, et, comme les pleureuses d'autrefois, faisaient des lamentations sur le départ de leur maître, comme elles eussent fait sur sa mort. Le dessein de Samson,

[1] *Trastulo*, le plaisant, le bouffon. Ce mot est d'origine italienne.

[2] Le texte dit *revolcar*. C'est ainsi que Sancho fait passer dans sa langue le mot *revocar*.

en persuadant à Don Quichotte de faire une nouvelle sortie, avait été de faire ce que cette histoire dira plus tard, et tout avait été concerté avec le curé et le barbier. Enfin, pendant ces trois jours, Don Quichotte et Sancho se procurèrent tout ce qu'ils crurent nécessaire. Sancho apaisa sa femme, et Don Quichotte sa nièce et sa gouvernante ; puis ils partirent de nuit, sans que personne les vît, si ce n'est le bachelier, qui voulut les accompagner à une demi-lieue du village. Ils prirent le chemin du Toboso, Don Quichotte monté sur le bon Rossinante, et Sancho sur son ancien grison. Le bissac était garni des choses nécessaires à la vie quotidienne et la bourse d'argent, que Don Quichotte remit à Sancho pour les besoins à venir. Samson embrassa le chevalier, le conjurant de lui donner des nouvelles de sa bonne ou mauvaise fortune, afin qu'il pût se réjouir de l'une ou s'attrister de l'autre, conformément aux lois de l'amitié. Don Quichotte le lui promit. Samson reprit le chemin du village, et le maître et l'écuyer suivirent celui de la grande cité du Toboso.

CHAPITRE VIII.

OU L'ON RACONTE CE QUI ARRIVA A DON QUICHOTTE ALLANT VOIR SA DAME, DULCINÉE DU TOBOSO.

BÉNI soit le puissant Allah ! dit Hamet Benengeli, au commencement de ce huitième chapitre ; béni soit Allah ! répète-t-il trois fois, et la cause de ces bénédictions est, dit-il, qu'il tient enfin en campagne Don Quichotte et Sancho, et qu'ainsi les lecteurs de cette agréable histoire peuvent être assurés que, dès ce moment, vont commencer les hauts faits du maître et les gentillesses de l'écuyer. Il les engage en même temps à mettre en oubli les aventures précédentes de l'ingénieux gentilhomme, et à tenir les yeux ouverts sur celles qui vont avoir lieu. Elles commencent, en ce moment, sur le chemin du Toboso, comme les précédentes commencèrent dans la plaine de Montiel. Ce qu'il demande est peu de chose en comparaison de ce qu'il promet. Il poursuit donc ainsi :

Samson parti, Don Quichotte et Sancho restés seuls, Rossinante se mit à hennir et le roussin à braire : nos deux aventuriers en tirèrent un très favorable augure. Mais, s'il faut dire la vérité, les braiments de l'âne l'emportèrent sur les hennissements du cheval, d'où Sancho conclut que son bonheur devait surpasser celui de son maître. J'ignore s'il s'appuyait sur l'astrologie judiciaire, dont il aurait eu quelque connaissance, quoique l'histoire ne le dise pas ; seulement on a souvent entendu dire à Sancho que, quand il trébuchait ou tombait, il eût voulu n'être pas sorti de sa maison, parce que trébucher et tomber présageait souliers rompus ou côtes brisées, et, quoique sot, il ne se trompait pas beaucoup. Don Quichotte lui dit : Ami Sancho, plus nous cheminons, plus la nuit nous gagne et répand plus d'obscurité qu'il n'en faudrait pour conserver l'espoir de découvrir au jour le Toboso, où j'ai résolu de me rendre avant de tenter aucune aventure. Là je recevrai la bénédiction et le congé de la sans pareille Dulcinée : avec ce congé, je tiens pour assuré de surmonter heureusement et de mener à fin toute aventure périlleuse, car rien au monde ne rend les chevaliers plus vaillants que de se voir favorisés de leurs dames. Je le crois comme vous, répondit Sancho ; mais je crois difficile de parler à madame Dulcinée et de vous trouver avec elle en un lieu où vous puissiez recevoir sa bénédiction, à moins qu'elle ne vous la jette par-dessus les murs de la basse-cour où je la vis la première fois quand je lui portai la nouvelle des folies que vous faisiez dans les entrailles de la Sierra-Morena. Murs de basse-cour! interrompit Don Quichotte; c'est ton imagination qui te fait paraître ainsi les lieux où tu vis cette beauté, cette grâce jamais assez louée : ce ne pouvaient être que des galeries, des corridors, des plates-formes, peu importe le nom, de riches et royaux palais. Cela se peut, dit Sancho; mais, à moi, cela me semblait de méchants murs, si la mémoire ne m'abandonne. Allons-y toujours, Sancho, répliqua Don Quichotte : pourvu que je la voie, je m'inquiète peu que ce soit par-dessus des murs, des fenêtres, des ouvertures, des treillis de jardin; qu'un rayon du soleil de sa beauté frappe mes yeux, il éclairera mon entendement, et fortifiera mon cœur de manière qu'il demeurera unique et sans égal en sagesse et en vaillance. A dire vrai, seigneur, répondit Sancho, quand je vis ce soleil de madame Dulcinée, il n'était pas assez brillant pour qu'il pût s'en échapper aucun rayon; cela venait peut-être de ce qu'elle était occupée à vanner du blé, comme je vous l'ai dit; la grande poussière qui en sortait formait comme un nuage au devant de sa figure et l'obscurcissait. Quoi! tu persistes encore, Sancho, dit Don Quichotte, à dire, à penser, à croire et soutenir que madame Dulcinée vannait du blé, lorsque cela est une occupation, un exercice tout opposé à ce que font et doivent faire les personnes distinguées; elles sont réservées et destinées à des fonctions, à des délassements plus nobles qui, du plus loin, font reconnaître leur grandeur. Qu'il te souvient peu, Sancho, des vers de notre poëte[1], où sont dépeints les travaux auxquels se livraient, dans leur palais de cristal, les quatre nymphes qui, sortant des ondes chéries du Tage, s'assirent sur un pré verdoyant pour travailler à ces riches toiles dont ce poëte ingénieux nous fait la description : elles n'étaient tissues que d'or, de perles et de soie. Telle devait être l'occupation de ma dame quand tu la vis, à moins que la jalousie de quelque méchant enchanteur ne transforme tout ce qui peut me plaire et ne lui donne une apparence différente de ce qui est. Je crains, à cause de cela, que, dans l'histoire de mes aventures que l'on dit imprimée, si par hasard l'auteur est quelque enchanteur de mes ennemis, on ne trouve une chose pour une autre, mille mensonges mêlés avec une vérité, et des choses rapportées hors de propos et contraires à ce qu'exige le développement d'une véridique histoire. O envie! source de maux infinis, ver rongeur de toutes les vertus! Les vices, Sancho, portent tous avec eux je ne sais quoi d'agréable; mais l'envie ne donne que des dégoûts, de l'animosité, de la rage. C'est ce que je dis comme vous, répondit Sancho : je crois que dans cette légende ou histoire dont nous sommes le sujet et que le bachelier dit avoir vue, mon honneur va comme une voiture renversée, et comme on dit, pêle-mêle, de ci, de là, balayant les rues; cependant, foi d'homme de bien, je n'ai jamais dit de mal d'aucun en-

[1] Garcilaso, églog. 3.

chanteur, et je n'ai point assez de bien pour exciter l'envie. Il est bien vrai que je suis un peu malicieux et rusé, mais le manteau de ma grande simplicité, toujours naturelle et sans artifice, couvre le tout, quand il n'y aurait que la ferme et sincère croyance que j'ai et que j'aurai toujours en Dieu dans tout ce que nous enseigne la sainte Église catholique romaine, et ma haine mortelle contre les Juifs, les historiens devraient avoir pitié de moi et me bien traiter dans leurs écrits. Au reste, qu'ils disent ce qu'ils voudront, nu je suis né, nu je me trouve, je ne perds ni ne gagne, quoique je me voie courir le monde de main en main dans un livre, je m'inquiète comme d'une figue de tout ce que l'on peut dire de moi.

Ceci, Sancho, ressemble, dit Don Quichotte, à ce qui advint à un fameux poëte de notre temps : il avait composé une satire assez piquante contre toutes les dames de la cour ; une seule n'y figurait point, et l'on pouvait douter si elle était dame ou non. Quand elle vit qu'elle n'était pas sur la liste avec les autres, elle s'en plaignit au poëte, lui demandant ce qu'il avait remarqué en elle pour ne l'y pas comprendre et le priant d'allonger sa satire de manière à ce qu'elle s'y trouvât, sinon, qu'il eût à prendre garde aux suites : le poëte le fit, la traita comme n'auraient pas fait des duègnes, et elle se trouva satisfaite de se voir ainsi famée, quoique diffamée.

A ceci se rapporte aussi ce que l'on raconte du berger qui mit le feu au fameux temple de Diane, qui passait pour une des sept merveilles du monde, et le détruisit : il ne l'avait fait que pour immortaliser son nom chez les races futures ; et, quoiqu'il fût défendu de le nommer, de faire mention de lui de vive voix ou par écrit, pour éviter que son désir fût accompli, on sut cependant qu'il s'appelait Érostrate.

A ce propos revient encore ce qui se passa entre le grand empereur Charles-Quint et un cavalier romain : l'empereur voulut voir ce fameux temple de la Rotonde, que les anciens nommèrent le temple de tous les dieux[1], et qu'aujourd'hui, par une meilleure consécration, on appelle le temple de tous les saints. C'est le monument le plus entier qui ait survécu de tous ceux qu'édifia jadis le paganisme dans Rome et celui qui justifie le mieux la haute idée que nous avons de la grandeur et de la magnificence de ses fondateurs : il a la forme d'une demi-orange, son étendue est immense et l'intérieur est très clair, quoiue la lumière n'y pénètre que par une fenêtre, ou pour mieux dire, par une ouverture ronde qui est au sommet. L'empereur, regardant par ce trou, admirait la beauté de l'édifice ; à côté de lui était un chevalier romain qui lui faisait remarquer les beautés et la délicatesse de ce chef-d'œuvre d'architecture. Après s'être retirés de l'ouverture, le chevalier dit à l'empereur : Sacrée majesté, pendant que vous regardiez par cette ouverture, j'ai eu mille fois envie de vous saisir à bras-le-corps, et de me précipiter en bas avec votre majesté, pour laisser de moi une mémoire éternelle. Je vous remercie, dit l'empereur, de n'avoir pas effectué une si mauvaise pensée, mais dorénavant, je ne vous donnerai point occasion de faire preuve de votre loyauté : en conséquence, je vous défends de me parler jamais, et de paraître en ma présence. Et par ces paroles, il lui rendit la justice qu'il méritait.

[1] Le Panthéon.

Je veux dire, Sancho, que le désir d'acquérir du renom est vif et puissant en nous. Que penses-tu qui fit précipiter, du haut d'un pont dans le Tibre, Horatius Coclès, armé de toutes pièces? Qui fit brûler la main et le bras à Mutius Scévola? Qui poussa Curtius à s'élancer dans ce gouffre ardent et profond qui s'ouvrit au milieu de Rome? Quel motif, malgré les augures sinistres qu'il rencontra, fit passer le Rubicon à César? Pour citer des exemples plus récents, quelle raison fit percer les navires et laissa sans retraite et isolés les valeureux Espagnols conduits par le courtois Cortez[1] dans le nouveau monde? Toutes ces grandes actions, et beaucoup d'autres, furent, sont et seront des œuvres de la renommée à laquelle aspirent les mortels, comme récompense et comme une partie de l'immortalité que leur ont méritée leurs grandes actions. Quant à nous, chrétiens catholiques et chevaliers errants, nous devons plus ambitionner la gloire des siècles futurs, qui est éternelle dans les régions célestes et éthérées, que la vanité d'une renommée qui s'obtient dans ce monde périssable; quelque temps qu'elle dure, elle se terminera avec ce monde, dont la fin est marquée. Ainsi, Sancho, nos œuvres ne doivent sortir jamais des limites prescrites par la religion chrétienne que nous professons. Abattons l'orgueil en tuant les géants, l'envie par le bon cœur et la générosité, la colère par le calme et la modération, la gourmandise et le sommeil par la sobriété et les longues veilles, la luxure et l'impudicité par la foi que nous gardons à celles que nous avons faites dames de nos pensées, la paresse en parcourant le monde et recherchant les occasions qui peuvent nous rendre non seulement chrétiens, mais encore chevaliers illustres: voilà, Sancho, les moyens par lesquels on obtient les louanges exquises qui constituent la bonne renommée.

J'ai fort bien compris, seigneur, tout ce que vous m'avez dit jusqu'à présent, répondit Sancho; mais je voudrais bien que votre seigneurie pût m'absoudre un doute qui vient de s'élever dans mon esprit. Tu veux dire résoudre, Sancho, dit Don Quichotte; parle, à la bonne heure, je te répondrai ce que je saurai. — Dites-moi, seigneur, ces Jules, ces Augustes, tous ces chevaliers aventureux que vous nommez, et qui sont morts, où sont-ils à présent? Les païens, sans doute, répondit Don Quichotte, sont en enfer; les chrétiens, s'ils furent vertueux, sont au purgatoire ou dans le ciel. — C'est bien; mais maintenant dites-moi, les tombeaux où sont les corps de ces grands seigneurs sont-ils éclairés par des lampes d'argent? les murs de leurs chapelles sont-ils ornés de béquilles, de suaires, de chevelures, de jambes et d'yeux en cire? Sinon, comment sont-ils ornés? Les tombeaux des païens, répondit Don Quichotte, furent pour la plupart de riches temples. Les cendres de Jules César furent placées sous une pyramide de pierre d'une hauteur démesurée; on l'appelle aujourd'hui à Rome l'aiguille de saint Pierre. L'empereur Adrien eut sa sépulture dans un château grand comme une ville, que l'on appela *Moles Adriani*, aujourd'hui le château Saint-Ange, à Rome. La reine Artémise érigea à son mari Mausole un monument qui passait pour une des sept merveilles du monde; mais aucune de ces sépultures, ni beaucoup d'autres que construisirent les païens, n'étaient ornées de suaires ni d'autres offrandes qui prouvassent que les morts qu'elles contenaient fussent des

[1] Cortesisimo Cortes.

saints. J'accepte cela, répliqua Sancho, maintenant, seigneur, dites-moi, je vous prie, quel est le plus grand de ressusciter un mort ou de tuer un géant? — La réponse est toute simple : il est plus grand de ressusciter un mort. — Je vous tiens, s'écria Sancho : ainsi la renommée de celui qui ressuscite les morts, rend la vue aux aveugles, aux malades la santé, redresse les boiteux, obtient devant sa sépulture des lampes ardentes, des chapelles pleines de gens dévots qui adorent à genoux ses reliques, est, pour ce siècle et pour l'autre, une bien plus grande renommée que celle que laissent ou qu'ont laissée tant d'empereurs païens et de chevaliers errants qu'il y a eu dans le monde? Je le confesse, répondit Don Quichotte. Ainsi donc, reprend Sancho, les corps et les reliques des saints jouissent de cette renommée, de ces grâces, de ces prérogatives, ou comme vous les voudrez appeler, avec l'approbation de notre sainte mère l'Église; ils ont des lampes, des voiles, des suaires, des béquilles, des peintures, des chevelures, des yeux, des jambes, qui augmentent la dévotion et agrandissent leur sainte renommée. Les rois portent sur leurs épaules les reliques des saints, ils baisent les morceaux de leurs os, ils en ornent et enrichissent leurs oratoires et leurs plus précieux autels. Mais que veux-tu que j'infère de tout ce que tu viens de dire? interrompt Don Quichotte. — Je veux dire, seigneur, que nous n'avons qu'à nous faire saints et nous acquerrons bien plus promptement la bonne renommée que nous désirons. Faites attention, seigneur, qu'hier ou avant-hier (il y a si peu de temps qu'on peut parler ainsi), on a canonisé ou béatifié deux petits frères déchaux; déjà l'on tient à grand bonheur de toucher et de baiser les chaînes de fer avec lesquelles ils se ceignaient et tourmentaient le corps : elles sont en plus grande vénération que l'épée de Roland dans le magasin du roi notre seigneur, que Dieu garde. Ainsi, seigneur, il vaut mieux être un humble petit frère de quelque ordre que ce soit, qu'un chevalier errant. Deux douzaines de disciplines ont plus de mérite devant Dieu que deux mille coups de lance donnés à des géants, à des monstres, à des endriagues.

Tout cela est vrai, répondit Don Quichotte; mais nous ne pouvons pas être tous frères religieux. Il y a plusieurs chemins par où Dieu conduit les siens au ciel. La chevalerie est une religion et dans le ciel il y a des chevaliers saints. Oui, répondit Sancho; mais j'ai entendu dire qu'il y a au ciel plus de religieux que de chevaliers errants. — C'est tout simple : il y a plus de moines que de chevaliers. — Les chevaliers sont pourtant nombreux. — Nombreux, sans doute; mais peu méritent le nom qu'ils portent.

En ces discours et d'autres semblables, ils passèrent la nuit et le jour suivant sans qu'il leur arrivât rien qui soit digne d'être raconté, au grand déplaisir de Don Quichotte. Enfin, le jour d'après, vers la nuit, ils découvrirent la grande cité du Toboso. Cette vue récréa les esprits du chevalier et contrista Sancho, parce qu'il ne connaissait pas la maison de Dulcinée, qu'il n'avait jamais vue, non plus que son maître ; de sorte que l'un, par le désir de la voir, l'autre pour ne l'avoir point vue, étaient également troublés, et Sancho n'imaginait pas ce qu'il pourrait faire quand son maître l'enverrait au Toboso. Finalement, Don Quichotte ne voulut entrer dans la ville que de nuit. En attendant que l'heure fût venue, ils s'arrêtèrent sous des chênes voisins; puis, le moment arrivé, ils entrèrent dans la ville, où leur advinrent des choses importantes.

CHAPITRE IX.

OU L'ON RACONTE CE QUE L'ON Y VERRA.

Il était environ minuit[1] quand Don Quichotte et Sancho quittèrent le bouquet de bois et entrèrent dans le Toboso. Un profond silence régnait dans le bourg, car tous les habitants dormaient, comme on dit, à jambe tendue. La nuit était à demi-claire, et Sancho aurait bien désiré qu'elle fût entièrement obscure, afin que cette obscurité pût servir d'excuse à sa sottise. On n'entendait dans tout le village que l'aboiement des chiens qui retentissait aux oreilles de Don Quichotte et troublait le courage de Sancho. De temps en temps, un âne brayait, des pourceaux grognaient, des chats miaulaient, et ces cris divers s'accroissaient avec le silence de la nuit. L'amoureux chevalier prenait tout cela pour un augure sinistre. Cependant, il dit à Sancho : Mon fils, conduis-moi au palais de Dulcinée : peut-être la trouverons-nous éveillée. Corps du soleil! répond Sancho, à quel palais voulez-vous que je vous mène, celui où je vis sa grandeur n'était qu'une très petite maison? — Elle s'était sans doute retirée alors dans quelque petit pavillon de son palais, pour s'ébattre en liberté avec ses demoiselles, comme ont coutume de faire les grandes dames et les princesses. Seigneur, répondit Sancho, si vous voulez en dépit de moi que la maison de madame Dulcinée soit un palais, est-ce là l'heure pour trouver la porte ouverte? Convient-il d'aller frapper de grands coups pour nous faire ouvrir et mettre en alarme tout le monde? Allons-nous donc frapper à la porte d'un lieu public, comme font les libertins qui arrivent, appellent, et entrent à toute heure si tard que ce soit? Cherchons d'abord le palais de maison en maison, répondit Don Quichotte, et puis je te dirai ce qu'il faudra faire. Mais tiens, ou je ne vois guère, ou cette grosse masse sombre que l'on découvre d'ici doit être le palais de Dulcinée. — Hé bien, seigneur, conduisez-nous: peut-être est-ce cela; mais je le verrais de mes yeux et le toucherais de mes mains, que je le croirais comme je crois qu'il fait jour à présent. Don Quichotte marcha donc en avant. Ayant fait environ deux cents pas, il se trouva tout près de cette grande ombre et aperçut une haute tour; il reconnut aussitôt que cet édifice n'était point un palais, mais l'église principale du lieu. Nous avons rencontré l'église, dit-il à Sancho. Je le vois bien, répondit celui-ci : plaise à Dieu que nous n'ayons pas aussi rencontré notre sépulture, car ce n'est pas un bon présage que de courir les cimetières à de telles heures, surtout lorsque je vous ai dit, si j'ai bonne mémoire, que la maison de cette dame est dans une ruelle qui n'a pas d'issue. Maudit sois-tu de Dieu, imbécile! dit Don Quichotte : où as-tu jamais vu que les palais et demeures royales soient construits dans des ruelles sans issue? Seigneur, répondit Sancho, chaque pays a ses usages, peut-être au Toboso con-

[1] Media noche era por filo.

C'est le premier vers de la romance du comte Claros de Montauban.

struit-on dans les ruelles les palais et les grands édifices; ainsi, je vous supplie de me laisser chercher dans ces rues et ruelles qui s'offrent à moi, peut-être, dans quelque coin, trouverai-je ce palais, que je voudrais voir mangé des chiens, tant il nous fait courir et nous donne de mal. Sancho, reprit Don Quichotte, parle avec respect des choses qui touchent ma dame; faisons la fête en paix et ne jetons point la corde après le chaudron. — Je me contiendrai, seigneur, mais aussi comment souffrir patiemment que, pour une seule fois que j'ai vu de jour la maison de notre dame, vous vouliez que je me la rappelle toujours et que je la trouve en pleine nuit, tandis que vous ne pouvez pas la trouver, vous qui devez l'avoir vue mille fois? Tu me feras désespérer, Sancho, dit Don Quichotte. Viens çà, hérétique : ne t'ai-je pas dit mille fois que, de ma vie, je n'ai vu la sans pareille Dulcinée, ni jamais passé le seuil de son palais, et que je ne suis amoureux d'elle que sur parole et sur la grande réputation de sa sagesse et de sa beauté. Je l'apprends aujourd'hui, répondit Sancho, et je dis que, puisque vous ne l'avez jamais vue, je ne l'ai pas vue non plus. — Cela ne peut être; du moins tu m'as dit que tu l'avais vue criblant du blé, quand tu m'as rapporté la réponse à la lettre que je lui envoyai par toi. — Ne vous arrêtez pas à cela, seigneur, car il est bon que vous sachiez que la vue et la réponse sont aussi de ouï dire; je connais madame Dulcinée comme je puis donner un coup de poing au ciel. — Sancho, Sancho, il y a temps pour plaisanter et des moments où les plaisanteries tombent mal et sont mal reçues. Si je dis que je n'ai jamais vu madame Dulcinée et que je ne lui ai jamais parlé, dois-tu en dire autant, puisque c'est le contraire, comme tu le sais bien.

Pendant cet entretien, ils virent se diriger vers eux un homme avec deux mules. Au bruit que faisait sa charrue en traînant sur le sol, ils jugèrent que c'était un laboureur qui partait avant le jour pour aller au travail; il chantait, en marchant, la romance qui dit :

Vous eûtes mauvaise journée,
Français, au jour de Roncevaux [1].

Je veux mourir, Sancho, dit Don Quichotte, s'il nous arrive rien de bon cette nuit : entends-tu ce que chante ce villageois? — Oui, je l'entends; mais que nous fait à nous la poursuite de Roncevaux? il aurait pu aussi bien chanter la romance de Calainos. Ce serait tout un, et il ne nous en adviendrait ni plus ni moins. Le laboureur parut alors. Ami, lui dit Don Quichotte, que Dieu vous donne bonne aventure : pourriez-vous me dire où est le palais de l'incomparable princesse Dulcinée du Toboso? Seigneur, répondit le paysan, je ne suis pas d'ici; il y a peu de jours que j'y demeure, au service d'un riche laboureur, pour le travail des champs. Voici, vis-à-vis, la maison du sacristain et du curé : l'un ou l'autre pourra vous rendre raison de cette madame la princesse, car ils ont la liste de tous les habitants du Toboso; je crois pourtant que dans tout le pays il n'y a pas une seule princesse, mais bien quelques grandes dames qui peuvent être princesses chacune chez elle. C'est parmi celles-là sans doute, que doit être celle que je vous

[1] Mala la hubistes, Franceses,
En esa de Roncesvalles.

demande, dit Don Quichotte.—Cela peut être ; mais voici le jour qui vient : adieu. Et touchant ses mules il s'en va sans attendre d'autres questions. Sancho, voyant son maître pensif et assez mécontent, lui dit : Seigneur, le jour s'approche, et il ne serait pas convenable qu'il nous surprît ainsi dans la rue ; il vaudrait mieux sortir de la ville, et que votre seigneurie se retirât dans quelque bois voisin, je reviendrai de jour, et ne laisserai pas un coin dans tout l'endroit que je n'aie trouvé la maison, l'hôtel ou le palais de ma dame. Je serai bien malheureux si je ne le trouve : l'ayant trouvé, je parlerai à sa seigneurie, et je lui dirai où et comment vous vous trouvez, attendant qu'elle vous donne l'ordre et les moyens de la voir, sans porter atteinte à son honneur et à sa réputation.

Sancho, répondit Don Quichotte, dans ce peu de mots tu as dit mille sentences. J'approuve et accepte de tout mon cœur le conseil que tu viens de me donner. Viens, mon fils ; allons chercher où me mettre à l'écart ; tu reviendras, comme tu dis, pour chercher ma dame, la voir et lui parler : j'espère de sa sagesse et de sa courtoisie plus que des faveurs miraculeuses. Sancho brûlait d'impatience de tirer son maître hors du bourg, afin qu'il ne découvrît pas le mensonge de la réponse qu'il lui avait rapportée à la Sierra-Morena de la part de Dulcinée : aussi hâta-t-il le départ qui eut lieu aussitôt. A deux milles, ils trouvèrent un bois dans lequel Don Quichotte s'arrêta, tandis que Sancho revenait à la ville pour parler à Dulcinée. Dans cette ambassade, il arriva des choses qui demandent une nouvelle confiance et une nouvelle attention.

CHAPITRE X.

OU L'ON RACONTE LA MANIÈRE ADROITE DONT S'Y PRIT SANCHO POUR ENCHANTER DULCINÉE, AVEC D'AUTRES ÉVÉNEMENTS AUSSI RISIBLES QUE VÉRITABLES.

PARVENU aux événements rapportés dans ce chapitre, l'auteur de cette grande histoire dit qu'il aurait bien voulu les passer sous silence, dans la crainte qu'on n'y ajoutât point foi : les folies de Don Quichotte y arrivèrent au dernier terme des plus grandes que l'on puisse imaginer, et même surpassèrent les plus incroyables de deux traits d'arbalète. Cependant, malgré cette crainte, il s'est déterminé à les écrire telles que les fit Don Quichotte, sans ajouter ni retrancher un atome à la vérité de l'histoire, et sans s'arrêter aux objections de mensonge qu'on pourrait lui opposer. Il a eu raison, car la vérité épure sans détruire et surnage au-dessus du mensonge, comme l'huile sur de l'eau. Poursuivant donc son histoire, il dit que Don Quichotte, s'étant retiré dans le bosquet, chênaie, ou bois près du grand Toboso, ordonna à Sancho de retourner à la ville, et de ne reparaître devant lui qu'autant qu'il aurait parlé de sa part à la dame de ses pensées, la conjurant de permettre de la voir au chevalier son esclave, et de daigner lui donner sa bénédiction, afin qu'il pût espérer un heureux succès dans toutes ses périlleuses et difficiles entreprises. Sancho promit d'exécuter de tout point ce qui lui était prescrit, et de rapporter une aussi bonne réponse que celle qu'il avait eue la première fois. Va donc, mon fils, lui dit Don Quichotte, et ne te trouble point quand tu te verras devant la lumière du soleil de beauté que tu vas chercher. Heureux écuyer, par dessus tous les écuyers du monde! n'oublie pas surtout de bien retenir dans ta mémoire la manière dont tu seras reçu, si elle change de couleur pendant que tu lui exposeras ton ambassade, si elle se trouble en entendant prononcer mon nom, si, la trouvant assise sur la riche estrade de son autorité, elle se laisse tomber sur les carreaux ; si elle est debout, vois si elle se pose tantôt sur un pied, tantôt sur l'autre; si elle ne répète point deux ou trois fois la réponse qu'elle te fera ; si elle la change de tendre en rude, d'aigre en amoureuse ; si elle porte la main à ses cheveux pour les arranger, encore qu'ils n'en aient pas besoin : en un mot, mon fils, retiens bien toutes ses actions, tous ses mouvements; car si tu me les rapportes avec exactitude, je pourrai en extraire les mouvements les plus secrets de son cœur, en ce qui concerne mes amours. Je t'apprends, Sancho, si tu ne le sais pas, qu'entre amants, les actions, les mouvements extérieurs, lorsqu'il est question de leurs amours, sont des courriers fidèles qui portent les nouvelles de ce qui se passe dans l'intérieur de leur âme. Va donc, ami, guidé par une fortune plus favorable que la mienne, reviens avec un meilleur succès que celui que je vais attendre entre la crainte et l'espérance dans l'amère solitude où tu me laisses. J'irai, dit Sancho, et je reviendrai promptement. Cependant, seigneur, réconfortez, dilatez ce pauvre petit cœur, qui ne doit pas être en ce moment plus gros qu'une noisette. Songez que l'on dit communément que bon courage rompt mauvaise aventure, et qu'où il n'y a point de lard il n'y a point de cheville; on dit encore le lièvre saute là où l'on ne l'attend pas; car si cette nuit nous n'avons pas su trouver les palais, ou hôtels de ma dame, maintenant qu'il est jour, je pense bien les trouver au moment où j'y penserai le moins, et une fois trouvés, laissez-moi faire. Certainement, Sancho, dit Don Quichotte; tu as toujours à point des proverbes sur ce que nous disons ; que Dieu amène aussi bien ce qui fait l'objet de mes désirs. A ces mots, Sancho tourna les épaules et toucha son âne, tandis que Don Quichotte, resté à cheval, se délassait avec l'appui de sa lance et de ses étriers, l'esprit rempli de tristes et confuses pensées.

Nous le laisserons dans cette attitude et suivrons Sancho qui, non moins pensif, non moins embarrassé que son maître, s'éloignait de lui. A peine fut-il sorti du bois qu'il tourna la tête, et n'apercevant plus Don Quichotte, il descendit de son âne, s'assit au pied d'un arbre et se mit à se parler ainsi à lui-même : Sachons un peu, frère Sancho[1], où va maintenant votre seigneurie. Allez-vous chercher quelque âne que vous ayez perdu? Non, certes. Qu'allez-vous donc chercher? Je vais chercher comme qui dirait une princesse, et en elle un soleil de beauté où tout le ciel est joint. Et où pensez-vous trouver ce que vous dites, Sancho? Où? dans la grande cité du Toboso. Bien. Et de quelle part l'allez-vous chercher? De la part du fameux chevalier Don Quichotte de la Manche, qui défait les torts, donne à manger à celui qui a soif, et à boire à celui qui a faim. Tout cela est fort bien : mais savez-vous sa demeure, Sancho? Mon maître dit que ce doit être un château royal ou un superbe palais. Et l'avez-vous vue quelquefois, par hasard?

[1] Molière s'est rencontré ici avec Cervantes, s'il ne l'a pas imité. Le dialogue de Sosie avec sa lanterne dans *Amphitryon* offre une situation tout à fait pareille à celle de Sancho. Au reste, sans recourir à l'imitation, deux beaux génies ont pu écrire sous l'influence d'une inspiration semblable.

Ni moi ni mon maître nous ne l'avons jamais vue. Ne trouvez-vous pas que ce serait fort bien fait si les habitants du Toboso, sachant que vous êtes ici dans l'intention de séduire leurs princesses, de débaucher leurs dames, venaient vous frotter les côtes à coups de bâton, sans y laisser place nette? Sans doute, ils auraient raison s'ils ne considéraient que je suis envoyé, que :

Vous êtes messager, ami, vous n'êtes nullement en faute [1].

Ne vous y fiez pas, Sancho : la gent manchèque est aussi colérique qu'honorable, et ne se laisse pas chatouiller. Vive Dieu ! si elle vous sent seulement, vous aurez male aventure : n'approchez pas, vous seriez étrillé. Aussi bien je vais chercher trois pieds à un chat pour le plaisir d'autrui. Demander Dulcinée au Toboso, c'est demander une Marica à Ravenne, ou un bachelier à Salamanque. C'est le diable, oui, le diable et non un autre qui m'a mêlé dans cette affaire. Ainsi Sancho se parlait à lui-même, et le résultat du soliloque fut de poursuivre ainsi : C'est bon, il y a remède à tout, excepté à la mort, dont nous devons tous porter le joug à la fin de notre vie, quoi que nous en ayons. Mon maître, je m'en suis aperçu mille fois, est fou à lier, et moi je ne lui cède en rien. Je suis encore plus fou que lui de le suivre et de le servir, si le proverbe est vrai : Dis-moi qui tu hantes, je te dirai qui tu es ; et cet autre : Non celui avec qui tu nais, mais celui avec qui tu pais. Mon maître est donc fou, et sa folie lui fait prendre souvent une chose pour une autre, le blanc pour le noir et le noir pour le blanc ; il y a bien paru lorsqu'il disait que les moulins à vent étaient des géants, les mules des religieux des dromadaires [2], les troupeaux de moutons des armées d'ennemis, et beaucoup d'autres choses semblables. Ainsi il ne sera pas bien difficile de lui faire accroire qu'une paysanne, la première qui passera par ici, est madame Dulcinée. S'il ne veut pas le croire, je le jurerai ; s'il jure à son tour, je recommencerai à jurer ; s'il s'obstine, je m'obstinerai plus encore, et, de cette manière, je garderai l'avantage, arrive que pourra. Peut-être par mon obstination éviterai-je à l'avenir de semblables messages, voyant le peu de satisfaction qu'il en tire ; peut-être pensera-t-il aussi, comme je me l'imagine, que quelque méchant enchanteur, de ceux qu'il dit lui vouloir du mal, l'aura ainsi changée de figure pour le faire enrager.

Ces réflexions de Sancho lui mirent l'esprit en repos, et l'affaire lui parut bien arrangée. Il resta jusqu'à l'après-midi dans l'endroit où il se trouvait, pour que Don Quichotte pût croire qu'il avait eu le temps d'aller au Toboso et d'en revenir. Tout lui réussit si bien que, quand il se leva pour remonter sur son âne, il vit venir du Toboso, vers l'endroit où il était arrêté, trois paysannes montées sur trois ânons ou ânesses, l'auteur ne le dit pas, quoiqu'on puisse croire que c'étaient des bourriques, monture ordinaire des paysannes ; mais comme la chose est peu importante ce n'est pas la peine de nous arrêter à la vérifier.

[1] Menagero sois, amigo,
No merecéis culpa, no.

[2] Ce n'est pas Don Quichotte qui prend des mules pour des dromadaires, c'est Cervantes lui-même qui les compare à ces animaux pour leur grande taille. *Caballeros sobre dos dromedarios que no eran mas pequeñas dos mulas en que venian.* Voyez partie I, chap. VIII.

Aussitôt que Sancho vit ces paysannes, il alla en toute hâte rejoindre son maître. Il le trouva soupirant et faisant mille amoureuses lamentations. Hé bien, qu'y a-t-il, ami Sancho? lui dit-il en l'apercevant : me faut-il marquer ce jour avec une pierre blanche ou avec une noire? Il vaut mieux le marquer de rouge, répondit Sancho, comme les écriteaux de collége, afin qu'on les voie de plus loin. — Ainsi tu m'apportes de bonnes nouvelles? — Si bonnes que votre seigneurie n'a autre chose à faire qu'à piquer Rossinante, et sortir dans la plaine pour voir madame Dulcinée du Toboso qui vient la visiter avec deux de ses demoiselles. — Dieu saint! que me dis-tu là, ami Sancho? Garde-toi de m'abuser et de vouloir changer ma véritable tristesse par une fausse joie. — Que me reviendrait-il de vous tromper, quand vous seriez si près de découvrir la vérité? Piquez seulement et venez voir la princesse notre souveraine vêtue et ornée comme elle doit l'être. Ses demoiselles et elle sont toutes éblouissantes d'or : ce ne sont que perles, diamants, rubis, toiles de brocart les plus riches. Elles ont les cheveux épars sur leurs épaules : ce sont autant de rayons du soleil qui se jouent parmi les vents ; elles sont montées sur trois cananées tachetées à faire plaisir. — Tu veux dire haquenées. — Il n'y a pas grande différence entre cananée et haquenée ; au reste qu'elles soient montées sur ce qu'elles voudront, ce sont les plus gracieuses dames qu'on puisse voir, et surtout la princesse Dulcinée, ma dame, qui ravit les sens. — Allons, mon fils Sancho, pour étrennes de nouvelles si bonnes et si inespérées, je te donnerai la meilleure dépouille que je gagnerai dans ma première aventure ; si cela ne te contente, j'y joindrai les poulains que me donneront cette année mes trois juments que tu sais près de mettre bas dans la prairie commune de notre village. Je m'en tiens aux poulains, répondit Sancho, car il n'est pas bien sûr que les dépouilles de votre première aventure soient bonnes.

Ils se trouvèrent alors hors du bois, et aperçurent près d'eux les trois paysannes. Don Quichotte regardait de tous ses yeux sur le chemin du Toboso, et ne voyant que les trois paysannes, il se troubla et demanda à Sancho s'il avait laissé les princesses hors de la ville. Comment, hors de la ville? répondit Sancho ; est-ce que par hasard votre seigneurie a les yeux derrière la tête qu'elle ne les voit pas là qui viennent resplendissantes comme le soleil en plein midi? — Je ne vois, Sancho, que trois paysannes sur trois bourriques. — Oh! que Dieu me délivre maintenant du diable! Est-il possible que trois haquenées, ou comme vous voudrez dire, blanches comme la neige, vous paraissent des bourriques? Vive le Seigneur! que la barbe me tombe si cela est vrai! — Mais je te dis, ami Sancho, qu'il est aussi vrai que ce sont des baudets ou des bourriques, qu'il est vrai que je suis Don Quichotte et toi Sancho : du moins ils me paraissent tels. — Taisez-vous, seigneur ; ne tenez point un tel discours : ouvrez les yeux et venez saluer la dame de vos pensées, que voilà tout près. En disant ces mots, il s'avança pour recevoir les trois paysannes, mit pied à terre, prit par le licou l'âne de l'une des trois, et, se jetant à deux genoux, lui dit : Reine, princesse et duchesse de la beauté, que votre altesse et grandeur daigne recevoir en grâce et merci ce chevalier votre esclave, que voilà devenu comme un morceau de marbre, sans mouvement et sans pouls, de se voir devant votre magnifique présence. Je suis Sancho Pança, son écuyer, et lui, il est le vagabond chevalier Don Quichotte de la Manche, autrement appelé le chevalier de la Triste Figure.

En ce moment, Don Quichotte s'était également agenouillé près de Sancho : il regardait avec des yeux égarés et troublés celle que Sancho nommait dame et reine, et, ne voyant en elle qu'une jeune paysanne assez laide, car elle était camarde et joufflue, il restait tout interdit, sans oser desserrer les lèvres. Les paysannes n'étaient pas moins étonnées, voyant ces deux hommes si dissemblables, à genoux, et qui empêchaient leur compagne de passer. Enfin, celle qu'on retenait rompit le silence et dit toute fâchée et de mauvaise humeur : Otez-vous du chemin et laissez-nous passer ; nous sommes pressées. Princesse et dame universelle du Toboso, répondit Sancho, pourquoi votre magnanime cœur ne se laisse-t-il pas attendrir en voyant agenouillé devant votre sublime présence la colonne et le soutien de la chevalerie errante ? Viens çà que je t'étrille, ânesse de mon beau-père [1], dit une des paysannes : Voyez comme ces beaux messieurs se moquent des paysannes, comme si nous ne savions pas dire pouilles aussi bien qu'eux. Passez votre chemin, et laissez-nous suivre le nôtre, c'est le mieux. Lève-toi, Sancho, dit Don Quichotte ; je vois bien que la fortune n'est point assouvie de mes souffrances [2] : elle tient fermés tous les chemins par où pourrait venir quelque contentement à cette malheureuse âme renfermée dans mon corps. Et toi, extrême des perfections que l'on peut désirer, modèle de l'humaine gentillesse, unique remède de ce cœur affligé qui t'adore, un malin enchanteur me poursuit, il a couvert mes yeux de nuages et de cataractes qui n'existent que pour moi et cache à ma vue ton incomparable beauté sous les traits d'une pauvre paysanne, s'il ne m'a pas de même métamorphosé en fantôme, pour me rendre abominable à tes yeux, ne dédaigne pas de me regarder doucement et amoureusement ; vois, dans la soumission et le respect que je porte à ta beauté contrefaite, l'humilité de ce cœur qui t'adore. Par mon grand-père ! dit la paysanne, me croyez-vous faite pour vos balivernes. Otez-vous de là, et laissez-nous passer, s'il vous plaît. Sancho se retira et la laissa partir, bien content de s'être ainsi démêlé de cette difficile affaire. A peine la soi-disant Dulcinée se vit-elle libre, que, piquant sa cananée avec un aiguillon fiché au bout d'un bâton, elle la fit courir en avant dans la prairie ; mais, la bête se sentant plus chatouillée de l'aiguillon qu'à l'ordinaire, se mit à faire des ruades, et bientôt jeta par terre madame Dulcinée. Don Quichotte courut pour la relever et Sancho pour replacer et sangler le bât qui avait tourné sous le ventre de la bourrique. Le bât remis et Don Quichotte voulant prendre dans ses bras sa dame enchantée, pour la remettre sur sa bête, elle lui en évita la peine : car, après s'être relevée, elle recula quelque peu en arrière, prit son élan, et posant les deux mains sur la croupe de la bourrique, plus légère qu'un faucon, elle sauta sur le bât, jambe deçà, jambe delà, comme un homme. Vive Roch ! s'écria Sancho ; notre dame est plus légère qu'un oiseau [3] : elle pourrait enseigner à monter à la genette aux plus habiles de Cordoue ou du Mexique ; elle a passé d'un saut le derrière de la selle, et, sans éperons, fait courir la haquenée comme un zèbre ; ses demoiselles ne lui cèdent

[1] *Mas-jo que te estrego, burra de mi suegro.* Expression proverbiale en langage vieilli et bas.

[2] La fortuna de mi mal no harta.

Vers de Garcilaso.

[3] *Un alcotan,* un émérillon.

Rencontre de Dulcinée du Toboso.

en rien, car elles vont toutes trois comme le vent. Et c'était vrai, car, Dulcinée étant remontée, elles piquèrent à sa suite, et ne cessèrent de courir, sans retourner la tête, pendant plus d'une demi-lieue. Don Quichotte les suivit des yeux et quand il les eut perdues de vue, il se retourna vers Sancho, et lui dit : Sancho, à ton avis, ne suis-je pas bien maltraité par les enchanteurs? Vois jusqu'où va leur malice et leur animosité contre moi, puisqu'ils me privent de la satisfaction que j'aurais eue à voir ma dame telle qu'elle est. Je suis né pour servir de modèle aux malheureux, de but où frappent les flèches de la mauvaise fortune. Remarque bien que ces traîtres d'enchanteurs ne se sont pas contentés de métamorphoser Dulcinée, ils l'ont changée en une figure laide et vile comme celle de cette paysanne ; ils lui ont ôté en même temps ce qui est si particulier aux grandes dames, cette bonne odeur qui leur vient d'être toujours au milieu de l'ambre et des fleurs ; car je te dirai que, quand je m'approchai pour remettre Dulcinée sur sa haquenée (comme tu dis, car pour moi elle me semble une bourrique), elle m'envoya une odeur d'ail cru qui pensa me faire rendre l'âme. O canaille maudite ! s'écria Sancho ; ô enchanteurs méchants et malintentionnés ! qui pourrait vous voir tous enfilés pas les ouïes comme des sardines ! Vous en savez long, vous pouvez beaucoup, vous faites encore pis. Ne vous suffisait-il pas, veillaques, d'avoir changé les perles des yeux de ma souveraine en noix de liége et ses cheveux de l'ór le plus pur en crins de bœuf rouge, enfin tout son être de bien en mal, sans toucher à l'odeur ; par là du moins nous aurions pu deviner ce qui était caché sous cette laide écorce : quoiqu'à vrai dire je ne me sois pas aperçu de sa laideur, mais bien de sa beauté que relevait encore un signe à la lèvre droite en manière de moustache, avec sept à huit poils blonds comme des fils d'or, et longs de plus d'une palme? Selon la correspondance des signes du visage avec ceux du corps, dit Don Quichotte, Dulcinée doit en avoir un semblable sur le plat de la cuisse du même côté. Cependant, pour des signes, les poils dont tu viens de parler sont bien longs. Je vous assure, seigneur, répond Sancho, qu'on dirait qu'ils sont nés là tout exprès. — Je le crois, ami, car la nature n'a mis chose aucune dans Dulcinée qui ne soit parfaite et accomplie : ainsi, eût-elle sur son corps cent signes comme celui dont tu parles, en elle ce ne seraient pas des signes [1], mais des lunes et des étoiles resplendissantes. Mais, dis-moi, Sancho, ce qui me paraissait un bât que tu as replacé, était-ce une selle rase ou une selle de femme ? — C'était une selle à la genette, avec une housse de campagne qui vaut bien la moitié d'un royaume, tant elle est riche. — Et que je n'aie rien vu de tout cela, Sancho ! je le répète et te le dirai mille fois, je suis le plus malheureux des hommes. Le rusé Sancho avait bien de la peine à se retenir de rire en entendant les extravagances de son maître, si subtilement abusé. Enfin, après plusieurs autres discours, ils remontèrent sur leurs bêtes, et suivirent le chemin de Saragosse, où ils comptaient arriver à temps pour assister à des fêtes solennelles qu'on célèbre tous les ans dans cette fameuse ville ; mais, avant d'y parvenir, il leur arriva des aventures nombreuses, grandes et neuves, et qui méritent d'être écrites et lues, comme on le verra ci-après.

[1] *No fueran lunares, sino lunas.*

CHAPITRE XI.

DE L'ÉTRANGE AVENTURE DU VALEUREUX DON QUICHOTTE AVEC LE CHAR OU CHARRETTE DES CORTÈS DE LA MORT.

Don Quichotte cheminait tout pensif, occupé du mauvais tour que lui avaient joué les enchanteurs en donnant à sa dame Dulcinée l'extérieur d'une laide paysanne; il n'imaginait pas quel remède il pourrait employer pour lui rendre sa première forme ; ces pensées le mettaient tellement hors de lui que, sans s'en apercevoir, il avait rendu la bride à Rossinante, qui, sentant la liberté qu'on lui donnait, s'arrêtait à chaque pas pour brouter l'herbe dont ces champs étaient couverts. Sancho le tira de sa rêverie en lui disant : Seigneur, la tristesse n'est pas pour les bêtes, mais pour les hommes; mais si les hommes s'en laissent abattre, ils se changent en bêtes. Revenez à vous, reprenez vos esprits et serrez la bride de Rossinante, réveillez-vous, ranimez-vous, et montrez cette gaillardise qui convient aux chevaliers errants. Que diable est ceci? quel est cet abattement? Sommes-nous ici ou en France? Que plutôt Satan emporte toutes les Dulcinées du monde : la santé d'un seul chevalier errant vaut mieux que tous les enchantements et toutes les transformations du monde. Tais-toi, Sancho, dit Don Quichotte, d'une voix assez ferme, tais-toi, te dis-je, ne profère point de blasphèmes contre ma dame enchantée, car je suis la seule cause de sa disgrâce et de sa mésaventure; elles procèdent de la jalousie que me portent les méchants. — J'en dis autant, seigneur, car peut-on l'avoir vue et la voir maintenant sans pleurer? — Tu peux bien dire cela, toi, Sancho, tu l'as vue dans la perfection de sa beauté, car l'enchantement n'a pas été jusqu'à troubler ta vue et te cacher ses attraits : c'est contre moi seul et contre mes yeux qu'agissait la force du venin. Mais une chose m'embarrasse, Sancho, c'est que tu m'as mal décrit, je crois, sa beauté : tu m'as dit, si j'ai bonne mémoire, qu'elle avait des yeux de perles; or, les yeux de perles sont plutôt des yeux de besugo[1] que de femme. Je pense que ceux de Dulcinée doivent être de vertes émeraudes, bien fendus, et que deux arcs célestes leur servent de sourcils. Ces perles, Sancho, ôte-les de ses yeux et restitue-les à ses dents : tu t'es trompé sans doute et tu auras pris les yeux pour les dents. — Cela peut bien être, seigneur, car sa beauté m'a autant troublé que vous sa laideur. Mais recommandons le tout à Dieu, il connaît toutes les choses qui doivent arriver dans cette vallée de larmes, dans ce méchant monde où nous sommes, et où il n'est à peine rien qui ne soit mêlé de méchanceté, d'imposture et de fourberie. Une chose m'inquiète, seigneur, plus que les autres, c'est de savoir ce qu'il y aura à faire quand vous aurez vaincu quelque géant ou autre chevalier, et que vous lui ordonnerez d'aller se présenter devant la beauté de madame Dulcinée : où ce pauvre géant ou ce misérable chevalier vaincu la pourront-ils trouver? Il me semble que je les vois courir tout le Toboso comme des nigauds, cherchant madame Dulcinée ; et, quand ils la trouveraient au milieu de la rue, ils ne la

[1] Poisson des côtes de la Biscaye. On appelle en espagnol *ojos de besugo* des yeux ternes.

reconnaîtraient pas plus que mon père. — Peut-être, Sancho, l'enchantement ne s'étendra-t-il pas jusqu'à ôter la connaissance de Dulcinée aux géants et chevaliers vaincus qui se présenteront. Nous en ferons l'expérience sur un ou deux des premiers que je vaincrai ; pour savoir s'ils la voient ou non, je leur ordonnerai de revenir vers moi, pour me raconter ce qui leur sera arrivé à ce sujet. — Votre idée me paraît fort bonne, seigneur : nous connaîtrons par ce moyen ce que nous voulons savoir; et, si ce n'est qu'à vous seul que la beauté de madame Dulcinée est cachée, la disgrâce sera plus pour vous que pour elle : tandis qu'elle sera en joie et santé, nous autres nous nous occuperons le mieux que nous pourrons, cherchant nos aventures, et laissant le temps agir à son ordinaire, car c'est le meilleur médecin de toutes ces maladies et de plus grandes encore.

Don Quichotte allait répondre à Sancho, quand il en fut empêché par une charrette qui traversait le chemin, chargée des plus étranges figures et personnages que l'on puisse imaginer; celui qui conduisait les mules et servait de charretier était un vilain démon ; la charrette était à découvert, sans claie ni toiles. La première figure qui s'offrit aux yeux de Don Quichotte fut celle de la Mort elle-même, à face humaine; près d'elle était un ange avec de grandes ailes peintes; à son côté on voyait un empereur ayant sur la tête une couronne qui paraissait d'or; aux pieds de la Mort était le dieu appelé Cupidon, sans bandeau sur les yeux, mais avec son arc, son carquois et ses flèches. Il y avait aussi un chevalier armé de pied en cap, si ce n'est qu'au lieu de morion ou de salade, il portait un chapeau garni de plumes de diverses couleurs; on voyait encore d'autres personnages de costumes et d'apparence différents. Cette vue inopinée causa quelque trouble à Don Quichotte, et jeta l'épouvante dans le cœur de Sancho; mais le chevalier ne tarda point à se réjouir croyant qu'il s'offrait à lui une nouvelle et périlleuse aventure. Dans cette pensée, et résolu à affronter tous les dangers, il se plaça devant la charrette, et, d'une voix haute et menaçante, cria : Charretier, cocher, diable, ou qui que tu sois, dis-moi sans retard qui tu es, où tu vas, et quels sont les gens que tu portes dans ta carriole, qui ressemble plus à la barque de Caron qu'aux charrettes ordinaires. Seigneur, répondit le diable d'une voix douce, en arrêtant sa charrette, nous sommes acteurs de la compagnie d'Angulo le Mauvais : ce matin, qui est l'octave de la fête du Sacré Corps, nous avons représenté, dans un lieu derrière cette colline, la comédie des *Cortès de la Mort*, et nous devons la représenter encore ce soir, dans un autre village que l'on découvre d'ici, nous en sommes si près que, pour éviter la peine d'ôter et de remettre nos habits, nous marchons revêtus de nos costumes. Ce jeune homme que vous voyez représente la Mort, cet autre un ange; cette femme, qui est celle du directeur, fait la reine ; celui-ci le soldat, cet autre l'empereur, et moi je suis le diable, et l'un des principaux acteurs de la pièce, car je remplis les premiers rôles dans cette compagnie. Si votre seigneurie désire savoir autre chose de nous, demandez, je répondrai ponctuellement : étant le diable, je n'ignore rien. Foi de chevalier errant, répondit Don Quichotte, en voyant ce char, j'ai pensé que quelque grande aventure s'offrait à moi : et maintenant je vois qu'il faut toucher les apparences du bout du doigt, si l'on ne veut pas être trompé. Allez en paix, bonnes gens ; faites votre fête, et voyez si je puis vous être utile en quelque chose : je m'y emploierai de bon cœur. Dès mon enfance j'ai toujours aimé les mascarades, et, dans ma jeunesse, la comédie était ma passion favorite. Comme ils devisaient ainsi, le hasard voulut qu'arrivât un de la troupe, couvert d'oripeaux avec force grelots, et portant attachées au bout d'un bâton trois vessies de bœuf enflées : ce masque, en approchant de Don Quichotte, se mit à s'escrimer de son bâton, à frapper la terre avec ses vessies, et faire de grands sauts au bruit de ses grelots. Cette étrange figure effraya tellement Rossinante, que, sans que Don Quichotte pût le retenir, il prit le mors aux dents, et se mit à courir à travers champs, avec plus de légèreté qu'on n'en pouvait attendre d'un tel squelette. Sancho voit le danger que courait son maître d'être jeté par terre, il saute à bas de son âne et court de toute sa force pour le secourir ; mais, en arrivant il le trouve déjà à bas, près de Rossinante, qui était tombé avec Don Quichotte, résultat ordinaire des gaietés et des hardiesses de ce généreux coursier. Cependant, Sancho n'eut pas plus tôt quitté sa monture, que le diable aux vessies sauta dessus, la frappant tant qu'il pouvait avec ses vessies : le bruit et la peur, plus que la douleur des coups, firent voler le grison dans la campagne, vers l'endroit où devait se faire la fête. Sancho regardait la course de son âne et la chute de son maître, et ne savait à laquelle des deux nécessités remédier d'abord. Cependant, en bon écuyer, en bon serviteur, l'amour de son maître l'emporta sur sa tendresse pour le grison, quoique cependant chaque fois qu'il voyait lever les vessies et les rabattre sur la croupe du baudet, ce fut pour lui autant d'angoisses et de douleurs mortelles : il aurait mieux aimé recevoir ces horions sur la prunelle de ses yeux, que de les voir tomber sur le moindre poil de la queue de son âne. Dans cette pénible perplexité, il rejoignit Don Quichotte, plus maltraité qu'il ne l'eût souhaité, l'aida à remonter sur Rossinante, et lui dit : Seigneur, le diable a emporté le roussin.— Quel diable ? — Celui aux vessies. Je le retrouverai, répondit Don Quichotte, fût-il caché dans les abîmes les plus profonds et les plus obscurs de l'enfer. Suis-moi : la charrette va doucement ; les mules satisferont pour la perte du grison. Il n'est pas besoin, repartit Sancho, que vous preniez cette peine ; modérez votre colère ; il me paraît que le diable a abandonné le grison : le voici qui revient. Le fait était vrai : le diable et le roussin ayant fait la culbute, pour imiter celle de Rossinante et de Don Quichotte, le diable se rendait à pied au village et l'âne revenait vers son maître. Avec tout cela, dit Don Quichotte, il serait bon de châtier l'insolence de ce démon sur quelqu'un de la charrette, fût-ce l'empereur lui-même. Quittez ce dessein, seigneur, répondit Sancho, et suivez mon avis ; il ne faut jamais s'attaquer à des baladins, ils trouvent faveur partout. J'ai vu un comédien arrêté pour deux meurtres qu'il avait commis, sortir sans qu'il lui en coûtât rien. Comme ce sont des gens de plaisir, et qui amusent les autres, tout le monde les favorise, les soutient, les aide et les estime, et surtout ceux des compagnies royales et titrées, qu'à leurs habits et à leur apparence on prendrait pour autant de princes. Malgré tout, répondit Don Quichotte, je ne veux pas que ce diable bouffon puisse se vanter de m'être échappé, fût-il favorisé de tout le genre humain. A ces mots, il court après la charrette qui était déjà tout près du village, et tout en courant crie de toute sa force : Arrêtez, troupe bouffonne et joyeuse ; je veux vous apprendre comme on doit traiter les ânes et autres animaux qui servent de monture aux écuyers des chevaliers errants. Les cris de Don Quichotte étaient si grands qu'ils furent entendus de ceux de la charrette; ils jugèrent son intention par ses paroles, et en un instant la Mort saute à bas de la voiture, puis l'empereur, le diable-charretier, l'ange, sans oublier la reine et le dieu Cupidon; tous se chargent de pierres et se rangent en bataille, prêts à recevoir Don Quichotte à la pointe des cailloux. Don Quichotte, les voyant former un si brave escadron, les bras levés prêts à décharger une grêle de pierres, retint la bride à Rossinante, et se mit à penser comment il pourrait les assaillir avec moins de danger. Ce moment d'arrêt donna à Sancho le temps d'arriver. Le voyant prêt à attaquer la troupe si bien rangée, il lui dit : Seigneur, ce serait grande folie de tenter une telle entreprise. Considérez que contre la soupe de ruisseau il n'est point d'autre arme défensive que de se cacher sous une cloche de bronze; il est bon de considérer aussi qu'il y aurait plus de témérité que de valeur à un homme seul d'attaquer une armée où se trouve la Mort, et combattent en personne des empereurs, aidés par de bons et de mauvais anges. Si cette considération ne vous retient pas, soyez touché de cette réflexion que parmi tous ces gens que vous voyez, quoiqu'ils paraissent rois, empereurs ou princes, il n'y a pas un seul chevalier errant.

C'est maintenant, Sancho, répondit Don Quichotte, que tu viens de toucher au but qui doit me faire changer de résolution : je ne peux ni ne dois, comme je te l'ai dit bien d'autres fois, tirer l'épée contre ceux qui ne sont point armés chevaliers. C'est toi, Sancho, que cela regarde, si tu veux tirer vengeance de l'injure faite à ton roussin : je t'animerai d'ici par mes paroles, je t'aiderai de conseils salutaires. — Il n'est pas besoin, seigneur, de tirer vengeance de personne. Ce n'est point d'un bon chrétien de se venger des injures; je ferai si bien que mon âne remettra son offense entre mes mains, et ma volonté est de vivre en paix pendant tout le temps que le ciel daignera m'accorder. — Puisque telle est ta résolution, bon Sancho, sage Sancho, honnête et franc Sancho, Sancho chrétien, laissons là ces fantômes, et retournons chercher de meilleures et de plus nobles aventures; car je vois que dans ce pays nous n'en manquerons pas des plus miraculeuses. Aussitôt il tourna bride; Sancho reprit son âne, la Mort, avec tout son escadron, remonta dans sa charrette et poursuivit son voyage. Telle fut l'heureuse fin de la périlleuse aventure du Char de la Mort. Grâces soient rendues au conseil salutaire que Sancho donna à son maître, qui, le jour suivant, eut avec un amoureux et errant chevalier, une autre rencontre non moins intéressante que celle-ci.

CHAPITRE XII.

DE L'ÉTRANGE AVENTURE DU VALEUREUX DON QUICHOTTE AVEC LE BRAVE CHEVALIER DES MIROIRS.

La nuit qui suivit le jour de la rencontre de la Mort, Don Quichotte et son écuyer la passèrent sous des arbres hauts et touffus, et, à la persuasion de Sancho, le chevalier mangea des provisions que portait le roussin. Tout en mangeant, Sancho dit à son maître : Avouez, seigneur, que j'aurais été un grand sot si j'avais accepté en don les dépouilles de votre première aventure, au lieu des poulains de vos trois juments. En vérité, en vérité, mieux vaut le moineau dans la main que le vautour qui vole. Cependant, Sancho, si tu m'avais laissé combattre comme je le voulais, répondit Don Quichotte, tu aurais eu pour le moins la couronne d'or de l'impératrice et les ailes nuancées de Cupidon, que j'aurais abattues à rebrousse-poil, et mises dans tes mains. Jamais, dit Sancho, les sceptres et couronnes des empereurs de théâtre n'ont été d'or fin, mais bien d'oripeau, ou d'une feuille de fer-blanc. Il est vrai, répondit Don Quichotte, les ornements de la comédie ne doivent pas être fins, mais simulés et apparents, comme la comédie elle-même, que je désire, Sancho, que tu aimes, et voir en faveur auprès de toi, et par conséquent aussi ceux qui la représentent et ceux qui la composent. Ce sont tous instruments d'une grande utilité dans l'État. Ils nous mettent à chaque pas sous les yeux un miroir vivant où se peignent toutes les actions de la vie humaine, et aucun tableau ne pourrait nous représenter plus naturellement ce que nous sommes, et ce que nous devons être, que la comédie et les comédiens. Dis-moi, n'as-tu jamais vu représenter des comédies où l'on introduit des rois, des empereurs, des pontifes, des chevaliers, des dames et autres personnages? L'un fait le vil complaisant, un autre l'hypocrite, celui-là le marchand, celui-ci le soldat, cet autre un homme sage, cet autre un amoureux : la comédie achevée, les costumes ôtés, tous les acteurs ne sont-ils pas égaux? J'ai vu cela, répondit Sancho. — Hé bien, il en est de même dans la marche et la comédie de ce monde: les uns font les empereurs, les autres les pontifes, tous les personnages enfin que l'on peut introduire dans une comédie. Quand ce vient à la fin, qui est celle de notre vie, la mort ôte, à tous, les accoutrements qui les différenciaient, et tous sont égaux dans la tombe. Belle comparaison, dit Sancho, pas si neuve pourtant que je ne l'aie entendu répéter plusieurs fois, de même que celle du jeu d'échecs, où, tant que le jeu dure, chaque pièce a son office particulier; le jeu fini, toutes se mêlent, se brouillent et se réunissent dans une bourse, comme les corps dans la sépulture. Sancho, dit Don Quichotte, tu deviens chaque jour moins simple et plus sage. Quelque peu de votre sagesse doit bien s'attacher à moi, répondit Sancho. Les terres qui d'elles-mêmes sont sèches et stériles rapportent de bons fruits quand on les fume et les cultive. Je veux dire que votre fréquentation est le fumier étendu sur la terre stérile de mon sec entendement; la culture, c'est le temps qu'il y a que je vous sers et communique avec vous; j'espère ainsi produire des fruits de bénédiction, qui ne seront point indignes et ne s'écarteront pas du sentier de bonne nourriture que vous avez tracé dans mon entendement desséché. Don Quichotte se mit à rire des termes affectés dont se servait Sancho, tout en reconnaissant la vérité de ce qu'il disait de ses progrès : car, quelquefois, Sancho parlait de manière à étonner son maître; mais le plus souvent, quand il voulait changer son langage et parler à la manière de la cour, il finissait par tomber du faîte de sa simplicité dans l'abîme de son ignorance. Le genre dans lequel il montrait le plus de mémoire et d'élégance, c'était la citation des proverbes, qu'ils vinssent ou non à propos de ce qu'il disait, comme on a pu le remarquer dans le cours de cette histoire.

En de semblables et autres discours ils passèrent une partie de la nuit; enfin, Sancho sentit le besoin de laisser tomber les portières de ses yeux : c'était sa manière de parler quand il voulait dormir. Il débâta son âne et le laissa paître en liberté; pour Rossinante, il ne lui ôta point sa selle; son maître avait expressément défendu de le faire lorsqu'ils passeraient la nuit dans la campagne et ne coucheraient point sous un toit; antique usage, établi, conservé parmi les chevaliers errants: ôter la bride, et l'attacher aux arçons, mais d'enlever la selle, il s'en fallait garder. Sancho se conforma à cet usage, et donna à Rossinante la même liberté qu'au grison. L'amitié de ces deux animaux l'un pour l'autre fut si grande, si unique, qu'une tradition de père en fils rapporte que l'auteur de cette véridique histoire lui avait consacré quelques chapitres particuliers; mais, pour garder la bienséance et le décorum qui convient à une histoire aussi héroïque, il ne les y inséra point, quelquefois pourtant il oublie cette précaution pour nous dire que, lorsque ces deux bêtes pouvaient se joindre, elles prenaient plaisir à se frotter l'une contre l'autre. Ce besoin satisfait, Rossinante posait en croix son cou sur celui de l'âne, de telle sorte qu'il en passait de l'autre côté plus de demi-vare; et tous deux, les yeux fichés en terre, restaient ainsi trois jours, ou tout au moins autant de temps qu'on les y laissait, ou que la faim ne les contraignait pas d'aller chercher leur nourriture. On assure même que l'auteur avait comparé leur amitié à celle de Nisus et d'Euryale, de Pylade et d'Oreste; s'il en est ainsi, on peut voir et admirer combien dut être solide le lien qui rapprochait ces deux paisibles animaux, à la grande confusion des hommes qui gardent si mal l'amitié qu'ils se sont jurée; c'est pourquoi l'on dit: « Il n'y a point ami pour ami; les roseaux deviennent des lances[1] »; et cet autre: « D'ami à ami, etc.[2]. » Et qu'on ne pense pas que l'auteur s'égare en comparant l'amitié de ces animaux à celle des hommes; nous avons reçu des animaux plusieurs avertissements et appris bien des choses d'importance: la cigogne nous a fait connaître les clystères; le chien, les vomitifs et la reconnaissance; les grues, la vigilance; les fourmis, la prévoyance; les éléphants, la décence; le cheval, la loyauté. Enfin, Sancho s'endormit profondément au pied d'un liége, et Don Quichotte sommeilla sous un robuste chêne.

Peu de temps s'était écoulé quand Don Quichotte fut éveillé par un bruit qu'il entendit derrière lui; il se leva en sursaut, se mit à regarder, à écouter d'où ce bruit pouvait provenir, et aperçut deux hommes à cheval. L'un, se laissant glisser à terre, dit à l'autre: Descends, ami, ôte la bride aux chevaux: cet endroit me paraît abondant en herbe pour eux; le silence qui y règne et la solitude conviennent à mes amoureuses pensées. Proférer ces mots et s'étendre à terre fut une même chose. Dans ce mouvement rapide, ses armes firent grand bruit, ce qui ne laissa pas de doute à Don Quichotte que ce ne fût un chevalier errant. Il s'approche de Sancho qui dormait, le tire par le bras, n'a pas peu de peine à l'éveiller, et lui dit à voix basse: Frère Sancho, nous tenons une aventure. Dieu nous la donne bonne, répond Sancho: et où est-elle, seigneur, cette dame aventure? — Où, Sancho! Tourne les yeux, regarde, tu verras couché là un chevalier errant, qui,

[1] No hay amigo para amigo;
Las canas se vuelven en lanzas.

Ce sont deux vers d'une romance des *Guerres de Grenade*, composée par Ginès de Hita.

[2] Le proverbe espagnol est: *de amigo á amigo chinche en el ojo*, et il se dit d'un homme qui, se donnant pour l'ami d'un autre, n'agit point comme tel avec lui.

à ce qu'il me semble, ne doit pas être très joyeux, car je l'ai vu descendre de cheval et s'étendre à terre avec des marques de tristesse, et en s'étendant ses armes ont fait du bruit. — Mais en quoi trouvez-vous que cela soit une aventure? — Je ne veux pas te dire que ce soit une aventure entière, mais bien un commencement d'aventure, car c'est ainsi qu'elles prennent naissance. Mais, écoute, je crois qu'il accorde un luth ou une guitare, et à la manière dont il tousse et dont il se débarrasse la poitrine, il se prépare sans doute à chanter. — En bonne foi, vous avez raison : ce doit être un chevalier amoureux. — Il n'y a pas un seul chevalier errant qui ne le soit. Mais, prêtons l'oreille, peut-être saisirons-nous le fil de ses pensées : le cœur plein fait parler la langue. Sancho voulait répondre, mais la voix du chevalier du Bois, qui n'était ni bonne ni mauvaise, l'en empêcha ; ils écoutèrent et entendirent le chant suivant :

SONNET.

Imposez-moi, madame, une loi que je suive, et qui soit conforme à votre volonté. Je m'y soumettrai avec tant de respect, que je ne m'en écarterai jamais en rien.

Si vous voulez que mon tourment meure dans le silence, regardez-moi déjà comme mort : s'il vous plaît que je vous l'exprime, je ferai en sorte que l'amour lui-même parle par ma voix.

Je suis formé de contraires, de cire flexible et de dur diamant, et je conforme mon âme aux lois de l'amour.

Flexible ou dur, je vous offre mon cœur : taillez, gravez-y tout ce que vous voudrez, je jure de l'y conserver éternellement.

Le chevalier du Bois termina son chant par un hélas ! qu'il semblait tirer du fond du cœur : puis, d'une voix faible et dolente, il dit : O la plus belle et la plus ingrate des femmes ! est-il bien possible, sérénissime Casildée de Vandalie, que tu veuilles consentir à ce que ce chevalier ton esclave se consume en durs travaux, en voyages continuels ? n'est-ce donc point assez que j'aie fait confesser que tu es la plus belle des femmes à tous les chevaliers de la Navarre, de Léon, de l'Andalousie, de la Castille, enfin à tous les chevaliers de la Manche ? Pour cela, non ! s'écria Don Quichotte : je suis de la Manche, et jamais je ne confesserai rien de tel, jamais je n'ai pu ni dû confesser une chose si fort au préjudice de la beauté de ma dame. Tu vois bien, Sancho, que ce chevalier déraisonne. Cependant, écoutons encore : peut-être se fera-t-il mieux connaître. Il le fera sans doute, répondit Sancho, car il a l'air de vouloir se plaindre un mois entier. Cependant il n'en fut point ainsi : le chevalier du Bois, ayant cru entendre qu'on parlait près de lui, se leva sans continuer ses lamentations ; puis, d'une voix grave et sonore : Qui va là ? qui êtes-vous ? Êtes-vous du nombre des heureux ou des affligés ? Des affligés, répondit Don Quichotte. Approchez-vous donc, poursuivit le chevalier du Bois, et faites compte que vous avez rencontré la tristesse et l'affliction en personne. Don Quichotte entendant une réponse si polie et si tendre, approcha, et Sancho fit de même. Asseyez-vous, seigneur, dit le triste chevalier à Don Quichotte, en le prenant par le bras. Pour reconnaître que vous êtes chevalier et de ceux qui professent la chevalerie errante, il me suffit de vous rencontrer dans ce lieu, où vous tiennent compagnie la solitude et le serein, lit et demeure ordinaires des chevaliers errants. Je suis chevalier et de la profession que vous dites, répondit Don Quichotte ; et, bien que la tristesse, les disgrâces et les mésaventures se soient établies dans mon âme, elle n'est pourtant point fermée à la compassion qu'y excitent les infortunes des autres : j'ai recueilli de ce que vous chantiez il n'y a qu'un instant que vos peines sont amoureuses, je veux dire qu'elles procèdent de votre amour pour l'ingrate beauté que vous avez nommée dans vos lamentations.

Tandis qu'ils causaient ainsi, tous deux étaient assis, l'un à côté de l'autre, sur la dure, en paix et en bonne intelligence, comme si à l'apparition du jour ils ne devaient pas se casser la tête. Par aventure, seigneur chevalier, dit celui du Bois à Don Quichotte, seriez-vous amoureux? Je le suis, par male aventure, répondit ce dernier, encore que les infortunes qui proviennent des affections bien placées doivent plutôt être estimées des faveurs que des disgrâces. Cela serait vrai, si les dédains ne nous troublaient point la raison et le jugement au point de nous paraître des vengeances. Je n'ai jamais éprouvé de dédains de ma dame, dit Don Quichotte. Non, certes, interrompit Sancho, qui se trouvait près de là, car ma souveraine est douce comme un mouton et aussi tendre que du beurre. Cet homme est-il votre écuyer? demanda le chevalier du Bois. Oui, seigneur, répondit Don Quichotte. Je n'ai jamais vu d'écuyer qui se permît de parler où parle son maître. Du moins voici le mien qui est grand comme son père, et je défie qu'on puisse prouver qu'il ait ouvert la bouche quand je parle. Oui, j'ai parlé, reprit Sancho, et je peux bien parler devant un autre aussi... et même... je n'en dirai pas davantage, car ce serait bien pire. L'écuyer du chevalier du Bois prit Sancho par le bras, et lui dit : Allons dans un endroit où nous puissions parler comme écuyers autant qu'il nous plaira, et laissons les seigneurs nos maîtres se piquer mutuellement en racontant les histoires de leurs amours. A coup sûr le jour viendra les surprendre avant qu'ils aient achevé. Je le veux bien, dit Sancho; je vous dirai qui je suis, et vous verrez si je ne puis pas bien entrer en deuxième avec les écuyers les plus parleurs. Ils se mirent à l'écart, et bientôt il s'établit entre eux une conversation aussi plaisante que fut grave celle de leurs maîtres.

CHAPITRE XIII.

OÙ SE POURSUIT L'AVENTURE DU CHEVALIER DU BOIS, AVEC LE SAGE, NOUVEAU ET SUAVE COLLOQUE QUI S'ÉTABLIT ENTRE LES DEUX ÉCUYERS.

Les chevaliers et les écuyers étaient séparés : les uns se racontaient leurs vies, les autres leurs amours. L'histoire rapporte d'abord l'entretien des serviteurs, et passe ensuite à celui des maîtres ; elle dit donc que, les écuyers s'étant mis un peu à l'écart, celui du chevalier du Bois dit à Sancho : La vie que nous menons seigneur, nous autres écuyers des chevaliers errants, est bien laborieuse ; en vérité, nous mangeons bien notre pain à la sueur de notre front, et c'est une des malédictions que Dieu a données à nos premiers parents. Nous pouvons bien dire aussi, répondit Sancho, que nous le mangeons à la froidure de nos corps ; car, qui souffre plus le chaud et le froid que les misérables écuyers de la chevalerie errante? Si du moins nous avions toujours à manger, il y aurait moins de mal, le pain allége le chagrin; mais il y a telle circonstance où quelquefois un jour et même deux se passent sans que nous déjeunions d'autre chose que du vent qui souffle. Tout ceci, dit l'autre, peut se supporter par l'espoir de la récompense : car, si un chevalier errant n'est pas le plus malencontreux des hommes, l'écuyer qui le sert peut se voir récompenser en peu de temps par un bon gouvernement de quelque île, ou quelque beau comté. Moi, reprend Sancho, j'ai déjà dit à mon maître que je me contentais d'une île, et il est si noble et si libéral, qu'il me l'a déjà promise bien des fois. Moi, dit l'autre écuyer, un canonicat me payera mes services, et mon maître m'en a donné les provisions. Qu'est-ce à dire, interrompit Sancho, votre maître est donc un chevalier à l'ecclésiastique, qu'il peut donner de telles récompenses à de bons écuyers? Le mien est simplement laïque. Je me souviens pourtant que des personnes sages, mais, suivant moi, malintentionnées, lui conseillaient de se faire archevêque; mais il refusa, préférant être empereur; je tremblais qu'il ne lui prît fantaisie de se faire d'Église, n'étant point en situation d'occuper des bénéfices : car je vous dirai que, quoique je paraisse un homme, je ne suis qu'une bête pour être d'Église. Vous pourriez bien vous abuser, répondit l'écuyer du Bois : tous les gouvernements d'îles ne sont pas bons; il y en a qui vont de travers, de pauvres, de tristes; enfin, le mieux ordonné traîne avec lui un lourd fardeau de travail et d'incommodités que porte sur ses épaules le malheureux à qui il est tombé. Il vaudrait mieux que nous autres, qui sommes soumis à une si maudite servitude, nous nous retirassions dans nos maisons pour nous y livrer à des exercices plus doux, comme la chasse et la pêche. Quel est l'écuyer si pauvre qui n'ait un roussin, une paire de lévriers et une ligne pour pêcher et pour passer le temps dans sa maison? Je n'ai faute de tout cela, répondit Sancho; il est vrai que je n'ai point de roussin, mais je possède un âne qui vaut deux fois le cheval de mon maître : que males pâques me donne Dieu, et que ce soient les prochaines, si je faisais l'échange, quand on me donnerait par-dessus quatre mesures d'orge. Vous prendriez pour une moquerie toutes les qualités de mon grison, le gris est la couleur de son poil. Quant à des lévriers, je n'en manque pas : il y en a de reste dans mon village, et la chasse est d'autant plus agréable qu'on la fait aux dépens des autres. En vérité, seigneur écuyer, reprit celui du Bois, j'ai résolu de quitter toute cette ivrognerie de chevaliers, et de me retirer dans mon village, pour élever mes petits enfants : j'en ai trois qui sont trois perles orientales. Moi, dit Sancho, j'en ai deux qu'on pourrait présenter au pape en personne, surtout une jeune fille que j'élève pour être comtesse, s'il plaît à Dieu, quoique ce soit au grand regret de sa mère. — Et quel âge a cette demoiselle que vous élevez pour être comtesse? —Quinze ans, deux de plus ou de moins; elle est haute comme une lance, fraîche comme une matinée d'avril, et forte comme un portefaix.—Voilà des qualités pour être non seulement comtesse, mais nymphe d'un vert bocage. O coquine, fille de coquine! que la drôlesse doit être vigoureuse! Elle n'est point coquine, ni ne le fut sa mère, et ne le sera aucune des deux, s'il plaît à Dieu, tant que je vivrai, dit Sancho un peu fâché. Parlez avec plus de retenue : pour avoir été nourri parmi les chevaliers errants qui sont la courtoisie même, vos paroles me paraissent peu mesurées. Oh! que vous l'entendez mal en fait d'éloges! répondit l'écuyer du Bois. Comment, ne savez-vous pas que, lorsqu'un cavalier a donné au taureau un bon coup de lance sur la place, ou quand un homme a fait quelque chose de bien, le peuple a coutume de crier : « O fils de coquine! qu'il a bien fait! » Ce qui semblerait une injure devient dans ce cas une louange notable ; et vous devriez renier vos fils et vos filles, s'ils ne faisaient rien qui pût mériter à leur père de semblables éloges. Oui, je les renierais, répondit Sancho ; de cette manière, vous pouvez bien, seigneur, imposer à ma femme, à mes enfants, à moi-même toute la coquinerie du monde, car ils ne font rien qui ne soit digne au dernier point de semblables louanges. Pour pouvoir retourner auprès d'eux, je prie Dieu qu'il me retire de péché mortel, ou, ce qui revient au même, de ce périlleux état d'écuyer dans lequel je suis retombé une seconde fois, par l'appât d'une bourse de cent ducats que je trouvai un jour dans le cœur de la Sierra-Morena : le diable me met sans cesse devant les yeux, ici, là, partout, un sac plein de doublons ; je crois, à chaque pas, le toucher de la main, je l'embrasse, je l'emporte chez moi, j'en achète des cens, j'en constitue des rentes, et je vis comme un prince : lorsque j'y pense, je trouve légères et faciles les peines qu'il me faut endurer auprès de mon fou de maître, car je sais qu'il est plus fou que chevalier. Aussi dit-on, répondit l'écuyer du Bois, que la cupidité rompt le sac. Mais, si vous voulez parler de fou, je ne crois pas qu'il y en ait au monde un plus grand que mon maître, car il est de ceux dont on dit que les soucis pour autrui font mourir l'âme : pour guérir un autre chevalier qui a perdu le jugement, il se fait fou lui-même, et va cherchant ce que peut-être il ne trouvera pas bon pour son museau après l'avoir trouvé.

Serait-il par aventure amoureux? demanda Sancho. — Oui, d'une certaine Casildée de Vandalie, la plus altière et la plus cruelle dame qu'on puisse rencontrer dans tout l'univers. Cependant, ce n'est pas de ce pied qu'il boite ; autre chose murmure dans ses entrailles, comme il le fera bientôt connaître. Il n'y a chemin si uni où l'on ne trouve à broncher, répondit Sancho. Dans d'autres maisons on cuit des fèves, dans la nôtre elles sont à chaudronnées. La folie doit avoir plus de compagnons et de commensaux que la sagesse. Mais si ce que l'on dit communément est vrai, qu'avoir des compagnons dans ses peines est un soulagement, je pourrai me consoler avec votre seigneurie, puisqu'elle sert un maître aussi fou que le mien. Il est fou, mais vaillant, dit l'écuyer du Bois, et plus méchant que vaillant et que fou. Le mien n'est point ainsi, dit Sancho ; je puis assurer qu'il n'a rien de méchant ; son âme est ouverte comme un vase ; il ne sait faire mal à personne, à tout le monde il fait du bien ; il n'a malice aucune, un enfant lui ferait accroire qu'il est nuit en plein midi. Cette simplicité me le fait aimer comme mes propres entrailles, et ses plus grandes extravagances ne sauraient me résoudre à le quitter. Avec tout cela, frère, dit l'écuyer du Bois, si un aveugle guide un autre aveugle, ils courent grand risque de tomber tous deux dans le trou. Nous ferions bien mieux de nous retirer et de retourner où nos affaires nous appellent, car ceux qui cherchent les aventures ne les trouvent pas toujours bonnes.

Cependant, le charitable écuyer du Bois s'aperçut que Sancho crachait à tout moment une certaine espèce de salive épaisse et quelque peu sèche, il lui dit : Il me paraît que nos discours nous ont collé la langue au palais ; j'ai un désaltérant pendu à l'arçon de ma selle, qui peut passer pour bon. Aussitôt il se lève, et revient en un moment avec une grande outre pleine de vin et un pâté long de demi-vare ; ce n'est point une exagération, car il était fait d'un lapin si gros que

Sancho, au toucher, crut qu'il contenait un bouc plutôt qu'un chevreau. Eh quoi, seigneur, dit-il, portez-vous cela avec vous? Que pensez-vous donc, dit l'autre, et me prenez-vous pour un écuyer d'eau claire et bourse vide? Je porte sur la croupe de mon cheval de meilleures provisions qu'un général qui voyage. Sancho mangea sans se faire prier, et, avalant dans l'ombre des bouchées coup sur coup: En vérité, dit-il, vous êtes un écuyer féal, loyal, mouvant et courant, grand, magnifique, comme le prouve votre repas, qui semble, s'il ne l'est en effet, ici venu par enchantement, et non un chétif et malencontreux comme moi, qui n'ai dans mon bissac qu'un peu de fromage, si dur qu'on en pourrait casser la tête d'un géant. Il est accompagné de quatre douzaines de carrobes et d'autant de noisettes et de noix, grâce à la pauvreté de mon maître, à l'opinion qu'il a, à l'usage qu'il maintient que les chevaliers errants ne doivent se nourrir que de fruits secs et d'herbes des champs. Par ma foi! frère, répliqua l'écuyer du Bois, je n'ai point l'estomac fait à des chardons, des poires sauvages ou des racines des bois. Laissons là nos maîtres avec leurs opinions et leurs lois de chevalerie, et qu'ils mangent ce qu'ils voudront: je porte toujours des viandes froides et cette outre pendue à l'arçon de ma selle, quoi qu'il arrive; je lui suis si fidèle, je la chéris tant, qu'à tous moments je lui donne mille baisers et mille embrassades. A ces mots, il la mit entre les mains de Sancho, qui, la portant à sa bouche, resta à regarder les étoiles pendant un quart d'heure, puis après avoir bu, il laissa tomber sa tête de côté, et dit avec un grand soupir: Ah! qu'il est catholique le fils de coquine! Voyez, dit à cette parole l'écuyer du Bois, comme vous avez loué le vin en l'appelant fils de coquine! — J'avoue et je reconnais que ce n'est point déshonneur d'appeler quelqu'un fils de coquine, quand on entend le louer. Mais, dites-moi, par la vie de ce que vous avez de plus cher, ce vin n'est-il pas de Ciudad Réal? — Bravo! gourmet: c'est bien le cru, et il a quelques années. Croyez-vous qu'il m'ait fallu bien des efforts pour le reconnaître, ajouta Sancho: tenez, seigneur écuyer, j'ai pour reconnaître les vins un instinct si grand, si naturel, qu'en m'en faisant seulement flairer un, je détermine son pays, son espèce, son goût, sa durée, ses changements, avec toutes les circonstances qui appartiennent au vin: mais il ne faut pas s'en étonner; car dans ma famille, du côté de mon père, j'ai eu les deux plus parfaits dégustateurs de vin qu'on ait connus depuis longtemps dans la Manche. Je vais vous en donner la preuve: on les chargea de goûter le vin d'une cuve, en leur demandant ce qu'ils pensaient, de l'état de la qualité, de la bonté de ce vin. L'un le toucha du bout de la langue, l'autre ne fit que le porter à son nez: le premier dit qu'il avait un goût de fer, et le second qu'il avait un goût de cuir. Le maître soutint que sa cuve était nette, que son vin ne contenait rien qui eût pu lui donner le goût du cuir ou du fer. Les deux gourmets, de leur côté, soutenaient leur opinion. Avec le temps, le vin fut vendu, et en nettoyant la cuve, on trouva au fond une petite clef attachée avec un cordon de cuir[1]. Vous pouvez juger par-là, qu'un homme qui vient de telle race peut donner son avis en semblables choses. Voilà ce qui me fait dire, répondit l'écuyer du Bois, que nous devons laisser là les aventures, et, puisque nous avons du pain, ne cherchons pas des tourtes. Retournons à nos chaumières: Dieu nous y

[1] Cervantes a inséré le même conte dans sa pièce intitulée *Eleccion de los alcades de Daganzo.*

trouvera s'il le veut. Je servirai mon maître jusqu'à ce qu'il soit à Saragosse, et après nous nous expliquerons.

Enfin, les deux écuyers parlèrent et burent tant, que le sommeil vint lier leurs langues et calmer leur soif : car l'éteindre était impossible. Ainsi tenant tous deux l'outre à demi vide, la bouche encore pleine de morceaux à moitié mâchés, ils s'endormirent. Nous les laisserons là, pour conter ce qui se passait entre le chevalier du Bois et celui de la Triste Figure.

CHAPITRE XIV.

OU SE POURSUIT L'AVENTURE DU CHEVALIER DU BOIS.

Entre plusieurs discours que tinrent nos deux chevaliers, l'histoire rapporte que celui du Bois dit à Don Quichotte : Enfin, seigneur chevalier, le destin, ou plutôt mon choix, m'a porté à chérir la sans pareille Casildée de Vandalie : je l'appelle sans pareille, parce qu'elle n'a point d'égale en noblesse et en beauté. Cette même Casildée récompense mon amour et l'honnêteté de mes désirs, en m'occupant, comme fit la marâtre Junon à l'égard d'Hercule, en de nombreux et périlleux travaux, me promettant toujours, quand l'un est terminé, qu'après le suivant viendra le jour de ma récompense. Ainsi mes travaux se sont enchaînés l'un à l'autre, sans que j'en puisse tenir le compte, et j'ignore encore quel sera le dernier, celui qui devra annoncer le commencement de mon bonheur. Une fois elle m'ordonna d'aller défier cette fameuse géante de Séville qu'on appelle *la Giralda* [1], si forte et si vaillante avec son corps de bronze, et qui, sans changer de place, est la plus mobile et la plus volage des femmes : je l'approchai, je la vis, je la vainquis [2] ; je la fixai ; car, pendant toute une semaine, il ne souffla d'autre vent que celui du nord. Une autre fois, elle voulut que je soulevasse et pesasse les antiques pierres des puissants taureaux de Guisando, entreprise plus convenable à un crocheteur qu'à un chevalier. Ensuite elle m'ordonna de me précipiter dans la caverne de Cabra, péril effrayant et inouï, et de lui faire une relation circonstanciée de ce que renfermaient ces sombres cavités. J'ai fixé la Giralda, j'ai pesé les taureaux de Guisando, je me suis précipité dans l'abîme, j'en ai mis à découvert les secrets les plus cachés : mon espoir n'en est pas moins mort, ses dédains plus vivants que jamais. Enfin, elle m'a dernièrement ordonné de parcourir toutes les provinces d'Espagne, et de faire confesser à tous les chevaliers errants que je rencontrerai, qu'elle est la plus parfaite et la plus belle de toutes les femmes, et moi le plus vaillant et le plus amoureux des chevaliers. Pour obéir à son commandement, j'ai déjà parcouru la plus grande partie de l'Espagne, j'ai vaincu

[1] *La Giralda*. C'est une statue de la Victoire en bronze, haute de quatorze pieds, et pesant vingt-huit quintaux. On la nomme *Giralda*, du verbe *girar*, parce que de la main gauche elle tient un voile dans lequel le vent venant à s'engouffrer, la statue, qui est posée sur un pivot, tourne avec la plus grande facilité sur elle-même, et par ce moyen sert de girouette. Elle est posée au haut d'une tour à Séville.

[2] *Veni, vidi, vici.*

beaucoup de chevaliers qui ont osé s'opposer à moi; mais de tous ces avantages, celui dont je me glorifie le plus, et qui, pour moi, est d'un plus grand prix, c'est d'avoir vaincu, en combat singulier, ce chevalier fameux, Don Quichotte de la Manche, et de lui avoir fait confesser que ma Casildée est plus belle que sa Dulcinée. Par cette seule victoire, je fais compte d'avoir vaincu tous les chevaliers du monde, puisque ce Don Quichotte dont je parle les a tous vaincus: sa gloire, sa renommée, son honneur ont passé dans ma personne, par le triomphe que j'ai obtenu sur lui. Plus le vaincu fut en réputation, plus le vainqueur acquiert de gloire: ainsi ses innombrables exploits sont devenus les miens.

A ce discours, Don Quichotte demeura fort étonné; mille fois il ouvrit la bouche pour donner un démenti au chevalier du Bois. Le tu mens lui vint au bout de la langue. Cependant il se retint le mieux qu'il put, afin de lui faire confesser, de sa propre bouche, son mensonge; ainsi il lui dit, sans s'émouvoir: Que vous ayez vaincu, seigneur, presque tous les chevaliers errants de l'Espagne et même du monde, je n'en dis rien; mais, que vous ayez vaincu Don Quichotte de la Manche, j'en doute. Il pourrait se faire que ce fût quelque autre qui lui ressemblât, quoique bien peu lui ressemblent. Comment? répliqua celui du Bois: par le ciel qui nous couvre! j'ai combattu Don Quichotte, je l'ai vaincu, je l'ai mis à merci. C'est un homme haut de corps, maigre de visage, dont les membres sont longs et grêles, le poil mêlé, le nez aquilin et courbé, les moustaches grandes, noires et pendantes; il combat sous le nom du chevalier de la Triste Figure, et a pour écuyer un paysan nommé Sancho Pança; il fait plier les reins et dirige le frein d'un fameux coursier appelé Rossinante, enfin il a pour dame de ses pensées une certaine Dulcinée du Toboso, jadis nommée Aldonza Lorenzo: comme la mienne, dont le nom est Casilde et qui est d'Andalousie, et que j'ai nommée pour cela Casildée de Vandalie. Si toutes ces marques ne suffisent pas pour prouver la vérité, voici mon épée qui donnera de la confiance à l'incrédulité même. Calmez-vous, seigneur chevalier, répondit Don Quichotte, et écoutez ce que je veux vous dire: apprenez que ce Don Quichotte, dont vous parlez, est le meilleur de mes amis, si intime que je peux dire que je l'aime comme un autre moi-même. Par les signes que vous m'avez donnés, si exacts, si certains, je ne puis douter que ce ne soit lui que vous avez vaincu. D'un autre côté, je vois avec les yeux, je touche avec les mains qu'il n'est pas possible que ce soit lui, à moins que, dans le grand nombre d'ennemis qu'il a entre les enchanteurs (un surtout ne cesse de le poursuivre) il ne s'en soit trouvé un qui ait pris sa figure pour se laisser vaincre, afin de lui ravir la renommée que lui ont acquise ses hauts faits par toute la terre. Pour preuve de ce que j'avance de la malice de ces enchanteurs, je vous dirai qu'il n'y a pas plus de deux jours qu'ils ont transformé la belle Dulcinée en une laide et vile paysanne: ils auront sans doute transformé de même Don Quichotte. Si tout ce que je viens de dire ne suffit pas pour vous convaincre, voici devant vous Don Quichotte lui-même qui le soutiendra les armes à la main, à pied, à cheval ou comme il vous plaira. A ces mots, il se lève, met la main sur son épée et attend la détermination du chevalier du Bois. Un bon payeur ne craint point de donner des gages, répond celui-ci d'un air non moins tranquille: celui qui a pu vous vaincre une fois transformé, seigneur Don Quichotte, peut bien espérer de le faire sous votre forme réelle. Mais, comme il n'est pas décent que des chevaliers cachent leurs faits d'armes dans l'obscurité de la nuit, ainsi que les brigands, attendons le jour, le soleil éclairera nos œuvres. La condition du combat sera que le vaincu demeurera à la discrétion du vainqueur, et fera tout ce qu'il exigera, sous la réserve que ce ne soit rien de contraire à l'ordre de la chevalerie. Je suis satisfait de cette condition et de cet arrangement, répondit Don Quichotte. En même temps, ils s'approchèrent de l'endroit où étaient leurs écuyers, et les trouvèrent ronflant dans la même posture où le sommeil les avait surpris. Ils les réveillèrent, et leur commandèrent de tenir leurs chevaux tout prêts, parce qu'aux premiers rayons du soleil ils devaient se livrer un combat singulier, sanglant et effroyable. Sancho fut troublé et épouvanté de cette nouvelle; il craignit pour le salut de son maître, d'après les prouesses du chevalier du Bois qu'il avait entendu raconter à son écuyer. Mais sans dire mot, les deux écuyers allèrent chercher leurs bêtes; déjà les trois chevaux et le grison s'étaient flairés et réunis.

Pendant le chemin, l'écuyer du Bois dit à Sancho : Frère, les braves en Andalousie, lorsqu'ils sont parrains dans quelque combat, ont pour coutume de ne pas rester oisifs et les bras croisés pendant que les autres s'escriment; je vous le dis pour que vous soyez bien prévenu que, tandis que nos maîtres seront aux prises, nous nous en donnerons à plaisir de notre côté. Cette coutume, répondit Sancho, peut bien avoir lieu, seigneur écuyer, parmi les débauchés et les fanfarons que vous dites; mais, parmi les écuyers des chevaliers errants, je n'en crois pas un mot : du moins, je n'ai jamais entendu parler à mon maître de pareil usage, et il sait de mémoire toutes les lois de la chevalerie. Mais je veux que ce soit une loi réelle et expresse qui oblige les écuyers à combattre lorsque leurs maîtres sont aux prises, je ne suis point dans l'intention d'y obéir : je préfère payer la peine imposée aux écuyers pacifiques. Cette peine, je puis l'assurer, n'excède pas deux livres de cire, et j'aime mieux payer ces deux livres, parce que je sais qu'il m'en coûtera moins, que le linge qu'il me faudrait employer pour panser les plaies de ma tête, je la regarde déjà comme fendue et partagée en deux. Il est impossible d'ailleurs de combattre sans épée, et je ne m'en servis de mes jours. Je sais un bon remède à cela, dit l'écuyer du Bois : j'ai ici deux sacs de toile de même grandeur, vous prendrez l'un, moi l'autre, et nous combattrons ainsi à coups de sacs à armes égales. A la bonne heure, répondit Sancho : un combat comme celui-là est plus fait pour nous ôter la poussière que pour nous blesser. Je ne l'entends pas ainsi, répliqua l'autre : pour que le vent n'enlève pas nos sacs, nous mettrons dans chacun une demi-douzaine de cailloux bien nets, bien polis et de poids égaux, et de cette manière nous nous frotterons sans nous faire du mal. Corps de mon père! s'écria Sancho, quelles martes zibelines, ou quels flocons de coton il met dans les sacs, afin de ne pas nous écraser la cervelle ou nous meurtrir les os; mais, quand vous les rempliriez de cocons de soie, sachez, seigneur, que je ne combattrai point. Laissons faire nos maîtres; qu'ils s'escriment tant qu'ils voudront : pour nous, vivons et buvons; le temps prend assez de soin de nous ôter la vie, sans que nous cherchions les moyens de l'achever avant qu'elle soit à son terme et tombe de maturité. Avec tout cela, dit l'écuyer du Bois, il faut pourtant que nous nous battions, ne fût-ce qu'une demi-heure. — Non, répondit Sancho, je ne serai point assez discourtois, assez ingrat pour avoir la moindre querelle avec qui j'ai bu et mangé; et, quand on n'est point en colère, qui diable pourrait se résoudre à se battre sans sujet? — Je sais encore un bon remède à cela, dit l'écuyer du Bois: avant de commencer le combat, je m'approcherai tout doucement de vous, je vous donnerai trois ou quatre soufflets qui vous renverseront à mes pieds, alors nécessairement la colère viendra, fussiez-vous plus endormi qu'un loir. Et moi, contre cette attaque, j'en sais une autre qui ne lui cède en rien, dit Sancho: je prendrai un bâton, et, avant que votre seigneurie se soit mise en peine d'éveiller ma colère, je ferai si bien dormir la sienne à coups de bâton, qu'elle ne se réveillera que dans l'autre monde, où l'on sait que je ne suis pas homme à me laisser tâter le visage par personne: que chacun prenne garde à soi: toutefois, il vaudrait mieux que chacun laissât dormir sa colère, car nul ne peut savoir ce qu'un autre a dans l'âme: tel vient pour avoir de la laine, qui s'en retourne tout pelé. Dieu a béni la paix et maudit les rixes! Si un chat poursuivi, pressé, renfermé, devient un lion; moi qui suis un homme, Dieu sait ce que je puis devenir: ainsi, seigneur écuyer, je vous intime dès ce moment que vous seul êtes responsable de tout le mal qui pourra résulter de notre combat. Voilà qui est bon, répondit l'écuyer du Bois; le jour viendra, s'il plaît à Dieu, et nous verrons.

Déjà, cependant, commençaient à gazouiller sur les arbres mille espèces de petits oiseaux au plumage varié; ils semblaient, par la diversité de leurs chants joyeux, saluer la fraîche aurore et lui donner la bienvenue: aux portes de l'orient elle s'avançait dans sa beauté; de sa blonde chevelure s'échappait une infinité de perles liquides, la verdure était baignée de cette douce rosée, et les herbes semblaient elles-mêmes produire et répandre en douce pluie une semence de perles; les saules distillaient une manne savoureuse, les sources paraissaient sourire, les ruisseaux s'échappaient avec un doux murmure, les forêts se réjouissaient, et les prés s'enrichissaient à son aspect. Mais, à peine la lumière du jour permit-elle de distinguer les objets, que le premier qui s'offrit à la vue de Sancho fut le nez de l'écuyer du Bois; il était si grand qu'il ombrageait tout son corps. On raconte, en effet, qu'il était d'une longueur démesurée, courbé par le milieu, plein de verrues, violâtre comme une aubergine, et descendant deux doigts plus bas que la bouche. La grandeur, la couleur, la courbure, les verrues de ce nez, rendaient le visage de l'écuyer si hideux, que Sancho se mit à frapper des pieds et des mains comme un enfant qui tombe du haut mal, et se résigna, dans son cœur, à se laisser donner deux cents soufflets avant de laisser éveiller sa colère pour combattre un semblable prodige.

Don Quichotte examina son adversaire: il le vit déjà le casque en tête et la visière baissée, de manière qu'il ne put découvrir sa figure; mais il remarqua que c'était un homme aux membres forts et d'une taille peu élevée. Il avait par-dessus ses armes une soubreveste ou casaque qui paraissait de toile d'or fin, parsemée de petites lunes de miroirs resplendissants, qui donnaient au chevalier autant d'éclat que d'élégance; son casque était surmonté d'une grande quantité de plumes vertes, jaunes et blanches; sa lance, appuyée contre un arbre, était grosse, longue et armée d'un fer acéré de plus d'une palme. Don Quichotte remarquait, examinait tout, et jugeait après cet examen que ce chevalier devait être d'une grande force. Cependant cela ne le fit pas trembler comme Sancho: au contraire, s'adressant avec aisance au chevalier des Miroirs : Si l'empressement de combattre, lui dit-il, n'altère point votre courtoisie, je vous conjure de lever la visière de votre casque, afin que je voie si votre bonne mine répond à votre contenance. Vainqueur ou vaincu, seigneur chevalier, répondit celui des Miroirs, vous aurez tout le loisir de me considérer. Si je ne satisfais point en ce moment à votre désir, c'est qu'il me semble que je me rends coupable envers la belle Casildée de Vandalie en retardant de tout le temps nécessaire pour lever ma visière le moment de vous faire confesser ce que je soutiens. Pendant que nous montons à cheval, reprit notre chevalier, vous pouvez bien me dire, seigneur, si je suis ce Don Quichotte que vous prétendez avoir vaincu. — Vous ressemblez, comme un œuf ressemble à un autre, au chevalier que j'ai vaincu ; mais, puisque vous dites qu'il est persécuté par des enchanteurs, je n'oserais affirmer si vous êtes le même. Cela me suffit, répond Don Quichotte, pour connaître votre erreur : mais pour vous l'ôter entièrement, qu'on amène nos chevaux ; en moins de temps que vous n'en eussiez mis à lever votre visière, si Dieu, ma dame et mon bras me sont favorables, je verrai votre visage, et vous connaîtrez, vous, que je ne suis point ce Don Quichotte vaincu que vous croyez.

Sur cela, rompant l'entretien, ils montèrent à cheval ; Don Quichotte fit tourner bride à Rossinante, afin de prendre le champ nécessaire pour venir fondre sur son adversaire, et celui-ci fit la même manœuvre ; mais, à peine Don Quichotte avait-il fait vingt pas, que le chevalier des Miroirs le rappela pour lui dire : Souvenez-vous, seigneur chevalier, de la condition de notre combat : le vaincu, comme je vous l'ai dit, doit demeurer à la discrétion du vainqueur. Je le sais, répond Don Quichotte, avec la réserve qu'on ne lui imposera rien de contraire aux lois de la chevalerie. Je l'entends ainsi, répondit le chevalier des Miroirs. Dans le même moment, Don Quichotte aperçut l'étrange nez de l'écuyer, et n'en fut pas moins frappé que Sancho : il prit cet individu pour un monstre, une nouvelle espèce d'homme, comme on n'a pas coutume d'en voir. Sancho, voyant son maître partir pour fournir sa carrière, ne voulut pas demeurer seul avec ce monstrueux écuyer : il craignait qu'un seul coup de cet énorme nez contre le sien ne terminât toute sa querelle, le coup ou la peur suffisant pour le renverser. Il alla à la suite de son maître, la main sur une étrivière de Rossinante, et, quand il le vit près de se retourner : Seigneur, lui dit-il, je vous supplie, avant de partir, de m'aider à monter sur ce liége, d'où je pourrai mieux voir que de par terre votre fière rencontre avec ce chevalier. Je crois plutôt, Sancho, dit Don Quichotte, que tu veux t'élever sur les échafauds pour voir sans danger le combat des taureaux. Je vous avouerai franchement, répondit Sancho, que l'effroyable nez de cet écuyer m'a saisi d'épouvante, et je n'ose rester auprès de lui. Il est tel, repartit Don Quichotte, que, si je n'étais ce que je suis, je pourrais en avoir peur aussi. Viens donc, je vais t'aider à monter.

Tandis que notre chevalier aidait Sancho à monter sur le liége, celui des Miroirs avait pris le champ qui lui semblait nécessaire. Croyant que Don Quichotte en aurait fait de même, sans attendre son de trompette ni autre signal, il tourne la bride à son coursier, qui n'était ni de meilleure apparence ni plus léger que Rossinante, et de toute son allure, qui n'excédait pas un petit trot, il s'avance à la rencontre de son ennemi ; mais le voyant occupé avec Sancho, il s'arrête au milieu de la carrière, retenant la bride de son cheval, qui parut en être fort aise, car il ne pouvait plus se mouvoir. Don Quichotte, croyant voir son adversaire fondre sur lui, presse vivement de l'éperon les flancs de Rossinante, et l'anime de telle sorte, qu'au rapport de l'historien, ce fut la seule fois qu'on le vit un peu courir, car ordinairement il ne faisait bien clairement que trotter. Avec cette furie inaccoutumée, il arrive jusqu'à l'endroit où le chevalier des Miroirs enfonçait inutilement les éperons dans le ventre de son cheval, sans pouvoir le faire bouger de la place où il s'était arrêté tout essoufflé. En ce moment favorable, Don Quichotte trouva son adversaire embarrassé de sa monture, de sa lance, qu'il ne put ou n'eut pas le temps de mettre en arrêt. Ainsi, sans aucun péril, Don Quichotte qui ne prenait pas garde à tous ces empêchements vint en toute sûreté à la rencontre du chevalier des Miroirs, et le choqua d'une si grande force qu'il lui fit vider les arçons par-dessus la croupe, et le jeta par terre si rudement qu'il ne remua ni pied ni main, et qu'on le crut mort. A peine Sancho le vit-il tomber, qu'il se laissa glisser le long du liége et courut promptement auprès de son maître. Celui-ci, mettant pied à terre, s'avança sur le chevalier des Miroirs; il lui délaça son casque pour voir s'il était mort, ou pour lui donner de l'air s'il existait encore. Il vit... qui pourrait dire ce qu'il vit, sans exciter l'admiration et l'épouvante? Il vit, il reconnut, dit l'historien, le visage même, la figure, l'apparence, la physionomie, les traits, l'effigie du bachelier Samson Carrasco. A cette vue, Don Quichotte s'écria : Viens ici, Sancho ; regarde une chose que tu ne pourras croire qu'après l'avoir vue ; vois, mon fils, ce que peut la magie, et combien est grande la puissance des enchanteurs. Sancho s'approche, et, voyant la figure du bachelier, il commença à faire mille signes de croix. Cependant le chevalier vaincu ne donnait aucun signe de vie, et Sancho dit à son maître : Seigneur, je suis d'avis que, quoi qu'il en puisse être, vous plongiez votre épée dans la gorge de cet homme qui paraît être le bachelier Samson Carrasco, vous tuerez peut-être en lui quelqu'un de vos ennemis les enchanteurs. C'est bien dit, repartit Don Quichotte: ce sera toujours un ennemi de moins. Il tirait déjà son épée pour suivre le conseil de Sancho, lorsque l'écuyer du vaincu s'approche, n'ayant déjà plus ce grand nez qui le rendait si laid, et s'écrie : Prenez garde à ce que vous allez faire, seigneur Don Quichotte ; celui que vous avez à vos pieds est votre ami le bachelier Samson Carrasco, et moi je suis son écuyer. Sancho, le voyant sans sa laideur primitive, lui dit : Et le nez ? Il est dans ma poche, reprit l'autre. Et mettant la main à sa poche droite il en tire un nez de carton verni comme celui des masques, et tel que nous l'avons décrit. Sancho, l'examinant de plus en plus : Sainte Marie! ayez pitié de moi ! s'écrie-t-il avec une grande surprise : n'est-ce pas mon compère et voisin Thomas Cecial? Vraiment oui, je le suis, répond l'écuyer sans nez. Je suis Thomas Cecial, ami et compère Sancho, et je vous dirai tout à l'heure les artifices, les ruses, les détours qui m'ont conduit ici : mais, en attendant, priez, suppliez votre maître de ne point toucher, maltraiter, frapper ni tuer le chevalier des Miroirs qu'il tient à ses pieds, parce que, sans aucun doute, c'est le malheureux et mal conseillé Samson Carrasco, notre compatriote.

Cependant, ce dernier revint enfin à lui ; Don Quichotte, s'en étant aperçu, lui porta la pointe de l'épée au visage, et lui dit : Vous êtes mort, chevalier, si vous ne confessez que la sans pareille Dulcinée l'emporte en beauté sur votre

Casildée de Vandalie ; vous me donnerez en outre votre parole, si vous survivez à ce combat et à votre chute, d'aller dans la cité du Toboso vous présenter de ma part à ma dame Dulcinée, afin qu'elle fasse de vous à sa volonté. Si elle vous laisse libre, vous reviendrez me chercher; la trace de mes exploits vous servira de guide, et vous me direz ce qui se sera passé entre elle et vous. Ces conditions sont conformes à celles que nous avons établies avant le combat, et ne passent point les bornes de la chevalerie errante. Je confesse, dit le chevalier vaincu, que le soulier décousu et malpropre de madame Dulcinée du Toboso vaut mieux que la barbe mal peignée, quoique propre, de Casildée ; je promets d'aller me présenter devant elle, et de revenir vous rendre compte de ce que vous me demandez. Vous devez encore confesser et croire, ajouta Don Quichotte, que le chevalier que vous avez vaincu n'est ni ne peut être Don Quichotte de la Manche, mais bien quelqu'un qui lui ressemble ; comme, de mon côté, je crois et confesse que vous n'êtes point le bachelier Samson Carrasco, quoique vous paraissiez l'être, mais bien quelqu'un qui lui ressemble, et je pense que mes ennemis me présentent ici sa figure pour arrêter et modérer l'impétuosité de ma colère, et me faire user avec clémence de l'honneur de ma victoire. Je confesse, juge et crois tout ce que vous jugez, croyez et pensez, répond l'éreinté chevalier : laissez-moi me lever, je vous prie, si le ressentiment de ma chute me le permet, car je suis assez maltraité. Don Quichotte l'aida à se relever, ainsi que Thomas Cecial, que Sancho ne perdait pas de vue. Il le questionnait, et les réponses lui prouvaient bien clairement qu'il n'était autre que Thomas Cecial, comme il le disait; mais ce que Sancho avait entendu dire à son maître, de la malice des enchanteurs et de la métamorphose du chevalier des Miroirs, l'empêchait de s'en rapporter au témoignage de ses yeux. Enfin, le maître et le serviteur restèrent dans leur erreur ; le chevalier des Miroirs et son écuyer, mal errants et plus mal contents, se séparèrent de Don Quichotte et de Sancho, dans l'intention de chercher un lieu où l'on pût guérir les côtes froissées de Carrasco. Don Quichotte et Sancho reprirent le chemin de Saragosse ; c'est là que les laisse l'histoire pour raconter ce qu'étaient le chevalier des Miroirs et son écuyer au grand nez.

CHAPITRE XV.

OU L'ON RACONTE QUELS ÉTAIENT LE CHEVALIER DES MIROIRS ET SON ÉCUYER.

Don Quichotte, extrêmement satisfait, marchait avec arrogance, tout vain, tout fier de la victoire qu'il avait remportée sur un aussi vaillant chevalier qu'il croyait être celui des Miroirs. Plein de confiance dans sa parole de chevalier, il espérait savoir bientôt si l'enchantement de sa dame s'était continué; car il ne pouvait se faire que le chevalier vaincu ne revînt pas lui rendre compte de son entrevue, sous peine, s'il y manquait, d'être dégradé de la chevalerie. Mais Don Quichotte pensait une chose, et le chevalier des Miroirs une autre, encore que, pour lors, il n'eût d'autre objet que de se faire soigner et panser, comme nous l'avons dit.

L'histoire rapporte que, lorsque le bachelier Samson Carrasco donna conseil à notre chevalier de retourner à la poursuite de ses aventures abandonnées, ce ne fut qu'après s'être consulté avec le barbier et le curé, pour aviser aux moyens de réduire Don Quichotte à rester tranquille dans sa maison, sans courir après des aventures malencontreuses. L'avis unanime du conseil, et en particulier celui de Carrasco, avait été qu'on laissât partir Don Quichotte, puisqu'il paraissait impossible de le retenir, et qu'ensuite Samson, armé en chevalier errant, se rencontrât sur son chemin et le combattît. Les motifs ne pouvaient pas manquer; le vaincre leur semblait chose facile, et l'on arrêta d'imposer cette condition expresse que le vaincu demeurerait à la merci du vainqueur : ainsi, Don Quichotte vaincu, Carrasco devait lui imposer la loi de retourner dans son village, dans sa maison, et de n'en pas sortir de deux ans, ou tout au moins jusqu'à ce que son vainqueur lui donnât un ordre contraire. Il paraissait certain que Don Quichotte observerait religieusement cette condition, pour ne pas contrevenir aux lois de la chevalerie et il était possible que, pendant un si long repos, il oubliât ses folies, ou que l'on trouvât quelque remède pour l'en guérir. Carrasco se chargea de l'entreprise et Thomas Cecial s'offrit pour être son écuyer : il était voisin et compère de Sancho, d'humeur facétieuse et bon vivant. Carrasco s'arma comme nous l'avons dit, et Cecial mit un faux nez de carton pour n'être pas reconnu de son compère. Ils suivirent ainsi la route que tenait Don Quichotte, et peu s'en fallut qu'ils ne l'atteignissent lors de l'aventure du char de la Mort. Enfin, ils le joignirent dans le bois où leur arriva ce qu'a lu le prudent lecteur; si l'extravagante imagination de Don Quichotte ne lui avait persuadé que le bachelier n'était pas le bachelier, le seigneur bachelier eût été dans l'impossibilité de prendre désormais les degrés de sa licence, pour n'avoir pas trouvé de nid où il pensait rencontrer des oiseaux. Thomas Cecial, voyant le mauvais succès de leur dessein, et combien leur voyage avait mal réussi, dit au bachelier : Certes, seigneur Samson, nous n'avons que ce que nous méritons : on imagine et on commence facilement une entreprise, mais bien souvent on n'en sort qu'avec difficulté. Don Quichotte est fou ; nous autres, nous sommes dans notre bon sens; il s'en va riant et bien portant, vous êtes triste et tout moulu ; savons-nous, maintenant, lequel est le plus fou, de celui qui l'est parce qu'il ne peut faire autrement, ou de celui qui l'est volontairement? La différence, répondit Samson, qui existe entre ces deux fous, est que celui qui l'est involontairement le sera toujours et que l'autre cessera de l'être quand il le voudra. S'il est ainsi, dit Cecial, je fus fou volontairement lorsque je me fis votre écuyer, et, volontairement aussi, je cesse de l'être et m'en retourne chez moi. Vous en êtes le maître, répondit Samson; mais de penser que moi je m'en retournerai avant d'avoir roué de coups le seigneur Don Quichotte, c'est se tromper beaucoup. Ce n'est plus le désir de lui faire recouvrer le jugement qui va me guider maintenant, mais bien celui de me venger; la douleur de mes côtes ne me permet point de résolution plus charitable. En raisonnant de la sorte, ils arrivèrent à un village où, de fortune, ils trouvèrent un raccommodeur de membres [1], qui pansa le disgracié Carrasco. Thomas Cecial le quitta pour s'en retourner chez lui et Samson resta à méditer sa ven-

[1] *Algebrista.*

geance. L'histoire le retrouve quand il en est temps, pour ne pas cesser maintenant de se réjouir avec Don Quichotte.

CHAPITRE XVI.

DE CE QUI ADVINT A DON QUICHOTTE AVEC UN SAGE CHEVALIER DE LA MANCHE.

DON Quichotte poursuivait son chemin avec la joie, le ravissement, l'orgueil que nous avons dit, s'imaginant, après la victoire qu'il avait obtenue, être le chevalier errant le plus valeureux du siècle. Il tenait pour achevées et conduites à heureuse fin toutes les aventures qui pourraient se présenter à l'avenir. Il faisait désormais peu de cas des enchanteurs et des enchantements, ne se souvenait plus des innombrables coups de bâton qu'il avait reçus dans le cours de ses chevaleries, ni de la nuée de pierres qui lui avait brisé la moitié des dents, ni de l'ingratitude des galériens, ni de la pluie de coups de pieux des Yangois ; enfin, il disait en lui-même que, s'il pouvait trouver l'art, le moyen, la manière de désenchanter sa dame Dulcinée, il n'envierait point la plus brillante fortune du plus heureux chevalier errant des siècles passés.

Il était plongé dans ces agréables réflexions, quand Sancho lui dit : Seigneur, ne trouvez-vous pas plaisant que j'aie toujours devant les yeux cet énorme nez, ce nez démesuré, de mon compère Thomas Cecial ? Crois-tu donc, par hasard, repartit Don Quichotte, que le chevalier des Miroirs soit le bachelier Carrasco, et son écuyer Thomas Cecial, ton compère? — Je ne sais qu'en dire : je sais seulement que les renseignements qu'il m'a donnés de ma maison, de ma femme, de mes enfants, ne peuvent venir que de lui-même, et que sa figure, moins le nez, est bien celle de Thomas Cecial, telle que je l'ai vue mille fois dans notre village, car sa maison touche la mienne, et, de plus, le ton de voix est le même. Viens çà, Sancho, dit Don Quichotte, parlons un peu raison : quelle apparence y a-t-il que le bachelier Samson Carrasco vienne, comme un chevalier errant, couvert d'armes offensives et défensives, combattre contre moi? Suis-je son ennemi? lui ai-je jamais donné lieu de me vouloir du mal? Suis-je son rival ? fait-il profession des armes, pour être jaloux de la gloire que je me suis acquise par elles ? — Mais, que dirons-nous donc, fit observer Sancho, de cette étonnante ressemblance de ce chevalier, quel qu'il soit, avec le bachelier Carrasco, et de son écuyer avec Thomas Cecial, mon compère? Si c'est un enchantement, comme vous le dites, n'y avait-il pas au monde d'autre ressemblance à prendre? Tout cela, continua Don Quichotte, n'est qu'imposture et artifice des malins enchanteurs qui me poursuivent; prévoyant la victoire que je devais obtenir dans le combat, ils ont pris la précaution de donner au chevalier vaincu la figure de mon ami le bachelier, afin que l'affection que je lui porte s'interposât entre la force de mon bras et le tranchant de mon épée, tempérât ma juste colère, et que, par ce moyen, je laissasse la vie à celui qui avait usé de ruse pour m'ôter la mienne. Pour preuve de ce que je te dis, tu sais bien, Sancho, par une expérience qui ne saurait être trompeuse, combien il est facile aux enchanteurs de métamorphoser les traits, de changer en beauté la laideur, la laideur en beauté ; il n'y a pas deux jours que tu as vu Dulcinée dans tout son éclat naturel, tandis que je n'apercevais qu'une vile, laide et grossière paysanne, avec des cataractes sur les yeux et une mauvaise odeur à la bouche : faut-il donc s'étonner que le pervers enchanteur qui a osé faire un si odieux changement ait opéré celui de Carrasco et de ton compère Cecial, pour m'ôter des mains le prix de la victoire? Mais je me console en dépit de tout ; car enfin, quelque figure qu'ait prise mon ennemi, je suis resté vainqueur. Dieu sait la vérité de tout, répondit Sancho, peu satisfait des raisons de Don Quichotte, parce qu'il savait bien que la métamorphose de Dulcinée était de sa façon ; mais il ne voulut pas répliquer, de peur de rien dire qui fît découvrir sa ruse.

En ce moment, ils furent joints par un voyageur qui, derrière eux, suivait le même chemin. Il montait une belle cavale gris-pommelé, et était vêtu d'un gaban de fin drap vert, bordé de velours fauve, avec un bonnet de même velours ; sa jument était sellée à la genète, et le harnais violet et vert ; à son baudrier vert et or pendait un sabre à la moresque ; les brodequins étaient de même travail que le baudrier ; ses éperons n'étaient pas dorés, mais revêtus d'un vernis vert, si net et si brillant, que, s'accordant avec le reste de l'équipement, ils faisaient un meilleur effet que s'ils eussent été d'or. Quand le voyageur atteignit nos aventuriers, il les salua civilement et, piquant sa jument, il continuait sa route, lorsque Don Quichotte lui dit : Seigneur gentilhomme, si vous suivez le même chemin que nous et que vous ne soyez point pressé d'arriver, ce serait une faveur pour moi que nous voyagions de compagnie. En vérité, répond l'étranger, je n'aurais point passé si vite sans la crainte que le voisinage de ma jument ne fît emporter votre cheval. Seigneur, lui dit Sancho, vous pouvez retenir votre jument ; car notre cheval est le plus honnête et le mieux élevé du monde. Jamais, en semblable occasion, il n'a fait aucune vilenie, et, pour une fois qu'il s'est émancipé, nous l'avons bien payé, mon maître et moi. Ainsi, je vous le répète, rien ne vous empêche d'arrêter votre monture, car on la servirait à notre cheval entre deux plats, qu'il n'y toucherait certainement pas. L'étranger s'arrêta donc, et s'émerveilla de l'aspect et de la tournure de Don Quichotte ; il n'avait point alors sa salade en tête, Sancho la portait, comme une valise, à l'arçon du bât de son âne. Si l'homme au gaban vert considérait attentivement Don Quichotte, celui-ci l'examinait encore plus ; car il lui paraissait un homme d'importance : il semblait âgé de cinquante ans, visage long, entre le grave et le gai ; ses cheveux grisonnaient à peine ; en un mot, il avait toute la tournure d'un homme distingué. Quant à l'étranger, le jugement qu'il porta de Don Quichotte fut que jamais il n'avait vu de figure semblable : ce cheval efflanqué, cette taille haute, cette face jaune et maigre, ces armes, cette contenance grave, ces traits, cette tournure sans exemple depuis longtemps, le rendaient stupéfait. Don Quichotte s'aperçut de l'attention avec laquelle le voyageur l'examinait, et lut sa curiosité dans son étonnement. Son extrême courtoisie, son inclination à se montrer agréable aux autres le fit aller au-devant des questions, et il lui dit : Je ne serais pas surpris, seigneur, que vous fussiez étonné d'une figure comme la mienne, si singulière et si différente de celles qu'on voit ordinairement. Vous cesserez de vous en émerveiller quand je vous dirai que je suis un de ces chevaliers qui vont, comme on dit, cherchant les aventures. J'ai quitté mon pays, j'ai engagé mon bien; j'ai laissé tous mes plaisirs pour me jeter dans les bras de la Fortune et me laisser conduire où elle voudra : j'ai entrepris de ressusciter la chevalerie errante oubliée, et, depuis quelque temps, trébuchant par-ci, tombant par-là, me précipitant, me relevant, je me suis conformé en grande partie à mon désir, secourant les veuves, défendant les demoiselles, protégeant les femmes mariées, les pupilles, les orphelins, propre et naturel office des chevaliers errants : aussi mes nombreux, vaillants et chrétiens exploits m'ont mérité l'honneur d'être imprimé chez presque toutes les nations du monde. Trente mille volumes de mon histoire ont été imprimés, et, si le ciel n'y remédie, elle prend le chemin de l'être trente mille milliers de fois. Enfin, pour tout dire en peu de mots, ou en un seul, je suis Don Quichotte de la Manche, autrement dit le chevalier de la Triste Figure; et, quoique l'on s'abaisse en se louant soi-même, je me vois pourtant obligé de le faire quelquefois, et, cela s'entend, quand il n'y a là personne pour s'en charger. Ainsi, seigneur gentilhomme, ce cheval, cette lance, cet écu, cet écuyer, toutes ces armes, la maigreur de mon corps, la pâleur de ma figure, ne doivent plus vous étonner, sachant qui je suis et la profession que j'exerce. Don Quichotte se tut, et l'homme au gaban vert tardant à lui répondre, semblait ne savoir comment s'y prendre ; enfin, après un assez long silence, il lui dit : Vous avez bien jugé, seigneur, de mon désir par mon étonnement; mais vous ne l'avez point détruit en m'apprenant votre profession : au contraire, je suis plus émerveillé que jamais. Quoi ! il est possible qu'il y ait aujourd'hui des chevaliers errants par le monde, et que l'on ait imprimé des livres de véritable chevalerie ! Je ne saurais me persuader qu'il y ait maintenant sur la terre personne qui favorise les veuves, protége les demoiselles, défende l'honneur des femmes mariées et secoure les orphelins. Je ne le croirais pas si je ne le voyais de mes yeux dans votre personne. Béni soit le ciel de ce que l'histoire de vos hauts et véritables exploits, que vous m'apprenez être imprimée, fera bientôt oublier ces prouesses innombrables de chevaliers imaginaires dont les fables remplissent le monde, au préjudice des bonnes mœurs et des histoires véritables. Il y a beaucoup à dire, répondit Don Quichotte, sur cette question de la fausseté ou de la vérité de ces histoires des chevaliers errants. Et qui met en doute leur fausseté? dit l'étranger. Moi, repartit Don Quichotte ; mais n'allons pas plus loin sur ce sujet, si notre voyage se prolonge, j'espère, avec l'aide de Dieu, vous convaincre que vous avez erré en suivant l'opinion commune qui prétend que ces histoires sont fabuleuses. Ces dernières paroles donnèrent au voyageur quelque soupçon que Don Quichotte pouvait être fou, et il attendait la suite pour se confirmer dans sa pensée. Mais, avant d'aller plus loin, Don Quichotte, qui s'était fait connaître à lui, le pria de lui dire à son tour qui il était. Moi, seigneur chevalier de la Triste Figure, répondit l'étranger, je suis un gentilhomme né dans un bourg où, s'il plaît à Dieu, nous irons dîner aujourd'hui. Je suis plus que médiocrement riche, et mon nom est don Diégo de Miranda. Je passe ma vie entre ma femme, mes enfants et mes amis; mes exercices sont la chasse et la pêche, cependant je n'entretiens ni faucons ni lévriers, mais quelques chiens d'arrêt dressés, et quelques furets hardis. J'ai environ six douzaines de volumes, les uns latins, les autres espagnols, quelques-uns d'histoire, les autres de dévotion : les livres de chevalerie n'ont jamais franchi le seuil de ma porte ; je m'adresse plus aux livres profanes qu'à ceux de religion, pourvu qu'ils soient un honnête divertissement et joignent au charme du style le mérite de l'invention ; mais il y en a peu de tels en Espagne. Je dîne quelquefois chez mes voisins et amis, souvent je les reçois chez moi : ma table est propre et variée, mais sans luxe et sans parcimonie. Je n'aime point la médisance, et ne souffre point que devant moi l'on dise du mal de personne ; je ne cherche pas à m'instruire de la vie des autres et à deviner leurs affaires. J'entends la messe tous les jours, je fais part de mon bien aux pauvres, sans faire parade de bonnes œuvres, pour ne point laisser ouvrir mon cœur à l'hypocrisie ou à la vanité, deux ennemis qui s'emparent doucement de l'homme le plus sage. Je tâche de remettre en paix ceux qui sont divisés, je suis dévot à la Vierge et toujours plein de confiance dans la miséricorde infinie de Dieu.

Sancho écoutait avec la plus grande attention le récit de la vie et des habitudes de l'étranger ; il trouva cette vie si bonne, si sainte, qu'il lui sembla que celui qui la menait devait faire des miracles. Se jetant à bas de son baudet, il courut saisir l'étrier droit du gentilhomme, et d'un cœur dévot, presque les larmes aux yeux, il lui baisa plusieurs fois les pieds. Que faites-vous, mon frère? lui dit le gentilhomme : pourquoi ces baisers? Laissez-moi faire, répond Sancho, car vous me semblez le premier saint à cheval que j'aie vu de ma vie. Je ne suis point un saint, dit le voyageur, mais bien un grand pécheur : c'est plutôt vous, mon frère, qui devez être bon, comme le prouve votre naïveté. Sancho remonta sur son âne, et fut pour le voyageur un nouveau sujet d'admiration. Don Quichotte lui-même, malgré sa profonde mélancolie, ne put s'empêcher de sourire de sa simplicité.

Don Quichotte demanda à don Diégo combien il avait d'enfants. Une des choses, ajouta-t-il, que regardaient comme un souverain bien les anciens philosophes, privés de la connaissance de Dieu, c'était de jouir des dons de la nature, des faveurs de la fortune, d'avoir beaucoup d'amis et de bons et nombreux enfants. Seigneur, répondit le gentilhomme, j'ai un fils, et peut-être serais-je plus heureux de n'en point avoir, non qu'il soit méchant, mais je ne le trouve pas aussi bon que je le désirerais. Il aura bientôt dix-huit ans ; il en a passé six à Salamanque, dans l'étude des langues grecque et latine, et, quand j'ai voulu l'appliquer à d'autres sciences, je l'ai trouvé si entiché de celle de la poésie (si tant est qu'on puisse l'appeler une science), qu'il n'est pas possible de l'amener à l'étude de la jurisprudence, à laquelle j'aurais voulu qu'il s'appliquât, ni à la théologie, la reine de toutes les autres sciences. Je voudrais en faire l'honneur de sa famille ; car nous vivons dans un siècle où nos rois récompensent dignement les vertus et les bonnes lettres[1]. Les lettres sans la vertu sont des perles dans un fumier. Il passe tout le jour à vérifier si tel vers de l'*Iliade* est bon ou mauvais, si Martial est obscène ou non dans telle épigramme, s'il faut entendre de telle manière ou de telle autre certains vers de Virgile ; enfin tous ses entretiens roulent sur les poëtes que je viens de nommer et sur Horace, Perse, Juvénal, Tibulle. De nos poëtes modernes, il n'en fait pas grand cas. Cependant, malgré son peu d'estime pour la poésie espagnole, il est

[1] Cet éloge était sans doute ironique dans la pensée de Cervantes, pauvre soldat oublié et grand homme méconnu.

fort occupé dans ce moment-ci à faire une glose sur quatre vers qu'on lui a envoyés de Salamanque, et je pense que c'est une joute littéraire.

Seigneur, répondit Don Quichotte, les enfants sont une portion des entrailles des pères ; ainsi on doit les aimer, bons ou mauvais, comme on aime l'âme qui nous donne la vie. Le devoir des pères est de les diriger dès leur enfance dans le sentier de la vertu, de leur donner une bonne éducation, des mœurs honnêtes et chrétiennes, afin qu'étant grands ils deviennent leur bâton de vieillesse et la gloire de leur postérité ; mais, vouloir les contraindre de se livrer à une science plutôt qu'à telle autre, je ne l'approuve pas, quoique j'admette comme profitable d'essayer de la persuasion. Quand on n'est point obligé d'étudier *pro pane lucrando* (pour gagner du pain), quand un jeune étudiant est assez heureux pour avoir un père qui lui laisse de la fortune, il me semblerait convenable de le laisser suivre celle des sciences qui lui plaît le plus. Quoique la poésie soit moins utile qu'agréable, elle n'a cependant rien qui puisse apporter du déshonneur à celui qui la cultive. La poésie, seigneur gentilhomme, est, à mon avis, comme une délicate et jeune fille, belle à ravir, que se plaisent à enrichir, orner et polir plusieurs autres jeunes filles, qui sont les autres sciences. Elle se sert de toutes, et toutes tirent d'elle leur illustration. Mais elle ne veut point être profanée, traînée par les rues, proclamée sur les places, dans les obscurs corridors des palais ; c'est une alchimie d'une telle vertu, que celui qui sait la traiter en extraira un or très pur, d'un prix inestimable. En la cultivant, il faut lui mettre un frein, et l'empêcher de s'échapper en de honteuses satires, en sonnets licencieux ; elle ne doit être l'objet d'aucun profit, si ce n'est dans les poëmes héroïques, les tragédies touchantes, les comédies spirituelles et gaies ; elle ne doit pas s'abandonner à des bouffons, au vulgaire ignorant, incapable d'en connaître et apprécier les trésors. Ne pensez pas, seigneur, que, par vulgaire, je n'entende que le bas peuple : ce nom peut et doit être appliqué à tout ignorant, fût-il grand ou prince. Ainsi, celui qui cultivera la poésie, en observant tout ce que je vous ai fait connaître, deviendra célèbre et estimé chez toutes les nations policées. Quant à ce que vous me dites, que votre fils ne fait pas un très grand cas de la poésie espagnole, il me semble qu'il se trompe dans son jugement, et voici ma raison : le grand Homère n'a point écrit en latin, parce qu'il était Grec, ni Virgile en grec, parce qu'il était Latin ; en un mot, tous les poëtes anciens ont écrit dans la langue qu'ils ont sucée avec le lait, et n'ont point été chercher des idiomes étrangers pour exprimer leurs hautes conceptions. Ainsi, la raison veut que cet usage s'étende à tous les peuples, et qu'on ne condamne point le poëte allemand qui écrit dans sa langue, le Castillan ni même le Biscayen qui écrit dans la sienne. Mais votre fils, seigneur, à ce que j'imagine, est moins l'ennemi de notre langue vulgaire que de nos poëtes, qui sont plus vulgaires encore, sans savoir aucune langue, aucune science, qui puissent réveiller, aider, enrichir leur aptitude naturelle ; encore, en cela, pourrait-il y avoir de l'erreur, car, suivant une opinion bien fondée, on naît poëte, c'est-à-dire que le véritable poëte sort tel du sein de sa mère ; avec cette inclination que lui a donnée le ciel, sans art, sans étude, il compose des choses qui donnent raison à celui qui a dit : *est Deus in nobis*, etc. ; j'ajoute que ce poëte né, aidé de l'art, surpassera de beaucoup celui qui, borné à l'art, se croira poëte. La raison en est que l'art ne saurait surpasser la nature, il la perfectionne seulement. Ainsi, du mélange de la nature et de l'art, sortira un poëte parfait. La conclusion de mon discours, seigneur gentilhomme, est que vous laissiez votre fils suivre la carrière où le guide son étoile; bon étudiant, comme il doit l'être, après avoir heureusement franchi le premier échelon des sciences, je veux dire la connaissance des langues, avec leur secours, il parviendra de lui-même au plus haut point des lettres humaines, qui siéent aussi bien à un gentilhomme de cape et d'épée, l'ornent, l'honorent, l'élèvent autant que font les mitres aux évêques, les longues robes aux savants jurisconsultes. Grondez votre fils s'il compose des satires au préjudice de l'honneur d'autrui; châtiez-le, déchirez ses vers. Mais s'il faisait des ouvrages comme ceux d'Horace, où il se contentât de critiquer les vices en général, comme le poëte latin l'a fait avec tant d'élégance, vous devez l'en louer, car il est permis au poëte d'écrire contre l'envie, de s'attaquer, dans ses vers, aux envieux, et ainsi des autres vices, pourvu qu'il ne désigne personne; il y a des poëtes qui, pour le plaisir de dire une méchanceté, se feraient exiler aux îles du Pont. Si le poëte est chaste dans ses mœurs, il le sera également dans ses vers; la plume est la langue de l'âme; les conceptions qui s'y engendrent se retrouvent dans les écrits. Quand les rois et les princes reconnaissent la merveilleuse science de la poésie en des sujets prudents, vertueux et graves, ils les honorent, les estiment, les enrichissent, ils leur font une couronne de feuilles de l'arbre que jamais ne frappe la foudre comme pour apprendre aux hommes que nul ne doit insulter ceux dont le front est orné de telles couronnes.

L'homme au manteau vert demeura fort étonné des raisonnements de Don Quichotte, et perdit de l'opinion qu'il s'était formée de sa folie. Au milieu de cette conversation, qu'il ne goûtait guère, Sancho s'était détourné du chemin pour aller demander un peu de lait à des bergers qui étaient occupés, près de la route, à traire leurs brebis. Le gentilhomme, extrêmement satisfait de la sagesse et de l'esprit de Don Quichotte, allait renouveler l'entretien, lorsque ce dernier, levant la tête, vit venir sur le chemin qu'ils suivaient un char pavoisé de bannières royales; croyant que c'était quelque nouvelle aventure, il appela Sancho à grands cris pour qu'il vînt lui donner sa salade. A ces cris, Sancho quitta les bergers, piqua sa monture en toute hâte et vint retrouver son maître, auquel il arriva une aventure aussi folle qu'épouvantable.

CHAPITRE XVII.

OU SE MANIFESTE LE DERNIER TERME QU'ATTEIGNIT ET POUVAIT ATTEINDRE LE COURAGE INOUI DE DON QUICHOTTE AVEC L'AVENTURE, HEUREUSEMENT TERMINÉE, DES LIONS.

L'HISTOIRE rapporte qu'au moment où Don Quichotte appelait Sancho pour qu'il lui donnât son casque, ce dernier était en marché avec les bergers pour leur acheter des fromages blancs. Pressé par la voix de son maître, il ne sut où mettre ces fromages et dans quoi les rapporter, et pour ne pas les perdre après les avoir payés, il imagina de les placer dans la salade. Après cette bonne précaution, il accourut voir ce que lui voulait Don Quichotte. Celui-ci dès qu'il arriva, lui dit : Ami, donne-moi ma salade, car, ou je me connais mal en aventures, ou en voici venir une qui m'oblige d'employer mes armes. L'homme à l'habit vert, entendant ces mots, regarda de tous côtés, et ne vit s'avancer vers eux autre chose qu'un chariot orné de deux ou trois petites banderoles, qui le lui firent croire chargé d'argent pour le roi : il le dit à Don Quichotte. Mais celui-ci, qui ne voyait partout que des aventures, n'en jugea pas de même, et lui répondit : Un homme préparé est à la moitié du combat. Je ne perds rien à me tenir prêt : je sais, par expérience, que j'ai des ennemis visibles et invisibles, mais je ne sais point quand, où, ni sous quelle forme ils doivent m'assaillir. Et retournant à Sancho, il lui demanda sa salade ; l'écuyer la lui donna comme elle était, sans avoir eu le temps d'ôter les fromages. Don Quichotte la prit sans regarder dedans et la mit sur sa tête en toute hâte. Les fromages étant ainsi pressés, le petit lait commença à lui couler le long des joues et sur la barbe. Qu'est ceci? dit-il tout troublé à Sancho : on dirait que ma tête s'amollit, que ma cervelle se fond, ou que je sue des pieds à la tête : mais, si je sue, certes ce n'est pas de peur. Sans doute l'aventure qui m'attend sera terrible. Donne-moi, si tu l'as, de quoi m'essuyer, car cette sueur excessive m'aveugle. Sancho ne dit mot, lui donna un mouchoir, et remercia Dieu de ce que son maître ne s'était aperçu de rien. Don Quichotte s'essuya, et ôta sa salade pour voir ce qui lui rafraîchissait ainsi la tête. Il découvrit alors cette bouillie blanche, et la portant à son nez : Par la vie de ma dame Dulcinée ! s'écria-t-il, ce sont des fromages mous que tu as mis là, traître, impudent, mal appris écuyer. Seigneur, répondit Sancho, avec un grand et hypocrite sang-froid, si ce sont des fromages, donnez-les-moi, je les mangerai ; ou que le diable les mange, car c'est lui qui doit les avoir mis là. Aurais-je été assez osé pour salir votre armet? Vous avez bien trouvé le téméraire. Sur ma foi, seigneur, Dieu me fait comprendre que j'ai aussi des enchanteurs qui me poursuivent, comme étant membre et partie de votre seigneurie : ils auront mis là ces immondices pour exciter votre patience à la colère, et pour que vous me froissiez les côtes comme de coutume ; mais cette fois, leur méchanceté sera inutile : je me fie au bon jugement de mon maître, qui aura déjà réfléchi que je n'ai ni fromage, ni lait, ni autre chose semblable; et que, si j'en avais, je les mettrais plutôt dans mon estomac que dans sa salade. Tout cela peut être, répondit Don Quichotte. Et cependant le gentilhomme examinait, s'étonnait, et fut bien plus surpris encore quand notre chevalier, après avoir bien essuyé tête, visage, barbe et salade, la mit sur sa tête, s'affermit sur ses étriers, jeta un regard sur son épée et saisit sa lance, en s'écriant : Maintenant, vienne qui voudra ! me voici prêt à combattre Satan en personne.

En ce moment arriva le chariot aux bannières, on n'y voyait d'autres individus que le charretier sur ses mules, et un homme assis sur le devant. Don Quichotte se planta devant la voiture, et leur dit : Où allez-vous, frères? Quel est ce char? que renferme-t-il? Quelles sont ces bannières? Cette voiture est à moi, répondit le charretier; elle porte deux fiers lions en cage, le gouverneur d'Oran les envoie en présent à Sa Majesté, et ces bannières sont celles du roi, notre seigneur, pour montrer que ce que nous portons lui appartient.—Sont-ils bien grands, ces lions? Si grands, répondit l'homme assis sur le devant du chariot, que jamais on n'en a vu de pareils venir d'Afrique en Espagne. C'est moi qui en prends soin, j'en ai amené d'autres, mais jamais de semblables. Ils sont mâle et femelle ; le mâle est dans la première cage et la femelle dans l'autre, ils ont faim dans ce moment-ci, car ils n'ont rien mangé d'aujourd'hui : ainsi, seigneur, détournez-vous un peu, car nous avons hâte d'arriver dans un endroit où nous puissions leur donner leur nourriture. A moi des lionceaux, répond Don Quichotte avec un sourire de dédain ; à moi des lionceaux, et à de telles heures ! Par Dieu ! ceux qui les envoient ici sauront si je suis homme à m'épouvanter de lions. Descendez, bon homme ; puisque c'est vous qui en prenez soin, ouvrez ces cages, faites sortir ces bêtes, et ici, en pleine campagne, je leur ferai connaître qui est Don Quichotte de la Manche, en dépit des enchanteurs qui me les envoient. Là, là, dit en lui-même le gentilhomme, notre bon chevalier nous fait voir ici ce qu'il est : les fromages ont sans doute amolli sa tête et mûri sa cervelle. En ce moment, Sancho s'approcha de lui, et lui dit : Pour l'amour de Dieu, seigneur, empêchez mon maître de combattre ces lions, car, s'il s'en prend à eux, nous serons tous mis en pièces. Votre maître est-il donc assez fou, lui répond le gentilhomme, pour oser attaquer d'aussi terribles animaux ? Il n'est pas fou, répond Sancho, mais téméraire. Je ferai en sorte de l'en détourner, reprit l'autre. Et, s'approchant de Don Quichotte, qui pressait le gardien d'ouvrir les cages : Seigneur, lui dit-il, les chevaliers errants doivent rechercher les aventures qui laissent l'espérance de les mener à heureuse fin, non celles qui ne présentent aucune issue possible ; la valeur qui devient témérité, tient plus de la folie que du courage. Considérez, d'ailleurs, que ces lions ne viennent point ici vous attaquer, et n'y pensent même pas : ils doivent être présentés à Sa Majesté, il serait mal de les retenir et de mettre obstacle à leur voyage. Seigneur gentilhomme, répondit Don Quichotte, occupez-vous de gouverner vos chiens d'arrêt dociles, votre courageux furet, et laissez chacun faire son devoir : c'est ici le mien et je sais parfaitement si ces seigneurs lions viennent contre moi ou non. Il dit, et, se tournant vers l'homme aux lions : Veillaque, lui dit-il, je jure, si tu n'ouvres pas à l'instant, au moment même ces cages, de te clouer avec cette lance contre ton chariot. Le charretier, voyant l'entêtement de ce fantôme armé, lui dit : Seigneur, vous aurez du moins la charité de me laisser dételer mes mules, et me sauver avec elles avant que les lions ne sortent ; car, s'ils me les tuent, je serai ruiné pour la vie ; je n'ai d'autre bien que mes bêtes et ce chariot. Homme de peu de foi, répondit Don Quichotte, dételle, va-t'en, fais ce que tu voudras ; tu verras bientôt que c'était peine inutile et que tu pouvais te l'épargner. Le charretier mit pied à terre et se hâta de dételer ses mules. Le gardien des lions s'écria : Soyez-moi tous témoins, que c'est contre ma volonté, que c'est par force que j'ouvre la cage aux lions, et que je déclare à ce seigneur qu'il est seul responsable de tout le mal et le dégât que ces bêtes pourront faire, sans préjudice de mes droits et salaires ; mais, avant que j'ouvre, je vous prie, seigneurs, de vous mettre en sûreté, car, pour moi, je suis sûr qu'ils ne me feront aucun mal. Le gentilhomme revint à la charge, pour persuader à Don Quichotte de ne pas faire une telle folie, lui disant que c'était tenter Dieu. Don Quichotte répondit à toutes les instances qu'il savait ce qu'il faisait. Prenez-y garde, reprit le gentilhomme, je crois que vous vous trompez. Si vous ne voulez pas, répliqua Don Quichotte, être témoin de ce que vous croyez devoir se terminer en tragédie, piquez votre jument pommelée et mettez-vous en sûreté. A ces paroles, Sancho, les larmes aux yeux, le supplia de se désister d'une pareille entreprise, auprès de laquelle celle des moulins à vent, celle plus terrible des moulins à foulon, et généralement toutes celles qu'il avait formées dans sa vie, n'étaient que tourtes et gâteaux. Faites attention, seigneur, lui disait-il, qu'il n'y a point ici d'enchantement, ni rien qui y ressemble; j'ai vu, par les barreaux et les fentes de la cage, un véritable ongle de lion, et je juge par cet ongle que le lion qui le porte doit être plus grand qu'une montagne. La peur, dit Don Quichotte, te le ferait paraître plus grand que la moitié du globe. Retire-toi, Sancho, et laisse-moi. Si je meurs, tu sais ce dont nous sommes convenus depuis longtemps, tu iras trouver Dulcinée, je ne t'en dis pas davantage. Il ajouta d'autres raisons qui ôtèrent toute l'espérance de le faire renoncer à son fol entêtement. L'homme à l'habit vert aurait bien voulu s'y opposer; mais il vit que la partie n'était pas égale, puisqu'il n'avait point d'armes, et qu'il serait peu sage de disputer avec un fou, tel qu'en tout point lui semblait être Don Quichotte. Celui-ci recommençait à presser, à menacer le gardien des lions. Le gentilhomme alors piqua sa jument, Sancho son roussin, le charretier ses mules, et chacun s'éloigna le plus qu'il put du chariot, avant qu'on eût donné la liberté aux lions. Sancho pleurait la mort de son maître, car cette fois, sans faute, il le voyait tomber dans les griffes des lions; il maudissait sa fortune et l'heure où lui vint la pensée de retourner à son service; mais, tout en pleurant, il ne laissait pas d'appuyer les talons à son âne pour s'éloigner du chariot.

Quand l'homme aux lions vit tous les fuyards bien éloignés, il recommença ses déclarations et représentations à Don Quichotte; mais celui-ci lui répondit qu'il avait entendu, et qu'il eût à se hâter, parce qu'il perdait sa peine. Pendant que cet homme s'occupait à ouvrir la première cage, Don Quichotte réfléchit s'il devait combattre à pied ou à cheval: enfin, il préféra se tenir à pied, dans la crainte que Rossinante ne s'effrayât à la vue du lion. Il sauta donc à bas de son cheval, jeta sa lance, embrassa son écu, et tirant son épée, d'un pas ferme, avec une merveilleuse assurance, un courage intrépide, il alla se placer devant le chariot, se recommandant de tout son cœur à Dieu et après lui à sa dame Dulcinée. Ici, le véridique auteur de cette mémorable histoire s'écrie: O vaillant et intrépide au-delà de l'exagération même, Don Quichotte de la Manche, miroir où peuvent se contempler tous les braves du monde! ô nouveau don Manuel de Léon[1], qui fut la gloire et l'honneur des chevaliers espagnols! de quels termes me servirai-je pour raconter cette épouvantable aventure? et comment pourrai-je la rendre croyable aux siècles futurs? quels éloges égaleront ta valeur, quand ils seraient autant d'hyperboles entassées sur d'autres hyperboles? Toi, seul, à pied, intrépide, magnanime, avec ta seule épée, qui n'est pas une lame tranchante de

[1] Don Manuel Ponce de Léon qui se rendit si fameux dans les guerres de Grenade. On raconte qu'un jour une dame qu'il servait laissa tomber d'une fenêtre, par mégarde ou peut-être exprès, un gant dans une cour où l'on avait enfermé des lions que le roi d'Espagne faisait venir d'Afrique. L'intrépide Don Manuel descend, ouvre la porte de l'enclos, ramasse le gant et vient le rendre à sa maîtresse. Je le garderai toute ma vie, dit-elle en le plaçant sur son cœur. Perez de Hita parle ainsi de lui dans ses *Guerres de Grenade*.

O el bravo don Manuel,
Ponce de Leon llamado.
Aquel que sacara el guante,
Que por industria fue echado
Donde estaban los leones,
Y el lo saco muy osado.

24.

Tolède[1], avec ton écu, dont l'acier n'est pas trop luisant, tu attends, sans t'émouvoir, les deux plus fiers lions qu'aient produits les forêts de l'Afrique. Que tes exploits même soient ton éloge, valeureux Manchèque : je les laisserai tels qu'ils sont, faute d'expressions convenables pour les célébrer. Là se termine l'exclamation de l'auteur, qui continue ainsi sa narration :

L'homme aux lions, jugeant, par l'attitude de Don Quichotte, qu'il ne pouvait plus différer de lâcher le lion mâle, sous peine d'encourir l'indignation du téméraire chevalier, ouvrit dans son entier la première cage, où, comme nous l'avons dit, était le lion, qui parut d'une grandeur extraordinaire et de l'aspect le plus effrayant. Le premier mouvement de l'animal fut de se rouler dans sa cage, d'étendre ses pattes et tout son corps ; il ouvrit ensuite sa large gueule, fit un long bâillement, et, de sa langue, longue de deux palmes, se nettoya la face et lava la poussière de ses yeux ; cela fait il sortit la tête de sa cage, regardant de tous côtés avec des yeux plus rouges que des charbons ardents, spectacle et gestes faits pour frapper de terreur la témérité même. Don Quichotte seul le considérait attentivement, attendant, désirant qu'il sortît de sa cage et vînt aux mains avec lui, persuadé qu'il le mettrait facilement en pièces entre les siennes. Ce fut jusqu'à ce point que parvint sa folie, en ce moment à son comble ; mais le généreux lion, plus doux encore que terrible, méprisant de puériles bravades, et après avoir bien regardé de côté et d'autre, comme nous l'avons dit, tourna les épaules, montra son derrière à Don Quichotte, et se recoucha gravement dans sa cage : à cette vue le chevalier ordonna au gardien de donner des coups de bâton au lion pour l'irriter et le faire sortir. Je m'en garderai bien, répondit celui-ci, car, si je le faisais, je serais le premier qu'il mettrait en pièces. Seigneur chevalier, contentez-vous de ce que vous avez fait, c'est le dernier terme de la valeur, ne tentez pas une seconde fois la fortune, le lion a la porte ouverte, il ne tient qu'à lui de sortir ou de ne pas sortir ; et, puisqu'il n'est pas sorti tout à l'heure, il ne sortira pas maintenant de tout le jour. La grandeur du courage de votre seigneurie a bien clairement éclaté ; nul brave combattant, suivant moi, n'est tenu à plus qu'à défier son ennemi et à l'attendre en rase campagne : s'il ne vient pas, l'infamie est son partage, et celui qui l'a attendu n'en obtient pas moins la palme de la victoire.

Tu as raison, ami, répondit Don Quichotte ; ferme la porte de la cage, et donne-moi, dans la meilleure forme que tu pourras, une attestation de ce que tu m'as vu faire, c'est-à-dire que tu as ouvert au lion, que je l'ai attendu, qu'il n'est pas sorti : que je l'ai attendu encore, qu'il n'a pas voulu sortir et s'est recouché : je ne suis obligé à rien de plus. Arrière, les enchanteurs ; Dieu protége la raison, la justice, la vraie chevalerie. Ferme, te dis-je, pendant que je ferai signe aux fuyards, pour qu'ils apprennent de toi ce fameux exploit. Le gardien obéit, et Don Quichotte, plaçant au bout de sa lance le linge avec lequel il s'était essuyé la figure barbouillée de fromage, se mit à rappeler ceux qui ne cessaient de fuir, retournant à chaque pas la tête, et conduits en troupe par le gentilhomme. Sancho, le premier, aperçut le signal du mouchoir blanc. Que je meure, dit-il, si mon maître

[1] *Espada del Perrillo*. On appelle ainsi d'excellentes épées fabriquées par un nommé Julian del Rey, fameux armurier de Tolède. Ce nom leur avait été donné parce qu'elles portaient pour marque un petit chien, *perrillo*.

Imp. Lemercier.

Don Quichotte provoque les lions d'une ménagerie.

n'a pas déjà vaincu les bêtes féroces : le voilà qui nous appelle. Ils s'arrêtèrent tous et virent que celui qui leur faisait des signes était bien Don Quichotte. Perdant alors une partie de leur crainte, ils se rapprochèrent petit à petit, et entendirent distinctement les cris de Don Quichotte, qui les appelait. Enfin, ils arrivèrent au chariot, et Don Quichotte, s'adressant au charretier : Attelle tes mules, frère, lui dit-il, et poursuis ton voyage, et toi, Sancho, donne-lui deux écus d'or pour lui et pour le gardien des lions, en dédommagement du temps que je leur ai fait perdre. Je les donnerai de bon cœur, dit Sancho ; mais que sont devenus les lions? sont-ils morts ou vivants? Alors le gardien des animaux se mit à conter successivement et de point en point tout ce qui s'était passé, exagérant le plus qu'il pouvait le courage de Don Quichotte, dont la vue, disait-il, avait tellement épouvanté le lion, qu'il n'avait pas osé sortir de sa cage, qui était restée longtemps ouverte ; il ajouta qu'il avait représenté à Don Quichotte que ce serait tenter Dieu que d'irriter le lion comme il le voulait pour le faire sortir de force, de sorte qu'il avait enfin permis bien contre son gré que la porte fût refermée. Que te semble de cela, Sancho? dit Don Quichotte ; y a-t-il enchanteurs qui puissent quelque chose contre le vrai courage? Ils peuvent bien m'ôter le succès, mais le courage et la résolution, c'est impossible. Sancho donna les écus, le charretier attela, le gardien des lions baisa les mains de Don Quichotte pour le remercier, et lui promit de raconter ce vaillant exploit au roi lui-même, quand il serait arrivé à la cour. Si Sa Majesté demande qui l'a fait, lui dit Don Quichotte, vous lui direz que c'est LE CHEVALIER DES LIONS, car je veux désormais changer pour ce nom celui de *chevalier de la Triste Figure*, que j'ai porté jusqu'à présent. En cela je suis l'antique usage des chevaliers errants, qui changeaient de nom quand ils voulaient ou quand l'occasion s'en présentait. Le chariot se remit en marche, et Don Quichotte, Sancho, le gentilhomme habillé de vert, poursuivirent leur route.

Pendant tout ce temps-là, don Diégo de Miranda n'avait pas dit un seul mot, occupé qu'il était de noter les actions et les paroles de Don Quichotte : le chevalier lui paraissait un sage fou ou un fou tirant sur la sagesse[1]. La première partie de son histoire n'était pas encore venue à sa connaissance, s'il en eût pris lecture, il ne se serait plus étonné de ses faits et de ses discours, parce qu'il aurait été instruit du genre de sa folie ; mais il l'ignorait, et tantôt le regardait comme fou, tantôt comme sage, car ses discours étaient purs, élégants, raisonnables, et ses actions inconsidérées, folles, téméraires. Quelle plus grande extravagance, disait-il en lui-même, que de mettre sur sa tête un heaume rempli de fromages et de croire ensuite que les enchanteurs lui ramollissent la tête ! Et quelle folie, quelle témérité peut surpasser celle de vouloir par force combattre des lions? Don Quichotte le tira de ces pensées et de ce soliloque, en lui disant : Il n'y a pas de doute, seigneur don Diégo de Miranda, que vous me regardez comme un insensé et un fou. Et je ne serais nullement étonné qu'il en fût ainsi, car mes

[1] *Un cuerdo loco, y un loco que tiraba a cuerdo.*
Cette antithèse rappelle l'épitaphe que fit Cailhava sur le tombeau de J.-J. Rousseau.

Passant, veux-tu savoir qui gît sous ces feuillages?
Le plus sage des fous, ou le plus fou des sages.

actions ne rendent pas d'autre témoignage ; mais, avec tout cela, je vous prie de croire que je ne suis pas si fou, ni si extravagant que j'ai dû le paraître. Un chevalier se distingue aux yeux du roi, lorsque sur une grande place il frappe heureusement de sa lance un taureau vigoureux ; tel autre, revêtu d'armes resplendissantes, entre avec avantage en lice[1] dans des joutes joyeuses en présence des dames ; on applaudit enfin tous ceux qui, dans les exercices militaires ou qui les imitent, occupent, divertissent, et, si l'on peut dire ainsi, honorent la cour des princes ; mais combien plus estimable n'est point le chevalier errant qui, parcourant les déserts, les lieux solitaires, les carrefours, les forêts et les montagnes, va recherchant les aventures les plus périlleuses pour les amener à heureuse fin, dans la seule intention d'acquérir une renommée glorieuse et durable! Ne doit-on pas préférer, dis-je, celui qui vient au secours de la veuve dans un lieu sauvage, au courtisan qui sollicite l'amour de quelque jeune fille au milieu des cités? Chaque chevalier a ses fonctions particulières : que ceux des villes servent les dames, embellissent les cours de leurs livrées, admettent à leur table somptueuse les chevaliers maltraités de la fortune ; qu'ils préparent des joutes, proposent des tournois ; qu'ils se montrent, en un mot, grands, magnifiques, libéraux et, par dessus tout, bons chrétiens, ils rempliront ainsi leurs strictes obligations ; mais le chevalier errant doit parcourir tous les coins du monde, pénétrer dans les labyrinthes les plus inextricables, tenter à chaque pas l'impossible, supporter, au milieu des déserts, les brûlants rayons du soleil d'été, dans l'hiver l'âpreté des frimas et l'inclémence des vents, sans être épouvanté par les lions, effrayé par les fantômes, intimidé par les endriagues ; chercher les uns, attaquer les autres, les vaincre tous, voilà ses premiers, ses véritables exercices. Puisque mon partage est d'être un des membres de la chevalerie errante, je ne saurais m'empêcher d'entreprendre tout ce qui me paraît tenir à mes obligations ; ainsi, j'ai dû aujourd'hui attaquer ces lions, quoique je susse bien que c'était une extrême témérité ; car je n'ignore pas que la valeur est un juste milieu mis entre deux extrêmes, la couardise et la témérité ; cependant mieux vaut que l'homme courageux s'élève à ce dernier excès, que de s'abaisser et descendre à la couardise. De même qu'il est plus facile au prodigue qu'à l'avare de devenir libéral, ainsi le téméraire pourra plus aisément se renfermer dans les bornes de la véritable valeur, que l'homme lâche et poltron n'y saura parvenir. Pour ce qui est de tenter les aventures, croyez-moi, seigneur don Diégo, mieux vaut encore se perdre pour le plus que pour le moins, car il résonne mieux aux oreilles d'entendre dire : Tel chevalier est hasardeux et téméraire, que si l'on disait : Il est timide et poltron.

Seigneur Don Quichotte, répondit don Diégo, tout ce que vous avez fait et dit est réglé au niveau de la raison même. Je crois que si les lois de la chevalerie errante venaient à se perdre, on les retrouverait dans votre cœur, qui en est le dépôt et l'archive. Mais, hâtons le pas ; il se fait tard ; arrivons à mon village et à ma maison : là vous pourrez vous délasser de vos travaux, qui, s'ils n'ont point été du corps, l'ont du moins été de l'esprit, dont la lassitude, bien souvent, produit celle du corps. Je tiens à grande faveur votre offre obligeante, répondit Don

[1] *Pasa la Tela.* On appelle ainsi la lice ou enceinte fermée pour les tournois et les fêtes publiques.

Quichotte. Là-dessus ils piquèrent un peu plus vivement, et il pouvait être deux heures après midi quand ils arrivèrent à la demeure de don Diégo, que Don Quichotte appelait le chevalier du Vert-Gaban.

CHAPITRE XVIII.

DE CE QUI ADVINT A DON QUICHOTTE DANS LE CHATEAU OU LA MAISON DU CHEVALIER DU VERT-GABAN, ET D'AUTRES CHOSES EXTRAVAGANTES.

Don Quichotte trouva la maison de don Diégo de Miranda spacieuse comme l'est une maison de campagne. Ses armes, sculptées en simple pierre, étaient au-dessus de la porte de la rue; la cave était dans la cour, l'entrée sous le portail, et tout autour on voyait plusieurs grands vases[1]. Comme ils venaient du Toboso, ils rappelèrent à la mémoire du chevalier sa Dulcinée, enchantée et métamorphosée. Sans prendre garde à ce qu'il disait, devant qui il se trouvait, il s'écria en soupirant :

Gages chéris que je rencontre pour mon malheur, vous me donnerez de l'allégresse et de la joie quand il plaira à Dieu[2].

O vases du Toboso, vous rappelez à ma mémoire le doux objet de ma plus amère peine! Il fut entendu de l'étudiant poëte, fils de don Diégo, qui, en ce moment, venait avec sa mère à la rencontre de don Diégo : la mère et le fils restèrent tout ébahis de voir l'étrange figure de Don Quichotte. Celui-ci mit promptement pied à terre, vint saluer la dame et lui demander, avec beaucoup de courtoisie, ses mains à baiser. Madame, dit don Diégo, veuillez accueillir, avec votre courtoisie ordinaire, le seigneur Don Quichotte de la Manche, que vous voyez devant vous; c'est un chevalier errant, le plus sage et le plus vaillant qu'il y ait au monde. La dame, qui s'appelait doña Christine, reçut Don Quichotte avec les plus grandes marques d'empressement et de politesse, et celui-ci, de son côté, s'offrit à elle dans les termes les plus choisis et les plus civils. Les mêmes compliments furent échangés entre Don Quichotte et le jeune homme, que, d'après ses discours, le chevalier jugea intelligent et spirituel. Ici, l'auteur nous fait une peinture détaillée de la maison de don Diégo, décrivant chacun des objets que l'on trouve d'ordinaire chez un riche gentilhomme cultivateur; mais le traducteur a cru devoir passer sous silence ces détails minutieux, peu utiles au véritable but de l'histoire, qui tire toute sa force de la vérité et non de froides digressions. On fit entrer Don Quichotte dans une salle. Sancho le désarma : il demeura en chausses à la vallone et en pourpoint de chamois, tout sali par le frottement des armes; pour collet, il avait un large rabat comme les étudiants,

[1] *Tinajas*, grands vaisseaux de terre cuite destinés à mettre de l'eau ou du vin.

[2] O dulces prendas por mi mal halladas,
Dulces y alegres quando Dios queria!

Ces deux vers sont de Garcilaso de la Vega, et imités du IVe liv. de l'*Énéide*.

Dulces exuviæ, dum fata deusque sinebant. (V. 651.)

sans empois et sans dentelle; ses bottines étaient brunes, et ses souliers cirés; il ceignit sa bonne épée, suspendue à un baudrier de loup marin, car on croit qu'il avait été longtemps malade des reins, et se couvrit d'un manteau de bon drap gris; mais, avant tout, avec cinq ou six chaudronnées d'eau, on varie sur la quantité, il se lava le visage et la tête, et chaque fois l'eau resta blanchâtre grâce à la gourmandise de Sancho et à l'achat de ses fromages qui avaient si bien blanchi son maître. Ainsi ajusté, Don Quichotte, d'un air gracieux et dégagé, passa dans une autre salle où l'attendait le jeune homme, pour l'entretenir pendant que l'on dressait le dîner, car, à la venue d'un si noble hôte, doña Christine avait voulu faire voir qu'elle savait et pouvait bien traiter son monde. Pendant que Don Quichotte se désarmait, don Lorenzo, c'était le nom du fils de don Diégo, avait trouvé le moment de dire à son père: Que faut-il penser, seigneur, du chevalier que vous avez amené à la maison? Son nom, sa figure et cette qualité de chevalier errant, nous jettent, ma mère et moi, dans un grand étonnement. Je ne sais que t'en dire, mon fils, répondit don Diégo : je l'ai vu faire des actions du plus grand fou du monde et parler avec tant de raison que ses discours font oublier ses œuvres. Parle-lui, toi, tâte-lui le pouls sur ce qu'il sait; puisque tu es spirituel, juge le plus raisonnablement possible de son esprit ou de sa folie, encore qu'à dire le vrai je le croie plutôt fou que sage. Don Lorenzo alla donc, comme on l'a dit, entretenir Don Quichotte, et, parmi plusieurs propos que lui tint ce dernier : Le seigneur don Diégo, votre père, lui dit-il, m'a appris votre rare talent, la délicatesse de votre esprit, et m'a dit, surtout, que vous étiez un grand poëte. Poëte, cela pourrait être, répondit Lorenzo, mais, grand poëte, je n'ai garde de le penser : il est vrai que j'ai beaucoup d'affection pour la poésie et pour la lecture des bons poëtes, mais cela ne suffit pas pour mériter le titre que me donne mon père. Cette modestie me plaît, continua Don Quichotte, car il n'y a pas de poëte qui ne soit arrogant et ne se regarde comme le premier poëte du monde. — Il n'y a point de règles sans exceptions, et tel peut être poëte sans le penser. — Le nombre en est petit; mais dites-moi, seigneur, quels sont les vers que vous avez reçus, et que le seigneur votre père m'a dit vous donner un peu de travail et de préoccupation? S'il est question d'une glose, je m'y connais un peu, et je serais charmé de voir les vers. Si c'est une joute littéraire, cherchez à obtenir le second prix, car le premier, ordinairement, se donne à la faveur ou au rang, mais le second est décerné par la justice; le troisième devient le second: de sorte qu'à ce compte, le premier devient le troisième en mérite, comme cela arrive pour les licences qu'on donne dans les universités. Mais avec cela, on fait toujours grand bruit du premier prix remporté. Jusqu'ici, dit en lui-même don Lorenzo, je ne vous regarde pas comme un fou; mais poursuivons. Il paraît, seigneur, dit-il à Don Quichotte, que vous avez suivi les écoles : à quelle science vous êtes-vous attaché? — A celle de la chevalerie errante, qui est aussi bonne que la poésie, et même de deux doigts de plus. — Je ne connais nullement cette science : elle n'est point jusqu'ici venue à ma connaissance. — C'est une science qui renferme toutes les autres, ou du moins le plus grand nombre. Celui qui la professe doit être jurisconsulte et connaître les lois de la justice distributive et commutative, pour rendre à chacun ce qui lui appartient. Il doit être théologien, pour savoir rendre raison de la loi chrétienne qu'il professe, d'une manière claire et intelligible, partout où il en sera requis. Il faut qu'il soit médecin, et surtout botaniste, pour connaître, au milieu des déserts, les simples qui guérissent les blessures, car le chevalier errant ne doit point aller cherchant à toute occasion qui le panse. Il doit être astrologue, pour connaître, avec le secours des étoiles, les heures de la nuit, en quel climat, en quel endroit du monde il se trouve. Il doit savoir les mathématiques, car, à chaque pas, elles lui sont nécessaires. Laissant à part les vertus théologales et cardinales qu'il doit pratiquer, pour descendre à de plus petits détails, j'ajoute : il doit savoir nager comme on dit que nageait Pez-Nicolas [1], ferrer un cheval, raccommoder la selle et la bride, et, pour arriver aux choses d'en-haut, il doit garder sa foi à Dieu et à sa dame, être chaste dans ses pensées, honnête dans ses discours, libéral dans ses œuvres, vaillant dans ses faits d'armes, patient dans les travaux, charitable envers les pauvres; en un mot, proclamer la vérité, la défendre, la soutenir au péril de sa vie : toutes ces grandes et petites qualités font le chevalier errant. Jugez maintenant, seigneur don Lorenzo, si c'est une science méprisable que celle qu'étudie et professe le chevalier, et si elle peut s'égaler aux plus sublimes que l'on enseigne dans les écoles et dans les gymnases. S'il en est ainsi, repliqua don Lorenzo, je dis que cette science surpasse toutes les autres. — Comment, s'il en est ainsi? — Je veux dire que je doute qu'il y ait eu ou qu'il y ait encore des chevaliers errants doués de si grandes vertus. — J'ai souvent dit ce que je répète à présent, dit Don Quichotte, la plupart des gens ne croient pas qu'il y ait eu des chevaliers errants. Je pense qu'à moins d'un miracle du ciel, qui confirme qu'il y en a eu et qu'il y en a, toute peine pour le prouver est inutile, ainsi que me l'a montré l'expérience; je ne chercherai donc point à vous tirer de cette commune erreur, je prierai seulement le ciel de vous éclairer, et de vous faire comprendre combien furent utiles jadis les chevaliers errants, et combien ils le seraient aujourd'hui, s'ils étaient en honneur. Mais maintenant, pour les péchés des hommes, la paresse, l'oisiveté, la gourmandise et les plaisirs triomphent. Oh! pour le coup, dit en lui-même Lorenzo, notre hôte s'est échappé : mais c'est un noble fou, et je serais moi-même un misérable insensé si je pensais autrement. Là finit la conversation, parce qu'on les appela pour dîner. Don Diégo demanda à son fils ce qu'il avait tiré au clair de l'esprit de leur hôte. Tous les médecins et les bons écrivains du monde, répondit celui-ci, ne sauraient le tirer du brouillon de ses extravagances : c'est un fou dont la folie est mêlée d'un grand nombre d'intervalles lucides. On dîna : le repas fut comme l'avait annoncé dans la route don Diégo, propre, abondant, savoureux ; mais, ce qui satisfit le plus Don Quichotte, ce fut le silence merveilleux que l'on observait dans la maison : on eût dit une communauté de chartreux.

La table ôtée, les grâces dites, les mains lavées, Don Quichotte pria vivement don Lorenzo de lui dire les vers de la joute littéraire. Pour ne point ressembler, répondit le jeune homme, à ces poëtes qui refusent de réciter leurs vers quand on les en prie, et qui les font déborder quand vous ne les demandez pas, je vous

[1] *Pez Nicolas* (le poisson Nicolas), fameux plongeur de la fin du XVe siècle, naturel de Catane. Il était plus souvent dans l'eau que sur terre; bravait les flots au plus fort des tourmentes, servant de commissionnaire aux matelots qui étaient en mer. Il périt devant Messine en voulant repêcher une tasse d'or que Frédéric, roi de Naples, avait fait jeter dans la mer pour éprouver l'adresse des plongeurs.

dirai ma glose, de laquelle je n'attends aucun prix, car je ne l'ai faite que pour exercer mon esprit. Un de mes amis, homme instruit, reprit Don Quichotte, était d'avis que l'on ne devait point perdre son temps à gloser des vers : la raison en est, disait-il, que la glose ne peut égaler le texte ; le plus souvent, elle s'écarte de l'intention du sujet; ajoutez que les lois de la glose sont très sévères : elles ne souffrent point les interrogations, ni *j'ai dit, je dirai,* les changements de sens, de verbes en noms, sans compter d'autres entraves imposées aux auteurs de gloses et que vous devez connaître. En vérité, seigneur, répond don Lorenzo, je voudrais bien vous prendre en défaut ; mais je ne le puis : vous m'échappez toujours comme une anguille. Je ne comprends pas, reprit Don Quichotte, ce que vous voulez dire par là, que je vous échappe toujours. — Je vous l'expliquerai ; pour le présent, écoutez attentivement les vers et la glose ; les voici :

VERS A GLOSER.

Si ce qui fut se changeait en *être*,
Sans plus attendre ce qui *sera*,
Ou que le temps vînt maintenant
De ce qui sera plus tard.

GLOSE.

Tout passe, et le bien que me fit la Fortune, autrefois favorable, est passé ; jamais elle ne me l'a rendu, ni avec profusion ni avec parcimonie. Il y a longtemps, Fortune, que tu me vois à tes pieds, ramène-moi le bonheur, mon existence serait heureuse, *si ce qui fut se changeait en être.*

Je ne demande pas d'autre plaisir, d'autre gloire, d'autre palme, d'autre trophée, d'autre triomphe, d'autre victoire, que de revenir au contentement dont le souvenir m'accable. Si tu m'y ramènes, ô Fortune, toute l'ardeur de mon désir sera calmée, surtout si ce contentement est maintenant *sans plus attendre ce qui sera.*

Je demande des choses impossibles, car ramener à *être* ce qui a déjà *été*, il n'y a sur la terre aucun pouvoir qui se soit étendu jusque-là. Le temps court, il vole, passe rapidement pour ne plus revenir. Ce serait folie que de demander, ou que le temps fût déjà passé, *ou que le temps vînt maintenant*

Vivre dans une incertitude continuelle entre l'espérance et la crainte, est aussi douloureux que de mourir. Il vaudrait mieux mourir réellement pour échapper à la douleur. Ce serait un avantage pour moi que de finir ; mais non : car, par une réflexion plus mûre, l'existence me donne la crainte *de ce qui sera plus tard* [1].

A peine cette glose était achevée, que Don Quichotte se leva, et, saisissant la main droite de Lorenzo : Vive Dieu ! s'écria-t-il d'une voix haute qui ressemblait à un cri, généreux jeune homme, vous êtes le meilleur, le plus noble poète du monde, et vous méritez d'être couronné de lauriers, non à Chypre, non à Gaëte,

[1] A cette glose, Florian a substitué la suivante qui n'est pas sans grâce.

Grandeurs, trésors que l'on envie,
Pour moi vous n'avez point d'attraits :
Hélas ! que faut-il à ma vie?
La vertu, l'amour et la paix.

GLOSE.

Tandis que la foule éblouie
Ose croire à vos vains plaisirs,
Je vous préfère mes soupirs,
Grandeurs, trésors que l'on envie.

comme dit un poëte à qui Dieu pardonne, mais dans les académies d'Athènes, si elles existaient encore, et dans celles qui existent aujourd'hui à Paris, à Bologne, à Salamanque. Puisse Phébus percer de ses flèches les juges qui vous ôteraient le premier prix, et que jamais les Muses ne touchent le seuil de leur porte! Mais, dites-moi, seigneur, si vous le voulez bien, quelques grands vers. Je veux connaître à fond votre esprit admirable.

N'est-il pas surprenant que l'on dise que Lorenzo se félicita beaucoup des éloges de Don Quichotte, tout en le regardant comme un fou? O pouvoir de l'adulation! que ta force est grande, et combien sont étendues les limites de ton séduisant empire! Lorenzo nous fournit la preuve de cette vérité, puisqu'il se rendit au désir de Don Quichotte, en lui récitant un sonnet relatif à la fable ou histoire de Pyrame et Thisbé :

SONNET.

La beauté qui ouvrit le cœur du généreux Pyrame brise le mur. L'amour part de l'île de Chypre, et vient regarder cette ouverture étroite et prodigieuse.

Là, le silence se fait comprendre, car la voix n'ose pénétrer par cette étroite issue; les âmes, oui, car l'amour rend aisées les choses les plus difficiles.

Ils ne surent pas se renfermer dans ces bornes, et l'imprudent désir de la jeune fille amena la mort en voulant accroître le bonheur. Quelle histoire!

A tous deux en même temps (fortune étrange), une seule épée, un même tombeau, une même renommée, donnent la mort, un asile et l'immortalité.

Béni soit Dieu! s'écria le chevalier, après avoir entendu ce sonnet : parmi le grand nombre de poëtes consommés qui existent, je puis enfin me flatter d'en avoir rencontré un, ce sonnet m'en a donné la preuve.

Don Quichotte passa quatre jours jouissant dans la maison de don Diégo du plus agréable accueil. Au bout de ce temps, il lui demanda la permission de se remettre en route, non sans lui témoigner toute sa reconnaissance du bon traitement qu'il avait reçu dans sa maison. Mais il n'est pas convenable que les chevaliers errants s'abandonnent au repos et à la mollesse, ajouta-t-il; il se croyait obligé de poursuivre sa carrière, et de chercher les aventures qu'il savait être très communes dans le pays, où il espérait bien employer son temps, en attendant le jour des joutes de Saragosse, auxquelles il avait intention de se rendre directement; que cependant il voulait auparavant visiter la caverne de Montesinos, dont on racontait dans les environs tant de merveilles, et connaître la véritable source des sept lacs que l'on appelle de Ruidera. Don Diégo et son

Transports si voisins des regrets,
Bonheur d'un jour, rapide ivresse,
Que suit une longue tristesse,
Pour moi vous n'avez point d'attraits.

Mais lorsqu'aux pieds de mon amie,
Je lis dans ses yeux mon destin,
Heureux hier, heureux demain,
Hélas! que faut-il à ma vie?

L'espoir de lui plaire à jamais
Me rend meilleur, plus doux, plus sage,
Et me fait chérir davantage
La vertu, l'amour et la paix.

fils louèrent sa généreuse résolution, et l'engagèrent à emporter de chez eux tout ce qui lui plairait, offrant de le servir avec tout le zèle imaginable, comme les y conviait son mérite personnel et son honorable profession. L'instant du départ arriva, et Don Quichotte montra autant de satisfaction que Sancho de tristesse et de souci; il se trouvait à merveille au milieu de l'abondance de la maison de don Diégo, et ne retournait qu'à contre-cœur à la faim que l'on éprouve d'ordinaire dans les bois et les lieux inhabités, et aux étroites ressources de ses besaces mal pourvues : toutefois, il les remplit, les combla de ce qu'il jugea le plus nécessaire. Don Quichotte dit à Lorenzo en le quittant : Je ne sais si je vous ai dit, seigneur, et si je l'ai dit, je vous le répète, que, quand vous voudrez entreprendre les travaux qui pourront vous conduire à l'inaccessible faîte du temple de la Renommée, vous n'avez autre chose à faire qu'à laisser de côté la route un peu étroite de la poésie, et vous avancer dans le sentier encore plus étroit de la chevalerie errante, capable en un tour de main de vous faire empereur. Don Quichotte acheva ainsi de signaler sa folie, et plus encore quand il ajouta : Dieu sait si je serais flatté d'emmener avec moi le seigneur don Lorenzo, pour lui apprendre comment on doit pardonner aux vaincus et dompter les rebelles et les orgueilleux, vertus annexées à la profession que j'exerce; mais, puisque son jeune âge ne l'oblige point, et que ses louables exercices s'y opposent, je me contenterai de l'avertir que, dans le champ de la poésie, il pourra se rendre fameux, s'il se guide plutôt d'après l'opinion des autres que d'après la sienne; car il n'y a ni père ni mère qui trouvent leurs enfants laids, et la prévention est plus grande encore quand il est question des fruits de l'intelligence. Le père et le fils admirèrent de nouveau en Don Quichotte ce mélange perpétuel de sagesse et de folie, et surtout son entêtement à poursuivre les malheureuses aventures, qui faisaient l'unique objet de ses désirs. On réitéra les offres et les compliments; puis, après avoir pris congé de la dame du château, Don Quichotte et Sancho, l'un monté sur Rossinante, l'autre sur son âne, se mirent en route.

CHAPITRE XIX.

OU L'ON RACONTE L'AVENTURE DU BERGER AMOUREUX, ET AUTRES ÉVÉNEMENTS AUSSI VRAIS QU'AGRÉABLES.

A peu de distance de la maison de don Diégo, Don Quichotte rencontra deux espèces de clercs ou d'étudiants suivis de deux paysans, tous quatre montés sur des ânes. L'un des étudiants portait, dans un morceau d'étoffe verte, en guise de porte-manteau, quelque linge avec deux paires de bas de laine; l'autre ne portait que deux fleurets neufs, avec des chaussons d'escrime; les paysans étaient chargés d'autres choses qui faisaient assez voir qu'ils venaient d'une grande ville où ils les avaient achetées pour les rapporter à leur village. Étudiants et laboureurs demeurèrent étonnés à la vue de Don Quichotte, comme tous ceux qui le voyaient pour la première fois, et mouraient d'envie de savoir ce que pouvait être cet homme si différent des autres. Notre chevalier les salua; puis, voyant qu'ils suivaient la même route que lui, il leur offrit de marcher de compagnie, les priant de modérer le pas de leurs bêtes, qui allaient plus vite que son cheval. Pour les y déterminer, il leur dit, en peu de mots, qui il était, sa profession qui était celle de chevalier errant, cherchant les aventures dans les quatre parties du monde; il ajouta que son nom propre était Don Quichotte de la Manche, et son surnom le chevalier des Lions. Pour les paysans, tout cela était du grec ou du jargon[1]; mais il n'en était pas ainsi des étudiants; ils comprirent aisément la faiblesse de la cervelle de Don Quichotte, cependant ils le regardaient avec une surprise mêlée de respect. L'un des deux lui dit : Seigneur chevalier, si, comme ceux qui vont cherchant les aventures, vous ne suivez pas de route déterminée, je vous engage à venir avec nous : vous verrez une des plus belles et des plus riches noces qu'on ait encore célébrées dans la Manche et à plusieurs lieues alentour. Don Quichotte demanda si c'étaient les noces d'un prince pour les vanter si fort. Non, répondit l'étudiant : ce sont celles d'un laboureur et d'une villageoise; l'homme est le plus riche de la contrée, et la jeune fille la plus belle qu'on ait jamais vue. L'appareil de ces noces est extraordinaire et neuf, car on doit les célébrer dans une prairie voisine du village de l'accordée, qu'on appelle par excellence la belle Quiterie, comme on nomme le futur Camache le riche. Elle a dix-huit ans et lui vingt-deux : ils sont dignes l'un de l'autre, quoique les curieux, qui gardent mémoire de toutes les familles, prétendent que celle de Quiterie l'emporte sur celle de Camache; mais on ne s'arrête pas à cela, car les richesses ont le pouvoir de réparer bien des brèches. En effet, Camache est libéral, il a imaginé de faire couvrir de ramées toute la prairie, de telle sorte que le soleil aura peine à pénétrer au travers de ce feuillage, s'il veut visiter l'herbe verte qui couvre la terre. La danse des épées, celle des grelots, et beaucoup d'autres embelliront la fête, car il y a dans son village d'habiles danseurs qui les savent faire retentir. Je ne dis rien des danseurs aux souliers[2] qu'il a convoqués : vous en jugerez. Mais tout cela, et bien d'autres choses que je ne vous dis point, ne rendra pas ces noces aussi mémorables que ce que fera sans doute le malheureux Basile. Ce Basile est un jeune berger habitant le même lieu que Quiterie; leurs maisons se touchaient, et l'Amour en prit occasion pour renouveler les scènes oubliées de Pyrame et Thisbé. Dès ses plus jeunes ans, Basile adora Quiterie, qui, de son côté, récompensa son affection par mille innocentes faveurs : de sorte que, dans tout le village, on aimait à se raconter les amours de ces deux enfants. Ils grandirent; le père de Quiterie résolut d'interdire désormais l'entrée de sa maison à Basile, et pour se débarrasser de toute surveillance et soupçons, il se détermina à marier sa fille avec le riche Camache; son union avec Basile ne lui semblait pas sortable, attendu que ce dernier n'était pas aussi bien favorisé des biens de la fortune que de ceux de la nature : car, pour en parler sans envie, c'est le jeune homme le plus agile que nous connaissions, grand tireur de la barre, excellent lutteur et grand joueur de balle. Il court comme un daim, saute mieux qu'une

[1] O *en gerigonza*. L'on appelait ainsi toute langue ou jargon étrange, et principalement celui des bohémiens.

[2] *Zapateadores*, ceux qui, en dansant, battent la mesure sur la semelle de leurs souliers avec les mains.

chèvre, abat les quilles comme par miracle, chante comme une alouette, fait parler la guitare, et, par dessus tout, manie l'épée comme le plus habile. Pour cette seule qualité, dit Don Quichotte, il méritait d'épouser non seulement la belle Quiterie, mais encore la reine Genèvre, si elle était de ce monde, en dépit de Lancelot et de tous ceux qui voudraient s'y opposer. Ma foi, dit Sancho, qui jusqu'alors avait écouté sans dire mot, je m'en rapporte à ma femme : elle veut que chacun se marie avec son égal, suivant le proverbe qui dit : A chaque brebis sa pareille. Ce que je voudrais, c'est que ce bon Basile, que j'aime déjà, se mariât avec madame Quiterie. Dieu donne l'éternité et bonne mort (il voulait dire le contraire) à ceux qui mettent obstacle au mariage de ceux qui s'aiment. Si tous ceux qui s'aiment se mariaient, reprit Don Quichotte, les pères perdraient le droit d'établir leurs enfants quand et avec qui leur conviendrait. Si les filles choisissaient leurs maris à leur volonté, vous en verriez telle prendre le valet de son père, telle autre le premier qu'elle verrait passer dans la rue, s'il lui semblait gaillard et de bonne mine, encore que ce fût un effronté spadassin. L'amour aveugle aisément les yeux de l'esprit, si nécessaires pour faire choix d'un état, et le mariage en est un auquel il est facile de se tromper; il faut de grandes précautions et la faveur particulière du ciel pour y bien réussir. Un homme veut faire un long voyage, s'il est prudent, avant de se mettre en chemin, il cherchera quelque compagnie agréable et sûre pour la route. Pourquoi n'en ferait pas de même celui qui doit faire le long voyage de la vie jusqu'à la mort qui en est le terme, surtout si sa compagnie doit le suivre au lit, à table, en tous lieux, comme la femme suit son mari ? La femme n'est point une marchandise qu'on revend, qu'on troque, qu'on change, après l'avoir acheté ; c'est un accident inséparable de vous, et qui dure autant que la vie : c'est un lacs qui, une fois mis au cou, se change en nœud gordien : il n'y a pas à le dénouer si la faux de la mort ne le coupe. Je pourrais ajouter sur ce sujet beaucoup d'autres choses, mais je suis arrêté par le désir de savoir si le seigneur licencié ne connaît pas d'autres détails sur Basile. Tout ce que je sais, répondit l'étudiant, bachelier ou licencié, comme le qualifiait Don Quichotte, c'est que depuis que Basile a su que la belle Quiterie épousait le riche Camache, on ne l'a jamais vu rire ni parler sensément : il est toujours triste, pensif, parle tout seul, et fait assez connaître qu'il a perdu le jugement; il mange peu, dort peu; les fruits sont sa seule nourriture; quand il dort, c'est dans les champs, sur la dure, comme une bête brute; par intervalles, il regarde le ciel et d'autres fois il a les yeux fichés en terre, dans une telle extase qu'on le prendrait pour une statue habillée dont l'air agite les vêtements; enfin, il montre en tout un cœur si passionné, que nous tous qui le connaissons nous craignons que le *oui* prononcé demain par la belle Quiterie ne soit son arrêt de mort. Dieu lui prépare un meilleur sort, dit Sancho : s'il donne le mal, il donne aussi le remède. Personne ne sait ce qui doit advenir : d'ici à demain il y a bien des heures, il n'en faut qu'une, il ne faut qu'un moment pour que la maison tombe. J'ai vu pleuvoir et faire soleil en même temps ; tel se couche le soir bien portant, qui le lendemain ne peut se remuer. Et, dites-moi, y a-t-il quelqu'un qui puisse se vanter d'avoir mis un clou à la roue de Fortune ? Non, certes : entre le oui et le non de la femme, je ne voudrais pas risquer de placer la pointe d'une aiguille, car il n'y a point de place. Faites que Quiterie aime Basile d'une sincère affection, et je lui donne un sac de bonheur, car l'Amour, à ce qu'on dit, a des lunettes qui font paraître le cuivre de l'or, la pauvreté richesse et la chassie des perles. Où t'arrêteras-tu, maudit que tu es? dit Don Quichotte. Quand une fois tu enfiles tes contes et tes proverbes, Judas seul, qui puisse t'emporter! peut en espérer la fin. Dis-moi, animal, que sais-tu des clous, des roues, et de rien autre? Oh! si l'on ne m'entend pas, répond Sancho, ce n'est pas merveille que mes sentences paraissent extravagantes; mais peu importe, je m'entends, et je sais bien que je n'ai point dit de sottises et que vous êtes toujours le contrôleur et le friscal de mes paroles et même de mes actions. — Dis donc fiscal[1], malheureux prévaricateur du bon langage, que Dieu confonde! Que votre seigneurie, répondit Sancho, ne se fâche point contre moi : elle sait bien que je n'ai pas été élevé à la cour, et que je n'ai point étudié à Salamanque, pour savoir si j'ôte ou si j'ajoute quelque lettre à mes mots. Par Dieu, on ne saurait obliger un paysan[2] à parler comme un habitant de Tolède; et il y a bien tel Tolédan qui ne brille pas trop à parler purement. Cela est vrai, dit le licencié, car ceux qui fréquentent les tanneries et le zocodover ne peuvent parler aussi bien que ceux qui se promènent tout le jour au cloître de la grande église, et cependant tous sont Tolédans. La pureté, la clarté, l'élégance, la propriété du langage se rencontrent chez les courtisans instruits, en quelque lieu qu'ils soient nés; je dis instruits, car il y en a beaucoup qui ne le sont guère, et l'instruction est la grammaire du beau langage, que l'usage perfectionne ensuite. Moi, seigneurs, j'ai, pour mes péchés, étudié en droit canon à Salamanque, et je me pique un peu de parler en termes purs, clairs, expressifs. Si vous ne vous piquiez pas de manier le fleuret mieux que la langue, lui dit l'autre étudiant, vous seriez le premier de la licence, au lieu de vous trouver à la queue. Bachelier, répondit le licencié, vous êtes dans la plus grande erreur du monde si vous regardez comme inutile l'adresse à l'escrime. Pour moi, dit Corchuelo, ce n'est point une opinion, c'est une vérité démontrée; si vous voulez que je vous en fasse faire l'expérience, vous avez des épées, le lieu est favorable, j'ai de la force et du courage, assez pour faire confesser que je ne suis point dans l'erreur; mettez pied à terre, ayez recours à vos cercles, à vos angles, aux positions du corps, à toute votre science, j'espère vous faire voir les étoiles en plein midi avec ma grossière et naturelle dextérité, dans laquelle je me confie, après Dieu. L'homme qui me fera tourner les épaules est encore à naître, et il n'y en a pas un seul au monde à qui je ne fasse perdre terre. Tourner les épaules ou non, je n'en dis rien, répond le tireur; mais il pourrait bien se faire que, là où vous auriez mis une fois le pied, vous trouvassiez votre sépulture, je veux dire que vous pourriez y rester mort pour avoir méprisé l'habileté dans les armes. C'est ce que nous verrons tout à l'heure, dit Corchuelo. En même temps il saute à terre prestement, et arrache comme un furieux l'une des deux épées que portait la monture du licencié. La chose ne se passera pas ainsi, dit aussitôt Don Quichotte : je veux diriger le com-

[1] L'espagnol porte *friscal* pour *fiscal;* et, pour contenter tous les goûts, les uns ont dit *criquiter* pour *critiquer;* d'autres *corroler* pour *contrôler;* d'autres, enfin, *épingler* pour *épiloguer*. Il en est de même dans toutes les logomachies de Sancho.

[2] Il y a dans le texte : *Sayaguës*. On appelait ainsi certains habitants de la province de Zamora, vêtus d'une grosse *saye*, et dont le langage était aussi grossier que l'habit.

bat et être le juge d'une question non vérifiée après de nombreuses épreuves. Il descend alors de Rossinante, et, appuyé sur sa lance, vient se mettre au milieu du chemin, au moment où le licencié, le corps bien placé, les jambes régulièrement posées, s'avançait vers Corchuelo ; celui-ci, de son côté, venait sur lui, jetant, comme on dit, le feu par les yeux. Les deux paysans, sans descendre de leurs montures, servirent de spectateurs à cette mortelle tragédie. Les coups d'estoc, de taille, de fendant, de revers et à fond que portait Corchuelo, étaient sans nombre et plus serrés que la grêle : il semblait un lion irrité ; mais il lui arrivait toujours un coup de bouton du fleuret du licencié, qui l'arrêtait au milieu de sa furie, et le lui faisait baiser comme une relique, quoique avec moins de dévotion. Enfin, le licencié lui compta avec son fleuret tous les boutons de la demi-soutane dont il était vêtu, faisant des lambeaux de l'habit, comme des queues de polype. Deux fois il lui fit sauter son chapeau, et l'épuisa tellement que, de rage et de colère, il prit son fleuret par la poignée, et le lança en l'air d'une si grande force, qu'il alla à trois quarts de lieue [1], s'il faut en croire le témoignage donné ensuite par écrit par l'un des deux paysans, qui était greffier et qui alla le ramasser : ce témoignage a prouvé et prouve qu'il est bien vrai que la force est vaincue par l'art. Corchuelo s'assit harassé. Sancho s'approcha de lui, et lui dit : Ma foi, seigneur bachelier, si vous voulez m'en croire, dorénavant ne provoquez personne à l'escrime, mais bien à la lutte ou à jeter la barre, car vous êtes d'âge et de force pour ces exercices ; mais, pour les tireurs d'armes, j'ai ouï dire qu'ils mettaient la pointe de leur épée dans le trou d'une aiguille. Je suis content, dit Corchuelo, d'avoir reconnu mon erreur, et que l'expérience m'ait prouvé combien j'étais loin de la vérité. En même temps il se leva, courut embrasser le licencié, et ils furent plus amis que jamais. Puis, sans attendre le greffier, qui était allé chercher l'épée, ce qui, à leur avis, les eût trop retardés, ils prirent le parti de poursuivre leur route pour arriver de bonne heure au village de Quiterie, d'où ils étaient tous. Pendant le reste du chemin, le licencié les entretint de l'excellence de l'escrime, avec des raisons si palpables et tant de démonstrations mathématiques, que tous ceux qui l'écoutaient furent convaincus de l'utilité de cette science, et Corchuelo ramené de son opiniâtreté.

La nuit était venue, cependant, avant qu'ils arrivassent ; il leur sembla voir au-devant du village un ciel resplendissant d'innombrables étoiles. Ils entendirent en même temps les sons doux et confus d'une multitude d'instruments, tels que flûtes, tambourins, psaltérions, chalumeaux, tambours de basque et sonnettes. En approchant davantage, ils virent que les arbres d'une ramée élevée à l'entrée du village étaient tous garnis de luminaires, auxquels le vent ne nuisait nullement, car il était si doux qu'à peine avait-il la force d'agiter les feuilles. Les musiciens étaient chargés d'animer la noce : divers quadrilles étaient formés dans cet agréable séjour, les uns dansant, les autres chantant, d'autres touchant des instruments. Partout régnait le plaisir, le mouvement et les sauts de la joie : d'autres étaient occupés à dresser des échafauds, d'où, le lendemain, ils pussent voir commodément les danses et les jeux qui devaient avoir lieu dans cet endroit

[1] L'hyperbole est un peu forte, même pour une plaisanterie ; il l'eût sans doute jeté plus loin encore en le prenant par le bout de la lame.

consacré à célébrer les noces du riche Camache et les funérailles de Basile. Don Quichotte ne voulut point entrer dans le village, malgré les instances du bachelier et du paysan ; il donna pour excuse plus que suffisante, suivant lui, la coutume des chevaliers errants de dormir dans les champs et dans les bois plutôt que dans les lieux habités, fût-ce sous les lambris dorés. En conséquence, il se détourna un peu du chemin, au grand déplaisir de Sancho, qui se souvenait du bon gîte qu'il avait eu dans le château ou la maison de don Diégo.

CHAPITRE XX.

OU L'ON RACONTE LES NOCES DU RICHE CAMACHE, ET CE QUI ARRIVA A BASILE LE PAUVRE.

A peine la blanche Aurore avait permis au brillant Phébus de sécher au feu de ses rayons les perles liquides mêlées à l'or de sa chevelure, que Don Quichotte, secouant ses membres engourdis, se lève et appelle son écuyer Sancho, qui ronflait encore. A cette vue, il s'écrie, avant de le réveiller : O toi ! le plus fortuné de ceux qui vivent sur la face de la terre, puisque, sans connaître l'envie, sans être envié de personne, tu dors dans le calme de ton esprit, nul enchanteur ne te poursuit, tu ne crains point leurs charmes. Dors, dis-je, et je le dirai cent fois, sans que ton repos soit troublé par les soucis amoureux, par le pénible soin d'acquitter tes dettes ou de nourrir demain ta jeune et pauvre famille ; les insensés projets de l'ambition n'égarent point ta tête ; tu n'es point fatigué par les vaines pompes du monde ; ton unique sollicitude est de t'occuper de ta monture, car, pour ta personne, c'est sur moi seul que tu t'en reposes, juste contrepoids que la nature et la coutume ont imposé aux maîtres. Le valet dort, tandis que veille le maître occupé de le nourrir, d'améliorer son sort, de récompenser son zèle. Le ciel peut se faire de bronze, et refuser à la terre cette rosée dont elle a besoin, le serviteur ne s'en inquiète pas ; c'est le maître qui doit nourrir, pendant la stérilité et la disette, celui qui le servit durant l'abondance.

A tout cela, Sancho ne répondait rien, car il dormait ; et il ne se fût pas éveillé si promptement, si Don Quichotte, en le touchant de sa lance, ne l'eût rappelé à lui-même. Enfin, il ouvrit ses yeux encore appesantis par le sommeil, et, tournant la tête de tous côtés, il dit : De cette ramée il vient une odeur qui, si je ne me trompe, est plutôt celle de tranches de jambon grillées, que du jonc et du thym. Par ma foi ! les noces qui s'annoncent par de telles odeurs doivent être somptueuses et abondamment pourvues. Glouton, dépêche-toi, dit Don Quichotte, nous irons voir ces épousailles, et en même temps ce que fera le dédaigné Basile. Qu'il fasse ce qu'il voudra, répondit Sancho ; s'il n'était pas pauvre, il se serait marié avec Quiterie : faut-il, n'ayant pas un denier, vouloir se marier dans les nues ? Sur ma foi, je suis d'avis que le pauvre doit se contenter de ce qu'il trouve, et ne pas aller chercher des friandises dans la mer. Je veux perdre un bras si Camache ne peut couvrir Basile tout entier de réaux ; et, s'il en est ainsi, comme cela doit être, Quiterie serait bien folle d'abandonner les galas et les joyaux que lui donne et peut lui donner Camache, pour le tir à la barre et le fleuret de Basile. Bien jeter la barre et bien manier l'épée ne vous donnent pas crédit d'une mesure de vin à la taverne : la grâce, le talent, qui ne sont pas marchandises vendables, ne sont que de belles paroles ; mais quand ces avantages se rencontrent chez celui qui a de l'argent, je jure ma vie qu'ils ressortent grandement. Sur un bon fondement on peut élever un bon édifice, et le meilleur fondement du monde, c'est l'argent. Au nom de Dieu, Sancho, finis ta harangue, lui dit Don Quichotte ; je crois que, si l'on te laissait poursuivre les discours que tu entames à tout propos, tu n'aurais pas le temps de manger ni de dormir, et que tu l'emploierais tout à parler. Si votre seigneurie, répondit Sancho, a bonne mémoire, elle doit se rappeler les articles de la convention que nous avons faite à notre dernière sortie : un de ces articles était de me laisser dire tout ce que je voudrais, pourvu que ce ne fût ni contre le prochain, ni contre votre autorité, et, jusqu'à ce moment, il ne me paraît pas que j'y aie contrevenu. Je ne me rappelle point cet article, répondit Don Quichotte ; mais, en le supposant vrai, je veux que tu te taises et que tu me suives. Déjà les instruments que nous entendîmes hier soir recommencent à porter la joie dans ces vallons ; sans doute la noce va se célébrer à la fraîcheur du matin, et non pendant la chaleur du jour. Sancho obéit. Il mit la selle à Rossinante, le bât à son grison ; tous deux montèrent et entrèrent à petit pas sous la ramée.

Le premier objet qui s'offrit aux regards de Sancho, ce fut un jeune bœuf tout entier embroché avec un orme : le bois destiné pour le rôtir formait une petite montagne ; autour du feu étaient six marmites qui n'avaient pas été faites dans le moule ordinaire des marmites, c'était plutôt six demi-cuves, dont chacune pouvait contenir une boucherie ; elles engloutissaient des moutons entiers qui disparaissaient comme s'ils avaient été des pigeons. Les lièvres dépouillés, les poules plumées, pendaient sans nombre aux branches des arbres, avant d'aller s'ensevelir dans ces marmites ; on ne pouvait compter les oiseaux et la chasse que l'on avait mis à l'air pour les conserver frais. Sancho compta plus de soixante outres, chacune au moins de deux arrobes, pleines, comme on le vit bientôt, de vins généreux. De grands monceaux de pains blancs comme la neige étaient empilés comme des amas de blé dans les aires ; les fromages entassés formaient comme un mur de briques ; deux chaudières d'huile, plus grandes que celles d'un teinturier, servaient à frire les pâtisseries qu'on retirait avec deux grandes pelles, pour les porter dans une autre chaudière pleine de miel préparé. Les cuisiniers et cuisinières étaient plus de cinquante, tous propres, alertes et contents. Dans le large ventre du bœuf on avait mis douze petits cochons de lait pour lui donner du goût et le rendre plus tendre. Les épices de toutes sortes étaient exposées à la vue dans un grand coffre, et semblaient n'avoir pas été achetées par livres, mais par arrobes. En un mot, l'appareil de cette noce était rustique, mais offrait une si grande abondance, qu'il eût pu suffire à nourrir une armée. Sancho contemplait tout, admirait tout, s'affectionnait à tout : d'abord, les marmites le captivèrent, et de bon cœur il en eût pris de quoi remplir un pot de moyenne grandeur ; puis les outres de vin, ensuite les fruits de la poêle, si l'on peut appeler poêles ces immenses chaudières ; enfin, n'y pouvant plus tenir, il aborda l'un des actifs cuisiniers, et, avec des paroles courtoises et faméliques, il lui demanda la permission de tremper un morceau de pain dans une marmite. Frère, lui répondit le cuisinier, ce jour n'est point un jour de jeûne, grâce au riche Camache : approchez, voyez si vous trouverez quelque cuiller à pot pour écumer une poule ou deux, et grand bien vous fasse. Je n'en vois aucune, répondit Sancho. Attendez, dit l'autre ; pour Dieu ! vous êtes bien honteux et peu avisé. En même temps, il prend un chaudron, le plonge dans la marmite, en retire trois poules et deux oies : Mangez, ami, dit-il à Sancho, déjeunez avec cette écume, en attendant l'heure du dîner. Je ne sais où la mettre, dit Sancho. Eh bien ! reprit le cuisinier, emportez chaudron et tout : la richesse et la joie de Camache y suppléeront.

Tandis que Sancho employait si bien son temps, Don Quichotte regardait entrer d'un côté de la ramée douze paysans montés sur autant de fort belles juments richement enharnachées, avec de nombreuses clochettes au poitrail ; ils étaient en habits de fête, et firent plusieurs courses en troupe dans la prairie, avec de grandes exclamations de joie, en répétant : Vivent Camache et Quiterie ! il est aussi riche qu'elle est belle ; elle est la plus belle des femmes ! A ces exclamations, Don Quichotte dit en lui-même : On voit bien qu'ils n'ont pas vu ma Dulcinée du Toboso ; s'ils la connaissaient, ils seraient un peu plus réservés dans les éloges qu'ils donnent à leur Quiterie. Bientôt après commencèrent à entrer, par divers endroits de la ramée, différents chœurs de danses ; l'un était la danse des épées, composé de vingt-quatre jeunes gens de belle apparence, tous vêtus de toile blanche et fine, et la tête couverte de mouchoirs de soie de diverses couleurs. Un de ceux qui étaient montés sur les juments demanda à celui qui conduisait les danseurs, jeune homme très dispos, si aucun d'eux jusque-là n'avait été blessé. Grâce à Dieu, répondit le jeune homme, nul de nous ne l'a été jusqu'à présent, nous sommes tous en santé. En même temps il se mêla parmi ses compagnons, et fit des voltes avec tant de dextérité, que Don Quichotte, habitué à de semblables danses, n'en avait jamais vu d'aussi parfaites ; il porta le même jugement d'un autre chœur composé de jeunes filles, d'une grande beauté, et si jeunes, qu'aucune ne paraissait avoir moins de quatorze ans, ni plus de dix-huit ; elles étaient vêtues d'étoffe verte ; leurs cheveux partie flottants, partie tressés, étaient tous blonds à le disputer à ceux du soleil, et ornés de guirlandes de jasmin, de roses, d'amarante, de chèvre-feuille ; elles avaient à leur tête un vieillard vénérable et une antique matrone, plus agiles et plus légers que ne le promettaient leurs années : une musette de Zamora guidait leurs pas, et ces belles filles, dont les yeux offraient autant de décence que leurs pieds montraient de légèreté, paraissaient les meilleures danseuses du monde. Après elles, parut un chœur de ces danses que l'on appelle parlées[1] : il était composé de huit nymphes séparées en deux files ; l'une était menée par le dieu Cupidon, l'autre par l'Intérêt ; le premier avait pour parure ses ailes, son arc, ses flèches, son carquois ; l'autre était vêtu de riches habits, brillants d'or et de soie de diverses couleurs ; les nymphes que l'Amour guidait avaient leurs noms écrits en grandes lettres derrière les épaules sur du parchemin blanc : la première était la *Poésie*, la seconde la *Sagesse*, la troisième la *Noblesse*, la quatrième la *Valeur* ; celles que conduisait l'Intérêt étaient désignées de même ; elles se nommaient *Libéralité*, *Don*, *Trésor*,

[1] *Dansas habladas* : c'est une pantomime mêlée de danses et de chants, ou de paroles dont le sujet était souvent historique et national.

Paisible Possession. Au-devant du quadrille venait un château en bois traîné par quatre sauvages vêtus de toile teinte en vert et de lierre, et si naturellement représentés que peu s'en fallut qu'ils ne fissent peur à Sancho; sur le fronton du château et sur les quatre faces était écrit : *Château de la Prudence.* Quatre habiles joueurs de flûte et de tambourin les guidaient au son de la musique. Cupidon ouvrit la danse ; et, après avoir fait deux entrées, il leva les yeux, dirigea une flèche contre une jeune fille qui parut entre les créneaux du fort, et lui adressa ces paroles :

Je suis le dieu puissant qui régit l'air, la terre, la mer immense et tout ce que l'abîme enferme en son sein redouté.

Jamais je n'ai connu la crainte; je peux tout ce que je veux, même l'impossible; en tout ce qui est possible je commande, enlève, donne et défends.

Le couplet achevé, l'*Amour* lança une flèche sur le haut du château, puis se retira. Le dieu de l'*Intérêt* lui succéda, dansa deux entrées : les tambours se turent, et il dit :

Je suis celui qui a plus de pouvoir que l'Amour, et c'est l'Amour qui me guide. Ma race est la plus connue, la plus puissante que le ciel ait mise sur la terre.

Je suis l'Intérêt : peu savent bien agir avec moi. Agir sans moi est un grand miracle : tel que je suis, je me consacre à toi, et pour jamais. Amen.

L'Intérêt se retira; la *Poésie* parut ensuite, exécuta, comme les autres, ses entrées, puis, les yeux dirigés vers la jeune fille du château, elle lui adressa ces mots :

La douce Poésie, dans ses douces conceptions, dans ses vers mesurés et ingénieux, t'envoie toute son âme enfermée en mille sonnets.

Si mon assistance ne te fatigue point, ta fortune, enviée par tant d'autres, sera élevée par moi au-dessus du cercle de la lune.

La *Poésie* s'étant éloignée, la *Libéralité* sortit de la bande de l'Intérêt, et, après avoir dansé, s'exprima ainsi :

On donne le nom de Libéralité au don qui fuit les excès de la prodigalité, et l'excès contraire toujours tiède et réservé.

Mais en ta faveur, je veux être prodigue aujourd'hui. C'est un vice, mais il ne blesse point l'honneur. Il naît d'un cœur amoureux qui se fait reconnaître à ses dons.

De la même manière parurent et se retirèrent tous les personnages des deux quadrilles : chacun fit ses entrées et dit ses vers, les uns bons, les autres ridicules; Don Quichotte, qui avait beaucoup de mémoire, ne retint que ceux que nous venons de rapporter. Ensuite tous ces danseurs se mêlèrent, formèrent d'agréables pas, faisant et défaisant les figures. Toutes les fois que l'Amour passait devant le château, il y lançait ses flèches, et le dieu de l'Intérêt y brisait des boules creuses dorées[1]. Enfin, après avoir bien dansé, l'Intérêt lança contre le

[1] *Alcancia.* C'est une boule de terre cuite au soleil, de la grosseur d'une orange, qu'on remplit de fleurs, de parfums, d'eau pure ou de senteur, quelquefois de cendre, et que l'on se jette par jeu en courant à cheval. On évite ces boules en se couvrant d'un bouclier contre lequel elles se brisent. C'est un jeu arabe conservé en Espagne.

château une grosse bourse faite de la peau d'un gros chat moucheté, et qui paraissait pleine d'or : au coup qu'elle donna, les quatre faces du château se détachèrent et s'abattirent, et la jeune fille parut à découvert et sans défense. Aussitôt, l'Intérêt, aidé de sa troupe, lui jeta au cou une chaîne d'or, et sembla la saisir, la forcer de se rendre et la faire captive ; l'Amour et les siens eurent l'air de la leur vouloir enlever, et toute cette lutte apparente s'exécutait en cadence, au son des tambourins. Enfin, les sauvages mirent la paix entre eux, rétablirent promptement les faces du château, et la jeune fille se trouva enfermée comme auparavant. Ainsi finit cette danse, au grand contentement de tous les spectateurs. Don Quichotte s'enquit à l'une des nymphes quel était l'auteur de cette pantomime : elle lui répondit que c'était un bénéficié du village, qui avait un agréable talent pour ces sortes d'inventions. Je gagerais, reprit-il, que ce bachelier ou bénéficié est plus ami de Camache que de Basile, et qu'il s'entend mieux à faire des satires qu'à dire ses vêpres. Au reste, il a fort bien encadré dans sa danse les richesses de Camache et les talents de Basile. En ce moment, Sancho, qui écoutait son maître, dit : Le roi est mon coq[1], et je suis pour Camache. Tu fais bien paraître, Sancho, lui dit Don Quichotte, que tu n'es qu'un vilain, et de ceux qui disent : Vive le plus fort. Je ne sais pas, répond Sancho, desquels je suis ; mais je sais bien que, des marmites de Basile, je ne tirerai jamais une écume d'aussi bon goût que celle que j'ai tirée des marmites de Camache. Et il montra le chaudron plein d'oisons et de poules, il en prit une, et se mit à manger de bon cœur, en disant : A la barbe des talents de Basile, autant tu vaux, autant tu as ; autant tu as, autant tu vaux. Il n'y a que deux familles au monde, disait une de mes grand'mères, l'avoir et le non-avoir ; elle se tenait du côté de l'avoir : au jour d'aujourd'hui, mon maître, on fait plus de cas de l'avoir que du savoir. Un âne couvert d'or paraît meilleur qu'un cheval bâté. Ainsi, je le répète, je tiens pour Camache, dont les marmites ont pour écumes des oisons, des poules, des lièvres, des lapins, tandis que celles de Basile ne doivent être que de l'eau claire.

As-tu fini ta harangue? dit Don Quichotte. — Elle est finie, parce que je vois qu'elle vous fâche, sans quoi, j'avais de la besogne taillée pour trois jours. Plaise à Dieu, Sancho, répliqua Don Quichotte, que je te voie muet avant de mourir. — Au train dont nous y allons, je mâcherai la terre avant que vous ne soyez mort, et il pourra m'arriver d'être si bien muet que je ne dise pas une parole jusqu'à la fin du monde, ou tout au moins jusqu'au jour du jugement. — Et, quand il en serait ainsi, jamais ton silence n'égalera ce que tu as dit, dis ou diras pendant ta vie. D'ailleurs, suivant l'ordre de la nature, je dois mourir avant toi : ainsi, je ne puis espérer de te voir jamais muet, pas même quand tu bois ou quand tu dors, et c'est là tout ce que je pourrais espérer. En bonne foi, seigneur, répond Sancho, on ne peut pas se fier à la décharnée, je veux dire la Mort : elle enlève un agneau aussi bien qu'un mouton, et j'ai ouï dire à notre curé qu'elle foule d'un pas égal les hautes tours des rois et l'humble cabane du pauvre[2]. Cette dame a plus de pou-

[1] *El rey es mi gallo*, expression usitée en Espagne, pour dire : Je suis du parti du plus fort. Elle paraît tirée des anciens combats de coqs ; et lorsque deux personnes discutent sur un objet, celui qui soutient une opinion dit encore : *Fulano es mi gallo*.

[2] Pallida mors æquo pulsat pede
Regumque turres, pauperumque tabernas. (*Horace.*)

voir que de mignardise; elle n'est point dégoûtée, elle se prend à tout, mange de tout, et remplit sa besace de toutes sortes de gens, d'âges, de rangs. Ce n'est pas un moissonneur qui fasse la sieste : elle fauche, à toute heure, aussi bien l'herbe verte que la sèche; elle ne mâche pas, elle engloutit tout ce qu'on lui présente; elle a une faim canine, qui ne s'assouvit jamais, et, quoiqu'elle n'ait point de ventre, on la dirait hydropique, tant elle est altérée de boire les vies de tous les êtres vivants, comme vous boiriez une jarre d'eau fraîche. Ne va point plus avant, Sancho, dit Don Quichotte; tiens-toi sur ton bien dire, et ne te laisse pas choir. En vérité, ce que tu as dit de la Mort, dans des termes rustiques, est tout ce qu'en pourrait dire un bon prédicateur; je t'assure que si tu avais autant d'instruction que de bon naturel, tu pourrais monter en chaire et aller par le monde prêchant des choses agréables. Bien prêche qui vit bien, répondit Sancho, je ne sais pas d'autre théologie. — Et tu n'as pas besoin d'en savoir. Mais je ne saurais comprendre comment, la crainte de Dieu étant le principe de la sagesse, toi qui as plus de crainte d'un lézard que de Dieu même, tu en sais tant. Seigneur, répondit Sancho, mêlez-vous de juger vos chevaleries, et ne vous faites point juge de la crainte ou de la valeur des autres. J'ai tout autant la crainte de Dieu que peut en avoir tout autre enfant de la commune. Cependant, laissez-moi expédier cette écume, car tout le reste n'est que paroles oiseuses dont on nous demandera compte dans l'autre vie. En disant ces mots, il recommença à donner l'assaut à son chaudron avec un si grand courage qu'il réveilla celui de Don Quichotte; sans doute il serait venu à son aide, s'il n'en eût été empêché par ce que nous sommes obligés de raconter tout à l'heure.

CHAPITRE XXI.

OÙ SE CONTINUENT LES NOCES DE CAMACHE AVEC D'AUTRES ÉVÉNEMENTS AGRÉABLES.

Tandis que Don Quichotte et Sancho s'entretenaient comme nous l'avons rapporté au chapitre précédent, on entendit un grand bruit et des acclamations qui venaient des jeunes gens à cheval courant au-devant des accordés; ceux-ci précédés de mille instruments arrivaient accompagnés du curé, des deux familles et des principaux habitants des villages voisins, tous en habits de fête. Sitôt que Sancho aperçut la fiancée : En vérité, dit-il, elle n'est point vêtue en paysanne, mais bien en jolie dame de la cour. Par Dieu! ses médailles[1] sont de riches coraux, et son drap vert de Cuença, du velours à trente poils; la garniture est de toile blanche, ou plutôt, je crois, c'est du satin. Regardez-moi ses mains : elles sont ornées de bagues de jais; mais non, je meurs si ce ne sont des anneaux d'or, de fin or, enchâssant des perles blanches comme du lait; chacune doit valoir un œil de la tête. Et quels cheveux! s'ils ne sont pas postiches, je n'en ai de ma vie vu de plus longs ni de plus blonds. Trouverait-on à reprendre à sa taille, à sa tournure; ne

[1] Les paysannes espagnoles portaient sur la poitrine des médailles qu'on appelait *patenas*.

peut-on pas la comparer à un palmier qui se meut, chargé de dattes? car c'est l'effet que font les pendants dont sont ornés son cou et ses cheveux. Je jurerais, sur mon âme, que c'est une brave fille, et qu'elle passerait par les bancs de Flandre[1]. Don Quichotte riait des rustiques éloges de Sancho. Cependant, il trouva, qu'excepté sa dame Dulcinée du Toboso, il n'avait jamais vu de plus belle femme. Quiterie était un peu pâle, effet, sans doute, de la mauvaise nuit que passent les accordées en préparatifs pour le jour de noces qui va suivre.

Toute la compagnie s'approchait d'un théâtre dressé dans un coin de la prairie, et tout couvert de rameaux : c'était là que devait se faire la cérémonie du mariage, et de là qu'ils devaient regarder les danses et les jeux. Ils étaient près d'arriver quand on entendit par derrière des cris et une voix qui disait : Attendez un peu, gens aussi hâtifs qu'inconsidérés! A ces cris, à ces paroles, chacun retourna la tête, et l'on vit qu'ils provenaient d'un homme vêtu d'une casaque noire, bordée de cramoisi à flammes; il était couronné, comme on le vit bientôt, de cyprès, et portait un grand bâton. Lorsqu'il fut plus près, tout le monde le reconnut pour le beau Basile, et tous restèrent interdits, inquiets de savoir ce que produiraient ses cris et ses paroles, et craignant quelque malheur de son arrivée, dans un pareil moment. Il arriva enfin, épuisé, hors d'haleine et debout devant les deux époux, il ficha en terre son bâton, qui avait une pointe d'acier; puis, jetant sur Quiterie des yeux égarés, le front pâle, il lui dit, d'une voix sombre et tremblante : Tu sais, ingrate Quiterie, que, suivant notre sainte loi, tu ne peux prendre un époux tant que je serai en vie; tu n'ignores pas que, tandis que j'attendais que le temps et mes soins améliorassent ma fortune, je n'ai pas oublié de respecter religieusement ce qui était dû à ton honnêteté : cependant, oubliant la reconnaissance que t'imposait la pureté de mon amour, tu veux rendre maître de ta personne, qui m'appartient, un autre, qui doit tout son bonheur à ses richesses; mais, afin que rien ne puisse troubler sa félicité (non que je croie qu'il la mérite, mais qu'il la doit à la faveur du ciel), je veux briser de mes mains l'obstacle qui s'oppose à son bonheur, en cessant de m'interposer entre vous. Vive, vive le riche Camache avec l'ingrate Quiterie, pendant une longue suite d'années! et périsse, périsse le pauvre Basile, que sa pauvreté a privé de la félicité et mis au tombeau! Au même instant, il saisit le bâton qu'il avait fiché en terre, et en laissant la moitié dans le sol, il fit voir qu'il servait de gaîne à une courte épée, puis, appuyant la poignée contre terre, il s'élança vivement sur la pointe, qui ressortit toute sanglante derrière son dos, avec la moitié de l'épée. Il tomba noyé dans son sang, frappé de ses propres armes. Ses amis, navrés de son malheur et d'un si triste accident, accoururent à son secours; Don Quichotte sauta promptement à terre, le prit dans ses bras, et vit qu'il respirait encore. On voulut retirer l'épée de son corps; mais le curé, qui se trouvait là, s'y opposa avant qu'il eût été confessé, car, disait-il, il expirera aussitôt. Basile, un peu revenu à lui, dit d'une voix faible et languissante : Si tu voulais, cruelle Quiterie, en ce dernier et fatal moment, me donner ta main comme épouse, je croirais du moins ma témérité excusable, puisqu'elle m'aurait procuré le bien d'être à toi. Le curé, entendant ce discours, lui dit de penser plutôt au salut de son âme qu'à la satisfaction de son corps, et de

[1] Bords aréneux de la mer, qui sont très dangereux pour les voyageurs.

demander à Dieu pardon de ses péchés et de sa résolution désespérée. Basile répondit que bien certainement il ne se confesserait pas si d'abord Quiterie ne lui donnait sa foi d'épouse, parce que la satisfaction qu'il en éprouverait lui donnerait la force et la volonté de se confesser. Don Quichotte, entendant la demande du blessé, dit à haute voix que Basile demandait une chose juste et fondée en raison, et en outre très excusable, d'autant plus que ce serait un aussi grand honneur au seigneur Camache de recevoir Quiterie veuve du valeureux Basile, que de la recevoir de son père; il n'y a ici qu'à dire oui, ce qui n'aura d'autre effet que d'avoir été prononcé puisque le lit nuptial doit être la tombe. Camache écoutait tout et restait interdit, ne sachant que dire ni que faire. Enfin, les instances des amis de Basile pour l'amener à consentir que Quiterie donnât la main au mourant afin qu'il ne perdît pas son âme en sortant de cette vie comme un désespéré, furent si puissantes, qu'elles l'émurent et le contraignirent à dire que, si Quiterie voulait y souscrire, il donnait son consentement, puisque enfin ce n'était que retarder un peu l'accomplissement de ses désirs. Aussitôt, chacun s'approcha de la belle, et les uns, par leurs prières, les autres par leurs larmes, d'autres par de solides raisons, la conjurèrent de donner la main au pauvre Basile; mais elle, plus dure qu'un marbre, plus froide qu'une statue, ne savait, ne pouvait, ne voulait répondre une seule parole; probablement elle n'eût point répondu, si le curé ne lui eût dit de se décider promptement, car Basile avait déjà l'âme entre les dents, et ne pouvait attendre de plus longues irrésolutions. Alors, toute troublée, triste et sans dire un mot, elle s'approcha de Basile, qui, les yeux renversés, respirant à peine, prononçait entre ses dents le nom de Quiterie, et semblait vouloir mourir comme un païen, non comme un chrétien: elle se mit à genoux, et lui demanda la main par signes. Basile ouvrit les yeux, et la regardant attentivement, lui dit: O Quiterie! tu m'accordes ta pitié au moment où elle est le glaive qui achèvera de m'ôter la vie, je n'ai déjà plus la force de supporter la gloire que me donne ton choix, ni d'apaiser la douleur qui couvre mes yeux du sombre nuage de la mort. Au moins, je te conjure, astre funeste, que ce ne soit ni par complaisance, ni pour m'abuser de nouveau que tu te décides à me donner la main: avoue et dis que c'est par un acte libre de ta volonté que tu me prends pour ton légitime époux; il ne te conviendrait pas de me tromper dans un pareil moment et d'user de feinte avec celui qui t'a toujours montré tant de franchise. Tout en parlant, le malheureux s'évanouissait à chaque moment, de sorte que les spectateurs croyaient à tout instant lui voir rendre l'âme. Quiterie, avec une modeste confusion, prit de sa main droite la main de Basile, et lui dit: Aucune puissance humaine ne saurait faire changer ma volonté: aussi est-ce avec toute la liberté possible que je te donne la main comme ta légitime épouse, et que je reçois la tienne, si de même tu me la donnes de ton plein gré, sans être troublé par l'état où t'a réduit ta trop prompte résolution. Je te la donne, reprit Basile, sans trouble, sans agitation, mais avec le plus entier jugement dont le ciel m'ait jamais fait jouir, et ainsi je me donne et lie à toi comme époux. Et moi comme ton épouse, répondit Quiterie, et maintenant vis de longues années et ne me quitte que pour aller à la sépulture. Il me semble, dit Sancho, que, pour être aussi grièvement blessé, ce jeune homme parle beaucoup: faites en sorte de terminer tous ces compliments et qu'il pense à son âme; à mon avis elle lui tient plus à la

Imp. Lemercier

Mariage de Basile avec Quitterie

langue qu'aux dents. Tandis que les deux amants se tenaient ainsi par la main, le curé, attendri, les larmes aux yeux, leur donna la bénédiction nuptiale et pria Dieu d'accorder le repos à l'âme du nouveau marié. Mais, à peine Basile eut-il reçu la bénédiction, qu'il se leva lestement et retira l'épée, à laquelle son corps servait de fourreau. Tous les assistants restèrent ébahis. Miracle! miracle! commencèrent à s'écrier les plus simples. Non pas miracle, dit Basile, mais industrie, adresse. Le curé, tout interdit, porta les deux mains pour reconnaître la blessure, et trouva que l'épée avait passé, non par le corps ni les côtes de Basile, mais par un tuyau de fer creux qu'il avait ajusté là et rempli de sang préparé, comme on l'a su depuis, de manière à ne pouvoir se figer[1]. Enfin, le curé, Camache et tous les autres, virent qu'ils avaient été joués. La mariée ne parut point irritée de la supercherie : au contraire, entendant dire que le mariage n'était pas valable pour avoir été fait par ruse, elle le confirma de nouveau. Chacun en conclut que le tour avait été concerté secrètement entre eux deux. Camache et ses partisans, furieux de se voir déçus, ne voulurent s'en remettre qu'à eux-mêmes du soin de se venger, ils tirèrent l'épée et assaillirent Basile, en faveur duquel on en tira bientôt un aussi grand nombre. Mais Don Quichotte à cheval, prenant les devants, la lance sur le bras et bien couvert de son écu, se fit faire place. Sancho, qui n'avait jamais aimé de semblables batteries, alla se cacher parmi les marmites dont il avait tiré une si agréable écume, regardant cet endroit comme sacré et digne d'être respecté. Don Quichotte, haussant la voix, s'écriait : Arrêtez, seigneurs, arrêtez ; il n'est pas juste de tirer vengeance des torts que nous fait l'amour : l'amour est semblable à la guerre ; celle-ci admet comme chose permise et consacrée les ruses et les stratagèmes pour obtenir la victoire ; il en est de même des intrigues et des ruses d'amour pour parvenir à l'objet de ses vœux, pourvu qu'elles n'entachent et ne compromettent en rien la personne aimée. Quiterie était à Basile et Basile à Quiterie, par la juste et favorable disposition du ciel ; Camache est riche, il trouvera facilement de quoi se contenter quand il le voudra. Basile n'a que cette seule brebis, nul homme au monde, si riche et si puissant qu'il soit, ne peut la lui ôter ; l'homme n'a pas le pouvoir de séparer ce que Dieu a joint, et celui qui l'oserait tenter devrait auparavant essayer la pointe de cette lance. En disant ces mots, il la brandit avec tant de force et de dextérité, qu'il fit peur à tous ceux qui ne le connaissaient point. D'un autre côté, le dédain de Quiterie agit si puissamment sur l'esprit de Camache, qu'il la bannit à l'instant de sa mémoire. Il écouta les persuasions du curé, homme sage et prudent, qui le calma lui et ceux de son parti. Pour preuve, ils remirent l'épée dans le fourreau, blâmant plus l'abandon de Quiterie que l'industrie de Basile. Camache réfléchissait d'ailleurs que, si Quiterie avait aimé Basile étant fille, elle l'aurait aimé de même étant mariée, et qu'ainsi il devait rendre grâce au ciel de la lui avoir ôtée, plutôt que de la lui avoir donnée. Camache et les siens une fois apaisés, les amis de Basile le furent bientôt, et le riche Camache, pour montrer qu'il n'avait point de ressentiment de la ruse et qu'elle ne le touchait plus, voulut que la fête continuât, tout comme s'il se mariait. Mais Basile, sa femme et ses amis ne voulurent point y assister. Tous se rendirent à la maison de Basile : les pauvres, vertueux

[1] On voit que cette espèce d'escamotage est fort ancienne ; mais elle l'est bien plus encore que Cervantes, puisqu'on en trouve une à peu près semblable dans l'*Ane d'or* d'Apulée.

et sages, ont des gens qui les suivent, les honorent et les aident, aussi bien que les riches ont des flatteurs pour les accompagner. Ils emmenèrent avec eux Don Quichotte, le regardant comme un homme d'honneur et brave. Le seul Sancho avait l'âme triste, il se voyait dans l'impossibilité d'assister au splendide festin et aux fêtes de Camache, qui durèrent jusqu'à la nuit. Il suivit d'un air triste et à regret son maître, qui marchait avec la troupe de Basile, et tourna le dos aux marmites d'Égypte, quoiqu'il les portât dans son cœur; l'écume qu'il avait déjà presque toute avalée lui rappelait la richesse et l'abondance du bien qu'il perdait: ainsi, tout pensif et chagrin, quoique sans faim, il suivit sur son âne les traces de Rossinante.

CHAPITRE XXII.

OU EST RACONTÉE LA GRANDE AVENTURE DE LA CAVERNE DE MONTÉSINOS, SITUÉE AU MILIEU DE LA MANCHE, ET COMMENT LE VALEUREUX DON QUICHOTTE DE LA MANCHE LA CONDUISIT A HEUREUSE FIN.

Les deux époux firent grande fête à Don Quichotte, en reconnaissance de ce qu'il avait défendu leur cause : ils égalèrent sa sagesse à sa valeur, et le regardaient comme un Cid pour le courage, et comme un Cicéron pour l'éloquence. Le bon Sancho se refit pendant trois jours aux dépens des nouveaux mariés. On apprit d'eux que Quiterie n'était pour rien dans le stratagème de la fausse blessure de Basile; que tout était de l'invention de ce dernier, dont l'espoir n'avait pas été déçu. Il avoua, à la vérité, qu'il avait communiqué son projet à quelques-uns de ses amis, pour qu'en temps et lieu ils favorisassent son projet et aidassent à la tromperie. On ne saurait appeler tromperie, dit Don Quichotte, ce qui tend à une fin louable, et le mariage de deux personnes qui s'aiment est la fin la plus excellente. Il faut pourtant faire attention que le plus grand ennemi de l'amour est la faim et la gêne continuelle : l'amour est toute joie, contentement, plaisir; c'est surtout lorsque l'amant possède l'objet de ses vœux que la pauvreté et la nécessité lui font une guerre déclarée. S'il leur parlait ainsi, c'était avec l'intention que le seigneur Basile renonçât à ces exercices du corps qui lui avaient fait une grande réputation, mais qui ne lui rapportaient rien, et qu'il s'appliquât à gagner du bien par des moyens industrieux et licites, qui ne manquent jamais aux gens sages et laborieux : le pauvre, estimé (si tant est qu'on estime le pauvre), possède un trésor en possédant une belle femme; la lui ravir, c'est lui ôter l'honneur. La femme estimable et belle dont l'époux est pauvre, mérite les lauriers et les palmes de la victoire et du triomphe; la beauté, par elle seule, attire tous les cœurs de ceux qui la voient et la connaissent, elle est comme l'appât sur lequel s'abattent et l'aigle royal et les nobles oiseaux, mais si cette beauté est pressée par le besoin, si la nécessité se fait sentir, elle sera bientôt environnée de corbeaux, de milans et des autres oiseaux de rapine : celle qui, parmi tant d'assauts, reste ferme, peut bien être appelée la couronne de son mari. Écoutez, ingénieux Basile, poursuivit Don Quichotte, ce fut l'opinion d'un sage, je ne sais plus lequel, qu'il n'y avait dans tout le monde qu'une seule bonne femme; il conseillait à chaque mari de croire que c'était la sienne, ajoutant que c'était le moyen de vivre content. Je ne suis pas marié, je n'en ai même, jusqu'ici, jamais eu la pensée; cependant, j'oserais donner conseil, à celui qui me le demanderait, sur le choix à faire d'une femme. Je l'engagerais, d'abord, à regarder plutôt à la bonne réputation qu'à la fortune: car la femme honnête n'obtient pas l'estime seulement parce qu'elle est femme de bien, mais aussi parce qu'elle paraît telle. Les libertés, les imprudences que les femmes se permettent en public, leur font beaucoup plus de tort que leurs intrigues secrètes. Si vous amenez dans votre maison une bonne femme, il vous sera facile de conserver, d'améliorer même sa bonté; mais, si vous en prenez une mauvaise, vous aurez bien de la peine à l'amender, car il n'est guère facile de passer d'un extrême à l'autre; je ne dis pas que ce soit impossible, mais je le tiens pour fort difficile.

Sancho écoutait tout cela, et disait en lui-même: Mon maître, quand je dis quelques choses bonnes et substantielles, a coutume de dire que je pourrais prendre un pupitre et m'en aller prêchant, et moi je dis de lui que, quand il commence à enfiler des sentences et des conseils, il pourrait non seulement prendre un pupitre dans les mains, mais deux à chaque doigt, et s'en aller pérorant à tout venant par les places publiques. Diable soit du chevalier errant qui sait tant de choses! Je pensais en moi-même qu'il ne pouvait savoir que ce qui concerne sa chevalerie: mais il n'y a chose où il ne puisse piquer et mettre sa cuillerée. Sancho murmurait ces paroles entre ses dents, et son maître l'entendant à demi, lui dit: Que murmures-tu, Sancho? Je ne dis rien, je ne murmure point, répondit-il; je me répète seulement à moi-même que je voudrais avoir entendu tout ce que vous venez de dire avant de me marier, je dirais peut-être à présent le bœuf délié se lèche tout à son aise. — Ta Thérèse est-elle donc si méchante, Sancho? — Elle n'est pas trop méchante, mais elle n'est pas non plus trop bonne; elle n'est pas du moins aussi bonne que je le voudrais. — Tu as tort, Sancho, de dire du mal de ta femme: elle est la mère de tes enfants.— Seigneur, nous ne nous devons rien: elle dit bien aussi du mal de moi quand il lui plaît, et surtout quand elle est jalouse. Satan lui-même ne pourrait la supporter dans ces moments-là.

Ils passèrent ainsi trois jours chez les nouveaux mariés, servis et régalés comme des rois, au bout desquels Don Quichotte pria le licencié, adroit à l'escrime, de lui donner un guide pour le conduire à la caverne de Montésinos, où il avait le plus vif désir d'entrer pour vérifier par ses propres yeux les merveilles que l'on en racontait dans toute la contrée. Le licencié lui dit qu'il lui donnerait un de ses cousins, fameux étudiant et très amateur de livres de chevalerie, qui le conduirait très volontiers à l'entrée même de la caverne, et lui ferait voir aussi les lagunes de Ruidera, célèbres non seulement dans la Manche, mais dans toute l'Espagne; il ajouta que ce jeune homme lui serait sans doute d'un entretien agréable, car il savait composer des livres dignes d'être imprimés et présentés aux princes. Enfin, le cousin parut, monté sur une bourrique pleine, dont le bât était recouvert d'un tapis façonné, ou plutôt d'une serpillière. Sancho sella Rossinante, mit le bât au grison, remplit ses besaces, que renforcèrent celles du cousin, également bien fournies. Ensuite, ils se recommandèrent à Dieu, prirent congé de tout le monde, et se mirent en route suivant le chemin de la fameuse caverne de Montésinos.

En chemin, Don Quichotte demanda au cousin de quel genre étaient ses exercices, ses études et sa profession. Il répondit qu'il était humaniste; que son occupation et l'objet de ses études étaient de composer des livres, et de les faire imprimer; tous de grande utilité et de non moins d'agrément pour la chose publique; que l'un était intitulé *des Livrées,* où sont décrites sept cent trois livrées, avec les couleurs, chiffres et devises, parmi lesquelles pouvaient choisir les gentilshommes de la cour, en temps de fêtes et de tournois, sans les mendier à personne et, comme on dit, s'alambiquer le cerveau pour en trouver de conformes à leurs intentions: car, ajouta-t-il, j'en fournis au jaloux, au dédaigné, à l'oublié, à l'absent, qui leur conviennent, et des plus justes. Je travaille à un autre ouvrage, intitulé *les Métamorphoses,* ou *l'Ovide espagnol,* d'une invention neuve et rare, car, en imitant Ovide dans le genre burlesque, je fais connaître ce que furent la Giralda de Séville, l'Ange de la Madeleine, l'égout de Vecinguerra à Cordoue, les Taureaux de Guisando, la Sierra-Morena, les Fontaines de Leganitos et Lavapiès à Madrid, sans oublier celles du Pou, du Tuyau doré, de la Prieure[1]; le tout avec les allégories, métaphores et transformations, de manière à surprendre, amuser et instruire à la fois. J'en ai un autre intitulé : *Supplément à Polydore Virgile,* qui traite de l'invention des choses. C'est un livre d'une grande érudition et de grandes recherches, car j'y expose, dans un style agréable, tout ce dont Polydore a omis de parler. Il a, par exemple, oublié de nous dire quel fut le premier homme affecté d'un catarrhe, quel fut celui qui, le premier, eut recours aux frictions pour se guérir du mal français : moi, je le fais connaître au pied de la lettre, et je m'appuie sur l'autorité de plus de vingt-cinq auteurs. Vous pouvez juger par-là si j'ai travaillé en conscience et si mon livre sera utile. Sancho, qui avait été fort attentif au discours du cousin, lui dit : Seigneur, Dieu donne bonne fortune à l'impression de vos livres; pourriez-vous me dire, et vous le saurez, vous qui savez tout, quel est celui qui le premier s'est gratté la tête? Pour moi, je pense que ce doit être notre père Adam. Sans contredit, répondit le cousin : incontestablement Adam avait une tête et des cheveux, cela étant, comme il fut le premier homme du monde, il dut être le premier à se gratter quelquefois. — Je le crois aussi; mais, dites-moi, maintenant, quel est l'homme qui a sauté ou voltigé le premier. — En vérité, frère, je ne saurais vous le dire pour le moment : il faut que j'en fasse la recherche. Je le chercherai lorsque je

[1] Nous avons déjà parlé de la Giralda et des taureaux de Guisando. Le champ de Leganitos était au nord-est de Madrid, ayant vue sur le Mançanarès : c'était un lieu solitaire, et cependant très fréquenté l'hiver pour y jouir des rayons du soleil, et l'été pour la fraîcheur; on y construisit des fontaines dont l'eau était si pure qu'on disait en commun proverbe :

Viento del Sotillo,
Luna del Prado,
Agua de Leganitos,
Vino del Santo.

Les Lavapies, ou plutôt lavapies, étaient une autre fontaine de Madrid, dans une place où se faisaient des courses de taureaux. Aujourd'hui Leganitos et lavapies ont reçu des constructions et font partie de la ville. Les fontaines du Pou et du Tuyau étaient au Prado, et celle de la Prieure, dans les jardins où jadis avait été un couvent. L'ange de la Madeleine est une figure placée sur le clocher de l'église de la Madeleine, à Salamanque.

serai revenu à mes livres, et, quand nous nous reverrons (car je pense bien que ce n'est pas ici notre dernière entrevue), je vous le dirai. Il est inutile, seigneur, que vous preniez tant de peine, lui dit Sancho, car je viens de trouver maintenant ce que je vous ai demandé : apprenez que le premier voltigeur du monde fut Lucifer, lorsqu'on le précipita du ciel, et qu'il alla voltigeant jusqu'au fond des abîmes. Vous avez raison, ami, dit le cousin. Sancho, dit à son tour Don Quichotte, cette demande et cette réponse ne sont pas de toi, tu les as entendu dire à quelqu'un. Taisez-vous, seigneur, répondit Sancho, car, en bonne foi, si je me mets à faire des demandes et des réponses, je n'en finirai pas d'ici à demain. Pour demander des niaiseries et répondre des extravagances, je n'ai pas besoin d'aller chercher mes voisins. Tu en as plus dit que tu n'en sais, dit Don Quichotte : il y a des gens qui se tourmentent pour savoir et vérifier des choses qui ne servent pas d'un denier à l'esprit et à la mémoire.

Le jour se passa dans ces agréables entretiens, et la nuit ils logèrent dans un petit village, distant, suivant le cousin, d'environ deux lieues de la caverne de Montésinos. Il avertit le chevalier que, s'il avait résolu d'y pénétrer, il était nécessaire de faire provision de cordes pour l'attacher et le faire descendre dans ses profondeurs; Don Quichotte lui répondit que, dût-il descendre dans l'abîme, il voulait voir où il se terminait. Ils achetèrent donc cent brasses de corde, et, le lendemain, sur les deux heures après midi, ils arrivèrent à la caverne, dont l'ouverture est large et spacieuse, mais pleine de buissons, de figuiers sauvages, de ronces et broussailles si épaisses, que toute l'entrée en était couverte et cachée. En l'apercevant, Don Quichotte, le cousin et Sancho mirent pied à terre. Ils lièrent fortement Don Quichotte avec les cordes, et, tout en l'attachant, Sancho lui dit : Seigneur, regardez bien à ce que vous allez faire; n'allez pas vous ensevelir tout vivant et vous mettre en la situation d'une bouteille qu'on descend dans un puits pour la rafraîchir. Que vous reviendra-t-il d'aller sonder cette profondeur, qui doit être pire qu'un cachot d'esclaves? Attache et tais-toi, répondit Don Quichotte; c'est à moi, ami Sancho, qu'était réservée une si fameuse aventure. Seigneur, lui dit alors son guide, je vous conjure de bien examiner et scruter avec cent yeux tout ce que vous allez voir là dedans : peut-être y trouverez-vous des choses que je pourrai mettre dans mon livre des Métamorphoses. Le tambour de basque est en des mains qui sauront bien en jouer, dit Sancho. Cela dit, Don Quichotte, bien attaché, non par-dessus son armure, mais sur la veste d'armes, dit : Nous n'avons pas songé à nous pourvoir d'une petite clochette que nous eussions attachée à la corde, et qui m'eût servi à faire connaître que je descendais et que j'étais vivant; mais, puisqu'il n'est plus possible d'en avoir, allons à la garde de Dieu. Aussitôt il se mit à genoux, adressa au ciel une dévote oraison à voix basse, demandant à Dieu de l'assister, de lui donner un heureux succès dans une aventure qui paraissait aussi neuve que périlleuse; puis il dit à voix haute : O souveraine de mes actions et de mes mouvements, illustre et sans pareille Dulcinée du Toboso! s'il est possible que les prières et les requêtes de ton aventureux amant parviennent à ton oreille, je te conjure, par ton incomparable beauté, de les écouter favorablement, je ne te demande que de ne pas me refuser ta faveur et ta protection dont j'ai tant besoin dans ce moment. Je vais me précipiter, m'enfoncer, m'enfouir dans l'abîme qui s'offre à moi, uniquement pour que l'univers sache que, si tu m'es favorable, il n'y a rien d'impossible que je n'entreprenne et n'achève. A ces mots, il s'approcha de l'ouverture et reconnut qu'il était impossible d'y pénétrer autrement qu'à force de bras et à grands coups d'épée. Ainsi, mettant la main à la sienne, il commença à couper, abattre les broussailles qui obstruaient l'entrée. Au grand bruit qu'il fit, on vit s'envoler une nuée de corneilles et d'énormes corbeaux, si épaisse, si rapide, qu'elle renversa Don Quichotte, de sorte que s'il eût été aussi savant devin qu'il était bon catholique, il eût pris l'accident pour un mauvais augure, et ne se fût jamais aventuré dans un lieu semblable. Il se releva bientôt, et, voyant qu'il ne sortait plus de corbeaux, ni d'oiseaux nocturnes, comme les chauves-souris qui s'étaient montrées avec les corbeaux, il se laissa couler au fond de l'effrayante caverne par le moyen de la corde que lâchaient à mesure le cousin et Sancho. Au moment où il entra, Sancho lui donna sa bénédiction, fit sur lui mille signes de croix, et dit: Dieu te conduise, et Notre-Dame de France[1], et la Trinité de Gaëte, ô toi! fleur, crème, écume des chevaliers errants! t'y voilà engagé, vaillance du monde, cœur d'acier, bras de bronze! Dieu te conduise encore une fois, et te ramène sain, sauf et sans blessure à la lumière de la vie que tu abandonnes pour t'enterrer dans ces ténèbres que tu recherches! Le cousin fit à peu près les mêmes prières et invocations. Don Quichotte descendait toujours, criant qu'on lâchât de la corde. Ils la laissaient couler petit à petit, et lorsque la voix qui montait comme par un canal cessa de se faire entendre, ils avaient déjà déroulé leurs cent brasses de corde. Ils eurent alors envie de retirer Don Quichotte, puisqu'ils ne pouvaient plus lui en fournir davantage. Cependant, ils attendirent à peu près une demi-heure, au bout de ce temps ils commencèrent à retirer la corde avec beaucoup de facilité, et sans éprouver ni pesanteur ni résistance, ce qui leur fit croire que Don Quichotte était resté dans la caverne. Sancho, dans cette idée, se mit à pleurer amèrement, et tirait le plus vite qu'il pouvait pour éclaircir son doute; mais quand ils furent arrivés à environ quatre-vingts brasses de corde, ils sentirent du poids, ce qui les réjouit extrêmement. Enfin, à dix brasses, ils aperçurent distinctement Don Quichotte, et Sancho s'écria : Soyez le bien revenu, mon seigneur, nous pensions déjà que vous étiez resté là-bas pour faire race. Don Quichotte ne répondait pas un mot, et, quand ils l'eurent tiré tout à fait, ils s'aperçurent qu'il avait les yeux fermés, et qu'il paraissait dormir. Ils le posèrent à terre, le délièrent, et cependant il ne s'éveillait pas; enfin, ils le tournèrent, retournèrent et secouèrent tant, qu'au bout d'un assez long temps il revint à lui, et se mit à s'étendre comme un homme qui se réveille d'un profond sommeil, regardant de tous côtés avec une sorte d'épouvante : Mes amis, dit-il, Dieu vous le pardonne, vous m'avez privé de la plus douce vie, de la plus agréable vue dont ait jamais joui aucun homme. Je le reconnais en effet à présent, tous les plaisirs de la vie passent comme une ombre, comme un songe, ou se flétrissent comme la fleur des champs. Infortuné Montésinos[2]! ô Durandart, si lâchement bles-

[1] *La peña de Francia*, image miraculeuse de la Vierge que l'on voyait, en 1409, entre Salamanque et Ciudad-Rodrigo, et pour laquelle on fonda un couvent de dominicains.

[2] Théobalde, fils du comte Grimaldo et neveu de Charles-Martel, perdit ses domaines en France, en fut banni, alla s'établir en Espagne, où, pour s'être fixé dans un pays montueux, on lui donna le surnom de *Montésinos*. Il retourna en France sous Charlemagne, fut un des douze pairs de France, eut plusieurs

sé[1] malheureuse Belerme ! plaintif Guadiana[2] ! et vous, tristes filles de Ruidera[3], dont les eaux abondantes ne sont que les pleurs versés par vos beaux yeux ! Le cousin et Sancho écoutaient attentivement les paroles de Don Quichotte, il les prononçait comme si une immense douleur les tirait du fond de ses entrailles, ils le supplièrent de leur expliquer ce qu'il disait, et de leur raconter ce qu'il avait vu dans cet enfer. Enfer, dites-vous ? reprit Don Quichotte : ne l'appelez point ainsi, il mérite un autre nom, comme vous le saurez tout à l'heure. Il leur demanda quelque chose à manger, car il avait une faim excessive. Ils étendirent sur la prairie la serpillière du cousin, ouvrirent les besaces, et, s'asseyant tous les trois sur l'herbe fleurie, ils goûtèrent et soupèrent tout à la fois en confiance et bonne amitié. La serpillière ôtée : Que personne ne se lève, dit Don Quichotte de la Manche, enfants, prêtez-moi une oreille attentive.

CHAPITRE XXIII.

DES CHOSES ADMIRABLES QUE L'EXCELLENT DON QUICHOTTE DIT AVOIR VUES DANS LA PROFONDE CAVERNE DE MONTÉSINOS, ET TELLEMENT IMPOSSIBLES ET INCROYABLES QU'ON REGARDE CETTE AVENTURE COMME APOCRYPHE.

Il était quatre heures du soir ; le soleil, à demi caché par les nuages qui tempéraient l'ardeur de ses rayons, ne versait qu'une lumière adoucie, et permettait à Don Quichotte de raconter, à l'aise et sans être fatigué par la chaleur, à ses deux illustres auditeurs ce qu'il avait vu dans la caverne de Montésinos ; il le fit de la manière suivante :

A douze ou quatorze brasses du fond de ce gouffre, se trouve à droite un espace vide, capable de contenir un grand chariot avec ses mules. On y reçoit une petite clarté par des fentes et des trous qui communiquent de loin avec la superficie de la terre. Lorsque j'aperçus cette concavité, j'étais déjà las et ennuyé de me sentir pendu à la corde, et de cheminer dans cette obscure région, sans tenir de route fixe. Ainsi je me déterminai à y entrer pour me reposer un peu. Je vous criai de ne plus lâcher de corde que je ne vous le disse, mais vous ne m'aurez pas entendu. Je ramassai la corde que vous envoyiez, et j'en fis un tas en rond sur lequel je m'assis tout pensif, cherchant ce que je devais faire pour descendre au fond, puisque je n'avais plus rien pour me soutenir. Préoccupé de cette idée, je suis tombé inopinément dans un profond et involontaire sommeil ; puis, sans

aventures amoureuses, et revint mourir en Espagne. Il avait épousé, dans ce pays, une demoiselle de Rosa Florida, seigneur d'un château nommé *Rochafrida*, situé dans la plaine de Montiel. C'était non loin de ce château que se trouvait la caverne de Montésinos. Telle est la relation des généalogistes et des romanciers espagnols, mais on ne la regarde pas comme avérée.

[1] Durandart fut aussi un des douze pairs, ami de Montésinos et amant de Belerme. Blessé mortellement à la bataille de Roncevaux, il chargea Montésinos de faire enlever son cœur, et de le porter à Belerme.

[2] Le Guadiana est un fleuve d'Espagne dont la source est aux lagunes de Ruidera.

[3] Les lagunes de Ruidera, dont Cervantes fait les filles de la dame de ce nom, et qui communiquent l'une dans l'autre, sont au nombre de treize. Cervantes n'en a compté que neuf, dont sept, dit-il, furent les filles de cette dame, et les deux autres ses nièces : les premières appartenaient au roi, les deux autres à l'ordre de Saint-Jean.

savoir comment, je m'éveillai et me trouvai au milieu de la plus belle, la plus agréable, la plus délicieuse prairie que puisse produire la nature et créer la plus riche imagination. J'ouvris les yeux, je les frottai, et je me convainquis que je ne dormais point, que j'étais réellement éveillé. Cependant, pour m'assurer davantage que c'était bien moi-même qui me trouvais là et non quelque vain fantôme, je me tâtai la tête et la poitrine, mais le tact, le sentiment, les raisonnements que je faisais en moi-même, me certifièrent que j'étais bien moi-même et tel que je suis maintenant. Bientôt s'offrit à ma vue un palais royal et magnifique, dont les murs paraissaient être du cristal le plus transparent; deux grandes portes s'ouvrirent : j'en vis sortir et s'avancer vers moi un vénérable vieillard, vêtu d'un long manteau violet qui traînait jusqu'à terre. Ses épaules et sa poitrine étaient couvertes de l'espèce de chaperon[1] que portent les boursiers de collége, en satin vert. Il avait sur la tête un bonnet noir à la milanaise, et sa barbe toute blanche tombait au-delà de sa ceinture. Il n'avait point d'armes, mais un rosaire à la main, dont les grains étaient plus gros que des noix et les dizains comme des œufs d'autruche d'une grosseur moyenne; sa gravité, sa démarche, sa noble apparence et le lieu dans lequel je me trouvais me pénétraient de respect et d'admiration. Il s'approcha de moi, et d'abord m'embrassa étroitement, ensuite il me dit : Il y a longtemps, valeureux chevalier Don Quichotte de la Manche, que nous tous qui sommes enchantés dans ces solitudes, nous t'attendons afin que tu fasses connaître au monde ce que renferme la caverne de Montésinos, dans laquelle tu viens de pénétrer, entreprise qui n'était réservée qu'à ton invincible courage, à ta merveilleuse résolution. Viens avec moi, très illustre seigneur, je vais te faire voir les merveilles que recèle ce palais transparent dont je suis l'alcade et le gardien perpétuel, car je suis Montésinos, dont la caverne a reçu le nom. A peine m'eut-il dit qu'il était Montésinos, que je lui demandai s'il était vrai, comme on le racontait dans le monde, qu'avec une petite dague il eût enlevé le cœur de son ami Durandart, et qu'il l'eût porté à Belerme, pour se conformer à la prière de Durandart mourant. Oui, me répondit-il, tout est vrai, sinon la dague; car ce n'en fut point une, mais un poignard bien poli, aussi pointu qu'une alène. Ce poignard, interrompit Sancho, devait donc venir de Ramon de Hoces de Séville? Je n'en sais rien, répondit Don Quichotte, mais je ne le crois pas, car ce Ramon est d'hier, et le combat de Roncevaux, où périt Durandart, est bien plus ancien; mais cette particularité n'est d'aucune importance, et ne change rien à la vérité de l'histoire. Vous avez raison, dit le cousin; poursuivez, seigneur Don Quichotte, je vous écoute avec la plus vive satisfaction. Je n'en ai pas moins à vous entretenir, répondit Don Quichotte. Je dis donc que le vénérable Montésinos me fit entrer dans ce palais de cristal. En une salle basse, toute d'albâtre et d'une fraîcheur délicieuse, était un tombeau de marbre habilement travaillé, sur lequel je vis étendu tout de son long un chevalier, non en bronze, en marbre ou en jaspe, comme on le voit sur les autres tombeaux, mais en chair et en os; il avait la main droite posée sur le cœur, et cette main me sembla velue et nerveuse, preuve d'une grande force. Avant que j'eusse fait aucune question à Montésinos, voyant mon étonnement à

[1] *Beca de colegial*, longue bande d'étoffe que portaient sur les épaules les boursiers de collége, et qu'ils tortillaient de plusieurs façons. Voyez Glossaire de Rabelais, au mot *Cornette*.

l'aspect du sépulcre et du chevalier, il me dit : Vous voyez mon ami Durandart, fleur et miroir des braves et amoureux chevaliers de son temps : Merlin, cet enchanteur français, que l'on a dit fils du diable, et qui ne l'est pas, je crois, car il en sait plus que lui, Merlin, dis-je, retient enchanté dans ce palais mon ami Durandart, moi et plusieurs autres chevaliers et dames. Personne ne sait comment ni pourquoi il nous retient enchantés dans ce palais : le temps où nous le saurons n'est pas éloigné, à ce que j'imagine. Ce qui m'étonne le plus, est d'être aussi sûr que je le suis qu'il fait jour maintenant, que Durandart rendit entre mes bras le dernier soupir et qu'après sa mort j'enlevai son cœur de mes propres mains ; en vérité, il pouvait bien peser deux livres, et, selon les naturalistes, celui qui a le cœur le plus gros est aussi le plus courageux. Cela étant ainsi, et ce chevalier étant réellement mort, comment se fait-il qu'il soupire et se plaint, de temps en temps, comme s'il était vivant? Au même moment, le malheureux Durandart s'écria d'une voix plaintive :

O mon cousin Montésinos, la dernière prière que je vous fis, fut aussitôt après ma mort, et quand mon âme aurait abandonné mon corps, de me tirer le cœur de la poitrine, avec le poignard ou la dague, et de le porter à Belerme.

A ces mots, le vénérable Montésinos, les larmes aux yeux, se jeta à genoux devant le chevalier, et lui dit : J'ai fait, seigneur Durandart, mon cher cousin, le jour funeste de notre défaite, ce que vous m'aviez commandé : j'enlevai votre cœur le mieux que je pus, sans en laisser dans le corps la moindre parcelle ; je l'essuyai avec un mouchoir de dentelle, et je pris ma course pour la France, après avoir déposé votre corps dans le sein de la terre, en versant tant de larmes qu'elles suffirent pour laver mes mains et les nettoyer du sang dont elles étaient couvertes après avoir fouillé dans vos entrailles. Pour plus ample preuve, cher cousin de mon âme, dans le premier village que je rencontrai en sortant de Roncevaux, je mis un peu de sel sur votre cœur, pour qu'il ne sentît pas mauvais, et qu'il pût être présenté, non pas frais, mais du moins conservé, à madame Belerme, qui, comme vous, comme moi, comme Guadiana votre écuyer, la dame Ruidera, ses sept filles, ses deux nièces, et beaucoup d'autres de vos amis et connaissances, est retenue enchantée dans ce palais par le sage Merlin, depuis nombre d'années ; bien qu'il s'en soit écoulé plus de cinq cents, aucun de nous n'est mort ; il ne nous manque que Ruidera, ses filles et ses nièces, qui s'en allaient toujours pleurant, et que, par compassion, sans doute, Merlin a changées en autant de lagunes qui, parmi les vivants, et dans la province de la Manche, sont appelées les lagunes de Ruidera ; les sept filles appartiennent au roi d'Espagne, et les deux nièces aux chevaliers d'un très saint ordre, qu'on appelle de Saint-Jean. Guadiana, votre écuyer, qui ne cessait aussi de déplorer votre malheur, fut changé en un fleuve qui porte son nom ; lorsque ses ondes parvinrent à la surface de la terre et qu'il aperçut le soleil de l'autre monde, il eut un tel regret de vous quitter, qu'il se replongea dans les entrailles de la terre ; cependant, comme il n'est pas possible qu'il abandonne son cours naturel, il se montre, de distance en distance, au soleil et aux hommes. Les lagunes dont je vous ai parlé l'augmentent de leurs eaux, avec elles et beaucoup d'autres qu'il reçoit en chemin, il entre majestueusement dans le Portugal. Mais, en quelque lieu qu'il promène son cours, il montre toujours sa tristesse et sa mélancolie. Il dédaigne de nourrir dans ses eaux des poissons estimés et délicats; ceux qu'il alimente sont insipides et grossiers, bien différents des poissons du Tage doré. Ce que je vous dis maintenant, mon cher cousin, je vous l'ai déjà dit bien des fois; mais, comme vous ne me répondez pas, j'imagine, ou que vous ne me croyez pas, ou que vous ne m'entendez point, et Dieu sait la peine que j'en éprouve. Je veux vous apprendre maintenant une nouvelle qui, si elle ne soulage pas votre douleur, ne peut du moins l'augmenter : sachez que vous avez devant vous (ouvrez les yeux et vous le verrez) ce fameux chevalier dont le sage Merlin a prédit tant de choses, ce Don Quichotte de la Manche qui vient de ressusciter, avec plus de gloire qu'autrefois, la chevalerie errante, oubliée aujourd'hui. Il pourrait se faire que, par son moyen, nous fussions désenchantés, car les grandes aventures sont réservées aux grands hommes. Si cela n'arrive point, dit Durandart, d'une voix faible et dolente, si cela n'arrive point, mon cousin, il faudra prendre patience et mêler les cartes [1]. En achevant ces mots, il se tourna sur le côté, et retomba dans son silence accoutumé.

Cependant on entendit de grands cris, et des pleurs mêlés à de profonds gémissements et à des sanglots entrecoupés. Je tournai la tête, et, à travers les murailles de cristal, je vis s'avancer, dans une autre salle, une procession de deux files de belles filles vêtues de deuil, avec des turbans blancs à la mode des Turcs. Au bout des deux files venait une dame (elle paraissait l'être à sa gravité) aussi vêtue de noir, avec un voile blanc si long qu'il traînait à terre. Son turban était deux fois plus ample que le plus gros des autres; elle avait des sourcils qui se touchaient, le nez un peu camus, la bouche grande, mais les lèvres colorées, ses dents, qu'elle laissait voir de temps à autre, paraissaient rares, mal rangées, mais blanches comme des amandes pelées. Elle tenait dans ses mains un linge très fin, dans lequel, autant que j'en pus juger, était un cœur de chair de momie tant il était sec et flétri. Montésinos me dit que toutes ces femmes étaient les suivantes de Durandart et de Belerme, enchantées comme leurs maîtres, et que la dernière, qui portait dans ses mains le cœur enveloppé, était Belerme elle-même; quatre jours de la semaine, elle fait avec ses demoiselles cette procession: chantant, ou pour mieux dire, pleurant sur le corps et sur le cœur déplorable de son cousin; il ajouta que si elle m'avait paru quelque peu laide, ou moins belle que ne l'avait publié la renommée, la cause en était dans les mauvaises nuits et les pires jours qu'elle passait dans cet enchantement, comme on pouvait en juger par son teint blême et ses yeux battus; on ne pouvait pas attribuer cet effet aux indispositions périodiques du sexe, puisque, depuis longtemps, elle n'y était plus sujette, mais bien à la douleur sans cesse renaissante du spectacle cruel qui lui rappelait à tous moments la fin tragique de son malheureux amant; sans cela elle serait à peine égalée en beauté, en grâces, en éclat, par la grande Dulcinée du Toboso, tant célébrée dans ces contrées, et même par tout le monde. Arrêtez, seigneur Montésinos, lui dis-je : contez votre histoire comme il convient de le faire, vous devez savoir que toute comparaison est odieuse. La sans pareille Dulcinée est ce qu'elle est, madame Belerme est ce qu'elle est, ou ce qu'elle fut, et restons-en là. Pardon, seigneur Don Quichotte, me répondit-il, j'ai eu tort, je l'avoue, j'ai

[1] *Paciencia y barajar*, façon de parler proverbiale.

mal parlé en disant que madame Dulcinée égalerait à peine madame Belerme, il me suffisait d'avoir appris, je ne sais par quels rapports, que vous étiez son chevalier, pour que je me mordisse la langue avant de l'avoir comparée à d'autres qu'au ciel même. A cette réparation du grand Montésinos, mon cœur s'apaisa de l'agitation que j'avais éprouvée en entendant cette comparaison. Je m'étonne fort, seigneur, interrompit Sancho, que vous n'ayez pas sauté sur ce vieillard, que vous ne lui ayez pas moulu les os ou arraché la barbe sans lui laisser un poil. —Non, ami Sancho, je n'aurais pas bien fait d'en agir ainsi, car nous sommes tous obligés de respecter les vieillards, ne fussent-ils pas chevaliers, à plus forte raison lorsqu'ils le sont et enchantés. Je sais bien, au reste, que nous ne nous devons rien pour les demandes et les réponses que nous avons échangées. Je ne comprends pas, dit alors le cousin, comment en aussi peu de temps que vous êtes resté dans cette caverne, votre grâce a pu voir tant de choses, tant parler, et tant répondre. Combien y a-t-il donc que je suis descendu? demanda Don Quichotte. Un peu plus d'une heure, répondit Sancho. — Cela ne peut être, car j'ai vu trois fois la nuit et le jour : de sorte que, à mon compte, j'ai séjourné trois jours dans ces régions souterraines cachées à notre vue. Mon seigneur doit avoir dit la vérité, dit Sancho ; comme tout ce qui lui est arrivé ne s'est fait que par enchantement, il est possible que ce qui nous a paru une heure à nous autres, semble trois jours et trois nuits dans ces lieux-là. C'est sans doute cela, dit Don Quichotte. Mais, seigneur, demanda le cousin, n'avez-vous rien mangé pendant tout ce temps-là? Pas une bouchée, répondit Don Quichotte ; je n'ai pas eu faim, je n'y ai même pas pensé. Les enchantés mangent-ils? reprit le cousin.—Ils ne mangent rien, et ne sont pas soumis aux nécessités majeures, quoique, suivant l'opinion commune, leur barbe croisse ainsi que les cheveux et les ongles. Mais dorment-ils? demanda Sancho. — Certainement non ; au moins durant les trois jours que j'ai demeuré parmi eux, nul n'a fermé l'œil ni moi non plus. Ici, reprend Sancho, vient tout à propos le refrain : « Dis-moi qui tu hantes, je te dirai qui tu es. » Vous vous trouviez avec des enchantés qui veillaient et jeûnaient, il n'est pas surprenant que vous ayez jeûné et veillé comme eux. Mais pardonnez-moi, seigneur, si je vous dis ceci : je veux que Dieu m'emporte (j'ai failli dire le diable), si, de tout ce que vous nous avez raconté, je crois un seul mot. Et pourquoi non? dit le cousin : pensez-vous donc que le seigneur Don Quichotte ait menti? l'eût-il voulu, il n'aurait pu, en aussi peu de temps, inventer ce million de mensonges. Je ne pense pas que mon maître mente, répondit Sancho. Et que crois-tu donc? dit le chevalier. — Je crois que ce Merlin, ou ces enchanteurs qui ont enchanté toute la troupe que vous dites avoir vue et fréquentée là-bas, vous ont fourré dans la cervelle toute cette histoire que vous nous avez racontée et ce qui vous reste à nous dire. La chose serait possible, répliqua Don Quichotte, mais elle n'est pas ainsi, car tout ce que j'ai conté, je l'ai vu de mes yeux, touché de mes mains. Que diras-tu, d'ailleurs, si j'ajoute que parmi un nombre infini de merveilles que me fit voir Montésinos (je t'en ferai à loisir le récit durant notre voyage, car plusieurs ne sont pas pour trouver place ici), que parmi ces merveilles il me montra trois paysannes qui s'en allaient sautant et cabriolant comme des chèvres dans ces délicieuses prairies ; à peine les eus-je vues que dans l'une d'elles je reconnus la sans pareille Dulcinée du Toboso, et les deux autres étaient les mêmes paysannes qui l'accompagnaient, et auxquelles nous parlâmes en sortant du Toboso. Je demandai à Montésinos s'il les connaissait : il me répondit que non, mais que ce devaient être de grandes dames enchantées, que, depuis peu de jours seulement, on voyait dans la prairie ; que je ne devais pas m'en étonner, attendu que, dans le même lieu, se trouvaient beaucoup d'autres dames des siècles passés et du temps présent, enchantées sous les formes les plus diverses et les plus étranges. Parmi elles il connaissait la reine Genèvre, et sa duègne Quintagnone qui présenta du vin à Lancelot quand il revint de Bretagne. Lorsque Sancho-Pança entendit son maître parler ainsi, il pensa perdre le jugement ou mourir de rire. Comme il savait la vérité sur le prétendu enchantement de Dulcinée, dont il était l'auteur, dont lui seul avait rendu témoignage, il acheva de se convaincre que son maître était hors de sens et fou de tous points. Il lui dit donc : O mon cher patron, en male heure, en pire saison, en plus mauvais jour êtes-vous descendu dans l'autre monde, en un moment pire encore avez-vous rencontré le seigneur Montésinos, qui vous a rendu à nous en tel état. Vous étiez bien ici, avec votre entier jugement, tel que Dieu vous l'avait donné, débitant des sentences, distribuant des conseils à chaque pas, et non tel que vous voici maintenant, débitant les plus grandes extravagances que l'on puisse imaginer. Je te connais, Sancho, répondit Don Quichotte, c'est pourquoi je ne fais aucun cas de tes paroles. — Ni moi de celles de votre seigneurie. Battez-moi, tuez-moi pour ce que je vous ai dit ou pour ce que je veux vous dire, si vous ne voulez point vous amender dans vos discours. Mais dites-moi, tandis que nous sommes en paix, comment ou à quoi avez-vous reconnu notre dame? si vous lui avez parlé, qu'avez-vous dit? qu'a-t-elle répondu? — Je l'ai reconnue parce qu'elle porte les mêmes habits que lorsque tu me la fis voir; je lui ai parlé, mais au lieu de me répondre elle m'a tourné les épaules, et s'est enfuie si précipitamment qu'une flèche n'aurait pu l'atteindre. Je voulus la suivre, et je l'aurais fait ; mais Montésinos me conseilla de ne pas l'entreprendre, parce que ce serait me fatiguer inutilement et que d'ailleurs le moment approchait où je devais sortir de la caverne. Il ajouta qu'avec le temps il me ferait savoir comment lui, Belerme, Durandart et les autres, devaient être désenchantés. Mais, ce qui m'affligea le plus, ce fut que, tandis que Montésinos me disait cela une des compagnes de la malheureuse Dulcinée s'approcha de moi sans que je l'eusse vue venir et, les yeux pleins de larmes, me dit d'une voix basse et triste : Seigneur, ma dame Dulcinée baise les mains de votre seigneurie, elle la supplie de lui faire savoir en quelle situation vous vous trouvez ; pour elle, en ce moment, elle est dans un pressant besoin et vous conjure instamment de lui prêter une demi-douzaine de réaux, ou ce que vous pourrez, sur ce cotillon de coton tout neuf que je vous apporte, elle vous donne sa parole de vous les rendre promptement. Je fus étrangement surpris d'un tel message, et, me retournant vers Montésinos : Est-il possible, lui dis-je, que la nécessité se fasse sentir aux enchantés? Seigneur, me répondit-il, soyez convaincu que ce que l'on appelle nécessité s'étend, se fait sentir partout, et n'épargne même pas les enchantés puisque madame Dulcinée vous demande six réaux, et que le gage paraît bon, il faut les lui prêter, car elle doit se trouver dans un pressant besoin. Je ne veux point du gage, répondis-je, et je lui donnerai encore moins ce qu'elle demande, car je n'ai que quatre réaux : c'étaient ceux, Sancho, que tu me remis l'autre jour pour faire l'aumône aux pauvres que je rencontrerais en chemin. Je les lui donnai, et lui dis : Amie, rapportez à votre maîtresse que je ressens ses peines jusqu'au fond du cœur et que je voudrais être assez riche[1] pour y remédier ; que cependant je ne saurais jouir de la santé ni du repos loin de son agréable vue et de sa discrète conversation, qu'ainsi je la supplie humblement de se laisser voir à son chétif esclave et désolé chevalier. Dites-lui de plus qu'au moment où elle y pensera le moins, elle entendra dire que j'ai fait un serment et un vœu comme celui du marquis de Mantoue, lorsqu'il résolut de venger son neveu Baudouin, qu'il trouva expirant sur la montagne ; ce vœu fut de ne point manger pain sur nappe, avec les autres obligations qu'il ajouta, jusqu'à ce qu'il l'eût vengé. Ainsi, je ferai vœu de ne prendre aucun repos, et de parcourir les sept parties du monde, avec plus d'exactitude que l'infant don Pédro de Portugal, jusqu'à ce que je l'aie désenchantée. Vous devez tout cela et bien plus encore à ma dame, répondit la demoiselle, et prenant les quatre réaux, au lieu de me faire une révérence, elle fit une cabriole et s'éleva de deux vares en l'air. Bon Dieu! dit alors Sancho avec une grande exclamation, est-il possible d'entendre de pareilles choses, et que les enchanteurs et les enchantements aient assez de pouvoir pour changer le bon jugement de mon maître en une pareille folie ! O seigneur ! seigneur ! pour l'amour de Dieu, revenez à vous, reprenez votre bon sens, et, pour votre honneur, n'ajoutez plus foi à toutes ces extravagances qui vous ôtent la raison. Sancho, répondit Don Quichotte, c'est ton attachement pour moi qui te fait parler ainsi, et, comme tu n'as point d'expérience des choses de ce monde, celles qui présentent des difficultés te semblent impossibles ; mais le temps viendra, comme je te l'ai déjà dit, et certaines particularités que je te communiquerai sur les choses que j'ai vues là-bas te feront croire celles que je viens de te conter et dont la vérité n'admet ni doute ni discussion.

CHAPITRE XXIV.

OU L'ON RAPPORTE MILLE BALIVERNES AUSSI IMPERTINENTES QUE NÉCESSAIRES A L'INTELLIGENCE DE CETTE GRANDE HISTOIRE.

Celui qui traduisit cette grande histoire de l'original qu'écrivit le premier auteur Cid Hamet Benengeli, dit que parvenu au chapitre de la caverne de Montésinos, il trouva en marge du manuscrit original les réflexions suivantes, écrites de la propre main du même Hamet :

« Je ne puis concevoir ni me persuader que les aventures décrites dans le cha-
« pitre précédent soient arrivées de point en point au vaillant Don Quichotte, la
« raison en est que toutes les aventures antérieures étaient vraisemblables et
« possibles ; mais pour celle de la caverne je ne vois aucun moyen d'y ajouter
« foi, elle s'éloigne trop des bornes de la raison. Supposer que Don Quichotte ait
« menti, lui le plus véridique des gentilshommes et le plus noble des chevaliers
« de son temps, la chose n'est pas admissible : il n'eût pas dit un mensonge

[1] *Quisiera ser un Fucar*, nom des plus riches négociants de cette époque.

« quand on l'eût assailli de traits. D'un autre côté je considère qu'il a raconté « cette aventure avec tous les détails rapportés, et qu'il n'était pas possible d'in- « venter en aussi peu de temps un tel échafaudage d'extravagances. Si donc elle « paraît apocryphe, la faute n'en est point à moi, je la donne fausse ou vraie, « sans la garantir. Toi, lecteur, en homme prudent, juge-la suivant ta manière de « voir, je ne dois et ne peux rien faire de plus. On assure cependant qu'à l'article « de la mort, Don Quichotte a désavoué cette aventure et dit qu'il l'avait ima- « ginée parce qu'elle lui semblait cadrer à merveille avec toutes celles qu'il avait « lues dans ses livres de chevalerie. »

Ici l'auteur reprend son récit : Le cousin s'émerveilla également de l'audace de Sancho et de la patience de Don Quichotte. Il jugea que la cause de son humeur indulgente était la satisfaction d'avoir vu sa dame Dulcinée, quoique toujours enchantée ; sans ce motif, les propos de Sancho lui eussent sans doute mérité d'être moulu de coups de bâton, car il lui semblait que c'était aussi un peu trop de hardiesse avec son maître. Seigneur, dit-il à ce dernier, je tiens cette journée-ci pour très bien employée, car j'y ai recueilli quatre choses: la première, c'est la connaissance de votre seigneurie que je tiens à grande fortune; la seconde, de savoir ce que renferme la caverne de Montésinos, et les métamorphoses de Guadiana et des filles de Ruidera, qui me serviront pour mon *Ovide espagnol*; la troisième, de connaître également la haute antiquité des cartes à jouer, qui devaient être en usage au moins du temps de l'empereur Charlemagne, comme on en peut juger par les paroles que vous dites avoir été proférées par Durandart, quand, après le long discours que lui fit Montésinos, il s'écria : Patience, et mêlons les cartes[1]. Cette façon de parler, il ne put l'apprendre étant enchanté, ce fut donc pendant son séjour en France et au temps dudit empereur Charlemagne. Cette découverte me vient tout à point pour l'autre livre que je compose, qui est le supplément à Polydore Virgile, *des Inventions anciennes*; je crois que, dans son ouvrage, il a oublié de donner l'origine des cartes ; je pourrai la faire connaître aujourd'hui, ce qui sera d'une grande importance, surtout avec l'autorité d'un homme aussi grave, aussi véridique que le seigneur Durandart. La quatrième chose est de savoir maintenant avec certitude où est la source du Guadiana, ignorée jusqu'à ce jour. Vous avez raison, répondit Don Quichotte; mais je désirerais savoir à qui vous avez intention de dédier vos livres, en supposant que Dieu vous fasse la grâce d'obtenir la permission de les faire imprimer, ce dont je doute fort. — L'Espagne ne manque pas de seigneurs et de grands à qui l'on peut en faire hommage. — Il n'y en a pas beaucoup, non qu'ils ne le méritent, mais ils refusent de les accueillir, pour ne pas contracter l'obligation de reconnaître le travail et la courtoisie des auteurs. Je connais moi un prince qui peut suppléer au défaut des autres avec tant d'avantages, que si je les détaillais ici, j'exciterais peut-être l'envie des cœurs les plus généreux[2]. Mais remettons cela à un temps plus commode, et cherchons quelque gîte où nous puissions passer la nuit. Non loin d'ici, dit le cousin, je connais un ermitage habité par un ermite que l'on dit avoir été soldat :

[1] *Paciencia y barajar*. Nous avons déjà dit que c'était une façon de parler proverbiale. Le verbe *barajar* signifie battre, mêler les cartes.

[2] Ce prince, dont parle ici Cervantes, est sans doute son Mécène le plus zélé, le comte de Lemos, auquel il dédia la seconde partie du *Don Quichotte*.

il a la réputation d'être un bon chrétien, charitable et sage. Auprès de son ermitage, il a bâti à ses frais une maison qui, pour être petite, n'en sera pas moins capable de nous recevoir. Cet ermite a-t-il des poules? demanda Sancho. Il y en a peu maintenant qui n'en aient, répondit Don Quichotte, car les ermites d'aujourd'hui ne ressemblent guère à ceux des déserts de l'Égypte, qui se couvraient de feuilles de palmier et ne mangeaient que des racines. Il ne faut pas croire que le bien que je dis des uns, je le refuse aux autres, je veux seulement vous faire comprendre que les pénitences d'aujourd'hui n'approchent pas de la rigueur et de la sévérité de celles d'autrefois. Cependant, ils ne laissent pas d'être tous respectables, ou du moins je les juge tels, et, quand tout va mal, l'hypocrite qui feint d'être bon est moins nuisible que le pécheur public.

En ce moment, ils virent venir vers eux un homme à pied cheminant à grands pas, et frappant de grands coups de baguette un mulet chargé de lances et de hallebardes. Quand il fut auprès d'eux, il les salua et passa outre. Bon homme, lui dit Don Quichotte, vous me paraissez aller plus vite qu'il ne le faudrait pour votre mulet. Seigneur, répondit-il, je ne saurais m'arrêter : les armes que vous voyez doivent servir demain ; ainsi je suis forcé de me hâter. Adieu. Si vous désirez pourtant savoir pourquoi je les porte, je pense m'arrêter et passer la nuit dans l'hôtellerie qui est au-dessus de l'ermitage ; si vous suivez ce chemin, vous m'y trouverez et je vous conterai des merveilles. Mais, adieu, encore un coup. Il pressa si fort son mulet, que Don Quichotte n'eut pas le loisir de lui demander ce que c'était que ces merveilles. Comme il était un peu curieux, et toujours avide de connaître des choses nouvelles, il voulut se mettre en chemin sur-le-champ pour aller coucher à l'hôtellerie, sans s'arrêter à l'ermitage, où le cousin aurait préféré passer la nuit. En conséquence, ils montèrent à cheval et prirent tous trois le chemin de l'hôtellerie, où ils arrivèrent un peu avant la nuit. Le cousin proposa à Don Quichotte de passer par l'ermitage pour boire un coup. Sancho eut à peine entendu la proposition, qu'il tourna bride vers ce côté, et les autres firent de même. Mais le malheur de Sancho voulut que l'ermite ne fût pas au logis, c'est ce que leur dit une sous-ermite qu'ils trouvèrent dans l'ermitage. Ils lui demandèrent du plus cher. Elle répondit que son maître n'en avait pas, mais que s'ils voulaient de l'eau à bon marché, elle leur en donnerait de bon cœur. Si je voulais de l'eau, dit Sancho, il y a des puits sur le chemin pour me satisfaire. O noces de Camache ! ô abondance de la maison de don Diégo ! combien de fois j'aurai l'occasion de vous regretter ! Ils laissèrent là l'ermitage et piquèrent vers l'hôtellerie. A peu de distance, ils rencontrèrent un jeune homme qui marchait sans trop se hâter et qu'ils atteignirent aisément. Sur son épaule était son épée, au bout de laquelle pendait un paquet qui paraissait contenir ses vêtements, probablement ses chausses, son manteau, quelques chemises; car il avait sur le corps un pourpoint de velours avec quelques apparences de satin et la chemise en dehors ; ses bas étaient de soie, et ses souliers à la mode de la cour ; il paraissait avoir dix-huit à dix-neuf ans, avait l'air joyeux et leste, et s'en allait chantant des seguedilles pour charmer l'ennui du chemin. Quand ils le rejoignirent, il achevait d'en chanter une, que le cousin retint par cœur et qui disait :

Le besoin me conduit à la guerre; si j'avais de l'argent je ne le ferais pas, en vérité.

Don Quichotte, le premier, lui adressa la parole, et lui dit : Vous voyagez bien à la légère, seigneur ; où donc allez-vous ainsi ? dites-le nous, si c'est votre plaisir. C'est la chaleur et la pauvreté qui me font aller ainsi vêtu, répondit le jeune homme, et je m'en vais à la guerre. — Pour la chaleur, passe ; mais quoi ! la pauvreté ? — Seigneur, dit le jeune homme, je porte dans ce paquet des chausses de velours pareilles à mon pourpoint : si je les gâte en chemin, elles ne me feront point honneur à la ville et je n'ai point de quoi en acheter d'autres : ainsi, tant pour cette raison que pour avoir de l'air, je vais ainsi vêtu jusqu'à ce que je rencontre quelques compagnies d'infanterie qui sont à douze lieues d'ici ; j'y trouverai ma place, et les bagages ne manqueront pas pour faire la route jusqu'au lieu de l'embarquement, qui, dit-on, est Carthagène. J'aime mieux avoir le roi pour maître et le servir à la guerre, que non pas quelque ladre de la cour. Mais, dit le cousin, n'avez-vous pas quelque haute-paye ? Sans doute, répondit le jeune homme, si j'avais servi quelque grand d'Espagne ou quelque personnage d'importance, j'en aurais une ; voilà ce que c'est que de servir en bon lieu : on sort de son emploi pour devenir enseigne, capitaine, ou avec quelque bonne récompense ; mais moi, malheureux, je n'ai jamais servi que des solliciteurs, des gens venus on ne sait d'où, et qui donnent ration et salaire si modiques, que la moitié passait à payer l'empois d'un collet ; ce serait miracle si un page aventurier trouvait quelque bonne fortune. Mais, dites-moi donc, ami, lui demanda Don Quichotte, est-il possible que, pendant les années de votre service, vous n'ayez pu obtenir quelque livrée ? On m'en a donné deux, répondit le page : mais de même qu'on ôte l'habit à ceux qui quittent un ordre religieux avant d'avoir fait profession, pour leur rendre leurs vêtements, ainsi mes maîtres me rendirent les miens. Après avoir terminé les affaires qui les avaient amenés à la cour, ils retournaient chez eux et reprenaient les livrées qu'ils ne m'avaient données que par ostentation. *Notable vilenie !* comme disent les Italiens, reprit Don Quichotte. Avec tout cela regardez comme une bonne fortune d'avoir quitté la cour avec une si louable intention, car il n'y a pas sur la terre chose plus honorable et plus profitable que de servir Dieu d'abord et ensuite son roi et seigneur naturel, surtout dans la profession des armes par laquelle on acquiert, sinon plus de richesses, du moins plus d'honneur que par les lettres, comme je l'ai dit plusieurs fois. Quoique les lettres aient fondé plus de majorats que les armes, cependant ceux des armes ont je ne sais quoi sur ceux des lettres, et je sais quel brillant particulier qui leur donne l'avantage sur tous les autres. Retenez bien ce que je vais vous dire, cela vous sera d'un grand profit, et vous apportera beaucoup de soulagement dans vos travaux. Éloignez de votre pensée les adversités qui peuvent vous survenir : la pire de toutes est la mort, mais, quand elle est honorable, on doit la regarder comme le premier des biens. On demandait à Jules César, ce valeureux empereur romain, quelle était la meilleure mort : il répondit que c'était la plus subite, la plus imprévue. Sa réponse, sans doute, était celle d'un païen, étranger à la connaissance du vrai Dieu ; mais cependant il disait bien, pour s'affranchir de toutes les terreurs humaines. J'admets le cas où vous seriez tué dans la première action, soit par un coup d'artillerie, soit par l'explosion d'une mine, qu'importe ? c'est toujours mourir et tout est fini. Suivant Térence, le soldat mort dans une bataille vaut mieux que celui qui trouve son salut dans la fuite ; le bon soldat obtient d'autant plus d'estime qu'il obéit mieux à son capitaine, à ses supérieurs, et souvenez-vous, mon fils, qu'il est plus honorable pour lui de sentir la poudre que le musc. Si la vieillesse vous surprend dans ce noble exercice, fussiez-vous couvert de blessures, boiteux, estropié, du moins elle ne vous surprendra pas sans honneur, la pauvreté ne pourra vous avilir. Bien plus, on s'occupe déjà des moyens de secourir et d'entretenir les vieux soldats estropiés : en effet, il n'est pas bon d'en agir avec eux comme le font avec leurs nègres ceux qui les affranchissent et leur donnent la liberté quand ils sont vieux et ne peuvent plus servir ; on les renvoie de la maison avec le titre de libres, et ils deviennent esclaves de la faim, dont ils ne peuvent s'affranchir que par la mort. Maintenant, mon fils, je ne vous dirai rien de plus, sinon de monter en croupe derrière moi jusqu'à l'hôtellerie ; nous souperons ensemble et demain vous poursuivrez votre chemin : que Dieu vous le donne aussi bon que le méritent vos honnêtes désirs. Le page accepta la proposition de souper à l'hôtellerie, mais il ne voulut pas monter en croupe. On dit qu'à cette occasion Sancho murmurait en lui-même : Vrai Dieu ! est-il possible qu'un homme qui dit tant et de si bonnes choses soutienne avoir vu toutes les absurdités impossibles qu'il raconte de la caverne de Montésinos ! c'est bien, qu'il dise donc. Ils arrivèrent à l'hôtellerie aux approches de la nuit, et ce ne fut pas une petite satisfaction pour Sancho de voir que son maître la prenait vraiment pour une hôtellerie, et non pour un château, comme il avait coutume. A peine étaient-ils entrés que Don Quichotte s'informa de l'homme aux lances et aux hallebardes ; l'hôtelier lui dit qu'il était à l'écurie, occupé du soin de son mulet. Le cousin et Sancho y conduisirent leurs montures, et eurent soin de donner à Rossinante la meilleure place et la meilleure auge de l'écurie.

CHAPITRE XXV.

OÙ EST RACONTÉE L'AVENTURE DU BRAIRE DE L'ANE, DU JOUEUR DE MARIONNETTES, ET LES MÉMORABLES DIVINATIONS DU SINGE DEVIN.

Don Quichotte ne pouvait cuire son pain [1], comme on dit, jusqu'à ce qu'il connût les merveilles que lui avait annoncées l'homme aux armes. Il alla le trouver à l'endroit où l'hôtelier lui avait dit qu'il était et, l'ayant rencontré, il le pria de lui dire sur-le-champ ce qu'il lui devait dire plus tard sur ce qu'il lui avait demandé en route. Mon bon seigneur, répondit cet homme, le conte de ces merveilles ne peut se faire ainsi debout et en un moment : laissez-moi achever de donner la ration à mon mulet, et je vous raconterai des choses admirables. Qu'à cela ne tienne, dit Don Quichotte ; je vais vous aider. En même temps, il se mit à cribler l'orge, à nettoyer la mangeoire ; condescendance qui obligea l'homme à lui raconter de bon cœur ce qu'il lui demandait. Il s'assit sur un banc de pierre, Don Quichotte près de lui,

[1] *No se le cocia el pan ;* expression proverbiale, pour dire : Il ne pouvait se tenir d'impatience.

et commença son récit ayant pour sénat et pour auditoire le cousin, le page, l'hôtelier et Sancho.

Vous saurez, seigneurs, que, dans un village, à quatre lieues et demie d'ici, un régidor perdit un âne par la malice et tromperie d'une sienne servante : ceci serait long à raconter; il fit inutilement toutes les recherches possibles pour le trouver. Il y avait quinze jours, selon le bruit public, que l'âne manquait, quand le régidor qui l'avait perdu étant sur la place, un de ses collègues lui dit : Compère, donnez-moi des étrennes, votre âne est retrouvé. Je vous les promets bonnes, compère, répondit le premier; mais où donc l'avez-vous vu? — Dans le bois, ce matin, sans bât, sans harnais aucun, et si maigre qu'il fait pitié. J'ai voulu le chasser devant moi pour vous le ramener; mais il est devenu si farouche, si sauvage que, quand je m'en suis approché, il s'est enfui et s'est caché dans le plus épais du bois. Si vous voulez que nous allions tous deux le chercher, laissez-moi conduire cette bourrique à la maison, je reviens à l'instant. Vous me ferez grand plaisir, répondit l'autre, à la pareille, comptez sur moi. C'est avec ces circonstances et de la même manière que je le fais maintenant, que racontent l'aventure tous ceux qui en ont connaissance. Enfin, nos deux régidors à pied et familièrement s'en allèrent au bois. Arrivés au lieu où ils pensaient trouver l'âne, ils ne le virent point ni dans les environs, malgré toutes leurs recherches. Voyant leur peine inutile, celui qui l'avait aperçu dit à l'autre : Compère, il me vient un expédient, qui sans doute pourra nous faire découvrir cet animal, quand il serait caché, non dans le bois, mais dans les entrailles de la terre. Je sais braire à merveille; si vous le savez aussi tant soit peu, notre affaire est faite. Tant soit peu, dites-vous, compère, reprit l'autre; par Dieu je ne le cède à personne et je défierais les ânes eux-mêmes. — C'est ce que nous allons voir. Prenez un côté du bois, j'irai par l'autre : nous en ferons ainsi le tour et le parcourrons entièrement. De temps en temps vous brairez de votre côté, moi du mien, il est impossible que l'âne ne nous entende et ne nous réponde, s'il est dans le bois. Compère, dit le maître de l'âne, l'idée est excellente et digne de votre grand esprit. Ils se séparèrent donc, et allèrent chacun de son côté. Le hasard voulut qu'ils se mirent à braire presque en même temps : chacun accourut, trompé par le cri de l'autre, et pensant que l'âne se montrait déjà. En se voyant : Est-il possible, compère, dit l'un, que ce ne soit pas mon âne que j'ai entendu? — Non, vraiment, c'était moi. — En vérité, compère, de vous à un âne il n'y a aucune différence, pour ce qui est de braire, et je vous avoue que je n'ai jamais entendu rien d'aussi parfait. Ces éloges, répondit l'auteur du plan, vous conviennent mieux qu'à moi, car, par le Dieu qui m'a créé, vous pouvez donner deux braiments d'avantage au plus habile qui soit au monde. Votre son est élevé, le plein de la voix est soutenu, mesuré, les reprises sont fréquentes et variées : en un mot, je me tiens pour battu et je vous cède la palme de ce rare mérite. — Je m'estimerai donc plus que je faisais auparavant, dit le maître de l'âne, et je croirai que je sais quelque chose. Je pensais bien avoir quelque talent, mais je ne m'étais jamais flatté d'être parvenu au point de perfection que vous dites. — Avouez, compère, qu'il y a dans ce monde bien des talents enfouis, ou mal employés par ceux qui ne savent pas en tirer parti. — Les nôtres, mon compère, ne nous peuvent servir que dans un cas comme celui-ci; encore, plaise à Dieu qu'ils nous soient aujourd'hui de quelque utilité!

Cela dit, ils se séparèrent de nouveau et recommencèrent à braire, mais à tout moment ils se trompaient et venaient se rejoindre, au point que pour n'être plus abusés, ils convinrent de répéter deux fois consécutivement leur cri[1]. Avec ces doubles braiments, ils parcoururent tout le bois, sans que l'âne perdu répondît même par signes. Et comment eût-il pu le faire, le pauvre animal, puisque enfin ils le trouvèrent au fond du bois, mangé par les loups? En le voyant, son maître s'écria : Je m'étonnais qu'il ne nous répondît pas ; certes, s'il n'eût pas été mort, il se fût mis à braire en nous entendant, ou il n'aurait pas été un âne. Mais, compère, après avoir eu le plaisir de vous entendre braire de si bonne grâce, je ne regrette pas ma peine, quoique j'aie trouvé ma bête morte. Vous êtes en bonne main, compère, répondit l'autre : car, si l'abbé chante bien, le moinillon ne lui cède en rien.

Ils s'en retournèrent à leur village, bien fâchés et enroués. Ils racontèrent à leurs amis, à leurs voisins, à leurs connaissances, ce qui leur était arrivé dans la recherche de l'âne, chacun vantant le talent de braire que possédait l'autre. Cette histoire se répandit dans les villages voisins. Le diable qui ne dort jamais et qui se plaît à semer la discorde en tous lieux, à faire naître des rixes en l'air et grand bruit de rien, a si bien fait, que, lorsque les habitants des villages voisins rencontrent quelqu'un du nôtre, ils se mettent aussitôt à braire pour nous jeter à la figure le braire de nos régidors. Les enfants se sont mis de la partie, et c'est comme si tous les diables s'en mêlaient. Cette moquerie a passé de village en village, et nos habitants sont signalés par ce maudit braire, comme les nègres parmi les blancs. L'irritation qu'ils en ont conçue est telle, que, déjà, plusieurs fois, les raillés se sont armés et sont sortis en bataille pour attaquer les railleurs, sans que roi ni roc, ni crainte, ni honte, aient pu les retenir. Je crois que, demain ou après-demain, ceux de mon village, qui est celui du braire, sortiront pour aller attaquer un autre village éloigné de deux lieues de nous ; il est un de ceux qui nous persécutent le plus : c'est pour être bien préparés que je viens d'acheter les lances et les hallebardes que vous avez vues. Voilà les merveilles que j'ai dit avoir à vous raconter : si vous ne les trouvez pas telles, je n'en sais pas d'autres. Ainsi finit le bonhomme.

En ce moment, entra dans l'hôtellerie un homme tout vêtu de chamois, chausses, bas et pourpoint. Seigneur hôtelier, dit-il à voix haute, y a-t-il ici de quoi loger? Voici le singe devin et le tableau de la liberté de Mélisandre. Corbleu ! dit l'hôtelier, voilà maître Pierre, c'est une bonne soirée qui se prépare. — J'oubliais de vous dire que ce maître Pierre portait sur l'œil gauche et sur presque la moitié de la joue un emplâtre de taffetas vert, comme si tout ce côté avait été malade. Soyez le bienvenu, maître Pierre, lui dit l'hôtelier. Où sont donc le singe et le tableau ? je ne les vois pas. — Ils vont arriver ; j'ai pris les devants pour savoir s'il y avait place ici. — Je délogerais le duc d'Albe pour recevoir maître Pierre, dit l'hôtelier ; que le singe et le tableau arrivent, il y a cette nuit dans mon hôtellerie des gens qui payeront bien la vue de l'un et l'habileté de l'autre. Tant mieux, répondit l'homme à l'emplâtre ; je modérerai le prix, pourvu que je sois dédommagé de mes

[1] C'est, dit-on, de cette anecdote qu'est venu le proverbe français : *Il y aura de l'âne*, pour dire : Il y a du malentendu, du quiproquo.

frais, je me croirai bien payé. Je vais faire avancer la charrette où sont le singe et le tableau. En même temps, il sortit de l'hôtellerie. Don Quichotte demanda à l'hôtelier qui était ce maître Pierre et ce que c'était que le singe et le tableau. Seigneur, répondit l'hôtelier, cet homme est un fameux joueur de marionnettes; depuis longtemps il parcourt toute la Manche d'Aragon, faisant voir le spectacle de Mélisandre délivrée par le fameux don Gayferos : c'est une des plus belles histoires et des mieux représentées que l'on ait vues depuis longtemps dans cette partie du royaume. Il mène aussi avec lui un singe, le plus habile qui se soit vu entre tous les singes et que l'on puisse imaginer parmi les hommes : si vous lui demandez quelque chose, il écoute attentivement la question, puis saute sur l'épaule de son maître, s'approche de son oreille et lui dit la réponse, que le maître répète soudain tout haut; il répond mieux sur le passé que sur l'avenir, et, quoiqu'il ne rencontre pas toujours juste, le plus souvent il ne se trompe pas, ce qui nous fait croire qu'il a le diable dans le corps. Il en coûte deux réaux pour chaque demande, lorsqu'on obtient une réponse du singe, je veux dire si le maître répond pour lui, après qu'il lui a parlé à l'oreille. Aussi pense-t-on que maître Pierre est très riche. C'est un galant homme, comme disent les Italiens, et bon compagnon; il mène la meilleure vie du monde : il parle plus que six, boit plus que douze, le tout aux dépens de sa langue, de son singe et de son tableau.

En ce moment, maître Pierre rentra, suivi de la charrette, dans laquelle étaient le théâtre et le singe, grand, sans queue, les fesses pelées, mais d'assez bonne apparence. A peine Don Quichotte l'aperçut qu'il lui dit : Seigneur devin, quel poisson[1] prenons-nous? Que doit-il nous arriver? Voici mes deux réaux, et en même temps, il fit signe à Sancho de les donner à maître Pierre. Seigneur, dit celui-ci, prenant la parole pour le singe, cet animal ne répond point sur l'avenir: il connaît un peu le passé et quelque peu aussi le présent. Au diable, dit Sancho, je ne donnerai pas une obole pour qu'on me dise ce qui m'est arrivé! qui peut le savoir mieux que moi-même? ce serait une grande simplicité que de payer pour apprendre ce que je sais déjà. Mais, puisqu'il connaît le présent, voici mes deux réaux, et que le seigneur singissime me dise ce que fait et de quoi s'occupe à présent Thérèse Pança, ma femme. Maître Pierre ne voulut pas prendre l'argent. Je n'ai pas coutume, dit-il, de recevoir l'avance du salaire sans avoir rendu le service. Il frappa, de la main droite, deux coups sur son épaule gauche, le singe y sauta sur-le-champ, et, s'approchant de l'oreille de son maître il remua activement les dents : ce mouvement dura bien le temps de dire un *Credo*, et un autre saut le remit à terre. Aussitôt maître Pierre vint avec grand empressement se mettre à genoux devant Don Quichotte, et, lui embrassant les jambes : Seigneur, dit-il, j'embrasse ces jambes comme si je touchais les colonnes d'Hercule; ô restaurateur insigne de la chevalerie errante oubliée! ô chevalier toujours trop peu loué, Don Quichotte de la Manche! soutien des faibles, appui de ceux qui vont choir, bras de ceux qui sont tombés, bâton et consolation de tous les affligés! Don Quichotte était en extase, Sancho confondu, le cousin interdit, le page étonné, l'homme au braire stupéfait, l'hôtelier confus, enfin, tous ceux qui avaient

[1] *Quel poisson prenons-nous?* C'est une expression proverbiale italienne, qui revient à : Qu'arrive-t-il ? ou à notre phrase : Quelle anguille sous roche?

entendu le joueur de marionnettes restaient immobiles de surprise. Il poursuivit : Et toi, ô bon Sancho Pança, le meilleur des écuyers et du plus excellent des chevaliers, réjouis-toi : ta bonne Thérèse est toujours bien portante ; elle peigne à l'heure qu'il est une livre de lin, et, pour plus de détails, j'ajouterai qu'elle a auprès d'elle une jarre ébréchée, qui contient une assez bonne quantité de vin, avec lequel elle égaie son travail. Je le crois sans peine, dit Sancho, car c'est une femme bien avisée et, si elle n'était pas jalouse, je ne la changerais point pour la géante Andandona qui, selon mon maître, fut une femme parfaite et bonne ménagère. Ma Thérèse est de celles qui ne se laissent manquer de rien, quoi qu'il en coûte à leurs héritiers. C'est bien maintenant, dit Don Quichotte, qu'on peut dire que celui qui a beaucoup lu et beaucoup voyagé, voit et sait beaucoup. J'en fais la remarque, car qui aurait pu me persuader qu'il y a des singes qui devinent, comme je viens d'en être témoin ? Je suis, en effet, ce même Don Quichotte qu'a nommé ce bon animal, mais sur les louanges duquel il s'est trop étendu, sans doute. Au reste, quel que je sois, je rends grâce au ciel de m'avoir donné un cœur doux et compatissant toujours enclin à faire du bien à tous et jamais de mal à personne. Si j'avais de l'argent, dit le page, je prierais le seigneur singe de me dire ce qui doit m'arriver dans mon voyage. J'ai déjà dit, répondit maître Pierre qui s'était relevé, que cet animal ne répond point sur l'avenir : s'il répondait, vous n'auriez pas besoin d'argent ; pour être agréable au seigneur Don Quichotte, j'oublierais tout l'intérêt du monde. Maintenant, pour lui rendre ce que je lui dois et pour le récréer je vais dresser mon théâtre et amuser tous ceux qui sont dans l'hôtellerie, sans qu'il en coûte rien à personne. A ces mots, l'hôtelier, tout joyeux, désigna la place, et le théâtre fut prêt en un moment. Don Quichotte n'était pas très satisfait des divinations du singe, il ne lui semblait pas naturel qu'un animal de cette espèce connût l'avenir ou le passé. Ainsi, pendant que maître Pierre préparait le théâtre, il se retira dans un coin de l'écurie avec Sancho, et là, sans être entendu de personne, il lui dit : J'ai bien examiné l'étonnante habileté de ce singe, et pour mon compte je ne doute point que maître Pierre, son maître, n'ait fait quelque pacte tacite ou exprès avec le diable. Si la pâte[1] est épaisse et vient du diable, dit Sancho, cela doit faire une pâte fort sale ; mais de quel profit peuvent lui servir ces pâtes ? — Tu ne m'entends pas, Sancho : je veux dire qu'il doit avoir fait quelque accord avec le diable, pour que celui-ci introduisît ce talent dans le singe, afin que le maître gagnât sa vie, et, quand il sera riche, il donnera à Satan son âme, qui est tout ce que demande cet ennemi des hommes. Ce qui me donne cette idée, est de voir le singe répondre seulement sur le passé et le présent, et le savoir du diable ne s'étend pas au-delà ; pour l'avenir, il ne le sait point, si ce n'est par conjecture, et quelquefois seulement, car à Dieu seul est réservée la connaissance des temps : pour lui, tout est présent ; il n'y a ni passé ni avenir. Les choses étant ainsi, il est clair que le singe parle comme ferait le diable, et je m'étonne

[1] Voici un de ces passages, heureusement assez rares, qu'on ne peut faire comprendre que par un équivalent. Il roule, dans l'espagnol, sur l'équivoque entre les mots *pacto* et *patio* (cour, cloître), qui ne se retrouve plus dans leurs correspondants français. Don Quichotte dit : *Sin duda este maese Pedro su amo debe de tener hecho* pacto *tacito o espreso con el demonio.* Sancho répond : *Si el* patio *es espeso y del demonio, sin duda debe de ser muy sucio patio.* Filleau de Saint-Martin joue sur les mots *convention* et *collation* ; Dubournial sur *pacte* et *paquet* ; Rosset sur *pacte* et *pâté*.

fort qu'on ne l'ait pas accusé auprès du saint office, qu'on ne l'ait pas examiné pour lui tirer du fond de la poitrine en vertu de quelle puissance il devine; certainement ce singe n'est point astrologue : son maître ni lui ne sauraient tracer ces figures qu'on appelle judiciaires, aujourd'hui si communes en Espagne qu'il n'y a femmelette, ni page, ni savetier qui ne se mêlent de dresser une figure comme s'il s'agissait de relever un valet de cartes, compromettant, par leur ignorance et par leurs mensonges, la vérité merveilleuse de la science. J'ai su qu'une dame demanda un jour à l'un de ces dresseurs de figures si une petite chienne de manchon qu'elle avait deviendrait pleine, combien elle aurait de petits, et de quelle couleur ils seraient. L'astrologue, après avoir tracé sa figure, répondit que la chienne deviendrait pleine, qu'elle aurait trois petits, l'un vert, l'autre incarnat, le troisième de couleur mêlée, mais sous la condition qu'elle serait couverte entre onze et douze heures de jour ou de nuit, un lundi ou un samedi : or, la chienne mourut d'indigestion au bout de deux jours, et le seigneur dresseur de figures eut, dans l'endroit, comme tous les autres ou comme la plupart de ces gens-là, la réputation de bon devin. Seigneur, dit Sancho, je voudrais pourtant bien que votre grâce dît à maître Pierre de demander à son singe si tout ce qui vous est arrivé dans la caverne de Montésinos est vrai, car, je vous en demande pardon, mais je regarde tout cela comme feinte et mensonge, ou tout au moins comme des choses rêvées. Tout cela pourrait être, répondit Don Quichotte : je ferai ce que tu me conseilles, quoique j'y éprouve je ne sais quel scrupule. En ce moment, maître Pierre vint chercher Don Quichotte, et lui dire que le théâtre était préparé, et qu'il vînt le voir parce qu'il en valait la peine. Don Quichotte lui communiqua sa pensée, et le pria de demander sur-le-champ à son singe si certaines choses, qui lui étaient arrivées dans la caverne de Montésinos, étaient des rêves ou des vérités, car, pour lui, elles lui semblaient tenir des uns et des autres. Pierre, sans lui répondre, alla chercher son singe, puis placé devant Don Quichotte et Sancho, il dit : Seigneur singe, ce chevalier désire savoir si certaines choses qu'il a vues dans une caverne, dite de Montésinos, sont vraies ou fausses. Il fit le signal accoutumé, le singe sauta sur son épaule gauche, paraissant lui parler à l'oreille, et Pierre dit : Le singe répond qu'une partie de ce que votre seigneurie a vu dans ladite caverne est fausse, et l'autre vraisemblable, c'est tout ce qu'il sait relativement à cette demande, et que si vous désirez en savoir davantage, il répondra vendredi prochain à tout ce que vous lui demanderez; quant à présent, la faculté qu'il a de deviner est passée, et ne reviendra plus que vendredi, comme il l'a dit. Ne vous le disais-je pas bien, seigneur, s'écria Sancho, que je ne pouvais croire que tout ce que vous disiez avoir vu dans cette caverne fût vrai, pas même la moitié! Les événements le diront, Sancho, répondit Don Quichotte. Le temps qui découvre toutes choses, n'en laisse pas une sans la produire à la lumière du jour, fût-elle cachée au centre de la terre. Mais laissons cela pour le moment, allons voir le théâtre du bon maître Pierre, il doit, je pense, contenir quelque chose de nouveau. Comment! quelque chose? répliqua maître Pierre; il en contient plus de soixante mille. Je vous dis, Seigneur Don Quichotte, que c'est une des choses le plus dignes d'être vues qu'il y ait au monde : croyez les effets et non les paroles [1]. La main à l'œuvre, il se fait tard

[1] *Operibus credite et non verbis.*

et nous avons beaucoup à dire, beaucoup à faire, beaucoup à montrer. Don Quichotte et Sancho le suivirent à l'endroit où le théâtre était établi à découvert et éclairé de tous côtés par de petites bougies [1] qui le rendaient brillant et splendide. Maître Pierre passa derrière la toile, car c'était lui qui faisait mouvoir les figures, et dehors se plaça un jeune garçon, au service de maître Pierre, pour servir d'interprète et expliquer la représentation, il tenait une baguette à la main, avec laquelle il désignait les figures à mesure qu'elles paraissaient. Don Quichotte, Sancho, le page et le cousin, prirent les meilleures places; tous les autres qui se trouvaient dans l'hôtellerie se placèrent, quelques-uns debout en face du théâtre, et le truchement commença à dire ce qu'entendra et verra celui qui verra et entendra le chapitre suivant.

CHAPITRE XXVI.

SUITE DE L'AGRÉABLE AVENTURE DU JOUEUR DE MARIONNETTES, AVEC D'AUTRES CHOSES EXCELLENTES.

Tyriens et Troyens firent silence [2]; je veux dire que tous les spectateurs attendaient avidement le récit de l'interprète, quand on entendit, derrière la toile, le bruit d'une quantité de trompettes et de cymbales et des décharges d'artillerie; tout ce bruit passa bientôt et le jeune garçon éleva la voix et dit: Seigneurs, l'histoire véritable qui est ici représentée devant vous est tirée mot à mot des chroniques françaises et des romances espagnoles, qui sont dans la bouche de tout le monde, et même des enfants. Elle raconte comment le seigneur don Gayferos mit en liberté son épouse Mélisandre, qui était prisonnière en Espagne, au pouvoir des Maures, dans la ville de Sansueña, ainsi se nommait alors la cité de Saragosse. Remarquez ici comment don Gayferos s'amuse à jouer aux dames, ainsi que le dit la romance:

Gayferos est occupé à jouer aux dames, et ne songe plus à Mélisandre [3].

Ce personnage que vous voyez, la couronne en tête et le sceptre à la main, c'est l'empereur Charlemagne, père putatif de la belle Mélisandre; fâché de voir l'oisiveté et l'insouciance de son gendre, il vient pour lui faire des reproches: voyez avec quelle vigueur il le réprimande, on dirait qu'il va lui donner, avec son sceptre, une demi-douzaine de horions, il y a même des auteurs qui assurent qu'il les lui donna, et bien appliqués. Après lui avoir dit beaucoup de choses sur le

[1] Ces tableaux, appelés *retablos de las marabillas*, étaient fort en vogue du temps de Cervantes, non seulement dans les villages, mais même dans les villes; c'était ce que sont nos théâtres de marionnettes.
[2] Allusion à ce vers de l'Énéide:

Conticuêre omnes, intentique ora tenebant. (v. 1, l. II.)

[3] Jugando está á las tablas don Gayferos,
Que ya de Melisandra esta olvidado.

danger que courait son honneur, en ne délivrant pas son épouse, il ajouta, dit-on :

Je t'en ai dit assez : veille-s-y [1].

Voyez présentement, seigneurs, comme l'empereur tourne le dos, et laisse tout dépité don Gayferos ; voyez comment, transporté de colère, il jette loin de lui les dames et le damier, demande ses armes, et prie son cousin Roland de lui prêter son épée Durandal. Voyez comme Roland la refuse, mais lui offre sa compagnie dans la difficile entreprise où il va s'engager. Le mari, courroucé, le rejette, et dit, que lui seul, il suffit pour délivrer sa femme, fût-elle enfermée dans le centre de la terre. Il s'arme pour se mettre en route aussitôt. Jetez maintenant les yeux sur cette tour qui s'élève ici : elle vous représente une des tours du palais de Saragosse, qu'on appelle aujourd'hui l'Aljaferia. Cette dame que vous voyez sur ce balcon, habillée à la moresque, est l'incomparable Mélisandre : elle y monte souvent pour regarder de là le chemin de France, et soulager l'ennui de sa captivité en pensant à Paris et à son époux. Voyez maintenant un nouvel incident qui peut-être n'a jamais été vu ; n'apercevez-vous pas ce Maure qui vient silencieux et à pas de loup, un doigt sur la bouche, derrière Mélisandre ; voyez comme il lui donne un baiser sur les lèvres, la grande hâte qu'elle a de cracher et de les essuyer avec la manche blanche de sa chemise ; elle se lamente et arrache ses beaux cheveux, comme s'ils devaient porter la faute de cet affront. Regardez aussi ce grave Maure, dans cette galerie : c'est Marsilio, roi de Sansueña ; il a vu l'insolence du Maure, et quoiqu'il soit son parent et son favori, il le fait saisir et ordonne qu'on lui applique deux cents coups de fouet, et qu'on le promène par les rues les plus fréquentées avec les crieurs publics devant et les ministres de justice derrière. Voyez la garde qui sort pour exécuter la sentence, quoiqu'à peine la faute vienne d'être commise, parce que, chez les Maures, il n'y a point d'information ni de vérification de preuves comme chez nous. Enfant, interrompit Don Quichotte, suis ton histoire en droite ligne, sans te détourner, ni rien mettre à la traverse : pour éclaircir un fait, il faut bien des preuves et des confirmations. Maître Pierre ajouta de derrière le tableau : Petit, rapporte les choses simplement, et fais ce que ce seigneur t'ordonne, c'est le mieux ; suis le plain-chant sans t'engager dans le contre-point, le menu est sujet à casser. Je le ferai, dit l'enfant. Et il continua : Cette figure que vous voyez à cheval, couverte d'une cape gasconne, c'est celle de don Gayferos lui-même qu'attend son épouse. Déjà vengée de l'insolence du Maure amoureux, elle s'est placée d'un visage plus tranquille aux balcons de la tour, elle parle à son époux, le prenant pour un voyageur, avec lequel elle tient tous les discours rapportés en la romance qui dit :

Chevalier, si tu vas en France,
Informe-toi de don Gayferos [2].

Je ne les répéterai pas, car la prolixité amène l'ennui. Il suffit de voir comment

[1] Melisandra esta en Sansueña.
Vos en Paris, descuidado ;
Vos ausente, alla muger.
Harto os he dicho, miradlo.

[2] Caballero si à Francia ides,
Por Gayferos, preguntad.

don Gayferos se fait connaître, comment Mélisandre par son action joyeuse nous prouve qu'elle l'a reconnu : elle veut se précipiter du balcon pour se jeter sur la croupe du cheval de son époux. Mais, ô malheur! sa jupe s'accroche à une pointe du balcon : elle reste suspendue en l'air, sans pouvoir atteindre la terre. Mais voyez comme le ciel nous assiste dans les besoins les plus pressants ; don Gayferos approche, et, sans s'embarrasser si la riche jupe qu'elle porte sera déchirée ou non, il la tire à lui, la fait descendre de force jusqu'à terre, et d'un seul élan la place sur la croupe de son cheval, jambe deçà, jambe delà comme un homme ; il lui recommande de se bien tenir et de l'embrasser étroitement, de peur qu'elle ne tombe, parce que madame Mélisandre n'était pas accoutumée à chevaucher ainsi. Voyez comme les hennissements du cheval témoignent le plaisir qu'il éprouve de porter cette double charge de vaillance et de beauté en son maître et sa maîtresse. Voyez comme ils font volte-face, sortent de la ville, et prennent, tout joyeux, le chemin de Paris. Allez en paix, couple incomparable de vrais amants : puissiez-vous arriver sains et saufs dans votre chère patrie, sans que la fortune mette obstacle à votre heureux voyage! Puissent les yeux de vos parents, de vos amis, vous voir passer dans une paix tranquille les jours qui vous restent, et qu'ils soient aussi nombreux que ceux de Nestor! Ici la voix de maître Pierre s'éleva de nouveau : De la simplicité, enfant, point d'enflure, toute affectation est vicieuse. L'interprète ne répondit rien et continua : les yeux oisifs qui découvrent tout ne manquèrent pas de voir Mélisandre descendre du balcon et monter à cheval ; on en instruisit le roi Marsilio, qui fit aussitôt sonner l'alarme. Voyez avec quelle promptitude on exécute ses ordres. Il semble que la ville va s'abîmer au bruit des cloches qui sonnent dans toutes les tours des mosquées. Pour cela non, dit Don Quichotte, maître Pierre se trompe sur le fait des cloches : les Maures n'en ont point ; ils se servent de cymbales et d'une espèce de fifre qui ressemble à notre hautbois : faire sonner les cloches à Sansueña, c'est une grande distraction. Seigneur, dit maître Pierre en cessant de sonner, ne faites pas attention à ces bagatelles, et ne prenez pas les choses si fort au pied de la lettre que l'on ne s'y retrouve plus. Ne voit-on pas représenter mille comédies pleines de choses déplacées et d'extravagances? Cependant elles fournissent leur carrière heureusement ; on les écoute non seulement avec applaudissement, mais avec admiration et ce qui s'ensuit. Poursuis, petit garçon, et laisse dire : pourvu que je remplisse mon sac, qu'importe que mes impropriétés soient aussi nombreuses que les atomes du soleil? Vous avez raison, dit Don Quichotte. Et l'enfant continua : Voyez quelle nombreuse et brillante cavalerie sort de la ville pour courir après les deux amants chrétiens ; que de trompettes sonnent, que de fifres frappent l'air, que de cymbales, que de tambours résonnent! Je crains bien qu'on ne les attrape, et qu'on ne les ramène attachés à la queue de leur propre cheval, ce qui serait un affreux spectacle. A la vue de tant de Maures en campagne, au bruit éclatant de tant d'instruments guerriers, Don Quichotte crut qu'il était temps de venir au secours des fugitifs, il se lève et s'écrie d'une voix éclatante : Non, je ne souffrirai pas qu'en ma présence, et tant que je vivrai, l'on fasse une insigne trahison à un chevalier aussi fameux, à un amant aussi brave que don Gayferos. Arrêtez, canaille réprouvée, cessez cette poursuite, ou préparez-vous à me combattre. A ces mots il tire son épée, d'un saut arrive au théâtre, et, d'une fureur inouïe, tombe à grands coups d'épée sur les marionnettes maures, abattant les unes, décollant les autres, estropiant ceux-ci, mutilant ceux-là. Il porte, entre autres, un si furieux coup du haut en bas, que si maître Pierre ne se fût baissé, blotti et couché par terre, il lui eût fendu la tête comme une pâte à massepains. Maître Pierre s'épuisait à crier: Arrêtez, seigneur Don Quichotte, faites attention que ceux que vous abattez, tuez, mutilez, ne sont pas de vrais Maures, mais de petites figures de pâte. Pécheur que je suis! vous me ruinez, vous m'ôtez tout mon bien. Malgré ces cris Don Quichotte ne cessait de presser les coups d'estoc, de taille, de revers, qui tombaient serrés comme la pluie. Enfin, en moins de deux *Credo*, il mit le théâtre par terre, brisa les appareils et toutes les figures : le roi Marsilio était grièvement blessé, l'empereur Charlemagne avait la tête et la couronne fendues en deux. Tout le sénat des auditeurs était dans la confusion : le singe s'enfuit sur les toits, le cousin trembla, le page resta stupéfait, Sancho lui-même eut grande frayeur, car, après la tempête, il jura n'avoir jamais vu son maître dans une aussi grande colère. Quand tout le tableau fut en pièces, Don Quichotte se calma un peu: Je voudrais, dit-il, tenir ici tous ceux qui refusent de croire combien sont utiles au monde les chevaliers errants. Voyez, si je ne m'étais pas trouvé présent! que seraient devenus le bon don Gayferos et la belle Mélisandre? Il n'est pas douteux qu'en ce moment ils seraient retombés au pouvoir de ces chiens, qui leur feraient quelque outrage. Vive donc la chevalerie errante par-dessus toutes les choses qui ont vie sur la terre! Qu'elle vive, à la bonne heure, dit maître Pierre d'une voix dolente, et que je meure, moi, qui suis si malheureux, que je peux dire, avec le roi don Rodrigue :

Hier, j'étais seigneur de l'Espagne, et aujourd'hui je n'ai pas une tourelle que je puisse dire à moi [1].

Il n'y a pas une demi-heure, pas même un instant, j'avais en ma possession des rois et des empereurs; mes écuries, mes coffres, mes sacs étaient fournis d'un nombre infini de chevaux, de mille et mille richesses; maintenant je suis pauvre, mendiant, abattu, désolé, et, par-dessus tout, je n'ai plus mon singe, car, avant de le reprendre, il me faudra suer jusqu'aux dents; et tout cela m'arrive par la fureur inconsidérée de ce chevalier qu'on dit être le rempart des orphelins, le redresseur des torts; il exerce envers les autres des œuvres de charité, ce n'est qu'envers moi seul que ses intentions généreuses sont en défaut. Que Dieu soit béni au plus haut des cieux! enfin c'était au chevalier de la Triste Figure qu'il était réservé de défigurer les miennes. Sancho Pança fut attendri des plaintes de maître Pierre, et lui dit: Ne pleure point, ne te lamente pas ainsi; tu me brises le cœur. Sache que mon maître Don Quichotte est si bon chrétien et si scrupuleux, que, s'il reconnaît qu'il t'a fait quelque tort, il saura bien et voudra bien le réparer, même à ton avantage. — Pourvu que le seigneur Don Quichotte veuille me payer une partie du dommage qu'il m'a fait, je serai content, et il déchargera sa conscience : car on ne saurait être sauvé si on retient le bien d'autrui contre sa volonté, et si on ne le lui restitue. Cela est vrai, maître Pierre, dit Don

[1] Ayer fui señor de España,
Y hoy no tengo una almena
Que pueda decir que es mia.

Quichotte; mais je ne vois pas que jusqu'ici j'aie retenu rien du vôtre. — Comment rien! et ces débris que vous voyez gisants sur le sol dur et stérile, qui les a dispersés, anéantis, si ce n'est la force de votre invincible bras? les corps qu'ils formaient, à qui appartenaient-ils, sinon à moi? qui me faisait vivre, si ce n'étaient eux? C'est maintenant, répond Don Quichotte, que je me confirme en ce que j'ai déjà pensé plusieurs fois, que les enchanteurs qui me persécutent me mettent sous les yeux les figures des objets tels qu'ils sont, puis les changent comme il leur plaît. Je vous atteste, je vous certifie, seigneurs qui m'écoutez, qu'il m'a semblé que tout ce qui se passait devant moi se passait au pied de la lettre; que Mélisandre était réellement Mélisandre, don Gayferos don Gayferos, Marsilio Marsilio, et Charlemagne Charlemagne: ce spectacle m'a enflammé de colère; pour remplir mes devoirs de chevalier errant, j'ai voulu donner aide et protection aux fugitifs, j'ai fait dans cette louable intention ce que vous avez vu. S'il en est mal arrivé, ce n'est pas ma faute, mais bien celle des méchants qui me persécutent. Cependant, quoique mon erreur ne provienne pas de malice, je me condamne moi-même aux dépens. Que maître Pierre voie ce qu'il lui faut pour les figures brisées, j'offre de les lui payer à l'instant, en bonne et valable monnaie castillane. Je n'en attendais pas moins, dit maître Pierre en s'inclinant, de la chrétienne probité du vaillant Don Quichotte de la Manche, le véritable soutien, le rempart des nécessiteux et des vagabonds. Le seigneur hôtelier et le grand Sancho seront les arbitres entre votre grâce et moi, et décideront ce que valent ou valaient les figures brisées. L'offre fut acceptée, et maître Pierre leva de terre le roi Marsilio de Saragosse, avec la tête de moins. Vous voyez bien, dit-il, que ce roi ne peut revenir à son premier état; ainsi, sauf meilleur avis, je crois que pour sa fin, son trépas, sa destruction, on doit me donner quatre réaux et demi. A un autre, dit Don Quichotte. Pour cette fente du haut en bas, reprit maître Pierre, tenant entre ses mains les deux parts de l'empereur Charlemagne, ce n'est pas trop de cinq réaux et un quart. Ce n'est pas peu, dit Sancho. Ni beaucoup, dit l'hôtelier, partageons le différend, et mettons cinq réaux. Mettez les cinq et un quart, dit Don Quichotte, un quart de plus ou de moins ne fait rien pour le montant d'un si notable désordre. Mais dépêchons; il est l'heure de souper, et je sens que j'ai faim. Pour cette figure, dit maître Pierre, qui a le nez et un œil de moins, c'est la belle Mélisandre: je demande, en conscience, deux réaux douze maravédis. Ce serait bien le diable, dit Don Quichotte, si Mélisandre et son époux n'étaient pas au moins sur la frontière de France, car le cheval qui les portait m'a paru plutôt voler que courir; ainsi il n'y a pas à me vendre un chat pour un lièvre, en me présentant une Mélisandre sans nez, tandis que la véritable est maintenant en France, à se réjouir à jambe étendue avec son époux. Que chacun se contente de ce que Dieu lui a donné, maître Pierre, marchons droit et sans malice, et poursuivez. Maître Pierre, qui vit Don Quichotte donner à gauche et près de retourner à sa première folie, craignit qu'il ne lui échappât, et reprit: Ce ne doit point être ici Mélisandre, ce sera quelqu'une de ses demoiselles; ainsi je me contenterai de soixante maravédis. De la même manière il mit un prix à beaucoup d'autres figures mutilées: les arbitres modérèrent le tout au gré des deux parties, et la somme se monta à quarante réaux trois quarts, que Sancho paya sur-le-champ. Pierre demanda deux autres réaux pour la peine de rattraper le singe.

Donne-les, Sancho, dit Don Quichotte, non pour le singe, mais pour prendre la guenon[1]. J'en donnerais deux cents de bon cœur à celui qui me dirait avec certitude que madame Mélisandre est maintenant en France parmi les siens, avec don Gayferos. Personne ne pourrait mieux vous le dire que mon singe, dit maître Pierre ; mais le diable ne le rattraperait pas maintenant. Cependant j'espère que la faim et l'attachement qu'il a pour moi l'obligeront à me chercher cette nuit. Il fera jour demain, nous nous reverrons. Enfin, le désordre fut réparé, et tous soupèrent en paix et de compagnie, aux dépens de Don Quichotte, qui était extrêmement libéral. L'homme qui portait les lances et hallebardes partit avant le jour ; de bonne heure, le cousin et le page vinrent prendre congé de Don Quichotte : le premier retournait chez lui, l'autre allait poursuivre son chemin. Don Quichotte lui donna, pour l'aider, une douzaine de réaux. Maître Pierre ne voulut plus rien avoir à démêler avec Don Quichotte, qu'il connaissait fort bien ; c'est pourquoi il se leva avant le soleil, ramassa les débris de son théâtre, rattrapa son singe et s'en alla, de son côté, chercher des aventures. L'hôtelier, qui ne connaissait pas Don Quichotte, n'était pas moins étonné de sa folie que de sa libéralité. Finalement, Sancho le paya fort bien, par ordre de son maître, et prenant congé, sur les huit heures du matin, le maître et l'écuyer se mirent en route. Nous les laisserons aller, cela est nécessaire pour raconter d'autres particularités qui conviennent à la clarté de cette mémorable histoire.

CHAPITRE XXVII.

OU L'ON VERRA QUI ÉTAIT MAITRE PIERRE ET SON SINGE, ET LE MAUVAIS SUCCÈS DE DON QUICHOTTE DANS L'AVENTURE DU BRAIMENT, QU'IL NE TERMINA PAS COMME IL L'AURAIT VOULU ET COMME IL L'AVAIT PENSÉ.

Cid Hamet, l'auteur de cette grande histoire, commence ce chapitre par ces paroles : *Je jure comme chrétien catholique*, etc. ; le traducteur fait observer que ces mots dans la bouche de Cid Hamet, qui était Maure, sans aucun doute, ne veulent dire autre chose sinon que, de même que le chrétien catholique, quand il jure, jure ou doit jurer la vérité et la dire en tout, de même, lui Hamet, jure qu'il va dire la vérité aussi fidèlement qu'un chrétien dans ce qui regarde Don Quichotte, spécialement en expliquant ce qu'était maître Pierre et le singe devin, dont les divinations faisaient l'admiration de toute la contrée.

Il dit donc : Celui qui aura lu la première partie de cette histoire devra se rappeler ce Ginès de Pasamonte, à qui, parmi d'autres galériens, Don Quichotte donna la liberté dans la Sierra-Morena, bienfait dont fut peu reconnaissante et le paya mal cette race perverse, accoutumée à mal faire. Ce Ginès de Pasamonte, que Don Quichotte appelait Ginesillo de Parapilla, fut celui qui vola l'âne de Sancho : et parce que, dans la première partie, on a omis, par la faute des imprimeurs,

[1] Tomar la mona, boire, s'enivrer.

de dire quand et comment il fit ce vol, plusieurs ont attribué au défaut de mémoire de l'auteur ce qui ne provenait que d'une faute d'impression. En somme, Ginès vola l'âne tandis que Sancho dormait dessus, au moyen de la ruse dont Brunel se servit pour voler à Sacripant, au siége d'Albraque, son cheval entre ses jambes. Sancho le recouvra depuis, comme nous l'avons dit. Ce Ginès fuyait les poursuites de la justice, qui le recherchait pour une infinité de délits, tels et en si grand nombre qu'il en composa lui-même un gros volume. Il se détermina à passer dans le royaume d'Aragon, à couvrir son œil gauche d'un grand emplâtre, et se fit joueur de marionnettes, ce qu'il savait faire aussi bien que les tours d'adresse de mains. Il acheta depuis, de quelques chrétiens revenant de Barbarie, ce singe auquel il apprit à sauter sur son épaule à un certain signal, et à faire semblant de lui parler à l'oreille. Cela fait, avant que d'entrer dans un village pour y montrer le singe et le théâtre, il s'informait, dans le lieu le plus voisin et de qui pouvait mieux l'instruire, des particularités arrivées dans cet endroit, et aussi des personnes. Il conservait bien dans sa mémoire ces divers renseignements, et commençait par faire voir son spectacle, qui représentait tantôt une histoire, tantôt une autre, mais toutes joyeuses, agréables et connues. La représentation finie, il annonçait le talent de son singe, disant qu'il devinait le présent et le passé, mais ne se vantait pas d'être aussi habile sur l'avenir. Pour chaque réponse il demandait deux réaux, faisait meilleur marché à d'autres, suivant qu'il tâtait le pouls aux gens; il entrait quelquefois dans la maison de tel, dont il connaissait les affaires, encore qu'on ne lui demandât rien, il ne manquait pas de faire le signal à son singe, et puis il disait que le singe lui avait découvert telle ou telle chose qui venait tout à point : avec ce stratagème, il acquit un crédit inconcevable, et tout le monde courait après lui. D'autres fois, en homme avisé, il composait ses réponses de manière à ce qu'elles convinssent aux demandes, et, comme personne ne songeait à s'informer de quelle manière son singe pouvait deviner, il se moquait de tous, et remplissait son escarcelle. En entrant dans l'hôtellerie, il reconnut sur-le-champ Don Quichotte et Sancho, il lui fut donc facile de leur causer une grande surprise, ainsi qu'à tout le monde; cependant il lui en aurait coûté cher, si Don Quichotte avait un peu plus baissé la main quand il coupa la tête au roi Marsilio, et détruisit toute sa cavalerie, comme nous l'avons dit au précédent chapitre. Voilà ce qu'il y avait à dire de maître Pierre et de son singe.

Retournons à Don Quichotte. En sortant de l'hôtellerie, il résolut de visiter d'abord les rives de l'Èbre et tous les environs, avant que d'entrer dans Saragosse; le temps encore éloigné des joutes lui en laissait le loisir. Il suivit son chemin avec cette intention, et voyagea pendant deux jours sans rien rencontrer qui soit digne d'être mis par écrit; mais, le troisième, en montant une colline, il entendit un grand bruit de tambours, de trompettes et d'arquebuses. Il crut d'abord que c'était un régiment de soldats qui passait sur le revers, et, pour les voir, il piqua Rossinante et atteignit le haut de la colline. Arrivé au sommet, il vit au pied plus de deux cents hommes, à son avis, armés de diverses manières, de lances, d'arbalètes, de pertuisanes, de hallebardes, de piques, de quelques arquebuses et de beaucoup de rondaches. Il descendit la côte et s'approcha de si près de cet escadron, qu'il vit distinctement les bannières, les couleurs, et lut les devises qu'elles portaient; une, entre autres, se distinguait par un étendard de satin blanc, sur lequel était peint, au naturel, un âne, de la grandeur d'un petit âne sarde, la tête levée, la bouche ouverte, la langue dehors, dans l'attitude d'un âne qui brait; autour de lui on lisait en grosses lettres :

Ce n'est pas pour rien que deux alcades se sont mis à braire [1].

Par cette enseigne, Don Quichotte jugea que ces gens devaient être ceux du village au braire; il le dit à Sancho, en lui lisant ce qui était écrit sur l'étendard. Il ajouta que celui qui leur avait raconté le fait s'était trompé sans doute, en disant que le braire était venu de régidors, puisque, d'après les vers, il fallait l'attribuer à des alcades. Seigneur, répondit Sancho, il est inutile de s'arrêter à cela, il se peut que les deux régidors soient, avec le temps, devenus des alcades, et dans ce cas on peut leur donner les deux titres; au reste, cela ne fait rien à la vérité de l'histoire, qu'ils soient alcades ou régidors, pourvu qu'ils aient brait, et un alcade peut tout aussi bien braire qu'un régidor. Enfin, ils se convainquirent que le village insulté marchait contre un autre village qui l'insultait avec plus d'acharnement que n'en devrait admettre le bon voisinage. Don Quichotte aborda la troupe, au grand déplaisir de Sancho, qui n'aima jamais à se trouver en pareilles rencontres. L'escadron s'ouvrit pour le recevoir, le prenant pour un guerrier de son parti. Don Quichotte leva sa visière de fort bonne grâce, et s'approcha de l'étendard de l'âne; là, les principaux de la troupe l'environnèrent et le considérèrent avec cet étonnement qu'inspirait toujours sa première vue. Don Quichotte, les voyant attentifs à l'examiner, sans qu'aucun ouvrît la bouche et lui fît la moindre question, voulut profiter de ce silence; il prit la parole, et d'une voix élevée leur tint ce discours :

Dignes seigneurs, je vous supplie de tout mon pouvoir de ne pas interrompre un discours que je veux vous faire, tant qu'il ne vous ennuiera ou ne vous déplaira pas : si cela arrive, au moindre signal de votre part, je mettrai sur ma bouche un cachet et un frein à ma langue. Tous l'assurèrent qu'il pouvait dire ce qu'il voudrait, et qu'ils l'écouteraient volontiers. Après cette assurance, Don Quichotte reprit : Mes seigneurs, je suis chevalier errant; mon métier est celui des armes, ma profession est de favoriser ceux qui ont besoin de faveur et de secourir les nécessiteux. Depuis plusieurs jours je connais votre disgrâce et la cause qui vous arme à tout moment pour vous venger de vos ennemis. J'ai réfléchi plus d'une fois sur votre affaire, et je trouve que, suivant la loi du duel, vous êtes dans l'erreur de vous croire offensés : un homme seul, en effet, ne saurait offenser un peuple entier, à moins qu'il ne l'accuse en masse de trahison, parce qu'il ignore quel est l'auteur de cette trahison pour laquelle il le défie. Nous en avons un exemple dans don Diégo Ordoñez de Lara, qui défia tout le peuple de Zamora, parce qu'il ignorait que Vellido Dolfos était seul auteur de la mort de son roi : il s'en prit à tous; tous avaient donc droit de répondre et de venger leur offense. Il est bien vrai que le seigneur don Diégo fut un peu outrecuidant, et passa de fort loin les bornes du défi, car il ne pouvait prendre à partie ni les morts, ni les enfants à naître, ni les eaux, ni les pains et tout ce qu'on voit en détail

[1] No rebuznaron en balde
El uno y el otro alcade.

dans son cartel. Mais laissons cela : quand la colère sort des gonds, il n'y a père, maître, ni frein qui retienne la langue. Étant donc reconnu qu'un homme seul ne peut offenser un royaume, république, province, ville, ou population entière, il est également évident que l'on ne saurait poursuivre la vengeance d'un pareil affront, puisqu'il n'existe pas; il ferait beau voir qu'à tous moments les habitants de la Reloja [1], les Cazoleros [2], les Berengeneros [3], les Ballenatos [4], les Jaboneros [5], et tous ceux à qui l'on donne des surnoms, qui courent parmi les enfants et gens de bas aloi, se battissent avec ceux qui les appellent de la sorte; il ferait beau voir à coup sûr que ces honnêtes citoyens fussent sans cesse en armes, en querelles, qu'ils eussent les épées dégainées à chaque démêlé, si petit qu'il fût. Non, non, Dieu ne le veut ni ne le permet. Les hommes sages et prudents, les États bien gouvernés ne se décident à prendre les armes, à tirer l'épée, à exposer leurs personnes, leurs vies, leurs biens, que pour quatre motifs : le premier, pour défendre la foi catholique; le second, pour défendre leur vie, ce qui est de droit naturel et divin; le troisième, pour défendre leur honneur, leurs familles, leurs biens; le quatrième, pour le service du roi, dans une guerre juste; et si nous voulions y ajouter une cinquième cause (que l'on pourrait placer la seconde), pour défendre leur patrie. A ces cinq principales causes, on en peut ajouter quelques autres justes et raisonnables, et qui peuvent contraindre à prendre les armes, mais les prendre pour des bagatelles et pour des choses qui sont plutôt des plaisanteries et des passetemps que des offenses, c'est être privé de tout jugement; il y a plus : chercher une vengeance injuste (de justes il ne saurait y en avoir), c'est aller directement contre la sainte loi que nous professons : elle nous ordonne de faire du bien à nos ennemis, d'aimer ceux qui nous haïssent, commandement qui, bien qu'il paraisse un peu difficile à suivre, ne l'est cependant que pour ceux qui préfèrent le monde à Dieu, la chair à l'esprit. Jésus-Christ, véritable Homme-Dieu, qui ne mentit jamais, qui ne pouvait et ne peut mentir, a dit en nous donnant sa loi que son joug est doux et son fardeau léger : il ne pouvait donc nous commander une chose impossible à exécuter. Ainsi, mes seigneurs, vous êtes obligés, par les lois divines et humaines, à vous apaiser. Le diable m'emporte, dit en lui-même Sancho, si mon maître n'est pas théologien, et s'il ne l'est pas, il ressemble à un théologien comme un œuf ressemble à un autre.

Don Quichotte reprit haleine un moment, et, voyant que le silence continuait, il allait poursuivre, si l'esprit subtil de Sancho n'était venu se jeter à la traverse. Voyant son maître se reposer, il prit les devants et dit :

Mon seigneur Don Quichotte de la Manche, autrefois appelé le chevalier de la Triste Figure, et maintenant le chevalier des Lions, est un gentilhomme judicieux : il sait le latin et le castillan comme un bachelier, et, dans tout ce qu'il dit et conseille, il se conduit comme un bon soldat; il sait sur son ongle toutes les lois et ordonnances sur ce qu'on nomme les duels : ainsi, il n'y a rien de mieux à faire

[1] Le mot *relox* signifie horloge, montre, pendule. L'allusion nous est inconnue.

[2] *Cazoleros*, ou plutôt *Cazalleros*, ceux de Valladolid, ainsi surnommés d'Augustin de *Cazalla*, natif de cette ville, qui fut justicier.

[3] *Berengeneros*, ceux de Tolède, du mot *Berengena*, aubergine.

[4] *Ballenatos*, les petits de baleine, ceux de Madrid.

[5] *Xaboneros*, ceux de Getafe.

qu'à se laisser conduire par ses avis; s'il y a de l'erreur, je la prends sur moi. Il vous a dit que c'est une grande simplicité que de se battre seulement pour avoir entendu braire. Je me souviens que, quand j'étais petit, je me mettais à braire, quand il m'en prenait envie, sans que personne y contredît, et avec tant de grâce et de vérité, que tous les ânes du village répondaient à ma voix; je n'en étais pas moins l'enfant de mon père et de ma mère, tous deux très honorés, quoique pour ce talent je fusse envié de plus de quatre des plus huppés du village, je ne m'en souciais pas plus que de deux maravédis. Mais, afin que vous soyez convaincus que je ne vous en impose pas, faites attention et écoutez-moi : cette science est comme celle de nager, une fois apprise, elle ne s'oublie jamais. Aussitôt il porte la main à son nez, et se met à braire d'une telle force que tous les vallons voisins en retentirent. Un de ceux qui étaient auprès de lui, s'imaginant qu'il se moquait d'eux, leva une gaule qu'il tenait à la main et lui en déchargea un tel coup que, sans pouvoir s'en empêcher, Sancho alla tomber par terre. Don Quichotte, voyant Sancho si maltraité, court, la lance au poing, sur celui qui l'avait frappé; mais tant de gens se mettent entre eux qu'il ne lui est pas possible de venger son écuyer. Au contraire, sentant déjà pleuvoir sur lui une nuée de pierres, menacé par mille arbalètes, et non moins d'arquebuses, il tourne bride, et, au plus grand galop de Rossinante, s'éloigne, en priant Dieu de tout son cœur de le délivrer de ce danger; il croyait à chaque pas que quelque balle allait lui entrer par le dos et sortir par la poitrine, et retenait à tous moments son haleine pour voir si elle lui manquait; mais la troupe se contenta de le voir fuir, sans tirer. On mit sur son âne Sancho, à peine revenu de sa chute, et on le laissa rejoindre son maître; il n'était guère en état de conduire son grison, mais il suivait de lui-même la piste de Rossinante, sans lequel il ne pouvait faire un pas. Don Quichotte s'étant mis à une bonne distance, tourna la tête, et vit Sancho qui venait à lui, sans être poursuivi : aussitôt il s'arrêta pour l'attendre. La troupe des paysans resta dans la campagne jusqu'à la nuit, et, les ennemis n'ayant point paru, ils se retirèrent tout fiers et tout joyeux : s'ils avaient connu l'antique coutume des Grecs, ils auraient érigé sur le lieu même un trophée.

CHAPITRE XXVIII.

DES CHOSES QUE DIT BENENGELI, ET QUE SAURA LE LECTEUR, S'IL LES LIT AVEC ATTENTION.

Quand le brave fuit, c'est qu'il a découvert quelque supercherie, et il est d'un homme prudent de se réserver pour une meilleure occasion. Cette vérité fut prouvée par Don Quichotte, qui, loin de vouloir résister à la furie et aux intentions hostiles de cet escadron courroucé, gagna au pied sans songer à Sancho, au danger auquel il le laissait exposé, et ne cessa de s'éloigner qu'il ne se crût en sûreté. Sancho le suivait, couché tout en travers sur son âne, comme nous l'avons dit. Il l'atteignit enfin, revenu entièrement à lui, et en arrivant se laissa choir de son âne aux pieds de Rossinante, tout accablé, tout froissé, tout moulu. Don Quichotte mit pied à terre pour visiter ses blessures ; mais, ne lui en trouvant aucune et le voyant sain de la tête aux pieds, il lui dit en colère : Mal vous a pris d'avoir su braire, Sancho, où avez-vous vu qu'il fût prudent de parler de corde dans la maison d'un pendu? et quel autre contre-point pouvait avoir votre musique d'âne que des coups de bâton? Rendez grâces à Dieu de n'avoir reçu la bénédiction qu'avec un bâton, et qu'on n'ait pas fait sur vous le signe de la croix avec un cimeterre. Je ne suis pas en état de répondre, dit Sancho, il me semble que je parle par les épaules; montons et éloignons-nous. Je ne brairai plus, mais je ne laisserai pas de dire que les chevaliers errants fuient et laissent leurs bons écuyers, moulus comme blé, au pouvoir de leurs ennemis. Celui qui se retire ne fuit pas, répondit Don Quichotte : apprends, Sancho, que la valeur qui n'est pas guidée par la prudence prend le nom de témérité, et les succès d'un téméraire doivent s'attribuer à la fortune et non à son courage. J'avoue donc que je me suis retiré, mais je n'ai pas fui, et en cela j'ai imité plusieurs hommes vaillants qui ont cru devoir se conserver pour un temps meilleur. Les histoires sont pleines de semblables exemples : je ne te les rapporte pas, parce qu'ils ne te serviraient de rien, et que je ne suis pas en humeur de le faire. Cependant Sancho était remonté sur son âne, avec l'aide de Don Quichotte ; celui-ci se remit en selle, et peu à peu ils allèrent s'enfoncer dans un bois de peupliers qu'on apercevait à un quart de lieue. De temps en temps, Sancho poussait de profonds hélas! et des gémissements douloureux. Son maître lui demanda la cause de ces plaintes amères, et il répondit que sur toute la longueur de l'épine du dos jusqu'à la nuque, il éprouvait une douleur qui lui faisait perdre le sentiment. La cause de cette douleur vient sans doute, lui dit Don Quichotte, de ce que la gaule avec laquelle on t'a frappé étant longue, elle a embrassé toutes les épaules où aboutissent toutes les parties qui te font mal ; si elle en avait embrassé davantage tu sentirais plus de douleur. Par Dieu, dit Sancho, vous m'ôtez là d'un grand doute, et vous me l'expliquez en termes très clairs. Corbleu! la cause de ma douleur était-elle si bien cachée qu'il fût besoin de me dire que c'était tout ce que le bâton avait frappé qui me faisait mal? Si j'éprouvais de la douleur à la cheville du pied, ce pourrait être deviner que de m'en dire la cause, mais il ne faut pas être grand sorcier pour me dire que je souffre où l'on m'a battu. Par ma foi, seigneur notre maître, mal d'autrui ne nous touche guère, et chaque jour je vais découvrant un peu plus du peu que je dois attendre de votre compagnie : si cette fois vous m'avez laissé bâtonner, une autre fois et cent autres nous reviendrons aux bernements et autres gentillesses : aujourd'hui j'en suis pour mes épaules, ensuite il m'en coûtera les yeux. Il serait bien meilleur pour moi (mais je ne suis qu'un homme grossier, et ne ferai jamais rien de bien dans toute ma vie), il vaudrait, dis-je, bien mieux m'en retourner dans ma maison, auprès de ma femme et de mes enfants, pour maintenir l'une et élever les autres avec ce que Dieu voudra me donner, que de suivre votre seigneurie à travers champs, par des sentiers d'où l'on ne saurait se tirer, buvant mal et mangeant encore pis. Veut-on dormir? comptez mon frère l'écuyer, sept pieds de terre. En voulez-vous davantage? prenez-en encore autant; il ne tient qu'à vous, étendez-vous à votre aise. Oh! que je voudrais voir brûlé et réduit en poudre le premier qui inventa la chevalerie errante, ou du moins le premier qui consentit à être l'écuyer de tels fous que devaient être les chevaliers du temps passé ! Je ne dis rien de ceux d'aujourd'hui ; je leur porte respect, car votre grâce en est un, et parce que je connais que vous savez un point de plus que le diable, en tout ce que vous dites et pensez. Je gagerais bien avec vous, Sancho, dit Don Quichotte, que, depuis que vous parlez sans que personne vous en empêche, vous ne sentez plus aucun mal. Parlez donc, mon fils, tant que vous voudrez, et dites tout ce qui vous viendra à la bouche ; pourvu que vous ne souffriez pas, je supporterai tout l'ennui que me donnent vos impertinences. Et si vous désirez tant de retourner auprès de votre femme et de vos enfants, à Dieu ne plaise que je vous en empêche ! vous avez mon argent ; voyez combien il y a de temps que nous avons commencé cette troisième sortie, voyez ce que vous pouvez et devez gagner par mois, et payez-vous par vos mains. — Quand je servais Thomas Carrasco, le père du bachelier Samson[1], que vous connaissez bien, il me donnait deux ducats par mois, sans compter la nourriture ; mais avec vous, je ne sais trop ce que je peux gagner, quoique je sache bien que l'écuyer d'un chevalier errant a plus de mal que celui qui sert un laboureur : au service de ceux-ci, quelque travail, quelque fatigue qu'on ait durant le jour, du moins, le soir on mange la soupe et on couche dans un lit ; je n'y ai jamais couché depuis que je vous sers, je n'excepte que le peu de temps que nous avons passé chez don Diégo de Miranda, la bonne chère que je fis avec l'écume des marmites de Camache, et ce que j'ai bu, mangé et dormi chez Basile ; tout le reste du temps j'ai dormi sur la dure, à ciel découvert, exposé à ce que vous nommez les inclémences du ciel, vivant de restes de fromage, de croûtes de pain, buvant l'eau des ruisseaux et des fontaines que nous rencontrons dans nos courses. Je confesse, répondit Don Quichotte, que tout ce que tu viens de dire est vrai : combien te semble-t-il que je doive te donner de plus que Thomas Carrasco ? — Il me semble qu'avec deux réaux de plus par mois je me trouverai bien payé. Voilà pour le salaire de mon travail ; mais pour m'indemniser de la promesse que vous m'aviez faite de me donner le gouvernement d'une île, il serait juste d'y ajouter six autres réaux, ce qui ferait en tout trente. — Fort bien : ainsi, il y a vingt-cinq jours que nous sommes partis ; compte au prorata combien il te revient, d'après le salaire que tu as fixé toi-même, et paye-toi, comme je te l'ai dit, par tes mains. — Vrai Dieu ! combien votre seigneurie se trompe dans son compte ! Pour la promesse de l'île, il faut compter à partir du jour où vous me l'avez faite, jusqu'à présent. — Et combien y a-t-il que je te l'ai promise ? — Si j'ai bonne mémoire, il doit y avoir plus de vingt ans, trois jours de plus ou de moins. Don Quichotte se frappa le front et se mit à rire de bon cœur. Vingt ans ! dit-il, mais je ne suis resté dans la Sierra-Morena, et dans toutes nos courses que deux mois à peine, et tu prétends, Sancho, qu'il y a vingt ans que je t'ai promis cette île ? Je vois bien que tu veux que l'argent que tu as à moi se consomme tout en salaire ; s'il en est ainsi et si tel est ton désir, je te le donne dès ce moment, et grand bien te fasse ; j'aime mieux être pauvre et sans argent que de garder un si méchant écuyer. Mais, dis-moi, prévaricateur des ordonnances de la chevalerie errante concernant les écuyers, où as-tu jamais vu ni lu qu'aucun écuyer soit entré en compte avec son

[1] Au chapitre II de cette seconde partie, Cervantes l'appelle Barthélemi ; mais on a déjà vu de sa part de semblables inadvertances.

seigneur sur ceci : vous me donnerez par chaque mois tant pour mes services? Entre, entre, brigand, monstre, félon ; entre, te dis-je, dans la grande mer de ces histoires, et si tu trouves un seul écuyer qui ait dit ou pensé ce que tu viens de dire, je consens que tu me le cloues sur le front, et que tu me passes de surcroît quatre fois la main bien serrée sur le visage. Va, tourne la bride ou le licou de ton âne, retourne dans ta maison ; un seul pas de plus avec moi je ne le souffrirai pas. O pain mal reconnu! promesses mal placées! homme qui tiens plus de la brute que de l'humanité! tu me quittes au moment où je m'occupais de te mettre en tel état qu'en dépit de ta femme on t'aurait donné de la seigneurie ; tu pars lorsque j'avais l'intention ferme et positive de te faire seigneur de la meilleure île qui soit au monde. Enfin, comme tu l'as dit d'autres fois, le miel n'est pas fait, etc. ; âne tu es, âne tu dois être, âne tu seras jusqu'au dernier jour de ta vie ; car je crois bien que ce dernier jour arrivera avant que tu sois convaincu que tu n'es qu'une bête.

Sancho regardait fixement Don Quichotte, tandis que celui-ci l'accablait de reproches, et se sentait pris d'une telle componction que les larmes lui vinrent aux yeux. D'une voix tremblante et désolée, il dit à son maître : Seigneur, je confesse que, pour être un âne parfait, il ne me manque que la queue ; s'il vous plaît de me l'attacher, je la tiendrai pour bien placée, et je vous servirai comme âne tous les jours de ma vie. Pardonnez-moi, ayez pitié de ma jeunesse. Songez que je sais peu, et si je parle beaucoup, c'est plutôt faiblesse que malice : mais qui pèche et s'amende, à Dieu se recommande. — Je me serais émerveillé, Sancho, si tu n'avais point mêlé quelque petit proverbe à ton discours. C'est bien, je te pardonne, à condition que tu te corrigeras, et ne te montreras plus si intéressé à l'avenir. Prends courage seulement, et repose-toi sur la foi de mes promesses, dont l'effet, pour être tardif, n'est pas devenu impossible. Sancho répondit qu'il le ferait quoique ce fût tirer du courage de sa faiblesse. En ce moment, ils entrèrent dans le bois. Don Quichotte s'étendit au pied d'un orme, Sancho au pied d'un hêtre[1]. La nuit fut douloureuse pour lui, car le serein lui rendait ses contusions plus sensibles. Don Quichotte la passa dans ses souvenirs ordinaires : malgré tout leurs yeux se fermèrent, et au lever de l'aurore, ils reprirent leur chemin vers les rives de l'Èbre, où leur arriva ce qu'on lira dans le chapitre suivant.

CHAPITRE XXIX.

DE LA FAMEUSE AVENTURE DE LA BARQUE ENCHANTÉE.

Don Quichotte et Sancho, à pas comptés et à compter[2], deux jours après avoir quitté le bois de peupliers, arrivèrent sur les bords de l'Èbre. La vue du fleuve réjouit Don Quichotte. Il contempla et admira la beauté de ses rives, la limpidité de ses eaux, le calme de son cours, l'abondance de son liquide cristal, et cet aspect

[1] Ici se trouve un jeu de mots que l'on n'ose qualifier : *que estos arboles y otros sus semejantes siempre tienen pies y no manos ;* car ces arbres et les autres ont des pieds et non des mains.

[2] *Por sus pasos contados y por contar.*

riant réveilla dans sa mémoire mille amoureuses pensées. Il se rappela surtout la vision qu'il avait eue dans la caverne de Montésinos, et quoique le singe de maître Pierre lui eût dit qu'une partie était mensongère et une autre vraie, au fond de son cœur il la tenait toujours pour véritable, bien opposé à Sancho, qui la traitait absolument de fable. Comme ils marchaient le long du fleuve, ils aperçurent une petite barque, sans rames, sans agrès, attachée sur la rive à un tronc d'arbre. Don Quichotte regarda de tous côtés et ne vit personne; aussitôt il saute à terre sans balancer, ordonne à Sancho d'en faire autant et d'attacher les deux montures à un saule ou peuplier qui se trouvait là. Sancho lui demande la cause de ces préparatifs subits. Apprends, lui répond Don Quichotte, que cette barque que tu vois m'attend indubitablement, sans qu'il puisse en être autrement, et me convie à y entrer pour aller secourir un chevalier, ou quelque autre personnage important qui doit se trouver dans un grand danger. C'est là ce que l'on voit dans les histoires de chevalerie et l'usage des enchanteurs qu'on y voit agir et parler. Quand un chevalier est réduit à une telle extrémité qu'il ne peut être délivré que par un autre chevalier, quoique ce dernier soit séparé de lui de deux ou trois mille lieues et même plus, ils l'enlèvent dans une nue ou lui envoient une barque, et, en moins d'un clin d'œil, soit par mer, soit dans les airs, ils le transportent où son secours est nécessaire. Ainsi, Sancho, cette barque est placée là pour une semblable cause: cela est aussi vrai qu'il fait jour en ce moment. Avant donc qu'il soit plus tard, attache ensemble Rossinante et l'âne, et Dieu nous conduise; quand les frères déchaux voudraient m'en détourner, je ne laisserais pas de m'embarquer.

S'il en est ainsi et que vous vouliez à chaque pas vous abandonner à ce que l'on pourrait bien appeler des extravagances, je n'ai plus qu'à vous obéir et baisser la tête, en pensant au proverbe: fais ce que ton maître te commande, et viens t'asseoir à table avec lui. Cependant pour l'acquit de ma conscience, je dois vous avertir que cette barque ne me paraît pas appartenir à des enchanteurs, mais à quelques pêcheurs de cette rivière, car on y pêche les meilleures aloses du monde. Sancho disait cela pendant qu'il attachait les bêtes, les abandonnant, avec une douleur profonde, à la protection des enchanteurs. Don Quichotte lui dit de ne pas s'en affliger, que celui qui devait les guider dans ces régions *longinques*[1] saurait bien en prendre soin. Je ne connais pas ces *logiques*[2], dit Sancho, et n'ai de ma vie entendu pareil mot. — *Longinques*, répondit Don Quichotte, veut dire lointaines; mais ce n'est pas merveille que tu ne comprennes pas ce mot, tu n'es pas obligé de savoir le latin, comme certaines gens qui croient le savoir et ne s'en doutent pas. Les bêtes sont attachées, dit Sancho, que reste-t-il à faire? — Le signe de la croix, puis lever l'ancre, c'est-à-dire nous embarquer et couper l'amarre qui retient la barque. Il saute dans l'embarcation. Sancho le suit, et, la corde coupée, le bateau commença à dériver. Quand Sancho se vit à environ deux vares du bord, il commença à trembler, craignant de se perdre; mais rien ne lui fut plus sensible que d'entendre braire son âne et de voir que Rossinante faisait des efforts pour se détacher. Il dit à son maître : L'âne brait

[1] *Longinquos.*

[2] *Logiquos.* Dubournial, pour éviter le mot *longinquos*, substitue le jeu de mots de *régions* et *légions*. Je ne connais pas ces légions, dit Sancho.

de douleur de notre absence, et Rossinante cherche à se mettre en liberté pour se jeter à notre suite. O chers amis ! demeurez en paix et que la folie qui nous éloigne de vous nous ramène quand elle sera reconnue. Lors, il se mit à pleurer si amèrement que Don Quichotte lui dit, tout en colère : Que crains-tu, couarde créature ? pourquoi pleures-tu, poltron [1] ? qui te poursuit, cœur de souris ? que te manque-t-il, au sein de l'abondance ? par hasard gravis-tu pieds nus les monts Riphées ? Tu es assis sur ces planches comme un archiduc, t'abandonnant au cours tranquille de cet agréable fleuve, qui, dans peu d'instants, nous portera en pleine mer. Nous avons déjà bien fait sept ou huit cents lieues. Si j'avais ici un astrolabe, pour prendre la hauteur du pôle, je te dirais combien nous avons fait de chemin. Cependant je n'y entends rien, ou nous avons déjà passé la ligne équinoxiale, qui court à égale distance des deux pôles, ou du moins nous la passerons bientôt. Quand nous serons à cette ligne que vous dites, demanda Sancho, combien aurons-nous fait de chemin ? — Beaucoup, car, de trois cent soixante degrés qui forment la circonférence du globe de la terre et de l'eau, suivant le comput de Ptolémée, le meilleur des cosmographes, nous en aurons fait la moitié quand nous serons parvenus à cette ligne [2]. Par Dieu, seigneur, dit Sancho, vous m'amenez là en témoignage une gentille personne : vous l'appelez *puto, gafo* [3], et *meon* ou *meo*, je ne sais lequel. Don Quichotte se mit à rire de l'interprétation que Sancho donnait au nom et au comput du cosmographe Ptolémée. Écoute, lui dit-il ; un des indices auxquels les Espagnols, et ceux qui s'embarquent à Cadix pour les Indes orientales, reconnaissent s'ils ont passé la ligne dont je t'ai parlé, c'est que sur tous ceux qui se trouvent dans le navire, les poux meurent sans exception ; on n'en retrouverait pas un seul dans tout le bâtiment, au poids de l'or. Tu peux donc promener ta main sur une de tes cuisses : si tu trouves quelque chose de vivant, nous serons hors de doute ; si tu ne trouves rien, nous avons dépassé la ligne. Je ne crois rien de tout cela, dit Sancho : je ferai cependant ce que vous m'ordonnez, quoique je ne sache pas la nécessité de cette expérience, car je vois, par mes propres yeux, que nous ne sommes pas éloignés de la rive de cinq vares, et nous n'en avons pas descendu deux, voilà Rossinante et l'âne à l'endroit même où nous les avons laissés ; j'ai beau regarder, je soutiens que nous ne bougeons pas, ou que nous allons moins vite que le pas d'une fourmi. — Fais, Sancho, l'épreuve que je t'ai dite, et ne te mêle point d'autres choses : tu ne sais ce que sont colures, lignes, parallèles, zodiaque, écliptique, pôles, soltices, équinoxes, planètes, signes, points ; toutes mesures dont se composent les sphères céleste et terrestre ; si tu connaissais toutes ces choses, ou une partie, tu verrais clairement combien de parallèles nous avons franchis, combien de signes nous avons parcourus, combien de con-

[1] *Corazon de mantequillas*, mantequillas, petits pains très minces faits de beurre et de sucre.

[2] Cervantes se trompe étrangement dans son calcul. Pour avoir parcouru 180 degrés, il aurait fallu qu'il eût été d'un pôle à l'autre, ou d'un point quelconque, à ses antipodes. De l'embouchure de l'Èbre à l'équateur, il n'y a que le nombre de degrés qui expriment la latitude septentrionale de cette embouchure, c'est-à-dire à peu près 40 degrés en droite ligne. Mais toujours aurait-il fallu gagner l'Océan, puisque l'embouchure de l'Èbre est dans la Méditerranée.

[3] Misérable jeu de mots pris de ceux-ci : *computo del cosmografo Ptolomeo*. Sancho ajoute : *con la añadidura de* meon, *o* meo, *o no se como*. *Puto*, c'est notre vieux mot pute, *gafo* lépreux ; *méon* de *méar*, lâcher de l'eau.

stellations nous avons laissées et laissons maintenant encore derrière nous. Je te dis, encore une fois, tâte-toi et cherche : je suis sûr que tu es plus net qu'un feuillet de papier blanc. Enfin, Sancho se tâta[1], et promena sa main jusqu'au jarret gauche, puis, relevant la tête et regardant son maître : Ou l'expérience est fausse, dit-il, ou nous ne sommes pas encore arrivés où vous dites, il s'en faut beaucoup. — Comment ! as-tu donc trouvé quelqu'un ? Quelques-uns même, dit Sancho; et secouant ses doigts, il se lava la main dans la rivière, sur laquelle la barque glissait en gagnant doucement le fil de l'eau, sans qu'aucune intelligence secrète, aucun enchanteur caché, rien autre chose la fît mouvoir qu'un courant doux et paisible.

En ce moment, ils aperçurent de grands moulins à eau placés au milieu de la rivière. Don Quichotte les vit à peine, qu'il s'écria : Vois, ami, nous découvrons enfin la cité, le château, la forteresse où doivent se trouver quelque chevalier persécuté, ou quelque reine, infante ou princesse malheureuse, au secours desquels je suis appelé. Et de quelles diables de villes, de forteresses ou châteaux parlez-vous? dit Sancho : ne voyez-vous pas bien que ce sont des moulins à eau pour moudre le blé? — Tais-toi, Sancho ; ce qui paraît des moulins n'en est pas : ne t'ai-je pas déjà dit que les enchantements transformaient et changeaient la nature des choses? Je ne veux pas dire qu'ils les changent réellement, mais en apparence, comme te le prouve la métamorphose de Dulcinée, l'unique refuge de mes espérances. Cependant, la barque, entrée dans le milieu du courant, commençait à aller moins lentement. Les meuniers, qui l'aperçurent, et qui voyaient qu'elle allait s'engouffrer dans le rapide courant des roues, sortirent promptement avec de longues perches, pour l'arrêter ; enfarinés comme ils l'étaient, leur visage et leurs habits tout blancs leur donnaient une étrange apparence. Où allez-vous donc, diables d'hommes? criaient-ils de toute leur force : êtes-vous désespérés ! voulez-vous vous faire mettre en pièces par ces roues? Ne te disais-je pas bien, Sancho, reprit alors Don Quichotte, que nous en étions venus au moment où je dois montrer jusqu'où va la force de mon bras? Vois combien de félons et malandrins viennent à ma rencontre ; vois combien de fantômes veulent s'opposer à ma valeur, combien de figures hideuses nous font la grimace. C'est maintenant que vous m'allez voir, veillaques, et debout, dans la barque, il se met à menacer les meuniers. Canaille maudite et téméraire ! leur crie-t-il, rendez tout à l'heure la liberté à la personne haute ou basse, de quelque qualité qu'elle soit, que vous tenez captive dans votre forteresse ou prison : je suis Don Quichotte de la Manche, surnommé le chevalier des Lions, à qui, par la faveur du ciel, est réservé de mettre à fin cette aventure. En disant ces mots, il tire son épée, et s'escrime en l'air contre les meuniers. Ceux-ci, entendant et ne comprenant pas ces folies, se mirent en devoir d'arrêter, avec leurs perches, le bateau, déjà engagé dans les eaux des roues. Sancho, à genoux, priait dévotement le ciel de le délivrer d'un péril aussi manifeste, ce qu'il fit par l'adresse et la diligence des meuniers ; ils opposèrent à la barque leurs longs bâtons, et l'arrêtèrent, mais non avec assez de bonheur pour empêcher le choc de renverser le bateau, et Don Quichotte et Sancho de tomber dans l'eau : bien en prit au premier de savoir nager comme

[1] Il faut avouer que tous ces détails ne sont pas du meilleur goût ; on peut les ranger avec ceux des effets du baume de fier-à-bras, qu'on a vus dans la première partie.

un canard, quoique cependant le poids de ses armes le fît aller à fond deux fois; sans le secours des meuniers qui se jetèrent dans l'eau pour les retirer tous deux, ils auraient trouvé là une nouvelle Troie.

On les mit à terre, plus trempés que morts de soif. Sancho, à genoux, les mains jointes et les yeux levés au ciel, demanda à Dieu, par une longue et fervente prière, de le mettre à l'avenir à l'abri des extravagantes entreprises et témérités de son maître. Les pêcheurs à qui appartenait la barque survinrent alors, et, la voyant brisée par les roues, se mirent à dépouiller Sancho, et demandèrent à Don Quichotte de les payer. Celui-ci, aussi tranquille que s'il ne lui fût rien arrivé, répondit aux meuniers et aux pêcheurs qu'il payerait volontiers le dommage, sous condition qu'ils mettraient sur-le-champ et franchement en liberté la personne ou les personnes qu'ils retenaient prisonnières dans leur château. Quelle personne et quel château voulez-vous dire, homme sans jugement? répond un des meuniers : voulez-vous, par hasard, enlever ceux qui viennent moudre à ces moulins? Il suffit, dit entre ses dents Don Quichotte : ce serait prêcher dans le désert que de vouloir faire faire par prière à cette canaille quelque action vertueuse. Dans cette aventure, deux puissants enchanteurs ont dû se trouver en opposition : l'un des deux a détruit ce que l'autre voulait faire; l'un m'a envoyé la barque, l'autre m'a jeté dans les roues du moulin. Que Dieu y porte remède; tout dans ce monde est composé de forces et d'éléments contraires. Je ne puis rien de plus. Haussant ensuite la voix, et regardant les moulins : Amis, dit-il, qui que vous soyez, vous qui restez enfermés dans cette prison, pardonnez-moi. Pour mon malheur et pour le vôtre je ne puis vous délivrer, cette aventure doit être réservée à un autre chevalier. En disant ces mots, il s'entendit avec les pêcheurs et paya pour la barque cinquante réaux, que Sancho donna bien malgré lui. Avec deux embarquements comme celui-ci, dit-il, nous irons bientôt à fond, nous et notre argent. Les meuniers et les pêcheurs ne pouvaient se lasser d'admirer ces deux figures, si différentes des autres hommes, et ne comprenaient pas à quoi tendaient toutes les questions que leur faisait Don Quichotte; ils prirent ces deux hommes pour des fous, et les laissèrent pour retourner les uns à leurs moulins, les autres à leurs cabanes. Don Quichotte et Sancho restèrent bêtes et retournèrent à leurs bêtes. Telle fut la fin de l'aventure de la barque enchantée.

CHAPITRE XXX.

DE CE QUI ADVINT A DON QUICHOTTE AVEC UNE BELLE CHASSERESSE.

Le maître et l'écuyer revinrent à leurs bêtes avec assez de mélancolie et de mauvaise humeur, surtout Sancho, pour qui, s'en prendre à l'argent, c'était s'en prendre à son âme, et qui trouvait que tout ce qu'on lui en ôtait était autant d'ôté à la prunelle de ses yeux. Sans dire une parole, ils montèrent à cheval, et s'éloignèrent du fameux fleuve. Don Quichotte était enseveli dans ses pensées amoureuses, et

Sancho dans ses projets de fortune, qui lui semblaient pour le moment bien loin de se réaliser. Quoiqu'il fût simple, il voyait bien que toutes les actions de son maître, ou la plupart, étaient extravagantes, et il cherchait l'occasion de décamper un beau jour, sans entrer en compte et sans prendre congé, et de retourner dans sa maison; mais la fortune arrangea les choses autrement qu'il ne craignait.

Le lendemain, au coucher du soleil, et au sortir d'une forêt, Don Quichotte jeta par hasard les yeux sur une verte prairie, au bout de laquelle il aperçut du monde; il s'en approcha, et reconnut que c'étaient des chasseurs au faucon; plus près encore, il distingua dans la troupe une belle dame, montée sur un palefroi, ou haquenée blanche, dont le harnais était vert et la selle garnie d'argent; la dame était pareillement habillée de vert, avec tant de grandeur et de richesse que la magnificence même semblait transformée en elle. Elle avait sur le poing gauche un faucon, ce qui fit juger à Don Quichotte qu'elle devait être une grande dame et la maîtresse de tous ces chasseurs, comme elle l'était effectivement. Il dit donc à Sancho : Cours, mon fils, et dis à cette dame au faucon et au palefroi, que le chevalier des Lions baise les mains de sa grande beauté, et que, si sa grandeur le permet, j'irai les baiser moi-même et la servir en tout ce que son altesse ordonnera, et autant que mes forces me le permettront. Prends bien garde, Sancho, à ta manière de t'exprimer, et ne va pas t'aviser d'enchâsser quelque proverbe à la mode dans ton ambassade. Vous avez bien trouvé l'enchâsseur, répondit Sancho : c'est bien à moi qu'il faut dire cela; ce n'est pas la première fois de ma vie que j'ai fait des ambassades à de hautes et puissantes dames. Si ce n'est lorsque tu fus trouver madame Dulcinée, reprit Don Quichotte, je ne sache pas que tu aies fait d'autres ambassades, du moins depuis que tu m'appartiens. — Il est vrai, répondit Sancho ; mais un bon payeur ne craint point de donner des gages, et, dans une maison bien fournie, le souper est bientôt prêt : je veux dire qu'il n'est pas besoin de me faire la leçon et de m'avertir de rien, parce que de tout et pour tout je sais un peu. — Je le crois, Sancho : va donc à la bonne heure, et Dieu te conduise. Sancho part rapidement, pressant le pas de son âne, et arrive à l'endroit où était la belle chasseresse ; il met pied à terre, fléchit le genou, et lui dit : Belle dame, ce chevalier que vous voyez là-bas, et qu'on appelle le chevalier des Lions, est mon maître, et moi je suis son écuyer, nommé, dans sa maison, Sancho Pança. Ce chevalier des Lions, qu'on appelait, il n'y a pas longtemps, le chevalier de la Triste Figure, m'envoie dire à votre grandeur qu'il lui plaise lui donner la permission que, sous son bon plaisir, congé et consentement, il vienne satisfaire son désir, qui n'est autre, comme il le dit et comme je le pense, que de servir votre excellente fauconnerie et beauté; en l'accordant, votre seigneurie fera une chose qui tournera à son profit, et lui, en recevra une grâce et un contentement très signalés. Certes, bon écuyer, répondit la dame, vous avez rempli votre message avec toutes les circonstances qu'exigent de pareilles ambassades. Levez-vous : il n'est pas juste de laisser à genoux l'écuyer d'un aussi grand chevalier que celui de la Triste Figure, que nous connaissons déjà beaucoup ; levez-vous, mon ami : dites à votre maître qu'il sera le bienvenu auprès de moi et du duc mon mari, s'il veut se rendre à une maison de plaisance que nous avons ici.

Sancho se leva, aussi émerveillé de la beauté de la dame que de sa douceur et de sa courtoisie, et surtout de ce qu'elle lui avait dit connaître son maître, le chevalier de la Triste Figure ; si elle ne l'avait pas appelé le chevalier des Lions, c'était sans doute parce qu'il s'était donné ce nom trop nouvellement. Frère écuyer, lui dit la duchesse, dont le nom n'est pas connu[1], votre maître n'est-il pas celui dont on a imprimé l'histoire, sous le titre de *l'Ingénieux gentilhomme Don Quichotte de la Manche*, et qui a pour dame de ses pensées une certaine Dulcinée du Toboso ? C'est lui-même, madame, répondit Sancho, et l'écuyer qui figure ou doit figurer dans cette histoire, et qu'on nomme Sancho Pança, c'est moi-même, à moins qu'on ne m'ait changé en nourrice, je veux dire dans le livre. Je m'en réjouis beaucoup, dit la duchesse. Allez donc, frère Pança, dites à votre maître qu'il est le bien arrivé et le bien venu dans mes domaines, et que rien ne pouvait me faire plus de plaisir.

Avec cette agréable réponse, Sancho, tout joyeux, retourna à son maître : il lui raconta tout ce que lui avait dit la grande dame, élevant aux nues, dans son rustique langage, sa grande beauté, sa bonne grâce et sa courtoisie. Don Quichotte se rengorge sur la selle, s'affermit sur les étriers, arrange sa visière, presse les flancs de Rossinante, et, d'une gracieuse allure, s'avance pour aller baiser les mains de la duchesse ; elle avait fait appeler le duc son mari, et, en attendant l'arrivée de Don Quichotte, lui avait fait part de l'ambassade. Tous deux avaient lu la première partie de cette histoire : ils connaissaient par elle la folie de Don Quichotte, avaient grande envie de le connaître lui-même, et l'attendaient avec impatience ; ils se proposaient de se conformer à son humeur, d'approuver tout ce qu'il dirait, et de le traiter en chevalier errant, tout le temps qu'il passerait chez eux, avec toutes les cérémonies rapportées dans les livres de la chevalerie errante, qu'ils avaient lus, et ils les aimaient beaucoup.

Don Quichotte s'avança la visière haute; et, comme il s'apprêtait à descendre de cheval, Sancho accourut pour lui tenir l'étrier ; mais il fut si malheureux, qu'en sautant à bas de son âne, son pied se prit dans une corde du bât sans qu'il pût se dégager, de sorte qu'il demeura suspendu, la poitrine et la bouche touchant à terre. Don Quichotte, qui n'avait pas coutume de descendre sans qu'on lui tînt l'étrier, crut que Sancho était là pour lui rendre cet office ; en descendant sans ménager le poids de son corps il entraîna la selle, qui sans doute était mal sanglée, de sorte que la selle et lui tombèrent à terre, non sans honte de sa part, et bon nombre de malédictions prononcées tout bas contre le pauvre Sancho, qui restait toujours le pied dans l'entrave. Le duc ordonna à ses chasseurs d'aller relever le maître et l'écuyer. Don Quichotte, froissé de sa chute, alla tout boitant et du mieux qu'il put se mettre à genoux devant les deux seigneurs, mais le duc ne voulut point le permettre. Il descendit de cheval, et vint embrasser Don Quichotte, en lui disant : J'ai bien du déplaisir, seigneur chevalier de la Triste Figure, de la disgrâce qui vous arrive la première fois que vous mettez le pied sur mes terres ; mais la négligence des écuyers occasionne souvent de pires accidents. — La faveur que je reçois en ce moment, vaillant prince, ne laisse accès à aucun mal : ma chute ne se fût-elle arrêtée qu'au fond des abîmes, la gloire de

[1] Dans une très longue note, Pellicer conjecture que ce duc n'est point tout à fait imaginaire, comme on pourrait le croire, et que Cervantes a voulu désigner un duc de Villa Hermosa, qui avait en effet, dans le temps indiqué par Cervantes, un château dans l'endroit qu'il désigne.

vous avoir vu m'en retirerait. Mon écuyer, que Dieu maudisse, sait mieux délier sa langue pour dire des malices, qu'attacher solidement une selle. Mais, en quelque posture que je me trouve, à terre ou debout, à pied comme à cheval, je serai toujours à votre service et à celui de madame la duchesse, votre digne compagne, dame de beauté, princesse universelle de la courtoisie. Doucement, seigneur Don Quichotte, dit le duc : où est madame Dulcinée du Toboso l'on ne saurait louer d'autre beauté. Sancho était alors dégagé du bât, et se trouvant tout près, prit la parole avant son maître. On ne peut nier, dit-il, que madame Dulcinée du Toboso ne soit fort belle, on doit, au contraire, l'affirmer ; mais le lièvre se lève là où l'on y pense le moins ; j'ai ouï dire que ce qu'on appelle nature est comme un potier qui fait des vases d'argile : celui qui en a fait un beau peut en faire deux, trois, et cent ; je le dis, parce que madame la duchesse ne le cède en rien à ma maîtresse, madame Dulcinée. Don Quichotte, se retournant vers la duchesse : Madame, dit-il, il faut que votre grandeur se persuade que jamais au monde chevalier errant n'eut un écuyer plus bavard et plus plaisant que le mien : vous en jugerez aisément si votre altesse me permet de lui consacrer mes services pendant quelques jours. Si le bon Sancho est plaisant, répondit la duchesse, je l'en estime davantage, c'est preuve qu'il a de l'esprit ; la grâce et les bonnes plaisanteries, vous le savez, seigneur Don Quichotte, ne se rencontrent point dans un esprit lourd, et puisque le bon Sancho est amusant et facétieux, de ce moment je le tiens pour homme d'esprit. Et grand parleur, ajouta Don Quichotte. Tant mieux, dit le duc, car un grand nombre de choses heureuses ne peut pas se dire en peu de paroles. Mais afin que nous aussi, nous ne passions pas le temps en paroles, venez, illustre chevalier de la Triste Figure.... Des Lions, doit dire votre altesse, interrompit Sancho ; il n'y a plus de Triste Figure. Soit, chevalier des Lions, reprit le duc : venez donc, seigneur chevalier des Lions, dans mon château, qui est ici près ; nous vous y ferons l'accueil que l'on doit à une aussi haute personne, et que la duchesse et moi faisons à tous les chevaliers errants qui viennent nous visiter. Déjà Sancho avait bien redressé et sanglé la selle de Rossinante, Don Quichotte monta dessus, le duc sur un beau cheval, ils mirent entre eux deux la duchesse, et prirent le chemin du château. La duchesse ordonna à Sancho de marcher près d'elle, parce qu'elle s'amusait beaucoup de ses saillies. Sancho ne se fit pas prier : il se mêla parmi eux, et fit le quatrième dans la conversation, au grand plaisir du duc et de la duchesse, qui se faisaient une fête de recevoir, dans leur château, un tel chevalier errant et un tel écuyer.

CHAPITRE XXXI.

QUI CONTIENT BEAUCOUP DE GRANDES CHOSES.

RANDE était la joie de Sancho, qui croyait se voir en faveur particulière auprès de la duchesse ; il s'imaginait trouver dans son château ce qu'il avait rencontré dans la maison de don Diégo et dans celle de Basile ; toujours ami de la bonne chère, toutes les fois que l'occasion se présentait de se bien régaler, il la saisissait aux cheveux.

L'histoire rapporte qu'avant d'arriver à la maison de plaisance ou château du duc, celui-ci prit les devants pour donner ses ordres à tous ses domestiques sur la manière dont il fallait se conduire avec Don Quichotte. Lorsque celui-ci parut avec la duchesse aux portes du château, l'on en vit sortir deux laquais ou palefreniers vêtus de longues robes de chambre de satin cramoisi, qui tout d'abord l'élevèrent dans leurs bras et lui dirent : Que votre grandeur aille aider à descendre à madame la duchesse. Don Quichotte s'empressa de le faire : il s'établit entre eux à ce sujet un échange de politesse ; enfin, la duchesse l'emporta, et ne voulut descendre que dans les bras du duc, disant qu'elle ne se trouvait pas digne de donner une charge aussi inutile à un aussi grand chevalier. Ce fut donc le duc qui la reçut. En entrant dans une vaste cour, deux belles demoiselles se présentèrent, et jetèrent sur les épaules de Don Quichotte un grand manteau de fine écarlate. En un instant toutes les galeries de la cour se remplirent de valets et de domestiques, qui se mirent à crier : Bienvenue soit la crème et la fleur des chevaliers errants. En même temps ils versaient des eaux de senteur sur Don Quichotte, le duc et la duchesse. Don Quichotte remarquait toutes ces cérémonies, et ce fut véritablement le premier jour où il se crut et reconnut réellement et non fantastiquement chevalier errant, se voyant traiter de la même manière qu'il avait lu que l'on traitait jadis les chevaliers. Sancho, descendu de son âne, s'attacha à la duchesse et entra dans le château, mais un remords de conscience lui reprochant de laisser seul son grison, il s'approcha d'une respectable duègne, qui était venue avec les autres recevoir la duchesse, et lui dit, à voix basse : Madame Gonzalez, ou comment s'appelle votre seigneurie.... On me nomme doña Rodriguez de Grijalba, dit la duègne ; que me voulez-vous, frère ? Je voudrais, reprit Sancho, que votre seigneurie me fît le plaisir d'aller à la porte du château : vous y trouverez un âne qui est à moi ; je vous prie de le faire conduire ou de le conduire vous-même à l'écurie : le pauvre petit est un peu craintif, et n'est pas accoutumé à se trouver seul. Si le maître, dit la duègne, est aussi sage que le valet, nous sommes bien. Allez et mal vous advienne, frère, à vous et à qui vous amène. Prenez soin de votre âne, les duègnes de ce château ne sont pas accoutumées à un pareil emploi. Cependant, répondit Sancho, j'ai entendu dire à mon maître, qui déterre toutes les histoires, que, lorsque Lancelot revint de Bretagne, les dames avaient soin de lui et les duègnes de son cheval, et, pour ce qui est de mon âne, je ne le changerais pas contre le cheval du seigneur Lancelot. Frère, dit la duègne, si vous êtes un bouffon, gardez vos bouffonneries pour ceux qui les trouvent bonnes et qui vous les payent, car de moi vous n'aurez qu'une figue. Au moins sera-t-elle bien mûre, répondit Sancho, car si vous comptez vos années au quinola vous ne perdrez pas pour un point. Fils de coquine, s'écria la duègne tout en colère, si je suis vieille ou non, j'en dois compte à Dieu, et non à toi, veillaque, mangeur d'ail. Elle débita ces injures d'un ton si haut que la duchesse l'entendit et revint sur ses pas. La voyant si animée, les yeux enflammés, elle lui demanda à qui elle en avait. J'en ai à ce bon homme, répondit-elle, qui veut, à toute force, que j'aille mettre à l'écurie son âne, qui est à la porte du château, et qui me donne pour exemple qu'ainsi l'on fit je ne sais où, que des dames prirent soin d'un certain Lancelot, et des duègnes de son cheval, et, pour achever, il m'a appelée vieille. Je regarderais cela, répondit la duchesse, comme l'affront le plus sanglant qu'on me pût faire. Écoutez, ami Sancho, faites attention que doña Rodriguez est très jeune : ces coiffes qu'elle porte, c'est plutôt pour suivre l'usage et se mettre suivant son rang, que par rapport à ses années. Maudites soient celles qui me restent à vivre, reprend Sancho, si j'ai dit cela dans l'intention de l'offenser! je l'ai dit parce que j'ai si grande affection pour mon âne, que j'ai cru ne pouvoir le recommander à une personne plus charitable que madame Rodriguez. Don Quichotte entendait tout ce démêlé. Sancho, dit-il, est-ce ici le lieu de tenir de semblables discours? Seigneur, répondit Sancho, chacun parle selon ses besoins partout où il se trouve : c'est ici que je me suis souvenu de mon âne, c'est ici que j'en parle; si je m'en étais souvenu à l'écurie, j'en parlerais dans l'écurie. Sancho a raison, dit le duc, on ne doit point le blâmer; qu'il soit tranquille, son âne sera traité à bouche que veux-tu, on en aura le même soin que de sa personne.

Avec ces discours, qui amusaient tout le monde, excepté Don Quichotte, on arriva dans les appartements du haut. On fit entrer le chevalier dans une salle richement tendue de brocart d'or : six demoiselles le désarmèrent et lui servirent de pages; toutes étaient instruites par le duc et la duchesse de la manière dont elles devaient agir pour que Don Quichotte crût et vît qu'on le traitait en chevalier errant. Il resta donc désarmé, avec ses chausses étroites, son pourpoint de chamois, long, sec, maigre, les mâchoires rapprochées l'une de l'autre et se baisant presque; sa figure eût fait mourir de rire les jeunes filles qui le servaient, si le duc ne leur eût expressément recommandé de s'en abstenir. Elles le prièrent de se laisser déshabiller pour lui passer une chemise; mais il n'y voulut absolument pas consentir, disant que la décence dans les chevaliers errants n'avait pas moins bonne grâce que la valeur. Il les pria de donner la chemise à Sancho, et s'étant enfermé avec lui dans une chambre où était un lit fort riche, il se déshabilla et revêtit la chemise. Dès qu'il se vit seul avec Sancho : Dis-moi, bouffon moderne et lourdaud de tout temps, te paraît-il bien d'insulter une femme aussi vénérable que cette duègne? est-ce là le moment de te souvenir de ton âne? les maîtres de cette maison sont-ils gens à laisser pâtir les bêtes, quand ils reçoivent si magnifiquement les maîtres? Au nom de Dieu, Sancho, veille sur toi, ne découvre pas le fil de manière qu'on s'aperçoive que tu es tissu d'une toile vile et grossière. Souviens-toi, malheureux pécheur, que le maître est d'autant plus estimé que ses gens sont honnêtes et bien nés, et qu'un des plus grands avantages des princes sur les autres hommes est d'avoir des serviteurs aussi gens de bien qu'eux-mêmes. Ne vois-tu pas, malheureux que tu es, infortuné que je suis, que si l'on s'aperçoit que tu n'es qu'un grossier vilain, qu'un mauvais bouffon, on me regardera comme un imposteur, un chevalier d'emprunt? Non, non, ami Sancho, fuis, fuis cette route : celui qui trébuche en qualité de bouffon et de hâbleur, au premier choc tombe à terre, et n'est plus qu'un truand disgracié. Retiens ta langue, pèse tes paroles, rumine-les avant de les laisser sortir de ta bouche, et fais attention que nous sommes arrivés à un point où, par la faveur de Dieu et la force de mon bras, nous devons nous élever du tiers et du quint[1], en réputation et en fortune. Sancho promit avec serment de se coudre la bouche et de se mordre la langue, avant que de lâcher aucune parole inconsidérée ou hors de propos, ainsi qu'il le lui

[1] *En tercio y quinto*, avantage que peut faire un père à son fils.

recommandait, ajoutant qu'il n'eût aucune crainte, que jamais on ne découvrirait par lui ce qu'ils étaient.

Don Quichotte s'habilla, prit son baudrier avec son épée, couvrit ses épaules du manteau d'écarlate, et plaça sur sa tête une toque de satin vert, que lui avaient donnée les demoiselles. En cet équipage, il se rendit dans la grande salle, où il trouva les demoiselles rangées sur deux haies, toutes munies de quelque objet nécessaire pour présenter à laver, ce qu'elles firent avec beaucoup de révérences et de cérémonies. En même temps entrèrent douze pages avec le maître d'hôtel, pour le conduire au dîner, car déjà le duc et la duchesse l'attendaient. Les pages le mirent au milieu d'eux, et le conduisirent plein de pompe et de majesté dans une autre salle, où l'on avait dressé une table élégante, avec seulement quatre couverts. Le duc et la duchesse vinrent le recevoir à la porte; avec eux était un grave ecclésiastique, de ceux qui gouvernent les maisons des princes et qui, n'étant pas nés princes eux-mêmes, ne sauraient enseigner comment ils doivent l'être à ceux qui le sont; qui voudraient que la grandeur des grands se mesurât à leur esprit étroit; qui, voulant apprendre à ceux qu'ils gouvernent à être réglés, les rendent avares. Tel devait être le grave religieux[1] qui vint, avec le duc et la duchesse, recevoir Don Quichotte. Après mille compliments, ils entourèrent le chevalier et se rendirent à table : le duc pria Don Quichotte de prendre la place d'honneur et, malgré son refus, les instances du duc furent telles, qu'il fallut céder; l'ecclésiastique se mit en face de lui, le duc et la duchesse à ses côtés. Sancho était présent, bien étonné et tout ébahi des honneurs qu'on rendait à son maître. Quand il vit les grandes cérémonies qu'échangèrent le duc et Don Quichotte pour que celui-ci acceptât la place d'honneur, il dit : Si vos seigneuries me le permettent, je leur raconterai une histoire arrivée dans mon village, au sujet des préséances. A peine eut-il lâché cette parole, que Don Quichotte prit l'alarme, persuadé que Sancho allait dire quelque sottise. Celui-ci s'en aperçut, et reprit : Ne craignez point, seigneur, que je m'oublie ou dise quelque chose qui ne vienne pas bien à point; je n'ai pas oublié les conseils que vous m'avez donnés depuis peu sur le parler beaucoup ou peu, bien ou mal. — Je ne m'en souviens pas, Sancho; dis ce que tu voudras, mais sois bref. Ce que je veux dire est si vrai, reprend Sancho, que mon seigneur Don Quichotte ici présent ne me laissera pas mentir. — Mens tant que tu voudras, je ne t'en empêcherai pas; mais prends garde à ce que tu vas dire. — Je l'ai si bien miré et remiré, que celui qui sonne l'alarme est à couvert, comme vous allez voir. En vérité, dit Don Quichotte, vos grandeurs devraient bien renvoyer ce fou; il va débiter mille sottises. Par la vie du duc, dit la duchesse, Sancho ne s'éloignera pas un instant de moi : je l'aime beaucoup, parce que je sais qu'il est très spirituel. Que le ciel, dit Sancho, donne à votre sainteté beaucoup de jours spirituels, pour la bonne opinion qu'elle a de moi, quoique je ne la mérite point! Voici le conte que je voulais dire :

Un gentilhomme de mon village..... fort riche et distingué, car il descendait des Alamos de Médina del Campo, qui épousa doña Mencia de Quignones, qui fut fille de don Alonso de Maragnon, chevalier de l'ordre de Saint-Jacques, qui se

[1] Pellicer croit que l'ecclésiastique, dont Cervantes fait ici la satire, fut le chanoine Barthélemi Léonardo y Argensola, qui gouvernait la maison des ducs de Villa Hermosa, et même celle du comte de Lémos, son Mécène.

noya près de la herradura, et pour qui il y eut, dans notre village, cette grande querelle à laquelle, à ce qu'on m'a dit, mon seigneur Don Quichotte prit part, où fut blessé Tomasillo le libertin, fils de Balbastro le maréchal.... invita.... tout cela n'est-il pas vrai, mon maître? dites-le sur votre vie, que ces seigneurs ne me prennent pas pour un hâbleur et un menteur. Jusqu'à présent, dit l'ecclésiastique, je vous crois plus bavard que menteur; mais je ne sais ce que dans la suite je jugerai de vous. Tu produis tant de témoins et de circonstances, dit Don Quichotte, que je ne puis m'empêcher d'affirmer que tu dois dire la vérité; passe outre et abrége ton conte, car je te vois en chemin de ne pas finir de deux jours. Qu'il n'abrége rien, dit la duchesse, s'il veut me plaire; qu'il conte au contraire comme il sait, n'eût-il pas achevé de six jours, ce seraient les plus agréables de ma vie. Je dis donc, mes seigneurs, poursuivit Sancho, que ce gentilhomme, que je connais comme mes mains, car il n'y a pas un trait d'arbalète de ma maison à la sienne, invita un laboureur pauvre, mais honnête. Avancez, frère, dit le religieux : au train que vous prenez, vous mènerez votre conte jusqu'à l'autre monde. A la moitié tout au plus, s'il plaît à Dieu, répondit Sancho. Je dis donc que ce laboureur arrivé à la maison du gentilhomme qui l'avait invité, repos à son âme, car il est mort, et l'on dit qu'il a fait la fin d'un ange : je ne m'y trouvai pas, car j'étais allé couper des blés à Temblèque. Par votre vie, mon fils, revenez de Temblèque, dit le religieux, et, sans enterrer votre gentilhomme, si vous ne voulez en enterrer d'autres, achevez votre conte. Or donc, reprit Sancho, les deux convives étant près de se mettre à table, et il me semble les voir maintenant mieux que jamais..... Le duc et la duchesse s'amusaient beaucoup de l'impatience que causaient au bon religieux les retards et les pauses que Sancho mettait dans son récit; mais Don Quichotte se consumait de rage. Je dis donc, continua Sancho, que les deux convives étant près de se mettre à table, le laboureur voulait absolument que le gentilhomme prît la place d'honneur, et celui-ci s'obstinait à ce que le laboureur s'y mît, disant qu'il avait droit d'ordonner dans sa maison; mais le laboureur, pour se montrer civil et bien appris, n'y voulait pas consentir, jusqu'à ce que le gentilhomme impatienté lui mit la main sur les épaules, et le fit asseoir de force, en disant : Asseyez-vous donc, gros lourdaud, partout où je me mettrai sera la place d'honneur. Voilà mon conte, et, en vérité, je crois qu'il n'est pas venu ici hors de propos. Don Quichotte devint de mille couleurs, qui formaient comme du jaspe sur son teint basané. Le duc et la duchesse avaient senti la malice de Sancho, et s'abstinrent de rire pour ne pas augmenter la colère du chevalier; pour changer la conversation et empêcher Sancho de continuer ses sottises, la duchesse demanda à Don Quichotte quelles nouvelles il avait de madame Dulcinée, et s'il ne lui avait pas envoyé quelque présent de géants ou de brigands, car sans doute il devait en avoir vaincu beaucoup. Madame, répondit Don Quichotte, mes disgrâces ont eu un commencement, mais je ne pense pas qu'elles aient de terme. J'ai vaincu des géants, des brigands, des malfaiteurs : je les lui ai envoyés; mais où l'auraient-ils trouvée, puisqu'elle est enchantée, et métamorphosée en la plus laide paysanne qu'on puisse imaginer? Je ne sais, dit Sancho, mais elle m'a paru à moi la plus belle créature du monde, au moins la plus alerte, et, en fait de sauter, elle l'emporterait sur un voltigeur; sur ma foi, madame la duchesse, elle saute de terre sur une bourrique comme un chat. L'avez-vous vue enchantée? demanda le duc. — Comment, si je l'ai vue? Et qui diable, si ce n'est moi, s'est aperçu le premier de son enchantement? Elle est enchantée comme mon père. L'ecclésiastique, entendant parler de géants, de félons, d'enchantements, soupçonna que ce devait être là ce Don Quichotte de la Manche dont le duc lisait souvent l'histoire : il le lui avait reproché plusieurs fois, lui disant que c'était une folie que de lire de telles extravagances. Reconnaissant la vérité de ses soupçons, il dit au duc avec colère : Votre Excellence, monseigneur, rendra compte à Dieu des actions de ce bon homme, de ce Don Quichotte, ce don fou, ou comme il se nomme, je m'imagine qu'il n'est pas aussi fou que vous voudriez qu'il le fût, puisque vous lui fournissez les occasions de développer ses extravagances. Puis s'adressant à Don Quichotte : Et vous, dit-il, âme abandonnée, qui vous a fourré dans la cervelle que vous êtes chevalier errant, que vous avez vaincu des géants, combattu des brigands? Allez-vous-en en paix, c'est ainsi qu'on doit vous parler : retournez dans votre maison ; élevez vos enfants, si vous en avez ; prenez soin de votre bien, et cessez de courir le monde, humant l'air et donnant à rire à tous ceux qui vous connaissent, ou ne vous connaissent pas. Où donc avez-vous trouvé, dites-moi, qu'il y ait eu, qu'il y ait encore des chevaliers errants? Dans quel endroit de la Manche ou de l'Espagne trouve-t-on des géants, des brigands, des Dulcinées enchantées, et toutes les niaiseries que l'on met sur votre compte? Don Quichotte écoutait avec attention tous les discours de ce vénérable personnage. Voyant enfin qu'il avait cessé de parler, il se leva sans respect pour le duc ni la duchesse et, le visage enflammé de colère, d'un ton de voix altéré, il dit.... Mais cette réponse mérite bien un chapitre à part.

CHAPITRE XXXII.

DE LA RÉPONSE QUE FIT DON QUICHOTTE A CELUI QUI LE RÉPRIMANDAIT, AVEC D'AUTRES CHOSES AGRÉABLES ET IMPORTANTES.

Don Quichotte se leva donc, et, tremblant des pieds à la tête comme un homme pris de vif argent, il répondit, d'une voix altérée et précipitée : Le lieu où je suis, la présence de ceux devant lesquels je me trouve, et le respect que j'ai toujours eu et que j'ai pour les personnes de votre profession retiennent mon juste courroux et enchaînent mes mains : par ces motifs et par ce que chacun sait, d'ailleurs, que les gens de votre robe n'ont d'autres armes que celle des femmes, la langue, j'entrerai donc, à armes égales avec la mienne, en combat avec vous, de qui je devais attendre de bons conseils et non d'infâmes reproches. Les remontrances pieuses et bien intentionnées exigent d'autres précautions et d'autres procédés : me reprendre en public, avec tant d'aigreur, c'est au moins passer toutes les bornes des représentations légitimes, toujours mieux établies sur la douceur que sur la dureté. Il est mal, avant de connaître le péché que l'on condamne, d'appeler ni plus ni moins le pécheur fou, insensé. Mais, dites-moi : quelle folie avez-vous remarquée en moi, qui vous autorise à me condamner, à m'injurier, à m'enjoindre de retourner dans ma maison, pour la gouverner, pour prendre soin de ma femme et de mes enfants, sans savoir si j'ai une femme et des enfants? Suffit-il donc de s'introduire, à tort et à travers, dans la maison d'autrui pour en gouverner les maîtres, d'en avoir élevé quelques-uns dans une étroite tutelle, sans avoir vu du monde que ce qui est renfermé en vingt ou trente lieues de pays, pour s'ingérer de donner des lois à la chevalerie et de juger les chevaliers errants? Est-ce donc une entreprise vaine, un temps mal employé, que celui que l'on consacre à courir le monde, non pour en chercher les plaisirs, mais les austérités, par où les gens de bien s'élèvent à l'immortalité? Si les chevaliers, les hommes d'une illustre naissance, les généreux, les magnifiques, me mettaient au rang des fous, je le regarderais comme un affront ineffaçable; mais, être jugé tel par des étudiants qui n'ont jamais abordé ni foulé les sentiers de la chevalerie, je m'en soucie comme de rien : chevalier je suis, chevalier je dois mourir, s'il plaît au Tout-Puissant. Les uns suivent le vaste champ d'une ambition superbe; d'autres, la voie d'une basse et servile adulation; ceux-ci suivent la route d'une trompeuse hypocrisie; ceux-là celle de la véritable religion. Pour moi, guidé par mon étoile, je marche dans l'étroit sentier de la chevalerie errante : pour m'y consacrer, je tiens en mépris les biens, mais non l'honneur. J'ai redressé des torts, vengé des injures, châtié des insolences, vaincu des géants, chassé des fantômes. Je suis amoureux, parce qu'il est indispensable que tout chevalier le soit, mais je ne suis pas un amant vicieux, mon amour est chaste et platonique; toutes mes intentions tendent à bonne fin, elles sont de faire du bien à tous, de ne faire de mal à personne. Si celui qui a de tels principes, une telle conduite, une telle vie, mérite d'être appelé fou, je m'en rapporte à Vos Excellences, seigneur duc et madame la duchesse[1].

Bien pour Dieu, seigneur, dit Sancho, n'ajoutez pas un mot à votre défense : il n'y a plus rien à penser, rien à dire; il ne faut que persévérer et, puisque ce seigneur nie qu'il y ait eu et qu'il y ait des chevaliers errants, il n'est pas étonnant qu'il ne sache rien des choses dont il parle. Frère, dit l'ecclésiastique, seriez-vous, par aventure, ce Sancho Pança dont on parle, à qui son maître a promis une île? C'est moi-même, répondit Sancho, et je la mérite tout aussi bien qu'un autre. Mettez-vous avec les bons, vous serez bon : je suis de ceux-là. Dis-moi avec qui tu pais, et non pas avec qui tu nais; qui s'appuie contre un bon arbre jouit d'un bon ombrage : je me suis appuyé contre un bon maître, il y a longtemps que je l'accompagne, je dois être un autre lui-même, s'il plaît à Dieu, vive lui, vive moi : il ne manquera pas d'empires pour y régner, ni moi d'îles

[1] Cette éloquente invective, et le rôle de l'homme contre qui elle est dirigée, nous ramènent naturellement au chef-d'œuvre de Molière. Dans celui-ci c'est un tableau vaste et complet, dans Cervantes ce n'est qu'une scène, mais avec quelle noblesse et quelle vigueur elle est introduite! L'illustre auteur a eu sans doute un double but, celui de marquer au front ces hypocrites tyrans qui dominent et gouvernent les familles sous le masque de la religion, et de remettre dans la plénitude de son noble enthousiasme et de sa dignité, l'homme qu'une mystification indécente et prolongée aurait pu avilir. Après une pareille scène Don Quichotte n'a plus rien à craindre des plaisanteries et de l'oubli de toutes les convenances dont de grands seigneurs ennuyés vont le rendre victime. Il reste désormais à l'abri sous le respect dont il nous a pénétrés, et nous nous écrions avec Sancho : Bien, pour Dieu, n'ajoutez pas un mot à votre défense! Il n'a fallu qu'une scène à Cervantes pour mettre ses personnages dans leur vrai jour, mais c'est une scène de génie!

pour les gouverner. Non, certes, ami Sancho, dit le duc, car, en considération du seigneur Don Quichotte, je vous donne le gouvernement d'une île, que j'ai vacante et qui est d'assez haute valeur. Sancho, dit Don Quichotte, va te mettre à genoux devant Son Excellence, et lui baiser les pieds pour la remercier de la faveur qu'elle te fait. Sancho le fit sur-le-champ; l'ecclésiastique, à ce spectacle, se leva de table, tout en colère, et dit au duc : Par l'habit que je porte, je déclare Votre Excellence aussi insensée que ces pécheurs. Et comment ne le seraient-ils pas, quand ils voient les sages canoniser leurs folies? Que Votre Excellence demeure avec eux, pour moi, tant qu'ils seront ici, je resterai chez moi et me dispenserai de reprendre ce que je ne peux empêcher. Sans rien ajouter, sans manger davantage, il s'en alla, malgré les instances du duc pour le retenir; elles ne furent pas très vives, en effet, car il en était empêché par le rire que lui avait causé son impertinente colère.

Reprenant ensuite son sérieux, il dit à Don Quichotte : Seigneur chevalier des Lions, vous avez répondu de si haut pour vous-même, qu'il ne manque rien à la satisfaction de ce qui paraissait un outrage, et n'en est véritablement pas un; car, vous le savez mieux que moi, les injures des ecclésiastiques n'offensent pas, et sont comme celles des femmes. Il est vrai, dit Don Quichotte; la raison en est que celui qui ne peut être offensé ne saurait offenser; les femmes, les enfants et les ecclésiastiques ne pouvant se défendre contre les offenses, ne sauraient recevoir d'affront : il y a, vous le savez, cette différence entre l'offense et l'affront; celui-ci vient de la part de celui qui le peut faire, le fait et le soutient; mais l'offense peut venir de qui que ce soit, sans affront. Par exemple : un homme se trouve sans défiance dans la rue; il survient dix hommes armés qui lui donnent des coups de bâton : il met l'épée à la main, il fait son devoir; mais la supériorité du nombre l'empêche de se venger. Cet homme est outragé, mais il n'a pas reçu d'affront. Un autre exemple le confirmera : un homme marche, un autre vient par derrière, lui donne des coups de bâton et s'enfuit : le premier le poursuit et ne peut l'atteindre. Il a reçu une offense et non un affront, car l'affront doit être soutenu : si celui qui a donné les coups de bâton, quoique par derrière, avait mis l'épée à la main, s'était tenu en place faisant face à son ennemi, celui-ci aurait reçu offense et affront : offense, car il aurait été frappé en trahison; affront, car l'assaillant aurait soutenu de pied ferme ce qu'il avait fait. Ainsi, d'après les lois du maudit duel, je puis avoir été offensé, mais non avoir reçu d'affront; car les enfants ne sentent point l'offense, les femmes ne peuvent la fuir et ne sont point en position de résister; autant en dirons-nous des gens consacrés à notre sainte religion : ces trois espèces de personnes n'ont point d'armes offensives ou défensives, et, quoiqu'ils soient naturellement obligés à se défendre, ils ne sont pas faits pour offenser personne. Ainsi, quoique j'aie dit que je pouvais avoir été offensé, je soutiens maintenant que je ne l'ai pas été; car celui qui ne peut recevoir d'affront ne saurait en faire : par toutes ces raisons, je ne dois point me ressouvenir et ne me souviens plus de tout ce que m'a dit ce bonhomme. J'aurais seulement désiré qu'il eût un peu plus attendu, pour que je pusse lui faire connaître l'erreur où il est, de croire qu'il n'y a point et qu'il n'y a jamais eu de chevaliers errants. Si Amadis, ou quelqu'un de sa nombreuse famille, avait entendu ces discours, je crois que Sa Révérence ne s'en serait pas bien trouvée.

Je le jure bien, dit Sancho : il eût attrapé une taillade qui l'aurait fendu de haut en bas comme une grenade ou un melon bien mûr; ils étaient vraiment bien gens à souffrir de pareils chatouillements. Par mon âme, je tiens pour certain que si Renaud de Montauban avait entendu les propos de ce petit homme, il lui aurait si bien clos la bouche, qu'il n'aurait pu parler de trois ans; qu'il se trouve seulement avec eux, il verra comment il échappera de leurs mains. La duchesse mourait de rire en entendant parler Sancho : dans son opinion, il était plus fou et plus amusant que son maître, et dans ce temps-là il y en eut plus d'un qui fut du même avis.

Enfin, Don Quichotte s'apaisa, et le dîner finit. La nappe levée, entrèrent quatre demoiselles : l'une portait un bassin d'argent, une autre une aiguière de même métal, la troisième avait sur l'épaule deux serviettes extrêmement blanches et riches; la dernière avait les bras nus jusqu'au coude, et dans ses blanches mains (elles l'étaient sans doute) tenait une boule de savon de Naples, celle qui portait le bassin le mit gracieusement et d'un air dégagé sous la barbe de Don Quichotte; il tendit le cou sans rien dire, étonné de semblable cérémonie, et croyant que, dans ce pays, c'était l'usage de laver la barbe au lieu de laver les mains; aussitôt l'aiguière fit son office, et la demoiselle qui tenait le savon se mit à frotter non seulement la barbe, mais toute la figure de l'obéissant chevalier, qui était même obligé de fermer les yeux pour éviter l'écume, aussi blanche que la neige, dont on l'avait couvert. Le duc et la duchesse, qui n'étaient prévenus de rien, attendaient la fin de cette bizarre cérémonie. La demoiselle barbière, après lui avoir mis un pied d'écume sur le visage, feignit de manquer d'eau et pria celle de l'aiguière d'en aller chercher, ajoutant que le seigneur Don Quichotte aurait la bonté d'attendre : cela se passa ainsi, et Don Quichotte resta avec la plus étrange et la plus risible figure que l'on puisse imaginer, les yeux fermés, le visage couvert de savon, montrant un cou long d'une demi-aune et passablement noir; aussi les assistants, qui étaient en grand nombre, avaient-ils toutes les peines du monde à se retenir de rire. Les jeunes filles auteurs de cette malice avaient les yeux baissés, sans oser regarder leurs maîtres; ceux-ci, partagés entre la colère et l'envie de rire, ne savaient s'ils devaient se résoudre à punir leur insolence, ou à les récompenser pour le plaisir qu'elles leur donnaient. Enfin la demoiselle à l'aiguière revint, elles achevèrent de laver Don Quichotte, puis la demoiselle aux serviettes le sécha et l'essuya avec soin, et toutes quatre, lui faisant à la fois une profonde révérence, voulurent se retirer; mais le duc, pour que Don Quichotte ne s'aperçût pas de la plaisanterie, appela la demoiselle au bassin et lui dit : Approchez et lavez-moi, et que l'eau ne manque pas. La jeune fille, fine et empressée, présenta le bassin au duc comme à Don Quichotte, puis elles le lavèrent et savonnèrent promptement, et le laissant bien essuyé, elles se retirèrent en faisant la révérence. On a su depuis que, si elles ne l'eussent point lavé comme Don Quichotte, le duc avait juré qu'il aurait châtié leur insolence, qu'elles avaient rachetée avec esprit en le savonnant lui-même. Sancho regardait attentivement cette cérémonie, et disait tout bas : Plût à Dieu que ce fût la mode, dans ce pays, de savonner la barbe des écuyers comme celle des chevaliers! En conscience, j'en aurais grand besoin, et si on y passait le rasoir, cela me serait encore plus utile. Que dites-vous entre vos dents, Sancho? demanda la duchesse. — Je dis, madame, que, dans les cours des autres seigneurs, j'ai toujours ouï dire qu'en levant la nappe on donnait de l'eau pour les mains, mais non qu'on lessivât la barbe; qu'il est bon de vivre longtemps pour voir beaucoup, quoique l'on dise aussi que, qui a longue vie a beaucoup à souffrir, mais une telle lessive est plutôt un plaisir qu'une peine. — Ne vous mettez point en peine, ami Sancho, je vous ferai laver par mes demoiselles, et même lessiver, s'il est besoin. Je me contente, pour le présent, de la barbe, répondit Sancho; pour l'avenir, Dieu a dit ce qui arrivera. Maître d'hôtel, dit la duchesse, écoutez et faites au pied de la lettre ce que demande le bon Sancho. Le maître d'hôtel répondit que le seigneur Sancho serait satisfait, et s'en alla dîner, emmenant avec lui l'écuyer. Le duc et la duchesse restèrent à table avec Don Quichotte, s'entretenant de diverses choses, mais toutes relatives à la profession des armes ou à la chevalerie errante.

La duchesse pria Don Quichotte de lui peindre, de lui décrire la beauté, les traits de Dulcinée, puisqu'il avait une heureuse mémoire : car, ajouta-t-elle, d'après ce qu'en publie la renommée, ce doit être la plus belle créature du monde et de toute la Manche. A cette demande, Don Quichotte fit un grand soupir. Madame, dit-il, si je pouvais arracher mon cœur, et l'exposer à vos yeux sur cette table et dans un plat, j'ôterais à ma langue la peine de vous décrire ce qui peut à peine se concevoir, car Votre Excellence la verrait reproduite au naturel; mais, entreprendre de vous peindre trait pour trait, de décrire de point en point la beauté de l'incomparable Dulcinée, c'est une tâche faite pour d'autres épaules que les miennes; c'est une entreprise digne d'occuper les pinceaux de Parrhasius, de Timante, d'Apelles, et le ciseau de Lysippe, que de retracer ses charmes sur la toile, sur le marbre, sur le bronze, et, pour la louer dignement, il faudrait la rhétorique cicéronienne et démosthénique. Que signifie *démosthénique?* dit la duchesse, je n'ai jamais entendu ce mot de ma vie. Démosthénique, répondit Don Quichotte, c'est comme qui dirait rhétorique de Démosthène, de même que la rhétorique cicéronienne est celle de Cicéron : ce furent les deux plus grands orateurs du monde. Oui, sans doute, reprit le duc : où sont donc vos lumières pour avoir fait une pareille demande? Cependant, le seigneur Don Quichotte nous obligerait beaucoup de nous peindre sa Dulcinée; ne fût-ce qu'une ébauche, elle en sortira de manière à faire envie aux plus belles. — Je le ferais, certes, volontiers, si elle ne s'était effacée de mon esprit par suite de la disgrâce qui lui est arrivée, et qui est telle que je suis plus propre à la pleurer qu'à la peindre. Vos grandeurs sauront qu'allant, ces jours passés, pour lui baiser les mains, lui demander sa bénédiction et son congé pour ma troisième sortie, je trouvai toute autre chose que ce que je cherchais : je la trouvai enchantée et changée de princesse en paysanne, de belle en laide, d'ange en diable, de suave en pestiférée, de bien élevée en rustique, de retenue en dévergondée, de lumière en ténèbres, en un mot, de Dulcinée du Toboso en une grossière paysanne[1]. Grand Dieu! s'écria le duc, qui a pu faire un si grand tort au monde? qui a pu le priver de la beauté qui le réjouissait, de la bonne grâce qui le charmait, de l'honnêteté qui l'enorgueillissait? Qui? répondit Don Quichotte, et qui l'aurait fait, sinon un de ces méchants enchanteurs dont l'envie me persécute? Cette race maudite, née pour obscurcir, anéantir les hauts

[1] *Villana de Sayago* ou *Fayago*. Contrée entre Zamora et Ciudad Rodrigo, habitée par des gens grossiers, qui avaient un habillement et un langage particuliers.

faits des gens de bien, pour éclairer et protéger les forfaits des méchants, les enchanteurs, m'ont persécuté, me persécutent et me persécuteront jusqu'à ce qu'ils aient précipité dans l'abîme de l'oubli mes grandes actions chevaleresques; ils me frappent et me blessent dans l'endroit où ils me voient le plus sensible, car, ôter sa dame à un chevalier errant, c'est lui ôter les yeux avec lesquels il voit, le soleil qui l'illumine, l'aliment qui le fait vivre : j'ai dit souvent, et je le répète, un chevalier errant sans dame est semblable à un arbre sans feuilles, à un édifice sans ciment, à une ombre sans le corps qui la produit. Il n'y a rien à ajouter, dit la duchesse : cependant, si l'on peut avoir confiance dans l'histoire du seigneur Don Quichotte, publiée depuis peu à la satisfaction de tout le monde, on y trouve, si j'ai bonne mémoire, que vous n'avez jamais vu madame Dulcinée; que ce n'est point un personnage réel, mais une dame fantastique que vous avez créée dans votre imagination, et que vous avez ornée de toutes les grâces et perfections que vous avez voulu. Il y a beaucoup à dire là-dessus, répondit Don Quichotte : Dieu sait s'il existe ou non une Dulcinée, si elle est fantastique ou réelle; ce ne sont pas de ces choses qu'il faille approfondir entièrement. Ce n'est pas moi qui ai créé ma dame; je la vois douée de toutes les qualités qui peuvent la faire distinguer par-dessus toutes les autres femmes; belle sans défauts, digne sans orgueil, sensible mais honnête, aimable par sa courtoisie, courtoise par bonne éducation, et enfin d'une haute naissance, parce que la beauté jette un éclat plus vif sur les femmes sorties d'un sang illustre que sur celles d'une humble condition. Vous avez raison, sans doute, dit le duc : cependant vous me permettrez de faire une observation qui résulte de l'histoire de vos hauts faits que j'ai lue; on peut en inférer que, s'il est vrai qu'il y ait une Dulcinée au Toboso ou ailleurs, et qu'elle soit aussi belle que vous nous la représentez, elle n'égale point quant à la naissance les Orianes, les Alastrajarées, les Madasimes et autres femmes de ce rang, dont sont pleines les histoires que vous connaissez. A cela je peux répondre, dit Don Quichotte, que Dulcinée est fille de ses œuvres, que les vertus rehaussent le sang, et qu'on doit plus estimer l'humble vertueux que le vicieux d'un haut rang. Dulcinée réunit des qualités qui peuvent l'élever au sceptre et à la couronne : le mérite d'une femme belle et vertueuse opère de plus grands miracles, et sinon formellement, du moins virtuellement peut être le principe de plus grandes fortunes. Certes, seigneur Don Quichotte, dit la duchesse, vous procédez en tout ce que vous dites, avec le pied de plomb, et, selon l'expression commune, la sonde à la main : désormais, je croirai fermement, je persuaderai à tous ceux de ma maison et même au duc mon seigneur, s'il est nécessaire, qu'il existe une Dulcinée au Toboso, qu'elle est actuellement vivante, qu'elle est belle, bien née, et mérite d'être servie par un chevalier tel que le seigneur Don Quichotte; c'est tout ce que je puis dire, je n'y saurais rien ajouter. Cependant, je ne saurais me défendre d'un scrupule et de quelque ressentiment contre Sancho Pança; ce scrupule, le voici : l'histoire que j'ai citée rapporte que, lorsque Sancho fut envoyé par vous auprès de Dulcinée pour lui porter votre lettre, il la trouva criblant une mesure de blé, à telles enseignes que c'était du blé blond, ce qui me fait douter de la noblesse de sa race. Madame, répondit Don Quichotte, Votre Grandeur saura que tout ou presque tout ce qui m'arrive sort de la nature ordinaire des aventures des autres chevaliers errants, que cette différence vienne de l'inscrutable arrêt du destin, ou de la malice de quelque enchanteur jaloux ; c'est une chose avérée que parmi les chevaliers les plus fameux, l'un avait le don de ne pouvoir être enchanté, un autre d'avoir la chair tellement impénétrable qu'il ne pouvait être blessé, comme le fameux Roland, un des douze pairs de France; on raconte de lui qu'il ne pouvait être blessé qu'à la plante du pied gauche, avec une grosse épingle, et non par aucune autre espèce d'arme : aussi, quand Bernard de Carpio le tua à Roncevaux, voyant qu'il ne pouvait le blesser avec le fer, il l'enleva dans ses bras et l'étouffa, se rappelant le genre de mort qu'Hercule donna à Antée, ce féroce géant que l'on disait fils de la Terre. Je conclus de là que je pourrais posséder quelqu'un de ces dons, non celui d'être invulnérable, car j'ai remarqué plusieurs fois que ma chair est facile à pénétrer, non celui de ne pouvoir être enchanté, car une fois je me suis vu dans une cage, où, sans enchantement, toutes les forces du monde n'eussent pu me renfermer ; mais puisque je me suis délivré de celui-là, je veux croire que je n'ai plus rien à redouter d'aucun autre; les enchanteurs, voyant qu'ils ne peuvent plus user de leurs artifices contre ma personne, se vengent sur ce que j'ai de plus cher, et cherchent à me faire perdre la vie en maltraitant Dulcinée par laquelle je vis. Je pense donc que, lorsque mon écuyer lui porta mon message, ils la changèrent en paysanne, occupée à des travaux aussi vils que celui de cribler du blé; mais j'ai déjà dit que ces grains n'étaient ni du froment ni autre blé, mais des grains de perles orientales. Pour preuve de cette vérité, j'ajouterai qu'étant depuis peu allé au Toboso, je ne pus jamais trouver le palais de Dulcinée. Le lendemain, mon écuyer Sancho la vit sous sa figure naturelle, c'est-à-dire la plus belle du monde, et, à moi, elle me parut une paysanne laide, grossière, et parlant fort mal, quoiqu'elle soit l'esprit même. Et, puisque je ne suis pas enchanté et ne peux plus l'être, suivant toute apparence, c'est elle qui est l'enchantée, l'offensée, la métamorphosée, la changée et rechangée; c'est sur elle que se sont vengés mes ennemis, c'est pour elle que je vivrai dans des pleurs perpétuels, jusqu'à ce que je la voie rendue à son premier état : ainsi, personne ne doit s'arrêter à ce que dit Sancho, qu'il la trouva tamisant et criblant; car, si les enchanteurs l'ont changée pour moi, il n'est pas étonnant qu'ils en aient fait autant pour lui. Dulcinée est illustre et bien née, issue d'une famille noble du Toboso, où il y en a beaucoup d'anciennes et de fort bonnes : certes il n'en revient pas une petite part à l'incomparable Dulcinée, car le lieu de sa naissance sera fameux par elle et renommé dans les siècles futurs, comme le fut Troie par Hélène, notre Espagne par la Cava, mais à plus noble titre. D'un autre côté, vos seigneuries comprendront que Sancho est un des plus plaisants écuyers qu'ait jamais eu chevalier errant : il a quelquefois des naïvetés si subtiles, que ce serait un assez agréable exercice de décider s'il est fin ou simple ; il a des malices qui le feraient croire méchant et des simplicités qui le feraient prendre pour un sot; il doute de tout et croit tout; quand je le crois tombé dans quelque sottise, il s'en tire avec une sagesse qui l'élève aux nues; enfin, je ne le changerais pas pour un autre écuyer, quand on me donnerait une ville en retour. Ainsi, je suis en doute de savoir s'il sera bien de lui confier le gouvernement dont Votre Grandeur l'a gratifié, quoique j'aie remarqué en lui certaine aptitude à gouverner, qui me fait penser qu'en aiguisant un peu son esprit, il s'en tirera comme le roi de ses gabelles ; d'ailleurs, l'expérience nous a prouvé souvent qu'il ne faut ni beaucoup d'habileté, ni beaucoup de savoir pour être gouverneur; nous en avons cent qui savent à peine lire, et qui gouvernent comme des gerfauts; l'essentiel est qu'ils aient de bonnes intentions et le désir de bien faire en tout; ils ne manqueront jamais de gens pour les conduire et les diriger en ce qu'ils ont à faire, comme il arrive aux gouverneurs chevaliers et non lettrés qui jugent avec un assesseur. Quant à moi, je lui conseillerai également de ne pas faire de concussions, mais de maintenir ses droits; je lui donnerai, quand il en sera temps, quelques avis que je tiens en réserve pour son utilité et pour la plus grande prospérité de l'île qu'il devra gouverner.

Le duc, la duchesse et Don Quichotte s'entretenaient ainsi, quand ils entendirent un grand bruit de voix et une grande rumeur dans le château. Au même instant, Sancho entra dans la salle, tout effrayé, ayant en bavette un torchon, et suivi d'un grand nombre de garçons, ou pour mieux dire de marmitons et autres bas valets; l'un d'eux portait une auge pleine d'eau, qu'à sa couleur et à sa malpropreté on jugeait avoir servi à laver la vaisselle; il poursuivait Sancho avec cette auge, cherchant à la lui mettre sous la barbe, tandis qu'un autre semblait se disposer à la lui laver [1]. Qu'est ceci? dit la duchesse; que faites-vous, que voulez-vous à ce bon homme? ne vous souvenez-vous pas qu'il vient d'être nommé gouverneur? Madame, répond celui qui faisait l'office de barbier, il ne veut pas se laisser laver, comme c'est la coutume, et comme on a lavé son maître et monseigneur le duc. Je veux bien qu'on me lave, répondit Sancho tout en colère, mais avec de l'eau plus claire, des mains moins sales et des serviettes plus blanches: il n'y a pas tant de différence entre mon maître et moi, qu'on le lave avec de l'eau des anges et moi avec de la lessive de diables: les coutumes en usage dans les palais des princes ne sont bonnes qu'autant qu'elles ne causent point d'ennui, mais celle du lavage dont on use ici est pire que la discipline des flagellants; j'ai la barbe nette, et n'ai pas besoin d'un tel rafraîchissement, aussi, le premier qui s'approche pour me laver ou me toucher un poil de la tête, je veux dire de la barbe, je lui donnerai, sauf respect, un tel coup de poing, que le poing restera engagé dans le crâne: de semblables savonnages et cérémonies sont plutôt des railleries que du bon accueil envers des hôtes. La duchesse s'étouffait de rire de la colère de Sancho et de ses discours; mais Don Quichotte ne trouvait nullement plaisant de le voir entortillé de cette sale toile, et entouré de ces goujats de cuisine: faisant donc une profonde révérence au duc et à la duchesse, comme pour leur demander la permission de parler, il dit, d'une voix posée, à cette canaille: Holà, seigneurs, laissez là ce garçon, et retournez d'où vous venez, ou ailleurs si vous voulez; mon écuyer est aussi net qu'un autre, et vos auges ne sont pas des vases à son usage. Suivez mon conseil et laissez-le; ni lui ni moi n'entendons la plaisanterie. Sancho lui coupa la parole et reprit: Qu'ils approchent seulement pour s'amuser de la bête, je le souffrirai comme il est nuit à présent. Qu'ils apportent un peigne ou ce qu'ils voudront, qu'ils m'étrillent la barbe: si l'on y trouve quelque chose contre la propreté, je consens qu'on me tonde en croix. Sancho a raison dans ce qu'il dit, et l'aura toujours, ajouta la duchesse, sans cesser de rire; il est propre, et,

[1] Que l'on fasse manger Sancho dans la cuisine, rien de plus naturel; mais que des marmitons et autres canailles osent le poursuivre jusque dans l'appartement du maître, c'est une invraisemblance que le désir de tracer un tableau plaisant n'a pas laissé apercevoir à Cervantes.

comme il le dit, il n'a pas besoin de se laver. Si notre coutume ne lui plaît pas, il est libre · et vous, ministres de propreté, vous êtes bien négligents et paresseux, bien hardis, pourrais-je dire, de présenter à un tel personnage et à une telle barbe, au lieu de bassins et d'aiguières d'or pur et de serviettes d'Allemagne, des auges de bois, et des torchons à essuyer les buffets ; il faut que vous soyez bien mal appris, bien méchants, de ne pouvoir vous empêcher de montrer la haine que vous portez, comme malandrins que vous êtes, aux écuyers des chevaliers errants. Les marmitons et le maître d'hôtel qui les avait suivis crurent la duchesse réellement fâchée : ils ôtèrent le torchon à Sancho, et se retirèrent tout confus. Sancho, se voyant délivré de ce qui lui semblait un si grand danger, se mit à genoux devant la duchesse, et lui dit : Des grandes dames on doit attendre de grandes faveurs ; celle que vient de m'accorder votre seigneurie ne peut se payer que par le désir que j'ai de me voir armé chevalier errant, pour employer tous les jours de ma vie à servir une si haute dame. Je suis laboureur, je m'appelle Sancho Pança, je suis marié, j'ai des enfants, je sers comme écuyer : si par quelqu'une de ces choses je peux me rendre utile à votre grandeur, je tarderai moins à obéir que vous à commander. On voit bien, Sancho, dit la duchesse, que vous avez appris à être courtois à l'école même de la courtoisie ; on reconnaît, ai-je voulu dire, que vous vous êtes formé près du seigneur Don Quichotte, qui doit être la fleur des cérémonies ou cirimonies, comme vous dites[1], la crème de la politesse. Loués soient tel maître et tel serviteur, l'un la boussole de la chevalerie errante, l'autre l'étoile des écuyers fidèles. Levez-vous, ami Sancho ; je reconnaîtrai votre courtoisie, en pressant le duc, mon seigneur, d'accomplir, le plus tôt possible, la promesse qu'il vous a faite d'un gouvernement. Là cessa la conversation. Don Quichotte alla faire la sieste, et la duchesse engagea Sancho, s'il n'avait pas trop envie de dormir, à venir passer l'après-dîner dans une salle fraîche, avec elle et ses demoiselles. Sancho répondit que, quoiqu'il eût à la vérité pour habitude de faire une sieste de quatre ou cinq heures l'été, il s'efforcerait, pour répondre à ses bontés, de ne pas dormir cette fois et se rendrait à ses ordres : il s'en fut. De son côté, le duc donna de nouveaux ordres pour que Don Quichotte fût traité en chevalier errant, sans s'écarter en un seul point des formes que l'on raconte avoir été usitées à l'égard des anciens chevaliers.

CHAPITRE XXXIII.

DE L'AGRÉABLE CONVERSATION DE LA DUCHESSE ET DE SES DEMOISELLES, AVEC SANCHO PANÇA, DIGNE D'ÊTRE LUE ET CONSERVÉE.

L'HISTOIRE rapporte que Sancho ne dormit point cette sieste-là, et que, pour tenir sa parole, il se rendit aussitôt après son dîner auprès de la duchesse ; celle-ci, qui prenait grand plaisir à l'entendre, le fit asseoir auprès d'elle sur une chaise basse, quoique en homme bien appris il refusât de le faire ; mais elle lui dit de s'asseoir comme gouverneur, et de parler comme écuyer, ajoutant qu'en ces deux qualités il

[1] *Ceremonias, o cirimonias, como vos decis.*

méritait le siége même du Cid Ruy Diaz. Sancho plia les épaules, obéit et s'assit. Les dames et les demoiselles de la duchesse l'environnèrent, attendant en grand silence ce qu'il allait dire ; mais la duchesse parla la première. A présent que nous sommes seuls, dit-elle, et que personne ne peut nous entendre, je voudrais bien que le seigneur gouverneur m'éclaircît quelques doutes nés en moi à la lecture de l'histoire imprimée du grand Don Quichotte ; un de ces doutes est celui-ci : puisque le bon Sancho n'a jamais vu Dulcinée, je veux dire madame Dulcinée du Toboso, et ne lui a point remis la lettre du seigneur Don Quichotte, puisqu'elle était restée dans les tablettes à la Sierra-Morena, comment a-t-il osé feindre la réponse, et dire qu'il avait trouvé la dame criblant du blé, invention fausse, mensonge préjudiciable à la réputation de l'incomparable Dulcinée, chose enfin qui se concilie peu avec les devoirs et la fidélité d'un honnête écuyer ? Avant de répondre, Sancho se lève, et, sans bruit, le corps penché, le doigt sur les lèvres, parcourt la salle, soulève les draperies, revient ensuite s'asseoir, et dit : Maintenant, madame, que je me suis assuré que personne n'est caché pour nous écouter, je répondrai sans crainte devant les assistants à ce que vous m'avez demandé, à tout ce que vous voudrez savoir. Je vous dirai d'abord que je tiens mon seigneur Don Quichotte pour un fou achevé, quoique quelquefois il dise des choses qui, à mon avis, et même à celui de tous ceux qui l'entendent, sont si sages et si bien ordonnées, que Satan lui-même n'en pourrait dire de meilleures ; cependant, en réalité et sans scrupule, je suis persuadé qu'il est fou ; je me le suis si bien mis dans l'esprit, que je me hasarde à lui faire croire des choses qui n'ont ni pied ni tête, comme la réponse à la lettre, et, ce que l'histoire imprimée n'a pas pu dire et qui est arrivé il y a tout au plus six à huit jours, c'est-à-dire l'enchantement de madame Dulcinée. Je lui ai fait croire qu'elle est enchantée, et cela est vrai autant que paroles en l'air. La duchesse le pria de lui raconter cet enchantement ou tromperie, et il rapporta les choses telles qu'elles s'étaient passées, ce qui n'amusa pas peu ses auditeurs. Ce que le bon Sancho vient de me dire, poursuivit la duchesse, me fait naître un nouveau scrupule, et j'entends à mon oreille une voix qui me dit : Puisque Don Quichotte est fou, extravagant et hors de sens, Sancho Pança, son écuyer, qui le reconnaît pour tel, et néanmoins le sert, le suit et compte sur ses vaines promesses, doit être, sans aucun doute, encore plus fou, plus insensé que son maître : cela étant, madame la duchesse, vous seriez blâmée de donner à ce Sancho des îles à gouverner, car celui qui ne sait pas se conduire lui-même comment saurait-il gouverner les autres ? Par Dieu, madame, répond Sancho, ce scrupule est bien venu, mais dites-lui de ma part qu'il parle clair et comme il lui plaira, j'avoue qu'il dit vrai : si j'étais sage, il y a longtemps que j'aurais quitté mon maître ; mais c'est mon sort et ma mauvaise fortune, je ne puis faire autrement, je dois le suivre. Nous sommes du même lieu, j'ai mangé son pain, je l'aime ; il n'est point ingrat, il m'a donné ses ânons, et par-dessus tout je suis fidèle : ainsi rien ne peut nous séparer que le pic et la pelle. Si votre hautesse ne veut pas qu'on me donne le gouvernement promis, Dieu m'a fait d'un moindre état ; il peut se faire que ne pas l'avoir soit à l'avantage de ma conscience. Quoique je ne sois qu'un sot, je n'ignore pas le proverbe : Pour son malheur il vint des ailes à la fourmi. Peut-être Sancho écuyer montera-t-il plus vite au ciel que Sancho gouverneur. On fait ici d'aussi bon pain qu'en France, et la nuit tous chats sont gris. Assez malheureuse est la personne qui n'a pas déjeuné à deux heures de l'après-midi. Il n'y a point d'estomac qui soit plus grand d'une palme qu'un autre, et, comme on dit, on peut le remplir de paille ou de foin. Les petits oiseaux des champs ont Dieu pour pourvoyeur. Quatre vares de drap de Cuenca échauffent plus que quatre vares de fin drap de Ségovie. Lorsque nous quittons ce monde pour aller en terre, le chemin est aussi étroit pour le prince que pour le journalier. Le corps du pape n'occupe pas plus de place en terre que celui du sacristain, quoique l'un soit plus relevé que l'autre. En entrant dans la fosse, nous nous arrangeons, nous nous resserrons, ou plutôt on nous arrange, on nous resserre malgré que nous en ayons, et bonne nuit. Je répète à votre seigneurie que si elle ne veut point me donner cette île parce que je suis fou, je saurai me montrer sage en n'en prenant point de souci. J'ai entendu dire que derrière la croix est le diable; que tout ce qui reluit n'est pas or; que l'on prit le laboureur Wamba parmi les bœufs et les charrues pour le faire roi d'Espagne, et Rodrigue, au milieu des richesses, du luxe et des plaisirs, pour le faire manger par les couleuvres, si toutefois les anciennes romances ne sont pas menteuses. Comment, menteuses? s'écria doña Rodriguez, la duègne, un des auditeurs: une romance rapporte qu'on enferma le roi Rodrigue, tout vivant, dans une tombe pleine de crapauds, de couleuvres et de lézards, et qu'au bout de deux jours on l'entendit qui disait d'une voix faible et dolente :

Ils me mangent, ils me mangent,
Par où j'avais le plus péché [1].

Ainsi ce seigneur a bien raison d'aimer mieux être laboureur que roi, si ceux-ci doivent être mangés par les bêtes.

La duchesse ne put s'empêcher de rire de la simplicité de la duègne, ni d'admirer les raisonnements et les proverbes de Sancho. Vous n'ignorez pas, lui dit-elle, qu'un chevalier, lorsqu'une fois il a promis quelque chose, doit tenir sa parole, au prix même de sa vie. Le duc, mon époux et seigneur, pour ne pas être chevalier errant, n'en est pas moins chevalier: ainsi il tiendra sa promesse de l'île, en dépit de l'envie et de la malice du monde. Que le bon Sancho ait donc courage : au moment où il y pensera le moins, il se verra assis sur le trône de son île, de son état, et saisira son gouvernement, s'il ne le rejette pour un plus brillant. Tout ce que je lui recommande, c'est de prendre bien garde à la manière dont il gouvernera, car je l'avertis que ses vassaux sont tous loyaux et gens de bien. Pour ce qui est de bien gouverner, répondit Sancho, il n'est pas nécessaire de me le recommander : je suis charitable de mon naturel, et j'ai compassion des pauvres. A qui pétrit et cuit n'enlevez pas la farine. Par mon âme! il ne faut pas me jeter de dé pipé : je suis un vieux chien et j'entends l'appel[1] ; je sais m'émouvoir quand il en est besoin. Je ne souffre pas de nuages devant mes yeux, parce que je sais où le soulier me blesse. Les bons trouveront en moi la main et l'accueil, les méchants ni pied ni entrée. Il me semble, à moi, qu'en fait de gouvernement

[1] Ya me comen, Ya me comen
Por do mas pecado habia.

[1] *Tus, tus.* Voix dont on se sert pour appeler les chiens.

le tout est de commencer : il peut se faire qu'au bout de quinze jours de fonctions je n'aie plus rien à apprendre en mon office, et que j'en sache plus que du labourage, dans lequel j'ai été élevé.

Vous avez raison, Sancho, répondit la duchesse : nul ne naît tout instruit ; c'est avec des hommes qu'on fait les évêques, et non avec des pierres. Mais revenons au sujet qui nous occupait, à l'enchantement de Dulcinée. Je tiens pour certain, je regarde comme incontestable que l'idée qui vous vint de tromper votre maître, en lui faisant accroire que la paysanne était Dulcinée, et que, s'il ne la reconnaissait pas, c'était parce qu'on l'avait enchantée, je crois, dis-je, fermement que cette idée vous fut inspirée par quelqu'un des enchanteurs qui persécutent le seigneur Don Quichotte. Je sais en effet de bonne part que la paysanne qui sauta sur l'âne était réellement et véritablement Dulcinée du Toboso elle-même, et que le bon Sancho en se croyant trompeur était lui-même trompé. On ne doit pas plus douter de cela que des choses qu'on n'a pas encore vues : apprenez, seigneur Sancho Pança, que nous avons, nous aussi, des enchanteurs qui nous aiment bien, et qui nous instruisent fidèlement de tout ce qui se passe dans le monde, sans nous tromper et nous en faire accroire. Oui, Sancho, croyez-moi, la paysanne si leste à sauter était Dulcinée, enchantée comme la mère qui l'engendra. Lorsque nous y penserons le moins, nous la verrons revenir sous sa propre figure, et vous reconnaîtrez l'erreur où vous êtes. Tout cela peut bien être, reprit Sancho, et maintenant je ne fais pas difficulté de croire ce que mon maître dit avoir vu dans la caverne de Montésinos : il prétend y avoir rencontré madame Dulcinée dans le même équipage dans lequel je lui dis l'avoir vue lorsque je l'enchantai à plaisir : ce devait être tout le contraire, comme vous le dites. On ne peut pas supposer, en effet, qu'un esprit grossier comme le mien ait, en si peu de temps, imaginé une aussi subtile tromperie, et je ne saurais croire mon maître assez fou pour ajouter foi à des choses aussi peu croyables, sur une aussi faible garantie que la mienne. Cependant, madame, je ne voudrais pas pour cela que vous me prissiez pour un malintentionné : un lourdaud comme moi n'est pas obligé de pénétrer les pensées et les malices des méchants enchanteurs. J'imaginai cette ruse pour échapper aux reproches de mon maître, et non avec l'intention de l'offenser : s'il en fut autrement, Dieu est au ciel, qui juge les cœurs. Vous avez raison, dit la duchesse : mais, dites-moi, que parlez-vous de la caverne de Montésinos? je suis curieuse de connaître cette aventure. Sancho lui raconta, de point en point, tout ce qu'on en a lu. A ce récit, la duchesse reprit : On doit, je pense, inférer de cette aventure que, puisque le grand Don Quichotte dit avoir vu la même paysanne que rencontra Sancho au sortir du Toboso, c'était Dulcinée elle-même, et que des enchanteurs adroits et subtils ont passé par là. Après tout, dit Sancho, si madame Dulcinée est enchantée, tant pis pour elle : je ne me soucie point d'avoir rien à démêler avec les ennemis de mon maître, qui doivent être nombreux et méchants. La vérité est que je vis une paysanne ; je la pris, je la jugeai pour telle : si elle est Dulcinée, je n'y peux rien et je n'en suis pas responsable. Sans cela ce sera sans cesse, dis-moi et je te dirai : Sancho l'a dit, Sancho l'a fait, Sancho tourne, Sancho retourne : comme si Sancho était le premier venu, et non ce même Sancho Pança dont il est parlé dans les livres, à ce que m'a dit Samson Carrasco, qui est pour le moins un notable bachelier de Salamanque. Telles gens ne sauraient mentir, si ce n'est quand il leur plaît ou leur convient : ainsi personne ne doit s'en prendre à moi, je suis homme de bonne renommée, et j'ai ouï dire à mon maître que mieux vaut une bonne renommée que de grandes richesses. Enchâssez-moi donc dans un bon gouvernement, et vous verrez merveilles : qui a été bon écuyer sera bon gouverneur.

Tout ce que vient de dire le bon Sancho, reprit la duchesse, ce sont sentences catoniennes, ou pour le moins tirées des entrailles de Michel Verino, *Florentibus occidit annis*[1]. Enfin, pour parler à votre mode, sous mauvaise cape on voit souvent un bon buveur. En vérité, madame, répondit Sancho, je n'ai de ma vie bu par malice : par soif, à la bonne heure, car je n'ai pas la moindre hypocrisie. Je bois quand j'ai soif, et même sans soif, quand on m'en offre, pour ne pas paraître dédaigneux et mal appris ; à une santé portée par un ami, est-il un cœur de marbre qui ne soit prêt à faire raison ? Mais si je les chausse, je ne les salis pas[2]. D'ailleurs les écuyers des chevaliers errants boivent assez habituellement de l'eau, parce qu'ils sont sans cesse dans les forêts, dans les bois, dans les prés, sur les montagnes, les rochers, sans trouver l'aumône d'une seule goutte de vin, dût-il leur en coûter un œil. Je le crois, dit la duchesse. Mais, à présent, allez vous reposer : nous parlerons plus longuement dans un autre moment, et nous mettrons ordre à vous enchâsser promptement, comme vous dites, dans votre gouvernement. Sancho lui baisa la main de rechef, et la supplia de donner ordre à ce que son grison fût bien traité, car il était la lumière de ses yeux. Quel grison voulez-vous dire? demanda la duchesse. — Mon âne, que, pour ne pas l'appeler ainsi, je nomme grison. Lorsque j'entrai dans ce château, je priai cette dame duègne que voici d'en prendre soin : elle se fâcha, comme si je l'avais appelée vieille ou laide ; et cependant les duègnes sont plutôt faites pour panser les ânes que pour servir d'ornements dans un salon. Vrai Dieu ! comme elles auraient mal passé leur temps avec un gentilhomme de mon village. Ce devait être quelque vilain, dit la dame Rodriguez, car s'il eût été gentilhomme et bien élevé, il les aurait mises au-dessus du croissant de la lune. En voilà assez, dit la duchesse, laissez cela, dame Rodriguez ; tranquillisez-vous, seigneur Pança, je me charge de l'âne : puisqu'il appartient à Sancho, je le mettrai sur la prunelle de mes yeux[3]. Il suffit bien qu'il soit à l'écurie, dit Sancho : ni lui ni moi ne sommes dignes d'être un seul instant sur la prunelle des yeux de votre grandeur ; je n'y consentirais pas plus qu'à me frapper à coups de poignard, quoique mon maître dise qu'en fait de courtoisie, il vaut mieux se tromper en donnant une carte de plus qu'une de moins, en fait d'ânes et de bourriques on doit aller le compas en main et avec mesure. Emmenez-le, dit la duchesse, dans votre gouvernement : vous pourrez le régaler là à votre plaisir et l'exempter de travail. Ne croyez pas en trop dire, madame, dit Sancho ; j'ai vu aller plus de deux ânes dans les gouvernements, ainsi y conduire le mien ne serait pas chose nouvelle. Les discours de Sancho renouvelèrent les ris et le plaisir de la duchesse. Elle l'envoya se reposer, et fut rendre compte au duc

[1] Michel Verino, auteur d'un livre latin intitulé : *De puerorum moribus disticha*, Saragosse, 1525 ; les mots *Florentibus occidit annis* sont les premiers de son épitaphe, par Politien.

[2] C'est-à-dire, si je bois je ne m'enivre pas.

[3] *Las niñas de mis ojos*. Cette expression se dit de ce qui nous est précieux; mais Sancho la prend au pied de la lettre.

de la conversation qu'elle avait eue avec lui. Ils concertèrent entre eux les moyens de jouer à Don Quichotte un tour qui présentât une aventure remarquable, et bien conforme au style de la chevalerie errante : ils en accomplirent plusieurs avec tant d'adresse et de vraisemblance, que ces aventures sont les meilleures de toutes celles que contient cette grande histoire.

CHAPITRE XXXIV.

QUI REND COMPTE DE LA CONNAISSANCE QUE L'ON ACQUIT DES MOYENS PROPRES A DÉSENCHANTER L'INCOMPARABLE DULCINÉE, CE QUI EST UNE DES PLUS GRANDES AVENTURES DE CE LIVRE.

GRAND était le plaisir que le duc et la duchesse prenaient à la conversation de Don Quichotte et de Sancho. Résolus de leur faire quelque plaisanterie qui eût bien l'apparence d'aventure, celle de la caverne de Montésinos, que Don Quichotte leur avait déjà racontée, leur fournit l'idée d'en imaginer une mémorable. Ce que la duchesse admirait le plus, c'était la simplicité de Sancho, qui en était venu à regarder comme réel et vrai l'enchantement de Dulcinée, lorsque lui-même avait été l'enchanteur et l'auteur de cette imposture. Après avoir instruit leurs gens des divers rôles qu'ils avaient à jouer, à six jours de là, ils menèrent leur hôte à une grande chasse, avec un équipage de veneurs aussi nombreux qu'eût pu l'avoir une tête couronnée. On donna à Don Quichotte un habit de chasse, et un autre à Sancho d'un drap vert très fin ; mais Don Quichotte refusa le sien : au premier jour, dit-il, il faudra retourner au dur métier des armes, et on ne peut porter avec soi équipage ni garde-robe. Sancho accepta celui qu'on lui donna, avec l'intention de le vendre à la première occasion. Le jour de la fête arrivé, Don Quichotte s'arma, Sancho se vêtit, et, monté sur son âne, qu'il ne voulut point quitter, quoiqu'on lui eût offert un cheval, il se mêla à la troupe des chasseurs. La duchesse parut richement habillée, et Don Quichotte, en chevalier courtois, tint la bride de son palefroi, quoique le duc voulût s'y opposer. Enfin, l'on arriva dans un bois situé entre deux hautes montagnes : les postes, les routes, les rendez-vous furent assignés, les filets tendus ; on distribua la troupe et l'on commença la chasse, avec un si grand bruit et de telles clameurs, qu'ils ne pouvaient s'entendre l'un l'autre, assourdis par le son des cors et par les cris des chiens. La duchesse mit pied à terre, armée d'un épieu très aigu, et se posta dans un endroit par où elle savait que passaient ordinairement les sangliers ; Don Quichotte et le duc suivirent son exemple, et se placèrent à ses côtés ; Sancho se plaça derrière eux, sans descendre de son âne, qu'il n'osait quitter de peur de quelque mésaventure. A peine s'étaient-ils postés et rangés avec plusieurs de leurs gens, qu'ils virent s'avancer vers eux un monstrueux sanglier, pressé par les chiens et poursuivi par les chasseurs. Il faisait craquer ses dents et ses défenses, et jetait l'écume par la bouche. Aussitôt Don Quichotte embrasse son écu, tire son épée, et s'avance pour le recevoir, le duc en fait autant avec son épieu, mais la duchesse les eût tous devancés si son époux ne l'eût retenue. Le seul Sancho, voyant ce furieux animal, abandonne son âne et se met à courir tant qu'il peut; il s'efforce, mais inutilement, de grimper sur un chêne élevé; son malheur veut, qu'à peine à la moitié de l'arbre, tâchant d'en gagner le faîte à l'aide d'une branche qu'il a saisie, elle se rompt, il tombe, et dans sa chûte demeure suspendu à un tronçon du chêne sans pouvoir toucher la terre. Dans cette position, sentant que l'habit vert se déchirait, et craignant que, si le monstre venait à passer, il ne pût l'atteindre, il se met à faire de si grands cris en demandant du secours, que ceux qui l'entendirent sans le voir le crurent pour le moins sous la dent de quelque bête féroce. Enfin, l'animal aux défenses aiguës tomba percé de coups d'épieu. Don Quichotte tourna la tête aux cris de Sancho, qu'il avait bientôt reconnus, et le vit suspendu à l'arbre, la tête en bas et l'âne à côté de lui, qui ne l'avait pas abandonné dans son malheur. Cid Hamet remarque qu'il vit bien rarement Sancho sans voir son âne, et l'âne sans voir Sancho, tant était grande leur amitié et la foi qu'ils se gardaient. Don Quichotte décrocha son écuyer, qui, se voyant à terre et libre, examina la déchirure de l'habit de chasse : il en gémit dans son âme, car en cet habit il croyait avoir un majorat.

Cependant on plaça sur un mulet de bât le corps du monstrueux sanglier, on le couvrit de romarin et de branches de myrte, puis on le transporta en triomphe, sous de grandes tentes de campagne que l'on avait dressées au milieu du bois : là, les tables se trouvèrent préparées et chargées d'un repas si abondant et si somptueux, qu'il annonçait bien la magnificence de celui qui le donnait. Sancho, montrant à la duchesse les plaies de son habit déchiré : Si c'eût été, dit-il, une chasse au lièvre ou aux moineaux mon habit n'aurait pas été exposé à cette extrémité. Je ne sais quel plaisir on peut trouver à attendre un animal qui, d'un coup de défense, peut vous ôter la vie. Je me souviens d'avoir entendu chanter une romance ancienne qui dit :

Sois-tu mangé des ours comme le fut le renommé Favila [1].

Ce fut un roi goth, dit Don Quichotte, qui fut dévoré par un ours à la chasse. C'est aussi ce que je dis, reprit Sancho : je ne voudrais pas que les rois et les princes s'exposassent à de semblables dangers, pour un plaisir qui n'en devrait pas être un, car il consiste à tuer un pauvre animal qui n'a commis aucune faute. Vous êtes dans l'erreur, Sancho, dit le duc : la chasse à la grosse bête est plus nécessaire et convenable aux rois et aux princes qu'aucune autre. La chasse est l'image de la guerre : elle a ses stratagèmes, ses ruses, ses embûches, pour vaincre l'ennemi sans danger; on y souffre des froids rigoureux, des chaleurs intolérables; on y méprise le repos et le sommeil, le corps y acquiert de nouvelles forces, les membres plus d'agilité; enfin, c'est un exercice auquel on peut se livrer sans nuire à personne, et qui plaît à beaucoup, mais le meilleur est qu'il n'est pas pour tous, comme les autres genres de chasse, excepté celle au vol, qui n'appartient non plus qu'aux rois et grands seigneurs : ainsi, Sancho, changez d'opinion, et, quand vous serez gouverneur, livrez-vous à la chasse; vous verrez que vous en

[1] De los osos seas comido,
Como Favila el nombrado.

retirerez cent pour un. Pour cela, non, répondit Sancho : le bon gouverneur a la jambe rompue et se tient dans sa maison : il ferait beau voir ceux qui ont affaire à lui, venir le chercher, las et recrus, tandis qu'il serait dans les bois à se divertir; le gouvernement s'en irait de mal en pire. Ma foi, seigneur, la chasse et les passe-temps sont plutôt pour les fainéants que pour les gouverneurs. Le seul amusement que je pense me donner, c'est de jouer à la triomphe le jour de Pâques, et aux boules les dimanches et fêtes. Toutes ces chasses ne vont point à mon humeur, et ne s'accordent pas avec ma conscience. Plaise à Dieu, Sancho, qu'il en soit ainsi, dit le duc, car il y a loin du dire au faire. — Aussi loin que vous voudrez, un bon payeur ne refuse point de donner des gages ; mieux réussit celui que Dieu aide, que celui qui se lève matin ; le ventre fait aller les pieds, et non les pieds le ventre : je veux dire que, si Dieu m'assiste, et si je fais mon devoir avec bonne intention, je gouvernerai mieux qu'un gerfaut. Qu'on me mette le doigt dans la bouche, on verra si je serre ou non. Maudit sois-tu de Dieu et de tous les saints ! maudit Sancho, dit Don Quichotte ; quand viendra donc le jour où, comme je te l'ai dit bien des fois, je te verrai faire sans proverbes un discours raisonnable et bien suivi ? Que vos grandeurs laissent là ce fou, autrement il vous moudra l'âme non entre deux, mais entre deux mille proverbes amenés si à propos, que Dieu lui donne la paix et à moi aussi si je les voulais écouter. Les proverbes de Sancho, dit la duchesse, quoique plus nombreux que ceux du commentateur grec, n'en sont pas moins estimables pour la brièveté des sentences[1] : quant à moi, je déclare qu'ils me plaisent plus que d'autres mieux amenés ou mieux appliqués.

Au milieu de ces agréables entretiens ils sortirent de la tente pour rentrer dans le bois : le jour se passa à chercher des postes et dresser des cabanes de branchages pour l'affût. La nuit arriva, non si calme et si claire qu'on eût pu l'attendre de la saison, qui était le milieu de l'été ; un certain clair-obscur répandu dans l'atmosphère favorisa les intentions du duc. Lorsque l'obscurité eut succédé au crépuscule, soudain de quatre côtés à la fois la forêt parut toute en feu : on entendit çà et là, de toutes parts, le bruit multiplié des cors et d'autres instruments de guerre, comme si de grandes troupes de cavalerie passaient dans le bois. L'éclat du feu, le bruit des instruments guerriers, aveuglait, assourdissait, pour ainsi dire, les yeux et les oreilles des assistants et de tous ceux qui étaient dans le bois. Bientôt on entendit se répéter à l'infini le cri de guerre des Maures[2] quand ils entrent en bataille : les clairons, les trompettes, les tambours, les fifres résonnèrent en même temps avec tant de force et de continuité, qu'il eût fallu être insensible pour n'en pas être ému. Le duc se troubla, la duchesse fut interdite, Don Quichotte surpris, Sancho tremblant de frayeur, et ceux mêmes qui étaient dans la confidence se montrèrent épouvantés. Le silence régnait avec la peur, lorsque apparut un courrier vêtu en diable, sonnant non dans un cor, mais

[1] Ce commentateur s'appelait Fernand Nuñez de Guzman, et était de l'illustre famille de ce nom. Natif de Valladolid, il fut surnommé le *Pinciano*, parce que cette ville, suivant certains auteurs, fut la *Pincia* des Romains; il était chevalier de Saint-Jacques, et devint, à l'université de Salamanque, professeur de grec, de latin, de rhétorique, ce qui lui fit donner l'autre surnom de *commentateur grec;* il s'appliqua surtout à rassembler un grand nombre de proverbes et sentences castillans qu'il avait intention de publier avec des explications, mais sa mort, arrivée en 1553, l'en empêcha. Ils le furent depuis.

[2] *Lelili.*

dans une corne d'une grandeur démesurée, qui rendait un son rauque et terrible. Holà, frère courrier, dit le duc, qui es-tu? où vas-tu? quels sont les gens de guerre qui paraissent traverser cette forêt? Je suis le diable, répondit le courrier, d'une voix brusque et horrible; je cherche Don Quichotte de la Manche : les gens qui me suivent sont six troupes d'enchanteurs qui emmènent sur un char de triomphe l'incomparable Dulcinée du Toboso; elle vient enchantée, avec le brave Français Montésinos, pour instruire Don Quichotte de quelle manière il faut s'y prendre pour désenchanter cette dame.

Si vous étiez le diable, comme vous le dites, et comme votre figure le montre, répond le duc, vous auriez déjà reconnu le chevalier Don Quichotte de la Manche, puisqu'il est devant vous. — Par Dieu et par ma conscience, répondit le diable, je ne le voyais pas : j'ai tant d'affaires dans la tête, que j'oubliais la principale, celle pour laquelle je suis venu. Assurément, dit Sancho, ce diable est homme de bien et bon chrétien; s'il en était autrement, il ne jurerait point par Dieu et par sa conscience. Je saurai maintenant que dans l'enfer même il doit y avoir des gens de bien. Le diable, sans mettre pied à terre, tourna les yeux vers Don Quichotte, et lui dit : Chevalier des Lions (puissé-je te voir entre leurs griffes!), le malheureux et vaillant chevalier Montésinos m'envoie vers toi et m'ordonne de te dire que tu l'attendes au lieu même où je te rencontrerai, parce qu'il amène avec lui celle qu'on appelle Dulcinée du Toboso : il veut te faire connaître les moyens de la désenchanter, et, comme je ne suis pas venu pour autre chose, je ne m'arrêterai pas plus longtemps : que les démons comme moi demeurent en ta compagnie et les bons anges avec ces seigneurs. En disant ces mots, il sonna de son énorme cor, tourna les épaules, et s'en alla sans attendre de réponse. L'étonnement de tous redoubla, surtout en Don Quichotte et Sancho : celui-ci de voir qu'en dépit de la vérité l'on voulait que Dulcinée fût enchantée, Don Quichotte, pour n'être pas bien sûr si ce qu'il avait vu dans la caverne de Montésinos était vrai ou non. Comme il était plongé dans ces réflexions : Votre seigneurie attendra-t-elle? lui dit le duc. Pourquoi non? répondit-il : j'attendrais ici ferme et intrépide, dût tout l'enfer venir m'attaquer. Et moi, dit Sancho, si je vois un autre diable, si j'entends un autre cor, comme tout à l'heure, j'attendrai ici comme en Flandre. Cependant la nuit devint plus obscure, et l'on vit courir dans les bois des lumières semblables aux exhalaisons de la terre que nous voyons voltiger dans l'air, et qui semblent des étoiles errantes. On entendit en même temps un bruit épouvantable, pareil à celui que font les roues massives des charrettes à bœufs, dont le cri aigre et continu fait, dit-on, fuir les loups et les ours, s'il y en a sur leur passage. A cette tempête en succède une autre plus terrible encore : il semble qu'aux quatre coins du bois se livrent en même temps quatre batailles; ici l'oreille est déchirée par les détonations d'une artillerie formidable; d'un autre point se répètent les décharges d'une multitude d'arquebusades; tout près on entend les cris des combattants, et plus loin les acclamations guerrières des Maures; enfin, les cornets, les cors de chasse, les clairons, les trompettes, les tambours, l'artillerie, les arquebusades, et par-dessus tout le bruit horrible des chars, formaient tous ensemble un si terrible vacarme, que Don Quichotte eut besoin de tout son courage pour le supporter; mais celui de Sancho fit faux bond : il tomba évanoui aux pieds de la duchesse, qui fit apporter promplement de l'eau pour lui jeter au visage. Il revint à lui dans le moment où arrivait déjà un de ces chars si bruyants : il était traîné par quatre bœufs pesants, tout couverts de draperies noires ; ils portaient à chaque corne une longue torche ; au haut du char était un siége élevé, sur lequel on voyait assis un vieillard vénérable, avec une barbe plus blanche que la neige, et si longue qu'elle lui passait la ceinture : il était vêtu d'une longue robe de boucassin noir, car les lumières dont le char était parsemé laissaient apercevoir tout ce qu'il contenait. Il était conduit par deux démons hideux vêtus du même boucassin, et si laids, si effroyables de visage, qu'après les avoir aperçus, Sancho ferma les yeux pour ne plus les voir. Le char parvenu devant la compagnie, le vieillard se leva et dit d'une voix haute : Je suis le sage Lirgandée. Et le char continua sa route sans autre parole. Un nouveau char s'avança de la même manière, portant un autre vieillard. Celui-ci fit arrêter le char, et, d'une voix aussi imposante que le premier, dit : Je suis le sage Alquif, le grand ami d'Urgande la déconnue, et il passa. Survint un troisième char : mais celui qui occupait le trône n'était plus un vieillard comme dans les autres, mais un homme robuste et de mauvaise mine ; quand il fut arrêté, il dit d'une voix plus rauque et plus diabolique : Je suis l'enchanteur Arcalaus, l'ennemi mortel d'Amadis de Gaule et de toute sa race. Et il poursuivit sa route. A quelques pas, les trois chars s'arrêtèrent, le bruit fatigant de leurs roues cessa, et au lieu de ce bruit l'on entendit les sons flatteurs d'une musique douce et harmonieuse, qui réjouit Sancho, et lui parut de bon augure ; aussi dit-il à la duchesse, dont il ne s'éloignait ni d'un instant ni d'un pas : Madame, où il y a de la musique, il ne saurait y avoir rien à craindre. Ni où sont la lumière et la clarté, répondit la duchesse. Le feu donne de la lumière, répliqua Sancho, et les bûchers de la clarté, comme nous le voyons dans celle qui nous environne ; il se pourrait bien faire que nous en fussions embrasés, mais toujours la musique est le signal des fêtes et réjouissances. Nous le verrons, dit Don Quichotte, qui les écoutait. Et il disait bien, comme nous l'apprendrons dans le chapitre suivant.

CHAPITRE XXXV.

OU SE POURSUIT L'INSTRUCTION DONNÉE A DON QUICHOTTE POUR DÉSENCHANTER DULCINÉE, ET AUTRES CHOSES ADMIRABLES.

Au son mesuré de cette agréable musique, ils virent venir vers eux un de ces chars qu'on appelle de triomphe, tiré par six mules grises recouvertes de drap blanc ; sur chacune de ces mules était un pénitent aussi vêtu de blanc, portant à la main une grosse torche allumée : le char était deux ou trois fois plus grand que les précédents ; les côtés et le haut étaient occupés par douze autres pénitents blancs comme la neige, avec leurs torches allumées, spectacle qui étonnait et effrayait tout à la fois. Sur un trône élevé, l'on voyait assise une nymphe vêtue de toile d'argent, sur laquelle brillait une infinité de clinquant d'or, qui donnait sinon de la richesse, au moins de l'éclat au costume : son visage était couvert d'un voile de soie si léger, si transparent, qu'il laissait apercevoir les traits délicats d'une jeune fille : la lueur de la multitude de flambeaux permettait de distinguer sa beauté et son âge, qui ne semblait pas atteindre vingt ans ni descendre au-dessous de dix-sept ; près d'elle était un personnage vêtu d'une de ces longues robes que l'on appelle *rozagantes*[1], et la tête couverte d'un voile noir. Lorsque le char fut en face du duc et de Don Quichotte, la musique des instruments à vent cessa, et bientôt celle des harpes et des luths qui étaient dans le char; la figure à la longue robe se leva, rejeta des deux côtés ses vêtements, écarta son voile, et laissa voir la figure de la Mort elle-même, si décharnée, si affreuse, que Don Quichotte en eut horreur, Sancho trembla, le duc et la duchesse parurent effrayés. Ainsi debout, la Mort vivante prit la parole d'une voix lente, endormie, et s'exprima en ces termes :

Je suis Merlin, que les histoires disent enfant du diable (mensonge auquel le temps a donné de l'autorité). Je suis le prince de la magie, monarque et dépositaire de la science de Zoroastre. Je lutte contre les siècles et les temps qui prétendent couvrir les hauts faits des chevaliers errants dont je fus et suis encore l'ami.

Les autres magiciens et enchanteurs sont d'une humeur dure et peu traitable, la mienne est douce et bienveillante, j'aime à faire du bien à tous.

Dans les sombres demeures, où mon âme s'occupe à former des cercles et des caractères, j'ai entendu la voix dolente de la belle et incomparable Dulcinée du Toboso.

J'ai su son enchantement et sa disgrâce ; sa transformation de noble dame en paysanne grossière. J'en ai eu compassion. J'ai enfermé mon esprit dans ce squelette horrible et effrayant, et après avoir compulsé cent mille livres de ma science diabolique et coupable, j'apporte le remède qui convient à une si grande douleur, à un si grand mal.

O toi ! gloire et honneur de tous ceux qui ont revêtu la tunique d'acier et de diamant ; lumière, flambeau, sentier, boussole, guide de quiconque abandonne un honteux sommeil et la plume oisive pour se soumettre au dur et sanglant exercice des armes ;

Je te dis, illustre guerrier, dont la louange n'égalera jamais le mérite, je te dis, vaillant et sage Don Quichotte, honneur de la Manche, étoile de l'Espagne, que pour que Dulcinée du Toboso recouvre sa première forme, il faut que Sancho ton écuyer se donne trois mille trois cents coups de fouet sur ses deux puissantes fesses, mises à nu, si bien qu'il lui en cuise, qu'il s'en lasse et qu'il en gémisse ; c'est la dernière résolution des auteurs de sa disgrâce, et c'est pour cela que je suis venu, mes seigneurs.

Je renie Dieu, s'écria Sancho, si je me donne, je ne dis pas trois mille coups de fouet, je m'en donnerai trois comme je me donne trois coups de poignard : à tous les diables soit le moyen de désenchanter. Je ne sais ce que mes fesses ont à voir avec les enchantements. Par Dieu ! si le seigneur Merlin n'a pas trouvé d'autre moyen de désenchanter madame Dulcinée du Toboso, elle pourra bien s'en aller à la sépulture avec son enchantement. Je vous saisirai moi, don vilain, farci d'ail, dit Don Quichotte, je vous attacherai à un arbre, aussi nu que quand votre mère vous mit au monde, et je vous donnerai, non pas trois mille trois cents coups, mais six mille six cents, si bien appliqués qu'ils ne tomberont pas en trois mille trois cents secousses, et ne me répliquez pas, ou je vous arracherai l'âme. Non pas ainsi, dit Merlin, entendant ces menaces; les coups que doit recevoir le bon Sancho, ce doit être volontairement, non par force, et quand il lui plaira, car le temps ne lui est pas limité; cependant il lui est permis, s'il veut se racheter de la moitié des coups, de les recevoir d'une main étrangère, quoiqu'elle soit un peu pesante. Ni étrangère, ni mienne, ni pesante, ni à peser, aucune main ne me touchera, dit Sancho. Est-ce moi, par aventure, qui ai engendré madame Dulci-

[1] Longue robe, robe traînante.

née du Toboso, pour que mes fesses payent les fautes de ses yeux? C'est à mon maître, dont elle fait partie, puisqu'il la nomme sans cesse sa vie, son âme, son soutien, son appui, de se fouetter pour elle et de faire toutes les diligences nécessaires pour la désenchanter; mais me fouetter, moi, *abernuncio*. A peine avait-il prononcé ces mots, que la nymphe argentée, assise auprès de l'esprit de Merlin, se leva, et, ôtant son léger voile, laissa voir une beauté qui charma tous les yeux. D'une voix animée par la colère, et qui n'avait rien d'efféminé, elle s'adressa à Sancho, et lui dit : O mal aventureux écuyer, âme de boue, cœur de liége, entrailles de pierre et de rocher! si l'on te demandait, larron, meurtrier, de te jeter du haut d'une tour en bas; si l'on voulait, ennemi du genre humain, t'obliger à manger une douzaine de crapauds, deux douzaines de lézards, trois douzaines de couleuvres; si l'on voulait te persuader de tuer ta femme et tes enfants avec un cimeterre tranchant, il ne serait pas étonnant que tu te montrasses difficile et récalcitrant; mais, attacher tant d'importance à trois mille trois cents coups de fouet, lorsqu'il n'y a pas d'enfant de la doctrine chrétienne, quelque méchant qu'il soit, qui n'en reçoive autant chaque mois, c'est un sujet d'étonnement, de pitié, d'indignation pour les entrailles généreuses de ceux qui nous écoutent, pour tous ceux qui viendront à le savoir à l'avenir. Jette, misérable animal endurci, jette tes yeux de mulet effarouché sur la prunelle des miens, qui sont comparables à de brillantes étoiles : tu les verras pleurer goutte à goutte, larme à larme, formant des sillons, des sentiers sur les belles campagnes de mes joues. Sois ému, hypocrite, monstre malintentionné, par la fleur de mes ans, qui ne se comptent encore que par dix et ......, car je n'en ai que dix-neuf, et non pas vingt; elle se consume et se flétrit sous la grossière écorce d'une paysanne, et si dans ce moment je ne parais point telle, c'est une grâce particulière du seigneur Merlin, ici présent, qui a voulu que ma beauté t'attendrît; les pleurs d'une belle affligée changent les rochers en coton, les tigres en brebis. N'épargne point tes grosses chairs, bête indomptable, et sors de cette lâche paresse qui ne te rend propre qu'à manger et toujours manger. Rends-moi la finesse de ma peau, la douceur de mon caractère, la beauté de mon visage; si je ne peux suffire à t'attendrir, t'amener à un sentiment raisonnable, laisse-toi toucher au moins par ce pauvre chevalier qui est à tes côtés, par ton maître, dont je vois l'âme arrêtée à la gorge à dix doigts des lèvres, et qui n'attend que ta réponse, favorable ou inflexible, pour sortir par la bouche, ou rentrer dans l'estomac.

A ces mots, Don Quichotte se tâta la gorge et se tournant vers le duc : Par Dieu! dit-il, Dulcinée a bien raison de dire que j'ai l'âme arrêtée à la gorge, comme une noix d'arbalète. Hé bien, Sancho, dit la duchesse, que répondez-vous à tout cela? — Ce que je réponds, madame, je l'ai déjà dit, pour ce qui est des coups de fouet, *abernuncio*. C'est *abrenuncio*, qu'il faut dire et non comme vous dites, reprit le duc. — Mon seigneur, laissez-moi; je ne songe pas en ce moment à regarder à ces subtilités et à des lettres de plus ou de moins. Ces coups de fouet que l'on doit me donner ou que je dois me donner, me troublent tant la cervelle, que je ne sais ce que je dis ni ce que je fais. Pourtant je voudrais bien savoir qui a appris à madame Dulcinée cette manière de solliciter : elle me demande de m'ouvrir la peau à coups de fouet, et elle m'appelle âme de boue, bête indomptable, avec une kirielle d'autres méchants noms bons pour le diable. Ma chair, par hasard, est-elle de bronze? Que me revient-il à moi que madame Dulcinée soit ou non désenchantée? Quelle corbeille de toile blanche, de chemises, de coiffes, d'escarpins (quoique je n'en porte pas) m'offre-t-elle pour me toucher? elle ne m'apporte que des injures. Ne devrait-elle pas connaître le proverbe qui dit qu'un âne chargé d'or monte légèrement une montagne? que les présents brisent les rochers? prier Dieu et frapper du maillet? qu'un prends vaut mieux que deux tu l'auras? Et puis, voilà mon maître qui, au lieu de me flatter, de me caresser pour que je me fasse de laine ou de coton cardé, me dit que s'il me prend il m'attachera nu à un arbre et me doublera la dose des coups de fouet. Ces charitables seigneurs considèrent-ils que ce n'est pas seulement un écuyer qu'il s'agit de fustiger, mais bien un gouverneur, comme celui qui dit : Bois avec tes cerises. Qu'ils apprennent, qu'ils apprennent, à leurs dépens, à savoir prier, à savoir demander, à se montrer bien élevés : toujours les temps ne se ressemblent pas, et les hommes ne sont pas tous de bonne humeur. Je suis gonflé de chagrin de voir mon habit vert déchiré, et ils viennent me parler de me fustiger volontairement, lorsque j'en suis aussi éloigné que de me faire cacique. En vérité, ami Sancho, dit le duc, si vous ne vous adoucissez plus qu'une figue mûre, il est impossible que vous preniez le gouvernement. Il ferait beau voir que j'envoyasse à mes insulaires un gouverneur cruel, aux entrailles de rocher, qui ne se laisse pas toucher par les larmes des demoiselles affligées, ni par les prières des sages, puissants et respectables enchanteurs. En un mot, Sancho, vous vous fouetterez ou l'on vous fouettera, ou vous ne serez pas gouverneur. Seigneur, répondit Sancho, ne peut-on me donner deux jours pour penser à ce qui conviendra le mieux? Non, répondit Merlin ; il faut que, dans cet instant, et sans sortir d'ici, cette affaire soit décidée. Dulcinée va retourner à la caverne de Montésinos et reprendre sa forme de paysanne, ou, dans l'état où vous la voyez maintenant, elle sera transportée aux Champs Élysées pour y attendre que le nombre des coups de fouet soit complet. Allons, bon Sancho, dit la duchesse, bon courage, et de la reconnaissance pour le pain que vous avez mangé au seigneur Don Quichotte, nous devons tous l'aider et le servir pour ses bonnes qualités et sa haute chevalerie. Donnez votre consentement, mon fils, laissez le diable pour ce qu'il est, et la crainte au poltron ; un bon cœur, vous le savez, triomphe de la mauvaise fortune. A toutes ces raisons, Sancho ne répondait que ces mots sans suite adressés à Merlin : dites-moi, seigneur Merlin, quand le diable courrier est venu, il apportait à mon maître un message du seigneur Montésinos, pour le prier de l'attendre ici ; qu'il venait donner ordre à ce que madame Dulcinée fût désenchantée, et, jusqu'à présent, nous n'avons point vu de Montésinos ni rien qui lui ressemble. Ami Sancho, répondit Merlin, le diable est un ignorant et un grand étourdi : je l'ai envoyé à la recherche de votre maître, mais le message était de moi, et non pas de Montésinos, puisqu'il n'est pas sorti de sa caverne, attendant ou, pour mieux dire, espérant toujours son désenchantement, auquel il manque encore la queue à écorcher. S'il vous doit quelque chose, ou si vous avez affaire à lui, je vous l'amènerai et le transporterai partout où vous voudrez ; mais, pour le moment, décidez-vous à donner votre consentement à votre discipline, et, croyez-moi, elle vous sera d'un grand profit pour l'âme et pour le corps : pour l'âme, par l'action charitable que vous ferez, et pour le corps, car je sais que vous êtes d'une complexion sanguine, et il n'y aura pas de mal de vous tirer un peu de sang. Il y a beaucoup de médecins dans le monde, dit Sancho ; maintenant les enchanteurs s'en mêlent : eh bien donc, puisque tout le monde le veut, quoique je n'en sois guère d'avis, je consens à me donner les trois mille trois cents coups de fouet, mais à condition que ce sera quand il me plaira, sans qu'on me prescrive ni le temps, ni le jour; de mon côté je ferai en sorte d'accomplir mon engagement le plus tôt possible, afin que le monde jouisse de la beauté de madame Dulcinée du Toboso, qui en effet est belle, à ce qu'il paraît, et je croyais tout le contraire. Je mets encore cette condition que je ne serai pas obligé de me tirer du sang avec la discipline, et que, si quelques coups sont pour les mouches, ils ne laisseront pas de compter ; *item*, si je me trompais dans le nombre, le seigneur Merlin, qui sait tout, aura la complaisance de compter, et de m'avertir si je m'en donne trop ou pas assez. Il ne sera pas nécessaire de vous avertir de ceux qui seront en plus, répondit Merlin, parce qu'au moment même où vous atteindrez le nombre fixé, soudain madame Dulcinée se trouvera désenchantée, et viendra aussitôt remercier le bon Sancho, et surtout le récompenser d'une aussi bonne œuvre. Ainsi il n'y a pas à se préoccuper sur le plus ou le moins, et que le ciel me préserve de tromper personne, ne fût-ce que d'un cheveu. Allons donc et à la main de Dieu, dit Sancho, je consens à ma malaventure, c'est-à-dire j'accepte la pénitence, sous les conditions convenues. A peine avait-il prononcé ces derniers mots, que la musique recommença à jouer, les arquebuses à tirer, et Don Quichotte se jeta au cou de Sancho, le baisant mille fois au front et sur les joues. La duchesse, le duc, tous les assistants, témoignèrent toute leur satisfaction. Le char se remit en marche, et, en passant, Dulcinée fit une inclinaison de tête aux seigneurs, et une grande révérence à Sancho.

Cependant, l'aube s'avançait riante et fraîche, les petites fleurs des champs relevaient leurs têtes et semblaient renaître : le liquide cristal des ruisseaux murmurant à travers les cailloux blancs et gris portait son tribut aux rivières qui l'attendaient : la terre riante, le ciel clair, l'air pur, la lumière sereine, tout présageait que le jour annoncé par une si belle aurore serait calme et brillant. Satisfaits de leur chasse, et d'avoir si bien réussi dans leur projet, le duc et la duchesse retournèrent au château, bien résolus à ne pas terminer là leurs plaisanteries, car il n'y avait rien pour eux qui pût leur donner plus de plaisir.

CHAPITRE XXXVI.

OU L'ON RACONTE L'ÉTRANGE ET INOUIE AVENTURE DE LA DUÈGNE DOLORIDE, AUTREMENT DIT LA COMTESSE TRIFALDI, AVEC LA LETTRE QUE SANCHO PANÇA ÉCRIVIT A SA FEMME, THÉRÈSE PANÇA.

E duc avait un majordome d'un esprit très plaisant et facétieux, qui fit le rôle de Merlin : ce fut lui qui dirigea tout l'appareil de l'aventure, composa les vers, et fit remplir par un jeune page le rôle de Dulcinée. Enfin, par l'ordre de ses maîtres, ce majordome prépara ensuite une autre aventure, la plus étrange et récréative qui se puisse imaginer.

Le lendemain la duchesse demanda à Sancho s'il avait commencé la tâche de la pénitence qu'il devait accomplir pour le désenchantement de Dulcinée : il répondit que oui et que la nuit dernière il s'était donné cinq coups de fouet. Avec quoi ? dit la duchesse. — Avec la main. — Mais ce sont plutôt des claques que des coups de fouet. Je doute fort, pour moi, que le sage Merlin se contente de pareils ménagements : il faudra que le bon Sancho fasse une discipline à pointes ou à nœuds, qui se fasse sentir, car la condition est qu'il faut du sang, et vous entendez bien que la délivrance d'une aussi grande dame que Dulcinée ne peut être obtenue à si peu de frais. Que votre seigneurie, madame, répondit Sancho, me donne une discipline ou un bout de corde convenable, et je m'en frapperai, pourvu que cela ne me fasse pas trop de mal ; car vous saurez que bien que je sois rustique, ma chair tient plus du coton que du jonc, et il ne serait pas raisonnable de me déchirer pour le profit d'autrui. A la bonne heure, dit la duchesse : je vous donnerai demain une discipline qui vous ira à point et s'accommodera à la délicatesse de votre peau comme si elle était sa sœur.

Madame, reprit Sancho, j'apprendrai à Votre Altesse, qui est maîtresse de mon âme, que j'ai écrit à ma femme, Thérèse Pança, pour la mettre au courant de tout ce qui m'est arrivé depuis que je l'ai quittée. J'ai la lettre dans mon sein, il n'y manque plus que l'adresse : je désirerais bien que votre sagesse la lût, car je la crois digne d'un gouverneur, c'est-à-dire conforme à la manière dont ils doivent écrire. Et qui l'a faite? demanda la duchesse. — Qui pourrait-ce être, sinon moi, pauvre pécheur ? Mais l'avez-vous écrite ? — Je n'en ai pas eu seulement l'idée, car je ne sais ni lire ni écrire ; je sais seulement signer mon nom. Voyons-la, dit la duchesse : je suis bien sûre qu'on y reconnaît le mérite et la capacité de votre esprit. Sancho tira de son sein une lettre ouverte, la duchesse la prit et vit qu'elle était conçue en ces termes :

LETTRE DE SANCHO PANÇA A THÉRÈSE PANÇA, SA FEMME

« Si on me donnait de bons coups de fouet, j'étais ferme à cheval, si j'ai un bon « gouvernement, il me coûte de bons coups de fouet : tu ne comprendras pas cela « pour le moment, ma Thérèse ; tu le sauras une autre fois. Je te dirai que j'ai ré- « solu que tu ailles en carrosse ; c'est ce qui nous importe maintenant : aller « d'une autre manière, c'est affaire aux chats. Tu es la femme d'un gouverneur : « vois si quelqu'un te rognera les talons. Je t'envoie un habit vert de chasse, « que m'a donné madame la duchesse ; arrange-le de manière qu'il fasse une « cotte et un corsage à notre fille. Mon maître Don Quichotte, à ce que j'entends « dire ici, est un sage fou, un agréable insensé, et moi je ne lui cède en rien. « Nous sommes descendus dans la caverne de Montésinos, et le sage Merlin a fait « choix de moi pour désenchanter Dulcinée du Toboso, qu'on appelle là-bas Al- « donza Lorenzo : avec trois mille trois cents coups de fouet, moins cinq, que je « dois me donner, elle sera désenchantée comme la mère qui l'engendra. Tu ne « diras rien de ceci à personne, parce que : soumets tes affaires au jugement d'au- « trui, l'un trouvera blanc ce que l'autre dira noir. D'ici à peu de jours je partirai « pour mon gouvernement : j'y vais avec un grand désir de ramasser de l'argent,

« car on m'a dit que tous les gouverneurs ont la même intention. Je lui tâterai « le pouls, et te ferai savoir si tu dois venir me trouver ou non. Le grison se porte « bien et se recommande à toi. Je ne le quitterais pas quand on me ferait Grand « Turc. Madame la duchesse te baise mille fois les mains : rends-lui le change « avec deux mille ; il n'y a rien qui coûte moins et qu'on donne à meilleur mar- « ché, à ce que dit mon maître, que les compliments. Dieu ne m'a pas encore « fait trouver une autre mallette avec cent autres écus, comme l'autre fois. Ce- « pendant, ne te mets pas en peine, ma Thérèse : celui qui sonne l'alarme est en « sûreté, le gouvernement est la lessive dont tout doit sortir. Une chose pour- « tant me met en peine : on dit qu'une fois qu'on en a essayé, on s'y mangerait « les mains ; s'il en est ainsi, il ne me coûtera pas peu, quoique les estropiés et « les manchots tiennent un canonicat dans l'aumône qu'ils demandent : ainsi, de « côté ou d'autre, tu dois être riche et ton sort heureux. Dieu te le donne, comme « il le peut, ma Thérèse, et me garde pour te servir.

« De ce château, le 20 juillet 1614.

« Ton mari, le gouverneur

« SANCHO PANÇA. »

La duchesse ayant achevé de lire cette lettre, le bon gouverneur, dit-elle, s'est un peu fourvoyé en deux choses : d'abord il dit, ou du moins donne à entendre, que le gouvernement lui a été accordé pour les coups qu'il doit s'administrer ; or, il sait bien, et ne le peut nier, que quand le duc mon seigneur lui promit le gouvernement, il n'était aucunement question de coups de fouet. En second lieu, le gouverneur se montre fort avide ; je ne voudrais pas qu'il fût si intéressé : la convoitise rompt le sac, et le gouverneur avare rend mal la justice. Je ne le disais pas dans cette intention, répond Sancho ; et, si vous croyez que la lettre ne doit pas partir telle qu'elle est, il faut la déchirer et en faire une autre ; mais il pourrait se faire qu'elle fût pire, si on me la laisse faire à ma mode. Non, non, dit la duchesse, elle est bien, et je veux que le duc la voie. Ils se rendirent alors à un jardin où ils devaient dîner ce jour-là. La duchesse montra la lettre de Sancho à son époux, qui y trouva beaucoup de plaisir.

On dîna ; puis, la table étant ôtée, et après avoir joui assez longtemps de l'amusante conversation de Sancho, on entendit le son plaintif d'un fifre, joint au bruit sourd et discordant d'un tambour : cette martiale et triste harmonie sembla émouvoir tout le monde, et surtout Don Quichotte, qui ne se pouvait contenir sur son siége. Pour Sancho, il n'y a rien à dire, si ce n'est que la peur le fit recourir à son refuge ordinaire, le voisinage ou les jupes de la duchesse. En effet, les sons qu'on entendait étaient fort tristes et mélancoliques. Pendant cette attention silencieuse, on vit entrer dans le jardin deux hommes vêtus de noir, et dont les longues robes traînaient à terre : ils frappaient deux grands tambours, également couverts d'un drap noir ; à leurs côtés marchait le joueur de fifre, vêtu de noir comme eux ; derrière ces trois hommes venait un personnage d'une taille gigantesque, enveloppé plutôt que vêtu d'une grande robe noire, dont la queue était démesurément longue ; par-dessus la robe il portait un large baudrier noir, auquel pendait un énorme cimeterre dont le fourreau et la garniture étaient également noirs ; sa face était couverte d'un voile noir transparent, au travers duquel on entrevoyait une longue barbe blanche comme la neige. Il marchait gravement au son des tambours : sa haute taille, sa démarche affectée, ses vêtements noirs, tout son équipage étaient faits pour étonner ceux qui le regardaient sans le connaître. Il s'approcha donc avec la gravité et dans l'appareil décrits pour s'agenouiller devant le duc, qui l'attendait debout avec les autres assistants ; mais le duc ne voulut point qu'il parlât avant de s'être relevé. Ce prodigieux épouvantail se dressa donc sur ses pieds, leva le voile qui lui cachait la figure, et découvrit la plus horrible, la plus longue, la plus épaisse, la plus blanche barbe que jamais mortel ait pu voir. Tirant ensuite, du fond de sa large et vaste poitrine, une voix grave et sonore, il fixa les yeux sur le duc, et lui dit : Haut et puissant seigneur, on m'appelle Trifaldin à la barbe blanche ; je suis écuyer de la comtesse Trifaldi, surnommée la duègne Doloride. Elle m'envoie en ambassade auprès de votre grandeur pour demander à votre magnificence la permission de venir lui raconter son malheur, qui est un des plus étranges et des plus étonnants que l'esprit le plus affligé puisse imaginer ; mais d'abord elle désire savoir si vous avez dans votre château le vaillant et invincible chevalier Don Quichotte de la Manche, qu'elle est venue chercher à pied, et sans prendre de nourriture depuis le royaume de Candaya jusque dans vos États, chose que l'on peut regarder comme un miracle ou un effet de l'enchantement. Elle est à la porte de cette forteresse ou maison de campagne, et n'attend pour entrer que votre bon plaisir. J'ai dit. Il se tut, toussa, mania sa barbe de haut en bas avec ses deux mains, et attendit tranquillement la réponse du duc.

Bon écuyer Trifaldin à la barbe blanche, dit celui-ci, il y a déjà longtemps que nous connaissons les malheurs de madame la comtesse Trifaldi, que les enchanteurs ont fait nommer la duègne Doloride : vous pouvez, étonnant écuyer, lui dire d'entrer, et qu'ici se trouve en ce moment le vaillant chevalier Don Quichotte de la Manche dont le caractère généreux lui promet, avec certitude, secours et protection. Vous pouvez l'assurer que, si ma faveur lui est nécessaire, elle doit y compter, car ma qualité de chevalier m'oblige à protéger, à secourir toute espèce de femmes, et principalement les veuves affligées, les délaissées, comme doit être sa seigneurie. Trifaldin fléchit le genou jusqu'à terre à ces mots, et faisant signe au fifre et aux tambours de jouer, il s'en retourna du même pas, au même son qu'il était venu, laissant tout le monde en admiration de sa personne et de son accoutrement. Le duc, se retournant vers Don Quichotte : Enfin, lui dit-il, fameux chevalier, les ténèbres de la malice et de l'ignorance ne peuvent obscurcir ni voiler la lumière du courage et de la valeur. A peine y a-t-il six jours que votre courtoisie est dans ce château, et déjà viennent vous chercher des pays lointains, non en carrosse, non sur des dromadaires, mais à pied et à jeun, les tristes, les affligés, pleins de confiance dans la force de votre bras, où ils trouveront le remède à leurs maux, et attirés par la renommée de vos hauts faits répandue sur toute la terre. Seigneur duc, répondit Don Quichotte, je voudrais bien trouver ici présent ce bon religieux qui, à table, l'autre jour, montrait tant d'humeur et de malveillance contre les chevaliers errants : il pourrait juger, par ses propres yeux, si ces chevaliers sont nécessaires au monde ; il toucherait au doigt que ceux qui sont dans une affliction profonde, les inconsolables, en de grandes calamités, en des revers imprévus, ne vont point demander secours à la porte des lettrés, des sacristains de village, ou chez le chevalier qui ne se hasarda jamais à sortir de sa maison, chez le paresseux courtisan plus empressé d'aller à la quête des nouvelles pour les raconter ensuite, que de faire des actions éclatantes, que les autres raconteraient et enseigneraient dans les fastes de l'histoire. La consolation des affligés, l'appui des malheureux, le rempart des demoiselles, le soutien des veuves, ne se rencontrent mieux chez aucune personne que chez le chevalier errant : aussi je rends au ciel des grâces infinies de l'être, et je regarde comme bien employés les soucis et les travaux endurés dans cet honorable exercice. Qu'elle vienne; cette duègne, qu'elle demande ce qu'elle voudra, je le lui procurerai par la force de mon bras et l'intrépide résolution de mon esprit courageux.

CHAPITRE XXXVII.

OU SE CONTINUE LA FAMEUSE AVENTURE DE LA DUÈGNE DOLORIDE.

Le duc et la duchesse furent extrêmement satisfaits de voir à quel point Don Quichotte entrait dans leurs intentions. Sancho dit dans cette circonstance : Je ne serais nullement flatté que cette madame la duègne vînt mettre quelque croc en jambe à mon gouvernement. J'ai ouï dire à un apothicaire de Tolède, qui parlait comme un chardonneret, que, partout où se mêlent les duègnes, il ne peut arriver rien de bon. Dieu me soit en aide, cet apothicaire était mal avec elles! Pour moi, je tire de là : toutes les duègnes étant fâcheuses et impertinentes, de quelque condition qu'elles soient, que peut-il être de celles qui sont endolories[1], comme l'est, dit-on, cette comtesse *Tres Faldas* ou de *Tres Colas*[2]; car, dans mon pays, *falda* ou *cola*, *cola* ou *falda*, c'est tout un. Tais-toi, ami Sancho, dit Don Quichotte, puisque cette dame duègne est venue me chercher de si loin, elle ne saurait être de celles que ton apothicaire tient sur son rôle, d'autant plus que celle-ci est comtesse, et, quand les comtesses servent de duègnes, ce ne peut être qu'au service de reines ou d'impératrices; ces duègnes sont de très grandes dames qui, dans leurs maisons, sont servies par d'autres duègnes. Madame la duchesse, dit à ce propos la dame Rodriguez, qui se trouvait présente, a pour la servir des duègnes qui pourraient être comtesses, si la fortune l'eût voulu ; mais les lois vont comme il plaît aux rois. Que personne ne parle mal des duègnes, surtout de celles qui sont âgées et demoiselles; car, quoique je ne le sois pas, je comprends bien tout l'avantage qu'a une duègne demoiselle sur une veuve. A qui nous aura tondues, les ciseaux resteront dans la main. Cependant, répliqua Sancho, il y a tant à tondre sur les duègnes, disait mon barbier, qu'il vaut mieux ne pas remuer le riz, quoiqu'il s'attache. Toujours, répondit la dame Rodriguez, les écuyers ont été nos ennemis; ce sont des esprits d'antichambres, ils nous voient à chaque pas, et les instants qu'ils n'emploient pas à prier Dieu, et il y en a beaucoup, ils les passent à nous critiquer, exhumant nos os et enterrant notre réputation, mais je les ren-

[1] Jeu de mots sur *dolorida*.
[2] Jeu de mots sur le nom de Trifaldi ; *falda* est un pan de robe ou une queue de robe, *cola*.

voie aux galères. En dépit d'eux, nous existerons toujours et dans les maisons des grands, quoique nous y mourions de faim, et que nous revêtions d'un noir accoutrement de couvent notre peau, délicate ou non, comme on couvre d'un tapis un tas de fumier, le jour d'une procession. Si j'en avais la licence, et que ce fût le moment, je prouverais non seulement aux personnes qui sont ici, mais à tout le monde, qu'il n'y a pas de vertus qu'on ne trouve dans une duègne. Je crois, dit la duchesse, que ma bonne doña Rodriguez a grandement raison ; mais il convient qu'elle attende une autre occasion pour se défendre, elle et les autres duègnes, pour confondre la coupable opinion de ce méchant apothicaire, et arracher du cœur du grand Sancho celle qu'il conserve. Depuis que les fumées du gouverneur me sont montées à la tête, dit Sancho, les vertiges d'écuyer m'ont quitté, et je m'inquiète des duègnes comme d'une figue sauvage.

Cette conversation sur les duègnes aurait sans doute été poussée plus loin, si le fifre et les tambours ne se fussent fait entendre de nouveau, annonçant l'entrée de la duègne Doloride. La duchesse demanda à son époux s'il ne serait pas à propos d'aller au-devant d'elle, puisqu'elle était comtesse et femme de qualité. Pour être comtesse, dit Sancho, prévenant la réponse du duc, j'admets que vos grandeurs aillent au-devant d'elle ; mais, comme duègne, je suis d'avis que vous ne devez pas faire un pas. Et qui te fait mêler de cette affaire? dit Don Quichotte. Qui? répondit Sancho : je m'en mêle parce que je peux m'en mêler, comme écuyer qui a appris les règles de la courtoisie à l'école de votre seigneurie qui est le plus courtois et le mieux appris chevalier de toute la courtoisie ; en ces sortes de choses, je vous ai entendu dire qu'on perd aussi bien avec une carte de trop qu'avec une de moins. A bon entendeur peu de paroles. Sancho a raison, dit le duc : nous verrons la tournure de la comtesse, et sur cela nous proportionnerons les devoirs qui lui seront dus. En ce moment entrèrent le fifre et les tambours comme la première fois. Ici l'auteur met fin à ce court chapitre, et en commence un autre qui contient la suite de cette aventure, une des plus notables de toute l'histoire.

CHAPITRE XXXVIII.

OU EST RÉPÉTÉ LE RÉCIT QUE FIT DE SON INFORTUNE LA DUÈGNE DOLORIDE.

A la suite des lugubres musiciens, on vit entrer dans le jardin jusqu'à douze duègnes rangées sur deux files, vêtues de larges robes, à la façon des religieuses, en serge battue, avec des coiffes blanches et transparentes, si longues qu'on ne voyait que le bord de leurs robes. Après elles, venait la comtesse Trifaldi, que conduisait par la main son écuyer Trifaldin à la barbe blanche : elle était vêtue d'une fine étoffe noire de Ségovie[1] non frisée, car si elle l'avait été chaque grain eût égalé la grosseur d'un fort pois ; la queue ou les pans de la robe, ou comme on voudra

[1] *Bayeta*, étoffe de laine qui se fabrique en Angleterre et aussi à Ségovie.

les appeler, étaient à trois pointes, portées par trois pages aussi vêtus de noir, et formaient une figure plaisante et mathématique, avec ces trois pointes en angles aigus; c'est ce qui fit conjecturer à tous ceux qui virent cette queue pointue qu'elle était l'origine du nom de la comtesse Trifaldi, comme si l'on disait la comtesse aux trois queues. Aussi Benengeli dit-il que c'était la vérité; que le nom propre était la comtesse Lobuna, nom formé de la quantité de loups (*lobos*) que nourrissait son comté; si au lieu de loups, c'eût été des renards (*zorras*), on l'eût appelée la comtesse Zorruna, parce que l'usage, dans son pays, était que les seigneurs prissent le nom des choses qui abondaient le plus dans leurs terres. Cependant cette comtesse, pour la nouveauté de sa queue, quitta le nom de Lobuna et prit celui de Trifaldi. Les douze duègnes et la comtesse marchaient à pas de procession, le visage couvert de voiles noirs qui n'étaient pas transparents comme celui de Trifaldin, mais, au contraire, si serrés et si épais qu'on ne pouvait rien voir au travers. Lorsque tout l'escadron des duègnes parut, le duc, la duchesse, Don Quichotte et tous ceux qui contemplaient ce long cortége se levèrent; les duègnes s'arrêtèrent, et formèrent une haie au milieu de laquelle s'avança la Doloride, sans quitter la main de son écuyer. Le duc, alors, et les autres firent environ douze pas pour la recevoir. La Doloride se mit à genoux, et, d'une voix plutôt basse et enrouée que douce et délicate, dit : Je supplie vos grandeurs de ne point faire tant d'accueil à votre serviteur, je veux dire à votre servante. Je suis tellement affligée que je ne saurais répondre comme je le dois, car mes étranges et inouïes infortunes m'ont emporté le jugement je ne sais où, mais ce doit être fort loin, car, plus je le cherche, moins je le trouve. Il faudrait, madame la comtesse, répondit le duc, en être entièrement dépourvu pour ne pas reconnaître, en vous voyant, tout votre mérite : il est tel que, sans qu'il soit besoin d'en voir davantage, il mérite toute la crème de la courtoisie et la fleur des plus délicates attentions. En même temps, il la prit par la main et la conduisit à un siége auprès de la duchesse, qui l'accueillit avec beaucoup d'empressement. Don Quichotte se taisait, Sancho mourait d'envie de voir le visage de Trifaldi ou celui de quelqu'une de ses nombreuses duègnes; mais cela ne lui fut pas possible, jusqu'à ce qu'il leur fût agréable de se découvrir. Chacun gardait le silence, curieux de savoir qui le romprait; ce fut la Doloride, qui parla ainsi :

J'ai confiance, puissantissime seigneur, bellissime dame, et vous tous, sagissimes assistants, que ma dolorissime trouvera dans vos cœurs générosissimes un accueil non moins favorable que compatissant et généreux; car mon infortune est telle qu'elle est capable d'attendrir le marbre, de liquéfier le diamant, d'amollir l'acier des cœurs les plus endurcis. Mais, avant que je la fasse parvenir à votre ouïe, pour ne pas dire à vos oreilles, je désirerais savoir si, dans ce giron, cercle ou compagnie, se trouve le purissime chevalier Don Quichotte de la Manchissime, et son écuyerissime Pança. Pança est ici, dit Sancho, avant que personne répondît, ainsi que Don Quichottissime, vous pouvez donc, dolorissime duègnissime, nous raconter tout ce que vous voudrissimes, nous sommes disposés et promptissimes à être vos serviteurissimes.

Alors, Don Quichotte se leva, et, s'adressant à la Doloride, il lui dit : Si vos infortunes, dame affligée, peuvent espérer quelque soulagement par la force et la valeur d'un chevalier errant, je vous offre les miennes; quoique faibles et de peu de prix, elles sont tout entières à votre service. Je suis Don Quichotte de la Manche, dont la profession est de sécourir tous les nécessiteux : ainsi, madame, vous n'avez pas besoin de chercher à capter la bienveillance, ou de vous épuiser en préambules; sans détours, sans embarras, contez-nous vos maux : ceux qui vous écoutent sauront y compatir, s'ils ne peuvent y remédier.

A ces mots, la Doloride voulut se jeter aux genoux de Don Quichotte, s'y jeta réellement, et cherchant à les embrasser : Je me prosterne devant ces pieds et ces jambes, dit-elle, invincible chevalier, comme devant les bases et les colonnes de la chevalerie errante; je dois baiser ces pieds, desquels dépend le remède à tous mes maux, ô vaillant chevalier, dont les exploits véritables surpassent de beaucoup les récits fabuleux qu'on nous fait des Amadis, des Esplandians, des Bélianis. Puis, quittant Don Quichotte, elle se tourna vers Sancho, lui prit les mains, et lui dit : O toi! le plus loyal écuyer qui jamais ait servi chevalier errant dans les siècles présents ou passés! toi qui es plus grand en bonté que la barbe de Trifaldin, mon écuyer ici présent, tu peux bien t'enorgueillir de servir à la fois, en la personne du grand Don Quichotte, toute la foule des chevaliers qui ont porté les armes depuis la naissance du monde. Je te conjure, par ce que tu dois à ta fidélissime bonté, d'intercéder en ma faveur auprès de ton maître, afin qu'il daigne protéger cette infélissime et humilissime comtesse. Que ma bonté, madame, soit aussi grande et aussi longue que la barbe de votre écuyer, répondit Sancho, c'est ce qui me paraît importer peu à l'affaire. Mais que mon âme ait une barbe et des moustaches quand elle sortira de ce monde, voilà ce qui me touche; pour les barbes d'ici-bas, j'en fais peu ou point de cas. Mais, sans toutes ces souplesses et ces supplications, je prierai mon maître de vous favoriser et secourir en tout ce qu'il pourra; je sais qu'il m'aime, et surtout en ce moment qu'il a besoin de moi pour une certaine affaire : déchargez donc votre cœur, contez-nous vos peines, et laissez faire; nous nous entendrons tous. Le duc et la duchesse étouffaient de rire, comme gens qui avaient imaginé et conduit cette aventure; ils applaudissaient intérieurement l'adresse et le talent de la Trifaldi, qui, s'étant remise en place, s'exprima en ces termes :

Dans le fameux royaume de Candaya, situé entre la mer du Sud et la grande Trapobane, deux lieues au delà du cap Comorin, régna la reine doña Maguncia, veuve du roi Archipiel. De leur union naquit l'infante Antonomasie, héritière du royaume; elle fut confiée à mes soins et à mon expérience, parce que j'étais la plus ancienne et la plus distinguée des duègnes de sa mère. Cette jeune princesse grandit de jour en jour, et parvint à l'âge de quatorze ans, avec une beauté si parfaite que la nature n'y avait pu rien ajouter. L'esprit chez elle était-il en retard? Elle était aussi discrète que belle, et elle était la plus belle de toutes les femmes, elle l'est encore, si le Destin jaloux, si les Parques cruelles n'ont pas tranché le fil de sa vie. Mais ils ne l'auront pas fait, le ciel n'a pas permis sans doute que l'on fît au genre humain ce tort de couper en verjus une grappe du plus beau plant du monde. Cette grande beauté, que ma langue impuissante ne saurait louer dignement, rendit épris d'amour une infinité de princes, tant étrangers que du pays. Au milieu d'eux un simple chevalier, qui habitait la cour, osa élever ses pensées jusqu'à ce ciel de perfections, il se fiait sur sa gentillesse, ses agréments, ses talents, ses grâces, la facilité ou félicité de son esprit, et j'apprendrai à vos grandeurs, si vous ne l'avez point pour désagréable, qu'il jouait si bien de la guitare qu'il la faisait parler; il était de plus poëte, danseur, savait faire des cages d'oiseaux, et aurait pu gagner sa vie à ce métier, s'il se fût vu réduit à une extrême nécessité. Tous ces avantages seraient capables d'ébranler une montagne, à plus forte raison le cœur d'une faible jeune fille. Cependant toute sa gentillesse, sa bonne mine, toutes ses grâces et talents auraient échoué contre la forteresse de ma jeune élève, si cet effronté larron n'avait entrepris d'abord de s'emparer de moi. Ce malandrin, ce dénaturé vagabond voulut d'abord se rendre maître de ma volonté et me suborner pour me faire livrer, indigne gouverneur, les clefs de la forteresse dont j'étais gardienne : pour achever, il me cajola, capta ma bienveillance par je ne sais quelles amulettes et joyaux qu'il me donna; mais, ce qui me soumit le mieux et occasionna ma chute, ce furent quelques couplets que je lui entendis chanter une nuit que j'étais à une fenêtre qui donnait sur la ruelle où il se trouvait. En voici un, si j'ai bonne mémoire:

De ma douce ennemie, me vient un mal qui déchire mon âme, et, pour plus de tourment, elle veut que je le sente et ne le dise point [1].

Ses vers me parurent de perles, sa voix plus douce qu'un sirop, et, depuis ce jour, considérant le mal que m'avaient fait ces vers et d'autres semblables, j'ai reconnu qu'on devait exclure des républiques bien gouvernées les poëtes, ainsi que le conseille Platon, au moins les poëtes érotiques, parce qu'ils font des vers, non comme ceux du marquis de Mantoue, qui font pleurer les petits enfants et les femmes, mais bien des vers pathétiques, qui, comme de douces épines, percent l'âme sans offenser le corps, de même que la foudre, qui frappe sans toucher l'habit. Voici d'autres vers qu'il me chanta :

Mort, viens, mais si secrètement que je ne puisse t'apercevoir, car le plaisir que j'aurais à mourir pourrait me rendre à la vie [2].

et d'autres couplets et vers qui enchantent quand on les chante, et ravissent quand on les lit ; surtout une espèce de vers alors usités à Candaya, et que l'on nomme séguedilles : ils mettent l'âme en danse, provoquent le rire, agitent le corps, et sont comme le vif-argent de toutes les affections. Je dis donc, seigneurs, que l'on devrait à bon droit reléguer tous ces troubadours dans les îles des lézards[3]. Cependant la faute n'en est pas à eux, mais aux niais qui les louent, aux sottes qui les croient. Si j'avais été la bonne duègne que je devais être, ces pâles compositions ne m'auraient point émue, et je n'aurais point ajouté foi à ces paroles: *Je vis en mourant, je brûle dans la glace, je tremble dans le feu, j'espère sans espérance, je m'éloigne et je demeure*, avec d'autres impossibilités de même genre[4] dont leurs écrits sont pleins. Puis, ne vous promettent-ils pas le phénix d'Arabie, la couronne d'Ariadne, les chevaux du soleil, les perles du Midi, l'or du Tibre, le baume de Pancaya. C'est alors qu'ils donnent carrière à leur plume, car il

[1] Ce quatrain est traduit de Serafino Aquilano.

[2] Cette redondille appartient à Escriba.

[3] *Isla de los Lagartos*, nom générique des îles désertes ou inhabitées.

[4] Cervantes lui-même, comme nous aurions pu le faire observer bien plus souvent, est loin d'être exempt de ces antithèses.

leur coûte peu de promettre ce qu'ils ne peuvent et n'ont jamais voulu accomplir. Mais où vais-je m'égarer, malheureuse que je suis! quelle est ma folie de retracer les fautes des autres, ayant tant à dire sur les miennes! Oui, malheureuse, je le répète, ce ne furent point les vers, mais ma simplicité qui me séduisit, ce ne fut point la musique qui m'amollit, mais ma faiblesse. Ma grande ignorance et mon peu de jugement ouvrirent la route, frayèrent le chemin aux entreprises de don Clavijo, c'est le nom du chevalier. Par mon entremise, il fut admis une fois et bien des fois dans l'appartement d'Antonomasie, abusée par moi, non par lui, sous le titre de véritable époux; quoique pécheresse, je n'eusse point consenti qu'il touchât seulement la semelle de ses pantoufles s'il n'eût été son mari. Non, non, pour cela, non, le mariage sera toujours la première condition dans toutes les affaires de même nature que je traiterai. L'unique mal dans celle-ci, ce fut l'inégalité des conditions, car don Clavijo n'était qu'un simple chevalier, et l'infante Antonomasie, comme je l'ai déjà dit, était l'héritière du royaume. Ce commerce resta quelque temps caché, par les soins que je me donnais, jusqu'à ce que je ne sais quelle enflure au ventre d'Antonomasie me fit croire qu'il allait se découvrir. Cette crainte nous fit tenir conseil, et le résultat de nos délibérations fut qu'avant que l'aventure éclatât, don Clavijo demanderait Antonomasie pour femme par-devant le vicaire, en vertu d'une promesse de mariage que lui aurait faite l'infante, et que j'avais rédigée avec tant d'adresse et de force, que toutes celles de Samson n'auraient pu la rompre. Nous nous mîmes en mesure, le vicaire vit la promesse, il reçut l'aveu de l'infante, qui déclara tout sans difficulté, et il ordonna qu'elle fût transportée dans la maison d'un alguazil de cour, très estimé. Il y a donc, dans le royaume de Candaya, dit alors Sancho, des alguazils de cour, des poëtes et des séguedilles? Par ma foi! je crois que tout le monde ne fait qu'un. Mais, hâtez-vous, madame Trifaldi, il se fait tard, et je meurs d'envie de connaître la suite de cette longue histoire. Je le ferai, dit la comtesse.

CHAPITRE XXXIX.

OU LA TRIFALDI POURSUIT SA MÉMORABLE ET SURPRENANTE HISTOIRE.

La duchesse s'amusait autant de chaque parole de Sancho, que Don Quichotte en avait de déplaisir; il lui commanda de se taire, et la Doloride poursuivit ainsi: Après plusieurs interrogatoires que le vicaire fit subir à l'infante, voyant qu'elle tenait bon sans varier ni sortir de sa première déclaration, il rendit une sentence en faveur de Clavijo, et lui remit l'infante pour légitime épouse. La reine doña Maguncia, mère de l'infante Antonomasie, en conçut un tel chagrin que nous l'enterrâmes au bout de trois jours. Elle mourut apparemment? dit Sancho. Cela est clair, répondit Trifaldin, car, dans le Candaya, on n'enterre pas les personnes vivantes, mais les mortes. Seigneur écuyer, répliqua Sancho, on a vu souvent enterrer un homme évanoui, le croyant mort, et il me semble que la reine Maguncia devait plutôt s'évanouir que mourir, car avec la vie on remédie à bien des choses, et la folie de l'infante n'était pas si grande que sa mère dût s'en affecter autant. Si elle s'était mariée à quelque page ou autre serviteur de sa maison, comme l'ont fait tant d'autres, à ce que j'ai ouï dire, le mal eût été sans remède ; mais pour s'être unie à un chevalier aussi noble et aussi bien élevé qu'on nous l'a dépeint, en vérité, en vérité, quoique ce fût une folie, elle n'était pas si grande qu'on le pense : car, suivant les principes de mon maître ici présent, et qui ne me laissera pas mentir, de même que des hommes lettrés on fait des évêques, de même des chevaliers, surtout s'ils sont errants, on peut faire des rois et des empereurs. Tu as raison, Sancho, dit Don Quichotte, avec deux doigts de bonne fortune un chevalier errant est en pouvoir prochain de devenir le plus grand seigneur du monde. Mais que la dame Doloride poursuive ; elle me paraît hésiter à nous faire connaître l'amer de cette histoire si douce jusqu'ici. S'il reste de l'amer, dit la comtesse, si amer en effet qu'en comparaison les coloquintes sont douces et les lauriers-roses savoureux.

La reine morte et non évanouie, nous l'enterrâmes ; mais, à peine fut-elle recouverte de terre, à peine lui avions-nous dit le dernier adieu, que (*Quis talia fando temperet à lacrymis?*)[1] sur le tombeau de la reine, on vit paraître le géant Malambrun, son cousin germain, monté sur un cheval de bois : il est fort cruel et de plus enchanteur. Pour venger la mort de sa cousine, punir l'audace de Clavijo, la folie d'Antonomasie, il les enchanta tous deux par son art sur le tombeau même : la princesse fut changée en guenon de bronze, et son époux en un effroyable crocodile d'un métal inconnu. Entre les deux s'élève une colonne aussi de métal, sur laquelle est écrite en langue syriaque une inscription qui, traduite en langue de Candaya, et présentement en castillan, porte cette sentence :

« Ces deux téméraires amants ne recouvreront pas leur première forme que le « vaillant Manchèque ne soit venu se mesurer avec moi en combat singulier ; c'est « à sa grande valeur seulement que les destins réservent la fin de cette aventure « inouïe. »

Cela fait, l'enchanteur tira du fourreau un énorme et large cimeterre, et, me saisissant par les cheveux, fit mine de vouloir me couper le cou et me trancher la tête. La frayeur me saisit, ma langue s'attacha à mon palais, je me crus à mon dernier moment. Cependant, faisant un dernier effort, d'une voix tremblante et plaintive, je lui dis des choses si touchantes qu'il suspendit l'exécution de son rigoureux arrêt. Enfin, il fit amener devant lui toutes les duègnes du palais qui sont celles que vous voyez ici, et après avoir fait ressortir toute l'énormité de notre faute, vitupéré le caractère des duègnes, leurs mauvaises manœuvres et leurs artifices pires encore, il rejeta sur toutes la faute dont j'étais seule coupable, et nous dit qu'il voulait bien ne pas nous punir de la peine capitale, mais qu'il nous infligerait une punition plus lente qui nous donnerait une mort civile et continuelle. Au même moment, à l'instant même où il cessa de parler, nous sentîmes s'ouvrir les pores de notre visage, et il nous sembla que partout on nous piquait avec des pointes d'aiguilles ; nous y portâmes aussitôt la main, et nous nous trouvâmes telles que vous allez voir. En cet instant, la Doloride et les autres duè-

[1] A ce récit, qui pourrait retenir ses larmes ? (Virgile, *Énéide*, liv. 2.)

gnes soulevèrent les voiles qui les couvraient, et laissèrent voir leur visage semé de grandes barbes rouges, noires, blanches, mêlées, qui parurent surprendre le duc et la duchesse, et frappèrent d'étonnement Don Quichotte, Sancho et tous les assistants. Ce fut de cette manière, poursuivit la Trifaldi, que nous punit ce félon, ce méchant Malambrun : il recouvrit la douceur et la morbidesse de nos visages de ce crin âpre et dur. Plût au ciel qu'il nous eût coupé la tête avec son effroyable cimeterre, plutôt que d'obscurcir la lumière de notre beauté par cette bourre qui nous couvre! car, si nous y réfléchissons, mes seigneurs (et pour ce que je vais dire, je voudrais pouvoir faire de mes yeux deux fontaines; mais la contemplation de notre disgrâce et les mers qu'ils ont versées jusqu'à présent les ont taris et rendus secs comme des tiges de blé, et ainsi je parlerai sans larmes) : si, dis-je, nous y réfléchissons, en quel lieu peut aller une duègne barbue? quel père, quelle mère auront compassion d'elle? qui lui donnera du secours? lorsqu'un teint frais et poli, un visage martyrisé par cent espèces de fards et de pommades ont bien de la peine à plaire, que deviendra celle dont une forêt recouvre la figure? O duègnes, mes compagnes! nous sommes nées sous un astre bien malheureux, nos pères nous ont engendrées dans une heure bien fatale! En achevant ces mots, elle sembla s'évanouir.

CHAPITRE XL.

DE CHOSES QUI TOUCHENT ET APPARTIENNENT A CETTE AVENTURE ET A CETTE MÉMORABLE HISTOIRE.

En vérité, ceux qui prennent plaisir à lire des histoires semblables à celle-ci, doivent savoir gré à Cid Hamet, son premier auteur, du soin avec lequel il en rapporte toutes les particularités, sans négliger de mettre en lumière la moindre chose, tant futile soit-elle. Il peint les pensées, découvre ce qui se passe dans l'esprit, répond à ce que l'on ne dit pas, éclaircit les doutes, résout les arguments; en un mot, partout il montre le soin le plus minutieux. O célèbre auteur! heureux Don Quichotte! fameuse Dulcinée! aimable Sancho! puisse chacun de vous, puissiez-vous tous ensemble, vivre une longue suite de siècles pour le plaisir et le passe-temps universel des vivants.

Sancho, continue l'histoire, voyant la Doloride évanouie, s'écria : Foi d'homme de bien, je jure, par la vie de tous les Panças mes ancêtres, que je n'ai jamais entendu, vu, que mon maître ne m'a jamais conté, n'a jamais imaginé une aventure pareille à celle-ci. Que mille diables t'emportent, maudit enchanteur et géant Malambrun! n'avais-tu pas d'autre espèce de châtiment que de donner de la barbe à ces pécheresses? n'aurait-il pas mieux valu et ne leur eût-il pas été mieux séant de leur fendre en deux le nez du haut en bas, eussent-elles dû nasiller, que de les rendre ainsi velues? Je parie qu'elles n'ont pas le moyen de payer celui qui les raserait. Vous avez dit vrai, seigneur, répondit une des douze, nous n'avons pas d'argent pour nous faire émonder, aussi quelques-unes d'entre nous ont imaginé un remède : c'est d'appliquer sur notre visage un emplâtre de poix, nous l'arrachons ensuite brusquement, et nous nous trouvons ainsi rases et lisses comme le fond d'un mortier de pierre. Il y a bien dans le Candaya des femmes qui vont, de maison en maison, pour arracher le poil, polir les sourcils, et faire d'autres toilettes qui concernent les femmes ; mais nous autres, duègnes de madame, nous n'avons jamais voulu les admettre auprès de nous, parce que le plus grand nombre fait le métier d'entremetteuse ; si le seigneur Don Quichotte ne vient point à notre secours, nous porterons nos barbes au tombeau. J'épilerais la mienne en pays maure, dit Don Quichotte, si je ne vous délivrais pas des vôtres. En ce moment, la Trifaldi revint à elle, et lui dit : Le retentissement de votre promesse, vaillant chevalier, est venu à mon oreille au milieu de mon évanouissement, c'est ce qui m'a fait revenir à moi et reprendre mes sens. Je vous conjure donc de nouveau, illustre errant, invincible seigneur, de mettre en exécution votre gracieuse promesse. Ce n'est pas moi qui la retarderai, répondit Don Quichotte : voyez, madame, ce qu'il me convient de faire, mon courage est prêt à vous servir. Il est constant, reprit la Doloride, que, d'ici au royaume de Candaya, si on y va par terre, il y a cinq mille lieues, deux de plus ou de moins ; mais, si on y va par les airs, en ligne droite, il y en a trois mille deux cent vingt-sept. Vous saurez encore que Malambrun me dit que, lorsque ma bonne fortune m'aurait fait trouver le chevalier notre libérateur, il lui enverrait une monture beaucoup meilleure et moins vicieuse que celles de retour, car ce doit être le même cheval de bois sur lequel le vaillant Pierre enleva la belle Maguelone ; il se dirige par une cheville qu'il a au front et qui lui sert de frein, et vole dans les airs avec une telle vitesse qu'on dirait que tous les diables l'emportent. Ce cheval, suivant l'ancienne tradition, fut fabriqué par le sage Merlin ; il le prêta à Pierre, son ami, qui s'en servit pour faire de grands voyages, et enleva, comme je vous l'ai dit, la belle Maguelone, qu'il transporta en croupe dans les airs, laissant ébahis tous ceux qui, de la terre, les regardaient. Merlin ne prêtait ce cheval qu'à ceux qu'il aimait ou qui le payaient le mieux, et, depuis le grand Pierre jusqu'à présent, on n'a pas su que personne l'ait monté. Malambrun s'en est emparé par son art, il le tient en son pouvoir, et s'en sert pour ses différents voyages dans les quatre parties du monde. Aujourd'hui il est ici, demain en France, le jour suivant dans le Potosi. Ce qu'il y a de plus admirable, c'est que ce cheval ne mange ni ne dort, et n'use point de fers ; il va l'amble dans les airs, sans ailes, et son allure est si douce que celui qu'il porte peut tenir dans ses mains une tasse pleine d'eau sans en répandre une goutte : c'est pour cela que la belle Maguelone aimait tant à le monter. S'il est question d'allure douce et posée, dit Sancho, mon âne, quoiqu'il ne vole pas par les airs, le disputerait sur terre à toutes les montures qui vont l'amble. Tout le monde se mit à rire et la Doloride continua : Ce cheval, si Malambrun a l'intention de mettre fin à nos maux, sera ici avant qu'il se soit écoulé une demi-heure de nuit ; car il m'a dit que le signe dont il se servirait pour me faire connaître que j'aurais rencontré le chevalier que je cherchais, serait de m'envoyer le cheval. Et combien peut-il porter de personnes ? demanda Sancho. Deux, répondit la Doloride, l'une en selle et l'autre sur la croupe, et, pour l'ordinaire, ces deux personnes sont le chevalier et l'écuyer, lorsqu'il n'y a point de demoiselle enlevée. Je voudrais bien savoir, continua Sancho, le nom de ce cheval. Son nom, repartit la Doloride, n'est point Pégase, comme celui du cheval ailé de Bellérophon ; ni Bucéphale, comme le coursier d'Alexandre ; ni Bride d'or, comme celui de Roland le Furieux ; ni Bayard, comme le cheval de Renaud de Montauban ; ni Frontin, comme celui de Roger ; ni Bootes ou Piritoüs, comme les chevaux du Soleil ; ce n'est point Orélie, comme celui que montait le malheureux Rodrigue, dernier roi des Goths, dans la bataille où il perdit la couronne et la vie. Je parie, interrompit Sancho, que, puisqu'on ne lui a pas donné le nom d'un de ces chevaux célèbres, il ne s'appelle pas non plus Rossinante, nom du cheval de mon maître, nom qui en convenance surpasse tous ceux que vous venez d'indiquer. Vous avez dit vrai, répondit la comtesse barbue; mais, avec tout cela, son nom lui va fort bien, car il s'appelle *Chevillard le Léger* [1], de la *cheville* qu'il a au front, du bois dont il est fait et de la *légèreté* de son allure : ainsi, en ce qui concerne le nom, il peut le disputer au fameux Rossinante. Le nom ne me déplaît pas, dit Sancho; mais je voudrais bien savoir avec quelle frein ou quelle bride on le gouverne. Je l'ai déjà dit, poursuivit la Trifaldi, c'est avec la cheville : en la tournant de côté ou d'autre, le cavalier qui le monte le dirige comme il veut, soit au haut des airs, soit en rasant le sol, soit en gardant un juste milieu, qui est ce que l'on cherche et ce que l'on doit faire dans toutes les actions bien ordonnées. Je voudrais déjà le voir, dit Sancho; mais, penser que je monte dessus, soit en selle, soit en croupe, c'est demander des poires à un orme. J'ai bien de la peine à me tenir sur mon grison avec un bât plus doux que de la soie, et l'on voudrait que je me misse sur une croupe de bois, sans coussin, ni oreiller ! Par Dieu ! je n'ai pas envie de me moudre pour ôter la barbe à qui que ce soit : que chacun se rase à sa fantaisie, pour moi je n'ai nullement envie d'accompagner mon maître en un si long voyage. D'ailleurs, pour ce rasement de barbe, je ne saurais lui être nécessaire, comme je le suis pour le désenchantement de madame Dulcinée. Si fait, ami, dit la Trifaldi, vous l'êtes même à un tel point que, sans vous, nous ne ferons rien. A d'autres, reprit Sancho : qu'ont à voir les écuyers dans les aventures de leurs maîtres? en doivent-ils avoir l'honneur, et nous en supporter le travail? Mort de ma vie ! si du moins les historiens disaient : Tel chevalier a mis fin à telle ou telle aventure, mais avec l'assistance d'un tel, son écuyer, sans lequel il lui était impossible de la terminer. Mais ils écrivent sans plus de façons : Don Paralipoménon aux trois étoiles acheva l'aventure des six lutins, sans nommer seulement la personne de son écuyer, qui était présent à tout, pas plus que s'il n'eût jamais existé. Je vous le répète, seigneurs, mon maître peut s'en aller tout seul, et grand bien lui fasse, moi, je resterai dans la compagnie de madame la duchesse, et, peut-être, quand il reviendra, trouvera-t-il la cause de madame Dulcinée fort améliorée, car, dans mes moments de loisir, j'ai l'intention de me donner ma tâche de coups de fouet où le poil ne sera pour rien. Mais, avec tout cela, bon Sancho, dit la duchesse, il faut pourtant bien que vous accompagniez votre maître si cela est nécessaire ; tous les gens de bien vous en prieront : il ne serait pas convenable que, par une crainte déplacée, vous laissassiez si mal peuplés les visages de ces dames. A d'autres, encore une fois, répliqua Sancho ; si encore cette charité devait se faire pour quelque demoiselle recluse, ou pour quelque petite fille de la doctrine, un

[1] *Clavileño el Aligero*, de *clavija* cheville, *leño* bois, et *aligero* léger, porteur d'ailes.

homme pourrait s'aventurer à supporter quelque peine; mais souffrir pour ôter la barbe à des duègnes, au diable! j'aimerais mieux les voir toutes barbues, depuis la plus grande jusqu'à la plus petite, depuis la plus minaudière jusqu'à la plus pimpante. Vous en voulez aux duègnes, ami Sancho, dit la duchesse; vous suivez de bien près l'opinion de l'apothicaire de Tolède. En vérité, vous avez tort: j'ai chez moi des duègnes dignes de servir de modèles; voici doña Rodriguez qui me dispense d'en dire davantage. Votre excellence l'a dit, répondit la doña Rodriguez; Dieu connaît la vérité de tout: bonnes ou mauvaises, barbues ou rases, nous duègnes, nos mères nous ont aussi bien engendrées que les autres femmes, et, puisque Dieu nous a mises au monde, il sait bien pourquoi. Je me fie à sa miséricorde et non à la barbe de qui que ce soit. C'en est assez, madame Rodriguez, dit Don Quichotte, et vous, madame Trifaldi et compagnie, j'espère que le ciel regardera vos maux en pitié, et que Sancho fera ce que je lui commanderai. Vienne seulement Chevillard, et que je me voie aux prises avec Malambrun: il n'est rasoir qui coupât vos barbes avec autant de facilité qu'en aura mon épée à abattre de dessus ses épaules la tête de ce géant. Dieu supporte les méchants, mais ce n'est pas pour toujours. Ah! s'écria la Doloride, puissent les étoiles des régions célestes regarder avec des yeux bénins votre grandeur, vaillant chevalier, et donner à votre courage autant de prospérité que de force, afin que vous soyez toujours le rempart et le bouclier de la caste abattue et méprisée des duègnes, abominée par les apothicaires, frondée par les écuyers, et subtilisée par les pages! Que maudite soit l'imbécile qui, à la fleur de son âge, aima mieux se faire duègne que religieuse! Malheureuses que nous sommes! quand nous viendrions en ligne directe, de mâle en mâle, d'Hector de Troie, nos maîtresses ne laisseraient pas de nous jeter un *vous*, au prix d'une couronne. O géant Malambrun! quoique tu sois enchanteur, tu es fidèle à tes promesses: envoie-nous l'incomparable Chevillard, afin que nos maux aient un terme. Si la chaleur arrive, et que nos barbes subsistent, malheur à nous! La Doloride proféra ces mots avec tant d'émotion, qu'elle arracha des larmes à tous les assistants, et même à Sancho. Il résolut dans son cœur d'accompagner son maître jusqu'au bout du monde, si de lui dépendait de faire tomber la laine de ces faces vénérables.

CHAPITRE XLI.

ARRIVÉE DE CHEVILLARD, ET FIN DE CETTE LONGUE HISTOIRE.

Cependant la nuit arriva, et avec elle l'instant prédit où devait arriver le fameux cheval Chevillard: le retard fatiguait déjà Don Quichotte; il lui semblait que si Malambrun tardait tant à l'envoyer, ou qu'il n'était pas le chevalier destiné à cette aventure, ou que le géant hésitait à se mesurer avec lui. Enfin, on vit entrer dans le jardin quatre sauvages tout couverts de lierre, et portant sur leurs épaules un grand cheval de bois: ils le posèrent à terre sur ses pieds, et l'un des sauvages dit: Monte sur cette machine le chevalier qui aura le courage d'y monter. Ce ne sera pas moi, dit Sancho, parce que je n'en ai point le courage, et je ne suis pas chevalier. Le sauvage continua : Que l'écuyer, s'il en a un, monte en croupe, et qu'il ait confiance dans le vaillant Malambrun, car il n'a à craindre que son épée et nulle autre, et aucune embûche. Il ne s'agit que de tourner la cheville qui est au cou du cheval, il les conduira par les airs à l'endroit où les attend Malambrun ; mais, afin que la prodigieuse élévation où ils vont se trouver ne leur cause point de vertiges, il convient de leur bander les yeux. Quand le cheval hennira, ce sera le signal de la fin de leur voyage. Cela dit, les sauvages laissèrent le cheval, et s'en retournèrent par où ils étaient venus.

Quand la Doloride aperçut le cheval : Vaillant chevalier, dit-elle à Don Quichotte d'une voix presque larmoyante, Malambrun a tenu sa parole : voici le cheval, nous sentons croître notre barbe, chacune de nous vous conjure par chacun des poils qui la composent, de nous raser et de nous tondre ; il ne faut plus pour cela que monter avec votre écuyer, et donner un heureux commencement à votre nouveau voyage. Je le ferai, comtesse Trifaldi, de bon cœur et de bon gré, dit Don Quichotte, sans attendre de coussins et sans éperons, pour prévenir tout retard, tant j'ai d'impatience de vous voir sans barbe, ainsi que vos compagnes. Et moi, dit Sancho, je ne le ferai ni de bon ni de mauvais gré, en aucune manière, et, si ce rasement ne peut s'opérer sans que je monte en croupe, mon maître peut bien chercher un autre écuyer qui l'accompagne, ou ces dames un autre moyen de se polir le visage : je ne suis point sorcier, pour prendre plaisir à voler ainsi dans les airs. Et que diraient mes insulaires, s'ils savaient que leur gouverneur se promène au milieu des vents? D'ailleurs, comme il y a trois mille et tant de lieues d'ici à Candaya, si le cheval se lasse ou que le géant se fâche, nous mettrons à revenir une demi-douzaine d'années, et il n'y aura plus d'île au monde, ni d'îlot qui me connaisse. Et puis on dit, en commun proverbe, que, dans le retard est le danger, que, quand on nous donne la génisse, il faut s'approcher avec la corde. N'en déplaise aux barbes de ces dames, saint Pierre est fort bien à Rome ; je veux dire que je me trouve bien dans cette maison, où l'on me fait un si bon traitement, et du maître de laquelle j'espère un aussi grand bien que celui de me voir gouverneur. Ami Sancho, lui dit le duc, l'île que je vous ai promise n'est ni mobile ni fugitive : ses racines pénètrent si profondément dans les entrailles de la terre, que les plus grands efforts ne sauraient la déranger d'où elle est. D'un autre côté je sais, et vous ne pouvez l'ignorer, qu'il n'est aucun office un peu important qui ne s'achète par quelque don plus ou moins considérable, celui que j'exige de vous pour ce gouvernement, c'est d'accompagner votre maître Don Quichotte pour accomplir et mettre à fin cette mémorable aventure. Montez donc sur Chevillard, et revenez avec toute la promptitude qu'on peut attendre de lui, ou si la fortune contraire vous ramène à pied comme un pèlerin, allant de maison en maison, d'hôtellerie en hôtellerie, en quelque temps que vous reveniez, vous trouverez votre île où vous la laissez, vos insulaires toujours prêts à vous recevoir pour gouverneur et ma volonté toujours la même ; n'en doutez point, seigneur Sancho, ce serait faire une injure notable au vif désir que j'ai de vous servir. N'en dites pas davantage, seigneur, répondit Sancho : je suis un pauvre écuyer, je ne saurais répondre à tant de courtoisie. Que mon maître monte, qu'on me bande les yeux, qu'on me recommande à Dieu, et qu'on me dise si, lorsque je serai là-haut, je pourrai invoquer Notre-Seigneur et prier les anges de m'être favorables. Oui, sans doute, dit la Trifaldi, vous pourrez vous recommander à Dieu ou à qui vous voudrez. Malambrun, quoique enchanteur, est chrétien; il fait ses enchantements avec beaucoup de prudence et de discernement, sans se compromettre avec personne. Ainsi soit-il, reprit Sancho. Dieu me soit en aide et la sainte Trinité de Gaëte. Depuis la mémorable aventure des moulins à foulon, dit Don Quichotte, je n'ai jamais vu Sancho si effrayé que dans ce moment. Si je croyais aux pressentiments comme d'autres, sa pusillanimité pourrait faire naître quelque hésitation en moi. Mais approche, Sancho, avec la permission de ces seigneurs je voudrais te dire deux mots en particulier. Il tira son écuyer à l'écart sous quelques arbres du jardin, et, lui prenant les deux mains: Tu vois bien, frère, lui dit-il, le long voyage que nous allons entreprendre? Dieu sait quand nous en reviendrons, et le loisir que nous laisseront les affaires: ainsi je voudrais que tu te retirasses dans ta chambre, comme si tu allais chercher quelque chose nécessaire pour la route, et qu'en peu de temps tu te donnasses, si tu veux, cinq cents coups de fouet, en à-compte sur les trois mille trois cents auxquels tu t'es engagé, ce sera autant de fait, car, chose commencée est à moitié achevée. Par Dieu, seigneur, répondit Sancho, il faut que vous soyez fou, et l'on peut bien dire: Tu me vois pressé, et tu me demandes ma fille! Il faut, dans ce moment-ci, que je pose mes fesses sur une table rase, et vous voulez que je me les déchire? En vérité, en vérité, vous perdez la raison. Allons-nous-en raser ces dames; au retour, je vous promets, sur ma parole, de m'employer tellement à remplir mon obligation, que vous aurez sujet d'être content; pour le présent, n'en parlons plus. Cette promesse me console, bon Sancho, dit Don Quichotte: je suis persuadé que tu la tiendras, car, quoique simple, tu es sincère et véridique. Je suis brun et non pas vert, dit Sancho; mais, quand je serais mêlé, je tiendrais ma parole. Ils retournèrent vers Chevillard. Allons, Sancho, dit Don Quichotte au moment de monter, bande-toi les yeux et monte. Celui qui nous envoie chercher de contrées si lointaines, n'a pas l'intention de nous abuser: quelle gloire lui reviendrait-il de tromper ceux qui se fient à lui? et, quand les choses tourneraient tout autrement que je ne l'espère, la gloire d'avoir entrepris une telle aventure ne peut être obscurcie par aucune malice. Allons, seigneur, répondit Sancho, j'ai sur le cœur les larmes et les barbes de ces dames, et je ne mangerai pas une bouchée qui me profite, jusqu'à ce que je les voie dans leur premier poli. Mais montez vous-même et bandez-vous les yeux le premier, car, puisque je dois aller en croupe, il est clair que celui de la selle doit monter avant l'autre. Tu as raison, répondit Don Quichotte, et tirant de sa poche un mouchoir, il pria la Doloride de lui bander les yeux; mais, un instant après, il leva le bandeau, et dit: Si j'ai bonne mémoire, j'ai lu dans Virgile ce qu'il rapporte du palladium de Troie; c'était un cheval de bois que les Grecs offrirent à la déesse Pallas. Il renfermait dans ses flancs des combattants armés, qui, ensuite, détruisirent la ville; il serait bon de voir d'abord ce que Chevillard a dans l'estomac. Ce n'est pas la peine, reprit la Doloride; je suis caution que Malambrun n'est ni malicieux ni traître. Que votre seigneurie monte sans aucune crainte, je prends sur moi le mal qui peut vous arriver. Don Quichotte réfléchit qu'insister sur les précautions, ce serait faire suspecter son courage: ainsi, sans plus faire d'objection, il monta sur Chevillard, et mit la main sur la cheville, qui tournait facilement. Comme il n'avait point d'étriers, ses jambes pendaient, et il ressemblait à une figure de tapisserie de Flandre, représentant un triomphe romain. Ensuite, Sancho se mit en devoir de monter, mais lentement et de mauvaise grâce. Il s'arrangea le mieux qu'il put sur la croupe; il la trouva fort peu douce et même un peu dure, et demanda au duc qu'on lui donnât, s'il était possible, quelque coussin ou oreiller, fût-ce de l'estrade de la duchesse ou du lit de quelque page; car, disait-il, la croupe du cheval paraissait de marbre plutôt que de bois. La Trifaldi répondit que Chevillard ne souffrait aucun ornement, aucun harnais sur lui; mais que, si Sancho voulait, il pouvait se mettre à la manière des femmes, pour ne pas tant sentir la dureté. Sancho le fit, se laissa bander les yeux, dit adieu à la compagnie, mais, un moment après, il se découvrit, et, regardant tout le monde avec des yeux attendris et pleins de larmes, il conjura chacun de l'aider dans ce péril par force *Pater* et force *Ave*, afin que Dieu leur accordât des gens pour en dire à leur tour, s'ils se trouvaient dans une semblable transe. Larron, dit Don Quichotte, es-tu donc au gibet ou au dernier terme de la vie, pour faire de semblables prières? N'es-tu pas, créature couarde et lâche, à la même place où se trouva la belle Maguelone, et dont elle descendit, non pour être enterrée, mais pour être reine de France, si les historiens ne sont pas menteurs? Et moi, qui te touche, ne puis-je pas me comparer au vaillant Pierre, dont j'occupe la place? Couvre-toi, couvre-toi les yeux, animal sans courage, et que ta bouche ne laisse pas échapper ta frayeur, du moins en ma présence. Recouvrez-moi donc, dit Sancho; et, puisqu'on ne veut pas que je me recommande à Dieu, ni que j'y sois recommandé, je crains fort qu'il ne se trouve là-haut quelque légion de diables qui nous mènent à Peralvillo[1]. Ils se couvrirent les yeux, et Don Quichotte, se trouvant bien assis, tourna la cheville. A peine y eut-il mis la main que toutes les duègnes et les assistants se mirent à crier : Dieu te conduise, valeureux chevalier! Dieu t'accompagne, écuyer intrépide! voilà que vous fendez l'air plus vite qu'une flèche, et vous ravissez d'admiration tous ceux qui vous regardent d'en bas. Tiens-toi bien, vaillant Sancho; tu te balances; prends garde de tomber, ta chute serait plus terrible que celle du jeune téméraire qui voulut conduire le char du soleil. Sancho entendit ces discours, et, serrant fortement son maître qu'il enlaçait dans ses bras, il lui dit : Seigneur, je ne sais pourquoi ces gens-là disent que nous nous élevons si haut, leur voix vient jusqu'à nous, et l'on dirait qu'ils parlent ici près. — Ne t'en rapporte point à cela, Sancho, ces sortes d'aventures et cette manière d'aller sont tellement hors des voies ordinaires, que tu t'élèverais à mille lieues sans cesser de voir ou d'entendre. Mais ne me serre pas tant, tu me feras tomber. En vérité, je ne sais qui te trouble et t'épouvante, car je jure bien que, de ma vie, je n'ai trouvé monture aussi douce que celle-là : on dirait que nous ne bougeons pas de place. Chasse donc tes craintes, ami, les choses vont comme elles doivent aller et nous avons le vent en poupe. C'est la vérité, répondit Sancho, car, de ce côté-ci, je sens un si grand vent, qu'on dirait que mille soufflets donnent sur moi. Il ne se trompait pas, car, avec de grands soufflets, on lui faisait du vent. Le duc, la duchesse et le majordome

[1] *Peralvillo*, canton voisin de Ciudad Réal, où l'on exécutait les voleurs de grand chemin que condamnait à mort la justice de Tolède.

avaient si bien préparé l'aventure, qu'il n'y manquait rien pour la rendre parfaite. Don Quichotte, ayant à son tour senti le vent : Sans doute, dit-il, nous voici parvenus à la seconde région de l'air, où se forment la grêle et la neige; les éclairs, le tonnerre, les rayons du soleil se forment dans la troisième, et, si nous allons toujours nous élevant ainsi, nous arriverons promptement à la région du feu, car je ne sais comment modérer cette cheville pour ne pas monter jusqu'où nous serions consumés. En ce moment, avec des étoupes enflammées, et autres matières combustibles et faciles à éteindre, placées au bout de longs roseaux, on commença à leur chauffer la figure. Sancho sentit la chaleur : Que je meure, dit-il, si nous ne sommes pas déjà dans le pays du feu, ou bien près; la moitié de ma barbe est roussie. J'ai bien envie de me découvrir pour voir où nous sommes. Garde-t'en bien, répondit Don Quichotte, souviens-toi de l'histoire véridique du licencié Torralva, que les diables emportèrent par les airs, à cheval sur un bâton, et les yeux fermés. En douze heures il arriva à Rome, et descendit dans la Torre de Nona, qui est une rue de la ville; il y vit tout le tumulte, l'assaut et la mort de Bourbon, et le lendemain matin il était de retour à Madrid, où il raconta tout ce qu'il avait vu. Il dit entre autres que, pendant qu'il était en l'air, le diable lui commanda d'ouvrir les yeux, il le fit et se vit si près du corps de la lune qu'il aurait pu la toucher avec la main, mais qu'il n'osa pas regarder du côté de la terre, de peur que la tête ne lui tournât. Ainsi, Sancho, nous ne devons point nous découvrir les yeux : celui qui s'est chargé de nous en rendra compte. Peut-être ne nous élevons-nous ainsi que pour prendre élan et retomber sur le royaume de Candaya, comme fait le faucon, quand du haut des airs il fond sur le héron pour peu qu'il s'élève. Quoiqu'il ne nous semble pas qu'il y ait une demi-heure que nous sommes partis du jardin, crois-moi, nous devons avoir fait bien du chemin. Je ne sais ce qu'il en est, répondit Sancho, mais je peux bien dire que, si madame Magallanes ou Maguelone se contentait de cette croupe, elle n'avait pas la chair bien sensible.

Le duc, la duchesse et toute la compagnie ne perdaient pas un mot de la conversation de nos deux braves, et elle les divertissait extrêmement. Mais, voulant terminer cette aventure étrange et si bien combinée, ils mirent, avec des étoupes, le feu à la queue de Chevillard, et à l'instant le cheval rempli de fusées et de pétards fut enlevé au milieu d'un fracas épouvantable, et retomba par terre avec Don Quichotte et Sancho, à moitié grillés. Déjà la Trifaldi et tout l'escadron barbu avaient disparu du jardin, et les autres étaient restés à plat ventre par terre, comme évanouis de frayeur. Don Quichotte et son écuyer se relevèrent en assez mauvais état, et, regardant de tous côtés, ne furent pas médiocrement surpris de se retrouver dans le jardin d'où ils étaient partis, et de voir tant de gens étendus par terre; mais, leur étonnement s'accrut encore, en apercevant au bout du jardin une grande lance fichée en terre, à laquelle était suspendue, par deux cordons de soie verte, un parchemin blanc, sur lequel on lisait, en grosses lettres d'or :

« L'illustre chevalier Don Quichotte de la Manche a mis à fin l'aventure de la « comtesse Trifaldi, autrement dite la duègne Doloride et compagnie, seulement « en l'entreprenant. Malambrun se tient pour content et entièrement satisfait. Les « barbes des dames sont déjà tondues, leurs faces lisses, et le roi Clavijo avec la

Imp. Lemercier.

Voyage de Don Quichotte et de Sancho sur Chevillard.

« reine Antonomasie rétablis dans leur premier état. Lorsque la fustigation de « l'écuyer sera accomplie, la blanche colombe se verra délivrée des serres em- « pestées des gerfauts qui la poursuivent, et dans les bras de son tourtereau « chéri : ainsi l'ordonne le sage Merlin, le proto-enchanteur des enchanteurs. »

En lisant ces mots, Don Quichotte comprit clairement qu'il était question du désenchantement de Dulcinée : il rendit grâces au ciel d'avoir, avec si peu de danger, mis à fin une si grande aventure et rappelé à leur premier état les faces barbues des vénérables duègnes, qu'il n'apercevait plus. Il se dirigea ensuite vers l'endroit où le duc et la duchesse n'étaient pas encore revenus de leur évanouissement, et, prenant le duc par la main : Bon courage, digne seigneur, lui dit-il, bon courage, tout ceci n'est rien : l'aventure est terminée sans danger, comme le prouve clairement cette inscription. Le duc parut revenir à lui peu à peu, comme un homme qui sort d'un profond sommeil, la duchesse et tous les autres en firent autant, avec des démonstrations si naturelles d'admiration et de frayeur, qu'il n'était personne qui n'eût pu croire véritable une plaisanterie revêtue de tant de vraisemblance. Le duc, les yeux encore à demi fermés, lut l'écriteau, et aussitôt, se jetant sur Don Quichotte, à bras ouverts, il lui dit qu'il était le plus excellent chevalier qu'on eût jamais vu. Sancho cherchait de tous ses yeux la Doloride, pour voir quelle figure elle avait sans barbe, et si elle était aussi belle que l'annonçaient ses gaillardes dispositions ; mais on lui dit qu'aussitôt que Chevillard, tout enflammé, s'était précipité vers la terre, la Trifaldi, suivie de tout l'escadron des duègnes, avait disparu, et qu'elles n'avaient déjà plus un seul poil de barbe. La duchesse demanda à Sancho comment il s'était trouvé dans un si long voyage. Madame, dit-il, je sentis que nous volions dans la région du feu, comme me l'assurait mon maître ; je voulus me découvrir un peu les yeux, mais lui, à qui j'en demandai la permission, n'y voulut pas consentir ; moi, qui ne manque pas de curiosité et de désir de savoir ce qu'on me défend, j'écartai tant soit peu mon mouchoir vers le nez, sans que personne le vît, et j'aperçus la terre ; elle ne me parut pas plus grosse qu'un grain de moutarde, et les hommes qui marchaient dessus pas beaucoup plus gros que des noisettes, ce qui prouve à quelle hauteur nous étions. Faites attention à ce que vous dites, ami Sancho, dit la duchesse ; il semblerait que vous avez vu les hommes et non la terre ; car, si celle-ci était grosse comme un grain de moutarde, et chaque homme comme une noisette, il est clair qu'un seul homme devait couvrir toute la terre. Vous avez raison, dit Sancho ; cependant, je la découvris par un petit côté, et je la vis tout entière. — Mais, Sancho, par un petit côté l'on ne saurait voir un objet tout entier. — Je n'entends rien à toutes ces visions ; mais il faudrait que votre seigneurie fît attention que, puisque nous volions par enchantement, par enchantement aussi je pouvais voir toute la terre et tous les hommes, de quelque côté que je les regardasse. Si vous ne voulez pas me croire sur ce point, encore moins croirez-vous qu'en me découvrant du côté des sourcils, je me vis si près du ciel qu'il n'y avait pas une palme et demie de lui à moi, et je puis vous jurer, madame, qu'il est bien grand. Nous nous trouvions dans l'endroit où sont les chèvres : comme, dans mon enfance, j'ai été chevrier en mon pays, sur Dieu et sur mon âme aussitôt que je les vis, il me prit une certaine envie de m'entretenir un peu avec elles, et, si je ne l'avais pas fait, je crois que j'en serais crevé. Je cédai donc à mon envie, et comment? Sans rien dire à personne, ni même à mon maître, je descendis tout doucement de dessus Chevillard, puis je me mis à causer pendant près de trois quarts d'heure avec ces chèvres, qui sont comme des giroflées ou d'autres fleurs; et cependant Chevillard ne bougea pas de place. Et pendant que le bon Sancho s'entretenait avec les chèvres, dit le duc, que faisait le seigneur Don Quichotte? Comme toutes ces choses sont hors de l'ordre naturel, répondit celui-ci, l'on ne doit pas s'étonner de ce que dit Sancho. Pour moi, je ne me suis découvert ni en haut ni en bas; je n'ai vu ni le ciel, ni la terre, ni la mer, ni les sables; j'ai senti il est vrai que nous passions par la région de l'air, et que nous touchions à celle du feu; mais que nous soyons allés au-delà, je ne puis le croire: la région du feu étant entre la lune et la dernière région de l'air, nous n'aurions pu nous trouver où sont les sept chèvres dont parle Sancho, sans être consumés, et, puisque nous ne le sommes point, ou Sancho ment, ou il a rêvé. Je n'ai ni menti ni rêvé, répondit Sancho; demandez-moi le signalement de ces chèvres, et vous verrez si je dis la vérité ou non. Dites-nous-le, demanda la duchesse. Madame, répondit Sancho, il y en a deux vertes, deux incarnates, deux azurées et une mêlée. Voilà, dit le duc, une nouvelle espèce de chèvre; et, dans notre région terrestre, on ne voit point de pareilles couleurs, je veux dire de chèvres de ces couleurs. Cela est bien clair, dit Sancho: aussi doit-il y avoir de la différence entre les chèvres du ciel et celles de la terre. Dites-moi, Sancho, demanda le duc, parmi ces chèvres, avez-vous vu quelque bouc? — Non, seigneur; mais j'ai ouï dire qu'ils ne passent pas les cornes de la lune.

On ne voulut pas faire d'autres questions à Sancho, parce qu'on vit qu'il était en train de se promener par tout le ciel et de donner des nouvelles de tout ce qui se passait là-haut, sans avoir bougé du jardin. Telle fut la fin de l'aventure de la duègne Doloride, qui donna de quoi rire au duc et à la duchesse non seulement pour le moment, mais pour toute leur vie, et fournit à Sancho de quoi raconter pendant des siècles, s'il eût vécu des siècles. Don Quichotte, s'approchant, lui dit à l'oreille: Sancho, puisque vous voulez que l'on croie ce que vous avez vu dans le ciel, j'entends de même que vous me croyiez sur ce que j'ai vu dans la caverne de Montésinos, et je ne vous en dis pas davantage.

CHAPITRE XLII.

DES CONSEILS QUE DONNA DON QUICHOTTE A SANCHO, AVANT QU'IL ALLAT GOUVERNER SON ILE; AVEC D'AUTRES CHOSES DIGNES DE REMARQUE.

Le duc et la duchesse furent tellement satisfaits de l'heureuse et amusante issue de l'aventure de la Doloride, qu'ils résolurent de pousser plus loin leurs plaisanteries, voyant avec quelle facilité leurs hôtes les prenaient pour véritables. Ayant donc arrêté d'avance la conduite que leurs gens et leurs vassaux devaient observer à l'égard de Sancho, dans le gouvernement de l'île promise, le lendemain du voyage de Chevillard, le duc dit à Sancho de se disposer à se rendre dans son gouvernement, car les insulaires l'attendaient comme l'eau dans le mois de mai. Sancho s'inclina et répondit : Depuis que je suis descendu du ciel, et depuis que j'ai considéré la terre de cette hauteur, je l'ai vue si petite, que mon désir si grand d'être gouverneur s'est un peu modéré. Quelle grandeur en effet peut-il y avoir à commander sur un grain de moutarde ? quelle dignité, quel honneur y a-t-il à gouverner une demi-douzaine d'hommes gros comme des noisettes ? car la terre ne m'a pas paru en renfermer davantage. Si votre seigneurie voulait me donner la moindre partie du ciel, ne fût-elle que d'une demi-lieue, je la préférerais de beaucoup à la plus grande île du monde. Ami Sancho, répondit le duc, faites attention que je ne saurais disposer d'une partie du ciel, ne fût-elle pas plus grande que l'ongle : de telles récompenses et de tels dons n'appartiennent qu'à Dieu. Je vous donne ce que je peux : c'est une île, droite et bien faite, arrondie, bien proportionnée, surtout abondante et fertile, avec laquelle, si vous êtes habile, vous pourrez joindre aux richesses de la terre celles du ciel. Ainsi soit, répondit Sancho ; vienne donc l'île, je m'efforcerai d'être si bon gouverneur, qu'en dépit de tous les méchants, je monterai au ciel : ce que j'en dis n'est pas pour sortir de ma situation et m'élever au-dessus, mais seulement parce que je veux savoir ce que c'est que d'être gouverneur. Si vous en goûtez une fois, dit le duc, vous vous mangerez les mains pour garder le pouvoir, car c'est une chose bien douce que de commander et d'être obéi. A coup sûr, lorsque votre maître sera empereur (car il le sera certainement, au train dont vont les choses), on ne l'arrachera pas de là facilement, et il regrettera le temps qu'il aura passé sans l'être. Seigneur, répliqua Sancho, j'imagine que ce doit être une bonne chose que de commander, fût-ce à un troupeau de moutons. Que je meure, dit le duc, si vous ne savez pas un peu de tout ; j'espère que vous serez aussi bon gouverneur que le promet votre bon jugement ; mais laissons cela. N'oubliez pas que demain vous partirez pour votre gouvernement ; ce soir on vous préparera l'équipage qui vous convient, et tout ce qui est nécessaire pour votre départ. Que l'on m'habille comme on voudra, dit Sancho, je n'en serai pas moins Sancho Pança. Sans doute, dit le duc ; cependant le costume doit être analogue à l'état, à la dignité que l'on possède. Il ne serait pas convenable qu'un jurisconsulte fût habillé comme un soldat, ni un soldat comme un prêtre. Vous, Sancho, vous serez vêtu moitié en lettré, moitié en capitaine, parce que, dans l'île que je vous donne, les lettres sont aussi nécessaires que les armes, et les armes que les lettres. J'ai peu de lettres, dit Sancho, car je ne sais pas même l'A B C ; mais il me suffit d'avoir dans la mémoire le *christus* pour être bon gouverneur. Pour les armes, je manierai celles qu'on me donnera, jusqu'à ce que je tombe, et Dieu en avant. Avec une aussi bonne mémoire, Sancho, reprit le duc, vous ne pouvez errer. En ce moment, parut Don Quichotte ; apprenant ce qui se passait, et avec quelle promptitude Sancho partait pour son gouvernement, il le prit par la main, avec la permission du duc, et le mena dans sa chambre, avec l'intention de lui donner des conseils sur la conduite à tenir dans sa charge. Il ferma la porte, le fit asseoir presque malgré lui, et d'un ton doux et grave lui parla en ces termes :

Ami Sancho, je rends au ciel des grâces infinies de ce qu'avant même que la Fortune m'ait été favorable, elle vient à ta rencontre pour te faire part de ses dons. Moi qui comptais sur un sort heureux pour reconnaître tes services, je me vois encore au début de mes espérances, et toi, avant le temps, et contre toute raisonnable probabilité, tu vois tes désirs accomplis. Il y en a qui subornent, importunent, sollicitent, se lèvent matin, supplient sans se rebuter, et n'obtiennent pas ce qu'ils demandent, un autre arrive, et, sans savoir pourquoi ni comment, il obtient la charge, l'office auquel les autres prétendaient. Ainsi, il est vrai de dire qu'en fait de prétentions, il y a une bonne et une mauvaise fortune. Toi qui, près de moi, n'es, sans aucun doute, qu'un lourdaud, sans te lever matin, passer les nuits, sans faire aucune démarche, et seulement parce que le vent de la chevalerie errante t'a touché, tu te vois, ni plus ni moins, gouverneur d'une île, sans avoir rien fait pour l'obtenir. Je te parle ainsi, Sancho, afin que tu n'attribues point à tes mérites la faveur que tu as reçue, mais que tu rendes grâces au ciel qui dispose les choses favorablement, et ensuite à la grandeur que recèle en soi la profession de chevalier errant. Le cœur préparé à croire ce que je te dis, écoute-moi, mon fils, moi qui suis ton Caton, je veux être ton conseil, ton guide, ta boussole, pour te diriger vers un port assuré sur cette mer orageuse où tu vas t'engouffrer : car les grands emplois ne sont autre chose qu'un abîme profond de confusion.

Premièrement, mon fils, tu dois avoir la crainte de Dieu : dans cette crainte consiste la sagesse, et, si tu es sage, tu ne saurais errer en rien.

Secondement, aie sans cesse les yeux ouverts sur ce que tu es, afin de te connaître toi-même ; c'est, de toutes les connaissances, la plus difficile à acquérir. Si tu te connais, tu ne t'enfleras point comme la grenouille, qui voulut s'égaler au bœuf. Si tu te comportais ainsi, le souvenir d'avoir gardé les pourceaux dans ton pays serait, pour ton fol orgueil, ce que ses pieds disgracieux sont pour le paon, vain de la beauté de sa roue et de ses plumes.

Il est vrai, dit Sancho, mais je les gardai quand j'étais petit. Devenu plus grand, je gardai les oies, et non les cochons. Au reste, il me semble que cela ne fait rien à la circonstance, car tous ceux qui gouvernent ne sont pas de race royale. Tu as raison, répondit Don Quichotte, et c'est pour cela que ceux qui ne sont pas d'extraction noble doivent tempérer la gravité des fonctions qu'ils exercent, par une douce affabilité, qui, dirigée par la prudence, les met à l'abri de ces murmures médisants dont aucun n'est exempt.

Honore-toi, Sancho, de la bassesse de ta naissance, et ne sois pas humilié de dire que tu descends de laboureurs. En voyant que tu n'en rougis pas, personne ne songera à t'en faire rougir. Fais plus d'état d'être un humble vertueux qu'un pécheur superbe. Immense est le nombre de ceux qui, sortis d'une basse extraction, sont parvenus à la suprême puissance, impériale ou pontificale ; je pourrais t'en citer tant d'exemples que tu en serais fatigué. Considère, Sancho, que, si tu prends la vertu pour règle, si tu t'attaches à ne faire que des actions vertueuses, tu n'auras rien à envier aux descendants des princes et seigneurs : car on hérite de la noblesse, mais la vertu s'acquiert ; or, la vertu doit sa valeur à elle seule et non le sang. Cela étant, si, lorsque tu seras dans ton île, quelqu'un de tes parents vient te voir, ne le rebute pas, ne lui fais point d'affront : au contraire, accueille-le, fête-le, régale-le ; par là, tu obéiras à la volonté du ciel, qui veut que nul ne méprise ce qu'il a fait, et tu te conformeras à ce qu'ordonnent les sages lois de la nature.

Si tu fais venir ta femme auprès de toi (car il n'est pas bon que ceux qui remplissent longtemps les fonctions du gouvernement demeurent éloignés de leurs femmes), applique-toi à l'endoctriner, à l'instruire, à polir sa rudesse naturelle : car tout ce que peut acquérir un sage gouverneur, une femme sotte et grossière le lui fait perdre.

Si, par hasard, tu deviens veuf, chose qui peut arriver, et que ta position te donne une autre femme d'un état plus relevé, ne la prends pas telle qu'elle te serve d'hameçon et de ligne à pêcher [1], ou qui fasse semblant de refuser ce qu'elle brûle d'avoir [2] : car, je te le dis, en vérité, tout ce que la femme du juge recevra, le mari en rendra compte au jour du jugement ; et, après sa mort, il payera au quadruple les parties dont il n'aura pas tenu compte pendant sa vie.

Ne te laisse jamais entraîner par ton caprice : c'est le propre des ignorants, qui se croient habiles.

Que les larmes du pauvre trouvent en toi plus de compassion, mais sans rien ôter à la justice due au riche.

Efforce-toi de découvrir la vérité à travers les promesses et les présents du riche, aussi bien qu'au milieu des sanglots et des importunités du pauvre.

Toutes les fois que l'équité le permettra, n'accable point le coupable de toute la rigueur de la loi, car la réputation d'un juge sévère ne vaut pas mieux que celle d'un juge compatissant.

Si tu fais plier la verge de la justice, que ce ne soit point sous le poids du présent, mais sous celui de la miséricorde.

Si tu te trouves juge du procès de ton ennemi, mets en oubli ton injure, et ne considère que la vérité des faits.

Que jamais la passion ne t'aveugle dans la cause d'autrui : tes fautes seraient le plus souvent sans remède, ou n'en pourraient avoir qu'aux dépens de ton bien et de ton honneur.

Si quelque belle femme vient te demander justice, détourne les yeux de ses larmes, les oreilles de ses gémissements : examine à loisir sa requête, si tu ne veux noyer ta raison dans ses pleurs, et que ses sanglots étouffent ta probité.

Celui que tu dois punir d'un châtiment, ménage-le dans tes paroles : le malheureux a bien assez de supplice, sans y ajouter la honte des reproches flétrissants.

Dans le coupable qui tombera sous ta juridiction, considère toujours la misère de l'homme, sujet aux conditions de notre nature déchue. En tout ce que tu pourras, sans blesser la justice, montre-toi clément et miséricordieux : car, quoique les attributs de Dieu soient tous égaux, sa miséricorde brille à nos yeux d'un éclat plus doux que sa justice.

Si tu suis ces préceptes, Sancho, tes jours seront longs, ta renommée éternelle, tes désirs comblés, ton bonheur indicible ; tu marieras tes enfants comme bon te semblera. Eux et tes descendants posséderont des titres honorables ; tu vivras en paix entouré de la bienveillance de tout le monde ; ta vieillesse sera douce

[1] C'est-à-dire qui prenne à toutes mains, comme la femme du juge dans *les Plaideurs* de Racine.

[2] Il y a dans l'espagnol *y del no quiero de tu capilla ;* cette expression est allusive à cette façon de parler proverbiale : *no quiero, no quiero, mas echadmelo en la capilla* (je n'en veux point, mais jetez-le dans mon chaperon) ; qui se dit de ceux qui font semblant de refuser ce qu'ils voudraient déjà tenir.

et prolongée, et, parvenu au terme de la vie, tes yeux seront fermés par les tendres et délicates mains de tes arrière-neveux.

Les conseils que je viens de te donner regardent l'ornement de l'âme. Écoute maintenant ceux qui peuvent contribuer à l'ornement du corps.

CHAPITRE XLIII.

DES SECONDS CONSEILS DONNÉS PAR DON QUICHOTTE A SANCHO PANÇA.

En entendant les discours de Don Quichotte, qui ne l'eût pris pour l'homme le plus sage et doué du plus grand sens? Mais, comme on l'a dit plusieurs fois dans le cours de cette grande histoire, il ne déraisonnait que lorsqu'il était question de la chevalerie; dans tout le reste il montrait un sens droit et lucide : de sorte qu'à tous moments ses actions démentaient son jugement, et son jugement ses actions. Dans les seconds conseils qu'il voulut donner à Sancho, il fit preuve de bonne grâce, et mit également en évidence son esprit et sa folie. Sancho l'écoutait attentivement, s'efforçant de conserver dans sa mémoire ces conseils, en homme qui veut les observer et par eux arriver à bien dans le pénible enfantement des actes du gouvernement. Don Quichotte poursuivit :

Pour ce qui regarde le gouvernement de ta personne et de ta maison, Sancho, je te recommande d'abord d'être propre et de te couper les ongles, sans les laisser croître comme certaines gens assez ignorants pour croire que la longueur des ongles fait la beauté de la main : ignoble et dégoûtante manie, comme si cette excroissance qu'ils refusent d'abattre ne ressemblait pas plutôt aux serres d'un oiseau de proie qu'aux ongles d'un homme.

Ne parais point en public débraillé et en désordre : la négligence des habits annonce un homme lâche, faible ; à moins qu'elle ne cache une grande dissimulation, comme on l'a pensé de Jules César.

Examine prudemment ce que peut valoir ton office. S'il te suffit pour donner une livrée à tes gens, donne-la honnête et de durée, plutôt qu'éclatante et riche; répartis-la entre tes domestiques et les pauvres : je veux dire, si tu as de quoi habiller six pages, n'en habille que trois et puis trois pauvres; ainsi tu auras des pages au ciel et sur la terre. Cette nouvelle manière de donner des livrées n'est point connue des gens épris de la vaine gloire.

Ne mange ni ail ni oignon : leur mauvaise odeur trahirait ta rusticité. Marche gravement, parle posément, mais non de manière à avoir l'air de t'écouter toi-même, car toute affectation est vicieuse.

Dîne peu, soupe encore moins : la santé de tout le corps s'élabore dans l'estomac.

Bois modérément : l'ivresse ne sait ni garder un secret ni tenir sa parole.

Ne mâche point des deux côtés, et garde-toi d'éructer devant personne.

Je n'entends point ce mot d'éructer, dit Sancho. — Éructer, dit Don Quichotte, veut dire roter : c'est un des plus vilains mots de la langue castillane, quoique très expressif; aussi les personnes délicates se sont rapprochées du latin, et disent éructer au lieu de roter, et au lieu de rots, éructations. Si quelqu'un ne comprend pas ces mots, il n'y a pas grand inconvénient : l'usage et le temps les introduiront peu à peu, et alors ils deviendront plus intelligibles; cela s'appelle enrichir la langue, sur laquelle l'usage et le vulgaire ont tant de pouvoir.

En vérité, seigneur, dit Sancho, ce conseil est un de ceux que je tâcherai le plus de retenir : car j'ai l'habitude de roter souvent. — D'éructer, Sancho, dit Don Quichotte. — Éructer, repartit Sancho, je dirai ainsi dorénavant, et je ne l'oublierai pas.

Tu dois veiller aussi, Sancho, à ne point mêler dans tes discours ce grand nombre de proverbes que tu débites continuellement; quoique les proverbes soient de courtes sentences, tu les tires tellement par les cheveux, qu'ils ont plus l'air d'extravagances que de maximes. A cela, dit Sancho, Dieu seul peut remédier, car je sais plus de proverbes qu'un livre, et, quand je parle, ils me viennent tellement en foule à la bouche qu'ils se disputent à qui sortira; ma langue saisit le premier qu'elle rencontre bien qu'il ne vienne pas à propos, mais j'aurai soin désormais de ne dire que ceux qui conviendront à la dignité de ma place : en maison bien fournie, le souper est bientôt prêt; celui qui convient de prix n'a pas de dispute; qui sonne l'alarme est à l'abri du danger; pour donner et prendre il faut de la cervelle. — Courage, Sancho, enfile, enchâsse, entasse des proverbes, personne ne t'en empêche: ma mère me châtie, je fouette le sabot. Je te dis de supprimer tes proverbes, et en un moment tu nous en défiles une litanie qui reviennent autant à ce que nous disons que les montagnes d'Ubéda. Fais bien attention, Sancho : je ne dis pas qu'un proverbe cité à propos soit désagréable, mais les entasser à tort et à travers rend le discours lâche et trivial.

Quand tu monteras à cheval, ne te laisse point aller sur le derrière de la selle, ne porte point les jambes tendues, roides et écartées du ventre de l'animal, et ne t'abandonne pas non plus comme tu le fais sur ton âne : les différentes manières d'aller à cheval font le cavalier ou l'homme d'écurie.

Sois modéré dans ton sommeil : qui ne se lève pas avec le soleil ne jouit pas du jour. Souviens-toi, Sancho, que la diligence est mère de la bonne fortune, et que la paresse, son ennemie, n'arrive jamais au but d'un juste désir.

Un dernier conseil que je veux te donner, quoiqu'il ne serve pas à l'ornement du corps, mérite que tu le conserves dans ta mémoire; je crois qu'il ne te sera pas moins utile que les autres, le voici : ne dispute jamais sur les familles, du moins pour les comparer entre elles, car nécessairement il y en a une plus distinguée que les autres : tu te ferais un ennemi de celui que tu aurais rabaissé, sans obtenir des autres aucune reconnaissance.

Ton habillement doit être des chausses fermées, un long pourpoint, un manteau plus long encore; pour des grègues, il n'y faut plus penser, elles ne conviennent ni à un chevalier ni à un gouverneur.

Voilà, Sancho, tout ce qui s'offre à moi pour l'heure, pour te conseiller. Avec le temps et suivant les circonstances, je te donnerai d'autres avis, pourvu que tu aies soin de m'informer de l'état où tu te trouveras. Seigneur, répondit Sancho, je vois bien que tout ce que vous m'avez dit est bon, sacré et profitable, mais à quoi me serviront vos conseils si je ne m'en rappelle aucun ? Quant à ceux d'un second mariage, si le cas se présente, et de ne point laisser croître mes ongles, je sais bien que je ne les oublierai point ; mais, pour toutes ces inutilités, entortillages et subtilités, je ne m'en souviens nullement, et n'y penserai pas plus qu'aux neiges de l'année dernière : ainsi, il sera nécessaire de me les donner par écrit ; car, quoique je ne sache ni lire ni écrire, je les donnerai à mon confesseur, qui aura soin de me les inculquer et rappeler quand il en sera besoin. Ah ! pécheur que je suis, dit Don Quichotte, combien il est malséant qu'un gouverneur ne sache ni lire ni écrire ! Tu ne sais pas, Sancho, que, ne pas savoir lire ou être gaucher, prouve une de ces deux choses, ou qu'on est fils de gens misérables et de la plus basse condition, ou qu'on est si pervers et de si mauvais naturel que la bonne doctrine et les bons usages n'ont pu se faire jour. C'est un grand défaut que tu as là, et je voudrais bien au moins que tu apprisses à signer ton nom. Je sais signer, répondit Sancho : lorsque j'étais maître de confrérie de mon village, j'ai appris à faire des lettres comme celles dont on marque les ballots, et l'on disait que cela faisait mon nom, mais je ferai mieux, je dirai que j'ai la main droite paralysée, et je ferai signer pour moi. Il y a remède à tout, excepté à la mort ; comme je tiendrai le bâton et le commandement, je ferai ce que je voudrai. Celui qui est fils d'un alcade... et moi je suis gouverneur et c'est plus qu'alcade. Approchez-vous, on la laisse voir, sinon qu'on me méprise, qu'on me calomnie ; ceux qui viendront pour avoir de la laine s'en retourneront tondus ; quand Dieu veut du bien à quelqu'un, il y paraît à sa maison ; les sottises du riche passent dans le monde pour des sentences ; et moi, je serai riche, puisque je serai gouverneur, et de plus libéral, car je veux l'être, et personne ne relèvera mes fautes. Faites-vous miel, et les mouches vous suceront. Tu vaux autant que tu possèdes, disait une de mes aïeules. D'un homme riche jamais tu ne tireras vengeance..... O maudit sois-tu de Dieu ! s'écria Don Quichotte ; que soixante mille diables t'emportent, toi et tes proverbes ! Voilà une heure que tu les enfiles, et chacun me donne la torture. Je t'assure que tes proverbes te mèneront un jour au gibet ; à cause de tes proverbes tes vassaux t'enlèveront ton gouvernement, et tu verras des soulèvements parmi eux. Dis-moi donc, ignorant, où tu les trouves ? comment tu les appliques, insensé que tu es ? Lorsque j'en veux citer un à propos, je sue de fatigue, comme si je creusais la terre. Pardieu, seigneur mon maître, répliqua Sancho, vous vous fâchez pour bien peu de chose. A qui diable cela nuit-il que je me serve de mon bien ? je n'en possède pas d'autre, je n'ai d'autre richesse que mes proverbes, et encore des proverbes. Dans ce moment il m'en vient quatre à la bouche qui arrivaient là tout à point, ou comme poire en panier ; mais je ne les dirai pas, car pour se taire on nomme Sancho. — Tu n'es pas ce Sancho-là, dit Don Quichotte, car non seulement tu ne sais pas te taire, mais tu parles et t'opiniâtres à tort et à travers. Pourtant, je voudrais bien connaître ces quatre proverbes qui se présentaient à toi et venaient si fort à propos : j'ai beau chercher dans ma tête, qui n'est pas mauvaise, je n'en trouve aucun. Et quels meilleurs proverbes, dit Sancho, peut-il y avoir que ceux-ci : *Ne mets jamais les doigts entre deux dents mâchelières ; à, videz la maison et que demandez-vous à ma femme, il n'y a rien à répondre ; si la cruche frappe la pierre, ou la pierre la cruche, malheur à la cruche !* tous proverbes qui viennent bien à propos. Que personne ne s'attaque à son gouverneur ou à celui qui commande, car il s'en retournera froissé comme celui qui met le doigt entre deux dents; et, si elles ne sont pas mâchelières, qu'importe, pourvu que ce soient des dents? A ce que dit le gouverneur, on ne doit pas répliquer, non plus qu'à celui qui vous dit : Videz la maison, que demandez-vous à ma femme? Quant au proverbe de la cruche, un aveugle en voit l'application. Il faut encore que celui qui voit la paille dans l'œil de son voisin voie la poutre dans le sien, afin qu'on ne dise pas de lui : La morte a peur de la décapitée. Et vous savez bien que le fou en sait plus dans sa maison que le sage dans celle d'autrui. — Non, Sancho, le fou ne sait rien dans sa maison, ni dans celle d'autrui : attendu que, sur le fondement de la folie, on ne saurait asseoir aucun édifice de sagesse. Mais brisons là; si tu gouvernes mal, à toi sera la faute, à moi la honte; mais je me console, car j'ai fait ce que je devais, puisque je t'ai conseillé avec toute la vérité et la sagesse possibles. Avec cela, je suis quitte de ma promesse et de mon obligation. Dieu te conduise, Sancho; qu'il te gouverne dans ton gouvernement, et m'ôte le scrupule qui me reste : je crains que tu ne tombes sens dessus dessous avec ton île. C'est une chose que je pourrais éviter en découvrant au duc ce que tu es, et lui disant que ta grosse panse et toute ta personne n'est qu'un sac rempli de proverbes et de malices. Seigneur, répliqua Sancho, si vous croyez que je ne suis pas propre au gouvernement, dès ce moment je l'abandonne : j'aime mieux la plus petite parcelle de mon âme que tout mon corps. Je vivrai tout aussi bien, resté Sancho, avec du pain et des oignons, que, gouverneur, avec des perdrix et des chapons. D'ailleurs, quand nous dormons, tous sont égaux, grands et petits, pauvres et riches, et, si vous y songez bien, vous verrez que c'est vous qui m'avez poussé à être gouverneur : car, moi, je ne sais pas plus gouverner des îles qu'un vautour. Si vous pensez que pour être gouverneur le diable doive m'emporter, j'aime mieux aller au ciel simple Sancho, que gouverneur en enfer. — En vérité, Sancho, par ces dernières paroles que tu viens de dire, je juge que tu es digne de gouverner mille îles : tu as un bon naturel, sans lequel il n'y a science qui vaille. Recommande-toi à Dieu, et tâche seulement de ne point errer dans la première intention : je veux dire sois toujours ferme et résolu de toucher au but dans toutes les affaires qui se présenteront à toi, parce que le ciel favorise toujours les bonnes intentions. Allons dîner, car je crois que ces seigneurs nous attendent.

CHAPITRE XLIV.

COMMENT SANCHO PANÇA FUT MIS EN POSSESSION DE SON GOUVERNEMENT, ET DE L'ÉTRANGE AVENTURE ARRIVÉE A DON QUICHOTTE DANS LE CHATEAU.

Par la lecture de l'original de cette histoire on reconnaît, dit-on, que Cid Hamet, parvenu à ce chapitre, n'a pas été traduit par son interprète conformément à ce qu'il avait écrit. C'était une espèce de plainte que le Maure faisait de lui-même pour avoir entrepris une histoire aussi sèche et circonscrite que celle de Don Quichotte; car il se croyait obligé de parler toujours de Don Quichotte et de Sancho, sans oser se livrer à aucune digression, à aucun épisode plus intéressant et plus agréable; il disait qu'avoir toujours l'esprit tendu sur une même chose, la main et la plume toujours employées à écrire sur un seul sujet, ne parler que par la bouche d'un petit nombre de personnages, était un travail insupportable dont l'auteur ne pouvait retirer que peu de profit. Que, pour éviter cet inconvénient, il avait eu recours, dans la première partie de son ouvrage, à quelques nouvelles, telles que *le Curieux impertinent, le Capitaine captif*, qui sont comme séparées de l'histoire, tandis que les autres narrations qui s'y rencontrent sont des faits liés aux aventures de Don Quichotte, et qui ne pouvaient être passés sous silence. Cependant, il pensa et il nous le dit, que la plupart des lecteurs, tout entiers à l'application qu'exigent les hauts faits de Don Quichotte, ne donneraient aucune attention à ces nouvelles, ou ne les liraient qu'en courant et avec ennui, sans prendre garde à l'agrément, au mérite de ces pièces qui se manifesteraient beaucoup mieux si elles étaient publiées seules, et séparées des folies de Don Quichotte et des simplicités de Sancho. Aussi, dans cette seconde partie, n'a-t-il voulu insérer aucune nouvelle détachée, ni parasite, mais seulement quelques épisodes tirés du fond même de l'histoire, et encore avec beaucoup de mesure et sans employer plus de mots que ce qui est nécessaire pour les raconter. Mais, s'il se renferme strictement dans les limites de la narration, lorsqu'il possède assez de talent et d'esprit pour traiter également bien de toute chose, il supplie de ne pas mépriser son travail et de lui donner des louanges, moins pour ce qu'il a écrit, que pour ce qu'il s'est abstenu d'écrire [1]. Ensuite il reprend son histoire en ces termes:

Don Quichotte, ayant achevé de dîner, le jour où il donna ses conseils à Sancho, les lui remit par écrit ce même soir, lui laissant le soin de trouver quelqu'un qui lui en fît lecture, mais à peine Sancho les eut-il, qu'il les laissa tomber, et l'écrit parvint bientôt au duc qui le communiqua à la duchesse, et tous deux admirèrent de nouveau la sagesse et la folie de Don Quichotte. Pour continuer la plaisanterie commencée, ils envoyèrent le même soir Sancho, suivi d'un nombreux cortége, dans le village qui pour lui devait être une île [2]. Celui qui le conduisait était un majordome du duc, homme à la fois raisonnable et spirituel, car, sans raison, il n'y a point de véritable esprit. C'était lui qui avait fait le rôle de la comtesse Trifaldi, avec tout le succès qu'on a vu ci-dessus: son esprit et les instructions de ses maîtres ne le guidèrent pas moins bien dans cette nouvelle plaisanterie. Sancho, en apercevant ce majordome, crut voir la Trifaldi en personne, et, se tournant vers son maître: Seigneur, dit-il, ou le diable va m'emporter d'ici, en juste et bon croyant, ou vous conviendrez que le visage de ce majordome est celui de la Doloride. Don Quichotte regarda cet homme attentivement. Sancho, répondit-il, il ne faut pas que le diable t'emporte, juste ou croyant (je ne sais ce que tu veux dire

[1] Ces épisodes détachés, du *Curieux impertinent*, du *Capitaine captif*, des *Amours de Cardenio*. étaient en effet un des reproches que l'on avait faits à Cervantes. Il a su, dans sa seconde partie, éviter ce défaut avec une rare habileté; renfermant sa narration dans le cercle le plus étroit, borné, pour ainsi dire, aux seuls Don Quichotte et Sancho, il fournit une carrière non moins longue que la première, déployant les ressources de son génie, et partout il sait intéresser, amuser, instruire le lecteur: aussi tous les gens de goût s'accordent-ils à regarder cette seconde partie comme le chef-d'œuvre de Cervantes.

[2] Pellicer place ce que Cervantes appelle l'île *Barataria* dans le village de *Alcala de Ebro*, situé en effet sur cette rivière, et appartenant aux ducs de Villa-Hermosa. Quant au nom de *Barataria*, il a été formé de l'espagnol *barata*, tromperie, ou *barato*, bon marché.

par là), si le visage de la Doloride est celui du majordome, le majordome n'est pas pour cela la Doloride : s'il l'était, cela impliquerait une contradiction fort grande, et ce n'est pas maintenant le moment de faire cette vérification, ce serait nous engager dans un labyrinthe inextricable. Crois-moi, mon ami, nous avons besoin d'adresser au Seigneur d'ardentes prières pour qu'il nous délivre tous les deux des sorciers et des enchanteurs. Ce n'est point une plaisanterie, seigneur, répondit Sancho, je l'ai entendu parler : il m'a semblé entendre la voix de la Doloride résonner à mes oreilles. C'est bon pour le moment, je me tairai, mais je ne laisserai pas de me tenir pour averti de chercher à l'avenir quelque autre signe qui détruise ou confirme mes soupçons. Ce sera fort bien fait, dit Don Quichotte ; tu me donneras avis de tout ce que tu découvriras sur ce point et de ce qui t'arrivera dans ton gouvernement. Sancho partit enfin, accompagné de beaucoup de monde : il était vêtu en lettré, couvert d'un large manteau de camelot fauve, ondé, avec une toque de même, et monté à la genète sur un mulet. Derrière lui venait, par ordre du duc, son baudet, couvert de harnais de soie neufs et richement ornés. Sancho tournait de temps en temps la tête pour le regarder, et prenait tant de plaisir en sa compagnie, qu'il n'eût pas changé avec un empereur d'Allemagne. En prenant congé du duc et de la duchesse, il leur baisa les mains, et reçut, d'un cœur gros et contrit, la bénédiction de son maître, qui la lui donna, les larmes aux yeux. Laisse, ami lecteur, laisse aller en paix et en bonne fortune le bon Sancho. Prépare-toi à bien rire [1], quand tu sauras comment il se conduisit dans son nouvel emploi : en attendant occupe-toi de ce qui advint à son maître cette même nuit. Si tu n'en ris pas, au moins tes lèvres s'entr'ouvriront-elles par un rire de singe : les aventures de Don Quichotte doivent être accueillies par l'admiration ou par le rire.

L'histoire rapporte qu'à peine Sancho fut-il parti, que Don Quichotte fut attristé de sa solitude, et, s'il lui avait été possible de révoquer la commission, et de lui ôter le gouvernement, il l'aurait fait. La duchesse remarqua sa mélancolie et lui en demanda la cause, ajoutant que si c'était à cause de l'absence de Sancho, elle avait dans sa maison des écuyers, des duègnes et des demoiselles pour le servir selon son désir. Il est vrai, madame, répondit Don Quichotte, je suis sensible à l'absence de Sancho, mais ce n'est point là la cause principale de ma tristesse. Quant aux offres obligeantes que me fait votre excellence, j'accepte seulement la bonne volonté qui les dicte : pour le reste, je vous supplie de permettre que, dans mon appartement, je sois le seul qui me serve. En vérité, dit la duchesse, il n'en sera pas ainsi : je vous donnerai pour vous servir quatre de mes demoiselles qui sont belles comme des fleurs. — Pour moi, madame, elles ne seraient pas des fleurs, mais des épines qui me piqueraient le cœur ; aussi entreront-elles dans ma chambre, elles, ou rien qui leur ressemble, comme j'ai des ailes pour voler. Si votre grandeur daigne me continuer une faveur que je ne mérite pas, qu'elle me laisse à moi-même et me servir seul les portes closes pour mettre une muraille entre mes désirs et mon honnêteté ; je ne veux point renoncer à cette coutume par l'excès de libéralité de Votre Altesse, en un mot, madame, je dormirai tout vêtu plutôt que de consentir que personne me déshabille. N'en dites pas davantage,

[1] *Espera dos fanegas de risa.*

seigneur Don Quichotte, répliqua la duchesse : je vais donner ordre que pas même une mouche n'entre dans votre chambre, à plus forte raison une demoiselle. Je ne suis pas femme à vouloir mettre en défaut la décence du seigneur Don Quichotte, car, autant que j'en puis juger, l'honnêteté est au premier rang de ses vertus. Que votre seigneurie s'habille et se déshabille seule et à sa façon quand et comme il lui plaira, personne n'y apportera d'obstacle : vous trouverez dans votre appartement tous les vases nécessaires à celui qui veut dormir portes fermées, afin qu'aucune nécessité naturelle ne vous force à les ouvrir. Vive mille siècles la grande Dulcinée du Toboso ! que son nom retentisse sur toute la surface du globe, puisqu'elle a mérité d'être aimée d'un si chaste et si vaillant chevalier ! Que le ciel favorable fasse pénétrer dans le cœur de Sancho Pança, notre gouverneur, le désir d'achever promptement sa discipline, afin que le monde recommence à jouir de la beauté d'une aussi grande dame ! Votre Altesse, madame, répondit Don Quichotte, a parlé d'après son cœur : dans la bouche d'aussi excellentes dames il ne saurait y avoir rien de méchant. Dulcinée recevra plus de gloire et d'honneur dans le monde pour avoir été louée par votre grandeur, que de tous les éloges que pourraient lui donner les bouches les plus éloquentes de la terre. Laissons cela, seigneur, reprit la duchesse ; il est heure de souper, et le duc doit nous attendre. Venez donc souper pour vous coucher de bonne heure, car le voyage que vous avez fait hier à Candaya n'a pas été si court que vous n'en puissiez ressentir un peu de fatigue. — Je n'en ressens aucune, madame, et j'oserai jurer à Votre Excellence que, de ma vie, je n'ai monté bête plus tranquille et de plus douce allure que Chevillard. Je ne sais ce qui a pu déterminer Malambrun à se défaire d'une monture aussi légère, aussi agréable que celle-là, et à la brûler ainsi. On peut s'imaginer, répondit la duchesse, que fâché du mal qu'il a fait à la Trifaldi, à ses compagnes et à d'autres personnes, et des méchantes actions qu'il a dû commettre comme enchanteur et sorcier, il a voulu en finir avec les instruments de ses maléfices, et avec le principal en embrasant Chevillard qui entretenait son humeur vagabonde, le transportant sans cesse de pays en pays ; mais les cendres de cette machine et l'écriteau sont un trophée qui rend immortelles la gloire et la valeur du grand Don Quichotte de la Manche. Le chevalier rendit de nouvelles grâces à la duchesse, et, après le souper se retira dans sa chambre, sans souffrir que personne le suivît, tant il craignait de rencontrer une occasion de mettre en péril ou de perdre l'honnête fidélité qu'il gardait à sa Dulcinée : aussi avait-il sans cesse présente à l'esprit la vertu d'Amadis, la fleur et le miroir des chevaliers errants. Il ferma sa porte derrière lui, et, à la lumière de deux bougies, il se déshabilla. Mais, en se déchaussant (ô disgrâce indigne d'un tel personnage !), il sentit s'échapper, non des soupirs ou rien qui pût blesser la politesse de ses mœurs, mais deux douzaines de mailles d'un de ses bas, qui devint à jour comme une jalousie. Le bon seigneur en fut vivement affligé : il eût donné une once d'argent pour une demi-drachme de soie verte, je dis verte, parce que ses bas étaient de cette couleur. En cet endroit, Benengeli s'écrie : O pauvreté ! pauvreté ! je ne sais pourquoi le grand poëte de Cordoue[1] t'appelle un

[1] Jean de Mena, natif de Cordoue, auteur du *Labyrinthe*, poëme où il entreprit de réunir toute la science humaine. Il y divise le monde en sept parties, sous l'influence de sept planètes, et fait de son œuvre une allégorie astrologique.

saint présent dont on ne se montre pas assez reconnaissant. Pour moi, quoique Maure, je sais, par mes relations avec les chrétiens, que la sainteté consiste dans la charité, l'humilité, la foi, l'obéissance et la pauvreté ; mais, malgré cela, je dis que celui qui se félicitera d'être pauvre doit de grands remercîments à Dieu, surtout s'il est question de cette espèce de pauvreté qu'a désignée un de leurs plus grands saints, en disant : Possédez toutes choses comme si vous ne les possédiez pas. Ils appellent cela pauvreté de l'esprit. Mais toi, seconde espèce de pauvreté, toi dont je parle en ce moment, pourquoi viens-tu t'attacher aux gentilshommes, aux gens bien nés plutôt qu'à d'autres ? pourquoi les obliger à cacher, avec des pièces, les trous de leurs chaussures, les réduire à ce que les boutons de leurs pourpoints soient, les uns de soie, les autres de crin, les autres de verre ? pourquoi la plupart du temps leurs collets sont-ils jaunes et chiffonnés, ou sont-ils ouverts autrement qu'au moule (ce qui prouve combien est ancien l'usage de l'amidon et des collets ouverts) ? Malheureux, poursuit-il, l'homme bien né, qui met son honneur à la ration, fait maigre chère à huis clos, puis sort dans la rue armé d'un curedent hypocrite, sans avoir rien mangé qui l'oblige à s'en servir. Oui, malheureux celui dont l'honneur ombrageux croit qu'on découvre d'une lieue ses souliers rapetassés, la sueur qui tache son chapeau, son manteau râpé, son estomac qui crie la faim. Toutes ces pensées se présentèrent à Don Quichotte, à la vue de ses bas déchirés, mais il se consola en voyant que Sancho lui avait laissé des bottes de voyage, qu'il se proposa de mettre le lendemain. Enfin, il se coucha tout pensif et mélancolique, tant de l'absence de Sancho que de l'accident irréparable de ses bas, auxquels il aurait volontiers fait des points avec de la soie d'une autre couleur, ce qui est un des plus grands indices de misère que puisse donner un gentilhomme dans le cours de sa longue détresse. Il éteignit les bougies, mais l'excessive chaleur l'empêchait de dormir. Il se leva, entr'ouvrit la fenêtre de sa chambre, qui donnait sur un beau jardin, et entendit que l'on s'y entretenait ; il écouta attentivement, et, ceux qui parlaient haussant la voix, il put entendre ces paroles :

Ne me presse point de chanter, Émerencia, tu sais bien que, depuis que cet étranger est entré dans ce château, et que mes yeux l'ont aperçu, je ne sais plus chanter, mais pleurer ; d'ailleurs, tu n'ignores pas que madame a le sommeil très léger, et je ne voudrais pas, pour tout l'or du monde, qu'elle nous trouvât en ces lieux. Mais, quand elle dormirait sans s'éveiller, à quoi me servirait de chanter, s'il dort et ne s'éveille pour m'entendre, ce nouvel Énée, venu dans ce pays pour me laisser dans le mépris ? Ne crains rien, Altisidore, mon amie, répondit-on : sans doute la duchesse dort, et tous ceux qui sont dans cette maison, excepté le maître de ton cœur, le réveil de ton âme, car je viens de l'entendre ouvrir sa fenêtre, et certainement il est éveillé. Chante, pauvre infortunée, d'un ton faible et doux, au son de ta harpe : si la duchesse nous entend, nous prendrons pour excuse l'excès de la chaleur. Ce n'est pas là ce qui me retient, Émerencia, répond Altisidore : ma crainte est que mon chant ne découvre l'état de mon cœur, et que ceux qui ne peuvent connaître la puissance de l'amour ne me regardent comme une fille légère et peu retenue ; cependant, arrive ce qui pourra : mieux vaut honte sur la face que souillure au cœur. En même temps, elle se mit à préluder sur la harpe avec tant de douceur, que Don Quichotte, qui l'écoutait, demourait en extase. En ce moment, il lui revint dans la mémoire mille aventures pareilles, de fenêtres, de grilles, de jardins, de musique, de déclarations d'amour, d'évanouissements, et autres qu'il avait lues dans ses extravagants livres de chevalerie. Ensuite il s'imagina qu'une des demoiselles de la duchesse était amoureuse de lui, et que l'honneur la forçait à garder cette passion secrète. Il eut peur d'être vaincu, et se proposa de ne pas se laisser vaincre. Se recommandant de tout son cœur à sa dame Dulcinée, il prit le parti d'écouter la musique, et pour faire savoir qu'il était à la fenêtre, il fit semblant d'éternuer, ce qui ne réjouit pas peu les jeunes filles, qui ne demandaient autre chose, sinon que Don Quichotte les entendît. Altisidore, ayant accordé de nouveau et disposé sa harpe, commença ce chant :

Toi qui te tiens dans ton lit, entre tes draps de toile de Hollande, tu dors à jambes étendues depuis le soir jusqu'au matin ;

Chevalier le plus vaillant qu'ait produit la Manche, plus chaste et plus béni que l'or fin de l'Arabie,

Écoute une triste demoiselle, qui, bien éprise et mal récompensée, a senti s'embraser son âme à la lumière de tes deux soleils.

Tu cherches tes aventures, et tu trouves les malheurs d'autrui, tu causes les blessures et tu refuses le remède qui les doit guérir.

Dis-moi, jouvenceau valeureux, et Dieu donne bonne fin à tes maux ! es-tu né dans la Libye, ou dans les montagnes de Jaca?

Les serpents t'ont-ils allaité, t'es-tu formé au milieu des sombres forêts ou de l'horreur des montagnes?

La ronde et saine Dulcinée peut bien s'enorgueillir d'avoir soumis un tigre et un monstre sauvage.

Aussi sera-t-elle célèbre de Henarès au Jarama, du Tage au Manzanares, de la Pisuerga à l'Arlanza.

Je changerais mon sort pour le sien, et je lui donnerais en retour une robe des plus ornées que j'aie, et enrichie de franges d'or.

Oh! quand serai-je dans tes bras, ou près de ton lit, te grattant la tête pour la nettoyer !

Je demande beaucoup, et je ne mérite pas une telle faveur; je voudrais tenir tes pieds, c'est assez pour une humble fille.

Oh! que de coiffes je te donnerais, que d'escarpins d'argent, de chausses de damas, de manteaux de toile de Hollande!

Que de belles perles, grosses comme des noix, que l'on appelle uniques, pour n'avoir point d'égales!

Ne regarde point de ta roche tarpéienne cet incendie qui me dévore, Néron de la Manche, et ne l'augmente point par ta cruauté.

Je suis jeune, vierge délicate, mon âge ne passe point quinze ans. J'en ai quatorze et trois mois, j'en jure Dieu et mon salut.

Je ne suis bossue ni boiteuse, je n'ai rien d'une manchotte; mes cheveux, comme des lis sauvages, sont si longs qu'ils traînent jusqu'à terre.

Ma bouche tient du bec de l'aigle, et mon nez est un peu aplati ; mais mes dents de topaze rendent ma beauté digne du ciel.

Tu connais ma voix si tu m'écoutes, elle égale les plus douces; ma taille est un peu au-dessous de la moyenne.

Voilà les charmes et d'autres encore conquis par tes flèches : je suis demoiselle de cette maison, et mon nom est Altisidore [1].

Là se termina le chant de la plaintive Altisidore, et commença la frayeur de Don Quichotte. Poussant un profond soupir, il se dit à lui-même : Pourquoi suis-je un chevalier si malheureux, qu'une demoiselle ne peut me regarder sans de-

[1] A la place de cette extravagante pièce, Florian a mis une agréable romance; qui pourra supposer, en effet, qu'un homme, quel qu'il soit, que Don Quichotte, qui, malgré sa folie, était si poli, et connaissait

venir amoureuse de moi? Pourquoi la sans pareille Dulcinée est-elle si peu heureuse qu'on ne la laisse pas jouir sans trouble de mon incomparable fidélité? Que lui voulez-vous, reines, impératrices? pourquoi la persécutez-vous? Demoiselles de quatorze à quinze ans, pourquoi la tourmenter? Laissez, laissez la misérable triompher, jouir de la fortune que lui donne l'amour en lui livrant mon cœur, en lui soumettant mon âme. Voyez, voyez, troupe amoureuse, que, pour la seule Dulcinée, je suis pâte sucrée, et pour toutes les autres un dur caillou; pour elle je suis du miel, et pour vous tout amertume; à mes yeux, la seule Dulcinée est belle, sage, honnête, agréable et bien née, les autres sont laides, maussades, folles, et de bas étage. La nature m'a mis au monde pour être sien, et non celui d'une autre. Qu'Altisidore pleure ou chante, que la dame pour laquelle je fus si bien rossé dans le château du Maure enchanté, se désespère, je veux être à Dulcinée cuit ou rôti, pur et net, en toute honnêteté, en dépit de tous les pouvoirs ensorcelés de la terre. Sur cela, il ferma précipitamment la fenêtre, et, plein de dépit et de mauvaise humeur, comme s'il lui était arrivé quelque grande disgrâce, il se mit dans son lit, où nous le laisserons pour l'heure, parce que le grand Sancho nous appelle, et va commencer les travaux de son fameux gouvernement.

si bien les convenances, se laissera prendre à une pareille turlupinade? C'est un contre-sens bien inconcevable de la part de Cervantes.

Voici la romance de Florian; elle pèche par le défaut contraire, et prend trop au sérieux une situation qui devrait être comique et non grotesque.

Dans le printemps de mes années,
Je meurs victime de l'Amour.
Semblable à ces roses d'un jour,
Que le même jour voit fanées.
Ah! gardez-vous de me guérir :
J'aime mon mal, j'en veux mourir.

Douce amitié, raison, sagesse.
Vous seules pour qui je vivais,
Reprenez-moi tous vos bienfaits :
Ils ne valent pas ma tristesse.
Ah! gardez-vous de me guérir :
J'aime mon mal, j'en veux mourir.

O vous! à qui tout est facile,
Dont le bras dompte l'univers,
Hélas! pour me donner des fers,
Votre valeur fut inutile.
Ah! gardez-vous de me guérir :
J'aime mon mal, j'en veux mourir.

N'exigez pas que le silence
Vous dérobe mes tendres feux :
Les derniers biens des malheureux
Sont la plainte avec l'espérance.
Ah! gardez-vous de me guérir :
J'aime mon mal, j'en veux mourir.

CHAPITRE XLV.

COMMENT LE GRAND SANCHO PRIT POSSESSION DE SON ILE, ET DES COMMENCEMENTS DE SON GOUVERNEMENT.

O toi qui découvres perpétuellement les antipodes, flambeau du monde, œil du ciel, auteur du mouvement des vases à rafraîchir[1], ici Phébus, là Tymbrien, ailleurs archer céleste, médecin, père de la poésie, inventeur de la musique, toi dont la marche est continuelle et qui malgré l'apparence ne te couches jamais; je te dis, ô Soleil, par qui l'homme engendre l'homme, je te dis : Viens à mon aide, dissipe l'obscurité de mes idées, afin que je puisse suivre de tous points le récit du gouvernement du grand Sancho Pança : privé de toi, je suis sans force, sans courage et sans lumières.

Je dis donc que Sancho parvint avec sa suite à un bourg d'environ mille âmes, et l'un des meilleurs de ceux qui appartenaient au duc. On lui fit entendre que c'était là l'île de Barataria, soit que l'endroit s'appelât effectivement Baratario, soit à cause du bon marché[2] auquel le gouvernement lui avait été donné. Aux portes du bourg, qui était ceint de murailles, le corps de ville sortit pour le recevoir, les cloches sonnèrent, et tous les habitants donnèrent des témoignages d'allégresse ; il fut conduit en grande pompe à la principale église, pour rendre grâces à Dieu. On fit ensuite quelques cérémonies grotesques pour lui présenter les clefs de la ville, et il fut reconnu gouverneur perpétuel de l'île de Barataria. La taille épaisse et courte du nouveau gouverneur, sa barbe, son costume surprenaient tous ceux qui n'étaient pas dans la confidence, et même ceux qui connaissaient la plaisanterie, dont le nombre était grand. Enfin, au sortir de l'église, on le conduisit au siége de justice, où on le fit asseoir, et le majordome du duc lui dit : C'est une ancienne coutume dans cette île, seigneur gouverneur, que celui qui en prend possession soit tenu de répondre à une question un peu difficile et embarrassante qu'on lui propose ; le peuple connaît par cette réponse et mesure l'esprit de son nouveau chef, et se réjouit ou s'attriste de son arrivée. Pendant que le majordome parlait ainsi, Sancho avait les yeux fixés sur de grandes lettres tracées sur le mur de la salle, en face de son siége, et, comme il ne savait pas lire, il demanda ce que signifiait cette peinture. Seigneur, lui répondit-on, cette inscription consacre le jour où votre seigneurie a pris possession de l'île ; elle est ainsi conçue : *« Tel jour, de tel mois, de telle année, a pris possession de cette île « le seigneur don Sancho Pança : puisse-t-il en jouir longues années ! »* — Et quel est celui qu'on appelle don Sancho Pança ? — C'est votre seigneurie, répondit le majordome; car, dans cette île, il n'est jamais entré d'autre Pança que celui qui maintenant est assis sur ce siége. — Hé bien, frère, je vous avertis que je n'ai point

[1] *Cantimploras*, vases ou carafes qu'on agite dans un courant d'air pour rafraîchir le liquide qu'ils contiennent.

[2] *Barato* bon marché, ou *barata* tromperie.

le *don*, et que personne ne l'a jamais eu dans ma famille : je m'appelle Sancho Pança tout court ; Sancho s'appelait mon père, Sancho mon aïeul ; tous ont été des Panças, sans addition de *don* ni de *doña*. Je soupçonne que, dans cette île, il y a autant de *dons* que de pierres : mais, il suffit, Dieu m'entend, que je garde seulement le gouvernement quatre jours, il pourra arriver que j'échardonne tous ces *dons* que leur multitude doit rendre importuns comme des mouches. Que le majordome présente sa question, j'y répondrai le mieux que je pourrai, que le peuple s'en attriste ou non.

Au même instant, on vit entrer à l'audience deux hommes, l'un vêtu en paysan, l'autre en tailleur, car il tenait en main des ciseaux ; celui-ci dit : Seigneur gouverneur, nous venons devant vous, ce laboureur et moi ; il entra dans ma boutique hier, car, sauf le respect de la compagnie, je suis tailleur juré, Dieu en soit béni, et me présentant un morceau de drap, il me demanda s'il y en aurait assez pour faire un chaperon. J'examinai l'étoffe, et lui répondis que oui. Là-dessus, il s'imagina, comme je le pense, et je devinai bien, que j'avais envie de lui voler quelque peu de son drap, soit malice, soit par suite de la mauvaise opinion que l'on a des tailleurs : il me dit donc de voir s'il n'y aurait pas de l'étoffe pour faire deux chaperons ; je devinai sa pensée, et répondis que oui. Lui, persistant dans son intention perverse, augmenta le nombre des chaperons, et moi de répondre autant de oui, si bien que nous en vînmes jusqu'à cinq ; maintenant il vient de me les demander, je les lui donne, et non seulement il refuse de me payer ma façon, mais il veut que je lui paye ou que je lui rende son drap. Tout cela est-il vrai, frère? demanda Sancho au paysan. Oui, répondit celui-ci, mais je supplie votre seigneurie de lui faire montrer les cinq chaperons. Volontiers, dit le tailleur. Et, tirant la main de dessous son manteau, il montre cinq petits chaperons posés sur le bout de ses doigts. Voici, dit-il, les cinq chaperons que cet homme me demande : je jure sur mon âme et sur ma conscience qu'il ne m'est pas resté un pouce de son drap, je m'en rapporte à l'examen des experts. Tous les assistants se mirent à rire d'une contestation si nouvelle, et de ces petits chaperons. Sancho réfléchit un moment, puis il dit : Il me semble que ce procès peut se juger sans de longs délais, et être décidé sur-le-champ avec équité : j'ordonne donc que le tailleur perde sa façon, le paysan son drap, et que les chaperons soient confisqués au profit des prisonniers. Qu'on ne m'en parle plus.

Si la sentence de la bourse du berger[1] excita l'admiration, ce jugement provoqua la gaieté des assistants. Enfin, on exécuta l'ordre du gouverneur. Parurent ensuite deux vieillards, l'un desquels s'appuyait sur une canne de roseau ; l'autre, qui était sans canne, dit à Sancho : Seigneur, j'ai prêté, il y a longtemps, à ce bonhomme dix écus d'or pour l'aider et lui faire plaisir, sous la condition de me les rendre quand je les lui demanderais. J'ai laissé passer bien des jours sans les redemander, pour ne pas le mettre dans un plus grand embarras que celui dont je l'avais tiré ; mais le voyant peu soucieux de restituer, j'ai plusieurs fois requis mon payement. Non seulement il s'y refuse, mais il nie la dette ; il dit que je ne lui ai jamais prêté dix écus, ou que, si je les lui ai prêtés, il me les a rendus. Je

[1] Distraction de Cervantes. Cette sentence de la bourse vient un peu plus loin.

n'ai pas de témoins du prêt, ni de la restitution, puisqu'elle n'a pas eu lieu : je voudrais que votre seigneurie lui déférât le serment; s'il jure qu'il me les a rendus, je les lui abandonne, ici, et devant Dieu. Que répondez-vous à cela, bon vieillard au bâton? dit Sancho. Seigneur, répondit-il, je confesse qu'il m'a prêté les dix écus; et, puisqu'il s'en rapporte à mon serment, abaissez votre verge, je jurerai que je les lui ai rendus réellement et véritablement. Sancho baissa sa verge de juge; le vieillard au bâton donna sa canne à l'autre pour la tenir pendant son serment, comme si elle l'avait embarrassé; puis, étendant sa main sur la croix de la verge, il jura qu'il avait réellement et en main propre rendu à l'autre vieillard les dix écus qu'il lui avait effectivement prêtés, et qu'il lui redemandait par moments, par oubli ou distraction. Là-dessus, Sancho demanda au créancier ce qu'il objectait contre ce serment : il répondit qu'il fallait bien que son débiteur eût dit la vérité, car il le reconnaissait pour homme de bien et bon chrétien; que lui-même, sans doute, avait en effet oublié cette restitution, et que désormais il ne réclamerait plus rien. Le débiteur reprit son bâton, s'inclina et sortit de l'audience. Sancho, considérant la patience du demandeur, et que l'autre se retirait tranquillement, baissa la tête, porta l'index de la main droite à son nez et à ses sourcils, et réfléchit un moment; puis, relevant la tête, il ordonna qu'on fît revenir le vieillard au bâton. Celui-ci ramené : Bonhomme, lui dit Sancho, donnez-moi votre bâton. Très volontiers, dit le vieillard; le voici. Et il le lui remit. Sancho le prit, et, le donnant à l'autre vieillard : Allez-vous-en à la grâce de Dieu, dit-il, vous voilà payé. Moi? dit le bonhomme, seigneur, cette canne vaut-elle dix écus d'or? Oui, dit le gouverneur, ou je suis le plus grand sot du monde; on verra tout à l'heure si j'ai une tête capable de gouverner tout un royaume. Et il ordonna que devant tout le monde on brisât le bâton. On le fit, et, dans le milieu, l'on trouva les dix écus d'or. Tous les assistants furent dans l'admiration, et prirent leur gouverneur pour un nouveau Salomon. Ils lui demandèrent ce qui lui avait fait soupçonner que le bâton renfermait les dix écus : il répondit que c'était d'avoir vu le vieillard qui jurait confier son bâton à l'autre pendant le serment, et assurer qu'il avait fait la restitution, puis le redemander après avoir juré : ce qui lui avait fait venir la pensée que l'argent était dans le bâton; que cet exemple devait bien faire voir que Dieu guide quelquefois dans leurs jugements ceux qui sont appelés à gouverner, encore qu'ils soient simples; que d'ailleurs il avait ouï raconter un fait à peu près pareil au curé de son village[1], et qu'il avait une mémoire si bonne, qu'il n'y en aurait pas d'égale dans l'île, s'il n'oubliait tout ce dont il voulait se souvenir. Finalement, les deux vieillards se retirèrent, l'un bien payé, l'autre confus, et les spectateurs restèrent dans l'admiration. Celui qui était chargé de recueillir les actions et les paroles de Sancho ne savait s'il devait le regarder et le signaler comme fou ou comme sage.

Ce procès vidé, il entra dans l'audience une femme qui tenait fortement un homme vêtu en riche berger; elle criait : Justice! justice! seigneur gouverneur: si je ne la trouve pas sur la terre, j'irai la chercher dans le ciel! Seigneur gouverneur de mon âme, ce méchant homme m'a rencontrée au milieu des champs et a fait de mon corps ce qu'il a voulu, comme si j'avais été un chiffon sale. Mal-

[1] En effet, ce conte n'appartient pas originairement à Cervantes; il est tiré de Jacques de Voragine, dans la vie de saint Nicolas de Bari.

heureuse que je suis! il m'a ravi ce que je gardais depuis plus de vingt-trois ans, ce que j'avais défendu contre les Maures, les chrétiens, les étrangers et les naturels du pays : toujours aussi dure qu'un liége, je m'étais conservée intacte, comme la salamandre dans le feu, comme la laine parmi les ronces, et maintenant cet homme vient de me parcourir de ses mains propres. C'est ce qui reste à vérifier, si les mains de ce galant sont propres ou non, dit Sancho. Puis, se tournant vers l'accusé : Qu'avez-vous à répondre à la plainte de cette femme? lui dit-il. L'homme, tout troublé, dit : Seigneur, je suis un pauvre gardien de pourceaux : ce matin, je sortais de ce bourg, où j'avais vendu, par respect, quatre cochons, dont les droits et la friponnerie m'enlevèrent presque tout le prix. Je m'en retournais à mon village, lorsque je rencontrai cette commère en mon chemin ; le diable, qui tout cuit et tout pétrit, fit que nous jouâmes ensemble : je l'ai payée convenablement ; cependant, ne se trouvant pas contente, elle s'est jetée sur moi et ne m'a pas lâché qu'elle ne m'eût traîné jusqu'ici, elle dit que je l'ai forcée, et elle ment, je le jure ou le jurerai. Voilà la vérité sans que rien y manque. Avez-vous de l'argent sur vous? lui demanda Sancho. — J'ai vingt ducats dans une bourse de cuir. Le gouverneur lui ordonna de la tirer et de la remettre telle qu'elle était à la plaignante. Il le fit en tremblant ; la femme prit la bourse, faisant mille révérences à tout le monde, priant Dieu pour le salut du gouverneur, qui regardait en pitié les jeunes et malheureuses orphelines, puis se retira, tenant la bourse à deux mains, après avoir regardé si les pièces qu'elle contenait étaient bien de l'argent. A peine fut-elle partie que Sancho dit au berger, qui pleurait, et dont les yeux et le cœur suivaient la bourse : Bonhomme, suivez cette femme, reprenez-lui votre bourse malgré sa résistance, et revenez ici avec elle. L'homme ne fut ni sot ni sourd ; il partit comme un trait pour exécuter l'ordre. Tous les assistants restaient en suspens, attendant la fin de ce procès. Bientôt, on vit revenir l'homme et la femme, plus accrochés l'un à l'autre que la première fois : la femme avait sa robe retroussée, serrait la bourse dans les plis de sa jupe ; l'homme faisait d'inutiles efforts pour la rattraper, tant elle opposait de résistance. Justice! criait-elle, justice de Dieu et des hommes ! Voyez, seigneur gouverneur, voyez l'effronterie de ce méchant : en public, au milieu de la rue, il m'a voulu ôter la bourse que m'a fait donner votre seigneurie. Et vous l'a-t-il ôtée? demanda le gouverneur. Otée? répondit-elle, je me laisserais plutôt prendre la vie que la bourse, elle est en bonnes mains ; il me faudrait jeter au visage d'autres chats que ce misérable et dégoûtant vilain ; des tenailles, des marteaux, des maillets, des ciseaux, les griffes mêmes du lion ne me l'arracheraient pas ; on m'ôtera plutôt l'âme du milieu du corps. Elle a raison, dit l'homme, je m'avoue vaincu : je confesse que mes forces ne sont pas suffisantes pour la lui reprendre, et il la lâcha. Honnête et vaillante femme, dit Sancho, montrez-moi cette bourse. Elle la lui donna aussitôt. Sancho la rendit à l'homme, et dit à la violente non violée : Ma sœur, si, pour défendre votre corps, vous aviez déployé le même courage et la même force, ou seulement la moitié, que vous avez mis à défendre cette bourse, les forces d'Hercule ne seraient pas venues à bout de vous. Allez avec Dieu, ou plutôt à la male heure, et ne vous arrêtez pas dans cette île, ni à six lieues à la ronde, sous peine de deux cents coups de fouet. Sortez d'ici, vous dis-je, larronne dévergondée. La femme effrayée sortit, la tête basse, mal contente et confuse. Sancho dit au gardeur de pourceaux : Bonhomme, retournez chez vous à la grâce de Dieu avec votre argent, et désormais, si vous ne le voulez pas perdre, tâchez de n'avoir plus la fantaisie de jouer avec personne. L'homme lui rendit grâces le mieux qu'il put, et se retira[1]. Tous les assistants admirèrent de nouveau le jugement et les arrêts de leur nouveau gouverneur. Tous ces détails, recueillis par l'historiographe, furent transmis au duc, qui les attendait avec impatience. Mais nous laisserons là le bon Sancho, nous sommes rappelés en toute hâte par son maître tout troublé du chant d'Altisidore.

CHAPITRE XLVI.

DU TERRIBLE ASSAUT DES SONNETTES ET DES CHATS, QUE REÇUT DON QUICHOTTE DANS LE COURS DES AMOURS DE LA PASSIONNÉE ALTISIDORE.

Nous avons laissé le grand Don Quichotte enseveli dans les pensées qu'avaient fait naître dans son esprit les chants de l'amoureuse Altisidore. Elles le suivirent dans son lit et l'empêchèrent de dormir et de reposer un seul moment, autant que l'auraient fait des puces ; le triste souvenir de ses bas percés augmentait son tourment. Cependant, comme rien n'est plus léger que le temps, et qu'il n'y a barrière qui l'arrête, il courut à cheval sur les heures et arriva promptement celle qui ramenait le jour. Quittant aussitôt la plume moelleuse, Don Quichotte revêtit son habit couleur chamois, et mit ses bottes de voyage pour cacher le défaut de ses bas ; il prit ensuite son manteau d'écarlate, couvrit sa tête d'une toque de velours vert, garnie de passements d'argent, passa sur ses épaules son baudrier, auquel pendait sa bonne épée, et prit un grand rosaire qu'il avait coutume de porter. Dans ce noble équipage, il s'achemina vers la salle où semblaient l'attendre le duc et la duchesse, déjà tout habillés : pour y arriver, il lui fallut traverser une galerie où s'étaient mises exprès Altisidore et son amie. Aussitôt qu'elle l'aperçut, Altisidore fit semblant de s'évanouir : son amie la reçut dans ses bras, et se disposa à la délacer. Don Quichotte le vit et s'approcha. Je sais bien, dit-il, d'où provient cet accident. Pour moi je l'ignore, répondit l'amie, car je sais qu'Altisidore est la demoiselle la mieux portante de la maison, et, depuis que je la connais, je ne l'ai pas entendue faire une plainte. Que maudits soient tous les chevaliers errants du monde, si tous sont des ingrats ! Allez-vous-en, seigneur, car, tant que vous resterez ici, cette pauvre fille ne reprendra pas ses sens. Mademoiselle, répondit le chevalier, faites que ce soir on place un luth dans ma chambre ; je consolerai de mon mieux cette demoiselle affligée : au commencement des amours, les meilleurs remèdes sont la franchise et la promptitude des avis. En disant ces mots, il s'éloigna pour n'être pas remarqué de ceux qui l'auraient vu là. A peine était-il parti, qu'Altisidore revint à elle et dit à sa compagne : Il faudra procurer un luth à Don Quichotte ; sans doute il veut nous donner de la musique, et elle ne pourra être mauvaise, venant de lui. Cependant, elles allèrent instruire la duchesse de ce qui

[1] Ce troisième conte est emprunté d'un livre espagnol intitulé *El Norte de los Estados*, par Francisco de Osuna

se passait, et du luth que demandait Don Quichotte. La duchesse en fut enchantée, et se concerta avec le duc et avec ses demoiselles pour jouer à notre chevalier un tour plus risible que méchant[1]. Ils attendaient impatiemment la nuit, qui vint aussi rapidement qu'avait paru le jour. On passa le temps en d'agréables conversations avec Don Quichotte. La duchesse expédia réellement ce même jour à Thérèse Pança un de ses pages, celui qui avait fait dans la forêt le rôle de Dulcinée enchantée, avec ordre de lui remettre la lettre de Sancho, et le paquet de hardes qu'il avait laissé pour elle. Elle lui recommanda surtout de lui faire une exacte relation de tout ce qu'il verrait.

Cela fait, et onze heures du soir étant venues, Don Quichotte, en rentrant dans sa chambre, y trouva une guitare, il l'accorda, ouvrit la fenêtre, entendit du monde dans le jardin ; et après avoir préludé pour en essayer l'accord du mieux qu'il lui fut possible, il cracha, se nettoya la poitrine, et, d'une voix un peu voilée, quoique juste, il chanta la romance suivante, qu'il avait composée le même jour :

Le pouvoir de l'amour fait sortir les âmes de leurs gonds, et l'instrument dont il se sert est la nonchalance oisive.

Coudre, travailler, être occupée sans cesse, c'est l'antidote du poison des inquiétudes amoureuses.

Les demoiselles réservées qui aspirent au mariage ont une dot dans leur honnêteté, c'est la voix qui fait entendre leurs louanges.

Les chevaliers errants, les chevaliers suivant la cour, devisent d'amour avec les folâtres, et se marient avec celles qui sont honnêtes.

Il est des amours de circonstance, qui prennent naissance entre hôtes du même logis. Ils arrivent promptement au terme, et sont finis au départ.

L'amour nouvellement éclos, qui naît aujourd'hui pour fuir demain, ne laisse pas dans l'âme une empreinte profonde.

Une peinture sur une autre peinture ne se laisse juger ni remarquer. Où règne une beauté, la seconde ne peut s'établir solidement.

Dulcinée du Toboso est si bien peinte sur la toile vierge encore de mon âme, qu'il est impossible de l'effacer.

La constance entre les amants est le premier de tous les mérites, c'est par elle que l'amour fait des miracles, et glorifie ceux qui aiment.

Don Quichotte en était là de son chant, attentivement écouté du duc et de la duchesse, d'Altisidore et de tous les gens du château, quand, d'une galerie qui donnait à plomb au-dessus de la fenêtre du chevalier, on fit descendre une corde à laquelle étaient attachées plus de cent sonnettes, et en même temps on renversa un sac plein de chats qui avaient aussi des sonnettes plus petites attachées à la queue. Le vacarme occasionné par les sonnettes et plus encore par les miaulements des chats fut si grand, que le duc et la duchesse eux-mêmes, quoique auteurs de la plaisanterie, en furent effrayés, et Don Quichotte demeura tout saisi. Le hasard voulut que deux ou trois chats entrassent dans sa chambre aux travers des barreaux, et, courant çà et là tout effarouchés, on eût dit une légion de diables. Ils éteignirent les lumières qui brûlaient dans l'appartement, en cherchant à s'échapper. Cependant la corde aux sonnettes ne cessait de s'agiter et le plus grand nombre des gens du château qui n'était pas dans le secret restait plein d'étonnement et de frayeur. Don Quichotte debout tira son épée, et commença à lancer des estocades aux travers des barreaux, en criant : Hors d'ici, maudits

[1] Il finit pourtant assez mal pour Don Quichotte.

enchanteurs ; hors d'ici, canaille de sorciers : je suis Don Quichotte de la Manche, contre lequel viennent échouer tous vos vains maléfices. Revenant alors aux chats entrés dans la chambre, il leur lança de nombreux coups d'épée. Les chats se précipitèrent vers la fenêtre et s'enfuirent, à la réserve d'un qui, se voyant serré de trop près, lui sauta au visage, et s'attachant à son nez, des griffes et des dents, lui fit pousser des cris de douleur. A ses cris, accoururent le duc et la duchesse, qui, se doutant de ce que ce pouvait être, ouvrirent sa porte avec un passe-partout, et virent le pauvre chevalier faisant tous ses efforts pour se délivrer du chat. Leurs flambeaux éclairèrent ce combat inégal. Le duc s'approcha pour opérer la séparation, et Don Quichotte ne cessait de crier : Ne l'ôtez point ; laissez-moi lutter corps à corps avec ce démon, avec ce sorcier, avec cet enchanteur : je lui ferai connaître de moi à lui quel est Don Quichotte de la Manche. Mais le chat, peu intimidé de ces menaces, miaulait et serrait davantage. Le duc enfin le détacha, et le jeta par la fenêtre. Don Quichotte resta la face égratignée, le nez entamé, et tout courroucé de ce qu'on ne l'avait pas laissé finir le rude combat engagé avec ce malandrin d'enchanteur. On fit apporter une huile précieuse [1], et Altisidore elle-même, de ses blanches mains, mit des bandes sur toutes les blessures, et en les posant dit à voix basse : Toutes ces disgrâces, inflexible chevalier, sont la punition de ta dureté, de ton obstination. Plaise à Dieu que Sancho, ton écuyer, oublie de se fustiger, afin que cette Dulcinée que tu aimes tant ne sorte jamais de son enchantement, que tu ne te maries point avec elle et que tu ne jouisses point de ses embrassements, du moins tant que je vivrai, moi qui t'adore ! A tout cela, Don Quichotte ne répondit pas une parole ; il poussa un profond soupir, et se mit au lit, adressant au duc et à la duchesse de grands remerciements, non qu'il eût éprouvé quelque frayeur de cette canaille de chats enchanteurs et sonneurs, mais par reconnaissance de la bonne intention qui les avait fait venir à son secours. On le laissa reposer, et les seigneurs se retirèrent, assez fâchés d'une plaisanterie qu'ils n'avaient pas cru devoir coûter si cher à Don Quichotte. Il fut obligé de garder la chambre et le lit pendant cinq jours, durant lesquels il lui arriva une autre aventure plus plaisante que celle qui venait de se passer, mais son historien en remet le récit à un autre moment, pour retourner à Sancho, très occupé et toujours aussi plaisant en son gouvernement.

CHAPITRE XLVII.

OU SE CONTINUE LE RÉCIT DE LA CONDUITE DE SANCHO DANS SON GOUVERNEMENT.

L'HISTOIRE rapporte que, l'audience finie, on conduisit Sancho dans un palais somptueux, où, dans une grande salle, était dressée une table royalement servie. A son entrée, les hautbois sonnèrent, et quatre pages vinrent lui présenter à laver : il s'y prêta avec beaucoup de gravité. La musique cessa, Sancho s'assit au haut bout de la table, car il n'y avait qu'un siége et un couvert. A son côté se plaça debout un

[1] *Aceyte de Aparicio*, huile chère et précieuse.

Imp. Lemercier.

Diner de Sancho dans son Palais de Gouverneur.

personnage qui se fit connaître pour médecin, et qui tenait en main une baguette de baleine. On enleva une blanche et riche nappe qui couvrait les fruits et une multitude de mets différents. Une espèce d'aumônier donna la bénédiction, et un page mit à Sancho une bavette à franges. Le maître d'hôtel avança devant lui un plat de fruits; mais, à peine en eut-il pris une bouchée, que l'homme à la baguette en toucha le plat, qui fut aussitôt enlevé, mais le maître d'hôtel en avança un autre, chargé d'un mets différent. Sancho allait y goûter; mais avant qu'il eût eu le temps d'y toucher, la baguette avait fait son office, un page enleva le plat, avec autant de promptitude que le premier. Sancho, surpris, regarda tout le monde, et demanda si le dîner devait se passer en escamotage : Seigneur, répondit l'homme à la baguette, vous devez manger comme on mange dans les autres îles où il y a des gouverneurs. Je suis médecin, salarié en cette île pour donner mes soins à ses gouverneurs : je veille sur leur santé avec plus de soin que sur la mienne; j'étudie nuit et jour la complexion du gouverneur pour être plus en état de le traiter, s'il tombe malade. Mon principal devoir est d'assister à ses repas, de lui laisser manger ce que je crois lui convenir, et d'écarter tout ce qui pourrait être dangereux et nuisible à son estomac; c'est pourquoi j'ai fait enlever le plat de fruits, parce que cet aliment est extrêmement humide; j'ai renvoyé l'autre plat, parce qu'il était trop échauffant, contenant beaucoup d'épices, qui excitent la soif : celui qui boit beaucoup détruit et consume l'humide radical, dans lequel consiste la vie. Ainsi, dit Sancho, ces perdrix qui sont là toutes rôties, et qui me semblent bien apprêtées, ne peuvent me faire aucun mal. Seigneur, répondit le médecin, le gouverneur ne les mangera pas tant que j'existerai. — Et pourquoi? — Parce que notre maître Hippocrate, la boussole de la médecine, dit, dans un de ses aphorismes : *Omnis saturatio mala, perdicis autem pessima*[1]; c'est-à-dire : Toute réplétion est mauvaise, mais celle de la perdrix est la pire. — S'il en est ainsi, seigneur docteur, voyez donc, parmi les plats qui sont sur la table, celui qui doit m'être le plus favorable ou le moins nuisible, et laissez-m'en manger, sans le toucher de votre baguette, car, par ma vie de gouverneur (Dieu me la conserve!), je meurs de faim, et m'empêcher de manger, c'est, n'en déplaise au docteur et quoi qu'il en dise, m'ôter la vie plutôt que me la conserver. — Votre seigneurie a raison : ainsi mon avis est qu'elle ne doit pas manger de ces lapins en ragoût, c'est un aliment indigeste; ce veau, s'il n'était point mariné et rôti, pourrait être permis, mais, apprêté ainsi, cela ne se peut. Et ce grand plat, dit Sancho, plus éloigné et qui fume, je crois que c'est une *olla podrida*[2] : parmi toutes les choses qui la composent, il ne peut manquer de s'en trouver quelqu'une qui me plaise et me convienne. *Absit*, répondit le médecin, loin de nous une si mauvaise pensée. Il n'y a rien au monde de plus dangereux qu'une *olla podrida*; il faut les laisser aux chanoines, aux recteurs de collège, ou pour les noces de paysans; mais qu'elles ne paraissent pas sur la table des gouverneurs où ne doivent figurer que des mets délicats et élégants. La raison en est que, toujours et partout, les médecines simples sont préférées aux médecines composées; dans les premières on ne saurait se tromper, mais bien dans les autres, en altérant la

[1] Dans l'aphorisme, il n'y a point *perdicis*, mais bien *panis*. C'est Cervantes qui l'a changé ainsi pour l'approprier à son sujet.

[2] *Olla podrida*, pot-pourri, mélange de plusieurs sortes de viandes.

quantité des choses qui les composent. Ce que le seigneur gouverneur doit manger pour conserver sa santé et la fortifier, c'est un cent d'oublies[1] et quelques tranches minces de chair de coing, pour corroborer l'estomac et faciliter la digestion. A ce discours, Sancho se renversant sur le dos de sa chaise, regarda fixement le médecin, et d'un ton grave : Comment vous appelez-vous, lui dit-il, et où avez-vous étudié? Seigneur, répondit le médecin, je m'appelle le docteur Pedro Recio de Agüero; je suis natif d'un village appelé Tirteafuera, entre Caraqüel et Almodovar del Campo, à main droite : j'ai reçu le degré de docteur dans l'université d'Ossuna. Hé bien, répondit Sancho, enflammé de colère, seigneur docteur Pedro Recio de mal Agüero[2], natif de Tirteafuera, village à main droite en allant de Caraqüel à Almodovar del Campo, et gradué à Ossuna, sortez d'ici promptement; sinon, j'en jure par le soleil, je prends un garrot[3], et, à coups de garrot, à commencer par vous, je chasse jusqu'au dernier tous les médecins de l'île, ceux au moins qui sont des ignorants; car, pour les médecins sages, instruits, prudents, je les mets sur ma tête, et les honore comme des hommes divins. Je le répète, que Pedro Recio sorte d'ici ou je prends cette chaise sur laquelle je suis assis, et je la lui brise sur la tête. Que l'on m'en demande compte à la résidence, je me justifierai en disant que j'ai fait une œuvre agréable à Dieu, en tuant un méchant médecin, bourreau de la république; et qu'on me donne à manger, ou, sinon, qu'on reprenne le gouvernement; un office qui ne donne pas à manger à son maître ne vaut pas deux fèves. Le médecin resta tout interdit de la grande colère du gouverneur, et se disposait à faire sa retraite de la salle[4], mais à ce moment même on entendit sonner d'un cornet de poste dans la rue. Le maître d'hôtel courut à la fenêtre, et revint dire : C'est un courrier de monseigneur le duc; il doit être porteur de quelque dépêche importante. Le courrier parut tout en sueur et l'air effrayé; puis, tirant une lettre de son sein, il la remit aux mains du gouverneur; celui-ci la transmit au majordome, en lui commandant de lire la suscription. Elle était ainsi conçue :

« A don Sancho Pança, gouverneur de l'île Barataria, pour lui être remis en « main propre, ou à son secrétaire. »

Et où est mon secrétaire? dit Sancho. C'est moi, répondit un des assistants, car je sais lire et écrire et je suis Biscayen. Avec cette addition, répondit Sancho, vous pourriez être secrétaire de l'empereur lui-même. Ouvrez cette lettre, et voyez ce qu'elle contient. Le secrétaire improvisé obéit, et après avoir pris lecture de la lettre, dit que c'était une affaire à traiter en secret. Sancho ordonna d'évacuer la salle et ne garda que le majordome et le maître d'hôtel; le médecin et tous les autres se retirèrent. Alors le secrétaire lut la lettre; elle disait :

« Il est venu à ma connaissance, seigneur don Sancho Pança, que quelques

1 *Cañutillos de suplicaciones*, pâtisserie roulée en tuyaux.

2 De mauvais augure.

3 Ce mot signifiait jadis un bâton court et gros, un gros trait d'arbalète quadrangulaire, un *carreau*, ou pierre carrée que l'on lançait sur les assiégeants; enfin un collier de fer, une corde ou des chaînes pour serrer ou étrangler. C'est dans ce dernier sens qu'on a formé et conservé le verbe *garrotter*.

4 *Hacer tirteafuera* (tirer dehors), dit Cervantes, en jouant sur le nom du village d'où le médecin se disait natif.

« ennemis de votre île et les miens se proposent de vous livrer un furieux assaut « je ne sais quelle nuit : il est nécessaire de veiller, de se tenir sur ses gardes, « afin de n'être pas pris au dépourvu. Je sais aussi, par des espions affidés, que « quatre hommes déguisés se sont introduits dans la ville, avec intention de « vous ôter la vie, parce qu'ils redoutent votre discernement. Ouvrez l'œil, ob- « servez ceux qui s'approcheront pour vous parler, et surtout ne mangez rien de « ce qu'on vous présentera. Je ne manquerai pas de vous secourir, si vous êtes « en danger. Votre conduite en tout sera conforme aux espérances fondées sur « votre prudence ordinaire.

« De cet endroit, le 16 d'août, à quatre heures du matin.

« Votre ami, le DUC. »

Sancho resta fort étonné, et les autres ne le parurent pas moins. Se tournant enfin vers le majordome : ce que nous avons à faire en ce moment, dit-il, et sur-le-champ, c'est de mettre au cachot le docteur Recio ; car, si quelqu'un a dessein de me faire périr, c'est lui, sans doute, et de la mort la plus cruelle, qui est celle de la faim. Il me semble aussi, dit le maître d'hôtel, que votre seigneurie ne doit rien manger de ce qu'il y a sur la table : c'est un présent de religieuses et, comme dit le proverbe, derrière la croix le diable y est. Je ne dis pas non, répondit Sancho ; qu'on me donne pour le moment un morceau de pain avec quatre livres de raisin : il ne peut pas y avoir de poison là dedans, et après tout, je ne saurais me passer de manger. Si nous voulons être préparés pour ces batailles dont on nous menace, il faut être bien repus, car le ventre soutient le courage, et le courage ne soutient pas le ventre. Et vous, secrétaire, répondez au duc, mon seigneur, et dites-lui que l'on fera ce qu'il ordonne, comme il l'ordonne, sans y manquer d'un seul point. Vous présenterez un baise-main de ma part à madame la duchesse, et dites-lui que je la supplie de ne pas oublier d'envoyer par un exprès ma lettre et mon paquet à ma femme Thérèse Pança : elle m'obligera sensiblement et j'aurai soin de lui écrire le mieux que je le pourrai. Par la même occasion, vous pouvez joindre un baise-main pour mon seigneur Don Quichotte, afin qu'il voie que je ne suis pas un ingrat. Et vous, comme bon secrétaire et comme bon Biscayen, vous pouvez ajouter à cela tout ce que vous voudrez et ce que vous jugerez de plus convenable. Qu'on ôte ces nappes, et qu'on me donne à manger. Je fais mon affaire ensuite de tous les espions, assassins et enchanteurs qui en voudront à moi ou à mon île.

En ce moment, un page entra, disant : Il y a là un laboureur très affairé qui désire parler à sa seigneurie d'une chose, selon lui, fort importante. Ces gens à affaires sont étranges, dit Sancho : sont-ils donc si malavisés qu'ils ne sachent bien qu'à ces heures-ci l'on ne vient point parler d'affaires ? Ne sommes-nous pas de chair et d'os, nous autres gouverneurs ou juges ! C'est bien le moins qu'on nous laisse reposer le temps que le besoin requiert. Veulent-ils donc que nous soyons faits de marbre ? Par Dieu et ma conscience ! si ce gouvernement-là dure, et je commence à douter qu'il dure longtemps, je saurai bien mettre au pas plus d'un homme d'affaires. Dites à ce bonhomme qu'il entre ; mais, auparavant, prenez garde que ce ne soit quelque espion ou quelque assassin. Non, seigneur, dit le page, c'est un homme simple : je le crois bon comme le bon pain. Il n'y a rien à craindre, ajoute le majordome, nous sommes tous ici. Maître d'hôtel, dit Sancho, me serait-il possible, maintenant que le docteur Pedro Recio n'est plus présent, de manger quelque chose de substantiel, ne fût-ce que du pain et un oignon? Ce soir, répondit le maître d'hôtel, au souper, votre seigneurie se dédommagera du dîner : vous serez content. Dieu le veuille, répondit Sancho. En ce moment, entra le laboureur, homme de bonne mine, et de mille lieues on aurait remarqué sa bonté et sa simplicité. Le premier mot qu'il dit, fut : Quel est ici le seigneur gouverneur? Qui ce peut-il être, répondit le secrétaire, sinon celui que vous voyez assis sur ce siége? Je me prosterne devant lui, dit le laboureur. Et se mettant à genoux, il demanda à Sancho sa main à baiser. Sancho la refusa, lui dit de se lever, et d'exposer sa demande. Seigneur, dit en se relevant le paysan, je suis laboureur, natif de Miguel-Turra, village à deux lieues de Ciudad-Real. Ah! voici un autre Tirteafuera, dit Sancho : dites ce que vous avez à dire, frère; je connais bien Miguel-Turra, ce n'est pas loin de mon village. Seigneur, poursuivit le laboureur, voici le fait : par la miséricorde de Dieu, je suis marié en paix et en face de la sainte Église catholique romaine : j'ai deux fils étudiants, le plus jeune pour être bachelier, l'aîné pour devenir licencié; je suis veuf, parce que ma femme est morte, ou, pour mieux dire, un mauvais médecin me l'a tuée, en la purgeant tandis qu'elle était enceinte; si Dieu avait permis que son fruit vînt à terme, et fût un garçon, je l'aurais fait étudier pour être docteur, afin qu'il ne portât point envie à ses frères, le bachelier et le licencié. De sorte, dit Sancho, que, si votre femme ne fût pas morte, ou qu'on ne l'eût pas tuée, vous ne seriez pas encore veuf? Non, seigneur, en aucune façon, répondit le laboureur. Nous voilà bien, dit Sancho; poursuivez, frère : il est plus heure de dormir que de parler d'affaires.

Je dis donc, reprit le paysan, que mon fils, qui doit être bachelier, s'est amouraché, dans notre village, d'une fille appelée Clara Perlerina, fille d'André Perlerino, laboureur très riche. Ce nom de *Perlerino* ne leur vient point de famille ni de patrimoine, mais de ce qu'ils sont tous *paralytiques* de père en fils, et, pour changer un peu le nom, on les a appelés *Perlerinos*. Toutefois, pour dire la vérité, la jeune fille est vraiment une perle orientale : quand on la regarde du côté droit, elle semble une fleur des champs; du côté gauche, c'est différent, parce qu'il lui manque un œil, que lui a fait perdre la petite-vérole. Quoique les trous de son visage soient grands et nombreux, ceux qui l'aiment bien disent que ce ne sont pas des trous, mais des fosses où vont s'ensevelir les âmes de ses amants. Elle est si propre que, pour ne point salir son visage, elle a les narines, comme l'on dit, retroussées, de sorte qu'elles semblent fuir la bouche; avec tout cela elle est de la plus grande beauté, car elle a la bouche grande, et, s'il ne lui manquait pas dix à douze dents, on pourrait la regarder comme un modèle entre les plus belles. Je ne vous parlerai point de ses lèvres : elles sont si minces et si délicates, que, si on avait coutume de dévider des lèvres, on pourrait faire des siennes un écheveau; elles sont d'ailleurs d'une autre couleur que les lèvres ordinaires, et jaspées de vert, d'azur, de violet; c'est un vrai miracle. Que le seigneur gouverneur me pardonne, si je peins avec tant de détails les perfections de celle qui doit être ma belle-fille, mais je l'aime et ne crois pas mal faire.

Peignez tout ce que vous voudrez, dit Sancho; cette peinture me divertit, et, si j'avais dîné, je ne pourrais trouver un meilleur dessert que votre portrait. Il est à votre service, répondit le laboureur ; mais le temps viendra où nous serons si nous ne sommes. Si je pouvais, seigneur, vous peindre sa gentillesse et la hauteur de sa taille, vous en seriez dans l'admiration ; mais je ne le saurais, car elle est courbée et ramassée, ses genoux touchent son menton ; cependant, il est aisé de voir que, si elle pouvait se lever, sa tête toucherait le toit. Elle aurait déjà donné la main à mon fils le bachelier, si elle pouvait l'étendre, mais elle est nouée, et, malgré cela, ses ongles longs et en tuyau prouvent combien elle est belle. Assez, frère, dit Sancho, tenez que vous l'avez peinte de la tête aux pieds ; que voulez-vous maintenant ? venez au fait, sans détours ni ruelles, sans rien ôter ni ajouter. Je désirerais, seigneur, reprit le paysan, que votre seigneurie me fît la grâce d'écrire une lettre de recommandation pour le père de la demoiselle, afin de l'engager à terminer ce mariage, puisque les deux partis sont égaux, par les biens de la fortune, et encore par les dons de la nature. En effet, pour vous dire la vérité, mon fils est possédé du démon. Il ne se passe pas de jour que le malin esprit ne le tourmente trois ou quatre fois ; pour être, un jour, tombé dans le feu, la peau de son visage est ridée comme un parchemin, et ses yeux sont pleureurs et chassieux, mais il est aussi doux qu'un ange, et si ce n'était qu'il se bat lui-même et se donne de grands coups de poing, on le prendrait pour un bienheureux.

Demandez-vous autre chose, bonhomme? dit Sancho. Oui, seigneur, répondit le paysan, j'aurais bien encore quelque chose à demander, mais je n'ose le dire. Cependant, arrive qui pourra, puisque je l'ai sur le cœur, il faut que je me soulage. Je désirerais que votre seigneurie me donnât trois ou six cents ducats pour aider à la dot de mon bachelier, je veux dire pour l'aider à s'établir, car, enfin, il faut que les deux époux puissent vivre par eux-mêmes, sans être soumis aux caprices impertinents des beaux-pères. — Voyez si c'est bien là tout ce que vous désirez. Que la honte et la retenue ne vous empêchent pas de le dire. — Non, seigneur, soyez-en sûr. A peine eut-il lâché ces mots, que Sancho se leva, et, saisissant le siége sur lequel il était assis : Je jure Dieu, dit-il, don manant, rustre et malavisé, que si tu ne sors d'ici, si tu ne fuis ma présence, je te romps la tête avec cette chaise. Fils de coquine, veillaque, peintre du diable, et tu as le front de venir me demander six cents ducats ! d'où les aurais-je, impudent? et si je les avais, devrais-je te les donner? Dis, insensé, bélître? Que me font à moi Miguel-Turra et toute la race des Perlerinos? Va-t'en, te dis-je, ou, sinon, par la vie du duc mon seigneur, je te traiterai comme je l'ai dit. Tu n'es point natif de Miguel-Turra, tu es quelque malin esprit que l'enfer envoie pour me tenter. Dis-moi, homme dénaturé, il n'y a pas un jour et demi que je suis gouverneur, et déjà tu veux que je possède six cents ducats ! Le maître d'hôtel fit signe au laboureur de sortir, ce qu'il fit la tête basse, et semblant craindre que le gouverneur n'exécutât ses menaces, tant il savait bien jouer son rôle. Mais laissons Sancho avec sa colère, et retournons à Don Quichotte que nous avons laissé le visage couvert de bandes et traité pour ses blessures, qui ne furent pas guéries en huit jours. Ce fut pendant un de ces jours que lui arriva ce que Cid Hamet promet de rapporter avec la ponctualité et la vérité qu'il a coutume de mettre dans le récit des plus légères particularités de cette histoire.

CHAPITRE XLVIII.

DE CE QUI ARRIVA A DON QUICHOTTE AVEC DONA RODRIGUEZ, LA DUÈGNE DE LA DUCHESSE, AVEC D'AUTRES FAITS DIGNES D'ÊTRE ÉCRITS ET D'UNE ÉTERNELLE MÉMOIRE.

ON Quichotte était bien triste et mélancolique, le visage entouré de bandes et marqué, non de la main de Dieu, mais de la griffe des chats, disgrâces annexées à la chevalerie errante. Il passa six jours sans se montrer, et, une nuit qu'il ne dormait pas, rêvant à ses disgrâces et aux persécutions d'Altisidore, il entendit ouvrir avec une clef la porte de sa chambre; aussitôt il imagina que l'amoureuse demoiselle venait livrer l'assaut à son honnêteté, et tâcher de mettre en défaut la foi qu'il devait garder à sa dame Dulcinée. Non, non! s'écria-t-il dans la préoccupation où il était, et assez haut pour être entendu, la plus grande beauté de la terre ne saurait me faire cesser d'adorer celle dont l'image est gravée dans le milieu de mon cœur et jusqu'au fond de mes entrailles. Souveraine dame de mes pensées, sois-tu transformée en une grossière paysanne, ou en nymphe du Tage doré, ourdissant une toile tissue d'or et de soie; sois-tu captive de Merlin ou de Montésinos, en quelque lieu que ce soit, toujours tu es mienne; toujours, en tous lieux, je suis et serai à toi. Comme il disait ces mots, la porte s'ouvrit. Il se leva tout debout sur son lit, enveloppé du haut en bas dans une couverture de satin jaune, un gros bonnet sur la tête, la face et les moustaches bandées, le visage à cause des égratignures, les moustaches pour les soutenir. Dans cet équipage, il semblait le plus étrange fantôme que l'on puisse imaginer. Les yeux cloués sur la porte, il croyait voir entrer la sensible et dolente Altisidore, et vit s'avancer la duègne la plus respectable, en coiffes blanches, plissées, et si longues qu'elles la voilaient comme un manteau de la tête aux pieds; de sa main gauche elle tenait une moitié de bougie allumée, et la droite s'interposait pour faire ombre afin que la lumière ne donnât pas sur ses yeux couverts de grandes lunettes; elle marchait doucement, et appuyant légèrement le pied. Don Quichotte, du haut de son poste d'observation, suivait des yeux; voyant son silence et son ajustement, il crut que quelque sorcière ou magicienne venait exercer sur lui ses maléfices, et se mit à multiplier les signes de croix. La vision s'approchait: arrivée au milieu de la chambre, elle leva les yeux, et vit avec quelle ferveur Don Quichotte faisait des signes de croix. S'il paraissait effrayé de son aspect, elle fut épouvantée de le voir lui-même debout de toute sa hauteur, enveloppé de sa couverture jaune et défiguré par les emplâtres. Elle poussa un cri, en disant: Jésus! que vois-je? Dans son effroi, la bougie lui tomba des mains. Dans l'obscurité, elle voulut tourner le dos pour regagner la porte, mais elle s'embarrassa dans ses jupes, et tomba rudement. Don Quichotte, effrayé, se mit à dire: Je te conjure, fantôme, ou qui que tu sois, de me dire qui tu es, et ce que tu veux de moi. Si tu es une âme en peine, dis-le-moi, je ferai mon possible pour te soulager; je suis chrétien catholique, toujours prêt à faire du bien à tout le monde: c'est ce qui m'a fait embrasser l'ordre de la chevalerie errante, dont le devoir s'étend jusqu'à soulager les âmes du purgatoire. La dame, brisée de la chute, s'entendant conjurer, jugea, par sa frayeur, de celle de Don Quichotte, et lui répondit d'une voix triste et basse : Seigneur Don Quichotte, si c'est vous, je ne suis point un fantôme, une vision, ni une âme du purgatoire, comme vous avez dû le croire : je suis doña Rodriguez, la duègne d'honneur de madame la duchesse, qui vient vous demander du secours dans une de ces afflictions auxquelles vous savez apporter remède. — Dites-moi, madame Rodriguez, viendriez-vous, par hasard, faire quelque message d'amour ? Je vous avertis que je ne peux rien pour personne, grâce à la beauté incomparable de ma dame Dulcinée du Toboso. Je dis enfin que pourvu que vous mettiez à l'écart tout message d'amour, vous pouvez aller rallumer votre bougie, et revenir ; nous consulterons sur tout ce que vous voudrez, sauf, comme je l'ai dit, toute pratique amoureuse. Moi, seigneur, messagère d'amour? répondit la duègne, vous me connaissez bien mal : je ne suis pas encore d'un âge assez avancé pour m'amuser à de semblables bagatelles. Dieu merci, je me porte bien, et j'ai toutes mes dents, à la réserve d'un petit nombre que m'ont enlevées les catarrhes, si communs dans ce pays d'Aragon. Mais, attendez-moi un peu, je vais rallumer ma bougie, et reviens sur-le-champ vous conter mes infortunes, comme à celui qui sait remédier à toutes. Sans attendre de réponse, elle sortit, et laissa Don Quichotte tout pensif à l'attendre. Mille pensées vinrent aussitôt s'emparer de son esprit à l'occasion de cette aventure. Il lui semblait mal fait et plus mal pensé de s'exposer au danger de manquer à la foi promise à sa dame. Qui sait, se disait-il à lui-même, si le diable, qui est subtil et cauteleux, ne cherche point à me séduire maintenant par l'entremise d'une duègne, après avoir échoué en employant des impératrices, des reines, des duchesses, des marquises et des comtesses? J'ai ouï dire souvent à des gens sages que, quand il ne peut vous attraper d'une manière, il s'y prend d'une autre [1]. Qui sait si cette solitude, l'occasion, le silence n'éveilleront point mes désirs qui dorment, et ne me feront point tomber, à la fin de mes ans, où je n'ai jamais trébuché? En pareil cas, il est plus prudent de fuir que d'attendre le combat. Mais je ne dois pas être dans mon sens, puisque je dis et imagine de telles folies. Il n'est pas possible qu'une duègne en coiffes blanches, lunettes sur le nez, fasse naître une pensée lascive dans le cœur le plus abandonné du monde. Est-il duègne sur la terre qui ait les chairs appétissantes? en est-il une dans l'univers qui ne soit impertinente, ridée, minaudière? Arrière, toute la race des duègnes, inutile à tout humain amusement. Oh ! qu'elle avait bien raison cette dame dont on rapporte qu'elle avait fait placer aux deux bouts de son estrade deux figures de duègnes avec leurs lunettes et leurs métiers, en attitude de travailler : ces figures donnaient autant de gravité à la salle que l'eussent fait de véritables duègnes. Dans cette résolution, il se leva de son lit pour aller fermer sa porte, et empêcher la dame Rodriguez d'entrer ; mais en arrivant pour la fermer, déjà la duègne était de retour, sa bougie à la main. En voyant de plus près Don Quichotte, enveloppé dans sa couverture, avec son bonnet et ses bandes, elle eut une nouvelle peur, et, reculant de deux pas : Y a-t-il sûreté, seigneur? lui dit-elle : je ne vois pas comme un signe de

[1] Il y a dans l'espagnol *antes os la dara roma que aguileña* (il vous la donnera plutôt camuse qu'aquiline), façon de parler proverbiale.

grande honnêteté que vous soyez sorti de votre lit. Il est bon que je vous fasse la même demande, répondit Don Quichotte : ainsi dites-moi si je puis être assuré de n'être point attaqué et forcé ? — A qui et de qui demandez-vous cette assurance, seigneur chevalier ? A vous et de vous, madame, je ne suis point de marbre, ni vous de bronze ; il n'est pas dix heures du matin, mais minuit, et même un peu plus, à ce que j'imagine ; cette chambre est plus secrète et retirée que ne dut être la grotte où le traître et audacieux Énée abusa de la belle et trop faible Didon. Mais, madame, donnez-moi la main, je ne veux pas d'autre sûreté que ma continence, ma réserve et le respect qu'inspirent ces coiffes respectables. A ces mots, il lui baisa la main droite, qu'il saisit dans la sienne, et la dame la lui abandonna avec la même grâce et la même politesse.

En cet endroit, Cid Hamet fait une parenthèse, et jure par Mahomet que, pour avoir le plaisir de les voir tous les deux se tenant par la main, de la porte au lit, il eût donné la meilleure robe de deux qu'il avait. Don Quichotte se recoucha, et doña Rodriguez s'assit sur une chaise, à quelque distance du lit sans quitter ses lunettes ni sa bougie. Le chevalier se ramassa dans son lit, se couvrit exactement, ne laissant voir que son visage. Tous deux s'étant tranquillisés, Don Quichotte, le premier, rompit le silence : Madame, dit-il, vous pouvez maintenant m'ouvrir votre cœur, et le décharger du fardeau qui l'oppresse, vous serez écoutée par des oreilles chastes et secourue par des œuvres charitables. J'en suis persuadée, seigneur, répondit la duègne. De votre courtoisie et de votre gentillesse, je ne pouvais attendre qu'une réponse aussi chrétienne.

Vous saurez donc, seigneur, que, quoique vous me voyiez sur cette chaise et au milieu du royaume d'Aragon, en habit de duègne, en butte aux mépris et aux persécutions, je suis née dans les Asturies, d'Oviedo, et d'une famille alliée aux meilleures du pays. Mon mauvais destin et l'insouciance de mes parents, qui s'appauvrirent bientôt, sans savoir comment, me conduisirent à Madrid, où, par nécessité et pour éviter de plus grands malheurs, je fus placée par mes parents chez une grande dame, en qualité de demoiselle pour travailler : car, j'apprendrai à votre seigneurie que pour faire l'effilé et les ouvrages fins, je n'ai jamais été surpassée par personne. Mes parents me laissèrent en service, et s'en retournèrent dans leur pays, où, peu de temps après, ils quittèrent ce monde pour aller sans doute au ciel, car ils étaient bons chrétiens et catholiques. Je demeurai orpheline, réduite au modique salaire, et aux minces avantages qui récompensent dans les palais ces sortes d'ouvrières. Dans le même temps, sans que j'y eusse donné lieu, un écuyer de la maison devint amoureux de moi : c'était un homme d'un âge mûr, barbu, d'un extérieur grave, et surtout noble comme le roi, car il était montagnard[1]. Nous ne pûmes conduire nos amours si secrètement qu'ils ne vinssent aux oreilles de ma maîtresse, qui, pour éviter les caquets et les propos, nous maria en face de la sainte Église catholique romaine. De notre union naquit une fille, pour achever mon malheur ; non que je mourusse en couches, car les miennes furent heureuses et à terme, mais parce que peu de temps après je perdis mon mari, qui mourut d'une frayeur dont vous seriez surpris, si j'avais le loisir de vous la raconter. Là dessus, elle se mit à pleurer avec beaucoup d'attendrisse-

[1] *Montañes*, Montagnard né dans les montagnes des Asturies, où se retirèrent Pélage et ses compagnons.

ment. Pardonnez, seigneur, continua-t-elle, mais je n'en suis pas maîtresse, toutes les fois que je me rappelle ce triste événement, mes yeux se remplissent de larmes. Vrai Dieu ! avec quelle dignité il conduisait ma maîtresse en croupe sur une puissante mule, noire comme du jais ! car, dans ce temps-là, on ne faisait point usage de coches ni de chaises comme aujourd'hui, et les dames montaient en croupe derrière leurs écuyers. Je ne puis m'empêcher de vous raconter cette lamentable histoire, afin de vous faire connaître le zèle et les attentions de mon bon époux. A l'entrée de la rue Santiago, à Madrid, qui est un peu étroite, il rencontra un alcade de cour, qui s'avançait, précédé de deux alguazils : mon digne écuyer tourna bride en l'apercevant, et fit mine de vouloir l'accompagner. Ma maîtresse, qu'il conduisait en croupe, lui dit à voix basse : Que faites-vous, malheureux ? ne voyez-vous pas que je suis là? L'alcade retint civilement la bride du cheval et dit : Suivez votre route, seigneur écuyer, c'est à moi d'accompagner doña Casilda (ainsi se nommait ma maîtresse). Cependant, mon mari, le bonnet à la main, s'obstinait à vouloir suivre l'alcade. Ma maîtresse, alors, tira une grande épingle, ou plutôt un poinçon, de son étui et, de colère, l'enfonça dans les reins de mon mari, qui jeta un grand cri, et fit un tel soubresaut qu'il tomba à terre avec sa maîtresse. Deux laquais accoururent pour la relever ; autant en firent l'alcade et les alguazils. La porte de Guadalajara fut en rumeur, je dis toute la foule oisive qui s'y trouva. La dame s'en retourna à pied ; mon mari se rendit à la maison d'un barbier, disant qu'il avait les entrailles percées de part en part. La courtoisie de mon mari devint si bien connue, que les enfants couraient après lui dans la rue. Pour cette raison, et parce qu'il avait la vue un peu courte, ma maîtresse le congédia. Le chagrin qu'il en conçut, fut, je n'en doute pas, la cause de sa mort. Je demeurai veuve, sans appui, et chargée d'une fille dont la beauté croissait comme l'écume de la mer. Finalement, comme j'avais la réputation d'être grande couturière, madame la duchesse, qui était récemment mariée avec monseigneur le duc, voulut m'amener dans ce royaume d'Aragon avec ma fille, laquelle, avec le temps, devint la plus belle créature possible : elle chante comme une alouette, danse comme la pensée, saute comme une perdue, lit et écrit comme un maître d'école, et compte comme un avare. Je ne vous dis rien de sa propreté, l'eau courante n'est pas plus nette. Si j'ai bonne mémoire, elle doit avoir à présent seize ans, cinq mois et trois jours, un de plus ou de moins. Enfin, elle fit la conquête du fils d'un très riche laboureur qui demeure, non loin d'ici, dans un village appartenant au duc. Je ne sais comment cela se fit, mais ils se réunirent, et sous prétexte du mariage, il abusa de ma fille, et maintenant il ne veut plus tenir sa parole. Monseigneur le sait car je m'en suis plainte à lui non une mais plusieurs fois : j'ai demandé que le jeune homme fût tenu d'épouser ma fille, il fait la sourde oreille[1] ; à peine m'écoute-t-il. La cause en est que le père du jeune homme est si riche qu'il prête de l'argent au duc, et lui sert souvent de caution : de sorte que celui-ci ne veut point le mécontenter, ni lui faire de peine. Je désirerais donc, mon seigneur, que vous voulussiez bien vous charger de défaire ce grief, soit par prières, soit par les armes, car tout le monde dit que vous êtes né pour venger les injures, redresser les torts et secourir les malheureux. Daignez prendre en

[1] *Orejas de mercader*, oreille de marchand.

considération la jeunesse de ma fille, son état d'orpheline, sa gentillesse, et toutes les bonnes qualités dont je vous ai parlé. Sur Dieu et sur ma conscience, parmi toutes les demoiselles de madame, il n'y en a pas une seule qui atteigne la semelle de sa chaussure ; celle qu'on appelle Altisidore, et qui passe pour la plus belle, comparée à ma fille, n'en approche pas de deux lieues. Vous n'ignorez pas, seigneur, que tout ce qui reluit n'est pas or : cette Altisidore a plus de prétentions que de beauté, plus de vivacité que de retenue ; en outre, elle n'est pas très saine, et son haleine est si forte qu'on ne saurait rester auprès d'elle. Madame la duchesse elle-même..... Mais je veux me taire, car on dit ordinairement que les murs ont des oreilles. Par ma vie! s'écria Don Quichotte, qu'a donc madame la duchesse? A cette adjuration, dit la duègne, je ne puis me défendre de répondre, en toute vérité. Vous voyez, seigneur, la beauté de madame la duchesse, ce teint brillant comme un glaive récemment fourbi, ces joues de lait et de carmin, ces yeux dont l'un semble le soleil et l'autre la lune, cette démarche noble qui paraît dédaigner de fouler la terre, et qui semble répandre la santé partout autour d'elle : sachez qu'elle en doit remercier d'abord Dieu, puis deux fontaines qu'elle a aux jambes, par où s'écoulent toutes les mauvaises humeurs dont les médecins la disent remplie. Sainte Marie! s'écria Don Quichotte, est-il possible que madame la duchesse ait de tels égouts? Je ne le croirais pas si des frères déchaux me l'avaient dit. Cependant, puisque madame Rodriguez l'affirme, il faut bien que cela soit; mais de telles fontaines sur un si beau corps ne peuvent distiller que de l'ambre liquide et non de mauvaises humeurs. Je crois véritablement maintenant que ces fontaines sont une chose très favorable à la santé.

A peine achevait-il ces mots, qu'un grand coup donné dans la porte la fit ouvrir. Du soubresaut, dona Rodriguez laissa tomber sa bougie, qui s'éteignit, et la chambre fut, comme on dit, à l'instant noire ainsi qu'une gueule de loup. La pauvre duègne sentit deux mains la saisir à la gorge, si fortement qu'elle ne pouvait crier, tandis qu'une autre personne, sans dire mot, troussa lestement ses jupes, et, avec une pantoufle, à ce qu'il semblait, lui donna tant de coups que c'était pitié. Don Quichotte, quoi qu'il en ressentît, ne bougeait du lit, ne sachant ce que ce pouvait être : il ne disait mot et se tenait coi, craignant que son tour n'arrivât et que le châtiment ne gagnât jusqu'à lui. Sa crainte ne fut pas vaine, car les muets bourreaux, laissant moulue la duègne, qui n'osait se plaindre, tombèrent sur Don Quichotte, enlevèrent draps et couverture, et le pincèrent si dru, si menu qu'il ne put s'empêcher de se défendre à coups de poing, le tout dans un silence admirable. La bataille dura environ une demi-heure. Les fantômes se retirèrent. Dona Rodriguez rabattit ses jupes, et, gémissant de sa disgrâce, sortit sans dire une parole à Don Quichotte qui, pincé et meurtri, confus et pensif, demeura seul. Nous le laisserons en cet état, bien avide de connaître le pervers enchanteur qui l'avait ainsi traité. Mais nous dirons cela en son temps. Sancho nous appelle, et le bon ordre de la narration le veut ainsi.

CHAPITRE XLIX.

DE CE QUI ARRIVA A SANCHO, FAISANT SA RONDE DANS SON ILE.

Nous avons laissé le grand gouverneur fâché et tout en colère contre ce paysan, peintre et mauvais plaisant, qui, bien endoctriné par le majordome, auquel le duc avait fait la leçon, se moquait de Sancho. Cependant, quoique sot, grossier et lourd, celui-ci tenait tête à tous. C'est maintenant, dit-il aux assistants et au docteur Recio, qui était rentré dans la salle quand on eut achevé le message secret du duc, c'est maintenant que je reconnais que les juges et les gouverneurs doivent être de bronze pour résister aux importunités des sollicitants, qui, à toute heure et en tous temps, viennent demander qu'on les écoute, qu'on les expédie, sans autre souci que leur affaire, quoi qu'il puisse arriver : si le pauvre juge ne les satisfait pas, soit parce qu'il ne peut, soit parce qu'il n'est pas heure de donner audience, ils murmurent, ils le maudissent, lui rongent les os, épluchent toute sa famille. Solliciteur ignorant, solliciteur sans raison, ne te hâte pas tant : attends l'heure et le moment de traiter d'affaires ; ne viens point à l'heure de manger ou de dormir : les juges sont de chair et d'os ; ils sont obligés d'accorder à la nature ce qu'elle demande, excepté moi, qui ne donne point à manger à la mienne, grâce au seigneur docteur Pedro Recio Tirteafuera, ici présent, qui veut que je meure de faim, et qui dit que mourir ainsi, c'est vivre : que Dieu lui donne une telle vie, à lui et à ceux de sa race, c'est-à-dire à celle des mauvais médecins, car les bons méritent des palmes et des lauriers. Tous ceux qui connaissaient Sancho s'étonnaient de l'entendre parler en si bons termes, et ne savaient à quoi l'attribuer, si ce n'est que les offices et les charges importantes relèvent ou hébètent les esprits. Enfin, le docteur Pedro Recio Agüero de Tirteafuera promit à Sancho de lui donner à souper ce même soir, quoique ce fût manquer à tous les aphorismes d'Hippocrate. Sancho s'en montra satisfait, et attendit avec grande impatience le soir et l'heure du souper, bien que le temps lui semblât immobile. Enfin, arriva le moment si désiré où on lui servit une vinaigrette de bœuf à l'oignon, et deux pieds d'un veau déjà d'un certain âge. Il les mangea avec plus d'appétit que si on lui eût servi des francolins de Milan, des faisans de Rome, du veau de Sorrente, des perdrix de Moron, ou des oies d'abreuvoir. Tout en mangeant, il disait au docteur : Vous le voyez, ne vous mettez point en peine à l'avenir de me donner des mets recherchés, des viandes exquises : ce serait changer les habitudes de mon estomac, accoutumé à la chèvre, au bœuf, au lard, au salé, aux navets, aux oignons ; si on lui donne d'autres aliments de cour, il les reçoit de mauvaise grâce, et quelquefois avec dégoût. Ce que le maître d'hôtel peut faire de mieux, c'est de me donner ce qu'on appelle des pots-pourris, plus ils sont pourris, meilleur ils sentent ; il peut y mettre tout ce qu'il voudra pourvu que ce soit choses qui se mangent. Je reconnaîtrai sa peine, et la payerai quelque jour. Et que personne ici ne se rie de moi, car nous sommes, ou nous ne sommes pas ; vivons tous, et mangeons en paix et bonne compagnie. Quand Dieu nous envoie le jour, il l'envoie pour tout le monde. Je gouvernerai cette île comme de droit, et sans souffrir d'avanie à personne. Que chacun ait l'œil ouvert et se tienne en garde, car je vous avertis que le diable est aux champs, et si j'en ai sujet, on verra merveilles. Faites-vous miel, les mouches vous mangent.

Certes, seigneur gouverneur, dit le maître d'hôtel, votre seigneurie a bien raison dans tout ce qu'elle vient de dire. Au nom de tous les habitants de l'île, je vous suis garant qu'ils vous serviront avec exactitude, amour et bienveillance : l'exquise manière de gouverner dont vous avez fait preuve dès les premiers instants, ne leur permet pas de faire ou même de penser rien qui soit contraire à ce qu'ils vous doivent. Je le crois, répondit Sancho : ce seraient des imbéciles s'ils agissaient ou pensaient autrement. Je le répète, qu'on ait soin de moi et de mon grison, voilà le point important. Quand il en sera temps, nous ferons la ronde : mon intention est de purger l'île de toute espèce d'immondices, et de tous vagabonds, fainéants et débauchés. Vous saurez, mes amis, que, dans un État, les paresseux et les vagabonds sont comme les frelons dans les ruches ; ils mangent le miel produit par les abeilles laborieuses. Je veux protéger les laboureurs, garantir aux gentilshommes tous leurs droits, récompenser les gens vertueux, et surtout respecter la religion et ses ministres. Qu'en dites-vous, mes amis? ai-je raison ou si ma tête est fêlée? Seigneur, répondit le majordome, je suis en admiration de voir un homme sans lettres comme vous (car je crois bien que vous n'en connaissez aucune), dire tant de bonnes choses, si pleines de sentences, de raison, et si loin de ce qu'attendaient de votre esprit ceux qui nous ont envoyés ici et nous-mêmes. Chaque jour on voit dans le monde des choses nouvelles : les plaisanteries se changent en réalités, et les moqueurs se trouvent moqués.

La nuit arriva, et Sancho soupa avec la permission du docteur Recio. Ils se préparèrent ensuite à faire la ronde, et il sortit accompagné du majordome, du secrétaire, du maître d'hôtel, et du chroniqueur, chargé de recueillir ses faits et gestes ; venaient ensuite des greffiers et des alguazils, en si grand nombre, qu'ils auraient formé un médiocre escadron. Sancho marchait au milieu d'eux, avec sa baguette, rien n'y manquait. A peine eurent-ils parcouru quelques rues qu'ils entendirent un cliquetis d'épées : ils accoururent, et trouvèrent deux hommes seuls qui se battaient, et qui, voyant venir la justice, s'arrêtèrent. L'un d'eux dit : Au nom de Dieu et du roi, peut-on souffrir qu'on vole dans ce bourg, et qu'on y détrousse les passants au milieu des rues ; Calmez-vous, homme de bien, dit Sancho, et contez-moi la cause de cette querelle : je suis le gouverneur. Je vais la dire en peu de mots, seigneur, répondit l'autre. Vous saurez que ce gentilhomme vient de gagner, dans cette maison de jeu en face, plus de mille réaux, et Dieu sait comment. J'étais présent ; j'ai jugé en sa faveur plus d'un coup douteux, contre le témoignage de ma conscience. Il s'est retiré avec son gain, et, lorsque j'espérais qu'il me donnerait au moins un écu en présent, comme c'est la coutume avec les hommes de condition comme moi, qui sommes témoins pour juger les coups et pacifier les querelles, il a promptement embourssé son argent, et est parti. Je l'ai suivi, et par bonnes et douces paroles, je lui ai demandé de me donner ne fût-ce que huit réaux : il me connaît pour homme d'honneur, et sait que je ne possède office ni bénéfice, parce que mes parents ne m'ont rien laissé ni rien appris ; mais ce voleur plus larron que Cacus, plus filou qu'Andradilla, n'a voulu me donner que quatre réaux. Voyez, seigneur gouverneur, quel peu de vergogne et de conscience ! Si votre seigneurie ne fût pas survenue, j'allais lui faire regorger son gain, et lui apprendre à mettre le poids dans la balance. Que répondez-vous à cela ? dit Sancho à l'autre homme. Ce qu'il vous a dit est vrai, seigneur, répondit celui-ci. Je n'ai voulu lui donner que quatre réaux, parce que je les lui donne souvent : ceux qui attendent ainsi quelque profit doivent être modérés, et recevoir de bonne grâce ce qu'on veut bien leur donner, sans prétendre entrer en compte avec les gagnants, à moins qu'ils ne sachent que ce sont des fripons, et que leur gain n'est pas légitime. La meilleure preuve que je suis homme de bien, et non larron, comme le prétend cet homme, c'est que je ne voulais lui rien donner : toujours les voleurs sont à la merci des spectateurs qui les connaissent. C'est la vérité, dit le majordome : voyez, seigneur gouverneur, ce que vous voulez faire de ces deux hommes. — Ce qu'il y a à faire ? le voici, répondit Sancho : Vous, gagnant, bien ou mal, délivrez tout à l'heure à votre ennemi cent réaux, et vous en débourserez, en outre, trente pour les prisonniers. Et vous, qui n'avez office ni bénéfice, et qui vivez comme un vagabond, emportez vos cent réaux, et demain sortez de cette île pour n'y rentrer de dix ans, sous peine, si vous y manquez, d'achever le compte dans l'autre vie. Car je vous accrocherai moi-même au gibet, ou du moins le bourreau, par mes ordres, et qu'aucun des deux ne réplique, ou je le châtierai de ma main. L'un donna, l'autre reçut ; celui-ci sortit de l'île, l'autre retourna dans sa maison, et le gouverneur s'écria : Ou le pouvoir me manquera, ou je supprimerai ces maisons de jeu, car je les crois fort préjudiciables. Pour celle-ci, dit un greffier, je ne crois pas que vous puissiez la supprimer, car elle appartient à un grand personnage, qui perd plus, sans comparaison, tout le long de l'année qu'il ne gagne avec les cartes. Mais votre seigneurie pourra exercer son autorité sur d'autres repaires de moindre importance, qui sont les plus dangereux, et ceux où il se commet le plus de méfaits. Les fameux filous n'osent pas exercer leur industrie dans les maisons des seigneurs et gens de qualité, et, puisque la passion du jeu est malheureusement devenue générale, il vaut mieux que l'on joue dans les grandes maisons que dans celles de quelques artisans, où l'on retient un malheureux la moitié de la nuit pour l'écorcher tout vif. Greffier, dit Sancho, je sais qu'il y a beaucoup à dire là-dessus.

En ce moment, parut un archer qui avait saisi un jeune homme. Seigneur gouverneur, dit l'archer, ce jeune homme venait droit à nous ; mais, dès qu'il a aperçu la justice, il a tourné les talons, et s'est mis à courir comme un daim, ce qui nous a fait soupçonner que c'était quelque malfaiteur : je l'ai poursuivi, et, s'il n'était pas tombé en courant, je n'aurais jamais pu l'atteindre. Pourquoi fuyais-tu ? dit Sancho. — Pour éviter les questions des gens de justice. — Quel est ton état ? — Tisserand. — Et que tisses-tu ? — Des fers de lances, avec votre permission. — Ah ! tu es un railleur, et tu te mêles de faire le bouffon ; c'est fort bien. Et où allais-tu maintenant ? — Prendre l'air. — Et où prend-on l'air, dans cette île ? — Là où il souffle. — Bien répondu, et en garçon avisé ; mais écoute : suppose que je suis l'air, que je te souffle en poupe, et que je te pousse en prison. Gardes, saisissez-le, et je tâcherai qu'il dorme cette nuit à l'abri de l'air. Par Dieu, dit le jeune homme, vous me ferez dormir en prison tout comme vous me ferez roi. — Et pourquoi ne t'y ferais-je pas dormir? N'ai-je pas le pouvoir de te faire arrêter et de te relâcher, comme bon me semble? — Quel que soit votre pouvoir, il n'est pas suffisant pour me faire dormir en prison. — Comment, il n'est pas suffisant? conduisez-le promptement : il verra qu'il se trompe, et si le geôlier, voulant user envers lui de générosité intéressée, lui laisse faire un pas dehors, je le condamne d'avance à deux mille ducats d'amende. — Tout ceci n'est qu'une plaisanterie; mais le fait est qu'il n'y a puissance humaine qui puisse me faire dormir en prison. — Dis-moi, démon, as-tu quelque esprit qui vienne te délivrer et t'ôter les fers que je te vais faire mettre? Seigneur, répond le jeune homme de fort bonne grâce, parlons raison et venons au but. Supposez que vous m'ayez envoyé en prison, que l'on m'ait mis des fers et des chaînes, qu'on m'ait jeté au cachot, qu'on ait menacé le geôlier des plus graves peines s'il me laisse sortir et qu'il exécute son ordre ; avec cela, si je ne veux pas dormir, et si je reste toute la nuit les yeux ouverts, avez-vous le pouvoir de me faire dormir malgré moi? Non certes, dit le secrétaire, cet homme a raison. De sorte, dit Sancho, que tu ne dormirais pas, uniquement parce que cela ne serait pas ta volonté, et non pour contrevenir à la mienne? — Certes, seigneur, et je n'y songe point. — Hé bien! va-t'en, à la garde de Dieu, dormir dans ta maison, et que Dieu te donne un bon sommeil, je ne veux pas t'en priver. Mais je te conseille de ne plus railler avec la justice, parce que tu pourrais rencontrer tel qui te donnerait de la raillerie sur la cervelle. Le jeune homme s'en fut, et Sancho continua sa ronde.

Quelques pas plus loin se présentèrent deux archers qui conduisaient un homme arrêté. Seigneur gouverneur, dirent-ils, la personne que vous voyez, et qui paraît un homme, n'en est pas un : c'est une femme, et même jolie, qui est habillée en homme. Ils approchèrent deux ou trois lanternes, à la lumière desquelles on vit un visage de femme d'environ seize ans, ou peu au-delà : elle avait les cheveux enfermés sous une résille d'or et de soie verte, et parut belle comme mille perles. On l'examina du haut en bas : elle avait des bas de soie incarnate, avec des jarretières de taffetas blanc, bordées d'or et de petites perles; ses chausses étaient de brocart d'or à fond vert, la casaque ou roupille de même étoffe, sous laquelle était un pourpoint de toile fine, blanc et or; ses souliers étaient blancs et faits comme ceux des hommes; au lieu d'épée, elle avait une riche dague, et tous ses doigts étaient garnis d'anneaux précieux. La jeune fille parut belle à tout le monde, mais personne ne la reconnut. Les habitants de l'endroit dirent qu'ils ne pouvaient imaginer qui elle était, et ceux qui étaient dans la confidence des plaisanteries que l'on faisait à Sancho, s'étonnaient plus que les autres, car ils n'avaient pas préparé cette rencontre, et ils étaient fort incertains de savoir comment elle se terminerait. Sancho fut frappé de la beauté de la jeune fille, et lui demanda qui elle était, où elle allait, et quelle raison elle avait eue pour se vêtir ainsi. Les yeux baissés, et avec une modeste rougeur, elle répondit : Je ne puis, seigneur, dévoiler devant tant de monde ce qu'il m'importait si fort de tenir caché; je désire seulement qu'on soit persuadé que je ne suis ni voleuse ni criminelle, mais une malheureuse fille à qui la jalousie a fait outrepasser les bornes de la décence. A ces mots, le majordome dit à Sancho : Seigneur gouverneur, faites écarter le monde, afin que cette dame puisse s'expliquer avec moins d'embarras. Tous s'éloignèrent, par l'ordre du gouverneur; il ne resta que le majordome, le maître d'hôtel et le secrétaire. Alors la demoiselle poursuivit ainsi : Seigneurs, je suis fille de Pedro Perez Mazorca, fermier des laines de ce bourg, qui vient souvent chez mon père. Cela est hors de raison, dit le majordome : je connais bien Pedro Pedrez, il n'a ni fils ni fille; d'ailleurs, vous le dites votre père, et puis vous ajoutez qu'il vient souvent chez votre père. Je m'étais déjà aperçu de cela, dit Sancho. En ce moment, seigneurs, reprit la jeune fille, je suis si troublée que je ne sais ce que je dis; mais la vérité est que je suis fille de Diego de la Llana, que vous devez tous connaître. Du moins cela est possible, reprit le majordome : je connais Diego de la Llana; c'est un gentilhomme riche et distingué, il a un fils et une fille; mais, depuis qu'il est veuf, personne ici ne peut se vanter d'avoir vu le visage de sa fille, il la tient si fort enfermée qu'il la cache au soleil même, et, malgré tous ses soins, elle a la réputation d'être extrêmement belle. Vous dites vrai, répondit la jeune fille; si la renommée ment ou non sur ma beauté, vous pouvez vous désabuser, puisque vous m'avez vue, et là-dessus elle se mit à pleurer amèrement. Le secrétaire, en voyant ces larmes, se pencha à l'oreille du maître d'hôtel et lui dit tout bas : Il faut qu'il soit arrivé à cette pauvre demoiselle quelque événement de grande importance, pour qu'une fille de qualité soit hors de sa maison, dans cet équipage, et la nuit. Je n'en fais point de doute, répondit le maître d'hôtel, et ses pleurs mêmes en sont une preuve. Sancho la consola le mieux qu'il put, et l'engagea à leur confier ce qui lui était arrivé sans aucune crainte, lui promettant l'aide de tous pour la secourir par toutes les voies possibles. Seigneurs, dit-elle enfin, voici le fait : Il y a dix ans que mon père me tient renfermée, il y a juste ce temps que j'ai perdu ma mère. On dit la messe à la maison, dans un riche oratoire, et, pendant tout ce temps-là, je n'ai vu que le soleil le jour, la lune et les étoiles la nuit. Je ne sais ce que c'est que des rues, des places, des temples, ni même des hommes, excepté mon père, un frère à moi, et Pedro Perez, le fermier qui vient souvent à la maison, c'est ce qui m'a fait dire qu'il était mon père, afin de ne pas nommer le mien. Cette réclusion et cette défense de sortir, même pour aller à l'église, me donnent beaucoup de chagrin depuis longtemps; je désirais voir le monde, ou du moins le village où je suis née, ce désir ne me semblait pas contraire à la décence et au respect qu'une demoiselle bien née se doit à elle-même. Quand j'entendais parler de combats de taureaux, de jeux de bagues et de comédies, je priais mon frère, qui a un an de moins que moi, de m'expliquer toutes ces choses, et beaucoup d'autres que je n'avais jamais vues. Il me les décrivait le mieux qu'il pouvait, mais tout cela ne faisait qu'enflammer le désir que j'avais de les voir. Bref, pour abréger l'histoire de ma perte, je priai, je suppliai mon frère (et plût à Dieu que je ne l'eusse jamais fait !...). Là ses pleurs recommencèrent. Madame, lui dit le majordome, poursuivez sans crainte, nous sommes également touchés de vos paroles et de vos larmes. Il me reste peu de chose à dire, reprit-elle, quoique j'aie beaucoup à pleurer, car les mauvais désirs ne peuvent entraîner avec eux que de pareilles disgrâces. La beauté de cette jeune fille avait fait impression sur le cœur du maître d'hôtel, il haussa de nouveau sa lanterne pour la regarder, ses pleurs lui semblaient des semences de perles ou la rosée des champs, et même il les élevait jusqu'à y voir des perles orientales; il désirait vivement que son malheur ne fût pas si grand que le pouvaient faire soupçonner ses sanglots.

Sancho se dépitait de ces retards et de ces interruptions : il lui dit d'achever, qu'il était tard, et qu'il avait encore beaucoup à faire pour terminer sa ronde. Enfin, après bien des soupirs interrompus : Ma disgrâce n'est autre, reprit-elle, que d'avoir conjuré mon frère de me prêter un de ses habits, et de me mener avec lui, de nuit, voir le bourg pendant le sommeil de mon père. Importuné par mes prières, il y consentit enfin, me prêta cet habit, prit un des miens, qui lui allait à merveille, car il n'a point de barbe, et on le prendrait pour une jeune fille fort jolie. Nous sommes sortis cette nuit, il peut y avoir une heure, et, entraînés par notre imprudente résolution de jeunes gens, nous avons couru tout le bourg; nous pensions à retourner à la maison, lorsque nous avons vu venir une grande troupe de gens. Mon frère me dit : Ma sœur, ce doit être la ronde, des ailes aux pieds, et cours avec moi pour n'être pas reconnus, on nous ferait des reproches. Aussitôt il a tourné le dos et commencé, non à courir, mais à voler. Pour moi, je n'avais pas fait six pas, que je suis tombée; c'est alors qu'est arrivé l'homme de justice, il m'a amenée devant vous, où pour ma fantaisie je me vois forcée de rougir devant tant de monde. Il ne vous est donc arrivé rien autre chose? dit Sancho; et cette jalousie dont vous parliez d'abord n'est point la cause de votre sortie? Il ne m'est rien arrivé, répondit-elle, et la jalousie ne m'a pas fait sortir : je n'avais d'autre désir que de voir du monde, et sans sortir des rues du bourg. En ce moment des archers amenèrent son frère, qu'ils avaient arrêté dans sa fuite, ce qui confirma le récit de la jeune fille. Il avait pour tout vêtement une riche jupe, avec une mantille de damas bleu, passementée d'or; sa tête était nue et sans autre ornement que ses cheveux, semblables à des anneaux d'or, tant ils étaient blonds et bouclés. Sancho et les autres le prirent à l'écart, et lui demandèrent pourquoi il portait un tel costume. Il répondit avec la même timidité et la même hésitation que sa sœur, et ses réponses furent les mêmes. L'amoureux maître d'hôtel en eut une grande satisfaction. Le gouverneur leur dit : Assurément, seigneurs, voilà un grand enfantillage; pour raconter une hardiesse et une niaiserie pareilles fallait-il tant de larmes, de soupirs, d'hésitations? Il fallait dire tout simplement : Nous sommes tel et telle; nous sommes sortis de la maison de nos parents uniquement par curiosité, nous n'avions aucune autre intention. Le conte eût été fini, et vous vous seriez épargné toutes ces pleurnicheries. Vous avez raison, dit la jeune fille; mais mon trouble a été si grand, que je n'ai pas su garder de mesure. Il n'y a rien de perdu, répondit Sancho : continuons notre route, et nous vous remettrons chez votre père. Peut-être ne s'est-il pas aperçu de votre absence. A l'avenir, ne soyez pas si enfants et si curieux de voir le monde. Une fille d'honneur a la jambe rompue à la maison; en courant, la poule et la femme se perdent; celle qui a tant envie de voir, a aussi envie d'être vue : je n'en dis pas davantage. Le jeune homme remercia le gouverneur de la faveur qu'il leur faisait de les reconduire à leur maison. Ils en prirent le chemin, et elle n'était pas éloignée. Ils arrivèrent. Le jeune homme jeta une petite pierre contre une fenêtre : une servante descendit, qui les attendait et leur ouvrit la porte. Ils rentrèrent, laissant tout le monde en admiration de leur beauté, de leur gentillesse et de leur curiosité de voir le monde la nuit et sans sortir du bourg. Tout passa sur le compte de leur grande jeunesse. Le maître d'hôtel resta blessé au cœur et se proposa de demander, dès le lendemain, la jeune fille en mariage à son père, persuadé qu'il ne la lui refuserait pas, attendu qu'il était attaché au duc. Sancho conçut aussi quelque idée de marier le jeune homme avec sa fille Sanchica, et résolut de suivre cette affaire dans un autre moment, persuadé qu'une fille de gouverneur ne pouvait pas éprouver de refus. Ainsi finit la ronde de cette nuit, et deux jours après le gouvernement, ce qui détruisit tous les projets de Sancho, comme on le verra plus loin.

CHAPITRE L.

OU L'ON DÉCLARE QUELS ÉTAIENT LES ENCHANTEURS ET LES BOURREAUX QUI FUSTIGÈRENT LA DUÈGNE, PINCÈRENT ET ÉGRATIGNÈRENT DON QUICHOTTE, ET CE QUI ARRIVA AU PAGE PORTEUR DE LA LETTRE A THÉRÈSE PANÇA, FEMME DE SANCHO.

Cid Hamet, très exact scrutateur des plus petites particularités de cette véridique histoire, nous dit que, lorsque doña Rodriguez sortit de sa chambre pour aller trouver Don Quichotte, une autre duègne, qui couchait avec elle, l'entendit, et, comme toutes les duègnes sont curieuses de savoir, d'entendre et de flairer, elle la suivit avec tant de précaution que la bonne Rodriguez ne s'en aperçut pas. Lorsqu'elle la vit entrer dans la chambre de Don Quichotte, pour ne point déroger à la coutume des duègnes qui sont toutes rapporteuses, elle courut promptement en instruire la duchesse, celle-ci le dit au duc, et lui demanda la permission d'aller, avec Altisidore, épier ce que la duègne voulait à Don Quichotte. Le duc y consentit, et toutes deux, pas à pas, s'avancèrent silencieusement jusqu'à la porte de la chambre du chevalier, et si près qu'elles entendaient tout ce qui se disait. Lorsque la duchesse entendit Rodriguez divulguer le secret de ses fontaines, elle ne put l'endurer; Altisidore encore moins. Animées par la colère et le désir de la vengeance, elles entrèrent tout à coup, criblèrent Don Quichotte de coups d'ongles, et fouettèrent la duègne, comme nous l'avons déjà dit; car rien n'offense plus les femmes et ne les excite plus à la vengeance que les outrages dirigés contre leur beauté et la bonne opinion qu'elles ont d'elles-mêmes. La duchesse raconta au duc ce qui venait de se passer : il s'en amusa beaucoup. La duchesse, pour prolonger le plaisir qu'ils trouvaient à se jouer de Don Quichotte, envoya vers Thérèse Pança le page qui avait fait le rôle de Dulcinée dans la scène du désenchantement, que les grandes occupations de Sancho lui avaient fait oublier. Le page était porteur de la lettre de Sancho, d'une autre de la duchesse, et d'un beau collier de corail qu'elle envoyait en présent.

Ce page, dit l'histoire, était fin et spirituel; pour plaire à ses maîtres, il partit de grand cœur pour le village de Sancho. Il vit à l'entrée un grand nombre de femmes qui lavaient dans un ruisseau. Il leur demanda si elles pourraient lui indiquer dans l'endroit une femme nommée Thérèse Pança, femme d'un certain Sancho Pança, écuyer d'un chevalier nommé Don Quichotte de la Manche A cette demandé, une jeune fille qui lavait se leva, et dit : Cette Thérèse est ma mère, Sancho mon père, et le chevalier dont vous parlez notre maître. Venez donc et conduisez-moi à votre mère, dit le page, je lui apporte une lettre et un présent de votre père. Je le ferai avec grand plaisir, répondit la jeune fille, qui pouvait avoir quatorze ans environ. Elle laissa à une compagne la robe qu'elle lavait, et, sans prendre le temps de se chausser ni de se coiffer, car elle avait les jambes nues et les cheveux dénoués, elle sauta devant le cheval, et dit au page : Venez, seigneur, notre maison est à l'entrée du village, et ma mère est en grande peine de ne pas recevoir depuis longtemps des nouvelles de mon père. Je lui en apporte de si bonnes, dit le page, qu'elle aura sujet d'en rendre grâces à Dieu. Enfin, toujours courant, sautant, bondissant, la jeune fille arriva, et, parvenue à la porte de la maison, cria avant d'entrer : Venez, mère Thérèse, venez, venez, voici un seigneur qui vous apporte une lettre et d'autres choses encore de mon bon père ! A ces cris, Thérèse sortit filant une quenouille d'étoupe, et vêtue d'une cotte grise. On eût dit, tant elle était courte, qu'on l'avait coupée au bas des reins ; elle avait un corsage de même couleur et un haut de chemise sur la poitrine. Elle n'était pas très vieille, quoiqu'elle annonçât plus de quarante ans, mais forte, droite, nerveuse et hâlée. Ayant vu sa fille et le page à cheval : Qu'est-ce, ma fille ? dit-elle, quel est ce seigneur ? C'est un serviteur de doña Thérèsa Pança, répondit le page. Déjà il était à bas de son cheval, et il alla se mettre humblement à genoux devant elle, en lui disant : Permettez-moi, madame, de vous baiser les mains comme à l'épouse propre et légitime du seigneur don Sancho Pança, propre gouverneur de l'île de Barataria. Ah ! seigneur, ne restez pas ainsi : que faites-vous ? répondit Thérèse ; je ne suis point une femme de cour, mais une pauvre paysanne, fille d'un journalier et femme d'un écuyer errant, non d'un gouverneur. Votre seigneurie, répondit le page, est la très digne épouse d'un archidigne gouverneur, et, pour preuve de ce que je dis, recevez cette lettre et ce présent. En même temps il tira de sa poche et lui passa au cou une chaîne de corail terminée par des agraffes d'or, et lui dit : Cette lettre est du seigneur gouverneur, cette autre et la chaîne sont de madame la duchesse, qui m'envoie vers vous. Thérèse demeura tout interdite, sa fille ni plus ni moins, et celle-ci s'écria : Que je meure si ceci n'est pas du fait de notre seigneur et maître Don Quichotte, qui aura donné à mon père le gouvernement ou le comté qu'il lui a tant de fois promis. Il est vrai, répondit le page, que c'est en considération du seigneur Don Quichotte que le seigneur Sancho est maintenant gouverneur de l'île Barataria, comme vous le verrez par cette lettre. Lisez-la-moi, seigneur gentilhomme, dit Thérèse, car si je sais bien filer, je ne sais pas lire. Ni moi non plus, dit Sanchica ; mais, attendez, j'irai chercher quelqu'un qui la lira, ou le curé, ou le bachelier Samson Carrasco : ils viendront de bon cœur pour savoir des nouvelles de mon père. Il n'est pas besoin d'aller chercher personne, dit le page, car je ne sais pas filer, mais je sais lire, et je la lirai. Il lut donc d'un bout à l'autre la lettre de Sancho, que nous ne répéterons pas puisqu'elle a été déjà rapportée, et ensuite il tira celle de la duchesse, ainsi conçue :

« Amie Thérèse, les bonnes qualités et le bon jugement de votre mari Sancho « m'ont engagée et déterminée à demander pour lui, au duc mon époux, le gou-

« vernement d'une des nombreuses îles qu'il possède. J'apprends qu'il gouverne « comme un gerfaut, ce qui me cause une grande satisfaction et au duc mon « seigneur, par conséquent. Je rends grâces au ciel de ne m'être pas trompée « dans le choix que j'ai fait pour ce gouvernement ; car vous devez savoir que « c'est une chose difficile à rencontrer qu'un bon gouverneur, et que Dieu me « traite aussi bien que Sancho gouverne. Je vous envoie, ma chère amie, une « chaîne de corail montée en or : je voudrais qu'elle fût de perles orientales ; « mais, qui vous donne un os ne voudrait pas vous voir morte. Un temps viendra « où nous nous connaîtrons et nous visiterons : Dieu sait ce qu'il en sera. Je me « recommande à votre fille Sanchica : dites-lui de ma part de se tenir pour avertie « et qu'au moment où elle y pensera le moins je la marierai richement. On me « dit que dans votre pays il y a de gros glands : envoyez-m'en deux douzaines, « j'en ferai grand cas, venant de vous. Écrivez-moi longuement : parlez-moi de « votre santé, de votre bien-être, et, si vous avez besoin de quelque chose, vous « n'avez qu'à ouvrir la bouche on la remplira. Dieu vous garde.

« De cet endroit....

« Votre amie qui vous aime bien,

« La Duchesse. »

Ah ! s'écria Thérèse après avoir entendu la lettre, la bonne, l'excellente, l'affable dame ! Qu'on m'enterre avec ses pareilles, et non avec les nobles de notre village ; parce qu'elles sont de qualité, elles pensent que le vent ne doit pas les toucher ; elles vont à l'église avec autant d'apparat que si elles étaient des reines, et croiraient se déshonorer en regardant une paysanne ; et voilà cette bonne dame qui, toute duchesse qu'elle est, m'appelle son amie, et me traite comme si j'étais son égale : puissé-je la voir l'égale du plus haut clocher de la Manche ! Pour ce qui est des glands, mon bon seigneur, je lui en enverrai une mesure et de si gros qu'on pourra les venir voir comme des miracles. Pour le moment, Sanchica, songe à bien régaler ce seigneur ; aie soin de son cheval, va chercher des œufs à l'étable, coupe du lard, faisons-le dîner comme un prince : sa bonne mine et les bonnes nouvelles qu'il nous apporte le méritent bien. En attendant, j'irai conter ces bonnes nouvelles à nos voisines, au curé, à maître Nicolas le barbier, qui sont et ont toujours été si bons amis de ton père. Oui, ma mère, répondit Sanchica ; mais n'oubliez pas de me donner la moitié de cette chaîne, car je ne crois pas madame la duchesse assez sotte pour l'avoir envoyée pour vous seule. Elle est toute pour toi, ma fille, répondit Thérèse ; mais laisse-la-moi porter quelques jours, il me semble qu'elle me réjouit le cœur. Vous vous réjouirez encore, dit le page, quand vous aurez vu le paquet que j'ai dans mon porte-manteau ; c'est un habit de drap très fin que le gouverneur n'a mis qu'un seul jour à la chasse, et qu'il envoie tout entier pour mademoiselle sa fille. Puisse-t-il vivre mille ans, dit Sanchica, et celui qui me l'apporte ni plus ni moins, et même deux mille au besoin. Thérèse sortit alors de sa maison la chaîne au cou, les lettres à la main, sur lesquelles elle frappait des doigts comme si c'eût été un tambour de basque. Elle rencontra par hasard le curé et Samson, se mit à sauter, et leur dit : A présent, ma foi, qu'il n'y a plus de parents pauvres, nous tenons le gouvernement. Vienne maintenant la plus huppée des femmes de gentilshommes prendre des airs avec moi, je vous la mettrai bien à sa place. — Qu'est ceci, Thérèse? quelle folie nous débitez-vous là? Quels sont ces papiers? — La folie, il n'y en a pas d'autre, sinon que voici des lettres de duchesse et de gouverneur; que la chaîne que j'ai au cou a les *Ave Maria* de fin corail, et les *Pater noster* d'or pur, et que je suis gouverneuse. — Nous vous entendrons quand il plaira à Dieu, Thérèse; nous ne savons ce que vous voulez dire. Vous pourrez le voir ici, dit-elle en leur donnant les lettres. Le curé en donna lecture à Samson, et ils se regardèrent l'un l'autre, ne sachant que dire. Le bachelier demanda à Thérèse qui avait apporté ces lettres. Venez à la maison, dit-elle, vous verrez le messager: c'est un jeune homme beau comme le jour; il m'apporte en présent bien autre chose. Le curé lui ôta la chaîne du cou, la tourna, la retourna, et voyant que le tout était fin, son étonnement redoubla: Par l'habit que je porte, dit-il, je ne sais que dire ni que penser de ces lettres et de ces présents: d'un côté, je vois et je touche ce corail qui est véritablement fin, de l'autre, je lis qu'une duchesse demande deux douzaines de glands. Accordez tout cela, si vous le pouvez, dit Carrasco; nous allons voir le porteur de cette lettre, il nous éclaircira peut-être ces difficultés. Ils se mirent en marche et Thérèse avec eux. Ils trouvèrent le page qui criblait un peu d'orge pour son cheval; Sanchica coupait du lard pour le mêler avec des œufs et donner à dîner au page. La bonne mine et l'équipage de ce dernier leur plurent à tous deux. Après un échange de saluts civils, Carrasco lui demanda des nouvelles de Don Quichotte et de Sancho, ajoutant que, bien qu'ils eussent lu les lettres, leur embarras n'était pas moins grand, et qu'ils ne pouvaient comprendre ce que c'était que ce gouvernement de Sancho, surtout d'une île, d'autant plus que toutes ou presque toutes les îles de la Méditerranée appartenaient à Sa Majesté. Il est certain, répondit le page, que le seigneur Sancho est véritablement gouverneur: que ce soit d'une île ou non, je n'ai rien à vous en dire; il suffit que ce soit un bourg de plus de mille habitants. Pour ce qui est des glands, madame la duchesse est si bonne et si affable, qu'elle peut bien envoyer demander des glands à une paysanne; il lui est arrivé d'emprunter un peigne à une de ses voisines. Vous devez savoir que les dames d'Aragon, quoique de si haute naissance, ne sont pas si fières et si pointilleuses que celles de Castille, elles traitent les gens avec plus de familiarité. Pendant cette conversation, Sanchica parut avec un sac plein d'œufs, et demanda au page si son père portait des hauts-de-chausses depuis qu'il était gouverneur. Je n'y ai pas pris garde, répondit-il, mais cela doit être. Bon Dieu! dit-elle, que je serais aise de le voir! Ainsi n'est-il pas bon que depuis que je suis au monde, j'aie toujours eu le désir de voir mon père en hauts-de-chausses[1]. Vous le verrez, répondit le page: par Dieu! si le gouvernement dure seulement deux mois, nous le verrons aller avec un bonnet à oreilles. Le curé et le bachelier virent bien que le page plaisantait; mais la beauté du collier et l'habit de chasse envoyé par Sancho les déroutaient: Thérèse le leur avait déjà montré. Ils ne laissèrent pas de rire du désir de Sanchica, et plus encore quand Thérèse dit: Seigneur curé, ne connaîtriez-vous pas quelqu'un qui allât à Madrid ou à Tolède? Je voudrais le charger de m'acheter un vertugadin rond et bien fait qui soit à la mode et des meilleurs, car, en vérité, je veux faire honneur, autant que je le

[1] *Con pedorreras.* Nom burlesque donné à des culottes étroites jusqu'au milieu de la cuisse et très amples du haut. Elles furent interdites par ordre royal.

pourrai, au gouvernement de mon mari; et, si je me fâche, je me donnerai un carrosse et m'en irai à la cour : la femme d'un gouverneur peut bien s'en donner un et l'entretenir. Comment, mère, dit Sanchica, plût à Dieu que ce fût aujourd'hui plutôt que demain! quand ceux qui me verraient dans ce carrosse avec ma mère devraient dire : Regardez donc cette fille de rien, cette fille d'un mangeur d'ail, la voyez-vous se carrer dans cette voiture comme une papesse! Mais qu'ils aillent dans la boue, pourvu que je sois dans ma voiture, les pieds loin de la terre. Maudits soient les médisants de ce monde! Que les gens rient, pourvu que j'aie les pieds chauds. N'ai-je pas raison, ma mère? — Comment! si tu as raison! Mon bon Sancho m'a prédit toutes ces bonnes fortunes, et de plus grandes encore. Tu verras qu'il ne s'arrêtera pas qu'il ne m'ait fait comtesse. En fait de bonheur, il ne faut que commencer. Je l'ai souvent entendu dire à ton père, qui est aussi le père des proverbes : Quand on te donne la vache, cours lui mettre la corde. Si l'on te donne un gouvernement, prends-le; un comté, empoigne-le; et quand on te dirait ici, ici! en te jetant quelque bon présent, ramasse-le, sinon, dors, et ferme ta porte sans répondre aux bonnes fortunes qui viennent te trouver. Et moi, dit Sanchica, que m'importe qu'on dise, lorsque je me verrai fière et pimpante : le chien s'est vu chaussé... et le reste?

En vérité, dit le curé, je ne puis que croire que toute cette famille des Pança est venue au monde avec un sac de proverbes dans le corps : je n'en ai vu aucun qui n'en débite à toute heure et à tout propos. Il est vrai, dit le page, le seigneur gouverneur en cite à tous moments, et quoiqu'ils ne viennent pas toujours à propos, ils font grand plaisir; monseigneur le duc et madame la duchesse en font grand cas. Mais, quoi! seigneur, dit le bachelier, affirmez-vous toujours comme réel ce que vous nous dites du gouvernement de Sancho, et qu'il y a une duchesse au monde qui lui écrive et lui envoie des présents? Pour nous, quoique nous ayons lu les lettres et touché les cadeaux, nous ne pouvons le croire, et nous pensons que c'est une de ces aventures que notre compatriote Don Quichotte croit arrivées par enchantement. Je suis tenté de vous dire que je voudrais vous toucher, vous tâter, pour voir si vous êtes un ambassadeur fantastique, ou réellement un homme de chair et d'os. Je ne sais rien autre chose, répondit le page, sinon que je suis un véritable ambassadeur; que le seigneur Sancho est véritablement gouverneur, et que le duc et la duchesse, mes maîtres, peuvent donner, et lui ont donné un gouvernement, dans lequel j'ai entendu dire qu'il se comporte à merveille. S'il y a de l'enchantement dans tout ceci, vos seigneuries peuvent le discuter entre elles. Pour moi, par le serment que je fais et qui est par la vie de mes parents, qui existent encore, et que j'aime beaucoup, je ne sais pas autre chose. Cela peut être ainsi, répondit le bachelier, mais *dubitat Augustinus.* Doute qui voudra, ajouta le page; les choses sont comme je vous le dis, et la vérité surnage toujours au-dessus du mensonge comme l'huile sur l'eau. Au reste, *operibus credite, et non verbis* : que l'un de vous vienne à moi, il verra de ses yeux ce que ses oreilles refusent de croire. C'est à moi d'y aller, dit Sanchica, prenez-moi en croupe, seigneur; j'irai de grand cœur voir mon père. — Les filles de gouverneur ne vont pas ainsi seules, par les chemins, sans être suivies de litières, de carrosses et d'un grand nombre de serviteurs. Pardieu, répondit Sanchica, j'irai tout aussi bien sur une bourrique que dans un carrosse : vous avez bien trouvé votre mijaurée. Tais-toi, petite fille, dit Thérèse; tu ne sais ce que tu dis. Ce seigneur a raison : selon le temps, les gens ; à Sancho, Sancha ; au gouverneur, c'est mademoiselle ; je ne sais si je dis assez. Madame Thérèse en dit plus qu'elle ne pense, reprit le page ; mais donnez-moi à manger, et dépêchez-moi vite, car je veux être de retour ce soir. Votre grâce viendra faire pénitence chez moi, dit le curé, madame Thérèse a plus de bonne volonté que de moyens pour traiter un tel hôte. Le page s'en défendit, mais enfin il dut accepter pour son bien, et le curé fut ravi de l'emmener pour avoir occasion de lui parler plus à l'aise de Don Quichotte et de ses aventures. Le bachelier offrit à Thérèse d'écrire ses réponses, mais elle ne voulut pas le mêler dans ses affaires, elle le connaissait pour un railleur : elle aima mieux donner un petit pain et deux œufs à un moinillon qui savait écrire, et qui lui fit deux lettres, l'une pour la duchesse, et l'autre pour son mari. Elle les tira de son propre fonds, et ce ne sont pas les plus mauvaises de cette grande histoire, comme on le verra plus loin.

CHAPITRE LI.

CONTINUATION DU GOUVERNEMENT DE SANCHO, ET AUTRES ÉVÉNEMENTS NON MOINS INTÉRESSANTS.

Le jour vint qui suivit la nuit où le gouverneur fit sa ronde. Le maître d'hôtel passa cette nuit sans dormir, tant il avait l'esprit frappé de la beauté et de la bonne grâce de la demoiselle déguisée. Le majordome employa ce qu'il en restait à écrire au duc les faits et paroles de Sancho : il était émerveillé des uns et des autres, tant c'était un singulier mélange de sagesse et de simplicité. Le gouverneur se leva enfin, et, par l'ordonnance du docteur Pedro Recio, on le fit déjeuner avec un peu de conserve et quatre gorgées d'eau fraîche, déjeuner qu'il aurait changé contre un morceau de pain et une grappe de raisin : mais se voyant forcé de se soumettre, il en passa par là à son grand regret et malgré les sollicitations de son estomac. Recio lui faisait croire que la nourriture délicate, prise en petite quantité, réveillait l'esprit ; c'était, disait-il, ce qui convenait le mieux aux personnes chargées de fonctions graves et importantes qui ont moins besoin des forces du corps que de celles de l'entendement. Avec ces beaux sophismes, Sancho pâtissait de la faim, au point que, dans son cœur, il donnait au diable le gouvernement et celui qui le lui avait confié. Cependant, avec sa faim et sa conserve, il se mit à juger. La première chose qui s'offrit fut la demande d'un étranger, qui, en présence du majordome et des autres acolytes, lui parla en ces termes : Seigneur, prêtez-moi toute votre attention, car le cas est important et difficile. Une grande rivière séparait les domaines d'une même seigneurie. Sur cette rivière était un pont, et au bout une potence et une espèce de salle d'audience, dans laquelle ordinairement se tenaient quatre juges pour faire observer la loi établie par le propriétaire de la rivière et du pont et de la seigneurie. Cette loi était ainsi conçue : « Quiconque traversera ce pont, doit déclarer d'abord, sous serment,

« où il va, et pourquoi il va : s'il dit la vérité, qu'on le laisse passer; s'il ment, « qu'on le pende sans rémission à cette potence. » Depuis l'institution de cette loi rigoureuse, nombre d'hommes se sont présentés sur le pont, et aussitôt qu'on a reconnu que leurs déclarations étaient vraies, les juges les ont laissé passer librement. Mais il est arrivé que sur la demande de jurer, un homme a déclaré qu'il allait mourir à la potence placée sur le pont, qu'il n'avait pas d'autre but. Les juges furent embarrassés de ce serment, et dirent : Si nous laissons passer librement cet homme, son serment est faux, et conformément à la loi, il doit mourir; si nous le faisons pendre, il a juré qu'il allait mourir à cette potence, et il aura dit la vérité, la loi veut qu'alors on le laisse libre. Je viens vous demander, seigneur gouverneur, ce que doivent faire les juges, car ils ne savent encore à quoi se déterminer. Ils ont appris votre sagesse et votre discernement, et m'ont député vers vous pour vous supplier de donner votre avis dans une question aussi difficile. Certes, répondit Sancho, ces seigneurs juges qui vous adressent à moi, auraient pu s'en dispenser : je suis un homme plus lourd que subtil; cependant, répétez-moi votre affaire, pour que je la saisisse bien; peut-être toucherai-je le but. Le demandeur répéta ce qu'il venait de dire. Il me semble, reprit Sancho, que deux mots suffisent pour éclaircir l'affaire, et voici comment. Cet homme jure qu'il va mourir à la potence : si on l'y accroche, il aura dit la vérité, et selon la loi il doit être libre et passer. Si l'on ne le pend pas, il aura menti, et selon la même loi il mérite la mort C'est cela même, dit le messager, il n'y a ni doute ni questions à faire, le cas est parfaitement saisi. Je dis donc, continua Sancho, que, de cet homme dont il est question, on laisse passer la partie qui a dit la vérité, et que l'on pende celle qui a menti : de cette manière, la loi se trouvera exécutée au pied de la lettre. Mais, seigneur gouverneur, répliqua le messager, il faudrait que cet homme pût être divisé en deux parties, l'une menteuse et l'autre véridique, et si l'on coupe son corps en deux, force sera qu'il meure, et alors la loi ne sera observée dans aucun de ses points : il faut pourtant qu'on y obéisse. C'est où je vous attendais, bonhomme, reprit Sancho. Je suis un sot, ou le passant peut, avec autant de raison, être mis à mort ou bien vivre et passer le pont, car, si la vérité l'absout, le mensonge le condamne. Les choses étant ainsi, mon avis est que vous disiez à ceux qui vous ont envoyé vers moi que, puisque les raisons de condamner et d'absoudre sont égales et de même poids, ils laissent passer l'homme librement, car on est toujours plus loué de faire le bien que le mal. Je signerais de mon nom ce que je vous dis là, si je savais signer. Ce n'est pourtant pas d'après moi que je vous parle en cette occasion : je me suis souvenu d'un précepte que m'a donné, entre autres, mon maître Don Quichotte, la nuit d'avant mon départ, pour être gouverneur de cette île : il me dit que, quand la justice serait douteuse, je me rangeasse du parti de la miséricorde. Dieu a permis que je me rappelasse cet avis, qui vient ici fort à propos. Il est vrai, dit le majordome, et je suis d'avis que Lycurgue lui-même, qui donna des lois aux Lacédémoniens, n'aurait pu rendre un meilleur jugement que celui que vient de donner le grand Sancho Pança. Fermons l'audience du matin. Je vais donner ordre à ce que le seigneur gouverneur dîne selon son goût. C'est tout ce que je demande, répondit Sancho, et allons droit notre chemin : qu'on me donne à manger, et pleuvent sur moi les affaires et les doutes, je saurai bien les éclaircir. Le majordome tint parole, car il lui semblait que c'était charger sa conscience que de faire mourir de faim un si sage gouverneur; d'ailleurs, il voulait en finir cette même nuit et faire exécuter le dernier tour qu'il avait ordre de jouer à Sancho.

Lorsqu'il eut dîné ce jour-là, en dépit des aphorismes et des prescriptions du docteur Tirteafuera, comme on enlevait la nappe, entra un courrier porteur d'une lettre de Don Quichotte au gouverneur. Sancho ordonna au secrétaire d'en prendre lecture en particulier, et, s'il n'y voyait rien qui demandât du secret, de la lire à haute voix. Le secrétaire obéit, et la parcourant d'abord, dit: On peut faire cette lecture à haute voix, ce qu'écrit le seigneur Don Quichotte mériterait d'être gravé et écrit en lettres d'or; le voici :

LETTRE DE DON QUICHOTTE DE LA MANCHE

A Sancho Pança, gouverneur de l'île Barataria.

« Ami Sancho, lorsque je croyais apprendre des nouvelles de tes sottises ou « de ta négligence, je n'en reçois que de ta sagesse : j'en ai rendu de particulières « actions de grâces à Dieu, qui du fumier sait élever les pauvres [1], et des simples « faire des gens sensés. On me dit que tu gouvernes avec la dignité d'un homme, « mais que tu te rabaisses à la condition des animaux par ta grande humilité. Je « dois t'avertir, Sancho, que, pour conserver l'autorité de sa place, il est souvent « besoin d'aller contre l'humilité de son cœur : la bienséance exige de ceux qui « sont chargés de fonctions importantes, qu'ils se conforment à la dignité de ces « fonctions, et non au rôle chétif auquel les accoutuma leur condition. Sois tou- « jours bien vêtu : un bâton bien façonné ne semble plus un bâton. Je ne prétends « pas que tu te couvres de bijoux, d'habits pompeux, ni qu'étant juge tu t'ha- « billes en soldat, mais que tu portes les vêtements qui conviennent à ta place, et « que tu sois toujours propre et soigné.

« Pour obtenir l'affection du pays que tu gouvernes, tu as deux choses princi- « pales à faire : la première, d'être affable avec tout le monde, comme je te l'ai « déjà dit; la seconde, de veiller à ce que les vivres soient toujours abondants; « car il n'y a rien qui indispose plus le pauvre que la disette et la faim. Ne rends « point beaucoup d'ordonnances, ou si tu en fais, tâche qu'elles soient bonnes et « surtout qu'on les observe. Les lois qui ne sont pas observées sont comme si elles « n'existaient pas : elles donnent de plus à entendre que le prince qui a eu la « sagesse et l'autorité de les promulguer, n'a pas eu le mérite nécessaire pour « les faire observer; les lois qui ont pour but d'intimider et ne s'exécutent pas, « sont comme la poutre qu'on donna pour reine aux grenouilles : d'abord elle « les épouvanta et avec le temps, elles la méprisèrent et sautèrent dessus.

« Sois le protecteur des vertus et le fléau du vice. Ne sois ni toujours sévère, ni « toujours indulgent, mais sache tenir entre ces deux extrêmes un juste milieu : « c'est en cela que consiste la sagesse. Visite les prisons, les boucheries et les « marchés publics : la présence du gouverneur dans ces lieux-là est d'une grande « importance. Console les détenus qui attendent un prompt jugement; sois la

[1] *De stercore erigens pauperem.*

« terreur des bouchers et de tous les marchands de place qui vendent à faux « poids.

« Ne te montre pas, quand tu le serais, ce que je ne crois pas, avide, ni glouton « ni adonné aux femmes ; car le peuple et ceux qui ont affaire à toi, connais- « sant ton faible, te dresseraient de ce côté-là des embûches qui causeraient ta « perte.

« Considère, pèse et repèse dans ton esprit les conseils que je t'ai donnés par « écrit, avant que tu partisses pour ton gouvernement. Si tu les suis, ils t'aide- « ront et t'allégeront les travaux et les difficultés qui se présentent à chaque pas « aux gouverneurs.

« Écris à tes maîtres, et montre-toi reconnaissant : l'ingratitude est fille de « l'orgueil, et l'un des plus grands vices que l'on puisse avoir. Celui qui se mon- « tre reconnaissant du bien qu'on lui a fait, donne à penser qu'il le sera envers « Dieu, qui le comble chaque jour de ses dons.

« Madame la duchesse a envoyé à ta femme Thérèse un exprès avec ton habit « et un autre présent : nous attendons la réponse à tous moments.

« J'ai été un peu indisposé de certaines égratignures de chats dont mon nez a eu « à souffrir, mais ce n'a été rien : s'il y a des enchanteurs qui me persécutent, « il y en a d'autres qui me défendent.

« Marque-moi si le majordome qui est près de toi a quelque chose de commun « avec la Trifaldi, comme tu l'as soupçonné ; instruis-moi de tout ce qui t'arrive, « puisque la distance qui nous sépare n'est pas grande. Je compte quitter bientôt « cette vie oisive que je mène, et pour laquelle je ne suis pas né. Il m'est sur- « venu une affaire, qui, je le crois, me fera perdre les bonnes grâces des seigneurs « chez lesquels je suis ; mais, quoi qu'il m'en coûte, cela ne m'arrêtera pas, car « enfin je me dois plus à ma profession qu'à leur satisfaction personnelle, con- « formément à ce qu'on a coutume de dire : *Amicus Plato, sed magis amica veri- « tas.* Je te dis cet adage en latin, parce que je pense que, depuis que tu es gou- « verneur, tu l'auras appris. Et à Dieu, et qu'il te garde d'exciter la pitié de « personne.

« Ton ami, DON QUICHOTTE DE LA MANCHE. »

Sancho écouta la lecture de cette lettre avec beaucoup d'attention, et tous ceux qui l'entendirent la louèrent, la trouvèrent fort sage. Puis il se leva de table, appela son secrétaire, et s'enferma avec lui dans sa chambre pour répondre sur-le-champ à son seigneur Don Quichotte : il commanda donc au secrétaire d'écrire ce qu'il allait lui dicter, sans rien ajouter ni retrancher, ce qu'il fit. Sa réponse était ainsi conçue :

LETTRE DE SANCHO PANÇA

A Don Quichotte de la Manche.

« L'occupation que me donnent mes affaires est si grande que je n'ai pas le « temps de me gratter la tête ni même de me couper les ongles : aussi je les ai « si longs que puisse Dieu y apporter remède. Je vous dis ceci, mon cher maître, « afin que vous ne vous étonniez pas si, jusqu'à cette heure, je ne vous ai point « informé si je me trouve bien ou mal dans mon gouvernement, où j'endure une « faim plus grande que lorsque nous courions ensemble les forêts et les déserts.

« Le duc, mon seigneur, m'a écrit, l'autre jour, pour me donner avis qu'il « était entré dans l'île certains espions avec l'intention de me tuer. Jusqu'à pré- « sent, je n'en ai pas découvert d'autre qu'un certain docteur, salarié dans cette « île pour faire périr tout autant de gouverneurs qu'il en viendra : il s'appelle le « docteur Pedro Recio, et est natif de Tirteafuera. Votre seigneurie verra par ce « nom si je n'ai pas raison d'appréhender de mourir de ses mains. Ce docteur dit « lui-même, et de lui-même, qu'il ne guérit point les maladies quand on les a, « mais qu'il les prévient et les empêche de venir; ses remèdes sont la diète, et « encore la diète, jusqu'à réduire les gens à n'avoir que les os bien nets, comme « si la faiblesse n'était pas un mal pire que la fièvre. En un mot, il me tue par la « faim et je meurs de dépit : j'avais pensé venir dans ce gouvernement pour man- « ger chaud, boire froid, et délasser mon corps sur la plume et dans les draps « de Hollande, et je fais pénitence comme un ermite; mais comme ce n'est point « de ma volonté, je pense qu'à la fin le diable m'emportera.

« Jusqu'à ce jour je n'ai encore touché aucun droit ni reçu de présents, et je « ne sais d'où cela provient, car on m'a dit ici que les gouverneurs qui viennent « dans cette île, touchent, avant d'entrer en fonctions, de grosses sommes d'ar- « gent que leur donnent ou leur prêtent les habitants, que telle est la coutume « dans tous les gouvernements et non seulement en celui-ci.

« En faisant la ronde cette nuit j'ai rencontré une belle fille en habit d'homme, « et son frère en habit de femme. Mon maître d'hôtel est devenu amoureux de la « jeune fille, et l'a choisie en idée pour sa femme, à ce qu'il dit. Moi, j'ai choisi « le jeune homme pour en faire mon gendre. Nous devons agir aujourd'hui, con- « formément à nos idées, auprès du père des deux jeunes gens ; c'est un gentil- « homme aussi vieux chrétien qu'on le puisse désirer : il se nomme Diego de la « Llana.

« Je visite les marchés, comme vous me le conseillez ; j'ai trouvé hier une « marchande qui vendait des noisettes nouvelles ; j'ai découvert qu'elle avait « mêlé aux noisettes nouvelles une égale quantité de noisettes vieilles, vides et « pourries ; j'ai confisqué le tout pour les enfants de la doctrine, qui sauront bien « les distinguer, et je l'ai condamnée à ne pas entrer de quinze jours au marché : « mais on m'a dit que j'avais bien fait. Ce que je peux dire à votre grâce est que « l'opinion ici est qu'il n'y a pas de pires gens que les revendeuses des marchés. « Elles sont toutes dévergondées, sans âme et sans conscience. Je le crois, car « j'ai remarqué la même chose dans d'autres endroits.

« Je suis bien content que madame la duchesse ait écrit à ma femme Thérèse, « et lui ait envoyé le cadeau que vous dites. Je m'efforcerai de lui en témoigner « ma reconnaissance en temps et lieu. Je vous prie de lui baiser les mains de ma « part, et de l'assurer que son bienfait n'est pas tombé dans un sac percé, « comme elle le connaîtra à l'œuvre. Je désirerais bien que vous n'eussiez point « de démêlé fâcheux avec ceux qui sont mes seigneurs, car si vous vous brouillez « avec eux, il est certain qu'il m'en reviendra du désavantage. D'ailleurs, il ne « serait pas bien, lorsque vous me conseillez d'avoir de la reconnaissance, d'en « manquer vous-même envers ceux qui vous ont si bien accueilli, traité, fêté « dans leur château.

« Je ne comprends pas ce que vous me dites des égratignures des chats ; tou-

« tefois j'imagine que ce doit être un de ces mauvais tours qu'ont coutume de « vous jouer les méchants enchanteurs : je le saurai quand nous nous verrons. Je « désirerais bien vous envoyer quelque chose, mais je ne sais quoi, si ce n'est « quelques canules de seringues : on en ajuste ici avec des vessies fort habile-« ment. Au reste, si le gouvernement dure, je chercherai quelque chose à vous « envoyer, pan ou manche. Si ma femme Thérèse m'écrit, je vous prie de payer « le port de la lettre et de me l'envoyer. J'ai grand désir d'avoir des nouvelles de « ma maison, de ma femme et de mes enfants. Dieu vous délivre, seigneur, des « maléfices des enchanteurs, et me fasse conduire en paix les affaires de ce « gouvernement, ce dont je doute fort, car je crois bien le quitter avec la vie, à « la manière dont me traite le docteur Pedro Recio.

« Le serviteur de votre seigneurie,

« SANCHO PANÇA, LE GOUVERNEUR. »

Le secrétaire ferma la lettre et expédia aussitôt le courrier, et les mystificateurs se réunirent pour convenir entre eux des moyens de mettre fin au gouvernement de Sancho. Pour lui, il passa la soirée à faire quelques ordonnances relatives à la bonne administration de ce qu'il croyait une île. Il défendit les revendeurs de comestibles, mais il permit de faire venir du vin d'où l'on voudrait, pourvu qu'on déclarât l'endroit d'où il était, afin que le prix en fût taxé suivant la qualité et la réputation. Il voulut que ceux qui feraient de fausses déclarations, ou qui mettraient de l'eau dans le vin, fussent punis de mort. Il modéra le prix de toute espèce de chaussures, et principalement celui des souliers, qui lui parut excessif. Il taxa le salaire des domestiques qui marchaient la bride sur le cou dans le chemin de l'intérêt. Il établit de grandes peines contre ceux qui auraient chanté des chansons obscènes de jour ou de nuit ; défendit qu'aucun aveugle chantât en couplets des miracles, à moins qu'il ne produisît le témoignage de leur authenticité, car il lui semblait que la plupart de ceux que ces hommes chantaient étaient controuvés, au préjudice des véritables. Il institua un alguazil des pauvres, non pour les poursuivre, mais pour vérifier s'ils l'étaient réellement, car sous l'apparence d'une pauvreté feinte ou d'infirmités supposées, se trouvent des bras larrons et la santé ivre. Enfin, il fit des ordonnances si excellentes, qu'elles sont encore en vigueur dans l'endroit, et se nomment *les constitutions du grand gouverneur Sancho Pança.*

CHAPITRE LII.

OU EST RACONTÉE L'AVENTURE DE LA SECONDE DUÈGNE DOLORIDE, OU AFFLIGÉE, AUTREMENT APPELÉE DONA RODRIGUEZ.

CID Hamet rapporte que Don Quichotte étant déjà guéri de ses égratignures, trouva que la vie qu'il menait dans ce château était tout à fait contraire à l'ordre de chevalerie qu'il professait. Il se détermina donc à demander au duc et à la duchesse la permission de partir pour Saragosse dont les fêtes approchaient, espérant gagner le harnais que l'on donnait pour prix au vainqueur. Étant donc un jour à table avec eux, il commençait l'explication et la requête, quand on vit entrer subitement dans la salle deux femmes, comme on le reconnut ensuite, couvertes de deuil de la tête aux pieds. L'une d'elles, s'avançant vers Don Quichotte, tomba à ses pieds, se jeta tout de son long à terre, et, la bouche collée à ses pieds, poussa des gémissements si tristes, si profonds et si douloureux, que tous les assistants en furent émus de compassion. Le duc et la duchesse pensaient bien que c'était quelque nouveau tour que leurs gens jouaient à Don Quichotte. Cependant les soupirs de cette femme étaient si pressés, ses gémissements, ses pleurs semblaient si naturels, qu'ils ne savaient qu'en penser. Don Quichotte, attendri, fit relever la dame affligée, et la conjura de relever le voile qui couvrait son visage éploré. Elle obéit, et l'on reconnut, ce que jamais on n'eût soupçonné, la figure de doña Rodriguez, la duègne de la maison. L'autre dame en deuil était sa fille, abusée par le fils du riche laboureur. Cette vue surprit tous ceux qui la connaissaient et les maîtres du château plus que personne : quoiqu'ils connussent bien la duègne pour sotte et de bonne pâte, ils ne la croyaient cependant point capable de faire des folies. Doña Rodriguez se retournant vers les seigneurs, leur dit : Vos Excellences m'accorderont-elles la permission d'adresser ma prière à ce chevalier ? il en est besoin pour bien sortir de la position où m'a jetée l'audace d'un méchant villageois. Parlez à votre aise et tant que vous voudrez au seigneur Don Quichotte, lui répondit le duc. Valeureux chevalier, dit-elle en se tournant vers Don Quichotte et lui adressant la parole, je vous ai depuis longtemps instruit de l'outrage qu'un méchant laboureur a fait à ma fille chérie. C'est cette infortunée qui est ici présente. Vous m'avez promis de la protéger et de redresser le tort qu'on lui a fait. Maintenant j'apprends que vous vous disposez à quitter ce château, pour aller chercher les glorieuses aventures que Dieu vous accordera. Mais, avant de vous remettre en course, j'aurais désiré vous voir adresser un défi à ce barbare indompté et le forcer d'épouser ma fille en accomplissement de la parole qu'il lui a donnée avant que d'abuser d'elle. Penser obtenir justice de monseigneur le duc, c'est demander des poires à un orme, vous en savez la raison, que je vous ai déclarée : sur ce, je prie le Seigneur de vous accorder une entière prospérité, et de ne pas nous abandonner. A cette requête, Don Quichotte, d'un air grave, d'une noble contenance répondit : Bonne duègne, modérez vos pleurs, ou plutôt séchez-les, faites trêve à vos soupirs; je prends sur moi de faire rendre justice à votre fille. Elle aurait mieux fait, sans doute, de ne pas croire aussi légèrement les protestations des amants, ils sont pour la plupart prompts à promettre, et lents à tenir leur parole. Avec la permission de monseigneur le duc, je vais sur-le-champ me mettre en quête de ce jeune pervers; je le trouverai; je le défierai, et je le tuerai s'il refuse de tenir sa promesse. Le point principal de ma profession est de pardonner aux humbles et de châtier les superbes, je veux dire de secourir les malheureux et de punir les oppresseurs. Il n'est pas nécessaire, dit le duc, que votre seigneurie se donne la peine d'aller chercher le paysan dont se plaint cette bonne duègne, et il n'est pas besoin de mon consentement pour le défier. Je le tiens pour défié; je me charge de lui faire connaître ce défi, de le lui faire accepter; il viendra se défendre dans ce château, où je vous assurerai à tous deux le champ clos en observant toutes les conditions exigées en semblables circonstances, donnant égale protection à chacun, comme doivent le faire tous les princes qui accordent le champ libre à ceux qui combattent dans leurs domaines. Avec cette assurance, dit Don Quichotte, et la permission de Votre Grandeur, je déclare que, pour cette fois, je mets de côté ma noblesse, je descends à la bassesse de l'offenseur, je me fais son égal, pour lui donner le pouvoir de se mesurer avec moi. Ainsi quoiqu'absent, je le défie ici solennellement, en raison du tort qu'il a fait en trompant cette infortunée, qui était fille, et qui, par sa faute, ne l'est plus, et je le somme de tenir la parole qu'il lui a donnée d'être son légitime époux, ou de se préparer à périr. En achevant ces mots, il ôta son gant et le jeta au milieu de la salle; le duc le releva et répéta qu'il acceptait le défi au nom de son vassal, assignait le terme à six jours de là, le champ-clos dans la place du château, les armes, celles que portent les chevaliers, la lance, l'écu, la cotte de mailles, et toutes les autres pièces, sans fraude, sans supercherie, sans aucune superstition [1], examen fait par les juges du camp. Mais, avant tout, dit-il, il est nécessaire que cette bonne duègne et son imprudente fille remettent formellement leur droit entre les mains du seigneur Don Quichotte, sans quoi rien ne se peut faire et le défi serait nul. Je le lui remets et confie, dit la duègne; et moi pareillement, ajouta la fille, toute honteuse et en pleurs. Cet accord fait, et le duc ayant réfléchi sur la conduite à tenir en cette conjoncture, les dames en deuil se retirèrent. La duchesse ordonna que, de ce moment, elles ne fussent plus traitées en domestiques, mais bien en dames aventurières, qui venaient chez elle réclamer justice. On leur donna donc un logement à part; elles furent servies comme étrangères, au grand étonnement des autres domestiques, qui ne savaient où aboutiraient la sottise et l'indiscrétion de la dame Rodriguez et de sa fille mal avisée.

En ce moment, pour achever d'égayer la fête et bien terminer le repas, on vit entrer dans la salle le page qui avait porté les lettres et les présents à Thérèse Pança, femme du gouverneur Sancho. Son arrivée réjouit beaucoup les seigneurs, impatients de savoir ce qui lui était advenu dans son voyage. Questionné sur ce point, le page répondit qu'il ne pouvait, ni publiquement ni en peu de mots, rendre compte de ce qu'on lui demandait; que Leurs Excellences voulussent bien le remettre au moment où elles seraient seules et lire en attendant les lettres dont il était porteur : et tirant deux lettres il les mit aux mains de la duchesse. Sur l'une était écrit : *Pour madame la duchesse telle, je ne sais où*; l'autre portait : *A mon mari Sancho Pança, gouverneur de l'île Barataria; que Dieu lui accorde plus d'années qu'à moi-même*. La duchesse, comme on dit, ne cuisait pas le pain d'impatience. Elle ouvrit sa lettre, la lut seule, et, voyant qu'elle pouvait être lue à voix haute, elle la répéta pour le duc et tous les assistants. La lettre était ainsi conçue :

LETTRE DE THÉRÈSE PANÇA

à la duchesse.

« Madame, la lettre que m'a écrite Votre Grandeur m'a causé beaucoup de plai-
« sir, et en vérité je la désirais ardemment. La chaîne de corail est fort bonne, et
« l'habit de chasse de mon mari ne lui cède en rien. Tout le village est fort joyeux
« de ce que votre seigneurie a fait gouverneur Sancho, mon mari ; pourtant per-

[1] C'est-à-dire sans amulettes, talismans, reliques et autres objets bénits.

« sonne ne veut le croire, surtout le curé, maître Nicolas le barbier, et Samson « Carrasco le bachelier; mais cela ne me fait rien, et, puisque la chose est, que « chacun dise ce qu'il voudra; cependant s'il faut dire vrai, si la chaîne et l'habit « n'étaient venus, je ne l'aurais pas cru non plus, car tous les gens de l'endroit « regardent mon mari comme une bête, et ne peuvent imaginer à quel gouverne-« ment peut être bon celui qui sort de gouverner des chèvres. Que Dieu le garde et « le conduise selon qu'il voit que ses enfants en ont besoin. Pour moi, madame, « j'ai résolu, avec la permission de votre seigneurie, de mettre cette bonne for-« tune dans ma maison, et de m'en aller à la cour, traînée dans un carrosse, « pour blesser les yeux des envieux, car j'en ai déjà. Je supplie donc Votre Ex-« cellence de dire à mon mari de m'envoyer quelque petit argent, et que ce « soit quelque chose, car les dépenses sont grandes à la cour. Le pain vaut un « réal, et la livre de viande trente maravédis, y a-t-il du bon sens? Si Sancho « ne veut pas que j'y aille, qu'il me le fasse savoir promptement, car les pieds « me brûlent pour me mettre en chemin. Mes amies et mes voisines me disent « que, si nous allons à la cour ma fille et moi en grande pompe, mon mari sera « plutôt connu par moi que moi par lui; car on ne manquera pas de demander: « Qui sont ces dames du carrosse? et un de mes domestiques répondra : C'est la « femme et la fille de Sancho Pança, gouverneur de l'île Barataria. De cette ma-« nière, Sancho sera connu, moi je serai honorée et à Rome pour tout. Je suis « aussi fâchée que possible de ce que, cette année, on n'ait pas recueilli de glands « dans notre village. Cependant j'en envoie à votre altesse environ une demi-« mesure; je les ai choisis moi-même un à un dans le bois. Je n'ai pu en trou-« ver de plus gros; je voudrais qu'ils fussent comme des œufs d'autruche.

« Que votre magnificence n'oublie pas de m'écrire. J'aurai soin de lui répondre « et de lui donner des nouvelles de ma santé, ainsi que de tout ce qui se passe « en ce lieu, où je reste priant Notre-Seigneur de garder Votre Grandesse et de « ne pas m'oublier. Sancha ma fille et mon fils baisent les mains à votre sei-« gneurie.

« Celle qui a plus envie de voir votre seigneurie que de lui écrire.

« Votre servante,

« Thérèse Pança. »

Grand fut le plaisir que fit cette lettre à tout le monde, et surtout au duc et à la duchesse. Celle-ci demanda à Don Quichotte si l'on ne pourrait pas ouvrir celle qui était adressée au gouverneur, ajoutant qu'elle devait être excellente. Don Quichotte répondit qu'il l'ouvrirait pour leur faire plaisir. Ainsi fut fait, elle disait ce qui suit :

LETTRE DE THÉRÈSE PANÇA

à Sancho Pança, son mari.

« J'ai reçu ta lettre, Sancho de mon âme; je te promets, et je te jure, foi de « chrétienne catholique, qu'il ne s'en est pas fallu de deux doigts que je n'en « devinsse folle de joie. Vois-tu, frère, quand j'entendis que tu étais gouverneur, « j'ai pensé tomber morte de plaisir; car tu sais bien qu'on dit qu'une subite

« joie tue aussi bien qu'une grande douleur. Sanchica, ta fille, en était toute « mouillée sans le sentir, tant elle était contente. J'avais devant moi l'habit que « tu m'as envoyé, le collier de corail de madame la duchesse à mon cou, je tenais « les lettres dans mes mains, le porteur était présent, et, avec tout cela, je croyais « que tout ce que je voyais et touchais n'était qu'un songe. Qui aurait pensé « qu'un gardeur de chèvres dût devenir gouverneur d'îles ? Tu sais que ma mère « disait : Qui vit longtemps voit beaucoup de choses ; je dis cela, parce que, si « je vis encore, j'espère en voir davantage. Je compte bien arriver à te voir fer- « mier ou receveur des impôts. Ce sont des offices qui donnent au diable ceux « qui en usent mal ; mais enfin on y garde et on y manie de l'argent. Madame la « duchesse te dira le désir que j'ai d'aller à la cour. Vois si cela te plaît, et fais- « m'en part ; je chercherai à t'y faire honneur en y allant en carrosse.

« Le curé, le barbier, le bachelier et même le sacristain ne peuvent croire que « tu sois gouverneur. Ils disent que cela est illusion ou enchantement, comme « tout ce qui arrive à ton maître Don Quichotte : Samson dit qu'il veut t'aller « trouver et t'ôter le gouvernement de la tête, et à Don Quichotte la folie de la « cervelle. Je n'en fais que rire et regarder ma chaîne, et penser à l'habit que je « veux faire à notre fille avec le tien. J'ai envoyé des glands à madame la du- « chesse, je voudrais qu'ils fussent d'or. Envoie-moi quelques rangs de perles, si « elles sont en usage dans ton île. Les nouvelles d'ici sont que la Berrueca a « marié sa fille à un méchant peintre qui est venu dans le village pour peindre « tout ce qui se présenterait. Le Conseil lui avait commandé de peindre les armes « du roi sur la porte de la maison commune. Il demanda deux ducats qu'on lui « avança, travailla pendant huit jours, au bout desquels il n'y avait rien de fait ; « il dit qu'il n'était pas accoutumé à peindre de telles bagatelles et rendit l'ar- « gent. Cependant il s'est marié à titre de bon ouvrier. A la vérité, il a quitté le « pinceau, pris le hoyau, et va aux champs comme gentilhomme. Le fils de Pedro « de Lobo a pris les degrés et la tonsure : il a intention de se faire prêtre. Min- « guilla, la petite-fille de Mingo Silvato, l'a su, et a présenté requête, disant « qu'il lui avait fait une promesse de mariage. Les mauvaises langues disent « qu'elle est enceinte de lui, mais il le nie à pieds joints. Il n'y a point eu « d'olives cette année, et on ne trouve pas une seule goutte de vinaigre dans le « village. Il a passé par ici une compagnie de soldats qui ont emmené trois filles « du pays. Je ne te les nommerai pas ; peut-être reviendront-elles, et il s'en « trouvera encore pour les épouser avec les taches grandes ou petites. Sanchica « fait du réseau, et gagne par jour huit maravédis net ; elle les amasse dans une « tirelire pour aider à son trousseau. Mais, à présent qu'elle est fille d'un gou- « verneur, tu lui donneras une dot sans qu'elle ait besoin d'y travailler. La fon- « taine de la place est à sec. Le tonnerre est tombé sur la potence. C'est tout ce « que j'ai à t'apprendre.

« J'attends ta réponse à cette lettre, et ta résolution sur mon voyage à la cour. « Sur ce, je prie Dieu qu'il t'accorde plus d'années qu'à moi, ou du moins autant ; « car je ne voudrais pas te laisser sans moi dans ce monde.

« Ta femme,

« THÉRÈSE PANÇA. »

Ces lettres furent accueillies avec des louanges, des rires, elles furent vantées, célébrées; et, pour mettre le sceau, arriva le courrier qui apportait celle de Sancho à Don Quichotte. On la lut de même publiquement, et elle fit douter de la sottise du gouverneur. La duchesse se retira pour savoir du page ce qui s'était passé dans le village de Sancho. Il le lui raconta fort au long sans omettre aucune circonstance, présenta les glands et un fromage, que Thérèse lui avait donné comme très bon et valant beaucoup mieux que ceux de Troncbon. La duchesse le reçut avec un grand plaisir et nous l'y laisserons, pour raconter la fin du gouvernement du grand Sancho, fleur et miroir de tous les gouverneurs d'îles.

CHAPITRE LIII.

DE LA FIN PÉNIBLE QU'EUT LE GOUVERNEMENT DE SANCHO.

Penser qu'en cette vie les choses doivent demeurer toujours dans le même état, c'est croire l'impossible. Au contraire, on dirait que tout s'y succède en rond, c'est-à-dire à la ronde. Au printemps succède l'été, à l'été l'automne, à l'automne l'hiver, après lequel revient le printemps. Ainsi le temps tourne sans cesse, comme une roue en mouvement. La vie humaine seule court à sa fin, plus légère que le temps même, sans espoir de se renouveler, si ce n'est dans l'autre vie, qui n'a point de limites. Ainsi parle Cid Hamet, philosophe mahométan. Sur ce fait de l'instabilité, de la légèreté de cette vie et de la durée de la vie éternelle que nous attendons, beaucoup sans le secours de la foi l'ont reconnu, guidés seulement par la lumière naturelle. Notre auteur en fait ici la remarque à cause de la promptitude avec laquelle se termina, se détruisit, se consuma, s'évanouit comme une ombre et une fumée le gouvernement de Sancho.

La septième nuit de son administration, il était dans son lit, non rassasié de pain ni de vin, mais bien de juger, de donner des décisions, de faire des ordonnances, des statuts. Le sommeil, en dépit de la faim, commençait à lui fermer les paupières, lorsqu'il entendit un bruit de cloches et de voix si terrible, qu'on eût dit que toute l'île s'abîmait: il se mit sur son séant, et prêta l'oreille pour essayer de deviner la cause de tout ce tumulte. Non seulement il ne devina point, mais le bruit des trompettes et des tambours, venant se mêler aux cris et au son des cloches, il sentit augmenter son trouble. Il se leva rempli de frayeur et d'épouvante, mit des pantoufles à cause de l'humidité du sol, et, sans prendre de robe de chambre ni rien qui y ressemblât, il ouvrit la porte de sa chambre, au moment où, par un corridor, il vit venir plus de vingt personnes avec des flambeaux, l'épée nue et criant à tue-tête : Aux armes, aux armes, seigneur gouverneur, il est entré dans l'île une foule d'ennemis ; nous sommes perdus si votre valeur et votre habileté ne viennent à notre secours. La troupe bruyante s'approcha en désordre de l'endroit où Sancho restait tout interdit de ce qu'il voyait et entendait, et quand ils l'eurent joint l'un d'eux lui dit : Que votre seigneurie s'arme promptement si elle ne veut se perdre, et toute l'île avec elle. A quoi bon m'armer ? répondit Sancho ; sais-je ce que c'est que des armes et des secours ? Il vaut bien mieux laisser cela à mon maître Don Quichotte : en deux tours de main il dissipera les ennemis et nous mettra en sûreté. Quant à moi, pauvre pécheur, je n'entends rien aux combats. Ah ! seigneur gouverneur, dit un autre, quelle mollesse est ceci, armez-vous ; nous vous apportons des armes offensives et défensives. Sortez sur la place, soyez notre guide et notre capitaine ; c'est à vous de l'être, puisque vous êtes notre gouverneur. Que l'on m'arme, à la bonne heure, répliqua Sancho. Aussitôt on lui appliqua sur la chemise, sans lui laisser prendre d'autre vêtement, deux grands boucliers dont on s'était pourvu, l'un par devant, l'autre par derrière : on fit passer les bras par des échancrures pratiquées à dessein, et on l'entoura avec des cordes, de manière qu'il se trouva muré et emboîté, droit comme un fuseau, sans pouvoir plier les genoux ni faire un pas. On lui mit en main une lance sur laquelle il s'appuya pour pouvoir se soutenir. Ainsi équipé, ils lui dirent de marcher, de les guider, de les animer, et qu'étant leur boussole, leur fanal, leur étoile, les affaires iraient bien. Comment voulez-vous que je marche, malheureux que je suis ? répondit Sancho, je ne saurais faire jouer les rotules des genoux enchâssé comme je le suis entre ces deux planches si bien liées à ma chair. Ce que vous pouvez faire, c'est de me prendre dans vos bras et de me poser en travers, ou debout, en quelque poterne que je garderai au moyen de cette lance, ou de mon corps. Marchez, seigneur gouverneur, dit un homme de la troupe, c'est plutôt la peur que les planches qui vous en empêchent ; achevez, remuez-vous, il se fait tard, les ennemis croissent en nombre, le tumulte augmente, le péril presse. Excité par les exhortations et les reproches, le pauvre gouverneur essaya de se mouvoir, et tomba à terre si lourdement qu'il crut s'être mis en pièces. Il demeura comme une tortue enfermée dans ses écailles, comme un quartier de lard entre deux huches, ou comme une barque engravée dans le sable ; sa chute n'inspira aucune pitié à ces moqueurs. Au contraire ils éteignirent les torches, ils redoublèrent les cris aux armes, passant sur le corps du pauvre Sancho, donnant de grands coups d'épée sur les boucliers, de sorte que, s'il n'eût rentré sa tête, le malheureux gouverneur s'en fût mal trouvé. Ramassé dans cette étroite enveloppe, il suait d'angoisse, et conjurait Dieu de tout son cœur de le délivrer de ce péril. Les uns trébuchaient sur lui, les autres tombaient ; il y eut tel qui monta sur lui, s'y tint pendant quelque temps, et là, comme d'un donjon, commandait les manœuvres, et criait : Ici, les nôtres, c'est par là que charge l'ennemi, gardez ce guichet, fermez cette porte, rompez ces échelles, apportez les pots à feu, la poix, la résine, les chaudières d'huile bouillante, barricadez les rues avec des matelas. Enfin, il nommait rapidement tous les attirails, instruments et machines de guerre, dont on se sert pour défendre une ville assiégée. Le pauvre Sancho, tout froissé, tout moulu, écoutait tout, souffrait et disait en lui-même : Oh ! si Dieu voulait que cette île fût tout à fait perdue, et que je fusse mort, ou tiré de cette grande angoisse ! Le ciel écouta sa prière. Au moment où il l'espérait le moins, il entendit crier : Victoire ! victoire ! les ennemis se retirent vaincus ! Holà, seigneur gouverneur, levez-vous, venez jouir de la victoire et partager les dépouilles que nous avons enlevées à l'ennemi par la force de cet invincible bras. Relevez-moi, dit d'une voix dolente Sancho tout meurtri. On l'aida à se relever, et, remis sur pied : L'ennemi que j'ai vaincu, dit-il, je veux qu'on me le cloue au front ; quant aux dépouilles, je ne veux point les partager, mais je prie, je supplie un ami, si j'en ai un ici, de me donner un coup de vin, pour sécher, arrêter ma sueur, car je suis tout en eau. On l'essuya, on lui donna du vin, on délia les boucliers ; il s'assit sur son lit, et s'évanouit de fatigue, de trouble et de frayeur. Les railleurs se repentaient d'avoir poussé la plaisanterie si loin ; mais leur regret se dissipa quand ils virent Sancho reprendre ses esprits. Il demanda quelle heure il était, on lui dit que le jour commençait à poindre. Alors, sans dire un mot de plus, il se mit à s'habiller tout enseveli dans ce silence. Tous le regardaient et attendaient impatients de savoir ce qu'allait amener l'empressement avec lequel il s'habillait. Il se vêtit enfin, et peu à peu, parce qu'il était tout froissé, et ne pouvait aller vite ; il se rendit droit à l'écurie, suivi de tous les assistants. Arrivé près du grison, il l'embrassa, lui donna sur le front le baiser de paix, et, non sans larmes dans les yeux, il lui dit : Viens ici, mon ami, mon compagnon, toi qui as partagé mes travaux et mes misères. Quand nous étions ensemble, je n'avais d'autre pensée, d'autre soin que d'entretenir ton harnais, et de nourrir ton gentil corps. Mes heures, mes jours, mes ans étaient heureux. Mais, depuis que je t'ai délaissé, depuis que j'ai voulu monter sur les tours de l'ambition et de l'orgueil, il m'est entré dans l'âme mille misères, mille travaux, quatre mille inquiétudes. Tout en parlant ainsi, Sancho sanglait son âne sans que personne dît mot. L'âne bâté, il monta dessus, avec grande peine ; puis s'adressant au majordome, au secrétaire, au maître d'hôtel, au docteur Pedro Recio, et à tous ceux en grand nombre qui étaient présents : Ouvrez-moi le chemin, seigneurs, leur dit-il, et laissez-moi retourner à mon ancienne liberté. Souffrez que j'aille chercher ma vie passée, qui me ressuscitera de la mort présente. Je ne naquis point pour être gouverneur, pour défendre des îles et des cités contre les ennemis qui viennent les assaillir. Je m'entends mieux à labourer, à remuer la terre, à tailler et sarcler la vigne, qu'à faire des lois, à défendre les provinces et les royaumes. Saint Pierre est bien à Rome : je veux dire que chacun est à sa place dans le métier pour lequel il est né. Un hoyau dans la main me sied mieux qu'un sceptre de gouverneur. J'aime mieux me rassasier de soupe à l'oignon, que d'être soumis à la ration d'un impertinent médecin qui me fait mourir de faim. J'aime mieux dormir à l'ombre d'un chêne en été, m'envelopper à mon gré dans un vêtement de peau à deux poils en hiver, que me coucher avec les soucis du gouvernement, entre des draps de Hollande, et m'habiller de martres zibelines. Que vos seigneuries soient avec Dieu, et disent à mon seigneur le duc que nu je suis né, nu je me retrouve, je n'ai ni perdu ni gagné ; je veux dire que je suis entré sans denier ni maille au gouvernement, et j'en sors de même, bien différent des autres gouverneurs d'îles. Écartez-vous, laissez-moi aller ; je vais me faire mettre des emplâtres, car je crois avoir toutes les côtes brisées, grâce aux ennemis qui se sont promenés toute la nuit sur mon corps.

Non, seigneur gouverneur, dit le docteur Recio, il n'en sera pas ainsi, je vais donner à votre seigneurie un breuvage contre les chutes et les meurtrissures, qui vous rétablira promptement dans toute votre vigueur. Quant au manger, je vous promets de m'amender et de vous laisser manger abondamment tout ce que vous voudrez. Tu piaules trop tard[1], répondit Sancho ; je reste ici tout comme je me fais Turc. On ne m'attrape pas deux fois · sur mon Dieu, je garde ce gouvernement, et tout autre qu'on pourrait m'offrir, fût-ce entre deux plats, je l'accepte comme je vole au ciel sans ailes. Je suis de la race des Pança, qui tous sont têtus : quand une fois ils ont dit non, c'est non, quoiqu'il soit pair, en dépit de tout le monde. Je laisse dans cette écurie les ailes de la fourmi qui m'avaient élevé en l'air pour me faire manger par les hirondelles et autres oiseaux ; allons terre à terre ; si mes pieds ne sont pas ornés de souliers piqués de cordouan, au moins ne manquerai-je pas de chaussures de corde. Chaque brebis avec sa pareille, et que personne n'allonge la jambe plus que le drap n'est long. Et laissez-moi passer, car il se fait tard.

Seigneur gouverneur, dit le majordome, nous vous laisserons volontiers partir, quoiqu'il nous fâche beaucoup de vous perdre ; car votre jugement et votre conduite chrétienne vous font vivement regretter. Mais on sait que tout gouverneur, avant de quitter la place qu'il occupe, est tenu de rendre ses comptes. Rendez donc le vôtre pour les dix jours de votre gouvernement, et allez en paix. Personne n'a droit de me demander de compte, répondit Sancho, si ce n'est celui qu'en chargera le duc mon seigneur. Je m'en vais le trouver et je le lui rendrai à lui-même ; d'ailleurs je sors d'ici tout nu, il n'est pas besoin d'autre preuve pour connaître que j'ai gouverné comme un ange. Par Dieu, le grand Sancho a raison, dit le docteur Recio, et mon avis est que nous le laissions partir, car le duc aura sans doute un plaisir infini à le voir. Tous les autres furent du même avis et le laissèrent partir, lui offrant de l'accompagner, et tout ce qu'il voudrait pour sa personne et la commodité de son voyage. Sancho répondit qu'il ne demandait qu'un peu d'orge pour son grison, la moitié d'un fromage et un demi-pain pour lui-même ; que, le chemin étant si court, il n'avait pas besoin de meilleure ni de plus grande provision. Tous l'embrassèrent, et il les embrassa tous en pleurant, et les laissa aussi étonnés de ses discours que de sa résolution si prompte et si sage.

CHAPITRE LIV.

QUI TRAITE DE CHOSES RELATIVES A CETTE HISTOIRE ET NON A D'AUTRES.

Le duc et la duchesse résolurent de donner suite au défi que Don Quichotte avait porté à leur vassal, pour la cause déjà rapportée. Mais comme le jeune homme était en Flandre, où il s'était enfui afin de ne pas avoir la dame Rodriguez pour belle-mère, ils résolurent de mettre à sa place un laquais gascon, nommé Tosilos, qu'ils instruisirent d'abord de tout ce qu'il avait à faire. Au bout de deux jours, le duc dit à Don Quichotte que, dans le délai de quatre jours, son adversaire viendrait se présenter au camp armé en chevalier, pour soutenir que la demoiselle mentait par la

[1] *Tarde piache.* On raconte qu'un étudiant avala un œuf si peu frais que le poulet y était formé. Il l'entendit crier au passage, et se contenta de dire gravement : *Tu piaules trop tard.*

(*Note de M. Viardot.*)

moitié de sa barbe, et même par sa barbe tout entière, en affirmant qu'il lui avait donné parole de l'épouser. Don Quichotte reçut une grande satisfaction de ces nouvelles; il se promit bien de faire des merveilles dans cette rencontre, et regarda comme très heureux d'avoir une occasion de prouver aux seigneurs du château jusqu'où s'étendait la force de son bras. Il attendait donc, avec joie et une vive impatience, l'expiration de ces quatre jours qui lui semblaient quatre cents siècles. Laissons-les s'écouler, comme nous avons laissé passer d'autres choses, et allons tenir compagnie à Sancho, qui, monté sur son roussin, revenait demi-triste, demi-content, trouver son maître, dont la compagnie lui plaisait plus que le gouvernement de toutes les îles du monde.

Il n'était pas fort éloigné de l'île de son gouvernement, car il ne pensa jamais à vérifier si c'était une île, une cité, un bourg, un village, lorsqu'il vit venir sur le chemin qu'il suivait six pèlerins avec leurs bourdons, de ces étrangers qui demandent l'aumône en chantant. Quand ils furent près de lui, ils se placèrent en ligne, et, haussant tous ensemble la voix, se mirent à chanter dans leur langue, dont il ne comprenait rien, si ce n'est une parole qui signifiait clairement *aumône*, et qui lui fit juger que c'était la charité qu'ils lui demandaient; comme il était fort charitable, ainsi que le dit Cid Hamet, il tira de son sac le demi-pain et la moitié de fromage dont il était pourvu et les leur donna, leur faisant entendre par signes qu'il n'avait pas autre chose à leur offrir. Ils reçurent ce présent de fort bonne grâce, et répétèrent plusieurs fois le mot *güelte*[1]. Je ne comprends pas, bonnes gens, ce que vous me demandez, leur répondit Sancho : alors l'un d'eux tira une bourse de son sein et la lui montra, ce qui lui fit entendre que c'était de l'argent qu'ils voulaient. Sancho se mit le pouce sur la gorge, les autres doigts étendus, pour leur faire comprendre qu'il n'avait pas d'argent, et, piquant son âne, voulut passer au milieu d'eux. Au passage un de ces hommes, qui l'avait regardé avec beaucoup d'attention, courut à lui, et, lui jetant les bras à la ceinture, lui dit à voix haute et en bon castillan : Vrai Dieu, qu'est-ce que je vois? Est-il possible que je tienne dans mes bras mon cher ami, mon bon voisin Sancho Pança? Oui, sans doute, c'est lui-même, car je ne suis point ivre ni endormi. Sancho, surpris de s'entendre nommer par son nom, et de se voir embrasser par le pèlerin étranger, le regarda sans mot dire; mais toute son attention ne le lui fit pas reconnaître. L'autre, voyant son incertitude : Comment, frère Sancho, lui dit-il, tu ne reconnais pas ton voisin Ricote, le Mauresque, le mercier de ton village? Sancho le regarda alors avec plus d'attention, commença à se rappeler sa figure, le reconnut enfin tout à fait, et, sans descendre de son âne, lui jeta les bras au cou en lui disant : Et qui diable, Ricote, te reconnaîtrait avec cet habit de mascarade? Qui est-ce qui t'a fait ce que tu es, et comment oses-tu revenir en Espagne, où tu pourrais trouver mauvaise aventure si tu étais pris et reconnu? Si tu ne me reconnais pas, répondit le pèlerin, je suis certain que dans cet accoutrement personne ne le fera. Mais écartons-nous du chemin, et allons vers ce bois de peupliers, où mes camarades vont manger et se reposer. Tu dîneras avec eux; ce sont des gens très paisibles, et j'aurai le loisir de te raconter tout ce qui m'est arrivé depuis que j'ai quitté notre village, pour obéir à l'édit du roi qui menaçait, comme

[1] Mot bohémien, corrompu de l'allemand, et qui signifie de l'argent.

tu l'as su, les malheureux de ma nation de peines si rigoureuses[1]. Sancho le suivit; Ricote parla aux autres pèlerins, et ils s'écartèrent de la route pour entrer dans le bois que l'on découvrait de là, à distance du chemin royal. Ils quittèrent leurs bourdons, leurs capes de pèlerins, et restèrent à demi-vêtus. C'étaient tous de jeunes hommes et de bonne mine, excepté Ricote qui commençait à prendre de l'âge. Chacun avait un bissac bien fourni, à ce qu'il parut, au moins de choses excitantes appelant la soif de deux lieues. Ils s'étendirent par terre, faisant nappe de l'herbe fraîche, étalèrent du pain, du sel, des couteaux, des noix, des morceaux de fromage, et des os de jambon où il y avait encore à sucer, s'il n'y avait plus à mâcher. Ils étalèrent en même temps un mets noirâtre, qu'ils appellent cabial, fait d'œufs et de poisson, très bon pour éveiller l'appétit; les olives ne manquèrent pas, quoique sèches et sans assaisonnement, mais savoureuses et saines. Mais, ce qui figurait le mieux à ce repas, ce furent six outres de vin, car chacun tira la sienne de son sac. Le bon Ricote, qui de Mauresque s'était fait Allemand ou Tudesque, tira aussi la sienne, qui pouvait le disputer aux cinq autres pour la grosseur. Ils commencèrent à manger à leur aise et de grand appétit, savourant chaque morceau qu'ils prenaient à la pointe du couteau, et peu de chaque chose. Ensuite, ils levèrent tous ensemble en l'air leurs bras et leurs outres, le goulot collé à leur bouche, les yeux fixés au ciel, comme sur un but qu'ils auraient ajusté. De cette façon, faisant aller leur tête d'un côté et de l'autre, preuve du plaisir qu'ils goûtaient, ils restèrent un bon espace de temps, faisant passer dans leur estomac les entrailles des outres. Sancho regardait tout, et ne s'affligeait de rien[2]; au contraire, pour obéir au proverbe qu'il connaissait bien, « Quand tu seras à Rome, fais comme tu verras faire, » il emprunta l'outre de Ricote, et se mit à ajuster comme les autres et avec non moins de plaisir. Quatre fois les outres purent fournir à l'accolade; mais à la cinquième ce fut impossible, elles se trouvèrent plus creuses et plus sèches qu'un jonc, ce qui diminua la joie qui avait régné jusque-là. De temps à autre un de ces hommes prenait la main de Sancho, et lui disait : Espagnol et Allemand, bons compagnons tous deux. Et Sancho répondait : Bons compagnons, par Dieu ! Et il partait d'un éclat de rire qui lui durait une heure, sans se rappeler rien alors de ce qui lui était arrivé dans son gouvernement : car au moment où l'on mange et l'on boit, les soucis ont peu de prise sur nous. Enfin, le vin achevé fut le commencement du sommeil pour tous, et ils restèrent endormis à la place qui leur avait servi de table et de nappe : Ricote et Sancho seuls ne dormirent pas, parce qu'ils avaient mangé davantage et moins bu. Ils s'écartèrent tous deux et s'assirent au pied d'un hêtre, laissant les pèlerins ensevelis dans un doux sommeil, et Ricote, sans trébucher sur sa langue mauresque, parla ainsi en pur castillan :

Tu sais bien, Sancho, mon ami et voisin, combien l'édit du roi contre les gens de ma nation répandit de terreur parmi nous. Pour moi, du moins, elle fut telle

[1] Édit de Philippe III, rendu en 1609, pour l'expulsion totale des Maures.

[2] *Y de ninguna cosa se dolia.* Allusion au refrain d'une ancienne romance.

Mira Neró de Tarpeya
A Roma como se ardia :
Gritos dan niños y viejos,
Y el de nada se dolia.

qu'il me semblait que, même avant le temps qui nous était accordé pour sortir d'Espagne, la peine dont on nous menaçait pesait déjà sur mes enfants et sur moi. Je crus donc que, pareil à celui qui sait qu'on lui ôtera sa demeure en tel temps, et se pourvoit d'une autre, il était prudent de partir seul, sans ma famille, et d'aller chercher une retraite commode pour l'y fixer, sans apporter à cette démarche la précipitation que les autres furent contraints d'y mettre. Je jugeai bien, et nos anciens furent tous de cet avis, que ces publications étaient autre chose que des menaces, comme plusieurs le croyaient, mais bien de véritables lois, que l'on devait mettre à exécution au moment déterminé. Ce qui me confirmait, d'ailleurs, dans cette opinion, c'était de connaître les manœuvres coupables et insensées que pratiquaient les nôtres ; elles étaient telles, que ce fut sans doute une inspiration divine qui fit prendre au roi une aussi vigoureuse résolution. Non que nous fussions tous coupables, quelques-uns d'entre nous étaient vrais et bons chrétiens, mais le nombre en était si petit, qu'il ne pouvait entrer en comparaison avec celui des autres. Il était donc imprudent de nourrir dans son sein le serpent, et d'entretenir des ennemis chez soi. En un mot, nous fûmes justement punis par la peine du bannissement, peine qui semble à quelques-uns douce et légère, mais pour nous la plus terrible qui nous pût être imposée. En quelque endroit que nous soyons, nous pleurons l'Espagne : c'est dans son sein que nous sommes nés, elle est notre patrie naturelle. Nulle part nous ne trouvons l'accueil que réclame notre infortune. Nous espérions être reçus à bras ouverts dans la Barbarie et dans toute l'Afrique, c'est précisément où nous sommes le plus maltraités. Nous n'avons connu le bien qu'après l'avoir perdu. Enfin, notre désir de rentrer dans ce pays est si grand, que ceux qui, comme moi, savent la langue, et ils sont nombreux, abandonnent leurs femmes et leurs enfants, et reviennent ici, tant est grande leur affection pour l'Espagne. C'est maintenant que je connais par expérience combien est vrai ce que l'on dit, que rien n'est plus doux que l'amour de la patrie.

Je quittai, comme je te l'ai dit, notre village, et j'entrai en France. Quoique nous y fussions bien reçus, je voulus voir d'autres pays. Je passai en Italie, puis en Allemagne. Il me parut que c'était là qu'on pouvait vivre avec le plus de liberté, parce que les habitants ne regardent pas aux choses peu importantes. Chacun vit comme il veut, parce que dans la plus grande partie du pays, on reconnaît la liberté de conscience. Je pris une maison dans un village auprès d'Augsbourg, puis je me joignis à ces pèlerins, qui ont coutume de venir en grand nombre tous les ans en Espagne visiter les sanctuaires, ce sont les Indes pour eux, et la source d'un gain connu et assuré. Ils la parcourent presque tout entière, et il n'y a si petit village où ils n'aient leur repue franche et au moins un réal : leur voyage fini, ils emportent plus de cent écus de reste qu'ils convertissent en or, et qu'ils cachent dans le creux de leur bourdon ou dans les plis de leur pèlerine, du mieux qu'ils peuvent enfin ; par ce moyen, ils sortent leur or du royaume, malgré la visite des gardes des ports et frontières, et retournent dans leur pays. Dans ce moment, Sancho, j'ai l'intention d'aller déterrer le trésor que j'ai enfoui, je pourrai le faire sans danger, parce qu'il est hors du village. J'écrirai ensuite, ou j'irai moi-même de Valence à Alger, où j'ai laissé ma femme et ma fille, pour les faire conduire dans quelque port de France, et de là en Allemagne, où nous attendrons ce que Dieu voudra faire de nous. J'ai la certitude que Ricota ma fille et

Francisca Ricota ma femme sont chrétiennes catholiques, et, quoique je ne le sois pas autant, cependant je tiens plus du chrétien que du Maure ; je prie Dieu sans cesse de m'ouvrir les yeux de l'esprit, et de me faire connaître comment je dois le servir. Ce que je ne puis concevoir, c'est pour quelle raison ma femme et ma fille ont mieux aimé aller en Barbarie qu'en France, où elles auraient pu vivre en chrétiennes. Écoute, Ricote, répondit Sancho, cela n'a pas dû dépendre d'elles, ce fut Jean Tiopieyo, le frère de ta femme, qui les emmena, et, comme c'est un vrai Maure, il n'a pensé qu'à ce qui lui convenait le mieux. Mais je veux te dire autre chose ; je crois que tu vas inutilement chercher ce que tu as enterré, car nous avons su que l'on avait ôté à ta femme et à ton beau-frère beaucoup d'or et de perles qu'ils emportaient à la visite. Cela peut être, répondit Ricote ; mais je suis bien certain qu'ils n'ont pas touché à ma cachette, car je ne leur ai pas fait connaître l'endroit où elle était, crainte de malheur : ainsi, Sancho, si tu veux venir avec moi, et m'aider à l'enlever et à le cacher, je te donnerai deux cents écus pour subvenir à tes nécessités, car tu sais bien que je n'ignore pas que tu n'es pas riche. Je le ferais volontiers, répondit Sancho, mais je ne suis pas avide. Si je l'étais, je n'aurais pas quitté ce matin un emploi dans lequel j'aurais pu faire d'or les murs de ma maison, et avant six mois manger dans de la vaisselle d'argent. Pour cette raison, comme aussi parce que je m'imagine que ce serait faire une trahison à mon roi que d'aider ses ennemis, je n'irais point avec toi quand tu me donnerais ici quatre cents écus comptant au lieu de deux cents que tu me promets. Quel office as-tu donc quitté? dit Ricote. — J'ai quitté le gouvernement d'une île telle qu'on n'en trouve point facilement de pareille. — Et où est donc cette île? — A une ou deux lieues d'ici ; on l'appelle l'île Barataria. — Tais-toi, Sancho, les îles sont dans la mer ; il n'y a point d'île en terre ferme. — Comment, il n'y en a point? Je te dis, ami Ricote, que j'en suis parti ce matin, et qu'hier j'y gouvernais à mon plaisir comme un sagittaire ; mais avec tout cela je l'ai quittée, parce que l'office de gouverneur me semble trop périlleux. — Et qu'as-tu gagné dans ce gouvernement? — J'ai gagné, d'avoir appris que je n'étais pas bon à être gouverneur, si ce n'est d'un troupeau, et que les richesses qu'on acquiert dans ces places sont au prix de la perte du repos, du sommeil et même de la subsistance, car les gouverneurs mangent peu dans les îles, surtout s'ils ont des médecins qui veillent sur leur santé. — Je ne te comprends pas, Sancho ; tout ce que tu me dis me semble folie : qui te pouvait donner des îles à gouverner? Manque-t-il d'hommes au monde plus capables que toi d'être gouverneurs? Tais-toi, Sancho ; reviens à toi ; vois si tu veux venir avec moi comme je te l'ai dit, pour m'aider à déterrer le trésor que j'ai caché. Il est si considérable qu'on peut bien l'appeler un trésor, et je te donnerai de quoi vivre comme je te l'ai dit. Je te le répète, Ricote, dit Sancho, je ne le veux pas : contente-toi de l'assurance que tu ne seras pas découvert par moi. Poursuis heureusement ton chemin, et laisse-moi suivre le mien. Je sais que ce qui est bien gagné se perd ; mais le bien mal acquis perd lui et son maître. — Je n'insiste pas, dit Ricote. Mais, dis-moi, étais-tu dans notre village quand ma femme, ma fille et mon beau-frère en partirent? — Oui, j'y étais, et je peux te dire que ta fille était si belle que chacun sortait dans la rue pour la voir ; ils disaient tous qu'elle était la plus belle créature du monde. Elle s'en allait pleurant, embrassant ses amies et ses connaissances et tous ceux qui la venaient voir, et les priait de la recommander à Dieu et à la sainte Vierge. Elle le faisait d'une manière si touchante qu'elle me fit pleurer, moi qui ne pleure pas souvent. Plusieurs eurent envie de la cacher, ou de l'enlever sur la route ; mais la crainte d'aller contre les ordres du roi les retint. Le plus passionné de tous était don Pedro Gregorio, ce jeune et riche héritier de majorat que tu connais ; on l'en disait fort épris, et on ne l'a point revu dans le village depuis qu'elle est partie. Nous avons tous pensé qu'il avait couru après elle pour l'enlever, mais jusqu'à cette heure on n'en a rien su. Je m'étais toujours bien douté, répondit Ricote, que ce cavalier aimait ma fille ; mais confiant dans la vertu de ma Ricota, cet amour ne m'a point inquiété. Tu auras entendu dire que les Mauresques ne s'allient jamais, ou du moins bien rarement, avec les vieux chrétiens, et ma fille qui, à ce que je crois, attachait plus de prix à être chrétienne qu'amoureuse, aura fait, je pense, peu de cas des poursuites de ce jeune seigneur à majorat. Dieu le veuille, répondit Sancho ; ce serait fâcheux pour tous deux. Mais, ami Ricote, laisse-moi partir, je voudrais arriver ce soir à l'endroit où est mon maître Don Quichotte. — Dieu te conduise, frère Sancho. Voici mes compagnons qui s'éveillent, et il est temps aussi que nous poursuivions notre chemin. Ils s'embrassèrent, Sancho remonta sur son âne, Ricote s'appuya sur son bourdon, et ils se séparèrent.

CHAPITRE LV.

DE CE QUI ARRIVA A SANCHO DANS LE CHEMIN, ET AUTRES CHOSES INTÉRESSANTES.

Sancho, que la rencontre de Ricote avait beaucoup attardé, ne put arriver ce jour-là au château du duc ; il en était à une demi-lieue environ lorsque la nuit le surprit : elle était close et obscure, mais, comme on se trouvait alors en été, il ne s'en mit pas beaucoup en peine, et se détourna du chemin pour attendre le jour. Son malheureux sort voulut qu'en cherchant l'endroit le plus favorable pour s'y reposer, son âne et lui tombèrent dans une fosse très profonde et obscure, qui se trouvait au milieu de vieilles ruines. Pendant sa chute il se recommanda à Dieu de tout son cœur, croyant ne plus s'arrêter que dans la profondeur des abîmes : mais il n'en fut point ainsi, car à trois toises environ, l'âne rencontra le fond, et lui se trouva toujours monté, sans avoir reçu le moindre mal. Il se tâta tout le corps, et retint son haleine, pour voir s'il était sain ou blessé en quelque endroit. Reconnaissant enfin qu'il était bien entier et en pleine santé, il ne se lassait pas de rendre grâces à Dieu de cette grande faveur ; car il croyait sans nul doute s'être brisé en mille pièces. Ensuite il tâta les parois de cette fosse, pour reconnaître s'il lui serait possible de sortir de là sans secours, mais il les trouva toutes rases et sans prise aucune, ce qui l'affligea beaucoup, surtout quand il entendit son âne se plaindre d'une manière douloureuse ; et certes, ce n'était pas délicatesse, car en vérité il était assez mal équipé. Ah ! s'écria Sancho, combien d'événements imprévus se présentent à chaque pas à ceux qui vivent dans ce misérable monde !

Qui eût dit que celui qui se voyait hier assis sur un siége de gouverneur d'une île, donnant ses ordres à ses serviteurs et à ses vassaux, se trouverait aujourd'hui enseveli dans une basse-fosse sans personne pour l'assister, sans pouvoir attendre le secours de vassaux ni de serviteurs! Ici mon âne et moi nous périrons de faim, si nous ne mourons auparavant, lui de ses contusions, moi de chagrin. Je ne serai pas même aussi chanceux que mon maître Don Quichotte, quand il descendit dans la caverne de cet enchanté Montésinos! il y rencontra des gens qui le traitèrent mieux qu'il ne l'eût été dans sa maison : on eût dit qu'il était allé chercher table mise et lit dressé. Il eut là de belles et agréables visions, et moi, je ne verrai ici, je crois, que des crapauds et des couleuvres. Malheureux! où m'ont conduit mes folies et mes sottes imaginations! Quand Dieu voudra qu'on me découvre, on tirera d'ici mes os bien secs, bien nets, bien raclés, et ceux de mon grison, ce qui fera peut-être connaître qui nous étions, du moins à ceux qui auront su que jamais Sancho n'abandonna son âne et ne fut abandonné par lui. Malheureux que nous sommes, encore un coup! le sort impitoyable ne nous a pas permis de mourir dans notre patrie, au milieu des nôtres! Si notre disgrâce devait être sans remède, au moins aurions-nous trouvé des gens qui nous auraient fermé les yeux, qui nous auraient regrettés. O cher ami, fidèle compagnon, quelle mauvaise récompense je donne à tes bons services! Pardonne-moi, prie la Fortune, le mieux que tu pourras, de nous tirer de la misérable situation dans laquelle nous nous trouvons tous deux. Je promets d'orner ton front d'une couronne de laurier qui te rendra semblable à un poëte lauréat, et de te donner double ration.

Ainsi se lamentait Sancho, et son grison l'écoutait sans lui répondre une seule parole, tant étaient grands la détresse et l'effroi du pauvre animal. Enfin, après avoir passé la nuit entière dans de semblables lamentations, le jour parut. A la clarté qu'il répandit, Sancho reconnut qu'il lui était impossible, de toute impossibilité de sortir, sans secours, du puits dans lequel il se trouvait. Il commença à se lamenter et à crier pour voir si quelqu'un l'entendrait. Mais il criait dans le désert, car, dans tous les environs, il n'y avait personne qui pût l'entendre et cette fois il se crut absolument mort. L'âne était couché, la bouche en l'air. Sancho parvint à le remettre sur ses pieds, mais à peine pouvait-il se soutenir. Il tira du bissac, qui les avait suivis dans leur chute, un morceau de pain, le donna à son compagnon qui ne le rebuta point, et lui dit, comme s'il avait pu l'entendre : Avec le pain tous maux sont bons. En ce moment, Sancho découvrit à l'un des côtés de la fosse un trou assez grand pour qu'un homme pût y passer en se baissant; il s'y fourra en se rapetissant, et trouva qu'intérieurement il était large et spacieux, il put le voir parce qu'un rayon du soleil passait au travers de ce qu'on pouvait appeler la toiture et permettait de tout découvrir. Il vit encore que ce trou s'élargissait et donnait sur une autre cavité spacieuse. Rentrant alors dans la fosse, où était l'âne, en peu de temps à l'aide d'une pierre il élargit assez le trou pour y faire passer son âne; puis le prenant par le licou, il le fit avancer dans cette espèce de grotte, espérant toujours rencontrer quelque issue. Quelquefois il cheminait dans l'obscurité, quelquefois sans lumière aucune, mais jamais sans frayeur. Dieu tout-puissant me soit en aide, disait-il en lui-même, combien cette aventure, qui me semble si triste, paraîtrait agréable à mon maître Don

Quichotte! il ne manquerait pas de prendre ces souterrains et ces cachots pour des jardins fleuris et des palais de Galiana. Il s'attendrait à sortir de cette obscurité pour rencontrer quelque verte prairie. Mais moi, malheureux, privé de conseils et le courage abattu, je crois à chaque pas que sous mes pieds va s'ouvrir une autre fosse plus profonde que la première, qui achèvera de m'engloutir; un mal est peu de chose s'il vient seul. De cette façon et au milieu de ces tristes idées, il lui semblait avoir cheminé plus d'une demi-lieue, au bout de laquelle il aperçut une clarté confuse, qui entrait par quelque ouverture, et semblait procéder du jour, ce qui indiquait une issue à ce gouffre, qui lui avait paru le chemin de l'autre vie. Cid Hamet le laisse là pour retourner à Don Quichotte qui, avec autant d'impatience que de joie, attendait le jour du combat qu'il devait livrer au suborneur de la fille de doña Rodriguez en faveur de laquelle il espérait bien redresser le tort qui lui avait été méchamment fait.

Or, il arriva que, la veille de ce combat, étant sorti le matin pour se tenir en haleine et se préparer à la lutte du lendemain, et faisant fournir une carrière à Rossinante, l'animal posa les pieds si près d'une grande ouverture, que si Don Quichotte n'eût retenu fortement les rênes, ils fussent tombés tous les deux dans le trou. Enfin, il put le retenir et ne pas tomber. S'approchant un peu plus sans descendre de cheval il examina la profondeur de ce trou, et crut entendre de grands cris qui en sortaient. Il écouta avec attention et saisit ces mots : eh! là haut! n'y a-t-il point quelque chrétien qui m'entende, ou quelque chevalier charitable qui prenne pitié d'un pécheur enterré tout en vie, d'un malheureux gouverneur qui n'a pas su se gouverner? Don Quichotte crut reconnaître la voix de Sancho ; il en resta tout surpris et effrayé. Il éleva la voix tant qu'il put, et se mit à crier : Qui est-ce qui est là-bas? qui est-ce qui se plaint? Et qui pourrait-ce être, et qui peut se plaindre, répondit-on, sinon le malencontreux Sancho Pança, gouverneur, pour ses péchés, de l'île Barataria, et qui fut écuyer du fameux chevalier Don Quichotte de la Manche? A ces mots la surprise de Don Quichotte augmenta, son saisissement s'accrut, il s'imagina que Sancho était mort et que son âme était là en peine. Dans cette pensée, il s'écria : Je te conjure, par tout ce que peut employer un chrétien catholique, de me dire qui tu es : si tu es une âme en peine, dis-moi ce que tu veux que je fasse pour toi. Ma profession est de secourir les malheureux et les nécessiteux de ce monde, elle s'étend aussi à donner assistance à ceux de l'autre monde qui ne sauraient s'aider eux-mêmes.—Vous êtes donc le seigneur Don Quichotte de la Manche, et à la voix ce ne peut être un autre. — Oui, je suis Don Quichotte, dont la profession est d'aider dans leurs besoins les vivants et les morts ; c'est pourquoi, ne me tiens pas en suspens, apprends-moi qui tu es, car, si tu es mon écuyer Sancho Pança, si tu es mort, que les diables ne t'aient pas emporté et que, par la miséricorde divine, tu sois en purgatoire, notre sainte mère l'Église catholique romaine a des pouvoirs suffisants pour alléger tes souffrances ; je la solliciterai pour toi de tout mon pouvoir ; achève donc de te faire connaître et dis-moi qui tu es. Je jure, seigneur Don Quichotte, répondit la voix, par la naissance de qui vous voudrez, que je suis votre écuyer Sancho Pança, et que de ma vie je ne suis mort. J'ai laissé là le gouvernement pour des raisons trop longues pour être dites en ce moment. Cette nuit je suis tombé dans cette fosse, où je suis encore et mon âne avec moi, qui est là pour me démentir. Il semble que le grison entendit ce que disait Sancho, car au moment même il se mit à braire de telle sorte que toute la grotte en retentit. — Témoin irrécusable, s'écria Don Quichotte : je reconnais le braiment comme si je l'avais engendré, j'entends ta voix, ami Sancho : attends-moi, je cours au château du duc, qui n'est pas éloigné, et je vais ramener du monde pour te retirer de ce trou, où sans doute t'ont fait tomber tes péchés. Allez, dit Sancho, et revenez promptement, au nom de Dieu, car je ne puis souffrir de me voir enseveli tout vivant, et je meurs de peur.

Don Quichotte le laissa, pour courir au château conter au duc et à la duchesse l'accident de Sancho. Ils en furent fort surpris, quoiqu'ils comprissent bien qu'il devait être tombé dans le souterrain qui existait de temps immémorial, mais ils ne pouvaient comprendre pourquoi Sancho avait quitté le gouvernement sans qu'on leur eût donné avis de son retour. Enfin, on transporta sur les lieux des cordages, et, à force de bras, et à grande peine, on parvint à retirer l'âne et Sancho de ce lieu de ténèbres, pour les rendre à la lumière du soleil. Un jeune étudiant dit en le voyant : Plût à Dieu que tous les mauvais gouverneurs sortissent de leurs gouvernements comme ce pécheur sort du profond de l'abîme, mort de faim, pâle, et, comme je le crois, sans un maravédis. Sancho l'entendit. Frère médisant, répondit-il, il y a huit ou dix jours que j'ai pris le gouvernement de l'île qu'on m'avait confiée ; pendant ce temps, je ne me suis pas vu durant une heure rassasié de pain : les médecins m'ont persécuté, les ennemis m'ont froissé les os, et je n'ai pas eu le temps de percevoir des droits ni de faire des exactions. Cela étant, je ne méritais pas, à mon avis, de sortir de la sorte. Mais l'homme propose et Dieu dispose. Dieu connaît ce qui est le mieux et ce qui convient pour le bien de chacun. Il faut prendre le temps comme il vient, et personne ne peut dire : Je ne boirai de cette eau. Où l'on croit qu'il y a du lard il n'y a pas seulement de cheville. Dieu m'entend, il suffit, et je n'en dis pas plus, quoique je le puisse. Ne te fâche point, Sancho, dit Don Quichotte, et ne sois point chagriné de ce que tu entends dire ; ce serait à ne jamais finir. Pourvu que ta conscience soit tranquille, que l'on dise ce que l'on voudra. Prétendre enchaîner la langue des médisants, c'est vouloir mettre des portes aux champs. Si le gouverneur sort riche de son gouvernement, on dit que c'est un voleur ; s'il en sort pauvre, que c'est un imbécile ou un fou. Ah ! certes, répondit Sancho, pour cette fois on me prendra plutôt pour sot que pour voleur.

En causant de la sorte, ils arrivèrent au château, au milieu d'une troupe d'enfants et d'autres gens. Ils trouvèrent dans une galerie le duc et la duchesse qui les attendaient. Sancho ne voulut pas monter voir le duc avant d'avoir conduit son âne à l'écurie, car il disait qu'il avait eu une mauvaise nuit à l'hôtellerie ; ensuite il se rendit auprès de ses maîtres, se mit à genoux devant eux, et leur dit : Mes seigneurs, parce que votre grandeur l'a voulu, et sans que je l'eusse mérité, j'ai été prendre le gouvernement de votre île Barataria. J'y suis entré nu, nu j'en suis sorti ; je n'y ai ni gagné ni perdu. Si j'ai bien ou mal gouverné, il y a eu des témoins qui diront ce qu'ils voudront. J'ai rendu des sentences, éclairci des doutes, toujours mourant de faim, par le bon plaisir du docteur Pedro Recio, natif de Tirteafuera, médecin insulaire des gouverneurs. Les ennemis nous ont assaillis de nuit et mis dans un grand danger ; ceux de l'île disent qu'il sont sortis du combat victorieux par la force de mon bras : que Dieu leur donne paix comme ils disent la vérité. Enfin, pendant ce temps, j'ai su apprécier les charges et les obligations qu'impose le gouvernement, et j'ai trouvé, pour mon compte, qu'elles étaient trop lourdes pour mes épaules; ce ne sont point fardeaux pour mes reins, ni flèches pour ma trousse; ainsi, avant que le gouvernement ne tombât avec moi, j'ai voulu le quitter hier matin, j'ai laissé l'île comme je l'ai trouvée, avec les mêmes rues, les mêmes maisons et les mêmes toits qu'elle avait quand je suis entré. Je n'ai rien emprunté à personne, ni rien gagné. J'avais intention de rendre quelques ordonnances utiles, je n'en ai rendu aucune, dans la crainte qu'elles ne fussent pas observées, car alors en faire ou n'en pas faire sont la même chose. J'ai quitté, comme je vous l'ai dit, l'île sans autre compagnie que mon âne, je suis tombé dans une fosse, j'ai fait bien du chemin sous terre, et ce matin j'ai vu l'issue à la lumière du jour, mais elle n'était pas facile, et si le ciel n'avait pas conduit vers moi mon seigneur Don Quichotte, je serais resté dans ce trou jusqu'à la fin du monde. Ainsi, mes seigneurs, voici votre gouverneur Sancho Pança qui, en dix jours seulement qu'il a tenu le gouvernement, a appris qu'il ne lui convient point d'être gouverneur non d'une île, mais du monde entier. Dans cette disposition, je baise les pieds de Vos Excellences, et imitant le jeu des enfants qui disent : *Saute toi et donne-la moi*, je saute du gouvernement et retourne au service de mon maître Don Quichotte; avec lui je mange mon pain dans les transes, mais je le mange du moins à ma faim, et pour moi, pourvu que je sois rassasié, peu m'importe que ce soit de légumes ou de perdrix. Ainsi Sancho termina sa longue harangue. Don Quichotte craignait toujours qu'il ne lui échappât des milliers d'impertinences, et quand il vit qu'il en avait dit si peu, il rendit grâces au ciel. Le duc embrassa Sancho, et lui dit qu'il était bien fâché qu'il eût quitté sitôt le gouvernement, mais qu'il ferait en sorte de lui donner un autre emploi de moindre charge et de plus de profit. La duchesse l'embrassa aussi, et commanda qu'on eût grand soin de lui, car il paraissait moulu et en mauvais état.

CHAPITRE LVI.

DU TERRIBLE ET INOUI COMBAT QUI EUT LIEU ENTRE DON QUICHOTTE DE LA MANCHE ET LE LAQUAIS TOSILOS, POUR LA DÉFENSE DE LA FILLE DE LA DUÈGNE RODRIGUEZ.

Le duc et la duchesse ne se repentirent pas longtemps du tour joué à Sancho dans le gouvernement qu'ils lui avaient donné; d'autant plus que le majordome arriva ce jour-là même, et leur raconta, de point en point, presque toutes les paroles et les actions que Sancho avait dites ou faites pendant ce peu de temps. Il reproduisit l'histoire de l'assaut de l'île, la frayeur et le départ du gouverneur, ce qui ne les divertit pas peu. L'histoire rapporte ensuite que le jour du combat de Don Quichotte arriva. Le duc avait instruit une et plusieurs fois son laquais Tosilos des moyens qu'il devait employer pour vaincre Don Quichotte sans le blesser ni le tuer; il ordonna que l'on ôtât les fers des lances, disant au chevalier que les sentiments chrétiens dont il faisait profession ne permettaient pas que ce combat exposât si fort la vie des combattants; qu'il devait se contenter de ce qu'il lui donnait le champ libre, sans vouloir pousser cette rencontre en toute rigueur, car c'était aller contre les décrets du saint concile, qui prohibe de pareils défis. Don Quichotte répondit que le duc pouvait disposer les choses comme il voudrait; qu'il se conformerait en tout à ses volontés.

Le jour terrible arrivé, et le duc ayant fait dresser sur la place du château un vaste échafaud pour les juges du camp, et pour les plaignantes, mère et fille, une foule immense était accourue des villages voisins, attirée par la nouveauté du spectacle. Jamais, dans le pays, vivants ou morts n'avaient vu ou entendu raconter pareille chose. Le premier qui entra dans la lice fut le maître des cérémonies; il examina le camp, le parcourut tout entier, pour s'assurer qu'il n'y avait aucune tromperie, ni chose cachée où l'on pût trébucher et tomber. Parurent ensuite la duègne et sa fille, enveloppées dans leurs mantes rabattues jusqu'aux yeux et même jusqu'à la poitrine. Elles s'assirent sur les siéges qui leur étaient destinés, témoignant une vive douleur. Don Quichotte était présent dans la lice. Quelque temps après, au son des trompettes, vint prendre place sur un autre point, monté sur un puissant cheval qui semblait charger la terre, le grand laquais Tosilos, la visière baissée et tout couvert de fortes et brillantes armes. Le cheval était gris pommelé, et paraissait être de frise : il avait les quatre pieds garnis de poils longs et touffus. Le valeureux champion était bien instruit par le duc de la manière dont il devait se comporter avec Don Quichotte, qu'il devait éviter de tuer, et prévenu, surtout, de se dérober au premier choc pour écarter le danger de mort qui était certain s'ils s'abordaient de front. Il parcourut la place, puis s'approcha des dames regardant pendant quelque temps celle qui le réclamait pour époux. Le maître du camp appela Don Quichotte, qui s'était déjà présenté, et le conduisit avec Tosilos auprès des dames, auxquelles il demanda si elles acceptaient Don Quichotte pour leur défenseur. Elles répondirent que oui, et que tout ce qu'il ferait elles le tiendraient pour bon, valable et bien fait. Le duc et la duchesse étaient placés dans une galerie construite au-dessus de la lice, entourée d'une multitude de spectateurs, avides de voir pour la première fois ce terrible combat. Les conditions furent que, si Don Quichotte était vainqueur, son adversaire serait tenu d'épouser la fille de doña Rodriguez; mais, s'il était vaincu, le défendeur serait dégagé de sa parole, sans être obligé à aucune autre satisfaction. Le maître des cérémonies leur partagea également le soleil, assignant à chacun la place qu'il devait occuper. Les tambours retentirent, le son des trompettes remplit les airs, la terre tremblait sous les pas des coursiers, l'âme des spectateurs était suspendue entre la crainte et l'espérance, attendant de quel côté se déclarerait la victoire. Don Quichotte, se recommandant de tout son cœur à Dieu notre Seigneur, et à madame Dulcinée, n'attendait plus que le signal du départ. Mais notre laquais avait bien d'autres pensées : il ne songeait qu'à une chose que je vais dire tout à l'heure. Il paraît que lorsqu'il s'était avancé pour regarder son ennemie, elle lui avait semblé la plus belle femme qu'il eût jamais vue et le petit enfant aveugle que l'on appelle Amour par les rues, ne voulut pas perdre l'occasion de triompher d'une âme de laquais, et d'en augmenter ses trophées. Il s'approcha tout doucement de lui, sans être vu de personne, lança au pauvre laquais dans le côté gauche un trait aigu, long de deux vares, et lui perça le cœur de part en part. C'était chose bien facile, car l'Amour est invisible : il entre, il sort comme il lui plaît, sans que personne lui demande compte de ses actions. Lors donc qu'on donna le signal du combat, notre laquais était tout transporté, pensant à la beauté de celle qu'il avait faite maîtresse de son cœur ; aussi ne fit-il pas attention au bruit de la trompette, comme Don Quichotte qui, au premier son, partit aussi rapidement que le permit Rossinante, et s'élança vers son ennemi. En le voyant partir, Sancho, son bon écuyer, s'écria : Dieu te conduise, fleur et crème des chevaliers errants ; Dieu te donne la victoire puisque le bon droit est de ton côté. Tosilos, quoiqu'il vît venir contre lui Don Quichotte, ne bougea d'un seul pas, mais à haute voix il appela le maître du camp qui s'approcha pour l'entendre, et lui dit : Le combat n'a-t-il pas lieu, seigneur, pour que j'épouse ou n'épouse pas cette demoiselle ? Oui, lui répondit-on. Eh bien, dit le laquais, j'ai la conscience très scrupuleuse et je la chargerais d'un grand poids si je passais outre. Je déclare donc que je me tiens pour vaincu, et je demande à m'unir sur-le-champ avec cette dame. Le maître du camp demeura tout interdit de la proposition de Tosilos, et, comme il était un des confidents de cette facétie, il ne sut que répondre. Don Quichotte s'arrêta au milieu de la carrière, voyant que son ennemi ne venait point à sa rencontre. Le duc ne pouvait comprendre pourquoi le combat était suspendu ; mais le maître du camp alla l'instruire des intentions de Tosilos, ce qui le mit dans un étonnement et une colère extrêmes. Pendant ce temps-là, Tosilos s'approcha de doña Rodriguez, et lui dit : Madame, je désire me marier avec votre fille : je ne veux point acheter par des débats et des luttes ce que je peux obtenir en paix et sans danger de mort. Le vaillant Don Quichotte entendit ce discours. Puisqu'il en est ainsi, dit-il, je demeure libre et dégagé de ma promesse. Qu'ils se marient, à la bonne heure, et puisque Dieu la lui a donnée, que saint Pierre la lui bénisse. Le duc était descendu dans la place, et s'approchant de Tosilos : Est-il vrai, dit-il, chevalier, que vous vous tenez pour vaincu, et que, pressé par les remords de votre conscience, vous voulez épouser cette demoiselle ? Oui, seigneur, répondit Tosilos. Il fait fort bien, dit Sancho : ce que tu voulais donner au rat, donne-le au chat, il te tirera de peine.

Cependant, Tosilos délaçait son casque, et priait qu'on s'empressât de l'aider, car il sentait la respiration lui manquer, et ne pouvait rester si longtemps enfermé dans cette étroite prison : on lui ôta son casque, et alors se montra à découvert son visage de laquais. En l'apercevant, doña Rodriguez et sa fille s'écrièrent : C'est une tromperie, on a substitué Tosilos, laquais du duc mon seigneur, au véritable époux : justice au nom de Dieu et du roi, de tant de malice pour ne pas dire de fraude. Ne vous fâchez point, mesdames, leur dit Don Quichotte ; il n'y a ni malice ni tromperie, ou, s'il y en a, le duc n'en est point cause, mais bien les méchants enchanteurs qui me persécutent : envieux de la gloire que m'eût acquise mon triomphe, ils ont changé la figure de votre époux en celle de cet homme que vous dites être laquais du duc. Suivez mon conseil, et, en dépit de la malice de mes ennemis, mariez-vous avec celui-ci, sans doute il est celui que vous désirez obtenir. Le duc, en entendant ce propos sentit s'évanouir sa colère en un rire qui faillit l'étouffer. Les choses qui arrivent au seigneur Don Quichotte sont si extraordinaires, dit-il, que je suis en effet porté à croire que cet homme n'est pas mon laquais : au reste, usons d'adresse ; retardons le mariage pendant quinze jours, si l'on veut, et, durant ce temps, tenons renfermé ce personnage qui nous met en suspens, il pourra se faire que, dans cet intervalle, il reprenne sa première figure. La rancune des enchanteurs contre le seigneur Don Quichotte ne saurait durer si longtemps, surtout lorsque leurs ruses et leurs métamorphoses leur profitent si peu. Oh ! seigneur, dit Sancho, ces malandrins sont accoutumés à changer tous les objets qui ont rapport à mon maître : un chevalier qu'il vainquit ces jours passés, et qui s'appelait le chevalier des Miroirs, ils lui donnèrent la figure du bachelier Samson Carrasco, natif de notre village et notre grand ami : ils ont changé madame Dulcinée du Toboso en une laide paysanne : ainsi, je pense que ce laquais sera laquais toute sa vie et mourra de même. Là-dessus, la fille de la Rodriguez dit : Que celui-ci soit ce qu'il voudra, il désire m'épouser, et je lui en sais gré. J'aime mieux être la femme légitime d'un laquais, que la maîtresse ou la dupe d'un gentilhomme ; et encore celui qui m'a trompée ne l'est pas. Finalement, tous ces incidents se terminèrent par cette décision que Tosilos serait renfermé jusqu'à ce qu'on eût vu ce que deviendrait sa transformation. Chacun cria victoire pour Don Quichotte, mais le plus grand nombre resta fort triste et fort désappointé que les deux champions si attendus ne se fussent pas mis en pièces. C'est ainsi que les enfants ne sont pas satisfaits, lorsque le criminel qu'ils attendent n'est pas pendu, parce que la justice ou sa partie adverse lui a fait grâce. Chacun s'en retourna chez soi ; le duc et Don Quichotte rentrèrent au château ; on enferma Tosilos, doña Rodriguez et sa fille demeurèrent satisfaites de ce que, de manière ou d'autre, la chose se terminerait par un mariage. L'amoureux laquais n'en avait pas moins de joie.

CHAPITRE LVII.

QUI TRAITE DE LA MANIÈRE DONT DON QUICHOTTE PRIT CONGÉ DU DUC, ET DE CE QUI LUI ARRIVA AVEC L'HABILE ET HARDIE ALTISIDORE, DEMOISELLE DE LA DUCHESSE.

Don Quichotte jugea qu'il était temps enfin de sortir de l'oisiveté à laquelle il s'abandonnait dans ce château : il croyait bien grande la faute que faisait sa personne en demeurant si longtemps enseveli dans les délicatesses et les plaisirs que lui prodiguaient les maîtres du château, comme à un chevalier errant : il lui semblait qu'il aurait à rendre un compte sévère au ciel de sa paresse et de son inaction. C'est pourquoi il demanda au duc et à la duchesse la permission de partir. Ils la lui accordèrent tout en lui témoignant un grand regret de le perdre. La duchesse remit à Sancho la lettre de sa femme. Il pleura en la voyant, et dit : Qui eût pensé que les grandes espérances qu'avait fait concevoir à ma femme Thérèse la nouvelle de mon gouvernement, n'aboutiraient qu'à retourner chercher les aventures à la suite de mon maître Don Quichotte? Avec tout cela, je suis content de voir qu'elle a montré qui elle était, en envoyant des glands à madame la duchesse : si elle ne l'avait pas fait, j'en aurais eu du chagrin, et elle se serait montrée ingrate. Ce qui me console, c'est qu'on ne peut appeler ce présent une séduction, puisque j'occupais déjà le gouvernement quand elle l'a envoyé : il est juste, lorsque l'on a reçu un bienfait, d'en témoigner de la reconnaissance, fût-ce avec des bagatelles. Nu je suis entré dans ce gouvernement, nu j'en suis sorti, ainsi je peux dire en sûreté de conscience, ce qui n'est pas peu de chose : nu je suis né, nu je me trouve, je n'ai ni perdu ni gagné.

Ainsi parlait Sancho en lui-même le jour du départ. Don Quichotte, qui avait pris la veille congé du duc et de la duchesse, parut de grand matin, tout armé, sur la place du château. Les galeries étaient remplies des gens du château accourus pour le voir, le duc et la duchesse y vinrent eux-mêmes. Sancho était sur son grison, avec son bissac, sa mallette et ses provisions. Il était plein de joie, parce que le majordome du duc, celui qui fit la Trifaldi, lui avait remis une petite bourse de deux cents écus d'or pour fournir aux besoins du voyage, ce que Don Quichotte ignorait encore. Tandis que tout le monde le regardait, comme nous l'avons dit, la spirituelle et hardie Altisidore éleva tout à coup la voix du milieu des duègnes et demoiselles de la duchesse, et d'un ton languissant dit :

Ecoute, cruel chevalier, retiens un peu les rênes, ne presse pas les flancs de ta bête mal dirigée.

Vois, trompeur, tu ne fuis pas un serpent cruel, mais une tendre agnelette bien loin encore d'être une brebis.

O monstre, tu as trompé la plus belle demoiselle que Diane ait vue sur les monts, que Vénus ait contemplée dans ses bosquets.

Cruel Birène, fugitif Énée, partout où tu iras que Barrabas t'accompagne.

Tu emportes, ravissement impie ! entre les ongles de tes serres, les entrailles d'une humble et tendre victime.

Tu emportes trois mouchoirs de nuit et les jarretières qui ont embrassé des jambes égales au marbre, par le poli, la blancheur et les veines d'azur.

Tu emportes deux mille soupirs, dont l'ardeur eût embrasé deux mille Troies, s'il y en avait eu deux mille.

Cruel Birène, fugitif Énée, partout où tu iras que Barrabas t'accompagne.

Que les entrailles de ton écuyer Sancho soient si dures et si insensibles que Dulcinée ne puisse sortir de son enchantement.

Que l'infortunée porte la peine de tes fautes ; souvent sur la terre les justes payent pour les pécheurs.

Que tes plus belles aventures se convertissent en mésaventures, tes plaisirs en songes, tes plus fermes souvenirs en oubli.

Cruel Birène, fugitif Énée, partout où tu iras que Barrabas t'accompagne.

Sois tenu pour déloyal, de Séville à Marchena, de Grenade à Loja, de Londres en toute l'Angleterre.

Si tu joues à la triomphe, au piquet ou à la prime, que toujours les rois te fuient ; ne vois jamais ni as ni sept.

Si tu coupes tes cors, que le sang puisse en sortir ; que les racines te restent dans la bouche si tu te fais arracher les dents.

Cruel Birène, fugitif Énée, partout où tu iras que Barrabas t'accompagne [1].

Tandis que la plaintive Altisidore se lamentait de la sorte, Don Quichotte la contemplait sans lui répondre une seule parole ; il se retourna vers son écuyer : Ami, lui dit-il, je te conjure, par la vie de tes ancêtres, de m'avouer la vérité ; par aventure, as-tu emporté les trois mouchoirs de nuit et les jarretières dont parle cette amoureuse demoiselle? Les mouchoirs, oui, je les emporte, répondit San-

[1] Birène est, dans *l'Orlando furioso* de l'Arioste (chant x), l'amant ingrat d'Olympie, qu'il abandonna dans une île déserte.

Florian a substitué à ces vers trois stances assez jolies, mais qui n'y ont aucun rapport.

cho; mais, pour les jarretières, comme les montagnes d'Ubeda. La duchesse s'émerveillait de l'effronterie d'Altisidore; car, quoiqu'elle la connût pour enjouée, libre, cependant elle ne la croyait pas capable de semblables licences; sa surprise était d'autant plus grande qu'elle n'avait pas été avertie de cette plaisanterie. Le duc voulut pousser le jeu plus avant. Seigneur chevalier, dit-il à Don Quichotte, il me paraît mal qu'après le bon accueil que vous avez reçu dans mon château, vous ayez pu vous permettre d'emporter trois mouchoirs pour le moins, et peut-être aussi des jarretières à ma demoiselle; c'est un signe de mauvais cœur et une action peu digne de votre renommée. Rendez les jarretières, ou je vous défie à un combat à outrance, sans craindre que les malandrins enchanteurs me changent le visage et me transforment comme ils ont fait de mon laquais Tosilos, qui est entré en la lice avec vous. A Dieu ne plaise, répondit Don Quichotte, que je tire l'épée contre votre illustrissime personne, après en avoir reçu tant de faveurs. Je rendrai les mouchoirs, puisque Sancho dit qu'il les a; pour les jarretières, c'est impossible, puisqu'il ne les a point ni moi non plus: si votre demoiselle veut visiter ses cachettes, elle les trouvera certainement. Seigneur duc, je ne fus jamais un voleur, et je pense ne jamais l'être tant que Dieu m'assistera. Cette demoiselle parle, comme elle le dit, en femme passionnée; ce n'est pas ma faute, je ne suis donc point obligé de lui demander pardon, ni à elle ni à Votre Excellence, que je supplie d'avoir meilleure opinion de moi et de m'accorder encore une fois la permission de poursuivre mon chemin. Dieu vous le donne si heureux, dit la duchesse, que nous puissions toujours recevoir de vos exploits des nouvelles satisfaisantes. Allez, seigneur Don Quichotte, que Dieu vous accompagne. En restant ici plus longtemps, vous ne faites qu'accroître la passion dans le cœur des demoiselles qui vous contemplent. Quant à celle-ci, je la corrigerai si bien, que désormais elle ne s'oubliera ni dans ses regards ni dans ses paroles. Je ne t'en adresserai plus qu'une, ô valeureux Don Quichotte, dit Altisidore; c'est pour que tu me pardonnes mon accusation au sujet des jarretières, car sur Dieu et ma conscience, je les ai à mes jambes; je suis tombée dans la distraction de celui qui cherchait son âne étant monté dessus. Ne le disais-je pas bien, s'écria Sancho, suis-je fait pour recéler des larcins? si j'en avais voulu faire, l'occasion ne me manquait pas dans mon gouvernement. . . . . . .

Don Quichotte s'inclina, fit la révérence au duc, à la duchesse et à tous les assistants, puis, tournant la bride à Rossinante, il sortit du château, suivi de Sancho monté sur son grison, et prit le chemin de Saragosse.

CHAPITRE LVIII.

QUI DIT COMMENT LES AVENTURES SE PRESSÈRENT SI FORT SUR DON QUICHOTTE, QU'ELLES NE LAISSÈRENT PAS D'INTERVALLE DE L'UNE A L'AUTRE.

UAND Don Quichotte se vit en rase campagne, et débarrassé des poursuites d'Altisidore, il se trouva dans son centre, et sentit renaître l'ardeur de poursuivre ses entreprises chevaleresques. Ami, dit-il en se tournant vers Sancho, de tous les biens dont le ciel a comblé les humains, un des plus précieux est la liberté: tous les trésors que renferme la terre, qui sont ensevelis dans les flots, ne sauraient l'égaler. Pour elle et pour l'honneur, nous devons exposer notre vie. L'esclavage est au contraire le plus grand malheur qui puisse frapper les hommes. Tu as été témoin, Sancho, de l'abondance et des plaisirs dont nous avons joui dans ce château que nous quittons : eh bien ! au milieu de ces banquets recherchés, de ces breuvages si frais, je me croyais resserré dans les bornes étroites de la faim, parce que je n'en jouissais pas avec la même liberté que si tout cela m'eût appartenu. Le retour dont il faut payer les bienfaits reçus est un lien qui nous enlève la franchise et la liberté de cœur. Heureux celui à qui le ciel a donné un morceau de pain, sans qu'il soit obligé d'en remercier d'autre que le ciel lui-même. Avec tout ce que votre grâce me représente, dit Sancho, n'est-il pas convenable que nous ayons un peu de reconnaissance pour deux cents écus d'or, que le majordome du duc m'a donnés dans une bourse, et que je porte sur mon cœur, comme un fortifiant contre les accidents qui peuvent survenir ? Nous ne rencontrerons pas toujours des châteaux où l'on nous régale, et peut-être pourrons-nous trouver des hôtelleries où l'on nous battra.

Durant cet entretien le chevalier et l'écuyer allaient cheminant. Au bout d'environ une lieue, ils aperçurent une douzaine d'hommes vêtus en paysans, qui, assis sur leurs capes, mangeaient sur l'herbe fraîche d'un petit pré. Auprès d'eux étaient étendus des espèces de grands draps blancs qui paraissaient recouvrir quelque chose. Ces draps étaient tendus et placés de distance en distance. Don Quichotte s'approcha, salua civilement, et demanda ce que recouvraient ces draps. Seigneur, répondit un de la troupe, ce sont des figures de relief et de sculpture qui doivent servir à un ornement d'église [1] que nous faisons faire pour notre village : nous les couvrons pour qu'elles ne se salissent point, et les portons sur nos épaules de peur qu'elles ne se cassent. Si vous le vouliez bien, reprit Don Quichotte, je serais charmé de les voir : des figures que l'on couvre avec tant de soin doivent être belles. Comment belles ? dit un de ces hommes, vous pouvez en juger par leur prix ; il n'y en a pas une qui n'ait coûté plus de cinquante ducats ; mais, afin que vous en puissiez juger par vos yeux, attendez un moment, je vais vous les montrer. Il laissa son repas, se leva et découvrit la première figure, qui représentait saint Georges à cheval, foulant un dragon roulé à ses pieds, et lui traversant la gueule de sa lance, avec l'expression de courage qu'on a coutume de lui donner. Cette figure avait l'éclat d'un foyer d'or, comme on a coutume de dire. Ce guerrier, dit Don Quichotte, fut un des meilleurs chevaliers errants de la milice céleste ; il s'appelait don saint Georges, et fut en outre défenseur des demoiselles : passons au suivant. L'homme le découvrit : c'était l'image de saint Martin à cheval, donnant à un pauvre la moitié de son manteau. Ce chevalier, dit Don Quichotte, aussitôt qu'il l'eut aperçu, fut du nombre des aventuriers chrétiens, et, je le crois, plus charitable encore que vaillant, comme tu peux en juger, Sancho, en le voyant partager son manteau avec un pauvre auquel il en donne la moitié, c'était sans doute en hiver, car autrement il était si charitable, qu'il l'aurait probablement donné tout entier. J'en doute, répondit Sancho ; il devait plutôt se souvenir du proverbe, pour donner

[1] *Un retablo.* On a déjà vu ci-dessus la signification de ce mot, au chapitre du joueur de marionnettes. Il exprime aussi la sculpture et la décoration d'un autel.

et tenir il faut avoir bonne cervelle. Don Quichotte sourit et demanda qu'on levât une autre toile. Elle couvrait le patron des Espagnes à cheval, l'épée ensanglantée, renversant les Maures et foulant aux pieds leurs têtes. Celui-ci, dit Don Quichotte, fut un vrai chevalier et de la phalange du Christ; il s'appelait don San Diego Matamaure[1]; ce fut un des plus vaillants saints et chevaliers du monde; il jouit de la gloire céleste. Sous le drap suivant était saint Paul renversé de son cheval, avec tous les détails que l'on réunit pour exprimer sa conversion : il était si bien représenté, qu'on eût dit que Jésus-Christ lui parlait et qu'il répondait. Celui-ci, dit Don Quichotte, fut d'abord le plus grand ennemi de l'Eglise de Dieu, puis ensuite le plus zélé défenseur qu'elle aura jamais, chevalier errant en sa vie, saint de pied ferme en la mort, ouvrier infatigable dans la vigne du Seigneur, docteur des gentils, il eut pour école le ciel, et pour maître et professeur Jésus-Christ lui-même.

Il n'y avait plus de figures. Don Quichotte les fit recouvrir toutes, et dit aux paysans : Je tiens à heureux présage, frères, d'avoir vu ces figures; ces saints et chevaliers ont exercé la même profession que moi, celle des armes : toute la différence qu'il y a entre eux et moi, c'est qu'ils furent saints, et qu'ils combattirent suivant les lois divines, tandis que moi, pécheur, je combats à la manière des hommes. Ils conquirent le ciel à la force de leur bras, car le ciel aussi souffre la violence, et moi, je ne sais ce que jusqu'à ce jour j'ai conquis, à force de travaux. Mais si ma Dulcinée du Toboso était délivrée des peines qu'elle endure, mon sort s'améliorerait, mon esprit se fortifierait, et je pourrais prendre une meilleure route que celle que j'ai suivie jusqu'à présent.

Dieu l'entende et le péché soit sourd, dit Sancho. Les paysans regardaient Don Quichotte, aussi surpris de sa figure que de ses discours, dont ils ne comprenaient pas la moitié. Ils achevèrent de manger, rechargèrent leurs figures, et, prenant congé du chevalier, poursuivirent leur chemin. Sancho, de son côté, restait tout interdit, comme s'il n'avait jamais connu son maître, admirant son savoir; il lui semblait qu'il n'y avait jamais eu au monde histoire ni aventure que Don Quichotte ne connût sur le bout de son doigt, et qui ne fût logée dans sa mémoire. En vérité, seigneur, lui dit-il, si ce qui vient de nous arriver peut s'appeler aventure, c'est une des plus douces et des plus agréables que nous ayons encore rencontrées dans nos voyages : nous en sommes sortis sans frayeur et sans coups de bâton, nous n'avons point mis l'épée à la main, nous n'avons point mesuré la terre de nos corps, et nous n'avons point souffert la faim. Que béni soit Dieu qui m'a fait voir tout cela de mes propres yeux! Tu as raison, Sancho, répondit Don Quichotte; mais fais attention que tous les temps ne sont pas les mêmes, et se suivent sans se ressembler. Ce que le vulgaire a coutume de nommer présage, et qui n'est pas fondé sur l'ordre naturel des choses, doit être regardé par le sage comme un heureux accident. Qu'un de ces hommes à présage, sortant un matin de sa maison, rencontre un frère de l'ordre du bienheureux saint François, et, comme s'il avait rencontré un griffon[2], il tourne les épaules et rentre chez lui. Un autre répand sur la table une salière, et la mélancolie se répand dans son cœur : comme si la nature était obligée de nous avertir des malheurs qui nous mena-

[1] Tueur de Maures.

[2] Parce que c'était un ordre de mendiants. On appelait la misère *mal saint François*.

cent, et devait employer pour cela des moyens aussi futiles. L'homme sage et chrétien ne cherche point en de pareilles futilités les secrets du ciel. Scipion arrive en Afrique, il tombe en sautant à terre; les soldats prennent cet accident pour un mauvais augure. Mais lui, embrassant le sol : O Afrique, s'écrie-t-il, tu ne saurais m'échapper, je te tiens dans mes bras. C'est ainsi, Sancho, que la rencontre de ces images a été pour moi un très heureux hasard. Je le crois comme vous, seigneur, répondit Sancho, mais je voudrais bien que vous m'apprissiez pour quelle raison les Espagnols, lorsqu'ils vont livrer quelque bataille, et qu'ils invoquent San Diego Matamaure, s'écrient : *Santiago, y cierra Espana* [1] ! l'Espagne est-elle, par aventure, ouverte de telle sorte qu'il soit besoin de la fermer? ou bien que signifie cela? — Que tu es simple, Sancho! Dieu a donné pour patron, pour défenseur à l'Espagne, ce grand chevalier à la croix vermeille, et surtout dans les guerres cruelles que nous avons eues à soutenir contre les Maures. Nous l'invoquons, nous l'appelons, comme notre défenseur, dans toutes les batailles que nous livrons; et, plus d'une fois, on l'a vu distinctement, attaquant, renversant, détruisant les escadrons des enfants d'Agar. Je pourrais te citer plusieurs exemples de cette vérité, rapportée dans nos véridiques histoires.

Sancho changea de discours, et dit à son maître : Je suis étonné, seigneur, de l'effronterie de cette Altisidore, la suivante de la duchesse; il faut que celui que l'on nomme Amour l'ait bien fortement blessée. Le fripon, qui n'y voit point, dit-on, s'il prend avec ses yeux malades, ou pour mieux dire privés de vue un cœur pour but, quelque petit qu'il soit, il l'atteint et le traverse de ses flèches. J'ai ouï dire qu'elles s'émoussent contre la sagesse et la pudeur des filles; mais, sur cette Altisidore, on dirait plutôt qu'elles deviennent encore plus aiguës. Fais attention, dit Don Quichotte, que l'amour ne garde aucune mesure ni dans ses actions, ni dans ses discours. Il est semblable à la mort, qui frappe également les orgueilleux palais des rois et l'humble chaumière des bergers; quand il se rend maître absolu d'un cœur, la première chose qu'il fait c'est d'en chasser la retenue et la pudeur. C'est ainsi qu'Altisidore a déclaré sa passion, qui m'a inspiré plus de confusion que de pitié. O cruauté notoire! ingratitude inouïe! s'écria Sancho; pour moi, je le déclare, je me serais rendu, je me serais soumis à la moindre parole amoureuse qu'elle m'eût dite. Quel cœur de marbre! quelles entrailles de bronze! quelle âme d'argile! Mais, je ne saurais comprendre ce que cette demoiselle peut avoir remarqué en vous pour la séduire et la toucher de la sorte. Quelle élégance, quel éclat, quelle grâce, quelle bonne mine avez-vous pour qu'une de ces choses ou toutes réunies aient pu la rendre amoureuse? En vérité, en vérité, je vous ai bien des fois considéré, de la pointe des cheveux à la plante des pieds, et je vois en votre personne plus de choses capables d'effrayer que de séduire. J'ai souvent entendu dire aussi que la beauté est ce qui séduit le plus, et comme vous n'en avez pas l'ombre, je ne comprends pas comment la pauvrette a pu s'enamourer de vous.

[1] *Saint Jacques! et ferme l'Espagne.* Don Quichotte ne répond point à la question de Sancho, sur ces mots : *Y cierra España.* Ils peuvent signifier : Rends-la inaccessible, impénétrable aux ennemis; mais ils signifient aussi charger, combattre. *Cerrar con alguno*, c'est fermer, mais *cerrar* c'est se précipiter sur lui pour le combattre. Le sens alors est : *Saint Jacques, à la charge, Espagne!* C'est le cri de guerre des anciens Espagnols, comme chez nous : *Montjoie, saint Denis!*

Apprends, Sancho, répondit Don Quichotte, qu'il y a deux sortes de beauté, celle de l'âme et celle du corps : celle de l'âme se fait remarquer dans le jugement, l'honnêteté, les bons procédés, la libéralité, la bonne éducation. Toutes ces qualités peuvent appartenir à un homme laid; lorsqu'on s'attache à cette beauté plus qu'à celle du corps, l'amour se déclare promptement et avec plus de violence. Je vois bien, Sancho, que je ne suis pas beau ; mais je sais aussi que je ne suis pas difforme, et il suffit à un homme de bien de n'être pas un monstre, pour être aimé, lorsqu'il a les qualités de l'âme dont je t'ai parlé.

En devisant ainsi, ils entrèrent dans une forêt qui bordait le chemin, et, sans y prendre garde, Don Quichotte se trouva pris dans de grands filets verts, tendus parmi les arbres. Sans imaginer ce que ce pouvait être : Ces filets, dit-il à Sancho, doivent être une des plus étranges aventures que je puisse imaginer. Que je meure si les enchanteurs qui me poursuivent ne pensent pas m'enlever dans ces rets et m'empêcher de poursuivre mon chemin, pour me punir de ma rigueur envers Altisidore; mais je les avertis que, ces rets fussent-ils de diamant, au lieu d'être de simples filets, et plus forts mille fois que ceux dont le jaloux dieu des forgerons enveloppa Mars et Vénus, je les romprai aussi facilement que s'ils étaient de joncs marins ou de fils de coton. Il se disposait donc à passer outre et tout briser, quand il vit sortir d'entre les arbres deux charmantes bergères, ou du moins était-ce leur vêtement, si ce n'est que le corps et les jupes étaient de fin brocart, je veux dire les jupes de riche taffetas d'or. Leurs cheveux flottaient sur leurs épaules et blonds à le disputer aux rayons mêmes du soleil ; leur tête était couronnée de guirlandes de vert laurier et de rouge amaranthe : elles paraissaient avoir entre quinze et dix-huit ans. A cette vue, Sancho ouvrit de grands yeux, Don Quichotte resta interdit, le soleil s'arrêta pour les voir. Tous quatre étaient dans un merveilleux silence. Enfin, une des bergères le rompit la première. Arrêtez, seigneur chevalier, dit-elle à Don Quichotte, ne rompez pas ces filets, tendus pour nos plaisirs et non pour vous nuire ; et, comme vous pourriez nous demander pourquoi nous les avons placés, et qui nous sommes, je vais vous le dire en peu de mots.

Dans un village, à deux lieues d'ici, demeurent beaucoup de personnes distinguées, beaucoup de gentilshommes et de gens riches : plusieurs d'entre eux, amis et parents, sont convenus de venir avec leurs voisins, leurs femmes et leurs enfants se divertir en cet endroit, un des plus agréables de tous les environs, et de former entre eux tous une nouvelle et pastorale Arcadie, les demoiselles vêtues en bergères, et les jeunes hommes en bergers. Nous avons étudié deux églogues, l'une du fameux poëte Garcilaso, l'autre que l'excellent Camoëns a composée en portugais; nous ne les avons pas encore représentées. Hier fut le premier jour où nous vînmes nous établir ici. Nous avons dressées sous ces ramées, quelques tentes au bord d'un ruisseau abondant qui féconde ces prairies. La nuit dernière nous avons tendu ces filets, pour prendre les petits oiseaux sans défiance qui, poursuivis par nos cris, viendraient s'y précipiter. Si vous désirez, seigneur, être notre hôte, vous serez bien reçu, bien traité, car la mélancolie et l'ennui n'habitent point ce séjour. La bergère se tut. Certes, belle dame, répondit Don Quichotte, Actéon ne demeura pas plus surpris, ni plus charmé, quand Diane au bain s'offrit inopinément à sa vue, que je ne le suis à l'aspect de votre beauté. Je loue beaucoup l'idée de vos amusements, et vous remercie de vos offres obligeantes. Si je puis vous servir, vous pouvez ordonner avec certitude d'être obéie ; ma profession est de me montrer affable et bienfaisant envers tout le monde, et surtout envers les personnes aussi distinguées que vous paraissez l'être. Si ces filets, qui occupent si peu d'espace, couvraient la surface du globe, j'irais chercher d'autres mondes pour m'y frayer un passage, plutôt que de les rompre, et, afin que vous ajoutiez plus de foi à ce discours, qui peut paraître exagéré, voyez que celui qui vous parle n'est pas moins que Don Quichotte de la Manche, si ce nom est parvenu à vos oreilles. O mon amie! s'écria l'autre bergère, quel bonheur est le nôtre! Tu vois ce seigneur qui est devant nous? c'est le plus vaillant, le plus amoureux, le plus courtois chevalier du monde, si nous n'avons pas été trompées par l'histoire de ses hauts faits, qui est imprimée et que j'ai lue. Je parierais que ce bonhomme qui le suit est Sancho Pança, son écuyer, que personne n'égale en agréments. Vous avez raison, madame, dit Sancho, je suis cet aimable écuyer dont vous parlez, et ce seigneur est mon maître, ce Don Quichotte de la Manche dont parle l'histoire. Ah! dit l'autre, conjurons-le de s'arrêter : nos pères et nos frères en auront un extrême plaisir. J'ai aussi entendu vanter sa courtoisie et sa valeur, comme tu viens de le faire ; on dit surtout qu'il est le plus loyal et le plus constant des amants, et que sa dame est une Dulcinée du Toboso, à qui toute l'Espagne décerne la palme de la beauté. On la lui donne avec raison, dit Don Quichotte, et votre beauté seule, madame, pourrait en faire douter. Au reste, épargnez-vous, pour m'arrêter, d'inutiles instances : les devoirs rigoureux de ma profession ne me permettent de me reposer nulle part.

En ce moment arriva le frère d'une de ces bergères, vêtu comme elles en berger, avec non moins de richesse et d'élégance. Elles lui contèrent que le chevalier qu'il voyait était le vaillant Don Quichotte de la Manche avec son écuyer Sancho Pança, qu'il connaissait pour avoir lu leur histoire. Le galant berger offrit ses services à Don Quichotte et le pria de venir sous leurs tentes ; celui-ci ne put le refuser. En même temps on fit la battue ; les filets se remplirent d'oiseaux qui trompés par la couleur des filets, tombaient dans le péril qu'ils croyaient éviter. Plus de trente personnes se réunirent, toutes richement habillées en bergers et en bergères. On sut en un instant qui étaient Don Quichotte et son écuyer, et tous en eurent un extrême plaisir, parce qu'ils le connaissaient par son histoire. On se rendit sous les tentes : les tables y étaient mises et servies avec autant de richesse que de propreté et d'élégance. On donna la place d'honneur à Don Quichotte. Tous les yeux étaient fixés sur lui ; tous étaient ravis de le voir. Le repas fini, Don Quichotte éleva la voix, et d'un ton grave, adressa ce discours à la compagnie :

Parmi les péchés divers que commettent les hommes, les uns regardent l'orgueil comme le plus grand de tous. Moi, je soutiens que c'est l'ingratitude, et je me fonde sur ce que l'on dit communément, que l'enfer est peuplé d'ingrats. Depuis que j'ai l'âge de raison, j'ai fait tous mes efforts pour éviter ce péché. Si je ne puis reconnaître les bienfaits par d'autres bienfaits, j'y supplée au moins par ma bonne volonté, et, lorsqu'elle est insuffisante, je publie les grâces que l'on m'a faites; car les publier, c'est montrer qu'on les reconnaîtrait par d'autres si on le pouvait. Celui qui reçoit est ordinairement inférieur à celui qui donne, ainsi

Dieu est au-dessus de tous, car il est par excellence celui qui donne ; les dons de l'homme ne sauraient approcher des siens, tant est grande la distance qui nous sépare de lui. La reconnaissance supplée en quelque sorte à cette impuissance. Quant à moi, ne pouvant, à mesure égale, reconnaître le bon accueil que j'ai reçu ici, je me renferme dans les étroites limites de mon pouvoir, et vous offre ce que je puis et ce que je possède. Je dis donc que pendant deux jours entiers, sur le milieu de ce grand chemin qui conduit à Saragosse, je soutiendrai que les dames ici présentes, en habits de bergères, sont les plus belles et les plus courtoises du monde, excepté seulement la sans pareille Dulcinée du Toboso, dame unique de mes pensées ; soit dit sans offenser aucune des personnes qui m'entendent. Sancho, qui avait écouté avec attention, s'écria : Est-il possible qu'il y ait des personnes au monde qui soutiennent, qui jurent que mon maître est fou ? Dites-moi, seigneurs bergers, est-il curé de village, quelque instruit et sage qu'il soit, qui puisse dire ce qu'il a dit? est-il chevalier errant, quelle que soit sa vaillance, qui vous offre ce que mon maître vient de vous offrir. Don Quichotte, le visage enflammé de colère, se retourna vers Sancho, et lui dit : Est-il possible, Sancho, qu'il y ait des personnes au monde qui disent que tu n'es pas un sot doublé du même, avec je ne sais quelle bordure de veillaque et de malicieux? Qui t'a mêlé dans mes affaires, et chargé de vérifier si je suis sage ou fou ? Tais-toi, et ne me réplique pas. Va seller Rossinante, s'il ne l'est pas, et allons mettre à exécution l'offre que je viens de faire. La raison est si fort de mon côté, que tu peux regarder comme vaincus tous ceux qui voudront la contredire. Il se leva aussitôt en fureur, laissant tous les assistants interdits, et incertains s'ils devaient le regarder comme sage ou comme fou. Ils le conjurèrent de ne pas prendre tant de peine; qu'ils étaient bien persuadés de sa gratitude et de sa bonne volonté, et qu'il n'était pas besoin de nouvelles preuves de sa vaillance, après celles qu'ils avaient vues dans l'histoire de ses hauts faits. Malgré leurs prières, il n'en persista pas moins dans ses intentions ; monté sur Rossinante, et embrassant son écu, il saisit sa lance, et fut se poster au milieu d'un grand chemin, qui n'était pas éloigné de la prairie. Sancho le suivit sur son âne, ainsi que toute la troupe des bergers, curieux de voir ce que deviendrait son offre inouïe et arrogante. Établi comme il a été dit au milieu du chemin, Don Quichotte frappa l'air de ces paroles : O vous tous, passagers, voyageurs, chevaliers, écuyers, gens de pied ou de cheval, qui passez ou devez passer par cette route, dans l'espace de deux jours, apprenez que Don Quichotte de la Manche, chevalier errant, est ici posté pour soutenir que toutes beautés et courtoisies du monde doivent le céder à celles des nymphes habitantes de ces bosquets et de ces prairies, excepté seulement Dulcinée du Toboso, souveraine de mon âme. Qui voudra soutenir le contraire, qu'il approche ; je l'attends ici. Don Quichotte répéta deux fois le même défi, et deux fois ses paroles ne furent entendues d'aucun aventurier.

Cependant, la fortune, qui menait ses affaires de mieux en mieux, fit que peu de temps après on vit venir sur la route un grand nombre d'hommes à cheval, plusieurs étaient armés de lances. Ils cheminaient en troupe et fort à la hâte. Les compagnons de Don Quichotte ne les eurent pas plus tôt aperçus qu'ils tournèrent les épaules et s'éloignèrent, craignant qu'en demeurant il ne leur arrivât quelque mal. Don Quichotte seul resta immobile avec un courage intrépide, et Sancho se fit un écu de la croupe de Rossinante. La troupe des hommes armés de lances arriva; l'un d'entre eux qui précédait les autres cria à Don Quichotte : Otez-vous donc du chemin, homme du diable, ces taureaux vont vous mettre en pièces. Allez, canaille, répondit Don Quichotte, pour moi il n'y a taureaux qui vaillent, fussent-ils les plus puissants que le Jarama nourrit sur ses rives. Confessez tous, malandrins, que ce que je viens de publier est vrai, sinon préparez-vous à combattre. Le vacher n'eut pas le temps de répondre, ni Don Quichotte de se détourner quand il l'eût voulu. Tout le troupeau de bœufs paisibles et de taureaux fougueux, les vachers et autres gens qui les menaient à une ville où il devait y avoir une course le lendemain, tous passèrent sur le corps de Don Quichotte, de Rossinante, de l'âne et de Sancho, les renversant et les roulant par terre. Sancho était moulu, Don Quichotte épouvanté, le roussin tout froissé, et Rossinante assez mauvais catholique; enfin tous se relevèrent. Don Quichotte, trébuchant par-ci, tombant par-là, se mit à courir après les vachers et leur criait : Attendez, arrêtez-vous, canaille de malandrins; c'est un seul chevalier qui vous défie, il n'est pas de l'avis ni de l'humeur de ceux qui disent : A l'ennemi qui fuit faites un pont d'argent. Les vachers pressés ne s'arrêtèrent point pour cela et ne firent pas plus de cas de ses menaces que des nuages de l'année précédente. La fatigue arrêta Don Quichotte. Il s'assit sur le chemin, irrité et non vengé, attendant Sancho, Rossinante et l'âne. Ils arrivèrent, chacun remonta sur sa bête, et, sans retourner en arrière pour prendre congé de la nouvelle Arcadie, ils continuèrent leur chemin, plus honteux que satisfaits.

CHAPITRE LIX.

OU EST RACONTÉ L'ÉVÉNEMENT EXTRAORDINAIRE, QUI PEUT PASSER POUR UNE AVENTURE, QUI ARRIVA A DON QUICHOTTE.

Une claire fontaine qu'ils trouvèrent dans un frais bocage, fut un utile secours pour Don Quichotte et Sancho, épuisés, couverts de poussière par les taureaux. Ils s'assirent auprès de cette fontaine, et mirent en liberté l'âne et Rossinante, débarrassés du frein et du licol. Sancho eut recours aux provisions de son bissac, et en tira ce qu'il avait coutume de manger avec son pain[1]. Don Quichotte se nettoya la bouche, se lava le visage; ce rafraîchissement redonna quelque ton à ses esprits épuisés. Don Quichotte ne mangeait pas, de pure tristesse, et Sancho, par respect, n'osait toucher à ce qu'il avait devant lui, attendant toujours que son maître commençât. Mais, voyant qu'enseveli dans ses pensées, Don Quichotte ne songeait point à porter le pain à sa bouche, il mit bas toute retenue, et, sans dire mot, commença à enfourner dans son estomac le pain et le fromage qu'il avait. Mange, ami Sancho, lui dit son maître, soutiens une vie qui t'est plus chère que la mienne ne l'est pour moi, et laisse-moi mourir de mes pensées et de mes chagrins. Je suis né pour vivre en mourant, et toi pour mourir en mangeant : pour te prouver

1 *El condumio*, ce qu'en Languedoc on appelait *companage* (*cum pane*).

la vérité de ce que je te dis, considère-moi, imprimé dans les histoires, fameux par les armes, poli dans mes actions, respecté des princes, sollicité des demoiselles, et après tout cela, lorsque je n'attendais que des palmes, des couronnes, des triomphes mérités par mes hauts faits, je me suis vu ce matin foulé aux pieds, froissé, meurtri par de vils et immondes animaux. Cette pensée m'émousse les dents, paralyse mes mâchoires, retient mes mains et m'ôte entièrement l'envie de manger; de sorte que je veux me laisser mourir de faim, ce qui est la plus cruelle de toutes les morts. Ainsi, dit Sancho, sans cesser de mâcher, vous n'approuvez pas le proverbe qui dit : Meure la poule pourvu qu'elle soit soûle. Moi, je ne veux pas du moins me tuer moi-même ; je veux faire comme le cordonnier, qui tire le cuir avec les dents jusqu'à ce qu'il l'ait fait venir où il veut. Je tirerai ma vie en mangeant, jusqu'à ce qu'elle arrive à la fin que lui a déterminée le ciel. Croyez-moi, seigneur, il n'y a pas de plus grande folie que celle qui mène à se désespérer comme vous faites. Croyez-moi, et après avoir mangé, endormez-vous sur les verts oreillers que vous présente cette herbe fraîche : vous verrez combien à votre réveil vous vous trouverez allégé. Don Quichotte y consentit, trouvant que les raisons de Sancho tenaient plus du philosophe que de l'insensé. Sancho, lui dit-il, si tu voulais faire pour moi ce que je vais te dire, tu rendrais mon soulagement plus sûr et diminuerais mes ennuis : ce serait, pendant le sommeil que tu me conseilles, de t'écarter un peu d'ici, et, mettant ta peau à l'air, de te donner avec la bride de Rossinante trois ou quatre cents coups à compte sur les trois mille et tant que tu dois te donner pour désenchanter Dulcinée. N'est-ce pas pitié que cette pauvre dame reste enchantée par ta négligence et ton peu de souci? Il y a beaucoup à dire là-dessus, répondit Sancho : dormons tous deux pour le moment, et après, Dieu nous inspirera pour le reste. Sachez que c'est une chose cruelle pour un homme que de se fouetter de sang-froid, surtout lorsque les coups tombent sur un corps mal repu, mal entretenu? Que madame Dulcinée prenne patience : alors qu'elle y pensera le moins, elle me verra criblé de coups de fouet. Jusqu'à la mort tout est vie. Je veux dire que j'ai la mienne, avec le désir de tenir ce que j'ai promis. Don Quichotte le remercia, mangea un peu, Sancho beaucoup, puis tous deux s'étendirent pour dormir, laissant paître en liberté, dans ces prés verdoyants, les inséparables amis et compagnons, Rossinante et le grison.

Ils s'éveillèrent un peu tard, remontèrent sur leurs bêtes et poursuivirent leur chemin, se hâtant pour arriver à une hôtellerie que l'on voyait à la distance d'environ une lieue. Je l'appelle hôtellerie, parce que Don Quichotte lui-même la nomma ainsi, dérogeant en cela à son habitude de prendre toutes les hôtelleries pour des châteaux. Ils arrivèrent enfin, et demandèrent à l'hôte s'il y avait place pour loger. Oui, et aussi commodément, répondit-il, que vous pourriez l'être à Saragosse. Ils descendirent : Sancho mit son bagage dans une chambre dont l'hôtelier lui donna la clef; ensuite il conduisit les bêtes à l'écurie, leur donna leur ration, et retourna prendre les ordres de Don Quichotte assis sur un banc, rendant grâce au ciel de ce que son maître n'avait pas pris l'hôtellerie pour un château. Arriva l'heure du souper. Ils se retirèrent dans leur chambre. Sancho demanda à l'hôtelier ce qu'il avait à leur donner. Tout ce qu'il vous plaira, répondit-il ; vous êtes ici à bouche que veux-tu. Demandez ce que vous voudrez : ma maison est pourvue d'oiseaux de l'air, d'oiseaux de la terre, de poissons de la mer.

Nous n'avons pas besoin de tant de choses, dit Sancho; une paire de poulets rôtis suffira : mon maître est délicat, il mange peu, et moi je ne suis pas autrement glouton. — L'hôtelier répondit qu'il n'avait point de poulets, parce que le milan les avait détruits. — Eh bien, que le seigneur hôte fasse rôtir une poule qui soit tendre. — Une poule? en vérité, j'en ai envoyé vendre hier à la ville plus de cinquante ; mais, excepté cela, demandez tout ce que vous voudrez. — Ainsi vous avez du veau ou du chevreau? — Je n'en ai point ici pour l'heure, parce qu'il est fini, mais la semaine qui vient j'en aurai de reste. — Par Dieu! nous voilà bien; je parie qu'après toutes ces pertes, il vous restera du lard et des œufs plus qu'il n'en faut. — Beau raisonnement que fait là notre hôte, dit l'hôtelier, je vous dis que je n'ai ni poules ni poulets, et vous voulez que j'aie des œufs. Laissons là les poules et demandez d'autres délicatesses. — Au nom de Dieu, finissons, et dites-moi sans plus discourir ce que vous avez. — Seigneur hôte, dit le tavernier, j'ai véritablement et réellement deux pieds de bœuf que vous prendriez pour des pieds de veau, ou deux pieds de veau qui sont comme des pieds de bœuf. Ils sont cuits avec des pois, de l'oignon et du lard, et, à l'heure qu'il est, ils semblent dire : Mangez-moi, mangez-moi. — Je les marque et les retiens pour moi; que personne n'y touche, je les payerai mieux qu'un autre; il n'y a rien qui puisse être si fort à mon goût, et je me soucie peu qu'ils soient de bœuf ou de veau. — Personne n'y touchera, seigneur, car les autres hôtes que j'ai sont gens de qualité ; chacun a son cuisinier, son maître d'hôtel et son office. — Pour la qualité, vous ne pouvez pas en trouver de plus relevée que chez mon maître. Mais sa profession ne lui permet pas d'avoir sommelier ni maître d'hôtel : nous couchons au milieu des prés, et là nous nous rassasions de nèfles ou de glands. Telle fut la conversation de l'hôtelier et de Sancho, qui ne voulut pas la pousser plus avant, ni répondre à la demande qui lui avait déjà été adressée sur la profession de son maître. L'heure de souper vint, Don Quichotte se retira dans sa chambre. L'hôtelier apporta le ragoût tel qu'il se trouvait, et le chevalier s'assit fort à propos pour manger.

Dans la chambre voisine, dont il n'était séparé que par une mince cloison, Don Quichotte entendit qu'on disait : Par votre vie, seigneur don Geronimo, lisez donc un autre chapitre de la seconde partie de *Don Quichotte de la Manche*[1] en attendant le souper. Le chevalier n'eut pas plus tôt entendu son nom qu'il était debout. Il prêta une oreille attentive, et entendit que ce Geronimo répondait : Et comment voulez-vous, seigneur don Juan, que nous lisions ces extravagances? celui qui a lu la première partie de l'histoire de Don Quichotte ne saurait prendre aucun plaisir à cette seconde. Malgré cela, répondit don Juan, il serait toujours bon de la lire, car il n'y a pas si mauvais livre dans lequel on ne trouve quelque chose de bon. A la vérité, ce qui m'y déplaît le plus, c'est que l'auteur y peint Don Quichotte comme revenu de son amour pour Dulcinée[2]. Quiconque ose dire que Don Quichotte de la Manche a oublié ou peut oublier Dulcinée du Toboso, s'écria Don

[1] Cervantes a ici en vue cette seconde partie du *Don Quichotte* que publia, en 1614, un Aragonais, son ennemi, sous le pseudonyme du licencié Alonzo Fernandez de Avellaneda, *natural de la villa de Tordesillas*. Ce livre, plein d'ordures, de grossièretés et de traits envenimés, causa beaucoup de chagrin à Cervantes. Le Sage le traduisit ou plutôt l'imita en 1704, in-8°, 2 vol.

[2] Voyez Avellaneda, chap. 4, 6, 8, 12 et 13.

Quichotte en fureur et à voix haute, je lui prouverai à armes égales qu'il en a menti. La sans pareille Dulcinée ne saurait être oubliée, et Don Quichotte n'est point capable d'un tel oubli : la constance est sa devise, et sa profession est de garder la foi jurée avec amour et sans effort. Qui nous répond ? demanda-t-on de l'appartement voisin. Qui pourrait-ce être, dit Sancho, si ce n'est Don Quichotte de la Manche lui-même, qui soutiendra ce qu'il a dit et ce qui lui reste à dire? Un bon payeur ne craint point de donner des gages. A peine Sancho avait-il fait cette réponse que deux gentilshommes, ils en avaient l'apparence, entrèrent dans la chambre ; l'un d'eux sauta au cou de Don Quichotte et lui dit : Votre aspect ne dément point votre nom, ni votre nom votre aspect. Oui, sans doute, seigneur, vous êtes bien le véritable Don Quichotte de la Manche, la boussole et le flambeau de la chevalerie errante, en dépit de celui qui a osé usurper votre nom et rabaisser vos exploits, comme l'a fait l'auteur de ce livre que je vous présente. Et il lui remit le livre que tenait son compagnon. Don Quichotte le prit, sans dire un mot, le feuilleta quelque temps et le rendit en disant : Dans le peu que j'ai vu j'ai trouvé en cet auteur trois choses répréhensibles. La première est dans quelques expressions du prologue [1]. Ensuite, le style est aragonais, car l'auteur omet souvent les *articles*. Enfin, ce qui trahit son ignorance, c'est qu'il erre dans un des points les plus importants de l'histoire ; il dit que la femme de mon écuyer Sancho Pança s'appelle Marie Guttierez [2], tandis qu'elle s'appelle Thérèse Pança. Or, qui erre ainsi sur un fait aussi capital peut bien être soupçonné de se tromper aussi dans le reste de l'histoire. Voilà, certes, une plaisante chose dans un historien, dit Sancho ; il doit être bien informé de nos aventures, s'il nomme Thérèse Pança, ma femme, Marie Guttierez. Je vous prie, seigneur, reprenez le livre, et voyez s'il y est question de moi, et si l'on y a aussi changé mon nom. Par ce que vous venez de dire, ami, répondit don Geronimo, je juge que vous êtes Sancho Pança, l'écuyer du seigneur Don Quichotte. Je le suis, répondit Sancho, et je m'en fais gloire. — Eh bien, l'auteur moderne ne vous a pas traité avec la délicatesse que vous méritez ; il vous peint comme un gourmand, un idiot, nullement plaisant, tout autre en un mot que le Sancho représenté dans la première partie de l'histoire de votre maître. — Dieu lui pardonne, il aurait mieux fait de me laisser dans mon coin et de ne pas se souvenir de moi. Pour en jouer, il faut s'y connaître, et saint Pierre est bien dans Rome. Les deux cavaliers prièrent Don Quichotte de venir souper avec eux, lui disant qu'ils savaient qu'il n'y avait dans l'hôtellerie rien qui fût digne de sa personne. Don Quichotte, toujours courtois, y consentit. Sancho, resté maître absolu de la marmite, s'assit au haut de la table en compagnie de l'hôtelier, aussi amateur que lui de pieds de bœuf. En soupant, don Juan demanda à Don Quichotte quelles nouvelles il avait de madame Dulcinée du Toboso, si elle était mariée, enceinte ou mère, ou si étant restée fille, elle avait conservé son honneur et le souvenir des amoureuses pensées de son chevalier. Dulcinée est encore fille, répondit-il, mes sentiments plus constants

[1] L'auteur appelle Cervantes manchot, soldat aussi vieux en années qu'enfant en valeur, envieux, *mal contentadizo*, *murmurador*, *delinquente*, *encarcelado*, *etc.*

[2] Cervantes ne pouvait nous fournir une plus forte preuve que celle-ci de son étourderie ou du peu de soin qu'il prenait de relire ses ouvrages. Il reproche à Avellaneda d'avoir appelé la femme de Sancho Marie Guttierez, et lui-même l'a nommée ainsi, partie première, à la fin du chapitre VII, et, quelques lignes plus haut, il la nomme Jeanne. Voyez tom. I.

que jamais, et notre correspondance toujours la même. Quant à sa beauté, elle a fait place à la laideur d'une vile paysanne. Là-dessus, il leur conta de point en point l'enchantement de Dulcinée, ce qui lui était arrivé dans la caverne de Montésinos, et le moyen que le sage Merlin lui avait enseigné pour la désenchanter, par la vertu des coups de fouet que se donnerait Sancho. Les deux cavaliers prirent un extrême plaisir au récit de don Quichotte, et ne pouvaient assez admirer ses folies, et l'élégance avec laquelle il les racontait. Tantôt ils le tenaient pour sage, tantôt un faux pas les ramenait à sa folie, sans pouvoir assigner le rang qu'ils devaient lui donner entre la folie et la sagesse. Sancho acheva de souper, laissa ivre l'hôtelier, et passa dans la chambre où était son maître. Que je meure, seigneurs, dit-il en entrant, si l'auteur de ce livre que vous avez désire que nous soyons longtemps amis. Vous dites qu'il m'appelle gourmand, je voudrais bien qu'il ne me nommât point ivrogne. Il le fait, répondit don Geronimo, mais je ne me souviens plus dans quel endroit. Ce que je sais bien c'est que ses paroles sont mal sonnantes et menteuses, je le vois bien à la physionomie du bon Sancho. Croyez-moi, seigneurs, répondit celui-ci, le Sancho et le Don Quichotte de cette histoire doivent être autres que ceux qui figurent dans l'ouvrage de Cid Hamet Benengeli, et ceux-là, c'est nous; mon maître, vaillant, sage, amoureux; moi, naïf et plaisant, et non ivrogne ni gourmand. Je le crois, dit don Juan, et, s'il était possible, on devrait ordonner que personne ne fût assez osé pour écrire l'histoire du grand Don Quichotte, si ce n'est Cid Hamet, son premier historien, de même qu'Alexandre défendit que personne ne le peignît qu'Apelles. Me peigne qui voudra, dit Don Quichotte, mais qu'on ne me défigure pas, car quelquefois la patience échappe quand on la surcharge d'injures. On ne saurait, dit don Juan, faire aucune injure au seigneur Don Quichotte dont il ne lui soit facile de se venger, à moins qu'il ne veuille la recevoir sur l'écu de la patience, qui me paraît grand et fort.

Dans cet entretien se passa une grande partie de la nuit; et, quoique don Juan priât Don Quichotte de continuer la lecture du livre, afin d'en signaler les autres fautes, il ne put l'obtenir : Don Quichotte dit qu'il le tenait pour lu en entier, et qu'il le déclarait impertinent de tout point. Il ajouta que, si l'auteur apprenait un jour que son livre lui fût tombé entre les mains, il ne voulait pas qu'il pût se réjouir à la pensée qu'il l'avait lu; car, des choses obscènes et honteuses, on doit détourner sa pensée et bien plus encore les yeux. Les deux amis lui demandèrent où il avait résolu de diriger ses pas. Il répondit : A Saragosse, pour assister aux joutes du harnais qui ont lieu dans cette ville tous les ans. Don Juan lui apprit que cette nouvelle histoire racontait comment Don Quichotte, celui du moins qu'elle faisait agir, s'était trouvé dans cette ville à une course de bague, pauvre d'invention, de style, encore plus pauvre de livrées, mais très riche en niaiseries. Eh bien, dit Don Quichotte, puisqu'il en est ainsi, je ne mettrai pas les pieds dans Saragosse; par ce moyen tout le monde connaîtra le mensonge de l'historien moderne, et l'on verra bien que je ne suis pas le Don Quichotte dont il parle. Vous ferez fort bien, dit Geronimo; il y a d'autres joutes à Barcelone où vous pourrez montrer votre valeur. C'est mon intention, répondit le chevalier : pour le moment, je vous demande la permission d'aller me coucher, parce qu'il est heure. Tenez-moi, je vous prie, au nombre de vos meilleurs amis et serviteurs.

Et moi aussi, dit Sancho, je serai peut-être bon à quelque chose. Ils prirent ainsi congé les uns des autres. Don Quichotte et Sancho se retirèrent dans leur chambre, laissant don Juan et son ami dans l'admiration de ce mélange de sagesse et de folie. Ils crurent fermement qu'ils avaient vu les véritables héros de Cid Hamet, et non ceux de l'auteur aragonais. Don Quichotte fut matinal. Il frappa contre la cloison de ses voisins et leur dit adieu. Sancho paya l'hôtelier magnifiquement, et lui conseilla de louer moins à l'avenir les provisions de son hôtellerie ou de la mieux fournir.

CHAPITRE LX.

DE CE QUI ARRIVA A DON QUICHOTTE EN SE RENDANT A BARCELONE.

La matinée était fraîche et annonçait que le jour le serait aussi. Don Quichotte sortit de l'hôtellerie et s'informa quel était le chemin le plus direct pour aller à Barcelone sans passer par Saragosse, tant était grand son désir de faire mentir l'historien qu'on disait l'avoir si fort maltraité. Pendant six jours il ne lui arriva rien qui soit digne d'être rapporté ; au bout de ce temps, s'écartant du chemin, la nuit le surprit au milieu de chênes ou de liéges touffus : Cid Hamet néglige ici son exactitude ordinaire. Tous deux mirent pied à terre, et s'accommodèrent bien près des troncs d'arbres. Sancho, qui ce jour-là avait bien rempli sa panse, se laissa aller tout d'un coup au sommeil ; mais Don Quichotte, que ses pensées tenaient plus éveillé que la faim, ne pouvait fermer les yeux, et son imagination errait en mille endroits. Tantôt il se croyait transporté dans la caverne de Montésinos, ou voir sauter sur la bourrique, Dulcinée changée en paysanne; tantôt résonnaient à son oreille les paroles du sage Merlin, lui annonçant toutes les conditions à remplir pour opérer le désenchantement de Dulcinée. Il se désespérait de voir la mollesse et le peu de charité de son écuyer, car, ainsi qu'il le croyait, il ne s'était encore donné que cinq coups, nombre presque nul en comparaison de l'infinité de coups nécessaires. Ces pensées lui inspiraient tant de chagrin et d'ennui, qu'il fit en lui-même ce raisonnement : Si Alexandre le Grand coupa le nœud gordien, en disant : Autant vaut couper que dénouer, et ne laissa pas pour cela de se rendre maître de toute l'Asie, il n'en sera peut-être ni plus ni moins à l'égard du désenchantement de Dulcinée, si je fouette Sancho malgré lui. Si la condition est que Sancho reçoive trois mille et tant de coups de fouet, que m'importe que ce soit lui qui se les donne ou un autre qui les lui applique ? l'essentiel est qu'il les reçoive, de quelque part qu'ils viennent. Dans cette pensée, il s'approche de Sancho, après avoir pris les rênes de Rossinante, et les arrangeant de manière à pouvoir s'en servir comme d'un fouet, il commence à dénouer l'aiguillette, car on pense qu'il n'en avait qu'une par devant pour attacher ses chausses. Mais à peine l'a-t-il touché, que Sancho s'éveille en sursaut, et s'écrie : Qui est là? qui me touche et défait mes chausses ? C'est moi, dit Don Quichotte, qui viens aider ta faiblesse et soulager ma peine ; je viens te fouetter, Sancho, et te décharger ainsi d'une partie de ta dette. Dulcinée périt, tu ne t'en soucies guère, et moi je meurs d'impatience. Ainsi, détache tes chausses de bonne volonté : la mienne est de te donner au moins deux mille coups de fouet pendant que nous sommes dans cette solitude. Il n'en sera rien, répondit Sancho, tenez-vous tranquille, sinon, vrai Dieu, les sourds nous entendront. Les coups auxquels je me suis obligé doivent être volontaires, et non forcés : je n'ai pas dans ce moment-ci la volonté de me fouetter : qu'il vous suffise d'avoir ma parole de me fouetter et de m'émoucher quand il m'en prendra fantaisie. Je ne puis me fier à ta courtoisie, dit Don Quichotte, car tu as le cœur dur, et, quoique vilain, la peau sensible; et tout en parlant il faisait des efforts pour dénouer. Alors Sancho se leva, et sautant sur son maître, le saisit à bras-le-corps, lui donna un croc en jambe, et le jeta par terre la bouche en l'air. Il lui mit alors le genou droit sur l'estomac, et lui tint les mains de façon qu'il ne pouvait remuer ni même respirer. Comment, traître, disait Don Quichotte, tu te révoltes contre ton maître et ton seigneur naturel, dont tu manges le pain! Je ne fais ni défais de roi, dit Sancho, je ne fais que me secourir moi-même, moi qui suis mon vrai seigneur : promettez-moi de rester tranquille, de ne pas me parler de me fouetter pour le moment, et je vais vous laisser libre, autrement

Ici périr il te faudra,
Ennemi de dona Sancha [1].

Don Quichotte le lui promit, et jura par la vie de la dame de ses pensées de ne pas toucher un poil du vêtement de Sancho, mais de laisser entièrement à sa volonté le soin de se fouetter. Sancho se releva et s'éloigna à quelque distance; voulant s'appuyer contre un arbre, il sentit qu'on lui touchait la tête. Il leva les mains, et saisit deux pieds d'homme tout chaussés. La peur le saisit, il s'approcha d'un autre arbre, il en trouva autant. Il cria, appelant Don Quichotte à son secours. Don Quichotte approcha et lui demanda ce qui lui était arrivé et le sujet de sa frayeur. Sancho lui répondit que tous ces arbres étaient pleins de jambes et de pieds d'hommes. Don Quichotte tâta et devina sur-le-champ ce que ce pouvait être et il le dit à Sancho. Tu ne dois point avoir peur; ces pieds et ces jambes que tu touches, sans les voir, sont sans doute ceux de quelques voleurs et bandits pendus à ces arbres. C'est ici que la justice les fait pendre, par vingtaines ou trentaines, quand elle les atteint, cela me fait juger que je dois être près de Barcelone. C'était la vérité, ainsi qu'il l'avait imaginé, le matin ils levèrent les yeux, et virent les fruits de ces arbres qui étaient des corps de bandits. Le jour grandissait cependant, et si les morts les avaient effrayés, ils ne le furent pas moins à la vue de quarante bandits vivants, qui les enveloppèrent à l'improviste et leur dirent en catalan de ne pas bouger et d'attendre l'arrivée de leur capitaine. Don Quichotte était à pied, son cheval débridé, sa lance appuyée contre un arbre, en un mot sans défense aucune : il se résigna donc à croiser les mains, baisser la tête, et à se réserver pour une meilleure

1 Aqui moriras, traydor,
Enemigo de dona Sancha.

Ces deux vers sont le refrain d'une ancienne romance sur les sept infants de Lara.

occasion. Les bandits visitèrent l'âne, et ne laissèrent rien, ni dans le bissac ni dans la valise. Bien en prit à Sancho de porter à sa ceinture les écus du duc et ceux qu'ils avaient emportés de chez eux. Encore ces honnêtes gens n'auraient pas manqué de le fouiller et de découvrir jusqu'à ce qui était caché entre cuir et chair, si, sur ces entrefaites, leur capitaine ne fût arrivé. Il paraissait âgé de trente-quatre ans, robuste, de taille au-dessus de la moyenne, le visage basané, l'air grave. Il était monté sur un puissant cheval, vêtu d'une cotte de mailles d'acier, et portait à ses côtés quatre de ces pistolets qu'en Catalogne on appelle *pedreñales*. Il vit que ses écuyers (c'est le nom des gens de ce métier) allaient dépouiller Sancho; il le leur défendit et fut promptement obéi : ainsi fut sauvée la ceinture. Il s'étonna de voir une lance appuyée contre un arbre, un écu par terre, Don Quichotte armé, pensif et faisant la plus triste et mélancolique figure que la tristesse même aurait pu former ; il s'approcha en lui disant : Bon homme, ne soyez pas si triste, vous n'êtes point tombé dans les mains de quelque cruel Osiris, mais bien dans celles de Roque Guinart, plus compatissant que cruel. O valeureux Roque, dont la renommée n'a de limites que la terre habitable, ma tristesse ne vient point d'être tombé dans tes mains, répondit Don Quichotte, c'est d'avoir eu une telle négligence que je me suis laissé surprendre par tes soldats, sans bride à mon cheval, étant obligé par les lois de la chevalerie errante, dont je fais profession, d'être toujours au guet, et de me servir de sentinelle à moi-même. Apprends, ô grand Roque, que s'ils m'avaient trouvé à cheval, armé de ma lance et de mon écu, il ne leur aurait pas été facile de s'emparer de moi, car je suis Don Quichotte de la Manche dont les hauts faits remplissent la terre. Roque vit bien que la maladie de Don Quichotte était plutôt la folie que la valeur ; il l'avait quelquefois entendu nommer, mais il regardait son histoire comme une fable, et ne pouvait croire qu'une pareille folie régnât dans le cœur d'un homme. Il fut enchanté de la rencontre, afin de pouvoir reconnaître de près ce qu'on lui avait raconté. Vaillant chevalier, lui dit-il, ne vous attristez point et ne tenez pas à mauvaise fortune ce qui vous est arrivé, car il pourrait se faire que cette chute apparente redressât le tort de la fortune. Souvent le ciel, par des voies inouïes et incompréhensibles, inaccessibles à l'esprit de l'homme, relève ceux qui sont abaissés, et enrichit les pauvres.

Don Quichotte ouvrait la bouche pour le remercier, quand ils entendirent derrière eux un bruit comme celui d'une troupe de chevaux. Mais il n'y en avait qu'un seul, que poussait à toute bride un jeune homme de vingt ans, habillé de damas vert avec des passements d'or, des grègues et un hoqueton, un chapeau à la wallonne, des bottes justes et cirées, des éperons, une dague et une épée dorées, une petite escopette à la main et deux pistolets à la ceinture. Au bruit, Roque tourna la tête, et aperçut le beau jeune homme, qui lui dit en arrivant : C'est toi que je cherchais, brave Roque, pour te demander, sinon le remède, du moins un soulagement à mes maux ; pour ne pas te tenir en suspens, car je sais que tu ne me reconnais pas, je te veux dire qui je suis. Tu vois en moi Claudia Geronima, fille de Simon Forte, ton ami intime, et ennemi particulier de Clauquel Torellas, qui est aussi le tien, puisqu'il sert un parti contraire. Tu sais que ce Torellas a un fils appelé don Vincent, ou, du moins, il y a deux heures qu'on le nommait ainsi. Pour abréger le récit de mon infortune, je te dirai en peu de mots ce que celui-ci m'a fait. Il me vit, m'aima, je l'écoutai, j'en devins éprise à l'insu de mon père, car il n'y a femme, tant retirée soit-elle, qui ne trouve du temps de reste pour satisfaire ses désirs. Enfin, il me promit d'être mon époux, et je lui donnai ma foi, sans que les choses allassent plus loin. Hier, j'appris qu'oubliant ce qu'il me devait, il se mariait avec une autre et allait l'épouser ce matin. Cette nouvelle m'a troublé l'esprit, j'ai perdu patience, j'ai profité de l'absence de mon père pour prendre cet habillement, et pressant les pas de ce cheval, j'ai atteint don Vincent à une lieue d'ici. Sans m'arrêter à des reproches, à des explications, j'ai déchargé sur lui cette escopette et de plus ces deux pistolets, et j'ai dû lui mettre, je crois, plus de deux balles dans le corps, ouvrant des issues à mon honneur pour s'écouler avec son sang. Je l'ai laissé entre les mains de ses domestiques, qui n'ont osé ni pu prendre sa défense : j'accours vers toi pour que tu me fasses passer en France, où j'ai des parents auprès desquels je veux me retirer, et en même temps pour te conjurer de prendre la défense de mon père, afin de le soustraire à la vengeance de la nombreuse famille de don Vincent.

Roque, surpris du courage, de l'énergie et de l'aventure de la belle Claudia, lui dit : Venez, allons voir si votre ennemi est mort, nous verrons ensuite ce qu'il sera le mieux de faire. Don Quichotte, qui avait attentivement écouté le récit de Claudia et la réponse de Guinart, dit : Il n'est pas besoin que personne se mette en peine de défendre cette dame, je la prends sous ma protection : donnez-moi mon cheval et mes armes, et attendez-moi ici ; je vais trouver ce chevalier, et mort ou vif je le contraindrai à tenir la parole qu'il a donnée à une si grande beauté. Il n'y a point de doute, ajouta Sancho, mon maître a la main heureuse en fait de mariage : il n'y a pas longtemps qu'il a forcé de se marier un autre homme qui niait également la parole donnée à une autre demoiselle, et, sans la malice des enchanteurs, ses persécuteurs, qui changèrent la vraie figure de cet homme en celle d'un laquais, la demoiselle dont je parle ne le serait plus à l'heure qu'il est. Roque, plus occupé de la situation de la belle Claudia que des discours du maître et de l'écuyer, ne les écouta pas. Il ordonna à ses gens de rendre à Sancho tout ce qu'ils avaient pris sur l'âne, leur commanda de se retirer à l'endroit où ils avaient passé la nuit, et partit aussitôt en toute hâte avec Claudia, pour aller chercher don Vincent mort ou blessé. Parvenus à l'endroit où l'avait laissé Claudia, ils n'y trouvèrent que des traces de sang récemment versé ; mais, jetant la vue de tous côtés, ils aperçurent sur une colline quelques hommes, et soupçonnèrent, ce qui était vrai, que ce devait être don Vincent, que ses domestiques emportaient pour le faire panser ou enterrer. Ils se hâtèrent pour les atteindre, et comme ils allaient lentement, ils les rejoignirent avec facilité. Ils trouvèrent don Vincent dans les bras de ses gens, qu'il conjurait d'une voix faible de le laisser mourir en cet endroit, parce que la douleur de ses blessures ne lui permettait pas d'aller plus loin. Roque et Claudia se jetèrent à bas de leurs chevaux et s'approchèrent. À la vue de Roque, les domestiques furent effrayés, et Claudia se troubla en voyant don Vincent. Partagée entre la colère et la pitié, elle s'approcha de lui, lui prit la main, et lui dit : Si tu m'avais donné cette main suivant notre convention, tu ne serais pas où tu en es. Le malheureux blessé ouvrit ses yeux presque éteints, et reconnaissant Claudia : Je vois bien, lui dit-il, belle et abusée Claudia, que c'est toi qui m'as donné la mort, peine non méritée, car ni mes désirs, ni mes actions ne t'offensèrent jamais. Eh quoi! s'écria Claudia, n'est-il pas vrai que tu devais ce matin épouser Léonore, fille du riche Balbastro! Non certainement, répondit don Vincent; ma mauvaise fortune t'a fait parvenir ces fausses nouvelles, afin que, dans ta jalousie, tu m'ôtasses la vie; je suis heureux de la perdre, puisque je l'abandonne entre tes bras, et, pour te le prouver, serre-moi la main, et, si tu le veux, accepte-moi pour époux, je ne puis mieux faire pour te donner satisfaction de l'injure que tu crois avoir reçue de moi. Claudia lui serra la main, mais son cœur se serra de telle sorte qu'elle tomba évanouie sur la poitrine sanglante de son amant, que saisit un mortel paroxysme. Roque était interdit et ne savait que faire. Les domestiques coururent chercher de l'eau pour leur jeter au visage; ils en apportèrent et les en inondèrent. Claudia revint de son évanouissement, mais non don Vincent de son paroxysme, car il avait rendu le dernier soupir. A cette vue, à la certitude de la mort de son époux, Claudia remplit l'air de ses cris, frappa le ciel de ses plaintes, s'arracha les cheveux qu'elle livra aux vents, déchira sa figure de ses propres mains, et témoigna la plus vive affliction qu'on puisse attendre d'une âme inconsolable. Femme cruelle et inconsidérée, s'écriait-elle, avec quelle facilité t'es-tu laissé emporter à exécuter ton horrible dessein! Exécrable jalousie, à quelle extrémité de désespoir conduis-tu ceux qui te donnent accès dans leur cœur! O mon époux! quelle fatalité, lorsque tu m'appartiens, t'a conduit du lit nuptial à la sépulture? Ses plaintes étaient si douloureuses et si touchantes qu'elles arrachèrent des larmes des yeux de Roque, peu accoutumé à pleurer. Les domestiques pleuraient, Claudia s'évanouissait à tous moments, et tout, autour d'eux, paraissait être un séjour de tristesse et de malheur. Roque ordonna aux domestiques de don Vincent de porter son corps à la maison de son père, qui était voisine, afin de lui donner la sépulture. Claudia lui dit qu'elle voulait se retirer dans un monastère, dont l'abbesse était sa tante, et y achever sa vie dans la compagnie d'un plus saint et éternel époux. Roque loua sa résolution, lui offrit de l'accompagner jusqu'où elle voudrait, et lui promit de défendre son père contre les parents de don Vincent, et contre quiconque s'en prendrait à lui. Claudia refusa la compagnie de Roque, le remercia de son mieux de ses offres, et partit en pleurant. Les domestiques enlevèrent le corps, et Roque retourna vers sa troupe. Telle fut la fin des amours de Claudia Geronima : mais faut-il en être surpris, puisque les fureurs de la jalousie y jouèrent un si grand rôle?

Roque Guinart trouva ses écuyers au lieu prescrit, et Don Quichotte à cheval au milieu d'eux, qui leur faisait un discours pour leur persuader de quitter leur genre de vie, aussi dangereux pour l'âme que pour le corps. Mais, comme la plupart d'entre eux étaient Gascons, gens grossiers et sans frein, ce sermon leur faisait peu d'impression. Roque demanda à Sancho si on lui avait rendu les effets qu'on lui avait pris; Sancho répondit que oui, mais qu'il lui manquait trois mouchoirs de tête qui valaient trois cités. Que dis-tu, trois cités? dit un des gens de Roque; c'est moi qui les ai, ils ne valent pas trois réaux. Cela est vrai, dit Don Quichotte, mais mon écuyer les estime autant à cause de la personne qui me les a donnés. Roque les fit rendre sur-le-champ; ensuite il fit ranger sa troupe en haie, fit apporter devant lui les hardes, joyaux, argent, tout ce qu'on avait pris depuis la dernière répartition. Il en fit l'estimation rapidement, évaluant en argent ce qui ne pouvait pas être divisé, et le partagea à sa troupe avec tant de sagesse et de loyauté, qu'il ne dépassa pas d'un point les lois de la justice distributive. Cela fait, et chacun étant payé et content, Roque dit à Don Quichotte : Si je n'observais pas cette exactitude avec ces gens-là, il serait impossible de vivre avec eux. A ce que je vois, dit Sancho, la justice est une si bonne chose qu'il est nécessaire de l'observer même entre les larrons. Un des écuyers l'entendit, le coucha en joue avec son arquebuse, et sans doute lui eût cassé la tête, si Roque Guinart ne lui eût crié de n'en rien faire. Sancho se pâma de frayeur, et se promit bien de ne pas desserrer les lèvres tout le temps qu'il serait avec ces hommes-là.

En ce moment arrivèrent quelques-uns de ceux que l'on avait mis en sentinelles sur les chemins, pour observer les passants et venir rendre compte au chef de ce qui survenait. Seigneur, dit l'un d'eux, non loin d'ici, et sur la route qui va à Barcelone, vient une grande troupe de gens. As-tu bien remarqué s'ils sont de ceux qui nous cherchent, dit Guinart, ou bien de ceux que nous cherchons? — Ils sont de ceux que nous cherchons, répondit l'écuyer. — Hé bien, sortez tous, et me les amenez sans qu'il vous en échappe un seul. Ils obéirent. Don Quichotte, Sancho et Roque restèrent seuls, attendant le résultat de l'excursion. Pendant ce temps, Roque dit au chevalier : Notre manière de vivre doit vous paraître nouvelle; nos aventures d'un nouveau genre et toujours périlleuses. Je ne suis pas étonné que vous en jugiez ainsi, car réellement je confesse qu'il n'y a pas de genre de vie plus inquiet, plus troublé que le nôtre. J'y ai été conduit par je ne sais quel désir de vengeance, capable de porter le désordre dans les esprits les plus calmes, les plus tranquilles ; je suis d'un naturel bon et compatissant ; mais, je le répète, le désir de me venger d'un outrage qu'on m'a fait triomphe de mes honnêtes inclinations, et me fait persévérer dans cet état en dépit de ma raison. Comme un abîme en appelle un autre, comme une première faute en fait commettre une seconde, les vengeances se sont enchaînées de manière que je prends à ma charge non seulement les miennes, mais celles des autres. Cependant, grâces en soient rendues à Dieu, quoique je me trouve engagé dans ce labyrinthe de désordres, je ne perds point l'espérance d'en sortir et d'atteindre un port tranquille. Don Quichotte s'étonna d'entendre Roque parler si raisonnablement, car il était fermement persuadé que parmi ceux qui font métier de dépouiller les voyageurs, de voler, de tuer, il ne pouvait pas s'en trouver un seul qui fût capable d'une bonne pensée. Seigneur Roque, dit-il, le seul moyen de recouvrer la santé est de bien connaître sa maladie, et de consentir à prendre les remèdes que le médecin ordonne. Votre grâce est malade, elle connaît son mal, et le ciel, ou pour mieux dire Dieu, qui est notre médecin, lui appliquera des remèdes salutaires qui la guériront. Mais ils ne se produisent que petit à petit, non tout d'un coup et par miracle ; d'ailleurs les pécheurs éclairés sont plus près de s'amender que les ignorants, et puisque vous montrez tant de bonnes résolutions, prenez courage et espérez guérison de la maladie de votre conscience. Si vous voulez changer de route, et suivre celle de votre salut, venez avec moi, je vous apprendrai la profession de chevalier errant, qui est sujette à tant de travaux et de mésaventures, qu'en l'embrassant par pénitence, vous êtes assuré d'aller tout droit au ciel. Roque se mit à rire du conseil de Don Quichotte, et, changeant de discours, lui apprit la tragique conclusion de l'histoire de Claudia Geronima. Sancho en fut très affecté, car la beauté, la gentillesse et la bonne mine de la jeune fille lui avaient plu.

En ce moment, les écuyers revinrent de l'expédition, amenant avec eux deux gentilshommes à cheval, deux pèlerins à pied, et une voiture remplie de femmes, avec six domestiques qui les accompagnaient à pied ou à cheval, et deux valets de mules des cavaliers. La troupe fit cercle autour des voyageurs; vainqueurs et vaincus gardaient un grand silence, attendant les paroles du grand Roque. Il demanda aux cavaliers qui ils étaient, où ils allaient et combien ils avaient d'argent. L'un d'eux répondit : Seigneur, nous sommes deux capitaines d'infanterie espagnole; nos compagnies sont à Naples, et nous allons nous embarquer sur quatre galères, qu'on dit être à Barcelone, avec ordre de passer en Sicile. Nous avons deux à trois cents écus avec lesquels nous nous croyons riches, et sommes satisfaits, car la pauvreté ordinaire aux soldats n'admet guère de plus grands trésors. Roque adressa aux pèlerins la même demande qu'aux capitaines; ils répondirent qu'ils allaient s'embarquer pour passer à Rome, et qu'entre eux deux ils pouvaient avoir soixante réaux. Il voulut savoir aussi qui étaient les gens du coche, où ils allaient et l'argent qu'ils avaient. Un des hommes à cheval répondit : La voiture contient ma maîtresse, doña Guiomar de Quiñones, femme du régent de la vicairie de Naples, une fille encore petite, une demoiselle et une duègne; nous sommes six qui l'accompagnons et l'argent monte à six cents écus. Ainsi, dit Guinart, nous avons neuf cents écus et soixante réaux. Mes soldats sont environ soixante, voyez combien cela fait par tête, car moi je compte mal. A ces mots, tous les voleurs s'écrièrent : Vive ! vive longtemps Roque Guinart, en dépit de ceux qui conspirent sa perte ! Les capitaines s'affligèrent, la régente prit un air fort triste, les pèlerins ne parurent pas fort réjouis en voyant leur argent confisqué. Roque les tint un moment en suspens; mais il ne voulut pas prolonger leur tristesse, qu'on aurait reconnue à une portée d'arquebuse : Seigneurs capitaines, dit-il en se tournant vers eux, ayez la courtoisie de me prêter soixante écus, et vous, madame la régente, quatre-vingts, pour contenter la troupe qui m'accompagne, car l'abbé vit de ce qu'il chante, puis vous pourrez suivre votre chemin en toute liberté, au moyen d'un sauf-conduit que je vous donnerai, afin que, si vous rencontrez d'autres troupes que je tiens dans les environs, elles ne vous fassent aucun dommage; mon intention n'est point d'opprimer les soldats ni les femmes, surtout celles de qualité. Les capitaines s'épuisèrent en remerciements envers Roque, de sa courtoisie et de sa libéralité : ils la reconnurent comme telle, quoiqu'elle ne leur laissât que leur propre argent. Doña Guiomar voulut descendre de son carrosse pour aller baiser les pieds et les mains du grand Roque, mais il ne voulut pas y consentir; au contraire, il lui demanda pardon du désagrément et de l'embarras qu'il lui avait causés, forcé par les obligations précises de son fâcheux métier. La régente lui fit remettre promptement les quatre-vingts écus auxquels elle était taxée; déjà les capitaines avaient donné leurs soixante; les pèlerins allaient donner leur chétive bourse, mais Roque leur dit de rester tranquilles. Puis, se tournant vers ses gens : Sur cette somme, dit-il, deux écus reviennent à chacun de vous; il en reste vingt : que dix soient donnés à ces pèlerins, et les dix autres à ce bon écuyer [1], afin

[1] Il paraît que c'est Sancho Pança que Cervantes désigne par ces mots : *este buen escudero*.

qu'il puisse dire du bien de cette aventure. En même temps on apporta ce qui était nécessaire pour écrire, dont Roque était toujours pourvu; il donna par écrit des sauf-conduits pour ses lieutenants, et, prenant congé des voyageurs, il les laissa aller en liberté, pleins d'admiration pour sa noblesse, sa bonne mine et son étrange manière d'agir, le regardant plutôt comme un Alexandre le Grand que comme un brigand reconnu. Un des hommes de la troupe dit en son langage gascon et catalan: Notre capitaine est plus fait pour être moine que bandit; s'il veut à l'avenir se montrer libéral, que ce soit avec son argent et non avec le nôtre. Le malheureux ne parla pas si bas que Roque ne l'entendît. Aussitôt il tire son épée, et lui fend presque en deux la tête, en disant : C'est ainsi que je punis les insolents et les téméraires. Tous restèrent interdits, et aucun n'osa souffler, tant Guinart savait se faire obéir. Il se plaça ensuite à l'écart, et écrivit une lettre à un de ses amis, habitant de Barcelone, pour le prévenir qu'il avait auprès de lui le fameux Don Quichotte de la Manche, ce chevalier errant dont on racontait tant de choses, il l'avertissait que c'était l'homme à la fois le plus amusant et le plus instruit; que, sous quatre jours, c'est-à-dire celui de la Saint-Jean-Baptiste[1], il le conduirait au milieu de la plage, devant la ville, armé de toutes pièces et monté sur son cheval Rossinante, avec son écuyer Sancho Pança monté sur un âne. Il l'engageait à faire part de cette nouvelle à leurs amis les Niarros, afin qu'ils en eussent tout le plaisir, dont il aurait bien voulu que les Cadells, leurs ennemis, ne profitassent pas; mais la chose était impossible, car la sagesse et la folie de Don Quichotte, et les agréments de Sancho, ne pouvaient manquer d'amuser tout le monde. Roque expédia cette lettre par un de ses écuyers qui, changeant son costume de bandit en celui d'un paysan, entra dans Barcelone et la remit à son adresse.

CHAPITRE LXI.

DE CE QUI ARRIVA A DON QUICHOTTE A SON ENTRÉE DANS BARCELONE, AVEC D'AUTRES CHOSES PLUS VRAIES QUE SENSÉES.

DON Quichotte passa trois jours et trois nuits avec Roque, et, s'il y était demeuré trois cents ans, il n'aurait pas manqué de sujets d'étonnement dans sa manière de vivre. Ils se réveillaient dans un lieu, ils mangeaient dans un autre. Un jour, ils fuyaient sans savoir qui, ou s'arrêtaient sans savoir qui ils attendaient, dormaient tout debout, interrompaient leur sommeil pour changer d'asile : à chaque instant, c'était des sentinelles à placer, des espions à envoyer, souffler sur la

[1] On a eu tort de voir une étourderie dans la désignation de la fête de saint Jean-Baptiste, il n'y a que défaut d'explication précise. On a vu ci-dessus (chapitre XXXVI) que la lettre que Sancho écrivit à sa femme, du château du duc, était datée du 20 *juillet* 1614. Dans le chapitre XLVII, celle par laquelle le duc avertit Sancho que les ennemis doivent s'introduire dans l'île est datée du 6 *août*, et maintenant Don Quichotte doit entrer dans Barcelone le jour de la Saint-Jean-Baptiste, c'est-à-dire le 24 *juin*. Il aurait fallu dire, et c'était sans doute l'intention de Cervantes, le jour de la décollation de saint Jean-Baptiste, le 29 *août*.

mèche des arquebuses, quoiqu'ils en eussent peu, parce que tous avaient des mousquets à pierre. Roque passait les nuits séparé des siens en des lieux où ils ne pouvaient pas savoir qu'il fût, car le vice-roi de Barcelone avait plusieurs fois mis sa tête à prix : il n'osait se fier à personne, et craignait que les siens eux-mêmes ne le tuassent ou ne le livrassent à la justice. Triste et misérable vie! Enfin, Roque, Don Quichotte et Sancho, suivis de six des écuyers, prirent des chemins détournés et couverts, et arrivèrent sur la plage de Barcelone, la veille de la Saint-Jean à la nuit. Roque embrassa Don Quichotte et Sancho, remit à celui-ci les dix écus promis, mais non encore donnés, et les quitta après mille compliments réciproques. Roque s'en retourna, et Don Quichotte demeura sur son cheval en attendant le jour. Il ne fut pas longtemps sans découvrir la face de la blanche aurore sur les balcons de l'orient, répandant une nouvelle vie sur les plantes et sur les fleurs ; au même instant, l'oreille put se réjouir aussi au bruit des hautbois, des tambours, des grelots, des trépignements et des cris de gare, gare des coureurs qui paraissaient sortir de la ville. L'aurore fit place au soleil, dont la face plus grande qu'un bouclier parut au bord de l'horizon, et s'éleva peu à peu. Don Quichotte et Sancho portaient partout leurs regards, ils découvrirent la mer qu'ils n'avaient jamais vue : elle leur parut vaste, immense, bien plus que les lagunes de Ruidera, qu'ils avaient visitées dans la Manche. Ils aperçurent les galères qui bordaient la côte, et qui, abattant leurs tentes, laissèrent voir une multitude de flammes et de banderoles, qui frémissaient au souffle du vent, en baisant et balayant la surface de l'onde. Les clairons, les trompettes, les hautbois résonnaient au-dedans, et remplissaient l'air de sons agréables et belliqueux. Elles commencèrent à se mouvoir et à faire des espèces d'escarmouches sur les flots paisibles. Un nombre infini de cavaliers sortait en même temps de la ville avec de riches livrées et sur de beaux chevaux. Les soldats des galères multipliaient les salves de mousqueteries auxquelles répondaient ceux du fort et des murailles de la ville ; la grosse artillerie déchirait l'air avec un bruit terrible, auquel répondaient aussi les canons du pont des galères. La terre semblait joyeuse, la mer animée par l'allégresse, l'air serein, quoique momentanément obscurci par la fumée de l'artillerie, tout enfin faisait naître et redoublait le plaisir au sein de la foule. Sancho ne pouvait comprendre combien de pieds devaient avoir ces grosses masses pour se mouvoir dans la mer. En ce moment, les cavaliers aux brillantes livrées accoururent, en poussant de bruyantes acclamations de guerre et de fête à l'endroit où se tenait Don Quichotte tout interdit ; l'un d'eux, celui que Roque avait prévenu, s'écria : Qu'il soit le bienvenu dans notre cité, le miroir, le fanal, l'étoile, la boussole de la chevalerie errante, bienvenu soit le vaillant Don Quichotte de la Manche, non le faux, le controuvé, l'apocryphe dont on vient de nous publier l'histoire mensongère, mais le véritable, le loyal, le fidèle chevalier que nous a décrit Cid Hamet Benengeli, la fleur des historiens. Don Quichotte ne répondait pas un mot, et d'ailleurs les cavaliers ne lui en laissèrent pas le temps. Ils se succédaient en foule, l'entouraient et se mirent à caracoler autour de lui. Ils nous ont reconnus, dit-il à Sancho, en se tournant vers celui-ci ; je gagerais bien qu'ils ont lu notre histoire, et même celle que l'Aragonais vient de faire imprimer. Le cavalier qui lui avait déjà adressé la parole se rapprocha et lui dit : Seigneur Don Quichotte, que votre grâce vienne avec nous ; nous sommes tous ses serviteurs et les grands amis de Roque Guinart. Si les courtoisies, répondit Don Quichotte, engendrent les courtoisies, la vôtre, seigneur chevalier, est fille ou proche parente de celle du grand Roque. Conduisez-moi où vous voudrez, je n'aurai d'autre volonté que la vôtre, surtout si vous voulez l'employer à votre service. Le cavalier lui rendit ses compliments en termes non moins polis, et tous lui faisant cortége, on s'achemina vers la ville, au son des hautbois et des tambours.

Aux portes de la ville, l'esprit malin d'où procède tout mal, et les enfants plus malins encore que le malin lui-même, deux entre autres se glissèrent dans la foule : l'un leva la queue de Rossinante, l'autre celle du grison, et placèrent à chacun sa poignée de chardons. Les pauvres animaux sentirent sur-le-champ ces éperons d'un nouveau genre. Plus ils serraient la queue, plus ils augmentaient leur souffrance, de sorte qu'après mille ruades, ils tombèrent à terre eux et leurs maîtres. Don Quichotte insulté et furieux délivra Rossinante de son importun panache, Sancho en fit autant au grison. On aurait voulu châtier l'insolence des enfants, mais il ne fut pas possible, parce qu'ils allèrent se cacher au milieu d'un millier d'autres. Don Quichotte et Sancho remontèrent sur leurs bêtes, et, avec les mêmes applaudissements et la même musique, ils arrivèrent à la maison de leur hôte qui était grande et belle, digne enfin d'un riche cavalier. Nous les y laisserons pour cet instant, puisqu'ainsi le veut Cid Hamet.

CHAPITRE LXII.

QUI TRAITE DE L'AVENTURE DE LA TÊTE ENCHANTÉE ET AUTRES BALIVERNES INDISPENSABLES A RACONTER.

L'HOTE de Don Quichotte se nommait Don Antonio Moreno : c'était un cavalier riche et spirituel, ami de la joie, mais affable et honnête. Voyant Don Quichotte en sa maison, il cherchait les moyens de mettre en évidence ses folies, mais sans lui causer de déplaisir, car les plaisanteries qui font du mal ne sont plus des plaisanteries, et il n'y a passe-temps qui vaille quand il nuit à un tiers. La première chose qu'il fit fut de faire désarmer Don Quichotte, et de l'exposer, avec l'étroit habit chamois que nous avons déjà décrit, à un balcon qui donnait sur une des principales rues de la ville, à la vue d'une infinité d'hommes et d'enfants qui le contemplaient comme un singe. Les cavaliers aux livrées coururent de nouveau devant lui, comme s'ils les avaient prises pour lui seul et non pour la fête du jour. Sancho était dans un ravissement de joie : il croyait avoir rencontré, sans savoir comment, d'autres noces de Camache, une autre maison comme celle de don Diego de Miranda, ou un autre château comme celui du duc. Ce jour-là, dînèrent avec don Antonio quelques-uns de ses amis, tous firent de grands honneurs à Don Quichotte, et le traitèrent en chevalier errant ; il en était si fier, qu'il ne s'en pouvait contenir. Les bons mots de Sancho furent tels que les domestiques de la maison et ceux qui pouvaient l'entendre étaient comme pendus à sa bouche. Tandis que l'on était à table, don Antonio dit à Sancho : Nous avons appris, bon Sancho, que vous aimez tant le blanc-manger et les andouillettes[1], que ce que vous n'en mangez pas vous le gardez dans votre sein pour le lendemain. On vous a trompé, seigneur, répondit Sancho; je suis plus propre que gourmand, et mon seigneur Don Quichotte, ici présent, sait bien qu'avec une poignée de glands ou de noix nous en avons tous deux pour huit jours. Il est vrai que si ma bonne fortune veut qu'on me donne la vaquette, j'y cours avec la cordelette, je veux dire que je mange ce que l'on me donne, et que je prends le temps comme il vient. Quiconque aura dit que je suis un gourmand, et que je ne suis pas propre, peut se tenir pour dit qu'il se trompe, et je le dirais d'une autre manière, si je ne respectais les barbes honorables qui sont ici à table. Il est certain, dit Don Quichotte, que la tempérance et la propreté dont Sancho use en mangeant, mériteraient d'être inscrites et gravées sur des tables de bronze, pour être en mémoire éternelle dans les siècles à venir. A la vérité, quand il a faim, on le croirait un peu glouton, parce qu'il avale vite et mâche des deux côtés; mais il ne manque jamais à la propreté. Pendant qu'il a été gouverneur, il a appris à manger délicatement, si bien qu'il mange le raisin et même les grains de grenade avec une fourchette. Comment, dit don Antonio, Sancho a été gouverneur! Oui, répondit celui-ci, d'une île qu'on appelle Barataria. Je l'ai gouvernée pendant dix jours à bouche que veux-tu. Pendant ces dix jours j'ai perdu le repos et appris à mépriser tous les gouvernements. J'ai fui cette île, je suis tombé dans une fosse, où je me suis cru mort, et d'où je ne suis sorti vivant que par miracle. Don Quichotte alors se mit à raconter par le menu toute l'histoire du gouvernement, qui ne fit pas peu de plaisir aux auditeurs.

Le repas fini, don Antonio prit Don Quichotte par la main, et le conduisit dans une chambre écartée, dans laquelle il n'y avait d'autre ornement qu'une table qui paraissait de jaspe, soutenue par un pied de même matière, et sur laquelle était posée à la manière des têtes des empereurs romains, de la poitrine en haut, une tête qui semblait être de bronze. Don Antonio parcourut cette chambre avec Don Quichotte, faisant le tour de la table plusieurs fois, puis il lui dit : Maintenant, seigneur, que je suis sûr que personne ne nous écoute et ne nous entend, que la porte est fermée, je veux vous apprendre une des plus rares aventures, ou plutôt une nouveauté des plus extraordinaires qui se puissent imaginer, sous la condition que votre seigneurie tiendra cette confidence ensevelie dans le plus profond secret. Je le jure, répondit Don Quichotte, elle sera aussi en sûreté que sous la pierre d'une tombe; apprenez, seigneur don Antonio (il savait déjà son nom), que vous parlez à un homme qui a des oreilles pour entendre, et point de langue pour parler. Ainsi, vous pouvez en toute sûreté faire passer dans mon cœur ce qui est dans le vôtre, et compter que vous l'avez enseveli dans les abîmes du silence. D'après cette promesse, répondit don Antonio, je vais vous dire et vous montrer des choses qui vous raviront en admiration, et je soulagerai la peine que j'éprouve à n'avoir personne à qui confier des secrets qu'on ne peut pas révéler à tout le monde. Don Quichotte attendait avec impatience où aboutiraient toutes ces précautions. Don Antonio lui prit alors la main, lui fit

1 Ceci est tiré d'Avellaneda, chap. XII.

parcourir la tête de bronze, la table, le pied de jaspe qui la soutenait, et lui dit : Cette tête a été fabriquée par un des plus grands enchanteurs et sorciers du monde, Polonais de nation, à ce que je crois, et disciple du fameux Escotillo[1], dont on raconte tant de merveilles. Cet enchanteur a demeuré chez moi, et pour mille écus que je lui donnai m'a fait cette tête, qui a la propriété de répondre à toutes les questions qu'on lui adresse à l'oreille. Il traça des figures, dessina des caractères, observa les astres, prit des points, en un mot, il sut donner à son ouvrage une perfection que vous pourrez admirer demain, car le vendredi la tête est muette, et nous ne pourrions rien en tirer aujourd'hui. D'ici là, vous pourrez préparer les questions que vous voudrez lui faire, je sais, par expérience, qu'elle dit toujours la vérité. Don Quichotte, émerveillé des rares qualités que don Antonio donnait à cette tête, avait bien de la peine à le croire. Cependant, comme il y avait si peu de temps à attendre pour en faire l'expérience, il se contenta de le remercier de lui avoir découvert un si grand secret. Ils sortirent de la chambre, don Antonio ferma la porte à la clef, puis ils retournèrent à la salle où étaient les autres cavaliers. Pendant ce temps-là, Sancho leur avait raconté un grand nombre d'aventures de son maître. Cette soirée, ils menèrent promener Don Quichotte, sans armes, en habit de ville. Ils lui mirent sur les épaules un surtout[2] de drap fauve, capable dans cette saison de faire suer la glace même ; on recommanda aux domestiques d'entretenir Sancho de manière qu'il ne sortît point de la maison. Don Quichotte était monté, non sur Rossinante, mais sur un grand mulet au pas grave et très bien harnaché. On passa le surtout au chevalier, et on avait cousu par derrière, sans qu'il s'en aperçût, un parchemin sur lequel était écrit en grosses lettres : *Voici Don Quichotte de la Manche*. Dès le commencement de la promenade, l'écriteau fixait les yeux de tout le monde, et comme ils lisaient : *Voici Don Quichotte de la Manche*, celui-ci ne pouvait assez s'étonner que tout le monde le connût et le nommât. Grands sont les avantages de la chevalerie errante, dit-il, en se retournant vers don Antonio, qui marchait à côté de lui, puisque celui qui la professe est connu et fameux chez toutes les nations. Voyez, seigneur, comment jusqu'aux petits enfants de cette ville me connaissent sans m'avoir jamais vu. Vous avez bien raison, seigneur, répondit don Antonio ; le feu ne peut être ni caché ni renfermé, il en est de même de la vertu, elle ne saurait rester inconnue, et celle qui s'acquiert dans la profession des armes, brille et s'élève au-dessus de toutes les autres.

Pendant que Don Quichotte cheminait ainsi, au milieu des applaudissements, il arriva qu'un Castillan, qui lut l'écriteau, éleva la voix et dit : Au diable soit Don Quichotte de la Manche. Comment est-il possible que tu sois encore en vie après tous les coups que tu as reçus ? Tu es fou, et, si encore tu l'étais seul, et enfermé entre les portes de ta folie, il y aurait moins de mal ; mais ta folie est contagieuse, et tu as le pouvoir de rendre fous tous ceux qui communiquent avec

[1] Natif de Parme, et qui vivait en Flandre du temps d'Alexandre Farnèse. Il s'adonna aux mathématiques et surtout à l'astrologie judiciaire, ce qui le fit passer pour sorcier. On raconte entre autres qu'il s'amusait souvent à inviter des amis à dîner : lorsqu'ils arrivaient, ils ne trouvaient dans la cuisine aucun préparatif, pas le moindre feu, ni aucun comestible. Cependant, quand ils se mettaient à table, elle se trouvait inopinément couverte des mets les plus délicieux.

[2] *Un balandran.* Le balandran était une espèce de grosse casaque ou surtout que l'on mettait pardessus ses vêtements pour se garantir de la pluie.

toi ; ceux qui l'accompagnent en sont bien la preuve. Va-t'en, fou, retourne dans ta maison, soigne ton bien, ta femme, tes enfants, et laisse là toutes ces rêveries qui te rongent la cervelle et t'épuisent l'esprit. Frère, dit don Antonio, passez votre chemin, et ne donnez pas de conseils à ceux qui ne vous en demandent point : le seigneur Don Quichotte de la Manche est parfaitement sage, et nous, qui l'accompagnons, ne sommes point fous. On doit honorer la vertu partout où on la rencontre; allez à la male heure et ne vous mêlez pas des affaires d'autrui sans y être appelé. Par Dieu, vous avez raison, répondit le Castillan ; donner des conseils à ce bonhomme, c'est regimber contre l'aiguillon. Malgré cela, c'est vraiment dommage que le bon esprit que montre en toutes choses cet insensé s'écoule par le canal de la chevalerie errante. Que la male heure dont vous parliez retombe sur moi et sur tous mes descendants, si, quand je vivrais autant que Mathusalem, je donne des conseils à quelqu'un, quand il m'en demanderait. Là-dessus le conseiller s'éloigna, et la promenade continua. Mais la foule du peuple et des enfants qui lisaient l'écriteau devint si grande qu'Antonio fut contraint de le faire ôter, prétextant toute autre chose. La nuit vint, on retourna à la maison ; il y eut une grande assemblée de dames, parce que la femme de don Antonio, qui était une des premières de la ville, belle, spirituelle et d'humeur gaie, invita plusieurs de ses amies pour honorer son hôte, et s'amuser de ses folies inouïes. Elles vinrent en certain nombre. Le souper fut splendide, et le bal [1] commença à dix heures du soir. Parmi les dames il y en avait deux d'humeur extrêmement facétieuse, et quoique honnêtes, assez libres pour que leurs plaisanteries fussent toujours gaies et amusantes. Elles s'employèrent si bien à faire danser Don Quichotte, qu'elles lui brisèrent le corps et l'âme. C'était une chose à voir que cette figure longue, maigre, tendue, jaune, cet habit étroit, disgracieux et lourd par dessus tout. Elles lui faisaient des agaceries comme à la dérobée, et lui, aussi à la dérobée, les dédaignait. Enfin, elles devinrent si pressantes, qu'il s'écria: *Fugite, partes adversæ* ; laissez-moi en repos, déshonnêtes pensées. Adressez-vous ailleurs, mesdames, avec vos désirs ; celle qui règne sur les miens, l'incomparable Dulcinée du Toboso, ne permet pas à d'autres que les siens de me soumettre et de me vaincre. En même temps il s'assit au milieu de la salle, tout brisé et moulu d'un si violent exercice. Don Antonio ordonna qu'on le portât dans son lit, et le premier qui le prit fut Sancho. Par Dieu, seigneur notre maître, dit-il, vous avez donc dansé! Croyez-vous que tous les braves soient des danseurs, et tous les chevaliers errants des chevaliers de la danse? Si vous le pensez, vous vous trompez fort ; il y a tel homme qui saura mieux tuer un géant que faire une cabriole. S'il était question de sauter, en frappant le soulier, je pourrais vous suppléer, car je le fais comme un gerfaut, mais pour danser, je n'y entends rien. Toutes les personnes du bal trouvaient à rire aux discours de Sancho. Il mit son maître au lit, et le couvrit beaucoup afin que la sueur le guérît du refroidissement après la danse.

Le jour suivant, don Antonio voulut faire l'expérience de la tête enchantée. Il alla s'enfermer dans la chambre où elle était avec Don Quichotte, Sancho, deux amis, et les deux dames qui avaient si bien lassé Don Quichotte au bal ; elles

[1] *El sarao.*

étaient restées au logis avec la femme de don Antonio. Il apprit à tout le monde les propriétés de cette tête, recommanda le secret, et dit que c'était là le premier jour où il en eût fait l'épreuve. Excepté les deux amis de don Antonio, personne ne connaissait l'artifice de cet enchantement, et, s'ils n'en avaient pas été instruits, ils n'auraient pas été moins surpris que les autres, tant il était bien préparé. Le premier qui interrogea la tête fut don Antonio lui-même; il lui dit à voix basse, mais non de manière à n'être pas entendu : Dis-moi, tête, par la vertu dont tu es douée, à quoi pensé-je maintenant? Je ne sais point lire dans la pensée, répondit la tête sans remuer les lèvres, d'une voix claire et distincte, qui fut entendue de tout le monde. Tous restèrent interdits, voyant que dans la chambre et autour de la table, il n'y avait personne qui eût pu répondre. Combien sommes-nous ici? demanda ensuite don Antonio. — Tu es ici, lui fut-il répondu, avec ta femme, deux amis, deux amies de ta femme, un chevalier fameux appelé Don Quichotte de la Manche, et son écuyer, dont le nom est Sancho Pança. Ce fut alors qu'on s'émerveilla tout de nouveau, ce fut alors que tous sentirent leurs cheveux se dresser de frayeur. O tête sage, tête parlante, tête répondante, tête admirable, ceci me suffit, dit don Antonio en s'éloignant, je n'ai pas été trompé par celui qui t'a faite. Qu'un autre s'approche et demande ce qu'il voudra. Comme les femmes sont d'ordinaire impatientes et curieuses, ce fut une des deux amies de la femme de don Antonio qui s'approcha la première. Dis-moi, tête, lui demanda-t-elle, que dois-je faire pour être belle? — Sois honnête, lui fut-il répondu. — Je n'en demande pas davantage. L'autre amie s'approcha : Je voudrais savoir, dit-elle, si je suis aimée de mon mari. — Observe sa conduite avec toi, tu le sauras. La dame se retira en disant : En effet, les œuvres découvrent les sentiments, ma demande était inutile. Un des amis de don Antonio s'approcha alors, et demanda : Qui suis-je? — Tu le sais. — Ce n'est pas là ce que je veux dire, me connais-tu? — Fort bien, tu es don Pedro Noriz. — C'en est assez, cette réponse suffit pour me prouver que tu sais tout. L'autre ami demanda : Dis-moi, tête, quel désir a l'aîné de mes fils? — J'ai déjà dit que je ne lisais pas dans la pensée, cependant je puis te dire que ton fils a le désir de te faire enterrer. — Tu as raison, je le vois de mes yeux, je le touche du doigt, je n'en veux pas savoir davantage. La femme de don Antonio dit : Je ne sais que te demander, je voudrais seulement savoir si je jouirai longtemps de la compagnie de mon mari. — Oui, car sa tempérance et sa santé lui promettent de longues années de vie : ordinairement on l'abrége par les excès. Don Quichotte s'approcha à son tour. Dis-moi, toi qui réponds si bien, ce qui m'arriva dans la caverne de Montésinos fut-il un songe ou une réalité? Sancho se donnera-t-il réellement les coups de fouet, Dulcinée sera-t-elle désenchantée? — Quant à la caverne de Montésinos, il y a beaucoup de choses à dire, il y a de tout; ton écuyer Sancho se fustigera lentement, et Dulcinée sera désenchantée. — Je ne veux pas en savoir davantage, pourvu que je voie Dulcinée désenchantée, je tiens pour assuré que toutes les aventures que je tenterai me réussiront. Le dernier qui questionna fut Sancho. Dis-moi, tête, demanda-t-il, aurai-je par aventure un autre gouvernement? sortirai-je de la chétive condition d'écuyer? reverrai-je ma femme et mes enfants? — Tu seras gouverneur dans ta maison; si tu y retournes, tu verras ta femme et tes enfants, et, cessant de servir, tu cesseras d'être écuyer. — Sur mon Dieu, c'est fort bien répondu, je me le serais bien dit à moi-même; le prophète Perogrullo[1] ne parlerait pas mieux. Bête que tu es, dit Don Quichotte, que veux-tu qu'on te réponde, ne suffit-il pas que les réponses de cette tête satisfassent aux demandes? — Sans doute, mais j'aurais voulu qu'elle en eût dit davantage.

Ainsi finirent les demandes et les réponses, mais non l'étonnement des assistants, excepté les deux amis d'Antonio, qui connaissaient l'artifice. Cid Hamet a bien voulu le faire connaître sur-le-champ, pour ne pas laisser le monde dans l'incertitude ; on aurait pu croire que cette tête cachait un mystère extraordinaire. Il dit donc que don Antonio Moreno, pour son plaisir et pour surprendre les ignorants, fit exécuter cette tête à l'imitation d'une autre tête qu'il avait vue à Madrid fabriquée par un sculpteur. En voici tout le secret. La table était de bois peint et verni en façon de jaspe, et le pied qui la soutenait, fait de même, avec quatre serres d'aigle qui en sortaient pour plus de solidité. La tête, qui semblait un buste d'empereur romain, et dont la couleur imitait le bronze, était entièrement creuse, comme aussi la table sur laquelle elle était si bien enchâssée qu'on n'apercevait aucune jointure. Le pied de la table était creux de même, et répondait à la poitrine et au cou du buste ; le tout communiquait à une chambre inférieure. Un tuyau de fer-blanc, exactement ajusté, traversait le vide de la table, du pied, du cou et de la poitrine du buste, sans que l'on pût l'apercevoir; dans la pièce inférieure qui correspondait à celle de dessus, se tenait celui qui devait répondre. Il appuyait la bouche à ce tuyau qui, comme une sarbacane, amenait la voix de haut en bas, et la renvoyait de bas en haut, en paroles articulées et distinctes, et de cette manière il était impossible de connaître l'artifice. Un neveu de don Antonio, étudiant et garçon d'esprit, faisait les réponses. Instruit par son oncle de ceux qui devaient entrer avec lui ce jour-là dans la chambre, il lui avait été facile de répondre à la première question. Quant aux autres, il y satisfit par conjecture et avec esprit, parce qu'il en avait. Cid Hamet rapporte que l'exposition de cette merveille dura dix ou douze jours, mais que, le bruit s'étant répandu par la ville que don Antonio possédait une tête enchantée, qui répondait à toutes les questions, il craignit que la nouvelle n'en parvînt aux oreilles des sentinelles vigilantes de notre foi, et préféra en prévenir lui-même les seigneurs inquisiteurs. Ils lui commandèrent de détruire cette machine, et de ne pas continuer, afin de ne pas scandaliser un vulgaire ignorant. Mais, dans l'opinion de Don Quichotte et de Sancho, la tête demeura toujours enchantée, et répondant beaucoup plus à la satisfaction de Don Quichotte qu'à celle de Sancho.

Les principaux de la ville, pour complaire à don Antonio, fêter Don Quichotte, et lui donner occasion de mettre au jour ses folies, résolurent de courir la bague sous six jours, ce qui néanmoins n'eut pas lieu pour les raisons qui seront expliquées plus loin.

Il prit envie à Don Quichotte de parcourir la ville à pied et sans appareil, de peur que, s'il allait à cheval, les enfants ne courussent après lui. Il sortit donc avec Sancho et deux domestiques que lui donna don Antonio. En parcourant une rue, il leva les yeux et vit écrit en grands caractères sur une porte : *Ici l'on imprime des livres*. Cette rencontre lui fit grand plaisir, car il n'avait jamais vu

[1] On appelle en espagnol *perogrullade* ou *verdad de perogrullo* une vérité que tout le monde sait.

d'imprimerie, et désirait savoir comment on imprimait. Il entra donc avec sa suite, et vit composer d'un côté, corriger de l'autre, tirer ici, revoir là, et généralement tout ce que l'on peut remarquer dans une grande imprimerie. Il s'approchait d'une casse et demandait ce que l'on faisait là ; l'ouvrier lui rendait compte ; il admirait et passait outre. Il s'approcha d'un entre autres, et lui demanda ce qu'il faisait : Seigneur, répondit-il, ce cavalier que vous voyez (montrant un homme de bonne mine et d'un maintien grave) a traduit un livre toscan en notre langue castillane et je le compose pour qu'on l'imprime ensuite. — Et quel est le titre du livre? demanda Don Quichotte. *Le bagatele* en italien, répondit l'auteur lui-même. — Et comment rend-on ce mot en castillan ? — C'est comme si nous disions en castillan *los Juguetes*[1] , et, malgré le titre modeste de ce livre, il contient des choses bonnes et sérieuses. Je sais un peu de toscan, dit Don Quichotte, et je me flatte de chanter quelques stances de l'Arioste. Mais, seigneur, dites-moi (c'est la curiosité qui me fait parler et non l'intention de faire un examen de votre esprit), vous avez sans doute rencontré dans le texte le mot *pignata?* — Souvent. — Et comment le rendez-vous? — Comment l'aurais-je traduit autrement que par *olla*[2]. Corbleu, dit Don Quichotte, que vous êtes avancé dans la langue toscane ! et je parierais que vous rendez *piace* par *place*[3], *piu* par *mas*[4], *su* par *arriba*[5], et *giu* par *abajo*[6]. — Sans doute, ce sont les mots correspondants[7]. J'oserais jurer, dit Don Quichotte, que votre grâce n'est pas appréciée dans le monde, toujours ennemi de récompenser les beaux esprits et les travaux louables. Combien de talents sont perdus dans ce monde, que d'esprits enfouis, que de vertus méconnues ! Mais, avec tout cela, il me semble que traduire d'une langue dans une autre, lorsque ce n'est point du grec ou du latin, les reines des langues, c'est ressembler à celui qui regarde à l'envers les tapis de Flandre ; on en distingue encore les figures, mais elles sont pleines de fils qui les interceptent, et on ne peut les voir avec la netteté et la couleur qui se remarque sur la face. Traduire d'une langue facile ne prouve ni plus d'esprit ni plus d'éloquence que copier sur un papier ce qui est écrit sur un autre. Je ne veux pas dire pour cela que le métier de traducteur ne soit pas estimable, car l'homme peut s'occuper de choses pires et de moindre profit. J'excepte d'ailleurs deux célèbres traducteurs, le docteur Christoval de Figueroa, dans son *Pastor fido*, et don Juan de Jauregui, dans son *Aminte*. Tous deux ont su faire mettre en doute quelle est la traduction, quel est l'original. Mais, dites-moi, seigneur, imprimez-vous ce livre à vos frais, ou avez-vous vendu le privilége à quelque libraire ? — Je l'imprime à mon compte, et je pense gagner mille ducats, pour le moins, avec la première édition, que je fais tirer à deux mille exemplaires, qui seront enlevés sur-le-champ au prix de six réaux. Êtes-vous bien sûr de votre compte ? dit Don Quichotte : vous ne connaissez donc pas les manéges des imprimeurs, et les intelligences qu'ils ont entre eux ? Je vous promets que, quand vous vous verrez chargé de deux mille exemplaires, vous en serez écrasé au point d'en avoir peur, surtout si le livre est un peu lourd et n'a rien de piquant. Eh quoi ! répondit l'auteur, vous voulez donc que j'abandonne

[1] *Juguete*, mot pour rire, plaisanterie, jouet d'enfants. [2] Marmite. [3] Il plaît. [4] Plus. [5] Sur, dessus. [6] Dessous, en bas. [7] Ce passage est une critique des traducteurs espagnols du temps de Cervantes, qui ne s'occupaient qu'à rendre le mot par le mot, sans songer à transporter dans une langue le génie de l'autre, si la chose est possible, ou du moins le génie de l'auteur original.

mon privilége à un libraire qui m'en donnera trois maravédis, et croira encore me faire une grâce? Je n'imprime pas pour me faire une réputation, car je suis assez connu par mes ouvrages, je cherche le profit; sans le profit, je ne donnerais pas une obole de la bonne renommée. Dieu vous donne bonne réussite, dit Don Quichotte, et il passa à une autre casse où il vit que l'on corrigeait une feuille d'un livre intitulé : *Lumière de l'Ame* [1]. En le voyant : Ce sont là, dit-il, les livres qu'il faut imprimer, quoiqu'il y en ait déjà beaucoup, car les pécheurs sont en grand nombre, et il est besoin de beaucoup de lumières pour éclairer tant d'aveugles. Passons plus loin. Il vit corriger un autre livre. Il en demanda le titre. C'est, répondit-on, *La seconde partie de l'ingénieux hidalgo Don Quichotte de la Manche*, composée par un tel, natif de Tordesillas. Je connais déjà ce livre, dit-il, et, en vérité, sur ma conscience, je croyais qu'on avait brûlé et réduit en cendre cet impertinent ouvrage.... Mais la Saint-Martin viendra pour lui comme pour les cochons. Les histoires feintes sont d'autant meilleures et délectables, qu'elles se rapprochent davantage de la vérité, et les véritables, d'autant plus dignes d'estime, qu'elles sont d'une vérité plus parfaite. En disant ces mots, il sortit de l'imprimerie avec quelques signes de mécontentement. Ce même jour, don Antonio résolut de le mener voir les galères qui étaient sur la plage; Sancho en fut très joyeux, parce qu'il n'en avait vu de sa vie. Don Antonio fit avertir le commandant des galères qu'il lui mènerait le soir son hôte, le fameux Don Quichotte de la Manche, qu'il connaissait déjà de réputation, aussi bien que les habitants de la ville. Dans le chapitre suivant on verra ce qu'il arriva.

CHAPITRE LXIII.

DU MALHEUR ARRIVÉ A SANCHO DANS LA VISITE DES GALÈRES, ET AVENTURE DE LA BELLE MAURE.

Don Quichotte se perdait en raisonnements sur la réponse de la tête enchantée, aucun ne le mettait sur la voie de la tromperie, et il revenait toujours à la promesse, dont il ne doutait point, du désenchantement de Dulcinée; il allait, venait et se réjouissait intérieurement, espérant qu'il en verrait bientôt l'accomplissement. Quant à Sancho, quoiqu'il eût de l'aversion pour être gouverneur, il désirait assez commander et être obéi encore une fois : telle est la mauvaise conséquence du commandement, lors même qu'il n'a été qu'un jeu. Enfin, ce soir-là même, don Antonio, ses deux amis, Don Quichotte et Sancho, se rendirent aux galères. Le commandant était averti, comme nous l'avons dit, de la visite des deux fameux aventuriers; aussi, à peine arrivèrent-ils sur le rivage, que toutes les galères abattirent leurs tentes et les clairons sonnèrent. On jeta sur-le-champ l'esquif à l'eau; il était couvert de riches tapis et de carreaux de velours cramoisi. Aussitôt que Don Quichotte y eut mis le pied, le canon du pont de la capitane se fit

[1] *Luz de l'Alma christiana contra la ceguedad y ignorancia, por Fr. Felipe de Meneses*, Salamanque, 1556, in-4. Cet auteur était de Trujillo, de l'ordre de Saint-Dominique, et professeur à Alcala.

entendre, celui des autres galères répondit; toute la chiourme salua Don Quichotte quand il eut monté par l'échelle de droite, comme c'est l'usage quand un personnage distingué se présente, criant trois fois : hu ! hu ! hu ! Le général, nous lui donnerons ce nom, un des principaux cavaliers de Valence, embrassa Don Quichotte, et lui donna la main, en disant: Je marquerai ce jour d'une pierre blanche [1], comme un des plus beaux de ma vie, puisque j'ai le bonheur de voir le fameux Don Quichotte de la Manche, qui renferme en lui seul et représente toute la vertu de la chevalerie errante. Don Quichotte lui répondit non moins civilement, ravi de se voir traité en si grand seigneur. On s'avança vers la poupe, qui était fort ornée, et l'on s'assit sur les bancs. Le comite [2] passa sur le pont, donna le signal avec son sifflet pour que la chiourme se dépouillât, ce qui fut fait en un instant. Sancho resta fort étonné d'apercevoir tant de gens tout nus, et surtout de les voir dresser la tente avec une telle vitesse, qu'on eût dit que tous les diables s'en mêlaient : mais tout cela n'était que gâteau de noces auprès de ce que je vais dire. Sancho était assis auprès du pilier de poupe près de l'espalier [3] du côté droit, qui, instruit de ce qu'il devait faire, le saisit à bras-le-corps et l'enleva ; toute la chiourme était sur pied, attentive au signal. En commençant par la droite, Sancho passa de main en main sur les bras de toute la chiourme, avec tant de promptitude que ses yeux ne virent plus, et qu'il crut que les démons eux-mêmes l'emportaient. Ils ne s'arrêtèrent qu'après l'avoir amené au côté gauche de la galère, et remis sur la poupe. Il était tout moulu, hors d'haleine et suant à grosses gouttes, sans pouvoir comprendre ce qui venait de lui arriver. Don Quichotte, voyant Sancho voltiger ainsi sans ailes, demanda au général si c'était là le cérémonial dont on usait envers ceux qui visitaient les galères pour la première fois, ajoutant que, s'il en était ainsi, lui qui n'avait pas envie d'être marin, ne voulait pas faire un semblable exercice. Je jure Dieu, dit-il, que si quelqu'un vient s'emparer de moi pour me faire ainsi danser, je lui arrache l'âme à coups de pieds. En disant ces mots, il se leva et saisit son épée. Au même instant on abattit la tente, et on laissa tomber l'antenne du haut en bas avec un bruit formidable. Sancho crut que le ciel se détachait de ses gonds et lui tombait sur la tête ; plein de frayeur, il la baissa et la cacha entre ses jambes. Il n'eut pas peur tout seul, Don Quichotte aussi se troubla, pâlit et serra les épaules. La chiourme hissa l'antenne avec autant de bruit et de promptitude qu'elle l'avait amenée, et le tout en silence, comme si aucun n'avait eu ni souffle ni vie. Le comite fit signal de lever l'ancre, et, sautant en même temps sur le milieu du pont, se mit avec le nerf de bœuf ou fouet à émoucher les épaules des forçats. Peu à peu on entra en mer. Quand Sancho vit agir d'un mouvement égal tant de pieds rouges, car il prenait les rames pour des pieds : Voilà, dit-il en lui-même, des choses vraiment enchantées, et non celles que dit mon maître. Mais qu'ont donc fait ces malheureux pour être ainsi fouettés ? et comment cet homme seul, qui s'en va sifflant, est-il assez hardi pour frapper tant de monde ? Sans doute, c'est ici l'enfer, ou tout au moins le purgatoire. Don Quichotte, remarquant l'attention avec laquelle Sancho con-

[1] *Albo dies notanda lapillo.*

[2] *El comitre.* C'est l'officier qui commande la chiourme.

[3] *Espalder*, les deux premiers rameurs à la droite et à la gauche de la poupe, ainsi nommés parce qu'ils figuraient comme les *épaules* des autres rameurs.

sidérait tout ce qu'il voyait, lui dit : Sancho mon ami, avec quelle facilité tu pourrais à peu de frais te dépouiller du milieu du corps en haut, te mettre au rang des rameurs, et achever le désenchantement de Dulcinée ! Parmi les tourments qu'endurent tant de gens, tu n'aurais pas senti les tiens, et peut-être eût-il pu se faire que le sage Merlin t'eût compté chacun de ces coups, comme étant appliqué de bonne main, pour dix de ceux qu'il faudra toujours te donner.

Le général voulait demander ce que c'était que ces coups de fouet et ce désenchantement de Dulcinée, mais la vigie lui dit : Le fort de Montjouy signale un bateau à rames sur la côte, au couchant. Le général sauta sur le pont et s'écria : Allons, enfants, qu'il ne nous échappe pas. C'est sans doute un brigantin des corsaires d'Alger, que le fort nous signale. Les trois autres galères s'approchèrent de la capitane pour recevoir les ordres. Le général ordonna que deux d'entre elles s'avançassent en pleine mer, tandis que lui raserait les côtes avec l'autre galère, afin que le bâtiment ne pût s'échapper. La chiourme se mit à ramer avec tant d'impétuosité que les galères semblaient voler ; celles qui entrèrent en mer découvrirent au bout de deux milles un bateau qu'on put estimer à la vue avoir quatorze ou quinze bancs de rameurs, ce qui était juste. Quand le brigantin aperçut les galères, il se mit en chasse avec l'intention et l'espoir d'échapper par sa légèreté ; mais il tombait mal, car la capitane était un des bâtiments les plus légers que l'on pût rencontrer ; il prenait une telle avance que l'équipage du brigantin vit bien qu'il ne pouvait éviter sa perte. Le patron aurait voulu qu'on abandonnât la rame pour se rendre, afin de ne pas irriter le commandant des galères, mais le sort, qui en ordonnait autrement, voulut que lorsque la capitane était si rapprochée que ceux du brigantin pouvaient entendre qu'on les sommait de se rendre, deux Turcs, pris de vin[1], qui, avec douze autres, formaient l'équipage du bateau, lâchèrent leurs escopettes, et tuèrent deux soldats espagnols sur la rambade. A ce spectacle, le général jura qu'il en coûterait la vie à tous ceux qui seraient pris sur le navire. Il poussa avec fureur sur le brigantin, qui s'échappa sous les rames, la galère le dépassa à une assez grande distance. Se voyant perdus, les ennemis voulurent fuir pendant que la galère tournait, et se remirent de nouveau en chasse à force de voiles et de rames, mais leur diligence ne put les servir autant que leur nuisit leur témérité. La capitane les atteignit à un peu plus d'un demi-mille, leur passa les rames par-dessus et les captura tous en vie. Les deux autres galères arrivèrent alors, et toutes quatre avec la prise revinrent à la côte où les attendait un nombre infini de spectateurs, curieux de voir ce qu'ils amenaient. Le général jeta l'ancre près de la terre, et reconnut que le vice-roi de la ville était sur le rivage ; il fit mettre l'esquif à la mer pour l'aller prendre, et commanda en même temps d'amener l'antenne pour y pendre sur-le-champ le patron du brigantin et les autres Turcs qu'il avait pris et qui pouvaient être au nombre de trente-six, tous de bonne mine et la plupart soldats. Le général demanda quel était le patron du brigantin. C'est, lui répondit un des captifs en castillan, on le reconnut ensuite pour un renégat espagnol, ce jeune homme que vous voyez ; il lui montrait un des plus beaux garçons que l'on puisse voir, il ne paraissait pas âgé de vingt ans. Le général s'adressant à lui : Dis-moi, chien mal conseillé, qui t'a porté à tuer mes soldats, lorsque tu voyais l'impossibilité d'é-

[1] *Dos toraquis.*

chapper? est-ce là le respect qu'on doit aux capitanes, et ne sais-tu pas que la témérité n'est pas de la valeur? Les espérances douteuses peuvent rendre les hommes hardis, mais non téméraires. Le patron allait répondre, mais le général n'eut pas le temps d'écouter sa réponse, parce qu'il dut recevoir le vice-roi qui déjà entrait dans la galère avec ses gens et quelques autres personnes de la ville. La chasse a-t-elle été bonne, seigneur général? dit le vice-roi. — Votre Excellence en pourra juger tout à l'heure en la voyant pendue à cette antenne. — Et pourquoi? — Parce que, contre toute coutume et toute loi de guerre, ils m'ont tué deux de mes meilleurs soldats, et j'ai juré de faire pendre tous les captifs, surtout ce jeune homme qui est le patron du brigantin, et il le lui montra les mains déjà liées, la corde au cou, et n'attendant que la mort. Le vice-roi jeta les yeux sur lui; il le vit si beau, si bien fait et si humble, que sa beauté lui fit naître le désir de le sauver, et lui tint lieu de recommandation. Patron, lui dit-il, es-tu Turc de nation, Maure ou renégat? Ni l'un ni l'autre, répondit le jeune homme en castillan. — Et qui es-tu donc? — Femme et chrétienne. — Femme chrétienne? dans ce costume, et dans cette situation? c'est une chose plus surprenante qu'aisée à croire. Seigneurs, dit la jeune personne, suspendez un moment l'arrêt de ma mort, votre vengeance n'y perdra guère pour être différée jusqu'à ce que je vous aie conté l'histoire de ma vie.

Quel cœur assez dur pour ne point s'attendrir à ces paroles, ou du moins pour ne pas vouloir entendre le récit du malheureux jeune homme! Cependant, le général lui dit de raconter ce qu'il voudrait, mais qu'il n'espérât pas obtenir le pardon de sa faute. Avec cette autorisation, le jeune homme parla ainsi :

« Je suis née de parents maures, de cette nation plus malheureuse que sage, sur laquelle depuis peu le ciel a versé une mer de disgrâces. Pendant ses malheurs, deux de mes oncles m'ont emmenée en Barbarie, sans qu'il me servît à rien de dire que j'étais chrétienne, comme, en effet, je le suis, non de celles qui font semblant de l'être, mais des plus vraies et des plus catholiques. Cet aveu me fut inutile devant ceux qui étaient chargés de notre bannissement, mes oncles même refusèrent d'y croire, persuadés que c'était un mensonge de ma part pour rester dans le lieu de ma naissance, si bien que, par force, je fus obligée de les suivre. Ma mère était chrétienne, mon père chrétien, homme sage et prudent. Avec le lait je suçai la foi catholique, je fus élevée dans les bonnes mœurs, de sorte que dans mon langage ou ma conduite rien, je crois, ne pouvait faire paraître que je fusse Mauresque. Ma beauté, si j'en ai quelqu'une, croissait à l'égal de ces vertus, car je les regarde comme telles, et, quoique je vécusse dans une grande retraite, elle ne fut point si étroite qu'un jeune gentilhomme ne pût me voir. Il se nommait don Gaspar Grégorio, fils aîné d'un homme de distinction, qui possède un village à côté du nôtre. Comment il me vit, comment nous nous parlâmes, comment il s'éprit de moi, comment je me sentis peu dépassée par lui, cela serait trop long à vous raconter, surtout lorsque je me trouve en présence du fatal cordon qui me menace. Je vous dirai seulement que don Grégorio voulut nous suivre dans notre exil. Il se mêla parmi les Maures sortis d'autres villages; il savait bien leur langue, et, dans le voyage, se fit ami des deux oncles qui m'emmenaient; car mon père, homme prévoyant et sage, aussitôt qu'il avait eu avis de notre bannissement, était parti pour aller chercher dans les pays étrangers un asile pour nous. Il avait enterré, dans un endroit dont moi seule ai connaissance, beaucoup de perles et de pierres de grande valeur, ainsi que des cruzades et des doublons d'or, et m'avait ordonné de ne point toucher à ce trésor, si nous étions obligés de partir avant son retour. J'obéis, et, comme je vous l'ai dit, nous passâmes en Barbarie avec mes oncles et d'autres parents ou alliés. L'endroit où nous nous arrêtâmes fut Alger, et c'était comme si nous nous étions arrêtés dans l'enfer même. Le roi entendit parler de ma beauté, et bientôt la renommée l'instruisit de mes richesses, ce qui devint pour moi une circonstance heureuse. Il me fit venir devant lui, me demanda de quel endroit d'Espagne j'étais, et quel trésor j'apportais. Je lui nommai le lieu de ma naissance, et lui dis que mon trésor y était resté enterré, mais qu'il me serait facile de le ravoir pourvu que j'allasse moi-même le chercher. Ce que j'en disais était pour exciter sa cupidité et fermer ses yeux sur ma beauté. En ce moment, on vint lui dire qu'il était venu avec moi un des plus beaux jeunes hommes que l'on pût imaginer. Je compris tout de suite qu'on voulait parler de don Gaspar Grégorio, dont la beauté surpasse les plus remarquables. Je me troublai à la pensée du danger que courait don Gaspar; car, parmi ces barbares turcs, on fait plus de cas d'un beau et jeune garçon que de la plus belle femme du monde. Le roi voulut le voir et commanda qu'on le lui amenât, et il me demanda si ce qu'on lui disait à son sujet était vrai. Oui, sans doute, il est beau, répondis-je, comme inspirée du ciel, mais ce n'est point un garçon, c'est une fille comme moi; je vous supplie de me permettre d'aller lui remettre les habits de son sexe, afin qu'elle paraisse devant vous avec moins d'embarras et dans toute sa beauté. Il y consentit et me dit que, le jour suivant, nous aviserions aux moyens de me faire retourner en Espagne pour en tirer mon trésor. Je m'entretins avec don Gaspar, je l'avertis du danger qu'il courait s'il se présentait en homme, je l'habillai en femme maure, et, le même soir, je le présentai au roi, qui fut saisi d'admiration en le voyant, et résolut de le garder pour en faire présent au Grand Seigneur. Pour éviter le danger qu'il pouvait y avoir pour lui-même à le mettre dans le sérail de ses femmes, il ordonna de le déposer chez des dames maures de grande considération, pour y être gardé et servi, et on l'y conduisit aussitôt. Je laisse à ceux qui connaissent les tourments de l'absence à juger de la douleur que nous causa notre séparation, car je ne peux nier que je l'aime. Le roi ordonna ensuite que je fusse reconduite en Espagne sur ce brigantin, accompagnée des deux Turcs qui sont ceux qui ont tué vos soldats. Ce renégat espagnol (elle signala celui qui le premier avait pris la parole) est aussi venu avec moi. Je sais qu'il est bon chrétien dans le cœur, et qu'il vient avec plus de désir de rester en Espagne que de retourner en Barbarie : quant à la chiourme du brigantin, ce sont des Maures et des Turcs qui ne servent qu'à ramer. Les deux Turcs, hommes avares et insolents, au mépris des ordres qu'on leur avait donnés de nous débarquer, le renégat et moi, à la première côte d'Espagne, en habits de chrétiens dont nous étions pourvus, ont préféré parcourir cette côte pour essayer d'y faire quelque prise; ils craignaient, s'ils nous mettaient à terre, que quelque accident imprévu arrivé à l'un ou à l'autre ne fît découvrir que le brigantin était en mer, et que les galères espagnoles, s'il y en avait sur cette côte, ne s'en emparassent. Nous avons aperçu cette plage pendant la nuit, et, sans avoir nous-mêmes connaissance des quatre galères, nous avons été découverts, et il en est résulté ce que vous avez vu. Enfin, don Grégorio, habillé en femme, est resté parmi des femmes, au milieu des périls de toute espèce, et moi, je me trouve ici les mains liées, n'attendant que la fin d'une vie qui déjà m'est à charge. Telle est, seigneurs, ma déplorable histoire aussi véridique que malheureuse. La seule grâce que je vous demande est de me laisser mourir en chrétienne, car je n'ai partagé en rien, comme je vous l'ai dit, la faute qu'ont commise ceux de ma nation.

Elle se tut. Ses yeux étaient gonflés de larmes, et elle en avait fait répandre un grand nombre à ses auditeurs. Le vice-roi, ému de compassion, s'approcha d'elle, sans lui dire une parole et délia de ses mains la corde qui attachait celles de la belle Maure. Tout le temps qu'elle avait parlé, un vieux pèlerin, qui était entré dans la galère avec le vice-roi, avait tenu ses yeux fixés sur elle. A peine eut-elle fini sa narration qu'il tomba à ses pieds, et, les embrassant étroitement, il lui dit, au travers de mille sanglots : Malheureuse Anne Félix! ô ma fille! je suis ton père Ricote qui me disposais à t'aller chercher ; car tu es mon âme, je ne saurais vivre sans toi. A ces mots, Sancho ouvrit les yeux, leva la tête qu'il tenait baissée, songeant à sa promenade forcée, fixa le pèlerin, et reconnut ce même Ricote qu'il rencontra le jour de sa sortie du gouvernement. Il confirma que c'était bien là sa fille qui, depuis qu'elle avait les mains libres, tenait son père embrassé, mêlant ses larmes aux siennes. Oui, seigneurs, disait Ricote au général et au vice-roi, cette infortunée est ma fille, plus malheureuse en son sort que par son nom. Elle s'appelle Anne Félix, et son surnom est Ricote : sa beauté ne la recommande pas moins que mes richesses. J'étais sorti de mon pays pour aller chercher une retraite en pays étranger. L'ayant trouvée en Allemagne, je suis revenu sous cet habit de pèlerin, en compagnie de quelques Allemands, pour chercher ma fille, et déterrer beaucoup de richesses que j'avais cachées. Je n'ai point trouvé ma fille, mais bien mon trésor, que j'emporte avec moi, et, dans ce moment, par l'étrange rencontre dont vous êtes témoin, je retrouve ma fille chérie, ce trésor qui m'enrichit bien davantage. Si ses larmes, les miennes et notre innocence peuvent vous fléchir, ouvrez la porte à la miséricorde, usez-en envers nous qui n'avons jamais eu l'intention de vous offenser, et qui n'avons pris aucune part aux desseins de nos compatriotes qui ont été justement bannis. Oui, dit Sancho, je reconnais Ricote : tout ce qu'il dit au sujet d'Anne Félix, sa fille, est la vérité; quant à ses allées et venues, ses bonnes ou mauvaises intentions, je ne m'en mêle point. Tous les spectateurs étaient émerveillés des ces rencontres surprenantes. Vos larmes l'emportent, belle Anne Félix, dit le général, je ne tiendrai pas mon serment ; jouissez des jours que le ciel vous réserve, que ceux-là seuls qui ont eu l'insolence de commettre la faute en portent la punition. En même temps il ordonna de pendre aux antennes les deux Turcs qui avaient tué ses soldats; mais le vice-roi demanda instamment leur grâce, faisant observer qu'il y avait dans leur action plus de folie encore que de témérité. Le général se rendit à la prière du vice-roi, car la vengeance sied mal quand on est de sang-froid. Ensuite on s'occupa des moyens de tirer don Gaspar Grégorio de la position dangereuse dans laquelle il était resté. Ricote offrit pour y parvenir plus de deux mille ducats, qu'il avait en perles et en pierreries. On mit en avant plusieurs moyens ; mais le meilleur fut celui du renégat, dont nous avons parlé : il offrit de retourner à Alger dans une petite barque à six bancs, avec des rameurs chrétiens. Lui seul en effet savait où et comment il pouvait débarquer, et connaissait la maison qu'habitait don Gaspar. Le général et le vice-roi hésitaient à se fier au renégat, et à lui confier des rameurs chrétiens; mais Anne Félix assura que l'on pouvait avoir confiance en lui, et Ricote s'engagea à payer la rançon des chrétiens s'ils étaient pris. Ces résolutions adoptées, le vice-roi regagna le rivage, suivi de don Antonio Moreno qui emmena avec lui la Mauresque et son père. Le vice-roi lui recommanda de les bien traiter, et mit à sa disposition tout ce qui dépendait de lui, tant la beauté d'Anne Félix lui avait inspiré d'intérêt et de bienveillance.

CHAPITRE LXIV.

QUI TRAITE DE L'AVENTURE QUI, DE TOUTES CELLES QUI LUI ÉTAIENT ARRIVÉES, DONNA LE PLUS DE CHAGRIN A DON QUICHOTTE.

L'HISTOIRE rapporte que l'épouse de don Antonio accueillit Anne Félix avec beaucoup de joie; elle la reçut avec mille amitiés, aussi satisfaite de sa sagesse que de sa beauté: l'une et l'autre brillaient également dans la belle Maure, et toute la population de la ville se pressait pour la voir comme si elle avait été convoquée au son de la cloche. Don Quichotte dit à don Antonio, que le parti auquel on s'était arrêté pour rendre à don Grégorio la liberté, n'était pas bon, qu'il offrait plus de dangers que d'espoir de réussite, qu'il vaudrait beaucoup mieux qu'on le passât lui-même en Barbarie avec ses armes et son cheval, et qu'il le tirerait de là, en dépit de tous les infidèles, comme don Gayferos avait délivré sa femme Mélisandre. Faites attention, seigneur, dit Sancho, que ce fut en terre ferme que don Gayferos enleva sa femme; que ce fut par la terre ferme qu'il la reconduisit en France. Mais dans ce cas-ci, si nous parvenons à délivrer don Grégorio, nous n'avons rien pour le ramener en Espagne, puisque la mer est entre deux. Il y a remède à tout, répondit Don Quichotte, si ce n'est à la mort; notre bâtiment s'approchant du rivage, nous pourrons nous y embarquer malgré tout le monde. Vous nous le peignez bien facile, dit Sancho; mais du dit au fait il y a un grand trait: moi je m'en tiens au renégat, qui me paraît homme de bien et d'un bon caractère. Don Antonio dit que, si le renégat ne réussissait pas, on prendrait le parti de faire passer en Barbarie le grand Don Quichotte. Au bout de deux jours le renégat partit, accompagné de braves rameurs, dans une légère barque à six rames par banc, et deux jours après les galères prirent la route du Levant, après que le général eut prié le vice-roi de vouloir bien l'instruire de la suite des aventures d'Anne Félix et de la délivrance de Don Grégorio. Le vice-roi en prit l'engagement.

Un matin, Don Quichotte se promenait sur la plage, armé de pied en cap (car, disait-il souvent, les armes sont ma parure et le combat mon repos[1]; aussi ne le

[1] Voyez tome Ier.

voyait-on jamais sans elles); un matin, dis-je, il vit venir à lui un chevalier armé ainsi que lui de toutes pièces : une lune resplendissante était peinte sur son écu. S'étant approché à portée de la voix, il s'écria, s'adressant à Don Quichotte : Illustre chevalier et jamais assez loué Don Quichotte de la Manche, je suis le chevalier de la Blanche Lune, que peut-être ses hauts faits inouïs rappelleront à ta mémoire : je viens éprouver la force de ton bras, je viens me mesurer avec toi, pour te contraindre à confesser que ma dame, quelle qu'elle puisse être, est plus belle, sans comparaison, que ta Dulcinée du Toboso. Si tu l'avoues de bonne grâce, tu éviteras la mort, et m'épargneras la peine de te la donner; mais si tu veux combattre, et si je suis vainqueur, je n'exige autre chose de toi que de déposer les armes, de cesser de courir les aventures, et de te retirer pendant un an dans ta maison, où tu vivras en paix et dans un repos profitable sans mettre la main à l'épée, ainsi que l'exige la conservation de ton bien et le salut de ton âme. Si je suis vaincu, tu pourras disposer de ma tête, de mes armes, de mon cheval, et la gloire de mes hauts faits s'ajoutera à la tienne. Vois ce que tu préfères, et réponds-moi tout de suite, car je n'ai que ce seul jour pour terminer cette affaire.

Don Quichotte resta étonné de l'arrogance du chevalier de la Blanche Lune et du sujet de son défi, et lui répondit d'un ton grave et sévère : Chevalier de la Blanche Lune, dont les exploits ne sont pas parvenus jusqu'à présent à ma connaissance, je vous ferai jurer que vous n'avez jamais vu l'illustre Dulcinée; si vous l'aviez vue, vous ne vous seriez pas engagé dans un tel défi; sa beauté vous aurait désabusé, car il n'en existe pas d'autre qui puisse être comparée à la sienne. Ainsi, je ne dirai pas que vous en avez menti, mais bien que vous êtes dans l'erreur : j'accepte votre défi sur-le-champ, pour ne pas laisser passer le délai que vous avez fixé; j'adopte les conditions que vous m'avez proposées, et n'en excepte que cette transmission de vos exploits, parce que je ne les connais point : je me contente des miens tels qu'ils sont. Prenez donc autant de champ que vous voudrez, j'en ferai de même, et saint Pierre bénisse celui que Dieu aura choisi.

On avait découvert de la ville le chevalier de la Blanche Lune, et le vice-roi avait été averti qu'il était en conférence avec Don Quichotte. Il crut que c'était quelque nouvelle aventure préparée par don Antonio, ou quelque autre gentilhomme de la ville, et descendit aussitôt sur la plage, suivi de don Antonio et d'un grand nombre de cavaliers, au moment où Don Quichotte faisait tourner bride à Rossinante pour prendre le champ nécessaire. Voyant les deux chevaliers se disposer à fondre l'un sur l'autre, il se mit entre eux deux, et leur demanda quelle était la cause d'un combat si subit. Le chevalier de la Blanche Lune lui répondit qu'il s'agissait d'une prééminence de beauté, et, en peu de mots, lui conta ce qu'il avait dit à Don Quichotte, et comment les conditions du défi étaient acceptées de part et d'autre. Le vice-roi s'approcha de don Antonio, et lui demanda tout bas s'il connaissait ce chevalier de la Blanche Lune, et si c'était quelque nouveau tour que l'on voulait jouer à Don Quichotte. Don Antonio répondit qu'il ne le connaissait pas, et ignorait si ce défi était une plaisanterie ou non. Cette réponse tint le vice-roi indécis s'il laisserait ou non ce combat aller plus avant. Cependant, ne pouvant se persuader que ce ne fût point une plaisanterie, il se recula en disant : Seigneurs chevaliers, s'il n'y a point ici d'autre moyen que de confesser ou de mourir; si le seigneur Don Quichotte est sur ses treize, et vous, seigneur de la Blanche Lune, sur vos quatorze, à la grâce de Dieu, le champ est libre. Le chevalier de la Blanche Lune remercia fort civilement le vice-roi de la permission qu'il leur donnait et Don Quichotte fit de même. Celui-ci se recommandant de tout son cœur à Dieu et à sa dame Dulcinée, comme il avait coutume de le faire toutes les fois qu'il s'engageait dans un combat, tourna de nouveau pour prendre plus de champ, et imiter l'exemple que lui en donnait son adversaire; puis, sans trompette, sans aucun instrument guerrier qui leur donnât le signal, ils tournèrent tous deux en même temps la bride de leurs chevaux. Celui de l'inconnu était plus léger que Rossinante; il fournit à lui seul les deux tiers de la carrière, et là, porta un choc si violent à Don Quichotte, sans le toucher de sa lance, qu'il parut lever à dessein, que Rossinante et son maître allèrent en grand péril rouler à terre. Aussitôt l'inconnu courut à Don Quichotte, posa la pointe de sa lance sur la visière et lui dit : Vous êtes vaincu, chevalier, et vous êtes mort si votre aveu n'est pas conforme aux conditions du combat. Don Quichotte, étourdi, brisé de sa chute, sans lever sa visière, répondit d'une voix faible et qui semblait sortir d'un tombeau : Dulcinée du Toboso est la plus belle des femmes, et moi le plus infortuné des chevaliers. Mon malheur ne doit pas faire de tort à la vérité. Pousse ta lance, chevalier, ôte-moi la vie puisque tu m'as ravi l'honneur. Non, certes, dit le chevalier de la Blanche Lune, je n'en ferai rien. Que la beauté de madame Dulcinée, que sa renommée soient intactes; je me contente que le grand Don Quichotte se retire dans sa maison pendant un an, ou tout le temps que je lui prescrirai, ainsi que nous en sommes convenus avant le combat. Le vice-roi, don Antonio et beaucoup d'autres entendaient ces paroles; ils entendirent aussi que Don Quichotte répondit que, puisqu'on ne lui demandait rien qui fût au préjudice de Dulcinée, il accomplirait tout le reste avec la ponctualité d'un véritable et loyal chevalier. Cette confession faite, le chevalier de la Blanche Lune tourna bride, salua de la tête le vice-roi, et entra dans la ville au petit galop. Le vice-roi pria aussitôt don Antonio de le suivre, pour apprendre à quelque prix que ce fût qui il était.

Cependant on releva Don Quichotte, on lui découvrit la figure, on le trouva blême et tout couvert d'une sueur froide. Rossinante était si froissé qu'il ne pouvait se mouvoir. Sancho, tout triste, tout consterné, ne savait que dire ni que faire. Cette aventure lui semblait un songe, l'effet d'un nouvel enchantement. Il voyait son maître vaincu, obligé d'être un an sans prendre les armes. La gloire de ses exploits lui semblait obscurcie, les espérances conçues sur ses nouvelles promesses, évanouies comme la fumée que dissipe le vent. Il craignait que Rossinante ne fût estropié, et son maître disloqué, et ce n'eût pas été peu de fortune s'il était resté disloqué [1]. Enfin, on emporta Don Quichotte à la ville, dans une chaise à bras qu'avait envoyé chercher le vice-roi : et celui-ci y rentra aussi, curieux de savoir quel était ce chevalier de la Blanche Lune qui avait mis Don Quichotte en si triste état.

[1] Jeu de mots sur *deslocado*. Disloqué, ou tiré de sa folie, du mot *loco*, fou.

CHAPITRE LXV.

OU L'ON FAIT CONNAITRE QUI ÉTAIT LE CHEVALIER DE LA BLANCHE LUNE, AVEC LA DÉLIVRANCE DE DON GRÉGORIO, ET AUTRES ÉVÉNEMENTS.

DON Antonio Moreno suivit le chevalier de la Blanche Lune, que poursuivit aussi un grand nombre d'enfants jusqu'à la porte d'une hôtellerie de l'intérieur de la ville. Don Antonio y pénétra, résolu de parvenir à le connaître. Un écuyer était venu au-devant de lui pour le recevoir et le désarmer. Il s'enferma dans une salle basse, et don Antonio avec lui, qui mourait d'envie de savoir qui il était. Le chevalier de la Blanche Lune voyant que ce gentilhomme ne le quittait point, lui dit : Je sais bien, seigneur, pourquoi vous venez, vous voulez savoir qui je suis ; comme je n'ai pas de motif pour le cacher, pendant que mon valet me désarme, je vais vous le dire sans altérer en rien la vérité. Sachez donc que je m'appelle le bachelier Samson Carrasco ; je suis du même village que Don Quichotte, dont la folie excite notre compassion à nous tous qui le connaissons. Je suis un de ceux qu'elle a touchés le plus vivement. Persuadé que le repos seul peut lui rendre la raison, j'ai cherché les moyens de le ramener chez lui, et de le fixer dans sa maison. Il y a trois mois environ, je lui barrai le chemin comme chevalier errant, sous le nom de chevalier des Miroirs, avec l'intention de le combattre et de le vaincre sans lui faire de mal. J'avais mis pour condition du combat que le vaincu serait à la disposition du vainqueur, et, comme je le tenais d'avance pour vaincu, je voulais exiger de lui qu'il s'en retournât dans sa maison, et qu'il n'en sortît pas d'un an, espérant que, durant cet intervalle, on pourrait le guérir. Mais la fortune en ordonna autrement : ce fut lui qui me vainquit ; il me renversa de cheval, et mon plan avorta. Il poursuivit sa route, et moi, je m'en retournai vaincu, honteux et moulu de ma chute, qui fut assez grave. Cependant, je ne perdis pas pour cela le projet de revenir à la charge et de le vaincre, ce que j'ai fait aujourd'hui. Il est si exact à observer les lois de la chevalerie errante, que je ne fais aucun doute qu'il tiendra sa parole. Voilà, seigneur, sans aucune réticence, ce que vous désiriez savoir. Je vous supplie de ne point me découvrir, et de ne point dire à Don Quichotte qui je suis, afin que mes soins et mes bonnes intentions ne soient pas perdus, et que ce pauvre homme puisse recouvrer le jugement qu'il a excellent quand il n'est pas troublé par les extravagances de la chevalerie.

Ah ! seigneur, répondit don Antonio, Dieu vous pardonne le tort que vous avez fait à tout le monde en voulant rendre sage le plus agréable des fous. Ne voyez-vous pas que tout l'avantage qu'on pourra retirer de la sagesse de Don Quichotte n'égalera jamais le plaisir qu'il donne avec ses folies? Pour moi, je m'imagine que tout le talent du seigneur bachelier ne pourra jamais ramener à la raison un homme aussi complétement fou, et, si ce vœu n'était contraire à la charité chrétienne, je dirais que Don Quichotte ne guérisse jamais, car par sa guérison nous perdrons non seulement ses agréments, mais encore ceux de Sancho, dont une seule saillie peut charmer la mélancolie même. Toutefois je me tairai, je ne dirai mot à personne, pour voir si je me trompe en pensant que tout le zèle du seigneur Carrasco sera sans effet. Celui-ci répondit que l'affaire lui paraissait en bon train, et qu'il en espérait un heureux succès. Après les offres de service que lui fit don Antonio, Carrasco prit congé de lui. Il fit lier ses armes sur un mulet, remonta sur le cheval qui lui avait servi pour combattre, sortit de la ville le même jour, et retourna dans son village sans qu'il lui arrivât rien qui mérite d'être raconté dans cette véridique histoire. Don Antonio rendit compte au vice-roi de ce que lui avait appris Carrasco. Le vice-roi n'en fut guère satisfait, car par la retraite de Don Quichotte, on perdait tout l'agrément que l'on pouvait attendre de ses folies.

Don Quichotte demeura six jours au lit, triste, pensif, souffrant, toujours occupé de sa défaite. Sancho cherchait à le consoler. Entre autres raisons : Seigneur, lui disait-il, relevez la tête, réjouissez-vous si vous pouvez, et rendez grâces au ciel de n'avoir du moins, après avoir été porté par terre, aucune côte rompue. Ne savez-vous pas que où l'on donne on reçoit, et que là où il y a des chevilles il n'y a pas toujours du lard? Faites la figue au médecin, puisque vous n'avez pas besoin de lui pour guérir cette maladie. Retournons chez nous, et cessons d'aller chercher les aventures dans des terres inconnues. Tout bien considéré, c'est moi qui perds le plus ici quoique vous soyez le plus maltraité. J'ai laissé avec le gouvernement le désir d'être gouverneur, mais je n'ai pas perdu l'envie d'être comte, ce qui ne pourra jamais avoir lieu si vous renoncez à être roi en quittant la profession de la chevalerie, ainsi mes espérances s'en vont en fumée. Tais-toi, Sancho, tu vois bien que ma retraite ne doit durer qu'un an. Je reprendrai aussitôt après mes honorables exercices, et je ne manquerai ni de royaume à conquérir ni de comté à te donner. Dieu vous entende, dit Sancho, et que le péché soit sourd? J'ai toujours entendu dire qu'une bonne espérance vaut mieux qu'une mauvaise possession.

Ils en étaient là quand don Antonio entra d'un air extrêmement satisfait. Bonnes nouvelles, dit-il, seigneur Don Quichotte, don Grégorio et le renégat qui est allé le chercher sont déjà arrivés au port; que dis-je, au port? ils sont chez le vice-roi et seront ici dans un moment. Don Quichotte en montra quelque satisfaction et dit : Je l'avoue, j'aurais préféré que la chose tournât autrement, parce qu'alors j'aurais été contraint de passer en Barbarie, où, par la force de mon bras, j'aurais donné la liberté non seulement à don Grégorio, mais encore à tous les chrétiens qui se trouvent en captivité. Mais que dis-je, misérable! ne suis-je pas le vaincu, ne suis-je pas le renversé, le condamné à ne porter les armes de toute une année? Que puis-je promettre, de quoi puis-je me vanter s'il m'appartient plutôt de manier la quenouille que l'épée? Cessez sur ce point, seigneur, dit Sancho. Vive la poule encore qu'elle ait la pépie. Aujourd'hui pour toi, demain pour moi. Dans toutes ces affaires de rencontres et de chutes, on ne peut compter sur rien; celui qui tombe aujourd'hui peut se relever demain, à moins qu'il n'aime mieux garder le lit, c'est-à-dire se laisser tellement abattre qu'il ne puisse recouvrer de nouvelles forces pour de nouveaux combats. Levez-vous donc pour recevoir don Grégorio, car tout le monde me paraît en l'air, et il doit être déjà dans la maison. Sancho disait vrai, car le renégat et don Grégorio ayant rendu compte au vice-roi du succès de l'expédition, le jeune homme, empressé de voir Anne Félix, était venu avec le renégat chez don Antonio. Dans la traversée il avait changé les habits de femme sous lesquels il était parti d'Alger contre ceux d'un esclave parti avec lui ; mais en quelque habit qu'il fût, il n'aurait pas paru moins digne d'être envié, servi et estimé, car il était d'une beauté surprenante et paraissait avoir dix-sept à dix-huit ans. Ricote et sa fille allèrent à sa rencontre, le père pleurant de joie, la jeune fille avec un maintien modeste. Les amants ne s'embrassèrent pas, car où existe beaucoup d'amour il n'y a pas beaucoup de hardiesse. Les deux beautés réunies de don Grégorio et d'Anne Félix excitèrent l'admiration de tous ceux qui étaient présents ; le silence des deux amants était assez expressif, et leurs yeux plus que leurs paroles furent les interprètes de leur joie et de leurs honnêtes sentiments. Le renégat raconta les moyens dont il s'était servi pour délivrer don Grégorio ; celui-ci fit le récit des dangers qu'il avait courus dans la maison des femmes auprès desquelles il avait été placé. Il abrégea son discours, et, par la sobriété de ses paroles, il fit voir que la raison en lui avait devancé l'âge. Finalement, Ricote paya généreusement les rameurs et le renégat. Celui-ci rentra dans le giron de l'Église, et de membre gangrené devint sain et net par le secours du repentir et de la pénitence. Deux jours après, don Antonio et le vice-roi s'occupèrent des moyens d'obtenir, pour Anne Félix et son père, la permission de rester en Espagne ; il ne leur paraissait pas qu'il y eût de l'inconvénient à y garder une fille si pieuse et un père si plein de loyales intentions. Don Antonio, que d'autres affaires appelaient à la cour, offrit d'y suivre cette négociation, donnant à entendre qu'avec des présents et des protections, on y venait à bout de beaucoup de choses difficiles. Non, dit Ricote, qui se trouvait présent, il n'y a rien à espérer de l'argent ni de la faveur ; car dons, prières, promesses, douleurs, sont sans accès auprès du grand don Bernardino de Velasco, comte de Salazar, chargé par le roi de notre expulsion. Quoiqu'il sache allier la miséricorde à la justice, il a vu que tout le corps de notre nation est souillé et pourri, et il use plutôt du cautère qui brûle que de l'onguent qui adoucit. C'est pourquoi, avec prudence, sagacité, diligence, et favorisé par la crainte qu'il inspire, il a porté sur ses robustes épaules le poids de cette difficile entreprise ; il l'a mise à fin, sans que nos fraudes, nos ruses, nos stratagèmes, nos soins et toute notre industrie aient pu endormir ses yeux d'Argus, qu'il tient toujours ouverts afin qu'aucun de nous ne demeure, ne se recèle comme une plante cachée, qui, avec le temps, pourrait pulluler et produire des fruits venimeux dans cette Espagne, aujourd'hui si nette et si bien débarrassée des craintes où la tenait notre multitude. Héroïque résolution du grand Philippe III ! sagesse inouïe d'en avoir confié l'exécution à don Bernardino de Velasco ! Quoi qu'il en soit, dit don Antonio, j'y mettrai tous mes soins quand j'y serai, fasse ensuite le ciel ce qu'il voudra. Don Grégorio viendra avec moi consoler ses parents, qui doivent être fort affligés de son absence. Anne Félix restera dans ma maison avec ma femme, ou bien dans un couvent, et je sais que le seigneur vice-roi trouvera bon que le bon Ricote demeure chez lui jusqu'à ce qu'on voie la tournure que prendra l'affaire. Le vice-roi donna son assentiment à tout. Don Grégorio, instruit de ce qui se passait, refusait d'abord de quitter Anne Félix. Cependant, le désir de voir ses parents, pour revenir ensuite auprès d'elle, le détermina. Anne Félix resta avec la femme de don Antonio, et Ricote dans la maison du vice-roi. Le jour du départ de don Antonio arriva, celui de Don Quichotte et de Sancho eut lieu deux jours après; sa chute ne lui permit pas de se mettre plus tôt en chemin. Il y eut beaucoup de soupirs, de sanglots, de larmes, d'évanouissements à la séparation des deux amants. Ricote offrit mille écus à don Grégorio, s'il les voulait, mais il les refusa, et en emprunta cinq seulement à don Antonio, avec promesse de les lui faire tenir à la cour. Ils partirent tous deux, et ensuite Don Quichotte désarmé et en habit de voyage, Sancho à pied, parce que le grison était chargé des armes.

CHAPITRE LXVI.

QUI CONTIENT CE QUE VERRA CELUI QUI LE LIRA, OU ENTENDRA CELUI QUI L'ENTENDRA LIRE.

Au sortir de Barcelone, Don Quichotte retourna voir le lieu de sa défaite. Ici fut Troie! s'écria-t-il; ici mon malheur, et non ma couardise, m'a ravi toute la gloire que j'avais acquise; ici la fortune m'a fait éprouver son inconstance; ici mes exploits se sont obscurcis, et ma renommée est tombée pour ne se relever jamais, Seigneur, dit Sancho après ces plaintes, il appartient aussi bien à un cœur généreux d'avoir de la résignation dans les disgrâces que de la joie dans la prospérité. J'en juge par moi-même : si j'étais joyeux lorsque j'étais gouverneur, maintenant que je suis écuyer, et à pied, je ne suis pas triste. J'ai ouï dire que celle qu'on appelle la Fortune est une femme ivre, fantasque et surtout aveugle; ainsi, elle ne voit pas ce qu'elle fait, et ne sait qui elle abaisse et qui elle élève. Tu es un grand philosophe, Sancho, répondit Don Quichotte, et tu parles avec beaucoup de sagesse: je ne sais qui te l'a appris. Je te dirai qu'il n'y a au monde fortune ni événements bons ou mauvais qui arrivent au hasard : ils sont amenés par une particulière providence du ciel, et de là vient qu'on dit communément que chacun est l'artisan de sa fortune. Je l'ai été de la mienne, mais je n'y ai point apporté la prudence convenable, ma présomption m'a perdu : j'aurais dû penser que la faiblesse de Rossinante ne pourrait résister contre la force et la grandeur du cheval du chevalier de la Blanche Lune. Je m'aventurai cependant : j'ai fait ce que j'ai pu, j'ai été renversé; mais si j'ai perdu l'honneur, je n'ai pas perdu ni pu perdre le courage de tenir ma parole. Quand j'étais chevalier errant, audacieux, vaillant, mon bras et mes actions rendaient témoignage de mon intrépidité; maintenant, simple écuyer à pied, je prouverai ma loyauté en tenant ma parole. Marchons donc, ami Sancho, et allons passer dans notre pays cette année de noviciat. Dans cette retraite, nous reprendrons de nouvelles forces pour retourner au métier des armes, que je n'oublierai jamais. Seigneur, répondit Sancho, cheminer à pied n'est pas chose si agréable, qu'elle me donne envie de faire de grandes journées. Laissons ces armes accrochées à quelque arbre en place d'un pendu, alors je monterai sur le dos de mon roussin, et les pieds au-dessus du sol, nous ferons nos journées aussi longues que vous le désirerez; car, de penser qu'à pied je fournirai de longues traites, c'est inutile. Tu as raison, Sancho, dit Don Quichotte, suspendons ici mes armes en trophée, et gravons au bas ou à l'entour l'inscription que portait le trophée des armes de Roland :

Nul ne les touche, s'il ne peut les disputer à Roland.

Tout ceci est à merveille, reprit Sancho, et si ce n'est la faute qu'il nous ferait pour la route, je serais presque d'avis de pendre aussi Rossinante. Ni lui ni les armes, dit Don Quichotte, ne doivent être pendus, pour qu'on ne dise pas à bon service mauvaise récompense. C'est bien dit, répondit Sancho; car, suivant l'opinion des sages, la faute de l'âne ne doit pas retomber sur le bât, et puisque votre seigneurie est la cause du mal, vous devez vous châtier vous-même, et ne pas vous en prendre à la bénignité de Rossinante, à des armes sanglantes et brisées, ni à la délicatesse de mes pieds, en voulant qu'ils fassent plus de chemin qu'ils ne peuvent. En raisonnant ainsi, la journée se passa, et quatre autres ensuite sans qu'aucun obstacle arrêtât leur route.

Le cinquième jour, à l'entrée d'un village, ils trouvèrent à la porte d'une hôtellerie beaucoup de gens réunis là gaiement, parce que c'était un jour de fête. Quand ils approchèrent, un paysan dit à haute voix : Un de ces deux seigneurs qui viennent, et qui ne connaissent point les parties, nous dira ce qu'il faut faire dans notre gageure. Oui certes, je vous le dirai en toute équité, répondit Don Quichotte, si je comprends bien ce dont il est question. Mon bon seigneur, dit le paysan, voici le fait : Un homme de ce village, si gros qu'il pèse onze arrobes[1], a défié à la course un autre paysan qui n'en pèse pas plus de cinq[2]. La condition a été de courir cent pas avec poids égal. Nous demandâmes au provocateur comment il fallait rendre les poids égaux ; il répondit que le défié qui ne pesait que cinq arrobes devait mettre sur son dos six arrobes de fer, et qu'ainsi la balance serait égale. Non pas cela, dit Sancho, avant que Don Quichotte eût ouvert la bouche ; c'est à moi qui, comme tout le monde le sait, sors d'être juge et gouverneur, qu'il appartient d'éclaircir ce doute, et de porter un jugement dans toute affaire. A la bonne heure, dit Don Quichotte, réponds, ami Sancho ; aussi bien je ne saurais donner une mie de pain à un chat, tant j'ai l'esprit troublé et renversé. Avec cette permission, Sancho dit aux paysans qui l'entouraient la bouche ouverte, attendant la sentence : Frères, ce que demande le gros homme n'est point raisonnable, et n'a pas l'ombre d'équité. Si ce que l'on dit est vrai que le défié peut choisir les armes, il ne les prendra pas telles qu'elles l'accablent et l'empêchent d'être vainqueur : ainsi mon avis est que le gros provocateur se coupe, se taille, s'enlève de tel endroit du corps qu'il lui plaira, six arrobes de chair ; de cette manière il n'en pèsera plus que cinq comme son adversaire, et ils pourront courir avec égalité. Par Dieu, dit un laboureur qui écoutait la sentence de Sancho, ce seigneur a parlé comme un bienheureux, et jugé comme un chanoine. Mais, cependant, à coup sûr l'homme gras ne voudra pas se couper une once de chair, à plus forte raison six arrobes. Le meilleur, dit un autre, est qu'ils ne courent pas, pour que le maigre ne s'écrase pas avec le poids du fer, et que le gras ne se coupe pas la chair. Mettons la moitié de la gageure en vin, et conduisons ces deux seigneurs à

[1] 275 livres de seize onces. [2] 125 livres.

la taverne où l'on vend du meilleur ; je prends le tout sur moi [1]. Je vous remercie, seigneurs, dit Don Quichotte, je ne saurais m'arrêter un moment ; de tristes pensées, des événements fâcheux me font paraître incivil, et m'obligent à marcher plus vite que je ne le voudrais. En disant ces mots, il donna de l'éperon à Rossinante et passa outre, laissant tous ces paysans aussi étonnés de son étrange figure que de la sagesse de celui qu'ils prirent pour son serviteur. Un des paysans se mit à dire : Si le domestique est si sage, que doit donc être le maître? Je gage que s'ils vont étudier à Salamanque, en un tour de main ils deviendront alcades de cour : car tout n'est que jeu, si ce n'est d'étudier et d'étudier encore, avoir du bonheur et des protections, puis, lorsque moins on y pense, on se trouve la verge du juge en main ou la mitre sur la tête.

Le maître et le serviteur passèrent la nuit au milieu des champs et sous la voûte du ciel. Le lendemain, poursuivant leur route, ils virent venir vers eux un homme à pied, portant une besace au cou, et à la main une espèce de javelot ou bâton ferré, équipage ordinaire des piétons. Cet homme en s'approchant de Don Quichotte doubla le pas, courut presque pour arriver à lui, et, embrassant sa cuisse droite, car il ne pouvait atteindre plus haut, lui dit d'un air joyeux : O monseigneur Don Quichotte de la Manche! quelle satisfaction aura mon seigneur le duc quand il saura que vous retournez à son château, où il est encore avec madame la duchesse! Je ne vous connais point, ami, répondit Don Quichotte, et ne puis savoir qui vous êtes, si vous ne me l'apprenez. Seigneur, dit le piéton, je suis Tosilos, laquais de monseigneur le duc : c'est moi qui refusai de vous combattre, au sujet du mariage de la fille de doña Rodriguez. Vrai Dieu! s'écria Don Quichotte, est-il possible que ce soit vous que les enchanteurs qui me poursuivent ont métamorphosé en ce laquais que vous dites pour m'enlever l'honneur de ce combat? Ne dites pas cela, mon bon seigneur, répondit le messager, il n'y a eu enchantement ni métamorphose aucune. J'étais Tosilos laquais pour entrer dans la barrière, et Tosilos laquais quand j'en sortis. J'ai voulu me marier sans combattre, parce que la jeune fille me plaisait ; mais je fus bien trompé dans mon attente, car vous ne fûtes pas plus tôt parti du château que le duc mon seigneur me fit donner cent coups de bâton pour n'avoir pas suivi les ordres qu'il m'avait donnés avant d'entrer en lice. La fin du tout a été que la jeune fille est déjà religieuse, que doña Rodriguez est retournée en Castille, et que moi, je vais à Barcelone porter des lettres au vice-roi de la part de mon maître. J'ai ici une calebasse pleine de bon vin ; si vous désirez en prendre un trait pur, quoiqu'il soit un peu chaud, avec un morceau de fromage de Tronchon, il y a de quoi exciter la soif quand elle dort. J'accepte l'offre, dit Sancho, et trêve de cérémonie ; que le bon Tosilos nous serve à boire en dépit de tous les enchanteurs qu'il y ait aux Indes. Sancho, dit Don Quichotte, tu es le premier glouton du monde et le plus grand ignorant de la terre, puisque tu ne t'aperçois pas que ce courrier est enchanté, et que c'est un faux Tosilos : reste avec lui, rassasie-toi : moi je vais aller devant à petits pas, en attendant que tu me rejoignes.

Tosilos se mit à rire ; il tira sa calebasse, prit son fromage dans son sac avec du pain, puis lui et Sancho s'assirent sur l'herbe fraîche, et en parfait accord travaillèrent si bien qu'ils ne laissèrent absolument rien de ce que contenaient la gourde

[1] *Sobre mi la capa quando llueva* : sur moi la cape quand il pleuvra.

et le bissac, et léchèrent les lettres parce qu'elles sentaient le fromage. Tosilos dit à Sancho : Je crois, ami, que ton maître doit être fou. Comment doit, répondit Sancho, il ne doit rien à personne. Il paye tout, et surtout quand la monnaie est la folie. Je le vois bien, et je le lui dis à lui-même ; mais de quoi cela sert-il, surtout à présent qu'il est anéanti pour avoir été vaincu par le chevalier de la Blanche Lune? Tosilos lui demanda le récit de cette aventure ; mais Sancho répondit qu'il serait malhonnête de faire attendre son maître ; qu'un autre jour, s'ils se rencontraient, il trouverait le temps de le satisfaire. Il se leva, secoua ses habits, fit tomber les miettes restées dans sa barbe, poussa le grison devant lui, et disant adieu à Tosilos, rejoignit son maître, qui l'attendait à l'ombre d'un arbre.

CHAPITRE LXVII.

DE LA RÉSOLUTION QUE PRIT DON QUICHOTTE DE SE FAIRE BERGER, ET DE MENER LA VIE PASTORALE PENDANT L'ANNÉE DE SON INACTION, AVEC D'AUTRES ÉVÉNEMENTS AGRÉABLES.

Si Don Quichotte, avant sa défaite, était sans cesse agité d'une foule de pensées, elles le tourmentaient bien davantage depuis sa chute. Sous cet arbre où nous l'avons laissé, mille réflexions l'assaillaient et le piquaient comme les mouches s'abattent sur le miel. Les unes avaient pour objet le désenchantement de Dulcinée, d'autres la vie qu'il devait mener pendant sa retraite forcée. Sancho arriva, et se loua des manières généreuses de Tosilos. Est-il possible, lui dit Don Quichotte, que tu puisses t'imaginer que ce soit un véritable laquais? Il me paraît que tu as oublié Dulcinée changée en paysanne, et le chevalier des Miroirs transformé en bachelier Carrasco, toutes œuvres des enchanteurs qui me persécutent. Mais, dis-moi, as-tu demandé à ce Tosilos, comme tu dis, ce que Dieu a fait d'Altisidore? a-t-elle pleuré mon absence, ou bien a-t-elle mis en oubli les amoureuses pensées qui la tourmentaient quand j'étais là. Les miennes, répondit Sancho, n'étaient pas telles qu'elles m'aient laissé le temps de faire des questions aussi futiles. Pardieu, seigneur, êtes-vous bien dans la position de vous informer des pensées d'autrui, surtout de pensées amoureuses? — Écoute, Sancho, il y a une grande différence entre les actions que l'amour fait faire, et celles qui sont dictées par la reconnaissance. Un chevalier peut bien être sans amour, mais en toute rigueur il ne saurait être ingrat. Altisidore m'aimait fort, à ce qu'il paraît; elle m'a donné les trois mouchoirs que tu sais; elle a pleuré à mon départ; elle m'a maudit, m'a dit des injures, s'est plainte publiquement sans être retenue par la honte, toutes preuves qu'elle m'adorait, car la colère des amants s'exhale en malédictions. Je n'avais point d'espérances à lui donner, ni de trésor à lui offrir, car mes espérances se confondent toutes en Dulcinée, et les trésors des chevaliers errants, comme ceux des fantômes, sont apparents et trompeurs. Je ne puis donc lui donner que ce souvenir que je conserve d'elle, toutefois sans préjudice de celui de Dulcinée, à qui tu fais grand tort par les délais que tu apportes à te fustiger et châtier ta chair, que je voudrais voir mangée des loups, puisque tu aimes mieux la garder pour les vers, que de la faire servir au soulagement de cette dame infortunée. Seigneur, répondit Sancho, s'il faut vous dire la vérité je ne puis me persuader que les coups de fouet de mes fesses aient quelque chose à voir avec les enchantements des enchantés. C'est comme si nous disions : la tête vous fait mal, frottez-vous les genoux. Au moins j'oserai bien jurer que, dans toutes les histoires de chevalerie errante que vous avez lues, vous n'avez pas trouvé un seul désenchantement par coups de fouet. Mais que ce soit oui ou non, je me les donnerai quand la volonté m'en viendra, et que j'aurai le temps et la commodité de le faire. Dieu le veuille, répondit Don Quichotte, et te fasse la grâce de te pénétrer de l'obligation où tu es d'assister ma dame, qui est aussi la tienne, puisque tu es à moi.

Ils cheminaient toujours en devisant ainsi, et arrivèrent à l'endroit où ils avaient été renversés et foulés aux pieds par les taureaux. Don Quichotte le reconnut. Voici, dit-il, la prairie où nous rencontrâmes les gentilles bergères et les galants bergers qui voulaient imiter et renouveler ici la pastorale Arcadie, projet aussi neuf que judicieux. Pour l'imiter à notre tour, et si ce dessein te plaît, Sancho, je serais d'avis que nous aussi nous nous fissions bergers au moins pendant tout le temps de ma retraite. J'achèterai quelques brebis et toutes les choses nécessaires aux occupations pastorales, je m'appellerai le berger *Quichotis*, et toi, le berger *Pancino*. Nous irons par les montagnes, les bois, les prairies, chantant ici, soupirant ailleurs, nous désaltérant au liquide cristal des fontaines, sur le bord des limpides ruisseaux, des fleuves abondants. Le chêne bienfaisant nous prodiguera son doux fruit; le liége robuste nous fournira des siéges commodes; le saule, une ombre salutaire; les roses, leur parfum; les prairies, leurs tapis nuancés des plus riches couleurs ; un air pur et brillant nous rafraîchira de son haleine; la lune et les étoiles nous prêteront leur douce lumière au milieu de l'obscurité de la nuit. Les chants feront nos plaisirs ; les soupirs même auront pour nous des charmes : Apollon nous dictera des vers, l'Amour des idées, et nous nous rendrons fameux non seulement dans ce siècle, mais dans les siècles à venir. Pardieu! dit Sancho, ce genre de vie me plaît extrêmement, et semble fait pour moi. Maître Nicolas le barbier et le bachelier Samson Carrasco n'en auront pas plus tôt été témoins qu'ils voudront le suivre et se faire bergers avec nous. Dieu veuille même qu'il ne prenne pas fantaisie au curé de se mettre de la partie, car il est joyeux et aime à se divertir. Tu as bien raison, Sancho, reprit Don Quichotte; si le bachelier Samson entre dans le corps pastoral, comme je n'en doute pas, il pourra s'appeler le pasteur *Sansonino* ou bien *Carrascon*, et le barbier Nicolas, *Niculoso*, comme l'ancien Boscan fût surnommé *Nemoroso*. Pour le curé, je ne sais trop quel nom nous lui donnerons, à moins de le dériver de sa qualité, et de l'appeler le berger *Curiambro*. Les bergères dont nous devrons être les amants, nous leur trouverons des noms aussi aisément qu'on choisit des poires, et comme celui de ma dame convient aussi bien à une bergère qu'à une princesse, je n'ai pas besoin de me mettre en peine d'en chercher un autre qui lui aille mieux. Toi, Sancho, tu donneras à la tienne le nom que tu voudras. Je ne pense pas, dit Sancho, lui en donner d'autre que celui de *Teresona*, qui s'appliquera juste à son embonpoint et à son véritable nom, puisqu'elle s'appelle Thérèse. Lorsque je la célébrerai dans mes vers, je prouverai la chasteté de mes désirs, puisque je n'irai pas chercher mon pain blanc dans la maison d'autrui. Pour le curé, il sera bon qu'il n'ait pas de bergère, pour donner bon exemple, et si le bachelier en veut une, c'est son affaire. Vrai Dieu! dit Don Quichotte, quelle vie nous allons nous donner, Sancho, mon ami, que de chalumeaux vont enchanter nos oreilles, que de musettes de Zamora, de tambourins, de sonnettes et de rebecs [1]! Si nous avions à joindre à ces différents genres de musique le son des albogues [2], il ne nous manquerait presque aucun instrument pastoral. — Qu'est-ce que c'est que des albogues? demanda Sancho, je n'en ai jamais entendu parler, et n'en ai jamais vu. — Les albogues sont des plaques semblables au dessous d'un chandelier de cuivre, qui frappées l'une contre l'autre par le côté creux donnent un son qui, sans être harmonieux ni très agréable, ne déplaît pas, et s'accorde bien avec la rusticité de la cornemuse et du tambourin. Le nom d'*albogues* est maure comme tous ceux qui, dans notre castillan, commencent par *al*, tels que *almohaza* [3], *almorzar* [4], *alhombra* [5] *alguacil* [6], *alhuzema* [7], *almacen* [8], *alcancia* [9], et autres semblables, car il doit en exister un peu plus. Notre langue possède seulement trois mots mauresques terminés en *i*; savoir : *borcegui* [10], *zaquizami* [11] et *maravedi* [12]. Pour *alheli* [13] et *alfaqui* [14], l'*i* final et l'*al* initial font connaître que ces mots sont arabes. Je te dis cela en passant, parce que ce mot d'*albogues* me l'a remis en mémoire. Quant au métier de berger, ce qui nous aidera beaucoup à le faire en perfection est que je suis un peu poëte, comme tu le sais, et que Samson Carrasco l'est au suprême degré. Je ne dis rien du curé, mais je crois bien qu'il en tient un peu; quant à maître Nicolas, je n'en doute pas, car tous les barbiers jouent de la guitare et font des couplets. Je chanterai les tourments de l'absence; toi, tu célébreras la constance en amour: Carrascon se plaindra d'être dédaigné, le curé Curiambro de ce qui lui conviendra; ainsi tout ira à merveille. Ah! seigneur, dit Sancho, je suis si malheureux que je crains bien de ne pas voir le jour où je me livrerai à ce genre de vie. Oh! que de jolies cuillères de bois je ferai quand je serai berger; que de migas [15], de crème, de guirlandes, de bagatelles pastorales! si elles ne m'acquièrent pas la renommée de sage, elles me feront au moins passer pour ingénieux. Ma fille Sanchica nous apportera à manger dans la bergerie. Mais prenons garde; elle est d'assez bon air, et il y a des bergers plus malicieux que simples; je ne voudrais pas qu'elle vînt chercher de la laine, et s'en retournât tondue. L'amour et les mauvais désirs existent aussi bien aux champs qu'à la ville, dans les chaumières des bergers que dans le palais des rois. Mais ôtez la cause vous ôtez le péché. Quand l'œil en voit rien le cœur ne s'égare pas. Mieux vaut le saut du buisson que la prière des gens de bien. Ami Sancho, dit Don Quichotte, assez de proverbes. Un seul de ceux que tu viens de dire suffit pour expliquer ta pensée. Je t'ai déjà conseillé bien des fois de n'en être pas si prodigue et de te retenir quand tu les dis; mais c'est prêcher dans le désert. Ma mère me châtie, je fouette ma toupie. Seigneur, répondit Sancho, il me semble que vous êtes ici dans le cas de la poêle disant au chaudron : Va-t'en de

[1] Ancien violon à trois cordes. [2] Sorte de cymbale. [3] Étrille. Déjeuner. Pellicer le dérive de *mordeo*, je mords. [5] Tapis. [6] Homme de justice. Probablement formé du verbe *guaver*, défendre, garder, secourir: [7] Lavande. [8] Magasin. [9] Tire-lire, boule creuse. [10] Brodequin, d'où *borceguineria*, lieu où l'on en fait ou vend. [11] Grenier, galetas. [12] Maravédis, monnaie qui vaut la 54e partie du réal. [13] Giroflier. [14] C'est le *fakir*, dévot mahométan. [15] *Migas*. Ragoût fait avec de la mie de pain, du sain-doux, de l'ail, du piment, de l'huile, etc.

là, œil noir. Vous me reprochez de dire des proverbes, et vous les enfilez deux à deux. Sancho, répondit Don Quichotte, j'amène les proverbes à propos quand je les dis, ils s'ajustent comme une bague au doigt; mais toi, tu les tires si fort par les cheveux que tu les traînes et ne les amènes pas. Si je m'en souviens bien, je t'ai déjà dit que les proverbes sont des sentences concises, tirées de l'expérience et des observations des sages du temps passé. Celui qui ne vient pas à propos est plutôt une absurdité qu'une sentence. Mais laissons cela, la nuit vient; éloignons-nous un peu du grand chemin, et choisissons un endroit commode pour y passer la nuit. Dieu sait ce qu'il nous réserve pour demain. Ils s'écartèrent, soupèrent tard et mal, au grand déplaisir de Sancho, qui se représentait le dénûment de la chevalerie errante au milieu des bois et des montagnes, si de temps en temps l'abondance l'accueille dans les châteaux et les maisons comme celle de don Diégo de Miranda, comme aux noces du riche Camache, et chez don Antonio Moreno. Cependant il considérait qu'il ne peut toujours être jour ni toujours nuit; il passa donc celle-ci à dormir, et son maître à veiller.

CHAPITRE LXVIII.

DE L'AVENTURE DES POURCEAUX ARRIVÉE A DON QUICHOTTE.

La nuit était assez obscure, quoique la lune fût au ciel; mais elle se trouvait dans un endroit où l'on ne pouvait pas la voir; car quelquefois la dame Diane va visiter les antipodes, et laisse dans les ténèbres nos montagnes et nos vallons. Don Quichotte obéit à la nature en faisant un premier somme, sans se rendormir, bien différent de Sancho qui jamais n'eut de second somme, car il n'en faisait qu'un du soir au matin, ce qui prouvait en même temps et sa bonne constitution et le peu de soucis dont il était tourmenté. Ceux de Don Quichotte le tinrent si bien éveillé qu'il éveilla Sancho. J'admire ton heureuse constitution, lui dit-il; on dirait que tu es fait de marbre ou de bronze, qui n'ont ni mouvement ni sentiment. Je veille quand tu dors, je pleure et tu chantes; je suis exténué de besoin, tandis que l'excès de nourriture te rend lourd et paresseux. Il est d'un bon serviteur de partager les peines de son maître, d'être affecté de ce qui l'affecte, ne fût-ce qu'en apparence. Vois le calme de cette nuit et la solitude où nous nous trouvons. Ne nous invite-t-elle pas à entremêler notre sommeil de quelque veille? Lève-toi, je t'en conjure, mets-toi un peu à l'écart, et, de bon cœur, par pitié, donne-toi trois ou quatre cents coups de fouet, à compte sur ceux du désenchantement de Dulcinée : je te le demande en grâce, je ne veux pas en venir aux mains avec toi comme l'autre jour; tu les as trop rudes. Lorsque tu te les seras donnés, nous passerons le reste de la nuit à chanter, moi les tourments de l'absence, et toi ta constance, commençant ainsi dès ce moment l'exercice pastoral auquel nous devons nous livrer dans notre retraite champêtre. Seigneur, répondit Sancho, je ne suis pas un religieux pour me lever au milieu de mon sommeil et me donner la discipline, et la douleur des coups ne me paraît pas un prélude agréable pour la musique. Laissez-moi dormir, et ne me tourmentez plus pour me fouetter, ou vous me forcerez de faire le serment de ne jamais toucher, je ne dis pas ma chair, mais même le poil de mon habit. O cœur endurci ! s'écria Don Quichotte, ô écuyer impitoyable! O pain mal employé, grâces mal placées que celles que tu as reçues et que je veux te donner ! Par moi tu t'es vu gouverneur, par moi tu dois espérer de te voir incessamment comte ou quelque chose d'équivalent. L'accomplissement de cette promesse ne peut tarder au-delà de cette année, car enfin : *post tenebras spero lucem*. Je ne comprends pas cela, dit Sancho; tout ce que je sais, c'est que, quand je dors, je n'ai ni crainte, ni espoir, ni peine, ni ambition. Béni soit l'inventeur du sommeil, manteau qui couvre toutes les humaines pensées, aliment qui apaise la faim, breuvage qui étanche la soif, feu qui dissipe le froid, froid qui tempère l'excès de la chaleur, monnaie universelle avec laquelle tout s'achète, balance qui égale le berger au roi, et l'ignorant au sage. Le sommeil n'est mauvais qu'en une seule chose, et c'est, comme je l'ai ouï dire, qu'il ressemble à la mort; car d'un homme qui dort à un mort il n'y a pas grande différence. — Sancho, je ne t'ai jamais entendu parler avec tant d'élégance ; je reconnais là toute la vérité du proverbe que tu répètes quelquefois : non avec qui tu nais, mais avec qui tu pais. — Malepeste! seigneur, ce n'est pas moi maintenant qui enfile les proverbes ; ils vous sortent de la bouche deux à deux mieux qu'à moi ; à la vérité, il y a cette différence entre les vôtres et les miens, que ceux de votre seigneurie viennent à propos, et les miens au hasard ; mais enfin, ce sont toujours des proverbes.

En ce moment, ils entendirent un bruit sourd et confus qui remplissait la vallée. Don Quichotte se leva et mit la main sur son épée ; Sancho aussi tremblant que son maître était troublé se blottit sous son âne se faisant un double rempart du bât et du paquet des armes. Le bruit allait toujours croissant, et s'approchait de nos deux peureux, ou du moins un, car, pour l'autre, on connaît son intrépidité. Or, ce bruit était causé par plus de six cents pourceaux que l'on menait vendre à la foire ; on les conduisait de nuit, et leurs cris et leurs grognements faisaient un tel vacarme, que Don Quichotte et Sancho en furent assourdis sans deviner ce que ce pouvait être. Cependant, la troupe grognante et immense approchait toujours, et, sans plus de respect pour la personne du maître que pour celle de l'écuyer, elle leur passa sur le corps, renversant les barricades de Sancho, et roulant à terre non seulement Don Quichotte mais Rossinante, par dessus le marché. La masse, les grognements, la promptitude de l'irruption de ces animaux immondes entraîna pêle-mêle sur le sol, le bât, les armes, le grison, Rossinante, Sancho et Don Quichotte. Sancho, après avoir reconnu à qui il avait affaire, se leva du mieux qu'il put, et demanda à son maître son épée pour tuer au moins une demi-douzaine de ces incivils animaux. Laisse-les, ami, répondit Don Quichotte, cet affront est une punition de mon péché, un juste châtiment du ciel; le chevalier errant qui s'est laissé vaincre doit être mangé des chiens, piqué des guêpes, et foulé aux pieds par les pourceaux. C'est apparemment aussi une punition du ciel, dit Sancho, si les écuyers des chevaliers vaincus sont piqués des mouches, mangés des poux, et tourmentés par la faim. Si nous autres écuyers, nous étions les fils des chevaliers que nous servons, ou leurs proches parents, il ne serait pas étonnant que la peine de leurs fautes nous suivît jusqu'à la quatrième génération. Mais qu'ont à démêler les Panças avec les Quichottes. Cherchons pour le moment à nous remettre en place, et dormons le peu qu'il reste de nuit. Demain il fera jour, et nous nous rétablirons. Dors, toi, Sancho, répondit Don Quichotte, tu es né pour dormir; mais moi qui suis fait pour veiller, je vais lâcher la bride à mes pensées jusqu'au jour, et les exhaler dans un madrigal que j'ai composé de mémoire cette nuit même. Il me semble, dit Sancho, que les soucis qui permettent de composer des vers ne sont pas bien grands; que votre grâce versifie tant qu'il lui plaira, moi je dormirai tant que je pourrai. Aussitôt, prenant autant de terrain qu'il lui en fallait, il s'enveloppa et s'endormit sans que dettes, caution, ni chagrin aucun l'en empêchassent. Don Quichotte, appuyé contre le tronc d'un hêtre ou d'un liége (Cid Hamet n'a pas dit lequel), et, sans autre accompagnement que ses soupirs, chanta les vers suivants :

Amour, quand je pense au mal terrible que tu me fais souffrir, je cours à la mort, croyant ainsi arriver au terme de mon mal immense.

Mais arrivé à ce port de salut dans cette mer de souffrances, je sens un tel plaisir que la vie revient en moi, et je ne touche pas le but.

Ainsi, vivre me tue, la mort me rappelle à la vie; condition inouïe que celle que m'ont faite la mort et la vie.

Chaque vers était accompagné d'une infinité de soupirs et de larmes, comme il convenait à un homme dont le cœur était navré de sa défaite et de l'absence de Dulcinée. Cependant, le jour vint, les rayons du soleil frappèrent les yeux de Sancho; il s'éveilla, s'allongea, secouant, étirant ses membres paresseux. Il vit alors le dégât qu'avaient fait les cochons dans son bagage, et maudit de bon cœur le troupeau; ses malédictions allèrent même un peu plus loin.

Enfin, ils se remirent en route, et, sur le soir, ils virent venir vers eux dix hommes à cheval et quatre ou cinq à pied. Don Quichotte tressaillit, Sancho fut épouvanté, parce que cette troupe était armée de lances et de boucliers et en appareil de guerre. S'il m'était permis, dit Don Quichotte à Sancho, de me servir de mes armes, et si ma parole n'enchaînait pas mon bras, toute cette troupe qui s'avance vers nous ne serait qu'une bagatelle. Mais peut-être est-ce autre chose que ce que nous craignons. En ce moment, les cavaliers s'approchèrent et environnèrent Don Quichotte, brandissant leurs lances dont ils dirigèrent la pointe sur son dos et sur sa poitrine, le menaçant de le tuer. Un des hommes à pied mit un doigt sur sa bouche en signe de silence, saisit la bride de Rossinante et le détourna du chemin, tandis que les autres poussaient devant eux le grison et Sancho. Tous, sans proférer une seule parole, suivirent les pas du guide de Don Quichotte. Deux ou trois fois celui-ci essaya d'ouvrir la bouche pour demander ce qu'on lui voulait et où on le conduisait; mais à peine remuait-il les lèvres que les fers de lances le serraient de plus près. On en usait de même avec Sancho. A peine semblait-il vouloir parler qu'un des piétons le piquait d'un aiguillon et le roussin également, comme s'il eût voulu parler. La nuit vint, on doubla le pas, et nos deux prisonniers sentirent redoubler leur frayeur, surtout quand ils entendirent qu'on leur disait de temps en temps :

Marchez, troglodytes; taisez-vous, barbares; souffrez, anthropophages; ne vous plaignez pas, Scythes; n'ouvrez point les yeux, meurtriers Polyphèmes, lions carnassiers, et autres noms de même nature dont ils torturaient les oreilles des deux prisonniers, maître et valet. Sancho disait en lui-même : Nous des tourtereaux[1], des barbiers[2], des torchons[3], des chiens[4], à qui l'on dit : Vite, vite ; tous ces noms-là ne me plaisent guère. Un mauvais vent souffle sur nous ; tous les malheurs nous viennent à la fois comme aux chiens les coups de bâton, et plût à Dieu encore que ce ne fût que par des coups de bâton que finît une aventure si maladventureuse. Don Quichotte marchait tout stupéfait et ne pouvait concevoir, malgré toutes ses conjectures, à quel propos ces noms injurieux qu'on leur prodiguait, qui évidemment ne leur promettaient rien de bon, et dont il redoutait beaucoup de mal. Ils arrivèrent cependant vers une heure de la nuit à un château que Don Quichotte reconnut pour être celui du duc, chez lequel ils avaient séjourné peu de temps auparavant. Vrai Dieu, s'écria-t-il, en reconnaissant le château, que veut dire ceci ? en ce lieu tout est bon accueil et courtoisie ; mais, pour les vaincus, le bien se change en mal, et le mal en pis. On entra dans la cour principale du château, et ils la virent disposée de telle sorte que leur surprise et leur effroi en redoublèrent, comme on le verra dans le chapitre suivant.

CHAPITRE LXIX.

DE LA PLUS ÉTRANGE AVENTURE QUI SOIT ARRIVÉE A DON QUICHOTTE, ET LA PLUS SURPRENANTE DE TOUTE CETTE HISTOIRE.

CEPENDANT les cavaliers mirent pied à terre, puis, de concert avec les gens de pied, ils enlevèrent brusquement Don Quichotte et Sancho, et les portèrent dans la cour, autour de laquelle brûlaient environ cent torches sur leurs supports, et dans les galeries plus de cinq cents lampes qui, dissipant l'obscurité de la nuit, suppléaient à l'absence du jour. Au milieu de la cour, à deux vares du sol, s'élevait un tombeau, surmonté d'un immense dais de velours noir, et dont les degrés étaient chargés tout autour de cierges de cire blanche, brûlant dans plus de cent chandeliers d'argent. Sur le tombeau l'on voyait le corps d'une jeune fille, si belle qu'elle semblait prêter des charmes à la mort. Sa tête était appuyée sur un coussin de brocart, et couronnée d'une guirlande de diverses fleurs odorantes. Ses mains étaient croisées sur sa poitrine, et tenaient une palme, emblème de la victoire. A l'un des côtés de la cour s'élevait un théâtre garni de deux siéges sur lesquels étaient assis deux personnages qui, la couronne en tête et le sceptre à la main, donnaient à connaître qu'ils étaient des rois vrais ou supposés. A côté du théâtre, où l'on mon-

[1] *Tortolitas*, tourtereaux. C'est ce que Sancho croit entendre par *troglodilas*.

[2] *Barberos*, barbiers pour *barbaros*.

[3] *Estropajos*, torchons pour *antropofagos*.

[4] *Perritas*, petit chien. Pour ce dernier mot l'analogie n'existe pas, le jeu de mots porte sur *cita*, *cita*, vite, vite.

tait par quelques degrés, étaient deux autres siéges sur lesquels on fit asseoir Don Quichotte et Sancho. Tout cela se faisait en silence et en faisant entendre aux prisonniers de ne point parler; mais il n'était pas besoin de le leur recommander, car la surprise enchaînait leurs langues. Sur le théâtre montèrent, avec une nombreuse suite, deux principaux personnages, que Don Quichotte reconnut aussitôt pour le duc et la duchesse, ses anciens hôtes. Ils s'assirent sur des siéges très riches, auprès de ceux qui paraissaient être des rois. Qui ne se fût point étonné de ce spectacle, si l'on ajoute que Don Quichotte avait reconnu dans le corps posé sur le tombeau celui de la belle Altisidore? Lorsque le duc et la duchesse montèrent sur le théâtre, Don Quichotte et Sancho se levèrent et leur firent une profonde révérence, leur salut leur fut rendu par une légère inclination de tête. En ce moment, un officier traversa pour s'approcher de Sancho, le revêtit d'une robe de boucassin noir, parsemée de flammes, et, lui ôtant son chaperon, lui mit sur la tête un bonnet pointu, comme ceux que l'on met aux pénitents du saint office. Il lui dit à l'oreille de ne pas desserrer les lèvres s'il ne voulait qu'on lui mît un bâillon ou qu'on lui ôtât la vie. Sancho se regardait du haut en bas, se voyant tout couvert de flammes; mais, comme elles ne le brûlaient point, il n'en tenait aucun compte. Il ôta le bonnet, et, le voyant couvert de diables : C'est encore heureux, dit-il en lui-même, en le remettant, que ces flammes ne me brûlent point et que ces diables ne m'emportent pas. Don Quichotte le regardait aussi, et malgré l'inquiétude qu'il avait, ne put s'empêcher de rire de sa figure. En ce moment on entendit sortir à ce qu'il semblait de dessous la tombe un son doux et gracieux de flûtes, qui, pour n'être mêlé d'aucune voix humaine (car dans ce lieu le silence même faisait silence), paraissait à la fois tendre et touchant. Tout à coup on vit apparaître un beau jeune homme auprès de l'oreiller sur lequel reposait le corps. Il était vêtu à la romaine, et tenait une harpe au son de laquelle il chanta, d'une voix douce et sonore, ces deux stances :

En attendant le réveil d'Altisidore, mise au tombeau par la cruauté de Don Quichotte; pendant que les dames de la cour enchantée prendront le vêtement de bure; pendant que ma dame revêtira ses duègnes de laine et de serge, je chanterai son malheur et sa beauté, sur une lyre plus puissante que celle du chantre de Thrace.

Et je ne crois pas m'imposer ce devoir seulement pendant ma vie; ma langue morte et froide trouvera encore des sons en ton honneur; mon âme, délivrée de son étroite enveloppe, et conduite aux bord du Styx, ira en chantant tes louanges, et ses sons arrêteront les eaux de l'oubli.

C'est assez, chantre divin, c'est assez, dit alors un des deux rois. Ce serait entreprendre l'infini que vouloir célébrer main tenant la mort et les charmes de l'incomparable Altisidore, qui n'est point morte, comme le pense le vulgaire ignorant mais vit par la renommée et va recouvrer la lumière au moyen de la pénitence que doit s'infliger Sancho Pança, ici présent. Ainsi, ô Radamanthe, toi qui juges avec moi dans les sombres demeures de Pluton, toi qui sais tout ce que les immuables destins ont décrété pour la résurrection de cette demoiselle, déclare-le promptement, afin que le bien que nous attendons de son retour à la vie ne soit pas différé. A peine Minos eut fini de parler, que Radamanthe se leva : Allons, dit-il, officiers de cette maison, hauts et bas, grands et petits, venez l'un après l'autre et donnez sur la figure de Sancho vingt-quatre chiquenaudes, douze pincements et six piqûres d'épingle sur les bras et sur les reins. De cette cérémonie dépend le salut d'Altisidore. A ces mots, Sancho rompit le silence et s'écria : Je jure Dieu, je me laisserai donner des chiquenaudes sur la face et manier le visage, comme j'ai envie de me faire Maure. Qu'ont de commun les chiquenaudes avec la résurrection de cette fille? La vieille retourne aux blettes[1]. On enchante Dulcinée, il faut que je me fouette pour la désenchanter. Altisidore meurt du mal que Dieu lui envoie, et pour la ressusciter il faut que je reçoive vingt-quatre chiquenaudes, que j'aie le corps criblé de coups d'épingles et les bras meurtris de pincements. A d'autres ces railleries, je suis un vieux chien, et il n'y a pas besoin de m'appeler. Tu mourras, dit Radamanthe d'une voix haute ; adoucis-toi, tigre ; humilie-toi, superbe Nembrod, souffre et tais-toi : on ne te demande pas l'impossible, et ne cherche point à voir clair dans les difficultés de cette affaire. Tu seras nasardé, piqué, pincé. Sus, officiers, exécutez mes ordres, ou, foi d'homme de bien, je vous apprendrai votre devoir. A ces mots, on vit venir en procession dans la cour six duègnes, quatre portaient des lunettes, et toutes avaient la main droite en l'air et le poignet découvert de quatre doigts pour faire paraître les mains plus longues, comme c'est aujourd'hui la mode. A peine Sancho les eut-il aperçues qu'il se mit à beugler comme un taureau : Je pourrai bien, s'écria-t-il, me laisser nasarder par tout le monde, mais souffrir que des duègnes me touchent, non. Égratignez-moi le visage, comme on l'a fait à mon maître dans ce château, lardez-moi le corps avec des dagues pointues, tenaillez-moi les bras avec des tenailles ardentes, je le souffrirai en patience pour obéir à ces seigneurs ; mais que des duègnes me touchent, je n'y consentirai pas, dût le diable m'emporter. Prends patience, mon fils, dit Don Quichotte, rompant aussi le silence ; satisfais ces seigneurs ; rends grâces à Dieu d'avoir mis en ta personne une telle vertu, qu'en te martyrisant tu désenchantes les enchantés et ressuscites les morts. Les duègnes entouraient déjà Sancho, il se calma enfin, s'assit convenablement et livra sa figure à la première ; elle lui donna une chiquenaude bien serrée et aussitôt après une grande révérence. Moins de courtoisie et plus de douceur, dit Sancho ; pour Dieu, vos mains sentent le vinaigre. Enfin, toutes les duègnes le nasardèrent et d'autres gens de la maison le pincèrent ; mais, ce qu'il ne put supporter, ce fut la piqûre des épingles ; il se leva furieux, et, empoignant un flambeau ardent qui était près de lui, il tomba sur les duègnes et le reste de ses bourreaux, en leur criant : Arrière, ministres de Satan, je ne suis pas de bronze pour être insensible à un tel martyre. En ce moment, Altisidore, qui sans doute était lasse d'être sur le dos depuis si longtemps, se tourna sur le côté ; à cette vue les spectateurs s'écrièrent tout d'une voix : Altisidore est en vie. Radamanthe engagea Sancho à se calmer, puisque le miracle était opéré. Don Quichotte voyant Altisidore se mouvoir, courut se mettre à genoux devant Sancho. Voici le moment, lui dit-il, fils de mes entrailles, et non mon écuyer, de te donner quelques-uns des coups de fouet auxquels tu t'es obligé pour le désenchantement de Dulcinée, maintenant, dis-je, que la vertu dont tu es doué est dans toute sa force, et permet d'espérer tout ce qu'on attend de toi. Cela, répond Sancho, cela s'appelle pièce sur pièce, et non miel sur oublie. Après avoir été nasardé, pincé, lardé, il serait bon de voir venir les coups de

[1] *Regostose la vieja a los bledos*, expression proverbiale pour dire qu'on prend goût à une chose, qu'on y retourne.

fouet; que ne me mettez-vous une grosse pierre au cou et ne me jetez-vous dans un puits? Je ne m'en soucierai guère si, pour guérir les maux d'autrui, je dois être la vache de la noce. Laissez-moi, de par Dieu, sinon j'enverrai tout au diable.

Cependant Altisidore s'était assise sur son tombeau; au même instant les clairons sonnèrent, accompagnés des flûtes et des cris de : Vive Altisidore, vive Altisidore! Le duc, la duchesse, les rois Minos et Radamanthe, Don Quichotte et Sancho se levèrent pour aller la recevoir et l'aider à descendre du tombeau. D'un air dolent elle s'inclina devant le duc, la duchesse et les rois, regarda Don Quichotte de travers, et lui dit : Dieu te pardonne, insensible chevalier, puisque par ta cruauté j'ai séjourné dans l'autre monde à mon compte plus de mille ans; pour toi, le plus compatissant écuyer du monde, je te rends grâce de la vie que j'ai recouvrée. Dispose dès à présent, ami Sancho, de six de mes chemises que je te donne pour t'en faire six autres. Si elles ne sont pas toutes bonnes, au moins sont-elles propres. Sancho lui baisa les mains pour cela, le bonnet au poing et les genoux en terre. Le duc commanda qu'on lui ôtât la robe et le bonnet pointu, et qu'on lui remît son chaperon; mais Sancho supplia le duc qu'on les lui laissât, comme un souvenir et un témoignage de cette étrange aventure. J'y consens, répondit la duchesse; Sancho sait bien que je suis sa grande amie. Le duc ordonna qu'on débarrassât la cour, que chacun se retirât, et que l'on conduisît Don Quichotte et Sancho dans l'appartement qu'ils connaissaient déjà.

CHAPITRE LXX.

QUI SUIT LE SOIXANTE-NEUVIÈME ET TRAITE DE CHOSES NON INUTILES POUR L'INTELLIGENCE DE CETTE HISTOIRE.

Sancho passa la nuit sur un petit lit dans la chambre de Don Quichotte, chose qu'il aurait bien voulu éviter, s'il l'avait pu, car il était bien sûr que son maître ne le laisserait pas dormir à force de questions et de réponses. Il ne se sentait guère en disposition de parler, parce que toutes les douleurs de ses martyres passés étaient présentes à sa pensée et lui enchaînaient la langue. Il aurait mieux aimé dormir seul dans une mauvaise cabane qu'en compagnie dans ce riche appartement. Sa crainte était si bien fondée et ses soupçons si justes que son maître, à peine au lit, lui dit : Que te semble, Sancho, des événements de cette nuit? Combien grande est la force des dédains amoureux! Tu as vu de tes propres yeux Altisidore morte, non par des traits acérés, par l'épée ou quelque arme meurtrière, ni par l'action mortelle des poisons, mais seulement par suite de mes dédains et de la rigueur que je lui ai toujours montrée. Elle pouvait bien mourir, à la bonne heure, quand et comme il lui plaisait, répondit Sancho, et me laisser en paix, moi qui ne l'ai point rendue amoureuse et qui ne l'ai dédaignée de ma vie. Je suis encore à comprendre ce que la guérison d'Altisidore, fille plus fantasque que sage, peut avoir de commun avec le martyre de Sancho Pança. Maintenant je reconnais clairement et distinctement qu'il y a des enchanteurs et des enchantements au monde, desquels Dieu veuille me délivrer, puisque je ne le puis faire moi-même. Mais, avec tout cela, je vous supplie de me laisser dormir ; ne m'interrogez plus si vous ne voulez que je me jette de la fenêtre en bas. — Dors, ami Sancho, si les piqûres, les pincements et les chiquenaudes te le permettent. — Je ne connais point, répliqua Sancho, de douleur égale à l'affront des chiquenaudes, par le seul motif qu'elles m'ont été données par des duègnes que Dieu confonde. Mais, puisque le sommeil est l'oubli de tous les maux, je vous conjure encore une fois de me laisser dormir. Soit, dit Don Quichotte, et Dieu soit avec toi.

Ils s'endormirent tous deux, et Cid Hamet, auteur de cette grande histoire, profite de leur sommeil pour nous apprendre ce qui avait engagé le duc et la duchesse à préparer l'aventure qui vient d'être rapportée. Le bachelier Carrasco, dit-il, n'ayant pas oublié que le chevalier des Miroirs avait été vaincu par Don Quichotte, et que sa défaite avait renversé tous ses projets, résolut de faire une nouvelle tentative, avec l'espoir d'un plus heureux succès. Il s'informa du page porteur de la lettre à Thérèse, du lieu où se trouvait Don Quichotte, se procura de nouvelles armes, un cheval, et fit peindre sur son écu une blanche lune. Il chargea de cet équipage un mulet, conduit par un paysan ; ce ne fut pas Thomas Cecial, son ancien écuyer, de peur que Don Quichotte ou Sancho ne le reconnussent. Arrivé au château du duc, celui-ci l'informa de la route qu'avait prise notre chevalier, avec l'intention de se rendre aux joutes de Saragosse. Le duc, en outre, raconta à Carrasco tous les tours qu'il avait joués à Don Quichotte, avec l'invention du désenchantement de Dulcinée, qui devait s'opérer aux dépens des fesses de Sancho ; il l'instruisit enfin de la tromperie de Sancho, qui avait fait accroire à son maître que Dulcinée était enchantée et métamorphosée en paysanne, et comment à son tour la duchesse avait persuadé à Sancho que c'était lui qui était dupe, et que Dulcinée était vraiment enchantée. Carrasco rit et s'étonna beaucoup de la ruse et de la simplicité de Sancho et de l'extrême folie de Don Quichotte. Le duc le pria de repasser par son château, vainqueur ou non, s'il avait rejoint Don Quichotte, et de l'instruire de l'événement. Le bachelier le promit. Il ne trouva point le chevalier à Saragosse, continua sa route, et il lui arriva ce qui a été rapporté. Il repassa par le château du duc, lui conta tout et les conditions du combat, et que Don Quichotte, en loyal chevalier errant, revenait déjà pour tenir la parole qu'il avait donnée de se retirer pendant un an dans sa maison : Durant ce temps, ajouta le bachelier, il pourrait arriver qu'il guérît de sa folie ; telle a été l'intention qui m'a porté à prendre ces divers déguisements, parce que c'est grande pitié de voir un gentilhomme aussi éclairé que Don Quichotte devenu fou. Le bachelier prit ainsi congé du duc, et retourna dans son village, attendant Don Quichotte qui venait après lui. C'est de là que le duc prit occasion de jouer ce nouveau tour, tant il avait de plaisir à s'amuser de Don Quichotte et de Sancho. Il fit occuper à distance, et autour de son château, tous les chemins que pouvait suivre le chevalier. Nombre de domestiques, à pied et à cheval, avaient ordre de le saisir et de l'amener au château de gré ou de force. On le trouva, on en donna avis au duc, qui, ayant tout préparé, et instruit de son approche, fit allumer les torches, les flambeaux de la cour, et placer Altisidore sur le tombeau, avec tout l'appareil décrit. Le tout fut si bien exécuté, qu'on ne pouvait saisir la différence entre l'apparence et la réalité. Cid Hamet va plus loin; il dit que, suivant lui, les railleurs n'étaient guère moins fous que ceux dont ils se moquaient, et que ce n'était pas la preuve d'un trop bon jugement que de mettre tant de persévérance à tourmenter deux insensés. L'un d'eux dormait alors de tout cœur, tandis que l'autre veillait livré au désordre de ses pensées. Le jour les surprit, et avec lui l'envie de se lever, car vainqueur ou vaincu, jamais Don Quichotte n'aima la plume paresseuse.

Altisidore, que Don Quichotte croyait fermement ressuscitée, pour complaire à ses maîtres, se couronna de la guirlande qu'elle avait sur le tombeau, revêtit une tunique de taffetas blanc semé de fleurs d'or, et, les cheveux flottants sur les épaules, appuyée sur une canne d'ébène, entra dans la chambre de Don Quichotte. Confus, troublé à son aspect, il s'enfonça dans son lit, se cachant sous les draps et la couverture, sans dire un mot, sans lui faire le moindre compliment. Altisidore s'assit sur une chaise auprès du chevet, et, poussant un grand soupir, elle dit d'une voix faible et douce : Quand les femmes de qualité, les filles modestes, foulent aux pieds l'honneur, et permettant à leur langue de franchir toute retenue, révèlent à tout le monde le secret de leur cœur, elles se trouvent dans une fâcheuse extrémité. Je suis une de ces infortunées, seigneur Don Quichotte, oppressée, vaincue, éprise d'amour. Mais je n'en suis pas moins honnête, et mes souffrances furent telles, que par trop de retenue et par le silence que je m'imposais, mon âme s'est brisée, et j'ai perdu la vie. Il y a deux jours que tes rigueurs m'ont fait mourir, inflexible chevalier, plus dur que marbre à mes plaintes, ou du moins ceux qui m'ont vue m'ont jugée telle : si l'Amour, touché de mes maux, n'en eût placé le remède dans le martyre de ce bon écuyer, je serais restée dans l'autre monde. L'Amour eût aussi bien pu le placer dans le martyre de mon âne, dit Sancho, je lui en aurais su bon gré. Mais, dites-moi, madame (le ciel puisse vous accommoder d'un amant plus facile que mon maître), qu'avez-vous vu dans l'autre monde? qu'y a-t-il en enfer, car ceux qui meurent désespérés sont obligés d'aller s'arrêter là? La vérité, répondit Altisidore, est qu'apparemment je n'ai pas dû mourir complétement, car je ne suis point entrée en enfer, et certes, si j'y étais entrée, je n'en aurais pu sortir comme je l'aurais voulu. En réalité, je me suis arrêtée à la porte, où je vis une douzaine de diables jouant à la balle en chausses et en pourpoint, avec des rabats de point de Flandre, et des manchettes de même, à quatre doigts du poignet, pour faire paraître la main plus longue. Ils avaient des raquettes de feu, et ce qui m'étonna le plus, ce fut qu'au lieu de balles, ils se servaient de livres qui paraissaient remplis de vent et de bourre, chose merveilleuse et nouvelle. Cela m'étonna moins que cette autre remarque : les joueurs qui gagnent se réjouissent, et ceux qui perdent ne sont pas contents, ce qui me semble assez naturel : mais là tous grondaient, tous grognaient, tous se maudissaient. Il n'y a rien d'étonnant, dit Sancho; les diables, qu'ils jouent ou non, qu'ils perdent ou qu'ils gagnent, ne peuvent jamais être contents. Cela doit être, répondit Altisidore; mais une autre chose me paraît, je veux dire me parut alors surprenante, c'est qu'après le premier jet, aucune balle ne restait entière, aucune ne pouvait servir une seconde fois; ainsi, ils faisaient une consommation de livres vieux ou nouveaux, à faire plaisir. Un de ces livres tout neuf, flamblant et bien relié, reçut un tel coup, que les entrailles sortirent, c'est-à-dire les feuilles se dispersèrent. Un des diables dit à un autre : Regarde quel livre c'est, et ce diable répondit : — *C'est la seconde partie de l'histoire de Don Quichotte de la Manche*, non celle composée par Cid Hamet, le premier auteur, mais celle d'un Aragonais qui se dit natif de Tordesillas. Ote-la d'ici, repartit le premier, et jette-la dans l'abîme de l'enfer, que je ne la voie pas. Ce livre est-il donc si mauvais? dit l'autre. — Si mauvais, reprit le premier, que je n'aurais pu le faire pire avec tous mes efforts Les diables continuèrent leur jeu, pelotant d'autres livres, et moi, pour avoir entendu nommer Don Quichotte, que je chéris si tendrement, j'ai tâché de conserver la mémoire de cette vision. Oui, sans doute, ce devait être une vision, dit Don Quichotte, car je suis seul au monde de ce nom, et déjà cette histoire court de main en main, mais ne s'arrête dans aucune, parce que chacun lui donne du pied. Je n'ai pas été ému d'entendre qu'on m'envoie dans les ténèbres de l'abîme, ou sur la terre au grand jour, parce que je ne suis point celui dont parle cette histoire. Si elle était bonne, fidèle et vraie, elle aurait des siècles de vie ; mais si elle est mauvaise, de sa naissance à son enterrement le chemin ne sera pas long.

Altisidore allait continuer ses plaintes amoureuses quand Don Quichotte lui dit : Je vous ai exprimé plusieurs fois, madame, combien il m'est douloureux que vous m'ayez choisi pour l'objet de vos pensées, puisque je ne puis vous offrir que de stériles remercîments. Je suis né pour appartenir à Dulcinée du Toboso : le destin, s'il existe, m'a consacré à elle; croire qu'une autre beauté puisse usurper dans mon âme la place qu'elle y occupe, c'est espérer l'impossible. Ce que je dis doit suffire pour vous désabuser et vous faire rentrer dans les bornes de l'honnêteté; car à l'impossible nul n'est tenu. A ces mots, Altisidore feignit d'être courroucée. Vive Dieu, dit-elle, don Merluche, âme de mortier, noyau de datte, plus entêté, plus dur qu'un vilain que l'on sollicite quand il dresse au but sa visée, si je me jette sur vous, je vous arrache les yeux. Croyez-vous, par hasard, don vaincu, don roué de coups de bâton, que je me suis laissé mourir pour vous? Apprenez que tout ce que vous avez vu cette nuit n'était qu'une feinte. Je ne suis pas femme à supporter, pour de tels chameaux, la plus petite souffrance au bout de mon doigt, à plus forte raison, pour me laisser mourir. Je le crois bien, dit Sancho, toutes ces morts d'amoureux ne sont que pour rire; ils peuvent le dire, mais le faire, Judas le croie.

En ce moment entra dans la chambre le poëte musicien qui avait chanté les deux stances. Il fit une grande révérence à Don Quichotte, et lui dit : Seigneur chevalier, daignez, je vous prie, me compter au nombre de vos plus dévoués serviteurs ; il y a longtemps que je vous suis affectionné, tant pour votre réputation que pour vos hauts faits d'armes. Seigneur, répondit Don Quichotte, veuillez m'apprendre qui vous êtes, afin que ma courtoisie réponde à votre mérite. Je suis, répondit le jeune homme, le musicien panégyriste de la nuit passée. Certainement, dit Don Quichotte, votre seigneurie a une fort belle voix ; mais ce que vous avez chanté ne m'a point paru fort à sa place. Qu'ont de commun les stances de Garcilaso avec la mort de cette demoiselle? Ne vous étonnez point de cela, répondit le musicien, c'est l'usage parmi les poëtes imberbes de notre temps. Chacun écrit comme il l'entend, pille ce qui lui plaît, que cela vienne à propos ou non ; il n'y a point de sottises qu'ils chantent ou qu'ils écrivent qui ne soient attribuées à des licences poétiques. Don Quichotte aurait voulu répondre, mais il en fut empêché par le duc et la duchesse qui venaient le voir. Il y eut entre eux une longue et agréable conversation, dans laquelle Sancho dit tant de mots plaisants et malins, qu'ils ne pouvaient se lasser d'admirer à la fois son esprit et sa naïveté. Don Quichotte demanda la permission de partir le jour même, car aux chevaliers vaincus comme lui, une étable convenait mieux qu'un palais. Ils y consentirent de bonne grâce, et la duchesse lui demanda s'il avait du ressentiment contre Altisidore. Madame, répondit Don Quichotte, tout le mal de cette demoiselle ne vient que de l'oisiveté. Le remède en est dans une occupation honnête et continuelle. Elle m'a dit tout à l'heure qu'en enfer on portait de la dentelle; sans doute elle sait en faire, qu'elle s'y occupe sans relâche; en maniant les fuseaux, son esprit ne lui retracera pas sans cesse l'image de celui qu'elle aime. Tel est mon avis, mon conseil et la vérité. C'est aussi le mien, dit Sancho, car de ma vie je n'ai vu ouvrière en dentelle mourir d'amour. Les demoiselles bien occupées pensent plus à finir leur tâche qu'à l'amour. Pour moi, lorsque je fouis la terre, je ne pense pas à ma Thérèse, qui m'est pourtant plus chère que les cils de mes yeux. Vous avez bien raison, dit la duchesse, je veux qu'à l'avenir Altisidore s'occupe de ces ouvrages délicats dans lesquels elle excelle. Il ne sera pas besoin, madame, d'user de ce remède, dit Altisidore ; le souvenir des cruautés dont a usé envers moi ce malandrin barbare suffira pour arracher son image de mon cœur, sans avoir recours à d'autres moyens, et, avec la permission de votre grandeur, je vais me retirer pour ne plus voir devant mes yeux, non plus sa triste figure, mais son aspect effroyable et abominable. Ceci rappelle, dit le duc, ce mot connu :

Celui qui dit des injures est bien près de pardonner.

Altisidore fit semblant de s'essuyer les yeux avec son mouchoir, salua ses maîtres et se retira. Pauvre fille, dit Sancho, tu fus bien mal inspirée en t'adressant à une âme de jonc, à un cœur de chêne. Si tu étais venue à moi, tu aurais trouvé un coq chantant d'autre façon. La conversation finie, Don Quichotte s'habilla, dîna avec le duc et la duchesse, et se mit en route le soir.

CHAPITRE LXXI.

DE CE QUI ARRIVA A DON QUICHOTTE AVEC SON ÉCUYER SANCHO EN SE RENDANT A LEUR VILLAGE.

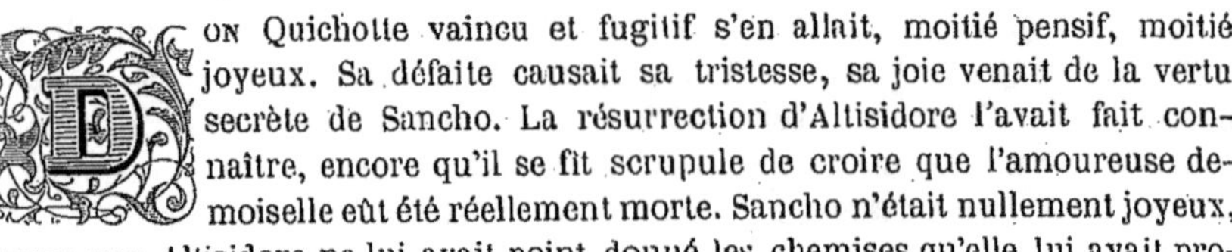

Don Quichotte vaincu et fugitif s'en allait, moitié pensif, moitié joyeux. Sa défaite causait sa tristesse, sa joie venait de la vertu secrète de Sancho. La résurrection d'Altisidore l'avait fait connaître, encore qu'il se fît scrupule de croire que l'amoureuse demoiselle eût été réellement morte. Sancho n'était nullement joyeux, parce que Altisidore ne lui avait point donné les chemises qu'elle lui avait promisos. Tourmenté de ces pensées : En vérité, seigneur, dit-il à son maître, je suis le plus malheureux médecin du monde : il y en a qui, après avoir tué le malade qu'ils soignent prétendent être payés de leur peine, qui consiste uniquement à écrire une petite ordonnance de quelque médecine qu'ils ne font pas eux-mêmes, mais bien l'apothicaire, et ils s'en vont satisfaits ; et moi, à qui la guérison d'autrui coûte du sang, des chiquenaudes, des pincements, des piqûres, des coups de fouet, cela ne me rapporte pas un maravédi. Mais je jure Dieu que, si on amène un autre malade entre mes mains, il faudra qu'on me les graisse avant que je le guérisse. L'abbé vit de ce qu'il chante, et je ne puis croire que le ciel m'ait donné la vertu que je possède pour la communiquer gratis[1] aux autres. Tu as raison, ami Sancho, répondit Don Quichotte, Altisidore a très mal fait de ne te pas donner les chemises qu'elle t'avait promises. La vertu que tu as t'a bien été donnée gratis, elle ne t'a coûté aucune étude, mais le martyre de ta personne est au-dessus de toute étude. Pour moi, je puis te dire que, si tu avais voulu que je te payasse les coups de fouet du désenchantement de Dulcinée, tu en aurais reçu un bon prix. Je ne sais pourtant si le salaire ne nuira pas à la guérison, et je ne voudrais pas que le prix empêchât la cure. Au bout du compte, nous ne perdrons rien pour en faire essai ; vois, Sancho, ce que tu demandes ; fouette-toi promptement, et paye-toi par tes mains, puisque tu as mon argent. Cette offre fit ouvrir à Sancho des yeux et des oreilles d'une palme ; il consentit dans son cœur à se fouetter de bonne grâce, et dit à son maître : Maintenant c'est bien, seigneur, je veux me disposer à donner satisfaction à vos désirs, puisque j'y trouve mon profit. L'amour que j'ai pour ma femme et pour mes enfants me fait paraître intéressé ; dites-moi ce que vous voulez me donner pour chaque coup. S'il me fallait te payer, Sancho, répondit Don Quichotte, en raison de la grandeur et de la nature du service, le trésor de Venise et les mines du Potosi seraient peu de chose. Vois ce que tu as à moi, et fixe toi-même le prix de chaque coup. Il y a, répond Sancho, trois mille trois cents et tant de coups ; je m'en suis déjà donné cinq, reste le surplus. Que ces cinq passent pour *et tant*. Venons aux trois mille trois cents : à un quartillo[2] chacun (je n'en rabattrai rien quand tout le monde me l'ordonnerait), cela fait trois mille trois cents quartillos. Les trois mille font mille cinq cents demi-réaux, qui font sept cent cinquante réaux ; les trois cents font cent cinquante demi-réaux, ou soixante-quinze réaux, qui, joints aux sept cent cinquante, font en tout huit cent vingt-cinq réaux. Je prélèverai cette somme sur ce que j'ai à vous, et rentrerai dans ma maison riche et content, quoique bien fouetté. On ne prend pas les truites.... Je n'en dis pas davantage. O béni-Sancho ! aimable Sancho ! répondit Don Quichotte. Combien Dulcinée et moi serons obligés de te servir tous les jours que Dieu nous accordera ! Si elle recouvre son premier état (et il est impossible qu'elle ne le recouvre pas), son infortune deviendra félicité, et ma défaite le plus heureux triomphe. Vois, Sancho, quand tu veux commencer, je te donne cent réaux de plus si tu veux t'y mettre promptement. Quand? dit Sancho ; cette nuit sans faute. Faites en sorte que nous la passions en pleine campagne, à ciel ouvert, et moi je m'ouvrirai la peau.

La nuit que Don Quichotte attendait avec la plus grande impatience arriva

[1] *De bobilis bobilis.*

[2] Un quart de réal, cinq liards.

enfin. Il lui semblait qu'Apollon avait brisé les roues de son char, et que le jour était plus long que de coutume; c'est ce qui arrive aux amoureux, qui ne mesurent jamais l'accomplissement de leurs désirs. Enfin, ils entrèrent sous le frais ombrage de quelques arbres un peu éloignés du chemin, où laissant vides la selle et le bât de Rossinante et du grison, ils s'étendirent sur la verdure, et soupèrent avec les provisions de Sancho. Celui-ci faisant une discipline forte et flexible du licou de son âne, se retira à vingt pas de là dans les haies. Don Quichotte le voyant aller d'un air dégagé et résolu, lui dit : Ami, prends garde de te mettre en pièces; que les coups s'attendent l'un l'autre, ne te hâte point tant dans la carrière, que l'haleine vienne à te manquer au milieu : je veux dire, ne te fouette pas avec tant d'ardeur que la vie te manque avant d'atteindre le nombre exigé. Mais, afin que tu ne perdes pas pour une carte de plus ou de moins, je me tiendrai ici à l'écart, comptant sur mon rosaire les coups que tu te donneras. Que le ciel te favorise comme ta bonne intention le mérite. Un bon payeur ne craint pas de fournir des gages, dit Sancho. Je veux m'en donner de manière à souffrir sans m'ôter la vie; c'est sans doute en cela que consiste le miracle. Il se dépouilla aussitôt de la ceinture en haut, et, saisissant la corde, commença à se frapper, et Don Quichotte à compter les coups. Sancho s'en était bien donné six ou huit quand le jeu commença à lui paraître lourd et le prix bien modique : il s'interrompit donc un moment pour dire à son maître qu'il en appelait comme d'abus; que chaque coup de fouet, comme il se les donnait, méritait d'être payé un demi-réal, et non un quartillo. Poursuis, ami Sancho, dit Don Quichotte, ne faiblis pas, je double le prix. De cette manière, répondit Sancho, à la main de Dieu, pleuvent les coups de fouet! Mais le fripon cessa de se les donner sur les épaules; il frappait sur les arbres, et poussait de temps en temps des soupirs, à faire croire qu'avec chacun d'eux il s'arrachait l'âme. Don Quichotte, naturellement sensible, craignit qu'il ne s'ôtât la vie, et qu'ainsi son attente ne fût trompée par l'imprudence de Sancho. Au nom de Dieu, lui dit-il, restes-en là pour le moment. Ce remède me paraît bien dur; il faut prendre du temps [1] : Zamora n'a pas été prise en une heure. Tu t'es donné plus de mille coups, si j'ai bien compté; en voilà assez pour cette heure. L'âne, pour parler trivialement, souffre la charge, non la surcharge. Non, non, seigneur, répondit Sancho, on ne dira pas de moi : argent bien payé, bras rompus. Écartez-vous encore un peu, et laissez-moi me donner encore mille coups; en deux assauts pareils l'affaire sera terminée, et il nous restera du drap. Puisque tu es en si bonnes dispositions, dit Don Quichotte, continue, je vais m'éloigner, frappe-toi, et que le ciel t'assiste. Sancho reprit sa tâche avec une telle ferveur qu'il avait déjà enlevé l'écorce de plusieurs arbres tant il mettait de conscience à se fouetter; une fois enfin, élevant la voix et frappant un coup démesuré sur un hêtre : C'est ici, dit-il, que mourra Samson et tous ceux qui sont avec lui. Don Quichotte accourut à cette exclamation douloureuse, et, au bruit de ce grand coup, il s'empara du licou qui servait de nerf de bœuf à Sancho. Ami, lui dit-il, à Dieu ne plaise que pour ma satisfaction tu perdes une vie si nécessaire à ta femme et à tes enfants. Que Dulcinée attende un autre moment; je me renfermerai dans les bornes d'une

[1] *Dar tiempo al tiempo*, donner du temps au temps.

espérance prochaine, et j'attendrai que tu aies repris de nouvelles forces pour terminer cette affaire au contentement de tous. Puisque vous le voulez ainsi, dit Sancho, à la bonne heure ; mais jetez-moi votre manteau sur les épaules. Je suis en sueur, et je crains de m'enrhumer ; les nouveaux pénitents y sont sujets. Don Quichotte se dépouilla, et, demeurant nu, couvrit Sancho, qui dormit jusqu'au lever du soleil. Ils poursuivirent ensuite leur route, qui les conduisit cette fois jusqu'à un village distant de trois lieues de là.

Ils mirent pied à terre dans une hôtellerie, que Don Quichotte reconnut pour telle, et non pour un château avec fossés, tours, herses, pont-levis ; depuis sa défaite, il discourait plus sensément de toutes choses, comme on le verra à présent. Ils s'établirent dans une salle basse où, au lieu de cuir doré [1], on avait mis de vieille serge peinte, comme cela se pratique dans les villages. Sur l'une d'elles était peint, d'une très mauvaise main, l'enlèvement d'Hélène, au moment où l'hôte téméraire la ravit à Ménélas. Sur l'autre, on voyait l'histoire d'Énée et de Didon; celle-ci, montée sur une haute tour, faisait avec la moitié d'un drap de lit des signes à son fugitif amant, qui s'enfuyait sur mer dans un brigantin ou une frégate. Les deux histoires lui donnèrent lieu de remarquer qu'Hélène se faisait enlever de fort bonne grâce, car elle riait sous cape et d'un air de dissimulation, la belle Didon au contraire versait des larmes grosses comme des noix. Ces deux femmes, dit Don Quichotte en regardant ces tapisseries, furent bien malheureuses de ne pas être nées dans ce siècle, et moi plus malheureux de n'être pas né dans le leur. Si j'avais rencontré ces deux hommes, Troie n'eût pas été brûlée, ni Carthage détruite. Je n'aurais eu qu'à tuer Pâris, pour détourner tant de maux. Je gage, dit Sancho, qu'avant peu il n'y aura cabaret, taverne, hôtellerie, boutique de barbier où ne soit peinte l'histoire de nos exploits ; mais je voudrais qu'ils le fussent de la main d'un meilleur peintre que celui qui a couvert ces toiles-ci. Tu as raison, Sancho, dit Don Quichotte, car ce peintre-ci ressemble à Orbaneja, peintre d'Ubeda, qui, quand on lui demandait ce qu'il peignait, répondait : Ce qui viendra. Si, par aventure, il peignait un coq, il écrivait au-dessous : Ceci est un coq, afin qu'on ne crût pas que c'était un renard. Il me semble, Sancho, que le peintre ou écrivain (car c'est tout un) qui a mis au jour l'histoire du nouveau Don Quichotte, a dû ainsi peindre ou écrire au hasard, ou bien il aura fait comme un poëte, nommé Mauléon, qui était ces années passées à la cour. Il répondait sur-le-champ à tout ce qu'on lui demandait. On lui demanda un jour ce que voulait dire *Deum de Deo*, il répondit : Donne de quelque part que vienne le don. Mais laissons cela. Dis-moi, Sancho, si tu veux continuer ta tâche de cette nuit, et si tu préfères que ce soit sous un toit ou à ciel découvert ? Par Dieu, seigneur, pour les coups que je pense me donner, autant vaut que ce soit dans une maison qu'en plein champ. Cependant, j'aimerais mieux que ce fût sous des arbres ; il me semble qu'ils me font compagnie et m'aident merveilleusement à supporter mon mal. Non, ami Sancho, il n'en sera pas ainsi ; pour te laisser reprendre des forces, il faut réserver cela pour notre village, où nous arriverons au plus tard après demain. — Comme il vous plaira, seigneur ; j'aimerais pourtant mieux finir au plus tôt pendant que je suis échauffé, et que la

[1] *Guadamecil,* cuir doré, tenture fort en vogue du temps de Cervantes.

meule est en train. C'est souvent dans le retard qu'est le danger. Tout en priant Dieu, il faut frapper du maillet. Mieux vaut un prends que deux tu l'auras. Le moineau dans la main vaut mieux que le vautour qui vole. Au nom de Dieu, Sancho, plus de proverbes : on dirait que tu retournes au *sicut erat.* Parle clairement, simplement, sans figure, comme je te l'ai dit souvent, tu verras qu'un pain t'en rendra cent. Je ne sais quel est mon malheur, répondit Sancho, mais je ne puis avancer une raison sans proverbe, ni un proverbe qui ne me semble une raison ; mais je me corrigerai si je le peux. Ainsi finit pour cette fois leur conversation.

CHAPITRE LXXII.

COMMENT DON QUICHOTTE ET SANCHO ARRIVÈRENT A LEUR VILLAGE.

Don Quichotte et Sancho passèrent toute la journée dans cette hôtellerie, attendant la nuit, l'un pour achever sa tâche de discipline en rase campagne, l'autre pour en voir l'effet, dans lequel étaient placées toutes ses espérances. Cependant il arriva à l'hôtellerie un voyageur à cheval, suivi de trois ou quatre domestiques, l'un d'eux dit à celui qui paraissait leur maître : Seigneur don Alvar Tarfé, vous pouvez vous arrêter ici pour y faire la sieste, la maison paraît propre et fraîche. A ces mots, Don Quichotte dit à Sancho : Quand j'ai feuilleté ce livre de la seconde partie de mon histoire, je crois être tombé sur ce nom de don Alvar Tarfé. Cela peut être, dit Sancho, laissons-le mettre pied à terre, ensuite nous le lui demanderons. Le cavalier descendit, et l'hôtelière le logea dans une salle basse, en face de celle de Don Quichotte, et tapissée comme la sienne de serge peinte. Le nouveau venu prit un vêtement d'été, et vint sous le vestibule de l'auberge, qui était spacieux et frais, et où se promenait Don Quichotte. Seigneur gentilhomme, lui dit-il, puis-je vous demander où vous allez? Je vais, répondit Don Quichotte, à un village ici près, d'où je suis natif; et vous, seigneur? Moi, dit le voyageur, je vais à Grenade, mon pays.—Beau pays, répliqua Don Quichotte : mais, veuillez, de grâce, me dire votre nom, car il m'importe de le savoir plus que je ne saurais dire. — Je m'appelle don Alvar Tarfé. — Vous êtes sans doute ce même don Alvar Tarfé dont il est question dans la seconde partie de l'histoire de Don Quichotte de la Manche, récemment imprimée et mise au jour par un auteur moderne? — C'est moi-même, répondit le gentilhomme, et ce Don Quichotte, le héros de l'histoire, fut mon grand ami. Ce fut moi qui le tirai de son pays, ou du moins le déterminai à venir aux joutes que l'on faisait à Saragosse, et où j'allais moi-même. En vérité, je lui rendis de grands services, car j'empêchai que le bourreau ne lui fouettât les épaules pour sa trop grande témérité[1].—Et vous paraît-il, seigneur, que je ressemble en quelque sorte à ce Don Quichotte dont vous parlez? — Non certes, en aucune manière. — Et ce Don Quichotte, avait-il avec lui un

[1] Voyez les chapitres VIII, IX et XXVI du *Don Quichotte* d'Avellaneda.

écuyer nommé Sancho Pança? — Oui, vraiment; mais quoique cet écuyer eût la réputation d'être fort plaisant, je ne lui ai jamais entendu dire rien qui le fût. Je le crois bien, dit Sancho, il n'appartient pas à tout le monde d'être plaisant, et ce Sancho dont vous parlez, seigneur gentilhomme, doit être quelque grandissime coquin, un grand sot et voleur tout à la fois. Le vrai Sancho, c'est moi, qui dis plus de bons mots que s'il en pleuvait. Si vous ne me croyez, faites-en l'expérience; suivez-moi tout au moins pendant une année, vous verrez qu'ils me viennent à chaque pas, tels et en si grande abondance, que, le plus souvent, sans savoir ce que je dis, je fais rire tous ceux qui m'écoutent. Quant au véritable Don Quichotte de la Manche, le fameux, le vaillant, le sage, l'amoureux, le défaiseur de torts, le tuteur des pupilles et des orphelins, le rempart des veuves, le meurtrier des demoiselles, celui qui a pour unique dame l'incomparable Dulcinée du Toboso, c'est ce seigneur que vous voyez ici présent, c'est mon maître: tout autre Don Quichotte, tout autre Sancho ne sont que rêveries et mensonges. Par Dieu, je le crois, répondit don Alvar, car, en quatre mots que vous avez dits, ami, vous avez montré plus de grâces que l'autre Sancho dans les nombreux discours que je lui ai entendu tenir. Il avait plus du glouton que du beau parleur, et d'un sot que d'un plaisant. Je crois fermement que les enchanteurs qui persécutent le bon Don Quichotte m'ont voulu persécuter moi aussi avec Don Quichotte le mauvais; mais, pourtant, je ne sais qu'en dire, car j'oserais bien jurer que j'ai laissé ce dernier dans la maison des fous à Tolède, pour qu'on l'y traite, et maintenant je vois reparaître ici à l'improviste un autre Don Quichotte, quoique bien différent du mien. Je ne sais, dit Don Quichotte, si je suis bon, mais je sais bien, du moins, que je ne suis pas le mauvais; et la preuve, seigneur don Alvar, c'est que de ma vie je ne suis allé à Saragosse. Au contraire, pour avoir appris que ce Don Quichotte fantastique s'était trouvé aux joutes de cette ville, je n'y voulus point entrer, afin de démontrer l'imposture à tout le monde. Je poursuivis mon chemin jusqu'à Barcelone, séjour de la courtoisie, asile des étrangers, hôpital des pauvres, patrie des hommes vaillants, refuge des offensés, centre commun de toutes les amitiés sincères, ville unique par son site et sa beauté; quoique les événements qui m'y sont arrivés ne soient rien moins qu'agréables, et très fâcheux au contraire, le plaisir de l'avoir vue me les fait supporter sans regret. Enfin, seigneur don Alvar Tarfé, je suis Don Quichotte de la Manche, celui dont parle la renommée, et non ce misérable qui a voulu usurper mon nom et se faire honneur de mes pensées. Je supplie votre grâce, sur ses devoirs de gentilhomme, de vouloir bien faire, devant l'alcade de ce lieu, la déclaration que vous ne m'aviez jamais vu de votre vie jusqu'à présent, et que je ne suis point le Don Quichotte imprimé dans la seconde partie, et que Sancho, mon écuyer que voici, n'est pas celui que vous avez connu. Je le ferai de bien bon cœur, répondit don Alvar; mais c'est une chose digne d'admiration que de voir en même temps deux Don Quichotte et deux Sancho, si conformes par le nom, si différents dans les actions. Je répète, et je crois que je n'ai pas vu ce que j'ai vu, que ce qui m'est arrivé ne m'est point arrivé. Il faut, seigneur, dit Sancho, que votre grâce soit enchantée comme madame Dulcinée du Toboso, et plût à Dieu que votre désenchantement ne tînt qu'à trois mille trois cents et tant de coups de fouet, comme ceux que je me donne pour elle; je me les appliquerais sans aucun intérêt. Je ne sais ce que vous voulez dire avec ces coups de fouet, reprit don Alvar. Ce serait long à vous raconter, répondit Sancho, mais je vous l'apprendrai si nous suivons le même chemin. L'heure de dîner arriva sur ces entrefaites; Don Quichotte et don Alvar dînèrent ensemble. L'alcade du lieu entra par hasard dans l'hôtellerie avec un greffier. Don Quichotte devant cet alcade, présenta sa requête et exposa qu'il importait à ses droits que le seigneur don Alvar Tarfé, le gentilhomme qui était là présent, déclarât devant sa grâce qu'il ne connaissait pas le Don Quichotte de la Manche également présent, et qu'il n'était pas le Don Quichotte dont il était question dans une histoire intitulée : *Seconde partie de Don Quichotte de la Manche, composée par un certain Avellaneda, natif de Tordesillas.* L'alcade procéda juridiquement; la déclaration fut revêtue de toute l'autorité des formes usitées en pareil cas. Don Quichotte et Sancho s'en réjouirent extrêmement, comme si la chose eût été fort importante, et qu'il n'eût pas suffi de leurs paroles et de leurs actions pour bien distinguer les deux Don Quichotte et les deux Sancho. Les deux gentilshommes se firent force compliments, et le héros de la Manche montra tant de sagesse et d'esprit qu'il acheva de désabuser don Alvar, qui se croyait sous l'influence d'un enchantement pour avoir touché de la main deux Don Quichotte si différents l'un de l'autre. Le soir venu, ils partirent ensemble de l'hôtellerie. Au bout d'une demi-lieue, le chemin se partageait en deux : l'un conduisait au village de Don Quichotte, l'autre était celui que devait suivre don Alvar. Dans ce court espace, Don Quichotte lui raconta le malheur de sa défaite, l'enchantement de Dulcinée, et le moyen de le détruire, tous nouveaux sujets d'admiration pour don Alvar. Il embrassa le maître et l'écuyer, et poursuivit son chemin. Don Quichotte continua le sien, et passa la nuit sous des arbres, pour fournir à Sancho le moyen de terminer sa pénitence. Il y procéda comme la nuit précédente, aux dépens de l'écorce des hêtres, beaucoup plus que de ses épaules, car il les préserva si bien que les coups n'en auraient pas chassé une mouche, si elle y avait été posée. Don Quichotte, toujours abusé, n'omit pas un seul coup du compte, et trouva qu'avec ceux de la nuit précédente, il y en avait trois mille vingt-neuf. Ce jour-là le soleil parut se lever plus tôt qu'à l'ordinaire, pour être témoin du sacrifice de Sancho; à sa lumière, ils se remirent en route, s'entretenant de l'erreur où ils avaient trouvé don Alvar, et de l'heureuse idée qu'ils avaient eue de lui faire signer une déclaration aussi authentique, et devant la justice.

Ils cheminèrent toute la journée et la nuit, sans qu'il leur arrivât rien qui soit digne d'être raconté, sauf l'accomplissement de la tâche de Sancho pendant cette nuit. Don Quichotte en ressentait une joie extrême, et attendait le jour avec impatience pour voir s'il ne rencontrerait pas en chemin sa dame Dulcinée désenchantée. Aussi, dans la route, il ne rencontrait pas une femme sans aller reconnaître si c'était Dulcinée du Toboso, tant il avait de confiance dans l'infaillible promesse de Merlin. Plein de ces pensées et de ces espérances, ils arrivèrent sur le sommet d'une colline d'où ils découvrirent leur village. A cette vue, Sancho se mit à genoux et s'écria : Ouvre les yeux, patrie désirée, vois revenir à toi ton fils Sancho, sinon bien riche, du moins très bien fouetté. Ouvre les bras, et reçois aussi ton fils Don Quichotte, qui, s'il revient vaincu par un bras étranger, revient vainqueur de lui-même, ce qui, selon ce qu'il m'a dit, est la plus grande victoire que l'on puisse ambitionner. J'apporte de l'argent, car, si j'ai reçu de bons coups de fouet, j'étais bien assis sur ma monture. Laisse là ces folies, Sancho, dit Don Quichotte, et allons droit à notre village, où nous donnerons carrière à notre imagination et tracerons le plan de la vie pastorale que nous devons mener. En disant ces mots, ils descendirent la côte et s'approchèrent de chez eux.

CHAPITRE LXXIII.

DES PRÉSAGES QUI S'OFFRIRENT A DON QUICHOTTE A L'ENTRÉE DE SON VILLAGE, ET AUTRES ÉVÉNEMENTS QUI ORNENT ET ACCRÉDITENT CETTE GRANDE HISTOIRE.

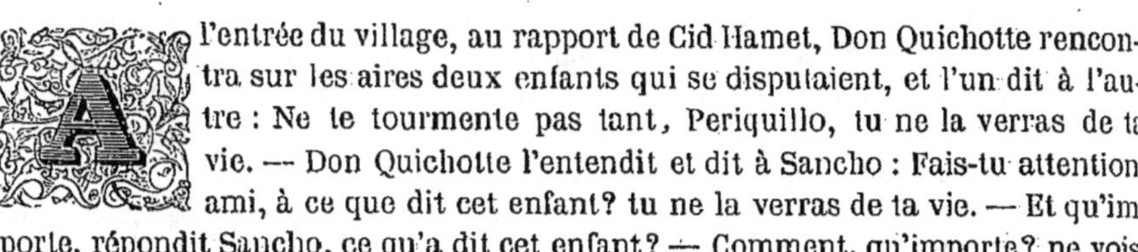

A l'entrée du village, au rapport de Cid Hamet, Don Quichotte rencontra sur les aires deux enfants qui se disputaient, et l'un dit à l'autre : Ne te tourmente pas tant, Periquillo, tu ne la verras de ta vie. — Don Quichotte l'entendit et dit à Sancho : Fais-tu attention, ami, à ce que dit cet enfant? tu ne la verras de ta vie. — Et qu'importe, répondit Sancho, ce qu'a dit cet enfant? — Comment, qu'importe? ne vois-tu pas qu'en faisant l'application de ces paroles à ma pensée, elles veulent dire que je ne verrai Dulcinée de ma vie? Sancho allait répondre, mais il en fut détourné par la vue d'un lièvre, poursuivi par des chasseurs et des lévriers, et qui vint tout tremblant se blottir sous les pieds du grison. Sancho le prit à la main et le présenta à Don Quichotte, qui ne cessait de répéter : *Malum signum, malum signum* : un lièvre fuit, des chiens le poursuivent, Dulcinée ne paraît pas. En vérité, dit Sancho, vous êtes un homme étrange. Supposons que ce lièvre soit Dulcinée, et les chiens qui le poursuivent les malandrins enchanteurs qui l'ont métamorphosée en paysanne; elle fuit, je la prends, je la mets en votre pouvoir, vous la tenez dans vos bras, vous la caressez, quel mauvais signe est-ce là, quel fâcheux augure peut-on en tirer? Les deux enfants qui se disputaient s'approchèrent pour voir le lièvre; Sancho demanda à l'un d'eux ce qu'ils avaient à disputer. L'enfant qui avait dit ces paroles : « Tu ne la verras plus de ta vie », répondit qu'il était question d'une cage à grillons qu'il avait prise à l'autre et qu'il n'avait pas intention de lui rendre. Sancho tira de sa poche quelque menue monnaie qu'il donna au petit garçon, lui prit la cage, et la remit à Don Quichotte : Les voilà détruits, dit-il, ces présages qui n'ont pas plus de rapport à nos affaires que les nuages de l'an dernier, à ce que j'imagine, quoique je ne sois qu'un sot. Si j'ai bonne mémoire, j'ai ouï dire à notre curé que des personnes chrétiennes et sages ne s'arrêtent point à ces enfantillages. Votre seigneurie elle-même, ces jours passés, m'a fait entendre que tous les chrétiens qui consultaient les augures étaient des insensés. Ne nous arrêtons donc pas plus longtemps sur cela, mais avançons et pénétrons dans notre village. Les chasseurs s'approchèrent et demandèrent leur lièvre, qu'on leur rendit. A l'entrée du village, Don Quichotte trouva dans un petit pré le curé et le bachelier Carrasco qui priaient Dieu. Il est bon de savoir que, sur les armes que portait le grison, Sancho avait jeté comme couverture la robe de boucassin parsemée de flammes dont on l'avait revêtu au château du duc, la nuit de la résurrection d'Altisidore. Il lui avait mis aussi sur la tête le bonnet pointu, ce qui faisait la plus étrange transformation et parure où jamais âne se fût vu. A peine le bachelier et le curé les eurent-ils reconnus, qu'ils accoururent les bras ouverts. Don Quichotte descendit de cheval et les embrassa étroitement. Les enfants, qui ont des yeux de lynx auxquels rien n'échappe, aperçurent la mitre de l'âne, ils accoururent pour le voir et se disaient les uns aux autres : Venez voir l'âne de Sancho Pança plus brave que Mingo, et la bête de Don Quichotte plus maigre aujourd'hui que le premier jour. Enfin, entourés d'enfants et accompagnés du curé et du bachelier, ils entrèrent, et se dirigèrent vers la maison de Don Quichotte. Ils trouvèrent à la porte la nièce et la gouvernante, instruites déjà de son arrivée. Thérèse Pança avait reçu la même nouvelle, elle accourut demi-nue et tout échevelée, tenant par la main sa fille Sanchica, pour voir son mari. Ne le voyant point paré comme elle pensait que devait l'être un gouverneur : Comment se peut-il, dit-elle, que tu viennes ainsi à pied et fatigué? tu as plus l'air d'un débauché[1] que d'un gouverneur. — Tais-toi, Thérèse, répondit Sancho, souvent où il y a des chevilles il n'y a pas de lard. Allons à notre maison, tu apprendras des merveilles. J'apporte de l'argent, ce qui est l'important, et je l'ai gagné par mon industrie, sans faire de tort à personne. — Tu apportes de l'argent, mon bon mari, dit Thérèse; qu'il soit gagné ici ou là et de quelque manière que ce soit, tu n'auras point amené une mode nouvelle. Sanchica embrassa son père, lui demanda s'il apportait quelque chose, et lui dit qu'elle l'attendait comme l'eau au mois de mai. Elle le prit d'un côté tirant l'âne après elle, Thérèse de l'autre, et tous trois s'en allèrent à leur maison, laissant Don Quichotte au pouvoir de sa nièce et de sa gouvernante, et en compagnie du bachelier et du curé.

Don Quichotte, à peine entré, prit à l'écart ses deux amis, et sans attendre d'autre occasion ni un autre moment leur raconta brièvement sa défaite, l'obligation qu'il avait contractée de rester dans sa maison pendant un an, l'intention où il était de tenir sa parole au pied de la lettre, sans s'en écarter d'un seul point, ainsi que devait le faire un loyal chevalier errant, soumis aux règles étroites de l'ordre de chevalerie errante, et le projet qu'il avait formé de se faire berger pendant cette année, et de vivre dans la solitude des champs, où il pourrait en toute liberté s'abandonner à ses amoureuses pensées dans les vertueuses occupations de pasteur. Il les conjura, s'ils n'avaient pas beaucoup à faire et s'ils n'étaient pas retenus par des soins plus importants, de devenir ses compagnons, et qu'il se chargerait d'acheter un troupeau suffisant pour leur donner le nom de bergers. Il ajouta que le plus important était fait, puisqu'il avait trouvé des noms qui leur iraient à merveille. Et quels sont ces noms? demanda le curé. — Je m'appellerai, répondit-il, le berger Quichottiz; le bachelier, le pasteur Carrascon; vous, seigneur curé, Curiambro; et Sancho, Pancino. Ils restèrent stupéfaits de la nouvelle folie de Don Quichotte. Cependant, pour l'empêcher de retourner une autre fois à ses chevaleries, et dans l'espoir que pendant l'année on pourrait le guérir, ils feignirent d'approuver son dessein comme sage et raisonnable, et lui offrirent d'être ses compagnons. Je suis, comme tout le monde le sait, un excellent poëte, dit Carrasco. A toute heure je composerai des pasto-

[1] *Desgobernado... que gobernador.*

rales, des vers galants, ou comme ils me viendront, pour nous occuper dans les solitudes où nous allons errer. Mais, seigneurs, le plus pressant est que chacun choisisse le nom de la bergère qu'il veut célébrer dans ses vers, et que nous ne laissions pas un arbre, tant dur soit-il, où nous ne gravions leurs noms, comme c'est l'usage des bergers amoureux. C'est à merveille, dit Don Quichotte; pour moi, je suis débarrassé du soin de chercher le nom d'une bergère imaginaire, puisque j'ai l'incomparable Dulcinée du Toboso, la gloire de ces rives, l'ornement de ces prairies, le soutien de la beauté, la crème de la bonne grâce, le sujet en un mot le plus digne de tous les éloges tant hyperboliques soient-ils. — Vous avez bien raison, dit le curé; pour nous, nous chercherons des bergères accommodantes, qui, si elles ne conviennent de tout point, nous conviendront en quelque chose. —Si elles nous manquent, ajouta Carrasco, nous leur donnerons les noms qu'on trouve dans les livres, dont le monde est plein, Philis, Amaryllis, Diane, Fleride, Galatée, Bélisarde. Puisqu'on les vend sur la place, nous pouvons bien les acheter et nous les approprier. Si ma dame, ou pour mieux dire ma bergère, s'appelle Anne, je la célébrerai sous le nom d'Anarda; Françoise deviendra Francenia; Lucie Lucinda; cela va tout seul. Si Sancho se met dans notre confrérie, il pourra célébrer sa Thérèse sous le nom de Thérésaina. Don Quichotte sourit à l'application de ce nom. Le curé le loua beaucoup de son honorable et honnête résolution, et s'offrit de nouveau à lui tenir compagnie tout le temps que lui laisseraient les devoirs de son ministère. Ils prirent alors congé de lui, l'engageant à soigner sa santé et à se donner tout ce qui lui serait bon. Le sort voulut que la nièce et la gouvernante entendissent la conversation qui avait eu lieu, de sorte que, lorsque les autres furent partis, elles entrèrent à la fois chez Don Quichotte, et la nièce lui dit : Qu'est ceci, seigneur oncle? maintenant que nous pensions vous voir revenir avec l'intention de rester chez vous et d'y mener une vie honorable et tranquille, vous voulez vous jeter dans de nouveaux labyrinthes en vous faisant pasteur qui t'en viens, pasteur qui t'en vas. En vérité, la paille est trop dure pour en faire des chalumeaux. Et comment, ajouta la gouvernante, pourrez-vous supporter dans les champs, les chaleurs de l'été, la froidure de l'hiver, et les hurlements des loups? L'état de berger convient à des hommes robustes, endurcis, qui y sont élevés dès les langes et le maillot. Mal pour mal, mieux vaut être chevalier errant que berger. Croyez-moi, seigneur, suivez mon conseil, je ne le donne pas après excès de pain ni de vin, mais à jeun, et sous le poids de cinquante ans que j'ai. Restez dans votre maison, soignez votre bien, confessez-vous, faites du bien aux pauvres, et s'il en arrive mal, je le prends sur moi.

Taisez-vous, mes filles, répondit Don Quichotte, je sais bien ce que j'ai à faire. Menez-moi au lit, il me semble que je ne suis pas bien, et tenez pour assuré que, chevalier errant ou berger pour errer, je n'en pourvoirai pas moins à tout ce qui vous sera nécessaire, vous en jugerez par l'effet. Les bonnes filles, elles l'étaient sans doute, nièce et gouvernante, le conduisirent au lit, lui donnèrent à manger, et le traitèrent le mieux qu'il leur fut possible.

Imp. Lemercier.

Derniers moments de Don Quichotte.

CHAPITRE LXXIV.

COMMENT DON QUICHOTTE TOMBA MALADE, DU TESTAMENT QU'IL FIT, ET DE SA MORT.

OMME les choses de ce monde ne sont point éternelles, qu'elles vont en déclinant, depuis leur commencement jusqu'à ce qu'elles atteignent leur fin dernière, spécialement la vie humaine, et comme celle de Don Quichotte n'avait pas obtenu du ciel un privilége pour s'arrêter dans son cours, elle parvint à son terme lorsqu'il y pensait le moins. Soit qu'il faille l'attribuer au chagrin de sa défaite ou à l'ordre du ciel qui le voulait ainsi, il lui prit une fièvre qui le retint six jours au lit. Le curé, le bachelier et le barbier, ses amis, le visitèrent souvent, et Sancho, son bon écuyer, ne quitta point le chevet de son lit. Persuadés que sa maladie venait du souvenir de sa défaite et du chagrin de ne pas voir accomplis la délivrance et le désenchantement de Dulcinée, ils employèrent tous les moyens possibles pour le distraire et pour le divertir. Carrasco l'exhortait à prendre courage, et à se lever pour commencer leur vie pastorale. Il avait, disait-il, déjà composé une églogue qui éclipsait toutes celles de Sannazar, et acheté de ses deniers deux fameux chiens pour garder le troupeau, l'un ayant nom Barcino, et l'autre Butron. C'était un berger de Quintanar qui les lui avait vendus. Rien de tout cela n'adoucissait la mélancolie de Don Quichotte. Ses amis appelèrent le médecin, qui lui tâta le pouls et n'en fut pas content. Il dit qu'à tout événement, le malade devait songer au salut de son âme, car celui du corps était en danger. Don Quichotte reçut cette nouvelle avec calme, mais il n'en fut pas de même de la nièce, de la gouvernante et de son écuyer, qui commencèrent à pleurer, comme s'ils le voyaient déjà mort devant eux. L'avis du médecin fut qu'une mélancolie et une douleur cachées le conduisaient à sa fin. Don Quichotte demanda qu'on le laissât seul, parce qu'il voulait dormir un peu. On obéit, et il dormit tout d'une traite pendant plus de six heures; déjà les deux femmes craignaient qu'il ne se réveillât plus. Il se réveilla pourtant au bout de ce temps, et dit à haute voix : Béni soit le Dieu tout-puissant de la grâce qu'il m'a faite! Sa miséricorde est sans bornes : les péchés des hommes ne sauraient l'affaiblir ni l'éteindre. La nièce écoutait les paroles de son oncle, et elles lui semblèrent plus raisonnables qu'à l'ordinaire, au moins depuis sa maladie. Que dites-vous, seigneur? lui demanda-t-elle. Y a-t-il quelque chose de nouveau? de quels péchés, de quelle miséricorde parlez-vous? — Cette miséricorde, ma nièce, est celle dont Dieu use envers moi en cet instant, et que n'ont point détournée mes péchés. Mon jugement est maintenant libre et sain, et dégagé de ce nuage épais d'ignorance qu'avait répandu sur moi la dangereuse et continuelle lecture des détestables livres de chevalerie ; j'en reconnais, à présent, les mensonges et les folies, et je n'ai qu'un regret, c'est que le désabusement vienne si tard qu'il ne me laissera pas le loisir de réparer le temps perdu par la lecture d'autres livres qui porteraient la lumière dans mon âme. Je me sens près de la mort, ma chère nièce; je voudrais qu'elle fût telle que l'on sût qu'elle n'a pas été si mauvaise que j'aie dû laisser la réputation de fou. Quoique je l'aie été, je ne voudrais pas que ma mort en fournît un nouveau témoignage. Appelez, ma chère nièce, mes bons amis le curé, le bachelier et maître Nicolas le barbier : je désire me confesser et faire mon testament. La nièce n'eut pas la peine de les aller chercher, car ils arrivèrent tous les trois. A peine Don Quichotte les eut-il aperçus qu'il s'écria : Félicitez-moi, mes dignes amis, de ce que je ne suis plus Don Quichotte de la Manche, mais bien Alonzo Quijano, auquel sa vie avait mérité le surnom de Bon. Je me déclare ennemi d'Amadis de Gaule et de son interminable lignage. Toutes les histoires profanes de la chevalerie errante me sont maintenant odieuses; je reconnais ma folie et le danger où m'a mis leur lecture. Maintenant, par la miséricorde de Dieu, je suis devenu sage à mes dépens, et je les ai en horreur. En l'entendant parler ainsi, les trois amis le crurent atteint d'une nouvelle folie. Quoi! seigneur Don Quichotte, lui dit Samson, maintenant que nous savons Dulcinée désenchantée, parlez-vous de la sorte? maintenant que nous sommes sur le point de nous faire bergers, et de mener en chantant une vie de princes, vous voulez vous faire ermite? Cessez, de grâce, revenez à vous et laissons là ces contes. Ceux qui jusqu'ici, répondit Don Quichotte, n'ont servi réellement qu'à ma perte, ma mort, avec l'aide du ciel, va les tourner à mon profit. Je sens ma vie s'échapper, laissons là les plaisanteries, amenez-moi un prêtre pour me confesser, et un notaire pour faire mon testament. Dans l'extrémité où je me trouve, l'homme ne doit point jouer avec son âme. Ainsi je vous supplie de m'aller chercher le notaire, pendant que le seigneur curé me confessera. Tous les assistants se regardaient, étonnés du bon sens de Don Quichotte, et quoique incertains encore, inclinaient à le croire. Ce qui leur sembla un indice certain de sa mort, ce fut la promptitude avec laquelle il était revenu à la raison. En effet, à ses premiers discours il en ajouta beaucoup d'autres, si bien dits, si raisonnables, si chrétiens, que le doute disparut et qu'on eut pleine confiance dans le retour de sa raison. Le curé fit sortir tout le monde, resta avec lui et le confessa. Le bachelier alla chercher le notaire, et le ramena peu de temps après avec Sancho. Celui-ci, instruit par Carrasco du triste état de son maître, et trouvant les femmes en pleurs, se mit à pleurer et sangloter de compagnie. La confession finie, le curé sortit en disant : Il se meurt véritablement Alonzo Quijano le Bon, et il est véritablement dans son bon sens; nous pouvons entrer pour qu'il fasse son testament. Ces mots donnèrent une telle commotion aux yeux gonflés des deux femmes et de Sancho, qu'ils fondirent en larmes et poussèrent mille soupirs. Car, ainsi que nous l'avons déjà dit, Don Quichotte, tout le temps qu'il fut simplement Alonzo Quijano le Bon, et tant qu'il fut Don Quichotte de la Manche, fut toujours du caractère le plus doux et du commerce le plus agréable. Aussi était-il chéri non seulement de ceux de sa maison, mais encore de tous ceux qui le connaissaient. Le notaire entra, suivi de tout le monde; le préambule fait, et après avoir disposé de son âme suivant toutes les formules chrétiennes en usage, Don Quichotte, arrivé aux legs, dit :

Item, ma volonté est que de l'argent qu'a dans les mains Sancho Pança, que dans ma folie j'avais fait mon écuyer, comme il a existé entre nous certains comptes de recette et de dépense, on ne lui demande aucun compte, et que s'il lui reste quelque chose, quand il sera payé de ce que je lui dois, le surplus, qui sera bien peu considérable, lui demeure en propriété, et grand bien lui fasse. Si, dans ma folie, je lui procurai le gouvernement d'une île, je voudrais, maintenant que je suis de bon sens, pouvoir lui donner le gouvernement d'un royaume, car son attachement et sa fidélité le méritent.

Se tournant alors vers Sancho : Pardonne, ami, lui dit-il, l'occasion que je t'ai donnée de paraître fou comme moi, en te faisant tomber dans l'erreur où j'étais, de croire qu'il y a eu et qu'il y a dans le monde des chevaliers errants. Ah! seigneur, s'écria Sancho en pleurant, ne vous laissez pas mourir, mais suivez mon conseil, et vivez de longues années. La plus grande folie que puisse faire un homme est de se laisser mourir sans que personne le tue, ni que d'autres mains l'achèvent que celles de la mélancolie. Ne vous laissez point abattre. Sortez de ce lit, et allons dans les champs, vêtus en bergers comme nous en sommes convenus. Peut-être, derrière quelque buisson, trouverons-nous madame Dulcinée désenchantée qu'il n'y aura rien à y reprendre. Si c'est le chagrin de votre défaite qui vous fait mourir, jetez-en la faute sur moi, en soutenant que vous n'avez été abattu que parce que j'avais mal sanglé Rossinante. Votre grâce aura vu, d'ailleurs, dans ses livres de chevalerie, que c'est une chose ordinaire de voir un chevalier renversé par un autre, et le vaincu d'aujourd'hui être vainqueur demain. Sancho a raison, dit Carrasco, et ne dit rien que de vrai sur ces sortes d'accidents. Seigneurs, reprit Don Quichotte, allons pas à pas. Aux nids de l'an passé, il n'y a point d'oiseaux cette année. J'étais fou, je suis devenu sage. J'étais Don Quichotte de la Manche, et maintenant, comme je vous l'ai dit, Alonzo Quijano le Bon. Puissent mon repentir et la vérité de mes sentiments me faire recouvrer l'estime que vous aviez autrefois pour moi, et que le seigneur notaire continue.

Item, j'institue héritière unique, universelle de mon bien, Antonia Quijana, ma nièce ici présente, après avoir prélevé sur le plus clair le montant des legs que j'ai faits. Je désire que le premier payement soit d'acquitter ce que je dois à ma gouvernante, à laquelle, en outre, on donnera vingt ducats pour un habillement. J'institue pour mes exécuteurs testamentaires le seigneur curé et le seigneur bachelier Samson Carrasco ici présents.

Item, ma volonté est que dans le cas où ma nièce Antonia Quijana voudrait se marier, elle se marie avec un homme que l'on saura, après information, ignorer ce que sont les livres de chevalerie ; s'il se trouvait qu'il en eût connaissance, et que ma nièce persistât à vouloir l'épouser, j'entends qu'elle perde tout ce que je lui laisse, et mes exécuteurs testamentaires pourront l'employer en œuvres pies à leur volonté.

Item, je supplie lesdits seigneurs, mes exécuteurs testamentaires, que si par hasard ils viennent à connaître l'auteur d'une histoire qui circule sous le titre de *Seconde partie de l'histoire de Don Quichotte de la Manche*, ils lui demandent excuse de ma part, le plus instamment qu'ils pourront, de lui avoir, sans y penser, fourni l'occasion d'écrire tant et de si grandes extravagances que celles qui s'y trouvent. J'emporte avec moi le scrupule de lui avoir donné sujet de les écrire.

Le testament clos, il lui prit une faiblesse, et il s'étendit tout de son long dans son lit. Tout le monde prit l'alarme, on le secourut, et pendant trois jours qu'il vécut encore, il s'affaiblissait à vue d'œil. Toute la maison était en émoi ; cependant la nièce mangeait, la gouvernante buvait, et Sancho se consolait; tant un héritage efface ou allége dans l'héritier la peine que l'on doit ressentir de la mort du défunt!

Enfin arriva le dernier jour de Don Quichotte, après avoir reçu les sacrements et maudit mille fois les livres de chevalerie. Le notaire se trouva présent à sa mort, et dit n'avoir jamais lu dans aucun de ces livres qu'un chevalier errant fût mort dans son lit, aussi tranquillement, aussi chrétiennement que Don Quichotte, qui rendit l'esprit au milieu des regrets et des larmes de tous les assistants, je veux dire qu'il mourut. Le curé requit le notaire de lui donner un acte attestant qu'Alonzo Quijano le Bon, généralement connu sous le nom de Don Quichotte de la Manche, avait cessé de vivre et était mort de sa mort naturelle, ladite attestation devant lui servir à ôter l'occasion à tout autre auteur que Cid Hamet Benengeli, de prétendre faussement le ressusciter et poursuivre à l'infini l'histoire de ses exploits.

Telle fut la fin de *l'ingénieux gentilhomme de la Manche*, dont Cid Hamet n'a pas voulu nous faire connaître positivement la patrie, afin que tous les bourgs et villages de la Manche se disputassent l'honneur de lui avoir donné le jour, comme autrefois les sept villes de la Grèce pour Homère. Nous passons sous silence les plaintes de Sancho, de la nièce et de la gouvernante de Don Quichotte. Nous omettons aussi les nouvelles épitaphes que l'on fit en son honneur. En voici pourtant une de Samson Carrasco :

Ci-gît le valeureux gentilhomme qui posséda tant de valeur, que la mort même en le mettant au tombeau ne put triompher de sa vie.

Il fit peu de cas du monde, il en fut l'admiration et l'effroi, et son bonheur fut de mourir en sage après avoir vécu en fou [1].

Le sage Cid Hamet adresse ici ces mots à sa plume : O ma petite plume, bien ou mal taillée, tu resteras suspendue à ce crochet par ce fil de laiton. Tu y resteras des siècles si de présomptueux et méchants historiographes ne te décrochent point pour te profaner. Mais, avant qu'ils arrivent à toi, tu peux les avertir et leur dire de ton mieux :

Holà! Holà! écrivains de bas aloi, que nul de vous ne me touche, car cette entreprise, bon roi, était réservée à moi seule [2].

C'est pour moi seule que naquit Don Quichotte, et moi je suis née pour lui. Il sut agir et moi écrire. Nous ne faisons qu'un, en dépit de l'écrivain supposé de Tordesillas, qui, avec une plume d'autruche grossière et mal taillée, a osé ou oserait écrire les exploits de mon valeureux chevalier. Ce n'est point un fardeau fait pour ses épaules, ni un sujet pour son esprit glacé. Tu lui diras, si tu viens à

[1] A cette épitaphe Florian a substitué la suivante :

Passant, ici repose un héros fier et doux,
Dont les nobles vertus égalaient le courage.
Hélas! s'il n'eût été le plus charmant des fous,
On eût trouvé dans lui des humains le plus sage.

[2] Vers d'une ancienne romance.

le connaître, de laisser reposer dans la tombe les os fatigués et déjà blanchis de Don Quichotte ; de ne pas entreprendre, contre les décrets de la mort, de le montrer à la Vieille-Castille [1], et de le faire sortir du sombre asile où véritablement il gît étendu tout de son long, dans l'impuissance de faire une nouvelle sortie, et une troisième journée [2]. Pour tourner en dérision toutes celles que firent tant de chevaliers errants, c'est assez des deux journées, qui ont été si bien accueillies de tous ceux qui en ont eu connaissance dans ces royaumes et dans les pays étrangers. En agissant ainsi, tu rempliras un devoir de chrétien, qui donne des conseils salutaires à qui lui veut du mal : et moi, je serai satisfait et glorieux d'avoir été le premier à jouir du fruit de mes écrits, selon mes désirs. Je n'en ai point eu d'autre que d'inspirer aux hommes une juste horreur pour les mensongères et extravagantes histoires des livres de chevalerie, qui, depuis l'apparition de mon véritable Don Quichotte, chancellent déjà et tomberont entièrement sans aucun doute [3].

Adieu.

[1] Avellaneda termine son livre en laissant Don Quichotte dans la maison des fous de Tolède. Mais, ajoute-t-il, la tradition rapporte qu'il en sortit, qu'il se rendit à Madrid, et de là dans la vieille Castille, où lui arrivèrent des aventures extraordinaires. C'est à cette continuation dont menaçait l'Aragonais que Cervantes fait ici allusion.

[2] *Troisième journée*. Par journée, il faut entendre ici les deux parties du *Don Quichotte*, qui ne parurent qu'à onze ans l'une de l'autre. La première est censée sous-divisée en quatre sections, après les chapitres VIII, XIV et XXVII. Quant aux sorties de Don Quichotte, elles sont au nombre de trois.

[3] Malgré toutes les précautions de Cervantes pour empêcher qu'on ne cherchât à prêter d'autres aventures à ses héros, un Espagnol, tout en respectant la mort de Don Quichotte, a voulu prolonger l'histoire de son écuyer, qu'il conduit jusqu'à sa mort. Nous avons : *Adiciones a la historia del ingenioso hidalgo Don Quijote de la Mancha, en que se prosiguen los sucesos ocurridos a su escudero el famoso Sancho Panza, escritas en arabigo por Cide Hamet Ben Engeli, y traducidas al castellano con las memorias de la vida de este, por don Jacinto Maria Delgado : Madrid, Blas Roman*, S. D., in-8. Ce nom paraît être un pseudonyme, car il signifie en espagnol, subtil, ténu, mince, fin, ingénieux.

FIN.

TABLE DES CHAPITRES.

TABLE DES CHAPITRES.

SECONDE PARTIE.

FIN DE LA TABLE.

Imprimerie de Gustave Gratiot, 11, rue de la Monnaie.

www.ingramcontent.com/pod-product-compliance
Lightning Source LLC
LaVergne TN
LVHW010513100826
845148LV00001B/3

* 9 7 8 2 0 1 2 5 4 9 1 4 2 *